Monumenta Hohenbergica.

Urkundenbuch

zur

Geschichte der Grafen von Zollern-Hohenberg

und

ihrer Grafschaft.

Mit Siegelbildern.

Herausgegeben

von

Dr. L. Schmid.

Erster Hauptlehrer der Realschule zu Tübingen.

Stuttgart.

Gebrüder Scheitlin.

1862.

Druck von Blum und Vogel in Stuttgart.

Vorwort.

Bei der Sammlung der „Monumenta Hohenbergica" und ihrer Aufnahme in das Urkundenbuch gieng der Verfasser von folgenden Grundsätzen und Gesichtspunkten aus.

Jede Urkunde wurde womöglich nach dem Original, sofern dieses zu Gebot stand, was weitaus bei dem größten Theil der Fall war, genau und vollständig gegeben. Eine Ausnahme hievon machen selbstverständlich Kaiser-Urkunden, in welchen Grafen von Hohenberg nur als Zeugen genannt werden; von solchen und einigen anderen wurden nur kurze Regesten aufgenommen.

Um im Wesentlichen das ganze Urkunden-Material zu geben, sind auch in verschiedenen Werken bereits gedruckte Hohenberger Urkunden eingereiht worden; deren sind es aber gegenüber von der Zahl der übrigen, bei uns erstmals abgedruckten nur wenige.

Gemäß dem Plane, welcher der Abfassung der Hohenberger Geschichte zu Grunde liegt, wurden nicht blos diejenigen Urkunden aufgenommen, welche von Grafen von Hohenberg selbst ausgestellt sind oder diese unmittelbar betreffen, sondern auch solche, welche auf die Geschichte ihrer Grafschaft, ihrer Lehensleute u. s. w. Bezug haben. Daher kommt es namentlich, daß das Urkundenbuch über die Hohenberger Zeit herabreicht; überdies wird nicht selten durch spätere Urkunden über frühere Verhältnisse Licht verbreitet.

Endlich geben wir einige wenige Urkunden, die auch nicht mittel=bar die Hohenberger Geschichte angehen; es sind dies solche, deren Originale in nicht so leicht zugänglicher Verwahrung sich befinden oder Gefahr laufen, über Kurz oder Lang verschleudert zu werden, in einer Zeit, da manche meinen, die alten Pergament=Urkunden hätten nun, nach der Ablösung der Zehnten u. s. w. keinen Werth mehr. Wir sind überzeugt, wegen der Aufnahme solcher Urkunden keinen Tadel von Geschichts=Freunden und Kennern fürchten zu müssen.

Tübingen, im Januar 1862.

Der Verfasser.

Graf Albrecht von Hohenberg

siegelt die Urkunde vom 4. November 1296

Graf Burchard von Hohenberg

siegelt die Urkunde vom 27. Juni 1334

1.

16. Mai 1170. Mengen. K. Friedrichs I. Freibrief für das Bisthum Chur.

Testes: Rudolfus Leodiensis Episcopus, Bertoldus Dux de Çeringe, Hugo Palatinus Comes de Tuwingen, Comes Rudolfus de Phullendorf, Comes Ulricus de Lenzeburg, Comes Hartmannus de Kirchberg, Comes Manegoldus de Vehringen, comes Burcardus de Zolre, Cunradus de Szuzenrieth, Godefridus de Gundelfingen, Egenolfus de Urselingen et alii.

Herrgott Geneal. dipl. Habsburg. II. 188 auch Mon. Zoll. I. nro. XXVII.

2.

1179 o. T. Constanz. K. Friedrich I. freit die Schifffahrt zu Ueberlingen.

Testes: Arnoldus Trevir. Archiep., Bertholdus Constant. episc., Dux Welfo, dux Bertholdus de Zaringa et filius suus, dux Sueviae Fridericus, Marchio Hermannus de Baden, comes Rûdolfus de Pfullendorf, comes Hartmannus de Kilchberg et frater suus comes Otto, comes Manegoldus de Veringen et frater suus Hainricus comes et filii sui, comes Hartmannus de Quiburg, comes Burcardus de Hohenberg et frater suus comes Fridericus, comes Bertholdus de Zolra et comes Fridericus, comes Bertholdus et comes Ulricus de Berge, Advocatus constantiensis, Diethelmus de Toggenburg etc.

Dümge, Reg. bad. S. 146 auch Mon. Zoll. I. nro. XXX.

3.

1179 o. T. Constanz. Herzog Welf verfügt zu Gunsten des Kl. Füßen.

Testes: Bertholdus episcopus Constantiensis, Hartmannus praepositus etc., Udalricus comes, Burcardus de Zolra, Albertus de Sumerowi et alii.

Neugart, cod. diplomat. Alem. II. 130. auch Mon. Zoll. I. nro. XXXI.

4.

20. Juni 1183. Constanz. K. Friedrich I. bestätigt alle Besitzungen und Freiheiten des Kl. Salem.

Testes: Hermannus Constantiensis electus, Hermannus Monasteriensis episcopus, Heinricus Curiensis episcopus, Willelmus Augustensis episc., Thiethelmus Augiensis abbas; Heinricus rex, filius imperatoris, Fridericus dux Sueviae, Dux Welfo, Otto dux Bawariae, Chonradus dux Spoleti, Bertholdus Marchio de Andechsa, Hermannus Marchio de Badin, Diepoldus comes de Lechsimunde, Heinricus comes de Diesche, Conradus comes de Berge, Lodowicus comes de Sigemaringen, Burchardus comes de Houberc et Fridericus frater ejus, Vdalricus comes de Chiburc, Fridericus et Bertholdus de Zolren, Hartmannus comes de Chilcberc et alii.

Copial-Buch des Kl. Salem im Landesarchiv zu Karlsruhe. Mon. Zoll. I. nro. XXXIV.

5.

1183 o. T. Ulm. Urkunde des Abts Diethelm von Reichenau für das Spital auf dem St. Michaelsberg bei Ulm.

Testes: Luitpolt dux Austriae, Rudolphus palatinus de Tuwingin, Manegoldus comes de Veringen et filius suus Eberhardus, Burchardus comes de Hohinberc, Conradus de Szuzinriet, Diemo de Gundilvingen et alii.

Orig. im St.-Archiv zu Stuttgart. Mon. Zoll. I. nro. XXXV.

6.

1185 v. J. Königsſtuhl. Herzog Friedrich von Schwaben thut einen Urtheilsſpruch zu Gunſten des Kl. Salem.

Executores: Welfo dux, Otto, Hartmannus et Rödolfus comites de chilch-
perc, Otto palatinus comes de witelispach, Lûdewicus comes de sigemeringen,
Henricus Marchio de romesperc, Henricus comes de wartstein, Manegoldus
et Henricus comites et fratres de ueringen, Manegoldus et Henricus fratres
et filii comitis Manegoldi, Albertus et Vlricus comites de Chiburch, Gotefridus et Manegoldus filius ejus comites de rordorf, Burchardus comes
de Hohenberc et frater ejus comes Fridericus, Bertholdus
et Fridericus comites de Zolren, Egeno comes de urah, Bertoldus
comes de Berge, Conradus comes de Sancto monte, Ernest de Stuzelingen et alii.

Orig. im Markgräfl. bad. Domänen-Archiv zu Karlsruhe. Mon. Zoll. I. nro. XXXVI.

7.

**1185 o. J. u. O. Abt Marquard von Kreuzlingen und Ritter Adel-
bert von Ondingin (Ehningen, O.A. Böblingen) vertragen ſich
mit einander in Betreff eines Guts zu Mülhauſen (abgegangen
bei Herrenberg).**

Notificamus, tam presentibus quam futuris quód ego Marcquardus
dictus abbas in suburbio constantiensi cum consilio fratrum meorum
querimoniam super predio quod est in uilla mulhusin agitabamus
quia nobis iniuste subtractum esse conspeximus. Qua propter cum iam diu
de eadem controuersia fatigaremur. is qui uidebatur idem predium ex ac-
commodata pecunia possidere uidens se in hoc non caute agere pro remedio
anime sue suorumque parentum eandem pecuniam ipse adilbertus cum
coniuge sua nomine M. ecclesie nostre contradidit et heredes qui illud iure
hereditario possessuri erant simili modo se abdicauerunt et ipsum predictum
predium prout iusticia dictauit nobis contradiderunt. Predictus uero miles
de ondingin tali pacto illud peregit ut ipse cum coniuge sua a manu nostra
susciperet quod et fecit tali conuentione ut si ipsi sine prole ex hoc seculo
migrauerint absque omni contradictione possideamus. hoc etiam addentes ut
si ipse prior sine illa obierit. uel ipsa absque illo et prolem genuerit nil
iuris habeat. quod etiam sub annuali pensione. VI. solidorum töwingensis
monete susceperunt. et sine omni subtractione in festo Remigij nobis per-

soluant. uel prefatum predium nobis uacet. facta sunt hec regnante. f. romanorum imperatore. et filio suo. f. duce sweuie. et anno ab incarnatione domini. M. C. LXXX. V. Huius rei testes sunt. Albertus cum duobus filiis suis. Bertoldo. et, alberto. et patruo eorundem. Dietrico et Kŏnrado cum fratre suo Rudolfo. de wrmelingin. et aliis quam plurimis.

B. b. Orig. im Archiv des Stifts Kreuzlingen. Mit dem anhangenden gut erhaltenen parabolischen Abtssiegel. Außen auf der Urkunde steht von alter Hand geschrieben: Mvlhvsin prope Wvmlingin.

8.

circa **1188.** Tübingen (Burg). Der franke Pfalzgraf **Rudolf** von Tübingen verhandelt auf der Burg „**Twingen**" „**convocatis amicis nostris**" mit seinem Bruder **Hugo** in Betreff der begonnenen Stiftung des Kl. Bebenhausen.

Dieser ertheilt seine Zusagen „in presencia matris nostre ac consanguineorum nostrorum fidelium nec non ministerialium nostrorum" — (sc. des Pfalzgrafen Rudolf, der in der Urkunde redend eingeführt wird) in presencia comitis B. de hohenberc. E. comitis de wrahe. Alberti de Hohenstein etc. Et postea comes Burchardus plus quam centum militibus ante capellam Twingen hanc actionem promulgauit.

B. b. Orig. in Karlsruhe. Abdruck der ganzen Urkunde in Schmid, Gesch. der Pfalzgrafen von Tübingen. Urk.-Buch S. 4, 5.

9.

8. Sept. 1189. Speier. K. **Heinrich** bestätigt die Freiheiten des Kl. Steingaden.

Testes: Conradus Maguntinus Archi-Episcopus, Rudolphus Comes Palatinus Tuingen, Sigebertus Comes de Werde, Fridericus Comes de Hohenberg et alii.

Mon. boic. VI, S. 501

10.

circa 1190 o. D. Graf Burkard von Hoinberch erlaubt mit Gemahlin
und Kindern seinen Leuten, Vergabungen an das Kl.
Bebenhausen zu machen.

.... „concedit ego Burchardus comes de Hoinberch (cum consensu uxoris et liberorum),[1] das seine leut ire güter an das Kl. Beben=
husen vergaben mögen et dilecta iugalis nostra cum liberis nostris. Im sigill
ist cataphractus sine scuto, fört dextra hastam, cum vexillo,[2] sinistram
habet dependentem iuxta gladium non euaginatum. Circumscriptio Burcardus comes de Zolre Grain."

Gabelk. (Collect. I. 63.) setzt hiezu (ohne Zweifel irrig) das Jahr 1250. — Das
1837. von dem Reichsarchiv in München bei dem St.-Archiv in 'St. eingetroffene Ver=
zeichniß über „varia documenta Monasterii Bebenhusani" hat unter den „absenten" Doku=
menten aufgeführt: „Concessio Burchardi, Comitis de Hohenberg, quod sui
ministeriales Clerici ceterique utriusque sexus hominum semet ipsos aut res suas mobiles
vel immobiles ad monasterium Bebenhus. transferre possint. sine die."

[1] Später hinein corrigirt, aber von derselben Hand.
[2] Hiezu hat G. dieselbe Zeichnung beigefügt, wie bei seiner Aufzeichnung im 1ten Bd.
Fol. 504 b. S. nro. 11.

11.

(circa 1190) o. D. nennt sich Burkard I. Graf von Hohenberg
in seinem Siegel Graf von „Zolre grain."[1]

A. 11. . à Burchardo c. d. Hohenberch citantur testes Bertol-
fus d Zolre et Fridericus d Zolre. Er fürt ain cataphractum sine
scuto, in cujus dextra hasta cum vexillo, sinistram habet dependentem iuxta
gladium non euaginatum. Circumscriptio — Burcardus comes de Zolre
grain.

Gabelkhovers Collectaneen 1ter Bd. Fol. 504 b. im St.-Archiv zu St.

[1] Wohl in dem Siegel der Urkunde zu circa 1190, deren Regest S. in nro. 10. Die
beiden genannten Grafen von Zollern waren bei dieser Verfügung Burkards interessirt.

12.

30. Juli. 1191. Dat. Asperg. Stiftungsurkunde des Kl. Bebenhausen, ausgestellt von Pfalzgraf Rudolf von Tübingen.

Testes: nach Clerikern „de liberis Burkardus comes de hohenberc. Albertus de Oberenstetin" etc.

Nach einem Vidimus von 1342 zu Karlsruhe.

Abbruck in Schmid, Gesch. d. Pfalzgrafen von Tübingen. Urkd.-Buch S. 5. ff.

13.

6. Juni 1192. Wirzburg. Kraft von Bocksberg schenkt in Gegenwart des K. Heinrich VI. dem Hospitale des h. Johannes in Jerusalem Güter und Einkünfte in mehreren Orten.

Testes: episcopi Henricus Wirceburgensis, Otto Bafbergensis, Otto Frisingiensis, Henricus Wormatiensis. Lupoldus, dux Austrie; comes Berchtoldus de Henembergh; Fridericus, comes de Abembergh; Hartmannus, comes de Kirchbergh; Burchardus, comes de Hoenbergh; Gotfridus, comes de Weigen; Sighlogus, prothonotarius imperatoris; Crafto iuvenis; Robertus de Dorren; Siboto de Cimbren, Arnoldus de Horenbergh; Berengherus de Gamburch et alii multi clerici et laici.

Wirtemb. Urkd.-Buch II. S. 280 f.

14.

24. Sept. 1192. Lüttich. K. Heinrichs VI. Freibrief für die Stadt Constanz gegenüber von ihren Bischöfen.

Testes: Hermannus Monaster. episcopus, Lotharius Leodiensis electus, Theodericus Traject. praepositus, Baldewinus comes Flandrie, Everhardus comes de Lon, Otto comes de Gelren, Theodericus comes de Hostaden, Theodericus comes de Cleve, Burkardus comes de Zolre, Diethelmus comes de Creien, Cuno de Mincenberg et alii.

Dümge, Reg. Bad. S. 150, Mon. Zoll. I. nro. XLIV.

15.

1192 o. T. u. O. Bifchof Diethelm von Conſtanz beſtätigt eine
der Conſtanzer Kirche gemachte Schenkung.

Testes: Ulricus constant. Praepositus etc. Chuonradus comes de sancto
monte advocatus constant., Albertus, dux de Techa, burchardus comes
de Zolre, gothefridus comes de rordorf, landolfus de Winzelun, diethalmus
de tochenburc et alii.

Dümge, Regesta bad. S. 151. Mon. Zoll. I. nro. XLV.

16.

28. Märʒ 1193. Speier. K. Heinrichs VI. Urkunde für das
Biſthum Paſſau.

Testes: Johannes Trevirens. Archiep., Otto Spirensis Episc. etc. Lupoldus dux Austriae et Lupoldus ejus filius, Cunradus dux Sueviaè, Rudolfus
Palatinus comes de Thuingen, Emecho comes de Liningen, Sigebertus comes
de Werda, - Sifridus comes de Worle, Albertus comes de Bogen, Poppo
comes de Wertheim, Gebehardus comes de Tolenstein, Fridericus et
Burchardus comites de Zolre, Fridericus comes de Hohenburc, Robertus de Durne, Godefridus de Winede, Cuno de Minzenberg et alii.

Mon. boic. XXIX. a. 469 ff. — Mon. Zoll. I. nro. XLVI.

17.

7. Juni 1193. Wirʒburg. K. Heinrich VI. beſtätigt die Freiheiten
und Beſitzungen des Kl. Salem.

Testeṣ: Otto babenbergensis Episcopus, Heinricus Wirceburgens. Episć.,
Heinricus wormatiensis Episc. etc. Chônradus dux Suevie, Liupoldus dux
Austrie, Berthodus dux meranie, comes Fridericus de Zolre, comes
Burchardus de Hohenberg, comes Gebehardus de Tolenstein, Rubertus
de durna, Cuno de Minzenberc et alii.

Copial-Buch des Kl. Salem. — Mon. Zoll. I. nro. XLVII.

18.

4. Juli 1193. Lautern. K. Heinrich VI. beſtätigt dem Marien-Kloſter
in Hagenau gewiſſe demſelben von ſeinem Vater geſchenkte Güter.

Testes: Otto Frising. Episcopus. — Philippus frater (imperatoris), Emecho
comes de Leyningen, Fridericus de Hohenberg, Henricus comes

de Zweynbrucken, Fridericus burggravius de Nurenberg, Wolmarus de Castele.

Mon. boic. XXXI. ⸱ S. 450 ff.

19.

11. April 1195. Ravensburg. Konrad, Herzog von Schwaben, übergibt dem Kl. Salem ein Gut, genannt Rieth.

Testes: Bertholdus comes de Berge, Fridericus comes de Hohenberc, dominus Landoldus de wincelun, Comes Fridericus de zolre, dominus Gotefridus de marsteten.

Copial-Buch des Kl. Salem in Karlsruhe. — Mon. Zoll. I. nro. LV.

20.

6. Febr. 1207. Straßburg. König Philipp bestätigt den Kauf; woburch der Freie Konrad von Schwarzenberg dem Stifte Salem Runsthal mit verschiebenen andern Gütern und Gerechtigkeiten in der Nachbarschaft überläßt.

Testes: — nach mehreren Bischöfen Otto dux Meranie. Burchardus et albertus. fratres et comites de colri. Cvnradus comes de Zolri. Vlricus. comes de helfinstain. hainricus comes de nifin. Berchtoldus comes de sancto Monte. Ebirhardus de ebirstain. hainricus dapifer de walpurc. heinricus de smalneggi et alii quam plures.

Aus dem Codex Salem. I. im Landesarchiv zu Karlsruhe. Abdruck in Mon. Zoll. l. nro. 75. Mone, Zeitschrift VIII. S. 358.

21.

31. März 1213. Constanz. König Friedrich II. bestätigt den Kauf des Gutes Runsthal von Seiten des Stifts Salem.

Testes — nach einer Reihe von Bischöfen und Aebten: Rodolfus Comes palatinus de Tiuwingen, vlricus comes de Kiburc et filii eius Wernerus et Hardemannus. Albertus comes de tilingen. Burcardus comes de Höhenberc. Hardemannus comes de Wirtenberc et ludoicus frater suus. Comes Rodolfus de habesburc. Bertoldus comes de sancto Monte. Comes

---

Hugo de Monte forti et alii quam plures. Data in ciuitate Constantiensi. Anno dominice incarnationis. M. CC.XIII. II. Kal. Aprilis.

Cod. Salem. I. a. a. O. In zwei weiteren Urkunden desselben Kaisers von dem gleichen Datum und Ort finden sich (Cod. Salem. I. 116—119) die nämlichen Zeugen.

22.

1. Sept. 1218. Ueberlingen. K. Friedrich II. bestätigt einen Güterverkauf des Kl. Salem.

Testes: Conradus Constantiensis Episc., comes Ulricus de Quiburc, comes Hugo de monte forti, comes Burcardus de Hohinberc, Anselmus de Justingen et alii.

Copial-Buch des Kl. Salem in Karlsruhe. Mon. Zoll. I. nro. LXXXV.

23.

13. Juli 1216. Constanz. K. Friedrich II. bestätigt dem Kloster Thennenbach seine Besitzungen.

Testes autem sunt hii: C. Constansiensis episcopus, ... abbas de Petri domo, D. abbas de Crucelingen, Ulricus comes de Kiburg, R. comes de Habesburg, B. comes de Houmburg, F. comes de Zoller, B. comes de Sancto monte, G. comes de Sigimaringen, M. comes de Nellenburg, Swigerus de Gundolfingen, Anselmus marescalus de Justingen, Conradus de Dirpain, F. de Tannen, B. frater eius, Ortoldus de Ringenburg, C. de Winterstetten et alii quam plures.

Orig. in Karlsruhe. Abdruck in Mone, Zeitschrift für die Geschichte des Oberrheins XI. S. 185.

24.

15. Juli 1216. Constanz. K. Friedrich II. nimmt das Kl. Raitenhaslach in seinen Schutz.

Testes: C. Constantiensis episcopus, — V. Comes de Kiburc, B. comes de Hohenberg, Fridericus de Zoller, Manegoldus comes de Nellenburg, Bertoldus comes de sancto monte et alii.

Mon. boic. III. 130. auch Mon. Zoll. I. nro. XCI.

25.

15. Apr. 1217. Rotweil. Graf Burkard von Hohenberg ist mit An=
dern bei K. Friedrich II. zu Rotweil Zeuge, als dieser zu Gunsten
des Kl. Hochmauern (bei R.) auf seine Eigenthumsrechte an
Besitzungen zu Dürbheim (O.A. Spaichingen) verzichtet.

Fridericus d. gr. Romanorum rex — Ductus zelo pietatis Bertoldus miles de Eginshaim quasdam possessiones in villa Dirbehain,
quas ipse a fidele nostro comite Egenone de Vrach tenebat in feodo
et comes predictus tenebat de manu nostra in feodo, easdem pro remedio
anime sue atque accepta pecunia dictus miles ad honorem dei et sustentationem sanctimonalium apud Rotwilre in loco qui Hohmuron dicitur
deo famulantium feodum supradictum resignauit comiti Egenoni et filio illius
Egenoni, postulando devotissime ut auxilio eorundem et interventu nos, ad
quos iure patrimonii pertinere dinoscuntur proprietates predictarum possessionum, ipsis comitibus ad preces suas nobis resignantibus, easdem dictis
monialibus in loco antedicto deservientibus dare vellemus et confirmare. etc.
testes: .. Eberhardus comes de Helffinstain, Hermanus comes de Sultza,
Fridericus comes de Zolre, Burckhardus comes de Honberc, Ansshel-
mus de Justingen, regalis aule marscalcus. etc.

Nach dem Copial=Buch des Kl. Rotenmünster, einer Papierhandschrift des 16ten
Jahrhunderts.

26.

1225 o. T. u. O. Albert, Herr von Rotenburg, des weiland Burchard,
Grafen von Zolre Sohn, entscheidet einen Streit des Klosters
Kreuzlingen in Betreff eines Mansus im Neckargau.

Ego albertus dominus de rotinburc quondam comitis burchardj de zolre filius notifico omnium caritatj quod jnter ecclesiam crucilinensem jn suburbio constantiensi ex una parte. et albradam hermannj
uiduam ex altera parte lis quondam uertebatur super quodam manso jn
nechirgő pertinente ad ecclesiam crucilinensem. quem mansum licet predictus. H. tenuerit ad censum. iiii°r solidorum annuatim ab abbate crucilinensi jn beneficio sub talj pacto ut nullus puerorum si quem forte genera-
turus esset uel aliquis nepotum eius debeat post mortem eius jpsum de aliquo jure contingere mansum. tamen post mortem eius ex talj predicta
possessione beneficij. sumpsit uidua eius albrada sine jure occasionem liti-
gandj. ipsaque defuncta eandem litem contra ecclesiam prefatam jntrauit

filia eius gŏta ex altero uiro cunrado cognomine Stolze genita. sororque ipsius albrade adilhadis Kadil dicta et filius ipsius adilhadis fridericus cognomine uesare nichilominus ex litigio albrade prefate sumentes sine omnj jure occasionem contra prefatam ecclesiam super eodem manso litigauerunt. Tandem me mediante taliter lis fuit sopita quod litigantes contra ecclesiam sepe dictam de manso jam dicto receperunt ab abbate crucilinensi theoderico. XXX. solidos. aliaque dampna plurima que ab eis ecclesia eadem passa fuit jn rapinis et aliis modis ipsis fuerunt jndulta. et sic cesserunt liti et abrenuntiauerunt erga ecclesiam iam dictam et erga camerarium eius sigifridum qui uicem ecclesie jn compositione gerebat omnj jurj si quid eis posset uel crederetur competere. Sicque statuj ecclesiam eandem sicut et semper possedit mansum ipsum licet litigiose. ita ammodo quieta gaudeat possessione et dominio. Vt autem hec inconuulsa permaneant. ad peticionem partium inpressione huius sigillj litteris sunt roborata. Acta sunt hec anno ab incarnatione dominj. M.CC.XX.V. Indict. XIII. Epact. VIIII., Concur. II. Imperante friderico romanorum imperatore et semper augusto. anno imperij eius. V. Testes qui jntererant composiüoaj sunt hij. fridericus et burchardus fratres qui dicuntur zutilmannj. heinricus dapifer de honberc. wernherus de arcingin. hŏgo de heigirlo. heinricus birchisca. albertus de phaiphingin. dietricus de wrmilingin. albertus de haginbach. Rŏdolfus sacerdos viceplebanus jn vrmilingin et alij quam plures. Ego albertus quoniam sigillum non habeo usus sum sigillo fratris mej comitis burchardj defunctj quod suis filiis reliquit quorum et ego fuj procurator.

8. b. Original im Archive des Klosters Kreuzlingen. Abbruck mit Siegelbild in Mon. Zoll. I. nro. 112. — Facsimile der Urkunde in v. Stillfrieds „Alterthümer und Kunstdenkmale des Hauses Hohenzollern.“

Es unterliegt nach dem Urtheil eines Sachverständigen, der das sehr gut erhaltene Original-Siegel der vorstehenden Urkunde (aus rother Masse) mit dem des Grafen Burkard IV. von Hohenberg an Urkunde vom Jahr 1270 Juni 22 (siehe unsere Geschichte der Pfalzgrafen von Tübingen S. 47 ff. des Urkunden-Buchs) verglichen hat, keinem Zweifel, daß der Stecher des Stempels zu dem Siegel von 1270 den zu dem Siegel von 1226 als Muster vor sich liegen hatte. Auf beiden Siegeln sprengt der Reiter heraldisch links hin, woher es kommt, daß man die innere Fläche des Schildes, also keine Zeichnung auf demselben sieht. Der Reiter hat in der Rechten die Lanze zum Stoße eingelegt.

27.

17. Aug. 1226. Ulm. König Heinrich bestätigt einen Vergleich zwischen dem Kloster Kreuzlingen und Graf Albert von „Rütimberch."

Heinricus Septimus diuina fauente clementia Rom. rex et semper augustus. Que geruntur in tempore labuntur cum tempore, nisi scripti memoria uel uoce testium perhennantur. Noscant igitur presentes cum posteris, formam compositionis factam inter abbatem Crucelingensem cum conuentu suo et comitem Albertum de Rûtimberch in nostra presentia et coram illustre duce bawarie, tunc temporis nostro nutricio. Prefatus comes Albertus fide data in manus nostre maiestatis et sacramento confirmauit, quod sepedictum abbatem et conuentum suum in bonis suis sitis in nechirgŏ non presumat grauare deinceps iuxta curriculum uite sue. Promisit etiam antedictus comes Albertus sub eisdem confirmationibus, quod si quos homines censuales ecclesie wurmlingen attinentes concessos qualitercunque per impheodationes alienauit ab eadem ecclesia, a tali impheodatione absoluat. Si quos etiam genitor prefati Alberti comitis suo tempore a predicta alienauit ecclesia, sepefatus comes Albertus cum sepedicto abbate et conuentu ad recuperationem predictorum hominum censualium nulla subdolositate interserta tenetur efficaciter laborare. Si vero memoratus comes Albertus fidei datae et sacramenti facti male immemor, quod absit, grauis et iniuriosus extiterit sepefato abbati suoque conuentui, pro tali delicto insolito increpandus et admonendus est a venerabili constantiensi episcopo uel abbate, et post talem admonitionem infra sex hebdomadas conferre sese debet in ciuitatem Vberlingen nomine obsidis, abinde non discessurus, nisi prefato abbati suoque conuentui plenariam fecerit satisfactionem. Promittit quoque sepedictus Albertus, se daturum X marcas examinati argenti in proximo festo beati Martini uel infra pro dampnis illatis prefato abbati suoque conuentui, pro quibus extitit fideiiussor Rûdolfus homo nobilis de Hewe, pacto tali, si dictus Rûdolfus de Hewe delicta nature soluerit. Johannes de Dirbihein et Burchardus de hohinburc pro soluenda prefata pecunia uicem pro ipso incident fideiussoris. Hec autem promissio ac confirmatio ut robur suum teneat incorruptum, Sigilli nostri robore et sigillo illustris ducis bawarie, tunc temporis nostri nutritii, cum nostro priuilegio non omisimus confortare. Hujus rei testes sunt: H. regalis aule prothonotarius, Bertholdus plebanus de Arnisperc, Vlricus presbiter de Walte, Burgrauius de Norimberc, H. comes de Dilingen, E. dapifer de Walpurch, C. et E. pincerne de Winterstetin, Dieto de Rauinspurch, H. de Schalchisperg, N. Nagellinus et alii quam plures.

Datum apud Vlmam anno verbi incarnati MCCXXVI., XVI. Cal. Sept.,
. Ind. XIV.

Original mit zwei Siegeln im Archive des Klosters Kreuzlingen. Abdruck in Mon.
Zoll. I. pro. 114.

28.

2. Mai 1228. Horb. Bertholb gen. Ungericht von Sulz über=
läßt von dem Kloster Stein zu Lehen besessene Zehentrechte zu
Rexingen gegen eine jährliche Weizen= und Habergilt an das
Johanniterordens=Haus daselbst.

Testes: nobiles viri H. miles de werstan. Richardus frater eiusdem
molendinator de Husen. fr. pincerna de Nagelt. Dietericus de
Harnbach (sic.) milites . Wl . dictus pinguis, villicus. C. dictus Nobili
Scultetus in horwe. Dietericus frater suus. wer. de argezingen.
C. dictus medicus plebanus in vtingen. Dietericus prior in Rahsingen.
Siegeln der „nobilis" von Gerolzeck und die „ciues in Horwe." Dat. aput
Horwe ante hospitium dankolfi.

Aus dem Diplomatar des Kl. Alpirsbach im St.-Archiv zu St.

29

1237 o. T. u. O. Graf Burkard von Hohenberg überläßt gegen
eine Entschädigung von 50 Mark Silber seine Besitzung Kirchberg
(O.A. Sulz) den daselbst sich angesiebelten Nonnen.

Vniuersis Christi fidelibus presentem paginam inspecturis Burcardus
comes de Hohenberg noticiam rei geste, vt acta mortalium que sunt
digna memorie commendenda cum tempore non labantur, scripturarum sepius
solent et debent remedio preuenirj, ut inde sumatur posteris ueritatis pre-
terite argumentum. Hinc est, quod uniuersis tam presentis etatis quam
postere fierj cupimus manifestum, quod nos possessiones nostras
Killhberg cum omnibus pertinentiis suis et omnj iurisdicione
qua ad nos pertinebantur (sic!) sanctis et deuotis feminis eiusdem locj
nouelle plantacionj uidelicet. pro quinquaginta marcis argentj uendimus (sic!)
et donauimus nichil iuris in eisdem possessionibus nobis penitus reseruando.
Igitur ne prefatis sanctimonialibus a nobis seu heredibus nostris aliqua in
posterum possit orirj calumnia uel aliquibus fatigacionibus super his ualeant
molestarj presens scriptum fierj et appositione nostrj sigilli fecimus roborarj.
Acta sunt hec anno ab incarnatione dominj M. C.C. XXXVII. regnante im-

peratore friderico semper augusto et rege sicilie in presentia testium sub
scriptorum frater helias et frater theophilus deordine predica
torum in Ezelingen, Vlricus plebanus in Haygerloch, R. ple
banus in wildorf, H. de werstain et H. de ysenburg barones
H. dapifer et B. marschalchus de Hohenberg, A. de Haiterbach
Etecho de haiterbach,[1] pincerna dewilpberg. F. zvtelman, G. e
H. fratres de Wahingen, D. de mieringen, H. Birchischach, H
scultetus de haigerloch, H. minister comitis, Wachindorffarius
Buoringarius, ciues in haigerloch et alij quam plures tam milite
quam ciues.

Von b. Orig. im St.-Archiv zu Stuttgart. Das an einer leinenen Schnur hängenbe
in ein rothseibenes Säckchen eingenähte Siegel ist zerbröckelt.

[1] Ursprünglich stanb witingen, eine spätere Hanb hat barüber geschrieben Haiterbach.

30.

25. Juni (ober **9. Juli**) **1245** o. O.   Ritter Heinrich von Nagoli
versichert in Gegenwart unb unter Mitwirfung ber Grafen Bur
farb von Hohenberg unb Gotfrieb von Calw bie Mitgift seine
Ehefrau auf seine Besitzungen bei Nagolb.

Notum sit vniuersis presenciarum (sic!) paginam inspecturis quo
Hainricus miles de Nagelta Adelhaiti uxori sue bona sua ji
nagilte nominatim exprimens pro quadam summa pecunie videlicet XI
marcarum in dotem ratione pingnoris (sic!) o[b]ligauit assignans nominatin
Curiam quam Berchtoldus iuxta fontem possidet et illi superaddens xi
iugera zů der laingrůbe iiij Meringen et super gehay iiij.[1] ze gebrit
tun et obirnbuhele iiij. Assignando fenum X carratas in duabus prati
by der wattzuli vnum an Meringer wege unum et Burkwise et posses
sionem Hugonis et Waltheri et preene.[2] Et hec facta sunt presentibu
dominis et auxiliantibus videlicet comitibus Burkardo de hohenberg
et Gotfrido de Kalwe, dapifero et Marschalkus[3] de hohenberg
Aduocatus de wellehusin et Wernherus de Ihelingen et Nêze
et etiche de haiterbach. Et hec facta sunt cum consensu heredum
Datum Anno ab incarnatione domini M. CCXLV. Indictione tercia VII. Ka
lendas[4] (seu Idus) julij.

[1] Die beygefügte beutsche Uebersetzung gibt biese Stelle auf folgenbe Weise: Zwolff jucharl
zu der laingrube der sind iiii ze Meringen und IIII uff dem gehay.

[2] Das Wort ist geschrieben pëne bie beutsche Uebersetzung läßt es weg.

[3] So hier unb nachher ber Nominativ.

[4] Das Copial-Buch hat einen Buchstaben, ber einem N. ähnlich sieht; ba es nicht Nonas
heißen kann wegen ber vorangehenben 7, so ist anzunehmen, baß K. ob. Idas im Original, viel-

licht abrevirt gestanden und dies von dem Abschreiber nicht entziffert werden konnte. Die Uebersetzung hat „In dem manot Julii;" daraus möchte zu schließen seyn, daß es nicht VII mensis Julii geheißen, indem sonst der Uebersetzer die Zahl leicht hätte hinzufügen können, nicht so bey Kal. ob. Idus, deren Berechnung ihm weniger geläufig seyn konnte.

S. dem Copial.-Buch des Klosters Kirchberg fol. CXXIX.

31.

1245 o. T. u. O. Graf Burkard von Hohenberg gibt seine lehens= herrliche Bewilligung zu dem Verkauf des halben Theils des Zehntens zu Dußlingen, welchen Gero von Lichtenstein dem Kloster Bebenhausen um **75** Pfd. Heller verkauft, dafür aber seinen Hof in Felbhausen wiberlegt und zu Lehen empfangen hat.

In nomine sancte et indiuidue trinitatis amen. Vniuersis Christi fidelibus, tam futuris quam presentibus, Burcardus diuina prouidente clementia comes de Hohenberc noticiam subscriptorum. Ad eterne vite beatum premium et temporalis prosperitatis magnum incrementum apud regem regum omnium nobis profuturum non ambigimus, si ecclesiam dei et uirorum jugiter domino famulantivm profectibus et commodis intenderimus. Hinc est, quod cum Gero miles de Liechtenstein mediam partem decime in Tvsselingen venerabilibus in Christo abbati et conuentui in Bebinhusin ex consensu liberorum et aliorum heredum suorum vendere decreuisset, nec tamen id effectui mancipare quiuisset eo, quod ipsius decime proprietas ad nos spectare dinosceretur, nos diuine remunerationis intuitv dicti conventus vtilitatibus consultum esse cupientes et prefati G. pie peticioni consensum adhibentes, ipsi Gero prenominatam decimam monasterio de Bebinhusin iam dicto pro LXXV libris hallensium vendendi liberam dedimus facultatem. Verum prefatus G. ne ab homagii vinculo, quo nobis racione sepedicte decime hactenus tenebatur astrictus, liber maneret, curiam suam in Velthusin, quam huc vsque possedit ut propriam, vna cum uxore sua et filiis in manus nostras resignauit et a nobis recepit eandem feodali nomine deinceps possidendam. Quod presentibus litteris dignum duximus inserendum propter malignantium cavillationes multiplices, quibus bonos infestare non desistunt, quatenus sepe memorato conuentui de Bebinhusin maioris fidei prebeat incrementum. Vt autem hec rata permaneant et inconuulsa, presentem cedulam scribi et sigilli nostri appensione fecimus roborari. Huius rei testes sunt ego Burcardus comes de Hohinberc, decanus de Heigerloch, plebanus de Wehingen, Berngerus liber dictus de Enthringen, et Albertus frater suus adhuc seruus, Gero de Liethensten, Peregrinus de Salbeningen,

Hermannus de Owe,... miles de Miringen et notarius noster
et alii quam plures. Acta sunt hec anno ab incarnatione domini M⁰. CC⁰
xlv⁰. sub abbate Bertoldo dicto de Mvnegesingen, qui presens affui
cum monacho suo Heinrico, qui magistro (sic!) hospitum nuncupatur

Das runde Siegel des Grafen Burkard von Hohenberg in gelblichbraunem
Wachs an rothen, sehr fein gewebten Seibenbändeln, deren eine Seite einen
schmalen gelben Streifen hat, ist wohl erhalten, zeigt einen rechts sprengenden
herausschauenden Reiter, der in der Rechten eine dünne Lanze, am linken Arme
einen dreieckigen Schild mit der hohenbergischen Quertheilung hat, mit der Linken
den Zügel hält, und oben auf den Seiten des Helmes gekrümmte, mit den Spitzen
gegen einander gebogene Hörner (das scheinen sie wenigstens zu seyn) hat, die
mit Pfauenfedern besteckt sind. Umschr.: † S. COMJTJS. BVBCARDJ. DE.
HOHENBERG. —

Orig. in Karlsruhe. Abdruck bei Mone, Zeitschrift III, 126 ff.

32.

1. April 1246. Empfingen. Hugo von Werstein, ein Freier, verkauft
seinen Hof in Dornhan an das Kl. Kirchberg.

Vniuersis presentem paginam inspecturis Hugo nobilis de werstein.
Salutem et noticiam rei geste. Nouerint uniuersi quod nos curtim nostram
in Dahun quam iure proprietatis possedimus venerabilibus in Christo Priorisse et Conuentui sororum in kylperch pro LXXXII. libris Tuwingensis
monete libere et absolute uendidimus, hac adhibita sponsione et etiam fideiussione per nobiles uiros Hildeboldum et Hugonem de Isenburch.
Albertum de Zimmern et Hugonem filium nostrum ut si forte
eadem curtis iure feodali censeretur ab aliquo, nos eandem tam per emptionem
quam per commutationem absque omnj dispendio ejusdem Conuentus in
Kilperch absolueremus omnimodis, iure proprietatis ab ipso in perpetuum
possidendam. eadem fideiussione insuper et iuramento tam per nos quam
per dictum H. filium nostrum firmantes, ut si post reditum Comitis
Wolfradi de Veringen ad terram suam infra annum dictam absolu-
tionem seu libertatem iam dicte curtis exequi non possemus, ex tunc dicti
fideiussores se absque omni contradictione in Heigerloch presentarent
quoad usque LX. marce absque omni tergiuersatione iam dicto Conuentui
soluerentur. Si uero infra predictum terminum nos contigeri(e)t rebus humanis eximi, H. filius noster iam dictam sponsionem seu fideiussionem
uice nostra infra predictum terminum absque omni ambiguitatis seu diffi-
cultatis scrupulo et sepedicti Conuentus dispendio exsequetur. Actum anno

domini. M⁰. CC⁰. XLVI⁰. apud Emphingen in die palmarum. Presentibus
domino Dieterico sacerdote in Emphingen. domino Walthero sacerdote in kilperch. Conrado milite de Husen. Menloho milite
de Tetelingen. Hugone milite de Betenhusen. Bertoldo de glate.
Heinrico dicto Rerer. Wernhero de Erzingen. Conrado seniore
et conrado iuniore dictis theloncariis de oberindorf. fratre
Bertholdo de Rotwil. fratre Bertoldo de ostorf. fratre Gerungo
de Binzdorf. fratre Burchardo de Arzingen conuersis in Kilperch. et aliis quam pluribus. In cuius rei testimonium presentem cedulam
sigillo nostro fecimus communirj.

B. v. Orig. im St.-Archiv zu Stuttgart. Das Siegel fehlt.

33.

19. Juli 1249. Rotenburg. Graf Burkard von Hohenberg bittet den
Bischof von Bamberg um Zustimmung zu einer Schenkung des
Edlen Hiltebold von Jsenburg an das Kloster Reichenbach.

Venerabilj domino suo... Dej gratia Babenbergensi episcopo Burchardus eadem gratia comes de hohemberch fidelis
suus salutem cum fidelitatis debite fumulatu. Scire uestram dominationem
et alios presentis pagine inspectores cupimus, quod Hilteboldus nobilis
uir de jsenburch pia ductus intentione omnia bona que aput uillam,
Schermen aut jn circumiacentibus uicinis jn nigra silua uillis seu op-
pidis ullo titulo nunc habet aut possidet, seu jn posterum habiturus seu
possessurus erit cum omnibus suis appendiciis monasterio de Richem-
bach Constantiensis diocesis concessit legitime seu donauit, ita uidelicet,
ut si sine filio herede ipsum decedere contingerit dicta bona ad dictum monasterium pleno iure perpetuo debeant pertinere, quinque solidos usualis
monete de praedictis bonis singulis annis quamdiu uixerit jn signum predicte
donationis dicto monasterio soluere promittendo, Cui donationj seu conces-
sioni nos assensum nostrum super hoc eo requisitum, quod dictus nobilis
aliqua ex bonis predictis a nobis jn feudum obtinet, fauore religionis dicti monasterii et diuini nominis intuitu duximus adhibendum, omne
ius quod nobis super prefatis bonis posset competere in predictum monasterium donationis titulo transferentes. Verum quia aliquantulum de bonis
ipsis ad egregie matris ecclesie Babenbergensis proprietatem spectare —
cinoscitur, a qua nos eadem bona cum multis alijs habere iure
feudj recognoscimus, vestram ut tam factum predicti nobilis quam
nostrum circa predicta bona generet commoda pleniora monasterio predicto,
rogamus dominationem, quatenus et uos dictis donationibus benignum im-
pertientes assensum, ius proprietatis sepedictorum bonorum, maxime cum

non magni sed uilis pretii bona eadem estimentur, dicto monasterio conce-
datis. Datum Rotemburch anno domini M⁰. cc⁰. xL⁰ıx⁰. xıııı. Kal.
Augusti.

Von dem Original im St.-Archiv zu Stuttgart. Das Siegel ift abgefallen.

34

Um **1250** o. T. u. O.

— Item in ebenwilare (Ebenweiler, O.A. Saulgau) dedit quidam Ger-
wïgus ministerialis comitis de heigerlo ecclesie augensi (Albau-
gensi — Weiſſenau) curtem unam cum consensu eiusdem comitis domini sui.
erat enim sua jure proprietatis et potuit ex ea ordinare sicut voluit.

Codex Albaugens. Fol. 210.

35.

1251 o. T. **Nagold.** Graf Burkard von Hohenberg ſchenkt ſein
Vogtrecht über einen Hof zu Irrendorf dem Kloſter Beuron.

Universis Christi fidelibus presentem paginam inspecturis B. comes
de Hohenberch sincera fide prestans affectum. Noscat universitas vestra,
quod nos advocatiam super curiam quandam in Urindorf, que
nobis hereditario jure spectabat, dum nobis a quodam fascallo
nostro H. de Machtorf vacaret, ecclesie sanete virginis Marie
et sancti Martini in Biurron et confratribus inibi deo servientibus,
sicut decet, ob remedium anime nostre et parentum nostrorum contradidimus, ita tamen, ut in tuitione nostra semper permaneat. presens igitur
scriptum sigilli nostri inpressione roboravimus, ut si aliquis instinctu diaboli
super hac traditione dicte ecclesie et fratribus eiusdem gravamen inferre
presumpserit, viso scripto nostro cum sigillo ipsos juxta quam valeat inquietare. Datum in Nagilte anno ab incarnatione dom. M⁰. CC.LI. indictione.

Orig. in Karlsruhe. Abdruck in Mone, Zeitſchrift VI, 417. Rundes Siegel in
grauem Wachs, vom Rande abgeſtoßen. Sitzender Graf auf einem Lehnſtuhle in richter-
licher Tracht. Umſchrift: † S.... EM (?)E (?) N...... ORT.

36.

25. Juni 1252. Meersburg. Biſchof Eberhard von Conſtanz gibt ſeine
Zuſtimmung, als das Kloſter Reuthin Güter, welche ihm Gr. Burkart
von Hohenberg geſchenkt, gegen andere vertauſcht.

E. dei gratia Constantiensis Episcopus, vniuersis Christi fidelibus hanc paginam inspecturis. Salutem in domino. Opus agimus pietatis

cum contractus inter ecclesias nobis subiectas, et religiosas personas causa utilitatis utriusque partis celebratos, consensus nostri et litterarum munimine roboramus. Cvm igitur dilecte in Chrĭsto sorores de Ruthi, aream in qua resident et ortum, qui ad ecclesiam vtingen pertinebant, pleno iure cum quibusdam duobus pratis sitis in vtingen inferiori, que Nobilis uir Comes Burchardus de Honberch .ad peticionem earumdem sororum ecclesie predicte contulit, ad invicem permutassent, patroni dicte ecclesie ac plebani accedente consensu, sicut per litteras eorumdem nobis constitit euidenter. Nos attendentes dictam permutationem pro utilitate non solum prescriptarum sororum, uerum etiam ipsius ecclesie esse factam, eam ratam habentes presentibus sicut iuste ac rationabiliter facta dinoscitur confirmamus, has super hoc litteras in testimonium dictis sororibus conferentes sigilli nostri robore communitas. Datum Merspvrc. Anno domini M⁰.CC⁰.LII.VII. Kalendas Jvlii.

B. d. Orig. im St.-Archiv zu St. Längl. rundes Sigill von Mehlteig mit dem Bilde des Bischofs und der Umschrift:

S. EBIRHARDI. DEI GRA .... STANTIEN. ECCLIE. EPI. .

37.

27. Sept. 1253. Merklingen. Graf Gotfried von Calw gibt seine Zustimmung, als Ritter Heinrich von „Nagilta", sein Dienstmann, dem Kl. Kirchberg, in welches dessen Frau eingetreten war, seine Güter in N. theils schenkte, theils verkaufte.

Gotfridus dei gratia Comes in Kalwe vniuersis Christi fidelibus presentem litteram inspecturis veritatis testimonium acceptare. Nouerint tam presentes quam posteri quod Heinricus miles de Nagilta ministerialis noster ad frugem melioris uite transire desiderans cum Adelhaide uxore sua ipsam Adelhaidam locauit in collegio sanctarum feminarum in Kilperg portione rerum eandem contingente accedente nostro consensu et heredum suorum libere et absolute donata iam superius memoratis dominabus in super titulo venditionis reliquam partem rerum suarum in Nagilta sitarum per manum nostram et Gotfridi fratris sui ita quod omne predium et totum quod in predicta uilla habere videbatur extra fossatum cum pleno iure omni exactione liberum donauit eisdem excepto dumtaxat feodo quod habet Wernherus filius Wigandi cum suis attinentiis. Acta sunt hec Anno dominice incarnationis MCCLIII in uilla dicta Marchlingen in festo Cosme et Damiani. Testes hainricus de wile. Krafto de meginshain Richeln milites. Knozze filius Kraftonis. Wern-

herus de malminshain. Gernodus frater venditoris. Duo Brudc-
lones fratres Lut hart et Chûno fratres et alii quam plures.
Von dem Copial-Buch des Kl. Kirchberg Fol. 130. St.-Archiv zu St.

38.

1254 o. T. u. O. Ottilie, „ministerialis" des † Grafen Burkart
von Hohenberg, des Ritters Albero von Ertingen Wittwe, verkauft an
das Kl. Salem ihr Gut in Owingen (bei Hechingen.)

Anno domini M⁰CC⁰LIV⁰. Otilia relicta Alberonis quondam
militis dicti de Ertingen vendidit predium suum quod habuit in
Owingen cum consensu filiorum suorum Alberonis militis dicti de
Ertingen et Hainrici dicti Trvtsvn monasterio de Salem pro L
marcis argenti et sciendum est, quod predicti Alberonis filii siue alii heredes
ipsius nichil ivris habuerunt vel habere uidebantur in prenominato predio
in Owingen, quia uxor eiusdem Alberonis mater filiorum supradictorum ministerialis fuit *Comitis Bur. de Honberc.* vnde non
poterat ivs hereditarium possidere.

Cod. Salem, I. Fol. 283.

39.

2. Sept. 1258 o. O. Gr. Albert von Hohenberg und zwei „nobiles"
von Hewen, beide des gleichen Namens Rudolf, bezeugen, daß
Ritter Heinrich, genannt von Nagold, Dienstmann des Grafen
Gotfried von Calw, seinen eigenen Hof in Nagold mit ihrer Gunst
dem Kl. Kirchberg geschenkt hat.

Vniuersis presentem paginam inspecturis Albertus Comes de Hohenberg, Rûdolfus et Rûdolfus fratres nobiles de Hewen Salutem et
ueritatis testimonium acceptum. Notum facimus quod nos inuestigata dili-
gencius ueritate a quampluribus nobilibus militibus et alijs fide dignis
inuenimus hainricum militem dictum de Nagelte ministerialem
Gotfridi Comitis de Calwe Curtim suam in Nagelte nec a nobis
nec a nostris predecessoribus uel parentibus iure foedali uel
in toto uel in parte aliqua tenuisse set a suis progenitoribus nomine
et iure. predij possedisse Supplicatione autem iam dicti Hainrici militis et
dilectarum in Christo priorisse et conuentus sororum in Kilchperg nec
non et ueritatis amore permoti tenore presentium protestamur et veritati
testimonium perhibemus, quod idem Hainricus miles per manum domini

sui iam dicti Gotfridi Comitis de Calwe et uoluntatem liberam
Accedente etiam nostra beniuolentia et fauore memoratis priorisse et conuentui sororum in Kilchperg contulit iam dictum predium in Nagelte in
nostro situm territorio cum omnibus suis Appendicijs absque omni
contradictione sui et suorum[1] heredum et nostra libere et absolute in
perpetuum possidendum. Huius igitur protestationis testes sunt Rûdolfús
Comes de Habchsburg. Nobilis de Nuwehusen. Hermannuś
miles de Owe. Alberthus miles de werbenwâg et hugo miles
frater suus. Hugo miles de Wehingen. waltherus Capellanuś
in Kilchperg. et alij quam plures. In cuius rei testimonium presentem
cedulam sigillorum nostrorum munimine duximus roborandam. Datum Anno
domini M⁰CC⁰LVIII⁰ IIII Nonas Septembris.

> [1] Das Copial-Buch, woraus diese Abschrift genommen, hat offenbar unrichtig sororum.
> Nach dem Copial-Buch des Kl. Kirchberg im St.-Archiv zu Stuttgart.

40.

27. April 1260 v. O. Pfarrer Diepold in Weildorf (bei Haigerloch)
geht einen Gütertausch ein zwischen seiner Kirche und dem
Kloster Kirchberg.

Vniuersis praesentem cedulam inspecturis. Diepoldus plebanus
ecclesie jn Wildorf Salutem ac noticiam rei geste. Notum facimus quod
nos qui pastor ac plebanus ecclesie jn Wildorf dicimur, non
isne consilio ac arbitrio virorum proborum atque prudentum super rebus
quibusdam ad ecclesiam nostram jn Wildorf olim spectantibus videlicet area
in monte Kilperch sita et pratis sub monte, pratum ecclesie in Kilperch
contingentibus, et agro sub eodem monte juxta piscinam nec non silua que
uocatur collis Sanctj petrj et medietate jugeris prope curtim wilon
non coacte sed uoluntarie juxta formam juris canonicj transegimus permutationem et concambium ad utilitatem nostre ecclesie pro rebus aliis melioribus scilicet vno prato jn hvsertal et duobus agris prope villam
gruren, nec non silua que uocatur lindiloch ac medietate vnius jugeris
cum religiosis .. priorissa et Conuentu sororum jn Kilperch excluso totius
doli scrupulo facientes. Protestamur nichilominus tenore praesentium id
ipsum factum nos ratum ac firmum in perpetuum habituros. Actum anno
dominj M⁰.cc⁰.Lx⁰. v. Kal. Maij.

> Von dem Original im St.-Archiv zu Stuttgart. Das Siegel ist abgerissen.
> Außen steht von gleich alter Hand: „bef von mulhusen brif vmb den wehsel von
> wildorf."

41.

27. Apr. 1260 o. O. Gr. Albert von Hohenberg gibt seine Zustimmung, als sein „patruus" Pfarrer Diepold von Weildorf (bei Haigerloch) namens seiner Kirche mit dem Kl. Kirchberg einen Gütertausch eingeht.

Vniuersis presentem cedulam inspecturis Albertus comes de Hohemberch Salutem et noticiam rei geste. Notum facimus, quod Diepoldus patruus noster plebanus de wildorf, quedam bona eidem ecclesie attinentia ad utilitatem eiusdem ecclesie de prudentum et bonorum consilio pro quibusdam bonis ecclesie et Conuentus in Kilperch secundum formam subscriptam absque coactione et precibus inportunis libere et absolute de consensu et uoluntate uenerabilis domini Eberhardi Constantiensis' Episcopi permutauit, accedente insuper consensu et noluntate nostra et subditorum eiusdem ecclesie in wildorf, qui eciam cum fideles essent eiusdem ecclesie utpote censuales et subditi eandem permutationem ad utilitatem sue ecclesie de consensu et permissione memorati conuentus de Kilperch fideliter taxauerunt. Talis autem fuit permutatio supradicta. Pro area in monte Kilperch-sita et pratis sub monte contingentibus pratum ecclesie in Kilperch et agro sub eodem monte iuxta piscinam. Item pro silua que uocatur collis sancti petri et medietate unius iugeris prope curtim wilon dedit priorissa et conuentus sororum de Kilperch sepedicte ecclesie in wildorf vnum pratum in husertal et duos agros prope uillam Grᵹren. Item siluam que uocatur Lindiloch et medietatem unius jugeris que omnia secundum estimatiouem fide dignorum uirorum eiusdem ecclesie in wildorf subditorum predictis bonis a memorato D. plebano in wildorf ecclesie in Kilperch assignatis in ualore unius marce argenti et amplius excedebant. In cuius rei testimonium postularunt partes sigillis domini Episcopi Constantiensis et nostro presentem cedulam consiguari. Testes huius contractus sunt Henricus dictus wirselin, Manegoldus filius suus, et Rᵹdegerus cirurgicus ciues de Heigerloch, Chᵹnradus filius ymme, wernherus dictus vuller de Grᵹren. Henricus villicus et henricus dictus Dahemmer de wildorf et omnes censuales eiusdem ecclesie in wildorf et alii quamplures. Actum anno domini Mᵒ. CCᵒ.LXᵒ. v. Kal. Maji.

auf einem Exemplar erkennt man ben mit Pfauenfedern in Form eines halben Rades bededten Helm; von ber Umschrift ist auf einem Siegel blos noch comitis, auf bem anbern S. comitis alberti de ... zu lesen.

42.

1262 o. T. Rotweil. Gr. Albert von Hohenberg stellt bem Kl. Rotenmünster zu beffen Sicherstellung eine Urkunbe aus über eine Schenkung Ritter Alberts und Volfarbs von Suntheim, welche schon unter seinem Vater gemacht worden war.

Albertus preclarus Comes de Hohenberc, vniuersis presentium inspectoribus notitiam rei geste pleniorem. Scire cupimus vniuersitatem vestram quod Albertus Miles et Volcardus frater suus dicti de Suntbain in presentia pie memorie Comitis Burchardi dei gratia patris mei Curiam in Vogingen cum omnibus appendiciis suis, quam proprietatis jure et iusto titulo et bona fide possederunt pro remedio animarum suarum et parentum suorum sollempni donatione contulerunt. Abrenuntiantes omni juri pro se et heredibus eorum, quod videbantur, vel videntur, in dicta Curia, vel suis appendiciis possidere. Ad peticionem igitur venerabilis Abbatisse et conuentus dicti Monasterii, et ad renouationem ipsius facti, ne filii prefati Volcardi Militis, vel alii calumpniatores vlli in rebus prefate Curie et in donacione iam dudum sollempniter facta, vllam moueant, vel mouere debeant questionem, presentem litteram Sigillo nostro et Sigillo Volcardi prefati Militis fecimus communirj. Datum apud Rotwil. Anno Domini. M⁰.CC⁰.L.X⁰. Secundo. Indictione. VIⁱ.[1] coram testibus subscriptis[2].

Copial-Buch bes Kl. Rotenmünster.

[1] Zu 1262. — 5. (nicht 6.)
[2] Das Copial-Buch hat bie Zeugen nicht.

43.

17. Mårz 1263 o. O. Die Grafen Rubolf von Tübingen, Heinrich von Fürstenberg und Albert von Hohenberg urfunben, baß ihre Dienstmannen Bertolb und Albert von Hatterbach mit ihrer Erlaubniß ein Gut Reuthin bei Bonborf an bas Kloster Kirchberg verfauft haben.

Vniuersis presentem cedulam inspecturis Rudolfus comes de Tuwingen, Henricus comes de vurstemberch, et Albertus comes

de Hohenberch, Salutem et ueritatis testimonium acceptare. Notum
facimus, quod dilecti nobis Bertoldus miles et Albertus frater
eiusdem dicti de Heiterbach, ministeriales nostri, de consensu et uoluntate nostra predium suum in Rivthi, prope
villam Bondorf situm, pro octoginta marcis argenti vendiderunt priorisse et conuentui deuotarum in Christo sororum ordinis sancti
Augustini sub cura et regimine fratrum predicatorum in Kilperch degentium constantiensis dyocesis, et per manus nostras ipsum
predium absque omni diminutione et contradictione seu scrupulo eisdem
sororibus transmiserunt ab ipso conuentu, sine omni impedimento heredum
quorumlibet libere et absolute in perpetuum possidendum. In cuius rei
testimonium presentem cedulam ipsis dedimus sigillorum nostrorum munimine roboratam. Actum anno domini M°.C.°C°.LXIIj°. Indictione vj.ª Sab-
bato ante festum sancti Benedicti. Presentibus dominis et militibus, Hugone et Rŷdolfo comitibus de Tuwingen, fratre Friderico de
ordine hospitalis sancti Johannis, quondam dicto de Ŷtingen:
Steimaro milite fratre eiusdem, Hugone milite, filio aduocati
de Wellehusen, Brankelino milite de Bondorf, Henrico milite
dicto Crŏwel, Henrico milite dicto Sleice, Wernhero milite
de Jhelingen, Henrico milite de Bivrron, Menloho milite de
Tetelingen, friderico pincerna de Nagelte, Chonrado milite
de witingen dicto Lamph. · Volmaro de Heiterbach, Petro de
Eppendorf, Markwardo de witingen et alii quampluribus fide dignis.

B. v. Orig. in der Registratur des Hof-Cameralamts in Herrenberg. Von den
Siegeln ist nur noch der Pergamentstreifen des ersten Siegels vorhanden.

44.

25. Juli 1263 o. O. Uebereinkunft zwischen dem Kl. Kirchberg und dem Weber Hildebold in Haigerloch, Güter in Seebronn betreffend.

Vniuersis presentem cedulam inspecturis Priorissa et Conuentus sororum
in Kirchperg salutem et noticiam rei geste. Notum facimus quod nos
dilectis in Christo Hildeboldo textori et uxori eius Gerdrudi in
Haygerloch promisimus bona fide, quod de bonis nostris in Sebrunnen
que a conuentu sororum de wilar pro L. libris Tuwingensium compa-
ruimus, de quibus iam dicti coniuges xxx libras Tuwingensium persoluerunt
deductis duabus partibus de redditibus siue fructibus eorundem bonorum,
nos eisdem Hildeboldo et Gerdrudi tres partes reddituum eorundem singulis
annis persoluemus hoc adhibito moderamine quod altero ipsorum ex hac luce

subtracto quarta pars reddituum, quos ipsi a nobis perceperant annis singulis, ad nostrum conuentum libere deuoluetur. Si uero ambo decesserunt
medietas reddituum, quos perceperant, ad nos iterum pertinebit, reliqua
uero medietas ad pueros ipsorum, si quos tunc habuerint, deuoluetur. Si
autem absque puerorum successione decesserint vel etiam pueri, quos post
se successores reliquerint, de hac luce migrauerint, predicti redditus integre
et absque omni diminucione ad nostrum conuentum libere deuoluentur, nec
ad quemquam alium heredum ipsorum post obitum ipsorum seu puerorum
de cetero pertinebunt. Ceterum tenore presentium declaramus, quod nos
absque omni condicione etiam ante conuentionem huius, ipsis promisimus
bona fide, quod si alter ipsorum decesserit nos alterum qui superstes reman-
serit, si ad nos transire uoluerit, in nostrum collegium recipere deberemus.
In cuius rei testimonium presentem cedulam sibi dedimus sigilli nostri
munimine roboratam. Actum anno domini M°CC°LXIII° Indictione VI° in
die Sancti Jacobi apostoli.

Nach dem Copial-Buch des Kl. Kirchberg.

45.

1. Febr. **1264.** Rotenburg. Gr. Albert von Rotenburg entscheidet
einen Streit zwischen dem Kl. Kreuzlingen und seinen Unterthanen von Sülchen und Rübingen, in Betreff einer Wiese bei
dem Burtenle zu Gunsten des ersteren.

Omnibus Christi fidelibus presentes literas inspecturis. Albertus
nobilis divina gratia comes de Rotinburg salutem in domino Jesu
Christo et notitiam subscriptorum. Noverint universi praesentes litteras
inspecturi, quod cum dilecti in Christo abbas et conventus monasterii
de Cruzilino homines nostros de Sulchen et de Chubingen
coram nobis traxissent in causam pro eo? quod quoddam pratum situm in
Staina juxta locum quod Burtenle nominatur ipsis abstulerunt, asse-
rentes quod ad communem pascuam animalium ipsorum pertinet. Nos au-
ditis hincinde propositis, quia ex parte dictorum abbatis et conventus
sufficienter extitit probatum quod praedictum pratum nomine sui monasterii
quadraginta annis et citra sine omni interruptione quiete et pacifice possederant, habito consilio discretoque ipsum pratum sepedicto monasterio
finaliter adjudicamus, antedictis hominibus nostris in hac quaestione perpetuum silentium imponentes. In cujus facti testimonium praesentes litteras

nostro sigillo roboratas ipsis in testimonium concedentes. Datum Rotenburc anno domini m⁰.cc⁰.LXIIII⁰. kal. Febr. Indict. VII.

B. d. Orig. im Kreuzlinger Archiv. Eine Abschrift hievon auch im Wurmlinger Diplomatar.

46.

13. März 1264. Winterlingen. Littera Anshelmi et Anshelmi patruelis de Jvstingen et Alberti militis de Eberharlswilar super possessiones in Richenbach. Dat. in villa Winterlingen anno dominj M.°cc.°Lxiiij. iii. Id. Marcij.

Presentibus testibus subnotatis et rogatis uidelicet Nobili uiro Berhtoldo de Mulhusen patruo comitis alberti de Hohenberge et Nobilibus uiris Burchardo et fratre Eberhardo de Jvngingen, Hainrico de wildenvels, Chvnrado de Waelelingen, Wernhero de hohenstein militibus, Heinrico filio domini Burcardi de Tierberg, Chvnrado filio domini Hainrici de Tierberg.

Cod. Salem. II. Fol. 163. Im Landesarchiv zu Karlsruhe.

47.

30. März 1267. Hohenberg. „Freyheit grauff Albrechts von Hohenberg" dem Kl. St. Märgen (bei Freiburg im Breisgau) ertheilt.[1]

Wir Albertus grauff von Hohenberg thunb zewissenn vnd veriehen nach lutt vnd sag diß gegenwirtigen brieffs, das wir fur vns vnnd vnnser erben vnd nachkommen versprochen vnd verheissen haben, verheissen vnd versprechenn durch dissen brieff, das gotzhws ze Sant Marien celle in dem Schwartzwalb, den abbt vnd conuent desselben gotzhwses, vnd da mit all ir leutt vnd gutt, ligends vnnd farends, lassen onbekümmert vnd vngenotiget, sunbern zu bliben vnd ze leben in fribe, rast vnd rume, also auch bisher bey vnnsern vorbern vnd yetz bey vnnsern Zeytten dasselb gotzhws, der abbt vnd conuent, ir lutt vnd gut, in fribe vnd rume beliben sinbt vnd gelept honb. Auch ist ba mit zu wissen, das des yetz genanten gotzhwses lutte, bie man nent bie sell lute, weder vnns noch keinerley menschen verbunden, yetz noch in kunfftiger Zeytt, in dhein wege noch wyse ze bienen, webber mit lib noch mit gutt, wan dieselben sellute von recht sind vnd zugehorent dem vorgenanten Abbt vnd conuent des gotzhuses ze Sant Marien zelle, bemselben abbt vnd conuent dieselben seellutte in allen sachen vnd dinsten

[1] „Bs latin transsumirt in disses tutschlut. der original, ligt hinder benen von Fryburgl."

mit recht verbunden fint willig vnd gehorſam ze ſin. Dem yetzgenanten abbt vnd conuent iſt ouch erlaubt vnd honb des macht vnd vollen gewalt, nach irem willen dieſelben ſellutt an lieb vnd an gutt zebruechen, zenieſſen, vnd hoch vnd niber ſchetzen, wie es inen fugt vnd eben iſt. Wer aber, das es ſich fugtte, das wir ober vnnſer erben vnd nachkommen vnſere recht, die wir zu dem vorge= nanten gotzhws habent, vns entpfrembten mit vorkäuffen oder hingeben, ſo ſol der oder bie, wer bie ſinbt, bie ſich vnnſer rechten vnberwunbene ober vnber= zogen honb, in kouffes ober gebens weys, bes vorgenant gotzhws, ben abbt vnb conuent, ir lutt vnb guttex, lögenbes vnb varenbes, loßen biben (sic!) by iren rechten, alſo ſie belieben ſint von vnnſern forbern, vnnb von vns bisher vff bitz zytt. Wer aber yemant, ber annbers vnb barwibber tätige vnb bas Vorge= nanten gotzhws, ben abbt, conuent, ir lutt, ir gutt nit lies beleiben by iren rechten intraghalb, ben ze ſtunb ſo mag berſelb abbt vnb conuent inen ſelbs vnb iren gotzhws einen anbern frommen, getruwen, vnſtraffbaren, wyſen er welen ze einem Vogt, wen ſy wollenb vnnb inen eben iſt, an aller meniglicher wibberrebe, ſumung vnb irrung noch bem vnb begriffen vnb geſchriben iſt in ben freiheiteu, bie inen von bem romiſchen ſtull gegeben ſinb. Des alles zu vrkunb vnb zugnüs ſo iſt vnſer innſigell gehenckt an biſſen gegenwurtigen brieff. Geben zu vnſer Burg Hohenberg off ben ſechſten tag nach vnnſer frowen tag in ber vaſten genant tert. Kalendas Aprilis, in ber zytt als man zalt von ber gepurtt vnnſers herrn zwellfhunbert vnb ſiben vnb ſechtzigk jare.

Aus bem Fragment eines Cartulars bes Kl. St. Märgen p. 41. Im G. L. Archiv zu Karlsruhe.

48.

„Copia Dünckrobels im Attenthal.“ Ohne Jahr.

Item ſo iſt biz baz gut zu Attenthal, bas hienach geſchriben ſtabt. die gebüwen bie genb järlich iij lib. unb iiß unb iiii ₰ unb iiii Mutt habern an ſent Remigen tag rß alber ein herberge ſünbers Walther wil; ſwer uf ber vogtey ſitzet, ber git zer faſnacht ein hun, unb ſwer beſſelben guts ȏt verkouffet, bas zem ſelben lehen gehört, ber ſoll ben britten ₰ gen. Diß gut ze Atten= thal, bas iſt mann lehen vom graven Albrechten von Hohenberg, unb birre jeglicher, ſo er ſtirbet, ber git bas beſte houbet ze falle, ſo er benne het. iſt ouch, baz ein frembber Mann barkumet, unb in ber Dot ba begreiffet, ber git ouch bas beſte houbet, bas er het, alber bas beſte gewanb. So git Welch von Wiſenecke viß unb iii huner jerlich von bem gute, bas bo lit unber Wiſenecke, bas ba Cunrat ſelige ber .... hate, bas gerichte zu Attenthal bübi unb freveli, bas iſt ouch Walthers von Valckenſtein unb ber bach ze Attenthal unb ber bann ze Attenthal. Item biß ſinb Walthers von Valkenſtein rechte, die er het ze Attenthal, das gericht ist sein von Ebneter bann vnnz an Zarter bann, unb als der Eschbach bozwischent gatt, u. als die schneschleiphina ganbt in Atten=thaler bann unb bazwischenbt die bbeli unb freueli sinb sin über die gut, die da ligent unb holzunan unb vberfenge alle gebotte sinbt ba sin über steg unb über weg; stirbe ouch in bemselben banne ein barkommenber mann, so ist das beste houbet, das er benne verlassen het, das ist auch besselben Walthers von Falckenstein, es keme benn ein nachvolgenber herr, swas gut ba in bemselben bann lit, davon sol man niemanb klagen, wan bemselben Walther von Falckenstein bie lüte, bie in bemselben bann gesessen sinbt, die sollenbt bri stunbt in bem jar gen Zarten in ben Dünkhof gon, so ba gebinge ist, unb sinbt barüber nütes gebunben, bar=zugenbe, es were benne umb einen bip ober umbe einen scheblichen man, benn man verberben welte, so soll man in bargebieten. Wenn ouch ein frembber Man har gen Attenthal kumt u. sich meint bo zu betragent unb sein selbs muß u. brobt isset, der soll die geburfami halten, es sig mit gericht gon, als mit weg unb steg zu besseren, unb zu allen gebotten gehorsam sein, unb soll bem herrn schweren, bienst=bar sein u. gehorsam sinen gebotten. Vnbt sinbt bie güter in bemselben bann ligenbt un begriffen sinbt, bann haben von fant Jörgen tag bis uf fant Gallen tag verbannen sin, also bas niemant bem anberen soll varen vf sin matten, noch uff sin ackher, noch uf sot als uf mot, aber die hölzer sonnt kein Man haben mit ber weib, es soll ouch jeberman sin ackher unb matten, unb gärten gegen ber allmenb vermachen, unb welcher bas nit tet, der besseret bem herrn vß rappen, unb soll übt die geburfami die allmenbt straß in eren haben, baß man gefaren mag mit karen unb wegen. überseyti ober übermaiti einer ben anbern, baß ers nit möcht vertragen, ber soll zwen bes gerichts barzu nemmen, bie sollen benne by ben eyben, u. wenn er will, baß man inne sage, was ber schab sig, so soll er benselben küstern vi rapen pfennig geben, so sonnbt sy inne benn sagen, wie er ben schaben gelten soll, so soll er uf stunbt mit bem, bem ber schab geschehen ist, über komen, unb beth er es nit, baß es bem herren geklagt würbe, so besseret er bem herren vß unb bem gericht iiiß. Item hauwet ouch einer bem anbern sein holz ab unb wirb baran ergriffen, ober bem herrn geklagt, ber bessert von eim eichenen ober von einem bännin holz unb von eim kürschbaum, von jebem stockh ein ₰ rapen, unb von eim fuber brennholz iii rapen, unb von eim hunbert reif=stangen x viii ₰.

Aus dem Cartular des Kl. St. Märgen.

49.

8. Sept. 1267 o. O. Walther, „nobilis" von Dürbheim (O.A. Spaichingen), verzichtet unter dem Siegel des Grafen Heinrich von Fürstenberg und der Stadt Villingen zu Gunsten des Kl. Kirch-berg (O.A. Sulz) auf seine lehensherrlichen Rechte an einen Hof zu Heinstetten (bad. Amts Meßkirch).

Vniuersis Christi fidelibus presens scriptum inspecturis. Waltherus. Nobilis dictus de Durrehain. Salutem amiciciam et fauorem. Nouerint vniuersi presentium inspectores quod nos. Waltherus nobilis de Durre-haim. Curiam sitam in Honsteten iure feodali ad nos legitime per-tinentem venerabilibus in domino .. Priorisse et Conuentui sororum mona-sterij de Kylchberg. libere resignamus omnj iure nostro quod in eâdem habuimus ob remedium anime nostre et progenitorum nostrorum pariter resignantes. Testamur insuper litteras per presentes vt nullus audeat pre-fatum Monasterium in iam dicta curia nomine nostro aliquatenus molestare. In cujus rei testimonium et munimen presentem cedulam conscribi fecimus sigillis. domini. h. Comitis de Fúrstenberg et Ciuitatis de vilingen. fideliter roboratam. Actum. Anno dominj. M⁰.CC⁰.LX⁰.VII⁰. Infra octauam Natiuitatis Beate Marie virginis. Testes autem huius rei sunt. plebanus. ecclesie in Durrehain. dominus. C. Scriba. Hainricus Scultetus. dictus Bargeli. Cûnradus. Scultetus. Cûnradus. Hamerli. Hainricus Laecheler. Otto filius Sculteti. Fr∴. waltherus. conuersus et ceteri quam plures ciues de vilingen. fide digni.

B. d. Orig. im St.-Archiv zu St.. Das gräfl. Fürstenberg'sche Siegel zeigt in dem am Rande verzierten, herzförmigen Schilde den Adler. Das andere Siegel fehlt.

50.

1267 o. T. u. O. Konrad, genannt Heinbold, „villanus" in Wurm-lingen (O.A. Rotenburg), vermacht unter Gr. Alberts von Hohenberg Siegel dem Kl. Kirchberg zwei Drittel von seinem Vermögen.

In nomine patris et filij et spiritus sancti. AMEN. Vniuersis Christi fidelibus ad quos presens littera peruenerit, Cûnradus dictus Heinbol-dus villanus jn wurmelingin. noticiam rej geste. Que geruntur in tempore ne simul labantur cum processu temporis confirmare solet robur testium et perennitas litterarum. Nouerint igitur vniuersi quod ego de libero ac communj consensu Hedewigis vxoris mee omnes possessiones et res meas tam mobiles quam inmobiles. quas in presenti habeo uel post-

modum dante deo habiturus sum Sic ordinaui sicque disposui, quod tercia
pars bonorum meorum omnium ad ipsam meam coniugem pertineat, duas
uero reliquas partes pro remedio anime mee tenore presencium dono proprie ac voluntarie reuerende domine Priorisse ac Religioso conuentui monasterij in Kilchperg et nunc et in posterum possidenda, vt ex ipsis
possint sine omni preiudicio quolibet inpedimento remoto facere ac disponere
sicut eorum placuerit voluntati. Presentibus quoque contestor, quod post
mortem meam apud prefatum monasterium volo et ex nunc eligo sepeliri.
Acta sunt hec Anno dominj M⁰.C⁰C⁰.LXV⁰II. Indictione X ⁂., presentibus
viris nobilibus. Dietrico, Milite, dicto Blarrer, Walthero et Rein-
hero fratribus suis, Eberhardo milite de Wurmelingin, Item Stein-
maro. et Aspriano et Weiniko, item Heinrico dicto akkergank
et alijs quam pluribus fide dignis. Hanc autem donationis mee litteram ad
maiorem certitudinem voluj Sigillo comitis alberti de hohemberg
ac Priorisse in Kilchperg firmius roborarj.

B. b. Orig. im St.-Archiv zu St.

An einem Pergament-Riemen hängt das runde, aus rother Erbe geformte Sigill
des Grafen von Hohenberg, welches einen heralbisch rechts gallopirenden Reiter mit dem
Wappen des Hohenberger Schildes und die Umschrift zeigt: SIGILL. . ALBERTI .
COMITIS . DE HOHENBERG.

51.

21. März 1268 o. O. Graf Albert von Hohenberg verzichtet zu
Gunsten des Klosters Kirchberg auf sein Eigenthumsrecht an einen
Weinberg und Obstgarten bei Wurmlingen, welche Ritter Eberharb von da und dessen Sohn von ihm zu Lehen getragen, aber
an das genannte Kloster verkauften.

Vniuersis Christi fidelibus presens scriptum inspecturis. Albertus,
Comes de Hohenberg, salutem beniuolentiam et honorem. Labente tempore labuntur pariter et humani contractus, nisi muniantur dictis testium
et robore ljtterarum. Nouerint igitur presentes et posteri presentium inspectores, quod nos vineam et pomerium situm Wrmelingen in Phaf-
fenberg ab Eberhardo milite de Wrmelingen et filio suo Reinhardo, nec non et a nepotibus suis Reinhardo et vriderico, dictis
de Bondorf in nostram proprietatem recepimus, omne ius infeodationis,
quod a nobis habuerant dictis in manu nostra libere resignantibus, pariter
resumentes. Et quoniam dilecte nobis in domino .. Priorissa et Conuentus
monasterij in Kylchberg prefatam vineam cum omni iure suo a prenominatis E. milite et suis nepotibus titulo publice et iuste emptionis sibi com-
parauerant, nec poterant absque nostra largitione et assensu libere possidere,

omne ius nostrum, quod in eisdem possessionibus habuimus uel habere
potuimus, dicto Monasterio ob remedium anime nostre libere resignamus
et hanc ipsam resignationem per fidelem nostrum nepotem Ber.
nobilem de Mulhusen et per Hermannum, conuersum ipsi Monasterio
destinamus. In cuius rei euidentiam pleniorem et testimonium sempiternum
presentem paginam nostri Sigilli munimine iussimus roborari. Testes huius
contractus sunt Ber. nobilis de Mulhusen... Pincerna de Nagelt
et Fridcricus Pincerna. Burkardus. miles de Lustenŏwe, Hugo
Boyhart. et hermannus conuersus. et ceteri fide dignj. Actum anno dominj.
M⁰.CC⁰.LX⁰.VIIJ⁰. in festo Sanctj Benedicti.

B. v. Orig. im St.-Archiv zu St.

An einem Pergamentriemen hängt zu zwey Drittheilen noch das runde aus rother
Erde geformte Siegel des Grafen von Hohenberg mit einem rechts gallopirenden
Reiter, in dessen Schilde das Hohenberg. Wappen. Von der Umschrift ist noch übrig:
.....RTI . COMITIS . DE . HOHENBERG.

52.

21. Juli **1268** o. O.   Graf Albert von Hohenberg ist anwesend, als
   Ritter Albert von Werbenwag zu Gunsten des Kl. Kirchberg
   auf seine Rechte an demselben geschenkte Güter verzichtet, und
   siegelt die hierüber ausgestellte Urkunde.

Vniuersis Christi fidelibus presens scriptum inspecturis Albertus miles
de Werbenwâg salutem et notitiam subscriptorum. Nouerint vniuersi presencium inspectores, quod ego Albertus miles de Werbenwâg omne ius in-
petitionis seu actionis, quod habui uel habere potui contra monasterium
dilectarum in domino. Priorisse et Conuentus de Kilchperg super possessionibus seu testamento relicte quondam werdelini ciuis in Rotwil
ad idem monasterium quocunque pacto deuolutis resigno libere et absolute
jnsuper et Curiam earundem Priorisse et Conuentus sitam in Balgingen
et omnes possessiones ipsarum liberas esse censeo nomine meo et omnium
heredum meorum et hoc publice protestor litteras per presentes. Dicte
uero Priorissa et conuentus decem marcas argenti mihi dabunt et sic omnis
actio mea contra ipsas penitus est sopita. Vt autem hec premissa robur
obtineant perpetue firmitatis hanc paginam dicto monasterio tradidi Sigillo
domini Alberti Comitis de Hohenberg fideliter roboratam. Acta sunt
hec Anno dominice incarnationis M⁰.CC⁰.LXV⁰III. in uigilia sancte Marie
Magdalene. Testes uero huic composicioni presentes sunt dominus albertus Comes de Hohemberg, Albertus aduocatus de wellehusen

et filius eius Hainricus, miles Steinmarus de útingen et fratrus
(sic!) eius Fridricus, Conradus dictus lamp de Tettingen, Rein-
herus de Wytingen, Hainricus de Búrron, Wernherus de hatterbach, Petrus de Tettingen, Hugo de Werbenwâg milites, Scultetus de Haygerloch, Manegoldus et Burkardus ciues dicti Wir-
selini et alii quam plures ciues et milites fide digni.

Kirchberger Copial-Buch. Fol. 100 ª.

53.

24. Juli **1268** o. O. Graf Albert von Hohenberg siegelt die Urkunde,
nach welcher Burkard, genannt Vssar, Ritter von Hohenberg,
gegen eine Entschädigung auf seine Ansprüche an diejenigen Güter
verzichtet, welche dessen Bruder, Dekan von Schönberg, an das
Kloster Kirchberg geschenkt.

Notum sit omnibus presens scriptum inspecturis quod ego Burkardus
dictus Wssar miles de hohenberg dilectas in domino Priorissam et
Conuentum de Kilberg liberas esse pronuncio ab omni jure impeticionis
et ab omni exactione quam habui uel habere poteram contra ipsas super
possessionibus quas dilectus frater meus decanus quondam et plebanus ecclesie in Schonberg predictis Priorisse et Conuentui ob remedium anime
sue adhuc viuens et sui iuris existens libere contulerat et absolute. et hoc
ipsum protestor publice litteras per presentes. Vt autem dicte Priorissa
et Conuentus prefatas possessiones liberius et quiecius possideant in posterum quinque markas argenti michi tradiderunt super huiusmodi contractu[1]
instrumentum firmitatis a me cum debita instancia postulantes. Ne autem
super hoc per me uel heredes meos ipsis in posterum preiudicium aliquot
generetur, hanc paginam ipsis tradidi. Sigillo domini Comitis Alberthi
de hohenberg fideliter roboratam. Acta sunt hec anno domini Mº.CCºLºXVIIIº.
In uigilia sancti Jacobi apostoli presentibus domino Albertho Comite,
Berngero nobili de Entringen, Albertho et Hugoni[2] militibus
de Werbenwâg et Sculteto de Haygerloch et alijs quam pluribus
militibus et ciuibus fide dignis.

Kirchberger Copialbuch Fol. 107 ª.

[1] Das Copial-Buch hat contracia.
[2] Sic!

54.

27. Jan. 1269 o. O. Walger von Bifingen (O.A. Hechingen) ur=
kundet, daß er einen Hof sammt Mühle seinem Herrn Albert von
Gottes Gnaden Grafen von Hohenberg aufgesagt, und mit dessen
Hand zu seinem Seelenheil dem Kloster Kirchberg zum Eigen=
thum übergeben habe.

Cum memoria hominum sit labilis et variabilis cupio, ut per presens
scriptum series veritatis posteris innotescat. Nouerint igitur quibus nosce fuerit
oportunum, quod ego Walgerus de Bisingen Curiam meam sitam (sic!) holtz-
hain et molendinum ad manus domini mei resignans et cum manu Alberthi dei gratia comitis de Hohenberg in remedium animarum
parentum meorum et mei dominabus siue conuentui de Kilchperg iure
proprietatis confero et resigno. Verumque ne aliqua columpnia de me uel
heredibus meis dominabus siue conuentui de Kilchperg super huiusmodi
facto in posterum oriatur, placuit presentem cartulam ad rei testimonium
sigillorum Alberthi dei gratia Comitis de Hohemberg mei quoque
impressione siue munimine roborari. Huius rei autem testes sunt prius dictus Alberthus de Hohenberg, Bertholdus nobilis de Mûlhusen,
Diepoldus miles de Bernhusèn, Alberthus miles de Sunthain,
Ego Walgerus de Bisingen, Eberhardus de Rordorf, Scultetus
de Schonberg et Hainricus villicus de Toternhusen et frater
waltherus de Kilchperg. Acta sunt hec anno domini M⁰. cc⁰. Lxviiij⁰
proxima die dominica ante purificationem beate virginis.

Kirchberger Copial-Buch Fol. 107 ª. ᵇ.

55.

11. Mai 1269 o. O. Berthold von Mühlhausen verzichtet auf seine
Rechte an die Mühle, welche der St. Katharinen=Spital zu Eßlingen
vor dem Mettinger Thor daselbst gebaut hatte.

Nouerint vniuersi quod nos Ber. de Mulhusen presentibus protestamur et fideliter profitemur omne ius quod nobis in Molendino nouiter
per hospitalarios iuxta Molendinum W. dicti Hohsliz extra muros
Ezzelingen versus Metingen edificato conpetebat, pauperibus eiusdem
hospitalis in Ezzelingen ob reuerentiam beate Katherine et pro remedio
anime mee libere resignasse. promittens bona fide quod quandocunque Rex
Romanus a principibus (sic!) electus et confirmatus in partibus Sweuie siue
alibi in Regno suo morarj contigerit, idem feodum bona fide in predicto

molendino dictis pauperibus per manum nostram uel alicujus ministeriali
Imperij siue Regnj libere donarj ab ipso Rege tenemur, ita quod idem nego
cium Molendinj per nos sine dolo et fraude plenius expediatur. Huius re
testes Swicgerus de Blankenstein. Cvno de Mulhusen. M. in Cimi
terio. Truheliebus. Joh. F. in vico Kilsso. Eb. Schuhelin et ali
quam plures. In cujus rej euidenciam presentes sigillo nostro dicti S. Bu
chardi de Mulhusen et ciuium in Ezzelingen roboramus. Acta sunt he
anno domini M. cc. Lxii. v. Id. Maij Indictione xij.

B. b. Orig. im St.-Archiv zu St. Das Siegel des B. v. M. ist breiedig, ha
3 über einander stehende Mühleisen und die Umschrift † S. B'toldi d' mulhusen. Da
des L. v. M. gleichfalls breiedig ist vielfach quabrirt. Das Siegel des S. v. Bl. if
runb, größer als die andern und hat in bem breiedigen Schilbe einen Keil, bessen Spit
im linken obern Ede ist.

56.

25. Oft. 1269 o. O. Albert, Burkarb und Ulrich, Gebrüder, von
Gottes Gnaden Grafen von Hohenberg, urkunden, daß Walge
„nobilis" von Bisingen (O.A. Hechingen) einen Hof sammt Mühl
bei ihrer Stadt Schömberg (O.A. Rotweil), welchen er von ihren
Hause als Erblehen besessen, an das Kl. Kirchberg verkauft, unt
sie solches biesem geeignet haben.

Vniuersis presentium inspectoribus Alberthus, Burkardus, Vlricus, fratres dei gratia Comites de Hohenberg, salutem et noticiam
rei geste. Nouerint vniuersi quibus nosce fuerit oportunum, quod cum walgerus nobilis de Bisingen curiam sitam prope nostram ciuitatem
Schonberg dictam Degenhardi a nobis et nostris progenitoribus iure hereditario possessam legittime vendidit venerabilibus priorisse et conuentui monasterij in Kilchperg cum molendino eidem curie
adiacente pro certa pecunie quantitate ac eandem curiam in manus nostras
libere cum omni iuris forma totaliter resignauit multis probis presentibus
et honestis. Nos prefati Walgeri precibus inclinatiante dictam curiam predicto monasterio obseruata omni sollempnitate et conswetudine que de iure
fuerant in huiusmodi facto obseruanda, concessimus iure hereditario perpetuis
temporibus possidendam, libere pacifice et quiete. Et ut hec firma rata
permaneant et inconcussa, presens instrumentum dicto monasterio tradidimus nostrorum sigillorum munimine roboratum. Acta sunt hec anno
domini M⁰. cc⁰. lxviij⁰ jn die Sanctorum Crispini et Crispiani, presentibus
testibus tribus predictis comitibus, wernhero dicto Zymerli, plebano de Stainhofen, walthero ministro de Rotemburg, Cunra-

das[1] minister antiquus, ipse walgerus nobilis, waltherus conuersus et alij plurimi fide digni qui hijs presentibus affuerunt.

Kirchberger Copial-Buch Fol. 107.ᵃ

[1] Heißt wirflich hier und im Folgenden also.

57.

1269 o. T. u. O. Albert, Burkard und Ulrich, Gebrüder, von Gottes Gnaden Grafen von Hohenberg, eignen dem Kloster Kirchberg einen Hof bei ihrer Stadt Schömberg (O.A. Rotweil), welchen Walther „**nobilis**" von Bisingen (O.A. Hechingen) von ihnen als Erblehen besessen, und an genanntes Kloster verkauft hatte.

Vniuersis presentium inspectoribus Alberthus, Burkardus, Vlricus fratres dei gratia Comites de Hohenberg noticiam subscriptorum. Nouerint igitur quibus nosce fuerit oportunum, quod cum waltherus nobilis de Bisingen curiam sitam in nostra ciuitate Schonberg a nobis jure hereditario possessam legittime vendiderit religiosis feminis in Kilchberg résidentibus pro certa summa pecunie ac eandem curiam in manus nostras multis probis presentibus et honestis libere cum omni iuris forma totaliter resignauit. Nos predicti waltheri precibus inclinati antedictam curiam predictis mulieribus obsernata omni sollempnitate et conswetudine que de iure in huiusmodi facto consweuit obseruari concessimus iure hereditario libere pacifice et quiete perpetualiter possidendam. Vt hec firma et rata permaneant presens instrumentum tradimus nostrorum sigillorum munimine roboratum. Acta anno domini M.⁰ cc⁰. Lxviiij⁰. Indictione XI ᵃ.

Kirchberger Copial-Buch Fol. 107 ᵃ.

58.

19. Oft. 1270 Haiterbach. Graf Burkard von „**Nagelte**" gibt seine Zustimmung, als Ritter Rudolf von Haiterbach Güter und Einkünfte von solchen in Schwandorf (O.A. Nagold) an das Kl. Kniebis theils verkauft, theils schenkt.

Notum sit vniuersis presentem paginam inspecturis, quod ego Rꝰdolfus miles de Haiterbach nomine meo et Rꝰdolfi et Hermannj filiorum meorum, et Mechtildis vxoris mee, redditus sexti dimidij maltri auene et quarti dimidij solidi twingensis monete de bonis meis, que excolit

Hainricus dictus Busche, maltri unius siliginis, et quatuor solidorum
Twingensis monete de bonis quorum colonus est Vlricus villicus dictus
vf dem buhele annuatim, pratum unum et ortum in uilla et banno Svain-
dorf, Burchardo sacerdoti prouisori Ecclesie Sancte Marie in
Kniebŏz, nomine ipsius ecclesie pro nouem libris et dimidia twingensis
monete vendidi Donans in remedium anime mee de bonis prescriptis redditus duorum solidorum annuatim gratis, simpliciter et propter deum, uen-
ditione et donatione facta inter uiuos, Pure et simpliciter, irreuocabiliter
et in totum omne jus et dominium, quod in eisdem bonis habuj et habere
debuj, in predictam ecclesiam absolute et libere transferendo. In cuius rei
testimonium Sigillum dominj mei Burchardi Comitis de Nagelte presentibus meis precibus est appensum. Nos Burchardus Comes de Nagelte premissam venditionem et donationem fieri concedimus et ratam
habemus et nostri sigilli munimine confirmamus. Datum et actum apud
Haiterbach in die beati Galli, Anno domini M⁰. CC⁰. LXX⁰. XIIII⁰ Kl.
Nouembris. Presentibus venerabilibus viris domino Burchardo Comite de
Nagelte, Burc. de Hewen rectore ecclesie in Heiterbach, domino
volmaro milite et Dieterico nobili de Haiterbach, domino Cŏn-
rado milite de Swaindorf, Eberwino Sculteto de Dornesteten,
Alberto dicto Dancolf, Bertoldo villico et fratre ejusdem, Burchardo de Haiterbach, Eberhardo de Lŏhenhart et aliis quam
pluribus personis honestis et fide dignis.

B. d. Orig. im St.-Archiv zu St. Au der Urkunde hängt ein kl. rundes Siegel
mit dem Hohenbergischen Schilde. Die Umschrift heißt aber S. Al. comitis de hohbc.

59.

1270. Eberharb von Täbingen gibt Rotenmünfter pro 24 Marth
zu kauffen f. hof zu Dormettingen des Maier Heinrichs Hof genant, welchen
er von benen von wehrstain zu lehen gehabt, bie bann nit allein in ben kauff
confentirt, fondern bie aigenschaft bem Gotteshaus gegeben. Befigeln Graf Albrecht von Hohenberg, Hiltebolb, Richard, vnb Johannes von Wehrstain vnb waren gezügen Dietrich Caplon, Bruber Haug Gurt, Bruber H.
genannt Canzler, — Conuent-Brüber zu Rot.

Rotenmünfter Dokumenten-Buch im St.-Archiv zu St.

60.

27. Febr. 1271 v. O. **Rudolf, Graf von Kiburg und Habsburg,**
verkauft dem Kl. St. Märgen auf dem Schwarzwald einen Hof
in Thiengen (Amts Freiburg), der ihm für das Heirathsgut seiner
Gemahlin **Gertrud von Hohenberg** verpfändet war, mit allen
Rechten und Zugehör um **200 Mark** Silber unter Zustimmung und
Verzichtleistung seiner Schwäger, der Grafen **Albert, Burkard**
und **Ulrich von Hohenberg.**

Růdolfus dei gratia de Kibvrch et de Hapsburch comes nec non Alsacie
Lantgrauius Vniuersis in Christo fidelibus presentem Literam inspecturis
Salutem et notitiam subscriptorum. Ne veritas occultetur, ea que fiunt
apud homines scripture consueuerunt testimonio precaueri. Nouerit itaque
tam presens etas quam futura posteritas, quod nos Monasterium Celle
sancte Marie in nigra silua ordinis sancti Augustini Constantiensis dyocesis specialis amplectentes prerogatiua dilectionis, quamvis ab alijs plus
forsan potuerimus habuisse, Curiam nostram in villa Tvngen nobis
pro dote Nobilis mulieris Gerdrudis vxoris nostre obligatam, viris religiosis Abbati et Conuentui Mon. Celle predicte de bona uoluntate et expresso consensu G. vxoris nostre predicte et Nobilium virorum fratrum
suorum Alberti, Burchardi et Vlrici Comitum de Hohinberg cum
hominibus, vineis, pratis, agris cultis et incultis, pascuis, aquis, aquarumue
decursibus, nemoribus, molendinis, districtu, Jurisdictione, bannis, honoribus,
juribus et libertatibus, predijs, seruitutibus, rusticis et vrbanis, redditibus et
utilitatibus quibuslibet quocunque nomine censeantur, vendidimus pro ducentis marcis puri et legalis argenti, quas confitemur esse nobis appensas
et plenarie persolutas et in vsus et vtilitatem G. vxoris nostre predicte et
puerorum ipsius esse conuersas, predictum .. Abbatem et conuentum in predicte curie districtus bannorum libertatum et aliorum jurium possessionem
uacuam inducentes et liberam, nichil nobis seu predictis vxori nostre et
fratribus suis in eisdem juris penitus reseruato. Quare nos vna cum sepedictis vxore nostra et fratribus suis pro nobis et nostris successoribus renunciamus exceptioni non numerate pecunie et de argento nobis non appenso
uel tradito, beneficio restitutionis in integrum, literis impetratis uel impetrandis. Consuetudini, auxilio juris canonici et ciuilis, actioni cuilibet et
generaliter omnibus exceptionibus ac si nominatim et specialiter essent a
nobis expresse, per quas quidem predicta venditio posset a nobis uel nostris
successoribus in posterum retractari. Nos quoque vna cum Al. et Bu.
Comitibus de Hohinberg predictis promisimus et promittimus sepe-

dicto domino Abbati nomine sui Mon. pro nobis et G. vxore nostra predicta et Vl. fratre ipsius et aliis quibuslibet de predictis omnibus et singulis, tam in foro ecclesiastico quam ciuili nos exhibituros debitam warandiam. Nos. G. Cometissa de Hapsburg predicta per juramentum renunciamus exceptioni pro dote seu velleiano. Nos quoque Al. Bu. et Vl. Comites de Hohinberg renunciamus omni juri quod nobis in dicta Curia competebat, Jus proprietatis in predictum dominum Abbatem et Conuentum transferentes, promittentes eisdem, quod de aduocatia nos nullatenus in dicta curia uel suis pertinentiis intromittemus, nisi de consensu abbatis et conuentus predictorum. In horum omnium euidenciam et testimonium indubitatum, presentem confici procurauimus literam Sigillis nobilium uirorum auunculorum nostrorum C. de Friburg et H. de Fiurstenberg Comitum, nostroque et vxoris nostre sepedicte, Al. B. et Vl. fratrum de Hohinberg, nec non vniuersitatis Ciuium in Friburg fideliter communitam. Nos G. Cometissa de Habsburg, Al. Vl. et Bu. fratres predicti prescriptis consensum adhibentes, cum de nostra et cum nostra processerint voluntate, Sigilla nostra duximus presentibus appendenda. Nos C. et H. fratres de Friburg et de Fiurstenberg comites ad petitionem predictorum nobilium virorum R. de Habsburg Al. Bu. et Vl. comitum de Hohinberg sigilla nostra duximus presentibus appendenda. Et nos Scultetus et Consules de Friburg nomine vniuersitatis nostre Sigillum vniuersitatis ad petitionem eorundem duximus etiam appendendum. Datum et actum anno Domini M⁰CC⁰LXX.J⁰. III. Kal. Marcii Indict. XIIIJ.

B. b. Orig. im Landesarchiv zu Karlsruhe. Diese Urkunde ist ziemlich gut abgedruckt bei Gerbert „de translatis Habsburgo — austriacorum principum eorundemque coniugum cadaveribus“. Appendix S. 114.

Siegel der Gertrud: dasselbe — in Maltha — hängt an leinenen, weißen, rothgeranbeten Bändeln; auf dem dreieckigen Schilde zeigt sich das Bild eines Vogels mit halb ausgebreiteten Flügeln und habichtartigem Schnabel. Die Umschrift ist sehr verwischt, doch läßt sich noch erkennen, daß sie ohne Zweifel S. Gerdrudis . cometisse . de . Habesbvrch . et Landgravie . Alsacie gelautet hat.

Siegel des Grafen Albert: dasselbe, gleichfalls in Maltha, hängt an gleichen Bändeln, wie das vorige; es ist ein Reitersiegel; der Reiter sprengt rechts hin, sein geschlossener, herausgekehrter Platthelm trägt gegeneinander gekrümmte, mit Pfauenfedern besteckte Hörner; an seiner linken Seite sieht man einen dreieckigen Schild mit der Hohenberger Quertheilung und das Schwert herabhängen. Das Pferd ist bis auf Weniges von den Füßen bedeckt, auch von der Brust desselben flattern Tücher herab; indessen sieht man auf der Decke keinen Wappenschild; auch der plumpe Sattel ist angedeutet. Obgleich der Rand des Siegels ziemlich beschädigt ist, so erkennt man doch die Umschrift: † Sigill . Alberti . Comitis . De . Hohenberc ., in welche die Füße des Pferdes hineinlaufen, noch ziemlich gut.

Siegel des Grafen Burkard: es ist in der Hauptsache beschaffen wie das vorige; der Reiter führt aber in der Linken eine kleine Lanze und die Decke des Pferdes hat

an Hüfte und Schulter kleine Hohenberger Schilde; der untere Theil des Schildes, den
der Reiter an seiner Linken hat, zeigt sich kreuzende Linien. Der Rand ist noch mehr
beschädigt, als an dem vorigen Siegel, doch läßt sich die Umschrift noch finden: † S.
Bvrcardi . Comitis . De . Hohenberc.

Siegel des Grafen Ulrich: die Gestalt des Reiters und des Rosses ist deutlich
ausgeprägt; die Hörner des Platthelmes zeigen dieselben Striche (Schraffirung) wie der
untere Theil des Schildes; der Reiter hat in seiner Rechten eine Lanze, die Linke hält
den Zügel. Die Decke des Pferdes hat an zwei Stellen den Hohenberger Schild; unter dem Pferde sieht man 3 Kleeblätter. Von der Umschrift sieht man deutlich nur noch:
† S. VI. comitis de Ho . . . . . . Diese Siegel sind abgebildet in Gerbert a. a. O. Tafel II.
Zur Zeit der Abzeichnung befanden sich indeß die Siegel noch in besserem Zustande als
gegenwärtig.

61.

27. Febr. 1271. Freiburg. Graf Rudolf von Habsburg ꝛc. stellt dem
Kl. St. Märgen über den Verkauf des Hofes in Thiengen noch eine
besondere Uebergabs=Urkunde aus.

Rᵛdolfus dei gratia de Hapsburg et de Kiburg comes, nec
non Alsacie Lantgrauius Vniuersis in Christo fidelibus presentem litteram inspecturis Salutem et noticiam subscriptorum: Ne veritas occultetur,
ea que fiunt apud homines scripture consueuerunt testimonio precaueri.
Nouerit itaque tam presens etas quam futura posteritas, quod nos Monasterium Celle sancte Marie in Nigra silua ordinis sancti Augustini Constantiensis dyocesis specialis amplectentes prerogatiua dilectionis quamvis
ab alijs plus forsan potuerimus habuisse, cvriam nostram in villa Tvngen
in Priscaugia sitam nobis pro dote nobilis mulieris Gerdrudis vxoris
nostre obligatam, viris religiosis . . Abbati et Conventui Mon. Celle predicte de bona uoluntate et expresso consensu G. vxoris nostre predicte et
Nobilium virorum fratrum suorum Alberti, Burchardi et Vlrici Comitum de Hohinberg cum hominibus, vineis, pratis, agris cultis et incultis, pascuis, aquis, aquarumue decursibus, nemoribus, mollendinis, districtu,
iurisdictione, bannis, honoribus, jvribus et libertatibus, predijs, seruitutibus,
rusticis et vrbanis, redditibus et vtilitatibus quibuslibet quocunque nomine
censeantur, vendidimus et tradidimus pro ducentis marcis puri et legalis
argenti, quas confitemur esse nobis appensas et plenarie persolutas et in
vsum et vtilitatem G. vxoris nostre predicte et puerorum ipsius esse conuersas,
predictum — — Abbatem et conuentum in predicte curie districtus bannorum libertatum et aliorum iurium possessionem uacuam inducentes et liberam,
nichil nobis sev predictis vxori nostre et fratribus suis in eisdem iuris penitus reseruato. Qvare nos vnâ cum sepedictis vxore nostra et fratribus suis
pro nobis et nostris successoribus renunciamus exceptioni non numerate

pecunie et de argento nobis non appenso uel tradito, beneficio restitutionis
in integrum, litteris impetratis uel impetrandis, Consuetudini, auxilio juris
canonici et ciuilis, actioni cuilibet et generaliter omnibus exceptionibus ac
si nominatim et specialiter essent a nobis expresse, per quas quidem predicta vendicio posset a nobis uel a nostris successoribus in posterum retractari. Nos quoque vnâ cum Al. et Bur. Comitibus de Hohinberg predictis
promisimus et promittimus sepedicto domino Abbati nomine sui Mon. pro
nobis et G. vxore nostra predicta et Vl. fratre ipsius et aliis quibuslibet
de predictis omnibus et singulis, tam in foro ecclesiastico quam ciuili nos
exhibituros debitam warandiam et de euictione nos presentibus obligamus.
Nos G. Comitissa de Habsburg predicta per iuramentum renunciamus
exceptioni pro dote seu velleiano. Nos quoque Al. Bur. et Vl. Comites
de Hohinberg renunciamus omni iuri quod nobis in dicta Curia competebat, jus proprietatis in predictum dominum abbatem et Conuentum transferentes, promittentes eisdem, quod de aduocatia nos nullatenus in dicta
Curia uel suis pertinentiis intromittemus, nisi de consensu abbatis et conuentus predictorum. In horum omnivm evidenciam et testimonium indubitatum,
presentem confici procurauimus litteram sigillis venerabilis in Christo patris
domini nostri, E. dei gratia Constantiensis episcopi nostroque et
vxoris nostre sepedicte, Al. Bur. et Vl. fratrum de Hohinberg, ac
nobilium virorum auunculorum nostrorum, C. et H. de Friburg et de
Fvrstenberg comitum fideliter communitam. Nos E. dei gratia Constantiensis episcopus ad peticionem predicti comitis R. de Hapsburg et vxoris
sue G. nostrum sigillum duximus presentibus apponendum. Nos G. cometissa de Hapsburg, Al. Bur. et Vl. fratres predicti prescriptis consensum adhibentes, cum de nostra et cum nostra processerint voluntate, sigilla
nostra duximus presentibus appendenda. Nos C. et H. fratres de Friburg et de Fvirstenberg comites ad peticionem predictorum nobilium
virorum R. de Habsburg, Al. Bur. et Vl. comitum de Hohinberg,
sigilla nostra duximus presentibus appendenda. Testes autem, qui huic
vendicioni et tradicioni interfuerunt, sunt hii: C. et H. in Fribur et de
Fvirstenberg comites, C. de Herwelingen, clericus, magister C. de
Burgowe, magister C. dictus Bvzze, magister Walter, scolasticus in
Friburg, Wernherus et Gotfridus milites de Stöfen, Wernherus
et Walter, milites de Valkenstein, ...dictus Mainwart, .. dictus
Lango et filius suus R. dictus Reweli. datum et actum in ciuitate Fri-
burgensi sitam (sic!) in Priscaugia, anno domini M⁰. CC⁰. lxx⁰. r⁰. tercio
Kalend. Marcii, indictione xiiiᵗᵃ.

62.

7. **Mårz 1271.** Brugg. Gertrud, Gråfin von Habsburg u. f. w. ur=
kundet, daß fie den Hof in Thiengen mit Zuftimmung ihres Gemahls
und ihrer Brüder an das Kl. St. Mårgen verkauft habe.

Gerdrudis de Hapsbvrg et de Kibvrg Cometissa, nec non Alsacie
Lantgrauia Universis in Christo fidelibus presentem litteram inspecturis
Salutem et noticiam subscriptorum. Ne ueritas occultetur, ea que fiunt
apud homines scripture consueuerunt testimonio precaueri. Nouerint itaque
tam presentes quam fvturi, Quod nos Monasterium Celle Sancte Marie. In
Nigra silua ordinis Sancti Augustini Constantiensis dyocesis specialis amplectentes prerogatiua dileccionis, quamvis ab alijs plus forsan potuerimus
habuisse, Cvriam nostram sitam in villa Thvngen In priscaugia, que ad
nos ratione dotis vel dotalicij noscitur pertinere, nobis et nostro marito
obligatam, viris religiosis Abbati et Conventuj Monasterij Celle predicte
de bona voluntate et auctoritate nostri Mariti et advocati R. Comitis de
Hapsbvrg et de Kibvrg Lantgrauij alsacie et consensu Nobilium virorum
fratrum nostrorum Alberti, Bvrchardi et Vlrici Comitum de Hohinberg cum hominibus, vineis, pratis, Agris cultis et incultis, pascujs, aquis
aquarumve decursibus, Molendinis, districtu, Jurisdictione, bannis, honoribus,
Juribus et libertatibus, predijs, seruitutibus, rusticis et vrbanis et vtilitatibus
quibuslibet quocumque nomine censeantur, spontanea voluntate non vi neque
coacta nec aliquo timore precedente vendidimus et tradidimus pro ducentis
Marcis puri et legalis argenti, quas confitemur nobis esse appensas et plenarie persolutas a ´dicto .... Abbate et Conuentu Celle predicte et etiam
in nostram vtilitatem et nostri Mariti R. esse conuersas, Predictum Abbatem
et Conuentum in predicte Curie districtus bannorum, libertatum et aliorum
iurium possessionem uacuam et liberam inducentes, nichil nobis sev nostris
successoribus in dicta Curia iuris penitus reservato. Qvare nos de consensu
Mariti nostri R. expresso et fratrum nostrorum predictorum pro nobis et
nostris succesoribus per iuramentum nostrum corporaliter ad sancta dei
ewangelia prestitum, renunciamus exceptionj non numerate pecunie et de
argento nobis non appenso· vel tradito, beneficio restitutionis in integrum,
Litteris impetratis vel impetrandis, Consuetudini, auxilio Juris canonici et
ciuilis, actioni cuilibet et generaliter omnibus exceptionibus ac si nominatim
et specialiter essent a nobis ´expresse, per quas quidem predicta venditio´
posset a nobis vel a nostris successoribus in posterum retractari. Promittimus etiam omnibus supradictis et singulis sepedicto ... Abbatj et Conuentuj nomine Monasterij Celle sancte Marie pro nobis et nostris successoribus
et Alijs quibuslibet de supradictis omnibus tam in foro ecclesiastico quam

ciuili nos exhibituros debitam warandiam et de euictione nos et nostros
successores firmiter per nostrum iuramentum obligamus. · Renunciantes omnj
iuri quod nobis in dicta Cvria competebat jus proprietatis vel quodlibet
aliud ius in predictum dominum . . . Abbatem et Conuentum hylariter transferentes. Promittentes etiam per nostrum iuramentum quod de dicta Curia
in Tvngen vel de suis pertinentijs nullatenus nos intromittemus. In horum
omnium euidentiam et testimonium indubitatum duximus presentem litteram
nostrj sigilli munimine roborandam. Testes autem qui huic venditioni et
traditioni interfuerunt sunt hij. C. clericus de Herwelingen, Hartmannus de
Baldegge et dictus . . . de ostra milites. Datum et actum in Brvgge, Anno
dominj M⁰. CC⁰. LXX⁰J⁰. Nonas Marcij, Indictione xiiiɪ.

·B. b. Orig. im Landesarchiv zu Karlsruhe, mit den Siegeln der Aussstellerin und
der übrigen Betheiligten.

63.

13. Dez. 1272. Walbeck. Albert, Vogt von Walbeck, urkundet unter
dem Siegel Alberts, eines Freien von W., und dem des Grafen
Albert von Haigerloch, daß er seinen Hof zu Euttngen an
das Kloster Kirchberg gegeben habe.

Nouerint vniuersi presentium inspectores, quod ego Albertus dictus
Aduocatus de Waldegge curtim meam quam habui propriam jn Vting(en)
tradidi cum consensu puerorum meorum venerabilibus in Christo ac deo
dilectis Methildi Priorisse et conuentuj Sororum jn Kilperch de Ordine
fratrum predicatorum jure perpetuo possidendam, obligans me tenore presentium cum filiis meis omni homini prefatas sorores de predicte curie
proprietate jnpedienti sub Apotheca (Hypotheca) rerum mearum et fide
instrumenti presentis finaliter responsurum. In cuius rej certitudinem ac
firmamentum presentem cedulam sigillo patruelis mej Al. liberi de Waldegg
nec non sigillo Nobilis dominj Alberti Comitis de Haigerloch uoluj
communirj. Acta sunt haec in Waldegge. Anno dominice jncarnationis
M⁰. CC⁰. LXXII⁰. In festo Lucie Virginis.

B. b. Orig. in der Pfarr-Registratur zu Eutingen. An der Urkunde hängt nur
noch das Siegel des von Walbeck. Das ziemlich große runde Siegel von rother Masse
auf grauer Unterlage zeigt in dreieckigem Schild ein (Malteser-) Kreuz. Von der Umschrift sind nur noch wenige Buchstaben (S . . . . . Ab . . gge) zu lesen.

64.

18. Sept. 1273 o. O. Albrecht, genannt Randal von Wurmlingen, verzichtet unter den Siegeln des Grafen Albert von Rotenburg und der Bürger von Tübingen auf seine Ansprüche an Weinberge in „Randal“ gegenüber von dem Kl. Kreuzlingen, welches ihn hiefür mit 6 Pfd. Heller entschädigte.

Uniuersis Christi fidelibus presentes litteras inspecturis. Albertus dictus Randal de Wrmeringen. eterne uite premium sempiternum. et noticiam supscriptorum. Nouerint vniuersi, quod ego maligno Concitatus spiritu venenoso consilio et toxicate suggestioni quorumdam acquieui, super eo videlicet, quod viros religiosos .. Abbatem et conuentum Monasterii de Cruzilino iuxta Muros Constantie de vineis sitis in fundo qui Randal nuncupatur prope winolfshain, et de quodam Stipendio prependali, siue prebenda sine causa. nullo iuris auxilio suffultus inpugnaui, tandem inductu salubri consilio bonorum hominum ad manus Fr. plebani Montis in wrmeringen. procuratoris Monasterii predicti remisi et cessi totaliter omni actioni quam male concepi super vineis prefatis siue prebenda. semoto prorsus omni scrupulo fraudis et doli promittens insuper fide data, prestito et corporali iuramento, vt Monasterium iam dictum super premissis vineis et prebenda deinceps non inpetam nec ab aliquo procurem. inpugnari. Verum quia lites labores requirunt et expensas, et pro malis discordie res multe pereunt et pro bonis concordie res minores recipiunt incrementum, ideo ad pacem me contuli cum predictis ... Abbate et conuentu, assignatis ab ipsis et traditis ad manus nostras sex libris hallensium, pro cessione litis antedicte. Vt autem hec firma permaneant presentes litteras Sigillis venerabilium dominorum .. Abbatis in Bebinhusen, et Al. Comitis de Rotenburc nec non Ciuium de Tuwingen Conmunitas memorato Monasterio in testimonium duxi conferendas. Data et Acta Anno domini M°. CC°. LXX°. IIJ°. Indiccione. I.ª· Idus (sic!) Septembris.

8. b. Orig. im Kreuzlinger Archiv.

3 Siegel hängen in leinenen Säckchen eingenäht an Perg.-Bändchen. Das erste länglich rund, das zweite dem Anfühlen nach ganz zerbröckelt, das 3te rund scheint gleich dem ersten noch erhalten. Hinten von vielleicht gleich alter Hand die Aufschrift: pro Randal in Nekergo de Wurmling.

65.

11. Oft. 1278 o. O. Berthold „nobilis" von Mülhausen gibt seine
Zustimmung, als Schultheiß Marquard von Eßlingen aus der Verlassenschaft des C. von Plochingen (O.A. Eßlingen) einen Wald
mit Grund und Boden kauft, und verbürgt sich namens der Söhne
des von Plochingen für den Verkauf.

·Nouerint vniuersi praesentium inspectores, quod nos Bertoldus Nobilis de Mulhvsen emptionem factam per Marquardum Scultetum
de Ezzelingen pro pueris C. de Plochingen super quibusdam lignis
et fundo titulo proprietatis praesentibus approbamus, obligantes nos in
fideiussionem quod quandocunque dicti pueri ad annos discretionis peruenerint, dictam emptionem ratam habeant et dicto M. et heredibus suis cum
omni iure propriis manibus resignent. In hujus testimonium praesentes
dicto M. et suis heredibus dedimus sigillj nostri munimine roboratas. Datum
et actum anno domini M. CC. LXXIIJ. proxima feria quinta ante Gallum.

B. d. Orig. im St.-Archiv zu Stuttgart. Mit dem gut erhaltenen Siegel des
Ausstellers. Umschrift: † S. Bertoldi d. Mvlhusen.

66.

1273 o. T. Haigerloch. Graf Albert „in Rotenburch" und sein Bruder
Graf Ulrich „in Hohenberch" sind mit Anderen zu Haigerloch
Zeugen, als Berthold „nobilis" von Falkenstein (O.A. Sigmaringen)
das Eigenthums-Recht an einen Hof zu Engstlatt (O.A. Balingen)
dem Kloster Offenhausen schenkt.

In nomine patris et filii et spiritus sancti Amen. Bertholdus nobilis
de Falkenstein vniversis Christi fidelibus tam presentibus quam futuris
noticiam subscriptorum. Tenore presentium constare uolumus, quod nos
attendentes in omnibus huius mundi diuitiis, nichil melius obseruari quam
ea que in celestes thesauros per manus pauperum transmittuntur! quam ob
rem proprietatem curie in Engeslat, que ad nos hereditario iure spectare
dinoscebatur, cum omnibus pertinentiis suis de consensu heredum nostrorum in remissionem peccatorum nostrorum conventui sanctimonialium in
Offenhusen liberali donatione contulimus perpetuo possidendam, quam
emerunt scilicet curiam prelibate moniales pro Eberhardo in Ihelingen.
Ne igitur in futurum contra hanc nostre donationis paginam ueniatur, presentem litteram cum subscriptione testium pretaxato conuentui nostro sigillo
et abbatis in Zvivildea tradimus roboratam. Acta sunt hec in Haigirlöz

anno domini M⁰. CC⁰. LXX⁰IIJ⁰. presentibus testibus Comite H. in Furstenberch et comite Alberto in Rotenburch et comite Wlrico in Hohenberch, Hugone in Werstein, Richardo, Hugone de Sunthain,
Burchardo de Thierberch et Hainrico fratre suo, Wlrico de Almes-
hofen, Bertholdo de Owen et Hainrico ibidem.

B. b. Orig. im St.-Archiv zu St. Das allein noch anhängende Siegel des „nobilis"
ren Falkenstein zeigt auf dreieckigem Schilde einen Hirsch mit liegendem Geweih, der
auf 4 Bergspitzen steht.

67.

3. Apr. 1274. Rotenburg (an der Tauber). König Rudolf überträgt
Graf Albert von Hohenberg, seinem Schwager und lieben Getreuen,
die Schirmvogtei des Kl. Ursberg.

Rudolfus dei gracia, Romanus rex semper augustus. claris-
simo viro comiti Alberto de Hohenberch sororio ac fideli suo
carissimo gratiam suam et omne bonum. Imperatorie dignitatis dyademate
ac manus ceptrigere insigniis renitentes. dum etiam mentis nostre secre-
tarium subintramus, reuoluentes quid vncio, quid ceptrum, quid corona regia
significet, diuinitus nobis data, in sacre delibucionis oleo, quo armi nobis
regii sunt peruncti, clemenciam ac misericordiam in afflictos pariter et
attritos exercendam, in corona preeminenciam, in ceptro defendendi op-
pressos, per fortitudinis dexteram intelligimus, colligimus ac perpendimus
euidenter. Ea propter cordi nobis est, omnes Romano subjectos imperio,
presertim autem eclesias ac eclesiasticas personas ab insultibus maleficorum
protegere, ad reprimendamque peruersorum versuciam, consurgere toto
posse. Sane honorabiles viri, Prepositus et Conuentus de Vrsberch
in nostre maiestatis presencia constituti nobis humiliter supplicarunt, quod
cum racione aduocacie nobis in eorum monasterio cum omnibus suis
attinenciis et iuribus conpetentis ad specialem tuicionem, defensionem et proteccionem, ex debito teneamur, ipsos cum suo monasterio
tue deffensioni conmitti cum omnibus suis attinenciis defendendos, ab
incursibus malignorum. Nos itaque iustis et piis ipsorum supplicacionibus
inclinati tue fidei puritatem, duximus presentibus exorandam, regia tibi
nichilominus auctoritate mandantes, quatenus antedictos prepositum et conuentum ac eorum monasterium, homines ipsorum, possessiones, bona mobilia et inmobilia, nec non omnia
ad ipsum monasterium pertinencia manuteneas, protegas, et
defendas, nec permittas ipsos ab' aliquibus molestari. Exhibi-
turus ipsis nichilominus fauorabiliter et benigne, conplementum iusticie, si

contra aliquem tue dicioni subditum coram te aliquam proposuerint accionem. Datum Rodenburch. iij. non. aprilis, regni nostri anno primo.

B. b. Orig. im Reichsarchiv zu München. Zwei Einschnitte für die Pergament-Preſſel. Die Siegel ſelbſt fehlen.

68.

10. Nov. 1274. Herrenberg. Graf Burkard von Hohenberg gibt ſeine Einwilligung, als Ritter Rudolf von Haiterbach einen Hof in Schwandorf ſammt einer Gült von demſelben an das Kl. Kniebis verkauft.

Nouerint vniuersi presencium inspectores: quod Ego Rudolfus miles de haiturbach vendidi, vendo et me vendidisse confiteor Burchardo Sacerdoti prouisori Ecclesie Sancte Marie in kniebůz Constantiensis dyocesis nomine dicte Ecclesie recipienti et ementi redditus Trium maltrorum siliginis et Quinque maltrorum auene et quatuor maltrorum Speltze cum Curia mea sita in Swandorf uf deme Buhele, quos quidem redditus habeo et habui hactenus in Curia antedicta, pro precio Decem librarum Tvwingensis monete, quod precium totum confiteor presentibus me recepisse et michi numeratum esse totaliter, excepcioni non numerati precii, doli et in factum beneficio restitucionis in integrum; et quo deceptis venditoribus ultra dimidiam iusti precii subuenitur, et generaliter omni excepcioni seu auxilio, quo jnuari (juvari) possem aduersus contractum huiusmodi aut presens instrumentum in posterum omnino renuncians. Dictam quoque Curiam cum redditibus antedictis Burchardo memorato vendo, trado et me tradidisse confiteor pure liberam et absolutam ab omni census honore seu eciam seruitutis, et eius Curiae seu reddituum secundum consuetudinem regionis contra quemcumque personam constituo me warandum. Insuper ego Mehtildis filia quondam Hermanni militis dicti Crevwel, vxor Rudolfi antedicti. Nos quoque albertus, diethericus, Rudolfus, Hermannus, willeburgis et adilheidis filii et filie Rudolfi predicti, hanc vendicionem et singula suprascripta ratificamus, confirmamus, et omni juri nobis in dicta Curia et redditibus competenti seu eciam competituro in posterum ex quacumque causa renunciamus pure et simpliciter et illud in manus Burchardi prefati transferimus recipientis et ementis nomine Ecclesie antedicte. In cuius rei testimonium et Robur perpetuum sigillo venerabilis viri domini Burchardi Comitis de Hohenberg presentes litteras duximus roborandas. Nos quoque Burchardus Comes de Hohenberg predictus premissam vendicionem et donacionem in modum prehabitum fieri concedimus et ratam habemus, et nostri Sigilli munimine confirmamus. Actum et datum aput Herrenberg. Anno domini

Millesimo CC⁰Lxx⁰. Quarto. In vigilia beati Martini Episcopi, presentibus domino friderico Sacerdote de Haiterbach, domino volmaro milite de Haiterbach, domino Dietherico milite de Haiterbach, Cvnrado de Swandorf, Vlrico villico dicto vf deme Buhele, Heinrico dicto Busche de Swandorf, Alberto dicto Bockelin, Dieterico de Bozsingen, Sifrido dicto Ortlin, Hermanno fabro, .. fabro de altheim, walthero de Bilhachingen, Johanne de Ihelingen et aliis fide dignis. Testes vero resignacionis seu confirmacionis predictorum facte a domino Burchardo Comite de Hohenberc predicti. Item alii albertus miles aduocatus de velnhusen, Bertoldus, Notarius Comitis de Horwe et villicus frater suus, et aliis pluribus fide dignis.

69.

31. Dez. 1274. Kirchberg. Gr. Albert von Hohenberg gibt seine Zustimmung zu einem Vermächtniß der Wittwe eines seiner Dienstmannen an das Kl. Kirchberg.

Ad perpetuam memoriam subscriptorum Ego Albertus dej gratia Comes de Hohenberc tenore praesentium notifico, quod Agnes relicta Hugonis dicti Boiehart ministerialis nostri assumens habitum regularem in Kilperch res suas in villa wildorf, quas pro donatione nupciarum praedictus Hugo maritus suus sibi tradidit, praenominato Monasterio in Kilperch tradidit de Consensu meo jure perpetuo possidendas, ita uidelicet, si suus puer, quem reliquit in seculo, priusquam etatis legitime annos impleuerit, morratur (sic!). Quod si post mortem predictj infantis heredes ipsius existentes in seculo praetaxatas res habere uoluerint, memorato conuentuj in Kilperch uiginti marcas puri argenti omni cessante contradictionis scrupulo dare debent. Testes horum qui presentes fuerunt, sunt Burchardus dej gratia Comes de Hohenberch, frater meus, Vlricus, fridericus, pincerne de Nagelt, Volmarus, Bertoldus, milites de haiterbach, Rudolfus et Dietericus milites de haiterbach, Werner miles dictus Cimmerlin, Petrus miles de Tetingen, Reinhardus miles de vitingen (i.e. witingen), Henricus scriba, Henricus villicus et Henricus filius suus, Walterus de A(e)rgaciagen, Wol. dictus Griner, wal. filius Siffridi, ciues in Horw et alii quam plures. Actum in Kilperch anno domini M⁰. cc⁰. LXXIIIj⁰. In die beati Siluestri pape.

Von d. Orig. im St.-Archiv zu Stuttgart. Das in ein Säckchen von rother Seide eingenähte Siegel scheint zerbrochen zu seyn.

70.

31. Dez. 1274 o. D. Albert von Gottes Gnaden Graf von Hohenberg gibt Zinsen und Gülten von seinen Besitzungen in dem Dorfe Gruol (O.A. Haigerloch) als Pfründe für Agnes, Wittwe eines seiner Dienstleute, welche in das Kloster Kirchberg eingetreten war.

Ad honorem dei omnipotentis et laudem intemerate matris eius Ego Alberthus dei gratia Comes de Hohenberg deuotioni condependens (sic!) Agnetis sanctimonialis in Kilchperg relicte quondam Hugonis dicti Boiehart, ministerialis nostri, de possessionibus nostris jn uilla Grûrn redditus duarum librarum et quatuor solidorum Tuwingensis monete, jtemque vndecim maltrorum et vnius modij puri grani et quinque modiorum Siliginis venerabilibus ac deo dignis priorisse et conuentui dominarum in Kilperg in predicte Agnetis subsidium libere tradidi sub proprietatis perpetue titulo possidendos. Ita videlicet quod de molendino sito iuxta ecclesiam predicte ville due libre Tuwingenses dentur annis singulis, de curia uero Cûnradi dicti yrmesun woluoldus eiusdem filius suique in ipsa Curia heredes nouem maltra tritici et quatuor solidos Tuwingenses in festo Martini. soluendos dabit. De curia uero Otilie werner predicti woluoldi frater decem quartalia tritici totidem siliginis soluet.. (?)jungo et werner frater suus dicti Richer decem quartalia tritici ac totidem siliginis dabunt annuatim predictis morientibus rusticis, uel alias non existentibus insoluendo qui eorum successores in possessionum nostrarum tentione (sic!) fuerint prefatos redditus prememoratis soluent jugiter dominabus. Sane memorata priorissa et conuentus in Kilchperg se presentibus fideliter obligarunt, quod si forte tempore procedente pretaxatos redditus emere voluero, eos pro XXV marcis argenti puri vendere debeant absque dolo.

Testes qui huic interfuerunt donationi sunt Burkardus Comes dei gratia frater meus, Vlricus, fridericus milites de Nagelt, Volmarus, Berchtoldus, fratres, Itemque Rûdolfus, Dietericus milites de Hayterbach, Petrus miles de Tetingen, wernherus miles dictus Cimerli, Reinhardus, miles de Berstingen, Hainricus notarius et alij quam plures. Actum anno dominice incarnationis M.CC. LXXIIIj⁰. In festo siluestri.

Kirchberger Copial-Buch Fol. 153.

71.

16. April 1275. Reutlingen. Graf Albert von Hohenberg gibt mit
seinen Brüdern B. und Ul. die Zustimmung zu einer Schenkung an
das Kloster Heiligkreuzthal.

Nos albertus comes de Hohemberg. Judex provincialis
recognoscimus et publice profitemur quod f. dictus Zimbel duas hûbas
sitas apud Haiterbach cuius dominium et proprietas ad nos et
fratres nostros karissimos B. et Vl. spectabat, per manus nostras
et nobis consencientibus libera voluntate Haidewigj conuerse contulit
sub hac forma, ut easdem hûbas ad claustrum siue cenobium, in quo habitum assummeret religionis traderet propter deum, quod etiam fecit, premissas hûbas claustro sev cenobio religiosarum dominarum de valle
sancte crucis, ad quod se vouit presentibus personis fide dignis et ydo-
neis conferendo. Datum Rutelingen proxima feria tercia infra festum
pasche. Anno domini M⁰. cc⁰. Lxx. v⁰. Indictione vᵃ.

B. b. Orig. im St.-Archiv zu Stuttg. Es scheint an der Urkunde ursprünglich
ein Siegel gehangen zu haben.

72.

4. Mai 1275 o. O. „Daz Grafe Albreht von Hohenburg globt het
vnb globt die burger von Strazburg von dem schaben ze ziehenbe,
ber in von Heinrich von Kaltwilre ober sinen frünben geschehen
möhte.“

Nouerint Vniuersi presentis cedule inspectores, quod nos albertus
comes de Hohenburg promittimus et ad hoc presentibus sollempniter
obligamus, quod si heinricus Kaltwile uel aliquis amicorum suorum
unquam ciuibus argent. dampnum uel molestiam intulerit in personis seu
rebus uel inferri procurauerit pro eo quod ijdem ciues ipsum tenuerant
captinatum, Nos ipsos ciues de hoc absoluimus ac indempnes reddere promittimus per presentes sigillo nostro in testimonium communitas. Datum
anno domini M⁰. cc⁰. Lxx⁰. quinto in vigilia ascensionis domini.

Cartularium der Stadt Straßburg (aus dem 14. Jahrh.) Fol. 230.

73.

24. Febr. 1277. Horb. Dietrich von Haiterbach, Ritter, verkauft
mit Willen seines Herrn, des erlauchten („jllustris") Grafen Burkarb von Hohenberg, Heinrich, genannt Notar von Jhelingen (O.A.
Horb) nebst Familie um **36** Pfb. Heller an die Johanniter zu
Rexingen (O.A. Horb).

Notum sit omnibus presentium inspectoribus tam presentibus quam
futuris, quod ego Dietericus miles de Haterbach confiteor presentibus
recognoscens, me cum plena uoluntate et consensu domini mei B.
jllustris comitis de Hohenberg Hainricum dictum notarium
de Jhlingen cum liberis suis et eorum successoribus et cum Machtild
vxore... dicti ungericht conuentui ecclesie sancti Johannis ju Rexingen pro triginta et sex libris monete Tuwingensis justo uenditionis titule
tradidisse, quam quidem pecuniam accessi et confiteor recepisse me, renun-
tians omni juri. Eiusdem testes qui huiusmodi uenditionis interfuerunt
sunt: dominus volmarus de Haterbach, Fr. dominus molendinator
de Jhlingen, milites, Vol. pinguis, B. notarius de Horwe, Gebhardus de Dumgelingen, et alij quam plures fide dignj. Per cujus
rei euidentiam et robur firmum ego prememoratus Dietricus tradidj presentes
prescripto conuentui in Rexingen sigillorum jllustrium comitum
videlicet B. de Hohenberg et Ottonis palatini de Tuwingen
munimine roboratas. Datum anno dominj millesimo ducentesimo septuagesimo septimo in foro Horb ante hospitium dictj (?) Ocilij. In
die sanctj Mathiae apostolj.

Von einer Abschrift in der „Jahrgerichtsordnung" zu Rexingen v. 1596.

74.

3. Mai 1277. Calw. Kraft, Abt von Hirsau, verkauft um **176** Pfb.
Heller einen Hof in Pfrondorf (O.A. Nagold) an Berthold, genannt
Löthe, Vogt in Bulach.

In nomine domini Amen. Omnibus hunc contextum indagantibus Nos
Crafto divina providentia Abbas Monasterii Hirsaugiensis cum
toto ibidem capitulo declaramus publice profitentes quod nos anno dominj
M⁰. CC⁰. LXXVII⁰. festo inventionis Sancte Crucis debitorum pondere fa-
tigati presenti consideratione quam plurimum utili, Bertholdo advocato
in Bülach dicto Lœthen suisque heredibus curiam nostram in
Phlundorf ac bona alia quecunque nostra ibidem homines etiam nostros

tunc in dicta villa residentes eorumque posteritatem cum omnibus dictorum bonorum attinentiis, exceptis tantum hominibus nostris illis, si qui forte aliunde post diem presignatum ad villam prefatam se transtulerint residendo, pro summa CLXXVI librarum hallensium vendidimus libere universali capituli de consensu, quia summam eandem nostro Monasterio fructiferam satis recognovimus et salubrem..... fore, memoratus Lœtho advocatus ob divinam et nostri Monasterii caritatem cautione nobis fidejussoria Bertholdum dictum Luppen, Br. de Schoenenbrunne, Br. dictum Meisener, et Hr. Wolfeshirn tradidit obligatos, ut quandocunque, receptis fructibus unius anni de bonis eisdem, nos infra triennium a termino prenotato bona ipsa nobis petierimus reemenda prelibatus Br. Lœtho ac sui heredes eadem nobis non denegent immo nostro Monasterio sine contradictione omni pro eadem summa offerant libere penitus reemenda. Si autem triennio peracto non satagerimus bona eadem reemisse, advocatus Lœtho et sui heredes ipsa perpetuo jure proprietatis possidebunt, exactiones sive stipendia et redditus tamen in bonis sepetactis et hominibus secundum antiqui juris ordinem sub animarum suarum periculo petituri, nichilominus H. dictus Voeseler cultor diutinus Curie presignate et duo ejusdem filii Curiam ipsam sicut a Monasterio Hirsaugiensi hactenus possederunt ab advocato Lœthone et suis heredibus de cetero jure simili possidebunt. Sane si forte de bonis sepefatis impetitionem ullam dictis Lœthoni seu ejus heredibus quis movere temptaverit infra spatium anni unius, nos contra omnem hominem et universitatem in parte et in toto ubique promittimus de bonis eisdem esse Warandos, et si quid dampni vel expensarum ex hoc ipsos contigerit nostrum debebit Monasterium supportare. Sed cum predicti Lœtho scilicet et sui heredes in perpetuam bonorum antedictorum possessionem plenius ire voluerint, si quos redditus invenerimus ulteriores in bonis presignatis qui per summam prelibatam non fuerint persoluti, ita quod redditus unius libre decem librarum pretio sint soluti evoluto prenotato triennio nobis integraliter persolvantur a predictis. In horum evidentiam et probationem securam utrumque sigillum nostrum tam Abbatis quam conventus Monasterii Hirsaugiensis presentibus est impensum. Testes horum sunt in conventu nostro Vollandus prepositus in Alersbach, Gotfridus prepositus in Rotha, C. prepositus in Burbach, Ruggerus quondam Abbas. Item Hermannus viceplebanus in Bulach. Fridericus viceplebanus in Wilperg. H. Cappellanus dominarum in Ruethi. Trugelinus Viceplebanus in Gilthelingen. C. dictus Willehelen. Trutwinus de Calwe. laici et alii fide digni. Actum aput Calwe die prescripto.

Nur das Siegel des Abts mit der Umschrift: Abbas Hirsaugiensis und dem Krummstab hängt noch an.

75.

11. Mai 1277. Reutlingen. Graf Albert von Hohenberg ertheilt seine Zustimmnng, als das Kloster Hirsau sein Dorf Pfrondorf (O.A. Nagold) an Bertold, Vogt von Bulach, verkauft.

Albertus Comes de Hohenberg Judex prouincialis vniuersis praesentium inspectoribus salutem cum noticia subscriptorum. Vniuersitatem vestram nosce volumus praesentium per contextum, quod vendicio ville dicte phlundorf cum suis pertinenciis uniuersis per honorabiles viros.. abbatem et conventum de Hirzowe viro prudentj Bertoldo dicto Loithe aduocato de Bûlach facta de nostra processerat voluntate et libera permissione, promittimus etiam bona fide nos debere dictum B. in premissis bonis defendere et tuerj. Datum Rutelingen proxima feria tercia post ascensionem domini. Indictione quinta.

B. d. Orig. im St.-Archiv zu Stuttgart. Mit einem kleinen Bruchstück von dem bekannten Reitersiegel des Grafen.

76.

21. Juli 1277. Wien. Lehnbrief, womit Friedrich, Erzbischof von Salzburg, die Söhne des römischen Königs Rudolf, Albrecht, Hartmann und Rudolf, mit den seinem Gotteshause anheim gefallenen Lehen belehnt, sowie mit jenen, welche Herzog Ulrich von Kärnthen dem Erzbisthume abgetreten hat.

Testes huius ordinacionis seu collacionis sunt venerabiles fratres domini, videlicet Perhtoldus Babenbergensis. Chunradus Frisingensis. Petrus Patauiensis. Heinricus Tridentinus. Heinricus Basiliensis. Ditricus Gurcensis. Johannes Chyemensis. et Wernhardus Seccouiensis. Ecclesiarum Episcopi. Ac honorabiles viri et domini. Ludwicus Illustris Comes Palatinus Reni, Dux Bowarie. Albertus Dux Saxonie. Fridericus Purgrauius de Nvrenberch. Hainricus Margrauius de Hahperch. Hugo, Comes de Werdenberch. Eberhardus Comes de Habspurch. Comes Albertus et Purchardus fratres de Hohenberch. Hainricus Comes de Furstenberch. Thibaldus Comes de Pfirreto. Ludwicus Comes de Honberch. Eberhardus Comes de Chatzenellenbogen. Heinricus Comes de Friburch. Otto Comes de Brannenburch. Perhtoldus Comes de sancto Monte. Gotfridus nobilis de Brunekke. Crafto de Hohenloch. et alij quam plures fide digni. In quorum etc.

Datum et Actum Wienne. Anno ab incarnacione domini. Millesimo. Ducentesimo. Septuagesimo. septimo. XII⁰. Kalend. Augusti.

Orig. Pergam. im K. K. g. H. H.- u. St.-Archiv in Wien mit 2 Siegeln in Wachs.

77.

1277 o. T. u. O. Graf Burkard von Hohenberg schenkt an das Kl. Reuthin den Kirchensatz zu Ober-Jettingen (O.A. Herrenberg).

A. 1277 obergibt Burchardus d. g. comes de Hohenberc den Kirchensaz zu oberyettingen gen Rüti inns closter, sincera pietate pro remedio animae nostrae et dominae nostrae Lugardis et puerorum nostrorum et dilectissimorum fratrum nostrorum Alberti et Vlrici d. g. comitum nobilium de Hohenberc et progenitorum nostrorum. Siglen neben im baide seine fratres et Otto comes palatinus de Tuwingen.

Gabelk. Collect. I. Fol. 63 ᵇ. MSC. im St.-Archiv. — Fol. 1271 ᵇ. T. III. setzt er hier folgende „testes: Albertus, Hugo, Heinrich aduocati de Wellenbusen." — Das Repertorium Reuthin hat S. 52 hierüber folgende Notiz: „In einer alten Registratur über des Kloster Reuthin Doc. geschieht noch folgender alten nimmer vorhandenen Urkunde Erwähnung: 1277 Uebergab Graf Burkards von Hohenberg, das Jus patronatus zu O. J. anlangend — In nomine S. et individue trinitatis."

78.

1277 c. T. Ragold. Graf Burkard von Hohenberg befiehlt auf Erfordern des bischöflichen Offizials von Constanz seinen Unterthanen und namentlich den Bürgern von Haiterbach unter Anbrohung seiner Ungnade, das Kloster Heiligkreuzthal im Besitz seiner Güter bei Haiterbach zu schützen.

Nos Bvrkardus comes de Hohinberc tenore presentium constare volumus vniuersis, nos literas Officialis Cvrie Constantiensis recepisse in hvnc modum. Officialis cvrie Constantiensis Nobili viro B⁰. Comiti de Hohinberc salutem in domino sempiternam. Cum nos in causa que uertebatur inter dilectas in Christo.. abbatissam et conuentum vallis sancte crucis ex vna et fridericum dictum Zimbel ex parte altera.... sentenciam super possessionibus sitis in Haiterbach, quas colit Berchtoldus vf dem harde et dictus fruhte pro.. abbatissa et conuentu supradictis duximus promulgandam, vobis mandamus (preces monitoribus et mandatis nihilominus super addentes), quod prefatis abbatisse et

conuentui in ipsis possessionibus fauorem et beneuolentiam exhibeatis, cum
dictus fridericus coram nobis sententie acquiescere et possessiones predictas
recognouerit fore debitas abbatisse et conuentui memoratis. Dat. etc. [1]
Igitur mandata auctoritate ordinaria nobis ut patet in premissis (inter-
dictum ..... nolumus nec audemus, predictum formidantes et in quantum possumus uitare volentes) vniuersis ac singulis in nostro districtu
existentibus et precipue ciuibus in Haiterbach sub obtentu
gratie nostre duximus precipiendum, quod abbatissam et conuentum vallis
sancte crucis in possessionibus ipsorum sitis apud Haiterbach, que
iuste et rationabiliter, sicut in instrumentis ipsorum super hoc confectis
vidimus, per sententiam sunt adiudicate, auctoritate nostra manuteneatis ac
pro posse defendatis, quia quidquid boni uel mali ipsis in hac parte fueritis,
nobis' factum esse reputamus. In huius rei euidenciam litteras presentes
sigillo nostro duximus sigillandas. Datum Nagelt anno domini Mill⁰. cc⁶.
LXXVIj⁰.

[1] M⁰. cc⁰. Lxx. sexto. nach der Urkunde der „Iudices eccl. Const." (St.-Archiv).

79.

**3. Mai 1278. Marchthal. Gr. Albert von Hohenberg, Landrichter,
gibt Hermann und Friedrich von Algershofen (O.A. Ehingen),
Zinsleute der Kirche in Schwenningen (bad. Amts Meßkirch),
an das Kloster Marchthal.**

Universa calumpniae praevenitur materia, cum res gesta voce testium,
et litterarum testimonio comprobatur. Nos ergo Albertus Dei gratia
Comes de Hohenberg Judex provincialis notum facimus universis
praesentes litteras inspecturis, quod nos venerabilibus dominis, Praeposito
et Conventui monasterii martellensi (sic!) Ordinis Praemonstratensis
concedimus et donamus advocatiam nostram, et omne jus et dominium,
quod nobis competijt vel competere videbatur in Hermannum et Fridericum Fratres de Algershoven, vulgariter dictos Mager Friderichs
Sün, ratione advocatiae quam habemus in Ecclesia de Swenningen cuius sunt homines censuales, volentes et mandantes, ut
idem Praepositus et ·Conventus nomine nostro et Successorum nostrorum
quorumcunque eosdem videlicet Hermannum et Fridericum manuteneant et

defendant, ad Servitutis iugum habeant, ad imperandum, ad disciplinandum, et quicquid placuerit faciendum, ita videlicet quod Si fugam fecerint de ipsorum Servitio quomodolibet exeundo, ubicunque ipsos invenerint iniectionem manuum in ipsos habeant, et Sine omni nostrarum (sic!) contradictione, quicquid voluerint, facient, et disponent, cum ipsis etiam hoc licitum sit exemptione propria eorundem revocantes expresse et in totum omne jus et dominium, advocatiam, Seu ipsius concessionem, quod vel quam inique obtinuit B. miles de Stain, B. filio Suo Seu filiis Suis per nos factam, Suggesta falsitate, et tacita veritate. Unde ne qua in posterum possit oriri calumpnia sed stabilis et firma sit haec nostra concessio et donatio praesentes litteras Sigillo nostro Sigillatas praedictis — Praeposito et Conventui tradimus in testimonium praemissorum. Datum et actum in Ecclesia martellensi anno Domini MCCLXXVIII. feria tertia in Inventione Sanctae Crucis praesentibus venerabilibus viris domino Heinr. Comite de Veringen, Swenigero milite de Lichtenstain, manegoldo milite de Hornstein, Renhardo de Palhain (?Talhain), magistro Ruperto de Ezzelingen et aliis quam pluribus fide dignis.

80.

24. Juni 1278. Hagenau. Pfalzgraf Ludwig bei Rhein, die Grafen Albert von Hohenberg, Eberhard von Katzenelnbogen und Friedrich von Leiningen verbinden sich mit den Städten am Rhein zu einem Landfrieden, und insbesondere gegen Erhebung neuer und ungerechter Rheinzölle.

In nomine domini amen, Ludewicus dei gracia comes palatinus Reni dux Bawarie, Albertus de Hohenberc, Eberhardus de Kazzenelnbogen, Fridericus de Liningin, comites, Moguntinenses, Argentinenses, Basilienses, Wormatienses, Spirenses, Columbarienses, Slezestasienses, Hagenaugenses, Wizenburgenses, Openheimenses, Pingitienses, Wisalienses, Bobardienses, Frankenfordienses, Geilenhusenses, Frideburgenses, Wetflorgenses, ciues, Ad noticiam vniuersorum litteris presentibus uolumus peruenire, quod nos attendentes et considerantes inconstanciam rerum humanarum apud ciuitatem Hagenaugiam conuenimus jbidem propter honorem dei et gloriose virginis matris sue, nec non ob reuerenciam sacri Imperii pacem sanctam et generalem clara fide et hunanimi consensu conpromisimus, a festo penthecostes nunc preterito per biennium contra quoslibet violatores sancte pacis ac dolo siue malicie ipsam infectantes, conseruare et gubernare, uiribus et posse in

quantum ualemus, procedere eciam manu ualida nobis fauente diuina cle-
mencia, contra omnes qui thelonia inconsueta et iniusta super alueum
Reni recipere uolunt, hoc adiecto quod omnes siue religiosi siue seculares
in Reno descendentes et ascendentes, de rebus suis secundum quod taxa-
uimus et statuimus communi consilio apud Maguntiam et (sic!) Bobabardiam,
summam proporcionaliter sue pecunie in subsidium et in defensionem pacis
ministrabunt ut eo potencialiter et liberaliter, ipsos in corpore et rebus ac
pacem predictam defensare ualeamus, omnes uero rebelles et inobedientes
hiis statutis et conpromissis a sancta pace et nostra defensione penitus
eicimus et excludimus, dampna singularia incurrunt et ipsis prouenire inde
poterunt per nos nec nostro adiutorio uindicabuntur. In testimonium, et
robor omnium premissorum presentibus nostra sigilla sunt appensa, Actum et
datum Hagenaugie anno domini. M⁰. cc⁰. lxx⁰. octauo die beati Johannis Baptiste.

Von dem Orig. im Stadt-Archiv zu Straßburg; in dem Cartularium daselbst findet
sich (Fol. 111 ᵇ.) eine nur unbedeutend abweichende Abschrift davon.

81.

25. Juli 1278. Eßlingen. Bertold, „nobilis" von Mülhausen und
dessen Gemahlin Agnes vermachen auf ihr Absterben an das Kl.
Bebenhausen einen Hof in Zuffenhausen.

Bertoldus nobilis de Mulhvsen, vna cum bona voluntate et
consensu Agnese vxoris sue, curiam suam sitam in Zuffenhvsen,
monasterio conuentus in Bebenhusen ob reuerenciam gloriose virginis
Marie et in remedium et salutem animarum suarum post mortem suam
tradunt et erogant, libere et pacifice vtendam cum omnibus attinentiis perpetuo et possidendam. Hac conditione adiecta, quod vno eorum defuncto,
alter superstes, quamdiu vixerit, eandem curiam habeat pacifice et quiete,
quo defuncto, ad predictum monasterium sine vexatione cuiuslibet perpetuo
deuoluatur. In signum autem huius libere donationis singulis annis vnum
modium siliginis de prefata curia antedicto monasterio presentare ordinaue-
runt nomine census. Testes autem, qui huic donationi presentes fuerunt,
sunt hii: Al. decanus de Gruningen, camerarius de Mulhvsen,
Bur. prior, Fr. et Fr. cellerarii de Bebenhvsen, Cvnr. et Heinricus
ac Al. conuersi ibidem, R. de Kalwe, dominus Egeno de Eichelberc,
C. dictus Techelin, R. dictus Rêze, H. dictus Hvsgenôze, et Heinr.
nomine ciuium in Ezzelingen. Datum et actum aput Ezzelingen, in die
beati Jacobi apostoli.

Orig. in Karlsruhe. Abdruck in Mone Zeitschrift III, 330. Das Siegel in grünem
Wachs ist rund mit dreieckigem Schilde, in welchem drei Mühlhauen (Mühleisen zum

Schärfen der Mühlsteine) übereinander. Von der Umschrift ist nur Weniges in einzelnen Buchstaben übrig. Nach einer spätern Urk. v. 11. März 1281 heißt dieselbe: † S. B. DE MVLHVSEN . ADVOCATI . AVGVS(TEN)SIS.

Gabelkh. I. Fol. 249 b. hat zu 1380 die Notiz: „in der unteru Kirchen zu Mülhusen am Neckar das Wappen mit den 3 rothen Mühleisen in weißem Felde, wie es auch die Herrn v. M. geführt."

82.

8. Dez. 1278. Herrenberg. Heinrich und Friedrich, gen. die Sailer, schenken ein Gut („mansum") bei Nagold, das Lehen von dem erlauchten Gr. Burkard von Hohenberg, und ihnen erbsweise von ihrem Oheim, gen. Giltoberg, angefallen war, an das Kl. Reuthin.

In nomine Sancte et jndiuidue Trinitatis. Ad veritatis stabilitatem firmiter perpetuoque tenendam, ne vetustate temporum seu aliqua malignorum hominum dolosa machinatione possit obnubilari, scripto memorie commendamus et tam futuris quam praesentibus notum fierj satagimus, quod nos Heinricus et Fridericus, dictj Sailer, spontanea uoluntate ac libertate nostra omnimoda tradidimus et donauimus mansum nostrum situm apud Nagalt ex parte dilectj f. awunculj nostrj obitus dictj Giltoberc ad nos jure deuolutum hereditario Sancto Nicolao, priorisse et Conuentuj jn Ruthj apud wilperc, quod ab jllustri domino B. Comite de Hohenberc nomine feodj possedimus, habendum, tenendum et jure perpetuo possidendum, promittentes donationem ex parte nostrj factam apud jam dictum Comitem promouere, renunciantes eciam omni juri canonico seu ciuilj, per quod donatio praenotata ex parte nostrj uel heredum nostrorum per successionem temporis possit impedirj. Acta sunt hec apud Herrenberc jn foro, anno dominj M⁰. cc⁰. Lxx. VIIj. indictione VIJ. feria quinta proxima post Nicolaj. Praesentibus hiis testibus D. Sculteto, et f. et D., filiis suis de Herrenberc, Sw., milite de Öndingen, f. de Nippenburc, H. dicto Lûpe, f. de foro, Judicibus et aliis quam pluribus fide dignis. Et ne super hiis in posterum ab aliquibus ambiguitatis oriatur scrupulus, presentem cedulam in testimonium sigillo vniuersitatis in Herrenberc ipsis contulimus communitam.

N. b. Orig. im St.-Archiv zu Stuttgart. Mit dem zerbrochenen Siegel der Stadt Herrenberg, auf welchem indeß die Tübinger Fahne noch deutlich zu erkennen ist.

83.

22. (oder **29.**) Dez. **1278.** Wien. Graf Albrecht von Hohenberg,
„swagir" des K. Rudolf, ist mit seinem Bruder Burkard anwesend,
als jener die Freiheiten der Stadt Colmar bestätigt.

Rûdolf von gotis gnaden, Romischer kvnic vnd allewege merende ist
— — Dar vmbe han wir vnsern getruwen burgern von Colmer von vnsern
gnaden vnd von des riches gewalt iemerme gegeben vnd bestetet solichiv reht alse
hie nach geschriben stant. — — — Dise hantveste wart beschriben vnbe gegeben,
do vnser vurstin der erze bischof Friderich von Salzburch, der bischof
heinrich von Basele, der Bischof Johan von Chymse, vnd ber bischof
von Seckowe, vnd der palenzgraue Lvdewic von dem Rine, vnser sun,
gegenwrtic waren, vnd ouch vnser sûne graue Albreht vnd graue hartman von habspurch, graue Albrecht von hohenberch vnser swagir,
graue Bvrchart sin bruder, graue heinrich von vurstinberch, der
Marggraue von Hachberch, vnb andere vil ebilir liute. — Dise hantveste wart
ge gebin zu Winne, bo man von vnsers herren iesus cristes geburt — vnz her
hatte zuelf hundert iar vnb ehtin sibenzich iar, an dem Donrestage vor deme Jares
tage, in deme sehstin iare vnsers riches.

Orig.-Urkunde mit d. K. Siegel in weißem Wachs zu Colmar.

84.

16. März **1279.** Rotweil. Alber(t) von Werbenwag (Schloß Werenwag, Filial von Schwenningen, bad. Amts Meßkirch) und Hugo
von Wildeck (Weiler, O.A. Rotweil) verzichten unter den Siegeln
der Grafen Heinrich von Fürstenberg und Albert von Hohenberg
auf ihre Rechte an Güter zu Igelwies (bei Meßkirch), welche ihr
Oheim Konrad, genannt Hasenbein, Ritter von Falkenstein (an der
Donau, O.A. Sigmaringen) an das Kloster Wald verkauft hatte.

Nos Alberus de werbenwag et Hugo de wildekke vniuersis hanc
paginam jntuentibus salutem et subscriptorum fidem credulam adhibere. Ne
gestibus humanis obliuiosa temporum successione ambiguitatis scrupulus generetur, antiquorum discretio virorum consveuit memorie digna literali
cractere (sic!) et linguis testium ethernarj. Hinc est quod nos tenore presentium publice profitemur, quod bona sita igelswise, que awnculus noster
videlicet Cvnradus dictus Hasenbein miles de valkenstein, domine

abbatisse et conuentuj sanctjmonialium walde, vendidit pro viij libris constantiensis, bona fide, de consensu dominorum nostrorum, videlicet Comitis Heinrici de furstenberg, jllustris, et Alberthi comitis de hohenberg viri spectabilis, manuumque resignatione, ipsi conuentuj walde resignantes omni accione et iure quod pro ipsis bonis nobis posset conpetero seu deberet, conferimus libere et pacifice possidenda. Ne autem in posterum aliqua de hiis valeat calumpnia suborirj presens scriptum prenotato conuentui sigillorum Comitum predictorum cum nominibus testium qui hiis intererant munimine contulimus confirmatum. Nomina vero testium sunt hec. dominus Hugo de werbenwag. Berhtoldus de waehingen Milites. Berhtoldus rector ecclesie waltdorf. Heinricus notarius de digenshein. Heinricus de werbenwag. alberus de burcberc.[1] Cŷnradus et swiggerus de digenshein. Cŷnradus scultetus in Rotwile. Burcardus frater ju walde et quamplures alii fide digni. Datum et actum aput Rotwile Anno dominj. M⁰. CC⁰. LXX⁰. IX⁰ jndicione. vjj.ᵃ xvij. Kal. apprilis.

B. v. Orig. im Archiv des Kl. Wald zu Sigmaringen. Mit dem beschädigten Reiter-siegel des Grafen H. v. F., abgebildet (indeß nicht genau) in Mone, Anzeiger 1837, wo auch S. 468 ein kurzer Auszug der Urkunde abgedruckt ist. Das hohenbergische, welches als das erste an der Urkunde hing, fehlt.

¹ Wohl jetzt Burgruine bei Glatt, im O.A. Freudenstadt.

85.

14. Ott. 1279. Reutlingen. Graf Albrecht von Hohenberg, Landrichter, erlaubt seinem Dienstmann Marquard von Ehingen einen Weinberg auf der Markung von Dettingen (O.A. Rotenburg) an das Johanniterhaus zu Hemmendorf zu verkaufen.

Albertus, dei gratia Comes de Hohenberc, Judex vniuersalis provincie, ab illustri domino Růdolfo Rege Romanorum constitutus. Vniuersis ad quos presens scriptum peruenerit, negociorum gestorum memoriam cum salute per obliuionis cecam caliginem obumbrentur, que cedente tempore tractantur suadet prudencia, vt scripturarum munimine perhennentur. Hinc est, quod vniuersitati vestre tenore presencium declaramus, quod dilectus noster ministerialis marquardus miles de Ehingen nobis humiliter supplicauit, vt vendicionem quam pro triginta quinque libris halln. commendatori et fratribus in Hemmendorf coram nobis et multis aliis de quadam vinea sita in districtu Tettingen, que wanne dicitur cum omnibus suis iuribus siue attinenciis, lignis, siluis, cultis, vel incultis professus est cum suis heredibus publice se fecisse, rata habere et inviolabilem dignaremus. Adiecta est eciam predicte vendicio quedam domuncula, quam quidam colonus dictus **Kuppinger** inhabita que sita est in **districtu hemmendorf** iuxta curtem fratrum. Nos ig tur dicti marquardi ministerialis nostri precibus inclinati predicte vendicio assensum voluntarium concedimus. Et si quid nobis iuris in ipsa vine conpetebat, pro fauore religionis et ordinis sancti Johannis liberaliter dicti fratribus assignamus, et ad maiorem huius facti euidenciam presens scriptu sigilli nostri munimine consignamus. Hec facta sunt presidente sanctissim patre domino Nicolao Romanorum pontifice et gloriosissimo Romanoru Rege Rûdolfo in domino feliciter amen. Datum **Rutelingen.** anno domin M⁰. cc⁰. lxxviiij⁰. in die Calisti pape. Testes huius rei sunt **anshalmus** e **wernherus fratres milites de Genkingen, Johannes miles de Hœlnstain, Bertoldus de Hœlnstain** et **arnoldus de melchingen** et alii quamplures.

86.

1. Juni 1280. Eßlingen. Graf Albert von Hohenberg vergabt im Namen seiner Mündel, der Söhne seines Oheims, des Pfalzgrafen Rudolf von Tübingen, dasjenige von den Gütern und Rechten zu Echterdingen, was Friedrich der Aeltere von da und seine Söhne von denselben zu Lehen hatten, dem Kloster Bebenhausen, indem er zu dem Verkauf der gen. Güter von Seiten der Ritter von E. seine Zustimmung ertheilt.

Albertus comes de Hohemberge vniuersis présentes literas inspecturis salutem et credere subnotatis. Cum reliosi (sic!) viri abbas et conuentus monasterii in Bebenhûsen, ordinis Cisterciensis a **Fridrico milite seniore de Eihtertingen** et a **Marquardo, Hainrico ac Fridrico** fratribus, eiusdem **Fridrici** filiis, comparauerint titulo empcionis vniuersa bona, que predictus Fr. et filii sui prenotati habuerunt in territorio ville **Eihtertingen,** siue in castris, siue in domibus, areis, horreis, agris, pratis, nemoribus, pomeriis, ortis, atque decimis constiterint, siue possessionibus quibuscumque et insuper vniuersa iura atque iurisdictiones, que ibidem habuerunt Fr. et filii sui supradicta (für supradicti), pro certa pecunie quantitate, et quedam alia bona ac possessiones, siue iura ac iurisdictiones de premissis superius titulo proprietatis quondam pertinuerint bone memorie a**vvnculo** nostro **Rudolfo,** comite (i) palatino de **Tuingen,** et nunc pertineant eodem iure filiis memorati Rudolfi, quorum tutor sumus, atque de illis dictus Fridricus suique filii prenotati infeodati fuerint ac feodi titulo possiderunt, vniuersis constare cupimus per presentes quod iidem pupilli auctoritate nostra, habito etiam consilio suorum amicorum ac ministerialium proprietatem eorundem bonorum possessionum ac iurium atque iurisdicionum, que ex eis ad ipsos pertinuerint, libere donauerint, contulerint, et pleno iure tradiderint .. abbati et conuentui monasterii supradicti, dicto contractui de nostra voluntate plenarium adhibentes conscensum. Ne autem super contractu huiusmodi et donacione per nos taliter factis, aut nostro consensu contingat inposterum aliquod dubium suboriri, presentes literas supradictis abbati et conuentui contulimus, nostri sigilli munimine roboratas. Testes qui hiis interfuerunt, sunt hii: nobilis vir Hainricus comes de Furstenberge, Hermannus marchio de Baden, Alber. nobilis dictus Hagge de Hohenegge, Swigerus de Blankenstain, Einhardus de Ilsvelt, Renhardus de Caluwe, Mahtolfus de Gulsten, milites, Diemo dictus Herter et quam plures alii fide digni. Actum et datum in Esselingen anno domini M⁰.CC⁰.Lxxx. kal. Junii.

Orig. in Karlsruhe. Abbr. bei Mone, Zeitschr. III. 351. — Mit dem wohl erhaltenen, runden Siegel des Grafen Albert von Hohenberg in bräunlichrothem Wachs an Pergamentstreifen. Umschr. Sigi... Alberti Comitis de Hohemberch. Das Bild ist im Abdruck verkehrt und zeigt einen rechts sprengenden, herausfehenden Ritter im Panzerhembde, mit quergetheiltem Schilde vor der Brust und eben solchen, kleineren, auf der Decke des Pferdes, an Schulter und Hüfte desselben, mit der einen Hand den Zügel haltend, mit der andern das Schwerdt schwingend. Der geschlossene Helm hat oben zu beiden Seiten auswärts gekrümmte, mit den Spitzen gegen einander gebogene, mit Pfauenfedern voll bestedte Hörner. Der Helmschmuck, die Vorder- und Hinterhufe und der Schweif des Pferdes gehen in die Legende.

87.

3. April 1281. Wildberg. Burkard, von Gottes Gnaden Graf von Hohenberg, urkundet, daß die Wittwe Gilthaberk auf ihre Rechte an den Hof zu Nagold, den dieselbe von ihm zu Lehen getragen, verzichtet, und er solchen an das Kloster Reuthin geschenkt habe.

Vniuersis praesentium inspectoribus sev auditoribus — Burkardus comes de Hohenberk subscriptorum noticiam cum salute. Nouerint vniuersi tam posteri quam praesentes, quod nos Burkardus praedictus dei gratia Comes de Hohenberk recognoscimus et publice profitemur, quod... relicta dicta Gilthaberk jus feodale, quod a nobis habuit in manso sito Nagelte, nobis libere et nulla conditione interposita resignauit. Nos igitur volentes anime nostre saluti consulere, sanctimonialibus beati

Nicolai in Rvthi ecclesie conuentualis ius proprietatis dicti praedij siti in
Nagelta cum integritate debita conferimus per praesentes. In cuius rei
testimonium euidens, ne gesta mortalium ab hvmana memoria penitus
euanescant, et ne a nostris successoribus memorate ecclesie super collatione
dicti mansi siue praedij a nobis facta, questio moueatur, praesentes literas
nostri sigilli munimine roboratas sepedictis sanctimonialibus ecclesie praenotate tradidimus in perpetuum valituras. Datum et actum Wilperk.
Anno domini M⁰. cc⁰. lxxxj^{mo}. Tertio nonas Aprilis.

B. d. Orig. im St.-Archiv zu Stuttg. — Von dem Siegel ist nur noch ein ganz
unbedeutendes Bruchstück vorhanden.

88.

19. Mai 1281. Wien. Graf Meinhard von Tirol und Görz bekennt, daß, wenn die Ehe zwischen seinem Sohne und der Tochter
des Grafen Albrecht von Hohenberg nicht zu Stande käme, die
1200 Mark, mit welchen ihn der römische König Rudolf auf
Krain verwiesen, diesem wieder ledig seyn sollten.

Ich grave Meinhart von Tirol vnd von Görz begih des mit disem brive
ob leiht, des gott niht welle, des edlen graven Albreht tohter von Hohenberg, oder min sun, dev ze der e zveinandr sint gelobt, ir eintwedr;
sterbe, vnd das der heirat abgieng, daz danne minem herren dem hohen Chünege
Rvdolfen von Rome zwelfhvndert march, die ich opf dem lande ze Chrein
han, ledich svln sin. Des sei gezevch diser brif mit minem jusigl. Diser brif ist
geben ze Winen nach Christus geburt über tavsent iar, vnd über zwaihvndert iar
an dem ein vnd ahzegsten iar, an dem virden tage nah mitten Meien, des montags in der Chrevzwochen.

B. d. Orig. im geh. Haus-, Hof- u. St.-Archiv zu Wien.

89.

15. Juni 1281. Aichaln (? Achalm). Die Grafen Albrecht und Burkarb von Hohenberg, Gebrüder, schenken dem Johanniter-Hause zu
Rotweil zwei Güter zu Spaichingen.

Ich Graue a brehte vnd Graue Burkart gibruder von Hohemberge tünt
allen den künt die disen brief lesent oder hörent lesen, daz wir mit gütem willen
daz güt, daz da lite ze Spaichingen, daz da haisset ölriches güt von Tengen

vnd daz gütefie wernhers des müllers, daz er von dem von Balgain heit ze
lehen, daz Hanrich (sic!) vnd Cunrad von Balgain die gibruder von vnſ
behant ze lehen, hant geben lebicliche vnd frilich ze reihtem aigen durch vnſer ſele
gütte vnd haile dem huſe ze Rotwil dem Spital ſant Johannes orden.
Vnd daz diſ ſteite vnd veſte bilibe, ſo henkent wir vnſer inſigel an diſen gege=
wrtigen brief. Da bi waz — her — von walſe, vnd her — Burkart von
Tirberge vnd her Cunrat daz lampe vnd Johannes vnd volee ſine gi=
bruder, vnd wernher vnd och wernher die gibruder von Tieringen und Cün=
rat von Balghain vnd Hanrich von Spaichingen vnd Bruder B. der
Comendur von Hemmendorf, die warent da bi vnd hortent vnd ſahent daz.
Dirre brief wart geben ze aichaln an ſant vitis Tage, do von gotes geburt
warent Tüſent vnd zwei hundert vnd aines vnd aichzige iare.

B. b. Orig. im St.-Archiv zu Stuttg. Die beiden Siegel ſind abgeſchnitten.

90.

1. Auguſt 1281 v. O. Das Kloſter Hirſau verkauft mit Zuſtim=
mung des erlauchten Grafen Albert von Hohenberg, Landrichters
und Schirmvogts des Kloſters, ſein Gut („predium“) Pfrondorf
(O.A. Ragold) an Bertold, gen. Löthe, Vogt von Bulach.

Vniuersis Ecclesie Christi fidelibus presentes literas inspecturis, Crafto
diuina permissione Abbas, Bertoldus prior, Totusque conuentus Monasterij Hyrsaigensis, noticiam subscriptorum. Quoniam hvmane fra-
gilitatis opera ad obliuionis interitum facilius deducuntur, vtile est ut presentis etatis negotia litterali testimonio confirmentur, Eapropter praesentibus
publice profitemur, et singulis ac vniuersis cupimus esse notum Quod cum
Monasterium nostrum fuisset debitis plurimis oneratum et usurarum vora-
gine intollerabiliter oppressum, nos intendentes dicto Monasterio, ne...
dampna incurreret ampliora precauere predium nostrum in Phrundorf
cum omnibus suis pertinentiis videlicet hominibus nostris ibidem, areis, censibus, pascuis, pratis, siluis, aquis, aquarumve decursibus, cultis et incultis, quesitis et non quesitis Discreto uiro Bertoldo dicto loethen
aduocato in Bvlach pro CC. quinquaginta libris hallensium quas recepimus ab ipso et in utilitatem Monasterij nostri conuertimus, libere et
communicato consilio de consensu jllustris domini alberti dei gratia
comitis de Hohenberk aduocati nostri vendidimus et omne jus
quod in praefato praedio seu bonis sibi attinentibus habuimus sev habere
potuimus in dictum B. aduocatum et suos heredes transtulimus in perpetuum
possidendum, tenendum, et habendum iure pleno. Et promittimus per prae-

sentes nos warandos fore dictorum bonorum contra quoslibet homines et
vniuersitatem si requisiti fuerimus iuxta formam iuris communem, quod etiam
contra praedictam uenditionem et si possemus nullatenus ueniemus Nec
Bertoldum aduocatum memoratum, ac etiam suos heredes, et posteros aliquo
iuris auxilio canonici vel ciuilis quod nobis aut nostris successoribus conpetere posset in futurum inpugnabimus super bonis eisdem. Renunciantes
simpliciter per praesentes beneficio restitutionis in integrum, aut quolibet
alio remedio si quo iuuari possemus in parte uel in toto. In cuius venditionis ac rei testimonium praesentes literas sigillis nostris communitas
sepedicto aduocato B. dicto loethen dedimus eidem et suis heredibus, ac
eorum posteritati perpetuo ualituras. Nos Albertus dei gratia comes
de Hohenberk, Judex prouincialis, aduocatus Hirsaugiensis,
quia praedictam uenditionem causa necessitatis, ac propter onera debitorum
inuenimus fore factam ipsam ratam et gratam habentes, eidem assensum
nostrum inpertimur, Et in euidentiam ipsius uenditionis, et nostri consensus
testimonium sigillum praesentibus duximus apponendum, Huius rei testes
sunt Fridericus prior in Schonrain, Gotfridus praepositus in
Roth, Rvkkerus praepositus in Allersbach, Rvdegerus custos
Sancti Aurelij, Rukerus quondam abbas, Reinhardus, fridericus de Mœringen, Conradus Bohemus, Manegoldus Custos
Sancti Petri, Bertoldus de Horwe, Conradus de Hohenhain,
Ecclesie fratres memorate, Bvrchardus rector Ecclesie in Outhin-
gen, Hermanus viceplebanus in Bvlach, Conradus et Nicolaus
sacerdotes ibidem, Hainricus cappellanus in Ruthi, Petrus
notarius domini Burcardi comitis de Hohenberk, Bertoldus
dictus Lvpo schultetus et Hermannus dictus Wolfferne ciues
in wilperk, Albertus dictus scolaris de Rordorf, Al. frater suus,
B. de Sconebrunne, et Al. frater suus, B. steinhart, C. piscator,
Walterus de Ruthelingen, B. snitzar, Rudegerus de welhusen,
Abertus dictus Codder, ciues, Johannes rector paruulorum, et
Albertus scolaris dictus tvppenagel in Bvlach, Burcardus rec-
tor ecclesie in Rathuelde, et alij quam plures viri fideles ac fide digni.
Datum et Actum Anno Incarnationis domini M⁰. CC⁰. Lxxx. primo Kalendis
Avgusti, Indictione Nona. —

B. b. Orig. im St.-Archiv zu Stuttgart. Mit zwei Siegeln, bem bes Convent
bes Kl. Hirschau, unb bem großen, bis auf bie Umschrift ziemlich gut erhaltenen Reiter-
Siegel bes Gr. Albert von Hohenberg.

91.

20. Juli 1282 o. O. Herzog Ludwig von Teck verlobt seine Tochter
Agnes mit Konrad von Lichtenberg, Neffen des Bischofs Konrad
von Straßburg, und setzt zu Bürgen des Ehevertrags seinen Bruder
Konrad und Sohn Hermann, den Grafen Burkard von Hohenberch, die Markgrafen Hermann und Hessen von Baden, Herrn
Otto von Eberstein, den Pfalzgrafen Otto von Tübingen, die
Grafen Friedrich von Fürstenberg und Friedrich von Zoller, Berthold von Sperbersed, Kizzin und Marquard von Reiblingen,
seine Dienstmannen.

Alle die disen brief gesehent oder gehörent. Die sölent daz wizzen. Daz wir
herzoge Ludewic von Telke mit vnserm herren Bischof Conrad von Strazburch über ein sin komen, daz wir vnser tohter Agnes han gelobt[1] ze gebenne
Conrade von Liehtenberch sines bruder sune ze ainem elichen wibe. vnd sölen
ir geben zu im sehs hundert marke silbers luters vnd lötiges dez gewoeges von
Strazburch. daz silber sölen wir antwrten (sic!) ze strazburch, oder ze Gengenbach, oder ze Offenburch minem vor genanten herren dem bischove von strazburch vnd vnserm bröder herzoge Cônrate, vnd herren Ludewige von Liehtenberch.
vnd Ewelher vnder den brien abe gat, so sölen die zwene welen ainen ander an
sine stat. Diz silber geloben wir ze gebenne, von sante Gerien messe die da komet
ze naehest über ain iar hundert marke. vnd da nach aber über ain iar hundert
marke. vnd aber da nach über ain iar zwai hundert marke. vnd da nach aber über
ain iar ze sante Gerien messe zwai hundert marke. Wære aber, daz an den vier
hundert marken die man ze den zwaien hinbersten iaren geben Sol. dehain gebreste
were, daz sol stan an vnserz herren bischovez Cônrades gnaden, vnd vnsers brö-
ders herzoges Cônrades vnd hern Ludewiges, daz sie vns die zil liehtern (sic!) vnd
lengern ob sie wellen woeren aber daz sie drie bez über ain nicht möhten komen,
so sol der britte den zwain volgen. vnd swaz sie da mite haizent tön. bez sölen
wir bede site gevölgic sin. vnd so diz silber ze samene komet, so sol man ez legen
an elçin in Elsaze zwschen (sic!) der brvsche vnd der mater, vnd keinewise
über den wasegen, nach rate, vnd nach heizen der vor genannten brier herren
oder zwaier vnder in. doch also, daz manf an keine veste lege, wan numer an dörfer
vnd an gewönlich gelt vnd sol man bene daz göt ver widemen ob wir beide siete
weren. vnd al die wile diz silber vnbewendet ist vnd ovch al die wiel daz göt,
dez dar mite gekofet wirt, vnverwidemet ist geschiht denne vnserre tohter iht. so
sol daz silber vallen an ir naehsten erben, oder daz göt daz damite gekofet wirt.
Wirt aber ez verwidemet, geschiht ir da nach iht. so sol Conrad von Liehtenberch
u wirt dar an haben sin wideme reht ze sienem liebe. alf ovch sie hate, ob im

dar nach iht geschœhe. Lant sie aber libez erben an die sol ez vallen alf reht ist
vnd swie wir abe gan e diz silber vergolten wirt, so ist vnser son herman bei
iezont börge ist schvlbener aller der vor gescribenen binge, in alle wise alf wir
schvlbic sien ze tünne vnd ze vertegenne. bez veriehen ich herman bez herzogen son
an diesem brieve. vnd geloben ez bi gesworem aide allez samt ze vertegende vnd
ze töme, alf ez vnser vater gelobet hat. vmbe baz vor gescriben silber, geben wir ze
borgen vnsern brüder herzogen Conrat von Tekke vnd vnsern son hermannen
Graue Burcarden von Hohenberch. marcgrauen Hermanne von Baben
vnd sinen brüder Hessen. hern Oten von Eberstain. phallenzgrauen Otten von
Twingen. graven friberichen von fürstenberch. grauen friedrichen von
Zoler. vnd Berhtolden von Sperwersekke. wernheren kizzinen vnd
Marquarden von Nibelingen. also swie wir diz silber niht engeben ze den
zilen alf wir gelobet haben. so sölent sich die vorgenanten börgen, in den nœhesten
sier wochen nach dem tage alf sie gemant werdent, ze hose oder ze hove, wont ze
munde, ober mit gemissen boten oder mit brieven, antwrten ze Strazborch oder
ze Spire ober ze Offenborch oder ze Gengenbach in, nach rehter giselschefte
nimmer bannen ze kommen, e wir daz silber haben vergolten dar vmbe sie denne
laisten sölen — Störbe ovch vnder bisen börgen beheiner, so sölen wir einen andern geben an bez stat der alf güt sie an alle gevœrde in den nœhsten vier wochen,
so er an vnf geforbert wirt, oder die andern börgen sölen bar vmbe laisten, an
ben vor gescribennen steten, vnze baz wir in gegeben. Hat ovch birre börgen be-
heimer keine gesworene giselschaft vor birre. ist baz er ba ê leistende wirt ê er hier
gemanet wirt. so er benne von ber ersten lebic wirt. so sol er von bem tage alf
er lebic wirt, in wenbic ben nœhsten vier wochen hie laisten bi bem eibe alf ba
obenan gescriben stat. Her wiber sol Cvnrat von Liehtenberch, vnserre tohter
Agnese geben vnd bewisen sinef gütef gegen sehz hvnbert marken. baz gelegen sie
zwischen bem swarzwalbe vnd bem rine swenne so wir vnser sehshvnbert marke
gewert han. vnd sol sie ber weren, so mit eigene so mit erbe so mit lehene nach
bez landez gewoneheit, baz sie ber ovch nach rehte gewert si. alf die vor genanten
brie herren über ein koment, ober die zwene vnder in. vnd ze ainem vrkönbe baz
diz war sige vnd stœte bliebe, so henken wir vnser insigel an bisen brief för vnf
vnd för vnsern son, vnd för brie vnser bienstman die börgen sint, vnd niht insigel hant. Wir die vorgenanten börgen, veriehen biv burgeschaf vnverscheibenliche
vnd geloben sie ze laistenne. alf hie vor gescriben stat. vnd henken önseriv insigel
ze einem vrkönbe an bisen brief. biz geschach an bem mœntage vor sante Jacobes
tage bo man von gotef gebörte zalte Tvsent iar. zwei hvnbert iar vnd zwai vnd
ahzeh iar.

B. b. Orig. im Landesarchiv zu Darmstadt mit 6 Siegeln. Das Siegel des Her-
zogs L. v. T. ist runb unb zeigt auf bem breieckigen gerabstehenben Schilbe bie Teckischen
Rauten, das seines Sohnes, gleichfalls runb, hat einen links geneigten Schilb (mit ben
Rauten), auf bessen rechtem Ed ben Helm mit gegeneinanber gekehrten Hörnern, bie

mit Pfauenfedern besteckt sind. Das Siegel des Gr. B. v. H., das einzige Reitersiegel, ist bis auf die Hinterbeine und den Schweif des Pferdes und ein Theil der Umschrift gut erhalten, sonst wie an Urkunde v. 4. Nov. 1294. Das Siegel des Otto v. E. ist dreiedig und hat die bekannte Rose. Das fürstenberg'sche, das kleinste, rund; Schild und Adler gut erhalten. Das Zoller'sche ist dreiedig und zeigt deutlich den gevierten Schild, Umschrift meist verwischt.

¹ Hier die Schrift verwischt.

92.

31. Dez. 1282. Augsburg. Graf Albert von Hohenberg, Landrichter, verspricht, den Augsburger Kanonifer Wolfharb von Roth in der Schirm=vogtei des Klosters Elchingen nach Kräften zu schützen.

Albertus Comes de Hohemberg Judex provincialis. Vniuersis presentes literas inspecturis salutem cum noticia subscriptorum. Ad universitatis vestre noticiam deuenire volumus per presentes quod de nostra processit libera voluntate ac etiam instanti petitione quod honorabilis vir. Wol. de Rothe Canonicus Augustensis Aduocatiam monasterii de Allchingen et Ecclesiarum. Lutrun et Westersteten de manibus nobilis viri. C. de Risenspurch exsoluit et ad sacrum romanum Imperium reuocauit. Quapropter promittimus bona fide quod ipsum Wol. in Aduocacia monasterii et Ecclesiarum predictarum pro nostris viribus defendamus et quod omnia et singula que in literis regiis premisso Wol. super Aduocacia prenotata traditis continentur inviolabiliter obseruemus. In cuius facti robur et testimonium indubitatum presentem literam nostri sigilli munimine fecimus roborari. Datum Auguste Anno domini M. CC. LXXX. secundo. proxima feria. V. Ante Circumcisionem domini. Indictione XI.

Abdruck in Monum. boic. XXXIII. S. 166.

93.

18. Mai 1283. Pfullingen. Graf Albert von Hohenberg, Landrichter, verschreibt seiner Schwester Mechtilb, resignirten Aebtissin des Kl. Wald, 33 Mark Silber und 80 Pfd. Heller auf seine Einkünfte von der Mühle zu Werenwag und der Stadt Stetten am kalten Markt.

Nos Albertus comes de Hohemberg judex provincialis tenore presentium recognoscimus et publice profitemur, nos teneri Maichildi, sorori nostre, quondam abbatisse de walde in XXXIII* marca(s)

puri et legali(s) argenti ponderis vsualis et XXXIII* lib. hallenn. pro quibus eidem redditus molendini de werbenwag nec non redditus nostros
quos in oppido nostro Stetten super Scherra quocunque nomine
censeantur, iuste et racionabiliter percipere possumus (sic!), obligamus, tam
diu quiete et pacifice percipiendos quoadusque premisse pecunie summa sibi
fuerit plenarie persoluta. Si autem quod absit premissa soror nostra de
medio sublata fuerit, priusquam sibi de prenotata pecunie summa fuerit
integre satisfactum, volumus dilectis in Christo .... Abbatisse et conventui
de walde de non perceptis esse similiter obligati. Datum phullingen
anno domini M⁰. CC⁰. LXXX⁰. III⁰. III. Idus maii. Indict. XI*. presentibus
fratri(e) Alberto de Tetelingen de ordine fratrum minorum. H. et H.
notariis nostris. H. ministro de phullingen et quibusdam aliis.

Das Siegel ist abgeriffen. Orig. im Archiv des ehemal. Klosters Wald. Abbruck
in den Wirt. Jahrb. 1836. II. S. 98.

94.

4. Juni **1283**. Rotenburg. Graf Albert von Hohenberg, Landrichter
(in Schwaben), befreit des Klosters Bebenhausen Güter in Kirchentellinsfurt von allen Steuern so lange, bis die Pfalzgrafen von
Tübingen nicht anders verfügen.

Albertus comes de Hohemberch, judex prouincialis, universis presencium inspectoribus salutem et omne bonum. Cum domnus
(sic!) abbas et conuentus in Bebenhvsen quedem bona, in Kirchaim sita
possideant et rustici ibidem stivras nobis competere faterentur, predicto
conuentu penitus repugnante, nos ad instanciam fratrum predictorum illud
pro tempore procuracionis nostre duximus remittendum, volentes, vt idem
conuentus ab omnibus stivrorum exaccionibus liber sit penitus et solutus
vsque dum comites palatini procuracionem et regimen bonorum predictorum suis vsibus ac vtilitatibus applicabunt dantes eisdem fratribus in
Bebenhvsen hanc litteram in testimonium super eo. Datum in Rotenburch
anno domini M⁰. CC⁰. lxxx. tercio pridie Non .. Junii presentibus Diepoldo
de Bernhvsen, et Mahtolfo de Gilstein. Bur. de Lvstenowe, et
dicto Solr, nec non aliis fide dignis.

Orig. in Karlsruhe. Abbruck in Mone, Zeitschr. III. 434. — Mit dem bekannten
Siegel des Grafen Albert von Hohenberg in grauem Wachs an Pergamentstreifen.

95.

25. Oktober 1283. Nippenburg. Graf Albert von Hohenberg siegelt mit Andern in Sachen des Friedrich von Nippenburg.

Ego Fridericus dictus vrrus de Nippenburc — confiteor quod recepta a domina Elizabet quondam C. de Enzeberc militis relicta — certa pecunia — renunciamus — omnj iurj — quod in castro dicto Kaphenhart nobis conpetere uidebatur. — — sigilla nobilium dominorum .. de Hohenberc .. de Wirtenberc .. de Vaihingen comitum — litteris ipsis fecimus appendi. Dat. et act. in Nippenburc anno dominj MCCLXXXIIJ vnj Kl. Novembr.

B. b. Orig. im St.-Archiv zu Stuttg. Das Hohenbergische große Reitersiegel hat die Umschrift: ... berti comitis de hohenberc. Die Siegel der beiden andern Grafen sind keine Reitersiegel und bedeutend kleiner als das Alberts.

96.

8. Juni 1284. Eßlingen. Graf Albert von Hohenberg schenkt und übergibt mit Zustimmung des Bischofs Rudolf II. von Konstanz um **100** Mark Silber[1] dem Kloster Bebenhausen alle seine Laienzehnten bei Sülchen ohne allen Rechtsvorbehalt.

Nos Albertus Comes de Hohenberc notum esse cupimus vniversis, tam presentibus quam futuris, quod nos decimas nostras laicales vniversas apud Sulchen quas tam nos quam predecessores nostri tenuimus et percepimus viris religiosis .. abbati et conventui monasterii in Bebenhusen, ordinis Cisterciensis, eorumque monasterio de consensu venerabilis patris, domni R. dei gracia Constantiensis episcopi, loci dyocesani, pure et simpliciter propter deum donauimus et tradidimus, nullo nobis in predictis decimis iure penitus reseruato attendentes quod in monasterio prenotato cultus diuinus vigeat et omnipotenti domino sacra obsequia ncessanter prestentur. Vt autem premissa donacio et tradicio indubitata permaneat et ne predicti religiosi viri aut eorum monasterium a nostris successoribus vel ab aliis quibuscunque vllatenus inquietentur aut aliqualiter perturbentur, ipsis in eorum que prescripta sunt, testimonium atque robur dedimus presens scriptum nostro sigillo et sigillis nobilium virorum nostrorum dilectorum consangwineorum Gotfridi et Rudolfi comitum palathinorum de Tvingen roboratum. Testes, qui vocati et rogati interfuerunt hii sunt honorandi viri Cvnradus abbas monasterii Zwiueldensis et prepositus de Madelberc nobilis vir Berchtoldus de Mulhusen, Diepoldus de Bernhusen, Hugo aduocatus de Welnhusen, Marquardus de Ehingen et Burcardus de Lvstenowe, milites, Volkardus de Owe, Cŷnradus et Hermannus dicti Zimmerare, Cŷnradus dictus Summerin et Dietricus, in Herrenberc et in Grueningen sculteti, minister de Rotemburc dictus Stahellere, ac eciam quam plures alii fide digni. Actum et Datum apud Ezzelingen anno domini M⁰. CC⁰. lxxx⁰ IIII⁰. VI. Idus Junii.

Mit ben Siegeln ber Grafen Albert von Hohenberg unb Gotfrib von Tübingen. Orig. in Karlsruhe. Abbruck in Mone, Zeitschr. III. 438.

¹ Außer bieser Schenkungsurkunbe ist noch eine Kaufsurkunbe vorhanben, welche von jener nur in Folgenbem abweicht: ... loci dyocesani recepta ab eisdem certa pecunie quantitate, scillicet centum marcis argenti legalis ponderis Ezzelingensis (ohne pure et simpliciter propter deum) donauimus et tradidimus, nullo nobis in predictis decimis iure penitus reseruato (ohne attendentes unb bas Folgenbe bis prestentur, wofür hier:) Confitemur eciam, nos dictam pecuniam recepisse. Vt autem premissa donacio u. s. w. wie in obiger Schenkungsurkunbe.

<hr>

97.

15. Juni 1284. Kirchberg. Albert von Gottes Gnaben Graf von Hohenberg weist ber Wittwe eines Freien von Walbeck, beziehungsweise bem Kl. Kirchberg für 4 Mark Silber Zinsen unb Gülten aus einem Hofe bei Steinhofen (O.A. Hechingen) an.

Ab humana citius elabuntur memoria que nec scripto nec voce testium confirmantur. Hinc est quod nos dei gratia Comes Alberthus de Hohenberg scire volumus singulos ac vniuersos presentium inspectores nos vna de communi ac plena voluntate relicte quondam dicti liberi de Waldeck pie recordationis de quatuor marcis argenti quas eidem matrone ratione hereditatis in qua tam sibi quam memorato marito suo successimus rationabiliter assignamus pro qua summa predicta Alberthus dictus withophe et Berchtoldus de wessingen de Curia sita aput Stainhofen prope ecclesia et de quadam decima quas a nobis tenent in feodum, dominabus in Kirchperg quadraginta maltra speltarum et sex maltra auene et xij solidos hallensium nomine predicte matrone singulis annis soluere tenentur. Ita videlicet quod matrona predicta eosdem redditus quam diu vixerit percipere tenetur. Testes qui intererant sunt Petrus de Tœtingen et Marquardus de heingen et Wernherus dictus cimmerlin et Cûnradus cimmerlin, Berchtoldus de welelingen, Wernherus de Toternhusen et Baldebret dictus Kerns et Eberhardus scultetus de Hayerloch et alij quam plures fide dignj. In cuius rei euidenciam et indubitatum testimonium nos predictus comes prenotato conuenta in Kilchperg presentes tradimus et tradidimus sigilli nostri munimine roboratas. Datum et actum anno domini M⁰. cc⁰. lxxxiiij⁰. feria quarta post festum beate Barnabe apostoli in ecclesia Kilchperg.

Kirchberger Copial-Buch Fol. 76.

98.

16. Oktober 1284. Villingen. Die Grafen Friedrich, Egon, Konrad und Gebhard, Söhne des † Grafen Heinrich von Fürstenberg setzen unter dem Siegel des Grafen Albrecht von Hohenberg, ihres Schwagers, und Anderer die Ordnung und Rechte der Stadt Villingen fest.

In Gottes namen Amen. Wir Grave friderich, G. Egen, G. Cunrat unn Grave Gebhart, Graven Hainrichen von fürstenberch seligen sune kunden mit disem gegenwärtigen brieve Allen ben bie in hörent oder sehent lesen, das wir nah unserre friunde rate giutelich unn lieplich unn gemeinlich über ein fin komen mit unseren lieben burgern ber stat ze vilingen bie wir von unserme vatter gierbt haben ber gebinge unn ber satzunge bie hie nah gescriben stant. Wir iun ben burgeren unn ber stat ze vilingen von sant walpurge mez ber nehestun bu nu kumet über zwai Jar bi gswornem aibe ben wir brumbe getan han üzer uns vieren ainen herren geben bem biu stat unn bie burgere ber rehte unn sazungen bie nah gescriben stant gehorsam sun sin unn och in ber herre. Diu stat ze Vilingen sol jemer me ainen herren han sweber ber kinde sie liuzel ober vil so sol ii nint wan einen herren haben. ber selbe herre ber sol ber stat ze vilingen kaine burch noch vestj naher maken noch och in ber stat wan alse jezent an gemachet ist. Die burgere sun och ze stiure ir herren geben von rehte niut me jargelich benne vierzich marke silbers. Swenne och bas schultheizen ampt ze Vilingen lebich wirt so sol es ber herre nah ber burgere rat ainem erbern burgere lihen ber im unn ber stat wol füge. Die Burgere sun einen gebutel welen bem ber Schultheiz bas Amt lihen sol. Swele Burger ze Vilingen bes herre hulbe verliuret ober anber unreht getuot es si ummbe ben bliutenden slach ober minre ober me bas sol alles gerihtet werden bem herren nah ber burgere urtailbe unb nah ber stette reht. Swer burger ze Vilingen ist, ber sol von siner hofstat niht won ainen schilline phfenninge aber sie sien benne minre ober mer bie burger bie sun och ben herter unn ben arten wellen unn sol in biu Ampt ber schulthez lihen. Uber bifiu reht unn biese ... so sol ber herre bie burger unn bie stat ze Vilingen schirmende sin gegen manegelichen an ir rehten unn an ir vrihait. Das bifiu vorgescrihenen binc unn stete unn unverwert unber uns unn unber unsern nachkommen unn burgern von Vilingen beliben barumbe so geben wir in uan iren nah=

komen diesen brief ze ainer ganzen vestenunge besigelt mit unsern heren unn friunden unn unseren insigeln der namen hie nah gescriben stant. Unsers heren Bischof Ruobolfes von Kostenze, Graven Albrehtes von Hohenberch, Markgrafen Heinriches von Hochberch, Graven Egen von Friburch, Graven Uolriches von Muntfort, Graven Manegoltes von Nellenburch unnd Graven Gozzen von Tiwingen.

Wir B. R. v. K. G. A. v. H. M. H. v. H. G. E. v. F. G. B. v. M. G. M. v. N. u. G. G. v. T. durch der Graven J. G. E. G. C. G. G. v. fiurstenberg bette henken unser insigel an disen gegenwertigen brief. Unn Graven Cunrat unb G. Gebehart won wir aigenre insigel niut enhaben genuget birre vorgescribene dinge under den vorgenannten Insigeln. Dirre brief wart geben an sant Gallen tage ze Bilingen bo man zalte von gottes gebiurte 12 H. ahzech unn vier jar.

B. d. Orig. im Stadt-Archiv zu Billingen.

99.

22. Oktober 1284 o. O. Graf Albrecht von Hohenberg ist Zeuge, als das Kloster Hirsau seine Besitzungen zu Eckenweiler (O.A. Rotenburg) verkauft und siegelt die darüber ausgestellte Urkunde.

Allen ben bei bizen breif sehent ober horent lesen. Tougen wir abt vollant vnd Bertholt ber prior vnd ber Conuent von hirsowe kunt baz wir gemainlich vnd mit gotem willen haben gegeben vnser got ze Edenwiler swaz wir ba haben in velb vnd in holz. in wis. vnd in akker. bem herren hainrich bem maiger von Edenwiler vnd allen sinen erben ze koufend vmb an ainz funhzik phund haller vnd suben schillinge ber er vns gar vnd ganzlich gewert hat mit allem bem baz ze reich (sic!). ze bem vor genammetem got horet alber horen sol vnd ueriehen och gemainlich ob in ieman vmbe baz vor genammet got an sprichet ober in bar an Jrren wil, baz wir in versprechen sulen na rech vnd im ba von ane schaben helfen sulen; wirt ez im rech an behebet. Daz baz bink also si, bar umbe haben wir an bizen brief vnser bebiu insigel vnd Grauen Aberechtes von Hohenberc, ber och gezuik vnd urkunbe bize kofen sol sin. Diz binges sint gezuige volmar ber Griner vnd herre Bertholt von Ergazingen, Dietherich ber Bosinger, vnd sin brober kuonrat, Alberech biu welt, bie burger sint ze horwe. herre tragebot ain Ritther von Ruiwenhec, herre hainrich ber vogt von Ruiwenhec, volmar ber Rutteler, Alberech von Bosingen, Burkart ber Bisinger uon Hochborf. Diser breif ist gegeben von vnsers herren gotes geburt uber tusend vnd zwei hundert iar vnd im feirbem vnd abzegoftem iar an dem neheftem fupnuntag nach fante Gallen tag.

B. b. Orig. im St.-Archiv zu Stuttg. Mit dem anhangenden befchädigten Reiter-fiegel des Gr. Albert; von der Umfchrift ift gar nichts mehr zu fehen.

100.

23. Oktober 1284. Zwiefalten. Bifchof Rudolf von Conftanz beftätigt den Verkauf des Zehnten von Wilfingen an das Kl. Zwiefalten von Seiten Bertholds von Pfullingen.

R. dej gratia Constantiensis Episcopus. Omnibus praesentium inspectoribus Salutem in domino. Cum honorabiles in Christo .. abbas et Conuentus Monasterii in zwiueldea decimam sitam in villa wilge-singen pro Bertholdo de phullingen pro certa pecunie quantitate compararint, Nos ex debito pastoralis officii personas diuino cultui manci-patas piis fauoribus debeamus promouere dicte venditioni prout rite et rationabiliter facta est nostrum consensum adhibentes ipsam praesentibus confirmamus. Datum zwiueldee, anno domini M⁰. cc⁰. lxxxiiij. x. Kal. Nouembris. Indict. xiij ᵃ⁻

B. b. Orig. im St.-Archiv zu Stuttg. Das Siegel ift abgefallen.

101.

Oktober 1284 o. O. Graf Albert von Hohenberg gibt feine Zuftim-mung, als Albert von Werbenwag den von ihm zu Lehen getrage-nen Weinberg bei Endingen im Breisgau an das Johanniterhaus in Villingen verkauft.

Albertus Dei gratia comes de Hohenberg. Vniuersis Christi fidelibus presentem paginam inspecturis, Salutem cum notitia subscriptorum. Gestorum veritas ne obliuionis caligine perturbetur, scripturarum consueuit testimoniis precaueri. Nouerint igitur vniuersi quos nosce fuerit oportunum, quod Albertus, dictus de Werbenwach, ministerialis noster acce-dente conscensu (sic!) et voluntate omnium quorum interest et precipue, Haiurici de Werbenwach fratruelis sui reverendis in Christo, Fride-rico, commendatori fratrum domus hospitalis sancti Johannis in Viligen et confratribus eiusdem domus, vinetum situm in villa En-dingen, quod dictus .. Boesche hactenus coluit cum pratis, agris alfis-que eidem vineto annexis, vendidit et assignauit, receptis propter hoc in precio XIIII. marcis cum fertone puri et legalis argenti ponderis ville Viligen, sibi traditis et solutis. Verum quia predictus contractus sine nostro conscensu ratificari non potuit, quia prefatus Al. de Werbenwach ipsum vinetum a nobis in feodum tenuit, et possedit, idem vinetum cum suis attinenciis in manus nostras vna cum fratruele suo libere resignarunt. Nos vero ipsorum omnium iustis precibus et precipue pure propter Deum, in remedium animarum parentum nostrorum proprietatem et possessionem suprascripti vineti cum suis attinenciis, predictis F. commendatori et confratribus hospitalis sancti Johannis domus ville Viligen tradidimus donauimus et presentibus tradimus et donamus, vtenda, fruenda et in perpetuum de ipsis disponenda, prout vtilitati suae et domus hospitalis supranominate nouerint expedire. In cuius rei euidentiam et indubitatum testimonium, ad petitionem sepefati Alberti et H. fratruelis sui de Werbenwach ministerialium nostrorum, presentem paginam conscribi fecimus, et nostro una cum praefati Alberti de Werbenwach sigillis presens instrumentum roborauimus in plenam euidentiam predictorum. Ego vero Albertus de Werbenwach confiteor omnia supradicta esse vera et meum sigillum presentibus appendisse. Ego vero H. de Werbenwach confiteor me meum conscensum hiis omnibus suprascriptis prestitisse, et quia sigillum proprium non habui sigillis supradictis in hac parte vsus sum et contentus. Datum et actum anno Domini M.CC.LXXXIIII mense Octobre. indict. XIII.

Abbruck bei Neugart, cod. dipl. Alem. T. II.

102.

24. Auguſt 1285. Jhlingen. Richtung zwiſchen Herr Burkarb dem Commenthur von Rexingen und Heinrich und Bertolt, Gebrüber zu Horb, die Maier genannt.

Allen die biſen brieue anſehenb ober hörenb leſen ben kunbe ich bruber Burkart ber Commenthur von Rexingen ſanct Johannis orbens bes heiligen Spitals von Jhruſalem vnb ich Heinrich vnb Bertolt, wir die gebrüeber die Mayer genant vnb burgere von Horw, vmb ſolchen krieg als wir vnber einanber hatten, baz wir ben geſcheiben ſeint mit gueter leüt rat, Alſo baz wir beibentail an ſchibleüt ließen, baz waz bruber Rubolf von Stophen, ben Commenthur zu Freiburg, vnb bruber Eberhart von Eberſtein, ben Commenthur von Prüſſell vnb meiſter walter ben kirchherr. von Fürbach, hinber bie wir gebrüber bie burger zu Horw ſchwern zu ben heiligen zu leiſten, waz ſie vns heißen. Die hont baz geornet vnb geheißen, baz bie vrthel, bie bie richter vom ſanct wiben zu Speyr gaben, ſtet beleiben, bo iſt alſo daz do Bicenz (sic!) zu Ohlingen bem Commenthur vnb bem hauß zu Rexingen sanct Johannis orbens ertheilt ist, vnb baz besselb hauß zu Rexingen mit vns zu erbe soll göhn an Bruber Burkarts statt, vnsers fleischlichen Brubers an allem bem guet, so wir von herrn Heinrich bem Mayer, ber vnser vatter waz, geerbt hant vnb von vnserer muetter noch erben sollen, one allein manlehen, waz auch wir sitt oder guetz vnberwunden haben, baz vnser vatter bracht vnz an seinen tot, es sey angen ober zinsleben, wöllen wir baz vnser muter wiberlassen, baz soll sie niessen, vnz an ir tot, wellen wir es aber vns behaben, so sollen wir bem Commenthur vnb bem hauß zu Rexingen an benselben gueter rechter theilung gehorsam sein, barzu so sollen wir bem vorgenannten Commenthur vnb bem hauß 12 ℔ heller wibergeben ben costen vnb ben schaben ben sie haten, in bem krieg nach sanct Bartholomestag innerhalb 4 monaten, vmb die anbern VIII ℔, die ju von benselben richtern von Speir ertheilt seint, baz sonb wir beibenhalb an vnsern herrn ben bischof Rübolfen von Costents zihen. Als auch wir vns beruefft henbt in ben hof zu Rom, von ber vrthel bes richters von Sanct Wiben jue Speier, was vns rechts bauon geuallen mag, bem ist vns mit biser Satzung nicht benomen, vnb vmb anbern schaben, ober sumsel, ober beschwerbe, die in bem krieg beschehen ist, bo soll alle absein, wann so neehr baz wir wöllen füeren bie buz die vns vorgenanten scheibleut geheizen han. Vnb baz biz alles steet beleibe, baz an bisem brief geschreiben ist, baz hant wir gelobt mit vnsern ayben. Ist auch baz ich Heinrich ber Meyer abgöhn, so hat Eberwin mein sohn geschworen, diß alles zu uertigung bringen an meiner statt vnb hant mit vns geschworen, Conrat ber Gemach, vnb Bertolt h. Seyfriden Sohn, baz wir biz alles leisten vnb behalten, one alle geuerbe. Daz auch biser brief nutz vnb ein erbare zügnus müge sein, so ist an bisen brief gehenkt, vnsers herrn bez Phalentz Grauen Ludowigs jnsigel vnb statt von Horwe, vnb bez hauses von Rexingen. Dise richtunge beschach zu Ohlingen, an Sanct Bartolomestag, in bem jar bo von gottes geburt 1285 Jar waren. Hiebei waz grafe Burkart vnb ber Phalentz Graue Ludwig, vnb bruber Heinrich ber Commenthur von Bubenhouen, vnb bruber Burkart ber Commenthur zu Rexingen, vnb bruber Ber. ber Commenthur von Hemmenborf, vnb bruber C. ber von Dettehingen, vnb bie brüber von Rexingen vnb herr Volmar von Heterbach, vnb herr Dieme ber Reckheler, vnb her (sic!) bruber ber Schultheis von Horb, vnb C. Beckhelj, vnb Dietrich sein bruber, vnb C. ber Zimmerer vnb sein bruber vnb anber biber leüt vil.

Abschrift in der „Jahrgerichts-Ordnung" zu Rexingen von dem Jahr 1596.

103.

circa **22.** September **1285.** Conſtanz. König Rudolf kauft von ſeinem
Schwager Graf Albert von Hohenberg die Burg Neuenburg und
die Burg halb Kirchberg, und verpfändet ihm für den Kauf-
ſchilling des Reiches Einkünfte von Rotweil und Epfendorf.

Nos Rudolfus dei gratia Romanorum Rex semper Augustus.
Tenore presencium recognoscimus et publice profitemur nos teneri spectabili viro Alberto Comiti de Hohenberch Sororio et fideli nostro
dilecto in Nongentis et decem marcis. puri et legalis argenti ponderis Rot-
wilensis, que in vtilitatem nostram et sacri Romanj Imperij taliter sunt
conuerse, Namque castrum suum Nuwenburch, quod a Nobili viro
quondam Berhtoldo de Nifen conparauit, et medietatem castri dicti
Kirchperch, nobis et Imperio pro argento vendidit supradicto. Et cum
pro ipso argento persoluendo nobis ad presens non suppetant facultates,
prelibato Comiti Alberto et suis heredibus redditus officij scultetatus
de Rotwil, cum molendinis nostris ibidem, et curia nostra nec
non censibus loci iam predicti, ac omnibus aliis ad predictum officium pertinentibus, theloneum, Monetam, et piscinas, ac lobium, sub quo
frumentum vendi solet, cum redditibus quinquaginta sex marcarum puri
argenti de stivra Rotwilensi annis singulis accipiendis, quarum media pars
in festo sancti Michahelis archangeli, altera vero pars in capite iefunij solui
debet a ciuibus loci supperius nommati (sic!), redditus ville nostre de
Ephendorf, omnes et singulos quocunque nomine censeantur, obligauimus
et obligamus per presentes tamdiu a predicto comite Alberto, ac suis heredibus habendos et possidendos pacifice et quiete quoadusque predicte Non-
gente et decem marce argenti sepedicto comiti uel suis heredibus, per Nos
uel nostros successores Romanos principes fuerint plenarie persolute. Quicquid autem de bonis uel redditibus medio tempore perceperit supradictis,
hoc propter grata seruicia, que idem comes nobis et Imperio impendit et
adhuc impendere potuerit gratiora sibi damus ita videlicet, quod sibi nec
suis heredibus non debet in sortem principalis pecunie conputari. In cuius
facti robur et testimonium indubitatum presentem literam conscribi et ipsam
nostre magestatis Sigillo fecimus communiri. Datum Constantie. Anno
dominj Millesimo. ducentesimo. Octogesimo, Quinto. Anno vero Regni nostri
duodecimo.

B. b. Orig. im St.-Archiv zu Stuttgart. An der Urkunde hängt nur noch die
rothleinene Schnur.

104.

24. September 1285 o. O. Burkard von Gottes Gnaden Graf von „bônberc" verkauft seinen Hof („curtim") in „Sulze" (Sulz O.A. Nagold) an das Kl. Reuthin.

Bvrcardus dei gracia Comes. de Honberc vniuersis presentes litteras inspecturis et audituris dinoscere veritatem. Nos recognoscimus fatemur ac tenore presentium publice protestamur, quod vendidimus venerabilibus dominabus Priorisse et Sororibus collegii ordinis Sancti Augustini in Ruti apud Wilperc pro quadraginta quatuor libris Hallensium curtem nostram sitam in Sulze cum omnibus prouentibus et iuribus suis in agris, siluis, pascuis, aquis, censibus, molendinis sev cum aliis quibuscunque pertinentiis que nobis racione curtis iam predicte conpetunt seu conpetebant sev conpetere debebunt, atque ipsis vendimus pleno iure, ut ipse uidelicet Priorissa et sorores venerabiles prefate, nec non ipsis succedentes in collegio prenotato curtem prescriptam praedicto modo tam jure proprietatis quam possessionis In perpetuum sine qualibet inpugnatione heredum nostrorum quorumcunque pacifice possideant et quiete. In omnium autem euidenciam veritatis predictorum nec non singulorum presens scriptum sigilli nostri munimine duximus roborandum. Acta sunt hec Anno Domini M⁰. c⁰c⁰. Lx⁰x⁰x⁰. v⁰. In die sactorum (sic!) Cosme et Damiani. In presentia fratris wal. de Haigerloch et fratris Nicolai de Meschil, Domini Petri notarij, aduocati de Bŷlac dicti Lŷt.

105.

3. November 1285. Reutlingen. Graf Albert von Hohenberg schenkt den dritten Theil des Zehnten in Wilsingen (O.A. Münsingen), den Bertolb von Pfullingen von ihm zu Lehen getragen, an das Kl. Zwiefalten.

Nos Albertus Comes de Hohenberch, ad noticiam omnium et singulorum tam presentis etatis quam future volumus deuenire, quod nos terciam partem decime ville de wilgesingen quam quidem terciam partem ville praenotate Berhtoldus dictus de phullingen a nobis tenuit in feodum ratione omagij de consensu et voluntate ipsius R Monasterio Zwiueldensi ob remedium anime nostre ac omnium parentum nostrorum, ipsam terciam partem decime praemisse cum ad nos

spectet titulo proprietatis cum omni iure tradidimus et donamus libere per
presentes. 'In cuius facti testimonium presentibus sigillum nostrum ducimus
appendendum. Datum Rvtelingen anno domini millesimo. cc⁰. lxxx⁰.
Quinto. feria secunda proxima post festum omnium sanctorum.

B. b. Orig. im St.-Archiv zu Stuttg. Das Siegel ist abgefallen.

106.

**18. Dezember 1285. Wildberg. Hugo, Vogt von Wöllhausen (O.A.
Nagold), verkauft mit Zustimmung und unter Vermittlung seines
erlauchten Herrn, Grafen Burkard von Hohenberg, Güter in
Rohrdorf (O.A. Nagold) an das Kloster Reuthin.**

Vniuersis praesentium inspectoribus Hvgo aduocatus de Welhusen
notitiam subscriptorum. Ne gesta mortalium ab humana memoria penitus
euanescant, rationi consonum est ea scriptis lucidius annotari. Ego igitur
Hvgo predictús de Welhusen notum esse cupio tam praesentibus quam
futuris, quod cum consensu Hvgonis filij mei et aliorum heredum meorum
quedam bona sita in villa Rordorf, videlicet predium .. dicte Svterin,
predium dicti Wetzel, predium dicti Mesener, predium dicti Graham,
predium dicti Knœppehelin, pratum dictum Hohewis et sex pullos de
agro volmari dicti de Rordorf, vel xviij den. hall. monete sanctimonialibus Ecclesie beati Nicolai in Rvthi pro sexaginta libris quas recepi
tytulo uenditionis tradidi libera et absoluta, mediante et fauente Illustri
domino meo Burcardo comite de Hohenberk, cum omni iure proprietatis quo ad me et pretactos heredes meos pertinere dinoscuntur, videlicet siluis, pratis, piscuis, agris cultis et non cultis, inuentis siue inueniendis,
interposito nichilominus, quod si quisquam in locis prescriptorum prediorum
uiolentiam vel quidquid iniurie commiserit conuillanorum eorundem sen-
tentia correptus, gerentibus vicem dominarum dictarum presentibus talis
emenda (sic!) pertineat ad easdem. Renuncians omni exceptioni, que in
preiudicium subscriptorum per me siue per meos successores suboriri posset,
in quocumque iure tam canonico quam ciuili. In cuius rei geste testimonium euidens presentes literas sepedicto conuentui perpetuo ualituras dedi
sigillo Illustris domini mei praedicti Burcardi comitis de Hohenberk, et meo sigillo que presentibus sunt apposita, roboratas cum nominibus testium qui prefate uenditioni interfuerunt, arram vini bibentes, distinc-
tius subnotatis. Nobilis vir antedictus Burcardus comes de Hohenberk, Hainricus sacerdos et capellanus in Ruthi, volmarus
miles de Haiterbach, H. aduocatus de Welhusen, alberus et

Dyethericus filij fratris sui, Bertoldus nobilis de Hornberk, Volmarus nobilis de Waldek, Bertoldus dictus loethe aduocatus de Bvlach, et vlricus consanguineus suus, albertus scolaris dictus de Rordorf, Hainricus dictus lvpo de Herrenberk, Hermannus dictus Wolfshyrn, wilprechtus, walterus de welhusen, lvtzo, Bertoldus dictus de phorzhain et lupo ciues de Wilperk, et Bertoldus dictus Snitzar cum aliis quam plurimis fide dignis. Datum et actum Wilperk in foro. Anno domini M⁰ cc⁰ Lxxx⁰ quinto, Qvintodecimo Kal. Januarij. —

B. d. Orig. im St.-Archiv zu Stuttg. Das Siegel des Grafen von Hohenberg fehlt. Anhangend das des Hugo, Vogt von Welhausen: dreieckiger rechtsgeneigter Schild, horizontal und vertikal getheilt, auf dem linken Eck ein geschlossener Helm mit gegeneinander gekehrten Hörnern, besteckt wie auf dem Siegel des Grafen Burkard von H.

107.

1285 o. T. Hayingen. Verabredung der Herren von Emerkingen mit dem Abt des Kl. Zwiefalten in Betreff der Uebernahme der Schirmvogtei desselben, welche bis dahin Gr. Albrecht von Hohenberg verwaltet hatte.

Fatemur wir herren Aulbreht vnd herman vnd Rudolf von Emerlingen.... daz wir mit vnseren herren Eberharten von gottes gnaden abbte in dem Cl. zu Zwyfalten vnd mit seinem convent vmb die pflegnuße alb vmb die vogtey über daz Cl. Zwyfalten vnd vber daz gut zu Bach vnd waz Graf Albrechten von Hohenberg zu Pflegern benennt waz, also vberein inen komen, daz vnser herren die vorgenanten der Abt vnd der convent zu Zwyfalten veriehen sond dem vorgenanten Graf Albrechten von Hohenberg, waz sie gen ihme gethan hand umb die vogtay vnd vmb die pflegnus baide an geistlichen vnd auch an weltlichen gerichte et ubique ubi opus est und also daz sie gegen ihm fürbas nicht sollen thun, denn sie hand thon. Vnd soln wir auch daz alte vnd gesetzt vogtrecht, daz man von dem gut von alter her sol geben, laßen ligen off dem gut, vntz an S. Martins tag, vnd nemmet es dann der Graf Albrecht alb iemand von sinet wegen, so solln wir darumb gegen dem vorgenanten gottshaus Zwyfalten vnd auch gegen des gottshaus leuten kein anspruch han, sollen es auch darumb nicht beschweren, wir sollen aber darumb anspruch vnd vordnung han gegen Graf Albrecht als es vns fueget, es were denn daz Graf Albrecht sich williglich entzöge der pflegnuff alb der vogtey, so sol denn der eltist der dann vnder vns ist vogt vnd pfleger sein über daz gottshaus vnd über sein gut. Testes. Eb. c. d. Wartstain und Swyger der lang von Gunbelfingen, herr hainrich von Gunbelfingen, hainrich syn sohn

Meister Conrat Pfefferhart, der Chorherr zu S. Johans zu Costenz, herr Conrat der Kirchherr von Tůwingen, herr Aulbrecht der Schebel von Steußlingen, Eglof syn sohn, Arnolt der Schryber von Zwyfalten. Act. Hayngen in der statt.

In Gabelkhovers Collectaneen (St.-Archiv zu Stuttg.) T. I. Fol. 77 a und II. Fol 690.

108.

3. Februar 1286. Sindelfingen. Kuno von Wurmlingen, Canonifer in Sindelfingen, schenkt unter Zustimmung Graf Alberts von Hohenheim, Vogts und Herrn der Stadt Bönnigheim, und der Grafen Eberhard und Rudolf von Tübingen, seinen Weinberg in B. an die St. Martinskirche zu Sindelfingen.

In nomine domini Amen. Cuno de Wurmelingen canonicus ecclesie in Syndelphingen universis presentem paginam inspecturis presentis vite tranquillitatem et consortium civium supernorum. Expedit propter maliitiam instantis temporis et oblivionis exitum ea que aguntur ad cautelam scripture testimonio commendari. Noverint igitur universi tam posteri quam presentes, quod Ego C. de Wurmelingen, Canonicus ecclesie in Sindelphingen vineam meam prope Bůnnenkain sitam sub fossa lapicidarum in Monte Růliberch, de consensu patruorum meorum omnium et de voluntate Alberti Comitis de Hohenberc nunc advocati et domini predicte Civitatis Bůnnenkain nec non et de permissione dominorum meorum Eberhardi et Růdolfi fratrum Comitum de Tuwingen in remedium anime mee et Willipurgis relicte Burchard Phlåger Sancto Martino patrono ecclesie in Sindelphingen offero per presentes, tali conditione adjecta ut fructus vinee predicte deinceps secundum ordinationem meam et Willibirgis predicte colligantur et dividantur non solum in vita nostra, verum etiam post mortem nostram secundum quod nunc et in morte nostra inter fratres Capituli Sindelfingensis vel alterius ecclesie de Consilio domini nostri Prepositi et aliorum religiosorum duxerimus ordinare. In signum vero donationis facte, locationis, promissionis et juste possessionis, a nobis duobus, quoad vitam nostram promittimus S. Martino ecclesie Sindelphingensis annis singulis dare libram Cere vel Candelam die Martini, libram Cere continentem. Et ut super premissis omnibus nulla valeat in posterum ab aliquibus dubitatio aut questio exoriri sed perhenne robur optineat firmitatis, presentes litteras H. preposito et Capitulo ecclesie Sindelphingensis in testimonium predictorum tradidi sigillorum nobilium dominorum meorum

Alberti, Eberhardi et Rûdolfi Comitum predictorum robore communitas. Nos vero Albertus de Hohenberch, Eberhardus, Rûdolfus fratres de Tuwingen, Comites, ad peticionem partium quantum in nobis est huic donationi, contractui et ordinationi consensum adhibentes, Sigilla nostra hiis litteris appendimus in testimonium omnium premissorum. Acta sunt hec Sindelphingen die Blasii martiris, anno domini M⁰.CC.Lxxxvi. Indictione XIIII. presentibus domino Manzone canonico ecclesie in Sindelphingen, Aigelwardo milite dicto Nixe, Hainrico de Mûgenecke, Friderico dicto Solre, Sifrido de Rietburre servis nobilibus et aliis quam pluribus fide dignis.

S. v. Orig. im St.-Archiv zu Stuttg. Nur das Siegel des Grafen Rub. v. T. hängt noch an.

109.

10. Mai 1286. Bulach. Gertrub, Bertholb Snitzers Gemahlin, verzichtet unter dem Siegel des erlauchten Mannes, Grafen Burkarb von Hohenberg, auf ihre Rechte an die von Hugo von Wöllhausen an das Kloster Reuthin verkauften Güter in Rohrborf (O.A. Nagolb).

Ego Gertrudis uxor Bertoldi dicti snitzar coram vniuersis protestando publice tam presentibus quam futuris, trado et resigno sanctimonialibus Ecclesie in Ruthi quedam bona sita in Rordorf, que ibi empcionis tytulo comparauerunt, videlicet predium .. dicte Svterin, predium .. dicti wetzel, predium dicti Mesener, predium dicti graham, predium .. dicti knoeppehelin, pratum dictum hohewise et sex pullos de agro volmari dicti de Rordorf, vel XVIII. denariorum hallensium cum omni iure quo ad me pertinuisse dinoscuntur. Dicto itaque collegio mole platitudinis, non coacta nec decepta de rato cauere cupiens, renuncio generaliter omni excepcioni scu defensioni, quibus mediantibus quicquam in preiudicium predicto conuentui super premissis posset coram iudice canonico vel ciuili, de iure, facto uel de consuetudine attemptari. In cuius rei testimonium euidens presentes litteras prefatis sanctimonialibus tradidi sigillo illustris viri Burchardi(s) (sic!) comitis de Hohenberk roboratas. Actum et datum Bvlach anno domini M⁰ CC⁰ Lxxx⁰ sexto, xiii⁰ kal. jvnij, presentibus testibus subnotatis C. viceplebano in Bvlach. H. preposito in Ruthi, H. viceplebano in Ebehusen, C. dicto bleser, Johannes dictus Mocherer, Baldwino de Giltelingen nobilibus, vol. dicto vlfitz, B. dicto loethen aduocato, wal. de Ruthelingen, alberto clare, alberto de Schonebrun, alberto dicto Cedder, B. dicto

snitzar marito meo prelibato, et H. dicto de wirzeburk minist
domini B [1]. comitis antedicti.

B. d. Orig. im St.-Archiv zu Stuttgart. — Mit dem bekannten, bis auf die Ui
schrift ziemlich gut erhaltenen Siegel des Grafen.

110.

1286 o. T.   Dornstetten.

verkaufft Ludewig von gottes gnaden pfalzgraf ze Tübingen seinem lieben schwester
man Graf Burckharbt von Hohenberg, seiner (dessen) hausfrauwen Lut
garben, und ihren (deren) söhnen Otten und Burckharbten sanct Ulrich:
hof ze Bilbechingen.

Züg: Diemo Recheler, Ritter.

Datum Dornstetten, im Kilhof.

Crusii Excerpta nro. 103. geschrieben anno 1598.

MSC. auf der Universitäts-Bibliothek zu Tübingen. Die Urkunde selbst findet sich
nicht mehr vor.

111.

10. Januar 1287.   Horb.   Graf Burkard von Hohenberg leiht den
Kindern des Maiers („villicus") Walter von Horb gegen zwei Fas
hühner einen Hof zu Vollmaringen (O.A. Horb).

Nos Burkardus Comes de Hohemberg Notum esse volumus sin
gulis ac vniuersis, tam presentibus quam posteris, presens scriptum intuenti
bus, quod nos liberis utriusque sexus videlicet filijs et filiabus quondam
waltheri villici de Horwe pie recordationis ob dilectionem ipsius ac
fidelitatem bona videlicet Curiam sitam in villa volmaringen, quam
excolit Alberthus de volmaringen, conputatam in redditibus pro decem
malteris siliginis, vno maltro pise, vno maltro auene et duobus solidis Tu
wingensibus, ac centum ouis, cum omni iure seu iurisdictione, quo iure
waltherus eam a nobis tenuit, predictis filiis et filiabus suis et omnibus
heredibus eorum concedimus per presentes pro duobus pullis ab eis annis
singulis percipiendis, tali adiecta condicione, quod bona prehabita sine nostro
consensu ac voluntate ad religionis ..... [1] debent nullatenus alienare. Testes
qui intererant sunt: Volmarus, miles de Niiwneg, Waltherus filius
Sifridi, Bertholdus Scultetus, Hainricus villicus, Berchtoldus
judex, Volmarus dictus Griner, Hugo dictus laimeli, Cünradus

dicus, **Waltherus** de Talhain, Johannes frater suus, Cûnradus er eiusdem et alij quam plures fide digni. In hujus rei testimonium ubitatum scripta presentia Sigilli nostri munimine duximus consignanda. tum Horwe anno domini M⁰. CC⁰. lxxxvij⁰. proxima dominica post epiphaum domini.

Kirchberger Copial-Buch Fol. liij. St.-Archiv zu Stuttgart.

¹ Unleferlich. Die beutſche Ueberſetzung auś ber Mitte beś 15. Jahrhunberts ſagt: „in dein cloſter ſullenb empfrenben."

112.

16. März 1287 o. O. Pfalzgraf Ludwig von Tübingen verkauft mit Zuſtimmung ſeineś Schwagerś, Grafen Burkardś von Hohenberg, ſeiner Schweſter Luitgarb, beſſen Gemahlin, unb beren Söhne Otto unb Burkarb, einen Hof unb bie Kapelle in Bilbechingen (D.A. Horb) ſammt Zugehör an baś Kl. Kniebiś.

Nouerint vniuersi quos nosse fuerit oportunum, quod nos Lvdewicus ei gratia pallatinus de Tuwingen, accedente consensu et conilio dilectissimi sororij nostri Comitis Burcardj de Hohenberc, uxoris sue et sororis nostre Lvtgardis ac filiorum eorundem videlicet Ottonis et Burcardi, debitorum honere depressi curiam nostram sitam in Biltehhingen et Capellam cum dote et omni iure pertinente Curie et Capelle, vendidimus viris religiosis penitentibus, preposito ac fratribus domus in Knieboz Constantiensis dyocesis quiete, libere et libere possidendas. Et renunciamus predictis videlicet Curie et Capelle cum omnibus attinentiis nobis pertinentibus ac nostris heredibus in scriptis predicta bona nostra videlicet Curiam et Capellam cum omnibus rebus quibus possedimus seu potuimus possidere, ad predictos viros religiose penitentes, scilicet prepositum suosque confratres absque dolo et fraude ac omni simultate in libertatis nostre spem transferentes, adiecta clausularum serie quibus huiusmodi contractus solet secundum consuetudinem debite celebrari. Et ut contractus prescriptus habeat roboris firmitatem et perpetuum odio oblivione aut subtractione non valeat suffocari, presentem paginam sigillo nostro ac sigillo Comitis Burcardi de Hohenberc, ac vicinium in Horwe, predictis viris religiosis roboratam dedimus presentem ac testimonium perhibentibus Vlrico viceplebano jn Dornstetten, Diemone milite dicto Kekheler, Eberwino quondam sculteto in Dornstetten, et filio suo Hugone sculteto, Alberto dicto Frù, Bertholdo dicto Lock, Marquardo dicto Letania, H. dicto de

6*

Grûntal, H. dicto vnstete, Bertoldo dicto de Bennenwiler, Foi
maro dicto Burzer et Adelgozo ciuibus jn Dornstetten et H. dict
Aduocato ciue in Horwe et Bertoldo dicto fûterer jn Melhhinge
et quam pluribus aliis fide dignis. Datum et actum anno domini M.C.C.Lxxvii
In Dominica quadragesime qua canitur Judica me domine.

B. v. Orig. in der Pfarr-Regiſtratur zu Bilvechingen. — Die Siegel ſind abgefallen.

113.

30. Juni 1287. Bönnigheim. Graf Albert von Hohenberg, Landrichter in Schwaben, genehmigt und beſtätigt, auf ſeine Rechte ver-
zichtend, zur Ehre der glorreichen Jungfrau Maria, die dem Kloſter
Bebenhauſen von der Gemeinde Bönnigheim gewährte Befreiung
der Güter des Kloſters zu Bönnigheim von allen Abgaben und
Belaſtungen.

Alberchtus dei gracia comes de Hohemberg judex prouincialis, presentium inspectoribus vniuersis salutem cum noticia subscriptorum. Cum prudentes viri nostri dilecti, scultetus, consules, jurati e
vniuersitas ciuium in Bunenkein in nostri presencia constituti, non coacti
uel subornati sub amminiculo juramenti pretacti euidenter deposuerint e
concorditer protestarint, omnes possessiones quocumque titulo nuncupatas,
quas religiosum monasterium in Bebenhusen, Cysterciensis ordinis, Constantiensis diocesis, aput locum predictum Bunenckein nunc uidelicet anno
domini M⁰. CC⁰lxxx⁰vii⁰ possidet uel obtinet, quocumque successui semper
liberas fuisse et jure libertatis perfrui perpetuo debere, adeo ut non liceat
nobis uel ipsis dilectis nostris ciuibus uille predicte, seu nostris successoribus quibuscunque aut ulli prorsus homini dictum monasterium in prescriptis
possessionibus vigiliis, precariis, sturis, theoloneis aut alia quauis exactione
seu quocunque seruitutis onere pregrauare uel aliqualiter molestare, nos
existimantes, fore nefarium, tam euidenti iuri libertatis contraire, prehabito
maturo consilio prenotatas libertatas bonorum predictorum, tam ob iuris
exigenciam quam ob honorem gloriosissime genitricis dei uirginis Marie
approbamus et ratificauimus adhibita solemnitate uerborum et gestuum debita et consueta in tantum, ut omnem vendicationem iuris, jurisdicionis,
occassionis, facti, consuetudinis, seu usurpacionis, quibus jn premissis bonis
iamdicti monasterii licite uel illicite fruebamur, qualitercunque perfrui potuimus in sepedictum monasterium in Bebenhusen, ex toto uel simpliciter trans-
ferremus, renunciantes pro nobis ac nostris heredibus seu successoribus

...cunque omni juri, excepcioni, defensioni, questioni ac omni suffragio
... et canonum tam in genere quam in specie, quibus mediantibus de
..., facto uel consuetudine coram quocunque iudice, uel extra iudicium
...otatum monasterium in premissis bonis seu eorum libertatibus posset
...ri uel aliqualiter molestari. In quorum omnium et singulorum euiden-
...ac firmitatem perpetuam sepefato monasterio presens instrumentum
...dimus nostri sigilli munimine roboratum. Datum et actum in Bunen-
...in presentibus sculteto, consulibus et vniuersitate ciuium in Bunenkein
...otatis anno incarnacionis domini prefato pridie Kalendas Julii, indi-
...ne prima.

Orig. in Karlsruhe. Abbruck bei Mone IV, 109.

114.

.. September 1287. Heilbronn. Unter Graf Alberts von „Heger=
...," an des Königs Statt, Vorsitze wird zu Heilbronn eine Streit=
sache wegen Güter des Kl. Maulbronn verhandelt.

Swikerus de Gemingein Judex provincialis, Rabono miles
...us Goler de Rabinsberg et Henricus Scultetus de Helic-
...n, credere subnotatis et fidem plenissimam adhibere. Qvia status
...j transitorius more fluentis aque labitur et vanescit, Ideo requirit
... memoria, que preterit velut vmbra, que digna sunt tenerj scriptu-
... fidelitatibus commendentur. Nouerint igitur uniuersi presentes et
...rj, quod in quibusdam bonis in Ciuitate Helicprunn situatis, que
...biles dominj Abbas et Conuentus de Mulinbrunn a domino
...ro Rudolfo Rege Romanorum semper Augusto, nomine et tytulo
...bij iam longo tempore quiete possederant, propter illorum bonorum
... defectum, Serenissimus dominus noster Rex Romanorum ipsis
... de Mulinbrunn, fridericum militem de Dicinbach, Her-
...m dictum Smirer, et Henricum dictum Stupphil, Ciues et
...res de Helicprunn, ad Noticiam wlgarem, que wlgo appellatur Kunt-
..., sicut hactenus consuetudo inoleuit, constituit pleno iure, Qui quidem
... videlicet fr. de Dicinbach, Hr. Smirer, et Henricus dictus Stuppil (sic!)
...am domino Alberto Comite de Hegerloch loco dominj Regis
...Ciuitate predicta iuramentum prestiterunt corporale, quod.
...eorundem bonorum defectum in ipsa noticia Kuntschapf, firmiter inda-
..., qui inquam Ciues predictj hoc impleuerunt et coram nobis super
...tito iuramento sunt confessj, quod quedam hûba vel mansus, quem quondam
...inus de slozsberg possederat, imperio et prefatis dominis de Mulin-

bruun debeat attinere. Insuper dictum est etiam quod quicunque dictum
mansum possident et hactenus possederunt, inantea sepefatis dominis Abbati
et Conventuj de Mulinbrunn cum integro censu debeant subiacere, pariter
et servire. Testes autem hujus rej sunt. Hartmudus dictus Rottigalla,
Hartmudus Semelin. Henricus de Gamundia et Wolframus dictus
Frige et alii quam plures fide dignj, qui dum hec fierent affuerunt. In
cujus rej testimonium et veritatis Sigillum Regii Judicij Wimpinensis, una
cum Sigillis. Rabononis militis dicti Goler de Rabinsberg et Ciuium de Helicprunn presentibus est appensum. Datum et actum Helicprunn feria
quarta quatuor temporum. anno Domini M⁰. CC⁰. Lxxxvii⁰.

B. b. Orig. im St.-Archiv zu Stuttg. — Das erste Siegel, groß, rund, zeigt den
Reichsabler. Das zweite fehlt. Das dritte, das der Stadt Heilbronn, ist kleiner als
das erste und dreieckig, hat gleichfalls den Reichsabler. Umschrift an beiden unleserlich.

115.

26. Februar 1288. Hemmendorf. Kuno, Albrecht und Konrad von
Stöffeln verkaufen unter dem Siegel des Herzogs Konrad von
Urslingen ihren Wald bei Bobelshausen (O.A. Rotenburg) an
die Johanniter zu Hemmendorf (O.A. Rotenburg).

Alle bie bizen brief ane sehent alber immer me horent lezen. . Die grozen
wir brige gibröber Cöne vnd Albreht vnd Cönrat von stöpheln
mit götlichem gröze in vnserm Herren iesu cristo. vnd zigelöbêne swaz hie nach
gescriben stat. . vnd tögin Allen baz könt, baz wir mit gimainem rate vnd mit
gisaminotem möte vnser selbir vnd vnser göton frivnbe vnd bar nach vnzer götot
won ratgebon. . habin gigebin ze köphenne vmbe höndirt vnd sehzig phunt
Hallaer vnd bur got .. Dem hivze ze .. hemmendorf Bröber. Ber. ken
komenbur vnd sinen Bröbern bez orbinz sancti iohannif vnd spitales von jerusalem vnsern walt der bagihaizen ist stöphelaer walt der ba lit bi Bobels-
hözen .. mit allem bem reht alze ez alle vnser vorbern an vnz hant braht sur
ain vrigez aigen, vrî vnd lebick .. vnd veriehin vnd gilöbin werschaft nach götot
reht vnd nach köphez reht Siv zeverstaenbe zemerst vûr vnser vetern von wîzzerc
vnd bar nach gen aller maenglich, Swer siv immer bar vmbe an sprichet .. vnd
bie bizez köphez sint gizivge vnd baran waren Bröber Dietrich ber prior vnb
bröber Albert von horhain vnd bröber R. von lâre vnb bröber C. von
swarza vnb bröber vribrich von Tvmmenowe vnb bröber Walther von
hoechingen vnb bröber Albreht ber kellaer sin sön vnb bröber Walther sin
sön vnb bröber Gepze von von (sic!) Linbowe vnb ber livprister von bröxen-
wilaer vnb Dietrich von Hemînborf Johannef sün, vribrich stokeli, Craft

vifte, Albreht von tâlvingen vnb ölrich sin bröber, Albreht der
amman vnb h. sin bröber, Tragebot vösche vnb iohannes von haigerloch
vnb hainrich der amman vnb markort sin bröber, Walher (sic!) der kellaer,
l. an der wize vnb bönzo. C. der maiger von Heminborf vnb h. sin sön
krich vnb briveli vnb anber biberbe liute genöge, bie bran waren. Do bierre
bth gischah, baz waz nach vnzerz herren gibiurte Tivsent iar vnb zwai hunbirt
x vnb achzick iar vnb in bem Achtoben iare An bem naechstem tage nach sant
Mathiastage in ber stobön zi hemmenborf. Daz aber biz ganz vnb staete vnb
gerbrochen belibe, bar zö vergihe ich herzoge Hainrich von Vrselingen
bez bez ba vor gescriben stat, baz ba verichtet wart vnb vergolten wart mit
mem reht bez bin ich gezvck vnb henke min insigel zo ben evren brin insigeln
a bizen brief.

B. b. Orig. im Privat-Besitz eines Bürgers von Rotenburg. Daran hängt nur
noch ein geringes Bruchstück von dem Siegel des Herzogs von Urslingen, auf bem aber
nichts mehr zu erkennen ist.

116.

22. April **1288** o. D. Der römische König Rubolf schlichtet bie Feinb-
seligkeiten zwischen bem Markgrafen Rubolf von Baben unb bem Grafen
Burkarb von Hohenberg.

Wir Rubolf von gots gnaben ber Romische Kûnig vnb allewege merer bes Riches tûn kunt allen ben, bie bisen brief gesehent ober
gehort lesen, bas wir alle bie missihelli vnb bie atzunge [1], bie ber alte Marcgraue Rubolf von Baben vnb sine helfer heten vnb hant gehaben mit bem
Grauen Burcarben von Hohenberg vnb mit sinen helfern, geslichtet vnb
gesunt han also, bas ber alte Marcgraue sich verzihet alles bes rehten vnb ber
schulbe, bie er an altenstaige hette bisher, vnb swas bie von walbecke vnb
bie hemilinge vnb anber bes alten Marcgrauen helfer vnb biener mit bem
Grauen Burcarb ober mit sinen helfern ober bienern zu schaffenne hant, swas
bas ist, ba sulnt sie ietwederthalb zwene rittther ober knehte nemen ane geuerbe
vnb sulnt sie bie vier slihten nach minnen ober nach rehte, ob sie mugen. Mugent
sie aber nit verslihtet werben also, so geben wir in ben herzogen Conraben
von Tede zi einj obmanne, vnb swas ber benne nah ir beiber rebe sprihhet vf
sinen eit, ietwebern zü gewinne ober zü verlufte, bas sol sie bignügen beibenthalp
vnb sulnt öch stete haben, was öch beibenthalben in vribe beschehen ist, bas man
herlich mac gemachen, bas sulnt öch bie viere slihten ob sie mugen. Mügent
sie aber bas nit geslihten, so sol es öch an bem vorgenanten herzogen stan, vnb
vnb ber benne bar vf büt, bas sulnt sie stete haben. Das aber bas war si
ane stete blibe, barvmbe henken wir Rubolf ber kunig vnser ingesigeli an bisen

brief ze eim vrkunde alles des da vor geschriben stat. Das beschah an san
Gergin abende da von gots geburte waren tusint iar, zwei hundert iar vu
Ehtu vnd ahcig Jar. —

B. b. Orig. im St.-Archiv zu Stuttgart. Das Siegel ist abgefallen.

¹ Sonst Erpreffung in Feindes Land.

117.

24. Mai 1288. Horb. Pfalzgraf Ludwig von Tübingen verkauft m[it]
Bewilligung Graf Burkards vorr Hohenberg Heinrich den Maie[r]
(„villicum") von Eckenweiler (O.A. Rotenburg) nebst Familie un[d]
der Vogtei des Hofes daselbst an das Johanniterhaus zu Hemmenborf.

Nos Ludewicus Comes palatinus de Tuvwingen (sic!) vniuer
sis et singulis presentium inspectoribus uolumus esse notum, quod (nos)
uendidimus et iusto uenditionis titulo tradidimus Conmendatori et co-
uentui domus in hemmendorf, uoluntate et consensu Burchardi
comitis de hohenberch accedente Heinricum villicum de Eckeu-
wiler cum collaterali sua et eorum liberis utriusque sexus et omnibus ipsorum successoribus, nec non ius aduocatie curie loci prenotati cum
omni iure ac iurisditione (sic!) qua dictos homines et predictam curiam nos
et nostri progenitores hactenus possedimus et ab omnibus ueraciter dicimur
possedisse pro XL. et IIII[or.] libris hallensium monete, quas quidem recepimus et confitemur nos publice recepisse, promittentes bona fide, quod numquam per nos uel per alium contra dictam uenditionem ueniamus, set (sic!)
quod rata et grata, firma et integra per nos et nostros successores in perpetuum obseruetur. Et in horum firmum robur² et indubitatum testimonium
presentes litteras ipsis tradidimus sigillo nostro et Sigillo Burchardi
comitis de hohenberch consignatas. Testes qui hiis intererant sunt
Johannes nobilis de Werstein. Diemo miles dictus Kacheller.
Dietericus miles de (h)³ eiterbach. Cvnradus miles de Nivweu-
ecke. Cvnradus dictus Bockili et Albertus frater suus. Heinricus villicus. waltherus filius Sifridj. Cvnradus et Wernherus
fratres, dicti Zimmerar et alij quam plures fide dignj. Actum et datum
horwe anno domini M⁰CC⁰ LXXX. VIII. proxima feria secunda ante festum
beati vrbanj.

B. b. Orig. im St.-Archiv zu Stuttgart. — Umschrift des noch übrigen an eiuem

Perg.Riemchen hängenben pfalzgräfl. Siegels aus weißem Wachse: † S'. LVDEWICI . COMIT . . . TINI . DE TVWINGEN.

¹ nos wieber gelöscht.
² Das Orig. hat rorbur.
³ Statt bes h in ber Urkunbe ein kleines Loch.

118.

4. Juli 1288. (ohne Zweifel) Wilbberg. Burkart, von Gottes Gnaben Graf von Hohenberg, verkauft unb vergabt an bas Kl. Reuthin sein Dorf Ober=Jettingen (O.A. Herrenberg) mit aller Zugehör.

Quia status mundi transitorius more fluentis aque labitur et vanescit, Ideo requirit humana memoria quod practerit uelud umbra, ea que digna sunt teneri scriptarum teſtimonio roborarj. Quare nos Burchardus dei gratia Comes de hohenberc tenore presentium profitemur et recognoscimus publice nos Dilectis in Christo .. priorisse et Cǒnuentuj sororum de Rûthi apud wilperc, ordinis praedicatorum, ac earum domuj vendidisse ac tradidisse villam nostram siue opidum videlicet Superius ſtingen cum iurisdictionibus, pascuis, pratis, agris, campis, cultis, nemoribus et aliis quibuscunque iuribus ad dictam villam pertiuentibus, provt nobis ibidem conpecierunt uel conpetere potuerunt, pleno iure habendá et perpetuo possidenda, sicut nos et nostrj heredes ea habuimus et poſſedimus, ac ipsis de euictione eorundem bonorum secundum consuetudinem prouincie promittimus nos cauturos expresse consensu omnium heredum nostrorum, quorum intererat accedente, receptis ab eis ducentis libris monete hallensium pecunie numerate et nobis ac nostris heredibus assignate. In quas eciam sorores pro salute nostra, albertj fratris nostrj, nec non vlrici fratris nostrj defunctj, ac remedio animarum omnium parentum nostrorum. prius hoc est ante contractum venditionis praedicte. contuleramus jus patronatus ecclesie cum plena et libera nostrorum heredum uoluntate, provt nobis et nostris heredibus in sepedicta villa siue opido conpetebat. Testes huius contractus sunt Lûdewicus comes palatinus de Thûwingen, fridericus viceplebanus in wilperc, Heinricus Capellanus in Ruthi, Heinricus aduocatus de rotisberc, Hugo filius suus, Volmarûs de Heitirbac, Volmârus de Waldecke, Marquardus de Witinghen, Reinhart et Wezelo de Rotfelden, Johannes moterer, Liuppo iunior, Luzo, Bertoldus de Pforzeim, Walpert Seiler, Ciues in Wilperc. Trûtwinus et albertus Hemelinge, Walter der Meginzer, Bertoldus lote aduocatus in Bûlach, Albertus de Holzgeringen, Marquardus Kechiler, vlricus de Waldisse et alij quam plures fide dignj. In quorum euidenciam praenotatis priorisse et sororibus tradimus presentes literas Sigillorum praedictj fratris nostrj albertj et nostrj mvnimine roboratas. Datum anno dominj M⁰. cc.⁰ Lxxx⁰viıj⁰. quarto nonas Jvlij.

B. b. Orig. im St.-Archiv zu Stuttgart. — Mit dem Siegel Burkards (wie an 1293, aber weniger gut erhalten) und dem Alberts, das, an leinenen Bändeln hängend, noch weniger gut erhalten ist; dieses ist in der Hauptsache wie das an Urkunde 1295. — Besold, doc. rediviv. II. 91. hat einen sehr ungenauen Abbruck von der Urkunde.

119.

4. April 1289. Heilbronn. Graf Albrecht von Hohenberg erhält auf einen von dem römischen König Rudolf zu Heilbronn gefällten Rechtsspruch das „Dorf Kanstat."

Nos Rûdolfus Dei gratia Romanorum rex semper augustus ad universorum sacri imperii Romani fidelium noticiam volumus pervenire quod nobis pro tribunali sedentibus constitutus in nostre magestatis presentia nobilis vir Albertus comes de Hochenberg dilectus noster fidelis per sententiam obtinuit de consensu omnium astantium rite et legitime approbatam villam in kanstat cum iure patronatus eiusdem ville nec non cum pratis terris agris pascuis nemoribus et frutectis et aquis ac universis hiis que nobiles viri comites de Landowe quondam dicti de Gruningen possiderunt ibidem. In cuius sententie obtente testimonium presens scriptum exindi conscribi et nostre maiestatis sigillo fecimus communiri. Datum Heilprunne secundo nonas Aprilis regni nostri anno sedecimo.

Rothes Buch des Domkapitels Constanz im Archiv zu Karlsruhe. Fol. XV ᵃ.

120.

20. Oktober 1289. Constanz. Das Stift Constanz überläßt Bertold und Heinrich von Fellbach und deren Erben einen Hof zu Kannstat zu Nutznießung, mit der Bedingung (u. a.), solchen auf keine Weise an Graf Albert von Hohenberg gelangen zu lassen.

Omnibus presentes litteras inspecturis prepositus decanus totumque Capitulum ecclesie Constanciensis subscriptorum notitiam cum salute. Expedit ut res geste scripturarum amminiculo fulciantur ne obliuionis que humane memorie se opponit subiaceant detrimento. Nouerint itaque tam posteri quam presentes quod cum Berhtoldus et Heinricus fratres dicti de uellbach in nostri presentia constituti nobis Curiam in Kannstat sitam cui ius patronatus ecclesie ibidem site est annexum et omne ius quod eis competit aut competere potuit in eadem recognoscentes eandem Curiam nostro Capitulo cum suis attinentijs et cum iure patronatus ecclesie predicte ei annexo suisque pertinentijs quibuscumque tam corporalibus quam incorporalibus quocumque nomine censeantur absolute et libere pertinere cum dictis suis pertinentijs resignarint rite et legitime ac libere et absolute ipsamque in nostram per resignationem predictam possessionem transtulerunt dispositionem plenariam et liberam potestatem. Nos retenta nobis tam possessione quam proprietate Curie prelibate cum iure patronatus ecclesie in Kannstat ei annexo et cum suis pertinentijs vniuersis eandem curiam cum suis pertinentijs jure patronatus ecclesie in Kannstat predicte ei annexo nobis reseruato specialiter et excepto predictis fratribus Berhtoldo et Heinrico dictis de uellbach ipsorumque heredibus quibuscumque cum omni utilitate habendam et nostro nomine possidendam imperpetuum sine cuiusuis obice contradictionis annexis tamen per nos de ipsorum consensu in concessione prefata conditionibus infrascriptis ut videlicet dicti fratres ipsorumque heredes quicumque pro tempore fuerint seu persone quecumque in quas per ipsos uel ipsorum heredes quouis titulo dicta Curia transferetur prestent tactis sacrosanctis ewangelijs corporalia sacramenta quod fideles nobis nostrisque successoribus quicumque pro tempore fuerint sint in Curia predicta in iuribus ei pertinentibus et precipue in jure patronatus ecclesie in Kannstat ei annexo quod nobis reseruauimus ut est predictum et ut in premissis nobis nostrisque successoribus conseruent formam debite fidelitatis quodque curiam predictam in Kannstat ipsi uel heredes eorum quicumque pro tempore fuerint nobili viro Alberto de Hohemberg Comiti suisue filijs uel heredibus aut hominibus suis seu hijs qui in sua resident potestate nullo casu contingente titulo pignoris cessionis donationis uel alio quocumque titulo alienent aut in ipsorum aliquatenus transferant potestatem. Alioquin dicti fratres uel ipsorum heredes aut alij in quos per eos aut ipsorum heredes dicta Curia translata fuerit quouismodo contrarium facientes aut faciens ipso facto ab omni Jure cadere debent pro ipsis seu alicui ipsorum competit in eadem. Si uero dicti fratres uel ipsorum heredes quicumque aut alij in quos per eos processu temporis dicta curia fuerit translata eandem Curiam titulo pignoris uenditionis seu alio quocumque titulo alienare uoluerint extunc nobis aut nostris successoribus hoc infra mensem est ab eisdem denuntiandum et si pro iure quod ipsis competit in Curia prelibata tantum eis offerre uolumus et dare quantum ipsis ab alijs offeretur sine fraude et dolo extunc ius ipsis competens in Curia prefata nobis pre omnibus alijs tenentur tradere et assignare. Alioquin elapso postea mense alio ius ipsis competens in eadem Curia possunt vendere quibus uolunt nobili viro

Alberto Comite de Hohemberg, suis filijs et heredibus suisque
hominibus et hijs qui sue potestati sunt subiecti omnino exclusis in alios uero quoscumque transferre debent Curiam iam dictam sub
conditionibus et forma prelibatis, et ut ijdem tam de fidelitate quam de
conditionibus et modis prenotatis prestent coram nobis corporalia solempn-
niter sacramenta et contra premissa uel aliquod premissorum quisquam
eorum uenerit quouismodo extunc dicta Curia uacare debet ipso facto ad
nos redire libere et absolute sine cuiusuis obice contradictionis hoc salno
quod propter neglientiam (sic!) solutionis census predicti cadere non debent
a iure quod ipsis competit in Curia prelibata nisi per triennium continnum
in solutione census cessauerint memorati. Nos Berhtoldus et Hainricus
fratres de Veltpach supradicti recognoscimus et confitemur scriptis presentibus in Jure Coram honorabili viro Officiali Curie Constanciensis omnia
et singula supradicta per nos rite et legitime fore peracta et nos tam de
fidelitate supradicta quam de obseruatione inuiolabili omnium et singulorum premissorum prestitisse in presentia honorabilium in Christo preposti
decani et Capituli ecclesie Constanciensis nec non Officialis Curie Constanciensis corporalia sacramenta adhibitis per nos in omnibus et singulis supradictis uerborum et gestuum solempnitate debita et consueta et ad firmitatem
incommutabilen eorumdem huic instrumento vna cum appensione sigillorum
honorandi in Christo diuina permissione Abbatis Monasterij de Zwifelden
et nobilis viri domini nostri Eberhardi de Wirtemberg Comitis
nec non Officialis Curie Constanciensis ad nostri petitionem instantem facta
Sigilla nostra appendimus et decreuimus appendenda. Nos uero prepositus
decanus totumque Capitulum ecclesie Constanciensis scriptis presentibus
recognoscimus et confitemur nos obseruata forma debita et consueta de
consensu et auctoritate venerabilis patris et domini Rudolfi dei gratia Constanciensis Episcopi supradictis Berhtoldo et Hainrico fratribus de Veltbach
ipsorumque heredibus quicumque sub conditionibus forma et modo superius
annotatis rite et legitime concessisse dictam Curiam habendam et possidendam nomine nostri imperpetuum cum omni utilitate sub dictis conditionibus
forma et modo sine cuiusuis impedimenti obice et contradictionis iure patronatus ecclesie in Kannstat dicte annexo habendam et possidendam Curie
nobis specialiter reseruato et nominatim excepto adhibitis per nos in omnibus et singulis supradictis uerborum et gestuum solempnitatibus debitis et
consuetis. Renuntiantes nichilominus pro nobis nostrisque successoribus quicumque pro tempore fuerint circa premissa beneficio restitutionis in integrum
literis a sede apostolica uel aliunde impetratis aut etiam impetrandis defensioni non adhibite solempnitatis omni auxilio legum et canonum et generaliter omni suffragio tam in specie quam in genere quo mediante premisso
per nos uel per nostros successores possent ullo vnquam tempore uiolari.

Et ad firmitatem incommutabilem predictorum ·huic instrumento una cum sigillo venerabilis patris et domini nostri Rûdolfi dei gratia Constanciensis Episcopi Sigillum nostri Capituli decreuimus appendendum. Nos Rûdolfus dei gratia Constanciensis Episcopus premissis omnibus et singulis consensum nostrum et auctoritatem benivolam impartimur appendentes in euidentiam eorumdem presentibus sigillum nostrum. Nos uero diuina permissione Abbas Monasterij zwiuelden Eberhardus de wirtenberg Comes ac Officialis Curie Constanciencis ad petitionem predictorum Berhtoldi et Hainrici fratrum de veltpach ad firmitatem perpetuam incommutabilem omnium et singulorum premissorum rite et rationabiliter ut superius exprimitur confirmatorum presentibus appendimus Sigilla nostra. Actum Constancie anno domini millesimo ducentesimo octuagesimo nono XIII ·Kalendis Nouembris Indictione tertia.

Conftanzer Rothes Buch Fol. 17 b.

<hr>

121.

1289.

Heinrich von Sunthaim Ritter vnb Abelheib fein eliche wirtin begeben vnb verzeihen fich aller der anfprach fo fie vermaint zu haben wiber baß Gotßhaus Rottenmünfter vnb Heinrich Engelhard ainen Conuentsbruder wegen beren gütter zu Rottenmünfter genant ber Junten gut. Befigelt Graf Albert von Hohenberg vnb ber von Sunthain.

Rotenmünfter Dokumenten=Buch. — Wohin bas Archiv bes Kl. Rotenmünfter gefommen, ift berzeit nicht befannt.

<hr>

122.

2. April 1290. Reichenbach. Pfalzgraf Lubwig von Tübingen urkunbet unter bem Siegel feines Schwagers („sororii"), baß er bie Vogtei unb bas Gericht in Rexingen (O.A. Horb) als Eigenthum an Dietrich Böcklin, feinen Schultheißen in Horb, gegeben habe.

Nos Ludowicus Comes palatinus de Tuwingen — quod aduocatia et iudicium ville in Rexingen iure feodj quod vulgariter dicitur Manlehen a nobis concessi pertinebat ad Dietricum dominum Bokelj, scultetum nostrum in Horwe. Nos autem predictum feodum volentes ipsi Dietrico prenominato redigere in iure proprietatis, presentibus literis profitemur et praestamur, quod predictam aduocatiam et iudicium in Rexingen, ad nos et nostros progenitores iure proprietatis pertinen-

tem — conferimus prenominato Dietrico et suis heredibus. — Testes \
rabilis vir Dominus prior in Richenbach, custos, cellarius ibidem, don
Volmarus miles de Nuweneck, dominus Hainricus de Nuwen
existens aduocatus in Sulz, dictus Salzuas miles, Dietricus et Di
de Steinhulwe fratres, Hugo dictus Marschalc, Bertoldus de
tingen, Conradus dictus Muller, Crafto et Marquardus dicti Ke
ler, fratres, Diemo filius fratris eorundem. Eberhardus dictus dú
Bertoldus schultetus et Walterus frater suus. — Vt autem hoc fa
apud posteros ratum permaneat, atque firmum, hoc scriptum pro nob
nostris heredibus nostri sigilli robore iussimus confirmarj, nostrum fa
roborantes per sigillum Sororij nostri predilectj comitis Burch
de Hohenberg. Actum et datum in Reichenbach anno dominj m
simo ducentesimo nonagesimo, jn die pasché.

Von einer Abschrift in der „Jahrgerichts-Ordnung" zu Reringen v. d. Jahr]
Im St.-Archiv zu Stuttg.

<hr>

123.

5. April 1290. Wilbberg. Graf Burkard von Hohenberg und
Sohn Otto bekennen unter ihrem Siegel, daß Pfalzgraf Lud
von Tübingen Vogtei und Gericht des Dorfes Reringen an T
rich Böcklin von Horb, und dieser solches als Eigenthum an]
Johanniterhaus daselbst übertragen habe.

Wir Ludewig Pfalzgraue von Tüwingen tuon kunt allen den
bisen brief sehent oder hörent lesen, daz wir die vogtey vnd das gericht vber
dorf Reringen vnd vber alles das gůt daz dazu gehöret, daz Dietrich Bi
helj von Horwe von vns hette zu lehen, es sey in velt, in wazzer, in h
durch sein bette In die ere Sant Johannis geben vrilich vnd aygenlich b
hauf zu Reringen, wann sie es dem vorgenantem Dietrich hant vergül
mit drey vnd zwenzig pfundt Tüwinger. Daz biz von vns vnd vnsern erb
stet soll bliben, darüber haben wir disen brief versigelt mit vnserm Insigel, ;
vrkunb. Wir Graue Burkart von Hohenberg, vnd Otto vnser Soh
verjehen, daz wir daz auch han stete, vnd henchen vnsere Insigel zur vrkunb /
disen brief. Wir sint die gezeugen die daz sahen vnd hörten Bruder Berhtol
Lamp, der Commentur von Hemmendorff, bruder Conrat der Bili
ger, Peter der Schriber, Vogt Löthe von Bölach, Lup vnd Lut
vom Wiltberg, Dietrich von Altorf. Diser brief wart geben zu Wil
berg, da von gotes geburt waren tausend zwei hundert vnd neunzig Jar, A
dem bonnrstag In der Osterwochen.

B. einer Abschrift in der „Jahrgerichts-Ordnung" zu Reringen v. 1596. St.-Archi
zu Stuttgart. S. auch Gerbert, cod. epistol. Rudolphi I, Auct. Diplomatum V. Note b

124.

26. Januar 1291. Eßlingen. Graf Albert von Hohenberg erlaubt mit Gr. Eberhard von Wirtenberg Reinhard von Berg, Güter an das Kl. Bebenhausen zu vertauschen.

Vniuersis presencium inspectoribus. Reinhardus dictus de Berge, erum noticiam que sequuntur. Vt in gestis vtilibus et honestis dolus et calumpnia excludatur, expedit ea scripturarum ac testium munimine perhennari. Nouerint igitur vniuersi tam presentes quam posteri. Quod ego deliberato consilio et vnanimi consensu Irmengardis vxoris mee legittime, ac aliorum heredum meorum, ob euidentem vtilitatem nostram dilectis in Christo . . abbati et conuentui monasterii Bebenhusen Cisterciensis ordinis constanciensis dyocesis, vineas meas sitas an Eggehartes haldun dictas Hagenne wingarten, quas colit dictus Kneller, debite commutaui, pro vineis dictorum dominorum, dictis Gollenberg, sitis apud villam Heggebach, ac pro vinea sita ibidem, quam colit dictus Bûle, de qua annuatim, sine omni dampno meo, octauam partem fructuum recipere debeo, necnon pro viginti et vna libra denariorum hallensium, quas me recepisse et in vsus meos conuertisse presentibus recognosco, accedente huic commutacioni, libero consensu et voluntaria confirmacione illustrium virorum Alberti comitis de Hohenberg, ac Eberhardi comitis de Wirtenberg, cum sollempnitate debita et consveta gestuum ac verborum vnde rite et legaliter transfero in prefatum monasterium Bebenhusen, omne ius quod michi aut meis heredibus sev successoribus quibuscunque, in premissis vineis compeciit vel competere videbatur. renuncians pro me meisque iamdictis heredibus sev successoribvs restitucioni in integrum, exceptioni decepcionis vltra dimidiam partem iusti precii, et generaliter ac specialiter omni questioni, excepcioni seu defensioni, legum 'et canonum,' quibus mediantibus, monasterium sepedictum in premissis vineis dampnificari possit vel aliqualiter molestari. Quare eciam prenotatis. . abbati et conuentui omnes possessiones meas vbicunque sitas nomine warandie obligo per presentes, quousque omnes pueri mei in etate legittima constituti, debite resignauerint vineas antedictas. in quorum omnium et singulorum euidentiam, presentem literam, sepenotato monasterio tradidi sigillorum supradictorum comitum videlicet Alberti de Hohenberg et Eberhardi de Wirtenberg munimine roboratam. Porro nos Albertus de Hohenberg et Eberhardus de Wirtenberg comites prenotati per appensionem sigillorum nostrorum, omnibus et singulis premissis nostrum consensum plenum et confirmacionem legittimam accessisse presentibus profitemur. Datum et actum in Ezzelingen

presentibus Fr. .... rectore ecclesie in Caluue. Wolframmo
Frowenberg, dicto de Haluingen milite. Conrato dicto Rupre
Fr. .... de Halle. Marquardo filio sculteti in cimiterio. fra
Johanne de Constancia monacho in Bebenhusen. fratre Ha
rico dicto Harthuser. fratre Hartmanno conuersis monasterii e
dem, et aliis quam pluribus fide dignis. Anno domini. M⁰. CC⁰. LXXX
VII. Kal. Februarii indictione III.

B. b. Orig. in Karlsruhe. — Erstes Siegel: groß, rund, in braunem Wachs
Pergamentstreifen, zeigt einen rechts sprengenden Ritter, der herausschaut, mit klein
plattem Helme, an dem ziemlich große, einwärts gebogene, mit Pfauenfedern best
Hörner, vor der Brust den hohenberg. Schild, das Schwert schwingend. Die Füße
Pferdes gehen in die Umschrift. An Hals und Hüfte sind Schilde auf der Decke sch
zu erkennen. Umschrift: SIGILL . AL (hier die Hinterfüße des Pferdes) BER'
COMITIS . D (hier die Vorderfüße des Pferdes) E . HOHEMBERCH. Das Siegel
Grafen von W., groß, rund, etwas beschädigt am Rande, zeigt einen dreieckigen S
mit 3 über einander liegenden, 4 endigen, links gekehrten Hirschhörnern, unten zu b
Seiten des Schildes eine Lilie. Umschrift: . BERHARDI. . COMITIS . . . .

125.

1. Februar 1291. „in noua ciuitate" Rotenburg. Graf Albert
Hohenberg, Landrichter, gibt seine Zustimmung, als Ritter Voll
von Owe, sein Vasall und Dienstmann, den Fronhof in Alt
(O.A. Böblingen) an das Kloster Bebenhausen verkauft.

Vniuersis presencium inspectoribus. Volkardus miles dictus
Owe constanciensis dyocesis, noticiam subscriptorum. Rerum gestarum o
naciones, deliberacione prouidaini te et consummate, robur debitum apud post
sorciuntur, si ipse cum testium subscriptione, sub literarum testimonium r
gantur, confiteor itaque sub harum testimonio literarum, et tamquam in
coram competenti judice constitutus contra me confessus presentibus re
nosco, Quod accedente voluntate et vnanimi consensu reuerendi in Cristo p
ac domini Rûdolfi dei gracia constanciensis episcopi, loci ordin
et eadem gracia Alberti comitis de Hohenberg, judicis prouinci
cuius sum ministerialis et vasallus nec non .. vxoris mee legitti
et omnium heredum meorum vtriusque sexus, curiam meam in
Altorf predicte dyocesis, in nemore dicto Schaienbûch, sitam penes ec
siam ipsius ville dictam Fronhof, cum eiusdem curie areis, edifficiis, ag
pratis, pascuis, siluis, aquis, aquarum vsibus, viis et inuiis et generali
cum omnibus suis iuribus et pertinenciis corporalibus et incorporalib
quocumque nomine censeantur. Insuper eciam omnes decimas meas, homin

..., iurisdictiones, ac omnia alia bona, quae in ipsa villa Altorf, possedi ... ...tinui, tam de iuris paciencia quam proprietatis titulo, vel feodali. reli- ... monasterio de Bebenhusen, et eius conuentui presenti pariter et ..., cisterciensis ordinis, constanciensis dyocesis predicte, pro ducentis ... denariorum, monete hallensis, michi ab eodem monasterio integre per- ...lutis, et in necessitatis mee redempcionem evidentem conuersis, vendidi ...olute, eandem vendicionem, eo prosequens affectu pariter et effectu, qua- ... nulla venditoris versucia, nulla incautorum emptorum simplicitas, nulla ...orum calumpnia, nec prorsus sollempnitatis adhibende praetermissio vel ..., ipsum contractum, aut instrumentum hincinde confectum, possint ... audeant aliqualiter viciare. Porro cum ius patronatus sepedicte ecclesie ..., prenotate curie annexum sit, quod nec vendidi, nec michi, nec here- ... meis vel successoribus quibuscunque retinui, volo illud et dico cum ...sitate transire, in ius monasterii prelibati. Unde non inmerito renuncio ... me, meisque heredibus sev successoribus quibuscunque predictis, excep- ... deceptionis vltra dimidiam partem iusti precii, consvetudinis, occasionis, ..., malicie, pacti conuenti, actioni in factum, restitucioni in integrum gracie ...ite vel habende et generaliter ac specialiter, omni excepcioni questioni ... defensioni legis et canonis, quibus mediantibus, de facto vel de iure ... consuetudine coram quocumque iudice vel extra iudicium quicquam ... in emencium preiudicium, vel contractus vicium attemptari. obligans ... meosque heredes sev successores quoscunque per sollempnem stipula- ... prehabitam, in premissis omnibus et singulis, eidem monasterio ...sen, ad prestandum plenam warandiam prout exigit ordo iuris. In ... omnium ac singulorum perpetuam firmitatem, sepefato monasterio ... literam contradidi, sigillorum prenotati comitis Alberti, ac mei ... roboratam. Nos vero Albertus dei gracia comes preno- ..., per appensionem nostri sigilli presentibus confitemur, ... et singulis prehabitis, de verbo ad verbum, nostrum ... consensum accessisse, et ea manu propria confirmasse, ... verbis ao gestibus debitis et consvetis. Testes qui ... ...runt sunt hii .. abbas de Zwiueltun ordinis sancti Bene- ... Otto plebanus dicte ecclesie in Altorf. Mahtolfus de Gil- ... Hugo de Muienegge. Albertus de Owe. Marquardus de ... milites. Hermannus de Owe .. minister de Rotenburg ... Staheler. Volgerus dictus Staheler senior. Cðnradus. Hain- ... et Engelhardus filii eius. cum aliis pluribus fide dignis. Actum ... in noua ciuitate Rotenburg predicta. Anno domini M⁰. CC. ...mo primo. kal. februarii indictione quarta.

Urkunde v. 26. Jan. 1291. Zweites Siegel: in hellerem Wachs ein dreieckiger, getheilter Schild, in der obern Theilung ein rechtsgelehrter Löwe. Umschrift: † SI VOLCARDI . DE . OWE.

126.

11. Juni 1291 o. O. Graf Burkard von Hohenberg verkauf vergabt mehrere leibeigene Knechte an das Kloster Kniebis.

Nos Bvrcardus Comes de Hochenberk notum faccre cu vniuersis presentium inspectoribus. Quod nos de consensu heredum rum Hainricum .. dictum Mezstetter et vterinos suos omnes, Alb tum .. dictum Risen et fratrem suum, Item volmarum .., no seruos, hereditario iure nobis a nostris antecessoribus seruitutis subiectos Damus et tradidimus Monasterio beate ma dicto vf dem walde in Knieb⸍z, Justo venditionis tytulo, omn seruitutis ad stipulandum, tenendum, ad inperandum, et quidquid mochachis (sic!) in dicto monasterio habitantibus de personis et ip peculio faciendum. Promittentes per presentes per nos pro nostrisqu cessoribus, quod nunquam contra dictam venditionem veniemus, et si possemus aliquo iuris suffragio, quod absit Canonicj vel Ciuilis, quod c nunquam faciemus in contrarium. In huius rei testimonium presentes damus prefatis fratribus in Knieb⸍z sigilli nostrj munimine roboratas. anno dominj M⁰. c⁰c⁰. Lxxxx⁰ primo. In die Barnabe apostoli. Indictio

B. d. Orig. im St.-Archiv zu Stuttg. — Das Siegel ist abgerissen.

127.

12. Juli 1291 o. O. Graf Albert von Hohenberg und seine mahlin Margarethe von Fürstenberg schenken an das Kloster berg den Weiler Anhausen (jetzt noch Anhäuser Mühle bei heim, O.A. Spaichingen), welcher derselben vordem zur Morge angewiesen worden war.

Notum sit omnibus presentium inspectoribus tam presentibus futuris, Quod nos Albertus Comes de Hohenberg et Margar coniux eiusdem moti dilectione et affectu antiquo, quem erga relig et in Christo honorabiles Priorissam et Conuentum monasterij in Ki perg ordinis predicatorum deuotas dilectas nostras propter sue celibis nitorem eximium gerimus eisdem ob respectum omnipotentis dei et pr diuinum cultum in dicto monasterio propagandum in salutem precip

medelam animarum nostrarum coadunata manu et communi voluntate et consensu legando donauimus et cessimus donasse et cessisse nos presentibus confitemur villam A h u s e n cum omnibus iuribus, pertinentijs et appendicijs suis, videlicet hominibus, possessionibus, pratis, virgultis, pascuis, aquis, aqueductibus, vijs et inuijs, notis et innotescendis, singulis et vniuersis, proprietatis titulo plene et libere perpetuo possidendam. Transferentes in dictas Priorissam et Conuentum omnem proprietatem, possessionem, jus et dominium, quas et que in prefata villa et eius appendicijs habuimus aut habere debuimus uel potuimus quoque modo pure irreuocabiliter, simpliciter et in totum absque dolo et fraude qualibet, ut est iuris, ac promittentes bona fide quod ipsas super eadem villa nunquam impetemus, impedicmus, grauabimus, uel molestauimus in judicio siue extra. Renunciantes etiam omni exceptioni, defensioni et iuris auxilio Canonici et Ciuilis, publici et priuati, Conswetudinis et statuti et literis a sede apostolica uel aliunde, impetratis uel impetrandis quibus venire et inuari possemus contra premissam donationem seu cessionem ullatenus retractandam. uel presens instrumentum infirmandum. Nos etiam predicta M a r g a r e t h a, quia memorata villa cum suis appendicijs nobis a prefato marito nostro in dotem seu donationem propter nuptias olim fuerat assignata, specialiter renunciamus omni iuri, actioni, petitioni et requisitioni nobis occasione donationis huiusmodi in dicta villa conpetentibus uel in posterum conpetituris beneficio velliani (sic!) et omnibus alijs canonum et legum iuribus et statutis quibus venire et inuari possemus contra premissa uel aliqua premissorum. Ceterum confitemur predictam-dotem nobis per antedictum maritum nostrum utiliter reconpensatam et in reconpensam dicte dotis nostre. tradita esse bona subscripta, scilicet curiam C û n r a d i villici in t r û h e l f i n g e n, curiam C û n r a d i dicti H a s e n balg, curiam C û n r a d i dicti O s t e n a n, curiam A l b e r t h i dicti B û c h a r, mansum H a i n r i c i dicti L û p o l t, mansum Hainrici villici, mansum C û n radi dicti Z i m m e r m a n, et in S c h œ n b e r g curiam B e r c h t o l d i de Tigenshain et decimam in R a n g e n d i n g e n, protestantes memorata bona et possessiones nobis longe commodiores. et utiliores fore quam fuerit villa superius innotata. In cuius rei testimonium et euidenciam sigilla nostra presentibus duximus appendenda. Datum anno domini $M^0. cc^0.$ Lxxxx primo in die beate M a r g a r e t h e.

Kirchberger Copial-Buch Fol. 88 ª.

128.

12. Juli **1291** o. O. Graf Albert von Hohenberg nnb seine (
mahlin Margaretha schenken ben Weiler Anhausen an das Kloster Ki
berg, bem sie ihre fromme Tochter übergeben hatten.

Ego Alberthus Comes de Hohenberg et Margaretha coni
mea. Notum facimus vniuersis presentibus et futuris, quod filiam nostr
cui domino deo plus quam huic nequam seculo seruire conp
cuit Collegio dominarum in Kirchberg ob honorem dei offerimus, ear
dem dominarum commodo nichilominus consulentes opidum Ahusen c
cunctis ipsius attinentijs, terra scilicet et hominibus, concordi manu pari
consensu cum omni iure proprietatis dicto collegio conferimus plene
libere perpetuo possidendum. Quia uero dictam uillulam prefate Margare
in dotem antea tradideram ipsam sibi alijs bonis reconpenso videlicet
Truhelfingen Curia Cûnradi villici, Curia Cûnradi hasenbalg, Cu
Cûnradi Ostenan, Curia Alberti Bûchar. Item manso Hainrici Lúpo
manso hainrici villici et manso Cûnradi Zimmerman, jn Schœnbe
Curia Berchtoldi de Tigenshain et decima in Rangendingen.
cuius rei testimonium presentem cartulam sigillorum robore communin
Datum anno domini M⁰. cc.⁰ lxxxj⁰. [1] Margarethe.

Kirchberger Copial-Buch Fol. 88 ᵇ.

[1] Heißt wirklich 1281, soll aber, wie aus ber vorhergehenben Urkunbe über bieselbe Sch
tung ersichtlich, sicherlich auch 1291 heißen.

129.

10. Februar **1292**. Act. „in nowen statt Ehingen." Eberhart v
Ringingen verkauft bas Dorf Bühl (O.A. Rotenburg), bas
von Graf Albrecht von Hohenberg zu Lehen getragen,
Heinrich unb Bertholb Dener[1] um **400** Pfd. Heller.

Im namen ber hailigen vnb öwigen Dryueltikait amen. Loblich ist bie
bächtnüst bewärter vnb reblicher geschrift, wann Sy welcher vntröwe vnb betrugni
so sich erheben vnb vferstan möhten wiberstant vnb begegnet vnb ber sachen ganz
inhalt warlichen vrkunbet. Darvmb sig zú wissen aller Menglichen gegenwürtig
vnb künftigen, baz ich Eberhart von Ringingen mit gemainem gunst v
fryem willen miner erben vnb frünb min dorf genänt bühel baz ich m
minen vorfarbern von bem burlühtigen man hern Albrehten vo
Hohemberg in namen unb lehenswise vnb fry vnb gerwentli
besessen han mit ufgeben in gewalt vnb hanben bes obgenanten grafen alz ban

...nung dez rehten begert Hainrichen dez beners sún der nowen (sic!) stat-
Ehingen vnd Bertholben dez beners sún von Rútlingen mit allen
zúgehorungen, Ez sigen áker, wisen, hölzer, huser, garten vnd ander yegklichen
gúten, so zú dem genanten dorf gehörend, erfunden vnd vnerfunden, besúchtz vnd
vnbesúchtz mit gemayner verhaissung vmb vierhundert pfund haller múnsse zu köffen
geben han, der sy mich alz bald bezalet hand vnd gábe jnen vf für mich vnd all
min erben alle mine reht vnd gewalt, so ich zú dem genanten dorff Bühel gehebt
han vnd haben gesehen worden bin, vnd der obgenant her Albreht von Hohemberg lehe ben selben köffern baz bike genant dorf Bühel in
namen vnd lehens wise öwenlichen ze besitzend dar vmb ich obbenempter Eberhart von Ringingen han verhaissen vnd gevestnot by dem ayd, so ich zú den
hailigen getan hán alz von dez egenanten koufz wegen vertiger sin vnd zú wesen
dar vmb daz behainer miner erben noch suff nemen (sic!) 'anders die egenanten
köfer mit trúgenlicher bosshait an langen múge mit gaistlichem noch mit weltlichen
rehten noch mit briefen, die man erworben hette oder noch erwerben möht noch in
dehain weg sy darvmb bekúmern, daz ich söllich an langung vnd bekúmernúst da
mit án alln irn schaden ganz ab tátte vnd getán hátte, also daz sy vnd ir erben
daz obgenant dorff bühel mit aller ir zú gehorung alz ob gemelt ist gerúweklich,
frylich vnd án alles widerstreben besitzen múgen, vnd daz nv bise bing stát vnd
vest beliben, han ich tún schriben bisen offen brief vnd ze mehrer kraft vnd wárer
zúgnúst ben besigelt geschaft mit der gemainde der burger der núwen stat Ehingen
jnsigel vnd öch mit hern schwengers von liehtenstain, dez ritters, mins
ohems jnsigel, mit dez gunste byse min verköfung ouch beschehen ist. Zúgen biser geschiht, die daz gesehen vnd gehört hand sind die her Húg ritter von Mö-
wenegge, her Burkart, ritter von Melchingen, der ritter, genant von
Jungen, herman vnd berthold von ow gebrúder, Hans vnd Eberhart von sebrúnen, gebrúder, Dietrich vnd berthold von wurmlingen, gebrúder, h. dener von der núwen stat Ehingen, volkar sin
bruder genant stahler, Hans vnd Engelhart Sine Sún, die stahler,
lútirib vnd Cúnrat gebrúder genant die behseler, albreht hút,
Engelirib gastgebe, burger ber nowen statt Ehingen, Hans genant
luppe von herenberg, Hans Dener von Rutlingen, kiuerly von
gamertingen vnd vil ander erber lút. bise bing sind beschehen in der nowen
stat Ehingen in Engelfribs dez gastgeben huse jn dem jar dez heren
alz man zalt tusend zwayhundert vnd zway vnd nwnzig jar, vf den zehenben tag
dez mones hornug jn Römscher kaiser Zins zal der fünfften rc.

Von einer Abschrift (beziehungsweise Uebersetzung) aus dem 15. Jahrhundert im
St.-Archiv zu Stuttgart.

¹ Soll mit Dener (Diener) das lat. minister (sonst Amman) übersetzt seyn?

130.

**19. Mai 1292. Frankfurt. Bischof Rudolf von Constanz gibt ſ
Zustimmung zu Errichtung des Karmeliter-Klosters in der neuen
Stadt Rotenburg.**

Rudolfus Dei gratia ecclesiae Constantiensis episco
dilectis sibi in Christo filiis Priori provinciali. ceterisque fratri
ordinis beatae Mariae de Monte Carmelo per Constantiensem d
cesim constitutis salutem in Domino sempiternam. Quia summa est r
quae pro religione facit, et religionem vestram per sedem apostolicam ap
batam invenimus, et etiam confirmatam post concilium Lugdunense, ia
velitis Domino famulari vita pariter et exemplo. Nos pio vestro propo
ad honorem Dei cooperari intendimus cum effectu. Hinc est, quod
vestris precibus inclinati locum vobis donatum in nova civitate di
Rotenburg nostrae dioecesis perpetuo ad manendum tenore praesent
confirmamus, concedentes hoc eodem tenore, ut ibidem possitis oratori
et ecclesiam cum campanili erigere, ac divina solenniter celebr
salvo jure parochiali juxta formam compromissi inter vos et vicari
perpetuum ejusdem loci initi, et litteris patentibus roborati: a
cientes nihilominus, ut quamdiu mandatis nostris et juris rebelles non
ritis, gratiis et indulgentiis ab apostolica sede concessis in nostra dioe
uti libere valeatis. Datum Franckenvordij anno Domini MCCLXXX
XIIII. Kalend: Junij.

Von einer beglaubigten Abſchrift im Privatbeſitz zu Rotenburg.

131.

**8. Juli 1292 o. O. Bertholb von Mülhauſen überläßt der Deut
orbens-Commenturei Heimbach verſchiedene Einkünfte von ſeinem Hof
Bruchſal (im Großh. Baben) und ſeinem Dorf Gondelsheim.**

Wir Bertholt von mulhuſen tőn kunt allen ben bie biſen brief le
ober horent, baz ich (sic!) mit bebahtem mőte, friliche vnb willecliche han gege
ſehs nutze vz minem hove ze Bruhſel ber miner bohter iſt, ba ich ſe
nutze vffe han, bie han ich gegeben bem Commentvr von Heinbach vnbe b
brödern vnb baz Dorf ze Gunbolfeſheim mit allem bem nutze vnb mit all
bem rehte, als wir ez her genozzen han. Swaz benn phenninc gegelten mac, ob
Phenningez wert iſt, baz gelt ſwaz wir ba haben ze Gunbolfeſheim, ſwie b

hoget vnd ze Bruhsel, daz haben wir allez gegeben den brüdern von heinbach vnd
irem Ordine an den kirchsaz vnd ob behain lehen mir da ledic wirt, also daz
brüder Johannes von Malberc des ain pfleger sol sin vnd ain wider rechener,
also lange biz daz sie in genement sehzek vnd hvnbert marke gütes silbers, Der
brent sehzek marke an aine Capelle Gote ze eren vnbe sante Johannis, zwo marke
vnbe ain lieht in die Capelle eweclice zwenzek marke ze gebenne, daz ich den
brüder Johannes von malber (sic!) gehazen (sic!) han ze kofenne vnd sibenzehen
phunt dem hofe ze Bruchsel ainen zins ze kovfenne für die mylen ze helmotes=
heim, so daz geschiht, so sol vnz die mole ledic sin, der frowen von helmotesheim
sol man vz demselben güte geben ellv jar zwenzic ahteil kornes, binkels, vnd roden,
biz die sehzec marke gewert werdent, bie man ir an sol legen an ain lipgebinge.
Vnz die for genanten brüder biz forgenannte güt swaz wir ze Gundolfesheim haben,
oder her haben braht vnd vnsern hof ze Bruchsel sehs nutze haben sulen, biz sie
biz gewert werdent ane schaden der sehzeg vnd hvnbert marke, der sibenzehen phunt
hellere, der zwenzik malter kornes, als hie for geschriben ist, so sol es vns
vnd vnseren erben ledic sin. Geschahe biz in sehs iaren nit, daz sie geweret
weren, so sol miner bohter von Liechtenberc ob sie lebet oder ob sie kint het,
der hof ze Bruchsel ledic sin vnd süln die brüder daz gvt ze Gundolfesheim han
biz daz sie geweret werdent, Geschahe aber den brüdern behain bruch an disem
forgenanten güte ane her vnd ane hagel vnd ane missewahs vnd ane brant von
lugen füre oder von alange (sic!), daz sol ich in wider tün vnd vfrihten in bem
manode so sie vnz des gemanen oder vnsern foot, baten wir es nit, so solen si
vnsere burgen manen daz sie in leisten ze Bruhsel nach giselscheftem rehte biz wir
daz tün. Wir Berhtolt von Mülhosen vnd köne vnser fout von Helmotes=
heim haben gesworn ze den hailigen bie brubere niemer ze irrene mit behainer
nahte gewerbe vnd getrüliche ze schirmenre vnd bie burcschaft ze laistenne mit den
anderen burgen. Sazten wir ainen anderen foot der sol bez selben sweren E man
bie Burc antwurte vnd haben in mit vns ze burgen gegeben ben Glaz von
Lomersheim ainen ritter Conrade von Stameheim vnser fout (sic!) was,
Heinrich vern (sic!) aben (sic!) sun von Heidolfesheim vnverschaidenliche mit
geswornen aide ze laistenne ze Bruhsel so sie gemanet werdent in ben siben nahten
oder in der nahesten stat bar bi, der da nit gelaisten geborste vnbe Pfaffen Hein=
riche mit der Triwe vf sine Pfaffeheit ze laistenne mit den anderen, wir sulen in
noch zwene burgen geben hinan ze sante Michahelz messe bie sie genement, Oder
wir suln in laisten biz daz geschiht, ware aber vnser kainer in ainer anderen
hivnge, der sol ainen an sin stat legen, der also gut ist, Sturbe ber burger
kainer, So sol man vns ainen als güten geben in dem manobe oder wir suln
vnz daz geschiht. daz biz state si vnd state blibe barombe geben wir in biefen
brief besigelt mit vnserem Jngesigele vnd mit bez Glazes von Lomersheim vnd
mit bez Dechanes von Heidolffheim, wende ez vor im geschach, hiemit be=

gnöget och vns bie burgen. Da biз geſchach baз waз nach gotes geburte
hunbert vnb nünзic vnb зwai iar an ſante kylianes tage.

Ɓ. b. Orig. in Karlsruhe. Mit bem gut erhaltenen Siegel bes Ɓ. v. M
brei horiзontal liegenbe ſog. Mühleiſen im Schilbe hat. Umſchrift: † S. B. d
hvsen. advocatus avgvstensis.

132.

19. Oktober 1292. Sulз. Graf Albert von Hohenberg ſchen
das Kloſter Salem ſeine Beſitzungen зu Wirrenſegel (Weile
Pfarrgemeinbe Ittenborf, bab. Amts Meersburg), welche Ʀ
von Helmsborf (Hof bei Immenſtaab, bab. Amts Meers
von ihm зu Lehen getragen.

Vniuersis hanc litteram inspecturis. Albertus. comes de Hòn
fidem presentibus adhibere. Ne viri religiosi propter defectum tempo
a diuino seruicio retardentur pia eis debet largicione fidelium subt
Nouerint igitur vniuersi ad quos presentes peruenerint quod nos patr
gloriose uirginis Marie promereri copiosius affectantes ius proprie
possessionum sitarum in Wvrensegel omnium quas Cv̄r
de Hermstorf iunior a nobis hactenus in feodum tenuit et
sedit, venerabilibus in Cristo — — abbati et conuentui monaster
Salem, ordinis cysterciensis, constanciensis dyocesis pro salute nostra n
rumque progenitorum tradidimus et donauimus in perpetuum ab ipsis
et pacifice possidendum, Renunciantes pro nobis nostrisque heredibu
uersis, omni iuri quod nobis in prefatis possessionibus, et earum attin
vniuersis tam in genere quam in specie competebat vel competere v
tur, Et in huius donacionis nostre euidenciam hanc litteram predict
Salem, nostro sigillo porreximus consignatam. actum in Sulze anno do
M⁰. CC⁰. XC⁰ II⁰. XIIII Kal. Nouenbris, subnotatis testibus presentibus
licet nobili viro domino Anshelmo de Wildenstain, viris str
domino C. de Tierberg, frater de Rvti militibus, honorando
C. plebano de Frankenhouen, fratre Hugone de Werbenwag
nacho in Salem, aliisque pluribus fide dignis.

Cod. Salem. P. II. Fol. 277. зu Karlsruhe.

133.

20. Dezember 1292 o. O. Graf Burkard von Hohenberg gibt seine
Zustimmung, als Ritter Dietrich von Haiterbach eine Wiese bei
Beihingen (O.A. Nagold) an das Kloster Kniebis verkauft.

Nouerint vniuersi et quibus nossce fuerit necessarium oportunum, quod
nos Dietericus miles de Haiterbach, et vxor mea Jvnta legittima,
nec non liberi nostri Cvnradus et Adelhaidis, vendidimus dominis seu
fratribus de penitentia in Kniebvz pratum situm aput Bigingen pro
quatuor libris hallensium, quas etiam confitemur presentibus in integrum
accepisse. In cuius factj euidentiam et nostri consensus declarationem Nos
Vrrcardus comes de Hochimberk, ad petitionem Dietericj militis
predicti, sueque vxoris ac liberum suorum ratificamus venditionem supra
notatam. Et vt hec vera et inconwlsa (sic!) videantur, Sigillum nostrum
ad petitionem Dietericj militis antedicti nostrj ministerialis et
vxoris sue ac liberum suorum pro nobis et pro ipsis Sigillum nostrum presentibus duximus appendendum. Datum et actum anno domini M.CC.Lxxxx.
secundo in vigilia Sancti Thome apostoli.

B. b. Orig. im St.-Archiv zu Stuttg. — Mit einem unbedeutenden Reste des bekannten Reitersiegels des Gr. B.

134.

1292 o. T. u. O. Graf Burkard von Hohenberg urkundet, auf Bitte
Konrads gen. „Tierberk", dem Kl. Kniebis eine Wiese bei dem Kloster
Reuthin als Schenkung unter Lebenden vermacht zu haben.

Nouerint vniuersi et quos nossce fuerit opportunum, Quod nos Bvrcardus Comes de Hochinberk pio moti affectu Cupientes prouidere
vtilitatj fratrum seu dominorum commorantium in silua .. dicta
Kniebvz, et confitemur per presentes, iam dictis fratribus seu dominis
donasse seu tradidisse traditione inter viuos ad peticionem Cvnradi .. dicti
Tierberk, suorumque heredum pratum, quod situm est aput Cenobium
dominarum de Rvti, nomine predij seu proprietatis, ac intentione adque
condicione, vt mei nostrorumque parentum memoria perpetualis habeatur
in Monasterio .. dicto Kniebvz a fratribus ibidem degentibus. In huius
facti euidenciam et nostrj consensus declarationem sigillum nostrum presentibus est appensum. Datum et actum anno dominj M.CC.Lxxxx secundo
Indictione v.

B. b. Orig. im St.-Archiv zu Stuttg. — Mit dem Reitersiegel des Ausstellers;
auf demselben ist die Figur des Reiters und des Pferdes ziemlich gut erhalten, die Umschrift aber fast ganz abgebrochen.

135.

23. Januar 1293. Freiburg. Gr. Albrecht von Hohenberg ver[...]
an Burkart den Turner, einen Bürger von Freiburg, die Herr[...]
Wisnek im Zarten Thal bei Freiburg im Breisgau, die Vogtei
das Kloster St. Märgen im Schwarzwald und Anderes um 1[...]
Mark Silber.

Allen die bisen brief sehent oder hörent lesen künden wir grave Alb[...]
von Hohenberg, das wir die Burg, vnd die herschaft ze Wisene[...]
bv da lit in zartuntal, in brisgöwe, vnd die vogeteie vber das El[...]
ze sante Mariencelle, in dem swarzwalde, in Costenzer bischtüme, mit [...]
vnd güten, vnde mit namen vber lüte vnd güt, ze Frölenbach, ze Zar[...]
ze Merbingen, vnd swa es anderswa lit in brisgöwe, vnde mit gerihten,
allen rehten, vnd gewonheiten, so zü der selben burg, vnd der Herschaft, vn[...]
vogeteie hörent, in brisgöwe, es si an holze, an velde, an wassern, an acker[...]
mattan, an reben, an vischenzen, oder an keinen andern dingen, das wir u[...]
walte vnd in gewer har haben braht, haben verköfet friliche, vnd mille[...]
vnd gesvnt vnsers libes, vúr vns vnd alle vnser erben, dem erberen manne
Burcharte dem Turner, einem burger von friburg, vúr libig e[...]
vmbe Tvsent marke, vnd zwenzig marke, lötiges silbers, geweges ze friburg
hande, ze besizzende, vnd ze niezenbe, iemerme, alse sin libig eigen, vnd verg[...]
öch wir an bisem brieve, das wir des selben silbers, ganzeliche von ime sin[...]
wert, vnd haben öch ime das vorgenante lüte vnd güt, alles sament in sine ge[...]
geentwürtet, vnd in libhaftige gewer gesezzet, Wir geloben öch vúr vns und
vnser erben, dem vorgenanten burger sin, vnd aller siner erben, wer zesinbe [...]
des gütes, vnd lüte, vnd rehte, so da vor geschriben stat, iemerme vúr libig ei[...]
gegen aller menigelichem, ane allen iren schaden, Wir geloben öch an bisem b[...]
vúr vns, vnd alle vnser erben, den vorgenanten köf stete zehanbe, vnd niemen[...]
wiber zekomende, noch zetünde, mit worten noch mit werken, mit vns selben [...]
mit nieman anderm, vnde haben öch wir vnd vnser frowe, Margrete vn[...]
wirtinne, vnd vnserö kint, vns verzigen, vnd verzihen vns öch an bisem bri[...]
an des vorgenanten burgers hant alles rehtes das wir, oder vnser vorbe[...]
an dem vorgenanten güte, vnd lüten, hatten, oder han mohten, von be ke[...]
sachen, vnd haben öch wir bisen köf getan dem vorgenanten burger, mit wisse[...]
vnd willen der erberen herren, des aptes vnd des conuentes des vorgenanten clost[...]
sante Mariencelle. Wir apt Cönrat vnd der conuent des selben closters sa[...]
Mariencelle, vergehen öch an bisem brieve, das der vorgenante köf mit vnser wissen[...]
vnd willen ist beschehen, vnd haben öch, mit gemeinem rate vnd flißiger betr[...]
tunge, wanbe wir wol erkennen, das es vnserm gottishuse nözze ist, vnd be[...]
getan, benne vermitten, ben vorgenanten hern Burcharten ben Turner, ze vog[...]

unt ze herren genomen ober vnſer cloſter, vnd vnſer lúte, vnd vnſer gút alſe da
vor geſchriben ſtat, in allem rehte, vnd gewonheite, als es har komen iſt vnder
dien vorgenanten herren graven Albrehte, Vnde geloben öch vúr vns, vnd alle
vnſer nachkommende, des ſelben, allen ſinen erben gehorſam ze ſinde, Har ober ze
einer vrhúnde, vnd das diſú bing ellú ſtete beliben, haben wir der vorgenante
grave Albreht, vnd wir apt Cönrat des vorgenanten cloſters, vnſerú Ingeſigel an
diſen brief gehenket, vnd vns den conuent wande wir Ingeſigels nút haben, be-
zúiget mit vnſers vorgenanten herren des aptes ingeſigel an diſem brieve, Hie
zú waren, Her Reinhart von Rötj, Her Herman der Schriber, Kilcherre
zú Ebingen, Her Cönrat, vnd Her Johannes Snewilin, Her
Benolf Kúcheln, Her Rúdolf der Turner, ritter, vnd ander erber
gnúige, Dirre brief wart gegeben ze Friburg, bo man zalte von gottis
gebúrte zwelfhonbirt, Nünzig, vnd brú jar, an dem nehiſten fritage nach ſante
vinzentage.

B. d. Orig. in Karlsruhe. — Mit zwei runden Siegeln in grauem, urſprünglich
grünem Wachs an weißen, ſchmalen, leinenen Bändeln: a) groß, ein Stück der linken
Seite von oben bis unten abgebrochen; es iſt daſſelbe, wie an Urkunde v. 1. Juni 1280;
b) um die Hälfte kleiner, Maria, in der Linken vor der Bruſt ein Buch haltend, mit
der Rechten einen Abtsſtab, vor ihr knicend ein Mönch in faltigem Gewande, auch mit
den Händen den Abtsſtab haltend. Umſchrift: † S' CVNRADI . ABBATIS . CELLE .
DE . MARIE.

———

136.

22. März 1293. Heilbronn. Der römiſche König Adolf von Naſſau
genehmigt die Wiedererſtattung der zur Herrſchaft Habsburg gehörigen
Burgen Ortenberg und Beilſtein an Graf Albert von Hohenberg.

Nos Adolphus dei gracia Rom. Rex semper Augustus, ad
vniuersorum noticiam peruenire volumus presentium serie literarum quod
formam concordie super restitucione castrorum Ortenberg et Bilstein
pertinencium dominio de Habspurg quorum restitucio est facta
in potestatem nobilis viri Al. comitis de Hohenberg, quam quidem formam vidimus ac plene perspeximus sub serie literarum tribus sigillis
videlicet predicti comitis de Hohenberg et Strenuorum virorum Lvdowici
et Johannis de Amoltir patenti munimine signatarum tamquam equam
et rationabilem, prout actum et tractatum fuit in ciuitate Spirensi et ab
inde a nobis recessum auctoritate regia approbantes pacem seu sunam inter
nobiles viros Johannem Langrauium de Werde, Johannem de Lichtenberg et Ludowicum ac Johannem de Amoltir predictos nec non
coadiutores eorundem ex vna et Nobilem virum Ottonem de Ohsenstein
aduocatum prouincialem ac coadiutores suos ex parte altera quantum

est de discordia ratione predictorum castrorum inter eosdem exorta om
actionibus que ex hoc partibus hinc inde quocunque modo possent comp
sublatis penitus et extinctis, volumus esse firmam et perpetuam ac
decreto precipimus inuiolabiliter obseruandam, parti que sunam viola
eandem pena condigna quam ex motu nostri culminis sumpserimus,
nente, dantes presentes literas appensione Sigilli maiestatis nostre mu
in testimonium premissorum. Datum Heiligbrunnen X Kal. Aprilis,
domini M. cc. LXXXXIII Regni vero nostri anno Primo.

B. b. Orig. im Großherzogl. Archive zu Darmstadt. — Das Siegel fehlt.

137.

26. Mai 1293. Constanz. Das Kloster Kreuzlingen verträgt sich
dem Kirchherren von Sülchen in Betreff des Zehnten von Grun
Boden, auf welchem Häuser von Rotenburg neu erbaut worden.

In nomine domini Amen. Judices Curie Constantiensis Omnibus pre
tium inspectoribus Salutem in domino. Constitutis in nostra presentia
procuratore honorabilium in Christo abbatis et Conventus monasteri
Crvzelino ex vna et .. Incurato ecclesie sancti Martini. in Svlche
parte altera procurator dicti Monasterii proponebat, quod cum ipsum m
sterium in possessione percipiendi decimam in quibusdam terris, agri
fundis, sitis in loco quondam antiqua Ciuitas dicta, vbi nunc
Ciuitas dicta Rotenburch, ab eo tempore fuisset, cuius non e
bat memoria, et legittime prescripsissent, et cum in eisdem ter
fundis et agris de nouo domus inedificate fuissent, prefatus Incur
occasione huiusmodi sumpta dictum monasterium inpediuit, quod minus
cimam percipere posset, prout percipere consweuerat ab antiquo, petens
tum .. Incuratum ab inpetitione huiusmodi cohercerj. Habitis igitur s
hoc diuersis tractatibus et processibus hinc et inde inter se conposue
iuxta formam subscriptam, videlicet quod prefatum Monasterium deci
de domibus et inhabitantibus domus percipere deberet, sicut in antea
fundis consweuit percipere memoratis, hoc adiecto quod memoratum M
sterium predicto .. Incurato fructus seu prouentus decime vendidit
certa summa pecunie, decem scilicet solidorum denariorum hall. annis
gulis in festo beati Martini pro vite sue dumtaxat tempore persolue
cui conpositioni et ordinationi auctoritatem prestantes et consensum,
sentes litteras dedimus sigillo nostro munitas in testimonium veritatis. I
Constantie anno domini M° CC°. L. xxxx° tertio, vij°. Kalendas J
Indict: vi .

Orig. im Kreuzlinger Archiv. Eine Abschrift hievon hat auch das „Wurmlin
Diplomatar."

138.

Juli **1298.** Weißenburg. Bertolb von Mülhaufen („nobilis")
verkauft an bas Kl. Bebenhaufen einen Hof in Zuffenhaufen (O.A.
Ludwigsburg) unb vermacht bemfelben teftamentarifch einen anbern
zu Batzenhaufen (O.A. Cannftatt).

Uniuersis presencium inspectoribus. Bertholdus Nobilis de Mûl-
uen. Rei noticiam subnotate. Ad obliuionis humane pariter et versucie
recauenda pericula, legum simul et canonum indulsit auctoritas, viue vocis
applere penuriam legittimis indiciis scripturarum. Sub harûm itaque testimonio literarum et tamquam coram competenti iudice confessus, evidencjus
recognosco, Quod ob intolerabilem debitorum necessitatem, Religioso Mo-
asterio de Bebenhusen et ejus conuentuj presentj pariter et futuro,
Cisterciensis ordinis, Constanciensis Dyocesis, Curiam meam in Zuphenhusen sitam, quam nunc incolit Eberhardus filjus quondam Dicti
Baer, cum eiusdem curie fundis, areis, domibus, agris, ortis, pratis et
locis siue quae ex ipsa coluntur vel pro censibus annuis sunt concessa,
cum eisdem censibus vel aliis quibuscunque, immo prorsus cum ipsjus curie
iuribus, iurisdictionibus et pertinenciis vniuersis. Nec non super omnibus
areis meis in Zuphenhusen sitis, redditus quatuor librarum annuos
denariorum monete hallensis in Torcularj constituto in Grangia dicti
Monasterij in Zuphenhusen de vino dictarum vinearum secundum quod tunc
consuete venditur annuatim soluendos, de consensu spontaneo Illustris
domine, Adelhaidis Comitisse de Landowe nostre consortis
legittime, pro centum et decem libris denariorum monete predicte, michi
integraliter exsolutis et in mee necessitatis redempcionem publicam conuersis,
sponte verborum et gestuum sollempnitate debita et consveta proprietatis
titulo vendidj absolute mittens ipsum monasterium in possessionem predicti
vacuam corporalem, nichil iuris questionis, facti vel occasionis in premissis
mihi, mihi vel meis heredibus quibuscunque sev successoribus reseruando,
Proinde per sollempnem stipulacionem me astringo quod in suprascripte
vendicionis casu pro dicto monasterio de euictione caueam bona fide. et
insuper super eo perpetuum me warandum, promisi fide data, quod si
super predictis venditis questionis aliquid oriatur, dicta bona de questione
huius modj, requisitus ex parte prefatj monasterij reddam libera et absoluta,
proximum infra mensem, alioquin extunc verum obstagium prestare teneor
in una subscriptarum villarum videlicet Ezzelingen, Stûtgarten, et
Nibelingen nuncquam ex hoc recessurus quousque dictam promissionem
efficaciter adimplebo, In quo obstagio si per mensem durauero, Swicgerus
et Albertus fratres de Blankenstain patrueles mej, prout se

legittime astrinxerunt, in vna predictarum villarum obstagium sim
mecum obseruare tenebuntur, quousque predicta vendita ab omnj quest
impulsu simpliciter absoluantur. Item proprietatem prati duo
iugerum in Lustenowe sitj quod a me tenuit in feodum Johan
filius Johannis quondam Militis de Lustenowe donaui et co
prelibato monasterio libere et absolute. Preterea cupiens rebus transit
superne felicitatis domicilium emerkari, curiam meam in Zazzenhu
sitam quam nunc incolit Albertus dictus Lozze, cum suis pertine
et iuribus vniuersis, ob refrigerium animarum, tam mei quam parentu
heredum meorum sepefato monasterio de Bebenhusen, legauj liberalite
mine testamentj hac adiecta condicione, quod si dicta Curia in Zazzenh
sicubj fuerit obligata, eandem ab hoc liberam efficere teneor simul
meis heredibus sev successoribus quibuscunque, adeo vt ipsa curia
meum obitum immediate transeat, libere proprietatis titulo, in possessio
monasterii prenotatj. Ut igitur circa vendicionem, collacionem sev l
cionem ac earum clausulas quaslibet antedictas habundans cautela cl
ministretur, renuncio tam pro me quam pro meis heredibus sev succe
ribus prenotatis beneficio restitutionis in integrum, literis a sede apost
vel aliunde impetratis aut eciam impetrandis, actionj in factum, p
connento excepcioni decepcionis vltra dimidiam partem iustj precij, e
neraliter omni excepcioni ac defensioni, quibus mediantibus de iure,
vel consvetudine in iudicio vel extra iudicium quicquam posset super
missis in prefati monasterii preiudicium aut molestiam attemptari. In qu
omnium et singulorum indeficiens firmamentum presens instrumentum s
dicto monasterio contradidj sigilli mei robore communitum. Testes
hiis intererant sunt hii, Frater. C. de Constancia. Frater Johannes de '
monachi de Bebenhusen. Frater. C. dictus Tunzmann conuersus ibi
frater Eber. de Mulhusen. Fridericus de Lendingen. C. de Bú
iunior et quamplures alii fide digni. Actum et Datum apud castrum
zenberg anno domini M⁰. CC⁰. XCIII. Idus Julii Indictione sexta.

139.

8 September 1293. Horb. Graf Burkard von Hohenberg urkundet, daß Ritter Berthold von Haiterbach, sein Dienstmann, dessen Sohn Volmar und Schwiegertochter Adelheid mit seiner Hand und Zustimmung gewisse Güter in Grünmettstetten (O.A. Horb) an Magister Konrad, „Sirurgico“ in Horb, verkauft haben.

Nos Burchardus comes de Hochenberg notum facimus omnibus
praesentes litteras inspecturis seu etiam audituris praesentibus vel futuris,
... Bertholdus miles de Heïtherbach noster ministerialis,
Volmarus filius eïus, ac Adelheidis uxor eiusdem Volmari
vendiderunt bona quae colit ... dictus Vettere, et ... dicta Cinsmeisterin,
in Grünenmetsteten, magistro Conrado Sirurgico in Horwe
sub titulo venditionis, iure proprietatis perpetuo possidenda, sine iure
revocatiae cuiuslibet, cum manu et voluntate nostra, omnino eo iure,
ad ipsos pertinebant, et renuntiaverunt omni iuri, actioni, repetitioni,
omnique iuris beneficio tum canonici quam civilis, si quod ipsis ·in praedicta bona competeret, vel competere videbatur. Testis (sic!) huius facti
sunt isti: Volmarus de Horenberg, Dietricus de Heitherbach
miles; Heinricus advocatus, Bertholdus schultetus, Conradus
dictus Gemach, Volmarus dictus Rutheler, Albertus de Thaln-
heim, Albertus dictus Schurer, Waltherus Heibelwecke, Ber-
thaldus dictus rasor de Dornheim, Reinhardus balneator, Albertus dictus der Mönch cives in Horwe, et quam plures alii fide
digni. Acta sunt haec Horwe super foro, sexta feria proxima ante
nativitatem B. Mariae virginis anno Dni. MCCLXXXXIII.
Praeterea notum esse cupimus universis praesentium inspectoribus seu
auditoribus, quod cum Adelheidis uxor praedicti Volmari, filii Bertholdi de Haiterbach non esset praesens in Horwe eo tempore, quo
praefatus Bertholdus et Volmarus filius eius resignarunt praenotata
bona, vocata fuit Wiler, et ibidem resignavit bona saepius praenotata,
et renuntiavit omni iuri, quod sibi in praedicta bona competebat, et inter
cetera dixit specialiter ad praedictum magistrum Conradum: magister
Conrade! ego resigno vobis haec bona, et quidquid iuris mihi in ipsa
bona competit, et peto Deum, ut in ipsis det vobis omnem fortunam et
salutem. Acta sunt haec in Wiler in die B. Mariae virginis nativitatis,
anno praenotato, apud inclusam Wiler. Testes huius facti sunt isti:
magister Hugo, scriba Ludovici comitis Palatini de Tüwingen
et rector ecclesiae in Salestetten, Conradus dictus Gemach,
Wernherus de Altham, Marquardus frater Bertholdi schulteti,

Volmarus dictus Rutheler, Benckeli filius Alberti Danko
Albertus filius Walpoti, Conradus filius Conradi Schorpo
Waltherus de Thalaham, Henricus dictus Buninch, Penceli
filius Bertholdi Danckolfi, Bertholdus rasor de Dornhe
Waltherus de Thalvingen, ... dictus Steinhart institor, et (
plures alii fide digni. Ad firmum robur et indubitatum testimonium om
praescriptorum, Nos Burchardus comes de Hohenberg nostru
gillum duximus praesentibus litteris appendendum. Datum anno
MCCLXXXXIII. in die nativitatis B. Mariae virginis. —

Abbruck in Gerbert, hist. silv. nigr. III. S. 230.

140.

15. September **1293.** Kirchberg. Ritter Heinrich von Suntheim (S
hof bei Zepfenhan O.A. Rotweil) vermacht unter dem Siegel
nes Herrn, des Grafen Albert von Hohenberg, auf sein und j
Ehefrau Absterben gewisse Güter bei Schömberg an das K
Kirchberg.

Ab humana citius elabuntur memoria que nec scripto nec voce te
confirmantur. Nouerint igitur vniuersi, tam presentes quam futuri,
ego hainricus miles de Sunthain confiteor praesentium tenor(
quasdam possessiones sitas iuxta Schœnberg, quas dominus hainr
decanus ibidem a dicto Monar de Rotwil pro XXVIj libris denari
conparasse dinoscitur pro dominabus in Kirchperg, quibus prefatu
canus pro remedio anime sue tam in uita quam in morte assignauit
decem et octo libris monete hallensium iusto emptionis titulo conpa
tali interuenta conditione, quod si me uel coniugem meam viam vni
carnis ingredi contingerit, altera persona quecunque superstes fuerit (
dominabus pro anniuersario celebrando de eisdem bonis lagenam vini
singulis reddere tenetur. Nobis vero ambobus defunctis sepe dicta
prenominatis dominabus libera remanebunt ita tamen, quod pro ann
sario nostro singulis annis celebrando vnam somam uel duas lagena
eisdem bonis seu redditibus eorundem conuentui ob animarum nostr
salutem et remedium assignare tenentur. Testes qui intererant sunt di
zinko, alberthus dictus Stanhart, albertus Scultetus et alij p
fidi digni. In huius rei euidenciam ego tradidi sepefatis dominabus
sentes sigillorum domini mei Alberti comitis de Hohenberg et
munimine roboratas. Datum in Kilchperg anno domini Mº. CCº. Lxx
jn crastino exaltationis sancte crucis.

Kirchberger Copial-Buch Fol. 108.

141.

September 1293. Breisach. Der römische König Adolf urkundet, daß Agnes, Tochter des Grafen Albert von Hohenberg und Wittwe des † Grafen Albert von Tyrol und Görz, vor ihm, als er bei Breisach zu Gericht gesessen, ihrem Vater ihr Heirathsgut (1500 Mark Silber), 100 Mark Einkünfte und das Schloß Montanien überlassen habe.

Nos Adolfus dei gracia Romanorum Rex semper augustus, uniuersorum noticiam volumus peruenire quod anno domini millesimo, ducentesimo nonagesimo tercio, in crastino exaltacionis sancte crucis, nobis Brisacum, pro tribunali sedentibus, nobilis matrona Agnes, nobilis viri Alberti comitis de Hohemberg filia cum manu sui aduocati eidem Alberto comiti suo patri mille quingentas marcas argenti, datas in donacionem propter nuptias ab ipso patre suo Alberto comite centum marcarum redditus et castrum Mo'ntanien datas et datum sibi a — — quodam suo marito illustris Meinhardi ducis Karinthie filio, super dotem dedit et donauit libere coram nobis. In cuius facti testimonium hanc litteram exinde conscribi et maiestatis nostro sigillo fecimus muniri. Datum anno domini loco et die predictis regni vero nostri secundo.

A. Orig. im K. K. geh. Haus-, Hof- u. Staats-Archiv zu Wien.

142.

December 1293. Wildberg. Graf Burkard von Hohenberg gibt seinen Hof in Ebhausen (O.A. Nagold) und gewisse Gehölze, „Gehae" genannt, bei Ober-Jettingen gelegen, als Eigenthum an das Kloster Reuthin.

Quia ea que geruntur in tempore ne cum intersticione temporis decessum sumant, necesse est, ut scriptis autenticis fulciantur. Nouerint igitur vniuersi presentes quam posteri presens scriptum conspecturi quod nos Burchardus Comes de Hohenberg tradidimus nostram Curiam sitam In Ebehusen, cui presidet Albertus villicus ibidem, libere, iure proprietatis ac perpetue dominabus seu conventui In Cenobio Ruthi, iure proprietatis seu uendicionis, que soluit annuatim IX maltera tritici annonis cum VIII solidis Twngensium pure, plene et consuetudinarie, pure et beniuole. Nos etiam Burchardus Comes prefatus contulimus eisdem dominabus ligna quedam dicta Gehae sita prope Oetingen sub condicione prefata. De cetero plenarie et omni quo nos hactenus posside-

bamus iure possidendam, et ne dehinc aliquis nostrorum successori
heredum prescripta calumpnia debeat vel liceat infestari, cartulam pre
nostri Sigilli munimine tradidimus communitam. Testes prescriptoru
hii subscripti, Volmarus et frater suus Bertoldus, milites,
de haiterbach, Bertoldus, aduocatus dictus Lẏthe de B
wernherus, scultetus de wilperg, Lvpe, ciuis ibidem d
perg. Datum et actum Anno domini M⁰.cc⁰.Lxxxx⁰.iii⁰. feria Quart
Martini . . . .

W. b. Orig. im St.-Archiv zu Stuttgart. — Mit dem bis auf die Umf[d
erhaltenen Reiterſiegel des Ausſtellers.

143.

7. Nov. 1293 o. O. Hugo von Hochdorf (O.A. Horb) „nobili
verkauft mit Zuſtimmung und unter dem Siegel Graf Bu
von Hohenberg ſeinen Hof in Ober-Jettingen nebſt andern (
an das Kloſter Kniebis.

Vniuersis Christi Fidelibus tam presentibus quam Futuris pr
paginam inspecturis Nobilis vir Hugo de Hochdorf noticiam
que sequuntur. Super gestis hominum temporis volubilitas calu
sepe induceret et errorem, nisi mentis obliuio voce testium aut scri
moria toleretur. Notum sit igitur omnibus quibus nossce fuerit oppo
quod nos voluntate propria et communi consilio omnium heredum r
seu nostrorum Mansum siuc curiam nostram sitam In Ober
gen, Item agrum . volmarj et agrum fratris wernheri, Item a
H. . . dicti dir bitter, Prouenientes vero redditus a bonis supr
ratis hic sunt specificatj de singulis annis, videlicet quinque malt
ginis, Item v. maltra auene, Item sexstum (sic!) dimidium solidum
sium, Item vij pullos, Item tres modios siliginis hoc anno, Item subs
— iij. modios auene, Item tercio anno quartam partem de anno
supercresscit .. praeposito suisque confratribus in Knieb
didimus, iusto vendicionis titulo pro xviij libris hallensium cum x.
quos etiam confitemur presentibus percepisse. Confitemur etiam bon
dicta iam dictis fratribus in Kniebẏz vendidisse proprie cum omnj
dantes etiam ipsis euictionem cum fideiussoribus, quorum nomina su
sunt, Hvgo et Eberhardus, fratres de hochdorf, fratres hu
vendentis, Item Eberhardus filius ipsius, ne ipsi sustineant in
rum aliquam controuersiam et si quod obstaculum habebunt iam dictj
in bonis antedictis, tenebuntur et ipsi fidejvssores ad anmonicionem
rum se presentare ad ciuitatem Horwe, more obsidum et inde nu

nsarj, quovsque recindetur et releuetur mediante iusticia omne quod
est ipsis fratribus euenire in contrarium. Huius rei testes sunt .. H.
nyellanus dominarum in Rvtj, wernherus confrater earum,
. viceplebanus in vtingen, H. dictus Stephan, Albrechtus,
ictus værhinger, Hvgo et Eberhardus. Acta sunt hec cum con-
:nsu et voluntate dominj Comitis Bvrcardi de Hohinberk,
ius sigillum presentibus est appensum. Item ego Eberhardus verus
astor in hochdorf ne frustrentur ea que supranotata sunt, presentem
ehulam nomine patris mej et patruum meorum sigillo meo duxi
borandam. Datum anno dominj M. cc. L.xxxx tercio, sabbatho proximo ante
stun sancti Martinj.

S. d. Orig. im St.-Archiv zu Stuttgart. — Das Hohenberger Siegel fehlt.

144.

1298. o. T. Weiler.

Nouerint tam presentes quam futuri quod ego Waltherus miles
Hctus pincerna de zolr respiciens vite candorem eximium honestarum
et religiosarum dominarum priorisse ac conuentus monasterij in Kilchberg ipsis dedi ac vendidi wilburgim uxorem Cûnradi molitoris
in Ahusen. Dat. apud wilar anno domini M⁰. cc⁰. Lxxxiiij⁰. Indict. vj ª.

Kniberger Copial-Buch Fol. 91.

145.

8. April 1294. Schattenbuch.

Herr Heinrich von Ebersberg, Herr
Wilms von Helmsdorf und Herr Swigger von Teggenhausen
zeugen als Kundschafter vor Rudolf von Guttingen, Richter in
der Grafschaft „ze dem haligen berge an grauen Huges stat von
Werbenberg," daß das Gut zu Wirrensegel Lehen von Graf
Albrecht von Hohenberg ist.

Wir Rudolf von Gwttingen Rihter in der graueschaft ze dem
haligen berge an grauen Huges stat von Werbenberg Tögen allen den
die disen brief sehent öder hörent lesen, daz herre Hainrich von Ebersperg,
herre Riclaus von Hermstorf ritter vnd herre Swigger von Teggenhusen,
als wir fur vns gebutten, von der herron wegen des abtes vnde der Samenunge
ze Salmanswiller daz sie ain warhait saitin vmbe daz güt ze Wirensegel, daz die vor genanten herren von Cônrat von Hermstorf an gevallen

waz, wannan daz lehen wære do saiton si die vor genanten herren, her H
von Ebersperg, her Niclaus von Hermstorf ritter und her Swigger von T
husen vf ir aide daz das vorgeschriben göt ze Wirisegel von grauen All
von Hohenberg lehin si von allem reht. Diz geschach an dem lanta
Schattebüch an dem naehsten dunstag nach sant ambrosien tage, do von
geburt warent Tusent zwai hundert vnde vierü vnde Rvnzech jar ..

Cod. Salem. P. II. Fol. 279.

<hr>

146.

5. Juni **1294** o. O.   Graf Burkard von Hohenberg urkundet,
er Güter in Haiterbacher Bann auf Bitte der Hailwig von S
selben (O.A. Nagold) und deren Ehemann Heinrich (gen. Zeban
welche solche an das Kl. Kniebis verkauft, an dieses als i
Eigenthum geschenkt habe.

Vniuersis Christi fidelibus presentem paginam inspecturis, Nos Co
Bvrcardus de Hochinberk, salutem in domino cum noticia subs
torum. Ad omnem litis materiam perpetuo abcidendam solent ea q
tempore gesta sunt ne labantur cum tempore, litterarum et testium ca
nibus perhennarj. Nouerint igitur vniuersi presentes et posteri han
ginam inspecturj, quod nos sufficientj deliberatione prehabita bona si
banno haitterbach, videlicet Cvrtile, agri et prata cum aliis
nentiis suis, que tenet et excolit .. dictus Zvber Jvnior sub annuo c
ad peticionem Hailwigis de Ratvelt, cuj peruenerunt predicta bo
successione materna et ad peticionem Hainricj viri dicte Hailwigi
reconpensam suj fammulatus nobis exhibitj et exhibendi
consensu puerorum suorum Hainricj, Johannis et Conradi
dicta bona conferimus et donamus donatione inter viuos et confitemur
sentibus donasse tradidisse et assignasse dominis seu fratribus do
In Kniebvz proprie seu libere perpetuo deseruienda, cum etiam
dominj seu fratres conparauerint sibi omne Jus, si quod conpetebat
conpetere potuit Hailwigi adque Hainrico viro suo et h. et Jo. et C.
dictis in bonis supra memoratis, In huius facti euidentiam et nostrj c
sensus declarationem sigillum nostrum presentibus est appensum. Dat
et actum anno dominj M. cc. Lxxxx quarto. In vigilia pethecostes (si
Indictione vij.

B. b. Orig. im St.-Archiv zu Stuttgart. — Mit ziemlich gut erhaltenem Rei
Siegel des Grafen.

<hr>

147.

Juni **1294** o. O. Heinrich Zebanach und seine Gemahlin Hailwig von Rothfelben verkaufen mit Zustimmung ihres Herren, Grafen Burkard von Hohenberg, gewisse Güter im Haiterbacher Bann an das Kloster Kniebis.

Notum sit omnibus quibus nosce fuerit oportunum, quod nos Hainricus dictus Zebanach et Hailwigis vxor mea legittima de Ratatque liberi nostri Hainricus, Cůnradus et Johannes, de censu domini nostri Comitis Bvrcardi de Hochinberk, horpratum et agros sitos in Banno seu limites ville Haitterbach, possedit a nobis Benzo dictus Zvber nomine feudi sub annuo censu et vij. solidorum tvingensium, Item iiij°ʳ maltrorum vtriusque annone is et auene, quos redditus atque bona prenotata donauimus et vendiinsto ~venditionis titulo dilectis in Christo fratribus et Conventui in kniebůz ordinis beati Franciscj, pro quinta dimidia libra si, quam pecuniam plene et integraliter a fratribus memorate domus presentibus recepisse. Confitemur etiam predictos redditus atque prenotata dictis fratribus donasse, tradidisse, et assignasse libere, et absolute, provt melius patet in instrumentis ipsis de a reuerendo domino nostro Bvrcardo Comite prenotato. tionem etiam habundatiorem et firmiorem Bvrcardum dictum et Benzonem dictum Zvber ciues in Haiterbach fidejussorcs constituimus jam dictis fratribus sub hoc pacto, si quevis causeu obstaculum euidens oriretur ipsis in supradicta venditione, et ipsi fidejussores, quandocumque fuerint legittime ammonitj a dictis sub debito fidei obstagium subintrabunt, provt Juris est, in domum vinum propinantis in villa videlicet Haiterbach et ibidém donec dictis fratribus omnis injuria seu calumpnia abscidetur. vero vocatj et rogatj, qui huic contractui intererant, sunt hii, Fridericus sacerdos in Haiterbac, Hainricus suus vicarius de Herbach, Fridericus filius, Dietherus de Tuwingen, et alii plures fide digni. In Euidentiam premissorum et ad testimonium Nos Decanus in Eschilbrunne ad petitionem prefati H. dicti de Ratvelt Sigillum nostrum presentibus duximus appendendum, anno domini M.CC.Lxxxx. quarto, feria secunda post octavam costes.

B. Orig. im St.-Archiv zu Stuttgart. — Das Siegel fehlt, und die zweite der Urkunde ist ziemlich verblichen.

148.

28. August 1294. Wildberg. Graf Burkard von Hohenberg ~~~
bem Kloster Kniebis die Eigenschaft eines Hofes in Unter-Jetti
welchen Volmar, Werner und Helfrich von Walbeck, Gebr~
von ihm zu Lehen getragen und an baſſelbe verkauft hatten.

Nos Burchardus Comes de Hohenberc tenore presentium p~
profitemur, quod de consensu nostro Fôlmarus, Wernherus et F
ricus, fratres dicti de Waldech, Curiam sitam in nidern ꝟtin
in qua residet Eberhardus dictus Pflůc cum omnibus attinentiis
seu incultis uendiderunt preposito et conventui in cniebus pro tri
tribus libris et XII. solidis hall., quam pecuniam a predicto prepos~
conventu se predicti fratres recepisse profitentur. Nos igitur uero,
predicti fratres, qui a nobis ipsam curiam nomine feodi possideban~
remedium anime nostre sepedicto preposito et conventui ius proprieta
predicta curia presentibus condonamus. In cuius rei testimonium pre~
litteras sepedictis dominis nostri sigilli munimine duximus sigillandas. ~
Wilperc In die pelagi anno domini M⁰. CC⁰. Lxxxx quarto. Testes
huius donationis sunt Bertoldus, miles de Haiterbach, Petru~
tarius noster, Wernherus dictus Hamuling, dominus Geru~
sacerdos, Wernherus Scultetus, Luzo et Walpertus ciue
Wilperc et Cûnradus dictus Dierberc et alii quam plures qui uid~
et audierunt.

B. b. Orig. im St.-Archiv zu Stuttgart. — Der vorhandene Siegelreſt zeig~
es baſſelbe war, wie an Urkunde von dem gleichen Jahr „in vigilia pethecostes"~

149.

1294 o. T. „in noua ciuitate Rotenburg." Ritter Marquard~
Ehingen, seine Ehefrau Susanna und sein Sohn Reinhard
machen den Carmelitern zu R. eine Ohm Weingült aus Weinbe~
bei Ehingen.

In nomine Domini Amen. Quoniam ea que geruntur in tempore
temporis curriculo a memoria hominum dilabuntur, opus est ut liter~
testimonio fulciantur. Vniuersis igitur presentem cartulam inspecturis cu~
innotescat, quod ego Marquardus miles dictus de Ehingen et
sanna mea collateralis, nec non Rheinhardus filius meus cum ce~
meis heredibus, coram uiris prouidis et honestis pro testibus infra scr~
dilectis fratribus, uiris religiosis ordinis beate Marie de mo~

...eli in **Noua** ciuitate dicta Rotenburg commorantibus pro re-
...animarum nostrarum progenitorumque nostrorum unanimi uoluntate
..., donauimus, sanis mentibus et sensibus libere stataendo, ut sa-
...ti Dominici mysterium (sic!) (ministerium) in eorundem fratrum
...quotidie peragendum, vna Ama uini de bonis nostris, **Bertoldo**
...irt de **Ehingen** uulgariter appellabatur et heredibus suis per nos
...annuo censu concessis, supradictis fratribus nomine testamenti et ele-
...annis singulis tribuatur. (Ne) Ista autem predicta donatio per
...que fratrum predictorum seu heredum nostrorum in posterum vendi
...gari, siue minui ualeat aut infringi, presentem schedulam conscribi
...et sigillo nostro ac sigillo vniuersorum ciuium ciuitatis supradicte
...communiri. Testes uero huius rei sunt **Conradus dictus Lamp**
..., **Henricus minister** et **Henricus filius** eiusdem, **Volkerus**
...**Stahler, Engelhardus dictus Herter, Landoldus dictus**
..., **Engelfridus**, ciues ibidem et complures alij fide digni. Datum et
...in **Noua ciuitate** memorata in domo fratrum supradictorum. Anno
...1294. Indictione 4.

Nach einer von „Ricobemus Frischlinus“ gemachten Abschrift im Archiv der Frei-
von Teffin in Kilchberg.

150.
1294 o. T. u. O.

Wernher de Waldeck vendit priori et conventui coenobij K.
...iebis) quedam frumenta, gallinas, ouua. testes: comes **Burckart de**
...enberg, **Hugo de Bruneck** (soll wohl **Berneck** heißen), **Volmar**
...**Waldeck, Helfrich de Waldech, Conrad Myller de Mandel-**
...**Marquard** et **Diemo Kecheler, Hartmann de Bildechingen,**
...**Reinhard** et **Eberhard de Eytingen.** Sigilla: **Waldeck**
... (†), **Mandelberg** et **Kechler** — ein Fisch.

Aus Excerpta nro. 108. S. 572. — Die Urkunde selbst findet sich nicht mehr vor.

151.

4. Januar 1295. Frickingen. Herr Heinrich von Ebersberg und
Claus von Helmsdorf bezeugen eidlich vor einem Schiedsgericht
dem Vorsitze des Grafen Hugo von Werdenberg und Helfen
daß das Gut zu Wirrensegel Lehen der Grafen Albert und Bu
von Hohenberg („von Hohenberg, der Graueschaft") ist.

Wir ber graue Huge von Werbenberg vnbe von dem Hai
berge, Rôbolf von Sulzberg ain ritter, vunbe Burkart von Ram
tögen kunt allen die bisen brief lesent, oder hôrent lesen, baz biv anfprâ
ber krieg ben Berhtolb von Rorborf het, gegen bem — — abte, vnb
ber Samenunge von Salmanswiller, vmbe baz gôt ze Wirensegel,
gap, Cônrat von Hermstorf, baz ber gelâzen wart, Berhtolbef f
hern Hainrich von Pfullenborf ben amman ainen ritter, vnbe a
Burkart von Ramsperg vnbe ber herron halp von Salmanswiller, an mich
von Sulzberg vnbe an Herman minen brôber, vnbe also baz wir grane z
vor genant oberman warint, baz wir alle, ober vier, ober brie, ob wir al
ain nit kommen môhtint, ertailtint vf vnsern ait, vnbe vf bie trôwe b
schibelôt gabin vf vnsern ait, waz rehtes Berhtolb hette nâch suer anspr
bem vor genanten gôt, Do kamen wir alle bes vber ain gelichlich vun
môteklich, vnbe tuht vnf reht vf vnsern ait, môhti ber .. Abte vnbe biv
nunge von Salmanswiller, berebon mit zwai erbaren mannen, die bes lehe
nozze wârint, ober ôbergenozze, baz baz gôt also her komen wâre, a
von alter her vernomen hettint vnbe von ir vorberon baz es
wâre, von Hohenberg ber graueschaft vnbe von grauen All
von bem och si ez gevertegot hant fôr ain vriges aigen baz
geniezzen soltint, vnbe baz sie Berhtolt vnbekwnbert an ir gôt solti lan,
aber baz si es nit berebon môhtint, so soltin si im lebig lazzen fin gôt,
gaben wir in baiben ainen tag ze Brickingen an bem zinstage vor bem zw
tage, albe bar nach in brin wochon, ob si es bez tages nit getôn môhtin
kam ber abbet von Salmanswiller, brôber Hainrich ber grozze keller
Isenin, brôber albreht ber pfistermaister von Salmanswiller b
Eberhart von Steckboron. vnbe brôber Dietrich von Rofron m
klosters stat von Salmanswiller, vnbe behôbent ba mit dem hern Hainrich
Ebersperg, vnbe hern Claus von Hermstorf zwain rittern bie baz vf ir ait fi
vnbe bar vmbe swüren ze ben hailigon, baz bas gôt ze Wirensegel vnb fwai
zô hôret, also von alter bar komen sie vnbe baz si ez also von ir vorberon
nomen habent, baz es lehen wære von Honberg ber graueschaft vi
baz ez herre Hainrich von Ebersperg ber vor genant von bem grau
Burkart vnbe von grauen Albreht enpfie vnbe mit siner hant lihen

en Burkart sæligem von Hermstorf. Dez selben iahent vf ir aibe an dem
then tage Swigger von Teggenhusen, herre Burkart von Tobel, herre
Kurat von Mænllinshouen herre Berhtolt von Dankratswiller
er, vnde bröder Marquart von Gunzenrwti, vnde won der tag also bar
den wart, ob si daz ba berettint, vnde wir alle bar nit komen möhtin ob vnser
in, brie, zwen, aine bar köment, swaz vor ben berette wrbe daz bas stætte be-
die, vnde wir brie der graue Hug, Rödolf von Sulzberg, vnde Burkart von
Kersperg, bie vor genanten ba wærent, vnde vor vns reht vnde rebelich behebpt
, So ertailen wir vf vnsern ait, baz Berhtolt von Rorborf ber vorgenante,
hain reht habe an ben gůt ze Wirensegel vnde baz bar zö höret, wan ez bie
Salmannswiller behebt hant als in ertailt wart, Vnde ze ainem .vrkönde
binge so haigen wir bisen brief gesigelt mit vnsern Insigeln. Diz geschach
Brikkingen, bo von gottes geburte warent tusent vnde zwai hundert vnde
vnde Rwnzeg jar an bem vor genanten zinstage vnde waren ba bi bie vor
nanten liute bie och baz vf ir ait seiton baz ba vor geschriben ist, vnde anber
erbe liute.

Cod. Salem. P. II. Fol. 279.

152.

28. Juli 1295 o. O. Bertold, der Vogt von Bulach und sein Sohn
Friedrich geben an das Kloster Reuthin ihren brûl zu Schwanborf u. A.

Wir Bertholb ber vogt von Böla vnd friberich min sun tůn kunt
allen ben bisen brief sehent alber hörent lesen, baz wir ben vorowan uon Röthi
bi wilperk haben gegeben vnsern brûl ze swainborf, ben siu ohc vor
hant gehebet vimf iar zeniezen mit allem reht alse wir in haben gehebet. Ihc
vorgenemeter vogt vergih ohc ba bi baz ihc bem selben closter han gegeben sehzen Tiwinger geltez alliu iar von ainem mabe in bem obern bûra inmer mer
ewecliche. Der rebe ist gezvl Brüder walter von haigerloch, Brüder erlwin,
heinrich ber Cappelan von Röthi vnd ölrich ber snizzer von Böla. Diz
geschach, bo uon Gottef geburte waren Swelfhunbert iar Nûnzek iar an bem
vimften iar, an sante panthaleonef tak. Daz bisiu rebe stete blibe, barumbe han
ihc ber vogt bisen brief gestetet gevestenat mit minem Insigel.

B. b. Orig. im St.-Archiv zu Stuttgart. — Das länglichrunbe Siegel des Vogts
kt ben Hohenberger Schild. Von ber Umschrift ist noch zu lesen: † S. loeto . . . . . e
bulach.

153.

16. Auguſt 1295. Riſensburg. Margaretha, Tochter des Gr
Albert von Hohenberg und Gemahlin des Grafen Heinrich
Burgau, verzichtet auf Heißen ihres Gemahls und Vaters auf
Rechte an die Burg Habsberg und Pfaffenhauſen, welche ihr
ihrem Gemahl zur Morgengabe verſchrieben worden waren,
wogegen dieſer ſie auf die Riſensburg anwies.

In dei nomine Amen. Vt contractus hominum debitam accipiant i
tatem expedit eos instrumentorum cautelis roborari. hinc est, quod
Margareta vxor Nobilis Viri domini Hainrici de Burgowe de
et consilio Mariti nostri et patris nostri Videlicet domini Alb
Comitis de Hohenberc et eciam de consensu domini L. Comiti
Oetingen Curatoris mariti nostri libere et bona Voluntate r
ciamus omni iure quod nobis competit vel competere Videbatur in
Castri in Habsperg et suis pertinenciis et eciam bonis in pha
husen et Aliis que dominus noster Wolfhardus Episcopus Aug
ensis emit a marito nostro et suis procuratoribus cum omnibus iurib
possessionibus corporalibus et incorporalibus iuribus patronatus non exc
cum omni solempnitate iuris et consuetudinis Videlicet iam pubes
stens iuramento corporaliter prestito in publica strata quod nec pe
nec heredes nostros nec aliquem alium predicta bona vnquam repet
Adhibita eciam omni alia sollempnitate, que in alienacionibus dociu
donacionum propter nupcias vel sponsalicie largitatis vel pignoris vel
quecumque alio iure nobis predicta bona pertinencia debebant alienari
recompensacionem sufficientem recepimus a marito nostro et suis curat
in Castro Risenspurg et suis pertinenciis quam recompensam n
cipisse presentibus profitemur. Et vt hec inconcussa perseuerent pre
litteras sigillo mariti nostri et sigillo curatoris sui domini L. Au
nostri Comitis de Oetingen et patris nostri voluimus fideliter comn
Testes autem qui rogati interfuerunt sunt dominus Al. Comes de
henberc et dominus H. de Burgowe. Magister Crafto scolas
Augustensis. S. de Phalhain. dominus Bilger. de Rache. do
B. de Malchingen. Dye. de Liehtenowe. Ber. de Elrbach. l
Gvenze. Egil. de Knoeringen dictus Blarrer. C. frater eiusde
minister de Vlma et alii quam plures fide digni. Datum et Act
Risenspurc. Anno domini M. CC. LXXXX quinto septimo decimo
septembris Indictione V.

Abbruck in den Monum. boic. XXXIII. S. 232.

154.

8. Oktober 1295. Rotenburg. Graf Albrecht von Hohenberg und seine Gemahlin Margaretha überlassen der Stadt Rotenburg das Umgelt und einen Antheil am Untergang, damit die Stadt zu bessern und zu bauen.

Wir graue Albreht von Hohenberch vnd wir Margareth div grevin von Hohenberch tun kuntt allen ben bie bifen brief an Sehent ober horent lefen, Daz wir burch liebe vnferre burger ze Rotenburch vnb auch burch gemainen nvz der felben der Selben Stet baz vngelt ze Rotenburch vn= d di burgern vou Rotenburch ben vorgenanten haben gegeben immer mer eweclich vnb auch ben vnbergank der ba gefchach vor Sant Jakobes tage an bem nahten tage ze ber Stet ze Rotenburch, ben haben wir in auch gegeben frilich vnb lieplich, alfo baz fi beibe mit vngelt vnb . (sic!) vnb mit bem vnbergange fchaffen Swaz Si güt bunke, ez fi mit verfeßen, mit verkaufen, mit verwechffelen ober Swaz fi bo mit tunt, baz fulen wir Stette han, ane alle wiberrebe, mit ber befcheibenheit, Swaz von bem vngelt immer nvzes kvmt vnb auch von bem vnbergange, baz man ba mit die vorgenanten Stat ze Rotenburch beibiv bezzer vnb buwe, vnb baz baz (sic!) baz vnferen burgern ze Rotenburch von vns vnb allen vnfern nachkomen ganz vnb Stette vnb vnzerbrochen belibe, So henken wir vnferiv Jnfigel ze einem rehten vrkonbe an bifen brief. Diz gefchach ze Roten= burch, bo von gebvrte (sic!) warent Tufent zwai hvnbert iar vnb in bem fonf vnb Nunzegoftem iare, an bem fritage vor aller hailige tage.

N. b. Orig. im St.-Archiv zu Stuttgart. — An ber Urkunbe hängen noch die beiben Siegel; das Alberts ift ein Reiterfiegel; ber Reiter zeigt an feiner linken Seite ben Hohenberger Schilb; in feiner Rechten fchwingt er bas Schwerbt; ber Helmfchmuck hat bie Geftalt eines Rabs, wie folches ein Pfau fchlägt; von ber Umfchrift ift nur noch Albr...... rch zu lefen. Der breieckige (herzförmige) Schilb auf bem runben Siegel ber Margarethe ift vertikal halbirt, bas Felb rechts hat einen halben Abler, unb die Hohenbergifche Einfaffung; bas Felb links bie Hohenberger Quertheilung. Von ber Umfchrift fteht noch: †. S .... gtae comitis .... erch.

155.

1. Dezember 1295 o. O. Volmar von Haiterbach vermacht unter dem Siegel Graf Burkarbs von Hohenberg, seines Herrn, dem Kloster Reuthin, in das seine Tochter eingetreten, 1 Pfb. 5 Sch. ewigen Geldes aus verschiedenen Gütern zu Nagolb, Mindersbach und Oberschwandorf (O.A. Nagolb).

Jch volmar von haiterbach bun kunt allen benfen (sic!) brief feßent ober lefent, baz ich ze miner tohter gen Röthi han gegeben alliu iar fehz fchil-

linge vnb ain phunt geltez, der gant an bri (sic!) ahc Schillinge ze Munbelerf-
bahc von Marquartes gùt vnb von anderm gùte, baz bar zù hòret, ze Nagel
von hermanes gùt, von Swainborf VI. Schillinge, von bez wiffelers gù
vùnf Schillinge, von bez vittelsgùt zwen schillinge. So git ber niber muller
von ainem huse ainen Schillink Tuwinger, Der Sulcher von ainem garter
ainen Schillink tuwinger, Cònrat wegschaibe 1. Schillink tuwinger von ainen
huse, Der huober von ainem garten 1. Schillink tuwinger, vnb sweune ber
selban ainer der von vert, so sol er ze wegelòse gon ij Tuwinger. Vnb haber
ihc vnb min erben baz selbe gùt gegeben bem clòster ze rehten aigen, also baz ej
bie vromen suln besezzen vnb entsezzen alf ir reht aigen, wan also verre, baz ihe
min herberge sol han vf bemselben gùte. Daz bisiu rebe stete blibe, barumbe hau
ihc bisen brief gevestenat vnb gestetet mit mines herren Insigel grauc
Burchartes von Hohenberg vnb mit minem Insigel. Dirre tegebinge ist
gezòk brùder walter von haigerloch, Bruder erlwin, bruder ebehc, bruber
hainrich von velfenberk, H. vnb B. bie Cappelan von Ròthi, der vogt
von Bòla, C. der kilcherre von Ebehusen vnb ff. sine sùne, her Berhtol;
von Haiterbahc, òl. der Schnizzer vnb ander erber lùte vil. Daz geschahc bo
uon Gottes gebùrte waren zwelfhundert iar nùzzeg iar vnb viunf iar an bem
nehsten burnstage nah sant Andres tage.

V. b. Orig. im St.-Archiv zu Stuttgart. — Das Siegel des Grafen ist bis auf
die Umschrift zwar gut erhalten, aber sehr abgeschliffen; das des Bolmar von Haiterbach
zeigt auf dem dreieckigen Schilde drei Fische über einander.

156.

16. März 1296. Rotenburg. Herman Affergank von Wurmlingen
verzichtet auf alle Ansprüche an die Lehen, welche sein Vater von dem
Kloster Kreuzlingen getragen.

Allen ben bie bisen gegenwòrtigen brief ane sehent alber hòrent lesen kvnb
ich, Herman affergank von wrmelingen, baz ich lebiger, vngebvnben, vnb
vngevangen, an offener Lanbstraze, mich enzech vnb enzigen han, àn min selbez
vnb an aller miner kinbe stat in hern Cònrates, hant Mòrbelinz ainez
priesterz von bem Conuente von Cròzelingen, an bef abtef .. vnb bez Conuentez
stat von bem vorgenanten Gotzhuse ze Cròzelingen allez bef rehtez vnb aller ber
ansprache, so ich hette alber gehan mochte, gen bem vorgesprochenen gotzhuse vmbe
bv lehen bv min vater sàlige von in hette alber vmb anberò binch swie bv
genemmet sint vnb och vmb bez Clainzeleiz Lehen, vnb han bef gesworn vnbe-
twvngenlich ze ben hailigen, baz ich baz vorgenante Gotzhuz mit worten, mit
werchen, mit helfe, noch mit rate niemer hinnan fvr beswàre an ir lvten vnb an
ir gùtern vmbe bie vorgesprochenen ansprache vnb hab inen baròber ze bùrgen

gegeben Stainmarn von Rotenburch . Cônrat Blånkelin, Hainrich=
Aftergank, albreht wåbbellin, vnd Cônrat=Ratzelin, daz die fünfe
ob ich iemer die vorgenanten gelübbe zerbråche alber zerbriche, alz ich gesworn
han, mich barnach dem vorgenanten .. Abbet vnd dem Conuente inruntet ainem
manobe, swenne ſi von in ermant werdent, åntwürten ſont gevangen in den
Turn ze Rotenburch, ob ez Hainrich, den Amman von Rotenburch,
hainrich ſinen ſun, vnd Hainrich den Maier von Wurmelingen,
ob ben meren tail vnder ben brin gefôge bunket, wan ſi ze hôtern ôber die ſache
vnd ôber die vnzoht genomen ſint, vnd iſt baz die vorgenanten fünfe mich inen
banne niht åntwürt in alz da vorgeſchriben ſtat, ſo hant ſie gesworn ze ben
hailigen, baz ſi dem vorgenanten gotzhuſe von Crôzelingen benne gebonden ſigen
Schez, phonbe haller munze ze gebenne vnd ſont ſich benne vf benſelben ait alle
inſe åntwürten ze rehter giſelſchefte in die ſtat ze Ehingen vnder Roten=
burch, an ainen offenen wirt, vnd ſont bannan niemer komen, e ſi dem vor=
genanten Gotzhuſe die vorgenanten phenninge verrichtent. Wir die vorgenanten
Bürgen alle fünfe veriehen offenlich an biſem briefe, baz wir gesworn haben ſtåte
zu habenne allez baz von vnz bavon geſchriben ſtat, vnd baz ez wår ſige vnd
ſtåte belibe alleſ baz da vor geſprochen iſt, barumbe ſo geben wir der vorgenant
herman, affergank, vnd die fünf börgen bem vorgenanten .. Abbet vn bem
Conuente biſen gegeuwürtigen brief beſigelt mit der beſchaibenen Lôte Inſigel der
borger von Rotenburch. Wir die vorgenanten borger von Rotenburch geben ônſer
ſtåtez Inſigel an biſen brief burch der vorgenanten hermanz vnd ber börgon bette
zainen waren vrkünde. Diz geſchach ze Rotenburch in der ſtat, da ze gegen
waren, her Hainrich der Lôprieſter von Sôlchen, Hainrich der amman,
Hainrich ſin ſune, Dietrich, der Mårechelt, .. ber åizinger, Engel=
hart ber Staheller, Lôtfrib ber bohſeler, Engelfrit, Cônrat ber
Staheler, Lanbolt zange, Marquart von Horwe, ber Dôer, ôl. ber
vogel, vnb albrecht ber Hôt, barzô anber erbåre Lôte, die ez ſahen vnb
horten, vnb wart bierre brief gegeben in bem Jare bo man von Gottes gebôrte
zalte zweifhundert Jare, Nünzeg Jare, vnb barnach in bem ſehzten Jare, an bem
nåhſten fritage vor Balmez.

Ⰰ bem Orig. im Krenzlinger Archiv. — An einem Pergamentſtreifen in Leinwand
eingenåht ein rundeſ Siegel.

157.

28. Mai 1296. **Möringen.** Graf Albert von Hohenberg verpfändet
Burg unb Stabt Rotenburg mit Zugehör um **3100 Mark** Silber an
Pfalzgraf Rubolf bei Rhein unb Herzog von Baiern.

Nos Albertus Comes de Hohenberch tenore presencium profitemur et constare volumus presencium inspectoribus vniuersis quod magnifico

principi, domino et auunculo nostro dilecto Rudolfo jllustri Com
palatino Reni, Duci Bawarie ad euitandum grauiora dispendia Castri
et Opidum nostrum Rotenburch cum vniuersis pertinentiis suis
in bonis quam hominibus pro tribus milibus marcarum et centum Ma
Argenti pro quibus nos apud jllustrem Heinricum. Marchionem
Burgowe, Generum nostrum karissimum absoluit hoc tempore ip
cauimus per ipsum vel eo non superstite quod absit, fratrem suum do
num nostrum Lodwicum vel heredes eorum tenendum tam diu, quous
per nos uel heredes nostros, apud ipsos deobligetur seu absolutur
pecunia antedicta. In cuius rei testimonium presentes damus nostri Si
robore conmunitas. Dat. in Moringen anno domini Millesimo. Ducc
simo Nonagesimo sexto. v. Kalendas Junij.

B. d. Orig. im Reichs-Archiv zu München. — An einem Pergamentstreifen
das beschädigte Reitersiegel des Gr. Albert von Hohenberg. Das Roß ist fast gan
halten, von dem Reiter fehlt der Helmschmuck; der Rand ist bis auf die Streck
den Vorderfüßen des Pferdes bis zum Kopf des Reiters ganz weggebrochen.

158.

2. August 1296. **Constanz.** Graf Albert von Hohenberg ver
gegen das Stift Constanz auf alle seine Rechte an einen Hof in
statt, mit dem das Patronat der dortigen Kirche verbunden wa

Omnibus presentes litteras inspecturis Albertus de Hohem
comes subscriptorum notitiam cum salute. Vt ea que diuine pietal
tuitu rite et rationabiliter peragentur sub firmitate incommutabili pe
rent Scripturarum Indicijs tenaci et perpetue debent memorie comme
Nouerint itaque vniuersi tam posteri quam presentes quod nos diuine i
pietatis nec non ob reuerentiam gloriose virginis Marie genitricis de
trone ecclesie Constanciensis Anno domini Millesimo ducentesimo nonag
sexto quarto Nonas Augusti Indictione IX Constituti in presentia h
bilis Capituli ecclesie constanciensis predicte in ortu domus fratrum
catorum Constanciensium sponte et libere ac uoluntarie pro nobis nost
heredibus et successoribus quicumque pro tempore fuerint renuntiauin
scriptis presentibus renuntiamus per manus nostras solempniter ad
dilecti in Christo Magistri Conradi Pfefferhardi Canonici ecclesie co
ciensis prenotate recipientes eandem renuntiationem nomine et vic
Capituli Constanciensis omni Juri nobis competenti in Curia et
sessionibus sitis apud villam Kannstatt diocesis Constan
quibus Jus patronatus ecclesie Kannstat ibidem site es
uexum omnique iuri nobis competenti in Jure patronatus

dem ecclesie ex missione in possessionem ipsius Curie et dicti
Juris patronatus possessionumque quibus idem Jus patronatus est annexum que missio anlaiti vulgariter appellatur.
facta autem diue memorie Rûdolfo dei gratia Romanorum Regis ad
nostri instantiam et querelam aliaue quauis auctoritate et alias quouis
iure titulo uel modo aut qualibet uia ordinaria uel extraordinaria nobis
nostrisque heredibus ac successoribus in predictis Curia possessionibus et
Jure patronatus eiusdem in Kannstat uel ipsorum aliquo competenti Et
nichilominus per manus nostras ad manus predicti Magistri Conradi transtulimus pro nobis nostrisque heredibus et successoribus quicumque pro tempore
fuerint omne Jus nobis competens in premissis Curia possessionibus et Jure
patronatus uel in aliquo ex eisdem ex missione prefata aut titulo quocunque
seu alias ex quacunque causa cum appenditijs emolumento et omni sequela
eiusdem iuris cessimus donauimus et tradidimus eidem recipienti eisdem
translatione et cessionem donationem et traditionem nomine et uice prefati
ecclesie Constanciensis Volentes insuper Capitulum ecclesie Constanciensis
prefate in premissis omnibus et singulis a futuris dispendijs illesum ac
grauaminibus preseruare dicto Magistro Conrado pro nobis nostrisque heredibus et successoribus imperpetuum per stipulationem legitimam et solemp-
nem promisimus et promittimus fide data recipienti promissionem eandem
stipulationem ac stipulanti nomine Capituli antedicti quod nec per nos nec
per alium uel alios quoscunque in predictis Curia possessionibus et Jure
patronatus ecclesie in Kanstat uel in aliquo ex eisdem in iure uel extra
ius aut alias ubicumque per quamcumque viam ordinariam vel extraordina-
riam aut per modum quemcumque grauabimus dictum Capitulum Constan-
ciense molestabimus aut sinemus a quocumque grauari nostro nomine uel
aliquatinus perturbari quodque quantum in nobis est omnibus turbationibus
grauaminibus impetitionibus et molestijs in premissis uel aliquo premissorum
memorato Capitulo Constanciensi infligendis aut inferendis a quocunque uel
quibuscunque contradicemus publice et solempniter, aut reclamabimus sine
dolo et fraude adhibitis per nos in supradictis omnibus et singulis uerborum et gestuum solempnitatibus debitis consuetis Et in euidentiam ac firmitatem incommutabilem singulorum et omnium premissorum has literas memorato Capitulo ecclesie Constanciensis tradimus Sigillorum nostri et honorabilis
uiri Officialis Curie Constanciensis Nec non diuina permissione Gerungi
Abbatis Monasterij in Cruczelino robore communitas Nos Officiales Curie
Constanciensis nec non diuina permissione Gerungus Abbas Monasterij in
Cruczelino predicti ad petitionem Spectabilis viri domini Alberti Comitis
de Hohemberg supradicti presentibus appendimus Sigilla nostra in euidentiam et firmitatem inuiolabilem supradictorum omnium et singulorum Datum
et actum **Constancie** presentibus Hugone de Nûwenegge Rectore

ecclesie in Wilhain, Hainrico incurato ecclesie in Sulchen,
berto incurato ecclesie in Ebingen, Conrado de Witingen di
Lamb et Conrado de Tierberg militibus, magistro Burch⸗
de Staffusa (sic!), Rectore ecclesie in Mitelnbibrach uocat⸗
premissa specialiter et rogatis anno domini loco die et Indictione supradi⸗

Conſtanzer rothes Buch Fol. XV b.

159.

12. September 1296 o. O. Berthold Löthe, Vogt von Bulach (⸗
Calw) und ſein Sohn Konrad, Kirchherr zu Haiterbach, ſchli⸗
unter dem Siegel Gr. Burkards von Hohenberg, ihres H⸗
mit Mechtild, Albrechts des Blietregers Wittwe, einen Verg⸗
ab, in welchem ſie dieſer die Gült ihres halben Hofes zu P⸗
dorf (O.A. Nagold) erbeigenthümlich abtreten.

Ich Bertholt voget Löthe von Bûlach vnd ich Cônrat der ſi⸗
von haitterbach, des vorgenanten vogtef ſôn bôn kunt allen den
diſen brief ſehent leſen oder horent leſen vnd veriehen offenlich an diſen br⸗
daz wir mit vro Methiltbe herrn abreches ſeligen des blietr⸗
elicher frowen vnd mit iren kinden vmbe daz gût vnbe vmbe die ſchulde, b⸗
bemme vorgenanten herrn abreche ſeligen ſchulbig warn, mit vnſerme gen⸗
wille, wiſſenbe vnbe rat minneclich geſchaiben ſin mit vro Methilt vnb⸗
kinden willen vnbe wiſſent alſo, daz wir han gegeben dir vorgenanten ⸗
vnb allen iren erben vf vnſer bail des hôues ze phrûnborf ber ⸗
vnſer iſt vnd halber Benzen lupen von wilperg vnſers bohter ma⸗
funfe malter korn vnbe fünfe malter rocken vnbe zehen malter habern vn⸗
malter erweſſen, ze recher erbeſchaft eweclich ze geben vnd ze enphahen vm⸗
nach recher erbeſchaft vribelich vnb geruweclich ane alle wiber rebe, vnb⸗
benne maier vf biſemme vorgenanten hôue iſt, der ſol dir vorgeſaiten ⸗
ober irn erben baz vorgenante gelt entwrtben (sic!) ze wilberg an allen ſ⸗
vnb ſol ouch von erſten ir geltbes gewert werden, waz ieman von vnſer⸗
behain ſlache korn enphahe, vnb wer ouch, daz vf vnſerm bail bez vorg⸗
houef nich me wrbe (sic!) ben bef vorgenanten gûtes, daz ſuln wir in geb⸗
entwrtben (sic!) ane alle wiber rebe, vnb furiehen ouch offenlich an biſen ⸗
baz wir vro Methilt vnb ire kint vnb ir erben niemer ſuln geirren a⸗
gelt vnb fur ziehen vnf vnb vnſer erben vmbe bif vorgeſchriben gelt geg⸗
Methilt vnb irn erben alles bes rechef, baz vnf gût mothe ſien, ez wer g⸗
ober weltliche, vnb ſuln ouch wir lebig ſien der ſchulbe vnb bez gûtes geg⸗
Methilt vnb irn erben, baz wir herrn abrech ſeligen ſchulbig waren. ⸗
bif alles ſament ſtete belibe vnb ewieg, ſo haben wir in biſen brief geben be⸗

ingesidelt mit vnſer beder ingeſidel vnd mit der ſteten ingeſidel von wilberg
vnd mit grauen Burcart ingeſidel vnſers herren ze ainem vrkunde vnd
ze ainer vrbe (sic!) zugunge alles bez, daz hie vorgeſchriben ſtat. Dis geſchach
do von gotes geburtde man zalt zwelf hvnbert iar vnd nüzing iar in bemm ſehſten
vr an der neheſten Mitdewoche nach vnſern vrowen bag der iungeſten, vnd warn
an birre ſchibunge bruder ſifrit von halle vnd bruder hainrich deſ vor=
genanten herrn abreches ſon, Muenche von Mulnbrunne, bruder walter
der brediger von phorzhain, der Schuler von Rorborf, vnd der
iunge bieme von kalwe, bie dieſe ſache alſo ſchieben, alſ bo vor geſchriben ſtat.
Dis ſint die gezüge Bertholt von Schonebrunne, hainrich der viſcher,
albrech gelpfraat, vlrich der Snizzer, Burger von Bulach vnd Ber=
tholt von phorzhain, Direberg, Nicclauſ, luepe, wernher der alte
Maltaiſſe, burger von wilperg, vnd Cvnrat der houeſehſe beſ vorge=
naten houez, vnd vil anber bibere lûte von bulach, von wilberg vnd ouch
von phrunborf.

    B. d. Orig. im St.-Archiv zu Stuttgart. — Von den urſprünglich angehängten
Siegeln fehlt das zweite, bie anbern brei ſinb ſtark beſchädigt. Das der Stadt Wildberg
hat deutlich ben Hohenberger Schild.

160.

29. November 1296. **Rotweil.** Graf Albrecht von Hohenberg gibt
ſeine Zuſtimmung, als Herr Berthold von Wehingen (O.A. Spai=
chingen) eine Gült aus ſeinem Hofe daſelbſt an das Armenſpital
zu Rotweil verkauft.

    Wir graue Albreht von Hohenberc kunden allen ben bie biſen brief an
ſehent aber hörent leſen vnb vergehen, baz ſwaz der alt herr Bertolt von Wä=
hingen ze koufenne gegeben hat niuwelich vſſer ſinem houe ze Wähingen bem
Armen Spital ze Rotwil, baz baz mit vnſer hant vnb mit vnſerm gôtem willen
iſt beſchehen vnb im gerne gnädik vnb willik wellen ſin. Diſ beſchach ze Rotwil
in beſ burgermaſterz huf vnb warb ouch birre brief bo gegeben. Do man zalt
von gotef geburt zwelf hundert iâr niunzik iâr vnb in bem ſehzten an bem abend
ſant Anbref deſ zwelf boten. Daz aber dem vorgenanten ſpital biſ ſtäte belibe,
der umme haben wir ze ainem vrkund im biſen brief gegeben mit vnſerm inſigel
beſiegelt.

    B. d. Orig. im St.-Archiv zu Stuttgart. — Mit bem bis auf bie Umſchrift gut
erhaltenen Reiterſiegel des Grafen.

161.

17. Januar 1297. (ohne Zweifel) Horb. Hugo von Hochdorf, genannt Bischof, verkauft unter dem Siegel Graf Burkards von Hohenberg, seines Herrn, all' sein Gut zu Unter-Jettingen und Steinberg an das Kloster zu Reuthin.

Ihc Hug von Hohdorf der Bischof gehaizzen dun kunt allen ben (sic!) disen brief sehent alder hörent lesen, daz ihc alles min gût ze ötingen vnd ze Stainiberge, hûs vnd hof, garten, hölzer, wisa vnd akker, zinse, alles min aigen, daz ihc hette in dorfe vnd in velde, claine vnd gros, han gegeben ze koffen den vrowen von Röthi bi wilperk, die da sint in brebier orden mit allem rehte, vnd wirt ohc dez mines iht mer ervorschet dennoch vber zehen iar, daz sol ohc der selben vrowen sin lebecliche an alle wider rede. Ihc vergih och da bi, daz ihc daz selbe gût vertegan sol von allen minen erban vnd ez verstan sol von aller meneglichen. Ihc han och ze búrgen gesezzet Eberharten minen brûder, Gunpolten vnd gözzen mine súne, die sich sin och verzigen hant, daz ihc ez vertegande si von minen kinden, die nohc ze iren tagen nit komen sint, vnd geschehe, daz got verbiet, daz bie vorgenemetten vrowa immer behan kummer an geviel von behainer schlate crangel, so suln siu mich vnd min vorgenemeten sun manen ze laistenne ze den besten wine ze wilperk. Daz haben wir gelobt bi vnser truwe in aibes wiz, vnd brechen wir, daz got verbiete, so sol min brûder Eberhart laisten an vnser stat al bie wil, biz daz ze verte wirt braht, dez ihc an bisem brieve veriehen han. Dirre rede ist gezûg h. der Cappelan, pfaffe tregeli von ötingen, pfaffe Burchart von Rúthi, Al. der Schulthaiz, Renzze der wibmer vnd sin brûder H. vnd Alber von Mezzingen, H. Stephan vnd sin sun, Al. der wirt, Al. der Thalhufer, Wal. der Betterer, Al. biu vorhenne, Eppeli vnd sin Bruoder, Ber. von niberötingen vnd ander erber lûte vil. Diz geschahc do von Gottez gebuirte waren zwelfhundert iar Nünzeg iar an dem Sûbenden iar an dem neheften Durnstage nahc Sankte hylarien tage. Daz bisiu rede stete blibe, dar umbe han ihc bisen brief geveftenat mit mines herren Jnsigel Graue Bur. von hohenberk, dez Zegandez von Eshelbrunnen, der Stetti Jnsigel von horwe vnd mit der Burger Jnsigel von wilperk.

B. b. Orig. im St.-Archiv zu Stuttgart. — Das erste Siegel, das des Gr. B. v. H., ist über die Füße des Pferdes hin und an der Umschrift zerbrochen; das zweite, eine Person in kirchlichem Ornate, sitzend, mit dem Krummstab, vorstellend, ist auch zur Hälfte zerbrochen; das dritte, das der Stadt Horb, hat gut erhalten den Tübinger Schild; das vierte fehlt.

———

162.

31. Mai 1297. (ohne Zweifel) Wildberg. Hugo der Vogt von Wöll=
hausen, Gertrud, seine Gattin, Hugo und Albrecht, seine Söhne,
übergeben dem Kloster Reuthin ihr Gut Monhart (Filial von
Walddorf, O.A. Nagold) mit der Hand ihres Herrn, Graf Burkards
von Hohenberg.

Ich Hüg der Vogt von Welnhusen, Gertrud min Wirtinne, Hůg
und Albret, min sün, tun kunt allen den disen brief sehent alber hörent lesen,
daz wir den vrowen von Rûti bi Wilperk, die da sint in Brebier orden han
gegeben mit unsers Herren hant Graue Burchartes von Hohenberg
Monhart daz Gůt, daz Tierberg und her Walpreht von uns hant gewunnen,
mit holze, wisan, ekker, waide und wasser, vür ain reht vries und lebiges aigen,
und alliu diu reht, diu zů dem selben Gůte hörent. Ich und min vorgenantin
Wirtinne und min sün verjehen och dabi, daz wir niemer kain Ansprache an daz
selbe Gůt han weder mit gaischlichem gerichte noch mit weltelichem gerihte gen
den vorgenanten vrowen. Daz disiu rede immer stete blibe, darumbe haben wir
disen brief gevestenat mit unsers vorgeschriben Herren Insigel Grauen
Burchartes von Hohenberg, mit unserm Insigel und mit der Burger
Insigel von Wilperk. Dez sint geziug Dieterich von Haiterbach, C. der
Zimmerer, Peter der Schriber, Werner der Hemelink, Werner der
Ungewerlich, Pfaffe Br., Hainrich von Libenvels (sic!), der Vogt
Lôt von Bůla; H. der Herer, Werner der Schulthaiz, Tierberg,
Ber. von Pforzhain, Lůp, B. und Ni. (sic!) sin Brůder, Pfaffe Lůp,
hern Wal. sun, Burger von Wilperg. Diz geschah do von Gottez geburte
waren Zwelfhundert Jar, Nünzek jar an dem Sübenden Jar an dem nehesten
Britage vor dem Pfingesten.

B. d. Orig. im St.-Archiv zu Stuttgart. — Mit 3 anhängenden Siegeln, dem
bekannten Reitersiegel des Gr. B., dem der Stadt Wildberg (Hohenberger Schild), und
dem des Ausstellers. — Gabelk. hat ein Regest dieser Urkunde irrig zu 1290 gesetzt.

163.

5. August 1297. Rotenburg. Graf Albert von Hohenberg verschafft
dem Kl. Alpirsbach einen eigenen Mann, Walther von Bittelbronn.

Honorabilibus viris, abbati et Conuentuj Monasterij de Alperspach
albertus Comes de Hohenberch quicquid habet dilectionis et amoris.
Dilectionis vestre constantiam duximus . . . . quatenus pueros seu
filios Relicte quondam Ottonis de Bvttelebrvnnen . . . . proprie-

tatis pertinere dinoscuntur iure bonorum suorum jn Bvttelebrvnnen . . . .
volumus enim quod vobis hoc facere liceat waltherum filium relicte m
rate . . . . proprietatis pertinentem libere vobis et Monasterio v
donare. Rogantes vt jam dictum Waltherum de bonis in Bvttelebrv
que quidem bona pater predicti waltherj possidebat infeudare cureti
signum vero donationis antedicte presentes literas vobis damus, sigillj n
munimine roboratas. Dat. Rotenburch. anno dominj M⁰. cc⁰. Noi
simo vɪj⁰. in die beati Oswaldj.

B. d. Orig. im St.-Archiv zu Stuttgart. — Die Urkunde ist so verdorben,
sie an vielen Stellen unleserlich ist. Das Siegel fehlt.

164.

**24. Dezember 1297 o. O. Hug, der Vogt von Altensteig, ve
bem Kloster Reuthin seinen Wald an der Monharter Steig.**

Ihc hug der vogt von Altenstaige vergih offenlich an disem brive
ihc Schuldik bin der . . priorinun vnd dem Conuent von Ruthi Nún
haller, die siu mir gelúchen hant, dar vmbe han ihc in gesezzet minen wa
Monharter staige, daz siu den han vnd niezen suln vur reht aigen v
also gerret, daz ihc in dez selben waldes sol gen ze rehtem aigen vúr die
nanten pfenninge, als vil als mihc zwen erber man haizzent, die siu b
erwelnt vnd sol der ainer sin der vogt von Búlach, vb er der bi gesin
ist daz er dabi nit mak gesin, so suln siu ainen andern der zú nemen a
stat, vnd sol ihc in dez gehorsam sin ze volle laisten, swen siu ez an mih
berant. Daz disiu rede stete blibe, darumbe henke ihc min Jnsigel an
brief. Dirre brief wart gescriben do von Gottes gebúrt warn zwelfhunder
Núzeg iar vnd súben iar an dem Hailigen abend ze wihnahten.

B. d. Orig. im St.-Archiv zu Stuttgart. — Mit dem Siegel des Vogts v
dessen Schild quer (horizontal) und vertikal getheilt (wie bei Berneck), links gene
und der auf dem linken Eck einen Platthelm hat, welcher mit Pfauenfedern beste
wie die Helme der Hohenberger Grafen. Umschrift: † Hvc . advoc . . . . Au
leeren Raum um den Schild sind 2 Blümchen angebracht.

165.

26. Dezember 1297 (resp. 2ten Tag des Jahres **1298**). **Wirtenberg.**
Graf Eberhard von Wirtenberg verspricht der von weiland Swigger
von Trochtelfingen, seinem Vasallen, dem Kloster Mariaberg zuge-
dachten und durch seinen Schwiegervater, Graf Albert von Hohen=
berg, auszuführenden Schenkung nicht hinderlich seyn zu wollen.

Nos Eberhardus Comes de wirtenberc vniuersis ac singulis tam
presentibus quam futuris rei noticiam subnotate. Nouerint igitur, quos nosce
fuerit opertunum quod nos donationem factam sanctimonialibus Monasterij
in Berge ordinis sancti Benedicti Constantiensis dioecesis per Swigge-
ram, quondam nostrum vassallum, dictum de Trǒchtelvingen, in bonis
et possessionibus, ibidem sitis, ac etiam in bonis et possessionibus in Stainhulwe sitis, siue a nobis in feodo tenuerit uel etiam proprietatis tytulo
possedisset, ratam et gratam tenere volumus et inviolabilem obseruare, in
nullo volentes donationi seu promissioni facte per nobilem virum albertum
Comitem de Hohenberc socerum nostrum karissimum prefatis sanctimonialibus derogare. In cuius rei euidentiam Sigillum nostrum presentibus
duximus opponendum. Datum et actum in (sic!) in wirtenberc. Anno
domini M⁰. cc⁰. lxxxviij⁰. Septimo Kalend. Januarij. Indictione XI ᵃ.

B. d. Orig. im St.-Archiv zu Stuttgart. — Mit dem länglichrunden kleinen Siegel
des Grafen von W., auf welchem die 3 Hirschhörner deutlich zu erkennen.

166.

1297 o. T. u. O. Kunze Ebelins Sohn von Haigerloch verzieht sich
gegen das Kloster Kirchberg einiger Lehen= und eigenen Güter.

Alle, die disen brief sehent albe horent lesen die soln daz wizzen daz Ich
kunze ebelinz son mich verzigen han mit allem recht der lehen die ich hete von
minen frowan von kilperc vnd swaz ich mit in ze schaffenne hete. vnd och miner
eigener hovestete die ich ze harbe hete. Die so vmme mich han geköfet. vnd
darvme hant so mir varn gelan sehzehen malter rocken töwinger mez. Dö vf
dem göte stonden. vnd brizzeg schillinge töwinger vnd sehzehnt. zinf vnd brittehalb
honbert aiger vnd sehz hünr. vnd· vergihe an disem brieve daz ich noch behein
min erbe nözenet me ze schaffenne haben mit den frowan von kilperc. gezöge
die hieran warn daz waz herre Wernher zimmerli. herr heinrich der
Dorre. herre heinrich der böringer vnd friderich sin brüder. Wernher
folaber. Berhtolb der efel vnd Wolf von Haigerloch. Benze der voget
von harbe. vnd berhtolb zobelli vnd vnfer bruber brie. Bruber könrab

ber gaſmeiſter. Bruder heinrich ber nater. Bruber Heinrich ber Ritter
vnb anber biberbe löte bie biz ſahen vnb hortan. Daz biz war ſi vnb ſtete blibe
barvmme henket ber vorgenante herre wernher zimerrli ſin inſigel an biſen brief.
Diz beſchach bo man zalte von gottez gebörte tvſent zweihonbert nünzec vnb bem
ſöbenbe iar. in bez alten ſchvltheizzen hvz.

    B. b. Orig. im St.-Archiv zu Stuttgart. — Das Siegel iſt abgefallen.

167.

7. Januar 1298 o. O.   Heinrich Lup von Herrenberg verkauft mit
ſeines Herrn, bes Grafen Burkard von Hohenberg, Hand und
unter beſſen Siegel eine Hellergült aus bem Fronhof zu Sulz
(O.A. Nagolb) an das Kl. Reuthin.

    Allen ben ſol kunt ſin bie biſen brief ſehent alber hören leſen, baz Jhc
hainrihc lůp von herrenberg ben vroman von Růthi bi wilperk, bie
ba ſint in Brebier orben mit minſ herren hant Graue Burchartez von Hohenberg vnb mit aller miner erban wizzent vnb willen vünfzehen ſchillinge tůwinger,
bie mir alliu iar werben von bem vronhove ze Sulz ze rehtem gelte vnb
ſůben ſchillige tůwinger von ber Nipoltinun wiſ han verkofet vür ain ſtet gelt.
Vnb baz birre vorgenant kof war vnb ſtet blib an biſen gegenwertigen brief minſ
vorgenanten herren Graue Burchartef vnb ber ſtete Inſigel von wilperk henk
ihc an biſen brief ze ainer bezůknuſt bez kofez, ber ba vor geſcriben ſtat. Dirre
brief wart geſcriben bo von Gottez gebůrt warn zwelfhundert iar Nünzeg iar
vnb aht iar an bem nehſten ziſtag nah bem Oberaſten tag. Dez ſint gezug her
hainrich ber Capelan von Ruthi, her Berthold von pforzhain, lůp,
Burger von wilperk vnb anber erber lůt.

    B. b. Orig. im St.-Archiv zu Stuttgart. — Mit bem bis auf ein Stück ber Um-
ſchrift gut erhaltenen Reiterſiegel bes Grafen unb bem ber Stabt Wilbberg, bas ben
Hohenberger Schilb unb bie Umſchrift hat: † S. civivm de wilberc.

168.

27. Februar 1298. Paſſau. Brief bes Pfalzgrafen Otto über ſeinen
Vertrag mit ſeinem Schwager, Herzog Albrecht, in Betreff ber um
bie Heimſteuer ber Gemahlin bes erſteren, Schweſter Herzog Albr.,
zwiſchen ihnen geweſenen Mißhelligkeiten unb ber Friebensſchluß
beiber.

    Vnb ſind avch bi biſer ſchiebvng vnb bi biſer ſyn, vnb vrevntſchaft von
vnſer baiber wegen geweſen, Graf Gebhart von Hyrzperch, Graf Albrecht von

Hohenberch, Graf Albreht von Halſe, Heinrich der elter von Schönberch, Eberhart von Walſſe, Götfrib von Wolffſtein, Albreht von Ströbing, maiſter Göri, vnb Chonrat vnſer ſchreiber, vnb Lvbwich der Grans, bi bes allez zivg ſinb. Vnb iſt baz geſchehen ze Pazzöwe. vnb baz baz allez alſo ſtat beleib habn wir im gegeben biſen Brief ze einem vrchvnbe verſigelt mit vnſerm Inſigel. Daz iſt geſchehen ze Pazzöwe ba von Chriſtes gepvrb waren Tavſent zwai hvnbert Jar, vnb in bem acht vnb Nevnzigſtem Jar bes nœhſten Pfincztages nach bem weizzen ſöntag.

Original - Urkunbe mit einem Reiterſiegel im k. k. geh. Haus-, Hof- u. Staats- Archiv zu Wien. — Eine vibimirte Abſchrift bavon vom 24. Mai 1742, mittelmäßig abgebruckt bei Kurz, Oeſterreich unter Ottokar unb Albrecht. II. 225. Beil. XXXIV. S. Lichnowsky II. Regeſten Nro. 89.

169.

8. November 1298 o. D. Graf Albrecht von Hohenberg leiht ben Ammanen von Rotenburg ein Haus baſelbſt unb bas Gut zu Bühl.

Wir graf Albreht von Hohemberg tün kunt allen ben (sic!) biſen brief anſehenb ober hörenb leſen, baz wir Hainrich bem Düringen, amman, hainrich bes ammanz ſun von Rotenburg, ain huſz, baz bez von Rin= gingen waz vnb baz güt zu Bühel, baz ber vorgenant Hainrich köft vmb ben von Ringingen, gelihen haben ze rehtem lehen in allem bem rehten, als er ez von vnſerm vater ze lehen het. Wir haben im öch zu rehtem lehen gelihen, baz er ane ſtür vnb ane waht in ber Stat ze Rotemburg ſitzen ſoll. Wir verlihen im öch baz ſin hofſtatt ba er vff ſitzet vnb baz vorgenant huſz boch (sic!) ſol ſin alles baz hie vor geſchriben iſt, baz ſol ſinen erben von vns [1] ſtür (sic!) belieben als öch im. Dez binges ſinb gezügen her Bertolt von Rüti, her Chunrat bez Lamp von Witingen, Ulrich von Wähingen, Hainrich von Wä= hingen, Peter von Tetingen, Renhart von Rüti vnb ſin Bruder Peter. Darvber haben wir ze einem vrkunb vnſer Inſigel an biſen brief gehenkt. Der brief wart gegeben bo man zalt nach vnſers Herrn gottez gebürt zwelff hunbert iar vnb in bem œht vnb neunzigſten jar an bem nehſten ſamſtag vor ſant Mar= tinſz tag.

Nach einer ſehr alten Copie im St.-Archiv zu Stuttgart.

[1] Hier fehlt vermuthlich an (ohne).

170.

1298 o. T. u. O. Graf Burkard von Hohenberg verleiht dem Kloster Reuthin das Weiberecht auf dem Wildberger Feld.

Allen ben sol kunt „sin‘, bie bisen brief sehent alber hörent lesen, baz wir Graue Burchart von hohenberk ben vrowan ze Rûthi bi wilperg bie ba sint in brebier orbeg, bie vrihait vnb baz reht han gegeben, baz allez ir vih clain vnb groz, ·baz siu ze Rûthi hant, gewintert sol ze waiben gan vf wilperger velt, vnb swa. ber Burger vih gat mit allem reht, vnb wellen ohc, baz kain vih, ez si ber burger alber anber lûte, vnber ir vih ze waib gang. Wir veriehen ohc an bisem selben brieve, baz vnser wille güter ist vnb in wolgunnen suln, swer ben vorgenanten vrowan bur got özzit git, ez si lützel alber vil, wan also verre‘, swer in git ligenb gût, baz suln siu verkoffen irn ainer iarf vrist. Unb baz bisiu reb stet blib, barvmb haben wir bisen brief geuestenat mit vnserm Insigel. Dez ist gezûg her Menloch von Thethelingen, sin Sun Johannes, her. volmar von haiterbach, sin Brûber her Berhtolt, vnb peter ber scriber vnb anberer erber lûte. Diz geschahc bo von Gottez geburt warn zwelf-hunbert Jar Rûnzeg iar vnb aht iar.

B. b. Orig. im St.-Archiv zu Stuttgart. — Das Siegel fehlt.

171.

22. April 1299. Haigerloch. Graf Albrecht von Hohenberg gibt seine Zustimmung, als Bertholb unb Konrad von Wellendingen in der Kirche zu Weilborf (O.A. Haigerloch) einen Altar stiften.

Nos Albertus Comes de Hohenberch scire volumus omnes tam posteros quam presentes has litteras intuentes, quod Berhtoldus de welelingen miles et Cunradus frater suus nostri ministeriales, ob laudem et honorem diuine magestatis altare in Ecclesia sancti petri apud wildorf construxerunt seu construj procurarunt ac dictum altare pro salute animarum suarum nec non ob remedium animarum omnium suorum progenitorum suis possessionibus dotauerunt, ita ut per easdem possessiones sacerdos eidem altari specialiter deputatus sollempnia missarum perpetuo amministret nec tamen ex hoc dicte ecclesie in wildorf parochialj aliquod debet preiudicium generari. Statutum est etiam circa premissa, ut quamdiu praefatus Cunradus de welelingen Rector Ecclesie prenotate in wildorf in hac vita fuerit, institucio sacerdotis dictum altare officiantis ad ipsum et nullum alium debeat pertinere. Postquam vero idem Cunradus uiam vniuerse carnis fuerit ingressus, praefata institutio sacerdotis sepedicti altaris ad monasterium alperspach perpetuo pertinebit, ita vt quandocunque dictum altare sacerdote caruerit,[1] abbas dicti monasterij in alperspach qui pro tempore fuerit, sacerdotem ad ipsum altare[1] instituet seu instituere debet, quemcunque[1] ad hoc duxerit eligendum. Que premissa igitur omnia rata habere volumus et grata, ac eisdem nostrum consensum et voluntatem attribuimus per presentes. In eorundem etiam euidenciam et firmitatem perpetuam sigillum nostrum presentibus duximus appendendum. Datum apud Haigerloch anno domini M⁰. cc⁰. Lxxxx. viiij⁰. X Kal. Maij.

B. b. Orig. im St.-Archiv zu Stuttgart. — Großes, aber faſt unkenntliches Reiterſiegel an einer Schnur von leinenen Fäden. Gabelkhofer, der das Siegel dieſer Urkunde noch in gutem Zuſtande vor ſich hatte, beſchreibt daſſelbe Fol. 77 ᵇ alſo: „Graf Albert ſitt uff eim ſchnell laufeuben und mit Tuch bedecktem pferd, helt siniſtrā bloß ſchwerdt, dextrā den ſchilt. vff dem haupt ſein helmclainot.“

[1] Das geſperrt Gedruckte ganz verblichene, faſt unleſerliche Schrift.

172.

18. Mai 1299. Speier. Graf Albrecht von Hohenberg verpfändet Ulrichen, Grafen Eberhards von Wirtemberg Sohn, ſeinem Schwager, die Burg Helmsheim (bad. Amts Bruchſal), Gonbelsheim (bad. Amts Bretten) und den Bonartshäuſerhof (zu G. gehörig).

Wir graue Albreht von Hohenberch Tun kunt allen ben die biſen brief (ſen) hent alber horent leſen, Daz wir vnſer guot die burch ze Helmotſhain, ben walt ze Helmotſhain, Gvndolſhein vnd Bonhartſhuſen vnd alleſ baz, baz vnſer Feter Her Berhcolt von Mvlhuſen inne hete von vnſeren fater grauen Albrehten ſeligen, ez ſi luete alber guot, geſuchte vnd vngeſuchte, verſecztt haben ze ainem rehten zvgelte volrichen grauen Eberhartſ Svn von wirtenberch of rehte rechenvnge, ſwez wir im noch ſchulbik Eien mit der beſchaibenhait, baz wir vnd vnſer bruober der vorgenanten burch vnd der guot ſvlent wer ſin nach rehte. Vnd baz baz grauen Eberhdrt von wirtenberch vnd ſinem ſvn volrichen, vnſerem ſwager, ſteite belibe, bez geben wir im biſen brief beſigelt mit vnſerem Inſigel, baz bar an hanget. Tirre brief wart geben ze Spire, bo man zalte von gotes geburte Tuſent zwei hundert vnd Nivn vnd Nivnzik iar an bem meintage nach ſant Pancracien tage.

B. b. Orig. im St.-Archiv zu Stuttgart. — Mit dem gut erhaltenen Siegel des Ausſtellers. Ein nicht genauer Abbruck dieſer Urkunde findet ſich bei Sattler, Wirtemberg unter ben Grafen I. Nro. 28.

173.

6. Juli 1299. Hohenberg. Hug von Wehingen (O.A. Spaichingen) verkauft mit seines Herrn, Graf Albrechts von Hohenberg, Hand und Willen an das Spital zu Rotweil verschiedene Gülten aus einem Hofe zu Wehingen.

Allen den die difen brief gefehent ober gehörent tün ich Hug von waehin=
gen, Hern Berhtholdes faeligen von waehingen fun kund, daz ich
verköft han vnbe vergihe, daz ich verköffet habe mit mins Herrn Grauen
albrehtes von Hohenberg vnbe aller .. minre brüder Hand vnbe
willen .. deme Maifter vnbe den pflegern bez armen Spitals von Rotwil
an bez Selben Spitals ftat vierdehalben Scheffel kernen geltes, ainen Scheffel
Habern, Rotwiler mes, brige Schillinge phenninge zwai Hünre vnbe driffig
aiger vf deme Houe, den ich felbe buwe, der bi Sante ölriches kirchen
ze waehingen lit aller nahoft, da ouch deme felben Spital iärgeliches als vil
geltes vf gat, als bez vorgefchribenen geltes ift, vmbe zwelftehalb phund der
phennige, die ze Rotwil gename fint ze habenne, ze nieffenne, vnbe ze befitzenne,
von in vnbe von allen iren nachkomenne für ain reht aigen lebiges vnbe laere,
vnbe han in biz güt vfgeben reht vnbe redelich vnbe anc alle gevaerbe, vnbe han
gelobt bi güten truwen für mich vnbe für mine erben, daz ich fiu vnbe ir nach=
kommemen biz gütes wern Sol für reht aigen gegen allermengelich nach rehten,
vnbe fiu niemer der vmbe angefprochen, ober der an geirren Sol, mit gerihte
ober der ane Ich vergihe ouch, daz ich der vorgenanten phenninge von in gewert
bin gentzelich vnbe gerlich (sic!), vnbe mir ze nuzze komen fint, vnd han mich
bar vmbe verzigen allez rehtes vnbe Schirmes vnbe fürzoges, alfo daz ich niemer
fürgeziehen Sol, daz mir die vorgenanten phenninge vngezalt fient, ober in minen
nutzze iht komen fient, ober daz ich an difem köffe iht betrogen fi über halb ober
mit behainre gevaerbe, vnbe allez fchirmes gaiftliches vnbe weltliches gerihtes,
vnbe aller briefe bez .. Babeftes vnbe andere Herren, da mit ich difen köf wider=
triben ober daz vorgenant güt wiebergewinnen ober dife Hanbuefti, ober behain
bing, daz hie vor ober hienach gefchriben ftat, wiberreben möhte fuf ober So.
Vber daz waere, daz ain zins ben andern erlüffe, ez fi der zins den fiu emals
vf deme houe hettent, ober den fiu nu naeheft geköffet hant, fo fol in dirre Hof
lebig fin vnbe füllnt fiu in befetzzen, mit fwen in wol komet. Vnbe daz biz war
fi, vnbe ftaete belibe, dar vmbe fo ift burch mine bette, vnbe mit minem willen,
vnbe der zü minre brüber aller, bez vorgenanten mins Herren Grauen al=
brehtes von Hohenberg vnbe der ftette Ingefigel von Rotwil an bifen brief
gehenket ze ainer vrkunde. Wir Graue Albreht von Hohenberg vergehent,
daz alliv div bing, die ba vorgefchriben ftant, mit vnfrer hand vnbe mit vnferm
willen befchehen fint, vnbe hieffent der vmbe durch Huges bette von waehingen

vnßer Jngeßigel an bisen brief henken ze ainer vrkunde. Wir ouch Jacob der wirt, ber Schulthaisse .. ber burgmaister vnbe bie Rihter von Rotwil vergehent, baz wir burch Huges von waehingen vnbe sinre brüber bette vnsre stette Jngesigel mit bez ebeln Herren Grauen Albrehtes Jngesigel von Hohen= berg an bisen brief gehenket hant ze ainre gezugnuste aller ber binge bie ba vorgeschriben stant. Der wart gegeben ze Hohenberg an beme Mendag nach Sant ölriches tag Jn beme iare bo man von Gottes geburte zalte zwelfhundert iare, vnb Rüne, vnbe Rünzig iare.

B. b. Orig. im St.-Archiv zu Stuttgart. — An ber Urkunbe hängt nur noch bas Siegel ber Stabt Rotweil.

174.

8. Juli 1299. (ohne Zweifel) Wilbberg. Hug unb Albert, Herrn Hugen von Altensteig Söhne, verkaufen unter Gr. Burkarbs von Hohenberg, ihres Herrn, Siegel, ihren Walb „wizzen= halbun biz an bernegger staige" an bas Kloster Reuthin.

Allen ben sol kunt sin bie bisen brief sehent alber hoerent lesen, baz Jhe Hug vnb Albert, hern hugef sûn von althenstaig, haben ze kopfen ge= geben wizzenhalbun von bem bail alf ez vor getailet wart biz an bernegger staig, ben vrowan von Rûthi vmb briu vnb zwainzeg phunb haller in allem bem reht alf ez vnser vatter hat gehebt vnb braht biz an vnf, vnb verzihen vnf bar vmb gaistlichef gerichtef vnb vnb weltlichef. Wir veriehen ohc, baz wir baz stetegan suln vnb vertegan von allen unseren erban, alfo baz wir vnb vnser erben bie vorgenanten vrowa niemer geirren suln nohc niemer kain anfprahc suln gewinnen an ben vorgenanten walt, ez si holz alber boben, clain alber groz, vnb ist biz allez geschehen mit vnserf herren hant graue Burchartef von Hohenberk, ber sin Jnsigel hat geleit an bisen gegenwertigen brief burhc vnser bet ze ainer steti vnb ze ainer vrkunb allen ben baz wizzen wollen, baz hie vor gefcriben stat. So han ohc ihc ber vorgenant hug bisen brief geuestenat mit minem Jnsigel. So vergih ihc ber vorgenant albert, baz ihc mihc aller anfprahc han verzigen vmb ben vorgenanten kof vnb vf han gegeben baz selbe gût vnber minf herren vnb minf Brüber Jnsigel, wanb ihc selb kain aigen Jnsigel han. Dirre reb sint gezüg her Dietrihc von haiterbahc, her h. ber Cappolan von Rûthi, peter ber friber, Villunk, lûp, wern. ber schulthaiz, läzze, ber spiler, Burger von von (sic!) wilperk. vnb B. ber anberer (sic!). Dez geschahc bo von Gottez gebürt warn zwelfhundert iar Rünzeg iar vnb Rûn iar, an Sant kilianf tag.

B. b. Orig. im St.-Archiv zu Stuttgart. — Mit 2 ziemlich gut erhaltenen Siegeln; bem bef Gr. von Hohenberg unb bem von Altensteig (beffen Bruber sich aber in seinem

Siegel Vogt von Wellenhausen schreibt. Dieses zeigt einen links geneigten Schild mit dem horizontal darüber laufenden Band (Balken), ohne die senkrechte Theilung. Auf dem rechten Eck sitzt ein runder Helm mit Pfauenfedern bestedt, ähnlich wie bei Gr. Albert von Hohenberg.

175.

31. Juli 1299. Wurmlingen. Dietrich der Merhelt von Wurmlingen vermacht an die Kirche auf dem Berge daselbst seinen Weinzehnten zu Hirsau.

Alle den die disen gegenwürtigen brief anesehent alber hörent lesen kúnb ich Dietrich der Mârehêlt von Wurmelingen, daz ich habe gesetzet vn setze an bisem briefe daz man iárgelich vz minem wingarten ze Hirsôwe der bi dem wingarten lit bem man sprichet der costenzer für die gülte der Benze sälige der Mârehêlt min brüder schvlbig waz an sinem tobe geben sol vn antwúrten zwai fôder winef túwinger messef Hn. Hainr. von Sumbri bem lúpriester vf bem Berge ze Wurmelingen alb ainem anbern erebáren man, ob er ba niht wäre, vnbe wáre baz er alb swem man ben win antwúrten sol, der zwaier fôder niht môhte gewert werden in bem vorgenanten wingarten, so sol ich alb mine erben ben gebresten ervollen vz minen zwai wingarten an phaffenberge ber ainen búwet Hainrich wishait vn Albrecht der Schritteherre ben anbern untz baz die vorgenante gólte minef brüder säligen wirt vergolten vn ist baz ich die vorgenanten zwai fôder winef an bem Herbeft kôfen wil, so sol ich zehen phunt haller gewissen vmb ben win vf Sant Michelz tag ze geltenne, tûn ich bef niht, so sol man ben win aime geben, der benne aller maift barvmbe git, swem man wil, vn hab ich vf ben hailigon gesworen stâte ze habenne allef baz so vor geschriben ist, vn baz ich niemer in alb swem es bevolhen wirt bran geirre vn baz bif wâr si vn stâte belibe, barumb gib ich der vorgenante Dietrich min jnsigel an bisen brief vn bat die erbáren herren Hn. Bertolt den Tegan von Tôwingen vn ben vorgenanten Hn. Hainrich von Sumbri, baz sie öch irú insigel gáben zainer vestenunge an bisen brief, der wart geben ze Wurmelingen in bem iare bo man zalte von Gottes gebvrte zwelf hundert iar, Núnzeg iar vn in bem núnben iar an bem nähsten fritage nach sant Jakobz tvlt bef zwelfbotten Jnb. xij *.

B. b. Orig. im Kreuzlinger Archiv. — Das anhängenbe Siegel des Ausstellers zeigt ein auf einem Berge sich aufrichtendes Drachenähnliches Thier mit geöffnetem Rachen. Eine Abschrift dieser Urkunde finbet sich in bem „Diplomatarium Wurmlinganum.“

176.

28. August 1299. Rotenburg. Graf Albrecht von Hohenberg schenkt einen zu Wurmlingen seßhaften Leibeigenen an das Kl. Kreuzlingen.

Wir graue Albrecht von Hohenberch kúnden allen ben bie bifen gegen=wúrtigen brief ane fehent alber hòrent lefen, daz wir frilich vn willeclich Hainrichen Cunratef fvn aderganges von Wurmelingen, der vnfer reht eigen waz, gegeben haben vnd geben an bifem briefe dem Gozhvfe von Crúze=lingen bi Coftenz luterlich vnd ainvalteclich burch got vnd vnfere vorbern felenhailes willen vnd geben den vorgenanten Hainrich vnd alles baz reht fo wir an in hetten alb gehan mohten, willeclichen vf in Hern Cúnrates Nórblinz hant, ainz priefterz an bes vorgenanten Gozhufez vnd des .. abtes vn bez Con=ventes ftat. Vnb baz biz wâr fi, barvmbe geben wir vnfer jnfigel an bifen brief, ber wart geben ze Rotenburch, ba ze gegen waren Herre Cúnrat von Wî-tingen, ritter, vnd Hainrich vnfer amman von Rotenburch vnb anber erbâr lûte in bem iare ba man zalte von Gottef gebòrte zwelfhonbert iar Nònzeg iar vnb in bem Nónben iare an Sant Bartholome abent bef zwelfboten.

177.

28. November 1299. Hagenau. Der römifche König Albrecht be=ftätigt bie von K. Rubolf, feinem Vater und Vorgänger, gefchehene Verpfänbung der Einkünfte von ber Reichsftabt Rottweil an bie Grafen von Hohenberg.

Nos Albertus dei gratia Romanorum Rex semper Augustus. Presentibus protestamur. Nos litteras clare recordationis serenissimi domini Rudolfi Romani Regis. Genitoris et predecessoris nostri Karis-simi vidisse et legisse de verbo ad verbum sine suspicione qualibet Tenorem huiusmodi continentes. Nos Rudolfus dei gratia Romanorum Rex semper angustus — Dat. Constantie. anno domini M⁰. cc⁰. octogesimo. quinto. anno vero Regni nostri duodecimo. — — Volentes igitur heredum quondam spectabilis viri alberti comitis de Hohemberch predicti, auun-culi nostri Karissimi, quos nobis sanguinis vnit ydemptitas prouidere commoditatibus et dispendiis diligentius praecauere. dictam obli-gationem ad ipsos Jure hereditario. deuolutam, in omnibus et singulis suis articulis expressis superius ratam et gratam habentes ipsam auctoritate pre-sentium confirmamus. Dantes eisdem heredibus has litteras sigillo nostre

maiestatis signatas in testimonium super eo. Dat. Hagenoye. IX⁰. Kal. Dec.
Indictione XIIJ. anno domini M⁰. cc⁰. nonagesimo nono. Regni vero nostri
anno secundo.

B. b. Orig. im St.-Archiv zu Stuttgart. — Mit bem bis auf einige Buchftaben
ber Umschrift gut erhaltenen Siegel bes K. Albrecht.

178.

25. November 1299. Haigerloch. Burkarb von Wachenborf (O.A. Horb) verkauft unter Graf Alberts von Hohenberg, seines Herrn; Siegel alle seine Besitzungen in Zimmern (O.A. Haigerloch) an bas Kl. Kirchberg.

Ovm ea que sunt in tempore ne simul labantur cum tempore, expedit
vt que agantur in scripta publica redigantur. Nouerint igitur vniuersi tam
presentes quam futurj presentes litteras visurj vel auditurj, quod ego Burchardus de Wachendorf cum omnibus pueris meis et singulis Bertuldo,
Burchardo, Alberto et Haynrico vna cum consensu et libera voluntate
vendidj vel vendidimus seu nomine venditionis dedimus Priorisse totique
conuentuj Cenobij in Kyrchberg vniuersa bona mea seu nostra sita in
Cymmern quesita et non quesita cum omnibus suis pertinencijs, pratis,
pascuis, siluis, terris cultis et incultis, jurisdictione iudicis et cum omnibus
prouentibus, que nunc apparent uel in posterum apparebunt, pro sexagynta
libris hallensium, saluis tantum hominibus quj mihi jure homagij sunt astrictj,
et duobus pratis ibidem sitis vnum dictum der Hayligen wysa, reliquum
vnder wasser. Fateor etiam seu simul profitemur, quod memorata bona
pretacto conuentuj in omni tempore et loco quacunque instantia contingentj
dato vinculo fidei sub thytulo corporalis juramentj nulla occasione preuia
secundum jus ciuile, teneor seu tenemur libere reformare, hac conditione
interposita, quod eadem promissione ut supra habitum est nec ego nec
aliqua nostra propago seu nostrj heredes nunc et in perpetuum sepedictum
conuentum in vniuersis bonisque vendidi seu vendidimus nulla instaciarum
(sic!) inpulsione possum nec debemus in aliquo inquietare. Ne igitur in
posterum de hiis oriatur dissensio presens scriptum Sigillj dilectj dominj
nostrj Alberti Comitis de Hohenberg fecimus roborarj munimine.
Testes huius dationis (sic!) sunt Wernerus miles dictus Cymmerly,
vûlzo dictus lamp, Bertuldus miles de Thetyngen, Fridericus
dictus Thyeser, antiquus scultetus de haygerloch, Fridericus dictus
Buringer et frater suus Haynricus et filius suus H., Ber. asinus,
Benzo dictus ganusser, Hulricus et H. fratres suj, Wernerus dictus
vûlhaber, Alberus et filius suus Wer., Thyetericus dictus lenge, H.

dictus Nater, H. dictus Ryther, H. procurator et Johannes fratres predictj Conuentus et quam plures fide dignj. Datum in Haygerloch. Anno domini M⁰.CC⁰.XLLviii⁰ (sic!) ipsa die beate Katherine virginis.

B. d. Orig. im St.-Archiv zu Stuttgart. — Das Copial-Buch des Kl. Kirchberg hat (Fol. 129.) hievon eine Abschrift, aber zum Jahr XLVIIII. [1] Das Siegel aus Mehltrig, in ein seidenes Säckchen eingenäht, ist zerbrochen, zeigt, abweichend von sonst, den hohenb. Schild auf der unter dem Bauch des Pferdes herabfallenden Decke.

[1] Wie aus den aufgeführten Zeugen, zusammengehalten mit denen in Urkde. 1297 (s. Urkd.-Buch) hervorgeht, ist das Jahr 1299 im Orig. richtig. Urkunde v. 1297 zählt u. A. auch folgende Zeugen auf: Herr wernher Zimmerli, Herr Heinrich der boringer vnd fribrich sin bruber, bertholb der Esel. Wernher Fulhaber, Benze der voget von harbe, hainrich der nater, Heinrich in ritter.

179.

14. Februar 1300 o. O. Ulrich, Ritter und Herr von Bernau, macht seinem Herrn, Grafen Albert, Sohn des erlauchten Mannes und Grafen Albert von Hohenberg, die Mittheilung, daß er demselben das Patronat der Kirche in Weilheim bei Waldshut, mit welchem er von dessen Vater belehnt worden war, wieder zu freier Verfügung stelle.

Reverendo domino suo comiti Alberto filio comitis felicis recordationis Alberti, illustris viri comitis de Hohinburg, Vl. miles dominus de Bernowe obsequiosam, ut condecet, ad omnia beneplacita, voluntatem. Cum nos a magnificentia vestri parentis ius patroaatrus ecclesie in Wilhein (Weilen) in feodum receperimus, et de eodem feodo ab eo fuerimus inuestitus nomine Vasaldie — Idem feodum vobis per has literas presentes resignamus, vt de eodem feodo voluntatem vestram faciatis ordinando et disponendo siue inuestiendum alterum, prout vobis uidebitur expedire. In cuius rei testimonium ... sigillum nostrum presentibus duximus appendendum. Acta sunt hec anno domini M⁰.CCC⁰. in die Valentini martyris, presentibus viris discretis et honestis, videlicet H'. milite de Libenvels, F'. de Offtringen, B'. de Heneast, Jost Schollen de Senbach, B'. de Tegervelt, H'. de Rinuelde, et filio suo, H'. et C. B'. de Tetingen, R. sculteto, W. Fabro, H. de Baden sutore, ciues in Clingenowe, Lu. scultet. in Waltzhut, Petroz de Winzelen, B. de Berna, et aliis quam plurimis fide dignis.

Archiv Peutgern in Karlsruhe.

180.

20. Februar **1300** o. O. Ritter Marquard von Ehingen gibt mit Graf
Albrechts von Hohenberg, seines Herrn, Hand und Willen dem
Kloster Kirchberg, in das seine Tochter eingetreten, 4 Morgen
Weinberg bei Rotenburg.

Ich Marquart von Ehingen der Ritter vnd mine sün Reinhart
Wernher vnd Rûdolf Tun kunt allen ben bie bisen brief an sehent alber
hörent lesen, das wir gemainlich vnd mit gütem willen haben gegeben lutterlich
durch got vnser tochter vnd vnser schwester junkfrowen Annen vnd ben frowen
jn bem Closter ze kirchperg vmb ain pfrûnde vier morgen wingarten vff
Braitenhart von der furche bes herters wingarten vntz an hainriches
seligen Craftes wingarten, was ba en zwischen ist gelegen, für ain friges vnd
ain lebiges aigen, als wir es haben herbracht, vnd ist ouch gerebt vnd gebinget,
bas wir bie vorgenanten vier morgen wingarten vertigen sullen ben vorgeschribnen
frowen von kirchperg nauch bes landes gewonhait, wa wir bes nit entün, ba
sullen bie vorgenanten frowen von kirchperg hainrich ben Amman von Ro=
tenburg, ben wir ze bürgen vnd ze wern haben gesetzet, vmb bie vorgenanten
uertigunge manen vnd sol ber laisten jn ber Statt ze Rotemburg, bis wir bas
uff richten vnd geuertigen als ba getetbinget ist. Es ist ouch gebinget, bas ich
Marquart von Ehingen vnd min sune bie vorgenanten bürgen vnd wern sullen
sin, wenne anber mine sune vnd anbrü minü kint bie zu iren tagen noch nit
sint komen ze iren tagen koment, bas si sich banne ber vorgenanten vier morgen
wingarten verzihen sullent vnd vff geben lebig vnd lere nauch bes landes gewon=
hait. Vnd bas bas ben vorgenanten frowen von kirchperg von mir Marquart
von Ehingen vnd von allen minen erben stete belib vnd vnzerbrochen, Darumb so
gib ich jn bisen brief ze ainem waren urkunde besigelt mit minem jnsigel vnd
mit mins herren Jnsigel Grauen Albrechtes von Hohenberg, mit
bes willen vnd mit bes hant es ouch geschehen ist. Dis sint gezüge
bie hieran warent: Otte von wurmlihgen, Marquart von ffirste,
Hainrich ber Schulthaiß von haygerloch, hainrich ber Stachler vnd
Engelhart ber herter, sin brûder, pfaff hainrich ber lutpriester von
Ehingen, Walther von Durenkein, vnd Albrecht Empfing vnd anber
erber lüte, bie es sahen vnd horten. Dirre brief wart geben an bem Samstag
vor sant Mathys tag bo man zalt von gotes geburte Drützehenhundert iâr.

Kirchberger Copial-Buch Fol. 196. St.-Archiv in Stuttgart.

181.

April **1300.** Speier. Graf Albrecht von Hohenberg gibt das Patronat der Kirche in Weilheim bei Waldshut an die Johanniter-Commende zu Klingenau.

In nomine domini. Amen. nouerint uniuersi presentes litteras inspec— quod nos Albertus comes de Hohenberg recepta resignatione — ili viro, domino Vlricho de Guttenburg iuris patronatus — ie in Wilhein, Constantiensis dijoec. propre Waldeshut — gen, quod idem Vlr. et parentes eius a nostris parentibus et — in feodum habuerunt, dictum ius patronatus sic resignatum ob — dei et pro remedio anime patris nostri concessimus, donauimus et — pro nobis et fratribus nostris minoribus omni iure proprie- — religiosis viris, commendatori et fratribus domus hospitalis — ti Johannis Jelitani (sic!) in Clingenowe, maxime quod veraciter — quod dom. pater noster eos in plus quam quinquaginta — is damnificauit, et ordinem eorum in diuersis locis, et quia — dominus Vlri. dictum ius patronatus sub tali conditione resignauit, — fratribus concederemus et daremus memoratis. .... In cuius rei — ium presens scriptum sigilli nostri munimine duximus roborandum. — Spire. Anno dom. M. CCC. feria quinta post festum Penthecostes, — fratre Walthero Pincerna de Limpurk, Chonrado de — sin, Cunrado de Wilingen, militibus et Hermanno notario — cum aliis pluribus testibus fide dignis.

Archiv Leutgern zu Karlsruhe.

182.

Mai **1300.** Haigerloch. Konrad, genannt Storker von Rangen-tingen, verzichtet, in Gegenwart Graf Albrechts von Hohenberg auf seine und seiner Erben Ansprüche an die zu R. gelegenen und von ihm an das Kl. Kirchberg verkauften Güter.

Quoniam humane condicionis opera in obliuionis interitum deducuntur — precium esse dinoscitur, ut ipsa opera scripturarum munimine robo- — r. Noscat igitur presens etas et posteritas post futura, Quod ego Cûn- — us dictus Storker de Rangendingen vna cum consensu et libera — tate puerorum meorum Cûnradi et Craftonis et omnium meorum — omnem instantiam, quam ego, mei pueri, Cûnradus, Crafto aut mea — ego seu mee heredes nunc et in perpetuum prestito corporali juramento

in bonis sitis iu Rangendingen que dicuntur des Güten mannes gi
nulla instantiarum inpulsione possiones (sic!) nec debemus in hijs et
omnibus alijs que Priorisse totique Conuentui Cenobij in Kirchperg nomin
venditionis seu in remissionem animarum nostrarum contulimus inquietar
Testes huius reformationis sunt dominus meus Comes Alberthus d
Hohenberg, Wernherus de Gengingen, Anshelmus de Gengin
gen, ... Hœlstain, Wolhardus de Owingen et Berchtoldus frate
suus de Tetingen, Rainhardus de Rúte, Johannes et frater suus d
Wytingen, Hainricus dictus Burengerus. Ganussarius, Wernheru
dictus Fulhaber. et quam plures fide digni. Ne ergo ista reformati
dictorum bonorum jrritari possit presens scriptum sigilli munimine dilect
Comitis de Zolr et Militis Wolhardi de Owe petij roborari. Datun
et actum in Haigerloch. anno domini M. ccc. ipso die jnuentione sanct
Crucis.

Kirchberger Copial-Buch Fol. 12.

183.

24. Juni 1300. **Kirchberg.** Die Bürgerschaft von Gruol verkauft
unter ihres Herrn, Grafen Albrechts von Hohenberg, Siegel den Wald
„Withow" an das Kloster Kirchberg.

Wir dü geburschaft von Grürn gemainlich tůn kunt das wir mit gunt
vnd willen vnd wort vnsers vogtes hern Cünrates des lambs von wy
tingen vnd hern Cünrates des kirchherren von welelingen den withow.
ber ba lit by hufer withow vnd stoffet ze kirchperg an den later, haben gegeben
ze kouffen dem Gozhuse ze kirchperg vmb sehs phunt haller. birre kouff geschach ze kirchperg vff dem houe, ba by waren vnd sint gezüge her Berhtolt
von welelingen, der Ritter, Cünrat der kirchherre von wilborf, sin bruber
Berhtolt der ritter, wernher der füller, Dietrich der Soler, Brandelle,
bruber hainrich der schaffner, bruber hainrich der Ritter vnd anber erber
lüte gnüge. Vnd barumb bas birre kouff státe beliben müge bem gozhuse ze
Kirchperg, so geben wir jm bisen brief besigelt mit vnsers herren grauen
albrehtes von hohenberg jnsigel, bas baran hanget. Dirre brief wart geben
bo man zalt von gotes geburt brüzehenhundert jar an sant johans tag baptisten.

Kirchberger Copial-Buch Fol. 153.

184.

19. Juli 1800. Kirchberg. Das Kloster Kirchberg trifft mit Zustimmung und Rath Graf Albrechts von Hohenberg, seines Herrn, mit Johannes von Rüti einen Gütertausch.

Wir schwester haile von Althain, priolin des gozhuses uff dem berge ze kirchperg tun kunt, das wir hän ainen wehsel getän mit Johannes von Rüti, hern wolframes sune von Rüti, also, das desselben wehsels haben gemachet zwen taile, als hie nauch geschriben stät. Der erste tail des vorgenanten wehsels, den wir Johannes von Rüti gegeben hän das ist lufhaimes wise, hohannes hofstatt vnd ain kleines hofstetlin der Zimererin. Der anber tail, da wir jm gegeben hän vnd ouch gewehselt, das ist ain wißlin ze Grinbeln, ain bletzli ze der widun vnd ain wise bes von lufhain zc unberachun vnd des wachenborfers ze unberachun zwu maba. — — Bß birre wehslung vnd tailung was vnser herre Graue Albreht von hohemberg, herre volmar der lamp von wytingen, her Reinhart von wytingen, Ritter Ulrich von Behingen, Hainrich sin brüder, Johannes von Wurmlingen, Egen von Burra, der alt Schulthaiß von haygerloch, Jakob der Schulthaiß von Sulze, brüder Hainrich der Schaffner, brüder Dietrich der lenger, Brüder Johannes, Brüder Hainrich der Ritter, Brüder Hainrich der nater, Hainrich Rütiman. Das wir diß wehslung stete haben vnd ouch war von vns belibe, vnd ouch mit vnsers herren Graue Albrehtes willen vnd nauch sinem raute geschehen si, darumb henken wir an biesen brief vnsers vorgenanten herren Graue Albrehtes insigel vnd ouch der Samnung insigel ze ainem vrkunde. Der wart geben, do man zalt von gottes geburt drützehn hundert jar an dem zinstag vor sant Jacobs tag des zwölfften jn dem ougsten vff dem berg ze kirchberg.

Kirchberger Copial-Buch Fol. 137.

185.

19. Juli 1800. Constanz. Bischof Heinrich von Constanz bestätigt die Stiftung des St. Petri Altars in der Kirche zu Weilborf.

H. dei gratia Constantiensis Episcopus dilectis in Christo universis, ad quos presentes pervenerint subscriptorum notitiam cum salute. Cum viri discreti Br. de Wælelingen Miles et C. frater suus Rector Ecclesie in Wildorf ob laudem et honorem divine Majestatis Altare in Ecclesia sancti Petri apud Wildorf construxerint seu construi procuraverint. ac dictum Altare pro salute animarum suarum nec non ob remedium animarum omnium progenitorum suorum suis sumptibus et possessionibus dotaverint, ut per easdem possessiones Sacerdos ydoneus eidem Altari specialiter deputatus sollempnia missarum perpetuo amministret, sine juris tamen prejudicio Ecclesie parochialis, sub eo etiam pacto ut prefatus Rector pro tempore vite sue Sacerdotem dictum Altare officiantem debeat instituere ad ipsum Altare et post ipsius cessionem seu decessum honorabilis in Christo Abbas Monasterii in **Alperspach**, qui pro tempore fuerit, Sacerdotem ydoneum ad memoratum Altare debet instituere ac etiam presentare de consensu viri Spectabilis Alberti Comitis domini de Hohenberg patroni Ecclesie prelibate, prefati Altaris fundationi dotationi ac Sacerdotis ipsum inofficiantis institutioni sicut predictum est consensimus et consentimus et easdem auctoritate ordinaria approbamus, ratificamus et presentibus confirmamus. In eorundem evidentiam ac robur incommutabile premissorum nostrum Sigillum presentibus duximus appendendum. Datum et actum **Constantie** anno domini M⁰. CCC⁰. XIV. Kal. Augusti, Indictione XIII °.

B. b. Orig. im St.-Archiv zu Stuttgart.

186.

11. September 1300. Hahnenkamm. [1] Die Herzoge Ludwig und Hermann von Teck bestätigen die Rechte und Freiheiten der Stadt Oberndorf.

WIR Herzoge Herman von Tete der alte veriehen vnde tön Kunt allen den die bisen brief ansehent albe horent lesen. Daz wir vnd Ludewic vnd herman vnser sune. han gesworn vnser lieben Burgeren von Obernborf vmbe ir willigen getruwen bienst. Daz wir der selben stete reht vnd ir frihait wellen behalten alse von alter har ist komen. Daz wir die gewonlichen störe suln nemen. Daz ist ze herbest viercig pfunt töwinger pfenninge vnd ze der vasten drizsig pfunt ovch töwinger vnd sollen si nöt förbaz nöten wider ir willen weder an libe noch an göte ez si banne Daz vns mit gerihte ertailet wört. Ist aber baz wir mit offen reise in die stat ze Obernborf geherbergen vnd geschiht in ba von kain schabe der die rihter gevarlich bunket ben soln wir inen abetön, In viercehen nehten alse die rihter haizsent, vnd swaz vnzvht der man töt bar vmbe er hinder vnz kumet mit vrtailbe ba soln wir nöt förbaz nemen banne zwai pfunt töwinger vnd sol bar vmbe Eil han brie tage vnd sehz Wochen. Wert er vnz nöt ba enzwischen So sollen wir vnz banne selber wern ber zwaier pfunbe von sinem göte vnd sollen in vahen vnd nöten vmbe bö vorgenanten zwai pfunt. Vnbe haben ovch vzgenomen vnz vnd vnser tägelich gesinbe vnd ben Schulthaizsen in ber statt. Die sollen baz reht han alse von alter har ist komen. Vnbe ovch töt ein vfman

lain vnzvht in der ſtat daz ſol ovch in dem alten rehte ſtan alſe bv ſtat har iſt
komen. Svnderlich iſt vz gnomen ſwer den andern wundet mit meſſer albe mit
ſwerte daz ſol in dem. alten rehte ſtan. vnd ſwer den andern ze tobe ſleht daz ſol
ovch in dem alten reſhte (sic!) ſtan. Iſt öch daz kain Worger von der ſtat wil
varen der ſol gelaite han zwo mile vor (sic!) vnz vnd vor (sic!) vnſern bieneren
ez ſi danne daz er vnſ von gerichtez wegen ſchvlbic ſi worden. Wir Herzoge lv=
dewic vnd Herzoge Herman verieben ovch an biſem brieve daz wir der ſtete reht
dö ſollen vnd wellen behalten alſe ovch vnſer herre vnd vnſer vatter ſwenne ſi
an vnz gevellet mit erbe albe mit taile vf die ſelben gelöbbe alſe hie vor ge=
ſchriben ſtat, vnd begnvget vnz bez vordern inſigelz vnſerz herren vnbe daz biz
dis ganz vnd ſtete vnd ane allen zwiuel blibe ſo geben wir inen biſen brief be=
ſigelt mit vnſerm Inſigel für vnz vnd for vnſer ſöne ludewigen vnd hermanen
die vorgenanten. Dirre Brief wart geſchriben ze Hannenkamp. In dem Jare
do man zalte von Gottez gebörte Drvcehen Hondert Jar. An dem neheſten
Sonntage vor bez hailigen Crvcez tage ze herbeſte.

    B. d. Orig. im St.-Archiv zu Stuttgart. — Von dem Siegel iſt nur noch die
ſeinſeidene Schnur vorhanden.

    [1] Abgegangene Burg bei Biſſingen (O.A. Kirchheim).

187.

9. November 1300 o. O. Friedrich, der Vogt von Bulach, verkauft
unter dem Siegel der Stadt Bulach eine Hellergült aus Wieſen bei
Schwanborf (O.A. Nagolb).

Jch friberihc der vogt von Bühlac vnd willebirk min wirten tün
kunt allen bie biſen brief ſehent alber hörent leſen, daz wir ben vroman von
Röthi haben gegeben ze koſſen viunf ſchilling vnd zwai pfunt haller vffen bie
niwen wiza ze Swainborf vür reht aigen vnd verzihen vnz dar vmb alr an=
ſprahc an gaiſchilihcem geriht vnd an weltlichem vnd iſt biz geſchehen mit vnſer
erben willen vnd wizzend, alſo daz ſiu daz ſelb gelt niezzen ſuln vür reht aigen
vnd in allem bem reht, alſ wir ez gehebt haben. Vnd iſt bez gezüg Hainrihc
vnd Burchart Cappelan ze Ruthi, Albreht der Schüler von Büla vnd
ölrihc der Snizzer. Vnd daz biſiu red ſtet blib, dar vmb haben wir biſen
brief geveſtenat mit der ſtet Inſigel von Büla. Diz geſchac do von Gottez gebürt
warn drüzehen hundert iar an der nehſtun mitwochun vor Sant Martinſ tag.

    B. d. Orig. im St.-Archiv zu Stuttgart. — Mit dem Siegel der Stadt Bulach,
daſ zerbrochen iſt, aber beutlich noch den Reichsabler zeigt.

188

21. Dezember **1800** o. O. Ulrich, ein Ritter und Freier zu Guten-
burg und Herr zu Bernau, gibt den Grafen von Hohenberg den
Kirchensatz zu Weilheim, der Lehen von der Herrschaft Hohenberg
war, auf.

Allen den, die diſſen brieff leſſent oder hörent leſſen, den künde ich herr
Ulrich ein ritter vnd Frye von Guttenburg vnnd herr zu Bernowe,
das ich den kilchenſatz ze Wilhein, der min lehen was von der herrſchaft von Hohenberg, das ich den vorgenanten kilchenſatz ze Wilhein han
vffgegeben vnnd geſtanden, als ich ze rechte ſollte, den vorgenanten herren von
Hohenberg mit minem brieff beſigelt mit minem inngeſigel vnnd bitte ſy iemer
durch mines Dienuſt willen, das ſy den genant kilchenſatz geben vnnd liehen den
brüdern ſannt Johansordens des huß ze Clinngnowe durch gott vnnd
durch ir ſele heil vnnd aller der vordern ſele ... Dirre brieff wart geſchriben
nach gottes geburt vber Drützechenhundert jar an ſant Thomans abent, Da by
was — bruder Berchtolb von Vilingen, bruder Berchtolb von Bernowe, herr Herrman von Liebenfelſe, Ruidger der Schultheiß von
Clingenowe, vnd annder erber litte genug. —

Archiv Leutgern zu Karlsruhe.

189.

19. Februar **1801.** Rotenburg. Graf Albrecht von Hohenberg leiht
Heinrich dem Hölzeler den dritten Theil des Laienzehnten zu Kiebingen, welchen vortem Heinrich von Owe von ihm zu Lehen
getragen.

Wir Graue Albreht von Hohenberch. Tun kunt allen den, die diſen
brief an ſehent alder horent leſen. Daz wir daz dritte teil dez Leigen zehenben ze kvbingen, bez von vns hate ze lehen Hainrich von Owe, der da
ſitzet ze pheffingen, han verlivhen durch ſin bet vnd mit ſinem willen vnd
mit ſiner gunſt Hainrich dem Hölzeler mit allem dem rehte alſe ez Hainrich
der vorgenante von vnſ hete ze lehen, vnd daz Hainrich dem Hölzeler von vnſ
ſin lehen ſteite belibe, bar vmbe ſo geben wir im diſen brief ze einen warem vrkönbe, beſigelt mit vnſerm Inſigel. Dirre brief wart geben ze Rotenburch, bo
man zalte von gotef geburte brivzehen Hvnbert iar vnd ein iar an dem wiſſen
Svnnen tage.

V. d. Orig. im Spital-Archiv zu Rotenburg. — Mit dem zerbrochenen Reiterſiegel
des Ausſtellers.

190.

20. Februar 1301. Rotenburg. Graf Albert von Hohenberg schenkt dem Kloster Kreuzlingen die Tochter eines Rotenburger Bürgers, welche zu seinen Vogtleuten gehörte.

Nos Albertus comes de Hohenberg, ad noticiam omnium et singulorum volumus deuenire. Quod nos propter grata Seruuicia, nobis per Engelfridum bvrgensem nostrum in Rotenburg sepius inpensa, filiam suam. Maehthildim. nuptuj traditam. Walthero. filio quondam. Riuini. que quidem. Maehthildis iure aduocaticio, nobis dinoscitur pertinere, honesto viro ... abbatj Monasterij de Crvzelino ordinis sancti Augustini extra muros Constantienses, ac ipsi Monasterio, libere, pure ac simpliciter donauimus, tradidimus, tradimus presentibus litteris et donamus omni eo iure quo nobis, nostrisque successoribus conpetere videbatur, Renunciantes pure et simpliciter omni iuri nobis, nostrisque successoribus predictis, conpetenti seu in posterum conpetituro, in predictam Mæhthildin. ac descendentibus (sic!) ab eadem. In cuius rei testimonium presentes litteras tradimus predictis abbati et Monasterio de Crvzelino, sigilli nostri robore communitas. Datum Rotenburg anno domini M⁰. CCC⁰ primo. feria secunda proxima post dominicam Inuocauit. Indict. XIIII [a.]

B. d. Orig. im Kreuzlinger Archiv. — Das anhangende Reitersiegel zwar zerbrochen, aber sonst gut erhalten, ist dem Gr. Alberts II. zu 29. Nov. 1296 sehr ähnlich.

191.

28. Mai 1301. Kirchberg. Hugo, Albert und Heinrich von Suntheim verkaufen mit Graf Albrechts von Hohenberg, ihres Herrn, Hand und Willen zwei zu Zepfenhan (O.A. Rotweil) seßhafte Leibeigene an das Kloster Kirchberg.

Allen die disen brief an sehent oder hörent lesen, tün wir Hug von Suntbain, Alber, vnd Hainrich mine sön kvnt, daz wir haben ze köffenne gegeben den erbern vrowen der .. priorinun, vnd dem Conuente des closters ze Kilperk ir Lôgart vnd ir svesten tohter Lôgart von zephinhain für reht aigen mit gnaß vnd och mit willen vnd hant mines Herren Grauen Albrehtes von Hohenberch, vmbe czwai phynt Haller, vnd och durch vnser sel hail, vnd verihen an disen brief, daz wir des gütis sin gewert, vnd ist vns ze nutze komen. Wir sön och der vorgenanden vrowen wêr sin an allen stetten nach reht, vnd verzihen vns och allis rehtis, daz wir ober vnser erben an den selben vrowen han, oder haben möchten. Wir verzihen vns och an disem brief allis gerihtis gaisch-

lichis, vnd weltelichis, vnb allif fûrzogis, ba mit wir ober vnſer erben ben vorgenanben köff geirren ober wibertriben môḥtin in kain wiſe. Hier an was pfaff
ôlrich von Roſinuelt, Eberḥart ber Smit, abreḥt ber tellouer, burger von Roſinuelt, Hainrich ber alt Schulthais von Haigerloch, ôlrich
ber Ler. Ber. ſin ſun von zimmern, bruber Hainrich ber Schaffener,
vnb brûber Johannis von kilperk vnb anber biberber lût vil. Vnb baz biz
war ſi vnb ſtêt belibe, ſo ḥat min Herre graue Albreḥt ſin jnſigel von vnſer
bet, vnb och ich Hug von Svnḥain (sic!) min Jnſigel für mich vnb bie vorgenanben min ſûn geḥenket an biſen brief. Dirre brief wart gegeben ze kilperk, bo
von gottiſ geburt waren brüzeḥen Hunbert Jar vnb barnach in bem erſten Jar,
an bem Svnnentag ze vſgenber pfingeſtwochen. — —

B. b. Orig. im St.-Archiv zu Stuttgart. — Beibe Siegel, in ſeibene Säckchen
eingenäḥt, ſinb ganz zerbröckelt.

192.

21. Oktober 1301. Wurmlingen. Dietrich, genannt Mereḥelt von
Wurmlingen, gibt ſeine Zuſtimmung, als Leibeigene von iḥm zu
Gunſten ber Kirche auf bem Berge W. auf iḥre Eigenthumsrechte
an Gûter verzichten.

Omnibus praesentium inspectoribus Dietericus dictus Merehelt
de Wurmelingen Subscriptorum notitiam cum salute, Noverint universi
quod Constitutae in mea praesentia dicta Varin, uxor Ulrici de Stokka,
et Mechtild filia ejusdem, mihj proprietatis titulo pertinentes de meo Consensu et voluntate expressis, renunciaverunt ad manus Discretj virj Hainricj presbiterj in monte Wurmelingen, Conventualis Monasterii de
Cruzelingen nomine dictj monasterij, omnj jurj quod ipsis Competiit, vel
Competere videbatur in vinea dicta bes wiſten berg, Sita in loco dicto
Kilcholz, Contingente ab uno latere vineam dictam Blenklisberg, et
ab alio vineam dictj Erchenbrecht, nec non omnj jurj quod ipsis Competiit, vel Competere videbatur in agro Sito in loco praedicto Sub vinea
Benzonis dicti Weckorn, quae videlicet vineam et agrum praefatus
quondam Wiſte pater dictae Varin antedictae ab abbate et Conventu praedictj monasterij de Cruzelingen, nec non ipsi monasterio in feodum tenuit
pro nona parte fructuum eorundem. In cujus renunciationis evidentiam et
incommutabilem firmitatem ad petitionem partium praedictarum, Sigillum
meum duxi praesentibus appendendum. Datum Murmelingen anno Dnj.
M. C. C. C. primo. XII. Kal. novembris, Indict XV. Testes hujus rej sunt,
C. dictus Witzige, Sacerdos, Dietricus de Stainhulve, H: de ailin-
gen, H: villicus de Wurmelingen, C. filius suus, Erchenbrecht

filias Suus, H. filius suus, amelungus, Benze hailer, et alii quam plures fide dignj.

Aus dem „Archivum Wurmlinganum."

193.

1301 o. T. (ohne Zweifel) Wildberg. Gertrud die „hererin" stiftet mit Genehmigung und unter dem Siegel des Gr. Burkart von Hohenberg, ihres „gnedigen herren" für den „Cappelan der singt ze Sant Niclauf Cappelle ze Rûthi" eine Heller-, Roggen und Weingült.

Allen den sol kunt sin die disen brief sehent alber hoerent lesent, daz Jhc Gerbrut biu hererin ainem Cappelan der singt ze Sant Niclauf Cappelle ze Rûthi han gegeben vnd gemachat von minem aigenlichen gût iemer mer eweclich aht Malter roggen vnd vier ame winf vnd ain pfunt haller ze vier hohgeziten, viunf Schilling ze wihnahten, viunf ze Osteren, vinf ze pfingsten vnd viunf ze vnser vromen tag in dem winter sint. Man sol ohc wizzen, daz biu .. priorin vnd biu Samnung von Rûthi daz selb gelt gen suln alliu iar gen ainem iegelichen Cappelan, der ba fing, an alle wider red vnd an allez verziehen. So veriehen wir biu vorgenant priorin vnd biu Samnung gemainlich, daz wir daz laiften suln vnd vollebringen swaz hie vor gefriben ftat an alle geuerb, wan wir der vorgenanten Gerbrut pfening enpfangen darumb haben nuzzelich vnd in gûtem werb. Vnd daz difiu red ftet belib vnd ficher, bar vmb haben wir bisen brief geueftenat mit vnferf gnedigen herren Jnfigel Graue Burchartef von Hohenberk, der finen gunft vnd finen willen ohc bar zuo hat gegeben, mit der Burger Jnfigel von wilperk, vnd mit vnferem Jnfigeln ze ainem vrkund vnd ze ainer ficherheit alr (sic!) vnfer nahkomen. Diz gefchach bo von Gottez gebürt warn Tufent iar vnd briuhundert iar bar nah in dem erften iar.

B. d. Orig. im St.-Archiv zu Stuttgart. — Das Siegel des Grafen ist bis auf ten größten Theil der Umschrift ziemlich gut erhalten, ebenso bas der Statt Wildberg; von der Umschrift steht nur noch: † S .... Wilberc.

194.

24. Februar 1302. Herrenberg.

Konrad, der Schultheiß von Herrenberg, sein Sohn und seine Wirthin geben Graf Rudolf von Tübingen ihre Burg und all' ihr Gut zu Gültstein und Näbringen (D.A. Herrenberg) um einen Hof zu Herrenberg, wobei sich Graf Burkarb von Hohenberg für Graf Rudolf von T. verbürgt, auch nebst Graf Albrecht von H. die Urkunde siegelt.

Orig. im St.-Archiv zu Stuttgart.

195.

24. März 1302. Beuron.

Die Herzoge Simon und Konrad von Teck verkaufen unter Graf Albrechts von Hohenberg und Anderer (Graf Hermanns von Sulz, des Herzogs Heinrich von Urslingen, Hugo's von Werstein, Konrads „daz Lamb," von Weitingen, Volzen seines Bruders etc.) Bürgschaft an Reinher von Rüti Güter und Einkünfte in verschiedenen Ortschaften: Ostdorf (O.A. Balingen) Leidringen, Jsingen (O.A. Sulz) und auf dem „hoenberge".

Orig. im St.-Archiv zu Stuttgart.

196.

5. April 1302. Wildberg. Graf Burkard von Hohenberg (der Alte) schenkt dem Johanniterhause zu Rexingen (O.A. Horb) die Mühle zu Jhlingen (desf. O.A.) als freies Eigenthum.

Wir Graue Burcart von Hohenberg dün kunt allen den die disen brief an senhent alder hornt lesen, daf abhret (sic!) welbet vnd Hanrich (sic!) diu welt von vnf heten ze lichen diu muli zü Jhilingen, die geben wir liebif vnd fri zü ainem aigen dien brüdern vnd dem hufe zü Rexingen dief ordenf sant Johanf von Jerufalem bur vnfer fiele (sic!) willen vnd aller vnfer worder (sic!) vnd durch dief Cümmenturif biet brüder Gotfridief von Clingenvelf. Dif dings ift gezüg Grave Burcart der iunge von Hohnberg, peter der fcriber, Maifter Hanrich von ..., Hug von berneg vnd albert fin brüder, Billung vnfer vogt, volmar von Haiterbach, wernher dier vngewärlich, Luppe vnd Clauf fin Brüder vnd ander erbár leut. Vnd daf dif ftat bilibe, fo beftéten wir difen brief mit vnferm infigel. Dirre brief wart gegeben zü wilperg, dü von Gottes geburte waf truizenhundert iar vnd in dem andern iar an dem götem dage nach dem balmbage.

B. d. Orig. im St.-Archiv zu Stuttgart. — Mit dem beschädigten, bekannten Reitersiegel des Ausstellers.

197.

26. März 1308. Wildberg. Gr. Burkard von Hohenberg urkundet,
daß Gertrud, Herrn Albrechts, des Vogts von Wöllhausen sel.
Tochter, vor und mit ihm Burg und Dorf Rohrdorf (O.A. Nagold)
mit der Vogtei über dasselbe an das Kl. Kniebis verkauft habe.

Wir grafe Burkard von Hohenberg genant tun allen den kunt, die
disen brief sehen oder hören lesen, daz Gertrud herrn Albrecht seligen toch=
ter des vogts von Welhusen vnd ir ehelicher wirt kraft von Derendingen
genant han gegeben zu kufen den brüdern ab Kniebuz aigenlich recht vnd
redlich alles ir gůt zu Rordorf mit burg vnd mit dem dorf, waf sie da hätten
im felb oder im holtz vnd mit namen die vogtey über das dorf als es der
vorgenant Albrecht vnd sine nachkommen herbracht hant, daz hant
sie alles gegeben den vorgenannten brüdern vmb 100 Pfd. Heller, vnd hant es
verjehen vor vns vnd vor manchem bibermann, daz sie in der pfenninge gewåret
sind, vnd die verkert haben in iren nutz vnd irer kinder, von derentwegen vnd
irs vaters selig des schnitzers genant, es allermeift herkommen ist. Die vor=
genant Gertrud vnd ir wirt Kraft schwuren ouch vor vns zwen geftabt aybe,
daz sie das vorgenannt gut fertigen wären aigenlich den vorgesprochenen brübern,
alz sitt vnd gewohnlich wår, ein aigen zu fertigen, sie namen ouch in denselben
ayb, daz sie daselbig gut fertigen wåren vor al iren kindern, so sie zu iren tagen
kommen wåren, vnd vor den kindern, so nit zu iren tagen kommen wåren, daz
sie es ouch von inen fertigend wåren den vorgenanten Brüdern, wann sie zu iren
tagen kommen. Diese vorgesprochen fertigung von den vorgenannten kindern gelob
ouch (sic!) Wetterspach genannt mit siner try den vorgenanuten brübern in
alle wis, alz es Gertrud fine schwefter vnd wirt Kraft vor han getan. Aller
deren dingen, so hier geschrieben stanb, barumb sind gezugen .. herr Dietrich
von Heiterbach, herr Menloch von Dettlingen, herr Heinrich der Söler,
herr Werner von Kuppingen, der Stadelherr von Walbek genannt, herr
Heinrich von Neunek, Reinhard von Rüti, Billung der vogt, Heinrich
von Halfingen, Hug vnd Albrecht von Bernek genannt, Cönrad von Alt=
dorf, Heinrich der Gislinger, Johannes der Mutler, Conrad Tier=
berg genant, Conrad der Dürre, Luppo vnd fin Bruder, Claus Werner
der schultheiß, Bertold von Pforzheim, Johannes und Wolfele fin
Bruber, der Spiler vnd Walter von Hechingen vnd barzu mancher
biberman.

Vnd vmb daz, daz alles das stehen blib vnd vnverwert, daz an dem briefe
stat, wan es vor mir vnd mit mir geschah, barumb zu einem vrkunb,
so leg ich graf Burkard min insigel an diesem brief vmb alles baz
hievor geschrieben stat. Daz geschah zu Wildberg in der stat vor Billungs

des vogts hus, da man zalt von Gottes geburt tufend jar vnd dreyhundert jar darnach in dem britten jar an dem montag vor dem Palmtag.

Von einer beglaubigten Abschrift (bez. Uebersetzung) im St.-Archiv zu Stuttgart.

198.

15. April 1303 o. O. Benz der Schnitzer bekennt, daß er sich unter Gr. Burkards von Hohenberg, seines Herrn, Insigel mit dem Kloster Kniebis in Betreff des Dorfes Rohrdorf verglichen habe.

Allen den diesen brief sehend oder hörend lesen, tue ich Benze der Schnitzer des Schnitzers seligen sun kunt, daz ich umb alle die ansprache, so ich hätte oder mag gehan zu Rohrdorf, es wäre so mines vaters seligen wegen so von miner Mutter seligen wegen an mine herren so genannt mine herren abe dem Walde daz wird es sein verschlichtet, liblich und gutlich, des vergihe ich an diesen briefe und mit diesem briefe, und daz ich in ouch han ufgegeben alle die ansprache, so ich hatte oder möchte han gehabt zu Rohrdorf an dem dorf, und darzu im holz und im velbe, daz han ich alles gegeben den vorgenannten herrn, wann allein die mühle zu Rohrdorf die sollen sie nit wieder koufen noch lösen von herrn Hugen von Berneck noch von Bertold zu Hornberg, sie werde dann von mir gerechtfertiget. Ich verziehe ouch mit diesem briefe, wo die vorgenannten herrn min bedörfen zu reiten oder zu gehen umb alles dieses vorgeschrieben gut zu versten, daz ich das soll tun on alle gefärbe vnd mit guten treuen. Ich vergihe ouch, daz sie mir hand gegeben fünf pfund haller, umb daz daz dieser kouf von minetwegen den vorgenannten herrn stät bliebe. An diesem koufe so waren die gezügen, deren namen hier geschrieben stant: Peter der Schriber, Billung der vogt, Friedrich der vogt von Bulach, Ulrich der Schnitzer, Konrad Thierberg, Billung des vogts schwestersohn. Dieser vorgenannte kouf und die vorgenannte schiebunge geschahe da man zalt von gottes geburt breyzehn hundert jar darnach in dem britten jar an ben achteten tag nach ben Oesterlichen tage. Wann Ich Bentze insigels nicht enhan, so bitte ich Billung ben vogt, daz er mines herrn des grafen insigel henge an diesen briefe umb daz, daz es alles stät bliebe und unverwöhrt was an bisem brief stat, So henge ich Billung der vogt durch Bentzen bete des Schnitzers, mines herrn grafe Burkards insigel von Hohenberg an diesen Brief.

Von einer beglaubigten Abschrift (bez. Uebersetzung) im St.-Archiv zu Stuttgart.

199.

25. Mai 1303 o. O. Gr. Burkard von Hohenberg vergleicht sich mit dem Kloster Allerheiligen (bei Oppenau in Baden) in Betreff des Dorfes Fünfbronn (O.A. Nagold) und der dazu gehörigen Gerechtsame.

Wir Graue Burchart von Hohenberk veriehen offenlich an disem gegenwertigen brieue daz wir vmb die missehellung die wir hettan gen den herran von den hailigan dem probst vnd dem Conuent vmb daz dorf ze viunfbrunnan vnb vmb diu reht diu dar zů hörent also verriht sin vnd geschaiben daz wir in der luntschaft haben eruarn von geswornen Lüten daz wir lainen ban suln sezzen wen onser velt gen den lüeten dez vorgenanten dorfez ez si waide wasser alber holz daz suln siu niezzen in allem dem reht alf die von althenstaig Ezzenannezwiler die von Sigmarsuelt vnd von Bürran, wan also verre daz siu den walt nit verloffen suln lain wiz wan mit vnserm gunst vnd vnserm willen, vnb sint der red gezüg der Tegan von Owingen, pfaph Burchart von Räthi, der tilhcherre von Althenstaig, her Menloch von Thettelingen, Maister Cůnrat der arzet, hainrich von lindenuelf, hainrich der giflingern, Cůnrat schezzeli, herre Eberhart von althenstaig vnd ander erber lüt, vnd daz diz stet blib dar vmb haben wir disen brief geuestenat mit vnserm Jnsigel Diz geschah do von Gottez geburt warn bruzehenhundert iar in dem dritten iar, an dem Samstag in der pfingstwochun.

Von dem Orig. im St.-Archiv zu Stuttgart. — Mit dem beschädigten Reitersiegel des Ausstellers.

200.

7. Juli 1304. Rotenburg. Heinrich der Amman, Vogt der Grafen von Hohenberg, verkauft mit Gunst und Willen der Grafen Albrecht, Rudolf und Albrecht des jüngeren von Hohenberg an das Kloster Kirchberg ein Gut zu Schwalborf (O.A. Rotenburg).

In gottes namen amen. Alle die disen brief sehent albe hörent lesen, die sullen das wissen, das ich hainrich amman vogt miner herren von hohenberg vnd mine brüder volker, lirchherre zu Sölchen vnd Cůnrad, den man nemet von owe vnd vnser můter lügart du ammenin haben gegeben den fromen ze lilperg vnd dem gozhuß ain gůt lit ze Schwalborf, da Hainrich der Cruse uf sitzet, für fünf vnd drissig pfunt haller, das giltet sehszehen Schöffel Roggen Tüwinger meß vnd dry schilling Tüwinger vnd ainen Schöffelärwis desselben meß vnd zwü gense vnd vier hüner vnd hundert ayger. Von

dem vorgenanten gelte sol man vnsers vater säligen jarzit begän Hainrichs des
Ammans mit ainem pfunt haller, das ander gauben wir vnser schwester lüggart
an ihr pfründe. Diß haben wir getan mit günste vnd willen vnser herren
vnseres herren grauf albrechtes, vnd vnseres (sic!) grauf Rüdolfs
vnd vnsers herren grauf Albrechtes des jungen. Wir verzihen vns
ouch wir vorgenannten hainrich vnd mine brüder vnd vnser müter, vnd alle vnser
erben alles des rechtes gaistliches vnd weltliches vnd aller briefe des Babest vnd
anderer herren vnd alles rechten, damit wir ald vnser erben möhtin wider triben
dise vorgenanten gaube. Gezüge die hieby waren, das war herre Burkart von
Mälchingen, ain ritter, herre Cünrat der lamp von Wytingen, ain ritter,
herre Ulrich von wähingen, Engelhart der herter, Abreht der Güt,
Cünrat der Stacheler, Cünrat der Bochzeler, Lütfrid sin brüder, Landolt
Zange, Fridrich von Herrenberg vnd Engelfrib von Tüwingen, burger
von Rotenburg. Das bis ware ü vnd ståte belibe, darum geben wir grauf
albrecht für mich vnd mine brüder durch bette des vorgenannten vogtes vnd
siner brüder vnser Jnsigel an disen brief ze ainem vrkunde der warhait. Dirre
brief wart gegeben do man zalte von gottes geburt Drützehen hundert jar vnd
in dem vierden Jar an dem britten tag nauch sant Ulrichs tag ze Rotenburg
in der statt.

B. d. Kirchberger Copial-Buch.

201.

28. Oktober **1304.** Kirchberg. Graf Rudolf von Hohenberg und sein
(jüngerer) Bruder Albrecht stiften für Elsebet von Wöllhausen eine
Pfründ in dem Kloster Kirchberg.

Allen dien die disen brief siehent oder hörent tün wir graue Rüdolf von
Hohenberc vnde albrieht sin brüder kunt, daz wir mit vürsichtigem rate
der samenunge ze kilperc, brebier ordens, durch got vnde elsebetun von
wellehusen ze phriünde in die sielben closter haben gegieben offenliche vnde
gieben mit disem brieve vnser aigen, alse hienach geschriben stat, vrilich vnde
ewecliche ze besiccen, ze niezzen vnde ze haben, alf ain riehtef aigen, dien maier-
hoff ze bietenhusen, der vnser aigen ist, da Cünrat der maier uf sittet
(sic!), vnde wernher sin brüder. Der giltet allü jar siben malter kernen vnde
ahte malter roggen, brü malter habern, ain malter arwez, alles Haigerlocher
miesses, ain viertail aiger, zwo gense vnde vier hünre. Wir gieben in och ze
trühelvingen vz vnseren aigenen Hüban, da Hainrich lüpolt vf siccet
vnd cünrat der cimmerman, siehcehen schillinge tüwinger gieltef, in die
sielben rieht alse bauor. Wir geloben och mit güten truwan an alle gevaerbe,
daz wir daz vorgenante gielt diem vorgenanten closter rihten sulen vnde vertegan

gen aller mangelich, alſe lidigeſ aigen vnde gieben in ez in allem diem rieht, alſ
ez vnſer vorbern vnde wir haben gehebt biz hier. Wir verzihen vnз och mit güten
truwan an alle gevaerde vûr vnſ vnde vnſer nahkomen alleſ deз riehteſ, ſo wir
haben mohtin, die haine wiſe an die vorgenanten güten, vnde damitte alleſ beſ
ſchirmeſ, gaiſchliches oder wieltliches gerihteſ, geſeccet oder gewonhait deſ landes,
vnde alleſ vûrzogeſ, mit bien wir mohtin widertriben behainn wiſe ôt daз ba vor
geſchriben ſtat Wir haben och gebinget, baз wir die vorgenanten güt, die bier vorgenantun ſamenunge aigen ſint, alſ wir hie vergiehen, inrethalp zehen iaren bien
naehſten mit vnſeren phenningen vmme ſiehzige phund Haller oder vierzig phunde
tuwinger mugen widerkoffen, ob wir wen, tûn wir daз nit in bier vriſte, ſo ſol
baз vorgenante gielt deз vorgenannten cloſters, an alle anſprach iemerme eweclich
aigen ſin, vnde ſulen wir noch vnſer erben ſû baran niemer me geirren in kaine
wiſe Vnde daз biſû vorgeſchribenû bink ſtaete vnd vnlogenbaer iemerme beliben,
ſo hab ich graue Rûbolf der vorgenante vûr mich vnde minen brûder albrieht
der aigenз inſigelſ nit en hat, min inſigel an biſen brief gehenket зe ainem
ewigem vrkunde. Wir och Renher von rütj, ain ritter vnde Hainrich der
vogt von der nuwunſtat, von haizzen vnde gebotte vnſerr Herran der vorgenanten haben vnſerü inſigel gehenket an biſen brief зe ainem vrkunde der vorgeſchribenen Dinge Gezüge die hiebj waren ſint hier Renher von rütj der
vorgenante, hierr albert von wiermenwak, lenher uon rütj der iunge,
wernher uon toternhuſen, pfaf burkart der kilcherre von zimmern,
Hainrich der vogt der vorgenante, Hainrich der bûrre, Hainrich der
buringer, wernher vulhaber, burger зe Haigerloch; vnde anderer erbaerer
lûte vil. Dûrre brief wart gegieben зe kilperk, do man зalte von gottes geburte,
drizehenhundert, vnde vier iar an bier зwolfbotten ſant ſimonſ vnde ſante
iudas abent —.

B. v. Orig. im St.-Archiv зu Stuttgart. — Von dem Reiterſiegel des Gr. Rudolf
iſt nur noch ein unbedeutendes Bruchſtück vorhanden, an welchem man noch die weit
herabhängende Pferdedecke ſieht. — Das Siegel des Vogts H. von der „Nuwunſtat“
hat den Hohenberger Schild und auf der Umſchrift: . . . . . . d. Rotenb . . . .

202.

25. November 1304. Brugge. Gr. Burkard von „Honburch“ ſchenkt
mit ſeinem Neffen Albert und deſſen Brüdern das Patronat der
Kirche зu Weilheim bei Waldshut (in Baden) an die Johanniter-
Commende in Klingenau.

In nomine domini Amen. Nouerint uniuersi, quos nosse fuerit oportunum, quod nos Burchardus de Honburch comes recepta resignatione
a nobili viro domino Vlricho de Gutenberg iuris patronatus ec-

clesie in Wilheim, Constant. dioc., prope Waltzhutt et Tûngen,
ob amorem dei et pro remedjo anime nostre et parentum nostrorum
concessimus, donauimus et tradidimus pro nobis nostrisque heredibus vna
cum fratruele nostro Alberto et fratribus suis iure proprietatis
religiosis viris, commendatori et fratribus domus hospitalis Sti
Johannis in Clingenowe ...., sed legittimam et debitam warandiam
prestare super promissis sub poena quadraginta marcarum ... Datum et
actum in Brugge anno domini Mº. CCCº. iiiiº. feria quinta ante festum
beati Andree apostoli.

Aus dem Breisgauer Archiv im Landes-Archiv zu Karlsruhe.

203.

13. April 1305. Horb. Dankolf, Bürger zu Horb, verkauft an das
Kl. Kirchberg um 6 Pfd. Tübinger eine Gült von 4 Malter Roggen.

In Gottes namen Amen. Ich Dankolf Burger ze Horwe vergihe Offentlich an disem Briefe vnd tûn kunt allen ben bie disen Brief ansehent Lesent ober Horent lesen Daz ich mit miner Ehlichen Browen willen genannt von Bellenstain Den Erbaren, Browan Der Priolinen vnd bem Conuente ze kilberg han gegeben ze koffenne vier malter Roggen geltes vmbe sechs phunt Luwinger vf ben Eggern O bem (sic!) Hûwenloch bie ba haizent bez alten Schulthaizen Egger vnd ist ain rechtû Langarbe vnd han in baz gegeben ze Einem Rehten koffe sûr aigen vnd ist baz ich Ober min Erben baz Gût wen wiber koffen von sant Walpurg tage ober Drû Jare vmbe bû vorgenannten Pfunt Luwinger Daz sol baz Conuente vnd och bû Priolin gern wiber gen vnd vnuersait, ist aber baz ich baz nit enlose noch wiber koffe ze bem zil als als (sic!) ba vor gescheriben stat so sol es sin ain vriges aigen bez Kolosters (sic!) ze kilberg vnd sol in baz vf richten an allen ben steten ba si sin Bedurffen. Gezûge birre binge sint Hainrich ber maiger, Albrecht Dankolf ber schulthaiz, wernher von Althain, Benze Dankolf, Friederich ber Gûte, Marquart Bockeli, Johans herre, walthers sun, Johannes ber Liferer, Cunze ber Lohmüller vnd anber Erbere lûte genûge bie biz sahen vnd horten, Daz baz war si vnd stete belibe Darumbe so han ich ber vorgescheriben Dankolf gebetten vmbe ber Stete Insigel an bisen Brief zehenkenne ze Einer ganzer Sicherhait vnd ze Einer Bewerten gezûgnust, Dirre Berief war gegeben ze Horwe Do man zalte von Gottes geburte Drûzehenhunber Jare vnd barnach in bem fünften Jare an bem nehsten zinstage nach bem Palmen Tage.

W. b. Orig. im St.-Archiv zu Stuttgart. — Das anhängenbe Siegel hat ben Tübinger Schild.

204.

23. April 1305. **Egisheim.** Alber von Werenwag macht eine Schenkung
an die Clause zu Egisheim.

Allen die disen brief an sehent ober hörent lesen, tün ich alber von wer=
benwach kont, daz ich han geben miner basun tohter agnetynne von Micheln=
iain vnd ir kinden, an ir gestipht ze Engeshain des Mülhusers hof in
rtgassun bi wasen vnd bi zwie bisöhtem, vnd vmbesöhtem vnd mit allen den
rhten die ich ober miny kint zö dem vorgenatem hof hetten. vnd warn bar an
züge — herre Lötfrib der kilichherre von Egenshain, herre alber von
Euthain ritter herman kämmerli der vogt von hohenberch. Wernher
twilli, hagelstain von Egenshain, Cünrat von tierstain, burchart sin
brüder, Ich vergih öch an bisem brief daz des vettern göt ba biu Closenue vse
siat mit minem gonst vnd minem willen rehte, vnd rebelich geaigent ist. vnd daz
bij stätte vnd war sie, so gieb ich miner vorgenantun basyn tohter vnd ir kinden
bien brief besiegelten mit minem Insigel, zö ainer gewärun gezügnuste vnd ze
ainem offenberen vrkünde aller der binge die hie an gescriben sint. Dis geschah
ze Engeshain an der wise, do man zalte von gotes geborte Dryzehenhundert jar
vnd vônf jar an Sanct Georigen tag.

B. d. Orig. im St.-Archiv zu Stuttgart.

205.

9. Juni 1305. **Horb.** Dietrich Bokeli, Bürger zu Horb, verkauft an
die Chorherren zu S. Johansen in Constanz den Kirchensatz und
Fronhof zu Mötzingen (O.A. Herrenberg).

In Gottes namen Amen, Ich Dietrich Bokeli Burger ze Horwe an
dem Reker, Eberhart min Sun, vnd Güt min Tochter vergehen mit gemainem
Munde Offenlich an bisem Beriefe vnd tün kunt allen ben die bisen Berief ansehent
lesent Ober horent lesen, Daz wir han gegeben ze koffenne, Den Erbaren herran
dem Probest vnd den korherran von sant Johanse, ben kirchensatz vnd ben
Hof ze Mezzingen vnd waz barzü horet Grosses geltes Ober kelaines. vnd baz
wir vnb alle vnser Erben vnf gen ben vorgenanten Herran von sant Johanse
ze kostenze gar verzigen han eweclich aller ber ansprache bie wir ze bem vor=
genanten kirchunsazze vnd ze bem Hofe barin bie kirche horet haten vnb haben
Erbare Rihter vnd Burger von horwe genomen baran bie Gezüge sint birre
binge, vnd ist daz gewesen, Albreht Dankolf Schulthaiz ze Horwe, Hain=
rich, Gebhart, Hainrich sin Brüder, Walther ber Maiger, Volmar
ber Auteler, Albreht vf bem Rain, Eberhart ber Welker, die Rihter

sint, Eberhart von Bossingen, Marquart Bokeli, wernher der han
vnd anber Erber lüte vil die diz sahen vnd horten, daz dirre kof war si vnd
stete belibe Darumbe so han ich der vorgenante Dietrich Bokeli Burger ze Horwe
vnd Eberhart min Sun die Erbaren Burger ze Horwe gebeten vmbe ir Stete
Jnsigel ze henkenne an disen Berief, ze Ainem Offenne vrkund vnd ze ainer warer
gezugnust, Wir thun öch kunt daz wir den vorgescheribenen herran dem Probst
vnd den korherran ze Sant Johanse daz Gůt sun vertigon Jar vnd tag wa si
sin Bedurfen nach Reht. Dirre Berief wart gegeben ze Horwe an dem zinstage
nach der veronuasten in den Phingesten Do man zalte von Cristes gebürte Tusent
Jare, Drühundert Jare vnd darnach in dem funften Jare.

B. d. Orig. im St.-Archiv zu Stuttgart. — Das Siegel ist abgefallen.

206.

25. Juli **1305.** o. O.   Die Priorin und der Convent des Klosters
Reuthin urkunden, daß ihr Herr, Graf Burkard von Hohenberg
und dessen gleichnamiger Sohn dem Kl. Kniebis den Kirchensatz
in Ebhausen geschenkt haben und daß sie (die Priorin und der
Convent) sich alles Rechts an denselben verziehen.

Jn Gottes namen Amen. Wir von Gottes gnaden die priorin
von Rüti vnd der Conuent gemeiniglich tuen allen ben kunt, die disen
brief sehend oder hörend lesen vmb den kirchensaz zu Ebhusen, so vnser
herr graf Burkard von Hohenberg vnd sin son graf Burkard haut
gegeben mit allem reht lüterlich durch Gott den brübern ab dem
walb von Kniebuz, daz das sy beschehen mit vnserm willen, Daz verjehen wir
mit diesem briefe öffenlich. Wir verschrieben ouch vnd verzihen vns alles be-
rehts, so wir haben oder möchten gehan an dem vorgenannten kilchensaz zu Ebhusen an diesem briefe vnd mit diesem briefe vnd mit namen gen ben vorge-
genannten brübern von dem walb, daz wir si baran nimmer sullen irren weber
an geistlichen gericht noch an weltlichen, vnd baz das stät blib vnd vnverwert
von vns vnd von vnsern nachkommen, vmb so legen wir vnser gemein jnsigel des
conuents an diesen brief. Da dieser brief gegeben warb, baz geschach, da man
zalt von Gottes geburt dreyzehn hundert jar, darnach in dem fünften jar an
Sant Jakobs Tag in der Ernbe.

Von einer beglaubigten Abschrift im St.-Archiv zu Stuttgart.

207.

28. Oktober 1305. o. O. Graf Albrecht von Hohenberg stellt über
die Pfründstiftung an das Kl. Kirchberg (s. 28. Okt. 1304) noch eine
besondere Urkunde aus.

Wir graf Abrecht von Hohenberc tûn kont allen den diſen brief ſehent
alde horent leſen, Daʒ vnſer brodere Rôdolf vnde Wir haben gegeben der
ſamenvnge ʒe filberc vnde Elſebeton von vellehuſen ʒe ainer prònde ..
Ju daʒ ſelbe cloſter den maigerhof ʒe bietenhoſen, da kônrad der maiger
vf ſiʒet, vnde wernher ſin bruder. Der giltet allò iar ſòben malter kernen vnde
dû Malter roggen vnde brù malter habern, ain Malter aerweʒ, alleʒ haiger=
lacher meʒ, vnde ain viertail aiger vnde ʒwo genʒe, vnde vier hònre. Ju dem
ſelben rechte haben wir in ach gegeben ſehʒehen ſchillinge gelteʒ tuwinger vʒ
vnſeren aigenan hvban ʒe truhelvingen, da hainrich Lvbolt vf ſiʒet vnde
Cônrad der Zimmerman. Diʒ vorgenant gelte haben wir dem vorge=
nanten cloſter gegeben für vierʒig phvnde túwinger mit allem dem rechte, alſe
eʒ vnſer vater vnde wir haben gehebet. Wir verjehen och an diſem gegenwartigen
brief, daʒ wir nach kain vnſer erbe niemer kain anſprache dran ſollen gewinnen.
Beʒòge, die hie by waren, daʒ ſint vnſer oehan von hewen, der becgant
von Coſtenʒe, phaf borkart der kirchherre von ʒimmern, Dieterich der
tieringer, der kirchherre von fribingen. Daʒ diʒ ſtete vnde iemer vnlogen=
bare belibe, won ich benne noch nit aigenʒ inſigelʒ han, Darvme ſo legen
wir vnſerʒ oehamʒ von hewen inſigel an dieſen brief. Diʒ geſchah do man
ʒalte von Gotteʒ Geborte brvʒehen hvndert vnde in dem fónfden iare an der ʒwolf
botten abent Simonis et iude.

B. b. Orig. im St.-Archiv zu Stuttgart. — Von dem Siegel des von Hewen iſt
nur noch ein ganz unbedeutendes Bruchſtück vorhanden, auf welchem nichts mehr zu
erkennen iſt.

208.

12. Juni 1307. o. O. (wohl Wildberg). Graf Burkard von Hohen=
berg, des gleichnamigen Grafen Sohn, verzichtet gegen das Kloſter
Bebenhauſen auf das Vogtrecht zu Oberkirch (Poltringen) und
Reuſten (O.A. Herrenberg) und verſpricht die Güter und Leute
deſſelben zu ſchirmen.

Wir graue Burkart, des eblen grauen Burkarts ſun von Hohen=
berg Tun kunt vnt verjehen an biſem briefe allen ben die in hôrent leſen vnnd
leſen, daʒ wir vns verʒichen vnd verʒigen han aller ber anſprach vnd des rechtes
des wir hatten ober haben môchten, für vns vnd für all vnſer erben vnd nach=

11*

kommen an daz vogtrecht zu Ober Kirch vnd zu Reusten das wir das gotshus
zu Bebenhusen entwert hetten vnd auch darumbe geschädiget vnd losen nun
daz frey, ewiglich on alle geuärde, noch behalten vns noch keinem vnsern nach=
kommen daran kein recht nimmermehr, sonder wir geloben das gottshus nimmerme
beschwern, wan ze schirmen an ihr güten vnd an ir leuten, sie syn pfaffen oder
leyen an allen orten, als ferne als wir können, vnd (sic!) vnd mögen mit ganzen
treuwen. Daz bis stete vnd ewig sy: Darum so henken wir vnser insigel vnd
vnsers vaters insigel ann diesen brief ze einem warem vrkunde. Dirre rede vnd
dirre sache sint gezeuge vnser Vater der ebel graue Burkart, der stabelherre
von Waldegge, Der kirchherre von Wilperg, den man nent pfaff Lauren,
voget Billing, Clauß vnd andere erbare leut genuge. Dis geschach vnd wart
dirre brief gegeben, Da man zalte von gottes geburt drui zehenhundert jar vnd
in dem sibenten jar, ann dem nechsten tag nach Sanct Barnabas tage.

Von einer beglaubigten Abschrift im St.=Archiv zu Stuttgart.

209.

14. Juli 1307. o. D. Graf Burkard von Hohenberg und Maria
von Magenheim,[1] seines verstorbenen Sohnes Otto Gemahlin,
geben zu ihrer und ihrer Vorderen Seelenheil den Kirchensatz zu
Zimmern (Frauenzimmern, in dem gen. O.A.) mit allen seinen
Rechten an die Aebtissin Elisabeth und den Convent des Frauen=
klosters Zimmern.

In gottes namen. Amen. Wir graue Burckhart von Hohenberg vnd
Maria von Magenhain, mines sunes Otten seligen eliche wirten, vnd
vnser erben thün kunt allen, die disen brieffe lesent, sehent, oder hörent lesen, daz
wir mit gesamter hand vnd fryen willen geben off vnd hon vffgeben durch got
vnd durch vnser forder selen vnd durch vnser selen den kirchsacz von Zimmern
mit allen sinen rechten frowen Elizabeth der Epptissin vnd der samenunge
von Zimmern aigelich vnd vor recht eigen frilich vnd ewiglich zü behaben, zü
behalten vnd zü beseczen. Das biß alles, also hievor geschrieben ist, stette gancze
vnd vnzerbrochen verlibe, des hon wir der vorgenante graue Burckhart von Hohen=
berg vnd die vorgenante Maria von Magenhain den vorgenannten frowen, der
apptissin vnd der samenunge von Zimmern gegeben vnd bestettiget mit vnsern
ingesigelen disen selben brieff. Ouch verjehen wir, die eptisse vnd die vorgenante
samenunge von Zimmern an disem selben brieff, das wir die selben kirchen sancti
Martini söllen beseczen vnd tün besingen ainen priester, also zitlich vnd recht ist.
Dez hon wir ouch die vorgenante eptisse vnd die samenunge von Zimbern vnser
ingesigel an disen brieff geleget. Dirre Dinge aller vnd dirre selben vffgebunge

ſind diſe erberen lüte gezüge: pfaff Diether der pfarrer von Zimbern, pfaff
Cûnrat Spete der pfarrer von Güglingen vnd ſin Geſelle Cûnrat, pfaff
Berchtolb von Haberſchlacht, pfaff Cûnraat der pfarrer uff dem berge
zů Magenhain, Cuno der Heuener, ain richter von Zymmern, her Hug
von Brackenhain, ain richtter, Rulfer von Stolfsberg, Hainrich von
Rambefbach, der alte Heinrich, ſin ſün Rûuelin von Ramefbach, Albrecht
vnd Wernher, deʒ Cleue ſüne, Heinrich der Otter von Zimbern, Heinrich Oſtenborf, vnb der ſchultheiʒe Berchtolt von Güglingen, Diemo
der ſchultheiʒe, maiſter Cûnrat der ſchniber, Albrecht der Süter von Brackenhain, Herman von Berſenfhain, vnd Jacob der ſchriber von Brackenhain, vnb anber erber lüte, die barʒů gehaiſſen vnd gebetten wurden. Dirre
brief wart gegeben, do man ʒalt von gottes geburte brîʒehen hunbert jar vnb
ſiben jar, an ſanct Margarethen tage barnach.

Copial-Buch von Frauenzimmern und Kirchbach Fol. 16 b. Abbruck bei Beſold II,
117. und Mone, Zeitſchrift IV, 192. 193. Gabelf. hat Fol. 64 ª. ein Ercerpt, in welchem
er aber Otto's Wittwe irrig Margaretha nennt.

1 Schloß unb Hof M. bei Cleebroun, O.A. Bradenheim.

210.

11. Rovember 1307. Landshut „in castris." Der römiſche König
Albrecht urkundet, daß Graf Rubolf von Hohenberg dem Reinharb
von Neuenbürg für beſſen Anſprüche an die Burg „Nuweburg"
bei Pforzheim das Dorf Renningen (O.A. Leonberg) gegeben,
wogegen jener von ihm 200 Mark Silber, unb ſtatt dieſer 80 Mark
jährlich aus dem Umgelt in Rotweil erhalten habe.

Nos Albertus dei gratia Romanorum Rex semper augustus
ad vniuersorum noticiam volumus peruenire, Quod quia Nobilis vir Rudolfus Comes de Hohenberg, avunculus et fidelis noster dilectus,
dando villam suam propriam Rendingen Reynhardo dicto von der
Nuweburg et tollendo omnem impeticionem, seu actionem, quam idem
Reinhardus habebat in castrum dictum Nuweburg, situm iuxta pfortz-
hein, memoratum castrum die Nuweburg exoccupauit et ab impetitionibus
dicti Reynhardi libertauit penitus et absoluit. Sic quod deinceps predictum
castrum nobis et Imperio pertinet absolutum, Nos dicto nostro avunculo
villam Rendingen recompensare volentes sibi ducentas marcas argenti duximus, nostro et Imperij nomine largiendas, pro quibus, quia paratam pecuniam non habemus, Sibi de vngelto nostro in Rotwile triginta marcarum argenti redditus obligamus percipiendos tamdiu quousque sibi aut

suis heredibus per nos vel nostros successores in Imperio dicte ducente marce fuerint persolute, hac condicione adiecta, quod dictus noster avunculus de hoc quod residuum vel superfluum vltra triginta marcarum redditus de vngelto fuerit, nulli nisi nobis respondebit, vel faciet rationem. Presencium testimonio literarum nostri Sigilli robore signatarum. Datum in castris apud Lantzhůt, anno domini Millesimo trecentesimo Septimo iij Idus Nov. Regni vero nostri anno decimo.

B. b. Orig. im St.-Archiv zn Stuttgart. — Das anhangende ziemlich beschädigte Siegel stellt den König auf dem Throne sitzend dar, in der Rechten den Scepter, in der Linken den Reichsapfel. Umschrift: . . . . . Romanorum rex . . . . . .

<hr>

211.

8. Februar 1308. „Neuenstatt" (Rotenburg). Renharb von Ehingen, Marquarb von Eschingen und Johannes ber Blarrer, Pfleger der Kinber bes Dietrich Merhelt von Wurmlingen, geben unter bem Siegel Graf Rubolfs von Hohenberg, ihres Herrn, 4½ Morgen Weinberg zu Wurmlingen an bas Kloster Kirchberg, welches zwei ihrer Pflegkinber aufgenommen hatte.

In gottes namen Amen. Allen ben bie bifen brief sehent ober hörent lesen, Tůn wir Renhart von Ehingen, Marquart von Eschingen vnb Johanns ber Blarrer kunt, bas wir vögte vnb pfleger ber kinbe gůt vnsers lieben öhemes, Dietriches seligen bes Merenhelbes von Wurmlingen, mit gemainem Rate willeclich vnb vnbezwungenlich haben gegeben ben erbern frowen ber Priorin vnb bem Conuent ber frowen bes Closters ze kilperg fünfthalben morgen wingarten ze wurmlingen an alten staige, bie ba stoffent ainhalb an ber vorgenanten frowen wingarten vnb bie ze lehen hanb Benßlin ber Marquartinun sun vnb Egge, für ain rechtes lebiges aigen ewiklich zehan vnb ze besißen jn allem bem rechte, als vnser öhaim selige ber vorgenant sü hette, bie haben wir jn gegeben für nünßig pfunt haller an bem gůte, bas wir jn gelobten ze gen burch got, bo sü ze ir orben vnb ze ir gesellschaft enpfiengen zway kint bes vorgenanten vnsers öhaimes seligen. Wir han ouch gelobt, bas allü sinü kint, bie ießo ze iren tagen sint komen, bis ze bem wissen sunnentag bem nächsten ober barnach, wenne ber frowen botte es vorbert, bie vorgenanten wingarter mit ir selbes henbe sullen vff gen vnb bie anbern kint auch bas selbe tůn sullen, so sü ze iren tagen koment. Vmb allü bifü vorgeschribnü bing han wir jn ze bürgen gegeben vnuerschaibenlich Berchtolt von Mörsberg, brüder Wernhern, Cůnrat ben Stachler, ben Schulthaiffen von ber Nüwen stat vnb Engelharten ben herter. Wa wir jn nit uertigen alles bas wir jn an bifen sachen han gelobt, bas sü ber bürgen zwene wele sü . . wen ze gisel manen sullen vnb die ze der nüwen statt laisten süllen an alle geuerde vnd so die zwen viertzehen tage gelaistent, So sullen sü die andern zwen ouch manen ob sü wen, vnd süllen die ju der selben wise laisten ze der nüwen statt, bis das den frowen üff gericht wirdet alles das hie uor geschriben ist. Stürbe aber der vorgenanten bürgen taine, So sullen wir jn ander, die sü genamtant (sic!) an ir stat gen jn ainem manot oder sü sullen die bürgen ouch manan jn aller der wise, als vorgeschriben ist. Gezüge aller der vorgeschriben dinge sind brüder Cünrat Anne von Oberndorf vnd brüder tutwin sin geselle, prediger ordens des Conuentes ze Rotwil, Brüder Hainrich der schaffner vnd brüder johannes, brüder des vorgenanten Closters von kilperg, Cünrat der Amman, Albrecht der hül, Engelfrid, ffritz von herrenberg, Burger ze der Nüwenstatt, Hainrich der wiechter (sic!), Albrecht von Eltingen, werher müge, Dietrich in dem trüchuse (sic!), Cünrat von lustnowe, Marquart sin brüder, Erkenbrecht maiger, hainrichs sun, geburn von wurmlingen, vnd ander erber lüt uil. Das bis iemer me stete vnd unlaigenber sige vnd belibe, So hän wir vnsern herren Graue Rüdolfen von Hohenberg gebeten, das er sin jnsigel an disen brief gehenket hant. Wir hän ouch die burger von der Nüwen statt gebeten, das sü der Stett jnsigel heran gehenket hänb, darzü von johannes der blarrer aigen jnsigel nit enhat, So hän wir Renhart von Ehingen vnd Marquart von Eschingen ze ainer urkunde der wärhait ouch vnsrü jnsigel gehenket an disen selben brief, Der wart ze der Nuwen statt gegeben, do man zalte von gottes gebürte Drützehen hundert jär vnd das achtat jär an dem Sechsten tag nauch vnser frowen tag liechtmesse.

Kirchberger Copial-Buch Fol. 157. St.-Archiv in Stuttgart.

212.

15. März **1308**. o. O. Graf Burkard von Hohenberg verkauft an das Kloster Reuthin „das wilde vür“ zu Gültlingen.

Wir Graue Burchart von Hohenberk tün kunt allen den disen brief sehent alber hörent lesen, daz wir daz reht gelt daz wir kostan vmb Diemen daz wilde vür ze Giltlingen clain vnd groz an die vogtai. den vrowan ze Rüthi der priorinun vnd der Samnnung ze kostenne haben gegeben reht vnd redlich vür ain brief aigen in allem dem reht als wirf vmb in kosttan vmb vierzet pfund haller, vnd vmb vier vnd drizehen schilling vnd vergehen daz wir die selben pfennig empfangen haben von in gar vnd ganzlich. Dez sint gezöt der vorgenant Diemo Diemo Stanthart, pfaph Burchart von Rüthi, her hainze der Cappelan, Brüder peter der Suprior, Billung der vogt vnd ander erberer lüt gnuk, vnd daz bierre koffe stet blib von vns vnd von vnseren erban darvmb henken wir vnser Jnsigel an disen brief. Diz geschahc geschahc (sic!)

bo von Gottez gebûrt warn Tufent iar Driu hundert iar vnd aht iar, an dem nehften vritag nah Sant Gregorij tag.

B. d. Orig. im St.-Archiv in Stuttg. — Mit dem zu einem Drittel zerbrochenen bekannten Siegel des Ausstellers.

213.

12. Juli 1308. Horb. Graf Burkard von Hohenberg und sein Neffe Graf Rudolf von H. erwerben von Herrn Johansen von Geroltseck und seiner Gemahlin Anna von Fürstenberg pfandweise die Stadt Dornstetten.

Ich Gottes namen Amen, Wir Graue Burcart von Hohenberc vnd graue Rudolf von Hohenberc vnfers brüder fun, vnd vnfer erben vergehen vnd tûn kunt allen den die bifen berief (sic!) anfehent lefent oder horent lefen, Daz wir vmbe den ebelen herren, hern Johansen von Gerolzegge, vnd vmbe fin elich vrown vro Annen, genant von fürstenberc gephandot han reht vnd rebelich, Dornftetten die ftat, jn allem dem reht als Dornftetten der vorgenanten vrown von fürftenberc ze rehtem zögelt gegeben wart, mit allen den rehten, bi dazö horent, als es ihr gegeben wart. Wir haben och die ftat ze Dornftetten vnd daz dazö horet gephanbet von jn vmbe fünfhundert mark lotiges filbers Rotwiler geweges, vnd wie wir ober vnfer erben, ob wir enfin, fin weren mit filber, mit Tüwingern, oder mit hallern der vorgenanten fünfhundert marke filbers, alfo fün och fi vns weron wenne fi die vorgefcheribenun ftat, vnd daz dazü horet wider lofen wen. Wir fun och fi weron ir Gütes vmbe Glat ein Mile, wa daz güt mugelich ze gebenne vnd ze emphanne ift. Dirre vorgenanten fünfhundert marke filbers, der fullen wir dem vorbenenten herren von Gerolzegge geben an dem nehften zinftage vor fant Laurentius tage, der nehfte kunt, zewainzig vnd hundert marke filbers vnd darnach fullen wir in weron ze fant Martins tage, der barnach nehfte kunt, ahzig mark filbers. Dirre vorgenanten ahzig marke, der han wir in gewerot an Albreht Dankolfen, ze difen ziten vnfer fchultheiz ze Horwe, zewai vnd vierzig phunde haller, vnd an Albreht Dankolfen den Hutter driffig phunde haller. Ift och daz er iemanne vzet rihten wil, oder geben wil in der ftat ze Horwe, den füllen wir och weron ab den ahzig marken, die hieuor gefchriben ftant. Wir fon den vorbenemten herren von Gerolzegge vnd fin burgen och lebigen von Volzen von Nunegge vmbe zewainzig vnd hundert mark filbers biz uf den vorgenanten zinftag vor fant Laurentius tag, der nehfte kunt, vnd fun och biz uf difen felben zinftag vor fant Laurentis Tag Diemen dem kecheller von dem vorgenanten herren weron fehfo minre denne hundert phunde haller, daz er vnd fin burgen von im lebig fien, vnd füllen die weron von den fünfhundert marken. Wir tûn och kunt, daz wir

Glathain daz Dorf lofen fon von Hugen von Bellenſtein vnb von Sifrit Dankolfen von Horwe vmbe ſehzig phunbe haller, ober vmbe viertzig phunbe Tuwinger, von ben vorgenanten fünfhunbert marken. Wir vorgenanten herren von Hohenberc vergehen och, waz birre fünfhunbert mark vor geſtat nach ben phennigen vnb nach bem ſilber, als hieuor geſchriben iſt, ber vberigen phennigen ober vür bie phennigen bez vberigen ſilbers, bez ſullen wir in gewerot han ze ſant Georien tag, ber nehſte kumt, gar vnb genzelich. Wir tün och kunt, wenne ber vorgenant herre von Gerolzegge ober ſin erben bie ſtat ze Dornſtetten vnb · baz bazů horet wiber lofen wen vmbe fünfhunbert marke ſilbers ober vmbe bie phennigen, bie ba vür koment, ſo ſullen wir ober vnſer erben, ob wir enſin, ims wiber geben willeclich anb vnuerſait. Iſt och baz er biz ſtat vnb baz gůt baz bazu horet wiber lofen wil, ſo ſol er vns vmbe Glat in einer mile weron ber fünfhunbert mark als vorgeſchriben ſtat. — Iſt och, baz er ober ſin erben haiſſent ben ebelen herren graue Heinrichen von fürſtenberc bie ſtat vnb baz barzů horet wiber ze Loſenne geben vmbe fünfhunbert mark ſilbers, bez ſun wir gehorſan vnb gebunben ſin. Dirre vorgeſcheribern rebe han wir graue Burcart vnb graue Růbolf von Hohenberc baibe geſcheworn uf ben hailigen ſtette zehanne (sic!) vnb vnſer burgen ze loſenne an ir ſchaben. Iſt och, baz ber burgon beheiner abgat, ba Got vor ſi, ſo ſullen wir im einen anbern in einem mabo (sic!) geben, ber als gůt ſi als ber erre, ober bie burgen ſullen laiſten, biz wir im ben anbern gegeben an bez hin geſchaiben ſtat. Die burgen ſint herre Cůnrat von Walb= egge, ein ritter, herre Menloch von Tettelingen, ein ritter, herre Cůnrat von Witingen, ein ritter, herre Hug von Linſtetten, ein ritter, herre Albreht von kuppingen, ein ritter, herre Johannes von Schiltegge, ein ritter, herre Renher von Růti, ein ritter, herre Cůnrat ber Herzoge ein vri von Vrſelingen, herre Wernher von Zim= mer, ein vri, herre Anſhelme von Wilbenſtein, ein vri, ber iunge, Hug ber Marſchall, Vogt Billunk, Heinrich von Werbenwak, Peter von Tettingen, Heinrich van Vogsberc, ber Betenhuſer, Cůnrat ber Amman vn Rotenburc, Herman Kemeli, Albreht Dankolf ze biſen ziiten ſchultheiz ze Horwe, Johannes Walthers ſon. — Wir vorge= nanten zewainzig burgen han geſcheworn (sic!) uf ben Hailigen ze laiſtenne an geuerbe, ob wir werben gemant. Wir vorgenanten Herren von Hohenberc tün och kunt, ob biz vorgeſcheriben Rebe von vns ober von vnſern erben nit ſtete belibe, baz vns lait were, ſo ſol ber vorgenante von Gerolzegge biz vorgeſcheriben burgen manon, vnb ſullen bie nach ber manungge inro aht tagen ſich antwrtn (sic!) aintweber gen Rotwil, gen Obernborf, ober gen Sulzc, vnb ſullen bie laiſten ane geuerbe in rehter giſelſcheft alle vnuerſchaibenlich, vnb wele burge nit gelaiſten mag, baz er ze ſchaffenne hat ſines herren bink, ober ſines verunbes (sic!) bink, ober ſin ſelbes bink, ber ſol einen erbaren man mit einem pheribe an ſin ſtat legen ane geuerbe, biz er baz geenbot, vnb ſullen bie burgen niemer lebig werden von birre gifelſcheft e im ſtete wirt gelan, waz hie geſcheriben ſtat, vnd ſon die burgen in ir laiſtungge iegelicher der wochun ſin naht han. Gezügge birre dinge ſint, Herzog Herman von Tekke, Graue Herman von Sulze, Herre Cünrat von Tierberc, ein ritter, Herre Burcart von Tierberc, ein ritter, herre Johannes von Brandegge, ein ritter, Herre Růdolf von Ramsberc, ein ritter, ſchultheiz Jacob von Rotwil, Cünrad an der waltſtraſſe, vnd anderre erbarer Herron, ritter, vnd kneht, burger, vnd diener vil, die in rebelichen ſachen gezüge erlich wol verſtan mugen. Daz biz war ſi vnd ſtete belibe dem vorgenanten herren herre Johanſen von Gerolzegge vnd ſiner elichon vrown vro Annen von fürſtenberc, So henken wir graue Burcart, vnd graue Růdolf von Hohenberc ieweberre ſin eigen jnſigel an diſen berief ze einem offenne vrkunde vnd ze einer waren gezügnuſt. Dirre berief wart gegeben ze Horwe an ſant Margaretun tag, vnd beſchach, do man zalte vou Criſtes geburte drüzehenhundert jar, vnd darnach in dem ahtoden jar.

214.

25. Auguſt 1308. Haigerloch. Graf Rudolf von Hohenberg und ſein Bruder Albrecht geben dem Kloſter Kirchberg ihren Hof zu Steinhofen (O.A. Hechingen) gegen eine Mühle zu „vingullun" (? Winzeln).

Wir Graue Růdolf von Hohenberg vnd albreht vnſer brrober tůn kont allen den (sic!) diſen brief ſehent leſent oder hörent leſen, daz wir gewehſſelot han vnſern Hof ze ſtainhoven den Erbaren vrowan der priorin vnd der ſamenvngen des cloſters ze kirch (sic!) vmme ir möli ze vingollun (sic!) vnd vergehen offenlich, daz wir den vorgenannten vröwan ze kirchberg han geben vſſer vnſerm hove ze ſtainhoven, da Cönrat der maiger vff ſizzit, rehte vnd rebelich vnd mit güter betrahtunge trittehalbt phunde haller vnd zwai malter kern haigerlocher meſſef alliv iar vnd inen immer me ze nieſzen zaim (sic!) rehten aigen vmb die möli ze vingollvn, vnd vergehen daz wir den vorgenanten vröwan von kirchberg daz vorgenannt gelt vertigan ſon vnd verſtan gen moenlich (sic!) nahe rehte vnd nahe gewonhait def landef an allen gerihten ze allen tagen, an gaiſtliken vnd weltlichen gerihten, fivr ain lebig aigen, vnd ſiv an dem vorgenantem gelt wir nah vnſer fögte niemer gemögen ſon ſuf noh ſo. Vnd daz dif war ſin vnd ſtaete belibe, ſo han wir diſen brief beſigelt mit vnſerm inſigel vnd gehenket an diſen gegenwartigen brief zainer veſtvngen vnd warhait aller der dingen alf hie vor geſcriben iſt, der wart geben ze Haigerloch, do man zalt von gottef gebivrte trvzenhundert iar vnd dar nah in dem ahtenden iar an dem ſonnon tag dem naeheſten nach ſant bartholomeuf tag. Gezöge die hie bi waren:

Graue albreht von werbenberg, Dietrich der tieringer, kirchherre von fibingen (sic!), Gervng, kirchherre von Schönenberg, der alt schulthhaize von Haigerloch, der waise, vnſer vogte, Hainrich der beller, Hainrich der dürre, der Capelan von kirchberg, bröber Johanſ von kirchberg, Bröber Hainrich der riter vnd andern erbar livt vil.

B. d. Orig. im St.-Archiv zu Stuttgart. — Das Siegel iſt abgefallen.

215.

15. Dezember **1308**. o. O. Albrecht der Schuler, genannt von Rohrdorf, ein Burger von Bulach, verkauft unter der Stadt B. Siegel an das Kloſter Reuthin alle ſeine Aecker zu Berunthal und Steineberg.

Jhe aberhet der Schüler genant von Rorborf ain Burger von Bülach vergih offenlich an diſem gegenwertigen brieue, daz ihe ben vrowan ze Authi der — — Priorinun vnd der Samnung bie ba ſint Brebier orben han gegeben ze koſfenne alle min Akker, bie ihe han gehebt vür reht aigen ze Berhtuntal vnd ze Stainiberg, bie mir gulten alliu iar zwai Malter Roggen vnd zwai habern vmb ſöben ſchilling minr ben ſuben pfunt haller vnd vergih, baz ihe ben kof vertgan ſol von minen erban vnd von allermenglichem nahe reht. Jhe vergih ohe, baz ihe bie vorgenanten pfenning enpfangen han vnd verkert in minen nuz. Jhe verzih mihe ohe aller anſprahe vnd allez bez rehten gaiſlichſ vnd weltlicheſ, baz mich gehelfen moht vmb baz güt gen ben vorgenanten vrowan. Vnd baz ber kof ſtet blibe von mir vnd von minen erben, barvmb han ihe ber Burger Jnſigel von Bulach gehenkeit an biſen brief. Dez koffeſ vnd ber reb ſint gezük ölrich ber Enizzer, herman ber vnber, vnd hainzz ber Schulthaiz vnb cünrat hoſtüch (sic!) vnd aberhet ber ſwr vnd anber erber lüt. Diz geſchach bo von Gotteſ geburt warn Druzehenhunbert iar vnd aht iar, an bem Sunnuntag vor Sant Thomas tag.

B. d. Orig. im St.-Archiv zu Stuttgart. — Mit bem Reichsabler-Siegel ber Stabt Bulach.

216.

19. Mai **1309**. o. O. Graf Burkard von Hohenberg verzichtet auf alle ſeine Rechte an ben Hof zu Bilbechingen, welchen bas Kloſter Kniebis von bem Pfalzgrafen Ludwig von Tübingen ſelig gekauft hatte.

Wir graue Burcart von Hochemberk tögen allen ben kunt, bie bieſen brief geſehent ober hörent leſen, baz wir (sic!) ben hof ſo ze bilthechingen

ist gelegen, den die bröder abe dem walde von kniebûz genant her
hant bracht in coofes wise vmbe Lodewik den phallezgrauen seligen för ain
friges aigen, daz ist beschechen mit vnserme willen vnd vergechen ouch mit disem
briefe vnd an disem briefe, swas wir rechtes mochtin gehan in den vorgenanten
Hof ze Bylthechingen, daz wir vns des verzichen vnd gèben den vorgenanten brü=
derne abe dem walde löterliche durch got alles daz recht, daz wir hetten oder immer
mochtin gehan in den vorgenanten Hof. Vnd vmbe daz daz stête blibe vnd vn=
verwert, swas an disem briefe stat, her vmbe legen wir vnser insigel an disen
brief. Das birre briefe gegeben wart, daz beschach do man zalte von gotes gebörte
drüwzehen hvndert iare bar nach in dem Nûnbem iare an dem Mentage in den
phinkesien.

B. d. Orig. in der Pfarr=Registratur zu Bildechingen. — Das Siegel fehlt.

217.

6. Dezember 1309. o. O. Albert, Herrn Hugen sel., des Vogts von
Wöllhausen Sohn, tritt alle seine Rechte auf das Dorf Rohrdorf
(O.A. Nagold) an das Kloster Kniebis ab.

Ich Albert herr Huges sel. des vogts son von Wellhusen tuen
allen dene kunt, die diesen brief sehend oder hörend lesen, Daz ich han gegeben
den herren von Kniebuz vnd denen brübern alles das recht daz ich hette
oder möchte gehan an dem gute zu Rohrdorf in dem Dorfe so im holze so
im velde vnd han das getan durch ir bette, so durch gott vnd vmb solche gaben,
so sie mir gegeben hant, Ich vergihe ouch an diesem brief vnd mit diesem brief,
daz Ich alles des vorgenanten guts ir wer sol sein, wo sie sie bedörfen, vnd mit
namen gen miner schwester mann herrn Haugen von Halfingen vnd gegen
seinen kindern. Vnd vmb daz es stäte blibe, darumben han Ich in gegeben zwen
burgen Burkard von Buppach (sic!) (? Bulach), und Dietrich sinen diener,
vnd han ouch min Insigel gelegt an diesen brief den vorgenanten herrn vnd
brübern zu einem vrkunde vnd zu rechter werschaft, daz dieser brief gegeben wart,
daz geschah, da man zalte von Gottes geburt Dreyzehn hundert jare darnach in
dem nunten jahr an St. Nicolaus Tag.

Von einer beglaubigten Abschrift im St.=Archiv zu Stuttgart.

218.

5. Mai **1810**. Zürich. Der römische König Heinrich VII. bestätigt
dem Grafen Rudolf von Hohenberg die eingerückte Urkunde König
Rudolfs d. d. Constanz **1285**, die Verpfändung der Reichsein=
künfte von der Reichsstadt Rotweil betreffend.

Heinricus dei gratia Romanorum Rex semper augustus
vniuersis sacri Romani Imperij fidelibus presentes literas inspecturis gratiam
suam et omne bonum. Veniens ad nostre maiestatis presentiam Nobilis
vir Rudolfus Comes de Hohemberg fidelis noster dilectus nobis
humiliter supplicauit, vt sibi literas infra scriptas ratificare et confirmare
de benignitate Regia dignaremur, quarum tenor est talis: Nos Rudolfus.
dei gratia Romanorum Rex ... Dat. Constantie. Anno dominj
1285. ... Nos igitur dicti Rudolfi, vt nostris et Imperij seruiciis feruen-
tius astringatur, peticionibus fauorabiliter annuentes, easdem litteras et in
eis contenta, prout rite et prouide sunt concessa, ad instar recolende memorie Alberti Romanorum Regis praedecessoris nostri ratificamus et
presentis scripti patrocinio confirmamus. In cuius rei testimonium maiestatis
nostre sigillum presentibus est appensum. Datum Thuregi iij. Non. Maij.
Anno dominj Millesimo. Trecentesimo. decimo. Regni vero nostri anno
secundo.

B. d. Orig. im St.=Archiv zu Stuttgart. — Das Siegel fehlt.

219.

25. September **1810**. Haigerloch. Graf Rudolf von Hohenberg ur=
kundet, daß er eine Hellergült aus den Höfen zu Bietenhausen von dem
Kl. Kirchberg wieder lösen könne.

Wir graue .. Rudolf von Hohinberg veriehen, vnd tün chunt allen den
die disen Brief sehent oder Hörent lesen, Daz wir von den götlichen lüten den
frowan von chirchberg wider choufen sont vmbe Cehen March silberf Oder vmbe
so uil pfenninge, so sü da für genement Drie schillinge minre denne drü pfunt
gelts haller münze, Daz vnser vatter sälige Graue Albreht von Hohin=
berch Dem Edelen manne Hern Huge von werstain ouch vmbe Cehen march
silberf ze touffene gab von ainf zügeltef wegen vnd veriehen ouch, daz ez die sel=
ben frowan in allem rehte von vnf hant, alz ez ouch der vorgenant Herr Hug
von vnserem vater säligen hette, vnb sullen wir ez in allem rehte von den frowan
vmbe Cehen march wider choufen, ob wir wellen oder mugen, alz ez ouch vnser
vater saelige von dem vorgenanten Herr Huge solte han wider gekoufet. Vnb

baz biz war vnd ſtaet belibe, ſo geben wir den vorgenanten frowan diſen Brief mit vnſerm aigen jnſigel beſigelt, der wart geben ze Haygerloch in der ſtat, do von Gottez geburte waren Drüzehen hundert iar vnd darnach in dem Cehenden iare an dem vritage nach ſant Mathäus tage. Diſ vorgenante gelt gat von den Höwen ze Bietenhuſen: — — —

B. v. Orig. im St.-Archiv zu Stuttgart. — Auf dem anhangenten, in ein ſeidenes Säckchen eingenähten Siegel iſt nichts mehr zu erkennen.

220.

4. Oktober 1310. Bern. Graf Rudolf von Hohenberg gibt dem römiſchen König Heinrich VII. die eidliche Zuſage, ihm gegen Graf Eberhard von Wirtenberg behilflich zu ſeyn.

Nos Rudolfus Comes de Hohemberg notum esse cupimus presentium inspectoribus vniuersis, Quod propter fidem ac deuotionem, qua tenemur Imperio, et quia serenissimus dominus noster dominus Heinricus Romanorum Rex quingentas marcas argenti nobis donauit, promisimus corporali prestito iuramento eidem domino nostro contra omnem hominem exclusis Illustribus principibus domino friderico, et fratribus suis, ducibus Austrie et specialiter contra nobilem virum Eberhardum Comitem de wirtemberg constanter et fideliter assistere toto posse, quamdiu dictus Comes predicti domini nostri Regis aut Illustris domini Johannis Regis Bohemie gracie non fuerit reformatus, nec cum ipso Comite de wirtemberg durante guerra presenti concordiam vel treugas (sic!) obseruabimus sine requisitione et licentia dominj nostri Regis Romanorum vel Regis Bohemie aut nobilis viri Cunradi de winsberg, vel eius qui loco sui pro tempore fuerit aduocatus, sed contra dictum comitem. quando per aduocatum predictum requisiti fuerimus, cui in hac parte parere tenemur, et per nos cum necesse fuerit procedemus. Tenemur eciam sub eodem iuramento ciues de Ruthelingen et de Rothwile, vbicumque oportunum eis fuerit fideliter adiuuare. Et nichilominus eidem domino nostro Regi assistere volumus et debemus ac seruire, sicut prius sibi iurauimus, postquam inter eum aut filium suum antedictum ac comitem de wirtemberg predictum concordia fuerit ordinata, fraude et dolo penitus circumscriptis. In cuius rei testimonium presentes litteras nostro Sigillo fecimus communiri. Datum apud Bern iiij. Non. octobr. Anno domini millesimo trecentesimo decimo.

B. v. Orig. im St.-Archiv zu Stuttgart. — Das Siegel fehlt.

221.

26. Mai 1311. Gruol. Die Gemeinde Gruol verkauft unter dem
Siegel Gr. Rudolfs von Hohenberg den Wald, „def grauen witthowe"
genannt, an das Kloster Kirchberg.

Allen den bie bifen brief gefehent ober gehörent tůn wir Berhtolt der
Riter vnd fin fone Berhtolt vnd wernher, Burchart migon fun, Hain=
rich maiger, wernhers fun, hainrich der riter vnd Bertolde fin fun,
hainrich ftåhelli vnd fine Bruber Berhtolt vnd albreht, Heinrich der
grůrer vnd fin brůber wernher vnd Bent vnd bů geburfchaft gemainlich ze
grörn kunt, Daz wir verkoft han vnd vergehen baz wir verköft han vnfern
wittehowe, der ba lit bi fchönne halbvn vnd haizzet def grauen witte=
howe, ben erbaren vnd gaiftlichen lüten ber priörin vnd ber Sammunge von
kirchberg ber prebierordenf vmb fobenzehen pfunt haller vnd vergehen, baz wir
berfelben haller gewert fien von in gar vnd gånzelich vnd baz befchehen ift mit
wizzende vnd rat vnfers gnåbigen herre graue Růbolf von Hohenberg vnd
finer vögte vnd biefelben pfenninge geleit fint an ben buwe vnfers kirchof
mit gemainem rat vnd wizzenbe aller ber bie vber zewölf iar fint gewefen vnd
haben gelobt bi gůten trowen, baz fů bez götef wern fon vür aigen gen aller
månlich nach reht vnd förftan an allen gerihten gaiftlich vnd weltlichen an allen
ir fchaben. Wir vergehen öch, baz wir noh vnfer nahe komen bie vor benempten
frowen von kirchberg vmb benffelben wittehowe niemer fyn angefprechen noch ge=
mögen an gerihte noch mit gerihte, fuf noch fo, vnnb vergehen öch, baz wir mit
allen bie vber zewölf iar fint von bem Dorf ze grörn mit crocen vnd mit
bem hailtůn vnd bie von kirchberg bef vorbenempten clofters mit ir cruce
vnb mit ir hailtůmen gingen vmb ben withöwe vnd in gezilet wart
vnb gezaigot bie rehten marcht vnb ift in en vfgeben von allen ben bie
vber zwölf iar fint von ir ieglichem funberbar. Vnb baz bif war fie vnb ftet
belibe, fo hant wir Graue Růbolf von Hohenberg bur bet beber tail geben
vnb gehenket vnfer infigel an bifen brief ze ainer zugenift aller binge, alfe hie
vor gefcriben ift. Dif befchach ze grörn vnd warre birre brief geben, do man
zalt von gottef geburte trozehen hunbert iar vnd barnach in bem ain lůpthem iar
an bem götem tag, vor pfingeften fo man hebte allů croce.

B. b. Orig. im St.=Archiv zu Stuttgart. — Mit bem zerbrochenen, in ein grün=
feibenes Sädchen eingenähten Siegel bes Grafen.

222.

29. Mai 1311. Conſtanz. Graf Rudolf von Hohenberg verzichtet auf ſein Eigenthumsrécht an einen Hof und die Hälfte des großen Zehnten in Buchheim (bad. Amts Meßkirch) zu Gunſten des Kl. Salem (in Baden).

Omnibus presentium inspectoribus, Rûdolfus comes de Hohenberg fidem subscriptis memoriter adhibere, notum facimus vniuersis, quod nos proprietatem possessionum et bonorum subscriptorum, videlicet curie quam colit Bertholdus dictus Bûman, et curie dicte dez Burledingers gût nobis pertinentem, et medietatem decime dicte der gros zehende, cuius medietatem reliquam honorabilis in Cristo .. Abbas et conuentus monasterii de Salem comparaverunt a Henrico de Wildenuelze armigero, sita in villa Bûchain, que dictus Henricus a nobis tenebat in feodum, ad instantiam et petitionem dicti Henrici, honorabilibus dominis .. abbati et conuentui predictis pro salute et remedio anime nostre et progenitorum nostrorum dedimus et damus, et in eosdem transferimus presentium per tenorem, renunciantes, tam pro nobis quam pro nostris heredibus omni iuri quod nobis in eisdem compeciit et competere videbatur, dantes eisdem auctoritatem liberam occupandi predictam, apprehendendi et recipiendi possessionem predictorum, vel quasi per se vel per .. procuratores suos ydoneos prout eis visum fuerit expedire. In cuius rei testimonium sigillum nostrum duximus presentibus appendendum. Actum et datum Constancie presentibus dicto de .. Rûthi, rectore ecclesie in Birningen. Renhardo fratre suo, .. dicto de Withingen, Hugone de Weihingen, militibus, Vlrico de Wéhingen armigero, .. dicto vogt kémelin, Henrico dicto in der Bûnde, Bertholdo dicto Schallenberg, Vlrico dicto Hauen, Conrado dicto Schirm, ciuibus constanciensibus aliisque quam pluribus fide dignis. Anno domini. M⁰. CCC⁰. XI⁰. ııı⁰. Idus. junij. jndictione nona.

B. b. Orig. im Landesarchiv zu Karlsruhe. — Siegel wie 1322. Die Schildchen auf der Pferdedecke fehlen aber.

223.

20. Juni 1315. o. O. Volmar von Haiterbach verkauft mit Willen Graf Burkards von Hohenberg, ſeines Herrn, an das Kl. Reuthin eine Gült aus einem Hof zu Pfrondorf (O.A. Nagold).

Wir volmar von Haiterbach vnd Elzbeht Min wirtenne, willebirt, ſſriberichez wirtenne bez vogtef vnd Mehthilt, Berhtoltf bez vogtf wirtenne, vergeßen gemainlich an bifem gegenwertigen brieue, baz wir vnfer gelt baz wir ze pfrundorf in ben hof hettan, baz fint vier Malter Roggen vnb kernen ain zwai viertail vnb alf vil habern, Driu viertail erwef vnb an bri vier fchilling haller, bri genf, vnb briu hunrre, vnb ain hundert Aiger mit allem reht verloffet haben reht vnb reblich ber — — priorinun vnb ber Samnung ze Ruthi vmb ahzehen pfunt haller vnb fuln in ben felben Kof fteten vnb vertegan von allen vnferen erban nah reht. Wir verzihen vnf ohc an bifem felben brieue allez bez rehtef, baz wir an bem vorgenanten houe hettan (sic!). Man fol ohc wizzen, baz bierre kof ift gefchehen mit gütem willen vnb gunft vnfers gnebigen herren Graue Burchart von Hohenberf. So vergehen wir ohc baz wir bie vorgenanten pfenning enpfangen haben vnb ir fin gewert fin (sic!) gar vnb gentzlich. Vnb baz in bif ftet blibe, bar vmb haben wir vnfern vorgenanten herren gebetten, baz er fin Infigel hat gehenkt an bifen brief, Dar zů ber ftette Infigel von Bůlach. Dez koffef fint gezvf, pfaph Burchart von Rúthi, vogt Billung, Dietrich von Rorborf, albreht ber Schenk, Zůngeli vnb wezzel, ölrich ber Snizzer, hainrich ber Maier von Oberkilch, wernher ber Schulthaiz, Johannef walpreht, hainrich Bethelan, Luzze vnb anber erber Lüt. Dierre brief wart gefriben, bo man zalt von Criftef geburt Tufent Jar Driuhundert Jar vnb in bem ainliuften Jar an bem Sununtag vor Sant Johannef tag bez toferf.

B. b. Orig. im St.-Archiv zu Stuttgart. — Mit bem Reiterfiegel bes Grafen, von beffen Umfchrift faft gar nichts zu lefen, bas fonft aber ziemlich gut erhalten ift. Das ber Stabt Bulach zeigt fehr gut erhalten ben Reichsabler. Umfchrift: † S. civitatis de Bv . . ah.

224.

6. Dezember 1311. o. D. Werner ber limmel von Sulz (D.A. Nagolb) verkauft an bie bortige Kirche Befißungen bafelbft unter bem Siegel feines Herrn, Grafen Burkarb von Hohenberg.

Ihc wernher ber limmel von fulz vergih, baz ihc min hofftat ob ber muli ze fulz vnb ainen aker bi bem riet vnb bie langen wif han verkouffet bem gottef hufen vnb an bie kilchun ze fulz vmb nün pfunt haller viunf fchilling minr viur. Gezvf: pfaf lüp, kilchherre ze fulz, vogt billunc, biether von rorborf, ffribrich ber kupferfmit, Ranz böggeli. Darumb fo han gebeten minen herren Graue burkhart von hohenberg, baf er fin aigen Infigel hat gehenkt an bifen brief. Geben an fant Niclaus abent.

B. b. Orig. im St.-Archiv zu Stuttgart. — Das Siegel fehlt.

225.

1311. o. T. Kirchberg. Das Kloster Kirchberg setzt vier seiner Convent=
Schwestern ein Leibgeding aus von dem Gut zu Bietenhausen,
welches Graf Albrecht von Hohenberg der von Wöllhausen ver=
gabt hat.

Allen den, die disen brief gesehent, oder gehörent, tůn wir .. dů priorin vnd
dů Samenvnge der vrowen von kirchperg kunt daz vns die erbare Swestra —
Swester Mehtilde von Grörn, Swester Abilheit dů Closenerin vnd Swester
Mie des von Stetten bochter vnser conuent Swestra gegeben hant — vierzeg
phunde Haller, der wir von in gewert sint genzelich vnd gerlich, vnd och in vnsern
nutze komen sint, vnd daz wir der vor genanten Swestran — Mehtilde — Abil=
hait vnd Mion da wider gelobt hant, vnd vns da zů bindint, mit disem gagen=
wertigem briefe, daz wir in en allů jar, bie wil sů lebent ze rehtem libgedinge
gen vnd antwirten sůlnt gen Haigerloch in die stat ane allen iren schaden Ahten=
behalbt malter roggen vnd korn Haigerlocher messes, sehs Schöffel habern, ain
Schöphel ärwes, zwai hůnrre, ain ganz, vnd ain halp viertail aiger. von dem
gůet ze bietenhvsen daz vns Graue Albreht von Hohenberg gabt ze
ber von wellehusen. waere aber daz vns daz selbe gůt ze bietenhusen ansprrechig
wirde, vnd vns engienge, So sůln wir in en die vorgenanten Zinse vnd daf gelt,
alle iar von anderm vnserm gůt daz in als gewis si, als daz gůt ze bietenhusen,
bie wil siv lebent gen. in allem dem rehte als da vor gescriben stat. won ettelicher
iar, also waere, daz ain hagel, oder vngewitter, oder swas anders gemainf Schaden,
dem korn, in dem dorf ze bietenhusen, oder anber swa, swa wir in en daz gelt
gen werdent geschaehe. So son siv vns abslahen, als vil des iares als anber lüt
iren Maigern tůnt. wir sun och in en von dem gůt ze Trůhelvingen
gen Ahte schillingen tůwinger vnd von der můli ze grörn ain phunt Haller
aller iaerliche vnd bie wil so sů lebent, vnd swenne vnder den brin frovwen der
vor benempter ainiv ir stirbet so sol dem Closter ze kirchberg lebig werden bie
ahte schillinge tůwinger, die sehs schöfol habern, vnd der schöphol aerwef, die vor
benempten, vnd sunt die zwo, daz vberig niezzen, bie wil si lebent, vnd dv jůneri
sol es och niezzen bie wil si lebt, so dv ir stirbet, so sol, daz vor gescriben gelt
benne wider vallen an daz closter ze kirchperg gar vnd genzelich. vnd son swester
Mehtilde iargezit began mit aim some wins. ze gende an dem Abend. Vnd daz
diſ staet belibe, dar vmme han wir vnser Ingesigel an disen brief gehenket ze aime
vrkunde der warhait. Der wart geben ze kirchperg bo man zalt von gottes
geburt brvzehen hvndert iar, vnd bar nah in dem ain lvphtem iar. Gezvge
birre binge sint. H. Cůnrat vnser cappelan. Bruber H. der alt schaffener.
Brůder Johanſ. Bruber C. der Brunner, bů alt schaffenerin. Dů
von balgingen bů iunge schaffenerin vnd anber erbar lüt vil.

226.

24. Mårz 1812. o. O. Werner von Holzgerlingen verkauft mit seines
Herrn, des Grafen Burkard von Hohenberg, Hand, an das Kloster
Reuthin einen Hof zu Ober=Jettingen.

Jhc wernher von Holzgirningen der vngewerlich genant tün kunt
allen den disen brief sehent alber hörent lesen, daz ihc reht vnd reblich minen hof
ze Oberötingen, da walther Stainmar vf sizzet, mit allem reht so dar zö
höret, ez si an wasser, an waid, an veld, alber an holz, gebuwen ald vngebuwen,
als ihc in han gehebt in nuz wer han ze koffenne gegeben der . . priolinun
vnd der Samnung von Rúthi vmb zehen pfund minr denne hundert pfund
haller, vür ain reht vri aigen vnd vergih ohc, daz ihc in den selben kof sol be=
siten vnd vertgan iar vnd tag von aller mengelichen nahe reht. Jhc vergih ohc,
daz ihc die vorgenanten pfenning enpfangen han vnd ir gewert bin gar vnd
ganzlich. Wan (sic!) sol och wizzen, daz dierre kof ist geschehen mit minf herren hant
Grane Burcharts von Hohenberk. Disef koffes sint gezvf pfapf Lup, kilch=
erre ze wilperk, pfaph Burchart von Ruthi, her wernher der hemlink,
ain Ritter, Billung der vogt, Hainrich der Giflinger, der Motler,
wezzel von Ebhufen, hanf walpreht, Luzzo, vnd der Spiler, Burger
von wilperk vnd ander erber lut ain micheltail. Vnd daz in dierre kof stet
blibe von mir vnd von allen minen erban, dar vmb han ihc gebetten minen vor=
genanten herren, daz er sin Jnsigel hat gehenket an disen brief, wand ihc selb
kain aigef han, dar zö der Burger Jnsigel von wilperk. Dif beschah, do man
zalt von Criftef geburt Driuzehenhundert Jar, vnd in dem zwelften Jar, an der
Nünbun kalend def Aprellen.

B. d. Orig. im St.-Archiv zu Stuttgart. — Mit dem schabhaften Reiterfiegel des
Grafen, auf welchem derfelbe dem Befchauer die linke Seite bietet, und dem der Stadt
Wildberg, das den Hohenberger Schild und die Umschrift hat: † S. civivm in wilberc.

227.

26. Juni 1812. Rotenburg. Heinrich von Rúti, Ritter, verfichert mit
Hand und Willen Graf Rudolfs von Hohenberg, feines gnädigen
Herren, feiner elichen Wirthin, Willebirg von Owe, Heirathsgut
auf feinen Pfandbefitz zu Hirfowe (O.A. Rotenburg).

Allen den die difen brief gefehent oder gehörent tün ich Reinher von
Rúti, ain ritter, kunt, daz ich vron willebirge, herrn albreht fäligen
von Öwe tohter, miner elichen wirtenne, ahtzig marcke lötiges filbers
Rotwiler gewáges, die fi zü mir brahte, ir vater gütes, die in minen vnd in

miner brůder nuße kommen fint, widerleit han, vnd vergibe, daz ich fie vmb daz=
felbe Silber mit gunfte vnd willen Bertholb aines Tůherren ze O°geft=
bvrg vnd Peters aines ritters, miner brůder, gewifet han offen allez
daz wir ze Hirfowe haben vnd vns von .. vnferer Mütter fáligen angeuallen ift
mit hant, gunft vnd willen bez Ebelen vnbe mines genábigen Herren, ber
ouch biv felben gůte vmbe Ahtzig marče lótiges filbers Rotwiler gewáges lófen
fol, fwenne er will, Graue Rubolf von Hohemberg ober fin erben, vnbe
embin (sic!) ich, fwenne benne mine brůber biv gůte ze Hirfowe von ir ober von
iren erben vmbe ahtzig marče lótiges filbers widerlófen wellent, ben funt fiv vnb
iren erben biv felben gůt vmbe fo vil filbers als ba vorgefchriben ftat wider ze
lófenne geben ane alle widerrede vnd ane allen fůrzog. Swenne ouch ber vorgenante
min genábiger Herre Graue Rubolf von Hohemberg ober fin erben biv gůt ze
Hirfówe vmbe ahtzig marče lótiges filbers Rotwiler gewaeges lófen went, ben
funt wir min Herrn Reinhers wirtenne, biv vorgenante vnb ir erben ober fwer
benne biv gůt hat, ze lófenne geben ane alle rebe vnb ane allen fůrzog. Es fol
ouch biv vorgenante vro willebirg, min Herren Reinhers von Růti elichiv wir=
tenne, minen rehten erben biv felben gůte ze Hirfówe vmb ahtzig marče filbers ze
lófenne geben, fwenne fiv went, ane alle widerrebe, ober bem ber benne aller befte
rehte hat zů ben gůten. Wir Graue Rubolf von Hohenberg tůn kunt vnb ver=
iehen an bifem brieue, baz biv vorgefchriben widerlegunge mit vnferre henben,
mit vnferme gunfte vnb willen rehte vnb rebelich gefchehen ift, als ba vorgefchriben
ftat, vnb ift bar vmbe vnfer Ingefigel an bifen brief gehencket ze ainem vrkunbe.
Vnb baz bifiv vorgefchribenne bing ware fien, vnb ber vorgenanten vron willebirge
vnb iren erben von vns .. Den vorgenanten von Růti, gebrůberne vnb van
vnferen erben ftáte beliben hienach, bar vmbe haben wir vnferiv Ingefigel zů bez
Ebelen vnb vnfers genábigen Herren Grauen Rubolfen von Hohemberg Ingefigel
an bifen brief gehenket ze ainer gezugnufte. Der brief wart gegeben ze Rotem=
burg, an bem Mántage nach Sant Johans Dag ze Sungihten, Do man von
Gottes geburt zalte Drivzehen Hundert iare In bem zwelften iare.

B. b. Orig. im St.=Archiv zu Stuttgart. — Mit bem bis auf bie Umfchrift ziem=
lich gut erhaltenen Reiterfiegel bes Grafen, bem länglichen runben bes Domherrn von
Augsburg, welches unten bas Wappen ber Herrn von Ruti hat, unb bem fehr gut
erhaltenen bes Peter von Ruti, bas einen gefchloffenen Platthelm mit gegeneinanber
gekehrten Hörnern zeigt, um welchen 6 Sterne fich befinben.

228.

4. Juli 1312. o. O. Graf „Bürgi," Grafen Burkard von Hohenberg
Sohn, verzichtet zu Gunsten des Kl. Kniebis auf seine Rechte an ein
Gut zu Haiterbach.

Wir graue Börgi graue Burcarbes fon von Hochenbork tön allen
ben kunt, bie bifen brief gefehent ober hörent lefen, baz ich mich verziche allez bef
rechtef fo ich han ober mochte han an bem göte ze Haiterbach of bem ber
fmit Her gefeffen ift, baz giltet iergeliche syben schillinge phenninge vnb zwai
malter roggen vnb zwai haberne, baz gibe ich vnferre frouwen of ben walt ze
kniebôf, of baz baz bie herren fo bie brôber bie got ba bienbe fint, baz bie
min vnb mines herren mines vatterf vnb miner frouwen feligen miner môter vnb
aller vnferre vorberne vnb vnferre nachcomen vnb vnferre erban ze gotte immer
me gebenken fülin. Vnb vmbe baz, baz ef in ftaete blibe, waz an bifem brife
gefchriben ftat, her vmbe fo lege ich min infygel an bifen brief, Daz birre brief
gegeaben wart, baz befchach, bo man zalte von gotes geburte, bruzehen honbert iar
bar nach in bem zwölften iare, an fante ôlriches tage.

    B. b. Orig. im St.-Archiv zu Stuttgart. — Das runbe Siegel hat ben einfachen
Hohenb. Schilb mit ber Umfchrift: † S. Bvr. com. ivn. . . . . . . erk.

229.

23. Auguſt 1312. Hirſowe. Werner unb Heinrich von Ehingen ſchenken
unter bem Siegel Graf Rubolfs von Hohenberg, ihres Herrn, an
bas Kloſter Bebenhauſen einen Weinberg bei Tübingen.

Wir Wernher vnb Hainrich von Ehingen gebrüber tün kunt allen bie
bifen brief fehent ober hörent lefen, baz wir bur vnfer fêle hail haben gegeben
bem clofter von Bebenhufen, als och vor tet vnfer vatter herre Marquart
felig ain ritter von Ehingen, bie aigenschaft vnb alliz baz reht baz wir alb
vnfer erben hetton ober möhten han an bem wingarten bi Tuwingen ber bes
Baehten waz, vnb verziehen vns fur vns vnb alle vnfer erben allis rehtes vnb
anfprâche, bie wir mohten vmbe ben felben wingarten han vor gerihte alb ane
gerihte. Vnb fwenne vnfer brüber Albreht vnb Cônrat ze lanbe koment, fo
fuln wir fchaffen in aines manobes frift, baz fi baz felbe och tüien, vnb barumbe
han wir bem clofter ze burge gefezzet vnb gegeben hern Cônrat von Witingen
ainen ritter vnb Rübegern ben Bonborfer von Rutelingen, bie fuln bar=
umbe laiften rehte gifelfchaft, fwa wir baz nit fchüfen. Gienge öch ber burgen
ainer abe, e bas gefchaehe, fo fuln wir in aines manobes frift ainen als güten
bem clofter fezzen alb ber anber fol barumbe laiften, vnb fwa baz clofter vmbe

bifu reht clag an gienge, da fuln wir daz vnd vnfer erben verftan vnd lebig machen. Daz aber bis dem clofter von vns ficher fie, fo geben wir ime bifen brief befigelt mit vnfer herren grauen Rûdolfen von Hohenberc vnd der ftat von Rotenburc jnfigel. Wir graue Rûdolf von Hohenberc veftenen vnd ftaeten dem clofter mit vnferm jnfigel die aigenfchaft des wingarten vnd allis daz hie vor gefchriben ftat. Des fint gezûge herre Walther der Schenke, herre Hug von Haluingen, herre Wernher vnfer vetter, ritter. phaffe Reinhart der Spaete, Otte von Wurmelingen, Hug der Marfchalk vnd vil ander biberbe lûte. Dif gefchach ze Hirffowe, bo man zalte von Gottes gebûrte drú= zehen hundert iar vnd bar nah in dem zwelften iare an dem ahtoben tag vnfer vrowen der erren.

B. b. Orig. in Karlsruhe. — Mit dem Reitersiegel des Grafen wie an Urkunde von 1322 und dem der Stadt Rotenburg, das den Hohenberger Schild und die Um= schrift: „† S. civivm in Rotenbvrg" hat.

230.

29. Auguft 1312. o. D. Otto von Wurmlingen fchenkt einen Wein= berg bei Wendelsheim unter dem „Lantag" an die St. Pankratien= kirche zu Kaißeringen.

In nomine domini amen. Ich Dotte von wurmelingen, gefcheffen (sic!) ze Tuwingen, Vergihe, allen ben, bie biffen Brief, lefent, horent, ober fchehent (sic!), Daz ich mit verbahttem mûet, vnt mit willen aller miner kinde, han gêben, minen wingarten, aigenfchaft, vnt nûß, der mir da wirt, der da lit ze winolfzhaim, vnber dem Lantag, Dem gottefhufe, baf da liet in bem borf ze kaifferingen, ba ba rehft (sic!) vnt Hufwirt ift fanctus pangra= cius, vnb hann im alfo geben, baf, werrenher, der mezczeger, ber, ben forbe= nenten wingarten bûwet, vnt in zeim lehen von mir enphangen hêt, Sol geben alliu iar, baf fibentail, von bem wingarten, ef werd vil ober luzczel vnt fol baf gottefhufe ben wingarten han immer ewiglich in allem bem rehtten, af ich in het, Durch miner fel willen vnt aller miner forberen, vnt auch miner kind biu fich bef felben wingarten verzigen hant, vnb of geben hant, reht vnt rebelichen, vnt bef ift geziug Die erberen lutte Herr Berhtolt der kircher von Tuwingen phaf Cûnrab finer fwefter fun vnt phaf Cûnrab der awinger bef for= benenten kircherren gefelle, Maifter marquart fchulmaifter ze Tu= wingen, bar nach Arnolt der alt gelait vnt Bertolb fin fün friberich, der Hailant, Hartman der Derrer (sic!), Hainrich der Engftinger, alle phûnf Burger ze Tuwingen, vnt baf baf alfo ftete belibe vnt nit fergeffen werbe, Dar vmb gib ich biffem (sic!) Brief verfigelt, vnt geveftent, mit mim in= figel zeim vrkunde vûr mich, vnt für alle min Erben, Da bizch (sic!) gefchach,

da waſ von Criſtes gebúrt drüzehen hunbert jar in bem zwelfoten jar an bem
zinſtag, nach ſant bartolomeuſ tag.

B. b. Orig. im St.-Archiv zu Stuttgart. — Das Siegel iſt abgefallen.

231.

12. Oktober 1312. o. O. Gutwin, Schultheiß von Altenſteig, verkauft
unter ſeines Herrn, bes Grafen Burkard von Hohenberg, Siegel eine
Hellergült von bem (Hof) Grashart an bas Kloſter Reuthin.

Ihc Gutwin ber Schulthaiz von Altenſtaig tůn kunt allen ben biſen
brief ſehent alber hòrent leſen, baz ihc zehen Schilling haller geltef of ben Graf=
hart in allem bem reht, alf ihc ſin han gehbbt (sic!) in nuz wer, ez ſi an
waſſer, an waib, an velb alb an holz, han gegeben ze koffenne ber . . priorinun
vnb ber Samnung von Růthi reht vnb reblich vmb ainliuf pfunt haller, vnb
ſol in ben ſelben kof ſteten vnb vertgan von allermeneglichem nahc reht, vnb iſt
baz geſchehen mit minſ herren hant Grauen Burchartſ von Hohenberk, ber
ſin Inſigel burhc min bet hat gehenket an biſen brief ze ainem vrkund vnb ze
ainer ſteti ber vorgeſcribenan bing, Dar zů hat min Brůber herre Cůnrat kilch=
erre ze waltorf ohc ſin aigen Inſigel bar an gehenket, baz allef baz hie ge=
ſriben iſt beſt ſteter ſi. Def kofef ſint gezuk pfaph Burchart von Ruthi,
Billung ber vogt, Hainrich ber Giſlinger, Hainrich vnb Volmar von
Linbenuelf, ber Lingge vnb anber erber lüt ain micheltail. Dif geſchach bo
man zalt von Criſtef geburt Driuzehenhunbert Jar, vnb in bem zwelften Jar, an
bem Dunrſtag vor Sant Gallen tage.

B. b. Orig. im St.-Archiv zu Stuttgart. — Mit bem ziemlich gut erhaltenen
Reiterſiegel bes Grafen, ähnlich bem Burkards IV.

232.

17. Oktober 1312. o. O. Heinrich von Vogtsberg verkauft unter ſeines
Herrn, bes Grafen Burkard von Hohenberg, Siegel an bas Kloſter
Reuthin ben „Grashart bei Ewelhart".

Ihc Hainrich von vogtsberg tůn kunt allen ben biſen brief ſehent alber
hòrent leſen, baz ihc ben Grashart bi Ewelhart vür ain reht aigen in allem
bem reht, alf ihc in han gehebt mit waib, mit waſſer, velb vnb holz, gebuwen
vnb vngebuwen, fwaz bar zů hòret, ez ſi clain alber groz, han gegeben ze koffenne
ber . . priorinun vnb ber Samnung von Růthi reht vnb reblich vmb viunf=
zehen pfunt haller, vnb ſol in ben ſelben kof beſteten vnb vertegan von aller=
meuglichen nahc reht. Ihc vergih ohc, baz ihc bie vorgenanten pfenning han von

in enpfangen vnb ir gewert bin gar vnb genzlich. Dez koffes sint gezvk pfaph
Burchart von Ruthi, vogt Billunk, herman der vogt (sic!) Bûlach,
Cônrat der Toht vnb sin Sun, her ôlrich der Burgenber, ain erber
Ritter, der Spizzer von Bulach vnb anber erber lüt ain Michheltail. Vnb baz
in ber vorgenant koph stet blibe von mir vnb von allen minen erban bar vmb
han ihc gebetten min herren Grauen Burcharten von hohenberk bas ber sin
Insigel ze ainem vrkund hat gehenket an bisen brief vnb ohc ber Burger Insigel
von Bûlach. Dar zô han ihc min aigen Insigel bar zô gehenket ze ainer steti
vnb ze ainer sicherhait aller ber bing, biu hie gesriben sint. Diz geschach bo man
zalt von Cristes geburt Driuzehen hundert Jar vnb in bem zwelften Jar, an bem
nehsten Dinstag nah Sant Gallen tag.

B. b. Orig. im St.-Archiv zu Stuttgart. — Das Siegel ber Stabt Bulach ist
zerbrochen, boch erkennt man auf bemselben noch ben Reichsabler. Das Siegel bes von
Bogtsberg, beinahe so groß als bas Reitersiegel bes Grafen, hat einen links geneigten
Schilb, welcher einen querliegenben Balken unb auf bem rechten Eck einen Platthelm
hat, auf bessen beiben Seiten je eine thurmähnliche Figur zu erkennen ist.

233.

10. April 1318. Rotenburg. Renhart von Höfingen unb seine ehliche
Wirthin, Abelhaib von Werbenwag, verkaufen unter Graf Rubolfs
von Hohenberg Siegel einen Hof zu Dettingen (O.A. Rotenburg)
an einen Reutlinger Bürger.

Wir Renhart von Heuingen, genant von Ohsemberch vnb Abelhait
von Werbenwag, sine elichiu wirtenne, vergehen vnb tuôgen kunt allen, ben bie
bisen brief an sehent ober hörent lesen, baz wir mit guotem willen vnb mit ge=
mainem râte aller ber bie ez an horrte, mit gesundem libe, burch vnser selbes
nutze aines rehten vnb aines reblichen koufes haben gegeben ze koufenne bem wisen
man, Albreht bem Hûte, ainem burger von Rutelingen, fro Elisabethun
siner elichun wirtenne, vnb ir beiber erbun ben Hof ber ba gelegen ist in bem
borfe ze Tettingen, ben man ba nemmet bez Bûckinun hof, mit allem rehte
vnb mit allem bem baz bar zû höret, ez sie en holtze, ober en velbe, an acker ober
an wise, bi wasen ober bi zwie, besûchet ober vmbesûchet vnb mit namen niun
shilling geltes Järgelich von ber wise, biu ba gelegen ist bi bem borfe ze Tettingen,
bie ba het Cônrat ber Kuppinger, haller pfenninge vnb ahtzehen haller pfen=
ningen geltes Järgelich ze Einse, bie ba git Cônrat Rieme von ainer hofstat
ze Tettingen, vnb ain herbest hûn geltes Järgelich, baz ba git Cônrat ber
pfister vnb ain vashnaht hûn geltes, baz ba git Järgelich Albreht Maisen=
hart, vmme Ahtzeg pfunbe güter haller pfenninge, ber wir mit rehter zal völlec=
lich gewerut sien, vnb ouch in vnseren nutze bekoment sint, vnb sülen wir noch

kain vnfer erbe fúrbas mere ʒe dem vorgenanten houe noch ouch ʒe dem vorge=
ſchribenne gelte nûmmermer kaine anfprache gewinnen weder an gaiſhlichem gerihtte
noch an weltlichem. Wir ſûlen ouch kain rehte, kain wartte, kaine ſache noch
kaine getâte nûmmerme barʒû gewinnen. Ich ouch biu vorgenant fro Abelhait,
van mir ber vorgeſhriben hof vnb baʒ gelte wart gegeben ʒe haim=
ſtûre von Hainrich ſáligen bem Stahler minem erren wirtte, ſo han
ich beibiu ben ſelben hof vnb baʒ gelt, bem vorgenanten albreht, eliſabethun
ſiner wirtenne, vnb ir beiber erbun vf gegeben als reht iſt, vnb als ſiben ritter
vf ir aibe ertaīlet hant, vnb han baʒ getân mit mines vogtes·hant, heren weren=
heres von Ehingen, mines Ôhaimes, ben ich ʒe ainem vogte bar ʒû erwelt.
Wir ſûlen ouch rem vorgenanten Albreht, fro Elizabethun, ſiner wirtenne vnb
iren erbun, ben vorgenanten hof vnb baʒ gelt, fûr ain reht fríes aigen vertegun,
baʒ ſi vnb ir erben bar an habenb ſien nah rehte als ſitlich vnb gewonlich iſt,
vnb mit namen ſulen wir ſchaffen von ſant walpurge tag bem náhſten über viunf
Jar, baʒ Máhtilt, min ber vorgenantun fro Abelhait tohter, ben vorgenanten
hof vnb baʒ gelt vf gebe, baʒ eʒ kraft habe vnb vmme baʒ alles, ſo haben wir
ben vorgeſchribenen Albreht fro Elizabethun ſiner wirtenne vnb iren erbun ʒe bur=
gun geſeʒet vnuerſhaibenlich: Cûnrat von der wilbun Tierberg, Hain=
richen von Ehingen, Struben von Iſemburg, Marquarten von Owe,
werenheren von Owe, vnb Burkarten von Bonborf ben elteren, mit ſus
getaner beſhaibenhait, als hie nach geſhriben ſtât. Wâr baʒ wir ober vnſer erben,
ben vorgenanten, Albrehten, Eliſabethun, ſiner wirtenne vnb iren erbun, ben vor=
geſhribenne hof vnb baʒ gelt nit vertegutin, alſ vor geſhriben iſt, vnb ouch mit
namen von bem vorgenanten kinbe in ben viunf Jaren, als ouch vor geſhriben
iſt, ſhwenne benne bie vorgenanten Bürgen gemannt werbent, ſo ſulen ſi laiſten
vf ben ait ʒe rehter giſelſheft als ſitlich vnb gewonlich iſt, aintweber ʒe Rotem=
burg, ʒe Haigerloch, ober ʒe Horwe, vnb ſulen nummer lebig werben noch
banna komen vf ben ait, biʒ wir baʒ vorgenante gût beibiu ben Hof vnb baʒ
gelt gevertegien in allem bem rehte als vor geſhriben iſt. Wâr ouch, baʒ ich ber
vorgenant Renhart baʒ vorgeſhriben gût beibiu ben hof vnb baʒ gelt von bem
vorgeſhribenne kinbe nit gevertegun möhte, vnb ouch eʒ mir baʒ ſelbe gût an
behuôbe mit bem rehten, eʒ ſie ê·baʒ eʒ ʒû ſinen tagen kome alb bar nâch, ſhwenne
eʒ baʒ ſelbe gût an ſpráchig wirt, vnb eʒ mir von im an behebet wirt vnb ouch
ich eʒ von im nit gevertegun mag, ſo ſol ich ber vorgenant Renhart bem vorge=
nanten Albreht, fro Elizabethun ſiner wirtenne vnb ir beiber erbun gen ʒe hant
bar nâch in vierzehen tagen ane allen fûrzog, biu vorgeſhribenne ahʒeg pfunbe,
vnb ſhwa ich alb min erben beʒ nit tâtin, ſo ſulen bie vorgeſhribenne bürgen
laiſten of ben ait ſo ſi gemanut werbent in allem bem reht alſ vor geſhriben iſt,
vnb ſulen nummer lebig werben, weber ſus noch ſo, biʒ ich vnb min erben ben
vorgenanten Albrehten, fro Elizabethun, ſiner wirtenne vnb ir beiber erbun ver=
gelten werbent völleclich — biu vor geſhribenne ahʒeg pfunbe. Shwelhe ouch

vnder den vorgenanten bûrgun da zwifhan ab gienge, daz got wende, ober ze ainem gifel vnnûtze wurde, an bez ftat fulen wir in vnd iren erbun ainen anderen fetzen der als gewis ift in den nâhften vierzehen tagen von dem tag, fo wir darumme ermanut werden, tûn wir dez nit, fo fulen die anderen burgen laiften, fo fi gemanut werdent in allem dem rehte als vor gefhriben ift, biz wir in ainen anderen gefetzen, der als gewis ift als der erre. Wir verzihen vns ouch alles rehtes gaifhliches vnd weltliches, alles fchirmes, alles fûrzoges, vnd ouch überal aller dinge, da uon dirre kouf der fo reblich vnd reht zû gegangen ift, hie nach mit kainerfhlaht fache geânderet oder geirret môht werden. Wir ouch die vorge= nanten burgen alle vergehen offentlich vnder vnferen aigenen infigelen der vorge= nantun burgefhaft, vnd vergehen ouch, daz wir die gifelfhaft haben gelobte ze haltende vf den ait als vor gefhriben ift. Vnd daz diz alles ftâte vnd wâr be= libe, da uon fo geben wir in diefen brief befigelt mit des edelen herren infigel, Graue Rûdolfes von Hohemberg, vnd mit minem dez vorgenanten Ren= hartes aigenem infigel, vnder den zwain ich diu vorgenant fro Abelhait der vor= gefhribenuu dinge vergehen han. Dirre dinge fint geziuge, Graue Rûdolf von Hohemberg, Graue Burkart, herre wernher von Ehingen, Her Cônrat von witingen, her volkart von Owe, her volmar von witin= gen, her Renher von Rutj, ritter, Bruober wernher, vnd anderre erberre lûte vil. Diz befhach vnd dirre brief wart gegeben ze Rotemburch, do von Gotes gebûrte waren Driuzehenhundert Jar, vnd dar nâch in dem Drizehenden Jar an dem nâhften zinftag nâch dem Balme tag.

V. d. Orig. im Archiv zu Hechingen. — Anhängt auf braunem Wachs das Reiter-fiegel Rudolfs, Grafen von Hohenberg.

234.

22. Juli **1313.** o. D. Johannes von Pforzheim, ein Bürger von Wildberg, verkauft mit feines Herrn, des Grafen Burkard von Hohenberg, Hand und unter deffen Siegel an die Sammlungs= Frauen zu Wildberg eine Gült von einem Gut bei Minbersbach.

Jn Gottef namen Amen, Jhc Johannef von pforzhain genant, ain Burger von wilperk, vergih offenlich an difem gegenwertigen brieue, daz ihc der . . Maifterinun vnd der Samnung von wilperk, die man da nemmet von Erlach, han gegeben ze koffenne reht vnd reblich ze Mundelerfbach vf daz gût, da Staimar offe fizzet, ain zwai viertail Driu Malter Roggen vnd viunf Malter habern in allem dem reht, alf ihc ez han gehebt in nuz wer, vûr reht aigen vmb zwelf pfunt haller vnd viunf fchilling, vnd fwer daz felb gût buwet, fo der ftirbt, fo git er daz beft habt, daz er hat, ze hobtreht der vorge= nanten vrowan. Wan fol ohc wiffen, daz ihc in daz felbe gût vnd daz gelt ver=

tegan sol von aller menglichem nahc reht. Disef koffef sint gezöf Lvtzze, Johanes walpreht vnd welpeli sin Brüder, ffriberich Ehtentûn, Burger ze wilperk vnd anber erber Lût. Vnb ze ainem vrkunb vnb ze ainer steti ber vorgefribenan Dinge han ihc gebetten minen herren Graue Burchart von Hohenberk, mit bef hant ef geschehen ift, baz ber sin Infigel hat gehenket an bifen brief vnb ohc ber Burger Infigel von wilperk. Dif ift gefriben, bo man zalt von Criftef geburt, Tufent vnb Driuhunbert Jar vnb in bem Drizehenben iar, an bem Sunnentag vor Sant Jacobf tag.

B. b. Drig. im St.-Archiv zu Stuttgart. — Das Reiterfiegel bes Grafen, ähnlich bem Burkarbs IV., ift bis auf weniges von ber Umfchrift gut erhalten. Das zerbrochene Sigel ber Stabt Wilbberg zeigt ben Hohenberger Schild. Beibe Siegel hängen an rohn leinenen Schnüren.

235.

23. Juli **1818**. o. D. Johannes von Pforzheim, ein Bürger zu Wilb=
berg, verkauft mit seines Herrn, des Grafen Burkarb von Hohen=
berg, Hanb unb unter bessen Siegel an bie Sammlungs-Frauen
zu Wilbberg eine anbere Gült zu Minbersbach (O.A. Nagolb).

In Gottef namen amen, Allen ben fol kunt fin bie bifen brief fehent alber hörent lefen, baz ihc Johanes von pforzhain genant, ain Burger von wilperk, mûtwilleclich vnb mit bebahtem mût reht vnb reblich ben erberen vrowan . . ber Maifterinun vnb ber Samnung bie man nemet von Erlach vnb ze wilperk fizzent han gegeben ze koffenne zwai Malter Roggen, zwai Malter habern vnb viunf fcheffel vefan wilperger meffef vnb vierbhaben (sic!) fchilling haller ze Munbelerfbach in baz gut, ba ber Nabeler vffe fizzet in allem bem reht, alf ihc ef han gehebt in nuz wer, vmb Driuzehen pfunt haller, vnb baz ihc berfelban haller gewert bin gar vnb ganzlich, vnb fol in baz felb gelt vertgan von allermenglichem nah reht. Man fol ohc wiffen, baz bierre kof ift befchehen mit minf herren hant Graue Burchartf von Hohenberk, ber fin Infigel burch min bet hat gehenkt an bifen brief, bar zð han ihc ohc ber Burger Infigel von wilperk bar an gehenket ze ainem vrkunb aller ber bing, bie hie vor gefriben fint. Diefef kofef fint gezöf hainrich Bethelan, Luzze, Johanes wal=preht, Burger von wilperk vnb anber erber lut. Dierre brief wart gefriben vnb gegeben, bo man zalt von Criftef geburt Driuzehen hunbert Jar, vnb in bem Drizehenben Jar, an Sant Marian Magbalenan tak.

B. b. Drig. im St.-Archiv zu Stuttgart. — Die beiben Siegel bes Grafen unb ber Stabt finb fehr unkenntlich geworben; erfteres ift kein Reiterfiegel.

236.

12. Januar 1314. Haigerloch. Walther der Schenk von Zell verkauft mit Zustimmung des Grafen Friedrich von Zollern, des Oster-
tags, die Mühle bei Schlechtenfurt an das Kl. Kirchberg.

Ich Walther der Schenk von Celle ain Ritter, vnd wir Walther, Burkart vnd Werenher sin sune vergehen vnd tügen kunt allen, die disen brief an
sehent, lesent, oder hörent lesen, das wir mit gütem willen vnd mit gemainem rate
aller der die darzü hortun, haben gegeben ze kouffenne aines rehten vnd aines redlichen
kouffes dem goteshuse der Sammunge vnd den frowen allen des Closters ze kirperch
die Müli diu da gelegen ist ze Slehtenfurte fur ain rehte aigen mit allem rehte
vnd mit allem dem das darzü höret es sie an äcker an holtze an wisen an velbe by
wasen alb by zwie besůchet oder vmbesůchet es sie embuwe oder nit embuwe vmb aine
zway Sehtzeg pfunde güter haller pfenninge die sie vns völleclich vergolten hant
vnd ouch jn vnsern nutze komen sind, vnd haben die vorgenantun Müli verkouffet
mit willen vnd mit gunste vnsers herren des Edeln graue ffribriches
des Ostertages von zolre, vnd haben die vorgenantun Müli mit allem rehte
dem vorgenanten goteshuse vnd den frowun vf gegeben mit der hant vnd in ir
gewalt vnd in ir gewere geantwurtet. Wir verzihen vns ouch alles rehtes gaistliches vnd weltliches, aller ansprache, alles fürzoges alles schirmes vnd gemainlich
aller der binge. dauon birre vorgeschriben kouff hie nauch möchte geirret oder ge-
endert werden, wann wir kain wartte noch kaine getate mere zu der vorgenantun
müli sullen han. Wir sollen ouch dem vorgenanten goteshuse vnd den frowun die
vorgenantun Müli mit allem dem das darzü höret vertegun vnd uerstan für ain
reht aigen nah rehte, als sitlich vnd gewonlich ist vnd haben jn darumbe ze
bürgun gesetzet vnuerschaidenlich hern Wernheren den Schencken von Nüwen-
celle ainen Ritter vnsern vettern, vnd hern Wernheren von Mieringen ainen
Ritter. Mit selcher beschaidenhait als hie näch geschriben stat. Shwa wir dem vorgenanten goteshuse vnd den frowun die vorgenantun Müli mit allem dem das darzü
höret nit vertgutin nah rehte als sitlich vnd gewonlich ist, Shwenne benne wir der
vorgenant Walther vnd Walther sin sune vnd ouch die vorgenanten bürgen gemanut
werden, So sullen baidiu wir vnd ouch die burgen faren ainweder gen Rotenburch
gen Haygerloch oder gen hächingen, vnd süllen ba laisten ze rehter Giselsheft an
offnen wirtten als sitlich vnd gewonlich ist vnd süllen nümmer danna komen noch ouch
lebig werden bis wir die vorgenantun müli mit allem dem das darzü höret geuertigen
vnd verstanden nach rehte als sitlich vnd gewonlich ist. Shwelhe auch vnder vns alb den
bürgun selbe nit gelaisten möhte oder selbe nit laisten wölte, Der sol ain erbarn kneht
mit ainem pfäribe an sine stat legen vnd sol der laisten in dem selben rehte ane
alle geuärbe, shwedere ouch vnder den vorgenanten bürgun ba zwüschan ab gienge
das got lange wende an des statt sulen wir dem vorgenanten Goteshuse vnd den

Frowun ainen anderen setzen der als gewis ist in dem nähsten manode von dem tag so wir darumbe ermanut werden Tügen wir des nit So sol der lebende laisten in allem dem rehte als vorgeshriben ist, bis wir in ainen andern gesetzen der als gewis ist als der erre, vnd das dis alles dem vorgenanten goteshuse vnd ouch den Frowun státe vnd war belibe, dauon so geben wir in disen brief geuestnut vnd besigelt mit minem des vorgenanten Walthers jnsigel vnd mit minem des vorgennten Baltheres sines sunes jnsigel vnd mit vnseres Edelen herren jnsigel Graue fíribriches von zolre des Ostertages. Wir Graue friberich von zolre vergehen offentlich das birre kouff ist zů gegangen mit vnserm gůten willen vnd desselben ze ainem offenen vrkunde han wir vnser Jnsigel an bisen brieff haissen gehenket. Dirre ding sint gezüge Pfaf Wernher der kircherre von Tülingen, Pfaf Dietrich der kircherre von Owingen, Maister Johannes der Schulmaister von Rotemburch, Wernher der Buwemburger, der sißherre, Hainrich der alte Schulthaisse von Haygerloch, Cůnrat sin sune, friberich der Büringer, Berhtolt sin sune, Burger ze Haigerloch Albreht von Owe, Engelhart der herter, Cůnrat der Stahler, Volker der Ammann, Johannes von horwe, Burger ze Rotemburch vnd anderre erbärre lüte vil. Dis beschach vnd birre brief wart gegeben ze Haygerloch, Do von gottes geburtte waren Driuzehen hundert jar vnd barnach in dem vierzehenden jar, an dem nähsten Samstag vor. sant hilaris tag.

K. d. Original im St.-Archiv zu Stuttgart. — Sämmtliche Siegel abgerissen.

237.

7. März 1314. Rotenburg („in noua ciuitate"). Friberich von Herrenberg, Bürger in Rotenburg, und dessen ehliche Wirthin verkaufen mit ausbrücklicher Genehmigung des Grafen Rudolf von Hohenberg, ihres Herrn, an den Altar des h. Konrad von Constanz in der Kapelle bieses Heiligen eine Gült von **20** Malter Weizen aus dem Laienzehnten zu Nebringen (O.A. Herrenberg). [1]

Omnibus presentes literas inspecturis Fridericus de Herremberch Ciuis in Noua Ciuitate Rotemburch, nec non Mæhtildis vxor sua legitima Rei geste noticiam cum salute. Ne ea que geruntur in tempore obliuionis caligine obumbrata a memoria hominum decidant in errorem, expedit vt stili testimonio testiumque tenaci memorie commendentur. Noscant igitur vniuersi tam posteri quam presentes, quod nos prefati vnanimi voluntate et consilio expresso omnium quorum intererat et specialiter de puro consensu Spectabilis viri domini nostri Comitis Růdolfi de Hohemberch pure et simpliciter iuste et legaliter vendidimus nomine libere et absolute proprietatis altari sancti Cŭnradi Constancie in Noua Capella eiusdem beati Cŭnradi constructo, dominoque Wernhero, sacerdoti de Dorenburren, Capellano eiusdem altaris, ac omnibus sibi in eodem altari successuris, redditus viginti maltrorum siliginis mensure consuete in Herremberch, ex decimis laycalibus in villa et banno Naeberingen, quas hucusque multis annis libere et sine lite possedimus pro Sexaginta tribus libris valencium denariorum hallensis monete, eosdemque redditus vt premissum est per nos venditos bona fide fatemur. Mittentes prefatum wernherum pro se et predicto altari sollempniter stipulanti in corporalem possessionem reddituum et decimarum predictorum, Nichilque iuris, occasionis cause vel facti nobis seu nostris heredibus in predictis redditibus seu decimis reseruantes. Promittimus quoque presencium testimonio prefato domino wernhero nomine altaris prescripti per nos warandiam dictorum reddituum et decimarum prestari debere ad annum et diem sub forma iuris debita et consueta. Obligantes sibi proinde fideiussorie in solidum Engelhardum dictum Herter, volkerum dictum Amman et Berchtoldum de Herremberch fratrem mei prefati friderici, Ciues in Rotemburch sub tali conditione et pacto. Si quisquam hominum prefatum dominum wernherum et altare predictum in prescriptis redditibus et decimis inquietaret vel quouis modo impediret, seu eciam eosdem redditus impeteret, prefatus dominus vel successorum suorum quis in villa Naberingen vel ab eadem villa in loco ad spacium duorum miliarum sito quem ipse ad hoc eligere decreuerit terminos et dies prefigere debet, nosque ad eosdem terminos et eadem loca venire debemus et warandiam dictorum reddituum prestare ad annum et diem sub forma iuris debita et consueta. In cuius warandie exhibicione et prestacione si negligentes fuerimus aut remissi, prefati fideiussores ammoniti tenentur et promiserunt se recipere in obstagio in oppido Rotemburch debito et consueto, nec ab eodem debent aliquatenus separari. quousque per nos warandia prescriptorum reddituum prestetur omni iure et modo sicut in premissis antea est expressum. Ceterum si predictorum fideiussorum quis medio tempore quod absit legibus nature satisfecerit moriendo, ex tunc nos requisiti tenemur infra mensem requisicioni proximum prefato altari et ipsius Capellanis obligare alium fideiussorem eque certum, alioquin superstites et viui ammoniti tenentur subintrare obstagium omni iure quo prescriptum est, donec per nos alius eque ydoneus et certus fuerit obligatus. Renunciamus quoque excepcioni mali doli et metus decepcionisque vltra dimidiam iusti precii, restitucioni in integrum, specialiter quoque peccunie non numerate, non tradite, non solute, omnique iuris auxilio tam canonici quam ciuilis ac omnibus precise per que dicta vendicio posset in posterum infringi quomodolibet vel cassari, adhibitis in premissis omnibus et quolibet eorundem sollempnitatibus verborum et gestuum debitis et consuetis. Nos itaque Comes Rûdolfus de Hohemberch tenore presencium publice profitemur, quod predicte vendicionis contractus de nostro expresso consensu peractus est, nosque decimas et redditus predictos ob reuerenciam sancti Cvnradi tueri volumus et in nostram protectionem recipimus specialem, appendentes nostrum sigillum proprium presentibus in euidenciam premissorum. In quorum eciam omnium sic rite, sicque canonice peractorum presentes literas nos Fridericus et Mæhtildis prefati altari predicto et ipsius Capellanis tradidimus sigillo domini nostri predicti et sigillo . . Ciuium in Rotemburch, quia propriis caremus fideliter ad nostri peticionem roboratas robur indeficiens et testimonium inconcussum. Actum et datum in Noua ciuitate Rotemburch anno domini M⁰. CCC. xiiij proxima feria quinta ante festum beati Gregorii pape, presentibus domino Vlrico sacerdote de Sulgen, domino Hainrico sacerdote. dicto Maiselin, Burkardo Notario domini Rûdolfi Comitis predicti, Johanne, Rectore puerorum in Rotemburch, Cvnrado sculteto, Hainrico hospite, Hainrico de Eckenwiler, ciuibus in Rotemburch et multis testibus fide dignis.

B. d. Orig. im St.-Archiv zu Stuttgart. — Das anhängende Reiterſiegel des Grafen, dem Alberts II. ähnlich, iſt beinahe ganz erhalten. Das der Stadt R. mit dem Hohenberger Schilde am Rande theilweiſe beſchädigt; deſſen Umſchrift: ..:. vm in Rotembvrch.

¹ Auf der Außenſeite der Urkunde ſteht: „lrā (littera) altar (is) scti michahelis ī (in) nebrign."

238.

27. April 1314. o. O. Albrecht von Leinſtetten (O.A. Sulz) verzieht ſich unter dem Siegel Graf Rudolfs von Hohenberg gegen das Kl. Bebenhauſen aller ſeiner Rechte an gewiſſe leibeigene Leute zu Bondorf und Möhingen (O.A. Herrenberg), welche auf den St. Stephans-Altar zu Obernkirch (Poltringen, in gen. O.A.) gehörten.

Ich Albreht von Linſteten vnd mit mir min elichiv wirtinne, vogt Willices tohter von Horwe, vergehen an diſem briefe fur vns vnd alle vnſer erben, das wir vns verzigen haben aller der reht, die wir alber vnſer.erben möhten han an gaiſchlichem oder an weltlichen gerihte zů den lüten die der ebelen herren der Scherer grauen Eberhartes vnd grauen Rudolfes von Tüwingen waren vnd hörent vf den altar ze Obernkirch, da ſant Stephan genebig iſt, ſi ſigen geſeſſen ze Bondorf, ze Mezcingen oder ander ſwa vnd haben vns der verzigen vnder dem inſigel des ebelen herren grauen Rûbolfes von Hohen-

berg gen den erberen gaischlichen lúten dem abbete vnd dem conuente des clofteres
ze Bebenhufen vnd hat der vorgenante vnfer herre graue Rûdolf von Hohenberg fin infigel an difen felben brief gehenket durch vferre bette willen ze
ainer gezivgnufte vnd veftenunge aller der dinge, die dar an gefchriben fint. Dis
befchach vnd wart dirre brief gegeben do von Gotes gebürte waren drizehen hundert jar vnd darnach in dem vierzehenden jar an fant Gerigen tage.

B. d. Orig. in Karlsruhe. — Mit dem bekannten Reiterfiegel des Grafen.

239.

29. April 1314. Rotenburg („in noua ciuitate"). Konrad Stahler,
Bürger in Rotenburg, verkauft als Vormund der nachgelaffenen
Kinder Engelfrids von da, mit Rath und Zuftimmung des Grafen
Rudolf von Hohenberg an die Kapelle des h. Konrad[1] 6 Malter
Weizen aus dem Laienzehnten zu Nebringen (O.A. Herrenberg),
in deffen Befitz und Genuß der Graf die Kapelle befonders zu
fchirmen verfprach.

Presencium inspectoribus vniuersis, Cŭnradus dictus Staheler ciuis
in Rotemburch tutor legitimus .. liberorum Engelfridi quondam
ciuis in Rotemburch. Subscriptorum noticiam cum salute. Ne ea que
geruntur in tempore, obliuionis caligine obumbrata a memoria hominum
decidant in errorem, expedit vt stili testimonio testiumque tenaci memorie
commendentur. Noscant igitur vniuersi tam posteri quam presentes quod
ego prefatus Cŭnradus vnanimi voluntate et consilio expresso omnium
quorum intererat et specialiter de puro consensu spectabilis viri
domini Rŭd. Comitis de Hohemberch ob utilitatem predictorum .. liberorum seu .. puerorum pure et simpliciter ac iusto vendicionis tytulo vendidi
nomine libere et absolute proprietatis altari sancti Cŭnradi Constancie in
noua Capella eiusdem beati Cŭnradi constructo, dominoque wernhero de
Dornburren sacerdoti, capellano eiusdem altaris ac omnibus sibi in eodem
altari successuris, redditus sex maltrorum siliginis mensure consuete in
Herremberch ex decimis laycalibus in villa et banno Næberingen,
quas hucusque predicti .. liberi et ipsorum pater quondam multis annis
libere et sine lite possederunt, pro decem et nouem libris valencium denariorum hallensis monete eosdemque redditus, ut premissum est, per me
venditos bona fide fateor. Mittens prefatum Wernherum pro se et dicto
altari sollempniter stipulanti in corporalem possessionem reddituum et
decimarum predictorum, Nichilque iuris, occasionis, cause vel facti michi,
predictis .. liberis seu .. ipsarum heredibus reseruans in reddititbus et

decimis antedictis, Promitto quoque presencium testimonio prefato domino
Wernhero nomine altaris prescripti per me warandiam dictorum reddituum
et decimarum prestari debere ad annum et diem sub forma iuris debita et
consueta sub tali eciam pacto expresso et condicione, quod quandocumque
.. liberi et .. pueri predicti, quorum tutor sum ad annos pubertatis et
discretionis peruenerint, vendicionem huiusmodi per me factam ratam habeant, nec contra ipsam aliquid verbo aut facto attemptare presumant, redditus quoque predictos et decimas manumittant et easdem altari predicto
et eius Capellanis resignent, renunciaturi omni iuri· eis in eisdem redditibus
competenti. Obligans memorato domino Wernhero et suis successoribus fideiussorie pro warandia predicta per me prout de verbo ad uerbum premittitur
prestanda in solidum Engelhardum dictum Herter, Fridericum de
Herremberch et volkerum dictum amman, ciues in Rotemburch
sub tali pactione. Si quisquam hominum prefatum dominum Wernherum et
altare prescriptum in predictis redditibus et decimis inquietaret vel quovis
modo impediret, seu eciam eosdem redditus impeteret, prefatus dominus vel
successorum suorum quis in villa Næberingen vel ab eadem villa in loco ad
spacium duorum miliarium sito, quem ipse ad hoc eligere decreuerit terminos
et dies prefigere debet, egoque ad eosdem terminos et eadem loca venire
debeo et warandiam dictorum reddituum prestare ad annum et diem sub
forma iuris debita et consueta. In cuius warandie exhibicione et prestacione
ac eciam manumissionis et resignacionis per .. liberos vt premissum est,
faciende procuracione, si negligens fuero aut remissus, prefati fideiussores
ammoniti tenentur et promiserunt se recipere in obstagio in oppido Rotemburch debito et consueto, nec ab eodem debent aliquatenus separari, quousque per me warandia dictorum reddituum prestetur omni eo iure et modo
sicut in premissis antea est expressum. Ceterum si predictorum fideiussorum
quis medio tempore quod absit legibus nature satisfecerit moriendo, ex tunc
ego requisitus teneor infra mensem requisicioni proximum prefato altari et
ipsius capellanis obligare alium fideiussorem eque certum, alioquin superstites et viuj ammoniti tenentur subintrare obstagium omni iure quo prescriptum est, donec per me alius eque ydoneus et certus fuerit obligatus. Nos
quoque Engellinus et Hainricus filii quondam Engelfridi ciuis in Rotemburch sub sigillo .. Ciuium in Rotemburch vendicionem predictam per
nostrum tutorem factam approbamus et in quantum possumus ratificamus.
Renunciantes unâ cum predicto Cŷnrado nostro tutore excepcioni mali doli
et metus decepcionisque vltra dimidiam iusti pretij, restitutioni in integrum,
specialiter quoque pecunie non numerate non tradite non solute omnique iuris-
auxilio, tam canonici quam ciuilis, ac omnibus precise per que dicta vendicio
in posterum posset quovis ingenio violari, adhibitis in premissis omnibus et
quolibet eorundem verborum et gestuum sollempnitatibus debitis et consuetis.

Nos itaque Comes Rûdolfus de Hohemberch tenore presenciam publice profitemur, quod predicte vendicionis contractus de nostro expresso consensu peractus est, nosque decimas et redditus predictos, ob reuerenciam sancti Cŏnradi tueri volumus ac in nostram protectionem recipimus specialem. Appendentes sigillum nostrum proprium presentibus in euidenciam premissorum. In quorum eciam omnium sic rite et legitime peractorum robur indefeciens et debitam firmitatem presentes ego Cŏnradus predictus altari predicto et ipsius capellanis tradidi sigillo domini et Comitis predicti et sigillo .. Ciuium in Rotemburch, quia proprio careo ad mei petitionem fideliter roboratas. Actum et datum in Noua ciuitate Rotemburch anno domini M⁶. ccc. xiiij. feria sexta proxima post festum beati Georij martiris, presentibus domino Ŭlrico de Sulgen sacerdote, H. dicto Maiseli sacerdote, Burkardo, Notario Illustris domini Comitis R. de Hohemberch predicti, Johanne rectore scolarum in Rotemburch, C. sculteto, H. hospite, H. de Eckenwiler, ciuibus in Rotemburch et aliis multis testibus fide dignis.

B. b. Orig. im St.-Archiv zu Stuttgart. — Mit dem großen, aber sehr zerrissenen Reitersiegel Rudolfs (basselbe, wie an Urkunde v. 28. April 1314) und dem ziemlich großen der Stadt Rotenburg, das den Hohenberger Schild (Schraffirung unten) hat. Umschrift: .... vm in Rotenbur ..

¹ Auf der Außenseite der Urkunde steht: „lrã (littera) altaris scti michahelis" von alter Hand. Von jüngerer Hand; „Conradus, dictus Staheler u. j. w. — vendit altari S. Conradi (puto Rotemburgi)" etc.

240.

8. Mai 1314. Kirchberg. Bertholb Hasenbein unb Konrab, sein Bruber, verkaufen mit Willen unb Gunst des Grafen Rubolf von Hohenberg, ihres Herrn, eine Roggen= unb Heller=Gült aus einem Gut zu Mühringen (O.A. Horb) an das Kloster Kirchberg.

Allen — tün ich berchtolt hasenbein vnd Cŏnrat min bruber tunt — bas wir — haben gegeben, ze louffenne bem gottes huse — ze kilperg ain viertal vnb brü malter roggen geltes horwes messes vnb aht schilling tuwinger ze Mieringen in bes jungen gůt vnb vier schillinge pfenninge geltes tůwinger, bie git hainrich volmar von zubers wise vmb sehs schillinge vnb vierzehen pfunt guter haller pfenninge, — vnb haben bas vorgenant gelt uerkouffet mit willen vnb mit gunst vnsers herren bes ebeln grauen Rŭbolfes von hŏhemberg — für ain lebig aigen, vnb haben barum ze burgen gesetzet hern wernher von Mieringen ain ritter, Marquart Böckli, Berhtolt ben Staheler. — Vnb bas bis alles bem vorgenanten gottes huse — stete vnb wär belibe, so geben wir im bisen brief geuestent vnb besigelt mit vnserm bes vorgenannten berchtolbes he ſenbaines vnd Cônrades mines brůders inſigel vnd mit vnſers herren jnſigel Grauen Růdolfes von hohemberg vnd ouch barzů hern wernhers jnſigel von botternhuſen. Wir graue Růdolf von hohemberg verjehen offenlich das dirre kouff iſt zů gegangen mit vnſerm gůten willen vnd desſelben zu aim offenen vrkunde han wir vnſer jnſigel haiſſen gehenket an diſen brief won ich uergihe das ich der bürgen ainer bin. Der vorbenempten dirre binge ſint gezüge vogt villice, Schulthaiß ze horw, Gebhart der alt, hainrich bürtzing, hug laimeli, fribrich der gut, wernher der linwater, wernher der Stocker. Dis geſchach vnd wart dirre brief gegeben ze kirchberg ba uon gotes geburt waren drützehen hunbert jar in dem vierzehenden jar an ber mitwochun nauch ſant walpurg tag.

Kirchberger Copial-Buch Fol. 183.

241.

26. Juni 1314. Kirchberg. Werner von Dotternhauſen (O.A. Spaichin-
gen), ein Ritter, verkauft mit Willen und unter dem Siegel ſeines
Herrn, des Grafen Rudolf von Hohenberg, drei Hofſtätten zu
Mühringen an das Kl. Kirchberg.

Allen — tůn ich wernher von Totternhuſen ain ritter kunt — das ich — han uerkouffet — dem gotteshuſe — ze kilperg bry hofſtette mit ainem garten ze Mieringen, da Eberhart der phiſter off ſitzet, vnb ain wiſe barzů fur ain rechtes lebiges aigen vmb zehen pfunt haller guter pfenninge — mit gunſt vnd mit willen mins gnedigen herren Grauen Rudolfes von hohemberg — vnd geltent järlich britzehen halben ſchilling tuwinger guter pfenninge, ainen ſchöffel habern, ſehtzig anger, zehen herbſthünre vnd ain faſnachthünre. — Vnd hän barumb ze bürgen geſetztet — Marquarten Böcklin von horwe, hainrich Lü-tolben von wiſenſtetten, hainrichen volmar vnd Cünraben. — Vnd das dis alles dem gottes huſe — ſtete vnd war belibe, ſo gib ich jm diſen brief beſigelt mit minem aigen jnſigel vnb ouch mit mines gnedigen herren jnſigel des edeln herren Grauen Rudolf von hohemberg. Wir Graue Růdolf von ho-hemberg verjehen — bas birre kouff iſt zů gegangen mit vnſerm gůten willen vnb bešſelben zů aim offenen vrkunde han wir vnſer jnſigel an diſen brief haiſſen gehenket. Dirre binge ſint gezuge herre volze von wytingen ain ritter, frib-rich der gůt, hug von Talhain, hainrich von Dornhain. Tiz geſchach vnb wart dirre brief geben ze Kirchberg, bo von gotes geburt waren drüzehen hunbert jar in dem vierzehenden jar an ber martrer tag ſant johannes vnb ſant Paules ſo man hagel firre begat.

Kirchberger Copial-Buch Fol. 184 a.

13*

242.

29. Juni 1314. Wolffelden. Ritter Johannes von Brandeck (Burg=
ruinen bei Dornhan, O.A. Sulz), Vasall des Grafen Rudolf von
Hohenberg, gibt unter dessen Siegel an Graf Eberhard von Wir=
tenberg das Patronat der Kirche in Nieder=(Unter=)Brändi (O.A.
Sulz).

In nomine domini Amen. Ego Johannes de Brandegge Miles tenore
presentium profiteor et publice recognosco, Quod ego sponte et liberaliter
nec vi nec metu inductus nec dolo seductus omne jus quod habui vel si quod
michi vel meis heredibus conpetere videbatur in jure patronatus Ecclesie
in Nidern Brendi cedo et trado in hijs scriptis . . . . . cedisse et tradidisse
recognosco pro me et meis heredibus Nobili viro domino Eberhardo
Comiti de Wirtenberg ac suis heredibus habendum et tenendum perpetuo et pacifice libere et quiete, nullo michi jure nec meis heredibus in ipso
jure patronatus penitus reseruato, renuncians in hijs scriptis pro me et
meis heredibus vniuersis omni exceptionj contra predictum dominum de
Wirtenberg ac suos heredes in factum doli, mali quod metus causa beneficio
restitutionis in integrum literis a sede apostolica vel aliunde inpetratis vel
inpetrandis ac generaliter omni exceptioni seu defensioni, per quas contra
premissa venire possem vel aliquatenus adiuuari. In cuius rej testimonium
dedi presentes litteras prefato domino Eb. Comiti de Wirtenberg spectabilj
et suis heredibus Sigillo dominj mei Rûd. spectabilis Comitis de
Hohenberch, quod ad preces meas presentibus est appensum et meo
proprio consignatas. In testimonium premissorum Nos Rûd. de Hohenberch comes predictus recognoscimus ad preces predicti Johannis Militis
de Brandegge nostri fidelis dilecti Sigillum nostrum presentibus
appendisse. Testes ad hoc vocati et rogati sunt hij Marquardus prepositus Ecclesie in Stûgarten. Kinerlin Miles et Ruggerus
Miles de Oszwil et Bentzo Dankolf Schultetus in Horuwe, cum
alijs pluribus fide dignis. Datum et actum apud wolfselden anno domini
M⁰. ccc⁰. Xiiij⁰. Sabbatho proximo post festum beati Johannis Baptiste.

V. b. Orig. im St.-Archiv zu Stuttgart. — Das Siegel des Grafen von Hohenberg ist klein und zeigt blos den Helm mit den Hörnern.

243.

29. Juli **1814** o. O. Graf Rudolf von Hohenberg urkundet, daß sein Diener Konrad von Lustnau nebst Bruder und Schwester sich mit aller ihrer Habe an das Kl. Bebenhausen gegeben haben.

Wir graue Rûdolf von Hohemberch tûn kunt allen, die disen brief an fehent oder hörent lesen, daz Cônrat von Lustenowe, vnser diener, ben aau nemmet vf dem hufe, vnd Hainrich sin brûder vnd Jrmel ir ihwester hant ir libe, ir lûte, vnd ir gût, mit vnserre hant, willen vnd verhen= gde gegeben dem closter ze Bebenhusen mit allen den rehten, so zû ben selben gûtn hörent. Daz aber biz dem vorgeschribenen closter stâte vnd gancz belibe, barumme so han wir im disen brief geuestunt vnd besigelt mit vnserem aigenen sigel gegeben, daz wir baran gehencket haben durch der vorgeschribenun, Cônrates, Hainriches vnd Jrmelun bête willen. Dirre rede sint geziuge: herr Volkart von Owe, ain ritter, Vlrich von Wâhingen, Engelhart der Herter vnd anderre erbârer lûte genûge. Dirre brief wart gegeben do von Gotes geburtte waren. druzehenhundert iar vnd bar nach in bem vier zehenben jar an bem nâhsten mân= tage nach sant Jakobes tag.

B. d. Orig. in Karlsruhe. — Mit bem Reitersiegel bes Grafen, wie an Urkunde zu bem Jahr 1322.

244.

17. September **1814** o. O. Graf Rudolf von Tübingen söhnt sich mit Graf Eberhart von Wirtemberg aus, und setzt bafür Gr. Rudolf von Hohenberg zu Bürgen, der sich auch hiefür verschreibt.

Wir Graue Rûbolf von Tûwingen genant ber Schârer verjehen vnd tûn kunt allen ben bie bisen Brief sehent ober hörent lesen, baz wir mit bem ebeln Grazen Eberhart von Wirtemberg vnd mit sinen bienern vnd mit sinen belfern verrichtet vnd versönet sint lûterlich vnd gar vmbe alle bie getat, so si vns getan hant in beme kriege, ben Si hant mit ben Bürgern von Rûtlin= gen vnd von Eßelingen, baz wir bie niemer gerechen noch geäuerren sont, sus noch so, vnd verjehen ouch, baz wir wiber ben vorgenanten Grauen Eberhart von Wirtemberg niemer werben sont burch bif noch burch baz, vntz an ainen ainweligen kunig, vnd swenne ber wirt vnd wir wiber Jme wellen sin, so sont wir Jme vor wibersagen erlich vnd offenlich. Vnb haben barumbe ze trôster gesetzet vnsern lieben Ohain Grauen Rûbolf von Hohemberg. vnb bez ze ainem Urkunbe geben wir ime bisen Brief besigelt mit vnserm aigen Jnsigel. Wir Graue Rûbolf Von Hohemberg verjehen offenlich an bisem briefe, baz wir birre Sûne vnb anberre birre binge trôster sint, vnb ist barumbe vnser aigen Jnsigel an bisen

Brief gehenchet ze ainem Vrchunde. Der ift geben an deme Ciftage vor Sant Matheus tage, do man zalt von Criftes geburte drützehen hundert Jar, an deme vierzehenden Jar.

B. d. Orig. im St.-Archiv zu Stuttgart. — Beide Siegel fehlen.

245.

19. Dezember 1314. Selfe. Graf Rudolf von Hohenberg gelobt, dem römifchen Könige Friedrich inner Lands mit **100**, außer Lands mit **60** Helmen zu dienen, wogegen derfelbe ihm die Burg Buffen und die Stadt Rieblingen um **1500** Mark Silber verpfändet.

Wir graue Rúbolf von Hohemberg tun chunt allen den die difen brief Sehent oder hörent lefen, Daz wir mit dem Hochgebornen fürften unferm lieben herren dem römfchen chúnig Fribrichen oder ainchomen fint, daz wir ime gelopt habent ze wartenne, vnd ze dienenne vnd allen finen brúdern vnd fünderlich wider Herczog Ludwig von Paiern vnd wider alle fine Helfer, die er hat oder her nach gewinnen mag, die wile der chrieg wert der vf geftanden ift vmbe Daz Römfche riche, vnd der dauon noch vf geftan mag, vize vnd vize vncz vf ain gancef ende, vnd wider aller mángelichem inrehalp des landef mit Hundert Helmen vnd mit aller vnfer macht ze rofse vnd ze fúfze, alf verre wir immer mügen ann geferde, vnd vfferhalp Landes mit Sehzig Helmen vnd mit vnfern veftinan vf ze túne in vnd allen ir Diennern, vnd an ze griffenne alle die wider unferm vorgenanten Herren oder fine brúder ob er nicht were, Dehainen chrieg hettent oder haben woltent durch den vorgefchriben herczog Ludwigen oder gen finen Helfern mit ain ander, die wil der chrieg geweren mag. Def foln wir in beholfen fin, Dez haben wir vnf verbunden gegen in mit vnfern trewen vnd gefworn ze den hailigen ze volle füren vnd ze enden ane alle geuárde. So hat aber vnf der felbe vnfer Herr die burg die man nennet den Buffen vnd Röbelingen die ftat mit finer brúder guft (sic!) vnd willen Darumbe gefeczet ze pfande für fünfzehen hundert march filberf choftencer gewichtef mit allen núczen vnd rechten waz vnbekümbert darzú gehöret, ane die edeln lüte, die fuln in vor vfz beliben. Wir fuln ouch in mit der burg vnd ftat warten vnd allen iren vögten vnd Dienern in der zit offen Sin, Swanne Si Dez bedurfent. Wir haben ouch Si von aller gult vnd von allem Schaben, den wir in irem Dienfte empfangen habent, libig laffent. vncz vf Difen tag vnd Swaz wir briefe Darumbe haben, die Sulen chaine chraft han, vnd fúlnt Si wider geben ane die briefe, die wir haben vmbe die burg ze Lupphen vnd swenne wir öch oder vnfer erben dez vorgenanten gütef verrichtet werbent von in oder von ir erben, So ift in der vorgenant ftat vnd burg vrie vnd libig ane allen chrieg. Vnd Darumbe So geben wir in

diem brief mit vnſerm Inſigel verſigelt, Der iſt geben ze Selſze an deme
Tornſtage vor Sant Thomanſ tage, Do man zalt von Chriſteſ geburte Druzehen
hundert Jar in dem vierzehenden Jare.

B. d. Orig. in dem K. K. geheim. Haus-, Hof- u. Staats-Archiv zu Wien.

246.

10. Februar **1315**. Rotweil. Graf Rudolf von Hohenberg verpfändet
m **400** Mark Silber die Burg Lupfen (O.A. Tuttlingen) an den
Freien Heinrich von Lupfen und deſſen Sohn Berthold.

Allen den die diſen brief geſenhent oder gehorent Tün wir Graue Rüdolf
von hohemberg kunt, Daz wir dem edeln manne hainrichen von Lupfen,
ainem vrien, berhtolden ſinem ſon vnd .. iren erben reht vnd redelich Geſezbe.
hant vnd vergenhen daz wir geſezbe haben ze ainem rehten phfande Lupfen die
burg lüt vnd güt vnd ſwaz darzü hört vnd als wir es daher gehept vnd genoſſen
hant von vnſerm herren von Öſterriche vmbe vier hundert marde lötiges ſilberſ Rotwiler gewaeges In vnd iren erben die burg lüt vnd güt vnd ſwaz darzü
höret vnd als wir es daher gehept hänt ze habenne vnd ze nieſſenne mit allem
reht vnd nuz vnd mit aller ehafti vnd ouch iemer vnz an die ſtunde vnz die ſelbe
burglüt vnd güt mit ir zügehörde vmb den vorgenanten hainrichen von lupfen
berhtolden ſinen ſon oder vmb ir erben von vns oder von vnſeren erben oder von
ainem andern dem wir es gunnen vnd haiſſen an vnſer ſtat ze tünne vmb vier
hundert Marde lötiges ſilberſ Rotwiler gewaeges erlöſet wirt gar vnd gaentzlich
vnd vergehen och daz wir oder vnſer erben oder ſwem wir es gunnen an vnſrer
ſtat daz vorgeſchriben güt ze löſenne, dem ſelben hainrichen von Lupfen berhtolb
ſinem ſon vnd iren erben die vierhundert marde lötiges ſilberſ antwurten ſvnt ze
Rotwil In die Münſſe, Swenne wir die Burg Lupfen mit ir zügehörde löſen went
Vnd daz ouch wir von dem ſelben hainrichen von Lupfen vnd von ſinem Süne der
vierhundert marde lötiges ſilberſ gewert ſint gar vnd gaentzlich vnd In vnſern
nuz komen ſint vnd haben ouch gelopt bi vnſerm aide den wir darvmbe getan
hänt, daz wir den vorgenanten hainrichen von Lupfen, ſinen ſon noch ſin erben an
der burg ze Lupfen noch an ir Zügehörde, die wile wir ſi nit erlöſet hant, nit
ierren ſomen, noch nit geſtatten, daz ez behain vnſer amptman von vnſern wegen
tüge, mit gerihte noch ane gerihte, ſus noch ſo, vnd haben In darvmbe vnuerſchaidenlich ze bürgen gegeben vnd geſezt hertzog Luzman von Tecke vnſern
oham, hertzog Cönrad von vrſelingen, hern aigelwarten von val-
lenſtain, wernhern von zimmern, vrien, hern Cönraden von witingen, hern Renhern von Rüti, ritter, Diethrich den Grüwel, fribrichen den kilchherren von Trühtingen, Otten von Nellenburg, Côn-
raden von Emmingen, Diethrichen von Berne, herman kammelin

vnſern vogt, Cönrad hagelſtain, burchard von warndorffe, vnd Ei-
gewin von Noſpelingen, alſo ſwa wir oder behain vnſer amptman von
vnſern wegen den ſelben hainrich von Lvpfen Einen ſon oder ir erben irtint oder
ſomtint, daz ſiv buhti, daz mit gevaerde were darvmbe ſo hant wir zwen man dar
gegeben vnſerhalp, hern Cönrad von witingen, vnd hern Renhern von
Rüti ritter vnd .. der von Lvpfen halp hern Cönrad den hertzogen von
vrſelingen vnd hainrichen von wartemberg vnd ainen gemainen man den
wir beidenthalp genomen hant hertzog Lützman von Tecke, alſo ſwas vns die
ſonſe, oder der merre tail, vmb den Stoſſe vſcrihten haiſſent die dar zö komen
ſont gegen Rotwil oder gegen Neckerburg der ſiv mant, daz ſunt wir gehorſam ſin ze tönne, inrehalp ainem manobe dem naehſten da nach vnd ſwa wir das
nit entaetint, ſo ſol der vorgenant hainrich von Lvpfen .. ſin Son oder ſin erben
die vorgenanten burgen alle manan ob ſiv went ze laiſtenne ze Rotwil oder ze
Oberndorffe nach der giſelſchefte die in den Stetten denne ſitlich vnd gewonlich
iſt. vnd niemer von der giſelſchefte ze komene vntz wir das vffrihten daz die ſunne
oder der merre tail vnder in gehaiſſon hät. vnd ſwa ouch der vorgenanten burgen
behainer ſelber nit laiſten wolte, oder enmöhte, der ſol vür ſich ſetzen ainen knet
mit ainem pfaeribe jn ains offens wirtes hus än alle gevaerde. Vnd ſtürbe ouch
der vorgenanten burgen behainer daz Got wende, ſo ſont wir Jn oder iren erben
ainen andern an des ſtat ſetzzen vnd gen als gewiſſen inrehalp ainem manobe dem
naehſten ſo es an vns. geuordnet wirt oder die lebenden burgen ſont laiſten der
ſiv mant al die wilz vntz es geſchiht Ware ouch daz der vorgenanten fönf manne
behamer ſtürbe oder vor rebelicher ſache ze den tagen nit komen möhte, iſt der vnſerhalp, ſo ſulnt wir ainen andern an des ſtat ſenden ſetzzen vnd gen, Jſt er ouch
der von Lvpfen, die ſont ouch ainen andern an des ſtat ſenden ſetzzen vnd gen.
wäre es ouch der obman, ſo ſont die viere ainen gemainen man an des ſtat zö in
nemen vnuerzogenlich ane alle geuerde. Wir vergehen ouch daz die ſelben von Lvpfen
oder ir erben ze Lvpfen an die burg vnd an die vorburg verbuwen ſont hundert pfvnt haller ob ſiv went vnd iu alſo ſwenne ſiv zwaintzig phvnt verbuwen
vſſe vnd vſſe vntz an hondert phfunt die ſont ſiv ſchenbar machan vnd könden vnſeren vögten vmb div hondert phfunt phfenninge guter haller wir vnd die vorgenanten vnſer burgen haft vnd gebunden ſont ſin, nach dem ſo ſiv verbuwen werdent, als vmb die vier hondert marcke ſilbers. Wir hant ouch gelopt bi demſelben
vnſerm aide, daz wir diſe phfandvnge von dem Römſchen König friderichen
vnd von hertzog Lüppolten von Oſterriche ſinem bruder vertegan hinnan.
ze vffegaender Oſterwochon der naehſten mit ir brieue vnd mit ir hantueſti. Das
diſiv phfandvnge ir wille vnd ir gunſte ſie an alle geuaerde, vnd ouch daz wir
daz ſelbe güt Lvpfen mit ſiner zügehörbe, als wir es daher gehept hänt, lebig vnd
laere machen vſſen daz ſelbe zil vnd ſwa wir daz nit entünt ſo ſont die von
Lvpfen oder ir erben die vorgenanten burgen manan, ob ſiv went ze laiſtenne in
bem reht, vnd gebingbe, als vor ſtät, vntz es geſchiht. Wir ſont ouch die nehſtun

vaftun Sture von den Lüten die ze Lopfen hörent in nemen vnd haiſſen nemen,
als daher ſitlich vnd gewonlich iſt ze nemenne vnd anders nit, vnd were ouch daz
wir behainem Amptman ze Lopfen ze ſchaffene hettint vmb behain wider Rechenunge,
Darumb ſont wir gehorſam ſin den vorgenanten hertzog Cönraten von vrſelingen
vnd hern Renhern von Röti aim ritter ān alle rede. Es hant ouch die vorgenanten burgen alle gelopt bj iren aiden die ſiv darvmbe getän hänt ze laiſtenne
vnd ze tönne jn dem reht vnd gedinge als vorgeſchriben ſtät, vnd haben ouch wir
gelopt bj vnſerm aide ben wir darvmbe geſworn hänt den burgen alle ze helfenne
von birre burgſchaft ān allen iren ſchaden, vnd daz das als war ſie vnd ſtaete
belibe, darvmbe ſo hant wir vnſer Jngeſigel an biſen brief gehenket ze ainem vrkunde der warhait. Wir ouch die vorgenanten burgen hertzog Lützman von Tecke,
hertzog Cönrad von vrſilingen, her Aigelwart von valkenſtain, wernher von zimmern, her Cönrat von witingen, her Renher von Rütj ritter, Diethrich der Grüel
vnd friberich der kilchherre von Trühtingen vergehen vnd tün kont daz wir geſwornen burgen ſint vnd gelopt hant ze laiſtenne jn dem reht vnd gedinge als
vorgeſchriben ſtat vnd darvmbe ſo hant wir vnſeriv Jngeſigel vnder den ouch . .
die andere burgen vergenhent won ſiv aigenre jngeſigel nit enhänt, an biſen brief
gehenket ze ainem vrkonde der vorgeſchribenan binge. Der brief wart geben ze
Rotwil an bem naehſten Maenbage vor ſant Valentins bag bo man zalt von
Gottes geburt brivzehenhonbert jare jn bem ſonfzehenden jare.

B. b. Orig. im St.-Archiv zu Stuttgart. — Das Reiterſiegel des Grafen Rubolf
von Hohenberg, bei Weitem das größte unter allen anhängenden Siegeln, iſt bis auf
einige Buchſtaben der Umſchrift gut erhalten, boch iſt die Querteilung auf dem Schilbe
verwiſcht; der Reiter zeigt dem Beſchauer die linke Seite, in der rückwärts ausgeſtreckten
Rechten ſchwingt er das Schwerbt, mit der Linken hält er den Zügel des Pferbes, das
ganz bebeckt iſt und galoppirt; der geſchloſſene Helm iſt in Geſtalt eines halben Rabes
mit Pfauenfebern beſteckt. Umſchrift: S. Rvodolfi comitis de Hohenberc. Das Siegel
des Herzogs von Teck, das nächſt größte, hat auf dem breieckigen Schilbe die bekannten
Teckiſchen Rauten. Das Siegel des Herzogs von Urslingen hat auf bem breieckigen
Schilbe, ber eine Einfaſſung hat, wie der Nürnberger Löwenſchilb, brei kleine Schilbe.
Das Siegel des von Valkenſtein hat auf dem Schilbe ein Wibberartiges Thier, das auf
4 Bergſpitzen ſteht. Der von Zimmern hat einen aufrecht im Schilbe ſtehenden Löwen.
Der von Rüti hat einen geſchloſſenen Helm mit gegen einander gebogenen Hörnern,
umgeben von mehreren Sternen im Schilbe. Das folgenbe Siegel iſt ganz unkenntlich.
Das letzte, des Kirchherren von T., das einzige länglich runbe, zeigt einen Geiſtlichen
mit bem Krummſtab.

247.

19. Juli 1315 o. O.   Graf Rudolf von Hohenberg belehnt Heinrich und Berthold, die Ammane von Rotenburg, mit dem Dorf Bühl (O.A. Rotenburg) und einem Haus in der genannten Stadt.

Wir gräf Rudolf von Hohemberg tün kunt allen den die disen brief gesehend oder gehörend lesen, daz wir Hainrichen vnd Bertohten, Hainrich dez ammanß säligen Sünen von Rotemburg vnd iren erben daz güt ze bühel, waz dez ist, daz der vorgenant Hainrich sälig der amman, ir vater vnd Bertolt von Pfullingen ir bassen man kosten vmb den von Ringingen mit aller zü gehörd ze rehtem man lehen gelühen haben rehte vnd redlich vnd haben in bar zü ze rehtem lehen gelühen ain huß lit zü Rotemburg in der Rinkmur, ward vmb den vorgenanten von Ringingen köft. Wir lihen ouch offenlich an disem brief waz wir in an den vorgenanten güten ze bühel vnd an dem huß ze Rotemburg durch reht gelühen mügent vnd sund, daz wir daz reht vnd redlich getän haben, alz da geschriben stat, vnd ist dar vmb vnser jnsigel an disen brief gehenkt ze ainem vrkünd, Der ward gegeben an dem samstag nach sant Margreten tag, Do man zalt nach gotez gebürt Drützehen hundert jar jn dem vünfftzehen jar.

B. einer Abschrift aus dem 15. Jahrhundert. St.-Archiv zu Stuttgart.

248.

6. August 1315. Vor Eßlingen.   Der römische König Friedrich gibt seine Zustimmung, als Graf Rudolf von Hohenberg die Burg Lupfen sammt Zugehör an den Freien Heinrich von Lupfen um **420** Mark Silber und **100** Pfund Heller verpfändet.

Wir fridrich von Gottes genaden Römischer künig, alle zit ain merer dez Römischen riches, tün kunt allen den die disen brief gesehent oder gehörent lesen, daz diu satzunge die getäne hat vnser Ohain Graue Rudolf von Hohemberg Hainrich von Lupfen, aime vrigen, vnd sinen Erben vmbe Lupfen die burg vnd vmbe lüte vnde güte, swaz dar zü höret, die er in vmbe zwaintzig vnd vier hundert marcke silbers vnd vmb hundert pfunde Haller gesetzt hat, mit vnserme gunste vnd mit vnserme willen geschehen ist, rehte vnde redelich. Vnde ist dar vmbe vnser küniglich Jngesigel an disen brief gehenket ze ainem vrkunde. Der wart gegeben vor Eßelingen an der Mittewochen vor

Sant Laurentius tag, Do man von Gottes geburt zalte Drivzehen Hondert iare
vn dem vilnfzehenden iare, vnd In dem erften Jare vnfers riches.

B. d. Orig. im St.-Archiv zu Stuttgart. — Das große, am Rande sehr beschädigte
Siegel, ganz ähnlich dem des K. Albrecht, zeigt den Kaiser mit Krone, Scepter und
Reichsapfel auf dem Throne sitzend; von der Umschrift ist mit Bestimmtheit zu erkennen:
Frideric . . . .

<hr>

249.

7. Auguft 1315. Tübingen. Burkard, genannt Benfrit „von der Niowen=
.ftat“ vermacht seinem Sohne, welcher von dem Johanniter=Ordens=
haufe zu Hemmendorf als Bruder aufgenommen worden, 6 Pfd.
Heller=Zinfe von Häusern und Gütern bei Rotenburg und Tübingen.

Ich Burgcarth genant Benfrit von der Niowenftat für gihe vnd
tôn kunt allen den die difen brief lesent oder hörent lesen. daz ich gern vnd willec=
lichen han gegeben. Burgcarten mim sun, der empfangen ist durch⁵ got, vnd
an Brûder warden ist, Bi den erbern gaschlichen (sic!) Herren sant
Johannes ordens ze Hemmendorf, sehs pfunt güter Haller geltes lûterlich
durch got, in div güte div hie nach gefchriben sint in allem dem reht als ich siv
ber han braht, Der selben sehs pfunde haller gelzze gant zwa pfunt Haller alliv
Jar von der .. dusselingerin husse vnd schivren div da ligent zô der Niv=
wenftat bi dem kivbinger dor⁵, vnd von ihr agger, So gat an pfunt
Haller gelzze vf Benzzen des lisen vnd volgers sines Brüder wingarten der
da lit in Rotenburger Banne an Henlinshaldun, So gat an pfunt Haller
gelzze vf albrehs Schiffernels husse daz da lit in der vorgenanten ftat ze
Rotenbörg an wernhers Husse von Ehingen. So gant zwa pfunt Haller
gelzze vf Benzzen wighalsin wingarten der da hafet (sic!) der von Hager=
loch⁵ wingart, vnd gelegen ist in Tuwinger banne an der Neggerhaldun
Div selben vorgefchriben sehs pfunt Haller gelzze sol innemen vnd samenan des
vorgenantes Burgcarz mins suns, frivntane, an sweln erz sezzet, von sines, Comen=
dürs vnd siner Mafterschaft (sic!) vrloppe, vnd vnd (sic!) sols ims ge ze Brüchen vnd
in alle sine nivzze ze kêrne, die güte sigen vnd erlichen, er si in dem vorgenanten
husse, oder in am andern. swar er gesendet werde alle die wil er lebeth⁵ vnd
swen er stirbet so sivln div selben vorgefchriben sehs pfunde Haller gelzze werden
bedeclichen vnd lûterlichen durch⁵ got dem vorgenantem Gothhuse ze Hemmendorf ane
all widerrede, Bi dirre gabe vnd bi dir machung sint gewesen vnd sint gezivge.
B. pfleghare. walther der Riche, hainrich Mûlich, albreht der wisse,
Cônrat der Bêbe, Benzze der Maier, Renhart der Brobegc. Cônrat
vebelli, albreht Spaching, Cônzze Brüning, Hartman sin Brüder,
Benzze Sivberli Burger ze Tuwingen, vnd ander erberlich⁵ vil den ze

geloben ift Daz difiv gabe vnd difiv machung ftêth^e belibe vnd vnzerbrochen dem vorgenanten Burgcarten minem fun vnd dem vorgeſchriben gotſ huſe ze Hemmendorfe mit allem dem reht alſ da vorgeſchriben ift, darum ſo han ich in, difen brief für figelt mit der fteth^e Jnfigel von Tûwingen daz an difen brief gehenget ift von Miner bête wegen zõ anem warn vrkvnde der vorgeſchriben dinge, Jch Brûder albreht von Niefern. der Comendure, vnd der Convent gemainlich von Hemmendorf für gehen an difen brief vnder vnferm aigen Jnfigel daz difiv vorgeſchriben machung beſchêhen ift mit vnferm gûtem willen. Dirre brief wart gegeben ze Tûwingen, do man zalth^e von Criftes gebûrthe drivzenhen hûndert jar, vnd dar nach in dem fivnfzenhendem Jar an dem nehften fritag nach fant auferun tag.

B. d. Drig. im St.-Archiv zu Stuttgart. — Die Siegel find abgefallen.

250.

10. September 1315. Irſingen an der Wertach. König Friedrich ſtellt dem Grafen Eberhard von Wirtemberg über 380 Mark Silber einen Schuldbrief aus, und ſetzt ihm eine große Anzahl von Grafen und Herren, darunter auch Graf Rudolf von Hohenberg, zu Bürgen.

Wir friderich von Goz genaden Römiſcher kûnig, allezit ein merer des Riches, vnd Lûpolt von den ſelben genaden Hertzog ze Öſterrich vnd ze Stir Tûn kunt mit difem brief allen die in anſehent oder hörent leſen, das wir vnſerm getrûwen lieben Ôhaim Graue Eberhart von wirtemberg ſchuldig ſien drûhundert vnd Achzig mark ſilbers koſtentzer gewihtes, der wir im zwo vnd ſûbentzig mark gegeben haben, vmbe ain Roſſe, das ander ſûlen wir im vmbe korn, das er vns darvmbe verköffet hat vnd ſon in des ſelben gûtes rihtem vnd wern ze difen Oftran die nu nähſt koment, vnd haben im darvmbe ze Burgen geben Grauen Vlrich von Helfenſtain Grauen Rûdolf von werdenberg, Grauen Rûdolf von Hohemberg, Grauen Hainrich von Schällingen, Grauen friderichen von Tockenburg, Grauen Hainrich von fürſtenberg, Grauen friderichen von zolr von Schalgſburg, Grauen friderich zolr den Oftertag, Grauen ûlrich von aichelberg, Hainrichen von Griezenberg, Lûtolten von krenkingen, Cûnraten von Tengen, Vlrich von Matzingen, Hainrichen von Rötenberg, walthern den Truhſäzzen von warthuſen, Johanſ den Truhſäzzen von walpurg, friderichen von Hornberg, Cûnraten vom Riet, den Tölnzer von Schellenberg, Hartman von Baldegge, Rûdolfen von Landenberg, Johanſen den Truhſäzzen von Dieſſenhouen, Vlrich von Bûtikon den lieblofen, Eberharb von Rofenowe, Johanfen von Clingenberg. Bilgrin von wagenberg. Cûnrat von Tierberg, Reinharten von Rûti, Wolframen Hohfchlitzzen, Hainrichen von Spârwerfegge, Johanfen vom Stain, Berhtolben von Mannfperg, Albrehten den Hofwarten, wilhelmen den Stôrn, Johanfen von welpifperg, Cûnraten den Sulzer Ritter, wernhern von Ranbegge, vnb Johanfen von Efchiftetten, alfo ob wir in ober fin erben bes vorgenanten gûtes niht enrichten ober werten vf bie Dftran fo fon bie vorgefchriben Bürgen fwenne fi gemant werbent von im ober finen gewizzen botten reht gifelfchaft laiften ze Rûtlingen ober ze ber Rûwenftat ze Rotenburg alle, won Graue Rûbolf von Hohemberg ber fol ze Rûtlingen laiften, Swelcher ôch ber vorgenanben Burgen bie Herren fint felber niht laiften wolt ber fol einen erbârn kneht mit zwain pfâriben legen an fin ftat, Wâre ôch bas ber Bürgen etlicher niht laiften wolte git ber zehen mark vnfern vorgenenten Ôhaim Grauen Eberharb von wirtemberg ber ift ber Burgfchaft lebig. Welher ôch ber Bürgen niht enlaifte ober ber zehen mark niht gâbe ober enwâre, So mak ber vorgenant vnfer Ôhaim Graue Eberharb bie zehen mark an fchaben nemen vnb fol bes fchaben vnb ber zehen mark zû vns vnb ben Burgen warten vnb ze ainem offenne urkunbe ber binge fo bauor gefchriben ftant geben wir im bifen brief befigelt mit vnferen Jnfigeln. Der ift geben ze uelbe bi vrffingen vff ber wertach bo man von Criftes geburt zalt Drilzehenhunbert Jar bar nach in bem fünfzehenben Jar an nâhften mitwochen nah vnfer vrowen tag ze Herbeft in bem erften Jar vnfers Riches.

B. b. Drig. im St.-Archiv zu Stuttgart. — Mit bem großen runben Majeftätssiegel aus Mehlteig, bas bis auf bie Umfchrift, von welcher nur *Fridericvs dei gratia* .... *vs* zu lefen, gut erhalten ift, unb ben König in faltenreichem Gewanb, mit ber Krone auf bem Haupt, bem Scepter in ber Rechten, bem Reichsapfel in ber Linken, unb einem Löwen zu feinen Füßen barftellt. Bei Sattler, Wirt. unter ben Grafen I, Nro. 53. ungenau abgebruckt.

251.

29. September 1315. Rotenburg. Graf Rubolf von Hohenberg fpricht 4 Jauchart Ackers zu Hirfowe (O.A. Rotenburg) als völliges Eigenthum bem Klofter Bebenhaufen zu.

Wir graue Rôbolf von Hohenberc tûn kunt allen bie bifen brief fehent ober hörent lefen, baz wir an vier iuchhart akfers, ber bj Hirfowe lit, vnb phaffe Hainriches bes Bropzers waz, wânbon aine aigenfchaft han, bez fien wir rebelich geinret, baz bie vier iuchhart aigenlich hörent an baz clöfter ze Bebenhufen, vnb von bem fo hette fi ber felbe phaffe ze lehen vmbe ainen iaerlichen zins, vnb ift nu baz gût lebeclichen, bez felben clöfters von Bebenhufen. Dem geben wir bifen brief mit vnferme jnfigel befigelt ze ainer ficherhait vnb ze ainer zügnuft alleȥ daȥ hie vor geschriben ſtât. Dirre brief wart gegeben ȥe Rotenburc do man zalte von Gottes gebúrte drúȥehen hundert iar, vnd dar nah in dem vúnf ȥehenden iar an ſant Michahels tag.

B. d. Orig. in Karlsruhe. — Das Siegel iſt ganz abgegangen. Gabelkh. hat Fol. 76 ª. hievon ein Regeſt, nennt den Grafen aber irrig Burkard.

252.

24. Oktober 1315. Rotweil. Konrad der Gruwel von Aiȥheim (O.A. Spaichingen) gibt Graf Rudolf von Hohenberg, ſeinem Herrn, ſein eigen Gut zu Neufra (O.A. Rotweil) auf, und nimmt es von demſelben wieder als Lehen.

Ich Cônrat der Gruwel der kurȥe von Aichſain vergihe vnd tôn kunt allen ben bie diſen brief geſehent oder gehôrent, baȥ ich mûtwilleclich vnd vmbe twugenlich, willeclich vnbe gerne reht vnd rebelich, han vffegegeben minem gnaebi gem, edelm Herren Grauen Rûdolf von Hohemberg biv gût, bie ich legende han ȥe Rôferan jn dem dorffe, vnd bie da buwent — — Glûge vnd Hain rich der viſcher, bie ich daher gehepte han vúr ain reht aigen, vnd vergihe, baȥ ich bie ſelben Gût von Jm ȥe lehen empfangen hân, Vnd vergihe ouch, baȥ ich vnd alle min erben von Jm und von ſinen erben biv ſelben gût ȥe rehtem Lehen iemer empfahen ſvnt. Vnd iſt dar vmbe min Jngeſigel an diſen brief gehenket ȥ ainem vrkvnde der warhait. Dirre binge ſint geȥuge Her Renhart von Ruthi, her Peter ſin brûder, her Cônrat von Tierberg, ritter, Vlrich von wae hingen, Herman Kaemmelj, Hainrich der Boller, vnd Berhtold ſin brûder, burger von Rotwil vnd anderre biderber lut vil. Der brief wart geben ȥe Rotwil an dem nahſten Dvnrſtage nach ſant Gallen dag Do man zalt von Gottes geburt. Drivȥehen hundert Jare Jn dem fvnftȥehenben Jare.

B. d. Orig. im St.-Archiv zu Stuttgart. — Das Siegel iſt abgefallen.

253.

14. Februar 1316 o. O. Graf Burkard von Hohenberg und ſein Enkel Graf Bürgi ſchließen mit den Grafen Eberhard und Ulrich von Wirtenberg, Vater und Sohn, ein Schutz- und Trutz-Bündniß gegen Jedermann, ausgenommen das Reich.

Wir Graue Burchart von Hohenberch, vnd Graue Bürgi ſines Sunes ſun, veriehen offenlichen an dieſem brief vnd tôn kunt allen ben bie in anſehent oder hôrent leſen, das wir burch fribe vnd burch ſchirme vnſerr lütte vnb vnſers Gûtes vns haben lieplich vnd frivntlich gebunden vnd verbunden mit vnſern aiden zûz (sic!) vnſern lieben Oheimen den edeln Grauen Eberharten von Wirtenberge vnd Grauen vlrichen ſinem ſun alſo das wir die wile wir leben, in ewiclichen gen aller menglich ſûlen beholfen ſin mit vnſern lûten, mit vnſerm gût vnd mit vnſern veſten, ſi druz vnd drin zelan ſwenne ſi wellent oder in beburfent, vnd mit in vbel vnd gût ze liben an alle geuerde ân das, ob ſi mit dem Rich ze ſchapfen gewonnen, oder mit dem kriegen wolten, gen dem ſûlen wir in nihtes beholfen ſin. Wir ſûlen ouch dem Rich gen in nihtes beholfen ſin, vnd ſwenne ſi mit dem kriegent, ſo ſûlen wir ſtille ſitzzen. Wir ſulen in ouch gen den Burgern ze Rûtlingen nihtes beholfen ſin, ob ſie mit in wolten kriegen, die wile div Jar waerent, die wir zûz in haben geſworn, vnd ſwenne aber div ſiben Jar vz komment, ſo ſûlen wir wider vnſern Oheimen den vorgenanten gen den Burgern von Rûtlingen fûrbaz nimmer me beholfen ſin, an alles verziehen. Baer ouch das die ſelben vnſer Oheim kriegten oder kriegen wolten mit dem edeln grauen Cûnraden von Vaehingen, in dem kriege ſol ich Graue Bürgi, der vor ſtat geſchriben ſiner Tohter man, ſtille ſitzzen vnd ſol enwederin beholfen ſin. Vnd das ſtaet belibe, ſwas vorgeſchriben ſtat, vnd des wir ouch geſworn haben als ouch an dem brief vor geſchriben iſt, Dar vmb geben wir vnſern Oheimen Grauen Eberharten von Wirtenberge vnd grauen Vlrichen ſinem Sun diſen brief geueſtent mit vnſern Inſigeln, div bar an hangent. Das geſchah do man zalt von Gotes geburt Drivzehenhundert Jar vnd in dem ſehtzehenden Jar, an ſant Valentines tag.

B. d. Orig. im St.-Archiv zu Stuttgart. — Mit den undeutlichen Siegeln der beiden Grafen. Das des älteren B. iſt ein Reiterſiegel, das des Bürgi zeigt einen links geneigten Helm, der auf dem rechten Eck den Helm mit den Hüfthörnern hat.

254.

19. März 1316. **Rotweil.** Graf Rudolf von Hohenberg urkundet, daß Herr Wolfram, der Kirchherr zu St. Peterzell (O.A. Oberndorf) unb Hedwig, Arnolds, des Marſchalken von Hohenberg Wittwe, Güter daſelbſt und in Römlensdorf (deſſelben O.A.) mit ſeiner Hand und Gunſt an das Kl. Alpirsbach verkauft haben.

Wir graue Rûdolf von Hohemberg vergehen vnd tûn kunt Allen den die diſen brief geſehent oder gehörent leſen, Daz der erber prieſter, her Wolfran, der kilcherre ze ſant Peters zelle, vnd vro Haedewig Arnolz des Marſchalkes von Hohemberg ſaeligen elich wirtenne vnd Abelhait vnd Anne irw kint, Mit vnſerre hant willen vnd gunſte verkouffet hant Ain wideme vnd ain hûbe lit ze ſant Peters zelle, dem ſelben dorfe, die Walc kûn da buwet, vnd ain wideme vnd ain hûbe lit ze Römlindorffe, vnd mit

namen den kilchunsatz ze sant Peterszelle den erberen gaischlichen herren von
dem Götzhofe ze Alperspach in dem Swartzwalde sant Benedicten ordens, vnd
vergenhen ouch daz die vorgenanten her Wolfran, vro Haedewig vnd iriv kint
die vorgeschribenne Hůba vnd Widema vnd den kilchunsatz ze sant Peterszelle
mit vnserre hant dem selben Götzhofe ze Alpersbach ledeclich vnd laere vnd
aigenlich vfgegeben hant vnd luterlich vnd ainvaelteclich vnd äne alle genaerde.
Vnd darumbe daz dis wär si, So hant wir vnser Ingesigel an diesen brief gehenket, ze ainem vrkonde der warhait. Der wart gegeben ze Rötwil an dem
naehsten vritage vor sant Benedicten dag, Do man zalt von Gottes geburt Drivzehen Hvndert jare jn dem Sehczzenhenden Jare.

B. d. Orig. im St.-Archiv zu Stuttgart. — Mit dem beschädigten Reitersiegel des
Grafen. Abschrift im Alpirsbacher Diplomatar S. XXII. Ungenauer Abdruck bei
Crusius T. III, S. 208.

255.

24. März 1316. Oberndorf. Die Herzoge Ludwig und Lutzmann
von Teck bestätigen die Rechte und Freiheiten der Stadt Oberndorf.

Wir Hertzog Ludewig vnd Hertzog Lutzman gebrüder Hertzogen von
Tecke vergenhen vnd tůn kunt allen den, die disen brief gesenhent oder horent
lesen, daz wir gelopt hant bi vnsern aiden, die wir darumbe baide gesworn hant
vnsern lieben burgern von Oberndorf vmbe iren willigen getrůwen dienst, den
siv vns vnd vnserm vater saeligen getan hant Jr Stette Reht ze Oberndorf
vnd ir vriehait ze behaltenne als siv von alter herkomen sint vnd hie nach mit
namen geschriben stât, also daz wir die gwonlich Stûre von in jaergelich nêmen
sunt, daz ist ze herbest viertzzig phfunt phfenninge Tvwinger vnd ze den vasten
drissig phfunt der Selben phfenninge vnd sulent siv nit vürbas nöten wider iren
willen weder an libe noch an gůt, es sie denne daz es vns mit gerihte ertailt wirt
(sic!) Ist aber daz wir mit offenre raise in die Stat ze Obendorffe Herbergen
vnd geschiht den burgern davon behain schade der die Rihter gevärlich buhte, den
sunt wir in abtůn in vierzehen dagen, als die Rihter haissent. vnd swaz vnzuht
der man tut. darumbe er hinder vns kumt mit vrtailde da sulen wir nit vürbas
nêmen, denne zwai phfunt Tvwinger vnd sol darumbe zil han drie tage vnd Sehz
wocha, Werat er öns nit entzwnschant (sic!), so sulen wir vns denne Selber wern
der zwaier phfunde von sinem gůt vnd sulen in vahen vnd nöten vmbe div vorgenanten zwai phfont vnd haben ouch vsgenomen vns vnd vnser taeglich gesinde
vnd .. den Schulthaissen in der Stette ze Obernorf, die sulent daz reht hân daz
von alter her komen ist vnd tůt ouch ain vsman behain vnzuht in der stat daz
Sol ouch in dem alten reht stân, als die stat Her komen ist, Sunderlich ist vsgenomen swer den andern wundat (sic!) mit Messer oder mit Swerte daz Sol
ouch in dem alten reht stân, vnd swer den andern zetöde Schleht, daz Sol ouch

in dem alten reht ſtän. Iſt ouch daz behain burger von der Stette ze Obernborffe
varn wil der Sol gelait hän mit ſinem libe vnd mit ſinem gůt bannan zwo Mile vor
vns vnd vor vnſren bienern, es ſie deune, daz er vns von gerihte wegen ſchulbig
worden ſie, wir vergenhen ouch daz wir von ben joben, bie ze Obernborffe hůt
bis tages ſitzzent oder hernach ſeſſehaft werbent jaergelich zwaintzzig phfunt phfen=
inge Haller nemen ſont, vür allen bienſt vnd daz wir gelopt hant bi ben ſelben
miern aiben, die wir barombe getän hánt, daz wir ſiv vürbas nit nöten ſont
uber iren willen, weder an ir liben noch an iren gůt, ſus noch ſo, vnd ouch baz
die ſelben juden vnd ir nachkomen burger rehte ze Obernborf haben ſont anber
mer borger, bie ba ſeſſehaft ſint, luterlich vnb ainuelteclich vnb ane alle gevaerbe,
vnb baz dis alles baz hie vorgeſchriben ſtät war ſie, vnd eweclich ſtaete belibe,
barvmbe ſo hant wir baibe vnſeriv Inſigel an biſen brief gehenket ze ainem of=
fenen vrkůnde der warhait, der brief wart gegeben ze Obernborf an vnſrer
frowen abenbe in ain vaſton Do man zalt von Gottes geburte Drivzehenhvnbert
vnd Jn dem Sehtzenhenben Jare. —

8. b. Orig. im ſtäbtiſchen Archiv zu Obernborf. — Es hängen nur noch die grün-
ſeibenen Bänbel an.

256.

26. März **1317** o. O.   Menloch von Dettlingen verkauft mit Gunſt
und Willen Grafen Burkards von Hohenberg, ſeines Herrn, ſein Gut
zu Horgenzimmern (O.A. Haigerloch) an das Kl. Kirchberg.

Ich Menloch, herrn menlochef ſaeligen ſun von Tethelingen
ainef ritters vnd kirchun Herre ze lainborf tůn kunt allen ben die biſen
brief geſehent leſent oder gehörent leſen baz ich vnd min brüder ebeche (sic!)
haben verkůfet ben erbaren vröwen vnd gaiſtlicher lüten bef cloſterf ze kirchperg
alles vnſer gůt ze horgen zimmern vnb öch vnſere lüt, in holtz, an velt, an
wiſen, an akkern, ef ſie in buwe ober ane buwe, fvnbef ober vnefunbef, vmbe
zewaintzige vnb hunbert pfunde gůter pfenninge tuwinger müntze, der wir von in
gewert ſien gar vnb gentzelich vnb öch in vnſern nutze komen ſint, vnb ſon des gůtef
wer ſin, vnd öch vertigun von aller menlich, ba ſiv ſin not bürftig ſint vnd ſun=
berbar von öwe vnb öch von wernher von zimmern aim frien, vnd ver=
achen def baiber vnber vnſers gnebigen Herren grauen burcharbef briefe
vnb inſigel von Hohenberg, won ef mit ſiner gunſt vnd willen ge=
ſchehen iſt, barvmbe die vorgenempten vröwen brieue vnb hantueſtinan hant;
beſigelt mit vnſers herren Grauen Burcharbef von Hohenberg vnb
mines bröderf ebechen inſigel geueſtenvt. Vnd won birre kouf beſchehen iſt vnd
öch verkůft wart bi minen kintelichen iaren, ſo gelobe ich menloch, der vor be=
nempte, won ich ze minen volleclichen tagen komen bin, ſtäte ze hänne vnb nimer

verwandeln allen den kůf vnd daz gedinge, alſ die briene ſtant, die ich vnd min
brůder ebedie gegeben haben den vröwen von kirchperg vmb den tůf deſ vor ge-
ſchribeneſ gůt vnd lüte, vnd gibe eſ ôch vf mit der hant vnd han eſ vfgegeben
rehte vnd redelich den vröwen vnd dem Cloſter von kirchperg, alſ ich ze rethe ſolt
vnd verzihe mich aller der rehte aller anſprache vnd gemailich (sic!) alleſ deſ da
mit ich albe min erben mohtin geirren oder wider gewinnen daz vor genempte gůt
von dem Cloſter albe von den vröwen von kirchperg. Vnd daz biſ ſtäte vnd gantze
belibe den vorgenempten vröwan vnd dem Cloſter, ſo gib ich den vröwen von kirch-
perge diſen brief beſigelt mit minen aigen inſigel ze ainer veſtunge der warhait.
Gezuge, die diſ ſahen vnd horten, ſint friderich der gůte, walther in dem
houe, abreht von öningen vog . . . . . ſun kirchvnherre ze Horwe vnd
anber erbar lüt vil, vnd wart birre brief geſcriben vnd ouch gegeben an der mitwochun vor der liehtmeſſe in dem iar, do man zalt von gotteſ geburt dryzehenhundert vnd in dem ſybenzehendem iar.

257.

24. April 1317. o. O.   Graf Burkard von Hohenberg gibt dem Jo-
hanniterhauſe zu Rohrdorf (O.A. Nagold) die Viſchentz daſelbſt,
das Weiberecht auf den Markungen der Dörfer Nagold, Ebhauſen
und Mindersbach, und bannt die Bewohner des letztgenannten
Ortes in die Mühle zu Rohrdorf.

Wir Graue Burkart von Hohenberg tun kunt allen den die diſen brief
ſehent oder hörent leſen, daſ wir luterlich durch got vnd durch vnſere, vnd vnſern
vorderen vnd nachkomen ſeelen haileſ willen hant gegeben ewiglich dem huſe zu
Rohrdorf vnd den brübern die da wonant ſint, zu hilfe vnd zu ſtür ir notburn
die viſchenze zu Rohrdorf mit allem recht. Wir han jn och fryheit vnd ganzen
gewalt gegeben ewiglich, daſ ſie mit irem aigen vihe mügen vnd ſollen faren frölich vf die gemaine waide der börfer zu Nagolt, zu Ebhuſen vnd zu Münd-
lerſpach. Wir haben jn och die gnade getan, daſ die von Münblerſpach zu
Rohrdorf malen ſollen vnd ehehaftige maler da ſullen ſein. Vnd daſ jn die
gnade vnd die vorgeſchriben red ſtete vnd vnverwert von vnſ vnd von allen vnſern
nachkommen belibe, darumb ſo henken wir der vorgenante Graue Burkart vnſer
aigen jnſigel an diſen brief zu einem ſteten vnd waren vrkunde. Diſer brief wart
gegeben do man zalte von vnſers herren geburt dryzehenhundert jar vnd darnach
in dem ſibenzehen jar an ſant Gregorien tag.

258.

24. Mai 1317. Reuthin. Graf Burkard von Hohenberg stellt dem
Kl. Reuthin eine zweite Urkunde über den Verkauf von Ober-Jettingen
aus und fügt einige Bestimmungen zu Gunsten desselben an.

In Gottes namen amen. Wir Graue Burchard von Hohenberk ver-
gehen offenlicht an disem brieue vnd tůn kunt allen den bie in lesent alber hörent
lesen, daz wir alliu biu reht, biu wir ze ober ötingen haben alber ie gewunnen,
es si an holze alb an weld, an lüten alb an gůten, die zů dem selben dorf hörent
aber ie gehortan, an alle aine bie lüt bie da nit sint gesessen, es wer benne daz
in belehent werin in dem selben Dorfe, swa bie anderswa werin, bie haben
wir gegeben reht vnd reblich der Priorin vnd der Samnung ze Rûthi in
allem dem reht als es vnser was vnd als es vnser vorberen an vns hant
braht vmb zwaihundert pfund haller, die wir von in darvmb empfangen haben.
Wir vergehen ohc, werin kainû gůt, es wer hof, akter, wis alb holz versezzet kain
wis, alb verkumert, swa die vorgenanten vrown daz eruorschetin, daz soltin siu
lösen vnd wider gewinnen vmb so vil pfennig, als es stůnd, ab siu weltin, ob es
zů dem selben Dorf horti. Wir vergehen ohc ine, daz wir daz vorgenant closter
ze Rûthi vnd alliu biu gůt, biu bar zů hörent vnd vnber vns geleget sint, gefrîget
haben, also daz siu biu von vns nohc kainem vnserm erben niemer kainen bienst
suln getůn lüzzel alber vil. Vnd daz daz alles stet blibe, bar vmb haben wir
vnser aigen Insigel gehenket an disen brief, Ter wart gegeben ze Rûthi, do man
zalt von Cristus Geburt Driuzehen hundert jar vnd in dem Sûbenzehenden Jar
an dem Dinstage in der pfingost wochun.

B. v. Orig. im St.-Archiv zu Stuttgart. — Mit dem ziemlich gut erhaltenen
Siegel des Ausstellers. Sehr fehlerhafter Abbruck bei Besold, doc. rediviv. III. 93.

259.

20. Juni 1317. Horb. Herr Konrad der Zimmerer, ein Leutpriester,
verkauft unter dem Siegel des Grafen Rudolf von Hohenberg,
seines gnädigen Herrn, seinen Hof zu Schietingen (O.A. Nagold)
an das Kloster Kirchberg.

Allen den bie bisen brief gesehent ober gehorent lesen tůn ich herre Cůnrat
der zimmerer ain lôtpriester kunt vnd vergihe offenlich an disem brieue, daz
ich verkůfet han aines rehten vnd aines rebelichen kůfes mine aigen gůt den hof ze
schietingen of dem kůn sizzet vnd öch buwet, den erberen vnd gaistlichen löten
der — — Priorinon vnd dem gottes huse ze kirchperg, vmb trú vnd ahzegit
pfunde gůter pfenninge haller müntze, bie mir völleclich von in vergolten sint, vnd

öch in minen nvtze komen sint vnd giltet iaerlich zehen malter roggen Horwer
messes, none malter vesan, ainlif malter habern desselben messes, ain pfunt thü-
winger pfenninge, svnf schölfel (sic!) arwes vnd zwai hünrre vnd han daz güt
vnd den hof den vorgenempte den vröwe von kirchperg verküset mit gunst rât
vnd helfe miner bröder baider abrehtes vnd wernhers vnd ander miner frönde
vnd gelöben bi güten trüwen vnd han gelopt, den vröwen vnd dem gottes huse
dem vorgenempten daz vor gescriben güt ze vertigunne für ain lebig aigen an alle
ben stetten da sö sin notbürftig sint, nahe rehte vnd gewonhait des landes für mich
vnd öch für min erben âne ir schaben. Ich han es öch in en of gegeben mit
der hant vnd in ir gewalt geantwrtit gar vnd gaentzelich vnd verzihe mich sin,
für mich vnd für alle min erben aller der rehte vnd aller der gerihte gaiftlicher
vnd wettelicher (sic!) aller anfprach vnd gemainlich aller der binge da mit ich ober
min erben bie vröwen von kirchperg mohte geirren ober wiber getrieben ben
vorgenempten küf, won ich kain wart mer barzö han, vnd han in en öch bar zö
gegeben ebar (sic!) löt ze troftern, vnd öch zewern, abrehten minne bröder, berhtolten bandolfen, schulthaisen ze horwe, vnd walthers sun in dem hove,
iohansen, vneverschaidenlich, swa ich in en ir gelöbbe vnd ir vertigunge als
hie vor gescriben stat vmb das selbe güt bräche, so svn sö ir gifel manon of minne
schabe ze rehter gifelschaf, vnd son niemer lebig werben von der gifelschaft, bis ich
in baz selbe güt geuertigun vnd baz in en bif stäte vnd gantze belibe, so gibe ich
in en bisen brief besigelt mit mines gnaebigen herren graven Rübolfes von Hohenberg infigel vnd öch mit der erbaren stette infigel von horwe besigelt ze
ainem vrkunde ber warhait. Wir grave Rübolf von Hohenberg vnd öch wir
bie burger von horwe haben haissen gehenkit örserö (sic!) infigel an bisen brief
bur bette Cünrabes bes lötpriefters vnd öch ber vrowen von kilperg, vnd
sint bes gezöge hug lainmeli, friberich ber güt, matheus ber Rihter,
bertholt ber schörer, Cünrat ber graue, Hainrich von belfavell
(sic!) vnd anber erbär lüt vil. Dirre brief wart gegeben ze horwe, bo man
zalt von gottes geburte brvzehenhvnbert iar, bar nahe in bem söbenzehenbem iar
an bem mentag vor sünegihten.

B. b. Orig. im St.-Archiv zu Stuttgart. — Von ben beiben Siegeln, welche in Leinwand eingenäht sind, ist bas bes Grafen bem Anfühlen nach zerbröckelt. Das ber Stabt Horb hat im Schilbe bie Tübinger Fahne.

260.

24. Juni 1317. Conſtanz. Graf Rudolf von Hohenberg gibt das Eigenthum eines Ackers bei dem Hofe Grünbelbuch (bad. Amts Stockach) an das Kloſter Salem.

Nos Rûdolfus Comes de Hohenberch profitemur, quod nos proprietatem agri per uiros religiosos .. abbatem et conuentum monasterii in Salem ordinis cysterciensis Constanciensis dyocesis siti prope curiam Grintelbâch pro viro discreto .. dicto Habsze conparati in remedium anime nostre nostrorumque progenitorum prenotatis viris ipsorumque monasterio prefacto pure et propter deum simpliciter tradidimus et presentibus donationis transferentes eandem proprietatem cum omnibus suis iuribus et pertinenciis rite ac legittime in monasterium memoratum. In cuius rei testimonium sigillum nostrum hiis duximus fore appendendum. Datum et Actum Constancie anno domini M°. CCCXVII° in vigilia sancti Johannis Baptiste.

Salemer Copial-Buch IV. S. 70. im Landes-Archiv zu Karlsruhe.

261.

1. Juli 1317. Rotenburg. Graf Rudolf von Hohenberg ſchenkt zum Seelenheil ſeines Vaters, weiland Grafen Alberts, und ſeiner Gemahlin Agnes ſelig an das Kloſter Kirchberg die Herrengült aus ſeinem Hofe in ſeinem Dorfe Steinhofen ·(O.A. Hechingen).

Nos Rûdolfus Comes de Hohenberg profitemur in hijs scriptis, quod nos patrocinis (sic!) gloriose virginis cupientes copiosius promeri Nos religiosis dominabimus Priorisse et Conuentui monasterij in Kirchperg redditus sex librarum denariorum hallensium qui wlgariter herrengelt vocantur ex curia nostra in uilla nostra Stainhofen, quam Cûnradus villicus et Berchtoldus frater suus incolunt, et nichilominus de decima nostra in banno ville nostre prefate sita in remedium progenitoris nostri anime quondam alberti Comitis de Hohemberg et ad salutem anime dilecte nostre cothoralis quondam Agn. pie recordationis Comitisse de Hohemberg pure propter deum simpliciter tradidimus et presentium per contextum donamus, eosdem redditus dominabus prenotatis et ab ipsorum Conuentui perpetuo libere ac pacifice tenendos et possidendos, omnibus instantijs et oppositionibus, per quas predicta donatio impediri posset, penitus circumscriptis, hac cum conditione sola adiecta, quod dilecta nostra matertara (sic!) uidelicet de Niffen prefati monasterij conuentualis redditus quinque librarum denariorum hallensium de bonis supradictis de primis fructibus quoque anno recipiat effectualiter et complete. In cuius rei testimonium sigillum nostrum presentibus est appensum. Datum et actum jn Rotemburg anno dominj M°. ccc°. xvij°. jn die sanctorum Processi et Martiniani.

Kirchberger Copial-Buch Fol. 76.

262.

8. Juli 1317. Rotenburg. Graf Rudolf von Hohenberg gibt an das Kl. Kirchberg zu einem „Selgeräte" für seine verstorbene Gemahlin, Agnes von Werbenberg, eine Kernen- und Heller-Gült aus einem Gut zu Niedernau, einem Baumgarten bei Rotenburg und eine Weingült aus dortigen Weinbergen.

Wir Graue Rudolf von Hohemberg verjehen vnd tügen kunt allen die disen brief gesehent oder gehörent, das wir mit zitiger betrachtunge vnd mit kuntlichem Raute wiser vnd gelerter lüte soliche Selgeräte, so gemachet het vnser liebü wirtinne frow Agnes selige von werdenberg vor ir tode bestätigot vnd besichert haben jn dem rechte, als hie nauch geschriben stät. Wir haben gegeben vnd geben mit disen briefen frilich vnd lediklich den gaistlichen frowun der priorinun vnd der Samnunge des gotes huses ze kirchperg durch der vorgenantun frow Agnes, vnser wirtinne seligun sele vnd ouch durch vnsers vater vnd vnsere müter seligun sele, die jn dem vorgeschriben goteshuse allü begraben sind, vnd ouch durch vnser selbes sele für ain recht fry aigen, ewiges geltes vier malter kerne geltes jerlich Tüwinger messes vnd drü pfunt haller pfenning geltes ouch järlichen, äne vier schillinge, uß dem güte, das ba gelegen ist jn dem dorffe zu Niderowe (sic!) das da buwent die maiger man von Owe, das ouch der vorgeschribenun frow Agnesen vnser wirtinne seligun sunderlichen was vnd sie an horte. Wir haben ouch si bewiset der drjer pfunde äne vier schillinge Also als hie nauch geschriben stat, Sie sullen jn niemen von den maigerman, die das vorgeschriben gut buwent, zway pfunt haller von wernher dem Grurer, Süben schilling tüwinger, von Hainrich dem witwer zwen schilling tüwinger, vnd von Marquart haimen zwainßig tüwinger. Wir haben ouch den vorgeschriben frowen gegeben für ain recht fri aigen ain pfund haller geltes järlich uß dem bongarten, der da gelegen ist vor der Statt ze Rotemburg, der da haisset Stehelines bongarte. Wir haben jn ouch gegeben für ain rechte frye aigen vier ame wingeltes järlich uff dem wingarten, der da gelegen by der Neckerbrugge ze Rotemburg, den da buwet Eberhart der Schulthaisse vnd verjenhen offenlich an disem brief, das wir noch kain vnser erbe zu dem vorgeschribnen gelte nimmer mere kain rechte, kain warte noch kein getät sullen gewinnen, weder sus noch so, vnd fullen wir noch kain vnfer vogte fi daran nimer geirren weder klain noch grof, was das wir fie barzů fullen fürbern mit allen bingen. Wir haben ouch alfo als hienauch gefchriben ftät mit den vorgefchribnen frowen von Kirchperg alfo gerette vnd gebinget mit namen, das fie ewiklich immer mere vnfere wirtinne, vnfers vater vnd vnfere můter der vorgefchribnun jarzit fullen begän vnd ouch das vorgefchribne gelt tailen jn allem bem rehte, als ouch hienauch gefchriben ftat. Sie fullen mit fingenne vnb mit lefenne bů vorgefchribne brü jarzit began gütlich vnb anbächtiklich zů ben ziten als fi geuallent, vnb fullen barzů ir aller bryer memorie hän vnb began mit vigilie vnb mit felemeffe, an dem Donrftag in ber temp. vaftun, vor wienächten, in bem abuent vnb zů ben vier ziten fol bů Priorin vnb ber Caplän, die denne ba firt, das vorgefchribne gelt gelich tailen vnber bie fammnunge, ben zů vnb ben kerne zu brote vnb bie pfenning an vifchen, vnb haben angebinget vnd gerette mit namen vnb fôliche pene barüber gefetzet, je welher zit unber ben vorgefchribnen vier ziten bie vorgefchribene frowen ir zucht vergäffin, vnb bie järzit ni begiengin, vnb ouch bas vorgefchrieben gelt nit tailtin als vorgefchriben ftät, anweberm fie fich denne fumptin, fo fol ber nechfte nuzte des vorgefchriben geltes barnauch bes Järes jn nit beliben, fi füllen fin entweret fin, vnb wer banne vnfer vogte alb vnfere erbe vogte zu Haigerloch ift, ber fol bas gelt bes jares jn nemen vnb fol es tailen vnber arme lüte vnb vnber betler, ba es ben felan aller nutzlichften vnb aller troftlichften fi. Vnb das bifes alles ftät vnb wär belibe, bauon fo ift vnfer aigen Jnfigel an biefen brif gehenket, ber ift gegeben ze Ro=temburg, an bem nechften Fritag nach St. Vlrichs tag, bo von gotes geburt wären Drützehenhunbert jar vnb barnauch in bem Sibenzehenben Jär.

Kirchberger Copial-Buch Fol. 222. St.-Archiv in Stuttgart. — In bem „öftreichi-fchen Akten-Depot" in St. fanb fich auch eine beglaubigte Abfchrift aus bem 17. Jahr-hunbert. — Das Schwefterbuch bes Klofters erwähnt biefer Stiftung ber Agnes von Werbenberg gleichfalls.

263.

16. November 1317. Rotenburg. Graf. Burkard von Hohenberg ber Aeltere präfentirt bem Bifchof Gerhard von Conftanz zur Kirche in Bondorf (O.A. Herrenberg) Albert von Hohenberg, Kanoniker bes Stifts in Conftanz, unb bittet um Jnveftitur beffelben.

Reuerendo in Christo patri, domino Gerhardo dei gratia episcopo constantiensi et eius in spiritualibus et temporalibus vicario generali Burchardus de Hohemberg comes senior reuerenciam omnimodam et honorem. Ad ecclesiam curatam in Bondorf vacantem ex morte quondam Alberti comitis de Hohemberch patrui nostri — cuius ius pre-sentandi — ista vice ad nos dinoscitur pertinere, Albertus (sic!)

de Hohemberg, canouicum majoris ecclesie constantieasis vestre sanctitati — presentibus presentamus, rogantes, quatenus eundem Albertum de cura animarum memorate ecclesie et de dono altaris ipsius inuestiatis, mittentes eum in possessionem eiusdem ecclesie in Bondorf corporalem. In cuius rei testimonium sigillum nostrum presentibus est appensum. Datum et actum in Rotemburch in die sancti Otmari. anno domini M⁰. CCC⁰. XVII⁰.

B. b. Orig. im Landes-Archiv zu Karlsruhe. — Das runde, zu beiden Seiten beschädigte Siegel in Maltha an Pergamentstreifen zeigt einen rechts sprengenden Reiter mit geschlossenem, plattem Stechhelme, der oben zu beiden Seiten einwärts gekrümmte, mit Pfauenfedern bestecke Hörner hat, an dem linken Arme den hohenbergischen, horizontalgetheilten, dreieckigen Schild, in der linken Hand den Zügel haltend, in der rechten eine schwache Stange (ob eine Fahne daran auf der linken Seite des Helms hervor sichtbar gewesen, kann nicht angegeben werden, da diese Seite zerstört ist). Die Füße des Pferdes, wenigstens die hinteren, gehen in die Umschrift, ob auf der Pferdebecke an Schulter und Hüfte ein kleiner hohenbergischer Schild, ist nicht mit Bestimmtheit zu erkennen. Von der Umschrift nur noch . . . . . BERC übrig.

<hr>

264.

1317 o. T. **Wildberg.** Graf Burkard von Hohenberg, der Alte, freit unter Zustimmung seines Sohnes Bürgin und seines Enkels Burkard dem Kl. Reuthin die obere Mühle bei Reuthin (Wildberg).

Wir graffe bürghart von hoenberg der alte veriehen offenlich an disem brief vnd tûn kunt allen den die yn lesent oder horent lesen, daz wir reht vnd redelichen den frauwen zû Rûti der priorinun vnd der samenunge vnd allen iren nachkomen durch got vnd durch vnser sele hailes willen die obrun Mûli zû Rûti gefrihet vnd geaignet haben vnd verzihen vns gar vnd genzlich allez des rehten, dez wir von derselben Mûlen han mehten oder sülten, ez were von sture oder von wachte, von swyn âzi oder von hunt âzi oder von keyner schlacht dienst vnserm nachkommen, den vogten, schultheizen oder der gemeynde von wiltperg lützel noch vil. Wir veriehen ouch, daz sie die fürgenannte Mûli vnd alle ir nachkommenden sullen han nutzlich, gewalticlich, aigenlich ane alle beswerde. Vnd daz yn daz allez stäte blibe vpn vns vnd von vnsern nachkommenden, darvmb haben wir vnser eigen Jnsigel gehenkt an disen brief. So veriehen wir graffe Burgin sin son vnd wir graffe Burghard, graffen Otten seligen son, daz daz allez beschehen ist mit vnserm guten willen vnd gunst. Daz diz war vnd stäte blibe darvmb henken wir beyde vnsere eygen Jnsigel an disen brief zû aynem offen vrkunde allez dez hiefür geschriben ist. Wir die burger gemeynlich von wiltperg veriehen ouch offenlich daz allez daz hie fürgeschrieben ist, mit vnserm Willen ist geschehen. Vnd daz. daz war sy vnd vnlogenbar, darvmb haben wir vnser siete Jngesigel gehenkt

an bifen brief. Des wart geben zů Wiltperg, do man zalte von Chriftus geburte
brüzehen hundert iar vnd in dem fiebenzehenden iar.

Nach einem Vidimus des Pfalzgrafen Ruprecht des Aelteren von dem Jahr 1366
im St.-Archiv zu Stuttgart. — Pergament mit anhangendem Siegel.

265.

21. Januar **1318** o. O. Graf Burkard von Hohenberg schenkt dem
Johanniterhaufe zu Rohrdorf einen Hof zu Ebhaufen mit dem
Kirchenfatz, mit aller Zugehör, ausgenommen die Leute, welche zu
der „Genoffchaft von Alter her" gehörten.

Wir graue Burkart von Hohenberg verjehen offenlich vnd tuen kunt
alen den, die diefen brief anfehent lefent oder hörent lefen, daz wir durch Gott,
durch vnfere feele heiles willen, vnd durch vnfere nachkommen willen, freilich vnd
reht vnd reblich geben vnd han gegeben den erbaren vnd geiftlichen herrn
von dem hufe zu Jerufalem Sant Johannesordens den brüdern zu
Rordorf vnfern hof zu Ebhufen mit dem kirchenfatze zu ewiglich immer
für ein reht aigen, mit allem dem freien reht, als wir in han gehabt, an
waide, an waffer, an velb, an holz, an äcker, vnd an wiefen, an alleine vsgenommen die leute, die zu der genoffchaft horent von alter her, vnd foll
kein vnfer nachkomen nimmer kein anfprache noch kein reht zu den vorgenannten
gueten han noch gewinnen. Gezuge diefer binge find pfaf Burkart capelan zu
Rüti, pfaf Luppe, kirchherre zu wilperg, herr Volkard von Owe,
herr Volmar von Haiterbach, Ritter, Billung vnfer Vogt, Wezel
von Ebhufen vnd ander erbare leut vil, die diez fahen vnd horten. Daz daz
ware, ftäte vnd vnlogenbare belibe von ons, vnd vnfern erben, darumben fo henken
wir graue Burkart von Hohenberg der vorgenannt vnfer aigen infigel an bifen
brief. Wir graue Burkart der junge von Hohenberg vnd graue Burgi
vnfers bruders feligen graue Otten fon verjehen offenlich vnd tuen kunt,
wie hievon gefchrieben ftät, daz wir daz ftäte, ewiglich vnd vnzerbrochen han, vnd
mit vnferem guten willen gar befchehen ift. Daz diz war vnd immer ftet belibe,
darumben fo henken wir vnfere aigen infigel an biefen brief, der wart gegeben zu
Wilperg vnd befchahe an Sant Agneten tag, da man zahlt von Criftus geburt
Trezehnhundert iar, vnd darnach in dem achtzehnben iar.

B. einer beglaubigten Abfchrift im St.-Archiv zu Stuttgart.

266.

30. Januar 1318. Rotenburg. Werner, genannt Äni, Bürger *in* Rotenburg, schenkt mit Zustimmung des Grafen Rudolf von Hohen= berg seine im Bann von Ergenzingen (O.A. Rotenburg) gelegenen Güter an das Kloster Kirchberg.

Ego wernherus dictus aeni Ciuis in Rotemburg constare et notorium esse cupio presentibus vniuersis, quod ego pure et simpliciter ob remedium anime mee legaui tradidi et presentibus trado de consensu expresso spectabilis domini Comitis Rûdolfi de Hohenberg, aduocatorum suorum et ciuium jn Rotemburg religiosis dominabus priorisse et conuentui sanctimonialium in Kirchperg et eorum (sic!) monasterio bona mea sita in banno ville jn Ergatzingen, que colit et inhabitat hainricus filius dicti Stœben nomine libere proprietatis irremeabiliter et perpetuo possidenda, mittens ipsas in eorundem bonorum possessionem corporalem, nichil· quoque iuris facti uel cause michi seu alicui heredum meorum reseruo bonis amplius in eisdem. In cuius donationis pure et canonice facte testimonium euidens presentes literas prefatis dominabus tradidi sigillo ciuium in Rotemburg, quia proprio careo consignatas. Datum Rotemburg anno domini Mº. ꜱꜱꜱº. xviijº. feria secunda ante purificationem beate virginis proxima. Presentibus magistro peregrinus rectore ecclesie in Tœttingen, magistro Johanne, rectore Scolarium in Rotemburg, Engelhardo dicto Herter, Johanne filio suo, Cûnrado dicto Stachler, Cunrado Sculteto, Hermanno dicto Stoeben, Hainricho de Ekkenwiler, Marquardo de horwe et alijs multis testibus fide dignis.

Kirchberger Copial-Buch Fol. 77 ᵇ. St.-Archiv in Stuttgart.

267.

22. Februar 1318. o. O. Werner der Zimmerer, ein Bürger von Horb, welcher schon früher eine Gült von sechs Malter Roggen aus seiner Hube zu Buch an das Kloster Kirchberg verkauft, gibt diese um 4 Pfd. Tübinger nun vollends ganz an das genannte Kloster.

Ich wernher der zimmerer ain burger von horwe vergihe allen den die disen brief sehent oder horent lesen das ich der priorin vnd der samenonge ze kilberg nv lange han ze kouffen geben sehs malter roggen geltes iergelich in min hûbe ze bûch die árgazinges mûter bvwende was vnd· was dû befazzonge

in vnd was da vberiges wart die selbe besazzunge mit allen den rehten so ich
ne oder haben mohte zů dirre selben hůbe zů ekkern zů wisen vnd zů holze han
oder ze lossen geben minen vorgenannten vrowen von kilberg ömme vier phunt
super der bin ich von in in minen noz gewert vnd verzihe mich gegen in an
dem briefe alles mines rehtes also das ich noch kain min erbe nomer kain ansprach
dar han noch gewinnen noch mit kainen dingen die vorgenannten vrowa an disem
geschriben gůt niemer geirren. Ich hainrich der zimmerer des vorgenann=
ten wernhers sun vergihe das min vater dis alles hat getan mit miner wisende
vnd mit minem willen vnd wil alles das stete han vnd halten daf mit geschrift an
disem briefe begriffen ist. Gezoge dirre dinge ist Berhtolt Dankolf schulthais
herre Eberhard von Bössingin Eberhard sin sun otte von bondorf
chůnz von rexingen Friderich der Gůte Berhtolt der staheler
berht der schorer Johannes sin brůder vnd ander erber lúte vil die an
dem zyber sind. Das dis war sie vnd vmer vnlokenber belibe dar vmme so
han ich der vorgenannte wernher vnd hainrich der vorgenannte min sun die borger
ze herwe gebetten das siv ir stete insigel hant gehenket an disen brief ze ainer
ewer gezognisse. Dis geschah do man zalte von gottes geborte drůzenhen hundert
dar nach in dem ahzenhenden iar in kathebra santi petri.

N. d. Orig. im St.-Archiv zu Stuttgart. — Mit sehr gut erhaltenem Siegel der
Stadt Horb, das die Tübinger Fahne im Schilde hat. Umschrift: † Sigillvm civitatis
Horwe.

268.

1. März 1318. o. O. Graf Burkard von Hohenberg nimmt die
Johanniter-Häuser zu Hemmendorf und Rexingen, deren Leute und
Güter in seinen Schutz.

Wir graue Burkart von Hohenberg tun kunt allen den, die disen brief
sehend oder hörend lesen, daz wir luterlich durch got vnd vnserer sel heil vnd
auch bet des erbaren geistlichen mannes Bruder Hermans des markgrauen von
Hochberg meister des ordens von sanct Johanns des heiligen spitals von Jheru=
salem in obern lant sampt grauen Eberharts vnsers oheims von Nellenburg .
vnd Bruder Egens von Fürstenberg Commenthur zu Villingen vnd andere
gute freunt, die wir haben in dem vorgenanten orden in vnsern schirm vnd
vnder genomen haben die erbern geistlichen leut Commenthur vnd brüder der häuser
ze Hemmendorf vnd zu Rexingen, ire leüt vnd guet ze schirmen vnd zu be=
warn mit gueten treuwen, als sehr wir mögen, an allen den sachen, darzue si
recht haben, es sey wider vnsere diener ob ayngne Leüt, one alle geuerde, vnd sie
zu schinen iren rechten zů hindern noch zů saumen, wann daz wir sie fürdern
sollen an allem irem recht vnd beholfen sein bei irem recht ze bleiben, wo sie's

vns kunt tun oder an vns fordern. Daz biz war vnd steet bleibe, so haben wir der vorgenante graue Ruobolf (sic!) von Hohemberg disen brief geben besigelt mit vnserm insigel. Diz beschahe vnd wart diser brief geben, do man zalt von gottes geburt dreyzehenhundert iare vnd darnach in dem achtzehenden iar an dem nechsten fritag vor mitvasten.

Abschrift in der „Jahrgerichts-Ordnung" von Rexingen von dem Jahr 1596.

269.

23. April 1318. Stuttgart. Graf Rudolf von Hohenberg gibt seine Zustimmung, als zwei Rotenburger Bürger den Zehenten zu Trillfingen (O.A. Haigerloch), der Lehen von ihm war, an den Altar Allerheiligen in der Pfarrkirche zu R. stifteten.

Wir Rudolff Graff zu hohenberg bekennen offenlich mit disem brieff, das weyland Burckhardts von Haygerloch brieder, namblich Blrich vnd Niclaus, vnsere burger zu Rotenburg, Jren Zehenden mit aller seiner Zugehörde wie sie namen haben mag, im Zwing vnd Bann vnsers flecken Trielfingen gelegen, welcher Zehend von vns lehen gewesen, dem altar aller hailigen in der pfarkirchen vnserer Statt Rottenburg, welchen altar vnser geliebter in Christo Herr Bernhardus priester vnd frater Prediger Ordens yetzmaln versieht, der seel des verstorbnen Burckhardts ires bruders zu gutem vbergeben vnd geschenkt haben. Diser vbergebung vnd translation geben wir vnser Stim vnd bewilligung, vnd ratificieren solche mit disem brieff so uil wir kenden vnd sollen. Desgleichen tra(n)sferieren vnd schenckhen wir auch vnser gerechtigkeit oder proprietatem, die wir zu solchem Zehenden gehabt, allen vnd yeden priestern, so genanten Altar versehen wurden, vnserer lieben vorfaren vnd Eltern seeligen seelen zu hilff vnd trost. Dessen zu vrkund haben wir vnser Jnsigil an disen brieff thun henkhen, der geben ist zu Stutgart vff Gregorij. Anno M.CCCxviii.

B. einer Abschrift (bez. Uebersetzung) im St.-Archiv zu Stuttgart.

270.

11. Mai 1318. Wildberg. Albrecht Stöckeli von Oeschelbronn (O.A. Herrenberg) verkauft mit Gunst und Willen seines gnädigen Herren, Grafen Burkard von Hohenberg, des älteren, 18 Jauchart Ackers an die Kirche daselbst.

Jch Albreht Stöcgelz von Eschelbrunne vergih offenlich, vnd tün kunt an disem brieue allen ben die disen selben brief lesent oder hörent lesen, daz ich

mit beratemme mût vnd mit rât vnd willen miner vrùnde hân verkouffz aineſ
offenne ſhlehten verkoffenneſ reht vnd rebelichen, Ahtzehen iucharten aggerſ der
kirchun, vnd deme Goʒhûſe vnſerer vröwun ʒe Eſchelbrunne vmbe Drîʒec pfùnd,
vnd vmbe Driu pfunt gùter pfenning haller mùnſe, in den gehörden, in den bannen,
vnd an den enden alſ hie nach geſchriben iſt, Ich hân dem vorgenanten Goʒhûſe
ʒegeben in dem ban deſ dorfeſ ʒe Eſchelbrunne, in der ʒelge gen Bondorf zwo
iucharten, die Stöſſent an ain wiſun, haiſſet Wildorf, Dri iucharten, die man
nemmet Cröttelinſ âcger, Ain âcgerli nemmet man zu den hùften, Ain âcgerli
ʒ Reʒinger wege alleſ in der ſelbun ʒelge, auch in der ʒelge gen Vtingen
en halbun iuchart an dem engen ſtîge gelegen gen Sindelingen, Die röttun
en dem nideren holʒe der anderhalp iuchart iſt, vor den aſpan vf dem berge
zwo iucharten, den acger der ba haiſſet âblinſ tal vor der kurʒun marke deſ
Seh iucharten ſint, Ouch in der ʒelge gen Taluingen zwo iucharten an dem
Taluinger wege, V. hânlinſ halbun ain iuchart hinder Dunſinger berge, An
dem widem acger ain iuchart, An dem ſtige gen Herrenberc gen Dunſingen
ahin auch zwo iucharten, Ich vergih ouch an diſem ſelben brieue, daʒ ich allú
diſú vorgenanten gût hân verkouffet vnd gegeben dem vorgenanten Goʒhûſe vúr ain
rehteſ hêrbrachteſ vrigeſ aigen; So bin ich ouch gânʒelich gewert von den pflegern
deſ vorgeſchribenen Goʒhuſeſ der Drîʒec pfunde, vnd der Drier pfunde gûter pfen=
ninge haller Mùnſe vmbe die ich diſú vorgeſchribenú gût allú dem bicgegenemten
Goʒhûſe hân verköffet. Ich Hainrich Stöcgelj deſ vorgenanten Albrehteſ brûder
vergih ouch an diſem brieue, daʒ dirre vorgenant kouf mit minem willen iſt be=
ſheben, vnd daʒ ich mich verʒigen hân alleſ deſ rehten, daſ ich hân ober gewinnen
ſölte zu den vorgenanten gûten, Vnd dirre binge aller ſint geʒiuge pfaffe Liupe
kircherre ʒe wilperc, — — der kircherre ʒe Eſchelbrunne. Billunc der
vogt, Clauſ, Johänſ walpreht burgere ʒe wilperc, Marquart kerne,
Rúcge der hirte, — — Engelricheſ ſun der wiſſe, Cúnʒ der maiger,
Cúnʒ der viſel, Brûn Luʒen deſ hirten ſun, diſe geburen ʒe Eſchelbrunne,
vnd ander erber lúte den ʒe gloubenne iſt, die öch hie bi waren, Daſ aber alliu
diſú binc war vnd ſtât beliben dem vorgenanten Goʒhûſe darumbe hân ich vorge=
nanter Albreht zu ainem offenen vrkunde dirre ſache gehencket an diſen brief mîn
aigen inſigel; vnder dem min vorgeſhribener brûder Hainrich öch dirre bing ver=
gihet, Darüber haben wir beide ainberlichen gebetten vnſeren gnâdigen Herren Grauen
Burcharten von Hohenberc den eltern, daʒ er durch ain gùnſtig vertigunge
dirre binge öch ſin aigen inſigel an diſen brief hât gehencget. Wir Graue Burchart
von Hohenberc der elter veriehen öch hierumbe offenlich an diſem brieue, daʒ
dirre kouf mit den vorgeſchribenan bingen iſt beſhehen mit vnſerem guten gunſt,
vnd willen, vnd durch die bêat deſ bicge genemten Albreht Stöcgelinſ, vnd hain=
richſ ſineſ brûderſ iſt vnſer aigen inſigel an diſen brief gehencget durch ſhirm, vnd
vertigunge dirre Dinge, Dirre brief wart gegeben ʒe wilperc an dem nähſten

Duurſtag nach Sant Michahelſ tage[1] Do von Gotteſ geburte waren Drizehenhundert iâre vnd darnach in dem Ahtzehenden iâre.

B. d. Orig. im St.-Archiv zu Stuttgart. — Die Siegel ſind abgefallen.

[1] Da Graf Burkarb der ältere nach zuverläſſigen Angaben am 24. Juli 1318 geſtorben
iſt, ſo nehmen wir Michaelis apparitio ober Victoria S. Michaelis, d. h. den 8. Mai an.

271.

24. Juni 1818. Wildberg. Graf Burkard von Hohenberg gibt mit
Willen und Gunſt ſeiner Bürger von Wildberg dem Kl. Reuthin den
dritten Theil an dem „waſebrunnen.“

Wir Graue Burchard von Hohenberk vergehen offenlich an diſem gegenwertigen brieue vnd tûn kunt allen die in ſehent alber hörent leſen, daz wir den ..
prowan vnd dem Cloſter ze Rûthi die gnade haben getan, daz wir durch
Got vnd durch vnſerre Sel haileſ willen des Brunnen, der der da haiſſet
der waſe brunne, daſ drittail haben gegeben, daz ſiu daz han vnd niezzen ſuln
iemer eweclich vnd mit aller vrihait, vnd iſt daz beſchehen mit gûtem willen vnd
gunſt aller vnſer .. Burger von wilperk, vnd daz in vnd allen iren nah-
comen daz ſtet blibe von vnſ vnd vnſeren erban, dar vmb haben wir in diſen
brief geueſtenat mit vnſerem aigenen Jnſigel. So vergehen wir die vorgenanten
Burger von wilperk gemainlich daz hie vorgeſriben iſt, daz daz alles geſchehen iſt
mit vnſerm rat vnd gûtem willen vnd gunſt, vnd daz daz war vnd ſtet ſi vnd
iemer blibe, dar vmb haben wir vnſerre ſtette Jnſigel gehenket ohc an diſen brief.
Der wart gegeben ze wilperk, do man zalt von Criſtuſ gebürt, Drützehenhundert
Jar, vnd in dem ahzehenden Jar, an Sant Johanneſ abent des Tofferſ.

B. d. Orig. im St.-Archiv zu Stuttgart. — Mit dem bis auf die Umſchrift gut
erhaltenen Siegel des Ausſtellers (daſſelbe wie an Urkunde von dem Jahr 1293) und
dem der Stabt Wilperg, das den Hohenberger Schild (Schraffirung im obern Theil)
und die Jnſchrift: „S. civivm de wilberc“ hat.

272.

28. Oktober 1318. o. O. Graf Rudolf von Hohenberg nimmt das
Kloſter Bebenhauſen in ſeinen beſonderen Schutz, indeſſen nicht als
Schirmvogt, ſonbern als Beſchützer.

Rudolphus comes de Hohenberg tenore presencium publice proſi-
temur, Quod nos religiosorum dominorum abbatis et conventus monasterii
in Bebenhusen vite sancte puritatem morumque suorum honestatem considerantes et attendentes omnia et singula bona tam mobilia quam etiam im-

mobilia prefato monasterio quocumque modo vel jure pertinencia ad nostram protectionem ac defensionem recepimus et in hiis recipimus specialem. Confitentes insuper, quod nos bona monasterii antedicti non ut advocatus eiusdem monasterii, sed tanquam ipsius promotor atque defensor, quamdiu antedictis dominis placuerit, defensare et gubernare debemus pro virium nostrarum posse, nihil nobis vel nostris heredibus per hoc jurisdictionis advocatie monasterii supradicti usurpantes aut atrahentes quoque modo. In quorum evidenciam sigillum nostrum presentibus est apensum. Datum in die apostolorum Symonis et Jude anno Domini M.CCC.XVIII.

Abbruck bei Befold, doc. rediviv. S. 245. Das Orig. findet sich in dem zu Karlsruhe beflndlichen Bebenhäuser Archiv nicht mehr vor. — Gabelkhofer, der daffelbe noch vor sich hatte, beschreibt das anhangende Siegel also: „cataphractus mit langen fliegenten.... vff der bruft den schild dextra gladium gerens, in galea tamquam radios."

273.

1818. o. T. Kirchberg. Berthold Hafenbein verordnet ein Licht über Graf Albrechts und feiner Kinder Grab im Kloster Kirchberg.

Ich Berchtolt Hafenbain tůn kunt allen ben die difen brief gefehent ober gehörent lefen, das ich uerkouffet hān aines rehten vnd aines reblichen kouffes — uffer minem aigenen hofe ze tátenfe, ben da buwet Berhtolb Bl. drißehen schilling geltes járlich — der priorinen vnb bem Conuent bes clofters ze kilperk vnb aht pfunt guter haller pfenninge, ber ich von jn gewert bin gar vnb gentzlich vnb ouch in minen nuz komen finb vnb ift bas befchehen mit gunft vnb willen katherinun miner elicher wirtinne vnb anberre minen erben, vnb geloben jnen by guten truwen beffelben geltz ze uertigen an allen gerihten nach rechte vnb als gewonlich ift. Das felb gelt fol bienen an bas lieht, bas ob Grauen albrehtef von Hohenberg vnb finer kinde grab ze kilperk hanget. Vnb fint biß gezuge Strube von Jfenburg, Johannes von Sunthaim, finer tohter man, Johannes Walthers feligen fun von Horwe, Berhtolf fin bruder vnb anber erber lút vil. Vnb bas bis ftáte belibe, So gib ich jn bifen brief befigelt mit minem aigen jnfigel zu ainer waren vrkunbe biß kouffes. Vnb birre brief wart gegeben ze kilperk, bo man zalt brißehen hunbert jar von gottes geburt jn bem ahzehenden jar.

Kirchberger Copial-Buch Fol. 195 *.

274.

7. April 1319. Rotenburg. Graf Rudolf von Hohenberg gibt seinem
Vetter Graf Burkard von Hohenberg, von dem er einen Theil
von Horb gekauft hatte, seinen Theil an Dornstetten an Zahlungs-
statt für **250** Mark Silber, die er ihm von dem Kauf von Horb
noch schuldig war.

Wir Graue Ruodolf von Hohemberch vergehen vnd tuͦgen kunt allen
die diesen brieff gesehent oder gehörent, daz wir haben reht vnd redlich gegeben
vnserme vetterne Graue Burkart von Hohemberch dem jungerne vnd
allen sinen erbun vnserne tail, den wir hetun an der stat ze Dornesteten
mit allen rehten vnd aller zůgehörde, ez sie an lùten alber an gůten, vnd gemainlich
swas wir rehtes darzů hetun für drittehalphundert Marcke silbers luters vnd lötiges Rotwiler gewaeges, der wir im schulbig waren an dem gůte, daz wir im soltun
vmme sinen tail der stat ze Horwe, den wir vmme in koufftun, vnd vergehen
offenlich, daz wir noch kain vnser erbe nümmer me fürbas kain wartte, kain reht
noch kain ansprache sulen gewinnen weder an gaisſlichem gerihte noch an weltlichem zů der vorgeschriben stat zu Dornesteten noch zů dem, daz darzů gehöret,
ez sie an lùten alb an gůten. Vnd ist darume vnser aigen Insigel an disen brief
gehenket ze ainem offenne vrkunde alles dez hie vorgeschriben ist. Dirre brief ist
gegeben zu Rotemburch in der stat, do von vnsers Herrn geburte waren Tru-
zehenhundert iar vnd darnach in dem Nunzehenden iar an dem Samstag in der
Osterwochun.

B. dem Orig. im St.-Archiv zu Stuttgart. — Das Siegel ist abgefallen.

275.

18. Mai 1319. Reuthin. Hug der Kecheller von Rübenberg (Burgruine bei Altensteig) verkauft unter dem Siegel seines Herren, Grafen
Burkard von Hohenberg, eine Leibeigene an das Kl. Reuthin.

Jhc hut der kecheller von Rübenberk, Marquart Diem Johannes
vnd abreht mine Brüder vergehen offenlich an disem brieue, daz wir reht vnd
reblich Mehtilb — — Eberhartſ pflůgeſ wirtenne von Riberötingen vnd
alliu iriu kint, ez ſi Man alber junk frowe vnd alle die lüt die iemer von den
geborn werdent haben ze koffene gegeben der .. Priorinun vnd der Sammung von
Rüthi in allem dem reht, alſ ſiu vnſer aigen warn vmb viunfzehen pfunt haller
vnd verzihen vnſ an disem brieue alles deſ rehten, deſ wir an den selben lüten
hettan alber gehan soltin alber mohtin gaiſtliches gerichtſ alber weltliches. Wir vergehen ohc, daz wir die vorgenanten viunfzehen pfunt haller enpfangen haben vnd

gewert fin gar vnd ganzlich vnd fiu vnferre Swefter Wernbrut haben gegeben vnd jögelt. Wir fuln ohc den vorgenanten vrowan ze Rüthi vnd irem Clofter bif vertgan vnd beftaten von allermengelichem nahc reht vnd mit namen von den gefwibergiben, fwenne fiu ze iren tagen koment vnd haben in dar vmb ze bürgen gefezzet petern von Thetingen, vnd .. Bernen von Cappelle, alfo die laiften foltin wer daz ef ze fchulben köme nahc rehter gifelfchaft ze wil= kürd ze horwe an alle geuerd. Wer ohc daz der felban Bürgan ainer ab gat fo fuln wir ainen andern gen an fin ftat, der alf güt vnd alf erber fi, alf wan wir def nit, fwenne ef geuordera wurde an vnf von den vorgenanten vrowan ald von iren bottun, fo fol der ander laiften alle die wil, bif wir in andern gefezzen in allen ben reht alf vor gefriben ift an alle geuerd. Difef gezög her Diem der kecheller, peter von tetingen, Bern, pfaph Clauf, hanf, walpreht der Spiler, frizze der kupferfmit vnd ander ift ain micheltail. Vnd daz allef daz hie vor gefriben ift von vnf vnd von vnfern erban ftet blibe, dar vmb haben wir vnfern gnedigen herren Grauen hart von Hohenberg gebetten, daz er fin Jnfigel henket an difen brief, han ihc der vorgenant Huk min aigen Jnfigel ohc dar an gehenket ze ainem vrkund allef def hie vor gefriben ift, Der wart gegeben ze Ruthi, Do zalt von Criftuf geburt Drutzehenhundert Jar vnd in bem Nünzehenden Jar an nehften vritage vor Sant vrbanf tage.

G. b. Crig. im St.-Archiv zu Stuttgart. — Mit dem bis auf die Umfchrift ziem= lich erhaltenen Reiterfiegel des Grafen. Von der Umfchrift fteht noch: † . . . . tia li . . . . . . enberc. In tem Siegel des Kechler ift ein Fifch.

———

276.

Mai **1319**. o. O. Schwefter Katherina, genannt von Straßburg, Bürgerin zu Horb, vermacht unter dem Siegel des Grafen Burkard, Herren zu Haiterbach, Zehnten, Landgarben und Gülten von Gütern in Beihingen (O.A. Nagold), Haiterbach und Börftingen (O.A. Horb) an das Klofter Reuthin.

Allen ben bie difen berief anfehent ober hörent lefen, daz ich Katherin genant von Strafburg ein burgerin ze Horwe müt= lich vnd vnbezwungenlich mit gefondem libe gib vnd han gegeben nach tobe den vrowen der Priofinne vnd dem Conuent ze Rutj brebieer ordenf allef daz ich gefücht vnd vngefücht ze Bigingen von zehenden ober von Langarbe, daz mir ze Erbe von ber Salzmenninvn feligen miner Anvn, vnd ze Haitterbach von der Sprenger einen Scheffel waz vf minen eglern wahfet vnd von einem berge der Zuber zehen viertail kornef, vnd die Bübin einen Scheffel, der bvnre Scheffel von einem agker vnd ze Berftingen in bef vifchers hof zewaj

Malter Roggen geltes, Disv gelt sol Adelheit min Swester di wile si lept (sic!)
han vnd niessen, vnd nach ir tode brö Jargezit da mit began, Johansen minei
vatter vnd siner vorderen an sant Laurentjen abent vnd mit ainem malter roggen
sol man in ir male gebesseron, vnd mit ainem malter roggen sol man . . . .
miner müter Jargezit began an dem tage marci vnd Marcelliani vnd nach minem
tode min Jargezit sol man och began mit einem malter roggen vnd swaz da jberigef belibt den siechen Swesteron sol man da mit Jrü male gebesseron vnd swaz
ich varndef gütef lan oder won mit gelten sol ist daz ich daz nit selbe berikt, daz
sol stan in der Priolinne hant, In miner Swester vnd in minef Bikterf, vnd minem
Bikter drissig schilling haller vnd Jedem Priester ze Rotwil in dem Closter drissig
haller, vnd jeweberem Capellan ze Ruti drissig haller, vnd ieber Swester ze Ruti
Sechs Haller vnd Swaz jberigef wirt durch miner sele willen. Daz dif ware
stete vnd vnlogenbere belibe darüber han ich gebetten minen genedigen Herren Grau
Burkard von Hohenberg, herre bi disen ziten ze Haitterbach daz er
hat sin aigen Insigel gehenket an disen Brief, Der wart gegeben an sant verbans
tage Do man zalt von Cristus geburte Druzehenhondert Jar vnd darnach in dem
Rvnzehenden Jar.

V. d. Orig. im St.-Archiv zu Stuttgart. — Das Siegel ist abgefallen.

277.

6. Juli 1319. o. O.   Graf Rudolf von Hohenberg gibt dem Markgrafen Hermann von Hochberg, Hochmeister des Spitals St.
Johanns-Ordens in deutschen Landen, beziehungsweise dem Johanniterhause zu Hemmendorf, für die Burg Rohrau (O.A. Herrenberg) mit Zugehör den Fronhof zu Dettingen (O.A. Rotenburg)
nebst Kirchensatz.

Wir Graf Ruodolf von Hoenberg tuen kundt allen den die disen bri
sehen oder hören lesen, daz wir mit dem erbaren herren Margraf Herman von
Hochberg, dem hochmeister des Spitals St. Johann Ordens zue tütic
Landen, vnd ouch mit den gaistlichen herren des klosters zu Hemmendorf desselben ordens liblich vnd gütlich übereinkomen sint, daz wir demselben orden as
ouch demselben kloster zu Hemmendorf gegeben haben recht vnd redlich zu sines
rechten widerwehsel umb Rorowe die burg vnd was darzu gehöret, lüte vnd
gut, den vronhofe zu Dettingen mit dem kirchensatze, mit namen mit der
wibeme, mit schupußen, mit den ackern, mit den wisen, mit aller zugehörde, as
vnser gerichte des dorfs, an die zinsen, die uf den altar derselben kirchen hören
ouch an die hölzer, die in selben hof hörent, wann dann sie aus den hölzen
hawent vnd nemen sollent, was der hof vnd die güter bedorfen, also daz der vor

genannte orden vnd das kloſter zu Hemmendorf denſelben hof in den vorgeſchribnen rechten inhaben, nieſen, beſetzen vnd entſetzen ſollent, für ein recht aigen, vnd ſollent wir noch kein vnſer erben, noch kein vnſer nachkommen dieſelben herren an dem= ſelben hofe noch am den guten nimmer keinen ſchaden geton noch ſie darumb ange= ſprechen, weder an gaiſtlichen, noch an weltlichen gericht, noch ane gerichte, ſus noch ſo. Vnd iſt darumb vnſer jnſigel an diſen brief gehenkt zu einer vrkund, der iſt gegeben an dem frytage vor St: Margaretentag, da man zalt tuſend dry= hundert jar, in dem nünzehenden jar nach vnſers Herren geburt.

Von einer Abſchrift im St.-Archiv zu Stuttgart.

278.

4 Juli 1319 o. O. Hermann von Hochberg, Hochmeiſter St. Johanns= Ordens in Teutſchland, und Wolf von Werdenberg, Commenthur zu Hemmendorf, ſtellen über den Tauſch von Rohrau eine Urkunde aus.

Wir Brüder Hermann von Hochberg, Hochmeiſter, zu Teutſchland, St. Johans ordens des Spitals zu Jeruſalem vnd wir bruder Wolf von Werdenberg, Commenthur des Kloſters zu Hemmendorf vnd deſſel= ben ordens tun kunt allen den die diſen brief ſehent oder horent leſen, daz wir mit dem edlen Herren Grafen Rudolf von Hohenberg mutwillenclich vnd vnbe= zwungenlich oberein komen ſind, daz wir im vnd ſinen erben rechte vnd redelich gegeben haben für ain recht fri lebig aigen Rorow die burg mit aller zugehörde mit lüten, mit guten, bi waſen bi zwian, holz, an velde vnd mit allen rehten, beſucht vnd vnbeſucht, funbens vnd vnfunbens, gänzlich vnd gar zu einem rechten widerwehſel vmb den fronhof zu Dettingen mit ſiner Zugehörd, als wir ſein brief hant vnd alſo, daz er vnd ſeine erben dieſelb Burg mit aller zugehörd in haben, nieẑen vnd beſeẑẑen ſont für ain recht frey lebig eigen, vnd ſont wir noch keiner vnſer nachkomen ſi darum niemer angeſprechen, weder an gaiſtlichem gerichte noch ane gerihte, ſuß noch ſo. Was er auch deſſelben guts genoſſen hat, daz haben wir ime ergeben lüterlich vnd gar, vnd ſeint darumb vnſerr Jnſigel an diſen brief geleit. Wir Bruder Egeno von Vürſtenberg, Commenthur des Huſes ẑu Würzburg, tun kunt, daz wir bi diſem Wehſel geweſen ſint, vnd iſt darum vnſer Jnſigel auch an diſen brief gleit, der iſt geben an Fritag vor ſant Margreten tag da man zalt von gotes geburte dryzehenhundert Jare in dem neunzehenten Jare.

Sammlung verſchiedener Archivalbof. im St.-Archiv zu Stuttgart. Bd. VII. Fol. 392.

279.

31. Auguſt 1319. Plieningen. Herzog Leopold von Oeſtreich ſchenkt zum Seelenheil ſeines Vaters, des römiſchen Königs Albert, dem Capellan aller Hailigen in der Pfarrkirchen zu Rotenburg das Eigenthum des Zehenten zu Trillfingen (O.A. Haigerloch).

Wir Lypoldus von gottes gnaden Hertzog zu Öſterreich vnnd Styr ꝛc. ꝛc. thund khund aller meniglich mit diſem brieff, das wir zu troſt vnd hail der ſeel Alberti Römiſchen Königs, vnſers geliebten hern Vatters, ſeliger gedechtnus, alle gerechtigkeit, Jus proprietatis, ſo wir zu dem Zehenden, in Zwing vnd Bann des fleckhen Trielfingen gelegen (.ſonſt deren von Zimmern zehende genant.) gehabt haben, dem Caplan aller hailigen altar in der pfarkirchen zu Rotenburg guttwillig vbergeben vnd geſchenkt haben, vbergeben auch vnd ſchenken Ime ſolche gerechtigkait mit vnd Jnn crafft biß brieffs, Alſo vnd der geſtalt, das ein yeder Caplon der gemelten altar pro tempore verſicht, oder künfftiglich verſechen wurde, ſolchen obgenanten Zehenden nun für hin ewig, aigen, ſicherlich vnd ruewig beſitzen, Jnnhaben, nutzen vnd nieſſen möge. Deſſe zu vrkundt haben wir diſen Brieff mit vnſerm Inſigil bekrefftiget, der geben iſt zu Blieningen freytag vor Egidij. Anno nach Chriſti vnſers ſeligmachers geburt. M. CCC. xix.

Von einer Copie (Ueberſetzung) im St.-Archiv zu Stuttgart.

280.

14. Februar 1320. Hohenberg. Graf Rudolf von Hohenberg vergleicht ſich mit dem Kloſter Heiligkreuzthal in Betreff der Hinterlaſſenſchaft des ehrbaren Mannes Großholz.

Wir Graue Rüdolffe von Hohemberg veriehen vnd Tün kont allen ben die biſen brief anſehent oder horent leſen, daz wir mit den erbern gaiſchlich vrowan .. der abtiſſenne, vnd der Samenvnge gemainlichen des Cloſters .. ʒ Hailig Cruces tal, grauwes ordens verſchlichtet vnd berihtet ſint lieplich vnd gütlich mit vnſerm wiſſen vnd wiſſende vmbe ſolich anſpräche, ſo wir hettant vnd haben mehtant wider ſiv vmbe ain erbe vnd güte, daz gelaſſen hat der erber man. Gröſſeholz ſälig, alſo Daz wir da vür genomen hänt Süben pffunt pffenninge Coſtentzer, der ſüben pffunde wir von den ſelben vrowan gewert ſint gar vnd gentzlich vnd veriehen ouch, Das wir mit den ſelben vrowan ʒe des Hailigen Cruce tal noch mit iren nächkomen von des ſelben Mannes Gröſſeholtzzes vnd ſins gütes wegen vürbas nutznit, ʒe ſchaffanne haben ſunt weder ſus noch ſo. Vnd darombe ſo iſt vnſer Ingeſigel an dieſen brief gehenket ʒe ainem vrkunt der warhait. Der

brief iſt geben ze Hohemberg an ſant valentins dag, Do man zalt von Gottes
geburt Drützehenhundert jare In dem Zwaintzgoſtem Jare.

V. dem Orig. im St.-Archiv zu Stuttgart. — Mit dem in ein Säckchen eingenähten, zerbrochenen Reiterſiegel des Grafen.

281.

3. Auguſt **1320.** Kaltenthal. Gr. Burkard von Hohenberg der jüngere
verkauft die Pfandſchaft der Stadt Dornſtetten um **500** Mark Silber
an den Grafen Eberhard von Wirtemberg.

Wir Graue Burchart der Jünger von Hochemberch Tůn kunt allen
die dieſen Brief anſehent oder herent leſen, daz wir dem Edelin hierren (sic!)
Grauen Eberhard von wirtemberch die Pfantſchaft an der Stat ze
Joreſtetten die wir hetten an liuten, an gůte, in holtz, in velde, geſůcht vnd vngeſůcht, haben geben ze kůfenne, zehaben vnd zenieſenne vnd ſiulen ſin auch wer ſin
nach recht vmb fünfhundert March Silbers Rotwiler geweges, der er vns gar
vnd gentzlich hat gewert. Wir haben im die Stat vnd daz gůt, daz wir im dar
zů haben gegeben alſo gegeben, daz er oder ſin erben, Swanne Herrn Hammans
ſeligen von Geroltzegge Ehlichin wirtin oder ir erben von vns die ſelben
Stat löſent vmb fünfhundert March Silbers ſo ſol er oder ſin Son Graue
Ulrich oder ſins Sons Son graue ŏlrich von wirtemberg vns wider geben
zolöſenne die vorgenanten Stat vmb fünfhundert March Silbers lötigs vnd gůtes
Rotwiler gewichtes, vnd hant des geſworn ze den heiligen vnd haben auch ander
wege kainen gewalt noch macht die vorgeſchriben Stat ze löſenne. Swenne wir
auch die ſelben Stat von im löſen wellen oder von ſinen erben alz vor iſt geſchriben, ſo ſol er ſin botten zů vns ſenden die daz Silber enphahen in vnſern veſtin,
daz ſiulen wir im oder ſinen erben ane ir ſchaden anthwirten gen Stůtgarten
oder gen kaltental, vnd ſiulent ſye daz beleiten fiur ſye vnd fiur ir dyener der
ſye gewaltig ſint vnd fiur ander liute, da ſye es miugen getůn an geuerde. Iſt
auch ſo die vorgenante vrowe von Geroltzegge von vns löſen wil die vorgenanten
Stat vnd vns daz Silber nit geben wil, wir anthwirten ir oder iren erben die
ſelben Stat, So ſiulen wir im oder ſinen erben vnſern halben teil an der
Burch ze Magenheim vnd vnſern halben teil an der Stat ze Braggenheim in anthwirten, So ſol vnſer vorgenanter Dichem Graue Eberhard von Wirtemberg oder ſin erben vns die ſelben Stat in anthwirten vnd die beide teile ſiulent
ſye inne han biz wir ſye in der vorgenanten veſtin eine ze Stůtgarten oder ze
kaltental richten, vnd gewern der vorgenanten fünfhundert March Silbers gar vnd
gentzlich oder haller da fiur alz ſye danne an dem wechſel gant ze Rotwil. Swan
auch die Edeln Graue wŏlflin von veringen vnſer Sweſterman vnd
Grauen Eberhard von Landowe ſehent vnd ſagent, daz wir in den vorge-

nanten veſtin einer die fiunfhundert March Silbers oder ſo vil haller vnd ſich dar vmb ziechent geanthwirth haben, So ſiulent ſye vns vnſer veſtin Magenheim vnd Braggenheim, die halben teil wider geben vnd anthwirten vnd hat vns geſworn zů den heiligen, Swa ſye ſich des vergeſen vnd ſich ſumpten dar an, daz die vorgenanten hierren von veringen vnd von Landowe dumhte vf ir eit daz ſye ſich dar vmb gen vns vergeſſen hetten, Swa wir des ze ſchaden kemen oder komen von leiſtung wegen der Biurgen (sic!), die wir vmb Dornſtetten haben geſetzet oder ander wege da von ſol vns der vorgenante Graue Eberhard von wirtemberg oder ſin erben helfen ane allen ſchaden. Were auch daz der vorgenante Graue wölflin ab gienge, da vor got ſye, ſo ſiulen wir vf vnſern ait inront ainem Manot einen andern dar geben der altz erber ſye an geuerde, ſwanne vns die vorgenanten grauen von wirtemberg manont. Gyeng auch der vorgenante Graue Eberhard — von Landowe abe daz ſiulent ſye vns auch tůn. Vnd daz ſtete belibe ſwaz vor iſt geſchriben, dar vmb ſo geben wir dem vorgenantem Grauen Eberhard von Wirtemberch vnd ſinen erben diſen brief geueſtet mit vnſern Grauen Wölflins von veringen des vorgenanten vnſer Sweſtermans, vnd mit hern Aygelwartz von Valkenſtein Inſigeln, diu dar an hangent. Wir die vorgenanten graue wölfli von veringen vnd her angelwart von valkenſtein veriehen an diſem Brief, daz wir durch bette willen des vorgenanten Grauen Burchartz von Hochemberch vnſeriu Inſigel an diſen brief haben gehenket ze ainer ziugnuſte der vorgeſchriben dinge. Der geben iſt ze kaltental, do man zalte von gottes gebiurte driuzehenhundert Jar in dem zwainzigeſten Jare an Sante Stephans tag altz er funden wart.

B. d. Orig. im St.-Archiv zu Stuttgart. — Sämmtliche Siegel ſind abgeriſſen.

282.

27. Dezember 1320. o. O. Graf Rudolf von Hohenberg freit Hauß und Hofraite, welches das Kloſter Kirchberg zu Horb hatte, von allen Steuern und Dienſten.

Wir Graue Rúdolf von Hohemberg Tůn kunt mit diſem briefe allen den die diſen ſelben brief ſehent oder hörent leſen, das wir durch got lutterlich vnd durch vnſerre Sele vnd durch vnſere vordern ſele hailes willen den gaiſtlichen frowen der priolin vnd der Samenunge ze kilchperg dem kloſter die gnaube getân habend, das wir ir hus vnd ouch die hofraiti deſſelben huſes, das ſi ze horwe in vnſer Statt vor Mülnertor ligende hånd, gefriet habend vnd das wir es frigent mit diſem briefe für alle ſtüren vnd für wachten, wie ſi genant ſind, die daſſelbe hus vns oder vnſern Burgern ze horwe tůn oder geben ſolte vnd wellent vnd ſetzent, das dü ſelbe frihait von vns von vnſern erben vnd ouch von vnſere Statt ze horwe immer gantz Stete vnd vnzerbrochen belibe ewiklichen ymmer vnd ymmer. Wir verjehen ouch das dü ſelbe frihait vor ouch dem ſelben huſe gegeben was von der Edeln frowen frow Elsbethen von Eberstain vnd ouch von vnsern Burgern ze horwe, die darumb ir briefe vnd ir hantuesti geben händ, die wir gesehen hant vnd ist darumb vnser Insigel an disen brief geleit ze ainem vrkunde. Wir Johans Böckli der Schulthaiß die Richter vnd die Burger gemainlich ze Horwe, Riche vnd Arme, tün kunt mit disem briefe, das dis mit vnserm willen ist beschehen vnd das wir die frihait stäte haben sont vnd ouch alle vier nauchkomen, vnd ist darumb vnser Stette Insigel an disen brief geleit, der ü geben an sant johans tag ze wihenächten, Do man zalt von gotz geburt Drüt-zehenhundert jar in dem zwaintzigosten jare.

Kirchberger Copial-Buch Fol. 2. — St.-Archiv in Stuttgart.

283.

23. April 1821. o. O. **Graf Rudolf von Hohenberg freit die mittel Sammlung zu Horb von allen Steuern und Diensten.**

Wir Graue Rüdolf von Hohenberg tün chont mit disem Briefe allen den die in sehent oder hörent lesen, daz wir durch got vnd durch vnserre sele hailes willen die mittel Samenunge bi dem Nekker ze horwe minre brüder ordens vnd öch die priolin vnd die vrowan der selben Samenunge die nv ze male dar inne sint, oder noch hie nach darin choment, iemer eweclich gevriet habent vnd sie vrient mit diesem briefe für alle stura vnd öch für alle dienste swie sie genant sint, luterlich vnd gar ane alle geuarde, vnd wellent daz in bisu vrihait statte vnd ganze belibe von allen vnseren erben vnd nachchomen iemer eweclich ane gevärbe. Wir geloben ouch bi güten truwen, daz wir die selben vrowan die nv da sint oder noch hie nach darin choment, niemer benötten noch bezwingen sullen omb behaine pfründe ze gebenne da sie es niht gerne tönt vnd ist vnser Insigel darumbe an bisen briefe geleit ze ainem vrchonde. Wir — — die Rihter vnd — — die Burger gemainlich der statt ze h o r w e veriehen offenlich, daz wir die vrihait stätte halten vnd haben wellen vnd sullent eweclich von des vorgenanten vnsers herren gebotte G r a u e n R ü d o l f e s von H o h e n b e r g vnd ist darumb vnserre stette ze h o r w e Insigel an bisen brief geleit, der ist geben an sant G r e-g o r i e n tag, do man zalt von Cristes geburt brüzehenhundert jar vnd da nach in dem aime vnd zwaintzigosten jar.

B. b. Orig. im St.-Archiv zu Stuttgart. — Die Siegel sind abgefallen.

284.

23. April 1321. o. O. Graf Rudolf von Hohenberg freit die **obere** Sammlung zu **Horb**, bei der Heiligkreuzkirche daselbst, von allen **Steuern** und Diensten.

Wir Graue Rudolf von Hohemberg tůn chont mit disem briefe allen den die in sehent oder hörent lesen, daz wir durch got vnd durch vnserre selen hailes willen die ober samevnge ze Horwe bi des Hailigen chrúzes chürchen predier ordens vnd ouch die priolin vnd die vrowan der selben samevnge, die nv ze male darinne sint oder noch hie nach darin choment, iemer ewechlich gevriget habent vnd sie vrient mit disem briefe für alle stüra vnd ouch für alle dienste, swê sie genant sint, luterlich vnd gar ane alle genârde, vnd wellent, daz in disü vrihait stätte vnd gantz belibe von allen vnseren erben vnd nachchomen iemer eweklich ane genârde. Wir geloben ouch bi gůten truwen, daz wir dieselben vrowan, die nv da sint .. oder noch hie nach darin choment, niemer benötten noch bezwingen sullen vmb dehaine pfrůnde ze gebenne, da sie es niht gerne tônt. vnd ist vnser Jnsigel darvmb an disen brief gelait ze ainem vrchvnde. Wir .. die Rihter. vnd .. die Burger gemainlich der statt ze Horwe veriehen, daz wir die vrihait stätte halten vnd haben wellent vnd sullent eeweclich, von dez vorgenanten vnsers Herren gebotte Graven Rüdolfes von Hohemberg, vnd ist darumb vnserre stette ze Horwe Jnsigel an disen brief geleit, der ist geben an sant Gregorien tag, do man zalt von Cristes geburte Drüzehenhundert iar. vnd dar nach in dem aine vnd zwainzigosten Jar.

. V. d. Orig. im St.-Archiv zu Stuttgart. — Mit dem bekannten Siegel des Grafen R. v. H. und dem der Stadt Horb, das so groß ist als jenes, und den quergetheilten Hohenberger Schild hat, dessen unterer Theil schraffirt ist; von der Umschrift sieht man nur noch: Sig .... und orw.

285.

23. April 1321. Rotenburg. Vogt Billung von Wildberg gibt, theilweise gegen Bezahlung, an das Johanniter-Haus zu Rohrdorf sein Dorf Walddorf (O.A. Nagold) als frei ledig eigen.

Jch Vogt Billung Vergihe u. thue Kund allen die diesen Brief gesehend oder gehörend, daß Jch mit Zittiger Betrachtung u. auch mit rathe weiser Lithe, u. auch aller Der die darzu gehörten den Gaistlichen Herrn Von Rohrdorf St. Joannis Ordens des Spithals Von Jerusalem u. auch demselben Orden gemeinlich durch Gott Zuvorderist, und auch Vmb solche geld, daß sie mir gelobte hand zu geben dieweil Jch lebe, darumben Jch ihre Briefe han, han gegeben recht und redlich für ein frey ledig aigen, in allem dem rechte, Als Jch es

bisher han gehebt, daß Dorf zu Walldorf mit allem rechte und mit allem
dem darzu höret, es seye an äckern, an wiesen, an holtze, oder an Velde, an Leu=
then, oder an guthen, bey wasen oder bey Zweige, es seye besuht als unbesucht,
embaue oder nit embaue und antworte Jhnen dasselbe Dorf mit allem rechte, daß
Jch darzu hätt, oder gehan möchte in ihr gewalt also, daß Jch noch kein meiner
erben darzu nimmermehr kein recht noch ansprache sollen gewinnen, weder au
gaitlichen Gerichte noch an Weltlichen. Jch soll Jhn auch das Vorgeschriebene
wie ferttigen und Verstan, wo sie nothdürftig sind, nach rechte als sittlich u.
gewhnlich ist. Dieser Dinge seint gezeugen Pfaf Burckard von Ruthi,
rich von Vehingen, Volckert der Ammann, Fritze von Herreberg,
rchtold sein Bruder, Bentze von Wildberg, Heinrich der Schneider
Luc, u. andere Ehrbare Lüthe Vill. Vnd daß diß alles stäthe u. war bliebe
un so han Jch main aigen Jnsigl gehengt an diesen Brief, darzu han Jch auch
eten die Richter Von Rothenburg, daß sie der Burger Jnsigel Von Ro=
mburg auch daran gehengt hand; der Brief Jst gegeben Zu Rothenburg
ach unsers Herrn geburthe Treyzehnhundert Jahr in dem 21t. Jahr an St. Gre=
rien Tag.

B. einer beglaubigten Abschrift im St.=Archiv zu Stuttgart.

286.

1. September 1321. Metzingen. Anna, Gräfin von Fürstenberg,
Herrn Hammans seligen von Geroldseck Wittwe, urkundet, daß
weder Graf Heinrich von Fürstenberg, ihr Bruder, noch Graf
Rudolf von Hohenberg sie nöthigen können, Dornstetten von Graf
Eberhart von Wirtemberg und Graf Burgi von Hohenberg zu lösen.

Wir Anna Gräuin von fürstenberch, hern Hammans seilig von
eroltsegge elichiu wirtin, vnd walther von Geroltsegge, ir Sun, Herr
Enlt, veriehen offenlichen an disem brief vnd tün kunt allen den, die in an=
sent oder hörent lesen, das wir haben gesworn zü den hailigen, das wir vmb
e Stat ze Donrsteten an vnser liebe Ohaime, die edeln herren grauen Eber=
arten von Wirtenberg, grauen Vlrichen, sinen Sun, vnd grauen Vl=
richen fines Sunes Sun, noh an Grauen Bürgin von Hohenberg, den
ingern, kain losunge nimmer süln genordern mit geriht gaistlichen oder weltli=
n. Wär aber, das vns vnser Annen von fürstenberg brüder, Graue
Heinrich von fürstenberch vnd vnser walthers von Geroltsegge Ohaim,
er vnser Ohaim Graue Rudolf von Hohenberg mit geriht oder ane ge=
ut, oder ir erben dar zu nötten wölten oder triben, das wir von vnsern Ohaimen
a vorgenanten von Wirtenberg oder von Grauen Bürgin von Hohen=

berg, dem vorgenanten, die vorgeſchriben Stat Dornſteten loſten, des ſüln wir in vor gan ane alle geuerde, ſo wir langſt mügen. Müſſen aber wir mit in bar vmb rehtün, So ſüln wir tage machen an die ſtet, da vnſer vorgenanten Ohaim von Wirtenberg hin gewerlichen komen mügen oder ir boten, wan ane die ſüln wir nihtes rehtün, wôlten aber ſi ze den tagen niht komen, vnd das geuarlichen verzügen, ſo ſien wir jn fürbas nihts gebunden, ſwie vns an dem rehtun gelinget. Werden aber wir für einen künch oder für gaiſtlich geriht geladen, das ſüln wir in kunt tün vnd ſüln bi vns das helfen verſprechen mit in ſelber oder mit iren boten als vorgeſchriben iſt. Vnd ze einem vrkünde der vorgeſchriben dinge haben wir vnſern vorgenanten Ohaimen von Wirtenberg diſen brief geben geneſtent mit vnſern Jnſigeln, Der geben iſt ze Metzingen des nehſten Donrſtages nach Sant Egibien tag, do man zalt von Chriſtes gebürt brivzehenhundert Jar vnd in dem einſ vnd zwainzigoſten Jar.

B. d. Orig. im St.-Archiv zu Stuttgart. — Das Siegel iſt abgefallen.

287.

18. Oktober 1321. Vaihingen. Graf Bürgin von Hohenberg der junge verkauft um **5250** Pfd. Heller an Graf Eberhard von Wirtemberg die Hälfte von der Stadt Brackenheim, der Burgen Nieder-Magenheim und Blankenhorn (O.A. Brackenheim), die Kirchenſätze zu Mülhauſen (O.A. Vaihingen) und Schwieberdingen (O.A. Ludwigsburg), endlich die halbe Vogtei von Pfaffenhofen (O.A. Brackenheim) und eine Hellergült daſelbſt.

Wir Graue Bürgin von Hohenberg der iünger veriehen offenlichen an diſem brief vnd tün kunt allen den die in anſehent oder hörent leſen, Das wir bedahtlichen mit rat vnſer güten friunde vmb ſogtan groſſe ſchulde da wir hinder komen warn habem gegeben ze kouffen vnd verkouffen reht vnd redlichen als es kraft vnd maht hat vnd ouch ſol vnſerm lieben Ohaim dem edeln herren Grauen Eberharten von Wirtenberg vnd ſinen erben vmbe fünf tuſend pfunde vnd drithalbe hundert pfunde güter vnd gäber haller dar Si vns gar vnd gentzlichen hant gewert vnd da mit wir vnſer ſchulde für komen haben biv güt biv hie nah geſchriben ſtant, das ſint biv Stat helbiv (ſic!) ze Brakkenhein Magen-hein biv nider bürch helbiv vnd Blankenhorn biv bürch helbiv vnd dar zü elliv biv Güt biv wir von Marien von Magenhein vnſrer Müter ſeilig da geerbet haben oder von vnſerm Enin ſeilig, herrn ôlri-chen von Magenheim oder biv wir ſelbe ſid da gewunen haben vnd ſwas zü den Güten allen gehört, es ſi aigen oder lehen, kirchenſätze, das iſt der kirchen-ſat ze Mülhuſen, der kirchenſat ze Swiebertingen, zehenden, Man-

lehen, dörfer, Wiler, wälde, wingarten, äkker, wisen, lütte, edel oder vnedel, wit=
raiti die wasen, die zwie, gesûchet oder vngesûchet, ze haben, ze niessen vnd ze be=
sitzen mit allen rehten ewiclichen vnd gerûwiclichen an alle vnser vnd vnfrer erben
ansprach an gaistlichen oder an weltlichen Geriht, ane das wir ze Schippach,
das wiler das wir da haben, vnd das dar zû gehört, aekker, wisen vnd
holtzes ane den zehenden der gehört gen Ochsenbach das haben wir vzge=
nomen vnd haben es vns behalten. Wir sûln ouch oder vnser erben der selben
gût vnd swas dar zû gehört lütte vnd gûtes aller ir wärn sin vnd sûln si in ver=
han nah reht, swa si in ansprâch wrden oder werdent vnd sûln si in vertigen nah
reht, swenne si es an vns vordernt. Wir haben in ouch in dem Dorf ze
Pfaffenhouen gegeben siben Pfunde geltes, vnd haben wir aber mer da, das
ist ouch ir vnd das Geriht halbers vber das dorf, also wrden si vmb das selbe
gelte vnd vmb die vogtai halbe da vnd ouch vmb das Geriht halbes angesprochen,
So sûln wir in vmb vogtai vnd vmb das geriht mit rede vnd mit werken des
besten gût sin des wir mügen vnd sûln tage vnd teidinge mit in dar vmb laisten
ane vnsern schaden vnd sien in anders nihts mer dar vmb gebunden, Swas in
aber des geltes anbehebt wrde oder wird mit dem rehtem dar vmb sûln wir in ie
vir ein pfunde geltes zehen Pfunde haller abslahen. Wir sien in ouch vmb der
llemium vnd ir kinde gût dar an wir in ouch vnser reht haben geben nihts mer
gebunden wan das wir in sûln helfen laisten tage vnd teidinge, ane vnsern scha=
den, swanne si si anraichent. Dis kouffes vnd dirr teidinge sint geziuge vnd sint
ouch da bie gewesen die edeln Graue Cûnrat von Vaihingen, Graue
Cûnrat sin Sun, Graue Wölflin von Veringen vnsrer Swester=
man, aigelwart von Valkenstain, vnser Ôhaim, her Volmar von
Haitterbach, her Cûnrat von Entzberch, herr friderich von Rippen=
burch vnd Albreht von Vrowenberch vnd vil anderr erber lütte. Vnd das
stät belibe swas vorgeschriben ist dar vmb geben wir dem vorgenanten vnserm
Oheim Grauen Eberharten von Wirtenberg vnd sinen erben disen brief geuestent
mit vnserm, mit Grauen Wölflins von veringen, Aigelwards von Valkenstein, mit
hern Volmars von Haitterbach vnd mit hern Cûnrades von Entzberch der vorge=
nanten geziuge Jnsigeln div dar an hangent. Wir die vorgenanten Graue Wölflin
von Veringen, Aigelwart von Valkenstein, Volmar von Haitterbach vnd Cûnrat
von Entzberch durch bät des vorgeschribenen Grauen Bürgins haben vnseriv Jnsigel
gehenket an disen gegenwertigen brief ze einem vrkunde vnd ze einer zivchünsse der
vorgeschribenen dinge. Der brief wart gegeben ze Vaihingen an Sant Lucas
tag do man zalt von Christes gebürt driozehenhundert Jar vnd in dem einf vnd
zwantzigosten Jar.

8. d. Orig. im St.-Archiv zu Stuttgart. — Die Siegel sind alle abgerissen.

288.

16. November 1321. Rotweil. Albrecht der „Rennehufer" verkauft mit des Grafen Rudolf von Hohenberg, seines Herrn, Hand und Willen an Rotweiler Bürger eine Gült aus seinem Hof zu Renne-hausen (? Renquishausen, O.A. Tuttlingen).

Allen den die disen brief ansehent oder horent lesen Tůn wir Albrehte der Rennehuser vnd herman Sin sun kunt, das wir baide verkoffet hänt Mit vnsers gnedigen herren Grauen Rudolf von Hohemberg hant willen vnd gunst vnd vergehen, das wir reht vnd redelichen ze köffenne gegeben hänt Ben-tzen Bäsgen säligen kinden burgerne ze Rotwil zwaj malter kernen järgeliche geltes Nötwiler messes vmb sehzehen phunt phenninge guter haller den vorgenanten kinden vnd iren erben ze nemmene vnd ze niessene vsser vnserm aigenem höffe lit ze Rennehusen dem dorffe, den wir köstant vmb die frowa von Offenhusen vor vsse vnd lê iemanne öt da werde vnd libeclich vnd laere vnd aigenlich mit allem rehte vnd nutze ane alle widerrebe. — Vnd das dis war sü vnd staete be-libe, darômb so hat der vorgenant vnser herre graue Rudolf von Hohemberg dur vnser bette vnd willen sin ingesigel, wan wir aigenre Jnsigel nit enhänt, an disen brief gehenket ze ainem vrkunde. Wir auch Graue Rudolf von H. vergehen vnd tůn kunt, das dirre köff geschehen ist mit vnserrn hant, willen vnd gunst in dem reht vnd gedinge als vorgeschriben ist. Vnd daromb so ist vnser Jngesigel durch der vorgenanten vnser dienere bette u. willen an disen brief gehenket ze ainer ge-zugnůst der vorgenanten dinge. Der brief ist geben ze Rotwil an sant Othmars abent, do man zalt von ˹got˺ geburt drüzehenhundert jair vnd in dem aints vnd zwaintzig Jare.

Das Orig. ist vor Kurzem bei dem St.-Archiv eingetroffen. Das daranhängende Reitersiegel ist beinahe ganz zerbrochen.

289.

15. Dezember 1321. Stuttgart. Graf Bürgin von Hohenberg, der junge, verzichtet gegen die Grafen Eberhard und Ulrich von Wir-temberg auf die Losung von Dornstetten und verspricht, falls Hammans sel. von Geroldseck Wittwe solches wieder lösen wolle, denselben seine Burg Haiterbach und seine Dörfer Wolfenhausen und Remmingsheim (O.A. Rotenburg) dafür zu verpfänden.

Wir Graue Bürgin von Hohenberg der iunge Tůn kunt allen den, bie disen brief ansehent oder hörent lesen, Das wir an die edelen Herren Grauen

Eberharten von Wirtenberg, Grauen Ulrichen sinen sun, vnd Grauen Ulrichen sines sunes sun kain losunge vmb die Stat Dornsteten vnd swas dar zů gehört, die wir in versetzet haben vmb fünf hundert mark silbers, Rotwiler gewegbes, nimmer geuordern súln, Es wår denne, das biu Edel vrowe herrn Hammans seilig wirtin von Geroltsegge ober ir erben an vns die selbe Stat vorderte ze lösen vnd vns des silbers niht geben wölt, e das wir ir die selbe Stat Dornsteten geantwurten, So súln wir den vorgenanten Herrn von wirtemberg, Haiterbach vnser vestin, Wolfenhusen vnd Remmings= bein vnseriu Dörfer vnd swas dar zů gehört, in antwurten vnd súln si die inne haben als lange bis wir si fünfhundert mark silbers Rotwiler gewegbes ge= waeren vnd verrichten gar vnd genzlichen, als die brief sagent die si vns dar vber hant gegeben. Vnd ze einem vrkunde haben wir in disen brief geben besigelt mit vnserem Jnsigel Der geben ist, des nehsten Dinstages nah Sant Lucien tag, ze Stůgarten, Do man zalt von Christes geburt Drivzehenhundert Jar vnd in dem einf vnd zwainzigosten Jar.

V. d. Orig. im St.=Archiv zu Stuttgart. — Das Siegel ist abgefallen.

290.

23. September 1322. o. O.   Graf Rudolf von Hohenberg überläßt dem Gastmeister Burkard von Bebenhausen die Eigenschaft von 9 Morgen Ackers zu Neuhausen (O.A. Eßlingen).

Wir graue Růdolf von Hohemberg tůn kunt mit disem briefe allen ben die in sehent ober hoerent lesen, daz wir durch got luterlichen vnd durch vnserre sele hailes willen gegeben haben reht vnd redelich dem gaistlichen manne brůder Burkarten dem gastmaister ze Bebenhusen die aigenschaft, die wir hetten zů ben niun morgen aggers, die ze Nůnhusen in dem banne gelegen sint, vnd die der wisse Wernher von vnsern vordern vnd ouch von vns daher ze rehtem lehen gehept hat. Also daz der vorgenant brůder Burkart die vorgeschribenne ägger aigellichen haben besetzen vnd entsetzen sol, alz man ain aigen gůt billich haben sol, vnd ist darumbe vnser aigen jnsigel gehenket an disen brief. Ter ist geben an dem Turnstag vor sant Michels tag. bo man zalt von Gottes gebúrte briuzehen hundert jar .. zwainczig jar .. in dem andern jare.

V. d. Orig. im Landesarchiv zu Karlsruhe. — Siegel wie an Urkunde v. d. Jahr 1322.

291.

28. September 1322. Wildberg. Graf Burkard von Hohenberg, der Schultheiß und die Bürgerschaft der Stadt Wildberg nehmen die Franziskaner-Mönche in ihre Stadt auf.

In nomine eternj dominj dej Amen. Burkardus Comes de Hohemberc — — Scultetus et vniuersitas Ciuium in wilperc presencium inspectoribus vniuersis tam presentibus, quam futuris salutem in omnium saluatore cum noticia subscriptorum. Affectantes et diuino instinctu incitati ex animo cupientes, vt in Christo honorabiles et dilectj viri religiosi — — fratres minores ordinis sanctj Franciscj ciuitatem wilperc ad augendas pro nobis nostrisque posteris diuicias spiritales (sic!) visitent libere et frequentent domum in hospicium ipsis structam sitam videlicet sub ede — — dictj Raepplin prope cymiterium Ecclesie in wilperc cum curtilj et adiacentibus pertinentiis eiusdem domus libertate donatam et nichilominus honoratam manumisimus et in dei nomine per presentes fratribus ordinis prenotatj adiectis pactionibus subnotatis. Quod videlicet fratres antedictj duas mulieres sibi placitas de nostro tamen consensu et consilio assumendas prescripte domus inhabitatrices faciant prout volunt. Quas concessa eis irretractabiliter libertate solita et consueta a stipendiis, ab excubiis et ab omnibus exactionibus, angariis seu oneribus quibuscunque prehabite ciuitatis in posterum perhenniter manumisimus, absoluimus, seu subportauimus et manumissas, absolutas seu subportatas fore de cetero perhenniter sine dolo tenore presencium profitemur. Deuoluentes seu eciam transferentes prescriptarum manumissionum et libertatum concessiones in posterum successiue ad quascunque duas mulieres perhenniter pro inhabitatricibus prenarrate domus per fratres sepefatos assumptas seu assumendas de nostra nichilominus voluntate, profitemur itaque Luitgardim dictam Gúrtelerin de Calwe nostro consensu plenius accedente iam fore assumptam a fratribus sepememoratis vt sepescriptam domum inhabitet ad placitum fratrum eorundem prescriptis ad id manumissionum et libertatum superius expressarum concessionibus gauisura. Et in euidenciam et in robur firmitatis omnium prescriptorum presentem paginam fratribus sepedictis sigillorum nostrorum muniminibus consignatam. Datum in Wilperc Anno domini M°CCC°XXij° in vigilia beati Mychahelis.

B. d. Orig. im Spital-Archiv zu Tübingen. — Mit einem gut erhaltenen, schönen Reitersiegel des Grafen von Hohenberg. Der Reiter hat in der ausgestreckten Rechten das Schwert, vor der Brust den Hohenberger Schild, der auch auf der Decke des Pferdes rechts am Halse zu sehen ist. Der Helm ist geschlossen und hat 2 Hörner, deren Spitzen nahe zusammenlaufen; das Pferd galoppirt heraldisch links hin. Umschrift: S. comitis Burcardi de Hohemberc. Die Zeichnung ist gut. Das Siegel der Stadt Wildberg ist auch gut erhalten, rund mit dem Hohenberger Schild. Umschrift S. civium in Wilperc.

292.

8. Oktober **1322**. Stuttgart. Graf Rudolf sagt dem Herzog Leopold von Oestreich wider „Herzog" Ludwig von Baiern seine Hilfe zu.

Wir Graf Rudolf von Hohenberch tûn kunt vnd veriehen offenlich an disem brief vnd erkennen vns des, daz wir dem edelem fürsten ôverm herrn Herzog Lûpolt von Österich vnd von Stir vnd sinen Brûdern, gesworn haben zû den heiligen disen Krieg uß, alle die wile er weret, den si hant mit herzog Ludwig von Bayern ze bienend, ze raten vnd ze helfen, ane alle geuerde. Vnd durch ein bezzer gedenchnüsse dirre dinge so han wir anderwar gelobt, bi dem selben eide in ze bienen, ze helfen vnd ze raten, alle die wile der krieg wert, als da vor geschriben stat, vnd vns niemer ane si ze richten mit dem vorgenanten Herzog Ludwigen von Beyern. Vnd des zeinem vrkûnde han wir vnser Insigel gehenkt an disen brief, Der wart geben ze Stutgarten, an fritag vor sant Dyonisien tag, Do man zalt von Cristes gebûrt Driu zehen hundert Jar, vnd dar nach in dem zwei vnd zwainzigisten Jar.

V. d. Orig. im k. k. geheim. Haus-, Hof- vnd Staats-Archiv zu Wien. — Das Siegel ist verletzt.

293.

11. November **1322**. Rotenburg. Ulrich der Arnoltinun sel. Sohn von Kiebingen schließt unter dem Siegel seines Herrn, Grafen Rudolf von Hohenberg, mit dem Kloster Bebenhausen einen Lehenvertrag ab.

Ich Vlrich der Arnoltinun saeligen sun von Ebbingen vergih vnd tûn kunt an disem gegenwertigen brief, daz ich von den erberen gaislichen luten dem .. abt vnd dem conuent des closters ze Bebinhusen enphangen han zû miner ainigun hende den hof ze Taerabingen, den etwenne Friderich Burx von in ze lehen het vnd sol in da von gen daz halbtail sumerfruht vnd winterfruht alliv iar an allen scaben, won daz siv mit mir gemainlich sullen sniden, vnd sol von den wisen gen ze zinse zwelf schillinge haller, ist aber daz daz wiseli, daz der Behan von Hirsowe hette, daz öch in daz lehen hört, ist von im ledig worden, alber noch wider in daz lehen wirt vallen, so sol ich in vber die zwelf schillinge haller gen von dem selben wiselin, swaz erbere lute zitlich dunket vnd haisent, als öch der vorgenant Friderich solte han getan vnd gelobt hette an sinan brieven, vnd sol in rehten bu tôn mit aggergange, mit zúnen vnd mit allen den dingen, die zů rehten bu hörent, ich sol öch nummer kain wisen noch kainen agger verlihen, noch kain daz vôter daz uf dem hof wahset es sige höwe, emat, alber stro, nummer verkofen noch hingen ab dem hof weder sus noch so, vnd swaz mistes dar us wirt gemachet, den sol ich allen wider vôren vf daz gůt, ich sol in öch ir tail dez kornes ab dem agger vor hain fôren vnd in die schûiren legen biv in den hofe stat, swa siv wen, e den minen. sie sullen öch der schiorun gewalttig sin bis siv gedreschent vnb sol ich sie nůzenit dar an irren, vnd sol in ir korn so es gedroschen wirt es si lücel alber vil antworten in die stat ze Tûwingen, alber in den hof ze Lustenowe, swar siv mich haisent an allen ir schaden, ich sol öch uf den âggern kain fôter sniben noch haisen sniben, vnd swa ich dirre dinge kains vber gan, so ist den vor= genantan minan lehen herren, der vorgenant hof lebig vnd leir, als er öch ist so ich stirbe alber enbin vnd hat kain min erbe zů dem lehen kain reht, da er sich mit behelfen sulle alber muge weder an gaislichem noch an weltlichem gerihte. Dirre dinge vnd rede sint geziuge phaf Eberhart der Besserer, phafe Cônrat der Rûse, Cônrat sin vatter, herre Hainrich von Bondorf, munich ze Be= binhusen, phleger zů den ziten, der öch disen brief sraip vnd anderre erberre lût genůg. Vnd daz diz alles sament minan diggnemtan lehen herren von mir vnd minan erben ganz vnd stet belibe, so han ich in gegeben disen brief besigelt mit mins aigenne herren, grauen Rûdolfs von Hohenberg insigel, der es dur miner bet willen an disen brief hat gehenget. Wir der vorgenant graue Rûdolf veriehen, daz wir durch Ulriches vnsers mannes bet vnser insigel an disen brief haben haisen gelait. Der wart gegeben ze Rotenburg, do von Gottes geburt waren driuzehen hundert iar vnd dar nach in den zúwain vnd zúwainzigoften iar an sant Martins tag.

B. d. Orig. im Landes-Archiv zu Karlsruhe. — Großes, rundes Siegel in dunkel= braunem Wachs an Pergamentstreifen, etwas beschädigt, zeigt einen rechts sprengenden Reiter mit dem dreieckig hohenb. Schilde vor der Brust, das Schwert schwingend, auf dem gewölbten Helm, herausgekehrt, einen Pfauenschweif. Auf der Pferdsdecke scheinen die Schildchen zu fehlen. Die Füße des Pferdes in der Umschrift; diese: S. RVO DOLFI . COMITIS . DE . . . HENBERG.

294.

24. November 1322. Augsburg. König Ludwig belehnt den Grafen Burkard von Hohenberg mit dem Berge Bulach.

Ludovicus Dei gratiâ Romanorum Rex etc. ad universorum etc. quod ad requisitiones supplices nobilis viri Burchardi de Hohenberch Comitis, Serenitati regie oblatas ipsum de monte dicto Pulach quem sibi jure feodali asseruit pertinere ex liberalitate regia infeodavimus

t presentibus infeodamus salvis tamen juribus imperii et alterius cuiuscunque. Datum Auguste in vigilia beate Katarine. A. Domini MCCCXXII.
Regni verò nostri anno octavo.

Abbruck in Oefele, Scriptores rer. boic. I. S. 742.

295.

7. Januar **1323**. o. O. Stiftung eines Lichts über „der herschaft
grap von hohenberg" in dem Kloster Kirchberg.

Allen ben — tůn ich Cůnrad strube von Jsenburg vnd vnser Erben
kůt, daz wir han gegeben ze koffenne ben erbaren gaislichen vrowen ... der
maisterin vnd dem Conuente ze kirperc prebier orbens ain phunt haller geltes
ze Norstetten jn vnser gůt, jn bes hegners gůt siben schilling haller ... Ŭl=
rich sone zehen schilling Tůwinger vnd Brunen Ronna (sic!) git funf schilling
haller. Daz selbe gelt horet zů ainem lieht über der herschaft grap
von hohenberg. —

Gezuge birre bingen sint. phaf hug min brůber kircherre ze Nor=
stetten, berhtolt hasenbain, hug magenbuch, benze der maier. —
Gegeben an sant Valentinus tag do man zalte von Cristus geburt brizehenhundert
ar zwainzig jar vnd in dem britten Jar.

Angefůgt ist noch von anderer, aber gleich alter Hand:

Cůnrad störlj git öch von sim huse vnd von der ostat (sic!) vnd von
em garten ba er vf sizzit funf schilling turwinger baz hörent öch öber baz
grap ze kilperg der herschaft von hohenberg.

B. b. Orig. im St.=Archiv zu Stuttgart. — Das Siegel fehlt.

296.

1323. o. T. Rotenburg. Dietrich, genannt Märhelt in Wurmlingen,
Ebelknecht, beffen gleichnamiger Bruber auf einen voreiligen, unge=
rechten Spruch bes geschwornen Gerichts zu Tübingen hingerichtet
worben, zu beffen Sühne biese Stabt **150** Pfb. Heller bezahlte, botirt
mit biefer Summe, beziehungsweise bem Laienzehnten in Dettingen,
zum ewigen Anbenken an feinen Bruber eine Capellanei in ber St.
Moriz=Kirche zu Ehingen unb bittet ben Bischof von Constanz um
Bestätigung berselben.

Reuerendo in Christo patri ac domino Rŭdolfo dei gratia Constan-
siensi Episcopo etc. Dietericus dictus Mærhelt in Wurmlingen

armiger filialem deuocionem obediendi in quibuslibet quandocumque Qui
quod dolenter refero post interitum quondam dietrici fratris mei di
lecti discreti viri consules sev iurati et communiter ciues oppidi in Tu
wingen Constanciensis dyocesis, qui ad effundendum sanguinem et a
procurandum interitum iam dicti quondam mei fratris casu disponente nimi
large missas manus suas temerarias extenderunt. Tandem post lapsum ali
quanti temporis ex pactis in tractatu super prelibato maleficio inter me e
alios sepedicti fratris mei consanguineos et amicos ex parte una et praefa
tos consules seu iuratos oppidi in Tuwingen ex parte altera habito de ignos
cenda offensa quam hoc casu sensimus et seruanda pace perpetua cessant
quouis rancore simpliciter saltem contemplatione predictorum sollempnit
celebratis et caucione iuratoria vestitis. Ad hoc sacramentaliter obliga
mihi centum quinquaginta libras hallensium legalium dispensandas sup
ordinatione perpetue Capellanie in Ecclesia in qua michi sanctius et rel
giosius videretur expedire maxime in salutem et remedium anime illius, a
cujus interitum intrepidi festinauerunt Cum plena et libera auctoritate eoru
qui premissi sunt et etiam qui sequentur in quantum illos tangere poterai
liberaliter assignarunt, habito igitur consilio sapientium et compulsus fr
terna fidelitate festinare cogitare de salute prostrati tam innocenter qui
non solum consilio sed etiam deuocioue speciali conductus ad preferend
in hac parte ecclesiam sancti Mauricij in villa dicta Ehinge
juxta Neggarum Constantiensis diocesis ceteris quibusque contemplati
altaris sancte crucis siti in eadem ecclesia dedicati nondum tamen dot
Decimam laycalem in villa Tettingeu, sita juxta castrum Rote
burg prope neggarum et vnum iugerum vinee situm prope villa
Wurmlingen quod consueuit ibi vulgariter nominari Altenstaige
pleno iure ad me pertinere dinoscuntur pro dictis centum quinquaginta li
quarum valori non solum equiualet imo potius communi estimacione e
dunt predicte ecclesie vendidi et tradidi et trado cum omnibus suis juri
liberaliter in hiis scriptis sub modis et condicionibus infra scriptis vide
ut vinea et decime supradicte ita transeant ad ius et ad proprieta
supradicti altaris sancte crucis siti in ecclesia prefata, quod fructus ear
nonnisi pro sustentatione Cappellani perpetui qui cottidie vel quasi le
aut procuret officium diuinum in eodem tamquam proprius et perpet
Cappellanus ualeant aliquatenus dispensari. Idem videlicet quod jus pa
natus hujus Cappellanie seu presentandi personam legitimam uacante
apud me remaneat. et post mei decessum non transeat nisi ad senior
inter propinquissimos meos heredes posteris illorum successione ejusd
ordinis in perpetuum gauisuris vestre igitur paternitati quanto deuotiu
attentius possum supplico in hiis scriptis quatenus omnibus et singulis
me auctoritate suprascripta actis et gestis auctoritatem vestram ordinari

interponentes ea omnia sub eo tenore quo supra narrata sunt confirmetis constituentes sepe dicto altari jus cappellanie et incorporantes eidem nomine dotis bona prenotata sub ordine et modis supra dictis et reseruantes michi et meis successoribus iuxta tenorem supra scriptum ius presentandi ad hanc capellaniam sit(c) constitutam pretextu tam pij operis quod alias obtinere nolo robur alicuius firmitatis cum ad hec omnia et singula sub eo tenore quo narrata sunt tam veri patroni quam legitimi rectoris sepedicte ecclesie in Ehingen liber et legitimus interuenerit consensus, saltim quantum in eis est et quantum fieri potest sine preiudicio ecclesie parochialis et ne ista eciam ex cursu quanticunque temporis contingat in dubium reuocari sigillum meum proprium presenti carte fideliter est appensum. Datum in Rotemburg Anno domini Millesimo Trecentesimo Vigesimo tertio.

B. d. Orig. im St.-Archiv zu Stuttgart. — In dem Schilte des Ausstellers steht man den Oberkörper eines Drachen= (Krokobil-) artigen Thieres sich über drei Bergen erheben.

297.

6. März 1324. o. O. Werner von Ehingen verkauft an Graf Rudolf von Hohenberg, seinen gnädigen Herrn, den Wein= und Obst=Zehnten zu Ehingen (bei Rotenburg).

Allen den die disen brief sehent oder hörent lesen — chunde vnd vergihe ich wernher von Ehingen, daz ich ains rehten vnd ains rebelichen chouffes ze chouffenne gegeben han dem ebeln minem gnaebigen Herren Graue Rüdolf von Hohemberg vnd sinen erben minen winzehenden vnd minen olze (sic!) zehenden der ze Ehingen in dem banne gelegen ist, mit allem reht vnd mit aller zugehörde, alz ich in her braht han vmb zwai hundert pfunde guter vfenninge Haller münsse im vnd sinen erben den selben zehenden iemer ze habenne vnd ze Niessenne libeclichen vnd aigellichen. Ich vergihe ouch, daz ich der vorgenanten pfenninge von im gewert bin vnd an dem chouffe niht betrogen bin vber halp noch mit behainer genuaerde, vnd daz ich den vorgenanten minen Herren noch behainen sinen erben an den zehenden niemer füllen geirren noch versprechen weder an gaistlichem noch an weltlichem gerikt noch ane gerikt suß noch so. Ich vergihe ouch daz mich der vorgenant min herre gewert hat aller schulbe, der er mir ie schulbig ware vntz uf disen tag. Und ist darumbe min aigen Insigel gehenchet an disen brief, Der ist geben an der mitthin nach dem wissensunnentag, do man zalt von Gottes geburte drilzehen hundert iar, zwaintzig iar, in dem vierden iar. — —

B. d. Orig. im St.-Archiv zu Stuttgart. — Das Siegel ist abgefallen.

16 *

298.

11. März 1324. Salmansweiler. Graf Rudolf von Hohenberg überträgt sein Eigenthumsrecht auf den Zehnten des Mäckinsbergs an das Kloster Salmansweiler.

Wir Graf Rudolf von Hohenberch tügen kunt mit diesem brief, das Burcart der Wehter vnd Hailwig sin wirtinne hant mit vnserre hant vnd vnserm gunst, den erbern in got gaischlichen luten .. den abbt vnd den conuent von Salmanswiler ze kaufent geben in rehtes choufes wis zwen akker die gelegen sint bi Grindelbüch vnder der Munich staige, vnd den zehenden der selben akkern, daz ir reht aigen was vnd oh den zehenden den si heten vf Mäklinsberg vnd alles ir reht besüchtes vnd vnbesüchtes, es si an veld, holcz, äggern, waiban, wisan, rietach, swie es genemt ist, das si heton vf den selben Mägginsberg, [1] vnd hant da von von in enpfangen vier pfunt haller, der si oh gewert sint, vnd dar vmb so verzihent sie sich der vorbenemten güter vnd der zehenden baider mit disem Wan oh bv aigenschaft des vorgenanten Mäggisberch vnser ist da her gewesen, vnd si der uorgenant Burcart wehter vnd sin erben von vns ze lehen heton, so geben wir vf bur got die aigenschaft den herron von Salmanswiler des selben berges, vnd verzihen vns der mit disem brief. Vnd das dis alles mit vnserm willen beschehen si, so geben wir den vorgesprochenne herron von Salmanswiler disen brief besigelt mit vnserm aigen jnsigel. Wir oh Burcart Wehter vnd Hailwig die vorgenanten veriehen vnder vnsers gnädigen herrin Grauen Rudolf von Hohenberges jnsigel, wan wir aigens nit en han, das dis alles war ist vnd der pfenninge gewert sien, dar vmb so verzihen wir vns vnd vnser erben alles des rehtes, so wir heton, oder iemmer möhtin gewinnen an den vorgesprochen gütern, der agger, des berges vnd der zehenden beder an weltlichen geriht oder gaischlichen vnd sunderbar der ansprach die wir gen in heton vmb Mäggisberch. Dis beschah an den mentag in der anderun vastwochun. Hie bi warun dis gezuig bruober Albertus der kelner, der Speker .. der Aeppishuser Munich, brüder. H. von Nusplingen, der Graf laibrüder, Ber. der Schmid, Stoll von Kaltenbrunne. C. von Ralshouen vnd H. Büchan. Dirre brief wart geben ze Salmanswiler an dem mentag als da vor gescriben stat nab gocz geburt bruzehenhundert vnd vier vnd zwainzig iar.

Salemer Copial-Buch (im Landes-Archiv zu Karlsruhe) IV. S. 152. Eine Abschrift auch in Hohenb. Dok. Fol. 15. Fol. 36—39.

[1] Die Abschrift in den Hohenberger Dokumenten hat „Bölchinsperg bey Gründelbuch."

299.

26. Oktober 1824. o. O. Graf Rudolf von Hohenberg gibt seine
Zustimmung, als das St. Katharinen-Spital zu Eßlingen von dem
Ritter Walther Hochschlitz die „olfenten" Mühle kauft, welche dieser
von ihm zu Lehen getragen.

Wir Graue Rúdolf von Hohenberg veriehen offentlich an disem briefe
vnde tügen kunt allen allen (sic!) den, die in an sehent lesent oder horent lesen,
die Mulin, die die armen burftigen sant katherinen dez Spitalz ze
Esselingen reht vnde rebelich mit vnserem gvnste willen vnde haissen koufte hant
vmbe den ersamen Ritter herrn walther Hochslitze, div ze Esselingen
gelegen ist bi Miselbrunne, genant olfenten Mulin, div lehen von
vns ist, die vorgenante Mulin lihen wir reht vnde rebelich mit allen den rehten,
die der zö horent, dem ersamen man Hern Siferit von Backenang ainem
burger ze Esselingen, der der vorgenant Mulin trager ist der armen burftigen dez vorgenant Spitalz, also Swenne der vorgenant Siferit von Backenang
niht enist, Swem denne der Raut gemainlich der Stat ze Esselingen die vorgenant
Mulin enphilhet, der sol der armen burftigen dez vorgenant Spitalz trager sin in
allen dem rehte, alz vor geschriben stat, äne alle vnser vnd vnsere nachkomen widerrede äne alle gefaerde. Vber biz allez so geben wir disen offen brief besigelt mit
vnsrem Jnsigel, daz wir her an gehencket haben zö ainer waren geziuknüste vnde
zö ainer vehstenvnge der vor geschriben dinge. der selbe brief wart geben an dem
nehsten fritage vor aller hailigen tage, do man zalt von Christus geburte driutehen
hundert Jare vnde dar nach in dem fiere vnde zwainzegostem Jare.

B. d. Orig. im St.-Archiv zu Stuttgart. — Das Siegel ist abgefallen.

300.

10. Dezember 1824. o. O. Zu Kiebingen seßhafte Leibeigene des
Grafen Rudolf von Hohenberg schließen unter dessen Siegel mit dem
Kloster Bebenhausen einen Lehenvertrag.

Allen den die disen brief an sehent oder horent lesen chünden vnd vergehen
wir Adelhait, Lûgart vnd Machtilt, Lanbolz dez mayers saeligen
tohteran von Chübingen, daz vns die geistlichen herren .. der abt vnd bú
samenunge dez closters ze Bebenhusen gelühen hant zü vnseren driu liben vnd
zü vnserme leben vnd fürbaz niht ze ainem rehten zinslehen .. dez wibemers güt,
daz ze Bühel in dem banne gelegen ist, vnd daz wir dem vorgenanten herren
vnd dem gochhuse aellú jar an sant Martins tag geben ze rehtem zinse von dem
selben lehen fünfzehen schillinge haller vnd ain pfunt wahse, alle die wile wir oder

ainß vnber vns baz lehen hat. Waer ouch baz ainiu ober zwo vnber vns abe
giengent, so sol bú britte baz lehen han alle bie wile si lebet in bem reht als
vorgeschriben stat. Swenne wir ouch alle bri abe gangen, so sol baz vorgenant
lehen aigenlich vnb libeclich mit allen rehten wiber vallen an baz vorgenant goczhuse ze Bebenhusen, vnb sol behain vnser erbe noch behain vnser nachchomen behain
reht niemer barzú gewinnen weber mit geriht noch ane geriht suß noch so. Dez
verbinben wir vns vnb vnser nachchomen mit bisem briefe Der besigelt ist mit
vnsers gnaebigen herren jnsigel graue Rúbolf von Hohemberg, bez wir
aigen sint, ber ist geben an bem mentag nach sant Nyclawes tag, bo man zalt
von Gottes gebúrte brúczehenhunbert jar zwainczig jar, barnach in bem vierben jar ..

301.

27. Juli 1325, Rotenburg. Herzog Lupolt von Oestreich finbet sich
unter Búrgschaft Graf Rubolfs von Hohenberg unb Anberer mit
Graf Ulrich von Wirtemberg in Betreff bessen Ansprúche an bie
Verlassenschaft bes Grafen Ulrich II. von Pfirt ab.

Wir Lupolt von Gottes gnaben, Herzog ze Osterrich vnb ze
Stir, Beriehen vnb tuen kunt offenlichen an bisem brief allen ben bi in ansehent
ober hörent lesen, Daz wir von vnsern vnb vnser lieben Brúber Albert.
Heinrich vnb Otten, Herzogen ze Osterrich vnb ze Stir wegen mit
vnserm lieben Dheim, Grauen Vlrich von Wirtenberg, lieblichen vnb gútlichen gerihtet sin vmb alle bú ansprach vnb vmb alle bó rehte, so er vnb bó Ebel
Sophie von Phirt, sin elichen wirtinn, hant ober gehaben mohten an bó
lúte vnb gút, so ber Ebel Vlrich selig Graf von Phirt gelazzen hat, ez sie
von Erbe, von Estúre, von gemehte, von phanbe ober von behainen sachen, also
baz wir ober vnser Erben inen ober iren Erben ba für funf tusent mark lotiges
Silbers kostenzer geweges geben sullen von ber Múte ze Linz Vnb sullen só bes
Silbers Tusent mark weren von bem nesten sanb Martins tag óber ein iar, Vnb
bar nach lebes iares, vf sanb Martins tag túsent mark Silbers, vntz baz só ber
fünf tusent mark Silbers geweret werben gar vnb genzlich, Vnb haben bar óber
ben vorgenanten Grauen Vlrich von Wirtenberg vnb vrowen Sophien sienr wirtinn ze burgen gesazet vnuerschaibenlich Grauen Rúbolf von Hohenberg,
Marggrauen Rubolph von Baben, bes Pforzhein ist, vnb Margrauen Rubolf von Baben, bem man sprichet Hesse, Grauen Eberhart von Nellenburg, Grauen Gözen von fürstenberg, Grauen
Gözen von Tuwingen, Rudolph von Hewe, Lutolben von Krenchingen, friberich von Waltse vnb Burchart ben Jungen von Elrbach,
Rittere, Also swo só bes vorgenanten gútes nit geweret wúrben zu ben zilen als

hie vor geschriben ftat, so hant so ie ze dem zil gewalt, dů Burgen alle ze mal ze manen, ob so wen vnd nach der manung in vierzehen tagen den neften, ze Roten= burg an dem Recker mit ir felbes lip ze leiften in offener wirt Huser nach rehter gifelfchaft an alle geuerbe, Vnd niemer von der gifelfchaft ze komen, e so des gůtes dar vmb benn gemant ift geweret worden, gar vnd genßtlich, vnd swenn drů bůr= gen einen manat geleiftet hant, so hant so gewalt, vns den vorgenanten Hertzog Lůpolt ob wir in dem land fin, ze manen, vnd nach der manung in vierzehen tagen mit vnfer felbes lip ze Rotenburg zu den Burgen ze antwůrten, oder ainen onfer brůder vnd da ze laiften iemer vntz an bo ftund, daz so des filbers dar vmb wir bann gemant fint, gewert werden an allen gebreften, daz wir bi gůten trowen gelobt hant ze tuenbe an alle geuerbe. Vnd were, daz wir Hertzog Lůpolt zu behainem zil oberfůren bo leiftung, so wir oder ainer vnferer brůder tuen fullen, als vor gefchriben ftat, so fol dem vorgenanten Herren Vlrich von Wirten= berg vnd finen Erben Tecke, Kirchhain, vnd Sigmaringen, burg vnd ftat, lüte vnd gůt vnd swaz dar zů gehöret, dů ießt fine phant fint, ir rehte aigen fien, lebiklich vnd lere, vnd ewiklichen veruallen, Vnd ift inen ouch des gůtes ißt worden, daz fol da mit veruallen fin. Vnd waere daz bio gut veruiellen, so fullen doch bio bůrgen haft fin, vntz wir inen bo felben gut geuertigen von vnferm brůder dem Römifchen kunig friberrich, swenn wir mit dem gerihtet werben, so fullen inen bio bůrgen leiften, der so mant, vnd nit da vor, vntz baz inen bo gůt von im geuertiget werben, als baz kraft vnd maht gehaben mag mit briefen vnd mit andern bingen, der so notbůrftig fint. Wir fullen ouch dem vor= genanten grauen Vlrich von Wirtenberg vnferm Oheim oder finen Erben baz vor= gefchriben gůt alles geben antwurten vnd weren in ain vnfers Ohaims von Wir= tenberg vefte, da so fin gewaltig fien, an allen iren fchaben an geuerbe, Dar vmb wir vnd bio burger haft fin funt, Vnd were daz wir oder der burgen behainer in ainer andern gefworn gifelfchaft weren, da wir mit vnfer felbes lip leiften fullen, so wir vns in bis antwurten fullen, swenn wir bann erft da von kemen, so fullen wir vns zehant in bif antwurten an alle geuerbe, Vnd were daz der bůrgen be= hainer abgienge oder inrenthalb landes nit were, ob ez ze fchulben kumtt, so fullen wir inen einen andern bůrgen, einen als gewizzen vnd guten an bes ftat feßen inre ainem manat bem neften, so an vns geuorbnet wirt, oder bo andern bůrgen fullen laiften, der so mant vntz baz der bůrg gefeßet wirt an geuerbe. Wir ver= iehen ouch daz wir fchulbig fien, vnd gelten fullen dem Erberen Ritter albreßt von Rehperg vnd finer gifelfcheft sehßig vnd Hundert mark Silbers koftenßer ge= weges vnd sehs hundert phunt Haller, baz filber vnd bo Haller wir inen geben vnd gelten fullen von fand Martins tag bem neften ober ain iar bar vmb inen bo vorgenanten bůrgen alle leiften fullen in allem bem rehten als vmb baz filber baz ze bem erften zil geuallen fol, Vnd mit folicher befcheibenhait, baz der vorge= nant vnfer Oheim graf Vlrich von Wirtenberg ganzen gewalt haben fol, bo ege= nanten bůrgen ze manen vnd ouch zil vnd tag ze geben vmb baz vorgenant gelte.

Wir haben ouch den burgen gelobt von der bürgschaft ze helfende an schaden, Di bürgen hant ouch alle gesworn ze den Heiligen geleret aybe bis bürgschaft ze haltend vnd ze laistend mit sölichem rehten gedingen, als vor geschriben stat an alle geuerde. Vnd des ze ainem vrkunde vnd zugnust ist vnser Jnsigel vnd der bürgen aller Jnsigel gehenket an disen brief, Der ze Rotenburg geben ist, an Samztag nach sand Jacobes tag, Da man zalt von kristes geburt Drützenhenhundert iar, dar nach in dem fünf vnd zwaintzigisten iar.

B. v. Orig. im St.-Archiv zu Stuttgart. — An der Urkunde hängen nur noch sechs, meist sehr schabhafte Siegel aus Mehlteig; die übrigen sind abgefallen. Erstere sechs sind: das des Herzogs L. v. Oestreich; ein unbedeutendes Bruchstück, auf welchem nur noch der Kopf vnd Hals des Pferdes vorhanden. Das des Gr. von Hohenberg zeigt noch die Vorderfüße, Brust, Hals und Kopf des bedeckten Pferdes, und von dem Reiter das linke Bein; Umschrift: ... enberc. Die der beiden Markgrafen zeigen kaum, daß es Reitersiegel sind. Das Siegel der von Nellenburg, kein Reitersiegel, hat auf dem Schilde 3 Hirschhörner; Umschrift: ... enberc. Das des Gr. v. Fürstenberg hat deutlich den Fürstenbergischen Adler mit der eigenthümlichen Einfassung.

302.

14. Oktober 1325. Neckerburg. Adolf, Pfalzgraf bei Rhein und Herzog von Baiern, gibt als Reichsverweser dem Grafen Rudolf von Hohenberg die Herrschaft Triberg (im Großherz. Baden) zu Lehen.

Nos Adolfus dei gratia Comes palatinus Reni Dux Bawarie, Tenore presencium profitemur, Quod dominium Triburch cum Castris et municionibus ac aliis bonis vniuersis eidem pertinentibus, quod ad presens per mortem Nobilis viri Burchardi domini de Triburch ad collacionem Imperii deuolutum est, Karissimo auunculo nostro Rudolfo spectabili Comiti de Hohenberch auctoritate et iure nobis ab Imperio in hac parte dum vacat conpetentibus, tenendum et possidendum feodali tytulo, ipsius Imperii nomine, quod ad presens vacat, contulimus et presentibus conferimus pleno iure. Dantes sibi has nostras litteras nostri sigilli munimine roboratas in testimonium super eo. Datum in Nekerburch anno domini Millesimo CCC. vicesimo quinto, feria secunda proxima ante diem beati Galli.

Abbruck bei Kurz, Oesterreich unter K. Friedrich dem Schönen. S. 497.

303.

3. November 1325. „Rotenberg." Graf Burkard von Hohenberg der
junge begibt sich aller Ansprüche an das Eigenthum der „Berthun"
von Reusten.

Wir Graue Burkart von Hohemberch der iunge vergehen vnd tuögen
tunt allen die disen brief gesehent oder gehörent, daz wir vns mütwilleclich vnd
vnnälteclich verzigen haben als ez billich kraft han sol gen fro Berhtun von
Rüsten vnd gen Liutkart ir tohter aller der rehte so wir zů in hetun alb gehan
mohtun von vogtayge aigenschaft alb lehenschaft also daz wir kain reht noch getate
zů in sulne han noch zů ir güte, wan daz sie vnd alles ir güte ligende vnd va=
rende von vns vnd allen vnsern erbun frie sol sien lebeclich iemmerme, sie siezt
lebende oder tot vnd sulen nummer weder bi ir lebenne noch ouch nach ir tobe dienste
noch güt noch kainer shlaht reht an si geuorderun noch aischun, vnd sulen ouch
niuze mit in ze schaffenne han weder klain noch gros. Vnd daz biz von vns vnd
vnseren erbun stäte vnd war belibe ze allen ziten darumme so haben wir vnser
aigen insigel gehencket an disen brief, dirre vorgeschriebenun dinge sint geziuge die
da bi waren Cünrat der Stahler, Friderich von Herremberch, Herman
Stöube, Cünrat der shulthaisse, Wezzel von Ebhusen, Meingos der
maiger von Remmingeshain vnd anderre erbär lüte vil. diz beschach vnd
dirre brief ist geben ze Rotemberch nach vnsers herren geburte driuzehen hundert
iar zwainczeg iar dar nach in dem viunften iar an dem nähsten samstag vor sant
Katherinun tag.

B. d. Orig. im Landes-Archiv zu Karlsruhe aus dem „Bebenhäuser Archiv." —
Von dem Siegel nur noch 2 kleine Restchen verhanden. Auf dem einen AR. auf dem
andern DI . IVN . CO . zu lesen.

304.

23. August 1326. Offenburg. Graf Rudolf von Hohenberg bekennt,
daß er Tröster sei für seine Oheime Johannes und Götz, Grafen
von Fürstenberg, daß diese all die Taydinge, die Albrecht von
Oestreich von seinen und all seiner Brüder wegen an den Bischof
Johannes von Straßburg, an ihn, an Herzog Luzman von Teck,
Otto von Ochsenstein und Walther von Geroldseck von Tüwingen
als Schiedsrichter gesetzt, halten und die Bürger von Villingen,
welche sie zu Haslach gefangen hielten, erledigen wollen. Würde

bie Taydigung überfahren, so sollte Villingen mit allen Rechten und Nutzen in die Hand Herzog Albrechts von Oestreich fallen.

Wir Graf Rudolf von Hohenberg veriehen vnd tuen kunt offenlich an disem brief, daz wir einen eyde zu den heiligen gesworen haben, daz wir tröster sien vnd wer vnd trösten mit disem brief, für ónser lieben Öheimen, Johans vnd Götzen, di Grauen von fürstenberg, daz sú alle die teydinge, so vnser genediger herre Hertzog Albreht von Österrich vnd von Stir von sinen vnd aller siner brüder wegen vnd öch di selben ónser Öheim an den Erwirdigen Bischof Johans von Strazburg, an óns vnd an vnser Öheim Hertzog Lutzman von Tegke, Otten von Ohsenstein vnd Walthern von Geroltesegge von Túwingen gesetzet hant, dar óber wir fünf sprechen sollen, gar vnd gentzlich stête halten vnd volfüren in alle wise, als wir gesprechen mit einander vnd als vnser brief, di wir dar óber geben, stant. Wir veriehen öch vnd sien gezüge, daz die vorgenanten vnser Öheim von fürstenberg veriehen hant offenlich, wêre daz sú di teydinge, als vor geschriben stat, da fúr wir tröster vnd wer sin, vberfüren vnd nit stête hielten, daz dann di Stat ze Vilingen mit allen rehten vnd nútzen, io sú dar an hant oder gehaben möhten in beheinem wêge sus oder so, mit lúten vnd mit gút veruallen sol sin dem êgenanten vnserm herren Hertzog Albrecht, sinen brüdern vnd iren Erben, lediklich vnd ewiklich ze besitzen vnd ze habend ane alle ansprach, rûwiklich fúr ir reht Erbe vnd gút. Vnd daz die Burger von Vilingen, di di êgenanten vnser Öheim von fürstenberg geuangen hant vnd di ze Haslach ligent, vrie vnd ledig sullen sin von ir vanknust, des wir öch troster vnd wer sin. Vnd dar vber zu einer gezugnust haben wir vnser Insigel gehenket an disen brief, der wart geben ze Offenburg, an samztag vor sant Bartholomes tag, do man zalt von Cristes gebúrt, drúzehenhundert iar dar noch in dem sechs vnd zweintzigisten iar.

V. d. Orig. aus dem Breisgauer Archiv im Landes-Archiv zu Karlsruhe. — Das Siegel ist abgefallen. Abbruck bei Mone, Zeitschrift VIII, 379.

305.

6. Februar 1327. Haigerloch. Graf Rudolf von Hohenberg trifft mit dem Kloster Alpirsbach einen Tausch über zu Gruol seßhafte Leibeigene.

Wir Graue Rúdolf von Hohemberg Tún chúnt mit disem brief allen den die in sehent oder hörent lesen, Daz wir die ersamen vrowen Cúnrat Tohter, dez suters von Grürn, geben Reht vnd redelichen zú Ainem rehten wehsel den erberen herren dem Abtt vnd dem Conuente von Alperspach vmb die ersamen vrowen des linders Tohter von Grürn, die sú vnf darumb geben hant vnd fürzichen vns vnd alle vnser Erben allez rehtez, bü wir zú der vorgenanten vrowen hetten oder haben mohten. Vnd haben darumb zů Ainen Vrchunde vnſer aigen Jnſigel gehenckt an diſen brief, der iſt geben ze Haiger=loch an dem vritag nach der liehtmeſſe, do man zalt von Goß geburte drützehen hundert Jar zwainßig Jar in dem ſübenden Jare.

V. d. Orig. im St.=Archiv zu Stuttgart. — Das Siegel iſt abgefallen.

306.

14. Februar 1327. o. O. Burkard von Dürrmenz (O.A. Maulbronn) verträgt ſich unter Vermittlung des Grafen Rudolf von Hohenberg und Anderer mit dem Kloſter Bebenhauſen in Betreff des Dorfes Neuweiler (O.A. Böblingen).

Allen den die diſen brief anſehent oder hoerent leſen kůnden vnd vergehen wir Burkart von Turmenß ain ritter vnd Hainrich, Friderich vnd Albreht Vogt, genant von Turmenß, Daz wir für vns vnd für alle vnſer erben mũtwilleclich vnd vnbezwungenlich vmb alliu diu reht, die wir hetten oder haben mohten an die herren vnd an daz cloſter ze Bebenhuſen von dez dorfes wegen ze Rienwiler vnd von der lüte wegen vnd von aller der gůt wegen die darzů hoerent, gegangen ſien hinder den edeln herren grauen Rudolf von Hohemberg vnd ouch hinder die erſamen mannen herczog Chůnraten von Vrſelingen, hern Volkarten von Owe, hern Hainrichen von Denbingen, vnd hern Cůnrat Schoepfelin von Mênzhain, vnd daz vns die vorgenanten fönfe hant haiſſen geben mit vnſerme gůten willen vnd wiſſende. die vorgenanten herren von Bebenhuſen. für alliu diu reht vnd die anſprache, die wir oder vnſer erben hetten oder haben mohten an daz vorgenant dorfe, an die vorgenanten lüte vnd gůt ſehzig pfunde vnd fünf pfunt gůter pfenninge haller mũnße, der wir von den vorgenanten herren von Bebenhuſen gænczelichen gewert ſint vnd vergehen, das wir diu ſelben reht alliu dem vorgenanten Goczhuſe gegeben haben luterlich vnd gar ane aller ſchlahte geuaerde, vnd das wir noch dehain vnſer erbe noch dehain vnſer nachkomen an das vorgenant goczhuſe von des vorgeſchribenne dorfes wegen von der vorge=nanten lüte vnd gůtz wegen niemer dehain anſprache niemer dehain reht vnd niemer dehain vorderunge haben, noch gewinnen ſont, weder an gaiſtlichem noch an welt=lichem geriht, noch ane geriht, ſuß noch ſo, vnd daz wir die ſelben herren von Bebenhuſen darumbe niemer geanſprechen noch geſchabegon ſont lüczel noch vil, daz han wir gelopt vf vnſer aibe vnd ſint darumbe vnſeriu aigeniu jnſigel gehenket an diſen brief. Wir die vorgenanten graue Rudolf von Hohemberg, herczog Cůnrat von Vrſelingen, Volkart von Owe, Hainrich von Denbingen vnd Cůnrat Schoepfeli vergehen offenlich an diſem brief, daz wir vns der vor=genanten ſache angenomen haben, vnd ſi geriht haben in allem dem reht als da=uor geſchriben ſtat vnd ſint darumbe vnſeriu jnſigel gehenket an diſen brief. Wir

margraue Rudolf von Baden des Pforhain ift vergehen offenlich an difem
brief, daz vns diu vorgenant rihtunge kunt vnd wiffende ift vnd daz wir vnfer
jnfigel ze ainer geziugnuft darumbe an difen brief haben gehenket der geben ift an
fant Balentins tag. do man zalt von gottes geburte bruczehen hundert jar zwainczig jar. in dem fibenden jar.

B. d. Orig. im Landes-Archiv zu Karlsruhe. — 1) Großes, rundes Siegel in
Maltha an Pergamentftreifen. Schlecht gerathen. Links gekehrter Reiter im Helme mit
oben zufammengebogenen Hörnern, die in die Umfchrift hineingehen, vor der Bruft den
breieckigen, babifchen Schild, mit der Rechten das Schwert fchwingend, auf der Pferdedecke vorn und hinten babifche Schilde. Umfchrift: ... RVDOLFI . MARCHIONIS .
DE . BADEN . FILII . DTI WEGGER. — 2) Herzog Conrad von Urfelingen abgegangen. — 3) Bolkarts von Owe abgegangen. — 4) Dreieckig in grauem Wachs an
Pergamentftreifen. Im breieckigen Schilde, wie es fcheint, zwei nebeneinander aufge-
richtete Flügel. Umfchrift: † S . HFNRICI . (MILITIS .) DE . ONDINGEN. — 5) Rundes Siegel in braunem Wachs an Pergamentftreifen; breieckiger Schild mit einer Hag-
fchere oder Schaffchere in alter Form, aufrecht. Umfchrift fängt rechts vom Schilde an·
† S. (CON-)RADI . D . ME'SH . MILIT. — Die vier folgenden find alle rund in braunem Wachs an Pergamentftreifen; und haben im breieckigen Schilde einen Ring mit
Edelftein. Umfchriften: 6) † S . BVRCHARDI . MILITIS . DE . DVRMENZE. –
7) . . . . . I . DE . DVRMENZ. — 8) S . FRIDRICI . DE . DVRMENCE. — 9) † S·
ALB'TI . D . DVRME'ZE . DCI . VOT.

307.

12. Mai 1327. o. O. Graf Rudolf von Hohenberg urkundet, daß
feine Stadt Ebingen (O.A. Balingen) das Recht habe, in Betreff von
Bürgerannahmen frei zu verfügen.

Wir graf Rudolf von Hohenberg tun kunt mit difem brief allen den die
in fehen oder horen lefen, das wir vnfern lieben getruwen burgern vnd ouch vnfer ftat Ebingen die gnad vnd ouch die glübb getan haben vnd geben ewiglich
mit difem brief, was fie immer burger empfahen die bei inen in der ftat ze Ebingen mit houf vnd ouch mit hof fitzen wellen vnd ouch fitzen, das wir noch kein
vnfer erben noch kein vogt noch keiner vnfer erben vogt diefelben burger von der
ftat ze Ebingen nimmer vertreiben follen weder durch dis noch durch das. Das
haben wir gelobt bei guten truwen für vns vnd ouch für all vnfer erben vnd ift
vnfer eigen infigel darumb an difen brief geleit ze einem vrkunde.

Wir Graf Rudolf von Hohenberg der jung geloben ouch für vns vnd
für alle vnfer erben, das vorgefchriben bing vnd die vorgefchriben gnad ftäte ze
haben ewiglich one geuerbe, vnd ift vnfer infigel an difen brief darumbe geleit ze
einer veftung, der ift geben an dem zinftag nach St. Johans tage, do man zalt
von gottes geburt bruczehenhundert jare in dem fiben vnd zweintzigften Jare.

Abfchrift im Manufcr. Archiv. zu Stuttgart nro. 43.

308.

14. November 1327. Rotenburg. Graf Rudolf von Hohenberg nimmt das Carmeliterkloster zu Rotenburg in seinen besonderen Schutz und bestätigt die Freiheiten, welche dasselbe von seinem Vater, dem Grafen Albert, erhalten hatte.

Nos Rûdolfus Comes de Hohenberg constare et notorium hijs litteris volumus vniuersis tam presentibus quam futuris, quod nos viros Religiosos nobis .. dilectos .. Priorem .. fratresque singulos et .. vniuersos ordinis sancte Marie de monte Carmeli domus in Rotenbvrg, qui spretis voluptatibus terrenis et illecebris mundanis diuinis cultibus et officijs ardenter sine intermissione insudant in nostram protectionem recepimus et his litteris recepimus specialem eximentes et immunes ipsos facientes a quorumlibet literatorum seu illiteratorum potestate et iurisdictione, volentes precise, ne ab aliquo clericorum seu laycorum in nostro districtu residencium cuiuscunque status uel conditionis existentium in diuinis officiis et horis canonicis per eos cantandis uel legendis quomodolibet impediantur verbo uel opere, quin immo volumus et vniuersis personis in nostro districtu commorantibus precipimus, ne contra ipsorum exempciones et priuilegia eis a romanis pontificibus concessa ipsos molestent, infestent, granare aliqualiter vel presumant et a quavis iniurja ipsis inferenda prorsus desistant. Ceterum .. fratribus prefatis ipsorum oratorjo et aree libertatem plenam et exemptionem conferimus, ratificantes eis libertatem et gratiam a Nobili progenitore nostro Comite alberto quondam factam et collatam, — premissa omnia ad .. fratres nunc extantes et ad ipsorum successores vniuersos perpetuo extendendo. Si quis quoque contra premissa vel aliquid eorundem venire presumpserit, indignacionem nostram grauem se sciat incurrere, penamque et ulcionem perinde se a nobis nouerit recepturum. Vt autem premissa rata et inconuulsa permaneant in omne tempus, presentes sigillo nostro proprio fecimus roborari. Datum apud Rotenburg Anno domini. M⁰. ccc⁰. xxvij⁰. xviii. Kal. Dec. Ind. XI.

N. b. Orig. im St.-Archiv zu Stuttgart. — Ohne Siegel.

309.

5. Dezember 1327. o. O. Graf Rudolf von Hohenberg und Graf Ulrich von Wirtemberg schließen eine Einung zu gegenseitiger Hilfe.

Wir graue Rûbolf von Hohenberch vnbe graue Ulrich von Wirtenberch vergehen öffenlichen an diesem gegenwertigen brief vnbe tûn kûnt allen

den, die in an ſehent leſent oder hörent leſen, Daz wir zeſamen haben geſworn
eyde zuo den heiligen mit gelerten worten vnde mit ŏf geboten vingern, ein ander
ze helfen vnd beholfen ze ſin des beſten ſo wir mügen an aller meniglichen ane
geuerde bi wile wir leben, ane mit namen, an die edeln herren markgrauen
Rudolf von Baden, den alten, markgraue Friedrich von Baden,
markgraue Rudolf von Baden, des Pforzheim iſt, vnd markgraue
Heſſen von Baden, die wir vzgenomen bedenthalben haben. Wir vergehen
ouch, daz wir vmme alle miſſehellungen, die vnder vns geweſen iſt biz ŏf dieſen
hiutigen tag, alb hinnan hin immer vnder vns ŏf geſten magte, geſworen haben
eyde als vor geſcriben iſt, hinder den edeln herren markgraue Rudolf von Baden, des Pforzheim iſt, den vorgenanten, den wir bedenthalben zŭ einem gemeinen Obeman haben genomen, hinder herrn Rudolf den hagen von Wel-
ſtein, hinder herrn Cŭnrat den hertzogen von Vrſelingen, herrn Swe-
niger von Lichtenſtein, vnd herrn heinrich von Sperwerſegge, mit
ſelker beſcheidenheit, ſwanne wir bede oder vnſer einer den obeman ermanen, ſo ſol
er ŏns tag geben, von demſelben tagen, als er ermant wirt, inwendig einen ma-
nede gen Pforzheim in die ſtat, bi wile derſelbe markgraue Rudolf von Pforzheim
lebet, vnd ſullen wir graue Rŭdolf die vorgeſriben Cŭnrat den hertzogen vnd Swe-
nigern von Lichtenſtein, wir graue Vlrich herrn Rŭdolf den Hagen vnd herrn
heinrich von Sperwerſegge ŏf den ſelben tag bringen ane geuerde. Vnd ſwie vns
die ſelben fünfe, oder irer der merer teile vmme die miſſehellunge, ſo wir dann
mit ein ander ze ſchaffen han, ŏzrichtent, daz ſullen wir ſtete haben ane allen fůr-
zügte vnd ane alle geuerde. Swelcher auch vnder den vieren, die wir da zŭ vn-
beden teilen haben geben, abe gienge, oder da bie niht wŏlte ſin oder niht mehr
geſin, ſwar den vnder ŏns dar hat geben, der ſol einen andern an des ſtat geben
ane alle geuerde. Wer auch daz vorgenante markgraue Rŭdolf von Pforzheim
abe gienge, ſo ſol ŏnſer obeman ſin an ſiner ſtat graue Huge von Bregentz.
Vnd wer daz der abe gienge vnd niht enwere, ſo ſol an des ſtat vnſer obeman
ſin herr walther von Gerolſtegge, herre ze Lare mit ſelkem gedingde. Sa
daz wir graue Rŭdolf der vorgenante zweier obeman ainen ermanten, ſo ſol der
ſelbe obeman ŏns tag geben gen Stŭtgarten. Manen wir graue Vlrich der ieben obeman einen, obe ŏns dünket, daz wir ze clagen haben, ſo ſol ŏns der ſelb
obeman tag geben gen Rotenburg in aller wiſe als vorgeſchriben ſtet. Vnd der
ſelben füf (sic!) ſüllen ŏns aber rehten, vmme ſelke miſſehellungen, als wir dann
mit einander haben. Vnd ſwie ſie oder der merer teile ŏns rihtent, des ſullen
wir beiderſite gehorſam ſin. Wer auch, daz vnder den herren die beiderſite an
ŏns ſint vnd vnſern dienern ſtozze, oder miſſehellunge weren, oder hinnan hin ŏf
ſtünde, wer daz die ŏns graue Rŭdolf zŭ gehörten, ſo ſüllen ſie tage leiſten ze
Stutgard in der ſtat, vnd ſullen wir graue Rŭdolf in dar vmme einen gemeinen
obeman geben ŏzze des vorgenanten graue Vlrich dienern, vnd ſol er ſchaffen ane
alle geuerde, daz der obeman tŭ, vnd ſol iegeweder teilen ſiner frŭnde zwen zŭ

dem obeman geben, vnd süllen die fůf vmme die missehellunge, daz reht sprechen vnuerzegenlichen obe sie die minne niht vinden mugen. Vnd sol sie bedenthalp der vrteile benůgen, swaz sie dar vmme verteilent oder ire der merer teile. War auch daz vnser graue Vlrich biener oder herren bie an vns sint ze schaffen oder ze cla=gen heten, von den herren bie an graue Růdolf sint oder von sinen bienern, so süllen sie tage vmme leisten in ber stat ze Rotenburg vnd süllen wir einen gemeinen obeman geben vzze des selben graue Rudolf bienern, vnd sol auch er schaffen, baz der obeman baz tuo ane alle geuerde. Vnd sol iegeweder teile siner frůnbe zwen zuo dem obeman geben, vnd swaz bie fůffe oder ire ber merer teile vmme ben stozzen, als sie benne hant, vrteilent, obe sie ez niht gewinnen mugen, bes süllen sie bedenthalp gehorsam sin vnd stete han ane alle geuerde. Vnd mehten sie bie=selben fůf vmme den stozzen vnd missehellunge niht gerihten, so sol markgraue Rudolf von Pforzheim, der vorgenante, bes ein obeman sin, vnd swie der vnd bie andern viere sie rihtent, oder ber merer teile, bes süllen sie bedenthalp sin gehor=sam, vnd sol in bar zu markgraue Růdolf von Phorzheim tag geben in bie selben sin Stat ze Phorzheim. Vnd swelke herre oder biener, die an vns sint, beiber site vnd bie wir haben, baz niht tun welte, bes süllen wir vns bedenthalben ent=ziehen, vnd süllen ein anber gen bem selben beholfen sin bes besten so wir mugen ane geuerde — Ez sol auch vnser enweberre keinen eyt genozzen fůrbaz me em=pfahen, ane bes andern wortes vnd willen. Wer auch baz wir zwen herren ge=winnen, bie wiber ein anber weren, ben sullen wir bedenthalp beholfen öf dem velbe ane geuerbe, ba sie gen einanber ligent mit ieren Baniern, vnd sol önser enweberre ben andern schabigen weber an gůten noch an lůten mit branbe noch mit raube, noch mit beheinerslahte sachen. Webere auch vnber öns stet ober vesten inne hete, bie sins herrn wern, ben sol ber anber an benselben steten vnb vesten niht schabigen, weher clein noch grozzen, vnd süllen auch bieselben stet vnb vesten wiber benn anbern niht sin, noch bie lůte, bie bar inne sint. Vnb were, baz bie stete ober vesten ire eine ober me vnb bie bar inne sint baz brechen vnb wiber bem andern weren, so sol ber sie inne hat bem anbern, an sie beholfen sin, ane alle geuerbe vnb sol sie auch öf geben. Wer auch baz wir an einem herren bebe wern, so sol önser beweberre kein lant vogtie von bemselben herren enphahen, von gemeine, vnb sullen wir bebe bie selben lantvogtie gemeinlichen han vnb sullen nützen, frümen vnb schaben mit ein anber haben, ane alle geuerbe. Ez sol auch önser beweberre bes anbern biener burger ober gebure ze biener ober ze burger niht enpfahen. Wir vergehen auch bebe öffenlichen, baz wir haben gesworn zů ben heiligen, als vorgescriben ist alle binke stet ze halten, als vor gescriben ist, ane alle geuerbe. Me vergehen ouch wir, baz wir berette vnb bebinget haben mit namen vnb in ben eyet genomen, baz wir ein anber beholfen süllen sin, bie wile wir leben an keiser, kunige, fürsten, vnb an bes riches Stet ane alle geuerbe. Vnb ze merer sicherheit baz selbe aleine ze tůn vnb ze halten, haben wir graue Rů=bolf ze obersatze gesetzet bie bürfe vnb baz gůte ze Bugingen mit aller zů geherebe. Vnd wir graue Vlrich die bürke ze Hanekamp, die vesten vnd baz güte ze Nürtingen mit aller zů gehörde vnd die vesten zu Buonigen. Vnd baz selbe güte süllen wir antworten vnd in geben graue Vlrich dienern herrn Vlrich Speten, herrn Wernhern dem Rothaften, herrn Cůnrat dem Rüssen vnd Cůnrat von Hornstein. So süllen wir grau Vlrich die bürke ze Hanekamp vnd die vesten ze Nürtingen vnd diu güte antworten vnd in geben herrn Sweininger von Lichtenstein, herrn Peter von Rütin, Wernher von Bernhusen vnd Cůnrat von Ehingen, graue Růdolf dienern. Also swa wir vns vergozzen vnd ein ander niht beholfen wern an keiser, künige, fürsten vnd an des riches stet, do sol vns der obeman tag vmme geben an die stet, als vor gescriben stet, so er das wirt von vns oder von vnser einem ermant. Vnd kiesen die fůf oder der merer teile, nach vnser eines clage, baz der ander baz vber varn haben vnd mit namen die helfe, als ietznůt gescriben stet, baz sol der selbe ba nach als sie bar vmme habent gesprechen, in wendig eins monedes baz öfrihten, vnd dem andern beholfen sin, als vor gescriben stet. Sweder vnder vns des niht tete, so sol dem andern vnd sinen Erben sölke vbersatze, ben der der verbrochen hat, gesetzet hat, als vorgescriben stet, bar vmme vnd vmme anderes niht veruallen sin gar vnd gentzelichen mit allem reht vnd ane alle wider-rebe. Vnd dieselben die die vesten vnd güte inne hant, die veruallen sint, als vor gescriben stet, süllen dem andern der niht verbrochen hat, die selben vesten vnd güte antworten vnuerzügenlichen vnd ledigklichen ane alle geuerde. Swere auch wir graue Vlrich erlösen die obern gegenden, so süllen wir zuo vbersatzen in dem Reht, als vor gescriben stet, setzen die bürke ze vrselingen vnde Rosenvelt die stat mit aller zů gehörde, vnd süllen dar zů bewisen, als vile geltes, als baz güte ze Bugingen giltet vnde hundert phůnt geltes minner, an dem nehsten, baz wir haben dar an stozzen. Vnd swenne wir baz volle füren, so sol vns Hane-kamp, vnd Nürtingen lebig sin mit aller zů geherde. Wellen auch wir graue Vlrich elliu die güte Vnd Vesten, die wir in der obern gegende haben ze Vber-satzen setzen mit aller zů gehöreden, in dem reht als vorgescriben stet, baz sol ben vorgenanten graue Růdolf benügen, vnd süllen in keins geltes bo fürbaz zů be-wisen, vnd sol vns aber Hanenkamp, vnd Nürtingen mit aller zů geherde vrilichen lebig sin, so wir baz vollefüren alz ietzůnt gescriben ist. Wir haben auch bebingete, baz dirre Vbersatzen vnser beider niht lenger wern sol benne von diesem Tag als dirre brief ist geben vber ahte Jare die nehsten. Wir vergehen auch me, sweder in vnder vns sin vesten vnd güte als vorgescriben stet, veruallent, vnd veruallen sint, der sol dem andern auch veruallen sin vmme fůf tusent marke letiges silbers vnd sol die haben öf allen sinen güten. Dirre vorgescriben binge aller zů ganter vestigkeit, haben wir graue Rudolf von Hohenberch, vnd graue Vlrich von Wirten-berch, diesen brief geben geuestent mit vnser beider jnsigeln, die mit vnsern beider wizzende sint gehenket an diesen brief, der geben ist, an Sant Nycolaus abent, do

man zalt von Cristes geburte briuzehenhundert jare vnd in dem syeben vnbezwehn=
zigestem jare.

B. d. Orig. im St.-Archiv zu Stuttgart. — An der Urkunde hängt nur noch das
sehr beschädigte Siegel des Gr. v. Hohenberg.

310.

17. März **1328.** o. O. Kunigunde, die Gemahlin Gotfriebs des Rollers
von Gültstein (O.A. Herrenberg), leistet auf einem Landgericht
des Grafen Burkard von Hohenberg, des jungen, Verzicht auf die
von ihrem Manne an die Grafen Rudolf und Konrad von Tübingen
verkauften Besitzungen zu Gültstein.

In gottes namen Amen. Kunt vnd wiſſende ſie allen — — ben bie biſen
gegenwärtigen brief geſehent ober gehörent .. Daz ich fro Kunegunt genant
dichú wirtinne Götfribes des Rollers von Gilſtain, Herrn Wernhers
ſäligen von Cuppingen dez Hemelinges tohter ains ritters haun — — mit
gûter vorbetrachtunge vmbezwungenlich vnd ouch frilich mit miner frunde rant
vnd fruberbár mit gegenwärtigi willen, haiſſen vnd mit gunſte mines lieben Ôhames
Hainrichen von Hauluingen vogtes vber minu gût haun offe gegeben allu
recht ſo ich hette ober haben möchte zû den gûten ze Gilſtain gein ben edeln
Herren grauen Rûbolf vnb grauen Cûnraten von Tuwingen genemmet bie
Schárer alſe ſi ouch vmbe ben ſelben kouffe offen brieue haunt mit vnſeron aignon
ingeſigeln geueſtent Waz ber rechte wäre, es wäre von Mourgengaube ober
bainſtûre ber verzihe ich mich biu vorgnant fro Kunegunt vnb haun mich ir
verzigen bejbiu an gaiſtlichem vnb weltlichem gerichte niemmer wiber dem kôuffe
weber ze reben ober zetûn dar zû bin ich kômen fûr gerihte vnb haun genômen
zû ainem lantrichter ben edeln herren grauen Burkart von Hohenberg ben
iungen, daz er var mit vrtail wie ich miner rechte ſülle verzihen, baz es eweclich
ben vorgnanten herren vnb allen iren erbon kraft vnb macht habe. Nu ſien wir
graue Burkart iezont genemmet geſeſſen ze gerihte offenlich an der
irinx lantſtrauſſe bo fûr vns kan (ſic!) fro Kûnegunt vor genemmet ze er
varend wie ſie ſich irer rechte alſe vnberſchaiben iſt ſulle verzihen. So haben wir
zû vns genômen biſe erbere Ritter her Hainrich vôn Ônbingen, her
Götfrit Richeln von Märkelingen, her Brun von Brandegge, her
Johannes die Nize, her Wernher von Huſen, her Volmar von
Haiterbach. Dez haben wir die vorgenanten ſehs ritter ertailet offe vnſer aibe
bez eiſten, wan man bez ſûbenden Ritters nit mocht haun, baz ber vorgenant
Graue Burkart wol müge vnb ſülle mit dem rechten vrtaîl ſprechen mit vns
vnd waz wir mit an anber ertailen, - baz baz billich kraft vnb macht ſülle haun,

Dâr naûch haben wir die vôrgnanten beidiù graue Burkart ond wir die ritter
ertailet offe vnfer aibe, daz diù vorgnant fro Kunegunt fol niemen ainen vogt
ober irù gůt vnd mit dez hant fol fi fich verzihen ihrer rechte zů den befcribenen
gůten vnd fol fchweren offe den Hailigen daz ftâte ze haûnde vnd fo fie daz tůt fo fol
es alfo getùtfchet ift an bifem brief billich kraft vnd macht haûn. Daz haûn ich
frô Kunegunt — — diù vorgnant allez vollfůret naûch vrtail diù vôr ift gefprochen vnd haûn genomen zů ainem vogt ober minù gůt minen lieben Ôhan Hainrichen vôn Hauluingen, der oûch vor maûles oûch min vogt waz vnd mit
dez haiffen vnd mit finer hant gibe ich offe vnd haûn offe gegeben vnd verzihe
mich offenlich offe minen ait an der friun lantftraûffe, den aût ich gefchwôrn hân
mit gelêrten warten (sic!) vnd mit offe gebottenen vingern zů den Hailigen vor
dem vorgnantem lantrichter vnd ritter aller rechte fo ich hette oder haben môchte
es wâre vmbe môrgengaûbe oder hainftùre, an gaiftlichemme oder weltlichem gerichte niemer da wider ze redent noch zů tůnde mit dehainen fùnden wan wenne
ich daz allez alf von warte ze warte ift getùtfchet brâche fo wâr ich offenlich
mainot vnd waz ich dawider rette daz fol de haine kraft haûn. Ich frô Kunegunt vorgnant vergihe oûch daz mir min mourgengaube vnd hainfture ift wider
leit gentzelich mit drittehalp hundert pfunden gůter haller der oûch naûch vrtail
der vôrbenemmeten richter diù fie gefprochen haûnt min vogt vnd Ôhan Hainrich
von Hauluingen vorgenemmet ift mit minem gůten nutze völleclich gewerot vnd fiù
enpfangen haût von den vorbenemmeten edelon Herren Grauen Růdolf vnd grauen
Cůnrat von Tûwingen den Schârern. Daz aber inon vnd allen iren erben difi
gelùbbe vnd difiù gedinge von mir frô Kunegunt der vorgnantun ewecliche ftât
beliben vnd von minen erben vnerwandelt fo gibe ich in difen brief verfigelt mit
difen ingefigeln. Wir graue Burkart vorgnant vergehen aller difer dinge vnder
vnferm aigen ingefigel daz wir haben gehenket an difen brief. So haûn ich frô
Kunegunt vorgenemmet vnd ich Hainrich von Hauluingen ir Ôhan vnd ir vogt
difen brief geueftent mit vnferen aignen ingefigeln da naûch fo haben wir die vor-
gnemmetten Ritter Herre Hainrich von Ondingen, Herr Götfrit von Mârkelingen
Herre Brûn von Brandegge, Herre Johannes diù Rixe, Herre Wernher von Hufen
Herre Volmar von Haiterbach zů ainem vrkùnde der waurhait vnfer ieglicher fun-
derbar fin aigens ingefigel gehenket an difen gegenwârtigen brief, der wart gegeben
do man zalt von gottez geburte drůzehenhundert iar zwaintzig iar vnd im achtoden
iar ze mitter vaftun an Sant Gerdrut tag.

B. d. Orig. im St.-Archiv zu Stuttgart. — Mit fieben Siegeln. Das erfte, das
Hohenberger, kein Reiterfiegel, etwas größer als die anderen; der links geneigte Hohenberger Schild hat auf dem rechten Eck den Helm mit den Hörnern und horizontal abflatternde Helmdecken; um denfelben herum eine Verzierung von Blumen. Umfchrift
† S'. B'cardi ivn. comitis de Hoheberg. — Das zweite Siegel ift das der Kunigunt
mit der Umfchrift: † S. Kvngvndis de Kvppinge und hat einen im Schilde aufrecht
ftehenden Löwen. — Das dritte das bekannte Hailfinger. — Das vierte, des von Ora-

gen (Ehningen), hat auf dem Schilde zwei gegen einander gekehrte Flügel. — Das ... fehlt. — Das sechste hat in jedem Ed des Schildes einen Stern und die Umschrift: S. Brun militis de Brädegge. — Das siebente, das „der Nixe" hat zwei Bilder
Schilde, welche am meisten Spaten gleichen. — Das achte mit der Umschrift: S.
...eri de Husen, hat zwei nicht näher zu bezeichnende Bilder im Schilde. — Das
... ist abgebrochen.

311.

Juni 1328. Rotenburg. Albrecht der Pfister von Wendelsheim (O.A. Rotenburg) verkauft eine Weingült aus seinem „berge der da haisset dú ebni an dem lant tage" an Pfaff Berthold von Ehingen.

Ich albreht der pfister wernhers des Metzeleri seiligen sun von win-
hain vnd Luikart min elich wirtenne vergehen offenlich mit disem gegen-
en briefe daz wir von noturst wegen mit gůter betrachtungen haben ze köf-
geben pfaffe Berhtolt von ehingen der da besinget vnser frown altar der
stift ist in der vnderun kilchun ze ehingen in der absitun bi dem Negger
allen sinen nachkomen Riu viertal wines ewiges states geltes vf vnserm
ge der da haisset dú ebni an dem lant tage vmme driu pfunt haller
wir wert sien geuzlich vnd gar ich han ouch gelopt dem vorgnanten pfaffe
olt vnd allen die nach im koment daz vor genemmet gelt ze vertange vnd
de als sitlich vnd gewonlich ist wir haben öch gedinget vnd gerret also mitt-
wer daz der vorgescribenne berg der da haisset din ebni an dem lantage nit
we wer alb vngewehs wer alb hagel alb regen alb wint neme dez sol der
ante pfaf Berhtolt vnd alle die iemer me nach im koment keinen schaden
er sol öch reht han in alles min güt ez sie hus alb hof agger alb wise oder
rte vnd alle sin nach komen wer daz der vorgenanten gebresten kainer wer
u öch gelopt daz vorgenemmet gelt ze vertgenne iar vnd tag als sitlich vnd
lich ist vnd vor gescriben ist vnd han im dar vmme ze bürgen gesetzet Cůnz-
er metzeler inun sun von winolfhain mines vetern sun vnd diz alles stete
belibe so gib ich im disen brief besigelt mit der stette insigel ze Rotem-
g. Dirre brief ist geben do man zalte von gotes geburte Druzehenhundert iar
vnd zwainzeg iar an dem nähsten sunnentage vor sant johans tage ze sungibten.

k. k. Orig. im Privatbesitz eines Bürgers zu Rotenburg. — Mit dem großen
altenen Siegel der Stadt Rotenburg, auf welchem der Hohenberger Schild zu
ist.

312.

29. September 1828. Rotweil. Graf Rudolf von Hohenberg gibt
Katherinen von Triberg und Katherinen von Hornberg, seiner
Muhme, erstere Aebtissin, letztere Nonne im Kloster Rotenmünster,
zu einem Leibgeding die Bischenz in dem Neckar bei Rotweil.

Wir Grafe Rûdolf von hohemberg veriehen vnd tûn kunt allen den
die disen brief ansehent oder horent lesen, daz wir die Erwirdigen Gaistlichen vrowen vron Katherinen von Triberg der Abtiffinne vnd Katherinen von
hornberg vnfrer lieben Mûmen, Clofter vrowen ze Rotenmunfter,
die genade getan habent, alfo daz wir Jnen baiden gegeben habent vnd gebent mit
difem briefe vnfer Bifchentz in dem Necker ze Rotwil in der Owe, die
Cûnrat Arnolt hat vnd man Si nemet Würtzlins Bifchentz, vnd giltet
Jargelichen zwai pfunt pfenninge haller Jnen baiden vnuerfchaidenlich, die felben
vifchentz mit ir zûgehörde ze habenne vnd ze nieffenne libeclich vnd laere mit allem
reht vnd nutz als wir Si haben vnd nieffen foltent vnd ouch ze ainem rehten Lipgebinge, die wile fiv lebent vnd wanne ir ainiv erftirbet, So fol Si aber die ander
die dannoch lepte ouch haben vnd nieffen die wile die lepte. Vnd wanne fiv baide
enfint, So fol die vorgefchriben Bifchentz mit ir zûgehörde vns vnd vnfern Erben
libig vnd laere beliben ane alle widerrede vnd ane allen vurzog. Vnd dar vmb
So haben wir vnfer Jngefigel ze ainem vrkunde gehenket an difen brief. Der ze
Rotwil geben ift an Sant Michahels abent, do man zalt von Gottes geburt
drizehenhundert iare zwaintzig iare dar nach Jn dem ahtoden iare.

B. b. Orig. im St.-Archiv zu Stuttgart. — Mit dem gut erhaltenen Reiterfiegel
des Grafen, das gestaltet ist, wie das Albrechts des Minnesängers.

313.

7. Oktober 1828. o. D. Heinrich der Boschegraue verkauft mit Gunst
und Willen des Grafen Rudolf von Hohenberg, seines gnädigen
Herrn, eine Hellergült aus seinem eigenen Hof zu Unter-Boihingen
(O.A. Nürtingen) an das Nonnenkloster zu Kirchheim.

Jch Hainrich der Bofchegraue genant vnd ich Berthe diu Durring genant, fin Elichiu Huffrowe, veriehen an difem Briefe offenlich vor allen ben die
Jn anfehent lefent oder hörent lefen, daz wir baidiv mit gemainem rate vnd mit
gunfte vnd willen vnfers gnädigen Herren bez Edeln Grafen Rûdolfes
von Hohenberg zwai pfunt iärlicher Haller gulte, die wir iärlich ze vnfrer frowen
tag der iüngern fuln wern vnd gewert han vffer vnferm hof vnd vnferm güte, da
ze Nidern Biugingen daz Cunrat der Tüffel genant buwet, daz vnfer friei

aigen iſt, vnd vſſer allem dem ſo dar in vnd darzů gehöret, ʒe dorfe, ʒe holʒe vnd
ʒe velbe, geſůchet vnd vngeſůchet äne allerley geuårbe haben geben vnd geben ʒe
toufenne mit diſen briefe, reht vnd rebelich vnd ane geuårbe den Erſamen gaiſtlichen frowen .. der Priorin vnd dem Conuent gemainlich des Cloſters ʒe kirchhain prebier orbens, vnd ſunberlich ben vier ſweſtern Hebwig vnd ſweſter Hebwig von Huningen genant, ſweſter Agnes vnd ſweſter Criſtinen von Eʒʒelingen
genant, bie in dem genanten Cloſter ſint, vmbe ane ʒehen ſchillinge. ʒwainʒig pfunde
gůter haller, ber wir gar vnd gånʒlich von In ſin gewert an beraiten, geʒalten
hallern, vnd verʒihen vns alſo aller der rehte, anſprache vnd wiberuorbrunge der
wir ober benhain vnſer erbe ober vnſer nachkomen von rehte, von geſchihte, ober
von gewonhait ober von benhainen andern ſachen. gehan möhten vor gaiſtlichem
ober vor weltlichem gerihte nach biſen vorgeſchribenen ʒwain (ſic!) pfunden geltez.
Wir ſuln In ouch diʒ ſelbe gelt vertegen von aller månlich für ain lebiges frief
gelte nach reht, alſ ſitte iſt vnd gewonlich. Dar vmbe han wir In vnuerſchaibenlich ʒe burgen geſeʒʒet ölrichen ben Ehinger von wenbelingen vnb Hainʒen
von Huningen, ainen burger ʒe kirchhain, alſo ob wir In diʒ gelt mit verlegen, alſ vor geſchriben ſtat, ſo ſuln diſi burgen, ſwenne ſie bar vmbe gemant
werbent, an bem nehſten ahtobenn tag nach ber manunge inuarn ʒe kirchhain in
reht giſelſchaft ane alle geuårbe vnb ber niemer lebig werben ane ber vorgenannten
Cloſter frowen willen, vnʒ wir In diſi vertegunge gånʒlich vf gerihten. Gat ouch
ba ʒwiſchen ber burgen benhainer abe, baʒ got wenbe, an beʒ ſtat ſuln wir In
ainen anbern alſ ſchiblichhen ſeʒʒen beʒ nehſten manobeʒ alſ wir beʒ ermant werben,
ober ber anber burge ſoll bar vmbe laiſten, alſ vor geſchriben ſtat, vnʒ baʒ geſchiht. Vnb baʒ diʒ alles war, ſtåte vnb ane alle geuårbe belibe, beʒ geben wir
In biſen brief gefeſtet mit vnſers vorgenanten Herren Inſigel Grafen Růbolf von Hohemberg ʒe ainem ewigen vrkunde. Vnb wir ber ieʒgenant
Graf Růbolf von Hohemberg veriehen, baʒ birre vorgeſchriben kouf geſchehen
iſt mit vnſer gunſte vnb gůten willen, vnb haben bar vmbe biſen Brief gefeſtet
mit vnſerm Inſigel. Der Brief wart geben an dem nehſten fritag vor ſant Dyo-
niſien tag, bo man ʒalt von Gottes Geburt Drüʒehenhundert iar, ʒwainʒig iar vnb
in bem ahtoben iar.

    B. b. Orig. im St.-Archiv ʒu Stuttgart. — Das Siegel fehlt.

314.

14. Oktober 1828. Haigerloch. Herr Burkard der Esel übergibt v[or]
dem Schultheißen und Rath der Stadt Haigerloch seinem So[hn]
seine Güter zu Hart, Trillfingen und Gruol (sämmtlich im C.
Haigerloch).

Wir Johans Banir Schulthais vnd der rât gemainlich der Sta[t]
ze Haigerloch, kónden allen den die disen brief lesent oder hórend lesen, das [der]
Erber herre her Burkard der esel offenlich mit sinem sone Burkard fúr [uns]
kome, vnd batte mit vrtail zer varne, wie er dem vorgenanten sinem sone sů[n]
das er ze harde hatte, das man haisset Gelbsrates gût, vnd das gů[t ze]
Tröhelvingen, das Burkart Ógger vnd dü Schallerin buwent, vnd [das]
gût ze Grórne das brüder hainrich mion sune der da haiset vise eber b[uwet]
vnd ain schillig (sic!) towinger geltes vnd ain vastenaht hóne das ierg[lich]
gat von dem garten, der ze haigerloch gelegen ist, in dem hage vnd Cônrat [Se]
polt buwet, geben móhti also das der vorgenant sin sone burkart wol da[s]
habende were, Do wart mit rehter vrtail ertailet won dem vorgenanten
Burkarten, des vorgenanten gûtes, entail von sines vater erbe, ze rehtem taile [vnd]
ane alles gebinge, vnd er den andern taile des vorgenanten gûtes koffet mit [sinen]
aigenen pfenningen. das er das vorgenant gût wol geben móhti wem er wólti [vnd]
in nieman dar an geirren móhti. Do gab der vorgenant herr Burkart der [esel]
dem vorgenanten sinem sone burkart das vorgenant gût alles vff an sine hant [vnd]
vnd lere mit allem dem reht als ain iegelich man sie aigen gût vff geben [mag]
vnd sol vnd verzehe sich für sich vnd für alle sin erben alles des rehtes vnd ans[prach]
so er oder sin erben, an das vorgenant gût an gaistlichem, oder an weltli[chem]
gerihte oder an lantgeriht nun oder her nahe enhaine wis gehaben móhti.
ze gegen waren fro lógart des vorgenanten her Burkartz swester vnd leba[rt]
Elich man. vnd gaben ir gunst vnd ir gûten willen zu der vorgenant gifte,
verzigen sich ouch für sich vnd für alle ir erben alles des rehtes vnd ansp[rach]
sú oder ir erben an gaistlichem oder an weltlichem gerihte oder an lantge[riht]
nun oder her nah an dü vorgeschriben gût, enhain wis gehaben móhtiu.

Dar vber zů ainem offen vrkunde dirre vorgeschriben binge so henken w[ir der]
vorgenant Schulthais vnd der Rat von haigerloch vnser Stete Insigel an [disen]
brief der wart geben ze hagerloch (sic!) an dem nehsten fridage vor sant G[allen]
dage Do man zalt von Goz gebürt Druzehenhondert Jare zwainzig iare vnd a[cht.]

B. d. Orig. im St.-Archiv zu Stuttgart. — Das Siegel ist abgefallen.

315.

4. April 1329. Nagolb. Frau Gut die Züngelin von Nagold ver=
tauft unter dem Siegel des Grafen Burkard von Hohenberg, zu Nagold
gesessen, an das Kl. Kirchberg alle ihre Besitzungen zu Nagold.

Ich frow Gůt dü zungelin von Nagelt vergich vnd tůn kunt an disem
briefe allen den di in senhent lesent alber hörent lesen, das ich mit gunst vnd
willen wernhers des Buwenburgers mines elichen wirtes, bruder Cůnrats
des ordens von sant Johanne, Johannes miner sune vnd ander miner kinde
vnd ouch aller der darzů notdurfftig was, ains rechten vnd ains redlichen kouffes
ze kouffenne hân gebn den Erbern vnd den gaistlichen frowen der Priorin vnd der
Samenunge gemainlich des Closters ze kilperg Prediger ordens in alles min gůt
das man nemmet Tüwinges gůt vnd gelegen ist ze Nagelt in dem banne
vnd vergich das ich dasselb tätig gůt vor mâles ze lehen hette von den vorgenanten
gaistlichen frowen von kilchperg vmb achtzehen tüwinger vnd ain herbsthün järliches
geltes, ain pfunt pfenning haller münse, der ich gar vnd genßlich geweret bin vnd
gezelt in minen gůten nuß komen sind. vnd sol in vnd irem Closter Ich vnd alle
min nauchkomen das vorgenant pfunt geltes mit dem vorgenanten zins gen allü
jär ewiklich an sant Martins tage von dem vorgeschribnen gůt vnd sol in ouch
vnd irem closter bis vorgenant gelt uertigan vnd uerstân an allen den stetten da
ñ in notburftig sind vnd hân in darumb ze bürgen geben vnuerschaidenlich den
vorgenanten wernher minen elichen wirt, brüder Cůnrat vnd johansen, min sune,
Also wer das das vorgeschriben gelt wurde ansprächig, das sol ich in alber min
nächkomen, ob ich entwer, uff richten in dem nechsten manot so ich es von in alber
irem botten ermant wirde, vnd wa ich das nit tůn, So händ sü gewalt die vor=
genanten bürgen ze nötenne an jren gůten mit gaistlichem gericht alber weltlichen,
alber wie si mugen, bis ich in uff gericht das gelt als vorgeschriben ist. Ich hän
den vorgenanten gaistlichen frowen ze bürgen geben vnuerschaidenlich Albrecht den
kelner vnd Benßen Cůnrat des maigers sun, das die haft sullen sin bis
minü vorgenantü kint allü uerjehent das das vorgenant gelt mit irem willen uer=
kouft si, vnd wa ich das nit zů bringe, So händ sü gewalt die bürgen ze nötenne
in allem dem recht als die erren bürgen, wer uch das ich alber min erben alber
nauchkomen das vorgenant gůt, da sü zins vnd gelt uff händ, verkouffen wölten,
So sullen wirs vnsern vorgenanten lehen frowen von kirchperg gen als vns zwen
erber man, die sie vnd wir darüber geben ze Nagelt, wer aber das sü nit wölten
vnd vns kouffen das gůt, So hän wir gewalt es zu erkouffene, wa es vns füget,
Also das sie des vorgeschriben zins vnd geltes sicher sigen, vnd in daran nit ab=
gange. Hie by was brüder Hainrich vnd brüder Herman, brüder ze
kirchberg, Hainrich der Tälfinger, Rüdiger vnd Hainrich sin sune,
Cůnrat Gerung vnd ander erber lüt vil. Das aber dis alles den vorgenanten

gaiſtlichen frowen von kilchperg vnd jrem Cloſter gantz vnd ſtäte belibe, darumb ſo hän ich dů vorgenant gůte vnd wir wernher, brůder Cůnrat, johannes, Albrecht vnd Bentz die vorgenanten Bürgen jn diſen brief geben uerſigelt mit vnſers gnebigen Herren Grauen Burkarts von Hohenberg der ze Nagelte geſeſſen iſt Inſigel beſigelt, wann wir vnd vnſer Statt ze Nagelt aigens Inſigels nit haben. Wir der vorgenant Graue Burkart verjenhen, das wir durch bette Sitzen der züngelinun, wernhers, brůder Cůnratz, Johans, Albrechtz vnd Bentzen die vorgeſchriben ſind, vnſer aigen Inſigel gehenket hän an diſen brief, Der wart geben ze Nagelt, do von gottes geburt wären Drützehen Hundert jär zwaintzig jär vnd darnauch jn dem Nünden jär an ſant Ambroſien tag.

Kirchberger Copial-Buch Fol. 128 b. — St.-Archiv in Stuttgart.

316.

8. September 1829. Rotenburg. Graf Rudolf von Hohenberg gibt ſeine Einwilligung, als Hochſchlitz, ein Edelknecht, die Olſenten Mühle zu Eßlingen, welche Lehen von ihm war, an das St. Katharinen-Spital daſelbſt verkaufte, und freit die Mühle von der Lehenſchaft.

Wir Graue Růdolf von Hohemberg veriehen offenlich an diſem briefe, daz Hochſchlitz ain edel kneht den man nemmet Schlitzelin, mit vnſerm hant, wiſſende, willen vnd gunſt, reht vnd redelich hant verkouft ſin Mülin der zwai reder ſint, mit allen den rehten, nützen vnd echafti, die dar zů hörent, biu von vns leihen warent vnd gelegen ſint in der Mülin bi Myſelbrunne, die man nemmet Olſenten Mülin ze Eſſelingen, dem Spitäl vnd den brubern des Spitäls ze ſant katherinun ze Eſſelingen, mit des ſelben Spitauls vnd der brůder phfleger gunſt vnd willen, an der armen dürftigen des ſelben Spitauls ſtat vnd namen, vnd ir nauchkomen, vmbe ain genant gůt, das er von dem Spitaul vnd des phflegern in der dürftigen namen, gar gewert iſt, vnd daz in ſinen nutz komen iſt, als er vor vns veriach offenliche. Vnd wan diu ſelben zwai reder vnd Mülin von vns leihen waren, ſo haben wir durch bet des vorbenemten Schlitzlins vnd durch ſin dienſte, die er vns vnd vnſern vordern getän hät vnd noch tůn mag, diu ſelben zwai reder vnd Mülin von ſôlicher leihenſchaft ledig vnd lôz geſait vnd gefriget vnd dem Spitaul vnd ſinen dürftigen vnd allen iren nauchkomen für aigen, ledig vnd lôz gelauſſen von vns, vnſer erben vnd vnſern nauchkomen, mit worten, gätäten vnd gäbärden, diu darzů notbürftig ſint vnd warent, von gewonhait des landes vnd von rehte. Vnd durch meirre ſicherhait ſôlicher vrigunge vnd aigenſchôft vertzihen wir vns, dür vns, vnſer erben, vnd vnſer nauchkomen vrilich än alle gäuárde alles rehtes, klage, anſprache, vrihait

vnd gewonheit, da mit wir, vnſer erben, oder vnſer nauchkommen daz vorgenant
Spitaul, ſin dürftigen, oder ir nauchkomen, in behainen weg bekümbern möhten,
oder geirren in gaiſtlichem oder weltlichem gerihte, oder ſus von geſchihte, an den
vorbenemten redern vnd Mülin, oder an behainen der ſelben Mülin rehten, da
von ſie deſt minder, die ſelben reder vnd Mülin, für ir aigen, vriges vnd lebig
gůt möhten haben vnde nieſſen, wan wir ſöliche vrigunge mit gůtem raute vnd
verbedauhten ſinnen getän haben, daz ſie billich ſol vnd mag ſtäte eweclich beliben.
Daz ouch diſü bing allü war ſigen vnd ſtäte beliben, ſo haben wir dem vorbe=
dauhtem Spitaul vnd ſinen dürftigen diſem (sic!) brief geben beſigelt mit vnſerm
Jnſigel, durch ſicherheit vnd veſtenunge der vorgeſchriben binge. Dirre brief wart
geben ze Rotemburg, do man zalt von Gottes geburte, Drintzehenhundert Jare,
zwaintzig Jar, dar nauch in dem Nyunden Jare, an vnſer vrowen äbent als ſi
geborn wart, den man nemmet, den Jüngern vnſer vrowen tag ze herbeſt.

317.

10. November 1329. Kirchheim. Graf Rudolf von Hohenberg und
Graf Ulrich von Wirtemberg kommen mit einander in Betreff der
Theilung der Burg Stöffeln und Stadt Gönningen (O.A. Tü=
bingen) gütlich überein.

Wir Graue Růdolf von Hohemberg vnd wir Graue Ůlrich von
wirtemberg veriehen offenlich an diſem briefe vnd tůn kunt allen den die in
ſehent oder hörent leſen, Daz wir vmb die burg ze Stöffeln vnd vmb die Stât
ze Gynningen vnd vmb allez daz, daz darzů gehöret Lute vnd gůt, ez ſi an
velbe, an walbe, an waſſer, an wajbe vnd gemainlich an allen den rehten, die
darzů gehörent, beſucht vnd vnbeſucht, gütlich vnd früntlich vber ain kommen ſien.
Daz wir Graue Rudolf von Hohemberg vnd vnſer .. Erben haben ſollen den tail
an der burg ze Stöffeln, an der Stat ze Gynningen vnd an allen den gütten, bö dar
zů gehöret, der ze taile geuallen iſt Hainrich von Gvndelfingen. So ſollen
wir Graue Ůlrich von wirtemberg vnd vnſer .. erben haben den tail an der=
ſelben burg ze Stöffeln, an der Stat ze Gynningen, vnd an allen den gütten, bö
darzů gehörnt, der ze taile geuallen iſt Herrn Berthold von Gvndelfingen,
ritter. Vnd haben gelogt zů baiderſit enander zů den ſelben gutten ze förbern vnd
ze ſchirmend ane aller ſlaht geuerde. Ez iſt ouch zwiſchant vns gerett vnd ver=
binden vns ouch vnd vnſer erben gegenenander der ſelben rebe, an biſem gegen=
wartigem briefe, daz vnſer beheiner weder andern abſtöſſen ſol, abe der vorgenann=
ten burg, noch geſtatten abzeſtoſſenbe ſinen .. amptlüten. Were aber, daz ez
geſchehe, da uor got ſi, ſweber daz tete, oder ſine .. amptlüte. wibertete er daz
nit inront vierzehentagen, den nahſten bar nach, ſo ez kuntlich wirt, der ſol ſinen

tail an der vorgeschriben burge, an der state ze Synningen vnd allen den gütten
dü dar zü gehörnt verlorn han vnd sol dem andern, vnd sinen .. Erben genußen
sin eweclich, der danne abgestössen ist, ane des andern anfprache vnd siner ..
Erben. Vnd zü ainem vrkund dirre rede han wir dife briefe enander geben vnd
besigelt mit vnfrer baider Infigel. Dirre briefe sint geben ze Kyrchain an sant
Martins abent, Do man zalt von Goß geburt drützehenhundert iar zwainzig iar
vnd darnach in dem Nünden Jare.

B. d. Orig. im St.-Archiv zu Stuttgart. — Die anhangenden Reitersiegel der
beiden Grafen sind sehr beschädigt, doch erkennt man noch deutlich den Hohenberger und
Wirtemberger Schild.

———

318.

18. Mai 1330. Breisach. Herzog Ludwig zu Teck und Graf Johans
von Fürstenberg urkunden, daß sie ihre Streitigkeiten mit Graf
Rudolf von Hohenberg wegen der Stadt und Burg Triberg und
der alten Hornberg vor Kaiser Ludwig, König Johann von Böh-
men und den Burggrafen Friedrich von Nürnberg bringen und
thun wollen, was diese sie heißen.

Wir Ludowig Herzog zu Tecke, vnd Graf Johans zo Fürstenberg.
Verieben vnd tün kunt an difem brief, allen den die in an fehent, hörent, oder
lefent, daz wir vmbe di miffelunge, die wir heten, gegen dem Edeln, herren, Graf
Rudolfen von Hohenberg, von der Stat, vnd der Burg wegen, ze Triberg
vnd der Burg zo der Altenhorenberg, vnd swas dar zo gehöret, daz von der
Rich lehen ist, gegangen sind, vnder di Hohwirdigen fürsten, Cheyfer Ludow-
gen von Rome, Johanfen Künig ze Beheim, vnd Hinder Friderichen
Burgrauen zo Nürenberg, Also swas vns die Drey heizzent tün, gegen
dem vorgenanten Graf Rudolfen von Hohenberg, des sullen wir in gehorfam fin,
vnd volfuren, an alle geverde, vnd sullen si daz vfrichten, vnd vffprechen, vf fant
Michels tag, der fchierst kumpt, vnd dar vmbe ze einem vrkunde, haben wir vnfer
eygen Infigel, gehenget, an difen brief, der geben ist ze Brifach, an dem nehften
Fritage, nach vnfer frowen tag, als sie ze himel für, Do man zalt von Crifti
geburt Driuczehenthundert Jar, dar nach In dem Dreizzigeftim Jar.

B. d. Orig. im Reichs-Archiv zu München. — Das Siegel des Herzogs Ludwig
hängt noch daran; von dem zweiten ist außer dem Einschnitte im Pergamente, wodurch
das Preffel gezogen war, keine Spur mehr vorhanden.

———

319.

1. Juni 1330. Rotenburg. Die Grafen Rudolf von Hohenberg, Vater
und Sohn, verpfänden den Grafen Rudolf und Konrad von
Tübingen, den Scherern, ihre Burg Rohrau (O.A. Herrenberg)
mit Zugehör.

In Gottes namen Amen. Wir graf Rûdolf von Hohenberg vnd wir
graue Rûdolf sin sun vergehen vnd tügen kunt allen den die disen brief sehent
ald hörent lesen. Daz wir recht vnd redelich versetzet haben vnser burk ze Rorôwe
mit allem rechtem begriffe vnd zû gehörde, ez sie an holtze, an velde, wisen oder
eckern, an waide, an wasser, an wasen, an zwige, gesûcht vnd vngesûcht aûn alle
widerrede vnseren lieben vettern Graf Rudolf vnd graf Cûnrad gebrüdern den Schärern von Tûwingen vnd allen iren erben für ain redeliches
gût vnd ain rechtes pfant vmbe Sibenthalp hundert pfunde gûter haller pfenninge,
der wir völleclich mit vnserm bessern kuntlichen nutze von inen gewert sien, eweclich
ze habend, ze besitzend, ze niessend nauch pfandez recht mit söllicher gebinge. Wär
aber wir den vorgenannten vnsern vettern oder ir erben nit engäben die Sibenthalp
hundert pfunde haller pfenninge münze, güter vnd vnuersprochner vnd sie der
vertreten völleclich aûn allen gebresten ze Herrenberg in der stat ze sant Martinstag
der nu aller schierest kommet in disem iar, so sullen wir die vorgenanten Graf
Rûdolf vnd vnser Sun graf Rûdolf vf vnser aide als wir gelobt haûn zu den
hailigen, aûn guárde, die vorgenantun burk ze Rorowe mit aller zügehörde als
sie vnderschaiden ist vertegon vnd verstaûn den vorgenannten vnsern vettern graf
Rûdolf vnd graf Cûnrad vnd ir erben vf den vorbenemetten sant Martins tag vnd
ledig machen mit namen vnd sunderbar gein den erberen herren sant Jo-
hannez orden, daz sie sich verzihen der rechte, so sie hetten zu der vorbescribenun
burk ze Rorowe, daz es den vorgnanten minen vettern kraft vnd maht habe, vnd sie
ze an haben sient vnt dar nauch gein ansprauche aller meniglichs an allen stetten, da
es sin notedürftig sint nauch rechte. Wau wir dez nit täten vf sant Martins tag der
nächst kommet in disem iare, so haben wir den vorgenannten vnsern vettern Graf
Rûdolf vnd graf Cûnrat vnd ir erben ze bürgen geben vnuerschaidenlich vnsern lieben
herren Graue Eberharten von Nellenburg, vnsern Ôhan herrn Rudolf
von Hewen, den alten, Herrn Cunrad den hertzog von Vrselingen, herrn
Burkart von Rousenôwe, herrn Hainrich von fribingen, Ritter, Hainrich
von Gundelingen (sic!), Cûnrad von Ehingen, Hainrich von Haulingen
(sic!), Cûnrat den Emminger vogt ze Hohenberg vnd waltzen von
Liechtenstain. Die bürgen haûnt die vorgnanten vnser vettern oder ir botten
recht vnd vollen gwalt. zemanonde ze huse, ze houe, oder vnder ongen, vnd naûch
der manunge ober acht (sic!), so süllend sich alle gmainlich aûn alle guárde ant-

würten gein Coſtentze, gein Tuttelingen oder gein Mülhain, vnd ſüllen da
laiſten vf den ait, den ſie dar vmbe geſchworn haûnt, mit ir ſelbez lip aine rechte
giſelſchaft an offenon wirten, von der giſelſchaft niemer ze lauſſende noch lidig werden, biz wir den vorgnanten Graf Rûdolf vnd graf Cûnrad vnſeren vettern vnd
ir erben vertegen die vorbeſchribenun burk ze Rôrowe nrit allen gebingen, alſe von
warte (sic!) ze warte vôr an diſem brief vnderſchaiden iſt. Welche oûch vnder
den vorgnanten bürgen nit ſelbe wôlte laiſten oder enmôchte, der ſol die wile ain
erbern knecht mit aim Pfâribe. an ſine ſtat legen aûn guârbe, vnd ſol der laiſten
in dem ſelben recht alſe er. Wâr ouch daz der bürgen behaine ab gienge, dz (sic!)
got wende, an bez ſtat ſullen wir in ain andern alſo güten ſetzen in den nähſten
vier wochan. von dem tage, ſo wir dar vmbe ermanot werden, oder der lebenden
Bürgen ſüllen laiſten ſo vil ir denne ermanet wirt, biz wirs volle füren .. Wâr ouch
daz es ze ſchulden kâme, dz (sic!) die vorgnanten bürgen würden laiſten, ſo ſüllen
wir der vorgnant Graf Rûdolf von Hohenberg oûch laiſten vf vnſern ait in
den vorgnanten drier ſtette ainer mit vnſer ſelbez lip oder vnſern ſun Grauen
Rudolf an vnſer ſtat legen, wenne wir von den vorgnanten vnſren vettern oder
iren botten ermanet werden. Wir graf Rûdolf von Hohenberg der vorgnant vergehen offenlich, daz wir haben geſchworn ainen ait zů den Hailigen, ze volle füren
vnt ze volle laiſtend alſ hie vor geſchriben ſtaut aun alle guârde, vnd vnſer bürgen ze lôſende aun allen iren ſchaden, vnt ouch daz wir die vorgnanten grauen
vnd ir erben nit bitten vmbe kain zil, wan ſie ouch gelopt haunt bez vf ir ait,
wâr ouch dz wir ſie vmbe zil bâten, dz (sic!) ſie vns behains ſullen geben.

Vnd zů ainem wauren vrkunde diſer gedinge vnd diſer gelübbe ſo haben wir
der vorgenant graf Rûdolf von Hohenberg vnſer aigens ingeſigel gehenket an
diſen brief .. Wir graf Rûdolf von Hohenberg der junge vergehen, daz wir haben
geſchworn ainen ait zů den hailigen, wâr daz vnſer herre vnd vatter ab gienge
da vor got ſie, ſo ſullen wir mit vnſer ſelbez lip laiſten oder ain vnſer brüder
an vnſer ſtat legen in der vorgenannten brier ſtette ainer, ſchwenne wir dar vmbe
ermanet werdent. Gegeben zu Routenburg an ſant Lucian tag in dem jar ſo
man zalt von Gotes geburt drützehen hundert driſig jar.

B. d. Orig. im St.-Archiv zu Stuttgart. — Das erſte Siegel, das des Grafen
Rud. v. Hohenb. des Vaters, daſſelbe wie an Urkunde v. d. Jahr 1334. Das zweite,
das Rudolfs des Sohnes, kein Reiterſiegel; links geneigter Schild, unterer Theil der
Quertheilung ſchraffirt; auf dem rechten Eck ſitzt der geſchloſſene Helm mit den Hift-
hörneru, deren unterer Theil gleichfalls ſchraffirt iſt. Auf der Umſchrift nennt er ſich
ivnior. Das dritte, das des Grafen von Nellenburg hat auf dem Schilde 3 liegende
Hirſchhörner. Das vierte, des von Hewen, iſt ganz unkenntlich. Das fünfte, des von
Urslingen, hat auf dem Schilde, innerhalb einer Einfaſſung, 3 kleine Schilde. Das
ſechste, des Burkard von Roſenau, fehlt. Das ſiebente, des H. v. Fribingen,
hat auf dem Schilde einen ſchrägen Balken (von links nach rechts abwärtsgehend), darüber hin einen Löwen gehend. Das achte, des von Gundelfingen, hat auf dem
Schilde einen ſchrägen Balken (von der linken Ecke bis zur Mitte der rechten Seite) mit

ben 4, unten brei Spißen. Das neunte, des von Ehingen, hat einen ſchraffirten
[..]ſparren, bie Spiße oben. Das zehnte, des von Hailfingen, mit 3 ſchraffirten
[..]enben Spißen, beren Grunblinien auf ber rechten Seite des Schilbes ſinb.

320.

[..] Januar 1330. Rotenburg. Graf Rubolf von Hohenberg ſchenkt
mit Zuſtimmung ſeiner Söhne Albert, Chorherr in Conſtanz, Ru=
bolf, Hugo unb Heinrich das Patronat ber Kirche in Dornſtetten
an bas Kl. Kniebis.

[..]s Rûdolfus Comes de Hohenberg Notum facimus vniuersis
[..]i fidelibus presentes literas inspecturis, quod nos prehabita delibera-
[..] et tractatu sollempni, vna cum filiis nostris Alberto, canonico
[..]lesie Constantiensi, Rûdolfo, Hugone et Hainrico et eorun-
[..] filiorum nostrorum assensu et uoluntate expressa accedente propter
[..]cia nobis et predecessoribus nostris inpensa et adhuc impendenda et
[..]aliter in remedium animarum nostrarum et predecessorum nostrorum
[..]ro euidenti necessitate loci infra scripti Jus patronatus ecclesie
[..]Dornstetten cum omnibus suis appendentiis et iuribus, quod ad nos
[..]inet et hactenus pertinuit ratione et occasione dominij nostri et rerum
[..]ptarum occasione dicti dominij Religiosis viris preposito et Conuentui
[..]nasterij sancte Marie in Kniebos et eodem Monasterio alias no-
[..]nato in wlgari zû Brûder Ulrich donamus, tradimus et libere assig-
[..]us, donasse, tradidisse, assignasse de consensu filiorum nostrorum pre-
[..]orum publice confitemur et protestamur cum omni jure dominij uel
[..]i quod nobis et dictis filiis nostris in dicto jure patronatus et ecclesia
[..]icunque modo competentibus ex causa qualicunque, nos donasse, tradi-
[..]e et assignasse publice confitemur, predictis preposito et conuentui et
[..]um Monasterio transferentes in eosdem prepositum conuentum et eorum
[..]nasterium omne jus, dominium, proprietatem et possessionem seu quasi
[..] nobis et predictis filiis nostris eorum assensu et consensu accedentibus
[..]ebant ac conpetere quoque modo poterant uel conpetere poterant uel
[..]t in futurum. Promittentes nos vna cum filiis nostris predictis et eorum
[..]su expresso predictam donationem traditionem et assignationem ratam
[..]m et firmam habituros, nec contra eam venire vel veniri procurare in
[..]to uel extra in posterum uel ad presens, et quod ad dictam donationem
[..] sumus uel fuimus illecti uel inducti fraude, calliditate uel dolo, sed
[..]d ex libera animi nostri uoluntate et filiorum nostrorum dicta donatio,
[..]itio et assignatio processit in remedium animarum nostrarum et prede-
[..]sorum nostrorum. Renunciantes etiam quod ad premissa omnia et sin-

gula et quominus dicta donatio, traditio et assignatio valere posset de
consensu et assensu filiorum nostrorum predictorum exceptioni ingratitudinis.
et quod nec illecti uel inducti fraude uel dolo circumuenti simus. In quorum
euidenciam omnium et singulorum premissorum Sigillum nostrum vna cum
sigillis filiorum nostrorum alberhti, canonici constantiensis et Rŭdolfi predicti presentibus duximus appendendum. Nos uero Alberhtus canonicus
constantiensis et Rŭdolfus predictus filii domini Rŭdolfi comitis predicti,
quia premissa omnia et singula de nostro consensu et uoluntate processe-
runt, Sigilla nostra vna cum Sigillo domini et patris nostri predicti presentibus duximus appendenda. Nos uero Hugo et Hainricus, filii et liberi
domini Rŭdolfi comitis predicti, quia sigilla propria non habemus, Sigillis
domini et patris nostri predicti et sigillis fratrum nostrorum predictorum,
vt consensus et uoluntas nostra interesse videatur in premissis vsi sumus.
Nos uero Rŭdolfus Comes predictus, alberhtus et Rŭdolfus, fratres filii domini Rŭdolfi Comitis predicti et fratres Hugonis et Hainrici predictorum.
sigilla nostra ad peticionem dictorum Hugonis et Hainrici presentibus appendenda jn signum et robur omnium et singulorum premissorum. Datum
et actum in Ciuitate nostra Rotemburg feria quinta ante natiuitatem
sancti Johannis Baptiste, anno domini M⁰. ccc⁰. xxx⁰.

V. b. Orig. im St.-Archiv zu Stuttgart. — Mit den gut erhaltenen Siegeln der
drei Grafen. Das Rudolfs, des Vaters, ist das Reitersiegel an Urkunde v. 8. Mai 1332.
Das Alberts hat blos den Hohenberger Schild; Umschrift: S. Alberti de Hohe .... cis
Das Rudolfs des jüngeren hat auf dem rechten Eck des links geneigten Hohenberga
Schildes den Helm mit den Hörnern.

321.

10. Juli 1330. o. O.   Graf Rudolf von Hohenberg freit auf Bitte
des ehrsamen Mannes Hochschlitzen dem St. Katharinen-Spital zu Eßlingen
eine Hellergült aus der Olfenten-Mühle daselbst.

Wir graue Rŭdolf von Hohemberg veriehen offenlich an disem brief,
daz wir angesehen haben die dienste, die vns getän haut, der ersam man Hochschliz den man Schlizelin nemmet, vnd noch getün mag vnd haben durch
sin bet vrilich vnd ledeclich geangent vnd geuriget (sic!), dem Spytal ze sant
katherinen ze Esselingen, vnd sinen dürftigen vnd iren phlegern vnd allen
iren nauchkomen, diu Sybendehalb phfunt haller ewiges geltes, diu in der vorgenant Hochschliz haut geben ze kouffen, vsser sin zwain Mülyn Redern, diu gelegen sint nauch den oberosten zwain Redern, aller nähste in Oluenten Mülyn
ze Myselbrunne vnder der Neckerhalbun ze Esselingen diu von vns
leihen sint, An diu Sybendehalb phfunt haller, ouch ewiges geltes, diu er den

...en Spytal vnd finen durftigen vnd iren phflegern, ouch offer den felben zwain
...eben haut verkouft, mit vnfers ohaims grauen Johans von Helfenftain,
...t, gunft, vnd willen, von dem diu felben zwai Reder ouch leihen fint, als er
...s verriach offenlichen vnd veriehen daz er, vnd daz Spytal vnd fin phfleger
...kouf getän hänt, mit vnfer haut, gunft, wiffende, vnd willen, den wir mit
...n brief beftätigen, mit worten, gätäten, vnd gäbärden, die bar zü horten vnd
...urtig waren; wir vertzihen vns ouch vrilich vür vns vnd vnfer erben, alles
...s vrihait, vnd gewonhait, da mit wir fie, oder ir nauchkomen, iemmer be=
...ern möhten, an gaiftlichen oder weltlichen gerihten, oder fus von gefchihte,
...licher leihenfchaft wegen, an dem vorgefchriben gelte. Daz dis alles war
...d ftäte belibe, fo haben wir dem vorgenanten Spytal difem brief geben, mit
...fer Infigel befigelt, ze vrkunde vnd veftikait der vorgefchriben Dinge. Dirre
...f wart geben do man zalt von Gottes geburte, Driutzehenhundert Jar, vnd
... nauch in dem Driffigoftem Jare; an dem nähften Gütemtage, nauch fant
...s tage.

...C. d. Orig. im St.-Archiv zu Stuttgart. — Mit dem zerbrochenen Siegel des
...ellers; daffelbe wie das fchön erhaltene an Urkunde von 1334.

322.

...Juli **1330.** o. O. Graf Rudolf von Hohenberg gibt feine Zu=
ftimmung, als Reinhart Spät, Ritter, und Simon von Kirchheim,
Edelknecht, eine Hellergült aus zwei Rädern der Olfenten Mühle
zu Eßlingen, welche Lehen von ihm und dem Grafen Johann von
Helfenftein war, an das St. Katharinen=Spital zu Eßlingen verkauften.

Wir Graf Rudolf von Hohenberg verjehen offenlichen an difem Briefe.
... wir an gefehen haben die dienft die vns getan hant, vnd noch tün mügen,
...amen manne Her Reinhart Späte Ritter vnd Symon von Kirchhain
...Edel kneht, vnd haben durch ir baider bette frilich vnd lebeklich Geaigent vnd
..., Dem Spital ze Sant kathrinen ze Effelingen vnd finen dürftigen
...iren Phlegern, vnd allen ieren nachkomen div vier phunt haller Ewiges geltes,
...die vorgenanten her Reinhart vnd Symon hant geben ze köffen vffer ieren
...Mulin Redern, div fie hant ligende ze aller obroft in Oluenten Mulin
...ielbrünne vnder der Nederhaldun ze Effelingen, dú von vns lehen
...en dú vier phunt Haller, och Ewiges geltes, div fie dem felben Spital vnd
...Dürftigen vnd ieren phlegern och vs den felben zwain Redern hant verköft
...vnfers Ohaims Grauen Johans von Helfenftein hant gunft vnd willen,
...bem die felben zwai Reder och lehen fint. Als fie vor vns verjähen offen=
...lich vnd verjehen daz fi den köf getan hant mit vnferre hant, gunft, wiffende
...willen, den wir mit difem brief beftätigen mit worten, getäten vnd gebärden

die dar zu horten vnd nöturftig waren. Wir verzihen vns och frilich für vns ⟨ vnd⟩
vnſer Erben alles Rechtes, frihait vnd gewonhait da mit wir fin oder ir n⟨u⟩
komen irren bekümbern möhten an Gaiſtlichen oder an Weltlichen gerichten ⟨ver⟩
ſus von geſchihte von ſölicher lehentſchaft wegen an dem vorgeſchriben gelte. S⟨o⟩
diz alles war ſin vnd ſtäte belibe, So haben wir dem vorgenanten Spital d⟨en⟩
brief geben mit vnſerm Jnfigel beſigelt ze Vrkunde vnd ze Veſtikeit der vorge⟨l⟩
dinge. Dirre brief wart geben Do man zalt von gotes geburte Druzehen h⟨undert⟩
Jar vnd dar nach in dem driſſigoſten Jare an dem nechſten Gütentage nach S⟨.⟩
Vlrichs tag.

Vnd ze gezugniſſe daz diſer Abgeſchichte (sic!) von wort ze wort ſtande. Al⟨s⟩
beſigelt brief ſtat. So haben wir der Burgermaiſter vnd der Rat der Sta⟨t⟩
Eſſelingen durch dez Spitats Phleger bet Vnſer Stat heimlich Jnfigel gedruck⟨t⟩
dez abgeſchrift.

V. einer beglaubigten Abſchrift im Spital-Archiv der ehemal. Reichsſtadt Eſſli⟨ngen⟩.
Von dem hinten aufgedrückten Siegel ſind noch Spuren da.

323.

28. Auguſt 1330. Conſtanz. Ludwig, römiſcher Kaiſer, beſtätigt
Grafen Rudolf von Hohenberg die eingerückte Urkunde des K. Ru⟨dolf⟩
vom Jahr **1285**. Dat. Conſtanz.

Lvdowicus dei gratia Romanorum Imperator semper
gustus vniuersis sacri Imperij fidelibus presentes literas inspecturis gr⟨atiam⟩
suam et omne bonum. Veniens ad nostre maiestatis presenciam No⟨bilis⟩
vir Rûdolfus Comes de Hohenberg, avunculus et fidelis no⟨ster⟩
dilectus nobis humiliter supplicauit, vt sibi literas infrascriptas ratifi⟨care⟩
et confirmare et Imperatoria benignitate dignaremur quarum tenor talis ⟨est.⟩
Nos Rûdolfus dei gratia Romanorum Rex semper augustus — — D⟨at.⟩
Constantie. Anno dominj 1285. Anno vero Regni nostri duodecimo. ⟨Nos⟩
igitur dicti Rûdolfi avunculi nostri, vt nostris et Imperij seruiciis ferue⟨ncius⟩
astringatur peticionibus fauorabiliter annuentes easdem literas et i⟨n eis⟩
contenta prout rite et prouide sunt concessa ad instar recolende me⟨morie⟩
Alberti Romanorum Regis predecessoris nostri ratificamus et pre⟨sentis⟩
scripti patrocinio confirmamus. In cuius rei testimonium praesentes ⟨iussimus⟩
scribi et sigillo maiestatis nostre iussimus communiri. Datum Consta⟨ncie⟩
vigesimo octauo die Augustj. Anno dominj Millesimo trecentesimo trice⟨simo⟩
Regni nostri anno sexto decimo. Imperij vero tercio.

V. d. Orig. im St.-Archiv zu Stuttgart. — Das Siegel an grün-rothſe⟨idener⟩
Schnur iſt zur Hälfte abgebrochen. Zu den Füßen des im Kaiſer-Ornate darſtel⟨lenden⟩
Ludwig ſieht man zwei Löwen, mit gegeneinander gewandten Köpfen; auf dem Sſ⟨…⟩

zur Linken steht ein Adler mit halb ausgebreiteten Flügeln. Der Kaisermantel ist vorn oben mit einer viereckigen Agraffe befestigt; über die Brust sind zwei übereinander gelegte Bänder geschlagen, um die Lenden ein Gürtel. Auf der Rückseite beider Siegel ist ein Adler eingedrückt.

An demselben Tag und Jahr bestätigte K. Ludwig gleichfalls zu Constanz die Urkunde K. Alberts in Betreff Renningens von 1307. iij Id. Nov. Dat. in castris apud Landshut.

An dem mehrfach zerbrochenen Siegel des K. Ludwig an grün-gelber seidener Schnur sieht man gleichwohl, daß der Kaiser in seiner Rechten den Scepter, in seiner Linken den Reichsapfel hält, auf beiden Löwen je einen Adler in drohender Haltung. Beide Siegel haben die Umschrift: Lvdovicus dei gratia Romanorum semper augvstvs.

324.

1. November **1330**. o. O. Albert von Berneck, Heinrich von Vogts=
berg und Konrad von Wöllhausen, alle von dem gemeinsamen
Stamme der Vögte von Wöllhausen, vollführen mit Zustimmung
des Grafen Ulrich von Wirtemberg und der Herren von Hornberg,
ihrer Stammverwandten, die von ihren Eltern begonnene Stiftung
des Klösterleins und der Kapelle an der Enz.

In nomine sempiterni dominj dei amen, Cum negocia piis intencionibus intentata, maxime autem ea, Que diuinj cultus augmentum respiciunt, Et salutem promouent animarum, Summis sint studiis erigenda. Hinc est, Quod Nos Alberus de Bernecke, Hainricus de vogtsperc, et Cûnradus de Wellenhusen communj cognationis nomine advocati de Wellehusen appellati recognoscimus harum serie litterarum, ac publice profitemur, Quod cum nostri quondam progenitores karissimi in loco zů der Entz vulgariter nominato monasterium instaurare ceperunt, et fundare, In quo Cappellam construi, et in honore beate et gloriose virginis marie .et beati johannis apostoli et euwangeliste, nec non in honore beatorum petri et pauli apostolorum, ac eciam in honore beati pontificis Nicolaj dedicari procurantes ipsam vna cum predicto loco rebus, possessionibus, ac redditibus subnotatis et eorum pertinenciis, honorarint libere et dotarint, Et se suosque posteros pretactorum loci et Cappelle statuerint fundatores, Sunt autem hec bona et hee res, possessiones, ac redditus, quos prescripti quondam nostri progenitores loco et Cappelle iam prefatis et ab eis fundatis libere et sollempniter iure perpetuo contulerunt, primo videlizet Montes, valles, silue, cum pertinenciis vniuersis vtpote aquis, pascuis, aquarum decursibus, pratis, agris cultis et incultis, boscho et plano, viis et inuiis, redditibus, vtilitatibus cunctis, que sitiset inquirendis, inuentis et inueniendis, sine qualibet excepcione vel contradictione cuiuscunque cum omni

jure et libertate circa predictos locum et Cappellam dextrorsum, sinistror-
sum, antrorsum et retrorsum siti secundum terminos subnotatos primo
inchoando in vado fluminis dicti Entz iuxta Capellam memoratam ascendendo vsque in die Ronbach et ab eadem ripa ascendendo vsque in locum
dictum Eselpfûl et ab inde tendendo vsque in viam ducentem usque
Genrspach (sic!), et ab eadem uia versus predictam Cappellam vsque in
locum liquefactionis niuis ad infima dilabentis, Et ab inde descendendo vsque
in die Tuetenbach et ab inde descendendo vsque in die Entz et ab inde
reascendendo vsque in vadum prenotatum inclusiue, Item fluuius predictus
Entz sub vado integre vsque in die Tuetenbach et de super vado dimi-
diate vsque in die Ronbach, Et quarta pars alterius dimidie partis fluuij
memoratj, Item media pars riparum predictarum scilicet der Tuetenbach
vnd der Ronbach, Item redditus annui vnius libre Hallensium de villula
Aychelberc, Item de molendinis in valle vogtsperc positis et ponendis
redditus trium librarum Hallensium, Item in Etzmannswiler de possessionibus dictorum Knellen et Knepfen redditus xxx solidorum Hallensium,
Item in Hohdorf septem mansus cum eorum aduocaticiis iuribus, libertatibus, honoribus, et pertinentiis vniuersis, Item in Curia Monhart redditus
xxxᵃ solidorum Hallensium, Item in molendino dicti Wetzel de Ebhusen
redditus vj solidorum Hallensium, Item in villa wart redditus ɪɪɪɪ¹/₂ (4¹/₂)
solidorum Hallensium, Item in eadem villa wart redditus XI maldrorum
auene, Item in villa Múndlerspach de possessionibus dicti Kæfer redditus iij maldrorum siliginis et v maldrorum auene et ɪɪɪɪ pullorum et ɪɪɪ
solidorum Hallensium, Item in Volmeringen de curia dicti Meinloch
redditus x maldrorum siliginis, Item in witingen de agris Hainrici de
witingen redditus xvɪɪɪ quartalium annone crescentis in ipsis, Item curia in
Rordorf cum libertatibus et iuribus eius cunctis. Nos itaque pretactorum
quondam progenitorum nostrorum pia proposita cupientes ex animis adim-
plere vt nobis pariter atque ipsis deum heredem perficere mereamur, pre-
nominatos locum et Cappellam cum omnibus et singulis rebus, possessionibus
et redditibus prenarratis, et cum premissis ac aliis eorum pertinentiis uniuersis honestis in Christo religiosis viris .. abbati et conuentui monasterij
in alba ordinis Cistertiensis Spirensis dyocesis contradidimus in aucmentum
laudabile cultus dei et adhibitis sollempnitatibus debitis et consuetis transtulimus in eosdem et ipsis incorporauimus seu incorporari facimus memo-
ratos locum, Cappellam, bona, possessiones, redditus ac premissas omnes et
alias qualescunque pertinencias eorundem cum iuribus et libertatibus vniuersis quibus omnia prehabita ac quelibet eorundem ad nostros progenitores
aut ad nos seu ad nostros posteros poterant aliquatenus pertinere, preben-
tibus super hoc illustrj ac metuendo domino nostro Volrico Comite de Wirtemberc nostrisque consanguineis Hainrico, Bertoldo,

Volmaro et Dyetrico fratribus dictis de Hornberc consilium, beneplacitum et consensum, Adiectis quoque pactionibus subnotatis vt uidelicet prememorati abbas et conuentus res ac pertinencias preexpressas prescriptorum loci et Cappelle ab eisdem nullatenus alienent, Semperque vnum ex suis monachis sacerdotem ibi collocent pro nostris, nostrorumque progenitorum ac eciam posterorum animabus deum perpetuo oraturum, Et si dotationes alias alii deo deuoti in predicta Cappella pro sacerdote vno aut pluribus ibi domino ministraturis facere uoluerint, a premissis .. abbate et Conuentu monasterij in alba prefati saluis tamen ipsis premissis eorum juribus vniuersis sic cessante contradictione qualibet sine ipsorum abbatis et conuentus ac predictorum loci et Cappelle preiudicio admittendi, Et in euidenciam omnium premissorum et in eorum perpetuam firmitatem presens scriptum .. abbati et Conuentuj antetactis Sigillo graciosi domini nostri jllustris Volrici Comitis de Wirtemberc prefati, nostrisque ac predictorum Hainrici, Berhtoldi, Volmari ac Dyetrici de Hornberc germanorum sigillis dedimus communitum. Acta sunt hec anno domini M⁰. ccc⁰xxx⁰ kl. Nouembris.

325.

26. November 1330. Augsburg.

Graf Rudolf von Hohenberg thut als Obmann mit sechs andern Schiedsrichtern einen Spruch in Betreff der Streitigkeiten zwischen dem K. Ludwig und den Herzogen von Oftreich, das Herzogthum Kärnthen anlangend.

Abdruck bei Kurz, Oeftreich unter H. Albrecht dem Lahmen. Beil. II. S. 340.

326.

26. November 1330. Augsburg. Ausspruch des von Kaiser Ludwig niedergesetzten Schiedsgerichts, dessen Obmann Graf Rudolf von Hohenberg war, wie es in Betreff der den Herzogen von Oeftreich zugesagten Verpfändung von Zürich und St. Gallen zu halten seye.

Wir Graf Rudolf von Hohenberch vnd Wir Graf Berchtolbe von Grayspach vou Marfteten von Nyffen genannt, vnd wir Graf Ulrich von Pfannenberch, vnd ich Johans Druchfetze von Dyezzenhouen, Heinrich

von Gumpenberg, Johans Druchsetze von Waltpurg, vnd Heinrich der
Preisinger von Wollentsach versehen vnd geben ze bechennen offenlich an bisem
brief allen den, die in ansehent lesent oder hörent lesen, daz wir von vollem
gewalt, den wir von dem Durchleuchtigen vnserm gnedigen Herren Cheiser Ludwigen von Rom an ainem taill, vnd dem Hochgebornen Fürsten Hertzog Otten,
ze Osterrich vnd ze Styr an bem andern tail haben vmb die pfantschaft Zürich
vnd sand Gallen, bi dem vorgenant Hertzog Otte noch von dem vorgenanten
vnserm Herren Cheiser Ludwigen vnausgerichtte ist, ausgesprochen haben, vnd
sprechen an bisem brief: Daz vnser liber Herre Cheiser Ludwig von Rom mit
samt vnserm Herren dem egenanten Hertzog Otten ze Osterrich vnd ze Styr
nv auf sand Waltpurgen tag ber schierst chuint, mit ir selbers leib für Zürich vnd
sand Gallen zogen süllen, also daz sie daz mit ir paiber macht bwingen süllen, vnd
daz ez benne der Cheiser bem vorgenanten Hertzog Otten oder sinem bruder Hertzog
Albrecht, oder sinen chinden in antwurtten sol an fürzuch. Wer aber, daz in
bez anber sache irreten, oder daz er sein niht tun wollt, an leibes not alein, sol
sol der Cheiser bem obgenanten Hertzog Otten oder sinem bruder, oder chinben für
bi vorgenanten pfant auf ben vorgenanten sand Waltpurgen tag in antwrtten
Brisach Purg vnd Stat vnd Mülhusen oder Nevnburch der zv, ir aintwebers.
Ob aber bi selben Stet bez auch wolten wiber sein vnd sein niht tun, so sullen
die vorgenanten Siben auf ir aybe benne vber ain chomen, waz der Cheiser ben
Hertzogen tun sulle für daz, vntz daz im bi vorgenanten sinev pfant gentzlich werbe
ausgerichtet. Wer aber baz im bi vorgenanten Stet Brisach vnd Mülhusen, ober
Nevnburch, bar zvo in geantwette wurben, so sol er bannoch bem Cheiser beholfen
sin auf bi von Zürich vnd sand Gallen, ainen weg als ben andern. Vnd bez
bisev sache volfueret werbe vnd stet behalten werbe, als vorgeschriben stat, bar vmb
so geben wir bi vorgenanten Siben bisen brief ze einem vrchunb, versigelten vnber
bez vorgenanten Graf Rudolfs von Hohenberch hangenbem Insigel, Der
ist geben ze Aufpurch, an Mentag nach sand Katerinen tag, bo man zalt von
Christes geburbe Dreyzehen Hundert iar, in dem Dreizzigsten iar. — —

B. d. Orig. im k. k. geh. Haus-, Hof- u. St.-Archiv zu Wien. — Das Siegel
hängt noch an.

327.

21. Dezember 1330. o. O. Quittung von Maister Albrecht, des Grafen
Rudolf von Hohenberg Schneiber, auf Eberharb von Walsee über
832 Mark, bie er anstatt seines Herrn empfangen hat.

Ich Mayster Albrecht des hohen Herren Graf Ruebolfs von Hohenberch Sneyder (sic!) vergich offenbar mit bisem brif, allen ben bi in sechent
lesent oder horent lesen baz mich der ebel herre Her Eberhart von walsse zu

ber zit lehenrichter ob der Ens an meines Herren gült recht vnd rebleich verricht vnd gewert hat Acht Hundert march vnd zwo vnd breizig march ie vir vnd Sechzig groſſer perchenineſcher (sic!) pfennige für ain march Vnd zu einem vrchund gib ich in biſem (sic!) brief verſigelt mit meinem Jnſigel vnd mit meines Herren Graf Ruebolfs von Hohenberch chlain Jnſigel baz Her Petter meines Herren Schreiber pej der Raitung het vnd ſein ouch gezeug iſt Der brif iſt geben an ſant Thomans tag Do man zalt von Chriſtes gepurb Touſent Jar Dreu hundert Jar in dem Drizigiſtem Jar.

B. b. Orig. im k. k. geheim. Haus= Hof= unb St.=Archiv zu Wien.

328.

17. Januar **1331**. o. O. Graf Rubolf von Hohenberg quittirt Herrn Eberhart von Walſee über **295** Mark unb **44** groſſe Coſtnitzer.

Jch Graf Rubolf von Hohenberch vergich mit biſem brife baz mich Eber= hart von walſſee recht vnd rebleich verricht vnd gewert hat zway Hundert march vnb fünf vnb nevzig march vnb vir vnb virzig groſſe Choſtnizer gewicht mit vrchunb biz brifs. Der iſt geben bes phünztags nach bem achztag; Do man zalt von Chriſtes gepurb brevzehen Hundert Jar, bar nach in bem Ayn vnb Dreizigſtem Jar.

B. b. Orig. im k. k. geheim. Haus= Hof= unb St.=Archiv zu Wien.

329.

17. Januar **1331**. München. Kaiser Ludwig ſchlägt bem Grafen Rubolf von Hohenberg **1000** Pfunb Münchner Pfenninge, welche er unb ſein Bruber, Herzog Rubolf ſelig, bemſelben um Koſt unb Dienſt ſchulbig geworden waren, von ber Zeit her, ba er ihr Pfleger zu Bochenburg (Vohburg) geweſen, auf bie Reichspfanb= ſchaften, welche berſelbe von ſeinen Vorfahren her zu Rotweil hatte.

Wir Ludowich von Gotes gnaben Romiſcher Cheiſer ze allen ziten merer bez Richs Tůn chunt allen ben bie biſen brief anſehent ober hörent leſen, Daz wir biv tuſent phunbe pfenning Muncher, bie wir vnb vnſer brüber Herzog Rubolf ſälig bem Ebeln mann Růbolfen Grafen ze Hohenberg vnſerm lieben Öheim, ber etwenne vnſer Phleger waz ze Bochenburg, ſchulbig waren vnb noch ſint für bie Choſt, bie er ze Bochemburg vnb in anberm vnſerm bienſt, ba er wilent vnſer Phleger waz, getan hat, vnb für allen ben ſchaben, ben er vnb ſin biener von ber ſelben vnſerr Phlege genomen habent, geſchlahen habent vnb ſchlahen mit biſem brief off biv phant bie er von anbern Chüningen vnb Chei= ſern vnſern vorfarn in vnſerr ſtat ze Rotwil hat, Vnb wellen, baz biv ſelben

phant im behaft fin vmb die felben tufent phunt zu glicher wize, als für ander
gelt. Dar vmb vnd darüber ze vrchunde geben wir im bifen brief verfigelten mit
vnferem cheiferlichen Jnfigel, Der geben ift ze München an Sant Anthonien tag,
Do man zalt von Chriftes geburt drinzehenhundert Jar dar nach Jn dem ain vnd
brizzigiftem Jar, Jn dem Sibenzehenden Jar vnfers Richs vnd Jn dem dritten
dez Cheifertums.

V. d. Orig. im St.-Archiv zu Stuttgart. — Mit dem befchädigten, bekanten
Siegel des K. Ludwig, an grün-rothen feidenen Schnüren.

330.

21. März 1331. „Zu Aymben uf dem lantage." Agnes, Volmars
von Haiterbach ehliche Wirthin, verkauft vor Graf Hugo von
Hohenberg als Landrichter all' ihr Eigenthum zu Bittelbronn (O.A.
Haigerloch oder Horb) an das Klofter Engenthal (bei Hallwangen,
O.A. Freudenftadt).

Wir graue Hug von Hohemberg, tün künt mit difem briefe. Daz wir
an dem nehften bunrftage vor dem Palmtage zü gerihte faßen zü Aymben uf
dem lantage, vnd baz fro Agnez, Volmars wirtin von Haitterbach be;
felben tagez vor gerihte ftünt, vnd ze kouffenne gap mit ir vorgenanten wirtez gunft
vnd willen, alz ez wol craft vnd maht hat vnd gehaben mag allez ir güt daz fü
hette zü Bütelbrünne, oder in dem zehenden gelegen ift, dez felben dörffez, befüht
vnd vnbeföht, der erfamen gaiftlichen frowen .. der priorin, vnd dem convent
gemainlich dez goczhufes zü Engental vmb fiben vnd zwainzig pfunde güter
pfenninge haller münze der fü vnd ir vorgenanter wirt, von in gar vnd ganz-
lichen gewert fint. vnd verzigen fich ouch mit difem briefe für fich felbe vnd ir ..
erben, aller der rehte, clage vnd anfprache die fie hernach zü dem felben güte hetten
oder gehan möhten, an gaiftlichem oder weltlichem gerihte. Vnd hie bi waren, do
biz befchach, die erfamen ritter, die hie nach gefchriben ftant her Peter von Rüti.
her Marquart von Owe .. der von Mansperg .. der Swelher .. der von
Myeringen. her Eberhart von Lichtenftain. her Reinhart der Spête,
her Friderich von Witingen, vnd her Friderich Kaibe, die ertailoten ouch,
baz der vorgenante kouf billich craft vnd maht fölte vnd möhte han, alz vorgefchriben ift. Vnd zü ainer gezugniffe der vorgefchriben binge, fo haben wir dez gerihtez
jnfigel haiffen gehencket an difen brief. Der zü Aymben uf dem lantage geben
ift, an dem bunrftage vor dem Palmtage do man zalt von Gocz gebürte drizehenhundert jar, vnd ains vnd briffig jare.

Siegel rund, oben etwas befchädigt, in gelbem Wachs, an Pergamentftreifen. Dreieckiger, quergetheilter Schild, auf beiden Seiten neben dem Schild Verzierungen. Umfchrift: ...ANSHELM . WILDESTAI . IVDIC .....

331.

23. April 1331. Reutlingen. Graf Rudolf von Hohenberg bekennt, von seinem Schwager Grafen Ulrich von Wirtemberg die **1000 Pfd.** Heller erhalten zu haben, für welche dieser seinen Theil an Stöffeln versetzt hatte und verspricht, die Pfandbriefe herauszugeben.

Wir Graue Rûdolf von Hohenberg Tûn kunt mit disem brief allen den die in ansehent oder hörent lesen, daz vnser lieber Swager Graue Ulrich von Wirtemberg vns gewert hat Tusent pfunde gûter Haller, dar vmbe vns sin taile an Stöffelne stûnt, vnd sagen in vnd alle sin brief, die wir dar vmbe von ime inne haben, ledig vnd loz vnd geloben ime mit disem brief, sin brieue, die wir von der satzungen wegen inne haben, wider ze gebenne, won siv fürbaz benhain kraft hant, noch haben sulen, ane alle widerrede vnd ane allen vürzog. Vnd bez zu ainem vrkunde ist vnser Jngesigel gehenket an disen brief, Der ze Rütlingen geben ist an Sant Georien abent, Do man von Gottes Geburte zalte. Driuzehen=hundert, Drissig darnach Jn dem ersten Jare.

B. d. Orig. im St.-Archiv zu Stuttgart. — Das Siegel ist abgefallen.

332.

26. Mai 1331. o. O. Graf Rudolf von Hohenberg und Peregrinus, Kirch=Rektor in Sülchen, bestellen Konrad, genannt von Hohenloch, zum Priester an dem von ihnen in der St. Moritzkirche zu Ehingen gestifteten Altar der h. Maria.

Nos Rûdolfus Comes de Hohenberg Et Peregrinus rector Ecclesie in Sulchen, procurator Ecclesie sancti Mauricij in Ehingen, notum facimus — quod nos altare consecratum in honore beate Marie virginis per nos constructum in ecclesia sancti Mauricij in Ehingen, cuius jus patronatus et collatio ad nos dinoscitur pertinere, discreto viro Cûnrado dicto de Hohenloch, acolito de Hechingen, nostro fideli, propter vite sue merita pure ac simpliciter cum omnibus suis redditibus, prouentis et in posterum proueniendis contulimus propter deum. Ita videlicet, quod jdem Cûnradus legendo et cantando predictum altare inofficiet, Et cum ad gradum sacerdotij fuerit promotus, singulis septimanis saltem tribus diebus, nisi legitima causa fuerit prepeditus, missam dicat ibidem. Concedimus etiam hanc libertatem Ecclesie supradicte, vt post mortem Cûnradi predicti Collatio et ius patronatus sepedicti altaris ad prepositum eiusdem Ecclesie, si canonia per nos ibidem deputata plenius sortiatur effectum aut ad rectorem ibidem pleno iure deuoluatur, Et tunc ijdem prepositus siue rector non habeant potestatem conferendi altare sepedictum, nisi persone ydone, que tempore vacationis eiusdem sacerdos existat. Volumus etiam, vt ille sacerdos qui tunc ad idem altare fuerit presentatus, singulis septimanis saltem tribus diebus missam dicat ibidem, vt superius est expressum. Insuper adicimus, quod si dicti prepositus siue Rector post vacacionem eiusdem altaris in sua collatione ad vnum mensem fuerint negligentes, quod ipsi illa vice potestate conferendi dictum altare priuentur, Et collatio eius ad seniorem comitem de Hohenberg pro illa vice tantummodo deuoluatur. In quorum euidenciam et robur firmum Nos Rûdolfus Comes de Hohenberg ac Peregrinus, rector ecclesie in Sulchen, supradicti in perpetuam memoriam sigilla nostra presentibus duximus appendenda. Datum sub anno dominj M⁰. ccc⁰. xxxj⁰. In crastino beati vrbani.

B. d. Orig. im St.-Archiv zu Stuttgart. — Mit dem etwas zerbrochenen, sehr großen Reitersiegel des Grafen (wie an Urkunde 1332 nach sant Walpurgtag) und dem bekannten des Peregrinus. — Abschrift in lib cop.

333.

20. Juni 1331. Rotenburg. Ehevertrag zwischen Graf Rudolf von Hohenberg und Elisabet, geb. Gräfin von Sponheim.

Wir graf Rûdolf von Honberg vergehin üffinlich und bûn kûnd allin der bie biesin brief ane sehint ober horint lesin, daz wir von unsirm liebin swehir ben ebiln grafin Symon von Spanheim entphangin habin mit rehter zale vier busint pûnt gûter pennige haller mûncze, bie er uns gebin hat zû einem rehtin zû gelten zû Lysin unsir elichin wirtin, siner tohtir, ber wir von im gewert sin. und in unsern kûntlichin nûtz kommen sint und gegin den vorgnantin vier busint pûnben habin wir ire anbirn vier busint pûnbe wiebir laht und habin in umb die vorgnantin aht busint pûnbe zû einem rehtin panbe gesetzit unsir stab Horwe und Herrenberg die bûrg, bie in der selbin stab gelegin ist, mit allin iren zû gehörbin und nûtzin mit sûlchir bescheidinheit: were baz wir abe gingin und bi der vorgnantin unsir elichin wirtin Lysin keinen liberbin gewonnen, so sye bie vor gnantin stab und bûrg inne han, untz an iren bob mit allin rehtin und nûtzin, bie bar zû gehörint und swenne sy abe ginge, so sûlnt unsir erbin und ire erbin bie vorgnanten stab und bûrg mit allin iren zûgehorbin wiebir losin und bie vorgeschriebene vire busint pûnbe haller, bie von ire uns zû zûgelte worbin sint und ire erbin sûlnt auch bie vorgnante stab und bûrg zû Horwe mit allin iren zûgehorbin als lange inne habin und niezzen untz baz sie von unsern erbin ber vorgnantin vir busint pûnt haller gar und ganzlich gewert werbint, und bie anbern vier busint pûnbe, bie wir ier wiebirlaht habin, sûlnt wieber vallin an unsir erbin lebeclich und lere. und were, baz bie vorgnante Lise unsir eliche wiertin e abeginge ban wir, so sûln wir auch bie vier busint pûnbe habin untz an unsern bot, und nach unserm bobe sûlnt bie selb vir busint, bie siͤ zû uns braht hat, wiebir vallin

den nehiſtin erbin die ſi° dan gelaʒʒin hat, der ſie unſir erbin, die wir dan ge=
laʒʒin habin, ganʒlich und gar virrihtin ſůlent in allim reht und gedinge als vor=
geſchrieben ſtad. Und ʒů eim ůrkůnd habin wir unſir eygin ingeſiegil gehenkit
an bieſin brief mit unſir ſůne ingeſiegiln graf Albrechts, Růdolfs Hugis und
Heinrichs gebrůdir von Honberg. Wir graf Albrecht, Rudolf, Hug und
Heinrich die vorgnantin gebrůdir von Honberg vergehin mit dieſem brief, daʒ die
vorgnantin ding mit unſerm gůnſt und will beſchehin ſint und globin ſtete ʒů habin
und ʒu laʒʒine alliʒ daʒ da vor beſchriebin ſtad ane alle geverde und henkin dar
umb unſire eygine ingeſigile an bieſin brief ʒů einer gezůdniſſe der warheid. Und
wir graf Hug von Pregincʒ, graf Albrecht von Werdinberg, graf Bůrkard
von Honberg der jůnge, graf Hartmann, graf Růdolf, gebrůdir von San=
tegans und graf Friberich von Zolre, des Schalkisberg iſt, vergehin auch,
daʒ wir dorch bede des vorgnantin herrin grafin Rudolfis von Honberg ʒů eime
offinen orkůnd der warheid unſire eygine ingeſigile gehenckit habin an bieſin brief,
der ʒu Rotinburg gebin iſt an dem důnrisdage von ſant Johansdag ſůngihten,
da man ʒalt von Goʒ geburte druʒenhůndert jare und dar nach in dem ein und
driʒigſtin jare.

Wir graf Růdolf von Honberg virgehin ůffinlich und důn kůnd allin den die
bieſin brief ane ſehint oder hörint leſin, daʒ wir Lyſin unſir elichin wirtin, des
edelin herrin dohter grafin Symons von Spanheim ʒů morgingabin druhůndirt
mark ſilbirs gebin habin und habin ſye der bewiſit offe unſir bůrg ʒů Wer=
ſtein mit allin rehtin und nůʒʒin die darʒů gehörint. Dar ʒů wir ire auch be=
widmit habin, unſir dienſtlůbe die von Serſtingin (sic!), ſye ſin jůng obir alt
und habin dar umb ʒu einem urkůnd unſir eygen ingeſiegil gehenkit an bieſin brief
mit unſir ſůne ingeſiegiln grafin Albrechts, Růdolfs, Hugis und Heinrichis
gebrůdir von Homberg. Wir graf Albrecht, Rudolf, Hug und Heinrich ge=
gebrůdir von Hoinberg virgehin mit dieſem brief, daʒ die vorgeſchriebin ding mit
unſerm gůnſt und willin beſchehin ſint und globin ſtete ʒů habine und ʒů laʒʒine
alliʒ daʒ da vor geſchriebin ſtat an alle geverde und habin dar umb unſire eygine
ingeſiegile ʒů einer gezůkniſſe der warheit gehenkit an bieſen brief. Und wir graf
Hug von Preginʒen, graf Albrecht von Werdinberg, graf Bůrkard von Honberg
der jůnge, graf Hartman, graf Růdolf gebrůder von Santgans und graf Friberich
von Zolre, des Schalkisburg iſt, vergehin auch, daʒ wir dorch bette des vorgnantin
herrin graf Růdolfs von Honberg ʒů einem ůffinen orkůnde der warheid unſire
eygine ingeſiegile gehenkit han an diſen brief, der ʒů Rotinbůrg gebin iſt an
dem důnrisdage von Sant Johans dage ʒů ſůngithin, da man ʒalt von gots ge=
bort druʒenhůndirt jar und darnach in dem eyn und driʒigſten jare.

Daʒ diſe uʒſchrift war und reht ſi, han wir Johan graf von Spanheim unſir
heymlich ingeſiegel her ane důn henkin.

Orig. in Karlsruhe. Abbruck bei Mone, Anzeiger für Kunde der deutſchen Vor=
zeit, 1838. S. 213 ff.

334.

25. Juni **1331.** Rotenburg. Graf Rudolf von Hohenberg bestätigt als Lehensherr den Vergleich Werners, Reinharts, Gottfriebs, Heinrichs und Wolfs von Neuhausen (O.A. Eßlingen) mit deren Mutter.

Wir graf Rudolf von Hohembexg Tun kunt mit disem briefe vnd verjehen offenlich allen den die in ansehent ober hörent lesen, daf für uns komen Wernher, Reinhart, Gotfrit, Hainrich vnd Wolf von Niuwenhusen vnd mit vnserm hand, gunst vnd gütem willen verseßt hant frön Göten Ihrer liben müter die güter, die hernach geschriben stant, die von vns lehen sind für dryhundert pfunde güter pfenning haller münze, die sie bejahet hat zu nemmenbe für alles fahrend gut, daf ir angevallen ist, von ir vater tobe one daz alte korn vnd ir hüsgerete daf si vorvsgebingt hat. Diß sint die güter: von Erstem den Hof den Cönzeli, der Bachmaiger, buwet, ben hof den Burchli der maiger buwet, Rörlins müli vnd swaz zu ben zwain Höfen vnd zu ber müli gehörte, ez sie ze borf, ze holz ober ze velb, bi wasen ober bi zwi, in wazzer ober in wazzersruns, besücht vnd vnbesöcht, vnd bie zinse von ben güten, bie henach geschriben stant: Von ersten zehen schillinge haller geltes, die walther Stainzing git, zehen schillinge geltes, bie Pfaff Burchart Stainzing jaerglich git, vnd bie Hofrait ba wernher anotwahr (sic!) of sißet, bie hofrait ba Berhtolt klasse offißet, bie hofrait ba ber weber of sißet, bie hofrait, ba Hug of sißet, vnd (sic!) schilling geltes, bie Hug jaerlich git von ainem garten, bie hofrait ba hermans des Suters wirtinn of sißet, biv hofrait ba ber Möringer offißet, die hofrait ba Contzen wirtinn of sißet, bie hofrait ba ber Gyßeler of sißet, bie hofrait ba ber Haiben offißet, vnd Lenppen müli, sehs schilling geltef bie Benzelin Morhart git von ber wis in Stubach, sehs schilling geltes vnd siben sömeriv ole geltes, die Hainrich fritag jaerlich git vom Letten vnd von ainer wis ze Bongarten, fivnf schilling geltes vüd hönre geltes, bie Cönrat Geben git von ainer wis zu Byntzach, ain pfont haller geltes, daz Albreht ber Haiden git von ainer wis zu Byntzach, siben schilling haller vnd siben hönr geltes, bie Burchart Möge git von ainer wise ze Bongarten vnd von ainer wis biv schnewis genant ist, fivnf schilling gelts bie Hagen git von wisa. Sie hant ouch mit vnserm hant, gunst vnd willen ber vorgenannten frön Göten ire güter verseßet, bie gut bie hernachgeschriben stant. Vnd ouch von vnf Lehen sind vmb fünfzig mark silber bie ir züe morgengaub geben wurden von wernhers saeligen von Niuwenhusen irem ehelichen wirte. Diz sind biv güter, von erstem biv hofrait, ba Bett Knöllin of sißet, biv hofrait, ba biv Bysingerin offißet, biv hofrait ba biv haignin offißet, biv hofrait ba Cönrat Hanfstengel offißet, biv hofrait ba Hön of sißet, biv hofrait ba Liutolb of sißet, bie hofrait ba wernher ber Ron of sißet, ain pfont geltes vnd zwanzich hür geltes, biv ba biv Bach maierin git von ir schur vnd bem garten bar hinber, biv hofrait ba friß ber Sniber of sißet, biv hofrait ba be

Ribler vf ſitzet, biv hofrait da Bürchli der jeger vf ſitzet, den bongarten hinder Bentzen hof im Bache, biv hofrait da Albreht Schalrai vf ſitzet, biv hofrait da Cŏnrat der wamſeller vf ſitzet, biv hofrait da frümgerin vf ſitzet, bie hofrait da Bentzlin Morhart vf ſitzet, bie hofrait da Hainrich fritag vf ſitzet, bie hofrait da Clauf der alt vf ſitzet, bie hofrait da Bentz Rüdger vf ſitzet, bie hofrait da ber alt Morhart vf ſitzet, bie hofrait da walther Bogelbŏn vf ſitzet, bie hofrait da Hainrich ber Berringer vf ſitzet, bie hofrait da Rechlinŏn im vf ſitzet, bie hofrait da Livgge Raggüſſelinin vf ſitzet. Es hat auch bie vorgenannte frŏn Gŏte, wernhers ſaeligen wirtin von Nivwhuſen, über bie vorgeſchribene güter alle mit vnſerm gunſt vnd gutem willen zu trägern genommen ben Erbern Ritter Herr fribrich von Nyppenbürch, Conrad von Ehingen, Snb Heinrich ben Kirchherrn von Hŏfingen, ben wir ouch bie vorgenannte gut an ire ſtatt gelihen vnd empfolen haben zu tragenbe in trewes hand, als es wohl craft vnd macht hat Vnd ouch ſolte vnd mŏhte. Vnd zu einem vrkund ber vorgeſchrieben binge, ſo haben wir vnſer aigen Jnſigel gehenkt an biſen brif, der zu Rotenburg geben iſt an bem binſtag nach bem Sante Johannis tag zu Sun= gihten, da man zahlt Von gots geburt, Dreyzehen hundert Jar, vnb darnach in bem ein vnb breyßigſten Jare.

Nach einer vibimirten Abſchrift von 1699. — Die von Gr. Rub. v. H. auegeſtellte Urkunde hat ſich im St.-Archiv nicht mehr vorgefunben, bagegen bie Verſchreibung der Herren von Neuhauſen, in welcher bie Güter und Zinſen gleichfalls aufgeführt ſinb, unb nach welcher bie vorſtehenbe Abſchrift verbeſſert worben.

335.

16. September 1331. „Zu Aymben uf bem Lantag.“ Graf Hugo von Hohenberg entſcheibet als Lanbrichter in einer Streitſache bes Kl. Alpirsbach, ben Selhof zu Mülheim (O.A. Sulz) betreffenb.

Wir Graue Hug von Hohenberg Tûn kunt allen ben bie biſen brief ſehent ober hŏrent leſen, Daz wir zŏ gerikt ſäſſen zŏ Aymben uf bem Lantag an bem nehſten Mentag nach bez hailigen Cruces tag vnb behûbe mit rehter vrtail ber erſame herre ber Abt von Alperſpach ben Selhof ze Mulhain mit aller zŏ gehŏrbe vnb ouch mit allen rehten, baz es were bez Cloſters gemainlich von Alperſpach vnb behûbe ben ſelben Hof an Mehtild ber fiſcherin, Abelhait ir thoter vnb Abelhait ir Sweſter bar vmb ſie Ulrich vnb Behtolb gebrüber von Mulhain uf ben Lantag gelat hettin, bie ouch benſelben Hoff buwent. Alſo baz bie vorgenanten fiſcherin niemerme kain anſprach zŏ bem vorgeſchriben hoff ſüllen gehaben weber ſuß noch ſo. Vnb bar vmb zŏ ainer geziugenüſſe ſo iſt bez gerihtez Jnſigel gehenket an biſen brief. Datum die ut supra Anno bomini M⁰.ccc⁰.xxxj⁰.

B. b. Orig. im St.-Archiv zu Stuttgart. — Das Siegel iſt abgefallen.

336.

4. Oktober 1331. „Stuggart." Graf Ulrich von Wirtemberg quittirt die Herzoge Albrecht und Otto von Oestreich über **800** Mark Silber als Abschlagszahlung von der Schuld der **5000** Mark Silber; davon haben **500** Mark sein „Sweher", Graf Rudolf von Hohemberg, **160** Mark sein Oheim Graf Eberhard von Nellenburg und **140** Mark Herr Rudolf von Hewen hergegeben, und entläßt auch diese Herren und deren Erben der Bürgschaft für die Herzoge von Oestreich und deren Erben auf **100** Jahre.

Wir Graue Ulrich von Wirtemberg veriehen und tün kunt mit disem gegenwartigen briefe allen den, die in sehent oder hörent lesen, daz wir an der schulde vnd gülte funf tusent marke lötiges silbers, die vns die hochgebornen fürsten Hertzoge Albrecht, vnd Hertzoge Otte gebrüder von Österrich schuldig sint vnd gelten sont empfangen haben vnd gewert sint gäntzlich vnd gar ane allen gebresten fonfhundert marke silbers von vnserm lieben Sweher, Graue Rudolphen von Hohemberg, sechszig vnd hundert marke silbers von vnserm öhaim graue Eberharden von Nellenburg, vnd vierzig vnd hundert marke silber von hern Rudolphen von Hewen, dez bu alte Hewen ist, Vnd sagen ouch für vns, vnd vnsern Erben, die vorgenanten Hertzogen von Österrich vnd ire Erben, der vorgeschriben Achthundert marke silbers lebig vnd lere, mit dem vrkunde des gegenwartigen briefez. Wir veriehen ouch, daz wir den vorgenanten vnserm sweher graue Rudolphen von Hohemberg, Graue Eberharden von Nellenburg, vnd hern Rudolphen von Hewen frist, zil, vnd tage geben für vns, vnsere Erben, vmb die Bürgschafte, von den vorgenanten Hertzogen von Österrich von dem tage, alz dirr brief geben ist vber hundert Jare, bo nehsten, bü nach enander ane gande sint, Wan sie vns, noch vnsern Erben, in den vorgeschrieben hundert Jaren von der Burgschafte wegen, nit gebunden sint ze tünne, noch ze laistenne. Vnd zü ainem vrkunde aller dinge, so hie vorgeschriben stat so geben wir in disen brief versigelt mit vnserm aigen Jnsigel, der zü Stuggarten geben ist an dem Fritage, nach sant Michels tage do man zalte von Gotz geburte bruzehenhundert Jare vnd darnach in dem ainem vnd drissigostem Jare.

B. d. Orig. im k. k. geheim. Haus- Hof- und St.-Archiv zu Wien.

337.

1. November 1331. München. Ludwig, römischer Kaiser, gibt dem Grafen Berthold zu Graisbach Vollmacht, mit allen Städten, sie seyen in der Pflege von Wirtemberg, von Graf Rudolf von Hohenberg, Graf Heinrich von Werbenberg und Peters von Hohenegg, seiner Landvögte, über die Bündnisse zwischen ihm, seinen Kindern und dem Lande Baiern zu unterhandeln.

Wir Ludwig von gotes gnaden Romischer Cheyser ze allen ziten verer dez Richs Veriehen offenlichen an disem brief, Daz wir dem Edeln manne Berchtolden, Grafe ze Graispach, ze Marsteten, genant von Nyffen, vnserm liebem Heimlicher vnd Hûptman in Ober Beyrn, vollem gewalt gegeben haben vnd och geben mit disem brief zetedingen mit allen Steten, Si sin in dez phleg von Wirtenberg, Graf Rudolfs von Hohenberg, Graf Heinrich von Werbenberg vnd Peters von Hohenecke, vnsrer Lantuögt, vmbe die büntnüzze zwischen vns, vnsern chinden, vnsers Landes ze Beyrn, vnd och irer, vnd swie er mit in dar vmbe tedet tedinget oder endet, vnd verschribt, daz geheizzen wir stet ze haben vnd zehalten vnd ze volfüren mit aller Bünden, mit disem gagenwertigem brief, Den wir dar ober geben ze einem vrchünde, versigelten mit vnserm Cheyserlichem Jnsigel, Der geben ist ze Münichen an aller Heiligen tag, Da man zalt von Christes geburt driuzehenhundert Jar, dar nah Jn dem aym vnd Dreizzigestem Jar, Jn dem sibenzehendem Jar vnsers Richs, vnd Jn dem vierden dez Cheysertûmes.

B. d. Orig. im Reichs-Archiv zu München. — Pergamentpressel ohne Siegel.

338.

6. Dezember 1331. Rotenburg. Graf Rudolf von Hohenberg verspricht unter Bürgschaft seines Sohnes Rudolf und einiger seiner Diener dem Johanniterhause in Hemmendorf, dasselbe in Betreff des Hofes in Dettingen und einer Forderung von **20** Mark Silber sicher zu stellen.

Wir Graue Rûdolf von Hohemberg veriehen vnd tûn künt allen den die disen brief ansehent oder hörent lesen, Daz wir den erbern gaistlichen Herren vnserm lieben ohaim Graue Heinrich von Sultze, Comenture zů Hemmendorf vnd den Herren gemainlich gelopt haben uf vnsern ayt vnd geloben mit disem briefe, die löschaft (sic!) vmb den Höf zů Tettingen vnd die Burgschaft vmb die zwainzig margke silbers vf zerihtenne hinnan zů der Liehtmesse, der nehsten

bů nů komt, alz vns vnſer lieben biener, Hertzoge Cōnrat von vrſelin=
gen, her Swenger von Liehtenſtain vnb Cōnrat, vnſer vogt von Ro=
temburg, mit in vertaibigot vnb vberain braht hant, vnb haben in barvmb zů
bürgen geſetzet vnuerſchaibenlich vnſern lieben Sůn graue Růbolf, Hertzoge
Cōnrab von vrſelingen, vnb Cvnrat vnſern vogt von Rotemburg,
alſo ſwa wir baz nit vſſrihten vnb vertigen, alz vorgeſchriben ſtat, ſo hant ſi ge=
walt vnb maht biſ vorgenanten burger alle ze manende, obe ſi wellent vnb nach
ber manunge in aht tagen ben nehſten, ſol ſich vnſer Svn, graue Růbolſ, vnb
Cōnrat vnſer vogt zů Rotemburg mit ir ſelbez libe uf ir aibe antwurten in bie
ſtat zů Rotemburg vnb Hertzoge Cůnrat von vrſelingen ainen kneht mit ainem
pfärbe legen in bie ſelbe ſtat in ainez offen wirtez Hus, niemer barnach ze komende,
vntz ezin geuertigot wirt alz vorgeſchriben ſtat. Vnb bez zů ainer vrkunde ſo ge=
ben wir in biſen brief verſigelt mit vnſerm aigen Inſigel, Vnb wir bie vorgenanten
burgen alle geloben bů vorgenanten bing allů ſtett ze haltenne, ane geuerbe vnb
hencken barumb zů ainer gezugnuſſe vnſern aigenů Inſigel an biſen brief, Der ze
Rotemburg geben iſt, an ſant Nicolaus tage, bo man zalt von Gotz geburt
brůzehenhundert Jare, vnb bar nach in bem ainen vnb briſſigoſten Jare.

339.

30. Januar **1832.** Rotenburg. Graf Rudolf von Hohenberg gibt
dem Kloſter Kirchberg, welches auf ſeine Bitte zwei Töchter Hein=
richs von Gundelfingen, ſeines Dieners, aufgenommen, **14** Malter
Kernen jährlicher Gült aus ſeinem „Kelnhof“ zu Binsdorf.

Wir Graue Růbolff von Hohemberg tůn kunt allen ben bie biſen brief
an ſehen ober hörent leſen, bas wir burch got, burch vnſer vnb vnſer vorbern
ſele willen, vnb barumb wan wir gebunden ſin vnſer biener vnb ire kint ze be=
ſorgen, vnſer lieben bie erbern gaiſtlichen frowen bie priorin vnb ben conuent
gemainlich ze kirchperg des Cloſters prebier orbens Jn Coſtentzer Biſtum gebeten
haben bas ſie vnſerm lieben biener Hainrichen von Gundelfingen ſinen töchter=
lin zwayen, bie er hat bi ſiner elichen wirtin ſeligen, Johannes ſchweſter von
Tierberg, vmb zwo pfrůnde geben vnb in ire gemainlich geſellſchaft empfiengen.
Wan ſie bas willeclich lůterlich vnb ainualteclich burch got vnb burch vnſer bett
getän hant, ſo erkennen wir vnb wiſet vns vnſer beſchaidenhait, bas es götlich iſt
vnb vnſern eren wol geziemet, bas bů ſelben Hainrich von Gundelfingen kint der
vorgenanten frowen von kirchberg almüſen[1] nit. Vnb barumb vnb bas ſie is
willeclich vnſer bette erhöret hänb, ſo geben wir ben vorgeſchriben ber priorin, ben
conuent ze kirchberg vnb allen iren nauchkomen für vns vnb alle vnſer erben ewik=
lich recht vnb reblich vſz vnſerm aignen kelnhofe ze Binsborf, ben barumb

hainrich vnd Vlrich die kelner, vierzehn malter kernen ierlichs gelts Rotwiler
messes, den vorgenannten der priorin dem conuent vnd allen iren nauchkomen die
vorgenanten vierzehn malter kernen Rotwiler messes jerlichs gelts von dem obge=
nannten kelnhofe immer me ewikklich ze habenne, ze niessen vnd vorab ze nemende,
obe nit me da wurde ane alle wider rede vnd allen gebresten, jn allem dem rechte
vnd gedinge inen ze antwurten vnd ze gebenne, als sie vns vmb das übrige gelt
gebunden sint. Wir uerjehen ouch für vns vnd vnser erben die vorgenannten frowen
noch ir nauchkomen an disem vorgenannten gelte nimer ze sumen, ze schadigen, ze
irren in kainen weg, suß noch so. Vnd das ze aim waren vrkunde vnd bestä=
tigunge geben wir für vns vnd vnser erben jn vnd allen iren nauchkomen disen
gegenwirtigen brief besigelt mit vnserm aigen jnsigel, der geben ist ze Rotemburg
in vnser Statt, do man zalt von gots geburt brúzehenhundert jär briffig järe
vnd barnauch in dem andern järe an dem bornstag vor vnser frowen tag der
liehtmesse.

Kirchberger Copial-Buch Fol. 112.

¹ Von Almosen leben.

340.

8. Mai 1332. Rotenburg. Graf Rudolf von Hohenberg vermacht
verschiedene bedeutende Gülten an den St. Marien=Altar, vor seiner
„vrowe sälige grap von Wirtenberg" in der St. Moriz=Kirche zu
Ehingen.

Wir Graue Rudolf von Hohenberg vergehen vnd Tûn kunt allen den
die disen brief ansehent oder hörent lesen, daz wir mit willen vnd mit gunst Grauen
albreht, Graue Rûdolf, Grauen Hugen vnd Graue Hainrich, vnsern süne,
geben vnd geben haben lüterlich durch Gotte vnd durch vnserre vnd aller vnserre
vorderen vnd nachkumenden selen hailez wegen, an den altare, der gewihet ist
in Eren vnser vröwen Sant Marien, vnd stat in der kirchun Sant
Mauritij, vor . . vnserre vrowen sälige grap von Wirtenberg ze
Ehingen, allú die gút, die hie nach geschriben sint, briffig schöffel Roggen Tu=
winger Messe vier viertail minre vsser vnserm korn zehenden ze Remingf=
hain vnd ze kalcwil, den wir verlühen haben Walther, Maneges säligen
sun vnd fritzen asprian, vnsern Burgern ze Rotemburg, der jegelicher
järgelich daz Halptail des vorgescriben geltes ba von geben sol dem vorgenanten
altar vnd aim Priester, dem er verlühen ist, vnd hernach verlühen wirt, die wir
vormals gaben vnd geben hiessen pfaffe Bertholb säligen ben Ower vnd
Adelheid siner Swester, ben si ze pfanbe stünben vnd mit rehter vrtailbe ze
Rotemburg an dem geriht lebig vnd los worben sint, Vnd zehen malter kernen

vnd Roggen Herren Messe järgeliches geltes, vier viertail erwisan, zwai vnd drissig viertail habern, Nün Schilling Haller, fünfzig aiger vsser vnserm lehen, daz man nemmet Berthold wighelins lehen, daz gelegen ze Rotemburg ist in dem banne vnd jetze Berthold Wighelin buwet, daz gelte wir ouch vormals gaben vnd geben hiessen dem vorgescribenne pfaffen vnd siner Swester, der pfant ez waz vnd vns ouch lebig vnd los ist worden mit rehter vrtailde ze Rotemburg an dem geriht, vnd vergehen, daz vns der erber man pfaff Burchard von kilchain, der kilcherre ze altingen, an disem vorgescribenen gelt an disen vorgenanten altar lüterlich durch Got siner vnd aller der die Jm je kain gut getain hant, selen hailez willen ze sture geben hat hundert phunde güter vnd genemer Haller. Also daz ain Priester, dem der vorgenante altar verlühen ist vnd hernach verlühen wirt, diz vorgescribene gelt Jemermer järgelich in nemen, haben vnd niessen süllent zu ainer ewigen pfründe vnd da Messe sprechen süllent durch vnser vnd der vorgescribene vnser vrowen säligen vnd allen vnsern vordern vnd nach kumende sele Hailez wegen. — Wir verzihen vns ouch an disem brief für vns vnd alle vnser erben aller Reht, gewer, ansprach vnd fürzug, da mit wir dise vorgescribene gabe widertriben oder da wider komen möhten an gaistlichem oder an weltlichen geriht oder ane geriht, sus oder so. — Vnd geloben mit güten Truwen den Priestern, den birre vorgenant altar verlühen ist oder hernach verlühen wirt, diz vorgenant gelt alles sament of ze rihtenne vnd ze vertigen gen aller mengelich swa n̄ sin notbürftig sint. Hie bi waren gezüge dise erbern herren vnd burger, hr Bilgerj, kilchherre ze Sülchen, pfaf Hainrich von möringen, fridrich von Scherzingen, Cünrad der Staheler, fridrich von Herrenberg, Johans der Herter, Benz vnd Volker von Herrenberg, Engelfrit an dem Marke, vnd ander biburbe lüt genüge. Vnd daz dise vorgescriben dinc war vnd stete beliben, henken wir Graue Rüdolf von Hohenberg, der vorgenante, Wir Graue Albert, Graue Rüdolf, Graue Hug, vnd Graue Hainrich, die vorgenanten sin sün, vnserü aigen Ingesigel an disen brief zu ainen offenne vrkunde der warhait. Dirre brief wart geben ze Rotemburg in der Stat, an dem nehsten fritag nach Sant Walpurg tag in dem Jar do man zalt von Gottes geburt. Drüzehen hundert jar, vnd zwai vnd Drissig jar.

B. d. Orig. im St.-Archiv zu Stuttgart. — Das sehr große Reitersiegel Graf Rudolfs, des Vaters, ist sehr gut erhalten; der links hinsprengende Reiter hat einen geschlossenen Helm mit den Hörnern, in der Rechten schwingt er das breite Schwert, hat vor der linken Brust den Hohenberger Schild, der unten schraffirt ist; der Ritter ist in einen Ringpanzer gehüllt; das in der Zeichnung eher einem Esel gleichsehende Roß ist ganz bedeckt. Umschrift: † Sigillvm Rudolfi : comitis : de : Hohenberg. Der Siegelgrund ist mit lauter Blümchen bedeckt. — Die nächsten zwei Siegel sind wie an Urkunde v. 20. Juni 1330. — Das vierte Siegel, das des Hugo (nach der Umschrift) ist größtentheils zerbrochen; das fünfte fehlt.

341.

12. November 1332. o. O. Ruf und Renhard von Ehingen verkaufen an ihre Brüder Burkard und Renhard ihren Antheil an dem Laienzehnten zu Ehingen.

Ich Ruf vnd Renhart der iunge gebrüder von Ehingen. tůn kunt allen den die bifen brief fehent oder hörent lefen. daz wir baide mit beratem můt haben verköft vnd ze köffenne geben haben reht vnd redelich Burkart vnd Renbarten von Ehingen vnfern brüdern vnd allen iren Erben vnfern tail dez klainen zehenden ze Ehingen mit aller zůgehörde. der vns zů rehtem tail vnd zů Erbe wart von vnferm vatter fäligen vmb ain gůt Bauzit (sic!) daz fi vns dar vmb geben hant vnd in vnfern nöt kommen ift, Vnd fullent fie vnd ir Erben vnfern tail dez felben klainen zehenden ze Ehingen haben vnd nieffen getůweclich (sic!) in allem dem reht, alz wir in vnt her gehebet han. Vnd zů ainer waren vrkunde darvmb, fo haben wir vnfer eigen Infigel gehenket an difen brief. Der geben ift in dem iare, do man zalt von Gottes geburt Drützehenhundert iar. zwai vnd driffig iar. an dem nehften Durnftag nach fant Martinstag.

V. d. Orig. im Spital-Archiv, zu Rotenburg.

342.

5. Dezember 1332. o. O. Bruder Rudolf von Masmünfter, des Johanniterordens in deutfchen Landen Hochmeifter, und Bruder Heinrich von Sulz, Commenthur zu Dätzingen, geben Grafen Rudolf von Hohenberg, Landvogt im Elfaß, für den Fronhof zu Dettingen und Zugehör die Burg Rohrau.

Wir Brüder Růdolf von Mafmunfter,-dez Spitals fant Johans ordens Hohmaifter zů Tůfchem Lande, Brůder Hainrich von Sultz, Commentur ze Tächtingen vnd die Brüder gemainlich dez Conuentz zů Tächtingen. Tůgent kunt allen den die difen brief fehent oder hörent lefen, daz wir mit dem wolerbornen Grauen Růdolf von Hohemberg, Lantvogt in Elfaß, lieplich vnd gůtlich vber ain fien chomen, daz wir dem vorgenanten Grauen Růdolf geben haben reht vnd redelich zů ainem rehten widerwehfel vmb den Fronhoff zů Tettingen mit dem kirchunfatz vnd mit namen vmb die wideme mit fchůpöffen vnd mit äckern, mit wifan, vnd mit aller zůgehörde, die Burg ze Rorow mit aller zůgehörde, lüt vnd gůt. Der vorgenant Graue Růdolf von Hohemberg fol ouch die Burg in dem vorgefchriben reht haben vnd alle fin .. Erben, ob er enwere, daz Got lang wende, nieffen, befetzen vnd vnd (sic!)

ſetzen für ain reht frie lediges aigen. Vnd ſüllent wir noch behain vnſer ꝛ
brüder (sic!) den ſelben Graue Rüdolfen noch ſin Erben an derſelben Burg ꝛ
an den güttern, die zů der Burg hörent, niemer behainen ſchaden getůn, noch
darvmb anſprechen weder an Gaiſchelichem noch an weltlichem geriht ſuß noch
noch ann geriht. Vnd geben .. im darvmb wir Brüder Rüdolf von Maſmün
der vorgenant Brüder Hainrich von Sultz, Commentur ze Tâchingen vnd die (
uentsbrüder gemainlich ze Tâchingen diſen Brief beſiegelt mit vnſern Jnſigel,
geben iſt in dem Jare, do man zalt von gottes geburt drüzehenhundert Jar ꝛc
jar darnach in dem andern Jar. An ſant Nicolausabunt.

B. d. Orig. im St.-Archiv zu Stuttgart.

343.

13. Mai 1333. Nürtingen. Graf Rudolf von Hohenberg und (
Ulrich von Wirtenberg kaufen gemeinſchaftlich die Stadt Grötzing
(O.A. Nürtingen) von Diepold von Bernhauſen.

Wir Graue Rüdolf von Hohenberg vnd Graue ôlrich vou wir
berg vergehen vnde tůn chünt mit dieſem brief allen den, die in anſehent
hörent leſen, das wir gemainliche reht vnde redeliche chauffet haben vmme Dye
von Bernhuſen Gretzingen die Stat mit Lüten vnde güten, mit ꝛu
ſetzen vnde mit allen rehten, vnde mit aller zů gehörde ie ein phünt geltes,
zů den vorgenanten güten gehöret, Vmme zehen phünt güter heller, Alſo beſch
liche, ſwie manig phünt geltes ôns Dyepolt von Bernhuſen der egenante b
zů den vorgenanten güten, als vile ſullen wir in bewiſen in aller wiſe, al
Dyepolt von Bernhuſen bewiſet des geltes, Es ſie an hellern, an korn, od
wine gelte. Es ſullen auch die drî man, die dar vber geben ſint Gretzinge
Stat vnd die wittreite vnd die kirchenſetze ſchetzen vnde wie ſie ſie ſchetzen
ſullen wir Dypolt von Bernhuſen auch ie für zehen pfünt heller als vile der Ei
iſt, ein pfünt geltes bewiſen als vorbeſcheiden iſt. Vnde Jch Graue Vlrich
wirtenberg der vorgenant vergihe, wen Graue Rüdolf von Hohenberg
Sweher Dyepolt von Bernhuſen hat bewiſet vf ſinen güten als vile gelte
ich den ſelben Dyepolt von Bernhuſen ſol bewiſen zů minem Ccile von des
genanten kauffes wegen als vorbeſcheiden iſt, das Jch minen Sweher (
Rüdolf von Hohenberg als vile geben ſol bewiſen in ſelker wiſe als er D
von Bernhuſen bewiſet hat von allen den rehten gelten, vnn Sturen die mir ꝛ
vnd volgen ſullent von den Güten ze Gretzingen vn der zů gehorde derſelben
vnde ſwas im be brůch iſt, des ſol ich in vngeuerlichen bewiſen an dem ꝛ
gelte do ich es nehſte han. Me iſt bedinget, Iſt das Jch Graue Vlrich
wirtenberg wil wider löſen vmme minen Sweher Graue Rüdolf von Hi
berg das gelte, das ich im han geſetzet vnde in bewiſet, als ietzunt beſcheid

das mag ich allewege tůn, Ich oder min Erben vmme in oder vmme ſin erben Zie ein phůnt geltes vmme zehen phůnt heller. Ich oder min Erben ſullen auch ʒe male nicht vmme minner geltes lőſen, denne vmme brittehalp Hundert phůnt heller, dar vber mugen wir wol lőſen ie ein phůnt geltes vmme zehen phůnt als vorgeſcriben iſt, vnde ſullen die loſunge allewege tůn vierʒehen Tage vor Sant Georgen tag oder vierʒehen Tage da nach ane alle geuerbe. Es iſt auch bedinget mit Dyepolt von Bernhuſen, das er ſinen erern kinden ſol geben Hundert phůnt geltes, vnde ſie dar ʒehant vngeuerliche bewiſen. Tete er des nicht, So ſol ich Graue Růdolf von Hohenberg ſchaffen vngeuerliche, das er den ſelben ſinen kinden ein Reht tů vmme alle ire anſprache, vnn were er in des vor, So ſol ich in gen in nicht ſchirmen, Er ſol in auch geben ire Mûter gûte als bie bri geheiʒʒen hant, die ſie dar vber gaben beiderſite. Wir ſullen aůch Dyepolt von Bernhuſen geben ieʒunt Tuſend phůnt Heller, der vůſer iegwederre im geben ſol, fünf Hundert phůnt Heller, wer das Ich Graue ỏlrich von wirtenberg das niht tete vnd aůch ſůmigſe were an dem vorgeſcriben gelte ʒe bewiſen minen Sweher Graue Růdolf von Hohenberg, als vor beſcheiden iſt, So han wir Graue Ɓlrich von wirtenberg vnde vlrich Probeſt ʒe Sindeluingen geſworn ʒů den Heiligen, Swenne wir werden gemant von Graue Růdolf von Hohenberg mit briefen oder mit boten, das wir nach der maũunge vber einen Monedo den nehſten ſullen varn gen Thuwingen oder gen Rutelingen, ſwederhalp wir wellen, vnde vngeuerliche bo tůn reht giſelſchaft bis Ich füf (ſic!) Hundert phůnt heller Diepolt von Bernhuſen han gar vergolten, vnn das vorgeſcriben gelte bewiſet minem ſweher Graue Růdolf von Hohenberg, als vor beſcheiden iſt, Iſt auch das ſich verbindet fürbas Graue Růdolf, Graue Růdolfs Süne von Hohenberg, mit ſinem Eyde gen Dyepolt von Bernhuſen, als ſin vater hat getan vnn ſin bruoder Graue Huge, So ſol ſich Markgraue Růdolf von Baden, des phorʒheim iſt, oder Graue Heinrich von Thuwingen mit dem Eyde verbinden gen Graue Růdolf von Hohenberg glicher wiſe als wir ʒwen ỏns verbunden han ʒe varn gen Thuwingen oder gen Rutelingen, obe es ʒe ſchulden cheame vnde gemant werden. Iſt auch das ſich Graue Heinrich von Thuwingen dar umme verbindet, als ieʒunt beſcheiden iſt, der ſol ſin giſelſchaft vollefüren ʒe Růtlingen ane geuerbe. Iſt daʒ ich Graue Růdolf von Hohenberg Zile hete oder gewinne vmme min füf (ſic!) Hundert phůnt heller die Ich geben ſol Dyepolt von Bernhuſen, So ſol min Sweher, Graue vlrich von wirtenberg vmme ſinen Tale (ſic!) aůch dasſelbe ʒile haben. Es iſt auch gerette, wer das mir Graue Růdolf von Hohenberg iſt abe gienge an dem vorgenanten gelte, das ich geben ſol Dyepolt von Bernhuſen vnn in oůch bewiſet han, Es ſie von varnlaʒʒen, von kauffen, von gemechet, oder von welhen ſachen das were vor vs vnn her nach, das ſol minem Sweher Graue Ɓlrich von wirtenberg oder ſinen erben halbes werden vnn ʒe ſtaten chomen als mir. Es iſt auch gerette, wer das Dyepolt von Bernhuſen abe gienge, swas denne iegwederre ỏnſer ſins nützes geſchaffen mag, mit ſinen Erben, Es ſie mit kauffe, oder mit varnlazzen, oder mit ſwelher hande ſache das iſt, das mag er wol tůn. Es iſt aůch gerette, das wir vnde ỏnſer Erben, einander niht ſullen vzze ſtozzen ze Gretzingen noch ein ander dar vzze noch dar in ſchabigen in cheine wiſe ane alle geuerde, vnde in dem Bůrchfride der ſelben Stat, als wir in vzze beſcheiden, wir vnn ỏnſer diener fride han gen ein ander vngeuerliche, wie es zwiſchen vns werde ſten. Swer aber das vnder ỏns oder vnſern Erben breche — das Got verbiete, So ſol dem andern des ſelben Teile an Gretzingen mit des Teils zů gehỏrde veruallen vnn veruallen ſin ane alle geuerde vnn ane widerrede Wir ſullen aůch ein gemeine Burchhůte han in der ſelben Stat ze Gretzingen ane alle geuerde. Elliu diu vorgeſcriben Stücke haben wir geſworn zů den Heiligen ſtete ze halten ane alle geuerde. Dirre vorgeſcriben aller zů waren vrchunde Haben wir Graue Růdolf von Hohenberg vnn Graue vlrich von wirtenberg die vorge⸗ nanten dieſen brief geben geueſtent mit ỏnſern Inſigeln, die an diſen brief mit ỏnſerre wizzende ſin gehenket. Der brief iſt geben ze Nürtingen an dem offerte Tag ỏnſers Herren, do man zalt von Criſtes gebiurte driuzehenhundert Jare, vnn in dem drů vnn drůzzigſtem Jare.

B. d. Orig. im St.⸗Archiv zu Stuttgart. — An der Urkunde hängt nur noch ein Bruchſtück von dem Siegel des Grafen von Hohenberg.

344.

8. Juni 1333. Baden. Graf Rudolf von Hohenberg der Junge verſchreibt ſich gegen Herzog Albrecht von Oeſtreich und deſſen Gemahlin Johanna, die Bündniſſe und Taydinge, welche ſein Vater und Bruder, Graf Hugo, wegen der Heirath des letzteren eingegangen haben, genau zu beobachten.

Wir Graf Růdolf von Hohenberch der Junge Tůn chunt offenlich allen den, die diſen brif ſehent, leſent, oder hỏrent leſen, daz wir vns gegen dem Hochgeborn furſten vnſerm genẽdigen Herren Hertzog Albrecht ze Öſterreich vnd ze Styr, Vnd vnſerr Vrowen, vrowen Johannen der Hertzoginn, verbunden haben mit vnſerm ayde, den wir dorüber ze den Heyligen geſworn haben, daz wir alle die ſicherheit, vnd Büntnüſſe, vnd Taydinge, als verſchriben iſt, von vnſern Vatter, vnd vom vnſerm Bruder, Graf Hugen, von der Hyrat wegen desſelben Graf Hugen, als die brif ſagent, die ſi doruber geben habent, mit ſampt vnſerm Vatter vnd vnſerm Bruder, ſtet haben, vnd volfuren ſullen, an alle arge liſt, vnd an allez geuerde. Vnd geben darüber diſen brif verſigelten mit vnſerm Inſigel. der geben iſt ze Baden Cinſtag vor ſand Barnabe tag des zwelfpoten. do man

zalt von Chriftes geburt taufent drev Hundert Jar dar nach in dem drev vnd drei=
zigiftem jar.

B. b. Orig. im k. k. geh. Haus=, Hof= u. St.=Archiv zu Wien.

345.

8. Juni **1333**. Baben. Vertrag des Grafen Rudolf von Hohenberg
und deffen Sohnes Grafen Hugo, beziehungsweife der mit diefem
verlobten Gräfin Urfula von Pfirt, mit Herzog Albrecht von
Oeftreich und deffen Gemahlin Johanna von Pfirt, in Betreff der
Anfprüche der Urfula an die Graffchaft Pfirt.

Wir Graue Rudolf von Hohemberg vnd Graue Hug vnfer Sün veriehen
vnd tun kunt mit difem gegenwartigen briefe allen den die in anfehent oder hörrent
lefen, Das wir gefworn haben zů den Hailigen geftabet avbe niemer anzefprechen
den Hochgebornen fürften, vnfern gnedigen herren Herzoge Albrechten ze Ofter=
rich vnd ze Styrn, vnd Grauen ze Pfyrte, vnd die ebeln fürftinn, vrowen Jo=
hannen, fine Herzogin, noch ir baider liperben, die fie mit enander habent, oder
noch gewinnent, vmb die felben Herfchaft ze Pfyrte, vnd vmb allez bez gůt, daz
dar zů gehöret, Lůte vnd gůt, wo das gelegen ift, vnd wie baz genant fi, vnd
ouch vmb allez gůt vnd Lůte, des vns oder ieman gedunken mochte, anzegeuallen
von dem ebeln manne Grave Ůlrich von Pfirt, daz er oder fine vorforderent
in aigenfchaft, in lehen wiz, oder in pfandez wiz, her vntz an finez libez ende
braht vnd gehebet hat, wie baz ouch genant were vnd haben baz getan vmb zwai
tufent Marke Silbers, die vns Graue Hugen von Hohemberg die vorgenanten
vnfer herre der Herzoge vnd vnfer vrowe bü Herzogin ze Morgengabe vnd ze
Hainftüre zů unfrer elichen Hufvrowen, vrowen Ürfele geben habent, vnd fullen
fie ouch noch ir kainez vnber in befweren mit kainer lair fache von der felben
Herfchaft wegen, in dehain weg, an der felben Herfchaft ze Pfirt vnd an den vor=
gefchriben güttern vnd Lüten, wie wir baz getůn möhten — — Wir entziehen vns
ouch bi den felben avben aller der rechte, fo wir oder vnfer erben, die wir haben,
oder noch gewinnen, zu der vorgenanten Herfchaft vnd zů den vorgenanten güttern
vnd Lüten gehaben möhten, wie bie genant fint, vnd aller der wege, fo wir da
gegen gefprechen oder gebenken möhten. Wer ouch, daz vnfer vorgenanter herre
Herzog Albrecht vnfer frowen fine Herzogin, die vorgenant vrowen Johannen,
vber lebte, oder bie felbe vnfer vrowe bie Herzogin ben felben vnfern herren ben
Herzogen vber lebte, fo füllen wir ir ietwebers, welches baz anber vber lebt, weber
anfprechen noch befweren in kain weg, noch mit kainen fachen, alz vorgefchriben
ift. — Wir haben ouch gefworn vnd gelopt bi ben felben avben, fwenne wir graue
Hug von Hohenberg bi Jungfrowen Ürfeln vnferr ehlichen Huffrowen geligen,

vnd wanne ſie in vnſern gewalt komt, daʒ wir ſie banne vnder wiſen vnd ſölich halten ſullen, daʒ ſie banne ufgebe vnd ſich verʒihe aller der rechte, die ſie gehaben möchte an der Herſchaft vnd an den güttern vnd Lüten, ſo ſie angeuallen mochte von irem vatter, dem vorgenanten Graue vlrichen ſeligen von Pfirte, oder von ſinen vorforderen, in aller der wiſe, alʒ vorgeſchriben iſt, vnd ſullen daʒ tün dar nach in den nehſten Zwaien Manoben, ſwenne es an vns von dem egenanten vnſerm herren Hertʒog Albrechten oder vnſerr vrowen, vrowen Johannen ſiner Hertʒogin, mit in ſelbe, oder mit ir ietwebers botten oder brieſen geuordert wirt, vnd ſol bü entʒihunʒʒe alſo beſchehen vnd mit ſollichen bunden, daʒ es vns furbaʒ kain ſchaden in kainen weg, weder mit gaiſtlichem noch mit weltlichem, noch mit kainem rechte geſchaden müge. Ouch ſol man wiſſen, daʒ ſich die vorgenant Jungfrowe Vrſell her umb nit verʒihet noch verʒigen hat kaineʒ gütteʒ, erbes, noch erbe rechtʒ, das ir von ire Müter geuallen ſol vnd mag, vnd mit namen des erbes an den güttern ſo ire Müter, von ir vatter oder von ihr Müter geerbet hat. Vnd ſchwenne das iſt, daʒ wir Graue Hug der vorgenant vnd vnſer eliche Hüſvrowe, vrowe Vrſell zu vnſern tagen komen, ſwenne banne bie vorgenanten, vnſer Herre der Hertʒoge oder vnſer vrowe bie Hertʒogin an vns vorberent bie ſelben bunbe, obe ſie bähte, daʒ es in notburftig were, ſo ſüllen wir in vollefuren vnd laiſten aber in den nehſten zwaien Maneben barnach, alleʒ baʒ das vorgeſchriben iſt. Were ouch, baʒ vnſer vrowe bü vorgenant vrowe Johanne die Hertʒogin vor vnſerm herren, dem vorgenannten Hertʒog Albrechten abegienge, oder ſtürbe, ane erben, baʒ Got nit engebe, vnd baʒ er aine andere eliche Huſvrowen nême, und ba mit erben gewünne, ſo ſullen wir der ſelben nach gänden Huſvrowen vnd ouch erben, obe ſü bie mit dem vorgenanten vnſerm herren Hertʒoge Albrechten gewunne, alleʒ beʒ ge- bunden ſin, vnd ouch laiſten mit allen ben rehten vnd bunden, alʒ vorgeſchriben iſt, ane alleʒ geuerbe. Sturbe aber vnſer vorgenante herre Hertʒoge Albrecht vor vnſerr vrowen, vrowe Johannen, ſiner Hertʒogin, ane erben, baʒ ouch Got nü engebe, vnd ſie banne ain andern elichen wirt nême vnd erben ba mit gewunne, ſo ſullen wir ir vnd ben ſelben erben ouch alleʒ beʒ gebunden ſin vnd ouch alle baʒ laiſten mit allen ben rehten vnd bunden, alʒ vorgeſchriben iſt. Wir haben ouch burch beſſer ſicherhait bi ben ſelben ayben vns ſelbe willeclich vnd gerne vf geſetʒet, gebunden, vnd gelubet, ſwenne baʒ were, baʒ wir ber vorgenanten gelübbe vnd bunbe aineʒ oder me oberfürren oder brechen, in alle bie wege vnd mit aller ber wiſe, als wir oberilarn oder brechen mochten vnd bie nit gantʒlich laiſten vnd baʒ brechen oder oberuarn offenbär were, baʒ Got nit welle, ſo ſullen bie Beſten, ber Büſſe, Rübelingen, Luppfen vnd Brülingen, vnd ouch allü bü pfant, bie wir von bem ſelben, vnſerm herren Hertʒog Albrechten, vnd von Hertʒoge Otten ſinem bruber ʒepfanbe haben, wie bie genant ſint vnd wo bie gelegen ſint, ben ſelben vnſeren herren vnd iren — — erben von vns vnd von vnſern erben vnd ouch von ben, ben wir bü ſelben pfant geſetʒet hetten, oder noch ſatʒten, gar vnd gantʒlich lebig vnd lêre ſin, ane alle Löſunge, vnd ane alle wiberrebe. Es

haben och gesworen — — die Burggrauen vnd vogte, die uf den vorgenanten
Vesten pflegere sint, ie der man selb dritter, obe der gelübbe oder bunbe, ains
oder mer, vberuare werde, daz sie banne den vorgenanten vnsern herren den Herzogen die selben vesten unb pfant mit vnserm gütten willen vnb gunst in antwurten
sullen, ane alle wiberrede, vnd ane allen furzug uf der stat swenne man sie mant.
Wir sullen ouch der vorgenanten vnsere Burggrauen vnd vogte, die gesworn habent, behain vercheren noch verwanbeln ane vnsers egeschriben herren Hertzoge
Albrecht oder siner Hertzogin vrowen Johannen, oder ane ihrer Amptlute, den
ñ das enpfehlhent, willen vnb gunst. Sich sullen ouch die selben geswornen Burggrauen vnb vogte nit verleren lassen bi den selben ayden, als sie barüber gesworn
habent in behain weg, als vorgeschriben ist. Wir haben ouch dem vorgenanten
vnserm herren Hertzoge Albrechten vnd vnserr vrowen vrowen Johannen, der
Hertzogin, durch besser sicherhait gesetzet vnser Burg Haigerloch vnb die Stat,
vnb Tryberg Burg vnb die stat, vnb allez daz, daz bar zu gehöret, wie daz genant si vnb wo daz gelegen si, also, beschaibenlich, obe wir der vorgenanten ge-
lubeb vnb bunbe iht vberfuren, oder brechen, daz banne die Burggrauen vnb die
Burgere der selben vesten dem vorgenanten vnserm herren Hertzoge Albrechten
vnb siner Hertzogin vnb iren erben uf der stat die selben Burge vnb Stätte inantwurten ane alle fürzüge vnb ane alle wiberrede, vnd haben bez die selben
Burggrauen vnb Burgere gesworn gestabet ayde zů den Hailigen, vnb habent ire
briefe mit iren hangenden Ingesigeln barvber gegeben, daz sie daz gantzlich laisten
sullen, wan es ze schulben kome. Wir sollen ouch der selben Burggrauen bekainen
verleren noch verwanbeln in kainen weg alz vorgeschriben ist. Were aber, daz
wir ain Burgrauen oder ainen vogt mit bez egenanten vnsers herren Hertzoge
Albrecht oder mit vnserr vrowen der Hertzogin oder mit iren .. Ampluten, die
sie da zů gesetzet habent, willen vnb gunst verkerten, die sullen ouch ieberman selb
dritter swern, vnb ire briefe barüber geben, allez daz ze laisten, vnb stette ze haben als vorgeschriben ist. Ouch sol man wissen, daz Graue Rudolf vnsers des
vorgenanten Graue Rudolf Sun von Hohemberg, mit vns vnb mit vnserm
Sune Graue Hugen sinne brüder sich verbunden vnb gesworn hat, stäte zehal-
tenbe vnb mit vns ze vollefurenbe vnb ze tünbe allez daz hie vorgeschriben stat,
ane alle geuerbe. Geschehe ouch, daz Got wende, daz der vorgeschriben vnser herr
Hertzoge Albrecht vnd vnser vrowe vrowe Johanne, die Hertzogin, ane erben
vnb ane gemechebe der vorgenanten Herschaft ze Pfirt, vnb Lute vnb gut, sturbe,
vnb abe gienge, daz bar zu gehöret wie daz genant si, das sie wol vollen gewalt
habent zetuube, waz banne bů vorgenant vrowe Vrsell rehtz zů der selben Herschaft ze Pfirt hette oder gehaben mohte, bez sol sie banne geniessen. Swaz ouch
Güte oder erbe aigen oder lehen, wie daz genant si die selben vrowen Vrseln von
ir Můter, vrowe Johannen, der Margrauin von Baden [1]), angeuallen mag,
des hat sie sich in bekain weg, der vorgeschriben ist verzigen. Wan ouch der vorgenant Graue Hug von Hohemberg vnb vrowe Vrsel stn eliche Husvrowe zů

iren tagen koment, also, daz fie fich verzihen mügent der vorgenanten Herſchaft
ze Pfirte, vnd Lüte vnd gůt, die da zů gehörent, alz vorgeſchriben iſt, also, das
es vnſerm vorgenanten herren Hertzoge Albrechten vnd vrowe Johannen finer
Hertzogin nuß vnd gůt fi, ſwenne ſie fich danne des ſelben verzihent, vnd ouch
mit briefen vnd mit andern ſachen vnd bünden gůt machent, daz ſie fin den vorgenanten vnſern herren den Hertzogen vnd finer vrowen Johannen der vorgenanten Hertzögin vnd ire erben dar an benüget, so ſullen die vorgenanten bunde
gar vnd gantzlich abe fin. Wir Graue Růdolf von Hohemberg der vorgenant
veriehen ouch offenlich an diſem briefe, daz wir die zwai Tuſent Marke ſilbers,
die vns Graue Hugen von Hohemberg der hochgeborne furſte vnſer herre Hertzoge
Albrecht ze Oſterrich vnd ze Styre, vnd vnſer vrowe vrowe Johanne die
Hertzogin der ſelben Lande, ze Hainſture zu vnſerr elichen Huſvrowen vrowen
Vrſeln geben habent, anlegen ſullen an ſollich gůt mit der vorgenanten des Hertzogen vnd finer Hertzogin wiſſend vnd Rat, oder mit der wiſſend vnd Rat, die
die vorgenanten vnſer herre der Hertzoge oder vnſer frowe die Hertzogin dar zu
ſchaffent, also, daz ez der vorgenanten vrowe Vrſeln vnd iren erben nuß vnd
gůt fi. Wir ſullen ouch die zwai Tuſent Marke, die wir Graue Růdolf geben
ſullen der egenanten vrowe Vrſeln von vnſers Sunez vorgenanten Graue Huges
ze wiberlegunge ouch allez vſrichten an ligendem gůte oder an veſten, nach vnſers
vorgenanten herren Hertzoge Albrechten vnd nach vnſerr vrowen finer Hertzogin,
oder wem ſie daz enpfelhent, haiſſen vnd Rat, daz ez ouch der vorgenanten vrowe
Vrſeln nuß vnd gůt fi. Wolten wir aber die zwai Tuſent Marke, die vnſer
vorgenanter herre Herczog Albrecht vnd vnſer vrowe vrowe Johanne die Hertzogin vnſerm Sune dem vorgenanten Graue Hůge zů finer elichen Hůsvrowen
vrowe Vrſele ze Hainſture gegeben habent, vns ſelber oder vnſerm Sune den
ſelben, zů vnſer notburft behalten so ſullen wir vmb die ſelben zwai Tuſent Mark,
die wir behielten, vnd ouch vmbe die zwai Tuſent Marke, die wir der vorgenanten
vrowen Vrſeln ze wiberlegunge geben ſullen, die ſelben vrowen Vrſeln wiſen w
vnſer Gůt, daz wir Haben, vnd ſullen ir ouch daz ſelbe Gůt inantwurten, ouch
nach des vorgenanten vnſers herren Hertzoge Albrechten oder finer Hertzogin
vrowe Johannen haiſſen vnd rat, oder nach der haiſſen vnd rat, den ſie daz
enpfulhen, ouch also, daz ir vnd iren erben nuz vnd gůt fi. Were ouch, daz vnſer
frowe bú vorgenant vrowe Johanne die Hertzogin abeginge vnd ſtürbe ane erben,
vnd daz bú Herſchaft von Pfirte mit lüte vnd mit gůte geuiellen an vnſern vorgenanten herren Hertzoge Albrechten, so ſullen wir die Zwai Tuſent Marke,
die vns danne der ſelbe vnſer herre Hertzoge Albrecht aber git vmb die vorgenanten verzihnüſſe mit ſamet den zwaien Tuſent Marken, die wir zu wiberlegunge
ouch danne der vorgenanten vrowen Vrſeln geben ſullen, aber anlegen, also, daz
ez der ſelben vrowen Vrſeln vnd iren erben nuß vnd gůt fi, in alle die wege, vnd
wiſe, alz vorgeſchriben iſt. Sturbe aber, bú vorgenant vrowe Johanne, die Hertzogin, vnd lieſſe dem vorgenanten vnſern herren dem Hertzogen erben, die ſie mit

im hette, ſo iſt vns derſelbe vnſer herre Hertzoge Albrecht nit gebunde zegebende,
der ſelber nach ganber zwai tuſent Marke. Sturbe aber der vorgenant ynſer herre
Hertzoge Albrecht vor vnſerr vorgenanten vrowen vrowe Johannen, der Hertzogin,
ſo iſt vns bú ſelbe vrowe Johanne die Hertzogin ouch nit gebunden ze geben,
der ſelber nach ganber zwaier Tuſent marke, als vorgeſchriben iſt, ſi habe erben,
oder nit. Vnd barumbe ze aime waren vrkunde vnd bezuniſſe aller vorgeſchriben
dinge, daz ſie ſtette vnwandelber vnd vnzerbrochen bliben, ſo geben wir der vorge=
nant Graue Rudolf von Hohemberg, Graue Rudolf vnd Graue Hug, vn=
ſere Súne, vnſern aigen hangenden Jnſigel an biſen offen gegenwurtigen brief. Der
geben iſt ze Baben an ben nehſten Zinſtage vor ſant Barnabaz. Do man zalt von
Criſtez geburte Druzehenhundert Jare, briſſig Jare vnd barnach in bem dritten Jare.

[1] Der Abbruck bei Herrgott hat richtiger baſey (wohl befort), 1347 J. v. „Mimpelgart.“

346.

8. Juni **1333**. Baben. Angelobungsbrief des Grafen Rudolf von
Hohenberg und ſeines Sohnes Grafen Hug, daß ſie an Herzog
Albrechten zu Oeſtreich, deſſen Gemahlin Johanna, Gräfin zu
Pfirt, und deren Erben wegen der von Graf Ulrich ſel. inge=
habten Herrſchaft Pfirt keine Anſprüche machen wollen, nachdem
erwähnter Herzog deſſelben Grafen Ulrichs Tochter Urſula, Grafen
Hugs Verlobten, für ihren väterlichen Antheil und Heimſteuer
2000 Mark Silber entrichtet.

Wir Graf Rudolf von Hohemberch vnd Jch Graf Huge ſin Sône,
Tûn chunt offenlich allen ben, bie biſen brief ſehent leſent, oder hôrent leſen. Daz
wir baibe, geſworn haben ze ben Heiligen geſtabt Eyd bem Hochgeborn Fürſten,
Hertzog Albrechten ze Öſterrich, vnd ze Steyr, vnſerm genêbigem Herren, vnd
vnſerr lieben vrôwen, vrôwe Johannen. ſeiner Hertzoginne. Gräfinne ze Pfyrt.
Daz, wir ſû, noch ir bäyber erben, bie Si, itzu habet, ober noch bi einander ge=
winnent. nimmer angeſprechen ſullen, noch behainen chrieg mit in haben ſullen,
mit getat, noch mit ben Rehten. ez ſi an weltlichem oder an Geiſtlichem gerichte,
vmb bie Herſchaft ze Pfyrt, vnd vmb allez baz, baz bartzu gehöret, ez ſin lütt,
oder Gut, Aygen ober Lehen, Vögttey, Gerichtt. Twinge, ober Pênne, vnd wie,
ſo iz genant ſi, vnd wa ez gelegen ſi alz iz, Graf Ulrich ſêlig von Phirt,
vnd ſin vordern vntz an in bracht habent, vnd ſwaz, ouch bie ſelbe Herſchaft von
Phyrt nach ſeinem tôbe, angeuallen iſt, oder noch angevallen môhte, ez haben, bie
vorgenanten vnſer Herre, der Hertzog vnd bie Hertzoginne, itzo iiche, oder ob ſi ez
hernach ingewinnen, baz Si baz Gerubklich vnd an alle anſprach, von vns vnd

von vnfern Erben, wegen niezzen vnd haben fullen. Vnd haben wir, die vorgefchriben verpvntnüffe, vnd gelübbe, getan, vmb Zway Taufent March filbers
Bafler gewihttes die mir Grafen Hügen die vorgefchriben, vnfer Herre der Hertzog
vnd die Hertzoginn ze Morgengab vnd ze Heimftivr vröwe Vrfeln, miner Houfvröwen, des vorgenanten Graf Vlrichs, feligen von Phirt, Tôchter vnd für allen
irn Erbteyl den fi, von ir vatter erben folte behainen weg oder möhtte, geben
vnd auzgerichttet, habent gêntzlich Vnd mêr, daz der vorgenant vnfer Herre, der
Hertzog vnfer vrowen, die Hertzoginn, oder die Hertzoginne, den Hertzogen vber
lebt, fo fullen wir doch, behaynez, daz daz ander vberlebt, vnder in, in behainen
weg, anfprechen, oder befweren, bi den felben ayden, an der Herfchaft, vnd daz,
dartzô gehört, als vorgefchriben ift. Wir haben ouch, bede gelobt, vnd gefwarn,
bi den felben ayden fwann ich Graf Hüge, bigelig, miner Houfvröwen, vrowe
Vrfeln, vnd fo fie in mein gewalt chumpt, daz ich fi danne, des vnberwifen, vnd
alfo halten fol, daz Si danne aufgeb vnd fich entziche, aller der Rechtt. die fi gehaben möhtte an der Herfchaft · ze Phïrt vnd an allen Guetern vnd Lntten, fo
dartzô gehörent fo fi angevallen möhtte, vôn irm vatter Graf Vlrich feligen, von
Phïrt, oder von finen vorbern, in aller der weis, als vorgefchriben ift, vnd fullen
daz tôn, dar nach in den nachften zwayn Moneyden, fwanne ez, der Hertzog, oder
die Hertzoginne an vns bayde, oder an vnfer ainen mit ir brieven oder mit in
gewiffen boten, vordernt. Vnd fol ouch, die entzichnuffe, alfo befchehen, mit folich
Vônden, vnd ficherhait, daz dem vorgenantem vnferm herren dem Hertzogen vnfer
vrowen, der Hertzoginne vnd ir erben, von vns vnd von vnfern Erben fürbaz be
hain chrieg aufgeftan, oder gefchaden müg, weder an Geiftlichem noch an welt
chem Gerichtte. vnd fwamm daz ift, daz ich Graf Hüge, vnd min Houfvröm,
vröwe, Vrfel ze vnfern tagen chomen, fo danne der vorgefchriben vnfer Herre, le
Hertzog .. oder die Hertzoginn an vns, vordernt. Diefelben, oder newe Pvnde d
fie bedunchet daz fi fie notbürftig fin, fo fullen wir in, aber volfüren vnd laiften
in den nachften Zwayn Moneyden dornach fo wir gemonet werden, allez daz be
vorgefchriben ift. Ouch fol man wizzen, daz fich, die vorgenant vröwe Vrfel a
difen bingen, niht vertzeihet, noch vertzigen hat, behaines Gütes, oder Erbes a
erbrehttes daz ir von ir Mveter geuallen fol oder mag, vnd mit namen, b
Erbes, an den Gütern fo ir Mveter, von ir vatter oder von ir Mveter geerbt
hat. Ez ift och betaydingt, ob daz wer, daz vnfer vröwe die Hertzoginne a
vnferm Herren, Hertzog Albrechten abgieng, oder ftürbe, an erben, des Got niht
. welle, vnd ob er, ein ander vröwen nêm, vnd da mit Erben gewunne, fo fullen
wir ben felben erben, allez des gebunden fein, vnd ouch laiften mit allen ba
rehtten, vnd bunben, als vorgefchriben ift, an allez geuerde, Stürbe aber, der vor
genant, vnfer Herre der Hertzog .. an Erben, daz Got wende, fo fi wir, vnfer
vröwen, der Hertzoginne, vnd ir Erben, ouch, deffelben gebunden, ob fie ein
andern, man nêm, vnd da bi, erben gewunne, an alle widerred, vnd an alle
geuêrd. Wir haben ouch bebe, vns felben, durch merer ficherhait, vnd by ba

en so wir, dar vber, gesworn habn, aufgesatzt gerne, vnd willichlich, vnd ge=
vnd ouch verpunden, ob daz wêr des Got nicht verheng, daz wir der vorge=
Gelübbe vnd púnde an einen ober an mer, vberfüren, oder prêchen in
weg ober in behain weis, als wir vberuarn —, ober geprechen möhtten,
gelübbe iniht gentzlich laistenb vnd daz chuntlich wer, oder baz man gen
wohl beweisen möhtte, So sullen die Vesten, der Púzze, Rueblingen,
hen, vnd Brolingen, vnd ouch alle die Phande, die wir von vnsern
ben Hertzogen von Osterrich haben ze phande, wie die genant sein ober wa
ben selben vnsern Herren, den Hertzogen, Hertzog Albrechten, vnd Hertzog
irn Erben von vns, vnd von vnsern erben, vnd ouch, von den, ben
selben phande icht versetzt hetten, gar vnd gentzlich lebig sein, an alle ir
vnd ouch inen, widerzeantwürten, an alle widerred vnd die prief, die wir,
Erben, dar vber haben, sullen tod, vnd absein, vnd fürbaz behain chraft
Ez habent ouch nach vnserm gebot, vnd nach vnserm haizzen, zv den Hei=
gesworn, vnser Burgrafen, vnd vnser vögtt. die, die vorgenanten Vesten inn=
ie der man selbe britte. ob wir die gelubbe, vnd bunde, an ainem ober an
vberfüren, daz si bann den vorgenanten vnsern Herren den Hertzogen, bie
vesten vnd Phande inantwurten sullen, an alle widerred, vnd an allen auf=
mit vnserm gütem willen, vnd gvnst, vnd ouch auf der stat, swann, man
Ei vorbert. Wir sullen ouch, der vorgenanten Burgraven. noch vögtten,
nen verchern. noch verwandeln. an vnsers herren, bes Hertzogen, oder ber
oginne, oder ir Amptlüt, ben si baz enphelhent. willen vnd günst. Sich sullen
bie selben gesworn Burgraven vnd Vögtt, niht verchern lazzen, wider ben
ben si bar vber, gesworn habent in chainen weg, als vorgeschriben ist, Wir
ouch, durch merer sicherhait, ben oftgenanten, vnsern herren Hertzog Albrech=
ber Hertzoginne gesatzt, ze rehtem Phand, vnser Burg vnd Stat ze Hay=
och vnd Triberch, Burg vnd Stat, vnd allez baz, baz bartzv gehört, wie
genant sei, also, beschaibenlich, ob wir die vorgenanten gelubbe, vnd Pönbe
chainen weg vberfüeren, ober prêchen, baz bann, die Purgraven, vnd bie
ber selben Steten, vnserm Herren, Hertzog Albrechten, vnd ber Hertzoginne,
ir Erben auf ber stat, die selben Bürge, vnd Stêt inanwurten an allen für=
vnd an alle widerred. vnd habent bes bie selben Burgraven vnd Burger ge=
gesabt Aybe, ze ben Heiligen, vnd habent ir brief, mit ir hangenben In=
bar vber geben baz Si baz gentzlich, laisten sulln, ob ez ze schulben chumpt.
sulln ouch, der selben Burgrafen, behainen vercheren noch verwanbeln in chai=
weg, als vorgeschriben ist, Wêr aber baz wir Ainen, ber Burgraven ober ainen
mit bes egenanten vnsers Herren, Hertzog Albrechtes, oder mit vnserr vro=
ber Hertzoginne, oder mit irn Amptluten, die si bartzv gesetzt habet, willen,
gvnst, vercherten, die sulln auch in ber man selbe britter sweren vnd ir brief,
ber geben. allez, baz ze laisten, vnd stêt ze haben als vorgeschriben ist, Vnd
ouch, bes Got niht welle, baz ber vorgenantte, vnser Herre, Hertzog Al=

brecht, vnd die Hertzoginne, bayde abgiengen, vnd niht leiperben liezzen, vnd auch
an gemêcht, oder geschefte, der selben Herschaft ze Phyrt, vnd daz bartzo gehöret,
des si, wol gewalt, vnd reht habent mit vnserm willen, ze tûn mag dann, ich
Graf Hug vnd vrôw, örfel mein Hôusvrôw oder vnser Erben, zo der Herschaft ze
Phirt, dehain ansprach vnd reht haben, des fulln wir geniezzen. Es ist auch beredt, vnd betaydingt, swenn ich Graf Hug vnd mein Hôusvrow vrow Briel, ze
vnsern tagen chomen vnd wir vns der Herschaft ze Phirt vnd lût vnd Güt, die
bartzo gehörent als vorgeschriben ist, vnd aller Ansprach. So wir bartzo gehaben
möhtten, entzeichen, mit Eyden, mit brieven, mit Bonden, vnd mit sölicher sicherhait, vnd vestnûng, der banne vnsern Herrn, den Hertzogen vnd die Hertzoginne
genöget. anb alf iz, in, vnd irn Erben, nütz vnd notbürftig ist, daz dann, die gelubbe vnd die pvantnusse, die vnser Purgraven, vögtt, vnd Burger, für vns, vnd
vnser Erben getan habet gar, vnd gêntzlich absein sullen, vnd die prief, die dar
vber sint, sol man wider geben. Vnd daz die sache, also volfürt, vnd gelaitet
werde, vnd ouch vntzebrochen von vns, beleib, So haben wir ze den ayden, die
wir gesworn habn, disen prief geben, versigelte, mit vnsern Insigeln. Der geben
ist ze Baden, an Zinstag vor Sand Barnabe tag. Da man von Gottes geburt,
Zalt Tûsent, drühundert Jar, vnd darnach in dem drü vnd drizzigisten Jar.

B. d. Orig. im k. k. geh. Haus-, Hof- u. St.-Archiv zu Wien.

<hr>

347.

9. Juli 1333. Constanz. Graf Rudolf von Hohenberg und seine
Söhne Rudolf und Hugo verpflichten sich eidlich gegen Herzg
Albrecht von Oestreich dafür, daß die Herren von Lupfen das
halten und vollführen, was jene in dem Heirathscontract Hug's
in Betreff der Burg und Stadt Lupfen zugesagt haben.

Wier Graff Rudolff von hohemberch vnd wier Graf Rûdolf vn
graf hug sin Sön veriehen offenlich mit disem brief allen den die in anseh
lesent oder hörent lesen, daz wier habn gesworn ze den hiligen, daz wier die eh
lüt .. die von Lupphen sölich halten, swenn si zu Lande chomen, daz si den
sweren ze den hiligen gestabt Eyd, allez daz ze laisten vnd ze uolfüren, daz si
dem hochgeborn fürsten, herzog Albreht ze Osterrich vnd ze Steyr vn
Graven ze phirt vnd der ebeln vrowen seiner hertzoginne, vrowen Je-
hannen, hertzogin ze Osterrich vnd ze Styr, gelobt habn vber den bo
min graf hugs mit der ebeln Junchvrowen örseln, der vorgenanten
hertzogin Swester, in alle die wis vnd in alle die weg als ander vnser vo
graven vnd vögte, der prief si habnt, vnd als die prieff sagent, die wir dem ob
schribenen hertzoge vnserm herren vnd der hertzoginn vnsrer vrowen vnd irn erb
dar vber gegeben habn. Wêr aber, daz wier daz nit teten vnd daz vbefüren, so

als wir mit vnsers selbes lip inuaren gen Dyeſſenhoven vnd da innligen als
ng vntz daz die vorgenanten von Lupphen gewornt vnd gelobnt ze laiſten vnd
ze uolfären mit der burg vnd der Stat ze Lupphen, als ander vnſer bur=
gwen vnd vögte, vnd als die prief ſagent, bie wier in bar vber geben haben.
Daz wier daz alſo volfüren vnd laiſten, darvber ſo geben wier dem vorgeſchriben
vſerm herren dem hertzogen vnd vnſter vrowen der hertzoginn biſen prief ver=
igeln mit vnſern Jnſigeln, der ze Choſtentz iſt geben an dem nahſten vrytag
nach ſant vlreichs tag, da man zalt von gottes gepurd tuſent drühundert Jar vnd
in dem drü vnd drizzigoſten Jar.

B. d. Orig. im St.-Archiv zu Stuttgart. — Die Siegel der beiden Rudolfe ſind
dieſelben, wie die Nro. 1. und 3. an Urkunde 1332, an dem nehſten fritag nach ſant
Adburg tag; nur nicht ſo gut erhalten, doch kann man an dem Siegel des jüngeren
Rudolf deutlich „ivaior ...“ leſen.

348.

Juli **1333**. Conſtanz. Konrad, Vogt von Rotenburg, Burggraf
zu dem Buſſen, zu Rieblingen und Haigerloch, verbindet ſich eiblich
gegen den Herzog Albrecht von Oeſtreich, Gemahl der Gräfin
Johanna von Pfirt, dieſem ohne Aufſchub den Buſſen, Rieblingen
und Haigerloch zu übergeben, wenn ſeine Herren Graf Rudolf
von Hohenberg und deſſen Sohn Hugo, Gemahl der Gräfin Urſula
von Pfirt, nicht halten ſollten, was ſie in Betreff Hugo's Heirath
dem Herzog von Oeſtreich zugeſagt hatten.

Ich Cünrat der vogt von Rotemburg, Burgraue zů dem Buſſen,
ze Rübelingen, vnd ze Haigeloch, vergihe vnd tün kunt mit diſem gegen=
wurtigen briefe allen den die ſehent, leſent oder hörent leſen, Daz ich geſworn
habe vnd mit mir Albrecht der Ganaſſer vnd Albrecht der Eſel, miner
bvder manne, geſtabet ayde zů den Hailigen, ze laiſtende vnd ze vollefürende allez
daz der edel Herre, min Herre Graue Růdolf von Hohemberg vnd
ſin Herre Graue Hug ſin Svn vber die Hyrat, die der ſelbe min Herre
Graue Hug mit der edeln vrowen, vrö Vrſeln, der edeln fürſtin vrö Jo=
hannen, der Hertzogin ze Öſtrich, vnd ze Styre, ſweſter getan hat, mit
aller der wiſe vnd in alle die wege, alz die briefe ſagent, die die vorgenanten
mine Herren, dem hochgebornen fürſten, Hertzoge Albrecht ze Öſtrich vnd ze
Styre vnd Grauen ze Phyrite vnd ouch der vorgenanten vrö Johannen der
Hertzogin vnd iren erben darüber gegeben habent. Alſo, ſwenne daz geſchehe, daz
die vorgenanten mine Herren, Graue Růdolph vnd Graue Hug ſin ſun, oder irē
erben vberfüren die taidinge, die vmb den Hirat geſchehen ſint, vnd ſie niht gantz

lich hielten, alz die briefe sagent, die darüber geben sint, swanne danne der
genant edel fürste, Hertzoge Albrecht oder die vorgenant vrö Johanne die Her
oder ire erben an mich vorderten, mit in selbe, mit iren botten oder mit
briefen, die veste den Buffen vnd Rüdelingen, so sol ich denselben, di
an mich vorderent, die selben veste inantwurten ane allen uffschup, ane allen si
vnd ane allez geuerde, wan sie in eweclich veruallen sint, vnd die vesti Hai
loch, Burg vnd Stat ouch inantwurten, ane allen uffschup, ane allen si
vnd ane allez geuerde, vntz es wider vfgerihtet, vnd wider tan wirt. Vnd j
vnd die zwene, die mit mir gesworn habent, in gehorsam sin vnd vnbeda
alle die wege vnd wife, alz ander ire .. Burgrauen, die si hant uf andern
Burgen vnd vestinan, die sie niht versetzet habent, mit alle da sie vnser
burffent. Vnd des ze urkunde gip ich vnd die zwene, die mit mir geswor
bent, disen brief verfigellen mit vnfern aigen hangenden Infigeln. Dirre
wart ze Costentz geben an dem nehsten fritage nach Sant Ulrichs tage, J
Jare, bo man zalt von Gotz geburte drützehenhundert Jare dar nach in be
vnd driffigosten Jare.

 B. d. Orig. im St.-Archiv zu Stuttgart. — Mit 3 anhangenden Siegeln.
der Ganaffer und Albrecht der Efel haben jeder einen Efel im Wappenschilde.

<hr>

349.

9. Juli 1333. Constanz. Peter von Rüti, Ritter, Burggraf zu
lingen, bekennt, daß er mit Reinhart von R., seinem Sohne,
Albrecht von R., seinem Neffen, dem Herzog Albrecht von Oe
geschworen habe, ihm die Veste Brülingen zu übergeben,
feine Herren, die Grafen Rudolf und Hugo von Hohenberg
dem Herzog gegebenen Zusagen nicht halten würden.

Ich Peter von Rüty, Ritter, Burggraue ze Brülingen,
vnd tůn kunt mit difem gegenwurtigen briefe allen den, die in sehent, lefe
hörent lefen, Daz ich gesworn habe vnd mit mir Reinhart von Rüty
Sun, vnd albreht, Her Reinharts feligen von Rüty min
Sun, gestabet ayde zů den Hailigen ze laiftende vnd ze vollefürende allez
ebel Herre, min Herre Graue Rudolf von Hohemberg, vnd min
Graue Hug, fin Sun, vber die Hyrat, die der felbe min Herre
Hug mit der ebeln vrowen vrö Vrfeln, der ebeln furftin vr
hannen, der Hertzogin ze Ôsterrich vnd ze Styre swefter, ge
mit aller der wife vnd in alle die wege, alz die briefe fagent, die die vorge
mine Herren dem Hochgebornen fürften Hertzoge Albreht ze Ôsterich vnd ze
vnd Grauen ze Phyrte, vnd ouch der vorgenanten vrö Johannen der he

vnd iren erben dar über gegeben habent. Also fwenne das gefchehe, daz die vor=
genannten mine Herren Graue Rudolf, vnd Graue Hug fin Sun oder ire erben
oberfuren die taidinge, die vmb den vorgenanten Hyrat gefchehen fint, vnd fie niht
ganzlich hielten, alz die briefe fagent, die daruber geben fint, fwenne danne der
vorgenante edel fürfte Herzoge Albreht oder die vorgenant vrô Johann die er=
zogin oder ire erben an mich vorderten mit in felbe mit iren botten oder mit
iren briefen, die vefti Brülingen, fo foll ich den, die fie an mich vordernt, die
felben vefti inantwurten ane allen ufchûp ane allen fürzug vnd ane allez geuerde,
van fie in eweclich vervallen ift. Vnd fol ich vnd die zwene, die mit mir ge=
fworn habent, in gehorfam fin vnd vnbertánig in alle die wege vnd wife, alz
aber ire Burgrauen, die fie Hant uf andern iren veftinan, die fie niht verfetzet
habent, mit alle, da fie vnfer zû beburffent. Vnd bez ze vrkunde gip ich vnd die
zwene die mit mir gefworn haben, bifen brief verfigelten mit vnferen aigen an=
hangenden Jngefigeln. Dirre brief wart geben ze Coftenz, an dem nehften fri=
tage nach fant Vlrichs tage, In dem Jare, do man zalt von Gotz geburte drü=
zehenhundert Jare vnd drü vnd driffig Jare.

B. d. Orig. im St.-Archiv zu Stuttgart. — Das Siegel des Reinhard von Rüti-
hat 3, in einem Dreieck ftehende Sterne auf dem Schilde.

<hr>

350.

9. Juli 1333. Conftanz.[1] Die Stadt Triberg gibt das eidliche Ver=
fprechen, dem Herzog Albrecht von Oeftreich und feiner Gemahlin
Johanna, wenn Graf Rudolf von Hohenberg und deffen Sohn
Graf Hug die bei getroffener Heirath mit Fr. Urfula von Pfirt
befagtem Herzog und feiner Gemahlin gegebene Verficherung nicht
erfüllen follten, gehorfam und unterthänig feyn zu wollen.

Wir ... der Schultheiz der Rat vnd die Burger gemainlich ze Triberch
veriehen, vnd tûen kont allen ben, die bifen brief anfehent oder hôrent lefent, daz
wir gefworn habn geftabt ayde zu den Heiligen, ze laiften, vnd ze volfüren allez,
daz der edel herre Graf Rûdolph von hohemberch vnd Graf Hûg fin fôn
onfer herren ober den Hyrat, den der felbe onfer herre Graf Hûg mit der
Edeln vrowen, vrôwe ûrfeln der Edeln fürftinn vrown Johannen, der
Herzoginne ze Ofterreich vnd ze Styr. Swefter getan hat mit aller der
weis vnd in alle die weg, als die prief fagent, die die vorgenanten vnfer herren.
dem Hochgeborn fürften, Herzog Albrechten ze Ofterreich vnd ze Styr vnd
Graven ze Phirt, vnd ouch, der vorgenanten vrow Johannen, der Herzoginn,
vnd ire Erben, dar ober geben habnt. Also fwenn daz gefchech, daz die vorge=
nanten vnfer herren Graf Rûdolph vnd Graf Hûg fin Sôn oder ir erben ober=

füren die taybing, die vmb den vorgeſchribnen Hyrat, geſchehen ſint, vnd ſie nicht genzlich hielten als die prief ſagent die dar vber geben ſin ſwenn danne der vor= genant edel fürſte Herzog Albrecht oder die Herzoginn, vrow Johanne oder ir er= ben an vns vordernt mit in ſelber, mit ir brieven oder mit irn botten, die Stat Triberch, ſo ſullen wir denſelben die Si an vns vordernt die ſelben Stat inant= würten an allen vfſchub, an allen fürzug vnd an allez geuerbe vnz ez wider vßge= richtet wirt vnd wider tan, genzlich vnd ſullen wir in gehorſam ſin, vnd vnd (sic!) vnbertênik in alle die weg vnd wiſe, als ander ir Burger vnd Stet, die ſi vnuerſetzt habnt mit alle der da ſi vnſer zôbedürfen, vnd daz wir, daz alſo ſtêt vnd vnzerbrochen behalten, dar vber ſo geben wir biſen brief ze einem offenn vr= chunde, beſigelten mit vnſer ſtat Inſigel. Der geben iſt ze Choſtenz an dem nachſten vreytag, nach ſand Ulreychs tag. da man zalt von gots geburd Tuſent, Druhundert Jar in dem Dru, vnd brizzigiſten Jar.

V. d. Orig. im k. k. geh. Haus=, Hof= und St.-Archiv zu Wien. — Das Siegel der Stadt hat die Umſchrift: S. Burgensium in Triberch.

[1] Eine wörtlich gleichlautende Verſchreibung ſtellten unter demſelben Jahr und Tag die Städte Haigerloch, Nieblingen und Brülingen (? Bräunſtingen) aus. Originale in Stuttgart und Wien.

351.

17. Auguſt 1333. o. O. Trutwin der Hemmeling von Kuppingen (O.A. Herrenberg) verkauft unter dem Siegel ſeines Herrn, des Grafen Burkard von Hohenberg, an Johanſen von Bregenz, einen Edelknecht, Güter bei Ober= und Unter=Sulz (O.A. Nagold), und bei Kuppingen.

Ich Trutwin der hemmilinc von kuppingin ain Edel knecht Tun künt allen ben die biſen brief geſehent oder gehorent leſen, das ich gip vnd han geben zô koffenbe recht vnd redelichen aines rechten koffes für mich vnd mine erben vnd mine nächkomen vnd für alle miner lehen erben Dem erbern manne Jo= hanſen von bregentze Eim Edeln knecht vnd ſinen erben vnd nächkomen vnd allen ſinen lehen erben biſü mine güter, die hie näch geſcriben ſtant von erſt ain wiſun, die da gelegen iſt in der eſche obe der mule zô dem niebern ſulß ber man da ſprichet phaffe ripolß wiſe, dar näch in der eſche zô dem obern ſulße, ben acker in kuppinger bal vnd was dar zô höret vnd dar näch ſtet lun halbun, die da gelegen iſt in der eſche zô dem obern ſulße vnd was bar zô gehöret, vnd diſe vorgeſcribn güter habe ich der vorgenant Trutwin geben bem vorgenanten Johanſen vmbe zehen phunt genemer vnd güter heller. Ich Trutwin vergich öch, daz mir die heller worden ſint vnd in minen nutze chomen ſint. Man ſol öch wiſſen, daz ich der vorgenant Trutwin han geben bem vor=

genanten Johanſen biſu güter die vor geſcriben ſtant zů koffenbe mit ſolicher gebinge, wenne ich ober mine erben obe ich nüt were, baz got wenbe, in wenbic
zehen iaren, bie nü nechſte nåch birre bate biz briefz an gant, mit zehen phunben
gütter heller kement, vierzehen bage vor ſant walpurg bage ober vierzehen bage
bar nåch, vnb bie gebent bem vorgenanten Johanſen von bregenz ober ſinen
erben, ob er nüt were, baz got wenbe, ſo ſullent bie güter, bie ich ime zů koffenbe
bet geben, mir vnb minen erben libic ſin. Man ſol öch hie wiſſen, vinbe ich baz
güt ober min erben, obe ich ez ober mine erben, in wenbic ben zehen iaren erlöſet
bettent, in gütem buwe, baz ſol mir, ober minen erben gelten, alf ez von alter
gewonheit vor malef vergolten het. Ich ölrich ber hemilinc von kuppingen
ein Ebel knecht, bez vorgenanten Trutwinz bröber vergih offenlichen vnb tön
kunt mit bifem gegenwertigen brief, vmbe ben köf, ben Johanſ von bregenze
bet getan vmbe minen brüber von ber güter wegen, bie ba vorgeſcriben ſtant, baz
baz min güt wille ift, vnb gelobe öch für mich vnb für mine erben, baz ich baz
kette wil haben vnb benſelben Johanſen nöch ſine erben niemer bar anne geirren
vil nöch ſchaffen geirret in kain wec mit gericht ober ane gericht gaiſtlichem ober
weltlichem. So bittent wir öch bie vorgenanten Trutwin vnb ölrich gebrüber
vnb hant gebetten ben Ebeln herren vnb vnſern gnebigen herren vnſern herren
Graue Burchart, herren von Hohenberg, baz er zů ainer gezuckenuſſe vnb
ainer merrun beſtetunge aller ber vorgeſcribenne binge ſin Ingeſige hencke an biſen
brief. Wir Graue Burchart von Hohenberg vergehent öch an biſem brief,
baz wir vnſer Ingeſigel heincken vnb hant gehencket burch bette Trutwinz vnb
ölrichez ber vorgeſcriben bröber wegen an biſen brief. zů ainer zuckenuſſe vnb
ainer merrn beſtetunge ber binge, bie hie vor geſcriben ſtant. Daz allu bie binc,
bie vor an biſem brief geſcriben ſtant, ſtette vnb ware beliben, vnb baz wir niemer
ba wiber getünt, nöch ſchaffen getön, So hant wir Trutwin vnb ölrich bie
vorgenanten bröber vnſer aigen Ingeſigel gehencket an biſen brief, ber wart geben
an bem binſtage nåch vnſerre frown bag ber errun, alf ſü zů himel vore, in bem
iare ba man zalt von gottes geburte bruzehen hunbert iare vnb brü vnb briſſic
iare. — — — —

B. d. Orig. im St.-Archiv zu Stuttgart. — Mit dem Reiterſiegel des Grafen von Hohenberg. Das Bild des Roſſes und Reiters find gut erhalten, die Umſchrift aber bis auf † S. comi.......rc. abgeriſſen. Der Reiter bietet dem Beſchauer die rechte Seite; er hat vor der Bruſt den Schild, deſſen oberer Theil ſchraffirt iſt, auf dem Platt-helm die gegen einander gekehrten Hörner und in der Rechten ausgeſtreckt das Schwert. Das Siegel des Trutwin iſt bis auf einen kleinen Reſt abgefallen; das des Ulrich hat im Schilde einen aufgerichteten, auf 4 Spitzen ſtehenden Löwen, und die Umſchrift: † S. Vlrici Hemelig de Kwppingen.

352.

6. September 1333. Eßlingen. Graf Rudolf von Hohenberg belehnt Albrecht von Winnenden, Bürger zu Eßlingen, mit Gütern zu Neuhausen (O.A. Eßlingen).

Wir Graue Rûdolf von Hohemberg Tûn kunt allen den die difen brief anfehent oder hôrent lefen, Daz wir dem erfamen befchaiben manne Albreht von winiden, burger ze Effelingen, vnd allen finen erben, ez fin Sune oder tôhber, frowen oder manne, reht vnd redelich gelûhen haben ze aim fteten lehen dû Gût, die der knabe felige buwet, die ze Ruwehufen gelegen fint. Vnd dez Gûtz haben wir in gefetzet in nutz gewer mit worten vnd geberden, die dar zû gehôrent. Vnd dez ze vrkunde henken wir vnfer aigen Jngefigel an difen brief, Der ze Effelingen geben ift an den nehften Mantage vor vnfer frowen tag der Jungern, In dem Jare. do man zalt von Gotz geburte drûzehenhundert Jare vnd drû vnd driffig Jare.

B. b. Orig. im St.-Archiv zu Stuttgart. — Mit dem fehr großen, gut erhaltenen Reiterfiegel des Ausftellers.

353.

27. November 1333. Rotenburg. Graf Rudolf von Hohenberg, Landvogt im Elſaß, ertheilt Dietrich Märhelt von Wurmlingen und deſſen Erben das Recht, den heil. Kreuzaltar in der St. Mauritius-Kirche zu Ehingen zu leihen.

Wir Graue Rûdolf von hohemberg Lantvogt in Elfâß tûn kunt allen den die difen brief anfehent oder hôrent lefen, Daz wir Dietrichen den Mârhelt die fryhait vnd genad tûn, daz er vnd fin erben den altar der gewiht ift in Ere dez hayligen Crûtzes in fant Mauricien kirchen ze Ehingen lihen füllent ainem erbâr manne lûterlich durch got ane alle miffewende vnd mâfe ze Symonye, Swenne vnd Swie dike er ledig wirt, alfo Swem fü denfelben altar lihent, daz der priefter fye dez malef fo man im lihet .. Wir behalten vns ouch daz reht, wâry daz der vorgenannte Mârhelt oder fin erben den vorgenanten altar verlûhen ainem manne, den man mit reht verfprechen môhti, oder mit dehainer hande Symonie, daz denne dez felben malef dû lihenûft dez vorgenanten altaref vallen fol an die Tumherren Sant Mauricien kirchen ane alle widerrede. Vnd darvmbe henken wir Graue Rûdolf von hohemberg der vorgenant vnfer Jnfigel an difen brief zû vrkund der warhayt, Der geben wart ze Rotenburg in der Stat do man zalt von Gottes geburt drûzehenhundert Jar darnach in dem drû vnd driffigoften Jar an dem nähften Samftag vor Sant Andres tag.

in cuius visionis et perspectionis nos Berhtoldus decanus decanatus in Tuwingen, Gebhardus Kamerarius, Cunradus incuratus in Ilchen, wernherus Rector ecclesie in wolfenhusen, waltherus Iuratus in Remishain et Stæhelinus, incuratus in Kilperc, nfratres dicti decanatus in Tuwingen sigilla nostra in testimo-n presentibus appendimus bona fide. Act. et dat. sub anno domini ccc°. xLvj ª. feria quinta proxima ante festum beati gregorij.

B. d. Orig. im St.-Archiv zu Stuttgart. — Hievon Abschrift im lib. cop. des Ehingen und in den Hohenberger Dokumenten. T. VII. n. XVI.

354.

Dezember 1333. Rotenburg. Bertold die Huserin und ihre Söhne verzichten auf alle Ansprache an die Gülten, welche Graf Rudolf von Hohenberg an den St. Marien-Altar in der St. Moriz-Kirche zu Ehingen gegeben.

Ich Mehthilt die Huserin vnd wir Bertolt, Cünrat, Johans, reht vnd mehthilt, irü kint, vergehen vnd tün kunt allen den die disen anfehent oder hörent lesen, daz wir vnf verzihen vnd verzigen haben für vns alle vnfer erben aller reht vnd anfprach, die wir gehaben mohten oder haben bifen hütigen tag an den güten, die vnfer Herre Graue Rudolf von Nemberg verkoft vnd geben hat an den altare, der gewihet ist in vnfer vrowen in der kilchen Sant Mauricien ze Ehingen, vnd geloben bi vnferen ben, enkainen priefter der den felben altare inne hat vnd da Cappellan haiffet ift oder hernach da Cappellan wirt, an den felben güten ze irrenne oder ze ene en kainen weg, vnd haben da vmbe emphangen zwai phunt Haller güter genemer von Herr Cünrat dem Lütpriefter, der iete da Cappellan ift. Mehthilt die vorgenannte Huferin, walther der Klingeler, ir Brüder vnd Kunz der Hufer ir fun geloben were ze finne für Benz minen Sun, fwenne er lanbe kunt, daz er ftete habe alles daz hie vor gefcriben ift. Hie bi warent Johans der herter, herman Stöbe, Engelfrit vnd andere biberbe Vnd daz dis ftete vnd war belibe, henken wir die burger von Rotenburg Stette Ingefigel an difen brief ze vrkunde der warhait. Dirre brief wart ze Rotemburg in der Stat an Sant Thomas abende, in dem Jar do man von Gottes geburt drützehen hundert Jar vnd drü vnd driffig Jar.

B. d. Orig. im St.-Archiv zu Stuttgart. — Mit dem ziemlich gut erhaltenen der Stadt Rotenburg.

355.

14. Januar 1334. Wien. Graf Rudolf von Hohenberg versichert Ursulen von Pfirt, der Gemahlin seines Sohnes Hugo, **2000** Mark Silber, als Widerlage ihrer Heimsteuer, auf die östreichischen Pfandschaften, die Burg Bussen und Stadt Riedlingen.

Wir Graue Rudolf von Hohemberg veriehen vnd tün kunt offenlich an disem briefe allen den, bie disen selben brief lesent oder hörent lesen, sie sint gegenwürtig oder noch kunftig, Daz wir vm vnsers lieben Sunez wegen Grauen Hugen der ebeln vnser lieben thoter, vrö Vrseln siner elicher husfrowen, ze rehter widerlegunge zwaier tusent marke silbers, Baseler gewihtes, die von iren wegen gefüget vnd beschaiden sint dem vorgenanten vnserm Sune Graue Hugen in rehter Hainstüre wisz, Gegeben haben mit friem willen, reht vnd redelich also, daz es billich craft sol haben, zwaitusent marke lötiges silbers, des selben Baseler gewihtes. Wir haben ouch, die vorgenant vnser lieben thöhter, der selben zwaitusent marke silbers, die wir ir ze widerlegunge gen ir Hainstüre gegeben haben, bewiset vnd versichert vf disü vnsern rehten phant vf die Burg zü dem Bussen vnd uf die Stat ze Rubelingen, bie darunder gelegen ist, mit friem gunste vnd vf offem willen der hochgebornen vnsrer gnedigen Herren Hertzoge Albreht vnd Hertzoge Otte, Hertzogen ze Östrich vnd ze Styre, von den wir die vorgenanten zwo vestinan in phandes wisz innehaben, Mit sollicher beschaidenhait, als hie nach geschriben ist. Es sol die vorgenant vrö Vrsel, vnser liebe thohter, wenne reht vnd redelich vnd alz gemainlich sitte vnd gewonlich ist ze schulden kömt, bie vorgenant Burg zü dem Bussen vnd ouch die Stat ze Rubelingen mit allen iren zügehörden, wie sie danne genant sint, gewerlich vnd nützlich mit allem dem reht alz ouch wir sie nu innehaben, Innenten vnd innehaben ane alle vnser vnd vnser Erben widerrede vnd ane allen abeslag biz uff den tag vnd biz uf dü zil, daz ir der vorgeschriben zwaitusent marke silbers gäntzlich vnd volleclich berihtet vnd gewert wirt. Vnd wenne ouch das beschiht, daz sie alz hier vorgeschriben ist gewert wirt, So söllen vns bü vorgenanten vnserü phant mit aller irre zügehörde vnd mit allen iren rehten lebig vnd lere sin, vnd sol sie vns ober vnseren erben . . ., oder ir enweren, bü selben vnserü pfant lebeclich widerantwurten ane alle widerrede vnd ane aller slahte geuerbe. Wir sind ouch also vberain komen willeclich vnd amüteclich mit der vorgenanten vrö Vrseln vnserer lieben thohter vnd ouch sie mit vns, Were, baz der vorgenant vnser Sun Graue Hug ir Huswirt bi iren leben, baz Got wende, von birre welte schiebe ane alle liperben, So sol die selbe vnser thohber vrö Vrsel bie vorgeschriben zwaitusent marke silbers, die ir hie vor widerlegunge beschaiden sint von sinen wegen reht vnd redelich erben ane alle vnser vnd vnser . . erben irrunge vnd widerrede, Ze gelicher wisz, alz ouch der vorgenant vnser Sun Graue Hug die zwaitusent marke silbers, die sie im ze Hainstür gefüget vnd zübracht hat, obe fie bî fûne lebend ane lîperben verfûre, daz Got wende, reht vnd rebelich erben fol ane allen wibertriez vnd widerrede aller iren erben, alz ouch die briefe fagent, bie im von iren wegen bar uber gegeben fint. Vnd bar vmb zü aim offen vrkunbe, aller birre vorgefchriben binge, fo geben wir ber vorgenant Graue Rubolf von Hohemberg ber vorgefchriben vnfer lieben thohter vrô Vrfeln von Phyrt bifen gegenwurtigen brief befigelt mit vnferm hangenben Jngefigel. Der wart gegeben in ber Stat ze Wyene, Do man zalt von Goz geburte bruzehenhunbert jare vnd bar nach in bem vierben vnd briffigoften jare, an bem nehften tage nach fant Hylarien tag.

B. b. Orig. im St.-Archiv zu Stuttgart. — Mit bem bekannten, gut erhaltenen Reiterfiegel bes Ausftellers. Umfchrift bes Siegels: † Sigillvm Rvdolfi comitis de H ...

<hr>

356.

14. Januar 1334. Wien. Graf Rubolf von Hohenberg urkundet, daß er feiner Schwiegertochter Urfula von Pfirt, wenn beren Hei=rathsgut (**2000** Mark Silber) in feine Hände kommen, die Städte Ebingen und Nusplingen, und die Burgen Straßberg, Kallenberg, Neu=Hohenberg, Schmichen u. A. verfetzen wolle.

Wir Graue Rûbolph von Hohenberg veriehen vnd tün künt offenlich an bifen briefe allen ben, die bifen felben brief lefent ober hörent lefen, Daz wir mit ber ebeln vnfrer lieben thohber vrô Vrfeln von Phirte, vnfers lieben Sunez Grauen Hugen elicher Husvrowen, vmb zwàitufent marke filbers, ber fie wartenbe ift zü irre rehten Hainftüre von vnfers gnebigen Herren wegen Hertzoge Albrehten von Goz gnaben Hertzogen ze Öfterreich vnd ze Styre, vnd ouch von vnferer gnebigen frowen wegen vrô Johannen finer Hertzögin uf ge=nantü zil vnd phant, alz in an iren briefen, die ir barüber gegeben fint, aigenlich vnd orbenlich befchriben ift, früntlich vnd lieplich mit ber vorgenanten vnfers Herren Hertzoge Albreht vnd ouch vnferer vrowen vrô Johannen finer Hertzogin, gunft vnd offen willen vberain komen fint, alz hie nach gefchriben ift. Wir haben alfo gerett vnd fint ouch bez ainmûteclich vberain komen mit ber vorgenanten vnfrer thohter, Wer baz die vorgenanten zwaitufent marke filbers, die ir ze Hainftüre be=fchaiben fint, zü vnferen Hanben komen, alfo baz wir fie an ir Statt vnd an vnfers Sunez ftat Grauen Hugen Jnnemen, gar vnd gantzlich, nach bem fo fich villihte allü zil erlauffen hetten ober halbü ober ben brittail, ober welcher tail, ober wie vil ber vorgenanten zwaitufent marke filbers in vnferen gewalt kome, So haben wir ber felben vnfrer lieben thober barumb verfetzet vnfer Stat ze Ebingen, vnfer Stat ze Rufpelingen, vnfer Bug (sic!) ze Straßberg, vnfer Burg Kallenberg uf ber Tunowe, vnfer vefti zu ber Ruwen

Hohenberg, vnſer Burg Smyehen vnd oberal dü zwai tal, die man da
nemmet Smyehental vnd Berüntal mit aller der vorgenannten Güte, gette
vnd zůgehörbe, wie ſie danne genant ſint. Alſo, daz die vorgenant vnſer thohter
vrŏ vrſel allü dü vorgenant Gůt mit allen iren zůgehörden vnd rehten, wenne es
reht vnd rebelich ze ſchulben komt, nützlich vnd gewerlich Inne ſol han ane allen
abeſlag biz uf die Stunde vnd uf du zil, daz ſie von vns oder von vnſern ..
erben der vorgenanten ir Hainſtüre aller, obe ſie vns allü inworden iſt, oder aber
ſo uil, ſo ir zů vnſeren Handen komen iſt, alz danne die briefe ſagent, die wir
ir baruber geben werdent volleclich vnd gänzlich berihtet vnd gewert wird. Bab
wenne ouch daz beſchiht, datz ſie irez Gütz alſus bezalt wirt, ſo ſol ſie vns vnd
vnſeren erben allü dü vorgenant Gůt mit allen iren rehten vnd zůgehörden, wie
ſie danne genant ſint, lebig vnd lere wider antwürten ane aller ſlahte widerrede
vnd geuerbe .. Vnd darumb ze aim offen vrkunde aller der vorgeſchriben Dinge
geben wir der vorgenant Růdolph von Hohemberg der vorgeſchriben vnſrer lieben
thohber, vrŏ Vrſeln von Phirte, diſen gegenwurtigen brief beſigelt mit vnſern
hangenden Ingeſigel. Der wart gegeben ze wyene in der Stat, Do man zalt
von Gotz geburte brüzehenhundert jare vnd bar nach in dem vierben vnd driſſigoſten
Jare, an dem nehſten tage nach ſant Hylarien tage.

B. dem Orig. im St.-Archiv zu Stuttgart. — Mit demſelben Siegel wie an ber
andern Urkunde des Grafen Rudolf von Hohenberg von gleichem Datum.

<hr>

357.

9. Mai 1334. Conſtanz. Albrecht von Hohenberg „von Gottes gna
ben Erwelt zu dem Biſtum ze Coſtentz," Graf Rudolf ſein Vater
und Graf Hugo ſein Bruder geben dem Grafen Albrecht von
Werdenberg, ihrem Oheim, die eidliche Zuſage, ihm unter gewiſſen
Vorausſetzungen Burg und Stadt Rheineck um **1000** Mark Silber,
für welche Summe dieſelbe an das Bisthum Conſtanz verpfändet
war, zu löſen geben zu wollen.

Wir Albreht von Hohenberg von Gottes gnaden Erwelt zu dem
Biſtum ze Choſtentz, Graf Rudolf vnſer Vatter vnd Graf Hug vnſer
Bruder von Hohenberg veriehin offenlich mit diſem Brief, Allen den die in
anſehent oder hörent leſen, Das wir vnſerm lieben Ohaim Graf Albreht von
Werdenberg, habin geſworn, ieglicher beſunder ainen gelerten Ayde zu ben Heiligen, Daz wir der egenant Albrecht von Hohenberg, Tüegin vnd der vorgenant
Graf Rudolf vnd Graf Hug werbent Sigin bi den Ayden ſo wir geſwuorn habin,
wenne vns die veſti ze Rinegge baibe burg vnd Stat in geantwurt werben
alſo daz wir Si gewalteklich inne habin So Sölin wir die Selben veſtinan baibe

dem vorgenanten Grafen Albrecht vnserm Ôhaim, Si zelôſen geben vmb Tuſent
March lôttiges Silbers Coſtenzer gewihtes, bie bi vns vnd vnſerm Gotzhus Stand,
vnd boch mit Sôlicher beſchaibenheit, wenne er bie vorbenenten veſtinan lôſet, baſ
er vns banne Sol geben järlich fünfzig March lôtiges Silbers Coſtenzer gewihtes
vntz baſ er vns ber egenanten Tuſent march gar vnd gäntzlich gewert hab vnd ze
ainem waren vrkunde geben wir vorbenemten Albrecht Biſchof ze Choſtentz Graf
Rudolff vnd graf Hug Sin Son vnſerü Jnſigel an biſen Brief ber iſt gen ze
Choſtentz an bem nahſten Môntag nach ber vffart Do man zalt von Chriſtes
geburte Drützehenhundert jar vnd in bem vier vnd briſigeſten jare.

B. b. Orig. im fürſtl. Fürſtenb. Archiv zu Donaueſchingen. — Das Siegel bes
„Biſchofs“ Albrecht fehlt, bie beiben anbern hängen an.

358.

23. Juni 1834. Hohenberg. Graf Rudolf von Hohenberg verſetzt
Hugen Bocken, einem Rotweiler Bürger, welchem er **70** Pfb. Heller
ſchulbig war, bafür bie Fiſchwaſſer bei Rotweil.

Wir Grafe Rûdolf von Hohemberg veriehen vnd tûn kunt allen ben bie
biſen brief anſehent ober hôrent leſen, Daz wir Schulbig Sin vnd gelten ſunt reht
vnd rebelich Dem erbern manne Hugen Bocken ainem burger ze Rotwil
vnd .. ſinen Erben Subentzig pfunt pfenninge gûter Haller, Vnd haben Jme bar
vmb geſetzet reht vnd rebelich alle vnſer Zinſe vnd Gelte, So wir haben
ze Rotwil von ben Biſchentzen, ane bie Zwai pfunt, bie arnoltz ſaeligen ..
Sun järgelich gite .. ber von Triberg ze Rotenmünſter. Dem ſelben Hugen
Bocken vnd .. ſinen Erben bie Zinſe vnd Gelte von ben Biſchentzen an ze genbe
nach ben, bie wir vntz of biſen hütigen tag mit vnſern brieuen bar vffe gewiſet
haben, ze nemenne vnd ze nieſſenne libeclich vnd laere mit allem reht vnd nutz,
vnd mit aller zugehôrbe, als wir bie ſelben Zinſe vnd Gelte nemen vnd nieſſenne
ſolten, Vnd ouch Jm vnd ſinen Erben bie Zinſe vnd Gelte von ben Biſchentzen
von vns ober von vnſeren Erben, vmb ben vorgenanten Hugen Bocken ober vmb ..
Sin Erben, ob er enwere, mit Subentzig pfunben guter Haller erlôſet werbent,
baz ouch mit namen beſchehen Sol ze rehter Zite in bem iare, Vierzehen tage vor
Sant Walpurg tag, als ſitlich vnd gewonlich iſt ane alle geuerbe. Vnd haben
bar vmb vnſer Jngeſigel ze ainer vrkunbe gehenket an biſen brief, Der ze Hohenberg geben iſt, an Sant Johans abent ze Sungihten, Do man zalt von Gottes
geburt, Drützehenhundert iare, Vnd bar nach Jn bem Vier vnd Driſſigoſtem Jare.

B. b. Original im St.-Archiv zu Stuttgart. — Mit bem großen, gut erhaltenen
Reiterſiegel bes Grafen.

359.

27. Juni 1334. Rotweil. Graf Rudolf von Hohenberg gibt Ulrichen an der Waldstraße (bei Rotweil) die Eigenschaft eines Holzes daselbst, der Unter-Blanberg genannt, welches derselbe von ihm zu Lehen getragen.

Wir Graue Rüdolf von Hohemberg veriehen vnd tün kunt allen den die difen brief anfehent ober hörent lefen, daz wir die aigenfchaft des holtzes, daz man nemmet der vnder Blanberg, ift gelegen ob Brüle bi Rotwil, daz der Erber man Ülrich an der Waltftrâz von Rotwil vnd fin vordern von vns vnd von .. vnfern vordern ennenther ze rechten Lehen gehebt hant, dem felben Ülrich an der Waltftrâz durch finf dienftes vnd durch finer .. erber frünte bette willen Sines tailes, waz er des felben holtzes vf difen hüttigen tag mit rehtem taile befunder hat, gegeben haben reht vnd rebelich libeclich vnd laere. Vnd aigenen ouch Im finen taile bez felben holtzes mit difem gegenwertigen brieue, als man Güt billich vnd durch reht aigenne fol lüterlich ainualteclich vnd ane alle geuerde. Vnd baz diz war fie vnd ftaete belibe, bar vmb fo haben wir vnfer Ingefigel ze ainem offene vrkunde gehenket an difen brief, der ze Rotwil geben ift an dem Mentage vor fant Johans tag ze Süngihten, Do man zalt von Gottes geburt brüzehenhundert iare, vnd bar nach In bem vier vnd briffigoften Jare.

B. d. Orig. im St.-Archiv zu Stuttgart. — Mit dem fchönen, fehr gut erhalten großen Reiterfiegel des Grafen. Siehe die Abbildung.

360.

24. Auguft 1334. o. O.

Eodem hoc 1334 A. die S. Barthol. Fridericus Mullerus de Mittelberg vendidit pagum Fünffbrunnen Comiti Burcardian (sic!) seniori et omnibus eius haeredibus vmb zwey vnd viertzig Pfund guter vel geber häller cum omni pagi iure befucht vnd vnbefucht im holtz vnd Feld.

Crusius, Annal. Sueviae III. S. 231.

361.

7. September 1384. Wehrstein. Graf Rudolf von Hohenberg belehnt
Konrad Schmucken, seinen Kämmerer, mit dem Fischwasser der
Schlichem bei Schömberg und in dem Wellenbinger Bach, endlich
mit der Vogelweide um Hohenberg.

Wir graue rûdolff von Hohenberg verJehen offenlich mit bisem brieffe,
das wir Cûnrat schmucken vnserem lieben Camerer Durch die getruwen
bienste, die er vns gethon hat vnd noch täglich tût, verlûhen haben vnd verlichen
mit dem vrkunde biß gegenwirtigen briefes willeklich vnd mit verdachtem mût Jm
vnd sinen erben vnser vischentzen, die wir haben in der schlichinn by
schömberg vnd in dem wellenbinger bache mit allen rechten nutzen vnd zû
gehörden ze habende vnd ze geniessende, Jemer me ewenklich als wir sy gehept
vnd genossen haben biß vff disen hûtigen tag, als der brieff geben ist. Wir ver=
lihen ouch Jm mit bisem briefe die vogelwaibe vm Hohenberg mit aller zû
gehörbe vnd sinen erben ze ainem stetten Lehen vnd wellen das er sy von vnßer
wegen binne (banne) vnd schirme. Vnd bes zû ainem offen vrkunde vnd steter
sicherhait Henken wir vnser Jnsiegel an biessen brieff, der ze werstain geben ist
an vnser frowen aubent der Junger in dem Jare, do man zalte von gots gepurt
brutzenhen hundert Jare vnd bar nach Jn dem vierden vnd brissigasten Jare.

Copia auf Papier im St.-Archiv zu Stuttgart.

362.

10. November 1334. Wien.

Herzog Albrecht von Oestreich forbert Konraben,[1] Vogt von Rotenburg u. s. w.
auf, seinem Schwur nachzukommen.

B. b. Orig. im St.-Archiv zu Stuttgart.

[1] Der Abbruck bei Herrgott hat irrig „Thomat".

363.

8. Januar 1335. Hohenberg. Graf Rudolf von Hohenberg schenkt
Arnolds Trôstez von Delkhofen (O.A. Spaichingen) Tochter an das
Kloster Stein am Rhein.

Wir Graue Rûdolf von Hohemberg Veriehen offenlich mit bisem briefe,
baz wir mit bedahtem mûte, willeclichen vnd vnbetzwungenlich, litterlich durch Got
vnd burch bette bez erbern mannes Arnolt Trôstez von Dellicofen, vrô

Agnesen, sine Tohder, Hugen dez Mayers elichen wirtin von Swenningen, ergeben haben vnd ergeben mit dem vrkunde biz gegenwürtigen brief an daz Gothus ze Staine, daz gestiftet in Sant Georien êre, also, daz die selbe vrô Agnes nach irez vorgeschriben mannez tob an daz Gothus gehören sol. Vnd daz daz stette vnd war blibe, dar vmb henken wir vnser aigen Ingesigel zü einer gezugnisse an disen brief, Der ze Hohemberg gegeben ist an dem Zinstage, nach dem ahtoben tage, In dem Jare, do man zalte von Gotz geburte drizehenhundert Jare, vnd darnach in dem fünften vnd briffigosten Jare.

B. d. Orig. im St.-Archiv zu Stuttgart. — Mit dem gut erhaltenen kleinen runden Siegel des Grafen von rother Masse auf grauer Unterlage.

364.

10. Januar 1335. Herrenberg. Werner von Jselshausen verkauft um 126 Pfd. Heller an Werner, genannt den Schreiber von Rotenburg, einen Hof zu Ober-Oeschelbronn (O.A. Herrenberg), von dem Graf Burkard von Wildberg eine Gült von 2 Viertel Haber und 1 Herbsthuhn bezog.

In Gottes namen Amen. kunt vnd wissend sie allen den die disen brief gesehent oder gehörent lesen. Daz ich Wernher von Jsolzhusen. gnant han mit güten willen. frô Gütun miner elichen fröwen vnt da nauch mit gütem güns vnd raut miner fründe. verkauffet vnd ze kouffen geben recht vnd redelich bede mit gbârde vnd mit gwônlichen wörten. biu zü aim slichten kouffe hörent. Wernher gnant der Schriber vôn Roûtenburg. vnd Cünrat Brun tochter man ze Herrenberg vnd allen ir beider erbên minen hof zêm Obern Eschelbrunn gelegen bén da buwet Burkart kérn. vnd in oûch haut zü aim stâten lehen vnd in Allem dém réchte alse ich der vôrgnant wernher von Jsolzhusen in haben ze gnössen vnd braucht mit aller siner rechter zü gehörde. ez sie in holtze in dörfi oder an vélbe. ez sie in buwe oder mit ägger oder wisen wie ez namen haut. ez sie gesücht oder vngesücht. vnd oûch für ain rêhtes fries aigen. wan so verre dez dém edeln herren graf Burkart vôn Wilperg dar vffe gaunt zwai viertail habern. vnd ain herbest hün in dez iares daz gelt sol ouch der vorgnant Burkart kern vnd sine erben richten aun allen schaben iemer me eweclich vnd vnabe dén benemmetten hof. haun ich mit minem gütem nutze völleclich enpfangen. Sechsü, vnd zwaintzig vnd hundert pfunde güter vnd vnuersprochner haller. Jch sol ouch den vôrgnanten wernher dem Schriber. Cünrat Brun töhter man vnd allen ir beider erben. den vôrgeschriben hof. mit allen sinen réchten vertegon an allen stetten da sie sin bedürfen gein aller meniglichs ansprauch. iar vnd tag. alse bille vnd gwônlich ist nauh recht. Waut er aber in iares frist ansprächig wurde so sullen

ſie tage machen gein obern Eſchelbrunne. oder in einer halbun mile weges da vón
vngefaůrlich. vnt bâ ſol ich der vorgnant Wernher vôn Iſolzhuſen. den benemmetten
hof verſprechen naůh dem rechten alſ vor vnderſchaiden iſt. waŭ ich dez nit tâte
vnd oůch ob me geltez vs dem Selptâtigen houe gienge. denne zwaier viertail
habern vnd ainherbeſt hůn So haůn ich inen ze bůrgen geben .. den edeln Herren
graf Růdolf bén Schârer vôn Tuwingen gnant. Hainrich vôn Eſtetten
wernher vôn Wilbenôwe. Dietrich den Lůpen. Rudolf bén Sôlre vôn
Gártringen vnd Cůnrat ben harber. Der ſol ieglicher ain knecht mit aim
pfárit legen gein Herrenberg. der ſelbe nit laiſten wil ze ainem offenn wirte
vnt da laiſten vngfaůrlich aine recht giſelſchaft alſ Sitte iſt. wenne ſié bar vmbe
vón ben vôrgnanten wernher vnd Cůnrat werdent er manot. oder vôn iron botten.
vnd ſůllen von der laiſtung nit kômen. biz ich ben beſchriben hof vf gerichte. in
alle bi wiſe alſ vôr vnber ſchaiben iſt. an biſem gegenwârtigen brief. Gienge
ba zwiſchent aine ober me ber burger ab ſo ſol ich inen baz got wenbe. an in
bez toůten ſtat ain lebenben bůrgen alſ gůten ſetzen in aim mânot. vôn bém tage.
ſo ich bar vmbe ermanot wirbe. ober ez ſůllen zweine lebenb bůrgen laiſten biu
bar vmbe gmant werdent bis ichs vollefůr aun aller ſclacht guárbe .. Ich wernher
vôn Iſolzhuſen der vorgnant. vnd ôch frô Gůte ſin elichů wirtinne vergehen an
biſem brief offentlich baz wir vns vnd alle vnſer erben haben eweclich verzigen vnd
verſchriben aller anſpraůch anb recht. ſo wir hetten oder haben môchten ez wâr an
gaiſtlichemm oder an weltlichem grichte. vmb ben vorbenommetten hof. gein wernher
bem Schriber vnd Cůnrat Brun tochter man vôr gnemmet ober gein behaim îr
erben vnt ber vôrgeſchribeno gebinge zů ainem wauren vrkunde, haun ich ber vorgnant wernher von Iſolzhuſen min aigens infigell gehenket an biſen brief .. So
ſint oůch biſe gezůge Marqwart vnb lůzi gebrůder vôn Herrenberg. Nycolaus von wilperg. Hainrich Brun. vnd anber erber manne bie bie biſem
toůffe ſind geweſen biſer brief wart ze Herrenberg geben an bem nähſten zinſtag
vôr ſant Hylarius tag. bo man von gottez geburte zalt bruzehenhunbert iâr. briſſig
iâr. vnb bar naůch in bém viúnften iar.

365.

8. März 1835. Rotenburg. Graf Rudolf von Hohenberg, Landvogt
im Elſaß und in Rieder-Schwaben, ſchenkt ſeinen Maierhof zu Hart
(O.A. Haigerloch) an die St. Moriz-Kirche zu Ehingen.

Wir Graue Růbolf von Hohemberg, Lantuogt in Elſaz vnb in
nibern Swaben, Tůgin kunt vnd veriehin offenlich an biſem brieue, Daz wir
luterlich burh got vnd burh vnſer Sele hails willen an ben ziten, bo wirs naů

reht vnd gewonhait des lands kraft vnd maht hatten, vnfern Maierhof, den wir do habint ze Hart mit allen finen rehten, nützen, vnd gewonhaiten, die dar zü gehörent, gegeben habint vnd öch gebint mit difem brief an daz Gozhus Sant Mauricien ze Ehingen bi Rotenburg, vnfer Statt, des wir öch anuaher vnd Stifter Sigint, Vnd habint daz getan luterlich mit follichen Sitten vnd gebärben, daz es von reht vnd von des landes gewonhait kraft vnd maht wol mag han. Vnd dar über ze ainem vrkund vnd meren ficherhait, So henkin wir vnfer Jnfigel an difen brieff, Der geben ift ze Rotenburg Jn dem Jare, Do man zalt von Criftus geburt Drüzehenhundert Jar Jn dem fünften vnd briffigoftem Jar, an dem nehften fritag nach Jngenden Mertzen.

B. d. Orig. im St.-Archiv zu Stuttgart. Das Siegel ift abgefallen. — Abfchrift hievon im „liber copiarum" v. E.

<hr>

366.

5. März 1835. o. D. Graf Rudolf von Hohenberg gibt einem Bürger von Horb die Mühle in Altheim zu einem ewigen Erblehen.

Wir Graue Rudolf von Hohemberg vergehen und tuen kunt mit diefem briefe allen benen die in fehen oder hören lefen, das wir unferem lieben burger Albrecht dem müller von Horwe und allen feinen erben recht und reblich leihen u. geliehen haben unfer mülen zu Althain mit allen rechten und mit aller zugehörk zu einem fteten ewigen lehen, und foll er uns von derfelben müle iärglich geben vierthalb pfunt haller und dem herrn von Richenbach iärglich ein pfunt hall gelts, das fie auch in derfelben unfer mülen haben, und hat er uns des vorgenannten zinfes brei iar, die nägften bie nun kommen, gar und gänzlich für gegeb und gewähret an paren pfenigen, damit uns unfer vogt fchwein und ftein gekauft hat in unfer mülen zu Horwe, und wenn diefelben brey iar izt werden, fo foll er uns ben vorgenannten zins von der vorgenannten müle iärglich geben vor Weihnachten nein tage, zu folcher Zeit, als man in von altersher gegeben hat, und follen im fürbas weder wir noch unfer vögte noch ieman von unferan wegen nicht mutan, und follen wir ihn bazu fchirmen mit guten truwen, und follen auch fein maler von Althain nirgens andeswo faren ze malen, es wäre bann, das er d verlüre mit reblichen fachen, die man kuntlich und reblich von im fürbringen möcht. Und follen im auch die gebure zu Althain kammer (wohl keine) bienfte muten, es wäre benn, das er felbe mit dem haus zu Althain fitzhaft wäre. Darum fo geben wir im diefen brief mit unferem eigenen infigel, der gegeben war, ba man von Chrifti geburt zalte breyzehen hunbert iar, breyfig iar, und barnach in dem fünften iar an dem nächften Sonntag vor S. Gregori tag.

Abbruck bei Gerbert, hist. silv. nigr. cod. dipl. nro. CCVIII. — Es fteht bafelbft: »Franz Rudolph" ftatt »graue"; »kammer bienfte", was wohl keine Dienfte heißen foll und anbere kleine Unrichtigkeiten.

<hr>

367.

16. März 1335. **Haigerloch.** Graf Rudolf von Hohenberg und dessen Söhne: Graf Albrecht von Hohenberg, Erwählter zu dem Bißthum Constanz, die Grafen Hugo und Heinrich machen bedeutende Stiftungen an die Burgkapelle zu Haigerloch.

Wir Graue Rúdolf von Hohemberg lantuogt ze Elſaz vnd in Ribernſwaben, Albrecht von Hohemberg, von Gottes gnaden erwelt ʒú dem Byſtúm ʒe Coſtenʒe, Graue Hug vnd Graue Hainrich, vnſer Sún, vergehen vnd tügen kunt mit diſem Briefe allen den, die in ſehent, oder hoerent leſen, Das wir mit gunſt vnd gútem willen vnd mit verdahtem mút, durch Got luterlich vnd durch vnſerre ſelen hailes willen vnſerer vorderen vnd ouch allen vnſern nachkomen Vnſerm Cappelan, Pfaffe albreht von Haigerloch, vnd allen den Cappelan, die nach im iemer in vnſrer Cappelle, die ʒe Haiger-loch of vnſerre Burge gelegen vnd geſtift iſt, ſingende ſint, Gegeben haben vnd geben mit diſem gegenwaertigen Briefe Zehen malter veſon Haigerlocher meſſe, ſtaeʒ iaergeliches gelʒ, die wir haben in vnſern Hof ʒe Owingen, den man ſprichet Zwiggen Hof vnd den Eberhart Zwigge vnd ſin Sweſter buwent, Zwai malter roggen haigerlocher meſſe, ſtaeʒ iaergeliches gelʒ in vnſer aegger, die wir haben in dem Saulach, Ain halp ſúder wines ſtaeʒ gelʒ in vnſer wingar-ten, die gelegen ſint, vnder Rotemburg, vnſrer Burge, vnberhalp des weges, da man of die Burg vert, Ain ſúber Hoewes, daʒ .. in iaerge-lich werden ſol of vnſeren wiſan, die gelegen ſint in dem Saulach. Vnd ſon wir noch behain vnſer kint noch behain vnſer nachkomen den vorgenanten Pfaffe albreht vnſer Cappellan noch behainen Cappellan, der iemer nach im kumt vnd in der vor-genanten vnſerre Cappelle ſingende iſt, an dem vorgeſchribenne gelt niemer geirren noch geſumen mit worten noch mit werken, noch mit behainen Dingen da mit in das vorgeſchriben gelt entpfroembt oder entwert moeht werden. Eʒ ſol ouch der vor-benemt Pfaffe albreht vnſer Cappellan vnd alle die Cappellan die iemer nach im koment, bi vns of der Bürge ʒe Haigerloch Eſſen vnd brinken wenne wir mit Huſe daruf ſient, Vnd ouch bi allen herrſchaften, die nach vns iemer koment vnd of der Burge ſeſhaft ſint. Swaʒ ouch dem vorgenanten vnſerm Cappellan vnd allen den, die nach im iemer koment in der vorgenantun vnſrer Cappelle of der Burge geopfert wirt, daʒ ſol in werden vnd lebeclich beliben, Vnd ſüllen wir vnd vnſer kint vnd alle vnſer erben in des gút ſin, das ſi ieman daran ſume noch irre weder lutzel, noch vil. Vnd das dis alles ſtaet war vnd veſt belibe, darumbe ſo haben wir vnſeriu aigeniu Inſigel gehenket an diſen Brief ʒe ainem waren offene vrkunde alles des da vorgeſchriben ſtat. Der Brief iſt geben ʒe Haigerloch, an dem Durnſtag nach ſant Gregorien tag, In dem Jar, do man zalt von Gottes geburt Drützehen hundert Jar. Driffig Jar. Vnd darnach in dem fünften Jar.

B. d. Orig. im St.-Archiv zu Stuttgart. — Mit dem beschädigten Reiterfiegel des Grafen.

368.

10. Auguft 1335. Reutlingen. Diepolt von Bernhaufen verkauft um **2250** Pfund Heller die Hälfte an Grötzingen, Burg und Stadt, an Graf Rudolf von Hohenberg.

Ich Dieppolt von Bernhaufen der alte vergihe offentlich vnde tün kunt allen den die bifem (sic!) brief anfehent oder horent lefen, Daz ich frilich, mit willeclich vnde vnbetwngenlich (sic!) bi guten finnen beratenlich vnde mit verdahtem müte, mit willen vnde gunfte aller der' .. der willen vnde gunfte ich da zü haben folte, verkoufte (sic!) habe vnde verkouffe reht vnde redelich mit vrkunde dez gegenwaertigen briefez füre mich vnde füre mine erben dem Edelen Herren Graue Rudolf von Hohenberg vnd finen erben den halben taile ze Gretzingen an miner Burg vnde Stat, an Luten, an güte, an Holtze, an velde, an Waffer, an waibe, mit zwinge, vnde mit baennen, mit gerihten, mit minem taile des kirchenfatzes, vfferhalp dez eterz vnde inrehalp, mit waffer vnde mit wafferz fluzzen, bi wafen vnde bi zwi, alz ich ez her gehebet vnde genoffen han füre lebig vnde füre laere vnde füre ain reht aigen mit allen den worten, getaeten vnd gebaerden, die da zü gehorent von rehte oder von gewonhait, alz ez kraft vnde maht haben fol vnde mag vmbe zwaintzig hundert phunde vnd vmb brithalp hundert phunde güter vnde genemer phenige Haeller Müntz (sic!), der auch ich von im gewert bin gar vnde gaentzlich mit voller zal, vnd die in minen fchinbaeren kuntlichen nütze komen vnde bekeret fint. Ich vergih ouch an difem briefe, daz ich niht betrogen bin an difem koufe iuwendich noch mit kainer gefaerde, vnde dar vmbe fo verzihe ich mich füre mich vnde für alle min erben an den vorgenanten güten gen den vorgefchriben Grauen Rüdolf von Hohenberg vnde finen erben allez rehtez, aller anfprache vnd aller widerforderunge, aller Helfe vnde fchirmez gaiftlichz vnde weltlichz gerihtez, aller genade vnd aller briefe, der Baebefte .. kayfer, konige, .. fürhften .. oder andre Herren, die ich ietzo han oder die ich hernach erwurbe oder erwerben möhte, da mit dirre kouf wider triben, Dife Hantvehfte verworfen mohten werden, fuz oder fo mit alle oder an kainem ftücke. Vnde dez ze aim waren ftaeten vrkunde fo gibe ich min Infigel an difen brief. Wir wernher, Dyeppolt walker, wolf, gebrüder, Dyeppolt, Eberhart Marquart vnde Conrad, gebrüder, dez vorgenanten Dyeppoltz von Bernhufen Sune verjehen offentlich vnde ieglicher befunder an difem briefe, daz dirre vorgefchriben koufe befchehen ift mit onferm gunfte vnd

gůtem willen, vnbe verzihen vnſ bar vmbe an bie vorgeſchriben gůt alliv aller
anſprache vnbe allez rehtez, obe wir kainz baran heten ober gehaben möhten, von
vnſerm ſatter bem vorgenanten Dyeppolt von Bernhuſen ober von vnſern Mûtern,
ſuz ober ſo, in kainen weg. Vnbe bez zů aim ſtaeten waren vrkonbe, So geben
wir alleſampt vnbe vnſer ieglicher beſonber ſine aigen Inſigel an biſen brief,
ber ze Rûtelingen geben iſt, an bem Dunreſtag vor vnſer vrowen tag, alz
ſo ze Himel füre, In bem Jare bo man zalt von Gottez geburte brivzehen=
hundert Jare. vnbe bar nach in bem ſivnften. vnbe brizegoſten Jare.

B. b. Orig. im St.-Archiv zu Stuttgart. — Mit ſechs anhängenben Siegeln. Das
Siegel bes Eberharb von B. zeigt ben h. Martin, wie er bem Bettler ſeinen Mantel reicht.

366.

**31. Auguſt 1335. Rotenburg. Graf Rubolf von Hohenberg leiht
Albrecht Pfeningen, Bürger unb Wirth zu Rotenburg, 7 Morgen Ackers
auf ber bortigen Markung.**

Wir Graue Rûbolf von Hohenberg Tûgent kunt allen ben bie biſen
brief anſehent ober hörent leſen, Daz wir vnſerm lieben wirt vnb burger Albreht
öfeningen, ber ze Rotenburg geſeſſen iſt, vnb allen ſinen .. Erben haben
verlühen zů ainem rehten ſtätten Lehen vnſer ägger, bie hie nach geſchriben ſint,
ber Drie Morgen gelegen ſint an bem Sebrunner wege an bez ſtahelers agger
vnb ſtoſſent an bie vier Morgen, bie ba hörent in bez falwen Hof bie ba hät
friberich von Herenberg, Vnb haben im ouch verlühen Vier Morgen ſint gelegen vnber Schülchen in ber Owe, bie man nemet bez Boltringers Gut,
ſtoſſent of ben Tûwinger wege, Vnb haben im vnb ſinen erben bie Sûben
Morgen aggerſ verlühen vmb baz viernbal, ſwez ba of wirt. Vnb ſwenne bie
ſelben ägger in brach ligent, ſo ſol er vnb ſin erben of bie ägger füren Vierzig
Karchen mit Miſte iemerme. Vnb bez zů ainem vrkunde barvmb ſo iſt vnſer
Inſigel gehencket an biſen brief ber gegeben iſt ze Rotenburg an bem Durnſtag
nach ſant Bartholomeus tag in bem Jar bo man zalt von Gottez geburt Drûzehen
Hundert Jar. Drißig Jar barnach in bem fünften Jar.

B. b. Orig. im St.-Archiv zu Stuttgart. — Mit bem gut erhaltenen kleinen run-
ren Siegel bes Grafen.

370.

13. November 1335. **Rotenburg.** Graf Rudolf von Hohenberg schenkt die Eigenschaft eines Guts zu Poltringen an die Kirche des Chorstifts zu Ehingen.

Wir graue Rudolf von Hohemberg veriehen offenlich an disem brief, daz wir luterlich einfalteclich durch got vnd durch vnser, vnser vorderen vnd vnser nachkomen selen hails willen ain gůt, daz zů Boltringen gelegen ist, vnd daz Hummel der maier buwet, daz der erber priester herr Burkart Corher ze Ehingen am negger vnd kirchherre ze Altingen gekouft hat an den altare, den er gestift, gemachet vnd gewidemet hat in dem vorgenanten gotshuse ze Ehingen, vnder des hailigen crůzes altar in dem orte zu der rehten hant gen dez von Möringen hus, vmb Hugen den Gebel vnsern burger ze Rotemburg, der es von vns ze lehen hette, von dem vorgenanten Hugen dem Gebel vfgenomen haben, vnd die aigenschaft dez selben guts für vns vnd für alle vnser erben vnd nach komen gegeben haben vnd geben an den vorgeschribnen altar reht vnd redelich mit worten, mit geberben vnd mit getaten, alz ez craft haben sol vnd mag eweclich einem priester der banne den altar besinget vnd besingen sol, daz vorgeschriben gůt mit allen rehten vnd mit aller zůgehörbe ze habende, ze nießende, ze besetzenk, vnd ze entsetzende für lebig vnd für låre vnd für ain reht vries aigen. Vnd darn daz wir noch kain vnser erben noch kain vnser nachkomen do wider niemer getun noch gesprechen sus noch so, so geben wir für vns vnd für vnser erben vnd nach komen vnser aigen ingesigel ze vrkunde vnd ståter sicherhait an disen gegenwärtigen brief der ze Rotemburg geben ist an dem montag nach sant Martins tag, do man zalte von gots geburte drůzehen hůnbert jare vnd darnach in dem fünf vnd drissigosten Jare.

Von der Abschrift im lib. cop. des Stifts Ehingen, im St.-Archiv zu Stuttgart.

371.

3. Februar 1336. **Rotenburg.** Graf Hugo von Hohenberg belehnt Hermann von Owe mit dem Laienzehnten zu Rangendingen (O.A. Hechingen), einem Gut daselbst, einem Fischwasser an der Starzel und Leibeigenen zu Hirrlingen (O.A. Rotenburg).

Wir graue Hug von Hohenberg etc. tun kunt mit disem brief allen den die in sehent oder horent lesen, daz wir Hermann von Owe vnserm lieben ge trewen diener ze rehtem mannlehen verliehen haben die lehen die hienach geschriben stant, den layenzehenbem ze Rangabingen, das gut halbes, das er kouft vmb den Stolkher ze Rangabingen, die vischenze an der Starzel von

dem stege ze Bietenhusen vnz an das wör ze Büringen, vnd ouch was
lutes komen ist ze Hürningen von Withoppfen seligen wirtinen des wirtz ze
ürningen, Vnd des ze ainen offenem vrkunte haben wir vnser aigen jnsigel
gehenkt an disen brief, der geben ist zu Rotenburg an dem samstag nach vnser
frowen tag, der Liehtmesse, in dem jar, do man zalt von gottes geburt, dreyzehen=
hundert jar vnd darnach in dem sechsten vnd dreyssigesten jar.

Abdruck in »bewährte Gerechtsame der Herrn Graffen von Attems auf ihren Ritter-
Gütern Hirlingen und Bieringen.« Beilage VIII.

372.

9. April 1336. Rotweil.

Erkinger Aigel(wart) von Falkenstein, kaiserlicher Hofrichter zu Rotweil, ur=
kundet, daß die Bevollmächtigten des Herzogs Albrecht von Oestreich an dem von
K. Ludwig festgesetzten Tage vergebens vor dem Hofgericht erschienen seyen, um
den Verzicht der Gräfin Ursula von Hohenberg entgegen zu nehmen.

Abdruck bei Herrgott, cod. probat. geneal. Habsb. nro. 773.

373.

23. April 1336. Rotenburg. Die Grafen Albrecht, Hugo und Hein=
rich von Hohenberg, Gebrüder, stiften zum Seelenheil ihres †
Vaters und zu zwei ewigen Lichtern in der St. Moriz=Kirche zu
Ehingen verschiedene Güter, Gülten und Zinse.

Wir Graue Albrecht von Hohemberg, Graue Hug vnd Graue Hain=
rich gebrüder von Hohemberg, veriehen vnd tün kunt allen den bie disen
brief sehent, lesent oder hörent lesen, Daz wir ainmütclichen vnd luterlich durch
Got vnd ze haile vnd ze troste vnsers lieben vatters seligen Sele, Graue
Rudolf wilunt Graue ze Hohemberg, gegeben haben vnd gesetzet vnd geben
vnd setzen mit disem gegenwurtigen briefe also, daz es billich craft vnd maht sol
han dem Gotzhuse zu Sant Mauritien ze Ehingen uf dem Negger, also
daz man da von zwai ewigü liehter vf rihten sol, disü gut, gelt vnd zinse, die
hienach geschriben stant, mit allen iren rehten vnd zügehörden, wan es ouch vn=
ser vorgenanter lieber vatter selige bez selben begerte vnd gebaht
hette ze tünde vor sime tohbe. Dez ersten aht morgen aggers gelegen in
der ringmure uf der altenstat, bie alle verlühen sint vmb daz viertail, der
luwet Bentz Hägelli ain morgen, Cüntz Hürninger zwene morgen, Flusing
vnd sin Sun der Eberscher zwene morgen, Bröne von der altenstat ain
morgen, Cüntze der Herter vnd Dyemeli vom wiler zwene morgen, von dem

Huse vor dem Tor zwo Gense allü Jare, die git Brune der kreginun man vnd klusing von der wisan, da der wier waz, zwene schillinge güter Haller iergelichs gelts. Brón hat ain halben morgen wingarten vor der Ringmure an der Schütti, da von git er daz viertail, dar an hat dez Boten Sutters Sun ain Bletz, davon git er ouch daz viertail, dar an hat Hartman Hagen ouch ain Stügge, da von git er daz viertail. Swaz inrothalp der ringmur vnd ussethalp Obsses wirt, daz viertail höret ouch da zů, vnd zwai malter Roggen vnd zwai malter Habern Tuwinger messes, ierglichs geltes, die allü Jar git frowe Hille vom wiler von irem lehen in dem Hart. Wir wöllen ouch daz allü dü vorgeschriben Gůt, gelt vnd zinse also veraigent sien dem vorgeschriben Gozhuse, daz weder wir noch vnsere erben sie niemer me mögen angesprechen noch angeraichen mit dem rehten die selben gůt. Vnd dez ze vrkunde geben wir vnser aigenü Ingesigel an bisen brief, Der ze Rotemburg geben ist an sant Gregorien tage, Ja dem Jare, do man zalt von Goz geburte Drüzehenhundert Jare vnd Sehs vnd brissig Jare.

B. d. Orig. in der Registratur des Stadtpfarramts zu Ehingen. Mit 3 Siegeln, wovon das erste vnd dritte gut erhalten sind. — Eine Abschrift hievon findet sich in dem „liber traditionum, bonorum etc. ad ecclesiam veteris vrbis pertinentium" etc. im St.-Archiv zu Stuttgart.

374.

19. Mai 1336. Frankfurt. König Ludwig verschreibt Heinrichen von Reischach 600, und Friedrichen von Lochen 500 Pfd. Heller auf die Reichssteuer von Rotweil.

Wir Ludewig von gots genaden Römischer Keiser ze allen ziten merer des Richs, Veriehen offenlichen an bisem brief, Das die wisen Siu der Schultheizze, Der Burgermeister, der Rat vnd die Burger gemeinlichen ze Rotwile vnser lieb getriw dem vesten manne Heinrichen von Rischach von der gewohnlichen Stiwr die si vns vnd dem Riche iärichlichen geben sullen von wegen alle iar geben sullent als vil als über wirt über das das si den Edeln mannen Albrechten Hougen vnd Heinrichen Grafen ze Hohemberg vnsern lieben Oheimen geben sullen, als lang bis si in gewernt sechs Hundert pfunt Haller, die wir in daz in verschaffet haben. Wann öch si den obgenanten von Rischach, der obgeschriben sechs Hundert pfunt gewert haben, So sullent si ze hant darnach öch von derselben irr gewonlichen stiwre als sie vns iärihlichen geben sullent vnd richten dem vesten Manne, Friedrichen von Lochen vnd sinen sunen von dem überschatze der vor bestet über das das si den obgenanten vnsern Oheimen von Hohemberg geben sullent geben vnd richten fümf Hundert pfunt Haller ze den iar zilen als si vns si selbe richten solten. Vnd wan si die obgenanten von Rischach vnd die von Lochen gewert haben als vorgeschriben ist, So sagen wir in

felben gelt an ir ſtiwre ledig vnd loz mit diſem brief. Wir haben ŏch den ob=
genanten Burgern von Rotwil die genad getan alſo alle die weil vnd die vorge=
nanten von Riſchach vnd der von Lochen auf der vorgenanten ſtivr nicht gewert
ſint, daz ſi die ſelben zit nicht mer ze ſtivr geben ſullen dann° alle iar fůmf Hun=
dert pfunt Haller vnd von den ſelben Hallern ſullen ſi dannoch geben den vorge=
nanten Grafen von Hohemberg das gelt das in vor dar auf verſchriben iſt, Vnd
dann° von dem ŏbrigen ſullen ſi die vorgenanten von Riſchach vnd von Lochen
Der ainlef Hundert pfunt Haller verrichten vnd weren als vor geſchriben ſtat.
Vnd dar ŏber ze vrchund geben in diſen brief verſigelt mit vnſrm Keiſerlichen
Inſigel der geben iſt zu **franchenforb** an dem Pfingſtag do man zalt von
Chriſtus geburt driuzehen Hundert iar Vnd in dem ſechſten vnd dreizzigſtem
iar In dem zwei vnd zweinzigſtem iar vnſers Richs vnd in dem Niunden des
Keiſertŭms.

B. b. Orig. im St.-Archiv zu Stuttgart. — Mit dem noch ganzen, aber undeutlichen Siegel des Kaiſers, an grün-rothen ſeidenen Schnüren.

———

375.

**5. Juni 1336. o. O. Die Grafen Albrecht, Hugo und Heinrich von
Hohenberg verkaufen um 4500 Pfd. Heller an Graf Albrecht von
Aichelberg Köngen und Unter=Bothingen (O.A. Eßlingen) mit
Zugehör.**

A. 1336. 5. Junij kauft graue Albrecht von Aichelberg von Albrecht,
hug u. Heinrich, grauen zu hohenberg (hi vocant illum ihrn l. oheym) daz
dorf Küngen am Neckar vnd niber Buyngen cum pertinentiis vnd ſonderlich
den Kirchenſatz daſelbſt vnd zu hirnholz, auch die zwo viſchenz vnd daz faar am
Neckar vmb 4500 ₰ guter heller münz. Geben ihm auch dazu den halben tail
der graffſchaft vnd des landgerichts vnd auch der mannlehen, die zu der
herrſchaft gen Büyngen gehörent. Sollen moniti in defectu der werſchaft
laiſten zů Eßlingen Graue Albrecht vnd graue Hug eintweder ſelbs oder für ſich
ein erbern knecht an ſeine ſtat legen, die zu dem herrendienſte gut ſind, der iegli=
cher einen knecht vnd ij pferdt habe, grau Heinrich aber sine controversiâ in
aigner perſon. Testes die erbern ritter herr Burkard von Jungingen, herr
Rudolf von Ramſperg, herr Heinrich von Werwag, herr Peter von Rüti
vnd herr Fribrich von Wytingen.

Gabellhover I. Fol. 38. Die Urkunde ſelbſt findet ſich nicht mehr vor.

———

376.

5. Juni 1336. Rotenburg. Die Grafen Albrecht, Hugo und Heinrich,
Gebrüder, von Hohenberg schenken Konrad ihrem Vogt zu Triberg
ein halb Fuder Weingült aus ihren Weinbergen in der Zangenhalden bei Rotenburg mit der Bestimmung, daß die Weingült nach
des Vogts Tode an das Stift zu Ehingen fallen soll.

Wir Albreht, Hug vnd Hainrich gebrüder Grauen ze Hohemberg
veriehen vnd tügen kunt mit disem briene allen ben, bie in sehent ober hoerent
lesen, Das wir vnserm lieben getruwen Cünrat vnserm vogt ze Triberg,
ben man spricht vogt waise, burch Got luterlich vnd burch vnserre Selen hailes
willen vnd ouch vmb sinen getruwen byenst, ben er vns manigin jar getan hat
vnd noch wol getün mag, gegeben haben vnd geben mit vrkunde bises gegenwartigen
Briefes ain halp füder wingeltz iargelich in alle vnser wûngarten bie an za-
gen halbun gelegen sint, also baz er bas selbe Halp füder wingeltz in alle vnser
wûngarten bie an zangen halbun gelegen sint, haben sol rüweclich vnd nutzelich
alle bie wil er lebt vnd nach sinem Tode so haben wir baz vorgenant Halp füber
wingeltz gemacht vnd gegeben also burch vnserre Selen vnd ouch ber sinen hail
willen ben herren an vnsern Stift ze Ehingen, Also baz bie selben Herren sy
egenant Halpfüber wingeltz nach bes vorgenanten Cünratz tobe iemer eweclich
ainem staeten Gelt haben vnd niessen sont. Vnd das bis alles staet vnd war belibe, barumbe so haben wir vnsriu aigeniu Insigel gehenket an bisen Brief, er
geben ist ze Rotemburg In bem jar, bo man zalt von Cristus geburt brü
hundert jar, barnach in bem sehzten vnd brissigosten jar, an ber Mibwochen
sant Erasmus tag.

B. d. Orig. im St.-Archiv zu Stuttgart. — Eine Abschrift davon im lib. copi
des Stifts Ehingen. An ber Urkunde hängen noch bie brei ziemlich gut erhalt
Siegel; das erste ist bei weitem größer, als bie übrigen, welche gleich groß sind.

377.

8. Juni 1336. Stuttgart. Kaiser Ludwig weist dem Grafen Burka
von Hohenberg für seine Dienste 600 Pfd. Heller bei seinem Landvog
Grafen Ulrich von Wirtemberg an.

Wir Ludowig von gotes gnaben Romischer keyser ze allen zite
merer bez Richs Veriehen vnd tün kunt offenlichen an bisem brief, Daz
bem Ebeln manne Burcharte Grauen ze Hohenberg vnsern lieben getruen schulbig worden sin vnd gelten sullen vmb sin bienst die er vns iezund tut
sol, Sehs Hünbert phunt Haller vnd verschaffen vnd slahen die dem Ebeln man

Ulrich Grauen ze Wirtenberg vnserm lieben Ohaim vnd Lantuogt
vf alle seinen phant die er von vns vnd dem Riche inne hat zv anderv schulde
vnd gult die er vor dar vf hat mit der beschaidenhait, daz der vorgenant von
Wirtenberg diu selben phant inne haben sol vnd niezzen, biz daz wir ober vnser
nachkomen an dem Riche si von ime erlösen vmb die schulde vnd si im vor stend
als wir im daz verschriben mit vnsern briefn haben vnd vmb die Sehs Hundert
phunt die wir inne iezund dar vf slahen. Er sol öch den obgenanten Graf Bur=
dart sine sehs hundert phunt von den phanten wern vnuerzogenlichen wanne er si
da von in genimpt. Ze Vrchund ditz briefs der geben ist ze Stutgarten an
Samztag nach Erasmi. Nach kristes geburt Drutzehenhundert iar Dar nah in
dem Sehs vnd Dreizzigestim iar In dem zwai vnd zwainzigestim iar vnsers Richs
vnd in dem Niunten dez keysertumes.

B. d. Orig. im St.=Archiv zu Stuttgart. — Mit dem kleinen sehr beschädigten
Siegel, das in rothem Wachs den Reichsabler zeigt.

378.

20. Juni 1336. Obernborf. Graf Wilhelm von Montfort, Herr zu
Tettnang, Schwiegervater des Herzogs Friedrich von Teck, gelobt die
Rechte und Freiheiten der Stadt Obernborf zu halten.

Wir Graue Wilnhelme von Muntfort Herre zů Tetnang vergenhen
vnd Tůn kunt Mitte disem brief allen die in ansenhent oder hörent Lesen: Daz
wir ben erberen Lüten ben Burgern vnd der statte gemainlich zů Obernborf
gesworn haben ainen ait zů den hailigen mitte gelerten worten Vngefarlich allú
bú Reht vnd gewonhait státe ze lande vnd ze haltend gentzlich vnd gar, bie sú von
der Herreschaft von Thekke von Herzog Hermans saeligen von Thekke,
Herzog Lutzmannes saeligen Herzog Ludwigs vnd Herzog friberiches siner
súne gehebt hant bis vffen disen hûtigen dag dar vmb sú von inen offen brief
hant Vnd das wir die Selben burger vnd öch bie statt gemainlich an kainen iren
Rehten vnd gewonhait bie sú von der vorgenantun Herschaft gehebt hant dar vmb
sú von inen Offen brief hant niemer sůllen gesumen noch geirren In kain wis
sus noch So ān alle geverde vffen ben ait wir inen dar vmbe gesworn han Wir
haben öch gelobt wenne wir ensigen das benne vro Anne vnser tohter Her=
zog Friberiches Elichú wirtinne von Thekke ben Selben burgern vnd
stett bie selbun gelúbbe Sol tůn alb ir erben Ob sie enwaere alber bem si sin
benne gan mitt aiben vnd mitt briefen als wir haben getān als vor geschriben
stāt ān alle gevaerbe Vnd das biz alles war staete vnd vnlogen bār belibe dar
vmb So haben wir zů ainem vrkúnde der warhait vnser aigen Ingesigel gehenket
an bisen brief Der zů Obernborf gegeben wart Nach Gottes gebürt Drúzehen=

hunbert iar dar nach in deme Sehs vnd vnd drifigoften iar an dem nahften Durn=
ftag vor fant Johans dag ze fûngihten.

B. d. Orig. im ftädtifchen Archiv zu Obernborf. — Das Siegel fehlt.

379.

4. Januar 1337. Rotenburg. Die Grafen Albert, Hugo und Heinrich
von Hohenberg, Gebrüder, verkaufen an das Chorherrnftift zu
Ehingen alle ihre Weinzehnten bei Rotenbnrg und Ehingen um
200 Pfd. Heller.

Wir Graue Albert, Graue Hug vnd Graue Hainrich von Hohembergq
gebrüder veriehen offenlich mit difem brieue allen den die in fehent, lefent ober
hoerent lefen, Das wir reht vnd redelich den Corherren ze vnferm Stift ze
Ehingen ze kouffenne geben haben den Layen zehenden, den vnfer Herre
vnd uatter faelig kouft vmb wernhern von Ehingen vnd der wirt vj
ben gebirgen, die hienach gefchriben ftant, vs der Neggerhalden, vs dem al=
tenbraitenhart, vs wihennaeht, vs Bolle, vs Spilbühel, vnd mit na=
men fwas zů dem felben zehenben gehoeret, es fi befůcht oder vnbefůcht, befunden
ober vnbefunden, mit allen rehten vnd mit aller zügehoerbe für ain fri aigen, q
in vnfer herre vnd uatter faelige vmb wernhern von Ehingen kouft, vnd ouch so
in braht haben vntz vf difen hüttigen tag alz dirre brief geben ift, Vmb zwei
Hundert pfunde güter vnd genaemer haeller, die wir von Jnen barumbe enpfan=
gen haben, vnd in vnfern fchinbarn kuntlichen nutz komen fint vnd fullen wir noch
behain vnfer erbe, noch nieman von vnferen wegen fy an dem vorgenanten zehen=
ben niemer geirren noch gefumen mit worten, noch mit werken noch mit dhainen
bingen, da mit er dem vorgenanten Gotzhus entpfroemt, oder entwert moeht wer=
ben. Vnd daz dis alles ftaet, war vnd veft belibe von vns vnd ouch von allen
vnferen nachkommen, barumbe fo haben wir vnferiu Jnfigel gehenkt an difen brief
ze ainem waren vrkunbe alles des da vorgefchriben ftat. Der brief wart geben
ze Rotemburg, Jn bem Jare, do man zalt von Criftus geburt Drützehen
Hunbert Jare, Driffig Jare, vnd barnach in dem Sibenden Jare, an dem Sam=
ftag vor bem Oberoften tag.

B. d. Orig. im Befitz eines Bürgers von Rotenburg. — Das Siegel des Grafen
Albert, das kleinfte, ift undeutlich, und hat den Hohenberger Schild; das des Hugo ein
Helm mit den Hörnern; bei diefen beiden ift die Umfchrift fehr verwifcht. Das Siegel
des Heinrich mit dem Hohenberger Schild ift gut erhalten und hat die Umfchrift: † S.
H. comit. d. Hoheb'c. — Eine Abfchrift diefer Urkunde finbet fich im liber copiarum
des Ehinger=Stifts.

380.

2. März 1337. **Haigerloch.** Graf Hugo von Hohenberg findet sich mit dem Kloster St. Georgen im Schwarzwalde in Betreff von Leibeigenen in der Stadt Triberg ab.

Wir Graue Hug von Hohemberg embieten dem erwirdigen herren dem **–t dez Goßhuses** ze Sant Georien in dem Swartz walde vnsern gruz vnd **–z gut.** Wir gümen üch vnd wellen daz ir in vnser stat ze Triberg von Elliu häringen tohter von fürtwangen friberichen fülysen wirtin von Triberg ümer velle nemet alz von anbern üwern aigen lüten, alz gewonlich vnd **–lich ist**, ane alle irrunge vnd loben' uch bar an niht ze sumende ane geuerbe. Ir sont ouch berselben frowen bruder Johannes Häringen lebig lassen aller gelübbe vnd bündnisse, die er üch von der siner schwester getan hat ane fürzug, **aber** dirre brief sol kain kraft han. Vnd ze vrkunde allez daz so hie vor geschriben stat, geben wir vnser aigen Insigel an bisen brief, wan wir biz mit wissende **vnser** Ratgeben getan haben, hertzog Kunrab von vrselingen, hern hainrich **von** wernmag, herrn fribrich von witingen vnd hern Cönrab von Ehingen. Geben ze Haigerloch an Mitwochen nach Jnuocauit in dem Jare, do man **zalt** von gotz geburte brützehen hundert Jare barnach in dem Sibenden vnd brissigosten Jare.

B. b. Orig. in Karlsruhe. — Das Siegel ist abgefallen.

381.

26. April 1337. **Rotenburg.** Graf Hugo von Hohenberg eignet dem Chorherrnstift zu Ehingen den Laienzehnten von Kiebingen, welchen es von einem Rotenburger Bürger erworben.

Wir Graue Hüg von Hohemberg Verienhen offenlich mit bisem briefe. Daz Ützze der Gebel vnser Burger ze Rotemburg mit vnserm gunste vnd mit **vnserm** güten willen reht vnd rebelich vnd alz ez billich craft vnd maht hat vnd gehaben mag ze kouffende geben hat ben ersamen Herren — — dem Probste vnd — — den Corherren gemainlich vnsers Stiftes zü sant Mauritien ze Ehingen bi bem Negger ben Laien zehenden ze Kübingen, ben er von vns vnd von vnser Herschaft ze Hohenberg ze rehtem Manlehen hätte, mit allen nützen vnd rehten iemer me eweclich, ane alle irrunge ze habenbe vnd ze niessenbe, ze besetzenbe vnd ze entsetzenbe, swie ez in füget vnd nütz ist, Vmb daz Hus, daz Hatmen von Ehingen waz, daz zwischen Ehinger tor vnd Stehellins Hus gelegen ist, alz ez Herr Burkart seligen der kirchherre von altingen an sie braht hatte, vnd in an den vorgenanten vnsern Stift burch

finer sele Hailes willen geben hette, vnb vmb fünf phunt güter Haller. Vnd
burch besserunge bez selben vnsers Stiftes, So geben wir baz selbe Lehen für ain
reht vri aigen, alz wir billich tůn söllen vnb mögen, vnb alz ez wol craft vnb
maht hat vnb gehaben mag, luterlich burch Got vnb burch vnsrer vnb vnser vorbern selen Hailes willen ben vorgeschriben Herren an bem Stift. Vnb globe sie
mit gůten truwen baran ze schirmenbe vnb ze fürberenbe vnb niht baran ze irrenbe
ane geuerbe. Vnb barvmb geben wir ze ainem offen vrkunbe vnser aigen Juge-
sigel an bisen brief, Der ze Rotemburg geben ist, an bem Sampstage vor sant
Walpurg tag, bo man zalt von Goz geburte brüzehenhunbert Jare, banach in bem
Sibenben vnb brissigosten Jare.

B. b. Orig. im Spital-Archiv zu Rotenburg. — Das Siegel hat nur ben Helm
mit ben abflatternben Tüchern unb ben aufgesetzten Hifthörnern.

382.

26. April 1337. Rotenburg. Vtze ber Gebel, Bürger zu Rotenburg,
gibt mit Zustimmung seines Herren, bes Grafen Hugo von Hohenberg, bem Chorherrnstift zu Ehingen Gülten aus bem Laienzehnten
von Kiebingen (O.A. Rotenburg), ber hohenbergisches Lehen war,
für ein Haus zu Ehingen.

Ich Vtze ber Gebel Burger ze Rotemburg. Vergihe offenlich vnb in
kunt allen ben, bie bisen brief sehent, lesent, ober hörent lesen Daz ich bi sinnen
libe vnb mit bebahtem mûte, mit gunste vnb mit willen minez gnebigen
Herren Grauen Hugez von Hohemberg reht vnb rebelich, vnb alz ez billich
craft vnb maht hat vnb gehaben mag, verkouft, vnb ze kouffenb geben han, vier
malter Roggen, sehs malter vesan, vier viertail minrre, vier malter habern Tüwinger messes, vnb vier schillinge Haller, iergelichs vnb ewigez Geltez, ben ersam
Herren .. bem probste, vnb ben Corherren bez Stiftes zů sant Mauritien ze Ehingen bi bem Negger, bez sie iergelich Hainz ber Höltzeler, vnb albreht iu
brüber, rihten vnb weren sont, uf sant Michels tag, von bem Laien zehenben
ze Kübingen, ben ich von minen vorgeschribenen Herren, vnb von
ber Herschaft ze Hohemberg, brissig Jare vnb me, ze rehtem Manlehen gehebt han, vmb baz Hus baz Haimen von Ehingen waz vnb bz
zwischan Ehinger tor, vnb Stehellins Hus gelegen ist, mit aller zůgehörte
alz ez her Burkarb selige, ber kirchherre von Altingen, an sie braht, vn
burch siner sele Hailez willen, in geben hat, vnb vmb fünf phünt güter Hallr,
ber ich von im bezalt vnb gewert bin. Vnb verzihe mich mit bisem brieffe, aller
ansprache, vnb wiber vorbrunge, allez rehtes vnb schirmez, so ich ober mine erba
hätten ober gehaben möhten, an gaistlichem, ober an weltlichem Gerihte, wbe

bifem kouffe, noch in kain weg niemer ba wider ze tünbe, fus noch fo, ane geuerbe. vnb lobe in, baz felb Gelt ze verftanbe, gen allermengelich Jar vnb tag,
nach ber Stette reht, vnb gewonhait von Rotemburg. Vnb han in bar vmb ze
burgen gefeket, Syfrit von Hirffowe Cönken ben Herter vnb Lanbolt
Buggen, Burger ze Rotemburg, alfo, fwa fie von ieman in Jarez frift,
baran geirret würben, in welchen weg baz befchehe, baz font fie ben vorgefchriben
Herren ufrihten, ober in bar vmb laiften, aine rehte gefellfchaft in offener wirte
hülfer ze vailem güten, nach ber Stette gewonhait ze Rotemburg, alz lange vnk
baz in vfgerichtet wirt bar vmb fie banne gemant fint vnb in melhen fchaben, bie
bürgen bez koment, ba lobe ich in von ze helffenbe. Vnb barvmb baz ich vnb
mine erben ftête halten allez baz hie vorgefchriben ftat. So gebe ich, ben vorgenanten Herren, bifen brief verfigelt mit minez vorgefchribenen Herren, vnb mit bez
Ratez vnb .. ber Burger von Rotemburg Jnfigeln, zû ainem offen vrkunbe. Wir
Graue Hûg von Hohemberg vnb wir .. ber Rate vnb .. bie Burger gemainlich ber Stat ze Rotemburg veriehen baz birre kouff mit vnfrer wiffenbe befchehen ift vnb bez ouch gezuge fint. Vnb barvmb fo henken wir burch bette, bez
vorgefchribnen Ltzen bes Gebelz vnferer Stette Jngefigel zû vnferes Herren Graue
Hûgez Jngefigel, zû ainer gezugniffe an bifen brief. Der ze Rotemburg in ber
Stabt geben ift, an bem Sampftage, vor fant walpurg tag. Jn bem Jare. bo man
zalte von Goz geburte brützehenhunbert Jare, banach in bem Sibenben vnb briffigoften Jare.

B. b. Orig. im St.-Archiv zu Stuttgart. — Mit bem zerbrochenen Siegel bes
Grafen unb bem gut erhaltenen ber Stabt R.

383.

26. Juli 1337. Rotweil.

Gräfin Urfula von Hohemberg, geb. Gräfin von Pfirt, verzichtet auf bem
Hofgericht zu Rotweil vor K. Ludwig auf alle Anfprüche an die Graffchaft Pfirt.

Abbruck bei Herrgott, cod. probat. geneal. Habsb. nro. 775.

384.

29. November 1337. Rotenburg. Graf Albrecht, Hug unb Heinrich
von Hohenberg, Gebrüber, verkaufen Graf Ulrich von Wirtemberg
Burg unb Stabt Grötzingen mit aller Zugehör um 5000 Pfb.
Heller.

Wir Albrecht, Hug vnb Hainrich grauen ze Hohenberg gebrüber
tügin kunt vnb veriehin offenlich mit bifem brieue allen ben bie in fehent, lefent

ober hörent lefen, Daz wir alle brie gemainlich mit bedahtem müte angefehen ho= bin, vnfern, vnfer Erben vnd nachkomen nutz vnd frumen der da von komen mag vnd habin dem edeln vnferm lieben grauen Ulrich von Wirtenberg vnd finen erben ze köffend geben reht vnd reblich in rehtes köffes wife Gretzingen burg vnd ftat mit allen iren zugehörden, vnd Sunderlich mit allen den rehten, nützen vnd gewonhaiten, die ze der felben burg vnd ftat gehörent vnd öch zü den güten vmbe fünf tufend phunb haller münffe güter vnd genämer, die wir enphan= gen habint, vnd der wir öch von ime gäntzlich gewert figint vnd bie wir in vn= fern, vnfer erben vnd nachkomen fchinbern nutz bewent habint. Vnd dar über ze meren ficherhait, fo verzihen wir vnf für vnf, vnfer erben, vnd alle vnfer nach= komen aller anfprach, rehte, vnd vorberung, die wir vntz vff bifen hüttigen tag, vnfer erben ober vnfer nachkomend hie nah an den vorgefchribenen burg vnd ftat ze Gretzingen, mit allen iren Zügehörden habin ober hie nah gewinnen möhtin, an gaiftlichem ober an weltlichem gerihte, an kirchenfätzen, ober an anderen güten. Vnd dez ze vrkunde, fo habin wir alle brie gemainlich vnferü Infigel gehenket an bifen brief, der geben ift ze Rotemburg In dem Jare bo man zalt von Chri= ftus geburt, Druzehenhundert Jar, In dem fybenden vnd briffigoftem Jare an fant Andreas abend bes Zwelfbotten.

V. b. Orig. im St.=Archiv. zu Stuttgart. — Die Siegel der beiden Grafen Hugo und Heinrich, von Mehltaig, haben blos den Helm mit den Hörnern; die Umfchriften find unleferlich; das des Albrecht fehlt.

* * *

385.

30. November 1337. Rotenburg. Kun, der Truchfeße, Ritter, urkundet, daß die Grafen Albrecht, Hugo und Heinrich von Hohenberg, feine gnädigen Herren, die Steuer und Gülten von Grötzingen, welche diefelben ihm verfetzt, wieder eingelöft haben.

Jch kün der Truhfeffe Ritter vergihe mit bifem briefe, baz mine gnä= bigen herren Graue Albrecht, Graue Hüg, vnd Graue Hainrich von Hohemberg vmb mich erlöfet hant die Stüre vnd alle bie gelt, bie fie mir ze Gretzingen verfetzet hetten, alfo baz ez mich benüget, vnd barvmb fo fage ich die felben Stüre vnd gelt lebig vnd löz mit bifem briefe für mich vnd für mine erben, vnd waz ich barvmb briefe han, bie font tod fin, Vnd bez ze vrkunde gib' ich min Jngefigel an bifen brief, der ze Rotemburg geben ift an fant Andres tag in bem Jare, bo man zalt von Got geburte brüzehenhundert Jare barnach in bem Sibenden vnd briffigoften Jare.

V. bem Orig. im St.=Archiv zu Stuttgart. — Das Siegel ift abgefallen.

[1] Gabelkhover hat in feinen Miscellaneen T. III. S. 1237 zu 1342: „Cun der Truchfeß v. Urach, Ritter, der zu Ringingen gefeffen."

386.

30. Januar 1338. Rotenburg. Die Grafen Albrecht, Hug und Hein=
rich, Gebrüder, von Hohenberg verkaufen an Graf Konrad, den Scheerer
von Tübingen, die Burg Rohrau.

Wir Graue Albrecht, Graue Hug vnd Graue Hainrich gebrüder
von Hohenberg tugen chunt, vnd vergehen offenlich mit bisem brief daz wir
verköft haben, vnd ze köffenne geben haben mit beräten müt vnd mit güter vorbe=
trahtung reht vnd rebelich vnserm lieben Vetter, Graue Cönrat dem Sche=
rer Pfallentzgrauen von Tuwingen, vnd allen sinen .. Erben für ain vrie
aigen Rorowe die Burg mit aller zögehörde, besůcht vnd vnbesůcht, mit allen
nutzzen vnd rehten alz ez vnser Herre sälig vnd Vater an vns braht vnd
alz wir ez bißher gehebt vnd genossen haben vnd hät vns darvmb gegeben Tusent
phunde vnd zwaintzig phunde güter vnd genämer Pfenning haller münß, die alle
in vnsern nutz komen sint gäntzlich, Wir haben ouch alle brie gelöpt vf vnser aibe,
dem vorgenannten Graue Cönrat vnd sinen .. Erben die vorgeschribenne burg mit
aller zögehörde alz vor geschriben ist vf ze richtenne ze vertiganne ze versprechenne
gen allermänigelichen an allen stetten swa si sin notbürftig sint an gaischelichem
geriht vnd an weltlichem alz sittelich ist vnd gewonlich äne alle geuerde. Wir sien
ouch alle brin bürge vnd tröster für vnsers bruders säligen Svn Graue
Růdolfen ber noch nit zö sinen tagen kommen ist, wan wir vns ver=
stanben, vnd vns ouch weger ist, biser köft sie beschechen banne vermitten, Vnd
zö ainer offenne vrkunde alz bez hie vorgeschriben ist, darvmb so sint vnsrü In=
sigel gehencket an bisen brief, der ze Rotenburg geben ist an dem Fritag vor
vnser frowen tag der Liechtmeß in bem Jar bo man zalt von Gottes geburt Drü=
zehenhundert Jar Drißig Jar, vnd barnach in bem ahttoben Jar.

B. b. Orig. im St.=Archiv zu Stuttgart. — Mit ben brei kleinen Siegeln ber
Aussteller; bas erste zeigt ben einfachen Hohenberger Schild, bas zweite unb britte haben
ben Helm mit ben Hifthörnern.

387.

20. Februar 1338. Colmar. Die Bischöfe Berthold von Straßburg
und Johans von Basel, sowie der Abt Konrad Werner des Kl.
Murbach urkunden, daß sie mit ihren Städten und Leuten dem
von Graf Albrecht von Hohenberg, kaiserlichem Landvogt im Elsaß
und Anderen abgeschlossenen Landfrieden beitreten.

Wir Berhtolt von Gotes vnd bez Stuls von Rom gnaden, bischof
zü Strasburg vnd wir Johans von benselben gnaden bischof zu basel vnd

wir Conrat Wernher von der selben gnaden Abbt ze Murbach veriehen vnd tün kunt offenlich mit disem briefe, daz wir den lantfriden, den der veste man Rüdolff von Anbelahe, vitztüm vnser des bischofes von Strasburg vnd der Edel man Graue Walrafe von Thierstein, phleger vnser dez bischofes von basel, vnd Diebolt Murnhart, bruder vnd Amptman vnser des Abbtes von Murbach mit dem Edeln man Albreht von hohenberg, Lantvogt dez Rumischen Riches in Elsaß vnd mit den wisen leuten den Schultheizzen den burgermeistern den Reten vnd den burgern gemeinlichen dez Riches Steten zü Elsaß die hernach genant sint, daz ist hagenowe, Colmar, Schlezstat, Ehenheim, Rosheim, Mülnhusen, Kaisersperg, Dürnkeim vnd Mün= ster vnd mit deme vesten manne Johan von hallewiller lantvogt der hoch= geborn herren herren Albreht vnd Otten, herzogen zü Osterich vnd mit ihren steten landen vnd leuten in Elsaß vnd Suntgowe vnd in Brisgowe vnd mit den wisen leuten den Schultheizzen den burgermeistern gemainlich der stett brisach, Riunburg vnd Rinuelden von vnseren wegen, durch gemeinen sichern fribe aller leute, wie die geheizzen sint von vnserm heizze, wort vnd willen, ge= sprochen vnd gesworn habent, vnd in aller der weiz, als si den selben lantfriden gesworn gemacht vnd mit iren briefen verschriben vnd versigelt habent vnd als ir brief sagent, di si darvber gegeben habent. Also besteten wir in von vnsern we= gen vnd wollen daz er stete kraft vnd maht habe, vnd gebieten allen vnsern ampt= lüten, bienern vnd steten, edeln vnd vnedeln, die vns zugehorent, wie die geheißen sint, daz si benselben lantfride stete halten, vnd da wider nit chomen mit dheinen sachen. Vnd dez zv einem vrkünde han wir die vorgen. zwene bischofe von Straß= burg vnd von Basel vnd Abbet von Murbach vnseriv insigel gehencket an bise brief. der wart geben ze Colmar, do man zalt von gotz geburt driv zehen hun= bert iar ahte vnd zwainzig [1] iar an Samstage nach Valentin.

V. d. Orig. im Archiv zu Hagenau.

[1] Soll ohne Zweifel „drissigisten" heißen.

388.

21. Februar 1388. **Colmar.** Johannes von Hallweiler, öſtreichiſcher Landvogt im Suntgau, Elſaß und Breisgau, Rudolf von Anblach, Vitztum des Biſchofs von Straßburg, Graf Walraf von Thierſtein, Vogt des Biſchofs von Baſel, Diepold Murehart, Pfleger des Kl. Murbach und die Städte Breiſach, Neuenburg und Reinfelden machen einen Landfrieden mit Graf Albrecht von Hohenberg, dem kaiſerlichen Landvogt im Elſaß, beziehungsweiſe mit den unter ihm ſtehenden Reichsſtädten daſelbſt: Colmar, Hagenau, Schlettſtatt, Ehenheim, Roßheim, Mülhauſen, Kaiſersberg, Dürkheim und Münſter.

Wir Johannes von Hallewiller, phleger vnſerer hochgebornen herren der hertzogen von Oſterrich in iren landen Sünggow, Elſaz vnd Brisgow, Rudolf von Andylache, vitztum mines Erwirdigen herren Byſchof Berchtholdes von Straßburg, Graf Walrafe von Thier=ſtein, phleger ze biſen ſachen, vnſers herren Byſchof Johannes von Baſel, Dyebolt Murehart, mines erwirbigen herren herren Chunrawern-hers, dez Abbtes von Murebach, bruder vnd phleger vnd wir die Schult=heizze, die Meiſter vnd die Ret der ſtette von Briſach, von Niwinburch vnd von Rynuelden, veriehen offenlichen an biſem brief, baz wir durch gemeinen ſichern vribe aller lüte, ſi ſin ebel oder vnebel, weltlich oder geiſtlich, kriſten oder Juden, wie ſie geheizzen ſind, einen lantfribe reht vnd rebelichen geſprochen gemachet vnd geſworn haben mit dem Ebeln herren Graf Albreht von Hohenberg, Landuogt dez Romiſchen Keyſer Lubewig in Elſaz vnd mit den Schult=heizzen den Burgermeiſtern vnd den Reten gemeinlichen ſiner ſtette ze Colmar, ze Hagenowe, ze Sletzſtat, ze Ehenheim, ze Rosheim, ze Mülhuſen, ze Keyſersperg, ze Durnchein vnd ze Münſter vnd mit och mit allen fürſten vnd herren, wie bie genant ſind, die ben mit vns halten wellen. Vnd ſol der ſelbe Lantfribe gan vnd geraichen oberal baz Land von der Sels vf bis zu dem houwenſtein vnd als bie ſnesliffen ganb von ietwederm gebirg abe in den Ryn, vnd von dem houwenſtein gen Goldenuels, vnd von bann an ober gen Bechfurt, vnd bann an den Waſichen vnd von ienſit Rynes von der Obern Mürg biz an bie nibern .. Vnd ber ſelbe Lantfribe ſol an uahen ze ber mitteruaſten bie bo ſchierſt chomet vnd ſol wern von bann an biz ſante Geo-rigen tag der nehſt chomet vnd bar nach ober zwei gantziu iar. Vnd habent die vorgenannten bez Keyſers Lantuogt vnd ſin ſtet vier man bar geben vnd erchorn ober ben ſelben Lantfriden. Dez erſten die von Colmar habent erchorn vnd bar=geben Johannſen Wolleben, bie von Hagenow Nycolauſen, genannt ben

Meyer, die von Sletzstat vnd von Ehenheim vnd von Rozheim habent gegeben Johansen genant ben bözen. So hat der Keyser den herren die in dem
Lantfribe sind, vnd noch bar in chomend vnd den steten ze Mulnhusen, ze
Keysersperrch, ze Durncheim vnbe ze Münster ze dem vierden man geben
den festen man Chunrad ben hertzogen von Vrselingen. So sint aber ze
dem selben Lantfriden erchorn, vnd bar zö gesetzt von mir von halwiller von
der herschaft wegen von Osterich, hern Johan Vlrich vom hus, von der vorgenannten vnser herren der Byschof wegen die vorgenante viztum vnd graf Walraf, aber von den Steten von Brisach, von Niwinburg vnd von Rynuel
den Wernher Gotzkuchen von Brisach.

Vnd sullent der vorgenannte Graf Albreht vnd ich Johan von Halwiler ein gemein vberman sin, vnd also sullen wir zwen ein man, vnd die Ehte
ober der merer teil vnder vns vollen gewalt haben ze rihtene vnd ze erchennenbe
vmb alle vflüffe, stözz, rowb, name vnd brant, die vnder bez in dem lande geschehent, vnd wie wir vns dar vber erchennen oder sü rihten, daz sol stet beliben vnd
fürganch haben. Vnd süllent vns och die herren vnd die stet alle die den lant-
friden mit vns gesworn habent dar zv beholfen sin.

Geschehe daz der vorgenante Graf Albrecht vnd ich von halwilr vns in
bheinen vsloufen gelich zweiten, so sol der Edel man her Johans von Rapoltstein derselben stözz vnd vflüffe ein vberman wesen, also wo er mit dem merern
teil geualle, oder die rihte, baz baz fürganch habe. Wir haben och gerett daz wir
die Burger von Strazburg vnd och von Basel, ob si wellent vnd bez begeren
zv vns in den Lantfribe nemen vnd enphahen mügen. Vnd wen wir Johan
von halwilr, der viztum grave Walraf vnd die vorgenanten Stet in den lantfribe nemen, von vnser vorgenanten herren wegen, ez sin herren oder ander die
der sol vns bez sinen brief geben vnd sich zv vns verbinden, vnd wenne er daz
getan hat, so sol er mit vnser in dem lantfribe beliben vnd bez als wir ander
geniezzen. Vnd also ze gelicher wise, wen der vorgenante Graf Albreht vnd
die Stet hie iemand ze Elsaz von bez Keysers wegen enphahent, der sol in och
sin brief geben, vnd benne fürbaz in dem Lantfribe beliben, vnd ben mit vollen
rehten niezzen. Wer och baz iemand vnder vns ber zv dem Lantfribe gehört, ober
iemand anders, wer der wêr, schabe oder vflüff geschehen, so mügen der oder die
ben ber schabe beschehen ist, mit ben gebingen als wir bann vberein chomen, die
anbere herren oder Stet die ben Lantfriden besworn habent, einen oder mer ober
si alle manen vmb helf dar nach vnd si der bebürfent vnd in der notbürftig in,
oder als ez in bann gelegen ist. Vnd geschehe, baz ez also lêge, baz sü sin be-
borften, so sol der keyser vnd vnser herren von Osterich ir lantuogt vnd wir alle
die zö dem Lantfribe gehorent, ez sint herren oder stete in beholfen sin als verr
wir vns vermugen, vnd in der herre vnd in die stat als iren erren gezimpt vnd
bechomenlich ist, vnz in wibertan werbe, baz in vnrebelichen beschehen ist. Zu
disem Lantfribe sint dem Keyser alle sine rehten vzgenomen vnd den fürsten, herren

vnd steten gemeinlichen, die den Lantfribe gesworn habent, die iren die sie durch reht haben sullent. Geschehe och daz wir die zwen ein gemeiner man vnd die Ehte ober vnser vberman vns in den zwein iaren erchanden oder sprechen vmb keinen vfluf oder schaben, dar zo wir nach den zwein iaren der herren vnd stete hilf die den Lantfribe mit vns gesworn hand, bedorften, ist geret, daz si vns beibiv herren vnd stete als lange hirnach beholfen sullen sin, biz die vfluff vnb schaben dar vber wir vns erchant haben, gentzlichen vnd gar beriht werden. Kaem och, daz der vorgenant Gr. Albreht, da vor got sie, abe gienge, oder in der Keyser absatzte von der phlegnuzze, so hat der Keyser gewalt einen ander an sin stat ze lantuogt ze setzende, vnd der sol dann an siner Stat dez Lantfriben pfleger wesen. Wêr och daz ich von Halwilre von minir vogtei entsetzet würde, so soll ich dannoch beliben ein oberman dez vorgenanten Lantfribes. Geschehe aber, daz ich stürbe, so habent vnser herren von Osterich gewalt einen andern an min stat ze gebende. Wêr och daz der Ehter einer abe gienge, wer der wêr, so sol der der den vorbern gegeben hat, einen andern an dez selben stat geben vnd kiesen in aller der wise vnd mit allen den rehten, alz ez der vorder gehebt hat. Geschehe och daz der von Rapoltstein abe gieng, so sullen der vorgenant Graf Albrecht oder der denne an siner stat Lantuogt ist, ob er nimer an der Phleg wêr, vnd ich Johans von Halwiler ze Colmar in dem nehsten Moneib in varen vnd sullent niemer dauon chomen, wir beliesen einen andern an sin stat, der och gewalt habe dez der da abe gangen ist. Ez sullen öch wir die zwen ein man vnd die Ehte vierstunb in dem iar ie ze dem suntag vor den vier vromiasten vnd do zwischen alz dick daz wohl beschiht ze semen chomen in die stat gen Colmar durch armer lüt willen, alle gebresten vnd vfluff ze verhorende, vnd wêr daz wir die zwen ein man ober der Ehter einer ehafticlichen oder also geirret wurden, daz wir dar niht chomen mohten, so söl der ober die dar niht chomen mugent, als dick si geirret werden, einen andern ober andere an ir stat senden. Beschehe dez niht, so sullen die andern vollen gewalt haben die selben sache alle ze rihten als ob sie ze gegen wern, vnd wer da gesant wirt an der stat die dar niht chomen mugen, die sullen sweren vnd sich verbinden in aller der wiz, als die vormales getan habent, die si an ir stat gesant habent. Wir bechonnen (sic!) och, daz zwischen vns vnd den herren vnd steten die bisen Lantfribe mit vns gesworn habent, also geret ist, wenne stözz, vfluffe hie in benan ze Elsaz in dez Richs lande geschehen, daz die ben si bescheen sind, ober bi ez an gat, den vorgenanten Graf Albrecht alz dez Keysers Lanbugt ober einen andern der dann an siner stet ist, von der selben vflüff wegen ze dem ersten manen sullen vmb geriht, hilff, vnd och erchennen vnd sol er dann die Ehte vnd die vberman dez Lantfribes ze samen besenden vnd benne vmbe den schaben der in beschehen ist, rihten vnd beholfen sin nach dem vnd der Landfribe sagt vnd er in dez gebunden ist. Vnd also sullen och ze gelichen weiz die obern vnser herren von Osterich der Byschof Abbtes vnd Stete Lüt, wenn in icht geschiht, mich von halwilr, Lantuogt vnser vorgen. herren von D. vnd vns die vitzthum pfleger vnd Ambahtlut der vorgenanten Bischof vmb gericht, hilf vnd erchennen alfo man vns och manen sol. Ez wêr danne als verre ob follich schaden vnd vfflusse geschehen, die man vnuerzogenlichen vnderstan vnd darzů tůn mufte, damit man soliches manes niht erbiten moht. Wir haben och getedingt, daz der Burger von Hagenow gemeinlichen vnd och aller anber Stete, die den Lantfribe mit vns gesworn habent, gut vnd lut die vzzerhalb der gemerchen dez Lantfriedes gelegen find, in gemeinem vride vnd schirm dez Lantfribes fin fullen, als ob fie dar inne gelegen weren. Ez mugend och die vber den Lantfriben gefezt fint, bedenchen vnd ze rat werden vmb alle schedleich lüt die in dem Lande find, fi fie ze Roffe ober ze füzzen, alfo daz die land vnd och die Lüt von folichen bofen lüten erledigt vnd beforgt werden.

Och fol die verbüntnüzze, die vnfer Herren von Oftrich vnd die vorgenannten Byschöf vor zů einander getan hand in der fi mit vzgenomen worten vz genomen vnd verfchriben hand daz Römifche Riche in irr Kraft beliben.

In dirr buntnuzze hand, die vorg. der Byschof von Str. die stat von Str. vnd der Byschof von Bafel die Stat von B. vzgenomen, daz fi wider die niht fullen gebunden fin ze tunb, fi tun ez bann gern. Vnd ze gilicher weiz hat der Keyser die vorgen. Stete von Strasburg, vnd von Bafel och vzgenomen wider fi niht ze tun, er two ez bann gern. Vnd darober ze einem waren vrchunde haben wir die vorgen. Johans von H., Rudolf der vizthum, Graf Walraf von Tierftein vnd Tyebolt von Murnhart vnd die egenanten drei Stet Brifach, Riwinburg, vnd Rynuelden, vnfer Infigel gehenkt an difen Brief der geben ift ze Colmar an samstag vor sant Mathief tag dez zwelf boten nach kriftes geburt Druzehenhundert iar, darnach in dem ahten vnd Driffigiften.

V. d. Orig. im Archiv zu Hagenau.

389.

17. April 1338. Rotenburg. Meifter Pilgeri, Kirchherr zu Sülchen unb Probft des Stifts Ehingen, vermacht diefem zum Seelenheil des Gr. Rudolf von Hohenberg unb deffen gleichnamigen Sohne unter gewiffen Bedingungen fein Fifchwaffer und feinen Weiher bei Rotenburg.

Ich Maifter .. Pilgeri Kyrcherre ze Sülchen vnd ... Probft dez Stiftes dez Gozhus fant .. Maurycien ze Ehingen gelegen bi dem Necker enfit der Stat ze Rotenburg — — Vergihe offenlich mit difem briefe vnd tůn kunt vnd ze wiffent allen ben die in angefehent oder angehört lefen — — daz ich mit gefundem libe bo ich wol riten vnd gan moht mit gůter vorbetrahtung vnd mit fryem willen — — burch miner fele hayle minef liben herren Graue — — Rudolfes fäligen fele von Hohemberg dez alten

x ſtifter vnd anvaher geweſen iſt deʒ vorgenannten Stiſteſ, ſins ſuns
une — — Rûdolfſ ſâligen ſêle deʒ Jungen, aller ſiner vordern, vnd aller
ʒ nachkomen ſele hayl willen gib vnd han gegegen, lütterlich durch Got ʒû ainem
ſu vnd ſtâten Selgerâte mit ſit vnd gewonhait wort vnd werk bü bar ʒû ge=
ſu aʒ eʒ billich kraft vnd maht hat vnd haben ſol — Den Erſamen korherren
herru deʒ vorgenannten Stiſteʒ ʒe Ehingen bie ieʒo da ſint vnd allen iren
ſunnen iemermer eweklich min viſchenʒ an dem Recker bü gelegen iſt
ur Stat ʒe Rottenburg bie ieʒo von mir enphangen hant — — Otte
ſut der brenner vnd ſin brûder der ſt'robel geſeſſen burger in der Stat
kraburg mit aller ʒûgehörbe vnd mit allen rehten vnd nüʒen aʒ ich ſye kouft
ſohanſen ſâligen genannt von Horwe mit minen aygenen phenningen
fünftig phünde gûter vnd genâmer haller für ain freyeʒ ledigʒ aygen vnd der
ſu mir völleklich vnd gar gewert wart aʒ küntlich vnd offenbâr iſt — — vnd gib
ſ minen wiyar der gelegen iſt bi der ſelbun viſchenʒ vnden an dem wêr be ben
ſber gebuwen han, vnd gib in bü ſelben gût mit ſölicher beſchaydenhait vnd
ſ — Swenne ich mich ſchiebe von der ſelbun viſchenʒ vnd wiyar lebent alber
ſ ſo ſond die vorgenannten korherren prieſter, iſt daʒ ſye denn nit probſteʒ hant
ſunder inen welen in aht tagen der och prieſter iſt, vnd derſelbe, vnde alle ſine
ſunen füllent die vorgeſchriben viſchenʒ vnd ben wiyar hon vnd nieʒen, beſeʒen
antſeʒen aygenlich iemermer eweklich mit aller ʒûgehörbe rehte vnd nüʒe aʒ ichʒ
ſr gebekt han — — wâr aber baʒ die vorgenannten korherren in ſelben aht
ſ nit möhten vber ain komen vm ain probſt, ſo ſol bü vorgeſchriben viſchenʒ
ʒ aineʒ lüprieſterſ in der Stat vnd ſinen geſellen biʒ uf die ſtunt daʒ ſye
ſ hant — — Wâr och baʒ derſelbe probſt von der gegen füre ane redlich
deʒ vorgenannten Goʒhus alb der korherren, ſo ſol bü vorgenant viſchenʒ
ſûrʒehen tagen ſiner uffart gemainlich bienen ben vorgenannten korherren vnʒ
ſ wiber kunt — — Vnd darumb ſo ſont die vorgenannten korherren iemermer
ſ, wenne ich nit wâre min iargeʒit began mit vigilie vnd ſêle meſſe aʒ
ſ vnd gewonlich iſt, vnd der ſelbe probſt ſol deʒ ſelben tageſ geben ainen
ſullen ben prieſtern deʒ ſelben Stiſteʒ bayde korherren vnd vicarien von ben
ſagten gûten — — Dirre binge ſint geʒüge die hie bi geweſen ſint — —
ſCünrat lüprieſter ʒe Rotenburg, pfaff hainrich, Schulthaiʒ — —
krich von Herrenberg, volker ſin ſun, Johannes der herter, Engel=
ber alt, Benʒ von wilperg, Cünʒ der aman, rihter vnd burger ʒe
ſraburg, vnd anber erbâr lüte gnüg — — vnd baʒ biʒ alleſ ſtât vnd war
ſ vnd ʒû ainem offen waren vrkunde der vorgeſagten binge, ſo gib ich der
ſraut Mayſter Pilgeri biſen brief beſigelt mit minen aygen Inſigel vnd mit
ſerger Inſigel der ſtett ʒe Rotenbnrg, daʒ ſie burch miner bette willen hant
ſut an biſen brief ʒu ainer ʒügnüſſe der vorgeſagten binge — — Dirre
ſ iſt gegeben in der ſtat ʒe Rotenburg — — In bem iar bo man ʒalt

von Criftes geburte drüzehen hundert iar brißig iar vnd barnach in dem al
Jar an dem zinftag vor dem funnetag zů mittervaftun. — —

B. d. Orig. im St.-Archiv zu Stuttgart. — Das längliche Siegel des Frei
zeigt den h. Martin; von der Umfchrift ift noch zu lefen: .. Svlchen. Das S
der Stadt R. hat den Hohenberger Schild.

<hr>

390.

24. April 1338. Haigerloch. Die Grafen Albrecht, Hugo und H
rich von Hohenberg, Gebrüder, verpfänden Hailen von Waß
Wittwe des Konrad Stahler von Rotenburg, für eine Schuld
70 Pfund Heller ein Gut bei Ehingen.

Wir Albreht Hůg vnd Hainrich grauen ze Hohenberg gebe
veriehen offenlich mit difem briefe, Daz wir fchulbig fint vnd rebelich gelte
frô Hailen von waffenegge .. iren kinden vnd iren erben obe fie en
fibenzig pfunde güter vnd genemer haller pfenninge vmb zwene hengeft, die
rad felige der alte Staheler ir ehelicher wirt vnd Cônrad der Staheler i
vnferm vatter feligen vnd ouch vns felb dar vmb ze kouffende geben han
haben ir, iren kinden vnd iren rehten erben, vmb biefelben pfenninge ze ein
rebelichen pffande geffetzet Cûnrad dez Muverlins gůt, daz vnfer aigen i
ietz buwet Walther der brobbegke an der Staige vnd daz ze Ehinge
legen ift, ze habende vnd ze nieffende mit allen nützen vnd gelten, di davon g
vnd werdent, alz lange vntz daz wir ober vnfere erben daz felb gůt erlö
iren kinden ober von iren rehten erben obe fie enware, vmb die vorge
fibenzig pfunde haller vnd loben mit gůten trõen die vorgenannte frô Hail
kint ober ihre rehten erben obe fie enwere, an dem gůte nit ze irrende f
fo ane geuerde. Vnd dez ze vrkunde geben wir vnfere aigenü Jngefigel an
brief, der ze Haigerloch geben ift, an dem fritage nach Sant Georie
bem Jare, bo man zalte von Gotz gebürte drüzehen hundert Jare banach
ahtoben vnd briffigeften Jare.

B. d. Orig. im St.-Archiv zu Stuttgart. — Mit den gut erhaltenen Siege
brei Grafen.

391.

19. Mai 1338. Colmar. Bischof Berthold von Straßburg, Graf
Albrecht von Hohenberg, kaiserlicher Landvogt im Elsaß, Johans
von Hallweiler, östreichischer Landvogt im Suntgau, Johans Ulrich
vom Haus, östreichischer Vogt zu Ensisheim, Konrad Werner, Abt
des Klosters Murbach, Johans und Anselm von Rapoltstein und
die elsäßischen Reichsstädte verbinden sich zu Unterdrückung der
Juden-Verfolgung unter dem „Arnleber."

Wir Berhtolb von gottes gnaden bisschof ze Strasburg, Graf
Albreht von Hohenberg lantvogt in Elsasse, Johans von Hallewilr
leger in Suntgöwe, an der hoherbornen fürsten stat der herzogen von Österrich,
Hans Ulrich vomme Hus der selben fürsten vogt ze Ensishein, rittere,
abbat Wernher von gottes gnaden appet ze Mürbach, Johans von Rapolzstein, herre in der obern stat, Johans vnd Anshelm herren von
hohen Rapolzstein, vnd bar zů wir .. die meistere .. die räte, vnd die
burger gemeinlich dirre nahgenanten Stetten, von Strasburg, von Kolmer,
von Hagenowe, von Schletstat, von Ehenheim, von Rosheim, von Mühln-
hen, von Keisersberg, von Türenkein, vnd von Münster, von Brisach
vnd von Ruwenburg, Tůn kunt allen den, die disen brief ansehent, oder hörent
lesen, was wir dur ønser vnd des landes nuz, fribe vnd notdurft gemeinliche vnd
besundliche mit enander øber ein sint komen aller der dingen, die an disem briefe
hernach geschriben stant, vnd hant øns öch des ze samen verbunden bi dem eibe
vnd alle geuerbe. Des ersten sint wir øber ein komen, also, were das dehein vflöf
hinanhin geschêhe imme lande of die Juden von Arnlebers wegen oder
ie heller, welme herren oder stat das geschehen, die an disem briefe geschriben
sint, welen es denne aller nehst vnder øns were, die sönt es weren mit der hant
vnd eibe öb sie mögent ane geuerbe, als balbe sis bevindent, möhtint sis aber
nüt behöeten, so sönt si die andern herren vnd stette manen, die sich hie zů verbunden hant, vnd sönt in öch benne die vnuerzogenlich ze helfe komen, öch bi dem
eibe ane alle wiberrede. Were öch, das dehein missehelle werde oder vflöf in den
genanten stetten von der Juden wegen, in welre stat das were, wes denne der
mere teil des rates in der stat über ein kemint, da der vflöf geschehen were, das
sol für gang han, vnd sol bekein herre noch stat, vorgenant, der enkeinen enpfahen
burger, noch enthalten, bie benne von der getête wegen von der stat verwiset
werdint da der vflöf geschehen were. Were öch das Jeman da wiber were in der
stat, da der vflöf benne geschehen were, vnd es der mêre teil der stette rât niht
behöeten möhte, so sönt wir die vorgenanten herren vnd stette, alle benne der stat
beholfen sin bi dem eibe ane alle wiber rebe, alf balbe wirs bevindent, vf die,
22 *

die denne in der stat da wider woltin sin. Dif allef vnd ze glicher wif sol öch
vns .. den vorgenanten herren behalten sin ane alle geuerde. Wir die vorgenan=
ten herren vnd. stette sint öch einhelleklich mit enander öber ein komen, also, das
wir fünfzehen hant vfgenomen, die an der ersten getête schulbig sint von der Juden
wegen, vnd sit malh, daf wir der lib vnd gůt went angrifen vnd pfenden, wa
wirf vindent, vnd sönt dif den herren vnd stetten verbotscheften, vnder den si
denne sizent, das sü si weder husen noch hofen. Enthieltin si sô aber darôber,
es syen herren oder stette nach der botschaft, so wir in denne darumbe gesant hant,
wider den sônt wir denne öch sin, in allem rehte, als wider die vorgenanten fünf=
zehen personen ane alle widerrede. Were öch das dehein herre, dienstman, ritter
oder kneht, vorgenant, Jeman fundent, der an disen sachen schulbig were, vnd
vnder in gesessen were, irre lûten, den mögent si darumbe rehtvertigen, als in
eren wol anstat ze tünde, vnd tünt dar an dehein vnreht, ze glicher wis .. die
vorgenanten stette, öch ir burger. Es ist öch vnder ônf .. den vorgenanten herren
vnd stetten nieman dem andern schulbig ze helfende von der ersten getête wegen,
denne vf die vorgenanten fünfzehen. Stünt öch hinanthin dehein vflöf vf in
lande oder in den stetten, vorgenant, von der Juden wegen hinnant ze ônsern
frowen mes der Jnngeren, so nehst kumt, vnd dannanthin öber ein Jar das
nehste nahenander, darumbe sönt wir .. die vorgenanten herren vnd stette Jeman
enander beholfen sin bi dem eibe, vntz das sin ein vstrag wirt gemacht vnd vn
riht, ane alle geuerde. Were öch das dehein ander herre oder stat zů vnf in bü
verbûntnüsse wölten, die mögent wir .. die vorgenanten herren vnd stette wol zů
ônf nemen, öb es ôns wol gevellet ane alle geuerde. Die vorgenanten verbû
nüsse vnd waf an disem briefe geschriben stat, das globen wir .. die vorgenan
herren vnd stette alles stête ze hande bi den eiden, so wir darumbe getan zů
zen heiligen ane alle geuerde, vnd niht hie wider ze tünde in deheinen weg —
vnd vmb ein offen vrkünde aller der vorgeschribenen dingen, das si war vnd stê
bliben ane alle geuerde, darumbe hant wir .. die vorgenanten herren vnd stet
ônserû Jngesigel an disen brief gehenket, für ônf vnd für alle die, bie zů vns ge
hörent. Dirre brief wart geben ze Kolmer an der nehsten zinstage vor ônsers
herren gottes vffart, nach siner gebürte brizehenhundert Jar vnd in dem ahtdem
vnd brissigosten Jare.

E. b. Orig. im St.-Archiv zu Straßburg. — Von den Siegeln fehlen diejenigen
des Bischofs von Straßburg, des von Hallwyl, des vom Haus, des Abtes von Mur
bach und dasjenige des Anselm von Rappoltstein; alle andern Siegel sind noch an der
Urkunde vorhanden, aber beinahe sämmtlich mehr oder weniger zerbrochen.

392.

19. Mai 1388. o. O.

Graf Konrad von Baihingen, der ältere, freit mit Willen Gr. Burkards von Hohenberg, des älteren, seines Schwagers („schwestermanns") der Frühmeß zu Horrheim die Ottershube zu Glattbach von aller Steuer.

Orig. im St.-Archiv zu Stuttgart. — Mit den Siegeln der beiden Grafen, wovon das Burkards ein Reitersiegel ist.

393.

25. Mai 1388. o. O. Albrecht von Blankenstein verkauft um 250 Pfd. Heller an Johansen von Herrenberg die „Wideme" und den Kirchensatz der Kirche zu Kilchberg (O.A. Tübingen) mit Zustimmung des Grafen Hugo von Hohenberg, von dem solche Lehen waren.

Ich Albreht von Blangenstain vergihe offenlich, vnd tůn kunt allen den die dtsen brief ansehent oder hörent lesen. Daz ich reht vnd redelich alz ez kraft vnd maht haben sol mit gunst vnd willen aller die darzů notbürftig waren vnd mit namen mines genädigen Lehenherren dez Edeln Graue Hugen von Hohenberg, habe verköft, vnd ze köffenne geben dem erbern man Johans von Herenberg Friberiches Sôn vnd allen sinen Erben. Drie ägger die gelegen sint zwischan Kilchberg vnd Buhel, die da buwet dů Kötzin von Brestdorf (sic!) der ainer gelegen ist ainhalb von Mårderlins Crůtz vnd anderhalb zöhet of den weg zwischan Kilchberg vnd Buhel, der ander gelegen ist bi dem Rütibôm, vnd der brit of dem Bonland, vnd ouch mit den selben äggern die Wibeme, vnd den kilchensatz der kilchen ze Kilchberg, bů Wibeme vnd der selbe kilchensatz mit dez vorgenanten Lehenherren hant habe ich Gewidemt, gebunden in die vorgenanten ägger, wan si von im Lehen sint alz ez billich kraft vnd maht haben sol, vnd alz ain kilchensatz ni layen Gůt sol werden vnd mag Diz vorgenante ägger, Wibem vnd kilchensatz habe ich geben dem vorgenanten Johans vnd sinen .. Erben mit allen rehten vnd zögehörde klain vnd größ liplichen vnd vnliplichen benemet vnd vnbenemet vmb brithalb Hundert phunde güter vnd genämer Pfenning haller mülnß der er mich gäntzlich gewert hät mit rehter zal vnd in minen schinbern kuntlichen nutz komen sint. Vnd setzze den vorgenanten Johans in Nutzgewer der vorgenanten Gůt also, daz er si gewalt hät ze besetzzenne vnd ze entsetzzenne nach allem sinem willen klain vnd größ, swie ain man sin Gůt besetzzen vnd entsetzzen sol vnd daz ich noch dehain min .. Erbe fürbaß zů den vorgenanten äggern Wibeme vnd kilchensatz kain reht wart noch kain ansprach hän noch gewinnen, weder mit Geriht noch äne geriht, suß noch so, in bekainer hande wise. Ich gelobe ouch dem

vorgenanten Johans von Herenberg vnd allen sinen .. Erben dö vorgeschriben
Gůt ze vertiganne, ze versprechanne, ze verstänne vnd vf ze rihtenne gen aller=
mänigelichem swa si sin notbürftig stat nach reht alz sittelich vnd gewonlich ist.
vnd swa ich vder min erben, daz nit entähten, wer ob ez ze schulden käme, so hät
der vorgenant Johans, vnd sin erben gewalt vnd reht mich vnd min erben, vnd
Berhtolt minen Brůder kilcherre ze Eningen zů disen zitten, gewalt ze
benottenne an vnsern Gůten, vnd Lüten swie si mügen, vnd swaz si darumb tünt
so habent si alleweg reht vnd wir vnreht vntz in vf geriht wirt darumb dö vor=
genante Gůt ansprächig wurden. Ich der vorgenant Albrecht von Blangenstain
vergihe offenlich daz ich ainen ayt zů den Hailigen gesworn habe mit gelerten
worten, vnd mit vfgebottenen vingern ällü bisü vorgeschriben binge stät ze habende
vnd ze fürdern mit worten vnd mit werken gen aller mänigelichem, vnd in kainen
weg bekrenken, mit täten, mit worten noch mit wercken, noch suß, noch so, in
kainer hande wise, Vnd dez zů ainer sicherhait vnd zů ainem offenne waren vrkünde
biser vorgeschriben bing habe ich der vorgenant albrecht, dem vorgeschriben Johans
von Herenberg vnd sinen .. Erben disen brief geben besigelt mit minem Insigel,
mit mines lieben brůder dez vorgenanten Berhtolt, mit mines genädigen herrn
dez Edeln Graue Hugen von Hohenberg mit her friberich dez Herters ains
Ritters, vnd mit Diemen sines brůders Insigel. Ich Berhtolt der vorgena
kilcherre ze Eningen ze disen zitten vergihe an diesem brief, daz ich die vorgena
min kilchen ze kilchberg vf hän geben alz ez billich kraft vnd maht hän s.
vnd hän ainen ayt gesworn zů den hailigen mit gelerten worten, vnd mit vfge
bottenen vingern dö vorgeschriben bing ällu stät ze haltenne, in allem reht alz ge
geschriben ist vnd hän darumb min Insigel gehencket an disen brief. Wir Gra
Hug von Hohenberg, friberich der Herter Ritter vnd Dieme sin brůder von Tusse
lingen haben vnserö Insigel durch bet der vorgenanten von Blangenstain gehenk
zů ainnem offene vrkunde vnd zů ainer gezögenust alz dez vorgeschriben ist an bis
brief. Der geben ist an sant Vrbans tag in dem Jar do man zalt von Gott
gebůrt Druzehen Hundert Jar Drißig Jar vnd darnach in dem Ahttoden Jar.

B. d. Orig. im St.=Archiv zu Stuttgart. — Auf dem Schilde des B. v. Bl. si
sich etwas erhaben eine keilförmige Figur, deren Spitze sich in der rechten, oberen S
des Schildes befindet. Das Siegel des Gr. H. v. H. ist sehr klein, der untere erhab
Theil des Schildes ist gegittert schraffirt. Der Schild der Herter von Dußlingen i
quer getheilt wie bei Hohenberg; der untere erhabene Theil ist punktirt.

394.

Juli **1338.** Rotenburg. Graf Hugo von Hohenberg erlaubt dem Chorherrnstift zu Ehingen eine Gült von **26½** Malter Vesen aus dem Bertramshofe zu Rangenbingen, welche von seinem Hause verpfändet worden war, zu lösen und verzichtet auf alle Ansprachen an dieselbe.

Wir graue Hug von Hohemberg veriehen offenlich vnd kunden allen ben den brief ansehent ober hörent lesen, daz wir mit bedahtem müte, alz ez wol vnd maht hat, vnd gehaben mag, luterlich durch got, durch vnsere vordern durch vnser selbes selen hails willen gegeben haben vnd geben mit vrkunde gegenwärtigen briefs durch besserunge vnsers stiftes ze Ehingen bi bem ir den erbern herren dem Probest vnd den Chorherren gemainlich des selben stifts für ain fry lebiges aigen sibend halben vnd zwaintzig malter luter güter vesan Haigerlocher messes jargeliches vnd ewiges geltes, das si mit vnser gunste vnd willen erlöset hant von Jakelin dem Tyeringer vnserm vmb so vil alz ez im versezet was von zugelts wegen von der herschaft Hohemberg vnd des selben gelts sont in iärgelich geben vnd rihten haintz er kapelan sehzehen halp malter, Albert der lange sehs malter, Haintz Benz genannt die wolfach gebruder funf malter, alles Haigerlocher es, vnd das selbe korn von ben aggern vnd von ben güten, bie sie ietzo buwent, hant uf vnserm aigen hofe, ben man haisset maier bertranshof, der ze Rangabingen gelegen ist. Vnd daz die vorgeschriben herren vnd ire nach: men iemer me sicher sien, vnd in daz vorgeschriben gelt volge vnd werde one irrunge zů ben ziten alz man ez geben vnd rihten sol, barumb verzihen wir für vns vnd für alle vnser erben mit bisem briefe aller ansprache vnd aller forberunge, so wir zů dem vorgeschriben gelt hetten ober gehaben möhten an gaistlichem ober an weltlichem gerihte ober suf, one gerihte, one alle geuärbe. Vnd ze vrkunde geben wir vnser aigen Jngesigel an bisen brief, der ze Rotenburg geben ist an sant Vlrichs tag in bem Jare do man zalt von gots geburt bruzehen hundert Jare, banach in bem ahtoben vnd brissigosten Jare.

S. v. Abschrift im lib. cop. des Stifts Ehingen, im St.-Archiv zu Stuttgart.

395.

21. Juli 1338. Rotenburg. Graf Hugo von Hohenberg gibt Johansen von Herrenberg zu einem rechten „Manlehen" die Kirche nnd den Kirchensatz in dem Dorfe Kilchberg (O.A. Tübingen).

Wir Graue Hůg von Hohemberg veriehen offenlich vnd kunden allen den, die disen brieff ansehent, oder hörent lesen Daz wir mit bedahtem můte mit vnsser hänt vnd alz es wol craft vnd maht hat vnd gehaben mag verlůhen haben vnd verlihen mit vrkúnde biz gegenwurtigen brieffs, Johans von Herrenberg vnd allen sinen rehten .. erben, zů aim stêten Manlehen, die kirchen in dem Dorffe ze kirchperg (sic!) vnd ouch den kirchensatz der gehöret vnd bewibemet ist, mit vnserm gunste vnd mit vnserm gůtem willen mit briefen vnd mit allen sachen, die bazů gehörent vnd notburftig sint in die ägger, die ba .. bie kötzin buwet, der ainer gelegen ist bi Růti böme, der ander uff dem Bonland, so stößet der britte agger uf .. Merberlins seligen Crütze, mit allen rehten vnd gewonhaiten, mit allen nützen vnd mit aller zůgehörde, ez sie an holtze, an velbe, an wasser, an waibe, funbens, oder vnfunbens ze habend, vnd ze niessend, ze besetzend, vnd ze entsetzend, swie er wil, vnd swie ez im füget ane alle irrunge. Vnd des ze vrkunb geben wir vnser aigen Jngesigel an disen brief. Ze ze Rotemburg geben ist, an dem nehsten Zinsstage vor sant Jacobs tag. Jn bem Jare bo man zalt von Gotz gebürt Drůzehenhunbert Jare banach in ze ahtoben vnd brissigosten Jare.

B. d. Orig. im St.-Archiv zu Stuttgart. — Das Siegel ist abgefallen.

396.

27. September 1338. Rotenburg. Graf Hugo von Hohenberg verpfändet Hermann von Owe, seinem Vogt zu Rotenburg, für 140 ₰. Heller, welche er diesem schuldig geworden, den Fronhof zu Spaichingen.

Wir graue .. Hug von Hohenberg veriehen offenlich an disem brief Daz wir schulbik sin vnd reht vnd rebelichen gelten sont dem erbern manne vnserm lieben getriwen biener Herman von Öwe vnserm vogt ze Rotenburg vn finen erben hvnbert pfonbe vnd vierzig pfonbe gůter vnd genämer pfenninge haller mönse, die er vns gelihen hat vnd in vnsern notz komen vnd bekert sint, vnd habe im vnd finen erben barvmb gesetzzet vnd setzzen im mit vrkonbe diz briefes vnsern aigenn hof ze Spaichingen gelegen bem dorfe, bem man sprichet Hänlins hof, den Haintz Ripreht vnd Haintz der Mvller von Hofen buwent vnd ben kilchen satz ze Spaichingen, der in ben vorgenannten hof hört, bem vorgeschriben Herman von Öwe vnd finen erben ben ob genannten hof vnd ben

kilchen satz ze Spaichingen der da in hört ze habenne vnd ze niessene in allem dem
recht, als in vnser vater sälig graue Ruodolf von Hohenberg an vns
braht hat vnd alz wir in sit her gehept haben immer vntz an die stunde daz
wir oder vnser erben .. den obgenanten hof vnd kilchen satz von dem vorgeschriben
Herman von Öwe oder von sinen erben erlösen vmb die vorgeschriben hundert
vnd vierzig pfunde haller, Daz wir maht haben ze tünde ze rehten ziln in dem
jare, wenne ez vns füget vnd alle die wile wir bez nüt getan haben, den hof vnd
den kilchensatz nut erlöste haben alz vorgeschriben stat, So sol vnd mal der vorgenannt Hermann von Öwe vnd sin erben, ob er enwere die kilchen ze Spaichingen lihen, alz dicke vnd wie dicke sie ledig wirt, wem er wil vnd wie ez im
füget ane alle widerrede, Vnd loben wir bi güten trowen für vns vnd für vnser
erben den vorgenannten Hermann von Öwe, noch sin erben Dar an niemer
geirren gesumen noch gestaten, daz ez ieman von vnsern wegen tö, alle die wile
wir den vorgenannten hof vnd kilchen satz ze Spaichingen von im nöt erlost haben,
alz vorgeschriben stat. Vnd ze ainem waren vrkunde aller der vorgeschriben dinge
geben wir der vorgenannt graue Hug von Hohenberg vnser aigen jnsigel an disen
brief, der ze Rotenburg geben wart an dem sunnuntage vor sant Michahels
tage, Do man zalt von gotes geburt drivzehenhundert jar drissig jar dar nach in
dem ahtoden tage.

B. d. Orig. im St.-Archiv zu Stuttgart.

397.

14. November 1338. Rotenburg. Graf Hugo von Hohenberg erlaubt
dem Walther Wigelin „von dem wiler vnder Rotemburg," an der
Landstraße, unter der genannten Burg, zu Ehren des h. Jodocus
eine Kapelle zu bauen, und incorporirt solche dem Chorherrnstift
zu Ehingen.

Wir Graue Hug von Hohemberg veriehen offenlich mit disem briefe vnd
tuonden allen den, die in sehent, lesent, oder hörent lesen Daz wir mit gunste vnd
willen vnsers vnsers (sic!) lieben pfaffen Maister Bilgerins, Probst dez
Stiftes ze Ehingen bi dem Negger vnd der ... korherren gemainlich dez
selben Stiftes günnet haben vnd gunnen mit vrkunde diz gegenwürtigen briefs,
luterlich durch Got vnd durch vnser vnd vnser vordern selen hailes willen dem
beschaiden mann Walther Wigelin von dem wiler vnder Rotemborg durch
sine ernstliche vnd götliche begirde, aine Cappelle ze buwend vf vnserm aigem,
ze stiftende vnd ze machende, vnder vnser Burge ze Rotembürg, bi der
Lantstraße in sant Jos ere. Also daz die vorgeschriben korherren die selben
Cappelle besingen vnd Messe da sprechen sont, obe sie wöllent vnd swelher vnder

in Meſſe da finget oder ſprichet, der ſol den halben tail niemen des Opfers das zů der Meſſe uf dem altare geopfert wirt, vnd das ander halb tail gehöret an den herren der ſelben Cappelle. Were aber das die vorgſchriben korherren die Cappelle ſelbe niht beſingen noch mit gotes dienſte vfrihten wölten, So hat der vorgenant wygeli vollen gewalt die Cappelle ze beſorgend vnd ze beſetzend mit aim erbern prieſter, ane alle irrunge, ſwie er beſte mag vnd ſwie er mit dem ober ain kunt das iſt vnſer wille. Vnd ze ainer ſteten ſicherhait dér vorgeſchriben dinge, ſo geben wir diſen brief verſigelten mit vnſerm aigen Inſigel. Wir Maiſter Bilgerins Probſt des vorgenanten Styftes vnd die korherren gemainlich des ſelben ſtiftz veriehen ouch mit diſem briefe, das die vorgeſchrieben ding mit vnſerm gunſt vnd willen beſchehen ſint, vnd geben darumb zů ainer ewigen gezügniſſe vnſern Ingeſigel ouch an biſen brief, Der ze Rotemburg geben iſt an dem nehſten Sampſtage nach ſant Martins tage In dem Jare bo man zalt von Goz geburt, drützehenhundert Jare danach in dem ahtoden vnd briſſigoſten Jare.

B. d. Orig. im St.-Archiv zu Stuttgart.

398.

21. Dezember **1338.** o. O.   Die von Steinhülben (O.A. Trochtelfingen) vertragen ſich unter dem Siegel des Grafen Burkard von
Hohenberg, geſeſſen zu Nagold, mit dem Kloſter Bebenhauſen in
Betreff der Beſitzungen, welche daſſelbe in ihren Dörfern Mahl-
ſtetten (O.A. Spaichingen) und Lutzenhart (O.A. Horb) hatte.

Wir Albreht der Hulwer vnd Dietrich der Pfuzer gebrüder, hern Dietriches ſäligen von Stainhulwe des ritters ſune, veriehen vnd tün kunt allen den die diſen brief an ſehent leſent alber horent leſen, Daz wir vmme die mißhellunge vnd den ſtos den wir hettan gen den gaislichen luten dem .. abt vn bem .. conuent des cloſters ze Bebinhuſen von der güt wegen die ſi hant in vnſerm dorf ze Malleſtetten an huſern hofſtetten aggern wiſan garten holtz vnd velde, vnd wie ſie genant ſint, geinret ſigen daz wir kain reht darzů haben weder ſus noch ſo, wer aber daz wir kain reht darzů hetten alber han mohten, ſie wern von aigenſchaft wegen, von vogtai wegen, alber von gewonhait wegen der veriehen wir vns fur vns, vnd alle vnſer erben vnd nachkomen mit allen rehten, ez wer denne daz ir maiger von ſinan wegin vns willeclich dienan wölte, daz ſol doch in vnd iren cloſter an iren güten kainen ſchaden bringen, noch ſol in darin kain reht noch gewonhait von vns vnd vnſeran erben alber nachkomen gemachat werden, in kainer hande wiſe. wir veriehen öch daz ſie in vnſerm dorf ze Lützenhart hant ain hofſtat vnder der Lindun da wilant of ſas Walther, vnd ain hofſtat ennant der bache da wilant of ſas Eberhart, mit äggern, wiſan, garten, holq

vnd velde, die zů den selban hofstetten horent. Die vorgenanten gaislichen lute
von Bebinhusen hant öch in dem banne des selben dorfes, daz gůt daz sie Nistan
vnme herrn Ebechen den kirchherren von Volmeringen, vnd Merlochen sins
brůders sun, es si an äggern, wisan, hofstetten, gartan, holtz vnd velde, sie hant
öch aine wise da bie man nemmet die krummen wise, vnd den grosen agger hant
in öch, der von dem dorf ze Lutzenhart daz. ere. genemmet ist zühet vnd lit ob
dem weg, der von dem selben dorf gat gen Vesperwiler, zů disen guten allen
die hie vorgesriben sint, veriehen wir öch daz wir dar zů kain reht haben, wer
aber daz wir kain reht dar zů hetten, alber han mohten, sie weren von aigenschaft
wegen, von vogtai wegen, alber von gewonhait wegen, der veriehen wir vns fur
vns vnd alle vnser erben vnd nachkomen mit allen rehten. wir veriehen öch daz
ze Lutzenhart kain muli sol sin da wir die mulstat hettan graben, wer aber daz
da kain mulstat solte sin, der veriehen wir vns vnd veriehen daz wir noch kain
vnser erbe nummer kain muli sullen machen an den bächen weder ob dem hof ze
Vesperwiler noch drunder, es were denne daz vns alber vnser erben mulina alber
mulstetten an vielen, die eheftin von alter hetten, da mugen wir wol mulina buwen,
an alle wider rede der vorgenanten gaislichen lute von Bebinhusen. Wir veriehen
öch daz vns die vorgenanten gaislichen lute, vnd vnseran erben gelühen hant ir
muli bin in briu pfunt Tuwinger iärliches geltes galt vnd bi den hof ze Vesper=
wiler alle naehst liget, vnd die zwelftalben schillinge Tuwinger geltes die si hant
ze Lutzenhart vs den gůt daz man nemmet, vellen gůt, zwainzig iar vmme vnsern
dienrst vnd sullen in ba von gen alliu iar die wil wirs han sullen zwai herbist
hünrre, vnd die selbun muli vnd die zwelftalben schillinge haben wir vf disen
hutigen tag siben iar inne gehebt, vnd sullen sie noch briuzehen iar han vnd wenne
diu vf kument so sol in ir muli ledig von vns vnd vnseran erben sin vnd sullen
sie vnden, in den selben bu, vnd in allen den reht als sie vns sie hant gelühen
an alle geverde vnd öch die vorgenanten zwelftalb schillinge Tuwinger geltes sullen,
in, mit der muli sin ledig, also daz wir noch kain vnser erbe si, nummer dar an
iurbas geirren sol, noch an kainen rehten die dar zů horent weder mit gaislichen
geriht noch weltlichen noch sus noch so. wir verziehen öch daz wir vnd vnser erben
die vorgenanten gaislichen lute sullen schirmen vf iran gůten als verre als wir
mugen vnd sullen in, öch kain lait tůn, noch gestattan daz, in kain vnser gesinbe
kain lait tůge noch kainen schaden vf iran gůten. vnd daz in vnd iren closter bisiu
vorgesribene ding alliu gancz vnd stet beliben dar vmme haben wir den vorge=
nanten gaislichen luten geben disen brief besigelt mit vnseran mit des ebeln herre
grauen Burchartz von Hohenberg der ze Nagelt ist gesessen mit Diemen
des Herters von Tutzelingen, mit des Pfelers der ze Husen gesessen ist,
vnd mit Johans von Gultlingen vogt ze Lêwenberg zů disen citen jnsigeln.
wir graue Burchart von Hohenberg Dieme der Herter, der Pfeler vnd Johans
von Giltligen veriehen daz wir durch bet Albrehcz des Hulwers vnd Dietriches
des Pfutzers der vorgenanten gebrůder vnseriu aigenne jnsigel zů ainer zügenaft

vnd vrkunde birre vorgeſribenan binge haben gehenget an biſen brief. Der wart
geben do von Criſtz geburt waren briuzehen hunbert jar, briſig jar, vnd barnach
in bem ahtoben jar an ſant Thomas tag bes zwelfbotten. Indictione sexta.

B. d. Orig. im Landes-Archiv zu Karlsruhe. — Mit 6 runben Siegeln, woven
bas fünfte in grauem, alle übrigen in rothem Wachs an Pergamentſtreifen. — 1) In
breiedigem, an ben Seiten etwas gewölbtem Schilbe ein rechts gekehrter Drache auf
einem breizackigen Felſen (ober 3 Hügeln?). Umſchrift: † Alberti . de . Stainhvlwe. —
2) Denſelben Drachen im breiedigen Schilde. Umſchrift: † S. Dietriei . d. . Stainhvlw. —
3) Das Siegel des Gr. B. v. H. runb; breiediger Schild, auf bem rechten Eck bie
Hifthörner, horizontal abſlatternbe Helmbecken, im übrigen Raume Blumen. Umſchrift:
† S. B'cardi ivn. comi's d' hoheb'g. — 4) Dreiediger, quergetheilter Schilb. Umſchrift
unbeutlich: † S'. Diemon . d . Herter . d . Tvsslinge. — 5) In breiedigem Schilbe brei
(2. 1) Figuren wie Kolben ober Pfähle mit Köpfen, ſchwer zu erkennen, ebenſo bie Umſchrift: † S. (vielleicht Bertholdi) dei . Pfuler. — 6) In breiedigem Schilbe brei Abler
(2. 1). Umſchrift zum Theil abgebrochen: † S. Io . . . . ltlingen.

399.

29. April 1339. o. O. Graf Hugo von Hohenberg verkauft an Graf
Ulrich von Wirtenberg für ſich unb ſeines Brubers Graf Rudolf
ſeligen Kinder bie Hälfte ber Burg Stöffeln unb ber Stabt Gü-
ningen mit bem Kirchenſatz unb aller Zugehörung um 1200 Pf.
Heller.

Wir Graue Huge von Hohenberg. veriehen offenlich an biſem brief, vn
tůn kunt allen ben bie in anſehent ober hörent leſen, Das wir mit rat vnſer
friunbe vnb biener von vnſern vnb vnſers brubers ſeligen Grave Rüdolfs
kinbe wegen ber phleger vnb fürmunt wir ſien, wan ſie zů iren tagen noch nit
komen ſint, burch frumen vnb nütz vnſer, Vnb ber vorgeſchriben kinbe haben ve-
kouffet vnb ze kouffen geben rehtes vnb reblichs kouffes, als es kraft hat vnb haben
mag bem ebeln vnſerm lieben Oheime graue Vlrichen von Wirtenberg vn
ſinen Erben. vnſern teil an ber burge ze Stöffeln vnb an ber ſtat ze
Ginningen, bas iſt bie burg halbiu vnb bieſelbe ſtat halbiu, mit Lüten vnb mit
gůten, vnber erben vnb bar oben inwenbig ber veſten vnb vzwenbig, an welben, vn
velbe, ane waſen, an gezwige, vnb mit aller zů gehörbe, ſwie bie Gůt genant ſin
vnb mit namen, mit bem kirchenſatz ze Ginningen mit allen rehten bie wir, vnſer
brüber ſeligen bes vorgenanten kint bar an heten ober gehaben möhten, fürbas
eigentlich zehaben vnb ze niezzen, beſetzen vnb ze entſetzen nach ir willen, vmb
zwelf hunbert phunt gůter haller, ber wir gar vnb gentzlich gewert ſinb vnb ſi haben
bewant in vnſern vnb ber vorgenanten kint bezzeren nutz. Wir haben ouch vn
vnſern vnb ber vorgenanten kinbe wegen ben vorgeſchriben vnſern Oheime grave
Vlrich von Wirtenberg vnb ſin Erben geſetzet in liplich vnb in nutzlich gewer be

uegeschriben vesten lût vnd gût mit irre zûgehörbe, als vor bescheiden ist. vnd
haben si in vf geben mit allen rehten, bie wir Vnb die vorgenanten kint bar zû
haben, vnb gehaben möhten mit worten vnb mit handen, als sitlich vnb gewonlich
ist. Wir verzihen vns ouch vnb des vorgenanten vnsers brûder seligen kint, aller
ff geystlichs gerihtes Vnd weltlichs, ba mit wir ober vnser Erben möhten gereden
ober getûn wiber bem vorgeschriben rebliden kouffe, ba mit ber vorgenant vnser
Oheime von Wirtenberg ober sin Erben möhten geschabigt werden an bisem kouffe,
nu vnd ze aller künftiger zit Vnb wir graue Huge von Hohenberg ber vorgenant
verihen ouch vnb geloben an bisem brief bas wir vnsers Oheimes von Wirten=
berg bes vorgenanten vnb siner Erben werer sin swenne bas ist, bas des vorge=
nanten vnsers brûder seligen kint ze iren tagen komen sint, bas wir schaffen sullen
bas si bes vorgenanten kouffes verihen, vnb iren willen ba zû geben, vnb si vf
geben mit iren briefen in solcher wise als wir bisen kouffe haben getane von vnsern
vnd von iren wegen, versigelt mit iren Insigeln. Dirre vorgeschriben binge ze
vrkunbe vnb zû geziugnuzze haben wir vnserm Oheime graue Ulrich von Wirten=
berg vnb sinen erben geben bisen brief für vns vnb vnser Erben, vnb bes vor=
genanten vnsers brûder seligen kint bestetiget mit vnserm Insigel, ber geben ist, bo
man zalt von Cristes geburt Driuzehenhundert Jare vnb in bem Nünben vnb
vrizigosten Jare. an bem nehsten bonrstag nach sant Georien tage.

B. b. Orig. im St.-Archiv zu Stuttgart.

———

400.

25. Mai 1339. Rotenburg. Albrecht Züttelmann von Dettingen (O.A.
Rotenburg) vermacht an die Kapelle bes h. Jobocus „ob ber altun
statt vnber Rotemburg" einen Morgen Ackers.

Ich Albreht Züttelman von Tettingen vergih offenlich vnb tûn kunt
allen ben bie bisen brieff ansehent ober hörent lesen baz ich reht vnb reblich, ain=
mütlich mit verbahtem mût, lutterlichen burh Got, burch sant Joses ere. vnb
burch miner vnb miner forberre sele Hayls willen, haben geben iemmer me ewek=
ich, an sant Joses Cappellun, biv ba gestift ist ob ber altun statt, vnber
Rotemburg, Minen agger, bez mer benne ain Juchart ist, rehtes aigens, mit
allem reht, vnb zûgehörbe, ez sie in buwe ober nit in buwe, besûcht, ober
vmbesûcht, āne alle geuārbe in allem reht als ich In biz her gehebt hān. Der
vormāls Hainrich whglis sāligen waz, vnb gelegen ist of ben bächen of bem
vesteruelt, ain halp an Mügen agger, an ber halp an Bucken agger. vnb
verzih mich vnb mine erben mit bisem brief aller ansprauch an weltlichem vnb
Baischlichen gerihte bie wir bar zû künden ober möhten gehān ober gewinnen, āne
aller schlaht geuarb. vnb ze vrkunbe ber warhait, baz ez stāt vnb vnlougembaur
velibe so gib ich ben pflegern gemainlich, ber vorgescriben Cappell bisen brieff be=

figelt mit minem eigenm Infigel. Der geben wart ze Rotemburg an sant vrbans tag. bez iares do man zalt von gottes geburt drützehenhundert iar, drißig iar, dar nach in dem Rinden iare.

V. d. Orig. im St.-Archiv zu Stuttgart. — Das Siegel des Züttelmann zeigt in links geneigtem Schild einen Hirschkopf mit mehrendigem Geweih.

401.

18. Auguſt 1339. Rotenburg. Graf Hugo von Hohenberg gibt an das Chorherrnſtift zu Ehingen (die St. Moritz-Kirche) die St. Remigius-Kirche daſelbſt mit dem Kirchenſatz und macht (beſtätigt) viele Schenkungen an daſſelbe.

Wir Graue Hug von Hohemberg .. vergehen offenlich mit diſem brief vnd tügen kunt vnd ze wiſſent allen den die dieſen brief anſehent oder anhörent leſen .. Daz wir mit güt vorberathung luterlich durch Got, vnd in der ere dz güten Herren Sant Muricyen vnd Siner geſelleſchaft durch .. vnſer vnſer (sic!) vorberen vnd vnſer nachkomen Sêlan Hayls willen .. Der geſtift ze Ehingen bi dem Necker, die vnſer vatter Sälig Graue .. Rûdolf geſtiftet hat, in der och er vnd vnſer Brüder Sälig Graue Rûdolf rûwande ſint, geben vnd haben gegeben reht vnd redlich .. den kyrchenſatz Sant Remyn kirchen ze Ehingen, mit der ſelbun kyrchen, mit allen rehten vnd nutz alſ ſy vnſer vorbern vntz her gehept hant .. Dar zü geben der ſelb geſtift den Hof ze harb .. den man nemet den Mayerhof, vnd gyltet jär-lich fünfzehen malter winterkornes zway malter Habern ayn malter erwiſ dü Haygerlocher Meſſes fünf ſchilling Tuwinger, zwo genſe, vnd fier hün, wir haben ir och gegeben den Hof ze Rangabingen den man nemet Mayr Bertramshof, vnd giltet järglich zway vnd zwaintzig malter rocken vnd dü och Haygerloches Meſſe .. Dar zü haben wir och gegeben Sehs Malter rü Järglichſ geltes Tuwinger meſſe due ba gant vſſer dem zehende ze Tübingen von vns hat der Hölzel ze Rotemburg, wir haben ir och gegeben zwo keltern, die gelegen ſint bi dem kirchof ze Ehingen, mit allen rehten vnd gewonhei-gen (sic!) die ſy vntz her gehebt hant .. Darzü haben wir in och gegeben dü Layen zehenden der gat vſſer den wingarten an Neckerhalbun vnd z Boll, den dü geſtift von vns köft vmb zwayhundert phunt Haller .. Der zü haben wir gegeben ain halb füber winſ jarglichz geltes vſſer vnſer bergen z zangenhalbun, wir haben ir och gegeben eine viſchentze die gelegen iſt ober-halp der brucken ze Rotemburg vnd hat Hagen ſun .. wir vergehen och mit diſem brief daz dü geſtift hat ain halb füber winſ jarglichs geltes vz vnſerm brüder Graue .. Hainrich vſſer ſinen Bergen an zangenhalb-bun .. wir vergehen och, daz ſy hat fünf vnd drißig ſchilling haller Järglichſ

gütef vsser den Hofstetten in den oberngarten ze Rotemburg .. wir ver=
sehen och, daz Mayster pylgerj vnser kyrcher ze Rotemburg hat gegeben
nach sinem tode, sunderbärlich ainem Probst der gestift sine vischentz vnd sinen
wiar bü bayde gelegen sint vnden an dem werde ze Rotemburg .. Vnd
zi ainem offen warem vrkund dirre vorgescriben dinge so hencken wir vnser aygen
Jnsigel an disen brief, der geben ist ze Rotemburg, In dem Jar do man zalt
von Cristef geburt .. Drüzehenhundert Jar, Nün vnd drissig Jar, an dem Mentag
nach vnser fröwn Ernde.

B. d. Orig. im St.-Archiv zu Stuttgart. — Das Siegel ist abgefallen. Eine
Abschrift hievon findet sich in den Hohenberg. Dokumenten. T. VII. S. 836 und
in dem „lib. copiarum."

402.

18. August 1339. Rotenburg. Graf Hygo von Hohenberg schenkt
an das Chorherrnstift zu Ehingen die St. Remigius-Kirche zu E.
mit dem Kirchensatz, setzt auch die Freiheiten und Ordnung da=
selbst fest.

Wir graue Hug von Hochenberg vergehen offentlich mit disem brief vnd
wen kunt allen den die diesen brief ansehent oder hörent lesen, das wir mit guter
vorbetrahtung lauterlich durch Gott durch vnser vnd vnser vordere selen hails willen
haben gegeben recht vnd redlich an das Stift zu Sanct Mauricis Kirchen
gelegen Zue Ehingen bÿ dem Negger in der vnser vater selig graf Rue=
dolff ruwende ist, den Erbarn Gaistlichen Herrn dem Probst Vnd den Corherrn
gemainlich desselben Stiffts vnnd allen Jhren Nachkommen den Kirchensaz Sanct
Remigien Kirchen Zue Ehingen mit derselben Kirchen vnd mit allen rehten Vnd
nutzen befunden oder vnbefunden, alls wir vnd vnser Vordere sy vormals gehebt
haben vnnd geben Jn auch alle die guether die vnnser lieber Vatter der Vorgenant
Graf Ruedolff Auch Am denselben Stifft geben hatt. Wir vergehen Auch besonder
zue mehrer Vestung des Vorgenanten Stiffts, das wir vnder den Corherren die
iezund darauf sizend dem Göttlichen Herren Herrn Fridrichen Von Scherzin=
gen zue Probst reht vnd redlich off denselben Stifft gesetzt haben, Vnd geben Jm
vnd allen die Nach Jm Probst werden Alle recht. Es sey Corherren zue empfachen
Altare Zue Leyhen, das furo sezen vnd entsezen sollen, bey Jren Ehren. Als Sy
bedunckht ann Allen dingen das dem Gotteshaus Nutzlich vnd ehrlich Sye also das
Jn Zeglicher Probst die Corherrin empfahen solle, mit vnserm willen vnd gunst.
Wir wollen mer das die Corherren wan der Probst nit ist, ainen Andern wählen
vnder Jhnen Jnnert dem Negsten Monat nach demselben Tag der Auch Priester
ist, Bf Jr Ehr vnd sele als sy bedunckht das es dem Gotteshaus Nutzlich Sye wa
si das nit thetten, so sollen wir ainen sezen vnder Jnen ohn Alle widerred vnnd

Irrung, wir vergehen auch mer das wir durch fürbung willen desselben Stiffts
Immer me ewiglich derselben Corherrn vnd aller Pfaffhait die Zue dem Gottshaus
hörendt Jhr Leib vnnd guet gefreyt haben. Also das Riemond vmb kain sach
Vber sy zue gebieten noch Zue richten habe, wan allein Jr brobst der dan Probst
ist In dem Vorgenanten Gottshaus Vnd Sollen sy doch versprechen Vnnd schir=
men, da sy sin notturfftig sein ohngeuirde. Wir wollen ouch me das ain Jeg=
licher Corher der Vf demselben Stifft empfangen wird die Pfründ nit Rießen soll
ehe er Priester wirdt Vnd Sy mit seinem aigen Lib Verdienen mag Vnnd ver=
dienat. Diese vorgeschrieben Ding haben wir der Vorgenant Graf Haug gethan
ainfeltigklich durch Gott vnd das die Seelen darvmb getröst werden, Also das ain
Jeglicher Corherr der dieselben Pfründt Rießen will, Sy mit sein selbs Lib Ze
Zimblichen vnd müglichen Zeiten verdienen sol, vnd auch da seßhafft Sey ohngeuerde
Vnd das das alles war vnd stett beleibe so haben wir zue Offner Vrkhundt dem
Vorgenanten Probst vnd den Corherren gemainlich vnd Allen Jhren Nachkhomen
dißen brieff mit vnnserm Aigen Jnfigell geben besigelt. Der geben ward Zue
Rottenburgh an dem Negsten guetentag nach Vnser frauen erende In dem Jar
da man zalt von Gottes geburth dreyzehenhundert Jar Neun vnd dreyßig Jar.

Abschrift in den „Hohenberger Dokumenten" (St.-Archiv zu Stuttgart) T. VI
S. 947; auch im „lib. copiarum."

403.

13. Oktober 1339. Rotenburg. Meister Bylgeri, Kirchherr zu Sülchen
gibt mit Zustimmung des Grafen Hugo von Hohenberg sein Fisch=
wasser im Neckar unterhalb Rotenburg an das Chorherrnstift zu
Ehingen.

Jch maister Bylgeri kilcherre ze Sülchen vergih offenlich mit disem brieff
allen den die in ansehent oder gehörent lesen vnd tün kunt, Daz ich mit willen
gunst, vnd hant mines Edeln lieben Herren grauen Hugen von Hohen=
berg lemerme eweklich reht vnd redlich hän geben, Luterlich durh got, durh min
lieben Herren säligen. Graue Rudolfs bez alten, vnd bez jungen, von
Hohemberg Sölen Hails willen, vnd ouch durh miner Sele Hails willen an das
Styfte ze Ehingen, sant Moricijs kirchen, gelegen bij dem Necker. Mine visch=
entzen biv gelegen ist vnderthalpe Rotemburg der stat, ouch an dem Necker, für ain
rehtes fries aigen, mit allen rehten, nützen, vnd gewonhaiten die dar zü hörent
vngeuarlich, als ich Sij biz vf disen hültigen tag gehebet han als dirre brieff geit
ist. Die ich da coust vmbe Hansen säligen von Horwe, vmbe fünfzig phunt
güter pfenning Halle münsse, Die ouch zü disen ziten empfangen hant Otte der
Brenner vnd Benz der Roller von kübingen. Die selben vischentzun han ich

gen an den vorgenanten Stifte alſ vorgeſcriben iſt, Alſo fwenn ich da von wáre,
ſichent oder tôte, daz Sj der Erbáre götlich Herre. Herr friberich der kylch=
herre von Scherzingen, der da iezont of dem vorgenanten Styfte Brobeſt iſt
meſten, beſezene, vnd entſezen ſol, vnd alle die iemerme noch Jme Bröpſte ſint,
vnd ze Brobſt erwelt werdent, áne allerſchlaht geuárde. Vnd ze vrkunde der war=
bat birre vorgeſagten binge hán ich mine aigen Jnſigel gehenket an biſem brieff.
Wr der egenant graue Hug von Hohemberg vergehen ouch offenlich an biſem
brieue aller der binge die hievor geſcriben ſtant, Daz Siv mit vnſerme gúten willen,
guſt, vnd hante beſchehen ſint, Vnd baz Siv bem vorgenanten Bropſt bem von
Scherzingen, vnd alle ſinen nachkomenen gantz vnd ſtát beliben iemerme eweklich,
Dar vmbe ze meirrer ſicherhait, vnd ze offere gezügnüſt haben wir ouch vnſer
igen Jnſigel gehenket an biſen brieff, Der geben wart ze Rotemburg Dez iares
ſo man zalt von Gottes Geburt Drützehenhundert iar Driſſig iar, bar nach in
em Rúnden iar, an dem náhſten Gútem tag vor ſant Gallen tag.

B. d. Orig. im St.=Archiv zu Stuttgart. — Mit dem zerbrochenen Siegel des
Grafen. (Helm und Hiſthörner.)

<hr>

404.

5. Oktober **1339**. o. O. Eberhard von Salmanbingen (O.A. Trochtel=
fingen) verſchreibt Graf Hugen von Hohenberg ſeine eigene Wein=
gärten bei Hirſchau (O.A. Rotenburg) und Rotenburg zu Lehen,
wogegen dieſer auf ſein Eigenthumsrecht an biejenigen Güter zu
Salmanbingen, welche Eberhard von ihm zu Lehen getragen, ver=
zichtet.

Jch Eberhart von Salbabingen vergihe offenlich an biſem brief vnd
n tunt allen bien bie biſen brief ſehent ober hörent leſen, Daz ich minen tail,
en ich iezo han 'an bien wingarten gelegen ze Hirſſowe vnd minen tail,
en ich iezo han an bien wingarten gelegen ze Rotenburg vfgap vnd vf=
ben han bem edeln Herren Graue Hugen von Hohenberg vnd bie ſelben
ingarten han ich von im enphangen zů ainem rehten manlehen vnd han daz ge=
n barvmb, daz der vorgenant min gnábiger Herre Graue Hug von Ho=
enberg ber aigenſchaft an bien gúten gelegen ze Salbabingen, bie ich von
a ze lehet het, ſich verzigen hat gen Herrn Cünraten bem Truhſeſſen
tter vnd ſine erben burch miner bette willen. Vnd baz biz alles war und ſtete
libe, bar vmb ſo gib ich bem egenanten Graue Hugen von Hohemberg biſen
ief beſigelt mit minem angen Jnſigel zů ainem offen vrkunde aller ber binge,
e vorgeſchriben ſtant .. Der geben wart in bem jar, Do man zalt von Criſtes

geburt drüzehenhundert jar vnd dar nach in dem Rvnden vnd drissigsten ja
dem nähsten fritag vor sant Gallen tag.

B. d. Orig. im Spital-Archiv zu Rotenburg. — Mit dem ziemlich gut erhal
Siegel des Ausstellers, welches 3 über einander liegende Fuchsangeln zeigt.

405.

18. Januar 1340. o. O. Ritter Eberhard von Lichtenstein (bei
fra, O.A. Hechingen) bekennt, daß Graf Heinrich von Hohe
das Recht habe, das Dorf Winterlingen (O.A. Balingen)
350 Pfund Heller wieder einzulösen.

Allen ben bie bizen brief sehent oder hörent lesen vergihe ich Eberhar
Liehtenstain ain ritter daz Ich vnd min erben süllen wider ze lösen ge
terlingen daz Dorf mit aller zügehörd vnd mit allen rechten alz wir d
ze winterlingen inne gehaben haygen (sic!) an alle gevärd Dem edeln
gnädigen herren graue Hainrichen von Hohenberg oder sinen erben
er oder sü komment vierzehentag vor sant walpurgtag vnd mich oder mi
werent vngevarlich vierdhalb hundert phund güter vnd gäber haller vnd
daz diz allez vngevarlich war vnd stät belibe ze aim waren vrkund der w
henck ich der vorgescriben herr Eberhart von Liehtenstain ritter min a
an bizen brief der wart geben an dem nähsten Zinstag nach sant Hylarie
dem Jar so man zalt von Gottez geburte drüzehenhundert vnd vierzig J

B. d. Orig. im St.-Archiv zu Stuttgart. Das Siegel ist abgefallen.
schrift hievon in den Hohenb. Dok. T. VII. S. 356.

406.

18. März 1340. Straßberg. Graf Heinrich von Hohenb
pfändet Rufen von Ehingen um **140** Pfd. Heller sein (halbe
Altingen (O.A. Herrenberg).

Wir graue Hainrich von Hohenberg tvn kunt mit bisem brief
die in ansehent oder hörent lesen, daz wir gesetzet haben reht vnd rede
zü ainem rehten phande Rvfen von Ehingen vnd och sinen erben, v
Altingen, es si lüt alb güt vnd bar zü mit aller zügehörbe vm vierzi
dert phunbe güter haller, der wir von im gewert sin gar vnd gan
vnsern nutz komen sint. Wenne wir aber alb vnser erben das vor
lösen wen vierzehen tag vor sant Walburch tag alb vierzehen tag dar
er alb sin erben vns alb vnsern erben daz dorf wider lan an allen
daz die vorgeschriben rede allü war vnd stät belib von vns vnd och

den, darvm so han wir vnser Insigel gehenket an disen brief. Wir frow Ag=
nse Gräuine von Hohenberg vnd elichü hüsfrowe des obgenanten
kaue Hainrichz von Hohenberg vergehen och an disem brief, daz die phan=
nnge als vor geschriben stat geschehen ist mit vnserm gunst vnd och gütem willen
w haben dar vm vnser jnsigel gehenket an disen briefe zü vnserf elichen wirtes
jnigel grauen Hainrichz zü anem offen vrkunde der warhait, Der geben wart ze
Strasberg an dem nähsten samstag nach sant Gerdrut tag do man zalt von
kttes geburt Drüzehen hunbert iar. vnd dar nach in dem verzegosten iar.

8. b. Orig. im St.=Archiv zu Stuttgart. — Das Siegel der Gräfin Agnes zeigt
se weibliche Gestalt, welche in der Rechten den Hohenberger und in der Linken einen
Sild hat, auf welchem nichts mehr zu erkennen ist. Gabelkh. sagt Fol. 74 b. über
e Siegel dieser Urkunde: „Jr (der Agnes) Sigillum siehet, als wann sie ein palatina
e Tüwingen were, dextra Hohenberg, sinistra, ut puto, den fahn. S. Agnete comi-
se de Hohenberg. Er führt die zway jäghorn vff dem Helm allain sine scuto.“ — Hein=
hs Gemahlin war aber, wie aus Urkunde vom 24. Juni 1348 o. D. hervorgeht, eine
tsfin von Schauenburg.

407.

April **1840**. Nagold. Heinrich der Maier von Oberkirch (b. i. der
obere Theil von Poltringen, O.A. Herrenberg) verkauft unter dem
Siegel und mit Willen des Grafen Burkard von Hohenberg, des
jungen, Gülten aus einem Hofe zu Rohrdorf (O.A. Nagold) an
Klosterfrauen zu Reuthin.

Ich hainrich der Maiger von Oberkirch vergihe offenlichen an disem
ef vnd Tün kunt allen den die in an sehent lesent oder hörent lesen, daz ich
löffet han vnd ze löffen gegeben han reht vnd redelichen den Ersamen vnd be=
nibenan Gaischelichan frowan. frowe Gertrud von Ruferan vnd Jran Toh=
m frowe Abelhait vnd frowe Mähtilt Conuent Swesteran ze Rüti in
e Closter vnd allen iran erban osser dem hof vnd· in den hof ze Rordorf,
da buwet vnd inne hät vnd of sitzet hainriches säligen elichü husfrowe von
rdorf vnd irü kint ain malter Rokken geltez, ain malter habern geltez, zwai
tail arwessa geltez, järgeliches geltez iemmer öweclichen vmbe aht pfunt haller
er vnd gäber, der ich von inan gewert bin gentzelich vnd gar vnd in minen
tlichen nutz komen sint, vnd ist daz geschehen vnd geschach mit willen vnd gunst
Rät miner Elichun Elichun (sic!) husfrowe frowe Lütgart und aller miner
ve frowe Gertrud, frowe Katherinun hainriches Cunrades vnd Jo=
nsen vnd aller miner Erban mit solchem gedingbe vnd beschaidenhait, daz ich
egenannt hainrich der Maiger von Oberkirch den vorgenanten gaischelichan fro=
a von Ruferan vnd vnd (sic!) iran Erban daz vorgeschriben gelt sol vfrihten,

23 *

vertegan vnd verstan nach dem rehten vngeuarlich an allen stetten gen allemänge-
lichen, wa sü sin notbürftig werdent oder sint. Vnd darvmb daz daz alles samen
den vorgenanten frowan von Nuferan vnd allen iran Erban war stät vnd vnlogenbar belibe, so han ich der vorgenant Maiger von Oberkirch gebetten min[en]
gnädigen herren den Edeln grauen Burkarten von hohenberg den Junge[n]
vnd den Erfamen man Brüder Cünrat den Walh Commenturn ze Rordor[f]
vnd ze hemmendorf, daz sü Irü aigen Infigel gehenket hant an bifen brief z[e]
ainem offen vrkunde der warhait vnd zü ainer gantzun stätun ficherhait aller dir[re]
binge, so hie vorgeschriben sint an bifem brief vnder den ich vnd min Elichü h[ant]
frowe vnd alle min Erben vergehen, wan wir aigenü Infigel nit haben, allez d[e]
stät ze han, daz hie vorgeschriben ift. Wir der vorgenant Graue Burkart v[on]
hohenberg der Junge vnd der Erfan man Brüder Cünrat der walh Co[m]-
mentur ze den egenanten hüfern vergehen offenlich an bifem brief, daz birre [es]
gefchehen ift mit vnfer baider gunft vnd willen, vnd darumb fo geben wir d[en]
vorgenanten frowan von Nuferan vnd iran Erban bifen brief befigelt vnd gef[eg]-
nat mit vnferan aigenan Infigeln durch bett willen bez vorgenannten hain[rich]
bes Maigers von Oberkirch vnd aller finer Erban zü ainem offen waren v[nd]
aller birre vorgeschribenan binge Dirre köff befchach vnd birre brief wart ge[geben]
ze Nagelt in der friun Stat, do man zalt von Criftus geburt brutzeh[un]-
bert Jar vnd in dem viertzigoften Jar an dem näften Zinftag vor dem S[ant]

408.

16. Oktober 1340. Nagolb. Angehörige von Haiterbach verz[ichten]
unter Graf Burkards des jungen Siegel gegen das Kloster Bebenha[usen]
auf alle Rechte an deffen Güter zu Lutzenhardt.

Ich Berhtolt Marquart von Haiterbach vnd Marquart m[in br]-
genant der Harfche, vnd Marquart vnfers vetters fün vnd zwo finer f[chwe]ft[er]
Katherina vnd Abelhait vnd alle önfer erben vnd alle die ze Haiterba[ch]
feffen sint die anfprechig gewefen sint oder noch werdent bez gütez ze Lütz[en]-
hart ez figen äkker wifa velb holcz waibe oder kainer flaht güt fuffe ober [ge]-
nant befücht oder vnbefücht, vergehen offenlich vnd tügen kunt allen den die [difen]
brief anfehent lefent oder hörent lefen daz wir bú vorgenanten güt fie figen wif[e]
ober fo genant befücht oder vnbefücht habin jngeantwrt reht vnd rebelich den [er]-
wirbigen herren dem apt von Bebenhufen vnd dem conuent gemainlich, vnd m[it ?]
verriht vnd vber ain figen kömen vmbe bú felbtätigen güt lieplich vnd frü[ntlich]

we fúben pfunt haller gúter vnd gåber, die wir von in enpfangen habin vnd in
vnfern hmtlichen nucz komen sint, alfo daz wir die vorgenanten von Haitterbach
vnd alle únfer erben, an bú felbe tátigen gút kain anfpråch niemmer me fúllen
gewinnen noch gehan, vnd bar vmbe baz bis allez wär ståt vnd vnlôgenbar belibe
fo gebin wir die vorgenanten von Haiterbach ben egenanten herren von Bebenhufen
bifen brief befigelt mit vnfer ftat jngfigel ze Haitterbach vnber bem wir alle ver=
gehen vnd vnfer erben allez daz wär vnd ftåt ze låffen baz hie vor an difem ge=
fchriben ift wan wir aigenv jnfigel nit habin, vnd zú befferre vnd merrer ficherhait,
fo han wir die vorgenanten von Haiterbach gebetten vnfern genåbigen herren grauen
Burfarten von Hohenberg ben jungen baz er fin aigen jnfigel ôch hät ge=
hencfet an difen brief. Wir der vorgenant graue Burfart von Hohenberg ber
tage vergehen offenlich an difem brief baz wir bi biferre rede gewefen fint vnd
bi onferm willen vnd gunft gefchehen ift, vnd tröfter vnd wer vnd vfrihter figen
wir felben gut näch bem rehten vnd bar vmbe fo hencfin wir ôch zú befferre ge=
hanfft vnfer aigen jnfigel an difen brief zú ainem offenen vrfúnde der wärhait
vnb zú ainer ganczun ficherhait aller birre binge fo hie vorgefchriben fint an bi=
fe brief. Diz gefchach vnd birre brief wart gegeben ze Nagelt jn ber ftat bo
man zalt von Criftus gebúrt brúzehenhundert jar vnd vierzig jar an fan Gallen tag.

P. b. Orig. im Lanbesarchiv zu Karlsruhe. — Runbes Siegel in bräunlichem
Wachs an Pergamentftreifen. Aufrechter, breiecfiger, quergetheilter Schilb, obere Thei=
lung höher, untere wie fchraffirt. Umfchrift: S. civivm in Haiterba(ch). Das Siegel
b Gr. B. v. H. ift baffelbe wie an Urfunde zu 21. Dez. 1338.

<hr>

409.

6. Oktober 1340. o. O. Landgraf Ludwig von Heffen und Elifabeth
m Sponheim verzichten auf ihre Anfprúche an die Hinterlaffenfchaft
des Grafen Rudolf von Hohenberg.

Wir Lúbewig von gots gnaben Langreve von Heffin vnb Lyfe
ifer Eliche Wirthen veriehen offinbar an difem briefe vnb bun kund alliu
ben, baz wir noch vnfer .. Erben keyne forberunge noch anfprache follen haben
bem Ebeln manne greue Walraben von Spanhaim vnferm lieben Swager
vb Bruber ober zu finen Erben — vmbe Erbgut ober keynerlei anfall, baz an
vs fallen ober kumen mochte in keine wys, Jz enwere ban er ane erben abe=
genge, wes ban anber fine Sufter (sic!) vnb Sweger gnúßen, bes folben wir
och genießen. Wir verzihen ouch in bifem briefe off folich gelb, wybeme vnb
fall als vns werben ober anfallen mochte von greue Rúbolfs feligen ..
nben von Hoenberg, baz wir vns bes niht vnberwinden follen ober ba mibe
ht zu fchaffin follen haben in keine wys, ban ber vorgenant vnfer Swager vnb
bruder vnb fine Erben mogent ba mibe bún vnb liezen, wes Si luftet ane alle

vnsir wider rede. Des zu vrkunde henken wir unsir Jngesigel an disen brief
geben ist, do man zalte nach Cristus geburht Drüzehen hundert vnd vierzig
vff sancte Gallen dag.

410.

16. Oktober 1340. Colmar. Graf Albrecht von Hohenberg sch
als Landvogt des Elsaßes die Streitigkeiten zwischen dem S
heiß, dem Rath, den Patriziern einer= und der Bürgerscha
Stadt Mühlhausen andererseits.

Wir Graue Albreht von Hohenberg, Cantzler des Römsche
sers vnd Lantuogt in Elsaz kündin offenlich mit disem briene allen
in Sehent, lesent oder hörent lesen, daz für vnf komen gen Colmar
Gallen tag an dem Jare, bo man zalt von Cristus geburt drützehenhund
barnach in dem vierzigosten Jare der frum vnser lieber friberich von
(? yltzach) Schultheiß, der frum Ritter der walch zem Tor, die b
lüte andreas Junge, Heber Zobel, Johanes von äsche vnd (
balbegge, burger ze Mülhusen, von der Missehellung vnd vflöff we
der vorgenant Schultheiß, der Rat, die burger gemainlich vnd öch die
mit ainander gehept hant, mit gantzem gewalt der vorgenanten Stat ze Mü
vnd wan wir soliche missehellung vnd vflöffe verichten söllent vnd wenden
wir mugint, so haben wir mit Rat vnd mit guter vorbetrahtung die vorg
frib. den Schultheiß, den Rat, die burger gemainlich vnd öch die edel
Mülnhusen mit ainander lieplich vnd gütlich verihtet mit ir aller guten
vnd gunst. Von erste so gebietin wir, setzin vnd wellin, Daz die bünten
gelübbe, bie si ze samen hatten geton mit gefwornen eyden ir sümlich ge
ber, daz bie gelübbe vnd aybe abfigint, alf öch si vnf gesait hant, daz si al
vnb getan sigint, vnb öch fürbas nit me geschehen. Wa aber die bünten
löff vnb missehellung wider ainen Schultheiß, den Rat wider die edeln S
wiber die Zunftmeister ze Mülhusen me beschähet, so setzin wir der w
Graue Albreht Lantuogt vnb gebietin von gewalt vnsers herren de
vnb mit willen vnb gunst der vorgenannt frib. dez Schultheißen, des Rat
ebeln Lüte vnb der Zunftmeister ze Mülhusen, welcher der wäre, der d
täte, daz der sol veruallen sin vnb schulbig der grossen ainung ane widern
sich der Schultheiß, der Rat vnb die zunftmeister oder der merteil darvbe
nent, vnb barzu so vil me, wes sich der Schultheiß vnb der Rat über die
ainung erkennent, ze besserung ainem lantuogt vnb dem Rat ze Mülhusc
sol der barzü schulbig sin vnb veruallen an ir gnabe. Vnd zu vrkund da

...iben rihtung vnd gesetz, so haben wir Graue Albreht Lantuogt vnser Insigel ...t an disen brief. Wir der Schultheiß, der Rat vnd die burger gemainlich ... vorgenannten Stat ze Mülhusen bekennen alles daz hie vor geschriben stat, ... vnsern guten willen vnd gunst geschehen ist vnd geloben es alles stäte ze hal- ... mit guten truwen an alle geuerde, als ez vnser vorgenannt Herre der Lantuogt ...sen brief geriht vnd gesetzt hat, und habin darüber ze merer sicherheit vnser ... Insigel zu dez vorgenannten vnsers herren des Lantuogtes Insigel gehenket ...sen brief, der geben ist ze Colmar an dem Tag vnd in Jar als vorge- ...ben stat.

... r. Orig. im Stadt-Archiv zu Mühlhausen. — Das gut erhaltene Siegel des ... hat auf dem linken Eck des schief geneigten Hohenberger Schildes den Stechhelm ... Hörnern und die Umschrift: S. Alb. Com. de Hohenb. aduocat. . . . . . . alsac. ... hängt auch das Siegel der Stadt M.; auf demselben ein Mühlrad.

411.

Dezember 1340. Rotenburg. Graf Hugo von Hohenberg schlägt ... Ritter Albrecht von Rüti (abgeg. Ort bei Oberndorf) noch weitere ...0 Pfd. Heller auf die hohenbergische Pfandschaft von Hirschau.

Wir graue Hug von Hohemberg veriehen offenlich mit vrkunde diz brie- ...es wir vnserm lieben diener herrn albreht von Ruti, ritter vnd .. sinen ... ob er enwere schuldig sien vnd gelten sullen Sehtzig pfunde güter pfenninge ... münße aller schulde, so wir jnen vf disen tag von vnsers vatter saeligen ..., von vns, vnd ouch von Rûdolf vnseres brûders saeligen sunes ... graue Rûdolfes schuldig worden sien, wie si dar kommen vnd gewahsen ..., oder sin erben haben briefe darumbe oder nit. Diu pfant, die si ze ...sowe von vns hant vnd haben .. jnen die vorgeschribenen Sehtzig pfunde ... geschlagen vf die selben pfant .. die si ze Hyrßowe von vns hant, ze ha- ... vnd ze niessenne in allem dem reht, alz ir alten briefe sagent die si vor- ... von vns vmb div vorgenannte pfant habent .. Vnd des zu vrkunde haben ...ser insigel gehenkt an disen brief, Der geben ist ze Rotemburg an dem ...g nach sant Lucyen tag jn dem jar do man zalt von Cristes geburt drüze- ...hundert jar darnach in dem vierzigosten jar.

B. d. Orig. im St.-Archiv zu Stuttgart. — Mit dem sehr gut erhaltenen kleinen ... Siegel des Grafen.

412.

18. Dezember 1340. Horb. Graf Albrecht von Hohenberg, Kanzler des römischen Kaisers und Landvogt im Elsaß, bringt eine friedliche Richtung zu Stande zwischen den Grafen Burkard und Otto von Hohenberg, dem Kloster Reichenbach und den Bürgern zu Horb.

Wir graue Albrecht von Hohenberg Cantzler dez Römschen kayser[s] vnd lantuogt in Elsaz kundin vnd veriehen offenlich mit disem brieue, Da[z] wir den ebeln vnsern lieben vetteren grauen Burkard von Hohenberg ben jun-gen, kastuogt ber kirchen ze Horwe, grauen Otten sinen Sun, kirch-erren ze Horwe in Costenzer Bistům mit den ersamen vnd gaistlichen herren her[r] Reymbotten von Rottenuels, prior bi den ziten dez klosters ze Richenbach vnd mit dem conuent gemainlich dez selben klosters, Sant Benedicten ordens ovch in dem vorgenannten Bistům ze Conftenz, vnd ovch mit den burgern ze Horwe vmb sölche missehellung, alf si da her gen ainander gehebt hant von der Capelle wegen vnserer fröwen ze Horwe in dez klosters Hof von Richenbach liepli[ch] vnd gůtlich gerihtet haben mit ir allen güten willen vnd gunst vmb alle sach[en] wann si baidenthalb willeclich hinder vns gangen warent vff ain lieplich riht[ung] Da von so haben wir also gerihtet, daz ain .. prior von Richenbach wer be[r] .. Prior ist, won ez also herkommen ist sechzig jar vnd mere, die Capelle in [den] egenanten houe besetzen vnd entsetzen sol iemer eweclich mit ainem priester [oder] mere wie vnd wenne ez in fůget. Der selbe priester ober mere sont fweren [ainen] lutpriester ze Horwe, wer denne lutpriester ist ainen aid ze ben hailigen mit [söl]-cher bescheidenhait, waz ime ober inen von der Capelle wegen gegeben wirt, [daz] er ime dez daz brittail geben sol ane alle geuerde. Waz inen aber gegeben [ist] durh got vnd durh der selen willen vnd niht von der Capelle wegen ze [einer per]-son, bar vmb hat er in ober si der lutpriester nit ze straffend noh anzer[aichen] Waz aber opphers vff den altar kumet, daz sol alles gar vnd gänzlich volgen [dem] lutpriester ane allain wahf, daz sol volgen unser fröwen ane widerrebe. [Kain] reht sol ovch der lutpriester han anders, won als vorgeschriben stat. Er sol [ovch] den Mesener ze der Capelle nit irren an sinen rehten, als daher gewonlich i[st ge] wesen an alle geuerde. Es soll ouch hinanhin bekain kastuogt, bekain kirh[err] bekain lutpriester niemer mere weder ben prior noch ben conuent ze Rych[enbach] noch die burger von Horwe irren noch sumen weder an stocke, an buwe, a[n got] bienst uoch an kainen sachen won als vorgeschriben stat weder sus noch so a[n] all geuerde. Unb dar über ze ainem vrkund aller birre vorgeschriben sachen, [so] haben wir graue Albrecht Cantzler vnser jnsigel gehenket an disen brief. [Wir] graue Burkard von Hohenberg der vorgeschriben kastuogt vnd wir graue O[tte] kircherr ze Horwe vnd wir Reymbold der prior der vorgenant vnd der conue[nt ze] Rychenbach gemainlich veriehen offenlich mit disem brieue, Daz allu bin stuk[ke vnd]

alle die artikel die der vorgenant Graue Albrecht Cantzler zwüschen vnſ beident=
halben vrkundet vnd vfgeſait hat, alſ ſi von worte ze worte hie vorgeſchriben ſtant
an dieſem brieue mit vnſer wiſſent, willen vnd gutem gunſt geſchehen ſint, vnd
geloben ſi baidenthalb ſtäte ze haltend mit guten truwen an alle geuerde für vns
vnd alle vnſer nachkommend. Vnd dez zv vrkunde vnd merer ſicherhait, ſo haben
wir graue Burkarb, graue Ott vnd der prior die vorgeſchriben vnſer jnſigel zů dez
vorgeſchriben grauen Albrecht dez Cantzlers jnſigel gehenket an diſen brief, der
geben iſt ze Horwe an dem nehſten Mantag vor ſant Thomaus tag dez zwelf
boten, jn dem jar da man zalt von Chriſtus geburt drüzehenhundert Jar darnach
in dem vierzigoſten Jar.

B. d. Orig. im Spital-Archiv zu Horb. — Von den Siegeln ſind nur die ſeidenen
Schnüre vorhanden; die des erſten ſind roth und grün, die der drei andern roth.

413.

2. März 1341. Rotweil. Graf Heinrich von Hohenberg trifft mit
    der Reichsſtadt Rotweil, um ſein Schuldenweſen zu bereinigen,
    folgendes Uebereinkommen: dieſelbe wird für ihn Bürge, er weist
    ſeine ſämmtlichen Gläubiger, wozu ſie ſelbſt auch gehört, mit ihren
    Forderungen, im Ganzen 2000 Pfd. Heller, auf ſein geſammtes Ein=
    kommen von der Stadt an und verſpricht, ſolches, bevor ſeine Gläu=
    biger nicht befriebigt, ſonſt weder verſetzen noch verkaufen zu wollen.

Wir grafe hainrich von hohemberg veriehen vnd tün kunt allen ben
die diſen brief anſehent ober hörent leſen, Daz wir mit den erberen wolbeſchaiben
lüten — — dem burgermaiſter vnd mit dem rät ze Rotwil ober ain komen
ſient alſo daz wir alle die ſchülbe vnd gülte ſo wir jemanne ſchulbig ſient barumb
. . ir burger ze Rotwil hinder vns gegangen ſint vnd barumb ſü vnſer burgen
worden ſint vnd darzu allen den ſchaden der uf die ſelben ſchulbe gegangen iſt
vntz uffen diſen hütigen tag ze ſamen geſchlagen — vnd gerechenat habent des mit
namen worden iſt zwai tuſende pfunde pfenninge haller an daz güt daz die burger
von Rotwil von vnſeren ſtüran von vnſerm vngelt vnd von vnſeren nützen ze
Rotwil vormals jnne hant, Dez wir ouch von jnen vntz uffen diſen hütigen tag
als birre brief iſt gar vnd gaentlich gewert ſient daz zu den zwain tuſent pfunden
hallern geſchlagen iſt. Vnd haben allen den — — den wir birre ſchulbe ſchulbige
ſient, vnd och den — den wir diſen ſchaden abe ſunt, die dem rät ze Rotwil kunt
vnd wiſſende ſint, barumb geſetzet recht vnd rebelich ze ainem rehten abe nutze vn=
ſer ſtüra vnſer vngelt vnſer nütze vnd allü vnſerü gelt, ſo wir habent ze Rotwil
der ſtat ſwie bü genant ſint jnen ober iren erben ob ſü envaerint ze habenne vnd
ze nieſſenne vnd jn ze nemenne als ſü der rät von Rotwil haiſſet uffen ben wir

vnd ouch sü — den wir dirre schulde schulbig sient biz gesetzet hänt als wir bisü
gelt vnd bise nütze da her gehept vnd genossen habent iemer vntz an die stunde,
daz sü biz schulde abe erniessent gar vnd gaentzlich. Es ist ouch geretde vnd mit
namen gedinget, obe es bie .. den wir dirre schulde schulbig sient gern tän wont,
so sullen sü süben hundert pfunde haller gewinnen uffen vnsern schaden daz gewonlicher schade haisse vnd si än den schaden daz bürgen darauf laisten oder rosse
baruf verloren werdent daz mit namen verbinget ist vnd sunt banne bü süben
hundert pfunde haller vnd ben schaden ob behainer baruf gaende wirt bi dem ersten vor abe nemen vnd niessen ,abe ben vorgenanten vnseren stüran vnd gelten
ze Rotwil, vnd swenne sü bü ab ernossen hänt so sunt sü barnach bü drützehen
hundert pfunde haller so wir jnen bemnach schulbig belibent ouch benne barabe
nemmn vnd niessen vntz bie vorgeschribene schulbe abe ernossen wirt vnd swenne
bü also abe ernossen wirt so sunt vns vnser nütze vnd allü vnserü gelt ze
Rotwil libig vnd laer sin.   Wir haben ouch gelopt bi vnserm aybe den wir sun-
berbar herumb gesworn haben zü ben Hailigen mit gelerten worten — — bem
burgermaister vnd dem rät ze Rotwil bie vorbenempten vnser stüra vnser vngelt
vnser nütze vnd vnserü gelt ze Rotwil niemer ze versetzenne noch ze verkouffenne
noch hin ze gebenne noch in bekainen weg ze verkümbern noch veraenberne sa
noch so vntz daz bisü schulbe abe ernossen wirt än allen gebresten vnd sü noch ir
erben bie wile sü nit abe ernossen hant heran niemer ze irrenne ze schabegenn
noch ze bekümbern vnd ensunt ouch nit gestatten daz daz geschehe än alle wider
rebe.   Waer aber baz sü heran geirret geschabeget oder gemüget würdint ober bz
bü vorgenanten vnserü gelt vnd vnser nütze von iemanne an gesprochen ober a
geraichet wurbint, barumb sullent wir sü verstän vnd verantwürten an den stette
ba wir sü billich verstän vnd verantwurten sunt än allen fürzeg, vnd swa wir bz
nit vnuerzogenlich tünt inrehalb aht tagen ben naehsten so es an vns gevorbert
wirt, so sullent sü selber oder ir gewissen boten an ir stat maht vnd vollen gewalt
haben vns grafen Hainrich von Hohemberg ze manenne ze huse vnd ze hofe ober
vnber ougen vnd nach der manonge inrehalb aht tagen ben naehsten, so sullen
wir vns ze Rotwil in bie stat antwürten uffen biesen selben vnsern ayt vnd niemer
baxnen ze komenne vntz baz wir sü verstandent vf gerihtent vnd verantwürten
nach bem rehten da wir sü billich verstän sunt als bauor geschriben stät. Bü
baz biz alles wär si vnd staet belibe barumb haben wir grafe Hainrich von Hohemberg vnser jnsigel ze ainem offenne vrkund gehenket an biesen brief. Wir such
Hainrich von Tierberg ain ritter Hainrich von Tierberg ben man nemmet von Haiterbach vnd friderich Branthoch ber bo ze male vogt waz
bez selben ebeln herren grafen Hainrich von Hohemberg veriehen
offenlich baz wir bi bisen bingen vnd bi bisen taegbingen gewesen sient vnd haben barumb vnserü jnsigel zu Dez ebeln herren grafen Hainrich jnsigel von Hohemberg
gehenket an bisen brief ze ainer gezügnüste ber vorgeschribenen binge.   Dirre brief
wart gegeben ze Rotwil an bem fritage nach bem wissen Sunnentag ju exvaßen

do man zalt von gottes geburt drützehenhundert jår vnd darnach in dem ainz —
vnd vierzigeſtem Jåre.

B. d. Orig. im St.-Archiv zu Stuttgart. — Mit 4 anhangenden Siegeln. Das
erſte Siegel das bekannte kleine Hohenberger mit dem Helm vnd den Hifthörnern. Ohne
Schild. — Das zweite des von Thierberg; der Stechhelm läuft in den Hals vnd Kopf
eines Thiers (einer Hirſchkuh) aus; Umſchrift: S. h. d. Tierberc milit. Ohne Schild. —
Das britte, das des von Thierberg (Haiterbach); auf dem breiedigen, herzförmigen ge-
raben Schilde ſteht auf 3 Erhabenheiten (Bergſpitzen) ein Thier; Umſchrift: S. H. de
Tierberc; links von dem Schilde iſt der Buchſtabe H. und rechts A. — Das vierte,
das des Friedrich von Branthoch zeigt auf dem Schilde einen 8ecdigen Stern.

<hr>

414.

10. März 1841. München. K. Ludwig urkundet, daß er ſeine Zuſtimmung gegeben, als ſein Kanzler und Landvogt Graf Albrecht
von Hohenberg dem Grafen Götz von Fürſtenberg Burg und
Stabt Triberg nebſt der alten Hornberg verpfändet hatte.

Wir Ludewig von gotes gnaden Romiſcher keyſer ze allen ziten
merer des Richs, kunden offenbar an biſem brief, Daz die phanbung vnd ſatzung,
die vnſer lieber Oheim, Lantuogt vnd Cantzler, Graf Albrecht von Hohenberg, der Burg vnd Stat ze Triberg, vnd der Burg genant die
Alt Horenberg mit allen iren zuo gehörden, dem Edeln manne Graf Götzen
von fürſtenberg, mit vfgenomen worten, ob vnſer vorgenanter Oheim ober ſin
Erben, die Stat, vnd die Burg inner breizzig iaren nicht entloſten, baz ſi ſich bann
dem obgenanten von fürſtenberg veruallen aigenlichn habent getan hat, mit vnſerm
wort gunſt vnd willen geſchehen iſt, vnd wie er im die ſatzung mit dem veruallen
verſchriben hat, alſo beſteten wir es für vnſer Nachchommen vnd Amptlut, als die
ſelbn ſin brief von wort ze wort ſtend, mit biſem vnſerm brief, Den wir bar vber
geben ze einem vrchunde, verſigelt mit vnſerm keyſerlichen Inſigel. Der geben iſt
ze München an Samztag vor Oculi, Nach kriſtes geburt drützehenhundert iar,
bar nach in dem Ain vnd vierzigeſten iar. In dem Siben vnd zwaintzigeſten iar
vnſers Richs, vnd in dem vierzehnten dez keyſertumes.

B. d. Orig. in dem fürſtl. Fürſtenbergiſchen Archiv zu Donaueſchingen. — Mit
dem anhangenden Kaiſerſiegel.

<hr>

415.

12. März 1341. Rotweil. Graf Hugo von Hohenberg gibt seine Zustimmung, als sein Bruder Graf Heinrich seinen Antheil an den Einkünften der Reichsstadt Rotweil an diese, beziehungsweise seine Gläubiger, um **2000** Pfd. Heller verpfändet.

Wir grafe Hugo von Hohemberg verienhen vnd tūn kunt allen den die disen brief ansenhent oder hörent lesen, daz grafe Hainrich von Ho=henberg vnser brüder mit vnserre vnd mit .. vnsers brüder sae=ligen sunes dez vogt wir sient wissenne, mit vnserm gunste vnd mit vnserem güten willen gesetzet hat ze ainem rehten abe nütze reht vnd rebelich den erberen wolbeschaibenen lüten .. dem burgermaister, dem schulthaiß .. dem rat .. vnd .. den burgern gemainlich ze Rotwil sine stüra, sine vngelte, sine nütze vnd allü sinü gelt, dü er hat ze Rotwil der stat, swie die genant sint für zwai tusent pfunde pfenning güter haller, die er rehter vnd rebelicher schulde schulbig ist darumb .. ir burger von Rotwil hinder jn gegangen sint vnd sine bürgen worden sin. Den selben burgern von — Rotwil vnd .. iren erben vnd allen iren nach kommenen ze haltenne vnd ze niessenne mit allen rehten vnd nützen vnd mit allen den gebingen, als die briefe stant die jnen der selbe .. vnser brü=ber grafe Hainrich von Hohenberg vmb bise satzunge gegeben hat besigelt mit sin selbes jnsigel. Vnd ouch ze habenne vnd ze niessenne iemer vntz an die stunde daz die selbe schulbe abe ernossen wirt gar vnd gentzlich. Vnd haben barumb gelopt bi güten truwen für vns vnd für .. vnser erben vnd sunderbar für .. vnsers brüder saeligen sune dez vogt wir sient. Ist baz wir grafen Hainrich vn=sern brüder über lebant, swatz benne der selben stüran, dez vngelts, dez geltes vnd ber nütze so er ze Rotwil hatte, an vns vnd an .. vnsers brüder sune geuallen, baz wir die niemer versetzen noch verkouffen, noch hin geben noch in behainer wis verkumbern noch verserwen sunt weber sus noch so, vntz dü vorgeschriben schulb so vnser brüder grafe Hainrich schulbig ist als sin briefe stänt vnd als vorge=schriben stat —, abe ernossen wirt gar vnd gentzlich. Vnd haben barumb vnser jnsigel ze ainem vrkunde gehenkt an disen brief der geben wart ze Rotwil an bem montage vor Mittervasten nach Gotz geburt drützehenhundert jar jn dem ain vnd viertzigosten jär.

B. b. Orig. im St.=Archiv zu Stuttgart. — Mit bem gut erhaltenen Siegel bes Ausstellers.

416.

12. **März 1341.** Rotweil. Graf Albrecht von Hohenberg, Kanzler des römischen Kaisers Ludwig, gibt seine Zustimmung, als sein Bruder Heinrich an die Stadt Rotweil die Reichseinkünfte daselbst um **2000** Pfd. Heller verpfändet.

Wir grafe Albrecht von Hohemberg des Römschen kayser Ludewig lanzeler vergenhen vnd tůn kunt allen ben die bisen brief ansehent ober hörent lesen, daz grafe Hainrich von Hohemberg vnser brůder mit vnserr wissenne, mit vnserm gunste, vnd mit vnserm guten willen gesetzet hät ze ainem rehten abe nutze reht vnd rebelich den erberen wolbeschaiden lüten dem burgermaister, dem schultheizzen vnd bem rät vnd ben burgern gemainlich ze Rotwil sine stura, sin vngelt, sinů gelt vnd alle sine nutze, die er hät ze Rotwil der stat, swie die genant sint für zwai tusent pfunde pfenninge gůter haller, die er rehter vnd rebli=cher schulbe schulbig ist, ba ir burger von Rotwil hinder in gegangen sint vnd burgen hinder jm. borumb worden sint, benselben burgern ze Rotwil vnd iren er=ben vnd allen iren nachkomenen ze habenne vnd ze niessenne mit allen rehten vnd nutzen als die briefe stänt, die jnen ber selbe vnser brůder grafe Hainrich von Hohemberg barumbe vmb bise satzonge gegeben hät besigelt mit sin selbes jnsigel, vnd ouch ze habenne vnd ze niessenne iemer vntz an. die stunde vntz baz bů selbe schulbe abe ernossen wirt gar vnd gaentzlich. Vnd haben barumb gelopt bi guten truwen für vnz selber vnd für vnser erben, ist baz wir grafen Hainrich vnsern bruder über lebant, swatz benne der selben stüran, bez vngeltz, bez geltes vnd aller ber nutze, so er ba hatte, an vns gevallent, baz wir bie niemer versetzen noch ver=koufen noch hingeben noch in behainen weg verkümbern noch verfaerwen sunt weber sus noch so vntz die vorgeschriben schulbe, so vnser bruder grafe Hainrich schulbig ist als sin briefe stänt vnd als vorgeschrib stät, abe ernossen wirt gar vnd gentzlich. Vnd haben barumb vnser jnsigel ze ainem vrkunde gehenket an bisem brief, ber gegeben wart ze Rotwil an bem maentage vor Mittervasten, bo man zalt von Gottes geburt brüzehenhundert jär vnd barnach in bem ainz vnd viertzigesten järe.

V. b. Orig. im St.-Archiv zu Stuttgart. — Mit bem ziemlich großen runden Siegel bes Ausstellers, bas einfach ben Hohenberger Schild hat. Umschrift: S. Alb. com. de hohenbc. imperial. aule cancell.

417.

27. April 1341. o. O.

Abelheib, Tochter bes Grafen Burkarb von Hohenberg (Wildberg) und Ge=mahlin bes Grafen Friedrich von Zollern, bekennt unter ben Siegeln ihres Vaters und ihrer Brüder Otto und Konrab, baß ihr Gemahl und bessen Erben das Recht

haben, bie Burg Jngersheim (O.A. Besigheim), welche ihr von bemselben als
Wiberlage für ihr Heirathsgut eingesetzt worden, mit 1500 Pfund Heller wieder
einzulösen.

Drig. im k. geh. Haus-Archiv zu Berlin. Abdruck in Mon. Zoll. I. nro. 292.

418.

19. Mai 1841. o. O. Graf Heinrich von Hohenberg schlägt seinem
Diener Rufen von Ehingen noch weitere **80 Pfd.** Heller, welche
er demselben für einen Hengst sowie für Dienste schulbig geworben, auf die Pfandschaft des Dorfes Altingen (O.A. Herrenberg).

Wir graue Hainrich von Hohemberg vergehen offenlich mit vrkunde biz
briefes, Daz wir schulbig sien vnd gelten sullent vnserm lieben getruwen byener
Rüsen von Ehingen vnd allen sinen .. erben ahzig phunde güter haller vmb
sinen bienst vnd ouch vmb ainen hengst den er vns gab in vnsern bienst vnd nöz
vnd haben im vnd sin erben bez selben gutz bewiset mit dem rehte vf baz Dorf
ze Altingen in allem reht vnd gebinge, alz er ez vormälz inne hat also sol er
bise ahzig phunde haller zü der selben schulbe slahen. Vnd ze ainem offenne weren vrkunde barvmb so haben wir vnser Jnsigel gehencket an disen brief ber geba
ist an dem Samstag nach dem vffarttag in dem Jar bo man zalt von Gottez geburt Drüzehenhundert Jar vnd barnach in dem ainne vnd Vierzigösten Jar. —

B. b. Orig. im St.-Archiv zu Stuttgart. — Mit dem bekannten Siegel des Gr.
wie an der Thieringer Urkunde.

419.

24. Juni 1841. Basel. Graf Hugo von Hohenberg quittirt dem
Herzog Albrecht von Oestreich für ben Empfang von **200 Mark** Silber
an dem Zugelt seiner Gemahlin.

Wir Graf Hvg von Hohenberg veriehen vnd Tön kvnt mit bisem gegenwürtigen briefe Allen ben bie in ansehent oder hörent lesen, Das vns vnd
Brselen von Phirt vnsere Eliche huffrowe, Der Erber Ritter her
Rübolf von Fribingen Lantvogt in Svngowe gewert hat genzlich vnd gar
zwei hvnbert Mark lötiges silbers Basiler geweges, bie vns vnser gnebiger herr
Herzog Albrecht von Österrich vnd frow Johanne sin Herzogin zö in
verschaffen hant an vnserm zögelt, vnd sagen bie vorgenanten Herzog Albrech
vnd frow Johannen sin Herzogin bar vmb libig si vnd ir Erben, für vns vnd vnse
Erben, vnd ben vorgeschribenen herrn Rübolf von Fribingen, der vorgeschribe
zwei hvnbert Mark silbers vnd aller der Eiben vnd gelübte, bie er vns bar vnd

getan hat libig vnd los, für vns vnd vnser Erben. Mit vrkünde bis gegenwürtigen briefes, der ze Basel geben ist versigelt mit vnserme Jngesigel, An sant Johans tage des Töffers ze Sünigihten, Do man zalte von Gottes geburte Drüzehn hondert Jar vnd dar nach in dem ein vnd vierzigesten Jare.

B. d. Orig. im Reichsarchiv zu München. — Die Einschnitte für das Siegelpressel sind da, aber Pressel und Siegel fehlen.

<hr>

420.

24. Juni 1841. Basel. Graf Hugo von Hohenberg quittirt den Herzog Albrecht von Oestreich für den Empfang weiterer **200 Mark** Silber an dem Zugelt seiner Gemahlin.

Wir Graf Hvg von Hohenberg veriehen vnd Tôn kvnt mit disem gegenbertigen briefe allen ben, die in sehent oder hörent lesen, Das vns vnd Vrselen von Phirt vnsere eliche hussfrowe, der erber Ritter her Johans der Kriech gewert hat gentzlichen vnd gar zwei hondert Mark lôtiges silbers Basiler geweges die vns vnser gnebiger herre Hertzog Albrecht von Österrich, vnd frow Johanne sin Hertzogin zô ime verschaffen hant an vnserm zôgelt, vnd sagen bie vorgenanten Hertzog Albrecht vnd frow Johanne sin Hertzogin dar vmbe libig, si vnd ir erben, für vns vnd vnser erben vnd den vorgeschriben hern Johans den Kriechen der vorgeschribenen zwei hondert Mark silbers vnd aller der eide vnd gelübte, die er vns dar umb getan hat libig vnd los, von vns vnd vnsern erben, in vnd sin erben mit vrkônt bis gegenwürten briefes, der ze Basel geben ist versigelt mit vnserm Jngesigel an Sant Johans tag des Töffers ze Sünigihten, do man zalt von Gottes geburte Drüzehen Hondert Jar vnd dar nach in dem ein vnd vierzigesten Jar.

B. d. Orig. im Reichs-Archiv zu München. — Die Einschnitte für das Siegelpressel sind noch vorhanden, aber Pressel und Siegel fehlen.

<hr>

421.

11. Juli 1841. Haigerloch. Graf Hugo von Hohenberg urkundet, daß Elisabeth, Kuntzen des Vogts von Haigerloch Weib, vor ihm auf alle Ansprüche an den Zehenten zu Renfrizhausen (O.A. Sulz) zu Gunsten des Kl. Kirchberg verzichtet habe.

Wir Graue Hug von Hohenberg veriehen vnd tügen kunt allen ben bie disen brief ansehent lesent oder hörent lesen, daf vor vns stünd Elizabeth Küntzen des vogtes von Haigerloch elich wip vnd veriahe offenlich mütwilleclich vnd vnbezwungenlich, daf si me kain reht gewunne noch hette an den zehen-

ben ze Rentfrizhufen, ben ber vorgenant Cünz ber vogt ir elich man ber
priolinun vnb bem conuent gemainlich ze kilperg prebier orbens ze koffenne geben
hat vnb hant sich baibefamet verzigen gen ber vorgenanten priolinun vnb bem
conuent gemainlich ze kilperg für sich vnb für ir erben aller ber rezt vnb anspruch,
so si zu ben vorgenanten zenhenben hettan ober gehaben mohtan nun ober hernach
suf ober so, bi ben aiben bie si bar vm gesworn hant zu ben Hailigen mit gelerten worten vnb mit vfgehabten henben vnb verienhen och für sich vnb für ir erben
bi ben selben aiben, baf si bie obgenanten priolinun vnb ben conuent gemainlich
ze kilperg noch kain ir nachkomen vm ben vorgenanten zenhenben niemer angesprechen sunt geschäbigen noch gemügen weber mit gerizt noch äne gerizt noch gestatten,
baf ef ieman von iren wegen tüge. Vnb ze ainem vrkunb ber vorgeschriben bing
vnb burch biet bef vorgenanten Cünzen bef vogts vnb elizabeth siner elichen Husfrowen, so geben wir vnfer aigen infigel an bifen brief. Wir ber Schulthaiß bie
Rizter vnb ber Rät ze Haigerloch burch biet bef vorgenanten Cünzen bef vogtei
vnb·elizabeth sin elichen frowen, won wir bie vorgeschriben bing gesenhen vnb gehört haben, henken vnfer stet infigel zu ainer gezugnuft an bifen brief. Ich ber
vorgenant Cunz ber vogt vergihe och an bifem brief für mich vnb für elizabeth
min elich wip ain worhait aller ber bing bie von vns an bifem brief geschriben
stanb, vnb henke bar vm min aigen infigel an bifen brief, Der ze Haigerloch
geben wart an bem nähsten Gütentag vor Sant Margaretun tag in bem Jar so
man zalt von Cristuf geburt brüzenhenhundert Jar, vnb barnach in bem ainen
vnb vierzigosten Jar.

V. b. Orig. im St.-Archiv zu Stuttgart. — Mit bem gut erhaltenen kleinen runben Siegel bef Grafen.

———

422.

24. Juli 1341. o. O. Graf Hugo von Hohenberg urkunbet, baß
Meifter Bilgerins Weiher bei Rotenburg nach beffen Tode an ben
Probft des Chorherrnftifts zu Ehingen fallen foll.

Wir Graue hug von hohemberg verihen offenlich an bifem briefe so
vns vnb vnfer Erben vnb tügen kunt allen ben bie in fehent ober hoerent lefen
baz wir vnferm lieben getrüwen pfaffe friderichen von Scherzingen brobst
ze Ehingen vff vnferm Styft burch Got lüterlich vnb ouch burch vnferre ve-
bern vnb vnfer felen hailes willen gegeben haben vnb geben mit vrkunbe biz gegenwärtigen briefes Maifter bilgerins wiger, ber ze Ehingen an ber
werbe vnber bem hohftat bei bem Negger gelegen ift mit allem rezt vnb
mit aller zugehoerbe nach bes vorgenannten Maifter bilgerins tobe, also baz ber
obgenannte pfaffe frib. vnfer brobeft vnb alle sin nachkomen bie benne vff bem genanten Styft ze Ehingen iemer brobeft werbent vnb sint ben vorgenannten wiger

ſ Maiſter bilgerins tobe ſüllent haben, nieſſen, beſetzen vnd entſetzen für reht
ſwie es in füget vnd geloben bi guten trüwen für vns vnd vnſer Erben ſy
niemer ze irrenbe noch ze ſumenbe noch verhengen, baz es ieman von vnſe=
wegen tüge. Vnb baz biz alles war ſi vnb ſtaet belibe bem vorgenannten
frib. vnſerm brobeſt vnd allen ſinen Nachkommen, barumbe ſo geben wir ..
bien brief beſigelt mit vnſerm Inſigel, der geben iſt an Sant Jacobs abent
bem Jar, bo man zalt von Criſtes geburt brützehen hunbert Jar barnach in
ein vnb vierzigoſten Jar. —

V. b. Orig. im St.-Archiv zu Stuttgart. — Von bem Siegel iſt nur noch ein
Stück vorhanden, das ben Helm mit ben Hiſthörnern zeigt, ohne Schilb.

423.

September 1341. **Werſtein.** Graf Albert von Hohenberg, Kanzler
bes römiſchen Kaiſers unb Lanbvogt im Elſaß, bekennt Walthern
von Geroldseck, Herrn zu Sulz, von bem er das Dorf Empfingen
(O.A. Haigerloch) gekauft hatte, **700** Pfb. Heller ſchulbig gewor=
ben zu ſeyn.

Wir Graue Albert von Hohenberg Canzler bes Römiſchen kay=
vnb Lantuogt in Elſaz Beriehen .offenlich mit biſem brieue Allen ben bie
bent leſent ober hörent leſen, Daz wir bem ebeln man vnſerm lieben Öheim
thern von Geroltzegge, Herren ze Sultze vnb ſinen .. Erben ob er
r ſchulbig figin vnb reblich gelten ſolin Sybenhunbert phunb Heller phennig
vnb genämer von bes köffes wegen, ben wir von ime reht vnb reblich gehaben an bem borffe ze Emphingen vnb an ben rehten biv er ba hatte vnb
ime ober ſinen .. Erben, bie vorbenannten Haller gelten vnb gäntzlich ver=
hinnan ze ſant walpurg tag, ber nu aller ſchierſt kumt von bem tag als
brief geben iſt. Mit ſollichem gebinge, wa wir vnſ ober vnſere .. Erben
ir enwärin Dar an Sumbin vnb nit wertin vff ben tag ſant walpurg tag,
len, ſo ſont bem ebenannten walther ober ſinen .. Erben veruallen ſin ewec=
n alle wiberrebe. gar vnb gäntzlich, allü biv reht bie wir in bem borffe ze
hingen baher gehept haben eſ ſie Lüt ober gůt, wie bie genant ſint vnb
vnſer vatter Graue Růbolf ſålig an vnſ braht hat zů ben rehten
r vorgenante walther vor zů bem borffe gehept hat, vnb ſüllen wir Graue
bt noh vnſrer .. Erben ben ſelben ſumen in kayne wiſ weber mit gaiſtlichem
weltlichem gerihte, noh an gerihte an alle geuerbe. Wir veriehin öch, baz ber
ze Emphingen ben man nemet bez waltmans Hof ben ba buwent .. kärtz
hytzmans ſun bem vorbenanten walther vnb ſinen erben volgen ſol mit allen
, vnb ſont in beſetzen vnb entſetzen vnb ſullen ſi bar an nit irren weber

mit gaiſchlichem noch weltlichem gerihte noch an gerihte, wan daz die die ben ſelben Hof buwent, vnf gewonlich dienſt tůn ſont Als andrer ir nahgebur vnd genoʒ
in dem dorffe. Eʒ iſt ŏch berett, daz walther von Gerolʒegge oder ſine Erben vnſ
diſen brief ſo wir gewerin nit widergen ſol, er habe danne vor von vnſ ainen
brief über ben Hof deʒ er notürftig iſt, daz wir in dar an noh vnſer ... Erben
nit irren als vorgeſagt ſtat. Vnd daz wir alles daz hie vor geſchriben ſtat, war
laſſin vnd ſtäte haltin, ane alle geuerbe, So haben wir darüber geſworn ainen
ayd ʒe ben Hailigen mit gelerten worten vnd haben vnſrer Inſigel ʒu vrkund vnd
merer ſicherhait darüber gehenket an biſen brief. Wir Hug u. Hainrich, Grauen
ʒe Hohenberg, gebrüder, veriehen offenlich mit dieſem brieue, Daʒ wir alles
daz hie vorgeſchriben ſtat, war laſſin vnd ſtät behaltin, vnd ŏch vollefüren mit
güten truwen an alle geuerbe vnd haben darüber vnſerü Inſigel ʒů des vorigen
Grauen Albrecht vnſeres brůbers Inſigel gehenket an biſen brief, Der geben
iſt ʒe werſtain an der Mitwochen nach ſant Egidien tag. In dem Jar, do man
zalt von Criſtus geburt brüʒehen hundert Jar. Dar nah In dem Ainen vnd vie-
ʒigſtem Jar. —

B. d. Orig. im St.-Archiv ʒu Stuttgart. — Das gut erhaltene Siegel des Kanzler
hat die Umſchrift: S. Alb. com. . . Hohenbc. imperial. aule cancell.

424.

1. Oktober **1341**. Rotenburg. Graf Hugo von Hohenberg und ſei-
Gemahlin Urſula von Pfirt vertragen ſich auf's Neue mit Herz-
Albrecht von Oeſtreich in Betreff ihrer Anſprüche an die Graf-
ſchaft Pfirt.

Wir Graf Hug von Hohenberch vnd wir gräfin Urſel ſin e…
wirtin, verjehen vnd tunt offentlich an dieſem brief, das es zwiſchen vnſeren h…
herzog Albrecht zu Oeſterrich, ze Steyr vnd Kernben, vnd vnſerer …
ſiner herzogin Gräfin Johannen, vnd vns alſo betidingt iſt; ob dieſelb …
vrow herzogin Johanna vnd vnſer herr herzog Rubolf, ir ſun, vnd ander e…
ben, die ſy gowunnen mag, abgiengen, vnd bie herrſchaft ze Pfirt an vnſern…
ren herzog Albrechten gevielle, bas bann berſelb vnſer herr herzog Albrecht …
Gräfin Urſeln geben ſol zweytuſend mark ſilber Basler gewichtes barumb …
wir Gräfin Urſel vns verzigen haben vnſers erbteils an berſelben herrſchaft …
Pfirt. vnd ſollen wir Graf Hug der vorgenannten Gräfin Urſeln, vnſerer …
tinen, die egenannten zway tuſend mark ſilbers anlegen, bas es ir vnd iren …
nuz und guet ſey; ſtürb aber ber vorgenannt vnſer herr herzog Albrecht vor …
ſere vrovven, ber herzogin Gräfin Johannen, ſo iſt dieſelb vnſere vrowen, die
herzogin vns vorgenannten Gräfinen Urſeln ber egenannter zwayer tuſend mar…
ſilbers nicht gebunden ze geben, ſy habe erben oder nicht. Vnd des ze einem …

unb geben wir biefen brief befiglet mit vnfern infigeln, ber geben ift ze Ro=
burch, bo man zalt von Chriftes geburte breyzechen hunbert jar, bar nach in
ains vnb vierzigften jar, bes nächften montags nach Sant Michels tag.

Abbrud bei Herrgott, cod. probat. geneal. Habsb. nro. 786.

425.

Dezember 1341. Rotenburg. Pfaff Kun von Sulgen, Kirchherr
von Oftborf (O.A. Balingen) unb Chorherr zu Ehingen, vermacht
unter bem Siegel bes Grafen Hugo von Hohenberg auf fein Ab=
leben all' feine Habe an bas bortige Stift.

Ich pfaff kün von Sulgen kylcher ze Oftorfe vnb korherre ze
igen bi bem Negger tün kunt offenlich allen, bie bifem brief anfehent ober
ent lefen, baz ich ben Erbern Herren .. bem probft, ben Chorherren
vicarien gemainlich zů bem vorgenanten Tům ze Ehingen hän ergeben
ich burch got vnb burch miner fele hails willon alles min güte, baz ich ez fie
igen, ober an lehen ligenbin ober varnbü hab befüchtz vnb vnbefüchtes, fwaz
ach minem Tobe län, mit namen min Hufe gelegen ze Ehingen am bron=
in vnb an albert keffels Hufe, vnb ben wingarten in foefental, ben
vormals min kelnerin faelig mit aller zůgehörbe Jnen geben hat. Daz han
getän bar vmbe, baz bie vorgenanten .. Herren gemainlich min jarzit alliu
began föllent vf ben tage als got über mich gebüt, vnb barzů füllent fi ouch
llen frou vaften ain Sele meffe han von allen gelöbigen felen, vf ben Durn=
in ber fronuaften. Si föllent ouch nach minem tobe alles min güt verkoufen,
bar vmbe ewig gelte koufen, baz fol ierglich nauch anberre ftifte gewonhait
lt werben, alfo baz aim ieglichen korherren bez felben geltes zwein teil wer=
bent, vnb aim ieglichen vicarien ain Tritail, an allerfchlaht geuärbe. Vnb zů
waren offenen vrkünbne han ich über bifiu vorgefagten bingk min aigen Jn=
gehenket an bifem brief, Dar zů öch min Ebeler genäbiger Herre
le Hug von Hohemberg fin Jnfigel hat gehenket von mine vnb ber kor=
a bet willen ze meirrer ficherhait, vnb bar vmbe baz bifiu vorgefagten binge
im willen gefchehen fien. Dirre brief ift geben ze Rotemburg an bem
zu gütem tage nauch fant anbreas tag bez hailigen zwelf botten Jn bem iar,
un zalt von Gottes geburt, brützehenhunbert iar, in bem ains vnb vierzigo=
Jar.

A. b. Orig. im St.-Archiv zu Stuttgart. — Mit bem gut erhaltenen Siegel bes
ra, bas nur ben Helm mit aufwärtsflatternben Decken unb ben Hifthörnern zeigt.

24*

426.

1. März 1342. o. O. Graf Albert urkundet als kaiserlicher Hof-
kanzler, die von Pfalzgraf Rudolf von Tübingen (**1191**) ausgestellte Urkunde über die Stiftung des Kl. Bebenhausen unversehrt
und unverfälscht gesehen zu haben.

Albertus dei gracia comes de Hohenberg, imperialis aule
cancellarius, vniuersis presentes litteras inspecturis salutem in domino
cum noticia subscriptorum. Noueritis, nos litteras Rûdolfi quondam pa-
lantini comitis de Túwingen [1] sanas et integras, non cancellatas, non
abolitas, nec in aliqua sui parte viciatas, omni suspicione carentes vidisse
et legisse, formam, que sequitur, continentes. Folgt nun die Urkunde. — Schluß
des Vidimus: (Hoc [2]) nos prefatus comes Alberthus quod vidimus,
testamur et in testimonium nostre visionis sigillum nostrum presenti tran-
scripto duximus appendendum. Datum per copiam, anno domini M⁰. C⁰. C.
C⁰. xl⁰. ii⁰. Kal. Marcii indictione decima.

Orig. in Karlsruhe. Abdruck in Mone, Zeitschr. III. 104. — Mit dem runden
Siegel des Grafen an rothseidener Schnur. Dasselbe hat den Hohenberger Schild und
die Umschrift: † S. Alb. com. de Hohenbg. imp. aule cancell.

[1] Nehmlich die Stiftungs-Urkunde des Kl. Bebenhausen v. 30. Juli 1191. Abgedr.
in des Verf. Gesch. der Pfalzgrafen von Tübingen. Urkd.-Buch S. 5 u. ff.

[2] Fehlt in der Urkunde durch einen Bruch in derselben.

427.

29. März 1342. Rotenburg. Graf Hugo von Hohenberg erneuert
das von seinem Vater dem Chorherrnstift zu Ehingen ertheilte
Privilegium, nach welchem gewisse Weinberge in die Keltern des
Stifts gebannt worden waren.

Wir Graff Hug von Hohemberg veriehen offenlich mit disem brief und
tün kunt vnd ze wissent allen die in an sehent oder hörent lesen, Daz wir haissen
vnd gebieten, az vnser vatter sälig vormals gehaißzen vnd gebotten hat, daz
alle die Berg die vormals gebuht sint in der korherren kelteren vnsers stiftes ze
Ehingen, oder nach gewonhait dar in gebuht sünt worden, daz die fürbaz also
süllen da gebuht werden, wa aber daz nit geschähe, so haißzen wir vnd gebieten
as vnser vatter sälig och vormals gebotten hat, daz der ber (sic!) den berg buwen ist
schuldig sin dem vorgenannten vnserm Stift az dick ez geschiht zü ie der frässi hi
phund Tuwinger, vnd sol im dez nütz varn getan werden, vnd da von so haissen
wir vnd gebieten bi vnsern hulden vnsern amtlüten ze Rotemburg wa wir sein,

un fy dem vorgenannten vnſern korherren bez beholfen ſien an vnſer ſtat an allen
Arzog. Vnd bez zů einem vrkund, ſo henken wir vnſer aygen Inſigel an diſen
brief, der geben iſt ze Rotemburg In dem Jar, do man zalt von Criſtef geburt
Drizehenhundert vnd zwai vnd fierzig Jar an dem fritag nach vnſer fröwen tag
in der vaſtun.

B. d. Orig. im Beſitz eines Bürgers von Rotenburg. — Das zerbrochene Siegel
des Ausſtellers zeigt noch den Helm mit den Hörnern; von der Umſchrift ſteht noch:
S. Hvgoni . . . . . . berc. Eine Abſchrift hievon finbet ſich in dem „lib. copiarum.“

428.

10. Mai 1842. o. O. Graf Heinrich von Hohenberg verkauft um
2550 Pfd. Heller an Burkard und Johannes von Jungingen
(O.A. Hechingen) ſeine Burg zu Schmeihen (Ober- und Unter-
Schmeihen, O.A. Sigmaringen), ſeine Mühle daſelbſt, ſeine Dörfer
Kaißeringen (O.A. Gammertingen), Heinſtetten „vf dem harb“ (bad.
A. Meßkirch), Nusplingen (ebendaſelbſt), ſeine Landgarben und
andere Einkünfte von Stetten an dem kalten Markt, enblich ſeine
Leibeigenen zu Hauſen und Reibingen (alle drei Orte in dem gen.
bad. Amt).

Wir graue Hainrich von Hohemberg tun kunt an biſem brief allen ben
ie in anſehent leſent oder horent leſen, das wir verkoffet han vnd ze koffenbe
eben han herrn Burkard vnd herrn Johannes von Jungingen gebruder
nb irn erben vnſere burg ze ſmiechen, vnſere müli ze ſmiechen vnd vnſer
Dorf ze Kayſeringen lüt vnd gůt bie ba ſeßhaft ſint alber ſwa ſi ſint, vnſer
Dorf ze hönſtetten vf dem harb, lüt vnd gut bie ba ſeßhaft ſint, alber ſwa
ſi ſint, vnſer borf Nuſplingen lüt vnd gut, bie ba ſeßhaft ſint, alber ſwa ſi
ſint, vnſer lantgarb ze Stetten ze bem kalten market, vnſer vogtreht
e Steten, zwölf malter, bas vns von ber kirchen gat iärgelich vnd aht
phunt haller von ber ſtür ze Steten, vier phunt zu ſant Walpurg tag vnd
viere ze herbeſt, vnd alle bie lüt bie wir ze Huſen vnd Ribingen haben. Das
haben wir inen alles gegeben vnd iren erben vmb brithalp tuſent phunt vnd vmb
unfzig phunt guter haller ber och wir gar und gäntzlich gewert ſint vnd in vnſern
nutz komen ſint, vnd haben och Jnen vnd iren erben bie ſelben lüt vnd gut gegeben für lebig vnd für lär vnd für ain reht aigen ze habenbe vnd ze nieſenbe
in allem bem reht als es vnſer vater ſälige an vns braht hat mit allen
rehten vnd mit aller zugehörd, alle bie lüt vnd bie gut bie vorgeſchriben ſtant,
mit waſen, mit zwi, mit holtz, mit velbe, mit funben mit vnfunben, mit beſuoch-
em mit vnbeſůchtem, mit waſſer, mit waybe, mit allen rechten vnd mit aller zů-

gehörde vnd mit aller ehafti als wirs genoſſen haben and als es vnſer vat
vns braht hat. Wir graf Hainrich von Hohenberg verienhen och das vns b
vnd diſe gůt als da vorgeſchriben ſtat vergolten ſint gar vnd gäntzlich vnd
halb, wir vergenhen och, das wir mit diſem kof nit betrugen ſint vnd b
das vorgeſchriben gutes gewert ſint gar vnd gäntzlich an allen gebreſten, b
wir die egenanten lüt vnd gut verkoffent haben, wir verzihen vns och all
reht die wir zu den egenanten lüten vnd guten hetten oder iemerme gehaben
wir verzihen vns och aller der reht vnd gerihtes des bapſtes des kayſers der
ber Biſchöff, alles des gerihtes, gaiſtlichs vnd weltlichs, des wir noch vnſer
bamit ſi noch ir erben niemer bekümern noch angeſprechen ſön . . . .
kainer gut noch lüt als da vorgeſchriben ſtat. Wir haben och gelopt vf b
ben wir heromb geſworen haben ze den hayligen mit gelerten worten vnd
hobener hende für vnß vnd für vnſere erben denſelben gebrudern herrn Bu:
vnd herrn Johannes von Jüngingen vnd iren erben der vorgenanten bu
dorff vnd lüt vnd gut als da vorgeſchriben ſtat wer ze ſinde, ze verſtände
verantworten vnd vffzerihten für lebig vnd lär vnd für reht aygen an aller
vnd gegen aller mängelich nach dem rehte. Wir graf Hainrich von Ho
ſön och niemer kain binge gereden noch gewerben das diſſ hantveſti wib
ober verwerfen mag. Vnd das diſſ alles war vnd ſtät belibe daromb get
graue Heinrich von Hohenberg für vnſſ ſelber vnd vnſer erben diſen brief
mit vnſerm aygen Inſigel zu ainem waren vrkund aller der binge, ſo hie
ſchrieben ſtat. Wir graf Hug von Hohenberg vergenhen och an diſer
das birre koffe vnd alles das hie vorgeſchriben ſtat mit vnſerm guten will
gunſt beſchenhen iſt vnd henken och daromb vnſer aigen Inſigel an diſer b
vnſers bruder Inſigel zu ainer merer ſicherhait der vorgeſchriben bing
ainer vrkund diſ briefes, der geben wart bo man zalt von gotes geburt br
hundert iar vnd viertzig Jar dar nach in dem Andern iar, an dem nähſten
nach der vffart vnſers Herrn.

Von einer beglaubigten Abſchrift im St.-Archiv zu Stuttgart.

429.

8. September 1342. o. O. Heinz der Boſchgraue von Wend
(O.A. Eßlingen) verkauft mit Genehmigung der Gräfin Marg
von Naſſau (Hohenberg) Hellerzinſe aus Häuſern daſelbſt a
Kloſter zu Kirchheim.

Ich Hainz der Boſchgraue von Wendelingen vnd Elſebeth
elichú huffröwe veriehen offenlich an diſem brief vnd tügen kunt allen
in anſehent ober hörent leſen, baz wir den erſamen vnd gaiſtlichen fröwen
priorin vnd dem Conuent des Cloſters ze kirchain, prediger ordens, vi

ſchillinge Haller ann vier Haller ierliches geltes haben geben ʒe küſen reht vnd
ʒbelich mit wiſe vnd mit worten, bie barʒb gehörent, vmbe aht phunt göter vnd
ʒber Haller, vſſer ben göten, biv hernach geſcriben ſtant, baʒ iſt vſſer fritʒen bes
Raibenſ hus ʒe wenbelingen, Siben ſchillinge haller, ʒwai herbeſt hönre,
vnb ain vaſnaht Hön vſſer benʒen bes beken Hos ʒe wenbelingen, fonf
ſchillinge haller, ane vier haller vnb ain vaſnaht hön vnb vſſer Hömelinen hus
ʒe wenbelingen ʒwen ſchillinge haller, vnb verʒihen vns aller ber rehte vnb ber
anſprache, ber wir ober vnſer erben an ben vorgenannten gelten hie nach iemer
möhten gehan von reht, von geſchiht, ober von gewonhait. Man ſol in öch baʒ
vorgenant gelt ʒö ſant Martins tag ierlichen geben, ane allen ſchaben, vnb ſol in
weber Störe noch kainerhanbe bienſt vf baʒ ſelbe gelt ſetʒen noch legen. Wir ſoln
in öch vnb vnſer erben baʒ ſelbe gelt vertegen von aller mengelichen Jar vnb tag
nach reht, als ſit iſt vnb gewonlich, vnb wan wir aigenſ Jnſigels nit enhaben, ſo
biten wir vnſer gnebigen fröwen frö Margarethen bie ebeln Greuin von
Raſſowe mit ber gunſt vnb willen es iſt beſchehen, baʒ ſi ir Jnſigel an biſen brief henke. Vnb wir Margarethe bie vorgenannt Greuin von
Raſſöwe henken vnſer Jnſigel an biſen brief burch bet vnſere vorgeſprochen burger Hainʒen bes Boſchgrauen vnb frö Elſebethe ſiner wirtin ʒü ainem offen vrkunbe,
ber vorgeſchriben binge. Der brief wart geben an vnſerre fröwen tag ber iungern
bo man ʒalt von Gotes geburte Drützehenhundert Jar vnb ʒwai vnb vierʒig Jar.

B. b. Orig. im St.-Archiv ʒu Stuttgart. — Das Siegel iſt abgefallen.

430.

**12. Oktober 1342. Ebingen. Graf Heinrich von Hohenberg verʒichtet
ʒu Gunſten ber St. Martins-Kirche ʒu Ebingen auf eine Wieſe bei
Eheſtetten (Hof, O.A. Balingen).**

Wir graue Heinrich von Hohenberg tue kunt mit biſem brief allen ben
bie in anſehent leſent ober hörent leſen, bas wir burch Gott vnb burch Sant
Martins willen, ber hauswirt in ber kirchen ʒu Ebingen iſt, burch
vnſer ſeele hailes willen, burch vnſer vorberen ſeelen hailes willen, vnb ouch
burch ber bürger bette willen ʒu Ebingen vns verʒigen haben aller ber recht, ſo
wir hatten alb haben mohten ʒu ber wiſe, bie man nennet Habelin wiſe vnb
gelegen iſt vnber bem borf ʒu Eheſtetten an ber Shmühen. Vnb bas es wär
vnb ſtet belib bem egenanten gotteshus ʒu Ebingen, von vns vnb öch von vnſeren
erben, barumb ſo haben wir ber obgenant graue Hainrich von Hohenberg
vnſer infigel gehenkhet an biſen brief ʒu ainem offen vrkunbe ber warheit, ber
geben wart ʒe Ebingen an bem nechſten ſamſtag vor Sant Gallen tag, bo man

zalt von Chriſtes geburt, drizehenhundert jahr, vierzig jahr, vnd darnach in dem andern jahr.

Nach einer von dem ehemaligen Stadtſchreiber Schweighardt zu Ebingen gefertigten Abſchrift.

431.

29. November 1842. Oberndorf. Herzog Hermann von Teck, Herr zu Oberndorf und „Schilta,“ beſtätigt die Rechte und Freiheiten der Stadt Oberndorf. [1]

Jch Hertzoge. Herman. von Tekke Herre ze Oberndorffe vnd ze Schilta, vergihe offenlich vnd tůn kunt allen den die diſen brief anſehent oder hörent leſen Daz ich gelopt hān bi minem ayde den ich hervmb geſworn hān ze den Hayligen mit gelerten worten vnd mit uf erhabenen hende. Minen Lieben burgern von Oberndorffe. Vmb iren willigen getruwen dienſt. Jr Stet Reht ze Oberndorffe vnd ir vrihait Stāt ze behaltenne, als ſiv von alter her komen ſint vnd hie nach geſchriben ſtat Alſo daz ich die gewonlichen Sture von Jnen järglich nemen ſol Daz iſt ze Herbeſt vierzige pfunde pfenninge Tuwinger vnd ze den vaſten Driſſige pfunde der ſelben pfenninge Vnd ſol ſiv nit fürbaz nöten mit dehainen Sachen weder an Libe noch an gůt ſus noch ſo Es ſi denne daz es mir mit geriht ertailet wurde Jſt ouch daz ich mit offener Rayſe in die Stat ze Oberndorffe herbergen vnd geſchiht .. den Burgern dauon behain Schade .. der die Rihter gefarlich buhte den ſol ich Jnen abe tůne Jnrehalb vierzehen tagen als . die Rihter haiſſent Vnd ſwaz vnzuhte .. der Man tůt an Swem div verſchuh wirt an diſem oder an dem. Darumb er hinder mich kunt mit vrtailt Da ſol ich nit fürbaz niemen denne zwai pfunt Tuwinger vnd ſol darumb zil hān biſe tage vnd Sehſ wocha Werat er mich nit da entzwiſchant So ſol ich mich denne ſelber weran der zwaiger pfunde Tuwinger von ſinem Gůt Vnd ſol Jn nahen vnd nöten vmb die vorgenanten zwai pfunt Vnd tůt behain vſman behain vnzuht in der Stat, Daz ſol ſtān in dem alten Reht als div Stat her komen iſt. Sunderlich iſt vf genomen Swer den andern wundat mit Meſſer oder mit Swerte, Daz ſol. ouch Stan in dem alten Rehte Vnd Swer den anderne ze tobe ſchleht, das ſol ouch in dem alten Reht ſtān. Jſt ouch daz behain Burger von der Stat ze Oberndorffe varen wil, Der ſol von dem tage als er an vahet dannen ze varende vierzehen tage an enander gelait hān mit ſinem Libe, vnd mit ſinem Gůt dannen zwů Myle. vor mir vnd vor .. Minen dienern Vnd ſol ouch den gelaiten dannen än aller ſchlahte geuerde Obe er mir gelaites můtat — Es ſi denne daz er mir von gerihtes wegen ſchulbig worden ſi Jch ſol haben gewalt, Oberndorfe die Stat ze verkouffenne mit der gewaltſami vnd verſetzenne vnde verkümbern nach zehen Jarne (ſic!) den nähſten von dem tage als dirre brief gegeben iſt vnd nit alſo

mre daʒ bie Stat vnb bie burger ʒer (sic!) selben Stat in iren Rehten vnb in
mn Frihaiten . beliben sint als vorgeschriben stät än alle geuärbe. Vnb daʒ biʒ
des wär si vnb eweclich stät belibe Darumb hän ich der vorgenant Herʒoge Her-
mn min Insigel ʒe ain vrkunde gehenket an bisen brief, Der gegeben wart ʒe
Obernborffe an sant anbres abenbe Do man ʒalt von Cristes geburt Drüʒenhen-
mnbert Jar vnb barnach in bem ʒwai vnb vierʒigesten Järe.

B. d. Orig. im städtischen Archiv ʒu Obernborf. — Es hängt nur die Siegelschnur,
ms grünseibenen Fäben bestehenb, an.

¹ Diese Urkunbe weicht in einigen Punkten von ber ʒu bem 24. Märʒ 1316 ab.

432.

1842. o. T. u. O.

„Donatio Graf Otto's, Graf Burkarbs Sohn, bes Jungen von Hohenberg, Herren ʒu Nagolb, schenkt in bas Haus Rohrborf ʒu einem ewigen Seel-
gereith 500 Pfb. Heller."

Repertorium auf bem Rathhaus ʒu Rohrborf, nach welchem biese Urkunbe mit anberen
Dokumenten am 22. Aug. 1673 nach Speyer „salviret" worben.

433.

1. Februar 1343. o. O.

Margaretha, Tochter bes Grafen Burkarb von Hohenberg, „beʒ Wilbberch
ist" unb Gemahlin bes Grafen Friebrich von Zollern, bekennt unter ben Siegeln
ihres Vaters, ihrer Brüber Bürgin unb Konrab, baß ihr Gemahl unb bessen
Erben bas Recht haben, bas Dorf Osterbingen, auf welches berselbe sie mit
300 Mark Silber, ihrer Morgengabe, angewiesen, mit bieser Summe wieber an
ich ʒu lösen.

Orig. im k. geh. Haus-Archiv ʒu Berlin. Mon. Zoll. I. nro. 297.

434.

23. Mai 1343. o. O. Graf Heinrich von Hohenberg verkauft ben
Kirchensaʒ von Ebingen (O.A. Balingen) mit bem Patronat ber
bortigen Kirche um 630 Pfb. Heller an Johansen von Schilteck
(O.A. Obernborf).

Wir grave Hainrich von Hohenberg vergehen offenlich allen ben bie bisen
rief ansehent ober hörent lesen, bas wir reht vnbe rebelich vnb mit gütem gunst
nb willen ben kilchun Saʒe ʒe Ebingen mit allen sinen rehten Johansen

von Schiltegge vnd sinen erben vmb Sehs hundert pfunde haller vnd
brisig pfunde haller ze ainem rehten aigen ze kopfen (sic!) geben haben vnd
gehen och, das die selben haller gänzelichen vnd gar vnt ane gebresten in v̈
nütze komen sint Wir vergehen och, das wir an disem kopfe nit betrogen
weder gänzelichen noch gar noch oberhalb, vnde verzihen vns aller der reht
wir ie dar zů gewunnen alber noch gewinnen möhten. Vnd haben disen l
Satze verkopfet in allem dem reht vnd mit aller zů gehörde, als vnser vatter
an vns braht het vnd och als wir in vntz an disen tag her behept haben.
darumbe so hat der Schiltegger vnd sine erben vollen gewalt die vorge
kilchun ze Ebingen ze lihenne, ze besetzenne, ze entsetzenne, vnd der kilchere,
dar vff setzet, hat och vollen gewalt, die vorgescribenun kilchun ze niescenn mi
nützen, mit allen gelten, bi wasen, bi zwige, äkker vnde wisan, holtze vn
funbens vnd vnfunbens, vnd och alle zehenden grose vnd klene mit allen
inrenthalb vnd vsserhalb mit aller zügehörbe in allem dem rehte, als vnser
sälige vnd och wir vntze her behept haben. Wir sulen och den Schiltegg
sin erben vff dem kilchun Satze vnd ben kilcherren, dem er die kilchun ze E
verlihen het, vff der selbun kilchun nutzen iärgelichen schirmen, als vnser a
gůt. Es ist och gereb, das weder wir noch enkain vnser erben ben vorg
Schiltegger noch enkain sin erben noch sinen kilcherren ze Ebingen an ber
kilchung nützen, war bie gelegen sint, weder sumen noch irren sülent, we
gerihte gaislichem noch weltlichem, noch ane gerihte, noch nieman von vnseran
weder sus noch so niemme. Wäri aber das der Schiltegger ober sind erben
ber kilcherre ze Ebingen an bem kilchun Satze, alber an der kilchun iär
nutzen behainast gesumet alber geirret wurbent von vnseran wegen ober vo
bruber wegen grauen albreht vnd grafe Huges von Hohenberg, g
sulen wir sü verstan vnd versprechen vnd barnach gen allermängelich vnd w
gerihten, sulen wir disen kopf vertigen vnd vff rihten ane iro schaden no
rehten. Vnd barumbe so haben wir dem Schiltegger vnd sinen erben seh
Bürgen versetzet, vier geswore vnd die zwene vngesworn, Cůnrat von ber v
Tierberg, Hainrich von ramsperg, Trägelin von Nůwenegge, vn
(sic!) Schorpen gesworn, vnd Cůn von Stoffeln vnbe Bilgrin von h
vngesworn, vnd mit sölichem gebinge, wäri das der Schiltegger ober su
ober ber kilcherre ze Ebingen wer ben von sinen wegen kilcherre ist, von w
wegen an behainen bingen gesumet wurben, so hant sü vollen gewalt bie
zemanent, ze huse, ze houe ober vnber ogen, vnd nach der manunge sol
in aht tagen ben nahsten In antwürten gen Rotwil alber gen Ebingen
wa sü das mit bes Schilteggers willen getůn mügent, aine slehte gisels
laisten an geuärbe in offnen wirtes husern vnd bi vailem gůt vnd niemer b
zekomen, ie das dem Schilttegger vnd sinen erben vnd sim kilcherren vff
werbet gänzelichen vnd gar, barumbe sü benne ermanot sint. Wär och das be
gen behainer selbe nit laisten wölten, ber sol ain kneht mit ain pfäribe an su

leggen ane geuårbe ze laiften als dauor geſcriben ſtat. Wår och das der Bürgen dehainer von tobes wegen abe giengi, bas got wenbi, ober von bem Lanbe vůrj ober ſus vnnüße wurbj, ſo ſullen wir ime ain andern als gewiſſen Bürgen ſetzen, uronthalb ainem manobe, wenne wir ober vnſer bes ermanet werbent als ber vas, ober bie anbere Bürgen ſont im laiſten, wenn ſie bes ermanet werbent in allem bem reht, als dauor geſcriben ſtat, vnb och vſſer ber giſelſchaft nit ze komen, unße ber Bürge vollefůrt werbe, ber ba ab gegangen iſt. Wir bie vorgeſcriben Bürgen Cůnrat von ber wilbun Tierberg, Hainrich von ramſperg, Trågelj von Kuwenegge vnbe ich abbe Schorpe, geſworn Bürgen, vnb Cůn. ber Stoffeler vnb ich Bilgri von hòborf, vngeſworn Bürgen, vergehen alleſament offenlich an biſem brieue, baſ wir von bette wegen vnſerj gnåbigen herrn graufen Hainrich von Hohenberg biſe Bürſchaft gelopt haben vnb ob es ze ſchulben kumt, bie vorgeſchriben giſelſchaft ane geuårbe ze laiften, vnb och ſtåte ze halten, vnb vnverbrochenlichen, allů bů bing vnb gebinge, bie von vns an biſem brieue geſcriben ſtant, vnb bes haben wir bie erſten vier Bürgen geſworn vff ben Hailigen, ſo haben wir bie zwene nach gånbigen burgen bi gůten truwan gelopt vff ben ait vnuerbrechenlichen allů bů bing ſtåte ze halten bů von vns an biſem brieue geſcriben ſtant vnbe haben alleſamen vnſeriv inſigel ze ainem offen vrkůnbe an biſen brief gehenket. So vergehen wir grafe Hainrich von Hohenberg ze ainer merer ſichererhait aller ber binge, ſo heran geſcriben ſtant, bas bi war ſigent, vnb och von vns ſtåte be=. liben vnb bas wir bem Schiltegger ſin kofp vertigen vnb vff rihten ſůlen, gen alremångelich als dauor geſcriben ſtat, vnb bas wir bie vorgenanten bürgen von bürgſchaft vnb och von giſelſchaft, ob es ze ſchulben kume, ane jre ſchaben löſen ſullent. Das alleſſament haben wir geſworn ain ait mit vff gebottenen vingern vnb mit gelerten worten zu ben Hailigen. Vnb barůber ſo geben wir graue Hainrich biſen brief vůr vns ſelber vnb für vnſer erben bem vorgenannten Johanſen von Schiltegge vnb ſinen erben behenkten mit vnſerm Inſigel. Dirre brief wart gegeben an bem nåhſten fritage nach ber vffart vnſers heren, in bem Jar bo man zalte von Criſtus gebürte brüzehenhunbert iar vnb barnach in bem britten vnb vierzigoſten Jar.

B. b. Orig. im St.-Archiv zu Stuttgart. — Mit bem kleinen runben Siegel bes Grafen Heinrich, bas nur ben Helm mit ben Hörnern im Schilbe hat.

435.

20. September **1343.** Rotweil. Graf Heinrich von Hohenberg bekennt, einem Rotweiler Bürger für einen „Maiden" (Hengst)
20 Pfd. Heller schuldig geworden zu seyn und schlägt solche auf
die Pfandschaft des Fischwassers zu R., welches demselben schon
von Heinrichs Vater um **70** Pfd. Heller versetzt worden war.

Wir grafe Hainrich von Hohenberg verienhen offenlich vnd tün kunt
allen ben die bisen brief ansehen oder hörent lesen, Daz wir schulbig sient vnd
gelten süllen reht vnd rebelichen Hugen volken aim burger ze Rotwil vnd
sinen erben zwaintzig pfunde pfenninge güter Haller vmb ainen Maiden ben er vnz
ze kouffenne gap, Vnd haben in die geschlagen zu ben sibentzige pfunden haller,
Darumb im vnd .. sinen erben. alle vnser zinse vnd allü vnserü gelt behaft sint,
so wir haben ze Rotwil von ben vischentzen. än biu zwai pfunt, bie .. arnolt
säligen Sune Järglichen git .. der von Triberg ze Rotenmunster .. darumb
er .. vnsers vatters saeligen brief vnd Insigel hät. Dem selben Hugen volken
vnd sinen erben bie vorbenempten vnserü gelt vnd zinse von ben vorigen vischentzen,
bie inen nv für Nüntzig pfunde Haller haft wesen sunt, ze nemenne vnd ze niessenne
libeclich vnd lär, mit allen rehten vnd nützzen. vnd mit aller zu gehörbe, als wir
siv haben vnd niessen soltant. vnd ouch iemer vntz an bie stunbe. Daz bie selben (sic!) zinse vnd gelt von vns, oder von .. vnseren erben ob wir enwä-
rine vne (sic!) ben Nüntzige pfunde pfenninge güter Haller erlibeget vnd wiba
gelöset werbent viertzenhen tage vor sant walpurg tag ze rehter zite im Jär über
kurtz ober über lange alf sitlich vnd gewonlichen ift. Vnd haben barumb vnser
Insigel ze vrkund gehenkt an bisen brief gegeben ze Rotwil an sant Mathis
abenbe nach kriftus geburt brüzenhenhunbert iär in bem briv vnd viertzigoften Jär.

B. b. Orig. im St.-Archiv zu Stuttgart. — Mit bem kleinen Siegel bes Grafen.
bas blos ben Helm mit ben beiben Hörnern zeigt.

———

436.

10. November **1343.** Hohenberg. Graf Hugo von Hohenberg urkundet, baß Eberhard Bregel, ein Bürger von Schömberg, mit
seiner Zustimmung ein Gut bei Dormettingen (O.A. Spaichingen)
an Klosterfrauen zu Hochmauern bei Rotweil verkauft hat.

Wir Grafe Hug von Hohenberg vergenhen offenlich vnd tün kunt allen
ben bie bisen brief ansehen ober hören lesen, Daz Eberhard Bregel ain Burger ze Schönemberg Mit vnserm gunste vnd mit vnserm gütem willen ver-

buffet hat vnb ze kouffenne gegeben hät Swester katherin der Hägginen von Oberborffe vnb swester Hiltogunt der Elsaesserinen Closernernien ze Homuran ain geltende gůt, lit ze Tormentingen haisset .. der von vähingen gůt, buwet Cůnrat küle, gilt iärgrlich zwai malter vesan, ain malter habern, rotwiler messes, ain pfunt Haller, zwai Hünre vnb ain Halb viertail aiger Vnb fünfiv vnb brissige pfunde pfenninge guter Haller, Der er auch von inen gwert ist gar vnb gäntzlichen vnb in sinen nutz komen vnb bewendet sint Den selben gaistlichen vrowen vnb .. ir baider Erben ze haben vnb ze niessen, ze bekenne vnb ze entsetzenne bi wasen vnb bi zwige, es si an Holtz ober an velbe, an äkkern, ober an wisan funbenz vnb vnfunbens mit allen rehten vnb nutzen, vnb mit aller zu gehörbe. Vnb hat glopt bi gůten truwen für sich vnb für sin erben Jnen vnb .. iren erben des selben gůtes mit finer zůgehörbe wer ze sin vnb uf ze rihtenne für lebig vnb für lär vnb für reht aigen an allen stetten vnb gegen aller mänglich nach dem rehten Vnb siv noch .. ir Erben herumb niemer an ze sprechen, baran ze schabigen noch ze mülgen mit gaistlichem noch mit weltlichem geriht noch än gerihte sus noch so. Vnb haben herumb vnser Jnsigel ze vrkunde gehenket an bisen brief. Vnb zů dem haben wir .. bie burger von Schönemberg der stet Jnsigel ze Schönberg burch Eberhard Bregels vnsers burgers bette willen an bisen brief gehenket ze merrer sicherhait, Gegeben ze Hohemberg an sant Martinz abende, Nach kristus geburt brüzenhundert Jär in dem briv vnb viertzigesten iär.

B. b. Orig. im St.-Archiv zu Stuttgart. — An der Urkunde hängen das kleine sehr unbeutliche Siegel des Grafen und das der Stadt Schömberg, welches den Hohenberger Schild hat.

437.

12. November 1343. Schömberg. Albrecht, Hugo und Heinrich, Grafen von Hohenberg, belehnen Hugen von Suntheim (Sonthof, O.A. Rotweil) mit des Zieglers Hof, der Wibum und dem Kirchensatz zu Dormettingen (O.A. Spaichingen), auch dem britten Theil des Laienzehnten zu Ebingen (O.A. Balingen).

Wir albreht, hug, hainrich all brig gebrüder vnb gräffen ze Hohenberg verjehen vnb tůn kunt aller Menglich, die bisen brief sehenb ober hörenb lesen, baz zů vns vnb für vns kam vnser lieber getrewr Hug von sunthhain vnb bat vns ernstlichen mit Rechter gewonlicher vorbrung, baz wir Jm bef zieglers hof vnb bie wibum vnb ben kirchensatz ze bormetingen vnb ainem britail bes laigenzehenben ze Ebingen lihen, won bie höf vnb zehenben von vnser vorbren hen wärin vnb von Rechter erbschaft an Jn gefallen wärin vnb bat vns Jm lehench ze lihen für ain Reht manlehen, Also haben wir sin gebet erhört vnb haben

Im vnd finen erben die egenanten höf vnd zehenden alse gelühen mit allen R[e]
vnd gewonhaiten vnd ehaftij, so dar zů vnd dar in gehört zů ainem Rehten
ståten Manlehen gelihen mit Reht als daz billich kraft vnd maht haben sol
mag mit vrkund diß briefs. Des ze merer vnd ainer ståter ficherhait fo h[a]
wir gråf hug von Hohenberg für vns vnd vnfer brůder vnfer aigen J[n]
ofenlich gehenkt an difen brief der geben ist ze fchönberg an der nåhften
wochen nach fant Martis tag do man zalt von gebürt Crifti drusen hundert
dar nach in dem briten vnd fierzigoften Jår.

Ich hainrich von wildenfelf vnd ich hainrich hufer verfehen, da[z]
den höptbrief diefer abgefchrift gehört vnd gefehen haben lefen vnd fagen do
wir daf billich fagen follen def ze zügnuft fo haben wir beid vnfrij Jnfigel g[e]
ze end difer gefchrift.

B. v. Drig. im St.-Archiv zu Stuttgart. — Auf Papier, mit aufgedrückt g[e]
nen, aber abgefallenen Siegeln.

438.

20. Febr. 1344. Rotweil. Graf Hugo von Hohenberg eignet Diet[r]
an der Waldstraße, einem Bürger zu Rotweil, Hölzer, Holzm[arken]
Egerden und Wiesen bei R., welche er von ihm zu Lehe[n]
tragen hatte.

Wir grafe Hug von Hohenberg verienhen offenlichen vnd tůn kn[nt]
den die difen brief anfenhen oder hören lefen, Daz wir Dyetrich an der
ftråz aim burger ze Rotwil uf genemen haben finen tail der Hölzer v[nd]
Holzmarken, die er hat ligende im blånberge vnd finen tail der Eg[erden]
vnd der wife die gelegen fint am Gygen Rain, die er vnd fin vordern v[nd]
vnd von vnfern vordern ennent her ze rehtem Manlehen gehept hånt, vnd ve[r]
ouch daz wir in dife felben fin tail ge aigent habent mit difem briefe vnd d[az]
im vnfer aigenfchaft, vnfer gewaltfami vnd alles vnfer reht fo wir herzů[]
ober gehaben mohtant fus ober fo gegeben haben luterlich ainvalteclichen [vnd]
alle geuerde vnd haben darumb vnfer Jnfigel ze vrkund gehenkt an bifen[]
gegeben ze Rotwil an dem fritage vor fant Mathyas tag, nach kriftus [gebürt]
brüzenhenhundert iår in dem vier vnd vierzigoften iår.

B. v. Drig. im St.-Archiv zu Stuttgart. — Mit dem kleinen undeutliche[n]
des Grafen, das den Hohenberger Schild zeigt.

439.

18. Juni **1344**. o. O.   Gräfin Margarethe von Naſſau, Wittwe des
Grafen Rudolf (II.) von Hohenberg, verleiht dem Probſt und den
Chorherren am Stift zu Ehingen das Recht, Chorherren aufzu=
nehmen und die Altäre ihrer Kirche mit Prieſtern zu beſetzen.

Wir Margaret von Naſſowe, wilont bez Jungen graue Rûdolfs
ſeligen von Hohemberg elichiv wirten vergehen vnd tûgen kunt offenlich
mit diſem brief allen die in anſehent oder gehôrent leſen, daz wir den erbâren
Herren. dem Probſt vnd den korherren gemainlich of dem Stift ze Ehingen
die gnade getân haben, alſo baz Si hant gewalt vnd reht korherren ze empfahende,
aller ze uerlichenne vnd die ze beſetzen vnd ze entſetzen, bi iren ampten vnd eran,
alz ſie tunget, baz ez dem vorgenanten Stift nütz vnd gût ſie, vnd ſüllent baz tûn
mit vnſerm willen ân allerſchlaht geuârbe.   Wir ſüllent ouch ſiv von niemans
wegen zwingen wider irem willen aber ân all geuârbe, wir haben inen ouch beſtätgot
vnd befeſtenot mit diſem brief alliv biv gût vnd frihait, die ſi biz hier gehalten
hant ân alle geuârbe. Vnd zû vrkunde der warhait aller birre vorgeſ. binge geben
wir inen mit vnſerm aigen Jnſigel diſem brief beſigelt.   Der geben wart an dem
nehſten fritag vor ſant Johans tag ze Sungihten bo man zalt von Criſtus geburt
brützehenhundert vnd vierzig Jar bar nauch in dem vierben iar.

B. d. Orig. im St.-Archiv zu Stuttgatt. — Auf dem zerbrochenen Siegel erkennt
man noch eine Frauengeſtalt in ſitzender Haltung, zur Rechten den kleinen Hohenberger
und zur Linken den Naſſauer Schilb. — Hievon eine Abſchrift in den »Hohenberger
Dokumenten« T. VII. S. 879 im St.-Archiv zu Stuttgart.

440.

14. Januar **1345**. Buchau.   Anna, Aebtiſſin des Stifts Buchau, ur=
kundet, daß Graf Heinrich von Hohenberg ihr Burg und Stadt
Straßberg (O.A. Gammertingen), welche derſelbe und ſeine Vordern
von dem genannten Stift zu Lehen getragen, aufgegeben und ſie
ſolche dem Ritter Rudolf von Reiſchach geliehen habe.

Wir Anna von gottes gnaden Abbtiſſin zue Buechaw veriehen offen=
lichen an diſem brief allen ben die inel ſent ober hôrent leſen, bas wir von dem
eblen herrn graf Hainrichen von Hohenberg haben vfgenommen Straßberg
die burg vnd die ſtatt vnd alles das barzuo gehört es ſey an holtz alb an
velt alb wie es namen mag gehaben, vnd das haben gelihen Ruebolfen von
Reiſchach ritter vnd allen ſeinen erben mit guetem willen mit allen nutzen vnd
rehten alß es der ebel herr graf Heinrich von Hohenberg vnd ſ. vorbern herge=

bracht haben vnd von vns zu lehen gehabt. Wir veriehen auch mehr wan das der vorgen. Růdolf von Reischach ritter von tobt wege abgienge das got wendt, So veriehen wir den vorgenanndten lehen Eberhardten von Reischach vnd j. kindern ob der vorgen. Růdolf one leiberben abgienge. hiebei sint gewesen vnd seindt auch gezeugen die erberen leut bruder Cuntz von Stöffeln, des teutschen hauß, vnd Ernst von Stöffeln, Kirchherre ze Sülgen, Eberhard von Oberstetten. Cuntz von Reischach, Cuntz von Hornstein von Bittelschiß, Hannß von Gündelfingen, Hannß von Stöffeln vnd ander erber leut. Vnd deß zu einer bessern sicherheit henken wir Anna die vorgen. Abtissin vnser Jnsigel an disen brief der geben ist zu Buechau da man zalt von gottes gebůrt, brizehen hundert Jar vnd in dem fünf vnd vierzigisten Jar an dem nehsten Fritag nach St. Hilarien tag.

Hohenb. Doc. XVI. 121.

441.

4. Mai 1345. o. O. Graf Heinrich von Hohenberg verkauft um 656 Pfd. Heller an Ritter Heinrich von Thierberg, seinen Diener sein Dorf Thieringen (O.A. Balingen) nebst der Kirche und dem Kirchensatz, sowie seine Rechte an Winzeln (abgegangen).

Wir graue Hainrich von Hohenberg veriehen vnd tůn kunt allen die bizen brief sehent oder hörent lesen, baz wir verköft haben vnd ze köffenne geben haben vnser aigen dorf ttieringen lüt vnd gůt vnd winzelon was wir da rehtez haben Hainrichen von ttierberg aim ritter vnserm lieben diener vnd haben Im baz selb dorf ttieringen gegeben mit aller siner zůgehörde vnd mit allen rehten für libig vnd lär vnd für ain reht aigen vnd mit allen rehten vnd aller gewaltsami vnd mit aller zůgehörb bi wasen vnd mit zwi mit holtz vnd mit mit steg vnd weg vnd mit abweg mit funbem vnd mit vnfunbem besůcht vnbesůcht mit wasser vnd waid vnd mit allen rehten vnd nützen als wirs daher gehaben vnd genossen haben also baz er vnd sin erben baz selb dorf ttieringen sun haben vnd niessen als hie vor gescriben stat vnd als vnser vatter sälig an vns braht hat. Wir graue Hainrich von Hohenberg veriehen öch offenlich an bizem brief baz wir die kilchun vnd den kilchunsatz in dem vorgenanten dorf ze ttieringen dem vor gescriben Hainrich von ttierberg ze köffenne gegeben haben mit allen rehten vnd mit aller zůgehörb mit dem vorgescriben dorf öch ze besezzen vnd ze ent sezzen vnd haun vnd ze niessen für libig vnd für lär vnd für reht aigen. Wir haben öch Im baz vorgescriben dorf vnd den vorgescriben kilchunsatz gegen vmb sübendhalb hundert phunt vnd sehs pfunt gůter vnd genämer haller der wir gewert sien gar vnd gäntzlich vnd in vnsern gůten nutz komen sint. Wir sun öch niemand gesprechen baz vns die vorgescriben phenninge vngezalt worden sien oder daz wir der vorgeſcriben phenninge nit gewert ſien. Wir ſun öch nüt ſprechen daz wir mit diſem köf betrogen gar alb gäntzlich alb ôber halb. Wir graue Hainrich von Hohenberg veriehen öch für vns vnd für vnſer erben daz wir den vorgeſcriben Hainrich von tterberg, vnd ſin erben vmb daz vorgeſcriben dorf vnd vmb den vorgeſcriben kilchunſatz niemer ſun angeſprechen noch gemôten mit dem gerißt dez babſtes noch mit dem gerißt des kaiſers noch bez küniges noch mit gerißt der biſchöff noch mit gericht gaiſchlichem ober weltlichem. Wir verzihen vns öch für vns vnd für vnſer erben gen dem vorgeſcriben Hainrich von tterberg vnd gen ſinen erben allez bez rechtes daz wir zů dem vorgeſcriben dorf vnd zů dem vorgeſcriben kilchunſatz iemmer gewinnen künden alb gewinnen möhten vnd von wir vns biz allez verzihen So ſun wir vnd vnſer erben Hainrich von tterberg vnd ſinen erben daz vorgeſcriben dorf vnd den vorgeſcriben kilchunſatz vfrichten verſtan für lebig vnd für lâr vnd für reßt aigen in allen ſtetten nach dem reßte. Wir der vorgeſcriben graue Hainrich von Hohenberg veriehen öch offenlich an biʒem brief daz wir geſworen habe ain gelerten aid ʒe den hailigen den vorgeſcribenen Hainrich von tterberg noch ſin erben an dem vorgeſcribenen dorf vnd dem vorgeſcribenen kilchunſatz mit allen rehten als vorgeſcriben iſt niemener ʒe irren noch ʒe ſumen mit enhainer vnſer anſprach ober gewaltſami noch mit enhainer ſachen an aller ſchlacht geuârb vnd war vnd ſtât ʒe hân allez daz da vor von vns geſcriben ſtat. Wir graue Hainrich von Hohenberg vnd vnſer erben ſun öch niemmer nütznit gereban noch getôn daz biz hantueſti wiberworfen alb wibertriben müg vnd ſun ouch nit geſtatten, daz ez ieman von vnſeren wegen tbie an alle geuârb. Vnd daz biz alles war vnd ſtât belibe daz von vns hie vor geſcriben ſtat darvmb geben wir graue Hainrich von Hohenberg für vns vnd für vnſer erben dem vorgeſcriben Hainrich von tterberg vnd ſinen erben biʒen brief beſigelt mit vnſerm aigenn Inſigel ʒe aim offenn vrkund der warhait allez bez daz hie vor von vns geſcriben ſtat. Dirre brief wart gegeben an dem nähſten Gütemtag nach ſant Walpurg tag In dem Jar do man ʒalt von Gottes geburte brüʒehen hundert vnd fünf vnd vierzig Jar.

B. b. Orig. im St.-Archiv ʒu Stuttgart. — Mit bem kleinen am Rande beſchädigten Siegel bes Grafen.

442.

16. Mai 1345. Meßkirch. Graf Heinrich von Hohenberg bekennt, baß er keine Rechte an die Kirche unb ben Kirchenſaß ʒu Egisheim (O.A. Spaichingen) habe, ſonbern ſolche bem Albrecht von Werenwag ʒukommen.

Wir graf Hainrich von Hohemberg tünt mit biſem brief kunt vnd vergehent offenlich vor aller mengelichen an gayſchelichent vnb öch an weltlichem gerihte, daz Albreht von Werbenwag mit rehtem gerihte vnd och mit rehter vrtaile vns an behept hat die kylchun vnd den kilchenfaz ze Egeshain mit aller zů gehörde, die darinne hörent, die wir wondent .. wir sölteut han von Vaterlichem erbe, vnd wou wir nu von der selben kilchun ze Egezhain vnd och von dem selben kilchunfaz mit aller zů gehörde mit dem rehte gewifent fint Also daz .. wir noch vnfer Erben da mit nit fölent han ze fchaffent, so gebent .. wir graf Hainrich von Hohenberg für vns vnd vnfer erben, dar vber ze ainer merern ficherhait Albreht von Werbenwag difen offen brief befigelten mit vnferm aigen Jnfigel, daz dar an hangot, der geben ift ze Meskilch in der ftat do man zalt von Gottes geburt drützehenhundert Jar dar nach in dem fünften vnd vierzigoften Jare vf dem nähften mentage nach dem Hailigen tag ze phingften.

B. b. Orig. im St.-Archiv zu Stuttgart. — Auf dem anhangenden Siegel ift kein Bild zu erkennen.

443.

25. Mai 1345. o. O. Heinz Bunge von Kiebingen (O.A. Rotenburg) verzichtet unter dem Siegel der Gräfin Margarethe von Naffau (Hohenberg) gegen das Klofter Alpirsbach auf feine Rechte an ein Lehengut in dem genannten Orte.

Jch Hainz bunge von kubingen vnd Jch Burckhart vnd Jch Cůnz fin brüder veriehen vnuerfchaidenlich vff gemainem mund vnd tůn kund offennlich mit difem brief allen die Jn fehend oder hörent lefen, daz wir müttwillencklich vnd vnbezwungenlich vnnferm gnebigen herren dem Abte des gotzhus ze Alperfpach vnd demfelben Gotzhuß recht vnd redlich haben geben ze kouffend die lehenfchaft vnd allj recht, die wir hetten oder gehan mochten ann des hilggers lehen gelegen in dem bane zu kůbingen, das des vorgenanten abtz vnd des Gotzhus Alperfpach aigen ift vnd haben fy gegeben vme vjj libr. guter hlr. pfenning, der vns von in genzlich gewert fyen vnd bezalt, in vnnfern kuntlichen nutz kumen find vnd baur vme fo verzihen wir vns für vns vnd vnnfer erben vnd nauchkumen alles recht vnd anfprauch Gaiftlich oder weltlich, wie die werin, alfo daz wir noch nie man von vnnfern wegen fy noch nieman dem fy es lihen immer föllen baur noch bekrencken haimlich noch offennlich on all geuärd. Vnd des alles zů offem vrkund vnd ficherhait, so hant vnnfer Gnebig frow margrecht von Naffow ir Jnfigel vnd Johans von Herrenberg, zů den zitten vogt zů rotemburg, ouch fin Jnfigel durch vnnfer bett willen gehenckt ann difen brief. Wir margrecht von naffow wilant Greffin zů hohenberg ·vnd ich der vorgenant hans von herrenberg durch bett willen der vorgenant bungen haben vnnfer Jnfigel gehenckt ann difen brief, der geben ift ann fant Vrbans tag do man zalt von Gotz gebúrt M. ccc. xxxx vnd fúnf Jaur.

Alpirsbacher Diplomatar im St.-Archiv zu Stuttgart. Fol. 270 b.

444.

2. Auguſt 1845. Haigerloch. Graf Hugo von Hohenberg gibt an das Kloſter St. Georgen auf dem Schwarzwalde einige Leibeigene.

Wir Graue Hug von Hohenberg vergehen offenlich vnd tugen kunt allen den die biſen brief ſehent oder hörent leſen, daz wir mit berautem müt vnd vmbe=
wungenlich·vnd ouch durch bette willen Herrn Burkards von Ehingen Ritter
vnd Renharts ſines Bruders baide geſeſſen ze Enteringen vff der burg willen
der virrerinen tohter von Haigerloch Haintzen der Grüninen ſun von
Stetten Eliches wirtene mütwilleclich vnd letklich vff geben han die min aigen
waz dem apt vnd dem Conuent des Clouſters ze Sant Georien ſant Benebikten
orden. Was der vorgen. Haintz des vorgen. Clouſters aigen iſt, ſo haben wir die
vorgen. willen ouch dem Clouſter ze aygen geben, alſo daz ſi ſi nieſſen ſulen als
ander ir aigen lüt vnd wellen niemer rede da wider han. Vnd des ze vrkund der
warhait vnd daz alles daz vorgeſagt war vnd ſtät belibe, geben wir Graue Hug
von Hohemberg diſen brief beſigelt mit vnſerm aygen Jnſigel, der geben wart ze
Haygerloch an dem nähſten Zinſtag vor Sant Oſwalten tag in dem Jar do
man zalt von Gottes geburt drutzehenhundert Jare viertzig Jar da nach in dem
fünften Jar.

B. b. Orig. in Karlsruhe, mit dem kleinen runden Siegel.

445.

3. Januar 1846. o. O. Anshelm von Hailfingen (O.A. Rotenburg) verſchreibt ſein eigen Gut zu Oeſchelbronn (O.A. Herrenberg) dem Grafen Albrecht von Hohenberg zu Lehen.

Jch Anſhalm von Haluingen vergich offenlich an diſem brief, Daz ich
minen tail minez frigen gütes ze Eſchenbrunnen vf han geben vnd och vf gib
mit diſem brief in minez gnedigen herren hant Graue Albrehtes von Hohen=
berg vnd han och daz ſelbe güt ze Eſchenbrunnen von im reht vnd rebelich
zů ainem rehten lehen enpfangen. Vnd des ze vrkunde gib ich diſen brief verſigelt
mit minem aigenn Jnſigel daz bar an hanget, Der geben iſt do man zalt von
Criſtes geburt briuzehen Hundert Jar vnd bar nach in dem Sehs vnd Viertzigoſten
Jar an dem nehſten zinſtag nach dem Ewich tag.

B. b. Orig. im St.-Archiv zu Stuttgart. — Mit dem gut erhaltenen Siegel des
Ausſtellers.

25*

446.

11. März 1346. Wien. Graf Heinrich von Hohenberg bezeugt, daß
zwischen ihm und Herzog Albrecht von Oestreich in Betreff seiner
Forderungen wegen Dienst oder Schaden im Betrag von **1000**
Gulden abgerechnet worden seye.

Wir Graf Hainrich von Hohenberg veriehen vnd tün chunt offenlich mit
bisem brief. Daz vns vnser gnadiger herr, der Hochgebörn fürst, Hertzog Albrecht
ze Österrich, ze Steyr vnd ze kernden, für allez daz gelt, so er vns schuldig
gewesen ist vmb dienst, oder vmb schaden, vntz auf disen heutigen tag, als der
brief geschriben ist. geben vnd verricht hat Tausent gulbein der er vns hundert
gulbein beraitt geben hat vnd für zway hundert vnd ainlef gulbein hat er vns
Ros vnd Hengst gechouft von Styberij, seinem Chuchen maister, vnd vmb die andern Sechs Hundert vnd Nevn vnd Achzig gulbein hat er vns seinen Raitprie[f]
geben, Vnd sagen wir in ouch derselben geltschulb vmb dienst oder vmb schaden
genzlich lebig, vnd geben des ze vrchund, disen brief, versigelten mit vnserm Insigel. der geschriben ist ze Wienn an Samztag vör sand Gregorij tag. Nach
Christes gebürd dreutzehen Hundert Jar darnach in dem Sechs vnd Viertzigstem Ja[r]

B. d. Orig. im k. k. geh. Haus= Hof= u. Staats-Archiv zu Wien.

447.

17. März 1346. Rotenburg. Graf Hugo von Hohenberg weist Cuntz[o]
von Thierberg, einem Edelknecht, für eine Schuld von **250** Pfd. Hell[er]
jährlich **30** Pfd. auf die Steuer der Stadt Schömberg an.

Wiir gräf Hug von Hohemberg veriehen vnd tügen kunt offenlich ze
bisem brief allen die in sehent oder hörent lesen, daz wir vnd vnser erben vn[d]
nachkommen ob wir erwerint reht vnd redlich schulbig sin vnd gelten süllen de[m]
edeln kneht Conzen von Tierberg Arnoltz son von Tierberg vnd sin[en]
erben brithalbhundert pfund guter haller pfenning die er vns gelichen hät vnd w[ir]
vnsern kuntliche nutze sint bewendet vnd haben dem selben Conzen von Tierber[g]
vnd sinen erben so er enist vmb die selben pfennig jngesezt brissig pfunde gut[er]
haller ierglichs geltz von vnsren stüran der stat ze Schönberg die jm vnd sin[en]
erben vallen vnd werden süllent ierglich of sant Martins tag von den burgern de[r]
vorgenanten stat ze Schönberg an alle widerreb iemer vnd iemer, bis daz wir ode[r]
vnser erben ob wir enwerint dem vorgenannten Tierberg vnd sinen erben die vorgenannten britthalbhundert pfund güter haller gentzlich geweren vnd jnen si in ir
gewalt ane ir schaden ain myl wegs von Schönberg geantwurten, wenne aber wir
ober vnser erben die vorgenanten brissig pfund geltz lösen wölten vnd lebigen, da[z]

füllen wir nit tůn, wan vngeuarlich allweg ainen monat vor sant walpurg tag
vnd füllen jnen denn die vorgenanten brithalbhundert pfunde haller gentzlich ver=
richten vnd antwurten als vorbeschriben ist ane allen gebresten, wenn aber sant
walpurg tag für wirt, haben wir dennoht ben vorgenanten Tierberg vnd sin erben
die obgenanten brithalbhundert pfund niht veriht vnd gewerot, so sint jnen die
vorgenanten driffig pfund geltz aber daz jär verfallen vnd also iemer vnd iemer
biß jnen die vorgeschriben brithalbhundert pfunde haller gentzlich werbent vergolten
als vorgeschriben ist ane alle geuerbe vnd füllen jnen vmb die driffig pfunde geltz
die man jn ierglich git vnd gen sol nütz an der vorgenanten schuld brithalbhundert
pfund abslahen noch söllen nit sprechen, daz es ain abnütz ober ain abniessendes
pfand sige. Wir verriehen ouch für vns vnd vnser erben vnd nachkomen daz wir
noch dehain vnser diener oder amptman noch sonst nieman von vnsern wegen den
vorgenanten Tierberg vnd sin erben an den vorgenanten Driffig pfund geltz noch
die stürn davon man si rihten sol als vorbeschaiben ist niemer sullen gesumen noch
gehindern noch sol vns dawiber behainerlayg reht gaistlichs noch weltlichs beholffen
sin in dehain weg, wan daz wir jnen vngeuarlich die selben driffig pfunde geltz
von den vorgenanten stürn süllen laffen volgan ierglich, als vorbeschaiben ist ane
alle geuerbe. Wir geloben ouch vf den aid den wird barumb gesworn haben zů
den Hailigen mit gelerten worten vnd vfgebottnen vingern für vns vnser erben
vnd nachkomen die vorgeschriben bing vngeuarlich ståt vnd gantz ze laffenb vnd ze
hånde vnd bawiber niemer getůn noch schaffen getån. Vnb bes alles ze offen
vrkund ist vnser jnsigel gehenkt an bisen brief, wir vrsul von pfirt des vor=
genanten gräf Hugen elichi wirten veriehen ouch offenlich an bisem brief,
baz die vorgeschriben bing mit vnserm gunst vnb råt wiffen vnd haiffen sint be=
schehen vnb geloben by gůten trüwen es alles ståt vnd gantz ze laffenb vnd bawi=
ber niemer ze tůnb noch schaffen getån in dehain weg ane geuerbe. Vnb bes ze
vrkund ist ouch vnser Jnsigel gehenkt an bisen brief, der geben ist ze Rötemburg
an sant Gerdruben tag do man zalt von gotz geburt brutzehenhundert Järe viertzig
Jär barnach in bem Sehsten Järe.

Nach einem Vidimus ron 1408.[1] St.-Archiv zu Stuttgart.

[1] Zu 17. März 1346. Wir der Burgermaister vnb ber Raut der Stat ze Rot=
wil veriehen offenlich baz wir gesehen gelesen vnb verhört haben Sehs gut vngebresthaft vnuer=
sert versigelt Houptbrief bie von Wort ze Wort lntend vnb sagend als bis vorgeschriben sehs
abgeschrifta wisenb. Vnb bes ze waren offem vrkund so hand wir vnser Stat ze Rotwil ge=
mains Jnsigel vns vnb vnsren nachkomenben vnscheblich ze enbe birre geschrift offenlich gebruckt
in bisen brief ber geben ist am nehsten Samstag nach bem Hailigen witzennaht tag. Anno
M⁰. cccc⁰, vlij⁰.

Von bem Orig. im St.-Archiv zu Stuttgart. — Die genannten 6 Urkunden-Abschriften
auf Papier mit bem Wasserzeichen bes Ochsenkopfes. — Das aufgebruckt gewesene Siegel ist
abgefallen.

448.

17. März 1346. Schömberg. Die Stadt Schömberg gibt Kunzen von Thierberg in Betreff der ihm geworbenen Anweisung auf ihre Steuer die nöthige Sicherheit.

Allen ben bie bifen brief anfehent ober hörent lefen tünb wir der fchultheiß, ber raut vnb bie burger gemainlich ber ftat ze Schönberg kunt vnb veriehen offenlich, baz wir vnb vnfer nachkomen gemainlich vnb vnuerfchaibenlich fchulbig fient vnb von haiffen vnb gebieten vnfers gnebigen herren graf Hugen von Hohemberg vnb vnfer gnebigen frowen frow Urfullen von Pfirt finer elichen huffrowen gemainlich gelopt haben für vns alle rich vnb arme vnb für alle vnfer nachkomen bem erbern man Conrab Arnolt fun von Tierberg vnb finen erben vnb ir gewiffen botten an ir ftat ierglichs vf fant Martins tag ze rihten vnb ze geben von vnffern ftüran ze Schönberg briffig pfunb haller ierglichs gelt iemer vntz jm vnb finen erben ob er enwere die brithalbhundert pfund haller pfenning ber jnen bie vorgenante herfchaft vnb ir erben, fchulbig fint gentzlich vergolten werbent vnb ouch jnen bie pfenning ierglich ze antwurten in ir gewalt äne ir fchaben ain myl weges von Schönberg war fi wenb vnb welch jares wir baz über fitzen, baz wir jn bes gelt nit rihten vf baz egenante zil, fo hät er vnb fin erben maht vnb güt reht vnfer bes rautz ze Schönberg welche bem bes rätz fint wele vnb wie vil fie wellenb felber ober mit ir gewiffen botten barüber ze manen ze huß ze hofe ober zum munbe nach ber manung in aht tag ben nehften wele gemant werbent, vf ir aibe bie fi bem rät vnb berfelben vnfer ftat gefworn hänb ze laiften in ber felben ftat ze Schönberg ain reht offen gifelfchaft an offen wirten zü vailem güt teglich wollen mäl vnbebinget ane geuerbe vnb nach ber manung ainen monat ben nehften ob es ze fchulben kompt fi haben ze Schönberg gelaiftet ober nit fo font fi fich vf bie egenanten aib antwurten gen Balingen ober gen Hächingen in weder ftat fi wenb ober welcher fich felber bar niht antwurten wil ber fol ainen kneht mit ainem pferib an fin ftat legen in ber felben ftette aintwebre vf bie egenanten gefwornen aibe an ir ftat ze laiften ain offen vngeuarlich gifelfchaft niemer ze kommen wan mit beffelben Conratz von Tierberg ober finer erben willen vntz an bie ftunb baz jnen bie briffig pfunb barüber fi ben gemant hanb gentzlich vergolten vnb geantwurt werbent als vorgefchriben ftät ane geuerbe vnb wenne zwein monat nach ber mainung hinkomenb wir haben gelaiftet ober nit ift benn ber felb von Tierberg ober ober fin erben ber briffig pfunb nit gewert, fo hänb fi maht vnb güt reht bie felben pfenning ze gewinnenb vf vnfern fchaben an Criftenen lüten ober an Juben vnb ouch vns barüber angriffen vnb ze benöten mit geriht vnb ane geriht vnb in was fchaben fi vnb ir helffer bes komenb ben fchaben füllen wir bie burger von Schönberg jnen vnuerfchaibenlich abtün vnb füllent boch bie gemanten von bes angriffens wegen befter

minder nit laiſten. Es ſol ouch den egenanten vnſerm herren vnd frowen an den
dritthalbhundert pfunden der ſi dem vorgenanten von Tierberg ſchulbig ſint von
der vorgeſagten briſſig pfunb wegen nuh abgän vil noch lühel noch von behains
ſchaben wegen der baruf gät in behain weg wan baz wir jm vnd ſinen erben die
ſelben briſſig pfunbe zü jerglich gelt beſunberlich geben ſüllent, iemer vnh Jnen
die dritthalbhundert pfunbe ſunberlich vergolten werbent, wir globen ouch alle vnuerſchaibenlich vf bie aibe bie wir bem rät vnd ber ſtat ze Schönberg geſworn haben
allü biſü vorgeſchribenen bing ane geuerbe ſtät vnb wär ze halten vnb ze laiſten
vnb bawiber niemer ze tünt noch ſchaffen getän. Vnb bes alles ze offem vrkunb
ſo haben wir vnſer ſtette reht vnb gemains jngeſigel für vns vnb vnſer nachkomen
gehenckt an biſen brief, geben ze Schönberg an ſant Gerbruben tag nach Criſtus
geburt bruhehenhundert Jare, in bem ſechſſten vnb viertzigoſten Järe.

Nach einem Vidimus von 1408. St.-Archiv zu Stuttgart.

449.

19. April 1346. Rotweil. Graf Heinrich von Hohenberg verkauft
um 5 Pfb. Heller und 5 Schilling an eine Rotweiler Bürgerin
eine Gült von 1 Malter Veſen und 1 Malter Haber aus bem
Vogtrecht eines Guts zu Unterbigisheim (O.A. Balingen).

Wir grafe Hainrich von Hohemberg veriehen offenlich vnb tün kunt
mit biſem briefe, baz wir verkouft haben vnb ze kouffene geben haben abelhait
von Ebingen Benhen von Tigenshain eliche wirtinne ainer burgerinen
ze Rotwil vnb Egen irem Sune ain malter veſan vnb ain malter habern
Ebinger meſſes Järglichs zinz vnb geltz, biv vns allü Jär ze vogtrecht
giengent uſſer aim güt haiſſet bez Meſſeſtetters güt lit ze bem nibern
tigenshain. baz güt och ir iſt, buwet Eberhart der Meſſeſtetter, vmb fünf
ſchilling vnb fünf pfunt pfenninge güter haller, der wir och von inen gewert
ſient gar vnb gänhlich vnb in vnſern nuh kommen ſint. Jnen vnb Jren erben
ze habenne vnb ze nieſſenne mit allen rehten vnb nühen. vnb haben glopt für vns
vnb für vnſer erben Jnen vnb Jren erben ber zwaiger malter korngeltz vſſer bemſelben güt wer ze ſin für libig vnb für lär vnb für ain recht vogt reht. vnb ſü
noch ir erben herumb fürbaz niemer an ze ſprechent, baran ze ſchabegen noch
barumb ze mügen mit gaiſtlichem noch mit weltlichem gerilt noch an gerilt ſus
noch ſo. vnb haben barvmb vnſer Jnſigel ze vrkunde gehenkt an biſen brief. Geben
ze Rotwil an bem oſter abent Nach Criſtus geburt Drüzehen hundert iar in bem
Sechſ vnb viertzigeſten Jär.

B. b. Orig. im St.-Archiv zu Stuttgart. — Mit bem ziemlich beſchäbigten kleinen
Siegel bes Grafen.

450.

23. April 1846. **Rotenburg.** Volker der Amman, Bürger zu Reut=
lingen, bekennt, daß Graf Rudolf von Hohenberg, der von Naſſau
Sohn, das Recht hat, **20** Malter Roggen und Kernen von dem
Vogtrecht von Bondorf mit **85** Pfd. Heller wieder zu löſen.

Ich Volker der amman burger ze Rútlingen vnd ich Wernher
Rûdgers ſins brúders ſun veriehen vnd tügin kunt mit diſem brief .. allen
bie in ſehend ober hörent leſen. wenne der hochgeborn herre graf Rûdolf
von Hohemberg der von Naſſow ſun ober ſin erben mir ober minen erben
gebend fúnf vnd ahtzig pfunt gúter haller ſo ſollend in biu zwainzig malter roggen
vnd kernen túinger mieß biu wir vs dem vogtreht ze Bondorf haben. ledig
vnd loß ſin von vns vnd vnſren erben ane all widerred. Vnd des alles ze offenem
vrkúnd hant die burger ze Rutenlingen ir clain ſtett jnſigel burch vnſer biett
willen gehenkt an diſen brief. Der geben iſt ze Rotemburg an ſant Gregorien
tag do man zalt von Goz geburte druizehen hundert jar vierzig jar danach in dem
ſehſten jar.

B. d. Orig. im Landesarchiv zu Karlsruhe. — Kleines rundes Siegel in braunem
Wachs an Pergamentſtreifen, mit breieckigem Schild, deſſen Seiten etwas gewölbt ſind,
in demſelben der einfache Adler. Umſchrift: S'. secret. civivm in Rvtlinge.

451.

1. Juli 1846. **Reuthin.** Graf Otto von Hohenberg, Herr zu Nagold,
iſt Zeuge, als die Wittwe des Rollers von Gültſtein eine Wieſe
bei Sulz (O.A. Nagold) an die Priorin des Kloſters Reuthin
verkauft.

Ich frow kvnegunt Gözzen des Rollers ſáligen elichv wirtin vnd hâde=
wig vnd mahtolf der elter vnd Cônrat vnd albreht vnd mahtolf der junger
minô kint vergehen vnd tûn kont allen den, bie diſen brief ſenhent ober hörent
leſen, das wir ains rehten vnd ains rebelichen köffes ze köffenne geben han Sweſter
agneſen von kirchain priorin ze ruti zô diſen ziten vnd dem Couent gemain=
lichen der gelegen iſt bi wilperk der ſtat an der Nagelt vnder der ſorge predier
ordens die wiſen ze ſulz bie man nemmet die kartherin vnd ainhalp ſtöſſet an
die muli vnd anderhalp ſtoſſend iſt an des wafelers wiſen vmb zehen pfunt gúter
vnd genâmer haller miltnſe, der wir von in gewert ſien vnd in vnſer nuzze komen
ſint gânzzelichen vnd gar, vnd geloben in bi gúten truwen die wiſen zô verſtan
vnd ze vertigen, wa ſô anſprâchig würde nach dem rehten als ſittelichen vnd ge=
wonlichen iſt, es wâri an weltelichem geriht ober an gaiſtelichem. Vnd das bis

tes ſtäte vnd ware belibe der priorin vnd dem vorgenanten Couent, darumb ſo
ibe ich bo vorgenant frow tonegunt diſen brief beſigelt mit minem aigenne In=
gel zo ainem offenne vrtonne der warhait aller der binge, die hie vorgeſchriben
ant. Jch der vorgenant mahtolf der elter vnd Cõnrat vnd albreht vnd mahtolf
er junger min brõder vergenhen õch vnſer iegelicher vnber ſinem aigenne Inſigel
äte ze laſen alles das hie vorgeſchriben iſt. Jch trottewin der hemelint der
vorgenanten frow tonegunt brõber vergihe ovch vnber minem aigen Inſigel
älles bas hie vorgeſchriben ſtat, bas bis beſchenhen iſt mit minem raut vnd gunſt
vb willen. Wir habin ovch allõ gelopt bi güten truwen der priorin vnd bem
Couent, wenne bas wäre getän bas õlrich der Hämeling ze lande käme, ſo ſvlle
ir in bie wiſen vertigen gen im iar vnd tag, ob ſo anſprächig werbe von
n avn alle gefärbe. Dis löffes ſint gezvge Graue Otte von Hohenberg,
erre ze Nagelt, wernherr der Becke, Hainrich wafel, Venß der Mayer,
lbreht hagenapfel, rihter von Sulz vnd anber erber lute vil. Dirre brief
art gegeben ze Roti in bem Cloſter in bem iare, bo man zalt von gottes ge=
urtte brõzenhen hvnbert iar vierzig iare vub bar navch in bem Sechſten iar am
m nähſten ſamſtag vor ſant õlriches tag.

B. b. Orig. im St.-Archiv zu Stuttgart. — Mit bem zerbrochenen Siegel bes
Rachtolt, welches einen Fuchs im Schilbe hat. Die anberen ſinb alle abgefallen.

452.

2. Juli 1846. o. O.   Friedrich von Weitingen verkauft unter ber
Bürgſchaft unb ben Siegeln bes Grafen Otto von Hohenberg,
Herren zu Nagolb, unb Anberer eine Gült von bem Vogtrecht
zu Göttelfingen im „Gewe" (O.A. Horb) an Kabolt von Wehingen
(O.A. Spaichingen).

Jch Fribrich von witingen ber ze vrnburg ſeßhaft iſt, vergihe vnb tun
mt mit biſem briue allan ben bie in an ſehent leſent ober hörent leſen, baz ich
ht vnb rebelich, mit gütem willen vnb mit gunſte mîner erben vnb aller ber bie
arzü notbürftig warent aines ſchlehten rebelichen Koufes han verkoufet vnb ze
vffenne gegeben minem lieben Ôhaim Kabolt von Wähingen vnb ſinen
vben Rûn phunt Haller geltes zehen malter habern geltes Horwer meſſes vnb briv
malter roggen geltes bes ſelben meſſes allez iergeliches ewiges vnb aiges geltes
t biv vogtreht ze Götelfingen in bem Gêwe vnb in alliv biv güt biv ze
m ſelben Dorfe gelegen ſint, wa ſiv ba gelegen ſint vnb wie ſiv benemmet ſint
üt aller zügehörbe beſüht vnb vnbeſüht für reht aigen mit allan ben rehten, vnb
üt allar ber gewonhait alz ez min vater ſelge vnb min vorbern vub ich her braht
aben, vm hunbert phunt vnb vmb vier phunt haller güter gaeber vnb genemer

ber ich gar vnd genßlich von ime in minen kuntlichen nuß geweret bin Eß ist och
mit namen ze wißsenne, daz man ime vnd sinen erben ob er enwere, daz vorbenemte korn gelt bebiv roggen vnd habernf iergelich, genßlich vnd gar geben sol ze
sant Michels tak, vnd och âne irn schaden antwürten sol ain mil von Götelfingen
war siv went, vnd des vorbenemten pfening geltes git man jerglich ze sant Michels
tak fünfthalp phunt Haller vnd ze sant walpurg tak och fünfthalp phunt haller
jerglich vnd sol ich vnd min erben ob ich enwere im vnd sinen erben ob er enwere
daz vorbenemte gelt in biv egenanten gut für reht aigen vnd mit allan ben rehten
als vorgeschriben stât, vfrichten vertigan vnd uerstan nach des Landes rehte an
allen steten vnd vor aller mengelich wie vnd wa in sin not ist oder wirt, als sit
vnd gewonlich ist, âne alle gewerbe vnd dar vmb so han ich im vnuerschaidenlich
ze bürgen gegeben vf ir Aybe bise erbere lüte ben ebeln Herren Grauen Otten
von Hohenberg Herre ze Nagelt, Her Johannsen von Witingen Ritter
Johannes von Nünegge ber ze Glatt seßhaft ist, Menlochen von Linsteten, Johannes ben Tischinger, Diemen ben Kecheller, Cönßen sinen
Brüber, vnd Hugen von Linsteten also vnd mit selchem gebinge, ob daz vorbenemte gelt von iemanne ansprechig were oder würbe, vnd ich sin nit vertigen
nach bem rehten als vorgeschriben stat, wenne bie bürgen benne genant werbe
von ben vorgenanten Kabolt von Waehingen oder von sinen erben ob er
enwere, ober von ir gewissen boten ze Huse ze Hove oder vnber ovgen, so sule
siv nach ber manvnge ober bie nehsten aht tagen âne geuerbe in varn vnd laisten
ze Rotenburg ober ze Horwe, in welche ber zwaier stet fi wellent an offen
wirten ain kuntliche giselschaft als site vnd gewonhait ist, bi vailem koufe vn-
vnverbinget, alle bie wile vnß baz gelt geuertigat wirt nach bem rehten als vorgeschriben stât, welcher aber selbe nit laisten wil oder enmak âne geuarbe, ber ist
vngeuarlich ainen kneht vnd ain pferit an sin stat legen in bem selben rehte also
baz weber kneht noch pferit, weder entlehent noch erbeten sien an ben Steten so
benne laisten wirt âne geuerbe, were och, baz ber vorgenant Kabolt von Wähingen ober sin erben ob er enweri ainen Bürgen fürbaz manan oder nöten wölten
benne ben andern ober ains fürbaz schonan wölten benne bez andern baz sol inen
gen ben andran bürgen noch an kainan iran rehten kain schad sin, vnn weri och,
baz Got wende ob ba zwischant ber Bürgen ainr oder mere abgienge von Tobes
wegen ober benne ze male âne geuerbe inr Landes nit enweri oder sus ze bürgen
vnmoß wurbe wie baz sich gefüget sus ober so wenne ich bes gemant wirbe, so sol
ich bar nach in bem nehsten Manobe an jegliches abgegangen Bürgen stat ainen anbern als gewissen geben oder bie andern Bürgen ob sie bar vmb gemant werden,
sullent laisten zu glicher wise bie vertigunge vnß ez beschiht, Ich gelob och vf minen
Ayt baz vorbenemte gelt ze vertiganne, allez baz âne geuerbe ze tunne vnd ze volle-
fürenne als vorgeschriben stat vnd bie bürgen ze lösenne âne irn schaden vnd âne
geuerbe. Vnd des ze warem vrkunde vnd sicherhait hân ich min aigen Jnsigel
gehenket an bisen Brief, vnd wir bie vorgenanten Bürgen alle veriehen och bise

burgschaft âne geuerbe stete ze haltenne als vorgschriben stat vnd dar vmb so hat
ich vnser ieglicher besunder sin aigen Jnsigel ze ainem gezivgnisse gehenket an disen
brief — Der geben wart do man zalt von Cristus geburte drivzehen hondert Jar,
vierzig Jar vnd darnach in dem sehsten Jâre an sant Margreten tak.

B. d. Orig. im Archiv zu Leinstetten, O.A. Sulz. — An demselben hängen von
der Siegeln nur noch die Pergamentstreifen.

453.

2. September 1346. Wien. Graf Heinrich von Hohenberg quittirt
den Herzog Albrecht von Oestreich über 10 Pfb. Wiener Pfennige,
welche dieser seinem Diener Treglin von Neuneck gegeben.

Wir graf Hainrich von Hohenberch veriehen offenlich an disem brief, daz
vns vnser gnediger herr, Hertzog Albrecht von Österrich, an den gulbeinen,
die er vns noch schulbig ist, verricht hat zehen pfunt Wienner phennige, di vnserm
diener Treglin vom Newneck worden sind, vnd sagen wir den vorgenanten vnsern
herren Hertzog Albrecht vnd sein erben derselben phennige genzlich lebig, mit vrchúnb
bis briefs. Geben ze Wienn an Samztag nach sanb Giligen tag. Nach Christes
geburd, Drenzehen hundert Jahr barnach in dem Sechs vnd vierzistem Jar.

B. d. Orig. im k. k. geh. Haus- Hof- unb St.-Archiv zu Wien.

454.

27. Mai 1347. o. O. Graf Albrecht von Hohenberg, „von Gottes
gnaden vnd des Stules ze Rome erwelter vnd bestettigeter herre
ze Wirtzburg," verkauft mit Zustimmung seiner Brüder Hugo unb
Heinrich um 1300 Pfund Heller an Volzen von Neuneck, gen.
„Crushar," den Kirchensatz zu Weitingen (O.A. Horb) nebst Anberem.

Wir Graue Albreht von Hohenberg von Gottes gnaden, vnd des
Stules ze Rome erwelter vnd bestettigeter Herre ze Wirtzburg,
veriehen vnd tun kunt mit disem brieue Allan ben die in ansehent, lesent, oder
hörent lesen, baz wir mit vorbebachtem mute, mit rehter betrahtunge, mit gutem
willen vnd mit gunst vnserre lieben bruber, Graue Hugen, vnb Graue Hainrich vnb Aller der die bar zu notbürftig warent, reht vnd rebelichen aines schlehten
koufes haben verkoufet vnd ze koufenne gegeben, dem erbern frumen ebeln knehte
Volzen von Nüwenegge ben man ba nemmet Crushar vnb sinen Erben, ben
kirchensatz ze Witingen mit allan rehten für reht aigen vnb baz malter eruzan
geltes ze Witingen in maier Hiltbolts Hof ba berselbe kirchensatz in gehöret vnb mit namen ben vorbenemten kirchensatz mit aller zugehörbe mit Allan

rehten, mit Aller Aigenschefte, vnd gewonhait, als wir in herbraht haben, bi wasen,
vnd bi zwie besuht, vnd vnbesuht, funbens, vnd vnfunbens, erforschats vnd vor-
forschats, vmbe Drützehenhonnbert phunt Haller, guter, geber, vnd genemer, der wir
gar vnd gentzlich von ime in vnfern kuntlichen nvtz gewerat sien vnd dar vmb so
haben wir vns vertzigen vnd verzihen vns och mit vrkunbe dis gegenwärtigen
brieues gegen ime vnd gegen sinen erben, ob er enwäri Aller der rehte, aller der
Aigenschefte, aller der Ansprache vnd Vorderunge, Als wir vnd vnfer erben zu
bem felben kirchensatze mit siner zugehörbe hettan, haben möhten, ober haben solten,
an gaiftlichem ober an weltlichem gerihte, ober Ane gerichte, sus, ober so, ane alle
geuerbe, vnd süllen wir ime vnd finen erben ob er enwäri den felben kirchensatz
mit aller zugehörbe vnd mit allan rehten, für reht aigen, vfrihten, vertigan vnd
verftan, nach bem rehten an allan stetten vnd von allermengelich wie vnd wa im
fin not ift ober wirt ane geuerbe, vnd dar vmb so haben wir ime gesworn ainer
geftabten Ayt zu ben Hailgen mit gelerten worten vnd mit vfgebotenan vingern,
also, ob der felbe vorbenemte kirchensatz, mit siner zugehörbe gemainlich ober befunder von iemanne anfprechig wär ober würde vnd wir fin nit vertigaten nach
bem rehten als vorgefchriben ftat wenne wir benne barvmb gemant worden sin
bem vorgenanten Voltzen von Rüwenegge ober von finen erben ob er enweri ober
von ir gewiffen boten ze Hufe, ze Houe ober vnber ovgen, ane geuerbe, so fullen
wir vus barnach vber die nehften aht tage vngeuarlich mit vnfer felbes libe antwurten, gen Rittlingen, ober gen Rotwil, in welhe der zwaier Stete wir
wellen, niemer bannan zekomenne won mit bes vorgenanten Voltzen von Rüwenegge vnd finer erben gutem willen, e, baz wir den vorbenemten Kirchensatz, vnd
allez baz bar vmb wir benne gemant sien gentzlich gevertigan, vnd vfgerihten, nach
bem rehten als vor gefchriben ftat, ane geuerbe vnd bifer vorgefchribenen Dinge
ze warem vrkunde vnd ficherhait haben wir vnfer aigen Infigel gehenket an bifen
brief. Wir Graue Hug und Graue Hainrich von Hohenberg gebrüber die vorgenant veriehen och, baz bifer kovf zugegangen vnd befchehen ift mit vnfer beber
gutem willen vnd gunft, vnd geloben och für vns, vnd für vnfer erbe wider bifen
kovfe nit ze tunne noch fchaffen getan, noch den vorgenanten Voltzen von Rüwenegge, noch fin erben, von bes kovfes wegen niemer anzeraichene, ze bekümmern noch
ze nöienne (sic!) weder mit gerihte noch ane gerihte, noch mit bekainen fachen,
weder fus noch so, ane geuerbe vnd bes ze mere ficherhait haben wir bebe gefworn, vnfer ietweder ainen geftabten Ayt ze ben Hailgen mit gelerten worten,
vnd mit vfgebotenan vingern ane geuerbe, vnd haben och bar vmb vnfern aigen
Infigel ze Ainem Vrkunde gehenket an bifen brief, der gegeben wart do man zalt
von Criftus geburte brutzehen hondert Jar, Viertzig Jar, vnd barnach in bem
Sibenden Jare, an bem Suntage ze vzgender Pfingeft Wochen.

B. b. Orig. im fürftl. Fürftenb. Archiv zu Donauefchingen. Mit brei anhängenben Siegeln.

455.

20. Dezember 1347. o. O. Graf Heinrich von Hohenberg verkauft um **600** Pfund Heller an den Ritter Heinrich von Thierberg seine Dörfer Meßstetten und Hoffingen, seinen Maierhof zu Dürrwangen (alle in dem O.A. Balingen) und sein Vogtrecht zu Nusplingen (O.A. Spaichingen).

Wir .. Graf .. Hainrich von Hohenberg veriehen vnd tůn kunt allen den die disen brif ansehent oder hörent lesen .. daz Wir reht vnd redelich mit gůtem willen vnd gunste .. mit hant vnd mit munt vnd vnser .. erben verköfet haben vnd ze köfenne haben geben rehtes redeliches köfes dem ersamen vesten ritter herrn .. Hainrich von Tierberg' vnd sinen erben .. vnser .. dorf Meste=tten leute vnd gůt vnd gerichte .. vnd Hoßingen vnser dorf lüte vnd gůt vnd gerichte vnd den Maiger Houe ze Dürnwangen der gelegen ist vnder der kirchen ouch lüte vnd gůt vnd daz vogtreht ze Nusplingen daz giltet ahtzehen malter kernen .. die egenanten gůt vnd ouch lüte. bi wasen. bi zwi. holtz vnd velt. funbeus vnd vnfundens. mit waßer. mit waßerlaiti. mit stegen mit wegen mit twingen mit bennen. mit ehafti. mit gewaltsami. mit gerihten. mit allen rehten. mit nützen vnd mit gelten vnd mit aller zůgehörd wie die haißet oder benempt ist vnd mit allen den rehten alz vnser vatter an vns braht hat vnd ouch wir gehept haben für ain rehtes lediges fries aigen vm sehs hundert pfundt gůter vnd genemer haller der wir von Jm gewert sient gar vnd gäntzlich vnd in vnsern schinbern nutze bewendet sint. Jm vnd sinen erben. die egenante gůt ouch lüte vnd gůt mit allen zůgehörden vnd allen rehten ze habenne vnd ze nützen besetzen vnd entzezen immer me eweclich ze rehtem ledigem aigen .. vnd verzihen vns vnd vnser erben darzů alz rehten vorgenbs. gegenwärtigs vnd künf=tiges vnd aller ansprach vnd aller nachwart vnd alles trostes gaischlichs gerichtes vnd weltlich .. Wir haben ouch gesworn ain gelerten ait zů dem Hailigen mit uf gebotten vingern mit gelerten worten. bisen köbfe ze lautzen vnwandelbar gegen dem egenanten herrn Hainrichen von Tierberg vnd sinen erben, vnd Jm die ege=nante gůt lüte vnd gůt ze verstanne vnd vertigen an allen Stetten vnd Gerichten der es notbürftig ist, es si über kurz oder über lang än alle geuerde nach dem rehten. Were ouch daz wir vormals ieman nütz bewiset hetten vm kaine schlacht sache an die egenanten gůt oder lüte. daz sol abe sin vnd sol kain kraft vnd ensol dem egenanten herrn Hainrich noch sinen erben kain schaden sin weder suf noch so. Wir sunt ouch weder Jn noch sin erben noch nieman andern der sinen daran sumen noch irren noch nieman andern von vnsern wegen. Wir sunt ouch uf den ait den wir gesworen haben nünz werbent sin weder mit worten noch mit werken noch mit kainen bingen, daz bisen köf mülg bekrengen vnd bisen brief müge wider=triben sus noch so. Were ouch daz birre brief brief (sic!) gebreschhaft were an dem

Infigel ober an büſtaben ober an artifeln ober an forme ber wort ober an kꞇnen
bingen. baʒ en ſol bem egenanten herrn Hainrich von Tierberg noch ſinen erben
kain ſchabe ſin. vnb barumbe ſo haben wir jm biſen brief geben beſigelten mit
vnſerm aigen Inſigel ʒe ainer gezügnüſt biſer vorgeſchriben binge für vns vnb
aller vnſer erben. ber wart geben an Sant Thomas abent bo man ʒalt von kryſtus
geburte brüʒehenhunbert Jar in bem Süben vnb vierʒigoſten Jar.

B. b. Orig. im St.-Archiv zu Stuttgart. — Mit b. kleinen Siegel bes Grafen,
bas ben geſchloſſenen Helm mit ben Hifthörnern zeigt. Umſchrift: S. Heirici com. de
Hohebc.

456.

7. Januar **1348**. Rotweil. Graf Heinrich von Hohenberg übergibt
Heinrich bem „ſmit" von Unterbigisheim (O.A. Balingen) als
Eigenthum ſeinen Hof zu Thieringen (O.A. B.), bes Banwarten
Hof genannt, mit bem Zehenten, welchen Hof berſelbe inbeß erſt
von ber Familie ber Ritter von Bern zu löſen hatte.

Wir .. Graf Hainrich von Hohenberg veriehen offenlich vnb tün bꞇt
allen ben bie biſen brief anſehent ober hörent leſen .. Daʒ wir ʒe rehtem aigꞇn
ergeben haben reht vnb rebelich für vnſ vnb vnſer erben bem erbern man Hainrich bem ſmit von Ribern Tigenʒhain vnb ſinen erben vnſern aigꞇn
Hoff gelegen ʒe Tieringen haiſſet beʒ Banwarten hoff mit bem ʒehenꞇꞇ
ber bar Jn höret vnb mit aller zügehörbe funbens vnb vnfunbens an allꞇr ꞇ
wiſan an holʒ an velbe bi waſen vnb bi ʒwi vnb wie eſ gehaiſſen iſt Jn vꞇb
ſinen erben ʒe habenne vnb ʒe nieſſenne ʒe beſeʒenne vnb ʒe entſeʒenne für ꞇꞇꞇ
vnb für läre vnb für recht aigen, wenb ſo verne baʒ er vnb ſin erben ben ſelbꞇn
hof von ber von Berne vonb von ir erben ob ſie enwäre löſen ſunt .. mit ꞇ
vil geltes alſe er ir ſtat vmb ir hainſture alſe ir brief ſagent, bie ſi von vnſꞇrn
vorbern barumb hat. Wir haben ouch gelopt für vnſ vnb vnſer erben bem ſelbꞇn
Hainrich bem Smit vnb ſinen erben beʒ egenanten Hofs wer ʒe ſinbe vnb ʒe vꞇr
ſtanbe gegen allermengelich vnb an allen ſtetten nach bem rechten für reht läꞇꞇg
aigen, wenb alſe verre baʒ er Jn löſen ſol vnb ſin erben alſe vorgeſchriben ſtat ..
vnb ouch jn noch ſin erben barumb niemer anʒeſprechenb baran niemer ʒe ſchꞇꞇꞇ
gen noch ʒe mügenb mit kainem geriht gaiſtlichem noch weltlichem noch ane gerꞇꞇt
mit kainen ſachen ſus noch ſo. Vnb beʒ ʒe offem warem vrkunb han wir vnſꞇr
Jngeſigel gehenꞇ (sic!) an biſen brief .. Geben ʒe Rotwil an bem nähſten Mꞇꞇꞇg
nach bem Oberoſten tag Nach kriſtus Geburte .. brüʒehenhunbert iare Jn bem
ahtoben vnb vierʒigoſten Jare.

B. b. Orig. im St.-Archiv zu Stuttgart. — Das Siegel iſt abgefallen.

457.

Januar **1348.** Rotweil. Graf Heinrich von Hohenberg verkauft
Antheil an dem Umgelt von Rotweil (nehmlich die Hälfte) um
120 Pfund Heller an diese Stadt.

Wir Graf Hainrich von Hohenberg veriehen offenlich vnd tůn kunt allen
die disen brief ansehent oder hörent lesen, daz wir mit den wisan fruman
dem burgermaister vnd grossen Râte vnd mit den Burgern gemainlich der
stat ze Rotwil aines rehten rebelichen vnd lieplichen koffes vber ain komen
In allem reht vnd gebing alse an disem brief hie nach geschriben stat ..
daz vngelt ze Rotwil .. daz halbes vnser ist vnd halbes der selben
stat ze Rotwil .. also waz vf daz selbe vngelt ze Rotwil geschlagen wirt, Eß
von Schenkinan vnd von Ritmässan vnd waz von Wine daruff geschlagen
gestellet wirt wie vnd In welen weg daz beschiht. Daz vfschlahen vnd den
val sol vnser tail bez vngeltes gelich halben tragen vnd vffrichten vff vnd vff
sweclich an alle wiberrede. Vnd disen koff han wir den selben burgern ze
geben lieplich vnd gůtelich vmb hundert pfunt vnd zwainzig pfunt pfen=
niger haller mǔnse .. der ouch wir von Jnen gar vnd gentzelich mit voller
wert sient vnd In vnsern gůten nutz komen sind .. Vnd haben gelopt für
vnd für vnser erben Jnen vnd iren nachkomenen diz koffes vnd diser vorge=
schribner ding wer ze sind ze vertigend vnd ze verstânde an allen stetten vnd gegen
mencklich nach dem rehten. Vnd ouch sie darumb niemer an ze sprechend,
niemer ze schabigenne noch ze mugend mit kainem geriht gaistlichen noch
weltem noch än geriht mit kainen sachen worte noch getâte sus noch so. Wir
gehaissen ouch daz wir an disem koff niht betrogen sient weder über halp noch
über niht noch mit kainer schlaht gefârb. Wir der selbe Graf Heinrich von Hohen=
berg haben ouch gelopt mit geswornem aide zů den Hailigen mit gelerten worten
mit vfgehepter Hande wider disen köff vnd wider disen brief vnd hantfesti
niemer ze tůnd mit worten noch mit werken vnd mit namen allǔ bing die an
disem brief vf vns geschriben stant wäre vnd stäte ze haltenne vnd ze laistene aũ
wan gefârbe. Vnd diz alles ze offem warem vrkund geben wir den egenannten
burgern ze Rotwil disen brief für vns vnd vnser erben mit vnserm Jngesigel
verwart. Geben ze Rotwil an dem dornstag vor sant Hylarien tag. Nach kristus
geburt .. drizehen hundert Jare In dem ahtoden vnd vierzigosten Jare.

458.

29. Januar **1348.** o. O. Benz Seltenschlag und Burkard von
hausen (O.A. Nagold) verkaufen unter dem Siegel ihres
des Grafen Otto von Hohenberg, eine Gült aus Aeckern
an Klosterfrauen zu Reuthin.

Ich Bentz Seltenschlag vnd Burkart min brüder von yselszhuse
gehen vnd tůn kunt allen den, die disen brief sehent, lesent oder hörent
wir ze köffenne geben han ains rehten vnd ains redelichen köffes den erbere
lichen frowen Swester måhtilt, Swester adelhait vnd Swester Irmen
genant die Renhartin von Calw, Closterfrowen ze Röti vnber der so
bier ordens, der Couent gelegen ist bi wilperg der stat an der Nagelt, in
bistum, ain Schöffel roggen ewiges geltes nagelter messes vsser drin morge
die gelegen sint ze yselszhusen in dem banne, zwein morgen sint gelege
niwen Staige in dem grunde vnd stossent ainhalp an můwen agger v
halp vf den anwander, ain morgen ist gelegen vf grafgun staige
stige, vmb fünf schillinge vnd zwai phunt güter vnd genåmer haller m
wir gewert sien von in vnd genzelichen in vnser nutze komen sint, als
das vorgeschriben gelt sullen iårlichen geben zů sant Michahels tag, a
vnd gewonlich ist ån alle gefårbe. Wir sullen in dis vorgeschriben gelt
vnd verstan iar vnd tag an allen stetten, wa es ansprächig werde nach
des vorgenanten dorffes, vnd haben in darumbe ze bürgen gesetzet vn
lichen aberlin ben zopper Burbeli giselun sun mit sölichem gebi
das wir das vorgenant gelte nit vertigoten vnd verstunden als vorge
so sullen die bürgen bi güten truwen verphenden bis alles das vf g
barumbe denne der stoss ist. Vnd das dis alles ståte vnd ware belibe
nanten frowen, darvmbe so geben wir in disen brief besigelt mit vnse
erbornen, genådigen herren Jnsigel Grauen Otten von Hohe
ainem offenne waren vrkunde aller der dinge, die hie vorgeschriben s
her an gehenket ist burch vnser flehelicher bette willen. Dirre brief
in dem iar do man zalt von gottes geburte bruzehen hundert iar vierzi
nach in dem ahtonden iare an dem zinstag vor vnser frowen tag der
Dis vorgeschribenne köffes sind gezuge Bentz der lebergårwe, hain
vnd anber erber lute vil.

B. d. Orig. im St.-Archiv zu Stuttgart. — Mit dem kleinen runden
Grafen, das den einfachen Hohenberger Schild zeigt.

459.

Februar **1348**. Rotweil. Graf Heinrich von Hohenberg, welcher an die Reichsstadt Rotweil das Umgelt daselbst verkauft hatte, verspricht, derselben auch die darauf bezüglichen Briefe zustellen und die Zustimmung seines Brubers Albrecht beibringen zu wollen.

Wir Graf Hainrich von Hohenberg veriehen offenlich vnd tůn kunt mit brief Vmb dem koff ben wir ben erbern frumen lüten dem Rat vnd ben gern ze Rotwil geben haben Vsser vnserm vngelt ze Rotwil als siv vnd Insigesigel (sic!) von vns hant. Wäre baz wir ober vnser erben wider selben koff behainen brief sus ober so an behainen stetten iemer für erzügen, bat alle tot vnd absin vnd kain kraft han vil noch liutzel. Wäre ouch baz ben brief, ber vnserm Vatter säligen Graf Růbolf von ben Burgern twil von bez selben vngeltz wegen geben wart, behaineft funben vnd Inne , ben kunt wir vnd vnser erben ob wir ennwärint ben Burgern ze Rotwil geben än allen fürzog .. Wir haben ouch mer gelopt, wenne vnser Brů= raue Albreht In baz lant her haime kumt, baz wir fürberlich schaffen än gefärbe, Daz er ben Burgern ze Rotwil ainen brief gebe mit sinem an= gaben Insigel, baz sin luter güte wille si vmb ben vorgeschribenen koff vnd k noch sin erben ba wider niemer getůn süllen mit kainen sachen sus noch . Vnd baz wir biz alles vollefüren vnd ouch stäte haben als vorgeschribenn s alle gefärbe, baz han wir gelopt mit geswornem aibe zů bem Hailigen mit s worten vnd mit vfgehepten Henben. Vnd haben ouch bez ze vrkund vnser gehenkt an bisen brief, Geben ze Rotwil an sant Valentinz tag Nach Geburte brützehenhundert iare In dem Ahtoben vnd vierzigosten Järe.

d. Orig. im St.-Archiv zu Stuttgart. — Das Siegel fehlt.

460.

Februar **1348**. Rotweil. Graf Hugo von Hohenberg gibt seine Zustimmung, als sein Bruber Graf Heinrich das Umgelt von der Reichsstadt Rotweil an diese verkauft.

Wir .. Graf Hug von Hohenberg veriehen vnd tůn kunt mit bisem Brief ber güt wille ist, wie die erbern frumen lüte der Räte vnd die Burger lich der Statte ze Rotwil .. mit vnserm lieben Brüber Graue Hain= en Hohenberg oberain komen sint aines koffes von bez vngeltz wegen ze , Wie ber köff gemacht vnd geben ist .. vnd wie die Brief stant .. bie ber vnf Hainrich bem Rät vnd ben Burgern ze Rotwil barumb geben hat, baz vollegange vnd beschehen mit vnserm güten willen vnd gunst vnd veriehen,

daz wir noch kain vnfer erbe da wider niemer getůn follen mit kainen fachen
noch getåte fus noch fo .. Vnd bez ze offem warem Vrkund han wir vnfre
Ingefigel gehenkt an bifen brief, Geben ze Rotwil an dem nåhften Samfta
fant Valentins tag Nach kriftus Gebürte brü zehenhundert iare In dem Ahtod
Vierzigoften Jare.

B. d. Orig. im St.-Archiv zu Stuttgart. — Mit dem kleinen deutlichen
des Grafen, auf welchem der Hohenberger Schild und die Umfchrift: S. Hvgonis
de Hohenberc.

461.

**12. März 1348. Rotenburg. Gräfin Margarethe von Naffau (
berg) und ihr Sohn Rudolf beftätigen die Ordnung und Sa
des Chorherrnftifts zu St. Moriz in Ehingen.**

Wjr der brobft vnd die korherren gemainlich des Gotzhuß fant
cius ze Ehingen bi Rotenburg veriehen vnd tügin kunt offenlich m
brief, daz wir mit güter betrahtung vnd ouch mit gunft vnfer gnådig
fchaft frow Margrethun von Naffow vnd Graf Rudolf von Hoh
irf funs habin gefezt vnd geordnet durch noturft vnd befsrung des fel
ze haltend vngeuarlich alle biu ftuck biu hienach fint befchriben, des erften,
ire mann pfründ gen follen noch lihen, es fi benn zů benn mal ain pfrů
vnd der ouch benn zemal priefter fi, oder aber fwer, in des nåhften i
priefter ze werbend vngeuarlich. Es fol ouch ain ieglicher vngeuarlich ga
dem Capitel vnd dem ftift halten, vnd fol bi dem ftifte fefshaft fin, vnd biu
mit fin felbs libe verbienun vngeuarlich. Vnd wenn ain pfründ lebig wirt
biu felb pfründ, win vnd korn, biu nåhften zwai Jar nach an ander alfo
werden, daz fiu des erften Jars an ain ewig gelt geleit werde zů ainem
daz man geb ze prefenze den korherren vf des iarzit, der benn zů dem
gangen ift, vnd daz ander Jar fol fi geleit werden vnd bewendet an b
vnd an die gezierd des felben ftiftes. Vnd welcher benn empfangen wirt
felbun pfründ, der fol biu felben zwai iar nit han wan prefenze vnd
nütz, ob er bie verbienet, als vor ift befchriben. Es fol ouch ain ieglicher
fin vngeuarlich ainem ieglichen bropft des felben ftifz in gerehten zimlich
als daz Capitel gemainlich oder zem minften der merrtail ze rat wirt
geuerd. Wir föllen ouch kain pfründ verlihen noch kainen ze korherren a
wan mit willen vnd gunft vnfer herfchaft ze Rotenburg. Es fol
vorgefchriben gefeze kain fchad fin ainem bropft gen den korherren, noh
herren gen dem bropft an iren rehten. Es fol ouch ain ieglicher fwern a
biu vorgefchriben bing vngeuarlich ze haltend. Vnd des alles ze offenen
vnd ewiger ftåtekait fo habin wir vnfer gemain Capitel Infigel gehenkt

brief. Wir Margreth von Raſſow wilent Gräfinn ze Hohemberg vnd wir Graf Rûdolf von Hohemberg ir ſûn veriehen offenlich, daʒ diu vorgeſchriben ordnung vnd geſetʒt mit vnſerm rat vnd haißen ſint geſchehen durch furderung deſ vorgenannten ſtiftes. Vnd deſ ʒe vrkund vnd ſtâtekait habin wir ouch vnſrü Jnſigel gehenkt an biſen brief der geben iſt ze Rotenburg an ſant Gregorien tag bo man ʒalt von kriſtʒ geburte driuʒehen hunbert iar vierzig iar banach in bem ahto= ben Jar.

B. b. Orig. im St.-Archiv zu Stuttgart. — Mit brei Siegeln: baſ beſ Probſtſ — länglich rund — zeigt eine männliche Figur, welche in ber Rechten geſenkt ein Schwert, in ber Linken einen Schild mit einem Malteſerkreuʒ hat. Daſ Siegel ber Gräfin Margaretha hat in vertikal getheiltem Schilbe rechtſ einen Löwen, linkſ bie Hohen= berger Quertheilung.

462.

12. März 1848. **Rotenburg.** Die Chorherren zu St. Moriʒ in Ehingen überlaſſen mit Genehmigung ber Gräfin Margarethe von Raſſau (Hohenberg) ihrem Probſt ben Weiher an dem Werb bei Rotenburg zu lebenslänglicher Nutznießung.

Wir bie korherren gemainlich beſ Gotʒhuſ ſant Mauriʒinſ ʒe Ehingen bi Rotenburg veriehen — daʒ wir mit vnſer gnâbigen frown frow Margrete von Raſſow gunſt vnd willen gunnen vnd günnet habin vnſerm gnâbigen bropſt pfaff liuppen beſ wigerſ an bem werb, ben er gebuwen hat koſtlich, baʒ er ben hab vnd nieße alle bie wile er lept, er ſi bropſt ober nit, korherr ober nit, vnd baʒ er er ɲach ſinem tob wiber ualle an ainen probſt beſ ſelben ſtifʒ an all geuerb. Vnd beſ ʒe vrkund vnd ſicherhait habin wir vnſer ge= main Capitel Jnſigel gehenkt an biſen brief, Daʒu habin wir biu vorgenant Mar= grete von Raſſow ouch Jnſigel heran gehenket. Dirre brief iſt geben ʒe Ro= tenburg an Sant Gregorien tag, Do man ʒalt von kriſtʒ geburte. Driuʒehen hunbert iar vierzig iar banach in bem ahtoben iar.

B. b. Orig. im St.-Archiv zu Stuttgart. — Mit dem gut erhaltenen Siegel ber Gräfin Margarethe; ber Schilb hat einen ähnlichen Ranb, wie auf ben Siegeln ber Grafen von Fürſtenberg.

463.

12. März 1348. o. O. Graf Hugo von Hohenberg gibt dem Kloster
St. Georgen für eine Leibeigene in Gruol (O.A. Haigerloch) eine
andere in Owingen (O.A. Hechingen).

Wir Graf Hug von Hohemberg vnd wir Vrsel von Pfirt Gräfin ze
Hohembirg veriehen offenlich mit disem brief vnd tügen kunt allen ben die in
sehent oder hörent lesen, daz wir haben gegeben Hailen von Owingen vnd
irü kint die ze Owingen gesessen ist, dem erbern Herren dem apt vnd dem Gotteshuse ze Sant Georien vmb Mähtilt die Müllerin vnd irü kint ze Grürn
gesessen in der nibern Müli, also daz wir vnd der vorgenant herr der apt vnd
och Convent ainen rehtem vnd rebelichen wehsel haben getan, also daz wir vnd
vnser erben die vorgenant Müllerin vnd irü kint vnd ir nachkommen iemer me
sullen niessen mit allem rehten alf ander vnser aigen lüt vnd der vorgenant herr
der apt vnd Conuent vnd och ir nachkomen ze dem Gotteshuse ze sant Georien
süllen och niessen mit allen rehten alf ander ir aigen lüt die vorgenant Owingen
vnd irü kint vnd och ir nachkommen. Vnd daz birre vorgenannt wehsel war vn
stäte belibe, geben wir baibe dem vorgen. apte vnd dem Gotteshuse ze sant Gerien disen brief besigelt mit vnserm aigen Jnsigel, Der geben wart an sant Gregorien tag nach Christus geburt Drützehenhundert Jar vnd in dem äht vnd vierz-
gosten Jar.

V. d. Orig. in Karlsruhe. — Kleines rundes Hohenberger Siegel. Das der Ursel
ist vertikal getheilt; rechts zwei Fische, links den Hohenberger Schild.

464.

25. Mai 1348. o. O. Pfaff Werner der Stoffer von Horb und
seine Mutter stiften an einen Altar in der h. Kreuz=Kirche zu Horb
verschiedene Gülten, welche sie von Gr. Burkard von Hohenberg,
Kirchherr zu Horb, und dessen Bruder Otto, Kastvogt der genannten Kirche, wieder als Leibgeding erhalten.

Jch pfaffe Wernher der Stoffer von Horwe, vergihe vnd tün kunt
allan ben die disen brief an sehent, lesent oder hörent lesen daz ich mit vorbedah-
tem müte mit rehter betrahtunge, mit gütem willen, vnd mit gunst — miner müter
Livggart der Stofferin vnd aller der bie dar zü notbürftig warent, disiu iez-
lichen gelt biv hie an disem briue benemmet sint, gibe vnd gegeben hân, reht vnd
rebelich, vnd lüterlich durch Got, gemachet bewidemet, vnd bestaetigot hân mit disem
briue durch .. der selan hailes willen, an ain ewige messe ze dem vordern Altäre
in des Hailgen Crüces kirchen ze Horwe in dem vordern winkel der gestiftet

vnd gewihet ift, in der ere fant Marion Magdalenen, fant kaethrinen, vnd fant
hiftofers, vnd daz ich mit difem gelte der felben ewigen meffe ze dem vorbenemten
altare anfang und ftifter bin vnd och fin fol, fo han ich bi dem erften, dar an
gegeben vnd vermachet zwai phunt haller iergliches geltes, in die wifon ze horwe
gelegen vnder Norfteter Staige die man nemmet des Pfufers wifon, die nv
Schnait hat mit allan rehten — — zwai phunt haller geltes div ich koufte vmb
Sifrit den Hüller in finen garten, in dem obern garten den Brant hât, vnd
in den Brüiel ze Salfteten mit allan rehten .. Zehen fchilling haller iergliches
geltes in walther Winterbirs Hus vnd Schöre, an dem efpan Zehen fchilling
haller iergliches geltes in den wingarten ienfit der gütenlute Hus der hie vor ..
des Zovchners was, fvnfzehen fchilling haller geltes in daz Hus in der winter=
gaffen, daz halbez hat des Maedelers tohterman, vnd halbez Benz der Lotzer
mit allan rehten vierzehendehalben fchilling haller ze Salfteten, git ierglich Benz
der Geffeler von ain wife in Bakoltran zwelf fchilling von ainr wife ze Sal=
fteten in Segabran die hat walther der Stokker, Aht fchilling haller ierg=
liches geltes in ainer wife ze Althain bi dem Alber die hat Cônzli der Schmer=
wer, dri vnd fünf Schilling haller geltes, in den garten ze Horwe gelegen vor
Ihelingertor vnder dem wege, der hât Bintenfchûch, dri fchilling haller
geltes, in den garten bi der nibern Môli ben hat Cônz Otenhain, Sibenbe=
halp malter roggen geltes Horwer meffes in min aecker ze fulfteten mit allan
rehten, die da hât, Hainz Telunch vnd Wernli Sibeli, ainen fcheffel roggen
iergliches geltes in biv zwai Hüfer in dem tal, der ains hat, Hainz Norftet
vnd der Künig vnd daz ander wernli der Mühler, ainen fcheffel roggen geltes
in alle die aeker die Cônz Nöfran hât, von Walthers Stokers felgen tohter,
vnd zehen viertail roggen iergliches geltes ze Metzingen in Cônzen des Sinde=
lingers güt mit allan rehten, vnd biv vorbenemten gelt alliv in biv egenanten
güt mit aller zügehörde, mit allan rehten, vnd mit aller gewonhait, befûcht vnd
vnbefûcht .... Ez hat ovch .. min mûter biv vorgenant vnd och ich, wir bediv
gemainlich, biv vorbenemten güt vnd gelt alliv wider empfangen ze rehtem lipge=
binge, ze vnfer beder liben vnd lebene, ierglich vmb zwai Herbefthönr, nach Zinfes
rehte von dem edeln herren Graue Burkart von Hohenberg kircherre ze
Horwe, der vns biv felben güt vnd gelt, vmb den felben benemten zins gelûhen
hât, mit gûtem willen vnd mit gunft fines brûder des edeln Grauen Otten
von Hohenberg, kaftvogt der egenanten kirchen, alfo daz wir biv felben
güt, vnd gelt alliú fullen vnd mögen hân vnd nieffen, befetzen, vnd entfetzen, âne
wider rede alle die wile wir bediv leben, vnd alle die wile vnfer ains in leben
ift, wederz daz ander vberlebt — vnd wenne denne Got ôber vns gebütet, alfo,
daz wir bediv erfterben, fo fullen biv vorbenemten güt vnd gelt gâr vnd gentzlich
mit allan rehten, iemer ewiklich beliben vnd volgen an die felben meffe zû dem
egenanten altâre, alfo, ob denne biv felbe meffe vnd der altâre, verlûhen wirt
vngeßarlich ainem erben priefter, der priefter fi, vnd der die felben meffe felber

mit sin selbes persone mit sin selbes götlichem Ambet vßrihte vnd halte, als von alter her gewonlich gewesen ist durch .. der selan hailes willen .. Ez ist och me Gereth, daz ich der vorgenant pfaf wernher Stokker, die selben meß vnd den Altâre besetzen vnd entsetzen sol vnd mag alle die wile ich lebe, vnd och selbe messe da hân sol, wenn ich wil, vnd wenn ez mir füget, ane alle geuerde .. vnd wenne ich erstirbe, so soll benne, der vorgenant ebel Herre Graue Burkart von Hohenberg kirchherre ze Horwe, oder wer benn kirchherre ist, die selben messe vnd den altâre lihen ainem erbern priester der Priester si, als och ba vor bereth vnd beschriben ist ane alle geuerde, vnd daz och daz selbe lihen miner môter der vorgenannt ob si mich vberlebti an ben vorgenannten güten ir lipgebinge kain schade si, alle die wile si och in leben ist, ane geuerde .. Des sint gezinge Rüf von Haigerloch bi ben ziten Schulthais ze Horwe, Markuart Bökli, Matheus der Rihter, Hainrich der Güte, Hainrich der Schivrer, Hainrich Bürzinch, Benz der Tetlinger .. Dietrich der Jeger, Benz der Höller, Benz der Behain Rihter ze Horwe, vnd erber lüte vil, vnd ze merrem gezivgnisse, so hânt die ersamen burger ze Horwe ir Stat aigen Jnsigel bebenthalp durch vnser beth, zû minem aigenen Jnsigel gehenket an bisen brief, Der gegeben wart bo man zalt von Cristus geburte brivzehen hondert Jar vnd vierzig Jar, vnd barnach in dem Ahtoben Jare, an sant vrbans tag ..

<hr>

465.

24. Juni 1348. o. O. Graf Heinrich von Hohenberg verkauft mit Zustimmung seiner Gemahlin Agnes von Schauenburg um **1000 Pf.** Heller die Reichseinkünfte zu Rotweil an seinen Bruder Graf Albrecht, „von Gotes gnaden vnd des Stuls ze Rome erwelten vnd bestetigoten Herren ze Wirzburg."

Wir Graue Hainrich von Hohenberg veriehen vnd tün künt allen ben die bisen brief ansehent, lesent oder hörent lesen, daz wir mit vorbebahtem mäte, mit rehter betrahtunge, mit gutem willen vnd mit gunst frov Agnesen von Schowenberg, vnserre elichen wirtinne vnd aller der die bar zü notdürftig warent, reht vnd rebelich aines schlehten rebelichen koufes haben verkoufet vnd ze koufenne gegeben bem ebeln vnserm lieben Herren vnd brüder Graue Albrecht von Hohenberg, von Gotes gnaben vnd des Stüls ze Rome erweltem, vnd bestetigotem Herren ze Wirzburg vnd sinen erben, daz vngelt ze Rotwil, vnd daz gelt daz von ben Stivran geuellet, daz zü dem pfande gehöret, ben zol vnd die Mönße, die Mülinan vnd die vischenzan, ben Hof vnd die Hofstatzinse, ben zinf von allan Benken, die losunge des Dorfes

ʒe Epfenborf, vnb mit namen alliv biv reḩt ʒe Rotwil, als vnſer Herre vnb
vater ſelge Graue Růbolf von Hoḩenberg an vns brahte von kaiſern vnb
von köngen, beſůḩt vnb vnbeſůḩt, ſůnbens vnb vnſunbens, vmb Tuſent phunt Haller
gůter, gaeber vnb genemer, ber wir gar vnb genḑlich von ime in vnſern kunt=
liḩen noḑ gewerat ſien, vnb ſullen wir vnb vnſer erben, ob wir enwerin bem
vorgenanten vnſerm lieben Herren vnb brüber Grauen Albreḩt von Hoḩenberg,
biv vorbenemten gůt vnb biv reḩt als vorbeſchriben iſt mit allan reḩten vnb mit
aller gewonḩait vfriḩten, vertigan, verſtan vnb verſprechen nach bes Landes reḩte
als ſite vnb gewonlich iſt an allen Steten vnb von allermenglich, wie vnb wa im
ſin not iſt ober wirt, ane alle geuerbe, vnb bar ʒů ſo verʒiḩen wir vns vnb haben
vns verʒigen mit vrkunde bis gegenwartigen brieues gegen im vnb gegen ſinen
erben aller ber reḩte, aller ber anſprache vnb vorbronge, als wir vnb vnſer erben
ʒů ben ſelben Gůten vnb reḩten hettan, haben möḩten ober haben ſölten an gaiſt=
liḩem ober an weltlichem geriḩte ober ane geriḩte, ſus ober ſo, vub verʒiḩen vns
mit namen alles reḩtes gaiſtliches vnb weltliches aller priuileien vnb aller brieue
vnb och aller ber ſachan ba mit wir ober vnſer Erben vns beholfen möḩten ſin
wiber biſem kovfe ober vns ba wiber gebaeḩten ʒe behelfenne vnb geloben och
kuntlich vnb offenlich für vns vnb für alle vnſer Erben wiber biſem kovfe nit ʒe
tünne noch ſchaffen getan mit kainen ſachan weber ſus noch ſo vnb verieḩen och
baʒ wir weber bie vorgenant vnſer eliche wirtinne noch niema̅ anbers vf biv vor=
benemten gůt weber bewiſet haben noch verſtoſſen weber mit gelübbe noch mit
brieuen Haimlich noch offennlich weber ſus noch ſo ane alle geuerbe vnb geloben
öch baʒ wir vngeuarlich ſo wir beſte künnen ober mögen ſůchen vnb vorſchan ſüllen,
ob wir behain brieue lüḑel ober vil vinben ober eruarn mögen bie biv vorbenem=
ten gůt antrefent, baʒ wir bie bem vorgenanten vnſerem lieben Herren vnb brüber
wiber geben vnb wiber ſchaffen ſüllen, âne alle geuerbe were aber baʒ bar öber,
ober hie nach öber kurḑ ober öber lanch behain brieue funben ober fürgeʒogen
wurben, bie ſüllen gar vnb genḑlich tot vnb âne kraft vnb âne maḩt ſin, vnb
ſüllen och bem vorgenanten vnſerm Herren vnb brüber kain ſchabe ſin, im ſol och
nit ſchabe ſin, enhain geriḩte weber gaiſtliches noch weltliches, enkain friḩait, geſeḑbe
noch gewonḩait, weber Stêt noch Landes noch enhain biv ſache, ba mit biſer kovf
geſwechet ober wiber triben werben möḩte ſus ober ſo, âne alle geuerbe. Vnb ʒe
merre ſicherḩait ſo haben wir geſworn ainen geſtabten ayt zu ben hailigen mit
gelerten worten vnb mit vfgebotenen vîngern biv vorbenemten gůt vnb biv reḩt
als vorbeſchriben iſt nach ben reḩten ʒe vertiganne alleʒ baʒ âne geuerbe ſtête ʒe
haltenne ʒů tünne vnb ʒe uollefůrenne, als ba vor geſchriben ſtât. Vnb bes ʒe
warem vrkunde haben wir vnſer aigen Inſigel gehenket an biſen brief. Wir Agnes
von Schowenberg Graeuin ʒe Hoḩenberg biv vorgenant verieḩen öch baʒ
biʒ alleʒ mit vnſerm gůten willen vnb gunſt ʒů gegangen vnb beſchehen iſt vnb
geloben öch bi gůten triuwen für vns vnb für vnſer erben hie wiber nit ʒe tünne
noch ſchaffen getä̅n weber mit worten, noch mit werken noch mit behainen ſachan,

weder ſus noch ſo, äne alle geuerbe vnd haben och bar vmb vnſer aigen Inſigel ze ainem vrkunde gehenket an biſen brief, ber gegeben wart bo man zalt von Criſtus geburte brizehen hundert Jar vierzig Jar vnd bar nach in dem Ahtoben Jare an ſant Johans tag ze Sůngihten.

B. b. Orig. im St.⸗Archiv zu Stuttgart. — Das kleine vndeutliche Siegel des Grafen zeigt blos einen Helm mit den Hörnern; bas der Agnes iſt ganz unkenntlich ge⸗worden.

466.

8. Juli 1348. Rotweil. Graf Albrecht von Hohenberg, „von Gottes vnd bez Stůls ze Rome gnaden Erwelter vnd beſtäter herre zu dem Byſtum ze Wirtzburg" gibt ſeine Zuſtimmung zu dem Verkauf ſeines Bruders Heinrich v. **10. Jan. 1348.**

Wir Graf Albrecht von Hohenberg von Gottes vnd bez Stůls ze Rome gnaden Erwelter vnd beſtäter herre zů dem Byſtum ze Wirtz⸗burg veriehen offenlich vnd tůn kunt mit biſem brief, Daz wir den koffe, ben vnſer lieber Brøder Graf Hainrich von Hohenberg mit den erbern wiſen lüten dem Schultheiſen dem Burgermaiſter, dem Rat vnd den Burgern gemain⸗lich ze Rotwil getän hat, Alſe bie brief ſagent bie er In geben hat Vmb bez Vngelt ze Rotwil, ben köff vnd bie briefe ouch vnſer Brůber Graf Huz mit ſinem gůten willen vnd mit ſinen beſigelten briefen beſtätiget hat, den ſelben koff vmb baz vorgeſchriben vngelt, alſ es vnſer brüber Graf Hainrich verkoft hät alſ ſin brief ſagent, Won es von koffes wegen In vnſer Hant komen iſt, Wir ouch ben vorgenanten Burgern mit gunſt vnd mit gůtem willen beſtäten vnd loben ouch bi gůten truwen da wiber niemer ze rebenne noch ze tůnde noch ze wibern mit kainen ſachen. Vnd biz alleſ ze offem warem vrkund geben wir ben egenanten Burgern biſen brief für vnſ vnd vnſer erben mit vnſerm Ingeſigel beſigelt, Geben ze Rotwil an dem nähſten zinſtag nach ſant Ůlrichs tag Nach kriſti geburte brützehenhundert iare In dem Ahtoben vnd vierzigoſten Jare.

B. b. Orig. im St.⸗Archiv zu Stuttgart. — Mit dem gut erhaltenen Siegel bes Ausſtellers. Daſſelbe enthält 3 kleine Schilde: in dem oberen zeigt ſich eine kleine Fahne, quabrirt wie bei Zollern, in bem zweiten, nach links unten geneigt ſieht man bie Hohenberger Quertheilung; in bem britten enblich, rechts hin geneigt iſt bie Tü⸗binger Fahne. Umſchrift: † Secret. Alberti episcop. Herbipolensis.

467.

24. Juli 1348. o. D. Gräfin Margarethe von Nassau (Hohenberg) bestätigt zugleich im Namen ihres Sohnes Rudolf die Gründung des Eremiten=Klosters Rohrhalden (bei Kiebingen).

Ich Jützze wilent Cönzen des Brûberknehtz elichü wirten, Burgerin ze Rotemburg, vergih vnd tûn kunt offenlich mit disem brief allen die in sehend ober horent lesen, wan wilent der vorgenante min wirt sälig von sinem holtz in der Rorhalbun gab burh got ain hofstat vnd ainen morgen holtz mit aller zûge=hôrde besûcht vnd vnbesûcht ainem ainsibel vnd baz bif of disen hûttigen tag also ist gewesen durch baz, baz wrb (sic!) gevestnot vnd geewot, so han ich ouch burh got vnd burh vnser baiber selen hailef willen die selben hofstat in der Rorhalbun alfe si iez beuangen ist vnd gebûwen vnd ainen morgen holtz mit aller zûgehôrb als vorbeschriben ist, der ouch mit ainem hag vnberschaiben ist, für reht fri aigen gegeben vnd ergeben dem erbern gaistlichen man Berhtolt von Horwe ainem ainfibel vnd allen finen nahkommenden ainfibeln of der selben hofstat vnd verzih mich für mich vnd für min erben fürbas aller reht vnd aller anfprach gaistlich vnd weltlich an die selben hofstat vnd morgen holtz mit aller zûgehôrb als vorbe=schriben ist ane alle geuerb. Vnd bef allef ze offem vrkund hant die Burger ze Rotembvrg ir gemain stett jnfigel burh miner bett willen gehenckt an difen brief. Wir Margreth von Naffow wilent Gräfinn ze Hohemberg veriehen offent=lich für vnf vnd vnfern fun Graf Rûdolf vnd für vnfer erben, wan baz vor=genant gût in vnferm land vnd vogtay ist gelegen, baz wir ouch burh got vnfern gunst vnd willen bazû habin geben vnd söllin die felben ainfibel bazû schirmen, wa wir mûgen ane all geuerb. Vnd bef ze vrkund ist ouch vnfer Jnfigel gehenckt an difen brief, der geben ist an fant Jacobs abend, bo man zalt von kriftef geburte Drûzehen hundert iar vierzig iar banach in bem ahtoben iar.

B. d. Orig. im St.=Archiv zu Stuttgart. — Auf dem Siegel der Margaretha ist Bild und Umschrift unkenntlich.

468.

24. Juli 1348. Paffau. K. Karl IV. entbindet die Stadt Oberndorf von der Reichsacht und freit sie von dem Hofgericht zu Rotweil.

Wir karl von gots gnaben Römischer kunig ze allenzeiten merer des Reichs vnd kunig ze Beheim veriehen vnd tûn kundt Offennlich mit bifem brieff Allen ben die Jn fehennd hörent ober lefent Das wir haben angefehen ge=trûwen willigen vnd ståten bienft, den vnnfere liben getruwen der Schultheizze vnd bie Burger gemainlich ber Statt Zu Oberndorff vnns vnd bem heiligen Römi=

schem Reiche Offt vnuerbroſſenlich getan habennd vnns noch tůn (sic!) ſullen vnd
mögen Jn künfftigen Zeiten vnd tun Jn die beſonder gnade von vnſerm künglichen
gewalt Daz wir ſö alleſampt vnd ieglichen beſunder vs der Achte tůn vnd gentz=
lichen laʒʒen Ob ſi in des Reichs Achte vmb bheinerley ſachen komen ſein. Vnd
wellen das Jn dieſelbe Achte fürbas nicht mer ſchaden ſoll Ju bheiner leyen rech=
ten Ouch tůn wir Jn die beſunder gnade vnnd wellen daz ernſtlich daz man die
vorgnanten Burger vnd alle Jre nachkomenn vmb bheinerley ſachen wie man die ge=
nennen mag laden ſoll noch turre (sic!) Jn daz Lantgericht zu Rotwil, Sonder
wer Bu Jn ichts ze reden oder zu ſprechen hat welherley das ſei dem ſullen ſi
antwurtten vnd rechtes pflegen vor Jrem Schultheiʒʒen zů Oberndorff vnd niendert
annderſwa. Wurden ſy aber wider vnſer küniglich gnade, die wir Jn wiſſentlich
getan haben Jn das vorgenant Lantgericht zu Rotwil geladen oder daſelbeſt Jn
bhein weiß bechlaget Daz ſol in bheinen ſchaden pringen Jnbheinem Jrem rechten
Darumb gebieten wir ouch ernſtlich by vnſern hulden dem Landtrichter zů Rotwil
ber nu iſt oder noch wirt Jnkunfftigen Zeiten vnd allen vnſern vnd des Reichs
getruwen daz ſy wider vnnſer küniglich gnade vnd gebott nicht tůn Jnbheinenweis
als lieb Jn ſey vnnſer hulden zubehalden. Mit vrkúnd ditz brieffs verſigelt mit
vnnſerm küniglichem Jnſigel Der geben iſt ze Paſſow Nach Criſts geburt Dreutzehen=
hundert Jar und Jn dem achten vnd viertzigiſtem Jar an Sant Jacobs abent des
Zwelffpoten Vnnſer Reiche des Römiſchen Jn dem dritten vnd des Beheimſchen
Jndem anndern Jare.

Nach einem Vidimus des Hofgerichts zu Rotweil v. d. Jahr 1493 auf Pergament,
in dem ſtädtiſchen Archiv zu Oberndorf.

469.

3. September 1348. o. O. Graf Heinrich von Hohenberg erlaubt
Ruf von Ehingen, ſeinen Theil an Altingen an Graf Konrad von
Tübingen zu verkaufen.

Wir Graue Hainrich von Hohenberg veriehen offenlich an diſem brief
vnd tůn künt allen die Jn anſehent oder horent leſen, daz wir mit güter vorbe=
trahtung geurlobat vnd willeclich gunt haben vnſerm lieben Diener Rüfen
von Ehingen Sinen tail vnd allü ſinü reht dez dorfes ze Altingen beſůht
vnd vnbeſůht ze uerkoffend gen vnſerm lieben Vettern Graue Cůnrat von
Tüwingen genant dem Schärer alſo vnd in ſolcher wiſe, daz der obgenant
Graue Cůnrat vnd alle ſin Erben dez vorgn. Rüfen tail mit allen ſinen rehten
dez Dorfes ze Altingen an Sin Stat Sulen haben vnd nieſſen beſetzend vnd ent=
ſetzend in allen den rehten vnd öch in aller wiſe als die brieff ſagend vnd ge=
ſchriben ſtänt die Herr Burkart von Ehingen Ritter Renhart ſin Bruder
vnd der vorgenant Rüf von Ehingen hänt vmb daz vorgeſchribene Dorf Altingen

baz von vns pfant ift, alf an ben felben briefen offenlich gefchriben ift. Vnd
bez zu ainer vrkunb. So geben wir graue Hainrich der obgenant dem vorgenanten
Graue Cünrat difen brief befigelt mit vnferm aigen Infigel Der geben warb an
dem nächften mitwochen vor vnfer Vrowen tag in dem haberfnit, Do man zalt von
Gottez geburt bruzehenhunbert Jar vnb ahten vnb viertig.

B. d. Orig. im St.-Archiv zu Stuttgart. — Mit dem kleinen Siegel des Grafen
von Hohenberg, das blos den gefchloffenen Helm mit den Hifthörnern zeigt; von der
Umfchrift ift faft gar nichts mehr zu lefen.

470.

27. Februar 1349. o. D. Graf Otto von Hohenberg „gnant von
Ragelt" verfichert mit Zuftimmung feines Bruders Burkarb, „des
jungen gnant von Ragelt," feiner Gemahlin Kunigunde, Tochter
des Grafen Rubolf von Wertheim, **2000** fl. Morgengabe auf
feine Stabt Haiterbach mit Zugehör.

Wir graue Otte von Hohenberg gnant von Ragelt bekennen offinlich
an bifem briefe für vns vnb vnfir erben allin ben, dy in fehen, lefen obir hörn
lefin, baz wir frawen Künnen vnfir elichu husfrawen zü rehter morgengab
geben han vnb geben mit vrkunbe bife briefis reht vnb rebelich zwey tufint gulbin
gengir vnb güter wal gewegenn vnb bewifin fy ber off vnfir ftat Heytir(s)bach
off vnferm rehtin eygen vnb off allem, baz bar zü gehört, befucht vnb vnbe=
fucht in dorf vnb in felbe, wy baz geheißen obir gnant fy obir wo ez gelegen fy,
ye ein gulbin gelbes für zehin gulbin, baz wirt famenthaft mit ein anbir zwey
hunbert gulbin gelts nützen haben vnb zü befitzen nach morgengab reht an allerley
hinbernüße. Were abir baz wir fy niht zweihunbert gulbin gelts off der vorge=
nanten ftat vnb baz bar zü gehört mohtin bewifin, fo follen wir dy vorgefagt
gült ir erfullin vnb bewifin off anbern vnfern güten, als dy ebeln herrin Gotfrit
herre zü Brüneck, Cunrab graue von Vehingen, vnb margraf Herman
von Baben fprechin, vnb bewifin baran fy vollich begnügt vnb ... ift. Gyeng
auch ber bryer einer abe, fo folten dy anbern zwey wibir ein zü in kyefin in allem
rehtin, als ber vorbir gewefin ift, obir dy anbern zwey folen baz bewifin als vor=
gefchriben ftete. Were auch baz wir off ber vorgenanten ftat vnb baz bar zü ge=
hört mere banne zwey hunbert gulbin gelts hettin off bem felben vbirigem teyl
vnb off anbern vnfern guten follen wir fy irs zügeltes bewifin, als dy vorgenan=
ten bry herrin fprechin vnb bewifin, baz fy hebig fy als vorgefchriben ftete. Auch
han wir vnb vnfir erben gantzen gewalt vnb maht dy vorgefchriben zwey hunbert
gulbin gelts vmb dy vorgenanten frawen Künnen vnb ir erben .... vnb zwei
tufint gulbin gebir vnb guotir wol gewegenr wibir zü loftin ftetes vierzehin tak
vor fant Görgen tak obir vierzehin barnach an geuerbe, vnb baz felbe gelt follin

wir zů Heilgbrunnen in der ſtat bezaln, an geuerlich, vnd wanne wir obir vnſir
erben daz gelt alſo bezaln, ſo ſin dʒ vorgeſchriben zwey hunbert gulbin gelts lebik
vnd loʒ vnd ſolch gůt, daruf dʒ bewiſit ſin. Me iſt gerebt, ſolch gůt, off ben
wir dʒ vorgenant frawen Kůnnen brů tuſint gulbin gengk vnd gebir wol gewe=
genr irs zů geltis bewiſit han, baʒ wir vnd vnſir erben gantzen gwalt vnd maht
han, dʒ ſelben gůt, wʒ dʒ gnant ſin, vmb dʒ egnant frawen Kůnnen vnd ir erben
wibir vmb brů tuſint gulbin wol gewegenr gengir vnd guotir wibir zů loſin an
ber ſtat vnd vmb dʒ zʒt als vorgeſchriben ſtete an geuerlich vnd wanne auch baʒ
alſo geſchit, ſo ſint dʒ ſelben gůt lebik vnd loʒ. Were auch baʒ dʒ ſelbe frawe
Kůnne an libes erben abe gieng, baʒ got wenbe, ſolch zů gelt, als man ir banne
zů vns geben hette, baʒ ſolt wibir off vnſern liebin ſweher grauen Rubolfen
von Wertheim vnd ſin erben lebiklich, gentzlichen vnd gar an wiber rebe vnd
hinbernuſʒe geuallin. Auch han wir vns virzigen vnd virzihin mit vrkůnbe diſe
briefes allir anſprach, dʒ wir han möhtin nach keynerlei erbteil an ben vorgenanten
vnſern ſwehern vnd an ſin erben, eʒ were banne, baʒ alle ſin ſůn ab giengen vnd
niht enweren, baʒ got wenbe, ſo ſolten wir glich erbteil nemen mit anbern ſinen
bohtern. Me iſt gerebt, ſolch zůgelt, als vns ber egnant vnſir liebir ſweher zů
frawen Kůnnen gut, off welch zʒt er vns baʒ bezalt, baʒ ſollen wir zů Heylg=
brunnen laʒen ligen an anſprach vnd hinbernůſʒe als lange biʒ wir baʒ ſelbe gůt
frawen Kůnnen off vnſern gůten bewiſin, als dʒ egnant bry herrin ſprechin vnd
bewiſin als vorgeſchriben iſt. Vnd zů merer ſichirheit birre vorgeſchriben ſach
han wir zů bůrgen geſatzt, dʒ wir by gůten trůwen globen zů loſin an enbe vnd
an ſchaden an geuerlich, dʒ edeln vnſir lieben oheim graue Cunrab von Vehingen,
graue Rubolf von Tuwingen . . . ., graue Cunrab von Tuwingen . . . .,
graue Burchart von Hohinberg, graue Cunrab ſinen bruber, herrn Dyet=
rich vom Lyhtenſtein, R . . . Pfitziger von Steinhůw, Albreht von Stein=
hůw, Cunrab Kechler, Hanſe Kechler, Benz Kechler, Helfrich Wal=
beckir, ... von Byhingen, Meynloch von Teblingen vnd Dyetrich
von Steinhůw, kneht, alle vnuerſcheibenlich. Alſo were es ſach, baʒ wir an
keyn ben egeſchriben ſtucken vnd artikeln ſůmik weren vnd niht hielten als vorge=
ſchriben ſtete, wanne banne dʒ bůrgen mit briefin obir gewiſſin botin gemant wur=
bin, barnach in aht tagen nach ber manung ſol ir yeklich zů Halle in einer offnen
herberge mit eim kneht vnd mit pferbe leiſten als lange off vnſern ſchaben an
geuerbe, biʒ wir, woran bruch worbin iſt, volenben, rechtuertigen vnd uʒtragen
gentzlich vnd gar. Were auch baʒ ber bůrgin einer obir mere abgiengen, von
lanbe fůren, baʒ got wenbe, wanne wir banné gemant wurbin, globen wir barnach
in eim manben ein obir mere an ber abgangen ſtat ſetzen, laſten vnd zů tůn, als
ber vorber getan, obir dʒ anbern bůrgen ſollin als lange leiſten, biʒ baʒ geſchit.
Vnb des zů einer ſichern waren vrkůnbe alliʒ birre vorgeſchriben ſach geben wir
biſin vnſern brief mit vnſerm inſigel, baʒ baran hanget, beſigelt. Vnb wir Burchart
von Hohenberg ber junge gnant von Nagelt bekennen alle biſe vorgeſchri=

ben ſtucke vnd artikel mit vnſir gunſt, wiſzen vnd virhencknůſze geſchehin ſin vnd virſprechen vns auch für vns vnd vnſir erben, were daz graue Otto, vnſir lieber brůder, an libes erben ab gieng, daz got wende, daz wir danne Kůnnen, vnſir lieben ſweſter, vnd ir erben an kein den vorgeſchriben gemecht vnd virbünt-nuſze irren, brangen noch hindern ſollen, beſundir globen wir bÿ gůten trůwen für vns vnd vnſir erben alle bÿ vorgeſchriben gemecht war, veſte, ſtete halten vnd leiſten an allerley argeliſt vnd da wibir nymmir tůn heimlich obir offinlich mit werkin noch mit wortin in keyn wiſe an geuerde, vnd des zů einer ſichirheit han wir vnſir inſigel an diſin brief gehenckit. Vnd wir Cunrad, Rudolf, Cunrad, Burchart, Cunrad, Dyethrich, Pfiſziger, Albreht, Dyemo, Cunrad, Hanſe, Benſz, Helfrich, Swiger, Meynloch vnd Dietrich, bÿ vorgenanten, vns bekennen gůt bürgen ſin vnd bÿ gůten trůwen halten vnd leiſten nach bürgen reht allez daz vor von vns geſchriben, ob ez zů ſchulbin kůmt, vndir vnſern inſi-geln, bÿ an diſin brief gehenckit ſin. Der geben wart nach criſtes gebůrt bruzehen-hundert iar vnd in dem nůn vnd vierzigſtem iar an dem fritac vor dem ſuntac in der vaſten ſo man ſinget Inuocauit.

B. d. Orig. im fürſtl. Löwenſtein'ſchen Archiv zu Wertheim. — Mit 18 Siegeln, aus welchen ſich ergibt, daß die beiden in der Urkunde unleſerlichen Grafen Pfalzgrafen von Tübingen geweſen.

———

471.

18. April 1349. Rotweil. Graf Albrecht von Hohenberg „von Gottes vnd dez Stuls ze Rome genaden erwelter vnd beſtäter herre zu dem Biſtum ze Wirtzburg" quittirt die Reichsſtadt Rotweil für den Empfang von **224 Pfd.** Heller von der dortigen Steuer.

Wir Graf Albreht von Hohenberg von Gottes vnd dez Stuls ze Rome genaden erwelter vnd beſtäter Herre zů dem Byſtum ze Wirtz-burg veriehen offenlich vnd tůn kunt mit diſem brief, daz wir gar vnd gentzelich mit voller zal gewert ſient .. der hundert pfunt vnd zwölf pfunt haller, die vnſ vf dez hailigen Crutzes tag ze herpſt der nu nähſte hin iſt gefallen warent von der ſture ze Rotwil vnd ouch der hundert pfunt vnd zwölf pfunt haller, die vns ouch von der ſtüre ze Rotwil gefallen warent vf den wiſſen Sunnentag, der nu nähſte waz vnd daz die ſelben pfenninge alle in vnſern gůten vnd wiſſentlichen nutz komen ſint. Vnd ſagen den Rat vnd die burger ze Rotwile .. gemainlich .. der ſelben egnanten pfenninge aller luterlich ledig für vnſ vnd vnſer erben mit vrkund biz briefes, der mit vnſerm Inſigel verſigelt iſt vnd geben ze Rotwil an dem nähſten Samſtag vor ſant Gregorien tag. Nach kriſtus Geburte brüzehen hundert iare in dem Nůnden vnd vierzigoſten Jare.

B. d. Orig. im St.-Archiv zu Stuttgart.

———

472.

22. April 1349. Rotweil. Graf Hugo von Hohenberg und seine Gemahlin Ursula von Pfirt erlauben Konraden von Thierberg, seinen Schweher Johansen den Denkinger, Stadtschreiber von Villingen, an der Pfandschaft der Steuer von Schömberg theilnehmen zu lassen.

Wir graf Hug von Hohemberg vnd wir Vrsul von Pfirt sin elichi hußfrow tünt kunt mit disem brief allen den die jn ansehent oder hörent lesen vnd veriehe offenlich vmb die drissig pfunde haller geltz die Conrat von Tierberg Arnoltz son von Tierberg in recht pfands wise von vns jnne hat ze Schönberg in der stat von vnsren stüran vmb dritthalbhundert pfunde haller als er vnsre brief vnd der burger von Schönberg brief inne hat, daz wir jm darüber vmb die getrüwen dienst, die er vns getän hät vnd allezyt tüt willeclich gegunnen vnd erloupt haben, daz er zů dem selben pfande sinen sweher Johansen den denkinger der stette ze Vilingen schriber ze ainer rehten gemainder mit vnser beider gunst vnd güten willen genomen vnd empfangen hät vnd veriehen ouch für vns vnd für alle vnser erben, daz wir vnd vnser burger von Schönberg gemainlich jnen beiden gemainlich vnd iren erben vmb dasselb gelt vnd pfant haft vnd gebunden sin süllent ierglich ze geben ze sant Martins tag in aller der wise vnd in allem dem reht vnd geding als an den briefen verschriben ist die der obgenant Conrat von Tierberg von vns vnd ouch von vnsern burgern ze Schönberg jnne hat vnd ouch by derselben gelübde, als wir vnd vnser burger von Schönberg dem vorgenanten Conrat von Tierberg vnd sinen erben getän haben, also süllen wir vnd vnser erben vnd vnser burger von Schönberg jnen beiden vnd iren erben haft vnd gebunden sin iemer vntz an die stund, daz dasselb gelt von jnen oder iren erben erlöst wirt mit dritthalbhundert pfunden güter haller zu den zyten in dem jare als wir es lösen süllent ane aller slaht geuerde. Vnd herumb ze offenberm vrkund so haben wir für vns vnd für vnser erben vnsrü jngesigel offenlich gehenkt an disen brief, der ze Rotwil geben ist an sant Georien abend do man zalt von Cristus geburt Drützehenhundert jare, darnach in dem nünden viertzigosten Järe.

Nach einem Vidimus von 1408. St.-Archiv zu Stuttgart.

473.

24. April 1349. Rotenburg. Benz der Maier empfängt mit Wiſſen und Willen des Grafen Hugo von Hohenberg von dem Chorherrnſtift zu Ehingen den Hof zu Harb (O.A. Haigerloch) auf's Neue zu Lehen.

Ich Benz der Mayger geſeſſen uf dem Maygerhof ze Harb vergich offenlich mit diſem brief vnd tün kunt vnd ze wiſſende allen den die in anſehent oder hörent leſen .. daz ich von den erbären Herren dem probſt vnd den korherren gemainlich bez ſtiftez ze Ehingen iren hof gelegen ze Harb den man nemet den Maygerhof den min vatter ſälig och von inen ze lehen hett, vnd ich vnd minü geſwiſtergit von inen ze lehen gehebt haben von dem wir järglich gaben vnd geben ſölten fünfzehen malter winterkornſ zwai malter habern ain malter erwiſ, fünf ſchilling tuwinger, zwo gens, fier herbſthünr vnd zwai fiertal ayger, alleſ Haygerlocher meß, den ſelben Hof von inen han anbroſt enphangen zů ainem ſtäten lehen mir vnd minen erben vmb zwelf malter gůteſ vnd ſchönes rocken järgliches vnd ewigeſ gelteſ Haygerlocher meß alb aber wa wir ſy nit werotin mit rocken ſo ſüllen wir ſi wêron mit gůten ſchönen veſan alſ ſittlich vnd gewonlich iſt, fünf ſchilling Tuwinger zwo gens fier Herbſt hünr vnd zway fiertal ayger allü Jar ze geben zů ſant Michelſ tag vnd inen ze antẅrten gen Ehingen uf den kirchof vnd ſy da ze weron gäntzlich an allen iren ſchaden .. vnd won ſy mir früntlich vnd lieplich vnd durch merer ſicherhait ire geltez an den vorgeſagten êrren funfzehen malter winterkorn geltez die wir in gaben vntz uf diſen tag alz birr brief gegeben iſt, abgeſlagen hant drü malter winterkorn gelt zway malter habern, ayn malter erwiſ geltez alleſ haygerlocher meß, darom ſo ſol inen ab (sic!) den vorgeſagten zwelf malther rocken jerglichſ geltez nit ſchaben noch ſumen weder Hagel noch wint noch regen noch miſwechz, noch rayſen noch behayn ander ſlähte ſache vnd ſüllen inen den Hof beſſern vnd nit ſwechern an geſärde. Ez iſt och gedinget wâr daz ich oder behain mine erben von dem Hof füren oder in uf gäben daz ſullen wir tůn zů rehten ziln, ſo iſt och inen verfallen von vns drü phund gůter Haller ze weglöſy .. Dirre dinge ſunt gezuge Herr Hainrich Sätzli conuentbrůder ze Hemmendorf, pfaff walthers von Reminſhain Cüntze müye burger ze Rotemburg vnd ander erbär lüt gnůg .. vnd zů ainer merer ſicherhait der vorgeſagten dink vnd zugnüſſe ſo gib ich in diſen brief beſigelt mit minſ gnädigen Herren Graue Hugen von Hohemberg Inſigel daz er durch miner bett willen her an gehenket hat. Wir Graue Hug von Hohemberg veriehen och daz wir durch bett willen bez egenanten Bentzen bez Maygers von Harb zů ainer zugnüſſe der vorgeſagten bing vnſer aygen Inſigel haben gehenket an diſen brief der geben iſt in der ſtat ze

Rotemburg In dem Jar do man zalt von Criftez geburt Drißehenhundert Jar,
Nünü vnd fierzig Jar an dem fritag vor fant walpurg tag.

B. d. Orig. im St.-Archiv zu Stuttgart. — Mit dem gewöhnlichen kleinen Siegel
des Grafen.

474.

27. April 1349. Rotweil. Die Stadt Schömberg gibt ihre Zustimmung zu der Beftimmung des Grafen Hugo vom **22. April 1349.**

Allen ben bifen brief anfehent ober hörent lefen tünt wir ber fchultheiß
vnb bie burger gemainlich arme vnb rich von Schönberg kunt vnb veriehen
offenlich vmb bie briffig pfunbe haller geltz bie wir ierglich ze fant Martins tag
reht vnb reblich fchulbig fient ze geben Conrat von Tierberg Arnoltz fvx
von Tierberg vnb finen erben von vnffern ftüren als wir im von haiffent
wegen vnfers gnebigen herren gräf Hugen von Hohemberg vnb vnfer gnebigen frowen von Pfirt gräfinen ze Hohemberg gelopt habenb als er brief
von vns inne hät, baz vnfer vorgenanter herre vnb vnfer obgenante fröw ben
egenanten Conrat von Tierberg vmb fin bienft bie gnäb getän hänb, baz fi ju
gegunnen vnb erloupt hänt baz er zü bem felben gelt baz fin pfant ift von vnfer
obgenanten herfchaft vmb britthalbhunbert pfunbe haller ze ainer rehten gemaind
genomen vnb empfangen hät Johanfen bem Denckinger ber ftat ze Bilingen
fchriber finen fweher vnb von vnfer obgenante herfchaft im bes gegunnen hät, fo
veriehen wir für vns vnb alle vnfer nachkommen baz wir vnb vnfer nachkommen
bem obgenannten Conrat von Tierberg vnb bem egen. Johanfen Denckinger vnd
iro beiber erben gemainlich fchulbig ze geben fient ierglichs ze fant Martins tag bie
vorgefchriben briffig pfunbe haller geltz in aller ber wife vnb in allem bem reht
vnb gebing als an bem brief verfchriben ift ben Conrat von Tierberg vormals vnb
baffelb gelt vnb pfant von vns jnne hät iemer vntz an bie ftunb baz vnfer obge-
nanti herfchaft ober ir erben baffelb gelt von jnen beiben ober von iren erben
erlebigent vnb erlöfenb mit brithalbhunbert pfunbe guter hallern zü ben zyten in
bem järe als fie es burch reht löfen font vnb ouch by ber felben gelüpbe, als wir
barumb vormäls getän habenb ane alle geuerbe. Vnb herumb ze offem vrkunb
fo haben wir vnfer ftat jnfigel offenlich gehenkt an bifen brief, ber geben ift ze
Rotwil an bem nehften mentag nach fant Georien tag nach Criftus geburt brützehenhunbert järe barnach in bem nonben vnb vierzigoften jar.

Nach einem Vidimus von 1408. St.-Archiv zu Stuttgart.

474.

29. Juni 1349. Frankfurt. K. Karl IV. verleiht der Gräfin Mar=
garetha von Hohenberg und deren Sohn Rudolf das Vorrecht,
daß sie nur vor ihm und seinem Hofgericht, die Leute ihrer Herr=
schaft Rotenburg aber nur vor dem Schultheißen dieser Stadt
Recht nehmen dürfen.

Ich Conrad von Wartenberg ain fri hofrichter von mines gnebi=
en Herrn, des Römischen kaysers Carlen gewalt an siner stat, uf
inen hof zue Rotwil, tuen kunt mit disem brief allen ben in ansehent ober
örent lesen, das ich uf disen tag, als der brief gegeben ist, zu gericht satz uf
em hofe zue Rotwil, an ber ofnen, frien küngesstras, vnd komen für
mich erbare potschaft der eblen frowen von Nassauwe Fraw Marga=
ethen wylant graue Ruobolfs seligen von Hohenberg ehelichen hus=
rawen vnb mines gnebigen herren, grauen Ruobolfen von Hohenberg,
res sunes vnb zeigten vor gericht einen ofnen brief mit ainem hangenden jnsigel,
en si haten von dem hochwürdigen fürsten vnb herren, herren Carln kayser des
römischen Richs, der jnen geben wart ze ben ziten, biewile er bannocht könig
var, der von wort zue wort stat, als hernach geschriben stat.

Wir Karl von Gottes gnaden Römischer König ze allen ziten merer
es Richs vnb König zue Behem, verjehen vnb tuen kunt ofentlich mit disem brief
llen ben die jn sehent hörent ober lesent, bas wir angesehen vnb bedacht haben
rlichen getrewen vnb willigen bienst ben vns vnb dem Riche die eble Margarehta,
es eblen Ruobolfs ehewirtin, grauen ze Hohenberg, wib vnb Rudolf
r sun, vnser lieben getrewen vns oft nützlich getan haben, vnb noch tuen sollen
nb moegen in künftigen ziten vnb wollen sie barumb mit sonberlichen gnaden vnb
unsten gnebiglich begaben, vnb haben inen getan die gnade vnb tuen auch das
it macht dis briefs, das sie vmb alle sachen höche vnb niebere, welcherley bie
xeren, vor niemant anbers ben vor vns vnb vnsern hofrichter recht haben vnb ze
echt stan sollen, vnb baz der vorgebachten Margrehten vnb Rüobolfes lüte, sie
eyn ire biener, burger ober gebaur, bie ba in ber statt zue Rotenburg ober
nberst wa gessen (sic!), rechtens gehorsamb sin vnb ze recht steen sollen vor bem
chultheißen Ze Rotenburg vnb vor niemant anberst vmb alle sachen, wie bie
enannt sein, barumb sie angesprochen ober gelaben werben. Vnb wan bas die
genannt Margreht von Rüobolf ir sun vor jemant anbers banne vor vns ober
nsern hofrichter, vnb bie obgenanten ir lütte, biener, burger ober gebauren, vor
mand anberst, benn vor bem vorgenanten schultheißen ze Rotenburg gelaben ober
ngesprochen wurben, so wollen wir bas bas weber kraft noch macht haben solle
t kein wif mit urkunt bis briefs, versiglet mit vnserm königlichen Jnsigel, ber
eben ist zue Franckfurt, nach Christus geburt, breyzehenhundert vnb neun

Schmid, Urk.-Buch zur Gesch. d. Gr. v. Zollern-Hohenberg.27

vnd vierzig Jar, des negsten Sunabent vor Sanct Johannstag Baptista, in dem dritten iar vnsers Riches.

Vnb da ber brief gelesen wart, da baten sie inen ze eruaren an ainer vrtel, ob die obgenanten fraw Margrehta vnd graue Ruodolf ir sun vnd ir diener, burger vnd gebaur der gnade vnd fryhait nit billich solten genießen, vnd ob man ouch inen des vom gericht nit billich solte einen brief geben. Da wart vmbgeforschet was recht waz, vnd wart erteilt mit rechter vnd mit gesammleter vrtel, das sü dergmalen billüh genießen sollent, vnd baz man inen des solte ainen brief geba von gericht. Vnd herumb ze vrkunnde so han ich des hofgerichts zue Rotwil insigl mit vrtel gehenckt an disen brief, geben zue Rotwil an dem negsten bonerstag nach St. Lorenzentag, nach Christus geburt breyzehenhundert iar. darnach in dem sechsten vnd fünffzigsten iar.

Nach einem Vidimus des kaiserlichen Hofrichters Konrad von Wartenberg v. 11. Aug. 1356. Abschrift in den „Hohenberger Dokumenten“ T. VII. S. 242. St.-Archiv zu Stuttgart.

475.

21. August 1349. Rotweil. Graf Albrecht von Hohenberg „erwelter bischoff ze Wirtzburch," thut K. Karl IV. kund, daß er die Herrschaft Triberg, Burg und Stadt, mit der Veste Alt-Hornberg an Johansen, den Kanzler des Herzogs Albrecht von Oestreich verkauft habe, und bittet den Kaiser, er möchte den Käufer mit der genannten Herrschaft, welche Lehen von dem Reiche ist, belehnen.

Dem burchluchtigen fürsten Herrn Kareln Römischen Chunig, etc. einem merer des Richs vnd Chunig ze Behem vnserm gnedigem Herren Entbieten wir Graf Albrecht von Hohenberch, Erwelter Bischoff ze Wirtzburch vnsern willigen bienst mit truwen. Wir tun evren gnaden ze wizzen, daz wir bem erbern vnd wisen mann, maister Johannsen, ze den ziten Chantzler des hochgebornen fürstens Hertzog Albrecht ze Österrich vnsers lieben Herren vnd oheims ze chouffen geben haben die Herschaft ze Triberch, Purch vnd Stat vnd bie vesti gnant bi alt Horenberch mit alle bem, baz bartzue gehoret, es sie aigen ober lehen, dorfer, Teller (sic!) mairtum, baz lantgericht, Stok vnd Galgen, Getwing vnd Pan, alle Gericht, baz marchtrecht der Stat ze Triberch vnd bie wappen, die der von Triberch selig gefüret hat, vnd mit recht an vns chomen sind, vnd och bartzue gehorent, vnd bie Chilhen setze vnd Chilhenlihen, leut vnd güt, alle verlehente güt, manschaft, vogtay, vischwaid (sic!), holtz, welde, Jayd vnd weder spil, veld, waid vnd wismat, gestift vnd vngestift, versucht vnd vnuersucht, funden vnd vnfundens, wie so baz gnant ist, mit allen nutzen, eren, rechten vrihaiten, vnd gewonhaiten, bie bartzue gehorent, alz ez von bem egenanten von Triberch an vnsern vatter Graf Rudolfen seligen von Hohenberch chomen ist, vnd als ez bi selben vnser vatter vnd der von Triberch habent inngehabt, daz vns alles von demselben vnserm vatter Graf Rûdolf gen vnsern brüder vnd vettern, da wir mit einander tailten, an rechtem erbtail angeuallen ist, vnd haben ouch denselben chouf getan mit rat, gunst, vnd guten willen vnserr brüder Graf Hugen vnd Graf Hainrichs von Hohenberch vnd och vnsers vettern, Graf Rudolphs Graf Rudolphs seliges sunes vnsers bruders. Diselben Herschaft, Stat vnd die vestinan ze Triberch vnd die alt Horenberch vnd swaz dartzue gehoret, als vorbe= nant ist, daz von dem Hailigen Romischen Rich lehen ist, senden vnd geben wir eu etc. mit disem brief vnd biten eur gnad mit gantzem vlizz, dazz ir bi von vns of nemet vnd si lihet dem egenanten maister Johansen vnd sinen erben vnd in die bestetet mit euren chuniclichen briefen, als si des notbürftig sind, daran tût ir vns ain sunder gnab, bie wir gern verbienen wellen. Des geben wir ze vrchunb disen brief, besigelten mit vnserm vnser egenanten Brüder Graf Hugen vnd Graf Hainrichs vnd vnsers vettern Graf Rudolfs von Hohenberg Insigeln, Der geben ist ze Rotwil an Vritag nach vnser vrown tag ze mitten Augst, Nach Christs geburb Tusent drev hundert iar, dar nach in dem Nün vnd virtzisten iar.

B. d. Orig. in T. XI. Sammlung verschiedener Archival-Dok. Die Siegel fehlen. Es sind zwei ganz gleichlautende Exemplare vorhanden.

476.

18. September 1349. Rotweil.

Konrad von Thierberg nimmt seinen Schweher vor dem kaiserlichen Hofgericht zu Rotweil zu seinem Pfandgenossen an. S. zu 22. April 1349.

Nach einem Vidimus v. 1408. St.-Archiv zu Stuttgart.

477.

12. Januar 1350. Nagolb. Graf Otto der ältere von Hohenberg präsentirt dem Diöcesan=Bischof, nach erfolgter Resignation des Grafen Albrecht von Hohenberg, Bischofs in Freising, auf die Pfarrkirche in Bondorf (O.A. Herrenberg) den Priester Bertholb, genannt Hasen von Nagolb.

Reuerendo in Christo patri ac domino domino episcopo constantiensi seu eius Vicario in spiritualibus generali .. Otto comes de Hohenberg senior dominus et possessor curie dominicalis in Bondorf constan- tiensis dyocesis reuerenciam omnimodam et honorem ad ecclesiam curatam in Bondorf constantiensis dyocesis vacantem ex libera resignatione

27 *

comitis Albrechti de Hohenberg, dei et apostolice sedis gratia
electi frysiensis cuius jus presentandi ad nos dinoscitur pertinere racione
curie nostre dominicalis predicte, honestum et discretum virum .. Berhtoldum dictum Hasen de Nagelt sacerdotem vestre reuerende paternitati
presentibus presentamus. Rogantes quatenus eundem .. Berhtoldum dictum Hasen de cura animarum memorate ecclesie, et de dono ipsius altaris
inuestiatis, mittentes eum in possessionem eiusdem ecclesie in Bondorf corporalem. In cuius rei testimonium sigillum nostrum presentibus est appensum, Datum in oppido nostro Nagelt, presentibus strenuis militibus ..
Cûnrado Cæcheller, et .. Hugone de Berneck ac aliis fidedignis.
Anno domini Millesimo CCC⁰. L⁰. duodecima die mensis Januarij.

B. b. Orig. im Landes-Archiv zu Karlsruhe. — Rundes Siegel in bräunlichem
Wachs an Pergamentstreifen. Rechts geneigter, dreieckiger hohenb. Schild, auf dessen
aufwärtsgekehrtem Ort ein gewölbter Helm mit Hifthörnern. Helmdecken wie ein Mantel
zu beiden Seiten gleichsam aufgehängt. Der übrige Raum scheint mit Zweigen ausge-
legt. Umschrift: († S.) Ottonis comitis de Hohenb'g.

478.

18. Januar 1350. o. O. Graf Albrecht von Hohenberg, Bischof von
Freising, trifft als Kirchherr von Weildorf (O.A. Haigerloch) einen
Gütertausch mit dem Kloster Kirchberg.

Wir Graue Albreht von Hohenberg von Gots gnaden Bischof ze
Frisingen tün kunt mit disem brieue, daz wir mit beraitem môte ains rehter
wehsels ober ain komen sien mit den ersamen frowen vnd mit dem conuent ze
kilperg prebier Ordens, also daz wir inan reht vnd rebelich ze kuntlichem wehsel
gegeben haben ain wison der ist ain manne mat, bie höret an die wibeme vnserre
kirchen ze wilborf in Bentzen des maiers lehen von wilborf, vmb ainen aker
ber ist gelegen in der Lewi bi ben Crucen, bez sint vier Juchart, ben siv vns
an bie vorgen. wibenn vmb bie wison geben hant ze rehtem wehsel an das lehen
bes vorgenanten Bentzen bes maiers vnd ist ber wehsel beschehen mit vnserm vnb
mit ber vorgen. frowen güter willen bebiv mit ber priorin vnb mit bes Conuentes
willen ane alle geuerbe vnb ist biv vorgenant wise gelegen vf hagnach nah bi
kilperg .. vnb were, ob baz nv ober hie nach ain (sic!) ain anber kircherre würde
ze wilborf öber kurtz ober öber lanch bem biser wehsel nit geuiele ober nit gevallen
wölte vnb ba wiber sin wölte, so sol biser wehsel ob er sin nit gestaten wil gentlich wiber ab sin vnb sol ber vorgenant aker mit allen rehten wiber vallen an
baz vorgenant Closter ze kilperch vnb sol biv vorbenante wise och wiber vmb vallen
mit allen rehten an bie wibeme vnserer kirchen ze wilborf mit namen an baz lehen
Bentzen bes maiers bes vorgenanten in allem bem reht, als ez bebenthalp vor

bifem wehfel gewefen ift ane geuerbe, vnb ift bi bifem wehfel gewefen herman fulhaber, vnfer vogt vnb ze merem vrtunbe haben wir vnfer aigen Jnfigel gehentet an bifen brief, ber gegeben wart bo man zalt von Criftus geburt bruzehen hvnbert Jar vnb bar nach in bem fvnfzigoften Jar an fant Hylarientag.

B. b. Orig. im St.-Archiv zu Stuttgart. — Das zerbrochene kleine Siegel bes Grafen zeigt noch ein kleines Schilbchen mit einer Fahne, bie übrige Zeichnung ift untenntlich.

479.

1. Februar 1350. Horb. Graf Albrecht von Hohenberg, Bifchof von Freifing, fpricht mit Zuftimmung feiner Brüber Hugo unb Heinrich, besgleichen ber Stabt Horb bie Sammlungsfrauen bafelbft von allen Steuern unb Dienften frei.

Wir Graue Albrecht von Hohenberg von Gotes gnaben vnb bes Stüls ze Rome erwelter vnb beftaetigoter Bifchof ze frifingen veriehen vnb tün kont mit vrkvnbe bis gegenwartigen brieues allan ben bie in an fehent lefent ober hörent lefen, baz wir burch Got vnb burch ber felan hailes willen bie mitlen Samenvnge ze Horwe in ber Nekergaßen gelegen bi bem Neker minr brüber ordens bebiv bie Priorin vnb bie frowan gemainlich ber felben Samenvnge, bie nv zemale bi bifen ziten binne fint ober noch hinnan hin vnb hie nach bar in koment vnb alle ir nach komenben iemer ewiklich gefriet haben vnb frien och mit bifem brieue für alle Stivran vnb für alle bienfte fwie fiv genant fint luterlich gar vnb genzlich äne alle geuerbe vnb haben baz getan mit gütem willen vnb mit gunft vnferre lieben brüder, Graue Hugen vnb Graue Hainrich von Hohenberg, vnb aller ber bie bar zü notburftig waren .. vnb wellen öch baz inan vnb allan iran nachkomenben bifiv frihait ftaete ganz, vnb vnloogenbere belibe von vns, von vnferan erben, von vnferan nachkomenben, von vnferan ambetluten, von vnferan Burgern vnb von allan ben vnferan, iemer ewiklich ane wider rebe vnb ane geuerbe. Wir geloben öch bi güten triwen, für vns vnb für vnfer erben, baz wir bie felben frowan, bie nv in ber felben Samenvnge fint, ober ir nachkomenben, bie hie nach iemer bar in koment, nie mer benöten, bezwingen fullen, noch bekvmern vmb behain pfrönbe ze gebenne, ba fiv ez nit williklich vnb gern tünt. Vnb bes ze warem vrkvnbe vnb ficherhait haben wir vnfer aigen Jnfigel gehentet an bifen brief. Wir Graue Hug vnb Graue Hainrich von Hohenberg, gebrvber, bie vorgenanten, veriehen och, baz vnfer lieber Herre vnb bröber ber vorgenant biz allez getan hat mit vnfer beber gütem willen vnb gunft, vnb geloben ovch bi güten triwen für vns vnb für vnfer erben ben vorgenanten frowan vnb allan iran nachkomenben bife frihait ftaete ze haltenne iemer ewiklich ane geuerbe, vnb haben ovch bar vmb vnferiv aigenen Jnfigel ze ainem vrkvnbe gehentet

an diſen brief .. Wir der Schultheiß, die Rihter, der Rät, vnd die burger alle
gemainlich ʒe Horwe veriehen och offenlich, daʒ wir durch ernſtliche beth vnd öch
durch bot vnſers .. vorgenanten lieben gnaedigen Herren .. des edeln Grauen
albreht von Hohenberg, diſe vorbeſchribene frihait iemer ewiklich ſtaete haben
wöllen vnd ſullen äne alle wider rede, vnd ane geuerde, vnd haben och dar vmb
vnſerre vorgenante Stat ʒe Horwe gemainbe aigen Inſigel ʒe ainem geʒivgniſſe
gehenket an diſen brief .. der gegeben wart, do man ʒalt von Criſtus geburte,
drivʒehen hundert Jar, vnd dar nach in dem fünfʒigoſten Jare, an vnſerre frowen
abent ʒe kerʒwihi.

B. d. Orig. im St.-Archiv ʒu Stuttgart. — Die Siegel ſind abgefallen.

480.

9. Märʒ 1350. o. O. Graf Hugo von Hohenberg und ſeine Gemahlin binden den Kirchenſatz ihrer Kirche zu Schömberg an ihren
eigenen Garten daſelbſt.

Wir Graue Hug von Hohenberg vnd wir vrſel von pfirt Graeuin
ʒe Hohenberg veriehin vnd tügin kunt allen den die diſen brief ſehent oder
hörent leſent, Daʒ wir mit fliſʒe vnd mit ernſte vorſchettan vnd eruaren wolten ain
aigenſchaft ba der kirchenſatʒ vnſrer kirchen ʒe Schönberg in gehorti ober in
gehören ſolte, vnd wenn wir baʒ nit eruaren mohten mit bekainer kuntſchaft, weder
brief noch lüte, ſo haben wir den ſelben vnſern kirchenſatʒ gemachet vnd gewidemet
in vnſern aigenen garten gelegen ʒe Schönberg vor bem tor baʒ man
nemet in dem dorfe vnd ſtoſʒet ainhalb an die ſtraſʒe biu gat ger
Rotwil gen dem bilde, den Burkart ber waiger (sic!) von vnſ ʒe lehen
hat, vnd baʒ bewidemen vnd baʒ vermachen habin wir getan mit allen ben rehten
vnd frihait alʒ bar ʒů gehöret, vnd mit aller der notburfti alʒ eʒ kräft vnd maht
haben ſolte. Vnd beʒ ʒe warem vrkunb ſo han wir der vorgenant Graue Hug
von Hohenberg vnd wir biu vorgeſagt vrſel von pfrrt (sic!), vnſerü aignú
Inſigel an diſen brief gehenket, Der geben iſt an dem naehſten ʒinſtag vor ſant
Gregorien tag, do man ʒalt von Criſtus geburt Druʒehenhundert jar bar nach in
bem funfʒigoſten Jar.

B. d. Orig. im St.-Archiv ʒu Stuttgart. — Beide Siegel bis auf die Umſchrift
gut erhalten, hängen an; baʒ der Urſula von Pf., ein ſogenanntes Alliance-Siegel, hat
in der rechten Hälfte ben Hohenberger Schilb, in der linken ʒwei Fiſche.

481.

22. Mai 1350. o. O. Bischof Bertholb von Straßburg schlichtet den Streit zwischen dem Grafen Hugo von Hohenberg und dem Kloster Murbach in Betreff des Dorfes Ufholß (bei Senheim im Elsaß).

Wir Berchtolt von goß gnaden Bischof zu Strazburg Tün kunt allen ben, bie bisen brief ansehent ober hörent lesen nv ober harnach, das für vns kament zu Sultze willekliche ber Erwürbige herre herre Heinrich ber Dechan vnbe baz Capitel zu Mürebach eine site vnb ber Ebele herre Grafe Hug, Herre zů Hohemberg für sich vnb frowe vrselin greuinne von Pfyrt sine eliche frowen anberstt vnb liessent vf vns vf einsprechen alle bie missehelle vnbe Stöße, so sü gegen einanber hattent vnbe gehebt hettent vntze har von bes Dorfes wegen zu Ufholß gelegen bi Senheim vnb baz barzu höret vnbe bes namen ouch wir vns an, ze eruarenbe vf ein reht vnb enthiessent in zu beiben siten, bas wir vfsprechent_woltent in berselben sachen zwüschent in vntze vierzehn bagen nach pfincfesten zu neheft vnb soltent sü bar uf vnb vf vnser vsprechen ietweber site gute frünb sin vnb sprechent zu rechte nach kuntschaftbriefen vnb Lüten, bie wir gesehan vnb verhörent hant, mit rate vnsere bescheidene Ebel vnb vnebelre, ber Rat wir harüber gehebent hant .. vnb ouch also, wir es selber funben hant von waren schulben, bas baz vorgen. borf zu vffholße mit sinem rehten ist vnb ewekliche sin sol bes Gotzhuses von Mürebach egenant vnbe enhant bie vorgen. Grafe Hug noch frowe Vrsele noch haben süllent kein reht zu bem egen. Dorff vffholß, vnbe sprechent es in mit vrteil abe, wanne si kein reht barzu hant noch hettent, vnb sprechent es bem vorgen. gotzhuse zu, wanne es goß reht barzu hat. Vnbe bes zu eim vrkunde so han wir vnser Jngesigel an bisen brief gehenket, ber wart geben an bem neheften sammestage vor sante vrbans tage, ba man zalte von gottes geburte bricehen hunbert vnbe fünfzig iar.

B. b. Orig. im Präfektur-Archiv zu Colmar. — Das Siegel ist abgefallen.

482.

22. Mai 1350. o. O. Bischof Bertholb von Straßburg richt ben vorgenannten Streit bahin aus, baß bas Kloster Murbach bem Grafen Hugo als Entschäbigung 600 fl. Gulben unb 10 Fuber weißen Wein gibt.

Wir Berchtolt von goß gnaden Bischof zu Strazburg Tün kunt allen ben bie bisen brief ansehent ober hörent lesen, baz wir in ber missehelle, so bie erwirbigen Herren her heinrich abbet vnb baz Capitel bes Gotzhuses zu Mürbach ein site vnb ber ebel herre Graf Hug Herre zu Hohemberg an-

berſite mit einanber hattent von bes Dorffes wegen zu vfholtz, bie miſſehelle an
vns wart gelaſſen. Da han wir befunben, baz Graue Hug ber vorgenante kein
reht zů bem Dorf hat, wanb aber Graue Hug ben egen. herre heinrichen abbet
vnb ben Capitel zu Mûrbach wol gebienen mag, ſo raten wir vnb heiſſent bie
vorgen. herrn Heinrichen vmb baz Capitel, baz ſü bem vorgeſchriben Graue Hugen vmbe ſine bieneſte, bie er ben vorgen. herren herr Heinriche Abbet vnb bem
Capitel getruweliche tûn ſol vnb mag, geben ſehs hunbert kleiner gulbin von florentie vnb zehen ſuber wiſſes wines vor ben trotten zu vfholtz, zů ben zün,
alſe vnſer uſprech brief ſeit vnb ſol bar vmbe ber egen. graue hugo her heinrichs vnb bes Capitels zů Mûrbach biener ſin mit guten truwen. Vnb bez zu
eim Urkunbe han wir vnſer Jngeſigel an biſen brief gehenket, ber geben wart an
bem neheſten Sammeſtage vor ſant vrbans tage bes Jars ba man zalte von goz
geburte brützehen hunbert vnb fünfzig Jar. —

     B. b. Orig. im Präfektur-Archiv zu Colmar. — Mit bem zerbrochenen Siegel bes
Biſchofs.

<hr>

483.

**22. Juni 1350. Befort. Graf Hugo von Hohenberg unb ſeine Ge-
mahlin verzichten gegen bas Kloſter Murbach auf alle ihre Anſprüche
an bas Dorf Ufholtz.**

     Wir graf Hug herre zu Hohenberg vnb vrow Vrſula von Pfirte
grefin zu Hohenberg bes egen. graf Hugos eliche vrowe Tun kunt
allermenglich vnb veriehen mit biſem briefe, baz wir noch kein vnſer kint noch
nachkommen an bem borfe Vffholtz gelegen bi Senheim kein recht hant,
haben noch haben ſullen, vnb geloben für vns, alle vnſer kint vnb nachkommen,
bas wir bie erwirbigen herren hern heinrich abbet vnb baz Capitel ber ſtift zu
Mûrbach noch ir nachkomen, ben baſſelbe Dorf Vffholtz von rechte zu gehört
niemer baran ſullen geirren, angeſprechen noch bekümbern in keine wiſe, vnb ver-
troſten bes bie egen. herren abbet Heinrich vnb bas Capitel ber ſtift zu Mûrbach
für vns, vnſere kint vnb alle vnſer nachkommen mit biſem briefe. Wir geloben
öch für vns vnb alle vnſer erben ſtete ze haltenbe bas ſprechen vnb vfreben, baz
ber erwirbige herre von goz gnaben Byſchof Berhtolb Byſchof zu Strasburg getan hat in ber miſſehelli, ſo wir bie egen. graf Hug herre zu Hohenberg
vrow Vrſula von Phirte hatten mit ben vorgen. erwirbigen herren abbet Heinrich
vnb bem Capitel ber ſtift zu Mûrbach hatten (ſic!) von bes Dorfes wegen Vffholtz, wanb wir ber miſſehelli vf ben egenannten herren Byſchof Berhtolt vf ſin
ſprechen elleklichen kament. Darume geloben wir ſin uſſprechen ſtete zu haltenbe
vnb bawiber niemer ze tûnbe in alle bir wiſe, als bie vfprechen briefe ſagent, bie
ber vorgenant erw. herre Byſchof Berhtolb vnber ſinem ingeſigel beſiegelt hot ge-

ben, vnd verzihen vns [1] für vns vnd alle vnſer erben alles rechtes geiſtliches vnd
weltliches, geſchribens vnd vngeſchribens, ſtetrechtes, lantrechtes, burgrechtes. vnd
aller helffe, damit wir ober vnſer erben ober iemand von vnſern wegen wider
keins der vorgeſchribenen dingen in möhten kommen gereden, ober getun ober
ſchaffen getan mit vns ſelber ober mit keinen andern lüten. Vnd zu einem vrkunde vnd ſicherheit aller der vorgeſchribenen dingen, ſo hant wir der vorgen.
graf Hug herre zu Hohenberg vnd vrov Vrſula von Pfirte, greſin zů Hohenberg,
vnſere eigenen Inſigel an diſen brief gehencket, der geben wart zu Beſort of
vnſer veſtin, des jares, bo man zalte von gottes geburte drüzehen hundert vnd
fünfzig iar an dem nehſten ziſtage vor ſant Johans tage des Töffers zu
Sůngiſten.

  B. d. Orig. im Präfektur-Archiv zu Colmar. — Das Siegel des Grafen fehlt;
das ſeiner Gemahlin iſt das oben beſchriebene.

 [1] Nach einer Urkunde von 1245 verzichtete ſchon Graf Ulrich von Pfirt auf alle ſeine Anſprüche an das Dorf Uſholtz.

484.

23. Juni 1350. o. O.

 Fridrich von witingen verkouft ſ. l. můter frow margreten von wä-
lalingen ſ. gut zu witingen (das giltet 23 malter roggen u. 3 Tům. Schilling) um 103 Pfb. hůr. ſetzt zu bürgen: Gr. Burkard und Graf Cunrat
von Hohenberg, gebrüder, von wilperg, Otten Böklin von ötinger tal
u. Hermann von Berſtingen. An ſant Johans abent ze Sungiſten.

  B. d. Orig. im St.-Archiv zu Stuttgart.

485.

22. Juli 1350. Laibach. Graf Hugo von Hohenberg und ſeine Gemahlin Urſula von Pfirt verzichten gegen eine Entſchädigung von
10000 Gulden auf ihre Anſprüche an die Herrſchaft Rotenberg.

 Wir Graf Hug von Hohenberg vnd wir gräfin Urſel ſin eliche wirtin, graf Ulrichs ſelig von Phirt tochter, verjehen offenlich, daz wir vns
gen dem hochgeborn furſten, vnſerm herren Herzog Albrecht ze Oſterrich, ze
Steyr vnd ze Kernden, vnd gen vnſern frowen, frowen Johannen ſiner elichen herzogin, vnſer ſweſter, vnd gen ir baider erben verzigen haben vnd verzeihen vns ouch mit diſem brief allez des erbtails, aller recht vnd anſprach, ſo wir
haben, gehaben mochten ober ſolten, gen der herrſchaft Rotenberch, burg vnd
ſtat vnd allem dem, daz darzu gehort, vnd haben vns ouch darzu verzigen allez
des erbtails, anſprach vnd wartung, die wir gehaben, ober vns angevallen mochten

von vnſer gräfin Urſel vater, graf Ulrich von Phirt, ober von vnſer muter
von Mumpligart, ber anſprach yezund gebacht iſt, ober hernach uferſten mochte,
an allein Pefurt, burg vnb ſtat, ber vns ein halbtail angevallen iſt; Stauben
bie burg, ber vns ouch ein achtail angevallen iſt; Spanick bie burg, ber vns
ein viertail angefallen iſt, vnb alle bie tail, bie vns ba angevallen ſint, zu benſelben veſten, mit allen ben guetern vnb rechten, bie barzue gehorent, vnb baz
wir mit chrieg gewinnen mochten von bem herzog von Burgunb, alſo baz wir
noch vnſer erben nach berſelben herrſchaft Rotenberch vnb waz barzu gehort,
vnb nach alle bem erb vnb wartung, als vorgeſchrieben iſt, chain anſprach, noch
vorberung niemermer gewinnen ſullen; vnb hat vns baiben barumb ber vorgenant vnſer herr herzog Albrecht vnb unſer frow, frow Johanna ſin eliche
wirtinn, vnſer ſweſter, geben zehen tuſenb gulben, ber wir genzlich von in gericht
vnb gewert ſin; wir ſullen ouch bieſelben zechen tuſenb gulbein anlegen an ein
ligunb gut, alſo bas wir baz ſelb gut unverchumeret inne haben ſullen, unz an
vnſer baiber tobe. Wer aber, baz wir an leib erben abgiengen (bavor got ſey)
ſo ſol bazſelb gut, baz wir vmb bie zehen tuſenb gulbein kauften, ſin vvider gevallen vnb erben an ben egenannten vnſern herren herzog Albrecht, an vnſer
frowen bie herzogin frowen Johannen, vnb an ir baiber erben; ouch ſullen wir
vns ber herrſchaft Rotenberch, burg vnb ſtat, vnb waz barzu gehört, unb ouch
allez bez erbes, wartung vnb vorberung, als vorgeſchrieben ſtet, an baz uzgenom-
men iſt, verzeichen vor gerichten, vor herren, vnb an ben ſteten, bamit ber egenannt vnſer herr herzog Albrecht vnb frow Johanna bie herzogin, vnb ir
erben beſorgt ſinb, vnb bamit ez chraft hab, vnb ſullen ouch ber verzeichnuſſe vmb
bie egenannt herrſchaft Rotenberch, vnb vmb allez bez erb vnb wartung, alz
vorgeſchrieben ſtet, vnſer brief geben mit vnſern inſigeln, vnb mit vnſers oheimbs
graf Ulrich von Phannberch inſigeln, ber biſer ſach rebner unb taibinger geweſen iſt. Wir haben ouch bieſe verzeichnuſſe vmb bie herrſchaft Rotenberch,
vnb waz barzu gehort vnb vmb allez baz erbe, vnſer gräfin Urſel vater vnb muter
ſelig, alz vorgeſchrieben iſt, gelobt ze vollefuren, vnb geſworen zu ben heyligen
ſtet ze haben, vnb bawiber niemer ze chomen, wir noch vnſer erben, gen in noch
gen iren erben, mit geiſtlichem noch mit weltlichem gericht, weber mit worten,
noch in behainerlay weiz an allez geverbe. Dez geben wir ze vrkund bieſen brief
beſigelten mit vnſern inſigeln, vnb mit bez egenanten vnſers ohems Graf Ulrich
von Phannberch inſigel, ber biſer ſach u. taibing gezeug iſt. Dieſer Brief iſt
geben ze Laybach in Chrain an ſant Marien Magbalenen tag, nach Chriſtus
gepurt brizehen hunbert jar, barnach in ben funfzigiſten jar.

Abbruck bei Herrgott, cod. probat. geneal. Habsb. nro. 799.

486.

I. Juli 1350. Conſtanz. Eine Streitſache zwiſchen Conſtanzer Bür=
gern, deren Bruder vordem Pfarrer auf dem Wurmlinger Berg
geweſen war, einerſeits, dem Kloſter Kreuzlingen, der Gräfin Mar=
garetha von Naſſau und den Grafen Eberhard und Ulrich von
Wirtemberg andererſeits wird von dem Offizial des Bisthums
Conſtanz beigelegt.

Officialis curiæ Constant. Omnibus presentes litteras intuentibus sub-
torum notitiam cum salute. Noverint presentium inspectores vniuersi,
, constituti coram nobis, anno dni 1350 fer. 2. post festa beati Jacobi
toli proxima, Joannes et Henricus dicti Schneweisse, fratres,
quondam .. dicti Schneweisse junioris civis Constant. fatebantur in
i, sana mente et corpore, sponte et libere, pro se et heredibus suis,
im religioso in Christo abbate et conuentu monasterii in Cruzelingen
S. Aug. Can. Regul. amicabiliter et cum omni dubitatione expedi-
t complanatos fore super omnibus iuribus et actionibus et quaestionibus
itibus siue contra usque ipsis contra dictos abbatem et conuentum
ipsum monasterium Cruzelingen et Nobilem dominam dictam de
aw, relictam quondam domini Rudolfi comitis de Hohenberg,
ctabiles viros dominos Eberhardum et Vlricum comites de
enberg fratres, competentibus seu competere valentibus, usque in
am diem, occasione et prætextu seu nomine quondam fratris Arnoldi
Schneweisse conuentualis dicti monasterii, olim plebani in Monte
mblingen, ex causis quibuscunque, et quod ob id ab ipsis abbate
uentu dicti monasterii in Cruzelingen, nomine quo supra, receperint
rompta et parata et numerata pecunia 24. florenos aureos de pa-
, legales et ponderis competentis, et quod eosdem viginti quatuor
os in usus ipsorum utiles et necessarios et euidentes conuerterint, et
serint pro se et heredibus seu successoribus suis, fide data nomine
enti solemnis, interposita stipulatione, contra expeditionem et compla-
m prædictam seu contra præmissa numquam facere vel vocare per
alios, imo ipsos abbatem et conuentum nec aliquo prætextu ipsorum
inæ de Nassow et dominos Eberh. et Vlr. comites de Wurtenberg
ctos occasione seu prætextu siue nomine præfati quondam fratris Ar-
olim fratris carnalis eorumdem Joan. et Henr. dictorum Schneweisse,
iis quibuscunque ex causis ipsis contra eosdem usque in hunc diem
etentibus seu competere ualentibus, impetere molestare seu quovis
perturbare per se uel alios seu alium denuntiantes expresse pro se
redibus suis omnibus juris et facti remediis quæ sibi vel heredibus

suis possent in præmissis quomodolibet suffragari; et in præmissorum testimonium roboris firmitatem sigillum curiæ nostræ Constant. ad petitionem
prædictorum confitentium duximus præsentibus appendendum. Datum et
actum Constantiæ anno et die prædicto.

Nach einer Abschrift im Archiv zu Kreuzlingen.

487.

28. November 1350. o. O. Graf Rudolf von Hohenberg gibt der
Stadt Straßburg das eibliche Versprechen, alle Artifel des Briefes
halten zu wollen, welchen der Bischof der genannten Stadt, die
ebeln Herren und Dienstleute in Betreff der Juden solcher gegeben.

Wir Graue Růdolf von Hohenberg veriehent an disem gegenwertigen
briefe das wir gesworn hant an den heiligen gegen Meister vnd Rate vnd
den burgern gemeinlich von Strazburg alles das stete zů habende das
an disem briefe geschriben stat den der erwirdige herre Bischof Berhtolt von
Strazburg vnd die eblen herren vnd Dienstleute von der Juden wegen den
selben burgern von Strazburg vber sich gegeben hant vnd hant vns vnd vnsen
nachkomen dar zu vesteklich verbunden alle die artikel zu vollefürende die an
demselben briefe geschriben stänt bi den vorgenannten vnsern eiben vnd das wir
niemand da wider getun sollent noch schaffen getän werden, in beheinen weg
ane alle geuerde vnd bez ze einem vrkunde so hänt wir vnser Insigel an disen
brief gehendet, der wart gegeben am Sunendage vor sant Andreas dage, in den
Jare bo man zalte von gotz geburte drützehenhundert Jar vnd fünfzig Jar. [1]

B. d. Orig. im Stadtarchiv zu Straßburg. — Die Siegel sind abgefallen.

[1] Die Stadt Rotenburg, Konrad von Ehingen und Renhart von Anti stellen
1350 eine gleichlautende Urkunde aus. St.-Archiv zu Straßburg.

488.

3. Dezember 1350. o. O. Kunz Engelfrid, Bürger zu Rotenburg,
verkauft an das Chorherrnstift zu Ehingen um 10 Pfd. Heller und
5 Schilling eine Hofstatt zu Ehingen.

Ich Cünz Engelfrit Burger ze Rotenburg vergih vnd tůn kunt allen
den die disen brief ansehent oder hörent lesen, das Ich den erbern herren dem
probst vnd den korherren gemainlich bez stiftez ze Ehingen vnd allen
iren nachkomen ains rehten redlichen kaufez ze kauffen gegeben hän mit gunst vnd
mit willen aller der die dar zů notbürftig sint oder waren ain hofstat ist ge-

legen ze Ebingen vnb Stoffet ainhalp an bez wedlers gefeffe vnb anberhalp
an bie kylhmurun vmb füff (sic!) schilling vnb ziehen (sic!) pfunt haller güter
vnb genemmer, ber ich von Inen bin gewert gar vnb genzlich an allen gebreften
vnb in minen kuntlichen nuz comen fint. Die felbun hoffstat fol ich ber engenant
Cünz Engelfrit vnb min erben bem vorgenanten probft vnb ben herren vngeuar=
lich in allem bem rehten alz ich fy biz herr vf bifen huttigen tag gehebt vnb ge=
noffen hän vfrihten vertigan vnb verftäin für ain rehtez lebigez aigen iar vnb
tag näch ber ftet reht ze Rotenburg on aller fchlaht geuerbe, wan baz ber
hofftat zins ber herfchaft bar vz gant, Dar vmb hän ich Inen ze Bür=
gen gefezet biz erbern lütt pfaff Cünrat Engelfrit ben pfründern ze
Rottenburg vnb pfaff Engelfriben min fun korherren ze Ebingen
vnb Engellin ben witwer vnb Bettun bez kellers tohter von tuflin=
gen mit folicher befchaibenhait, fwa nit befchehe, alz vorgefchriben ftat, fwenne
benne bie vorgenanten Bürgen bar vmb ermant würben von Inen felber, von
Iren botten ober mit Iren briefen ze hus, ze hofe ober vnber Ogen, fo füllent
fiv ze hant näch ber manung by güten truwen ain reht gyfelfchaft laiften ze
Rottenburg in offrer wirz hufer alz ba fitt vnb gewunlich ift vnb fullen ba von
nümer comen noch lebig werben byz volllich vf geriht wirb bar vmb fiv ermant
fint, gyeg ba zwiftant ber Bürgen behainner alb (sic!) baz Got wenbe, fo fol ich
Inen ain gnü gewiffen fezen an bez felben ftat in ben nehften vierzehen tagen
fwenn ez an mich geuorbert wirt ober bie anbern bürgen fullen laiften in allem
ber rehten alz vorgefchriben ftatt, ob fiv bar vmb ermant werbent on geuerbe
vnb in fwelen fchaben fin bie burgen coment, ba fol ich Inen von helfen aber
on allen Iren fchaben vnb zü ainer merren ficherhait vnb offen vrkunb gib ich
Inen bifen brief befigelt mit ber Burger ze Rottenburg gemainem infygel bie ez
burch miner bett willen hänt bar an gehendet. Ich ber vorgenant pfaff Cünrat
Engelfrit vergih och ber Burdfchaft vnber minem aigen infigel bie baz gehedet
(sic!) ift an bifen brief. Ich pfaff Engelfrit korherr ze Ebingen vergih öch ber
burdfchaft alz vorgefchriben ftatt vnber minem aigen Infigel. Ich bü vorgenant
Bett vergih ber burdfchaft vnber ber egenanten zwaigirn pfaff Engelfrib Infigel.
Ich ber egenant Engelli ber witwer vergih ber Burdfchaft vnber ber Burger ge=
mainem infygel ber egenant ftatt ze Rottenburg, baz gehendet ift an bifen brief,
Der gegeben wart bo man zalt von Gotes geburt bruzehenhunbert iar bar nach
in bem fünfzigoften iar an bem nehften fritag vor Sant Ryclaus tag.

B. b. Orig. im Befiz eines Bürgers zu Rotenburg. Mit 3 Siegelreften. —
Das länglichrunbe Siegel bes Chorherren Engelfrieb hat unter einem gothifchen Bogen
einen kleinen Schilb mit zwei fich kreuzenben Beilen; über ber gothifchen Berzierung er=
heben fich Zweige mit Laubwerk.

489.

1. Juni 1351. o. O. Agnes von Bulach vermacht unter dem Siegel des Grafen Burkard von Hohenberg, des alten, an das Kloster Reuthin Gülten aus einem Hof zu Ober=Jesingen (O.A. Herrenberg).

Jch agnes von Bûlach Johannesen waidhasen Eins burgerz ze friburg elichû wirtenin vergih offenlich an disem brieue vnd tûn kunt allen den die in lesent oder hörnt lesen, Daz Jch mit gunst vnd mit willen bez vorgenanten Johannsen mins Elichen wirtez Luterlichen durch Got vnd durch Hailez willen miner sel miner mûter sele vnd aller miner vordern selen gemachet vnd gegeben hân vf den tisch der erbern gaistlichen vröwen bez klosterz ze Ruti Drû malter Rocken, drû malter habern ewigez geltz, Drizsic haller geltz vnd funfzic aiger geltz vz dem houe ze ôsingen, der mich an ge erbet ist von miner mûter vnd von minen vordern mit sölicher beschaidenhait, daz bû erber gaistlich frowe Elle von Bûlach miner mûter säligen shwester daz vorgenant gelt halben tail dez korz, der heller vnd der aiger haben sol vnd niessen zô irm libe, die wil sû lebt vnd Jch selb den andern tail, die wil Jch leb, wer aber daz min Brûder pfaf Jo= hans der Conuent brûder ist bez Closterz ze rexsingen sant Johan= sen ordens vnser ains oberlepte oder vns beidû, so sol er vnser ietwederf tail erben vnd haben zô sim lebenn, die wil er lept, vnd nach bez tobe so sol der vorgenant Johans waidhaf daz vorgenant gelt allez haben vnd niessen zô sim lib, die wil er lept vnd nach vnser aller vieren tobe, so sol daz vorgenant gelt wer= ben vnd dienen immer eweclich vf den tish der vorgenannten frowen ze Ruti vnd sullen die frowen ewiclich begân vser Jargezit vnd vnserr vordern zô zwain malen in dem Jar, bez ersten vf aller hailigen abent vnd banach in der vasten vierzehen tag vor den Ofteren. Vnd daz dis allez war vnd stât belib, barumb hân wir gebetten vnsern gnâdigen Herren ben alten Graue Burkart von Hohen= berc, daz er sin aigen Jnsigel an disen brief hat gehaissen gehencket. Wir Graue Burkart der alt von Hohenberc vergehen öch an disem brieue, daz wir durch Ernstlich bêt der vorgenanten fro Agnesen vnd irf Elichen wirtez Jo= hannsen waidhasen ains burgerz ze friburc vnser aigen Jnsigel an disen brief han gehaissen gehencket zû ainem vrkund allez bez baz an disem brieue ist geshri= ben. Der brief wart gegeben, do man zalt von Gottez geburt bruzehenhundert Jar vnd ains vnd funfzig Jar an der nehsten Mitwochen vor dem pfingestag.

B. b. Orig. im St.=Archiv zu Stuttgart. — Mit dem sehr undeutlichen kleinen Siegel des Grafen.

490.

2. Juni 1351. Rotweil. Gräfin Ursula von Hohenberg (Pfirt) verzichtet mit ihrem Gemahl Graf Hugo von Hohenberg vor dem Hofgericht zu Rotweil auf ihre Ansprüche an die Herrschaft Rotenberg.

Ich Cunrat von Wartenberg, ain vrier hofrichter von mines herren dez Röm. konigs Karlen gewalt, vnd an siner stat vf sinen hofe ze Rotwil, vergiche vnd tun kunt allen den, die disen brief ansehent, oder horent lesen, daz vor mir stunb an offen gericht vf dem hofe ze Rotwil, an der offenen vrien kinigs stras, mit fürsprechen, als recht ist, vnd als vrtail gab, die hochgeborne vrowe, vrowe Urselle von Pfirte gräfin von Hochenberch, mit dem hochgebornen herren graf Hugen von Hohenberg, iren lieben ehlichen wirte, gesunt dez libs, vernunftig, vnd sinne beratenlich vnd bedähtlich, vnd nam da ze vogt mit vrteil, alz recht ist, mit dez vorgenannten grave Hugen von Hochenberg ir elichen wirtes, gunst vnd gute willen den edlen herren grafe Rudolfen von Hochenberg, vnd gab vf zu der zit, do sy ez wol getun mochte, ane menigelichs trrunge vnd wiberrede, vnd verjach: Das sye recht vnd reblich, guetwilleclich vnd vnbetwungenlich mit guter betrachtunge, mit bedachten fursichtigen vrien mut, mit dez egenanten iren vogtes hant, gunst vnd guten willen, vfgegeben hett in des vesten ritters herren Walters von Stabegun hant, an des hochgebornen herren herzog Albrechten von Osterrich, vnd an vrow Johannen siner elichen wirtin, vnd an ir erben stat, vfgegeben hette Rotenberg die herrschaft, baide burge vnd die stat, vnd allez, daz dar zu gehört, ez sin lute oben guter, funbens vnd vnfunbens, gesuchtez vnd vngesuchtez, benemptez vnd vnbenemptez, vnd wie ez gehaissen ist. Sye hat och vfgeben, vnd sich verzigen allez des gutez, daz sye angefallen waz von vaterlichen vnd vom mueterlichen erbe, ane die gut, die hienach geschriben stant: Befort, vnd was barzue horet; Stoben, vnd was barzue horet; Spanegge, vnd was barzue horet; vnd och die ansprache vnd die recht, die sy hat zu dem kinige von Franckrich vnd verzeche sich ouch da vor offenem gerichte alles rechtes, gwaltsamb vnd ansprache, fur sich vnd fur ir erben, so sy an der vorgenanten herrschafft ze Rotenberg, der stat vnd an den baiden burgen, vnd waz barzu gehoret, vf biesen hiutigen tag, als birre brief gegeben ist, gehept hat, oder gehaben mochte, in kein weg, sus oder so; vnd hat daz gethan, als erber ritter vnd richter bie ba zugegen waren, ertheilenb, vnd als recht ist, vnd als es billich craft vnd macht haben soll; vnd hat sich ouch barumb vor mir verzigen alles furzoges, rechtes vnd schirms, gaistliches vnd weltlichs gerichtes, aller richter, ber kinige vnd ber kaiser recht, vnd ber Babest briefe, bamit sye ober ir erben bie gegenwirtige hantvesti wiber triben möchti, ober känne bind wiber werfen, bas hievor ober hienach geschrieben stat. Vnb bez zu offen waren vrkunde, so hab ich bez hofgerichts ze Rotwil ingesigel mit rechter gesamenter vr-

tail gehenckt an bifen brief. Wir ber vorgenannt graf Rubolf von Hochen=
berg verjechen och an bifem brief, bas wir ber hochgebornen vrowe, vrowe Ur=
fellm von Pfirchte, gräfine zu Hochenberg, mit bez egenannten graf Hugen
von Hochenberg, ir elichen wirtes, haifende, gunft vnb guten willen, ze vogt
gegeben wart, vnb bez aller vorgefchribnen bingen mit vnfer hant, gunft vnb
guten willen, volle gangen vnb befchehen fint, vnb bez ze ainer merer ficherheit
haben wir vnfer infigel ze bez hofgerichts ze Rotwil ingefigel gehenkt an bifem
brief. Wir bie vorgenannte vrowe Urfelle von Pfirte, grafine zu Hochen=
berg, verjehen och offenlich an bifem briefe, bas wir mit haiffenne vnb
gueten willen grafe Hugen von Hochenberg, vnfers liben wirtes, ben
eblen herren graf Rubolf von Hochenberg, vnb och mit vrteil, als
recht ift, ze vogt genommen haben, vnb vns mit bezfelben vnferes vogtes
hanb, gunft vnb guten willen ba offenlich vor gericht, als vrtail gab, vnb als
recht ift, bie herrfchaft ze Rotenberg, baibe burge vnb bie ftat, vnb was barzu
gehört, als vorgefchrieben ftat, vfgegeben haben, vnb vns allez rechtz vnb anfprache
barumb verzigen haben, luterlich, ainmueteklich, frilich unb one alle geferbe; Vnb
bas biz alles war unb ftete belibe, fo haben wir vnfer ingefigel zu bez hofge=
richtes ze Rotwil infigel gehengt an biefen brief. Wir graf Hug von Hochen=
berg verjehen och offentlich an biefem briefe, ba wir ftunben an bem offenen
gerichte ze Rotwil vf bem hofe, mit befonder liebe, frilich vnb vnbetwungenlich,
vnb ba ufgaben vnb vns verzigen mit hanb vnb mit munbe, alz vrtail gab, vnb
alz recht ift, aller ber recht vnb anfprache, fur vns vnb vnfer erben, fo wir an
ber herrfchaft ze Rotenberg an ber ftat, an ben zwayen burgen, vnb ze allem
bem, baz barzu horet, als vorgefchrieben ift, gehept haben, vf biefen hiutigen tag
von vnfer vorgenannten elichen wirtine, vro Urfellen von Pfirte, in bez vor=
genannten herren Walters von Stabegun hanb, in aller ber wife, als vorge=
fchriben ftat. Vnb bez ze offen waren vrkunbe henken wir och vnfer infigel an
biefen brief, ber geben ift ze Rotwil, an bem nächften fontage vor fant Boni=
facien tag, nach Chriftus geburt brizehen hunbert jar, barnach in bem aines unb
funfzegeften.

Abbruck in Herrgott, cod. probat. geneal. Habsb. nro. 802.

491.

28. Juni 1351. o. O. Graf Albrecht von Hohenberg, Bischof von Freising, verzichtet zu Gunsten der Grafen Otto und Rudolf von Hohenberg auf alle seine Rechte an die Kirche zu Bondorf (O.A. Herrenberg).

Wir Albreht von Gottes gnade vnd von bez ſtůls von Röm gewalt erwelter vnd gewaltiger herre bez byſtuns ʒe Friſingen veriehen mit vrkunb bisz briefʒ allen bie in anſehent ober hörent leſen, daʒ wir vnſren lieben vettern graue Otten vnd graue Rûbolf von Hohenberg haben of gegeben bie kylchen ʒe Bondorf mit allen rehten, biv wir bar ʒů haben gehebt. Vnb bez ʒe vrkúnb henden wir ónſer inſygel an biſen brief ber geben wart in dem iar boman ʒalt von Gottes gebúrt brúʒehenhundert iar vnd ains vnd fúnfʒig iar an dem nehſten ʒinſtag vor ſant Peters vnd ſant Pauls tag.

K. b. Orig. im Landes-Archiv ʒu Karlsruhe. — Rundes, nicht großes Siegel in bräunlichem Wachs an Pergamentſtreiſen. Im dreieckigen Schild ein gekrönter Mohrenkopf, rechts gekehrt (Balthaſar?). Der Raum um den Schild iſt mit Linien und Kreuzchen ober Sternchen ausgefüllt. Umſchrift: † Secret. Alberti. epi. Frisingen.

492.

16. Juli 1351. Horb. Marquard und Claus, Söhne des Marquard Berſenfeld von Horb, verkaufen an Mechthild bie Abelhartin Gülten aus verſchiedenen Gütern.

Ich marckhart vnd ich Claus gepruder marckart berſenfelds ſeligen ſone von Horw verjehen vnd tun kunt allen ben bie biſen brief anſehent leſent ober horent leſen Das wir mit gemeynem Rate mit gutem willen vnd mit gunſt aller der bie barʒu notburftig warent habent verkouft vnd ʒe kouſen gegeben recht vnd reblich frow Mechthilten der Abelhartin vnſers vettern ſeligen elicher wirtinne vnd Jren erben ʒehen viertel rocken geltʒ horwer meſſes vnd ʒwey fiertel habern Jerlich in bes frien gutlin ʒe hochdorf ba ſy ſelbe vor mals ouch als vil in hat, einen ſchöffel Rogken, beß andern Jars habern nach der Zelge Jn bes frien acker gelegen gegen dem Withowe Da ſy vor ouch als vil in hat Ein fiertel rogken vnd ein fiertel habern Jerlich ʒe hochborf Jn veſelins gutlin ba ſy vor ouch als vil inhat, anderthalb fiertel Rocken bes andern Jars habern nach der Zelge, Jn heinʒen bes Eherers acker by ber Schraj, vnd bry ſchilling haller gelts Jerlich ʒe Schopfloch in bie Buhs wiſen ba ſy alles vormals ouch als vil hat, Vnd barʒu ʒwey viertel brü malter Rocken nach ber Zelge Jn Rufrans ſelgen acker am betli berg vor uß Jn der elnim acker zum Lieffen weg Ein malter Rocken bes andern Jars habern Nach der

Zelge, einen scheffel habern Jerlichs geltz Jn hansen des kupffer smibes acker Jn dem ohtat by dem Stig vnd einen schöffel Rocken des andern Jars habern nach der Zelge Jn der wagenerin acker by der Juden grube, Alles hor= wer messes vnd haben ir das vorbenempt gelt alles Jn die egenanten gut mit aller zu gehorbe, vnd mit allen Rechten gegeben vmb zweintzig pfund haller Eilff schilling haller minr der wir gar vnd genntlich von Jr in vnnsern kuntlichen nutz gewerrt syen vnd sollen wir vnd vnnser erben Ob wir enwerin, Jr vnd Jren erben die selben vorbenemten gelt, in die egenanten güt mit allen rechten mit aller Zu gehorbe vnd mit aller gewonheit, vffrichten vertigen vnd verstan Nach der Statt recht, ze Horw an allen stetten vnd von aller menglich wie vnd wa in sin not ist oder wurt, on geuerbe, vnd haben Jr vnd Jren erben Darumb ze bürgen gegeben vnnsern vettern marchart Jrn sun den man nempt den Schatz der darumb ob eß ze schulden komet vnd er ermant wird leysten soll ze Horw an offenan wirten ein konntlich gysellschafft Als site vnd gewonheit ist vntz das gelt geuertiget wirt nach dem Rechten als vor geschriben ist Wir geloben ouch beide gemainlich by guten Truwen für vnns vnd für vnnser erben die vor= benempten gelt ze uertigen nach dem Rechten als vor geschriben ist Vnd den vorge= nanten vnnsern vettern ze losen on sinen schaden on geuerbe, Deß sint getzug Ruff von Heigerloch by den ziten Schultheis Zu Horw Marckart gökli Matheus der Richter Heinrich der Schurer Heinrich Burtzind Dietterlin der Jeger Bentz der behain Bentz der huller Johans vnd bentz die stahler Richter ze horw vnd erber lut vil Vnd ze merer getzug knuß So hant die ersamen Burger ze Horw Jr Statt eigen Jnsigel beibenthal Durch vnnser bett gehenckt an disen brieff Der geben wart So man zalt von Cristus gepurt Drutzehenhundert Jar funfftzig Jar vnd darnach Jn dem ersten Jare an Sant hylarien tag.

Horber Copial=Buch.

493.

12. Dezember 1351. o. O. Pfaff Berthold Hase, genannt von Nagelt, gibt den Grafen Otto und Burkarb von Hohenberg, Gebrüdern, Herren zu Nagolb, und dem Grafen Rudolf von Hohenberg, Herren zu Rotenburg, welche ihm die Kirche zu Bondorf geliehen hatten, diese wieder auf.

Ich phaf Berhtolb Hase genant von Nagelt vergih offenlich am bisem brief vnd tü kunt allen ben bie bisen brief an sehent lesent oder hörent lesen, baz ich bie kirchun ze Bondorf .. bie mir min gnäbigen herren, graf Otte vnd graf Burchart gebrüder von Hohenberg vnb herren ze Nagelt, ainhalp vnb graf Rüdolf von Hohenberg herre ze Roten= burg anberhalp, kastuögt ber vorgenanten kirchun ze Bondorf, luter=

lich burch got gelúhen alſ ainem rehten kirchherren, deʒ han ich in die ſelbun
kirchon frilich mûtwilleclich vnd vnbeʒwungenlich vf gegeben vnd gib ſi in vf
mit der henbe, vnd mit biſem gegenwartigen brief, mit allen rehten vnd anſprach,
bie ich ʒů der ſelbun kirchun mag vnd môht gehan, ober gewinnen ieʒ ober her
nach, an gaiſchlichem ober an weltlichem geriht an alle geuarb. vnd wan ich
aigens ynſigels nit enhan, noch nie gewan, ſo vergih ich ber vorgeſchriberre binge
vnber bes begans ynſigel von Herrenberg, vnd begans in Tûwinger capitel, vnd herr Frieberichs bes Herters von Tuſſelingen, vnd Hanſen
des vogtes von Rotenburg, bie bi biſen bingen worten werken geweſen ſint,
vnd irú ynſigel biu ſú in allen ſachen núʒent vnd ir aigen ſint, burch min bette
an biſen brief gehenket hant ʒů ainer ewiger geʒúgnúſt vnd ſicherhait, wir bie
vorgenanten phaf Lúp probſt ʒe Ehingen vnd tegan ʒe Herrenberg vnd
phaf Wernher kirchherre ʒe Wolfenhuſen vnd tegan in Tuwinger capitel vnd wir Friberich ber Herter ritter vnd Hans von Herrenberg bie
vorgenanten veriehen ber vor geſchriberre binge, vnd bas wir wort vnd werg geſehen vnd gehòrt haben als vor geſchriben iſt, vnber vnſeren aigenen ynſigeln,
biu wir burch bette bes vorgenanten phaf Berhtolbs an biſen brief gehenket han
ʒů ainer ewiger geʒúgnúſt vnd ſicherhait birre ſelb brief iſt gegeben in bem jar
bo man ʒalt von gottes geburt brúʒehen hundert jar vnd bar nach in bem ain
vnd fúnfʒigoſten jare an ſant Lûciun abent.

B. b. Orig. im Landes-Archiv ʒu Karlsruhe. — 1) Paraboliſches Siegel, wie bie
anbern, in graulich-gelbem Wachs an Pergamentſtreifen (ebenſo bie Anbern). Unter
einem gethiſchen Bogen ein Betenber, über bem Bogen (oberer Theil einer Niſche ober
Altars) auf einem Stuhle Maria ſitʒenb mit bem baneben auf einer Bank ſtehen-
ben Kinbe; in ber Rechten hält Maria etwas, was aber nicht ʒu erkennen iſt. Umſchrift: † S'. Livponis decani in Herrenberg. — 2) Paraboliſch, mit bem ben Linb-
wurm töbtenben Erʒengel Michael. Umſchrijt: † S'. Wernh'i decani in Wolfenhvsen.
— 3) Runb, klein, beſchäbigt unb unbeutlich, mit breieckigem, quer getheiltem Schilb.
Umſchrift: ...Frii herter.... — 4) Runb, mit breieckigem Schilb, in welchem ein
rechts gekehrter, gehörnter Bocdskopf mit gekrümmtem Hals. Umſchrift: † S'. Iohanis
de Herrenb'g.

494.

6. Januar 1352. o. O. Die Grafen Otto, Burkarb unb Rubolf von
Hohenberg verkaufen an bas Kloſter Bebenhauſen ben Wibemhof, Kirchenſaʒ unb bie Vogtei ber Kirche ʒu Bonborf (O.A. Herrenberg).

Wir graf Otte vnd wir graf Burchart vom Hohemberg gebrúber vnb
herren ʒe Nagelt vnd wir graf Rûbolf graf Rûbolfs ſäligen ſun von
Hohemberg herren ʒe Rotemburch vergehen .. Daʒ wir gemainlich vnb beſunber, willeclich mit gúter betrahtung vnb mit veraimbärten gúten willen vnb

gunſt aller der die dazů notbůrftig warent vnd rat aller der, der dazů notdurftig
waz, reht vnd redlich alz es von reht vnd gewonhait kraft vnd maht haben ſol
vnd mak ʒe koffenb haben geben .. ains rehten vnd redlichen koufs, für ain
fries aigen vnſern wibemmhof in dem borf ʒe Bondorf, dar in höret
der kyrchenſaʒ vnd div lehenſchaft der ſelben kyrchen ʒe Bondorf
glegen in Coſtenʒer biſtun vnd in Herremberger technie vnd ovch daʒ vogt:
reht der ſelben kirchen daʒ iärlich giltet ſehʒig malter herremeʒes, halbs an
roggen halbs an kern vnd ovch mit allen ʒůgehörben vnd allen rehten biv ʒů bem
vorgenanten wibemhof, kirchen, kirchenſaʒ, lehenſchaft vnd vogtreht gehörent ſiv ſien
benemt oder vmbenemt, es ſi an holʒ, an velde, an lüten, an gůten, an ättern,
an wiſen, an gelt, an ʒinſen, an hůſern, an ſchůran, an hoffſtetten, an garten, an
wegen, an vnwegen, ſundens vnd vnfundens, wie ſiv gehaiʒen ſint, auch genärde,
vnd beſunderlich ben kirchenſaʒ der vorgenanten kirchen ʒe Bondorf, alʒ wirs
vnd vnſer vordern her haben gehebt vnd braht, biʒ vff diſen hůtigen
tag, als birre brief geben iſt, den gaiſchlichen herren .. dem abt vnd .. dem
Conuent gmaithlichen des erwirdigen cloſters ʒe Bebenhuſen vnd allen iren nah:
komenden des ordens von Zitel in dem vorgenanten biſtum glegen vmb ahʒehen:
hundert pfund gůter pfenning haller müns der wir von in gar vnd
genʒlich an gezelten pfenningen gewert ſien vnd empfangen haben vnd in vnſern
redlichen ſchimbern nuʒ bekert ſint. Vnd geben in ovch vollen gewalt vnd fries
vrlop den vorgenantem wibemhof mit allen rehten biv dazů vnd dar in gehoerent,
in iren gwalt ʒe nemend, ʒe habend, ʒe nieʒʒend ʒe beſeʒend vnd entſeʒend, wiv
ſie wellent, vnd verʒihen vns für vnd alle vnſer erben gen den vorgenanten herren
dem abt .. dem Conuent gmainlich vnd .. dem cloſter vnd allen iren nahkomen:
ben ʒe Bebenhuſen aller der reht vnd aigenſchaft, die wir vnd vnſer vordern dar
an hetten oder die wir ober vnſer erben noch dar an haben oder gewinnen moeh:
ten, vnd ſeʒen ſi vud ir cloſter mit vrkůnd diʒ briefs in volliv reht vnd frie ge:
wêr deʒ vorgenanten wibemhofs der vorgenanten gueter vnd aller der reht biv
darʒů vnd bar in gehörent. Vnd baʒ die vorgenanten gaiſchlichen herren, ir cloſter
vnd alle ir nachkomenden beſter baʒ verſorget werden, an dem vorgenantem wibem:
hof, kirchenſaʒ, lehenſchaft, vogtreht der egenanten kirchen ʒe Bondorf vnd an allen
rehten nüʒen, vnd genieʒʒen die dazů vnd dar in gehoerent. Vnd wan wir vns
ovch benn erkennen, baʒ vns vnd vnſern vordern von in vnd ir goʒhůs vil dank:
baerer dienſt beſchehen iſt, ſo geben wir in ba von ʒe wiberlegung vnd ʒe beſſerung
vnd ovch durch Got, den egenanten wibemhof den kirchenſaʒ, die lehenſchaft das
vogtreht, der vorgenanten kirchen ʒe Bondorf vnd aelliv biv reht biv dazů vnd
bar in gehoerent ſiv ſien benemt oder vmbenemt frilich vnd ledklich mit worten
vnd mit werken vnd mit allen rehten bingen vnd gewonhaiten, ſo baʒ aller beſt
kraft vnd maht haben ſol vnd mak. Vnd globen für vns vnd für alle vnſer
erben baʒ wir die vorgenanten gaiſchlichen herren, ir cloſter vnd ir nachkomenden
an ben vorgeſchriben guetern, wibemhof, lehenſchaft, kirchenſaʒ, vogtreht der obge:

nanten kirchen ze Bondorf vnd an allen iren rehten biz dazů vnd dar in gehoerent
niemer beswaern, betrüben noch bekrenken süllin, mit vns selber noch mit andren
lüten, noch mit behainen griht gaischlichem noch weltlichem, noch aun griht aun
alle geuaerbe. Waer aber daz den vorgenanten herren biz vorgeschriben gueter
gemainlich ober besunder ober an iren zugehoerben ienbert anspraechig waeren, ober
noch wurben daz süllin wir vnd vnser erben inen, irem closter vnd allen iren nachkomenben verstavn, versprechen vnd vfrichten an allen stetten nach aigens reht vnd
nah landes reht alz sitt vnd gewonlich ist, aun alle geuaerbe. Wir globen ovch
aelliv vorgeschriben bing vnd sachan, an allen vorgeschribenen stukken staet ze habend
vnd niemer da wider ze tuenb in behain wise, aun alle geuaerbe. Vnd haben bez
gesworn brie glert ayb ze den hailigen mit vfgebottnen vingern. Vnd über biz
allesamt so verzihn wir vns willeklich für vns vnd alle vnser erben vnd nahkomenben aller schirm allez gwaltes allez rehten gaischlichs vnd weltlichs aller frihait
aller gewonhait, aller brieue, aller gnaden vnd aller hilf ba mit wir ober vnser
erben ober vnser nahkomenben wider den vorgeschribenen bingen allen ober wider
ir behainen vnd besunderlich wider bem vorgeschriben kavff getůn ober komen moehten. Vnd ze merer sicherhait haben wir den vorgenanten herren .. bem abt ...
bem conuent vnd allen iren nahkomenden ze Bebenhusen ze vns vnd vnsern erben
ze rehten bürgen geben vnd gesetzet bie edeln herren Graf Vlrichen von Wirtemberg, graf Růdolfen vnd graf Chůnrat bie Schärer gebrůder Phallentz-
grauen von Tuwingen, graf Burchart vnd graf Chůnrat von Hohemberch, bez alten graf Burchart sun von Wilpperch vnser lieben vettern,
bie vesten ritter hern Friderich ben Herter von Thusselingen, hern Hugen
von Bernegge, hern Albrecht ben Kaecheller, Renharten von Ehingen,
Hermann von Owe, ze Rosegge gesessen, Fritzen ben Wihinger, Hainrich vnd Anshelmen von Havluingen, Hugen von Bernegge, Menlochen
von Tetlingen, Dyemen ben Kaecheller, Hansen von Herremberch vogt
ze Rotemburch alle vnuerschaidenlichen mit bem gebingbe vnd soelicher beschaiben-
hait swa wir ober vnser erben biz vorgenanten gueter mit iren zugehörben nit
vertgetin vfrichtin vnd verspraechin nah reht alz vorgeschriben stat ob es ze schulben kaem baz siv anspraechig waerin ober wurbin so hant ben bie vorgenanten
herren ober ir nachkomenben ze Bebenhusen vollen gwalt vnd reht vns vorgenanten graf Otten, graf Burchart, Graf Růdolfen von Hohemberg ober vnser erben ob
wir enwaerin vnd bie vorgenanten vnser bürgen alle ober ain tail ob sie went
selb ober mit iren botten ober mit iren brieuen bar vmb ze maninb ze hus, ze
hof, ober vnber ovgen, vnd wenn wir ober vnser erben ober bie egenanten burgen
also gmant werbent, so süllin wir ober vnser erben vnd bie bürgen bie benn
gmant sint inuarn gen Rüttlingen ober gen Tůwingen in ber stett ain wedrunt-
halb es vns vnsern erben ober ben genanten burgen benn baz fueget, in erbaerer
vnd offener wirt hüser in ben naehsten aht tagen nah ber manung laisten ain reht
ein besunber, vnd ain gewonlich giselschaft alz sitt vnd gewonlich ist aun alle

geuaerde. Vnd beʒ haben wir vorgenanten graf Otte, graf Burchard, graf Rudolf
von Hohemberg gesworn ʒe ben hailigen vnd die burgen in truͤwe an ains aids
stat geben ʒe tuend, alʒ lang vntʒ daʒ wir vorgenanten graf Otte, graf Burchart
graf Ruͤdolf ober vnser erben biv vorgeschriben gueter vertgen vfrichten vnd versprechen nah dem rehten als vorgeschriben stat. Waer aber daʒ wir ober vnser
erben ober die egenanten burgen, herren, ritter ober kneht mit vnser selbs liben
nit laisten moehten ober enwelten der selb ist er ain herr sol ainen erbern kneht
mit ʒwain pfaeriben, ist er aber ritter ober kneht so sol er ainen kneht mit ainem
pfaerib legen an sin stat· in die giselschaft vnd er soll den vngeuavrlich laisten in
allem dem reht alʒ ber taet ber in gelet hat, ob er selbst laisti vnd als vorgeschriben stat. Waer aber da Got vor si daʒ der egenanten burgen behainer ab
gieng von tobe ober vom land fuer ober vnnuͤtʒ wurb alʒ bikke daʒ beschaeh, alʒ
bikke suͤllin wir ober vnser erben so wir beʒ ermant werden inen ʒe ainen anberen
alʒ gewissen vnd alʒ schiblichen burgen setzen in dem naehsten manob nach ber
manung alʒ der waʒ ober die waren die benn ab gangen sint aun alle genaerbe. Taetin
wir ober vnser erben bes nit, so hant benn die vorgenanten herren ... der abt ...
vnd der Conuent ober ir nahkomenben ʒe Bebenhusen aber gwalt vnd reht vns
vnd vnser erben ob wir enwaerin vnd die vorgenanten burgen, alle ober ain tail
alʒ in benn fuegt ʒe manend alʒ vorgeschriben ist. Vnd weli benn also gmant
werbent die sont benn selb ob sie wellent ober mit ir knehten vnd pfaeriben innarn
in aht tagen den neahsten nah ber manung laisten alʒ vorgeschriben stat, alʒ lang
vntʒ daʒ wir ober vnser erben ainen anbern alʒ gwissen vnd alʒ schiblichen burgen
gesetzen alʒ der burg waʒ ber benn abgangen ist. Wir die vorgenanten graf Otte,
graf Burchart vnd graf Ruͤdolf geloben vnd vergehen ovch daʒ wir vnd vnser
erben die vorgenanten burgen herren, ritter vnd kneht loesen suͤllin von birre burchschaft aun allen ir vnd ir erben schaden. Wir die vorgenanten burgen herren
ritter vnd kneht vergehen daʒ wir vnuerschaidenlich burgen sien in allem dem reht
vnd gebingbe als vorgeschriben von vns stat. Vnd haben gluͤbt bi vnsern guͤten
truͤwen an ains aids stat vngeuarlich ʒe haltend vnd ʒe laistend waʒ von vns vorgeschriben stat. Vnd beʒ ʒe ainem offenen vrkuͤnd henken wir vorgenanten burgen
herren ritter vnd kneht alle ieglicher besunber sin insigel an bisen brief. Es ist
ovch me gebingot vnd mit namen vfgenomenlich gerettet daʒ wir vorgenanten graf
Ruͤdolf von Hohemberg herr ʒe Rotemburch besunber ober vnser erben ʒe rehten
burgen suͤllin setzen vnd geben den vorgenanten herren ʒe Bebenhusen vnser lieben
vettern graf Albrecht von Hohemberg bischoffen ʒe Frisingen, graf Hugen vnd graf Hainrich von Hohemberg alle Drie gebruͤber daʒ die selben
brie burg werbent vnd haft sien in allem dem reht vnd gebingbe alʒ die vorgenanten herren graf Vlrich von Wirtemberg graf Ruͤdolf vnd graf Chuͤnrat die
Schaerer gnant, graf Burchart vnd graf Chuͤnrat von Wilpperch burgen worben
sint vnd alʒ von den selben herren vorgeschriben stat. Vnd weli wir berselben
brier vnser vetterren von Hohemberg also ʒe burgen gesetzen vnd geuertgen muͤgen,

die selben oder den süllin wir oder vnser erben besunder von der burchschaft loesen
vnd ledigen aun ir oder sinen oder ir erben schaden. Moehtin aber wir die selben
drie vnser vettern nit ze bürgen gesetzen vnd geuertgen wele vns denn der drie
oder sin alle drî .. ab giengen vnd in oder si alle drî nit ze bürgen haben
noehten, so ist denn gerett vnd gedingot, daz wir vorgenanten drî graf Otte, graf
Burchart gebrüder herren ze Nagelt vnd wir graf Rûdolf herr ze Rotemburch
gmainlich oder vnser erben süllin setzen vnd geben den vorgenanten gaischlichen
herren ze Bebenhusen oder iren nachkomenden ander bürgen alz denn die drie hern
Friderich den Herter, hern Hugen von Bernegge vnd Hansen von Herrenberg vogt
ze Rotemburg, die wir vorgenanten drie grafen vnd die egenanten gaischlichen
herren von Bebenhusen dazû erwelt vnd geben haben, sich erkennend daz die selben
herren von Bebenhusen ir Closter vnd ir nahkoment mit anderen bürgen an der
egenanten drier herre graf Albrecht graf Hugen vnd graf Hainrich von Hohemberg
oder an der die an den selben drin abgiengen stat besorget vnd wol besichert sind.
Vnd wez sich denn die. selben drin vmb ander bürgen erkennend, dez süllin wir
baidenthalb gehorsam sin aun widerrede. Vnd waz wir also nah der selben driv
haissen bürgen gesetzen den selben burgun süllin wir vorgenanten drî grauen graf
Otte, graf Burchart, graf Rûdolf vnd vnser erben gmainlich vnd vnuerschaidenlich von helfen aun ir vnd ir erben schaden. Waer aber daz der egenanten drier
off die wir daz als vorgeschriben ist gesetzt haben behainer ab gieng von tobe oder
von andern sachen da Got vor sie ê biv burgschaft von vns oder vnsern Erben
vollendet würde, so sont denn die andern zwen ie ain andern alz bikke daz beschiht der in fuegt zû in nemen die burgschaft an der egenanten drier herren von
Hohemberg stat oder an wie vil denn gebruft waer, ze vollfuerend vsserichtend vnd
ze endend alz vorgeschriben stat. Wir vorgenanten herren von Hohemberg graf
Otte, graf Burchart, vnd graf Rûdolf bitten gmainlich mit vrkünd diz briefs
vnseren gnaebigen herren ... den bischof ze Costentz oder die die dez gwalt hant
es sien .. vicarien oder .. daz capittel, daz si diz vorgeschriben dink allessamt be-
staeten vnd beuestnen mit irem gwalt vnd brieuen. Vnd dez allez so vorgeschriben
stat ze ainen offen vrkünd henken wir vorgenanten drî herren graf Otte, graf
Burchart vnd graf Rûdolf von Hohemberg für vns vnd vnser erben vnserro jnsigel
an disen brief. Waer aber daz vnser brier oder der vorgenanten bürgen insigel
behains versumet wurde also daz es an disen brief nit gehenkt würde oder missekert
oder zerbrochen vngeuavrlich würde, so es dar an gehenckt waer daz sol den vorgenanten herren von Bebenhusen .. dem closter noch iren nachkomenden noch dirre
brief hantuesti behainen schaden an iren rehten der vorgeschribner ding bi nuti
bringen. Dirre brief ist geben an dem obrosten tag do man zalt von Gots gebürt
drüzehenhundert iar dar nach in dem zwai vnd funfzgosten iar.

B. d. Orig. im Landes-Archiv zu Karlsruhe. — Von 20 Siegeln noch 17 vorhanden, sämmtlich rund an Pergamentstreifen. 1) Dreieckiger, rechts geneigter Schild
mit der hohenbergischen Quertheilung, auf dem linken Ort ein Stechhelm mit Hift-

hörnern zu beiden Seiten, deren Mundstücke gegen einander gekehrt sind, auf beiden Seiten Helmbecken, wie aufgehängt. † S. Ottonis comitis de Hohenb'g (Graues, ursprünglich weißes Wachs, oben mit Mehlschichte). — 2) Nur wenig rechts geneigter dreieckiger Schild mit der Theilung. † S. B. ivnioris comit. d. Hoheb'g. — 3) Dreieckiger Schild mit hohenbergischer Theilung. † S. Rvdolfi comit. de Hohe'g. (letzte Buchstaben ganz undeutlich). — 4) und 5) abgegangen. — 6) Links geneigter, dreieckiger Schild mit der Tübinger Fahne, auf dem rechten Ort ein ganz undeutlicher Helm, auf welchem eine Bischofsmütze, auf deren Spitzen kleine Kugeln, auf beiden Seiten die abflatternde Helmdecke wie 1). † S. comitis Cvnr. de Tvwigen. — 7) Mit starkem Mehlüberzug, nur ein dreieckiger Schild zu erkennen. — 8) Schwach rechts geneigter, dreieckiger Schild mit der hohenbergischen Theilung. .. omiti. Cvnradi de Hohenberg. — 9) Dreieckiger Schild quergetheilt. † S. Fri... (ganz undeutlich) Herter i. Tvsslinge. — 10) Dreieckiger, getheilter Schild mit einem Balken. † S. Hvgonis. de. B'negg (sehr undeutlich) militis. — 11) abgegangen. — 12) Dreieckiger Schild mit einem Sparren. † S. Renhardi. d'. Ehing. — 13) Dreieckiger (quergetheilt) gespaltener Schild, in der oberen Theilung einen rechts gehenden Löwen. †. S. Hermanni ivnioris d. ow... — 14) Dreieckiger Schild mit zwei gekreuzten Schwertern, Spitzen nach unten. † S. Friderici de Wihingen. 15) Dreieckiger Schild mit drei (unten noch eine vierte, aber nicht deutlich) rechts gekehrten Spitzen. † S'. H. d'.Haluingen. — 16) Dreieckiger Schild mit drei rechts gekehrten Spitzen. † S'. Anshelmi. d. Halvinge. — 17) Rechts geneigter, dreieckiger, getheilter Schild mit einem Balken und auf dem linken Ort einen Stechhelm, der oben zu beiden Seiten kleine undeutliche Figuren hat. † S. Hvg. de Bernegge. — 18) Dreieckiger Schild, der gespalten scheint, mit einer aufwärts gekehrten Lilie in der obern, und einer abwärts gekehrten Lilie in der untern Theilung, deren Basis sich an der Spaltungslinie vereinigt. S. Menlochi de Tetlingen. — 19) Dreieckiger Schild mit einem Fische, der sein Schwanzende in der untern Schildspitze hat, seinen Rachen in das rechte Ort streckt. † S. Diemonis. ivnioris. de Kecheler (das letzte Wort läßt sich nur vermuthen). — 20) Dreieckiger Schild mit dem Kopf und Hals eines Steinbocks. † S. Iohanis de Herrenb'g.

495.

12. Januar 1352. o. O. Graf Albrecht von Hohenberg, Bischof zu Freising, bestätigt die Stiftung des Spitals zu Horb und freit dessen Besitzungen.

Wir graue Albreht von Hohenberg von gotes gnaden Bischof ze Frisingen veriehen vnd tun kunt allen den die disen brief ansehent lesent oder horent lesen, daz für vns kam Dietarich Gvoterman vnser burger ze Horwe vnd vor vns mit vnserem gvoten willen vnd gunst mvotwillich durh got vnd dvrch der selun hailes willen vf gap vnd lebiklich ergap sin hus, hofstat vnd gesaffe ze Horwe gelegen vor dem Stet tor vswendig der rinkmvr, bi dem bache, bi der straße gen Biltachingen mit allen rehten mit aller zvgehörde vnd gewonhait ze ainem ewigen Spitale armen vnd siechen bürftigen ze ainer steten Herberge, darvmb so haben wir angesehen vnd erkennet die rehten erkantnisse sines andehtigen gvoten willen vnd haben daz selbe Spital, hus, hofstat

vnd gesaße vnd die lvte, die dar in gehörent, biv gůt vnd biv almvosen, biv darin
geben werdent, gefriet vnd lebig vnd fri geseit, iemer ewiklich mit disem brieue für
alle stivran für alle zinse vnd für alle dienste, den bürftigen ze hilfe vnd den selan
ze troste.   Vnd dez ze warem vrkvnde haben wir vnser aigen Jnsigel gehenket an
disen brief der gegeben wart, do man zalt von Cristus gebvrt, drivzehen hundert
jar fvnfzig jar vnd darnach in dem andern jare an dem nehsten Donrstage nach
dem Obrosten tage.

    B. d. Orig. in dem Spital-Archiv zu Horb.

496.

21. Januar 1352. o. O. Graf Albrecht von Hohenberg, Bischof von
Freising, verbürgt sich gegen das Kloster Bebenhausen für seine
Vetter (beziehungsweise seinen Neffen), von welchen dasselbe den
Kirchensatz u. s. w. von Bondorf (O.A. Herrenberg) gekauft hatte.

    Wir graf Albreht von Hohenberg von dem stůl ze Rom bestäter
bischof ze Frisingen veriehen offenlich an disem brief vnd tůn kunt allen den
die in sehent lesent oder hörent lesen, daz wir durch sunderlich bette vnsers lie=
ben brůder sune graf Růdolfs bürg worden sien gen den erbären gaischlichen
herren dem apt vnd dem couent dez closters ze Bebenhusen vmme den kof dez
kirchensaz dez widemhofs,[1] vnd vmme allú biu reht biu dar zů vnd dar in ge=
hörent an geuärd vnd sünderlich vmme die vertgung dez selben kofs, als biu hantuesti
set, die die vor genanten gaischlichen herren dar über hant, vnd sien bürg worden
mit sölicher beschaidehait, wa biu vertgung dez vor genanten kirchunsaz nit geschähe
nach reht als biu hantuesti set, so hant die vorgenanten gaischlichen herren gewalt
vns ze manenb mit iren botten oder mit iren briefen, oder selber ob siu wend,
ze hus, ze hof, oder vnder ogen, vnd süllen wir benne nach der manung in den
nähsten aht tagen einen erbärn kneht vf den ait, mit zwain phäriben legen ze
laistend an geuärd, ain giselschaft als reht sit vnd gewonlich ist, ze Rüthelingen
oder ze Tůwingen in ains offenne wirtes hus, swa ef vns benne aller best füget,
vnd sol der oder den wir bar legen ze laistend, von der laistung nümer gelassen,
bif den vorgenanten gaischlichen herren, oder iren nachkumen von dem obgenanten
graf Růdolf, graf Růdolfs säligen sun vnsers brůders oder sinen erben,
wirt vf geriht, war vmme wir benne gemant sin, dez sú benne gebresthaft sint,
an den vorgeschriben gůtern, ir kof, ir vertgung an geuärd. Diz ze ainem offenne
vrkůnd geben wir in disen brief besigelt mit vnserm jnsigel, der geben ist in dem
jar do man zalt von Cristes gebvrt drúzehen hunder jar, dar nach in dem zwai
vnd fünfzigosten jar, an sant Agnesun tag.

    B. d. Orig. im Landesarchiv zu Karlsruhe. — Siegel Albrechts, wie an Urkunde
von dem Jahr 1351.

    [1] scilicet von Bondorf.

497.

24. April 1352. o. O. Die Grafen Konrad und Heinrich von Vaihingen, Vater und Sohn, verkaufen an ihrer Schwester (Tante) Töchter, Agnes und Mechthild von Hohenberg, Nonnen im Kloster Reuthin, beziehungsweise an deren Brüder Otto und Burkard, Grafen von Hohenberg, ein Fuder Wein aus den Weinbergen bei Haslach (O.A. Vaihingen).

Wir Graue Conrat von Vaihingen vnd Graue Heinrich fin Sune vergenhen Offenliche an bifem Brif vnde tůn kunt allen den die Jne fenhent oder horent lefen, Daz Wir baide vnuerfchaidenlichen, mit gutem Rate vnde Willen für Vnß vnde vnfer erben verkoufet haben vnde ouch ze kouffenn haben gegeben rehte vnde redelichen Jn alle bie wife, alz es reht vnde maht haben fol vnde mak vnfern lieben Swefter Töhtern vnd Meginne frowe agnefen vnd frowe Mehthilt, Graue Otten vnde Graue Burkarten von Hohenberk Swe-ftern vnde ouch Metzen von Holtzgirnigen vnd Agnefe von Haiterbach, bifen fiern gaifchlichen frowen Jn dem clofter Rütin, bj wilperc dem Stetlin gelegen, predier Ordenß, Jn Coftentzer Biftům gelegen, Zenhen Ame Wynes, Ewigef geltes, vaihinger Meffes vnde yche, vffer vnferre Wyne Bethe vnde vffer vnferm Wyne gelte, daz Wir haben zu vnfern baiden Dorfern Hafe-lache an dem Strůnberge gelegener vnde Jn der felben Marke, Diß vor-gefchriben füber Wyne geltes haben wir den vorgefchribenn gaifchlichen frowen ze kouffenne gegeben vffer vnferre vorgefchribener Wyne Bethe vnde vffer vnferm Wyne gelt ze Hafelache, vnferre vorgefchribener Dorfer vmbe fünfzik pfunt gůter vnde alter Haller, die wir von Jne entpfangen haben vnde Jn vnfer beffer nutze be-want. Wir fullen vnd geloben ouch für vnß vnd vnfer erben, daz .. wir daz vor-gefchriben fuder Wyne geltef alliu Jare rihten vnde geben fullen in dem Herbefte ane alle Jrrunge vnde wiber rede vnfer vnde vnfere Erben, vnd ouch bj der beften kofte, gemainliche, ane geuerde, die vnß danne Werden fol vnd mak von vnfferre vorgefchribener Wyne Bethe vnde Wyne gelte vnfer vorgenanter Dorfer Hafelache. Die vorgefchribenn frowen Ober Jre Botten fullen ouch daz felbe Wyne gelte alliu Jare niemen vnde entpfahen in dem Herbeft vnder vnfern kelterren ze Hafe-lache, Jn Jriu aigenne Wyne vaffe. Ez ift ouch beret vnde mit namen bedinget, Wanne der vorgefchriben frowen fierer ainiu oder mere abget vnde Stirbet, daz Got lange Wende, fo fol daz vorgefchriben füber Wyne gelten vallen vnde ouch Horne an bie andern frowen bie bannoch liebent ez fie Ainiů oder mere, mit allen finen rehten vnde Zugehorden ane alle geuerde vnd Jn alle bie wife alf Sie bie felben fier frowen daz felbe Wyne gelt mit anander vnd vnuerfcheidenlichen von erft kouften, alz bifer brief vmb ben felben koufe bewifet. Were ouch vnde befchehe daz vnfer vorgefchribenn Swefter Sune Graue Otte oder

Graue Burkart von Hohenberk elichiu kint gewunnen, die Jn dem vorge=
ſchriben Cloſter Rütj weren vnde ouch beliplichen ze ſinne vnd ouch den ſelben
prebier Orden an ſich genomen Hetten vngeuarlichen, ba ze ſinne vnde ze blibenn,
an die ſelben Tohter, ez Were ainiu ober mere ſol bann baz vorgenant Wyne
gelte vallen vnde ouch Horne mit allen ſinen rehten nach bez vorgeſchribener frowen
tobe aller ſierre, ob ez alſo keme, Vnbe Wanne die vorſchribenn frowen alle ſiere
abgegent vnd geſterbent, baz Gote lange Wende, Ob banne die vorgeſchribenn
Graue Otte vnde Graue Burkart Jn dem vorgenanten cloſter Rütj Vnb Jn dem
ſelben Orben niht geiſchlicher Tohter Hetten, alz hie uor geſchriben ſtet, Vnbe Ouch
nach der ſelben Herren Grafe Otten vnde Graf Burkartes von Hohenberk geiſch=
licher Dohter Tobe, bie Sie banne Jn dem vorgeſchribenn Cloſter vnd Conuente
Rütin hetten gehapt, ob ez alſo keme, So vellet vnbe horet barnach baz vorge=
ſchriben Wyne gelt mit allen ſinen rehten vnbe zů gehorben Jn alle die Wiſe alz
hie uor an biſem brief geſchriben ſtet vnd ouch der ſelbe Koufe geſchehen iſt an
die vorgeſchribenn vnſer Sweſter Sune Graf Otten vnde Graue Burkart gebrüber
von Hohenberk vnb an Jr erben, vnb iſt bann Dar nach baz ſelbe Wyne gelte
Jr aigen mit allen ben rehten, alz ez von vnß kouft wart, vnbe alſ an biſem
brief geſchriben ſtet. Vnbe baz vnſern vorgeſchriben Sweſter Tohtern vnbe
Baſen kinben, frowe agneſen vnb frow Metzen vnb ouch ben anbern zwein Gaiſch=
lichen frowen, Mehthilt von Holtzgirningen vnbe Agneſen von Haiterbach vnbe Ouch
Graue Otten vnd Graue Burkarten gebrübern von Hohenberk vnbe Jr baiber erben
biſer kouffe vnbe biſe Rebe vngeuarlichen, Ware, ſtete vnbe vnlougenber, belibe
Ane alle geuerbe, Dar vmbe ſo haben Wir vorgeſchribenn Graue Conrat von
Vaihingen vnbe Graue Heinrich ſin Sune vnſer iebelicher ſin aigen Jnſigel zu
gezuknuſt biſer Rebe an biſen brief gehenket, Der gegeben wart, Do man zalte
nach Criſtes geburte Driuzehen Hundert Jare Dar nache Jn dem anbern vnbe
fünfzikoſten Jare, an dem nehſten fritage nach Sant Georien tag bez Marterern.

V. b. Orig. im St.=Archiv zu Stuttgart. — Das Siegel der Grafen von Vaihingen
zeigt einen über 4 Vergſpitzen rechtshin ſchreitenben Löwen.

498.

**27. April 1352. Rotenburg. Erblehen=Vertrag zwiſchen bem Stift
zu Ehingen unb Volken bem Weggler, Bürger zu Rotenburg, über
bas Wibumgut zu Ehingen.**

Wir ber Brobſt vnd bie korherren des ſtiftes ze Ehingen veriehen vß
gemainem munb vnb tügen kunt allen bie biſen brief ſehenb ober hörent leſen.
Daz wir ainmütklich bem Erbern man volken bem weggler Burger ze Ro=
temburg vnb ſinen Erben gelühen haben zů ainem ſtäten lehen bie wibem ber
kilchen ze Ehingen Mit ſölichem gebingb. Daz ſi baruf rehten buwen tůn

ſöllend vnd iårlich hundert karchen miſteſ daruf füren mit güter kuntſchaft. Vnd ſöllend ſie ouch me beſſran den böſren. vnd ſöllend vns das drittail vnd ouch den zehenden gen von allem daz vf den åckern wahſt die ietz in buw ſint. waf aber in die widem gehört daz ietz in buw nit iſt. wellend ſi daz buwen von dem ſöllend ſi daz vierntail vnd den zehenden vns gen. vnd was ſi nit buwen wellend. daz ſöllen wir ſelber beſetzen wie vnd war wir wellin ån all ir widerred. Sie ſöllend ouch iårlich vnf von widem gen ze zinſe. ſehs ſchilling Haller zwai Herbſthüner vnd ain vaſtnaht hün. Si ſöllend ouch daz ſelb güt niemer getailen, noch nütz davon brechen noch kainen akker nieman anders bauon verlihen anne vnſern willen vnd ſoll allwieg nuwen ain mayer daruf ſin Der mayer mag ouch iårlich zwai viertel wikan vf den widem ſahen von den er vns nütz got. vnd vber diu zwai viertel ſol er kain wikun ſahen. welcher mayer ouch von den widem vert lebend oder tot. der benn nah im die widem emphaht. der ſol zehen ſchilling haller gen vns ze hantlon. vnd der ſol ouch bi güten truwen loben. alliu gedingd alſ an diſem brief iſt geſchriben ſtåt zehend ån all geuård. Er ſol ouch nah dem ſo ſi lebig iſt ze hant inre den nåhſten vier wochun die widem enpfahen ån allen fürzog. Der mayer ſol ouch vns gemåß ſin. vnd dem ſöllen wir ouch lihen ån fürzog. Die vorgenant widem habin wir dem vorgenanten weggler vnd ſinen Erben ge= lühen ze ainem ſtåten lehen vmb ſin huß ſchiur Hof vnd Hofraiti mit aller züge= hörd daz er mir pfaff liuppen ze diſem ziten brobſt des vorgenanten ſtifteſ vnd wenn ich eſ ordnun hat er geben alſ ich beſunder brief darumb han. Diſiu ding ſint ouch allem beſchehen mit deſ ſelben wegglers kinbe vnd ſinem bohterman willen vnd gunſt. alſ wir ouch beſunder brief von in darumb habin. vnd des alles ze offem vrkund han ich der vorgenant pfaff liuppe Brobſt min aigen Inſigel vnd wir die korherren deſ ſelben ſtifteſ. vnſer gemain Capitel Inſigel gehenkt an biſen brief der geben iſt ze Rotemburg an dem nåhſten fritag nah ſant Gregorien tag bo man zalt von kriſtz geburte briuzehenhundert iar fünftzig iar banach in dem anbern iar.

V. d. Orig. im St.-Archiv zu Stuttgart.

———

499.

25. Mai 1352. Rotenburg. Graf Rudolf von Hohenberg, der Vogt unb Rath der Stadt Rotenburg ſetzen ein Untergangsgericht ein.

Wir Graf Rûdolph von Hohemberg vnd wir der vogt vnd der Rat gemainlich der ſtat ze Rotemburg veriehen vnd tůgen kunt offenlich für vns vnd vnſer nahkomen allen bie diſen brief ſehend oder hörent leſen. Daz wir des iars als birre brief geben iſt mit gemainem rat durh noturft der vorgenanten ſtat ains vnbergangs ober ain komen vnd namen bazů zwelf erber man die vns aller beſt bazů buhten vnd ben baz velt aller kuntlicheſt was vnb hießen bie all vnuerſchaiben ſwern aid zů ben hailigen vnb erzegenb vngeuarlich ben richen als ben armen vnb ze ſchibenb almainb vnb gmainmerk von ains ieglichen gůt. Daz taten ſi bo als vns all vnuerſchaiben reht buht vnb in bem vnbergang erkanben ſi ſich baz vf Ehinger velb an bem Eniger (sic!) graben wol vf ainen halben morgen ab Engellins deſ witwers gůt baz er von krützlingen hat, warb abgegangen vnb ſtoßt ain halp an Cönzen Engelfribz åker vnb anberhalp an bes Herters gůt vnb baz abgegangen gaben wir bozemal Dietrich bem Roten ſuter burger ze Rotemburg vnb ſinen Erben für reht aigen ze kou=ſenb vmb fünf ſchilling vnb zwai pfunt gůter Haller pfenninge ber wir von im gentzlich ſigen gewerot vnb in ber vorgenanten ſtett nütz ſint komen. Vnb ſöllen eſ vertigan vnb vfrihten vngeuarlich nah ber ſtett reht gen aller menglich baran ſie habenb ſigen ane all geuerbe. Vnb bes alles ze offem vrkunb vnb ſicherhait habin wir ber vorgenant Graf Růbolph vnſer Inſigel vnb wir ber vogt vnb ber Rat vnſer gemain ſtett Inſigel gehenkt an biſen brief ber geben iſt ze Rotem=burg an ſant vrbanstag bo man zalt von kriſtz geburte briuzehen hunbert iar fünftzig iar banah in bem anbern iar.

B. b. Orig. im St.-Archiv zu Stuttgart. — Es hängt an ber Urkunbe nur noch bas beſchäbigte Siegel ber Stabt R. mit bem Hohenberger Schilb.

500.

24. Auguſt 1352. Brugg. Graf Hugo von Hohenberg unb ſeine Gemahlin Urſula von Pfirt, welche gegen eine Entſchäbigung von **10000** Gulben bem Herzog Albrecht von Oeſtreich ihre Anſprüche an bie Stabt unb Burg Rotenberg **(Rougemont)** abgetreten, ur=kunben, baß bieſer ihnen für bie genannte Summe bie Stäbte Saulgau unb Walbſee (in Wirtemberg) unb **40** Mark Silber von ber Stabtſteuer zu Villingen (babiſch) verpfänbet habe.

Wir graf Haug von Hohenberch vnb wir greuinn Vrſel ſein elicheiv wirtinn veriehen vnb tůn kunt offenlich mit biſem brief vmb bie zehen touſenb gulbein gůter florin, ſo ber hochgeborn fürſt, vnſer gnebiger herr herzog Albrecht ze Oſterrich ze Styr vnb ze Kernben vnb ſein erben vns, vnſer paiber leiberben ob wier bie gewinnen, als ber brief ſagt, ben ſew von vns habet, ſchulbig ſinb für bie anſprach vnb bie recht ſo wir hatten an ber burg vnb an ber ſtat ze Rotenberch vnb was bazů gehoret, baz berſelb vnſer herr ber hertzog vmb bie vorgenanten zehen touſenb gulbein alſo mit vns iſt vberain chomen, bas er vns bafür ze phant hat geſatzt bie zwo ſtett Sulgen vnb Walſe vnb bie viertzigk marchk ſilbers, bie man ierleich geit von ber ſtůr ze Vilingen, Alſo bas wir bieſelben ſtett vnb was barzů gehoret vnb bieſelben ſtur ze Bilingen in phandes weis innhaben vnd niezzen ſullen vntz uf ſant waltpurgen tag, der ſchierſt chumpt vnd hienach ein gantz iar an allen abſlag, mit der beſchaidenheit, daz vns derſelb vnſer herre der hertzog. oder ſein .. erben in derſelben zeit gentzleichen richten vnd weren ſullen der vorgenanten zehen touſent gulbein vnd ſüllen wir bie alſo anlegen, daz ſew bie wizzen ze vinbenn oder aber daz ſi vns in derſelben zeit löſen ſullen vnd lebich machen bie veſt zbem Buſſen vnd bie ſtett Rüblingen vnd Munbrachingen vnd ſullen ſie vns bie für bie vorgenanten zehen touſent gulbein inantwurtten vnd ze phant ſetzen mit alle bem baz barzu gehöret, vnb ſwann vns dieſelb veſt vnd bie vorgenanten ſtett werbent in geantwürt ober wenn wir bie vorgenanten zehen touſent gulbin gericht ſein, ſo ſinb dem egenanten vnſerm herrn bem hertzogen vnb ſinen erben bie vor: genanten ſtett Sulgen vnd Walſe vnd waz barzu gehöret vnb bie ſtür ze Bilingen von vns lebig. Wer ouch das vns bie veſt zbem (sic!) Buſſen, vnb bie ſtett Rüblingen vnb Munbrochingen in der vorgenanten zeit niht wurben ingeantwürt vnb ze phant geſetzt, ober bas wir ber vorgenanten zehen touſent gulbein in ber zeit niht gewert wurben, ſo ſullen wir boch bie vorge: nanten ſtett Sulgen vnb Walſe vnb bie egenanten ſtür ze Bilingen in phandes weis innhaben vnb nieſſen an allen abſlag, als lang vntz baz wir berſelben zehen touſent gulbein verricht vnb gewert werbent. Auch iſt getaybingt, ob wir abgiengen vnb nicht leiberben lieſſen nach vnſerm brief, den wir vormals baruber geben haben, ſo ſullen vnſerm herren bem hertzogen, vnb ſein .. erben bie phant bie wir bann für bie egenannten zehen touſenb gulbin von in haben inngehabt lebich ſein vnb ſullen auch bieſelben zehen touſenb gulbin uf ſi erben vnb geuallen. Hietten wir ouch vmb bie zehen touſent gulbein von bem vorgenanten vnſerm herren bem hertzogen ober von vnſer vrowen ſelig vrö Johannen ſeiner hertzoginn icht anber brief vmb phanttung ober vmb burgelſchaft (sic!), bie ſullen tob vnb abſein. Auch ſullen wir bemſelben vnſerm herren bem hertzogen vnb ſeinen .. erben mit ben phanden bie wir bann von in innhaben, als vorge: ſchriben ſtet, wartenb vnb gehorſam ſein, Sew vnb bie irn barin vnb baraus ze lazzenn, ze allen iren notburften, bann wiber vns ſelber nicht. Dez geben wir ze vrchunt diſen brief beſigelten mit vnſer paiber inſigeln, der geben iſt ze Brugg in Ergöw an ſand Bartholomes tag, nach Chriſts geburd breizehenhunbert iar barnach, in bem zway vnb funftzigiſten jare.

V. b. Orig. im St.-Archiv zu Stuttgart. — Von ben beiden Siegeln hängen nur noch bie Pergamentſtreifen an.

501.

24. Auguſt 1352. Brugg. Graf Hugo von Hohenberg und ſeine
Gemahlin Urſula von Pfirt geben Graf Albrecht von Hohenberg,
Biſchof von Freiſing, die Zuſage, ihm in Betreff der ihm verſetzten
Steuer von Villingen nicht hinderlich ſeyn zu wollen.

Wir graf Hug von Hohenberg, vnd wir grêfinn Vrſel, ſein elich
wirtinne, veriehen vnd tůn chunt vmb die vierzig marcht ſilbers auf der ſtur
ze Vilingen, die vns der hochgeborn furſt vnſer gnêbiger herr hertzog
Albrecht ze Oeſterreich ze Styr vnd ze Kernden ze phant geſatzt vnd geſchriben hat, als die hantfeſt ſagt, die wir darumb von ihm haben, daz wir vnſerm
lieben brůber vnd herren, hern Albrecht Byſchofen zu Fryſingen an
derſelben ſtür ze Vilingen, die im vor vnſer verſchrieben vnd verſatzt iſt, chain
irrung tůn ſollen alle die weil ſein zit nicht auz iſt, vnd ſullen auch wir dem vorgenanten vnſerm herren dem hertzogen vnd ſinen erben darumb nicht zuſprechen
mit vrkund bitz briefs, der geben iſt ze Brugg im Ergow an ſanb Bartholomes
tag, dez heiligen zwelf botten, nach Chriſtes geburde dreuczehenhundert iar, barnach
in bem zway vnd fünftzigſten iar.

     B. b. Orig. im Landesarchiv zu Karlsruhe. — Das Siegel iſt abgegangen.

502.

20. Dez. 1352. Rotenburg. Graf Rudolf von Hohenberg leiht ſeinem
„kneht" Göbeln um ein „vaſtnachthun" das halbe Eichamt zu
Rotenburg.

Wir Graf Růdolf von Hohemberg veriehen offenlich für vns vnd
vnſer Erben vnd nachkommen mit vrkund ditz briefes allen die in ſehend ober
hörent leſen, daz wir vnſerm lieben kneht Göbeln vnd ſinen Erben gelühen
haben in all wis als es kraft haben ſoll vnd mag daz halb tail deſ ych amptz
ze Rotemburg daz er hat gekouft vmb mayſter Ludwigen den ötinger von
Rutlingen official ze koſtentz daz wilent was ſenglins, als er ouch hantueſti
barumb hat vnd veriehen für vns vnd vnſer Erben vnd nachkomen daz wir noh
behain vnſer amptman noh nieman von vnſern wiegen ſi daran niemer geſumen
ſollen noh hindern indehainen wieg bekrenken. vnd haben ims vnd ſinen Erben
gelühen zu ainem ſtäten Lehen vmb ain vaſtnaht hun iärlich vns da von ze
rehtem zins zegend vnd nit anders Vnd des ze offem vrkund vnd ſicherhait haben
wir Jnen ditz briefli geben beſigelt mit vnſerm Jnſigel vnd ze merr ſicherhait vnd
zuknuſt hat ouch vnſer vogt Hans von Herrenberg von vnſerm haißen ſin
aigen Jnſigel zu dem vnſern gehenkt an dieſen brief Der geben iſt ze Rotem-

burg an fant thomas abend. do man zalt von kriftz geburte driuzehen Hundert iar fünfzig iar danah in dem andern Jar.

B. d. Orig. im St.-Archiv zu Stuttgart.

503.

20. Dezember 1352. Rotenburg. Graf Hugo von Hohenberg handelt mit Anderen als Schiedsrichter in einer Streitsache der Wittwe des Berthold von Sirchingen (O.A. Urach).

Ich Conrad vonn Ehingen ritter, obman zu der sach als hienach geschriben ist drier graue Haug von Hochenberg, Burckard von Hohenfels, Reinhard von Nueneck eytel schibleut zu derselbigen sach, veriehent offenlich mit vrkund dieses briefs allen die in sehen oder hoeren lesen, das auf den tag, als der brief geben ist für vns vnd für Diemen den herter von Tußlingen, Friederich Keiben vnd Kunzen dem schenken von Staufenberg auch schibleut derselben sachen kam Fraw Lutgard, weiland Bertholts von Sirchingen ehliche wirtin vnd ir bruder friz der Weller vnd dieselbige fraw Lutgard sprach hin zu demselbigen Fritzen dem Wellen vnd legt mit fürsprechen als recht war nach dem erbe, daz weyland ir rechter bruder von vater vnd muter her, hans seeligen dem Weller ritter het gelazen vnd besonder an seinen tot hette pracht, des antwort dazu mal derselb Friz auch mit für sprechen, als recht waz vnd nach der fürlegung, clag vnd antwort als für vns geschah, erkennen wir die vorgenanten obman vnd scheffen schibleit vns mit gemeiner vrtheil auf vnser aid, daz die vorgenant fraw Lutgard erben vnd mit vollem reht zů Erben stehn solt an allen den gutern aigen farenden vnd pfanden klein vnd groß wie es genannt ist vngevarlich, daz weyland der egenant ritter Hans weller hat gelazen. Vnd dez zu offenem vrkund vnd zeugnuß haben die vorgenanten Conrad von Ehingen Obmann vnd wir graf Hug von Hohenberg, Burkard von Hohenfels, Reinhard von Nuenek ritter der mer theil ieder sin eigen infigl gehenkt an diesen brief der geben ist zu Rotenberg an S. Thomans abend des zwölfboten da man zalt von Christi geburt 1352 Jar.

Aus dem Buch von dem Leben der Ehinger.

504.

12. März 1353. Nagold. Die Grafen Otto und Burkard von Hohen=
berg verkaufen an Pfalzgraf Konrad von Tübingen **46** Pfund
Hellergült von ihren Dörfern Remmingsheim und Wolfenhausen
(O.A. Rotenburg).

Wir Graue .. Otte vnd wir Graue .. Burchart von Hohemberg gebrüder herren zu Nagelt vergehen vnd vrkünden Offenbar an disem brief für
vns vnd für alle vnser erben daz wir verkouft haben vnd ze koufenne haben geben
reht vnd redelich alſ Es billich kraft vnd macht hat vnd haben ſoll vnſerm lieben
Vettern Pfalzgrauen Chunrat von Tuwingen gnant der Schärer vnd ſinen
Erben Sechſü vnd Viertzig phunt Ewiges Geltz güter vnd gnemer alter haller
müns off vnſerü baibü Dörfer dü man nempt Remmingſhain vnd Woluenhuſen, Es ſige In Stüran, In Zinſe, In Hübe Gelt, In Claine vnd groß,
was wir da haben vnd ouch In alle zügehörde der vorgenanten Dörfer vnd iſt
birre kouf beſchehen vmb Sechtzig vnd vmb Vierhundert phund alter haller müns,
der wir von ihm gewert ſigen gar vnd gentzlich vnd in vnſern vnd vnſer Erben
beſſern nutz bewendet haben. Wir die vorgen. Graue Otto vnd Graue Burchart
von Hohenberg oder vnſer Erben ſullen ouch dem vorgn. vnſerm lieben Vettern
Pfalzgraue Chunrat von Tuwingen oder ſinen Erben dü vorgn. Sechſü vnd
Viertzig phund haller Geltz, Ewiges Geltz richten vnd geben Jarlich off Sant
Martinstag. Wir oder vnſer Erben ſullen ouch dem vorgn. vnſerm lieben Vettern
Pfalzgraue Chunrat von Tüwingen oder ſinen erben dü vorgn. Sechſü vnd
viertzig phund Haller ewiges Geltz vffrichten, vertgan verſprechen vnd ouch verſtan
nach des Landes rehten für aine friges lediges aigen Gelt an Gaiſtlichem oder an
weltlichem gericht wo Es anſprächig wár oder wurd vngevarlich. Vnd vmb die
Vertgunge ſo haben wir dem vorgen. vnſerm I. Vettern Pfalzgraue Chunrat von
Tüwingen vnd ſinen Erben ze Bürgen geben vnd geſetzt vnſern I. Vettern Pfalzgrauen Rüdolf von Tuwingen gnant den Schärer, Graf Burchart vnd
Graue Chunrat von Hohenberg gebruder bez alten Graue Burcharten Sün, Herrn Gumppolt von Giltlingen, Herrn Hugen von Berneck,
Ritter, Hainrich von Haluingen, Helfrich von Walbeck, Dyetrich den
pfützer von Stainhülwe, Marckart den Kecheller, Hugen von Berneck,
den man nempt den andern, Fritzen von Wihingen vnd Menloch von Tettelingen, die alle vnuerſchaidenlich bürgen worden ſint off Jr aybe alſo vnd
mit ſolichem gebingde, wár daz wir oder vnſer Erben dem vorgn. vnſerm lieben
Vettern Pfalzgraue Chunrat von Tüwingen oder ſinen erben dü vorgn. haller
Geltz Ewiges Geltz Sechſü vnd viertzig phund nit vertgain vnd vfrichten alſ vorgeſchriben ſtat, ſo hat Er oder ſin Erben vollen gwalt vnd reht die vorgn. bürgen
alle ze manend vnd wenn ſü darvmb Ermant werdent von Jm oder ſinen Erben

ober mit Jren gewiſſen Botten ober mit Jren brieuen ʒe Huͤ, ʒe Hoff ober vnder
Ougen ober munt wiber munt, ſo ſullen ſü Jnvarn vnd laiſten ʒe Herrenberg
ober ʒe Rotenburg, Jn der ʒwaiger Stett ainer in welle die bürgen wellen
vnd da laiſten ain reht Gyſelſchaft an offenan Wirten bi vailem kouff, als ſitt
vnd gewonlich iſt welcher aber ſelber nit laiſten wil, ober Enmag, der ſoll ainen
Erbern knecht mit ainem phärt legen ʒe laiſten an ſin ſtat, Jn allem dem reht
als da vorgeſchriben ſtat vnd nümmer lebig ʒe werdent vntʒ alles daʒ vollefürt
wirt daʒ hie vorgeſchrieben ſtat. Wär ouch daʒ der vorgnanten bürgen behainer
abgieng ſtürbe ober von lande für daʒ Got lang wende, E daʒ vollevertgat würd
alles daʒ da vorgeſchriben ſtat, So ſüllen wir ober vnſer Erben Jm ober ſinen
Erben ainen andern Bürgen als gwiſſen ſetʒen alſ der Erre was in den nehſten
vur Wochen von dem tag ſo wir ober vnſer Erben dar vmb Ermant werden,
Täten wir deʒ nit ſo hant ſü gwalt vnd reht, die andern Bürgen ʒe manen vnd
ſwenn die bürgen darvmb Ermant werdent, ſo ſüllen ſü laiſten an allem reht alſ
da vorgeſchriben ſtat ömmer bis der Bürg geſetʒt wirt. Wir verʒihen vns oͤch
mit vrkunde diʒ briefʒ für vns vnd vnſer Erben aller der reht, anſpräch gnige
vnd ʒoͤwart ſo wir an daʒ vorgenant Gelt hetten, ober haben mohten. Wir die
vorgenanten Graf Otte vnd Graf Burchart von Hohenberg gebruder vergehen oͤch
an dieſem brief für vns vnd vnſer Erben daʒ wir gelopt haben off vnſer Ayde
daʒ vorgenanten Gelt Järlich ʒe richten vnd ouch ʒe vertgen alſ vorgeſchriben ſtat
vnd puch die Bürgen ʒe löſen aun allen Jren ſchaden. Unb deʒ ʒe ainem warem
offem vrkund aller der vorgeſchriben Dinge ſo haben wir beibü vnſerü aigenü
Jnſigel gehenckt an diſen brief, Vnd wir die vorgenant Bürgen alle Vergehen ouch
an diſen brief off vnſer vorgeſchriben ayde ſtät, vnd war ʒe halten ſwas von vnſ
hie vorgeſchrieben ſtat. Vnd deʒ ʒu Vrkund vnd ʒugnüſt ſo hat vnſer Jeglicher
ſin aigen Jnſigel gehenckt an diſen brief. Wär ouch daʒ die Jnſigel an diſen brief
gebräſt ober bräch ober miſſehenkt würden ober Jrü Zaichen nit volleclich begriffen
hetten ober vtʒit miſſeſchrieben wär daʒ ſoll Jm vnd ſinen Erben kain ſchade ſin.
Geben ʒe Nagelt do man ʒalt von Chriſtus gebürt brüʒehen hundert Jar vnd
barnach in dem brü vnd fünfʒigoſten Jar an ſant Gregorigen tag.

B. d. Orig. im St.-Archiv ʒu Stuttgart. — Das erſte, runb, das größte, mit
links geneigtem Hohenb. Schilb, auf dem rechten Oehr den geſchloſſenen Helm mit gegeneinanber gekehrten Hiſthörnern und flatternden Helmbecken. Umſchrift: † S. Ottonis
comitis de hohenb'c. — Das ʒweite, viel kleiner, als das erſte, ſo groß als eines der
Ritter-Siegel, blos der Schild. Umſchrift: S. B. ivnioris comitis d. hohebc. — Das
britte mit dem Tübinger Schilb; ſo groß als das vorige. — Das vierte, das des Burkarb von Hohenberg, eines der kleinſten, ſehr verwiſcht; der erhabene Theil der Quertheilung unten. Umſchrift: S. Bvrcardi comit. d. hohenbc. — Das fünfte, bas des
Konrad v. H. ſo groß als das vorhergehende, erhabener Theil der Quertheilung oben.
Umſchrift: S. Cvnradi de homberc. — Das ſechſte, das bekannte Gültling'ſche, mit den
brei Adlern auf dém Schilde. — Das ſiebente, das des von Berneck, hat einen Schild,
der vertikal halbirt iſt, die rechte Hälfte erhaben, querhin über die Mitte des Schilds

geht ein erhabenes Band; die linke Hälfte ist schraffirt; schreibt sich auf der Umschrift miles. — Das achte, das Hailfinger, hat 3 von rechts nach links laufende horizontal lie= gende schraffirte Spitzen. — Das neunte, das des von Waldeck, hat auf dem Schilde ein aufrechtes Kreuz. — Das zehnte, des von Stainhülmen, nach dem des Grafen Otto das größte runde, zeigt auf dem Schilde den Oberkörper eines drachenartigen Thieres, wie das Bild auf dem Schilde der Merhelde von Wurmlingen. — Das eilfte, das des Recheler, das einzige dreieckige, das größte unter allen, hat im Schilde einen Fisch mit ausgespannten großen stacheligen Rückenflossen, wie ein Barsch. — Das zwölfte, des von Wibingen, hat zwei sich kreuzende Schwerter auf dem Schilde. — Das dreizehnte, des von Berneck, des anderen; die Zeichnung auf dem Schilde kaum kenntlich; auf der Umschrift nennt er sich ivnior. — Das vierzehnte, des von Tettelingen, hat eine Lilie (wie auf den Lilienthalern) auf dem Schilde. Umschrift: S. Meinlochi d. Thetlingen.

* * *

505.

9. April 1353. o. O. Graf Burkard von Hohenberg der Junge ver= pfändet mit seiner Gemahlin Anna, des Gotfried von Hohenloh, Herren zu Bruneck, Tochter, um 420 Pfd. Heller seinem Bruder Konrad die Dörfer Egenhausen und Mindelstetten (wohl Sindel= stetten) und 7 Pfd. Heller und 12 Schilling von Spielberg (sämmtl. Ortschaften im O.A. Nagold) auf Wiederlosung.

Wir Graue Burkart von Hohemberg der Junge, Vnd mit vns vnser liebuͤ Elichuͤ Husfrowe Anne dez ebeln Herren Götfrib von Hohen= loch herr zu Brunecg tohter veriehen offenlich an disem brief für vns vnd vnser erben, Daz Wir vnserm lieben brüder Graue Cünrat von Hohem= berg vnd sinen erben haben ingesetzet bisuͤ nach genempten Dörfer lut vnd gut. Egenhusen vnd Myndelstetten (sic!) zeniessen mit allen nutzen vnd zů ge= hörben an hus an hof an Aeggern an wisen an wald, an waib an velb an zwige an wasen an wasser, an vogtay an sturen an geriht an gewaltzsami gesücht vnd vngesücht clain vnd groß wie ist genant funbens ober vnfunbens. Vnd aht pfunt haller geltez iärlichez geltes aht schilling minre vsser Spilberg dem Dorfe zů ieber stüre vier schilling minr benne vier pfunt haller. Vnd sol Er vnd sin erben Disz allez niessen vnd haben als sit vnd gewonlich ist ainem Herren sin gůt zeniessenn vnbedinget in alle wise als wir sú och von vnserm lieben vater dem vorgenanten Graue Burkarten von Hohemberg haben vor inge= nomen Als och vnser briefe sagent die wir dar vmb haben Vnd haben daz getan vmb vier hundert pfund güter vnd alter haller vnd zwanig pfund güter alter haller der wir von im gar vnd gänzlich geweret sien vnd in vnsern nutz komen vnd be= wendet sint, Da ist och mit namen gedinget welez iars wir alb vnser erben duͤ vorgenanten dörfer vnd gůt lösen wölten ewiclich, Daz wir benne vollen gewalt sulen hän zelösenn duͤ vorgenanten dörfer gelt vnd gůt mit allen zů gehörben vmb

29 *

vier hundert pfund vnd zwainzig pfund güter haller vierzehen tag vor sant Walpurg tag oder vierzehen tag dar nach in den vier wochen ān alle gevärbe, vnd
in allem rehte als si vns och vor von vnserm lieben vater sint
ingeseßet vnd och vnser briefe sagent die wir dar vmb haben minr noch me ān
gevärbe, Vnd dar vmb so haben Wir vnser ietwebers sin aigen Insigel an disen
brief gehenket zů ainer stäten sicherhait diser vorgeschribenn dinge. Wir Grave
Burkart von Hohemberg der alt herr zů Wilperg Vnd wir Gotfrit
von Hohenloch herr zu Brunecg veriehen an disem briefe Daz disuꞏ pfandung vnd versetzung ist geschehen mit vnserm güten willen vnd Rät vnd dar vmb
so hän Wir vnser ieglicher sin aigen Insigel an disen brief gehenket. Geben bo
man zalt von Gotez geburt druzehen hundert iar funfzig Jar, dar nach in dem
britten Jahr, vierzehen tag vor san Georgen tag.

B. d. Orig. im Archiv zu Hechingen. — Die Siegel Burkarts von Hohemberg des
Alten, Herrn zu Wilperg, und Gotfrieds von Hohenloh hängen an.

506.

16. April 1353. o. O. Graf Burkard von Hohenberg der alte verpfändet seinem Sohne Konrad mit Zustimmung seines anderen Sohnes
Burkard das Dorf Rothfelden (O.A. Nagold).

Wir grave burkard von hochenberg der alte herre ze Wilberg
veriehen offenlich an disem brif für vns vnd vnser erben, daz wir vnsern lieben
sun grave Conrad vnd sinen erben haben ingesezt vnd geben ze einem rehten
pfande vnser Dorf Ratfelden lüt vnd güt mit allen rehten vnd zugehörden,
an hus vnd hof, an wisen vnd äggern, an velb, an wald, an holz, an zwig, an
waid, an wasen vnd wasser, an witraiten, an vogtei, an zwing vnd bann, an
geriht, an sture, gesuocht, vnd vngesuocht, clain vnd groß, ze nießene vnbedinget, als
sitlich vnd gewonlich ist, an allein das reht hofegelb vnd zinse, daz vß disen
nachgeschriben gutern gat, Von ersten uß dez brenners hus vnd vß der Widme
vnd der Lewin gut vnd dez Aiblingers gut vnd von Steinharz garten vnd
von Nolubins wisen vnd von einem äggerli lit an dem äffringer wege, daz
vns zugehöret, vnd och mit namen die gelt vnd zinse, die vnsere kint in dem
closter ze Rüthi in demselben dorfe hant, vnd hat vns darumb geben zwei
hundert pfund güter alter pfenning haller münß, die wir von im empfangen haben
vnd in vnsern nuz kommen vnd verwent sint. Da ist och gedinget, daz wir gewalt sulen han daz vorig dorf mit allen zugehorden ze lösen, welch jar wir wellen,
ewiglich um zwei hundert pfunt guter alter heller, zu rehter zit vierzehen tag vor
sant Walpurg tag oder virzehn tag danach in den vier wochen vngevärlich. Da
ist och mit namen gedingt vnserm sun grave Burkard nach vnserm tod
lösen (sic!), der sol och han gewalt vnd reht, daz vorig dorf halbes ze lösen vm

hunbert pfunt guter alter pfenning haller münß, och in den ziten als vorgeschriben
iſt. Vnd daz diz alles ſtát war vnlogbar belibe, darum haben wir vnſer aigen
inſigel an diſen brif gehenkt. Wir graue Burkarb der junge veriehen offen=
lich an diſem brief, daz diſe vorige pfanbung als vorgeſchriben ſtat, iſt geſchehen
mit vnſerm guten wiſſen rat vnb gunſt vnb haiſſung vnb dorumb haben wir vnſer
aigen inſigel an diſen brief gehenkt, vnb haben auch wir der vorig grave burkarb
der alte, vnb grave burkarb vnſer ſun erbeten, vnſere lieben diener Dietrich
von Pfuß¹) (sic!) vnb balbwin von Giltlingen, daz ir ieglich ſin eigen
inſigel an diſen brif hat gehenkt zu einer guten zugniſſe. Geben da man zalt von
Gotes geburt drizehen hunbert iar fünfzig iar bar nach in dem britten iar aht
tag vor ſant Gerien tag.

Abſchrift in T. XVIII. Fol. 137. der Hohenb. Dokumente im St.=Archiv zu Stuttg.
¹ Soll wohl heißen: Dietrich den Pfützer (von Steinhülben).

507.

1. Mai 1353. o. O. Albert von Rüti Ritter verkauft um 330 Pfb.
Heller an Marquart von Owe die Wein=, Korn= unb andere Zehn=
ten von dem Dorfe Hirschau, welche von dem Hauſe Hohenberg
um 80 Mark Silber unb 60 Pfb. Heller an bie von Rüti ver=
pfänbet worden waren.

Ich Albert von Ruitj Ritter vergihe vnb tün kunb offentlich mit vrkuinbe
diſ brieueſ allen ben bie in anſenhent leſent oder hoerent leſen baſ ich reht vnb
rebelich ze köffenne han gegeben Marcwarten von Owe Hermanſ ſon von
Owe deſ alten vnb ſinen erben mit gunſt vnb gütem willen vnb mit Rät miner
frünbe alliu minö Güt bie mich angerbet ſint von miner müter ber eſ reht
hainſtiure vnb zügelt waſ Dritthalb füber wingelße iaergen gelße, minen win=
zenhenden, kornzenhenben, vnb alle anber zenhenben bie an mich vnb alſ ſiu mich
braht vnb komen ſint, bie ze Hirſowe bi Rotemburg gelegen in dem Ban
begriffen ſint vnb ain reht zügelt Phant iſt, Vmb briuhunbert vnb briſſig phunb
haller münſe güter vnb genemer bie ich empfangen han vnb in minen kuntlichen
nuße komen ſint Vnb verienchen och baſ bie vorgeſchriben güt phant ſint von bem
Ebeln herren Graue Rübolfen von Hohemberg deſ Rotemburg iſt vnb
ſtanb Ahtzig marke loetigeſ ſilberſ, Rotwiler gewaeſ vnb ſehzig phunb haller
Vnb vergihe ich der vorgenant Albert von Ruitj Ritter mit minen erben baſ
ich vnb min erben ob ich enwaer bem egenanten Marcwarten von Owe vnb
ſinen erben bie obgenante gelt ſullen vertigan vnb verſtan an allen ſtetten alſ ſitte
vnb gewonlich iſt nach bem rehten Vnb han im vnb ſinen erben barumbe ze
burgen gegeben, hern Cünrat von Ehingen, hern Renharb von Ruitj vnb

hern Burckart von kürnegge Ritter, albert von owe ben alten, hern alberts seligen svn Es ift och gerett vnd gedingot Waer daf der vorgenant hern albert von Ruitj ober fin erben daf vorgenant gelt nit vertigotin vnd verftimben ben obgenanten Marcwarten von owe vnd finen erben nach reht vnd alf fitte vnd gewonlich ift, fo hat ber egenant Marcwart von owe vnd fin erben gewalt vnd reht bie vorgeschrieben biurgen ze manenbe felber mit iren botten ober mit iren brieuen. ze hufe, ze Hoff, ober vnber ögen, vnd wenne bie biurgen ermant werbent fo fullent fiu bar näch ober aht tag in varn laiften bi güten triuwen gen Rotemburg, gen Haigerloch ober gen Horwe ain reht rebelich gifelfchaft in offene wirt hüfer ze vailem koff alf fitte vnd gewonlich ift, an geuerde vnd von ber gifelfchaft nit laffen noch lebig werden. vntze daf dem vorgenanten Marcwarten von Owe vnd finen erben war vnd ftaet belibet allef daf ba vorgeschriben ftat, Vnd waer och daf ber biurgen behainer felber nit laiften weelt ober moeht, ber fol ainen kneht mit ainem pfaerit an fin ftat legen, Waer och daf ber vorgenanten biurgen behainer braeche ober nit ftaet lieffi alf bavor geschriben ift, fo hat ber vorgenant Marcwart von owe vnd fin erben gewalt vnd reht in anzegriffen wie vnd we er mag än clag vnd än zorn Waer och daf ber egenanten biurgen behainer abgieng von tobef wegen ober fuffe nit güt waerj baf got lange wende, fo fol ber obgenant Her Albert von Ruitj ober fin erben bem bickgenanten Marcwarten von owe ober finen erben anber alf güt vnd gewiffe geben, alf bie erren warn, barnäch in ainem manot nach bem tag fo barumbe ermant wirt, wa baf nit befchaehe, fo fullen bie anbern biurgen ber fiu ermant barumbe laiften in aller wife alf vorge schrieben ift. vntze baf ef befchiht. Ich ber vorgenant albert von Ruitj Ritter vergihe och mit minen erben, baf ich ber obgenanten biurgen von ber burgfchaft helfen fol än allen iren fchaben, Vnb ze vrkunde ber worhait ber vorgeschriben bing fo han ich min aign Infigel gehenket an bifen brief. Wir bie vorgenanten biurgen veriehen och allef baf ba vor von önf geschriben ift, vnb ze merer ficherhait fo haben önfer iegelicher fin aigen Infigel gehenket an bifen brief ber geben wart an fant Walpurg tag in bem Jare bo man zalt von Gottef gebiurt Driutzenhenhundert Jahre fiunftzig Jare, vnb bar näch in bem britten Jare.

508.

23. November 1353. o. O. Graf Rudolf von Hohenberg und feine Mutter Margaretha von Naffau geben ihre Zuftimmung zu dem am **1.** Mai bes vorftehenden Jahres erfolgten Verkauf fämmtlicher Zehnten bes Dorfes Hirfchau.

Wir Graf Rudolf von Hohemberg veriehen offenlich mit vrkund bif briefs vmb baz pfant güt bez win geltz vnd win zehenben, korn geltz vnd

korn zehenden vnd clainzehenden vnd Höve zehenden, in dem ban vnd
dorf ze Hirssowe Daz von vnser vordern Herren ze Hohemberg pfant
ist gewesen Herren Albert von Rüti vnd finer vordern vnd stat Ahtzig mark
lötigs silbers Rotwiler gewägs, vnd sehtzig pfund güter Haller darumb wirs lösen
mügen so wir wellen Also ouch die brief sagend die der selber Albert von
Rüti darumb hat veriehen wir daz der Edel kneht Markarte Hermans
sun von Owe daz selb pfant güt von Herren Albert von Rüti mit vnserem
gunst vnd willen an sich hat gewunnen in aller wise als ez der her Albert von
Rüti vor het an all geuerd vnd bez ze offenem vrkund ist vnser Jnsigel gehenkt
an disen brief. Wir Margareht von Nassow veriehen ouch daz bü vorgesagte
Ding als vnser sun der vorgenannt Graf Rüdolf hat veriehen ouch mit
vnserm gunst vnd willen sint beschehen vnd bez ze vrkund ist ouch vnser Jnsigel
heran gehenkt an disen brief der geben wart an sant Clementen tag, do man zalt
von Cristes geburt bruzehenhundert jar vnd dar nach in dem brü vnd fünfzigosten jar.

B. d. Orig. im St.-Archiv zu Stuttgart. — Mit dem kleinen runden Siegel des
Grafen, das blos den Hohenberger Schild zeigt, vnd dem bekannten der Gräfin Margaretha.

509.

**26. Februar 1354. Straßburg. Graf Hugen von Hohenberg Sühne
mit der Stadt Colmar.**

Wir Graf Hug von Hohenberg embieten den erbern wisen bescheiden
dem Meister vnd dem Rate zu Colmar allez lieb vnd güt. Wissent daz ich öch vf
sage von dez krieges wegen den wir mit öch han gehebet alf ir wol wißent vnd
ein stete getruwe süne mit öch haben wellen für vns vnser bienar vnd alle vnsere
helfer die von vnsern wegen widerseit hettent mit vrkunde des briefes, dar vf
wir vnser Jngesigel zü Rucken getrucken hant, der geben wart zu Strazburg
an der nehesten Mitterwochen vor der großen vastnacht dez Jares do man zalte
von goz geburte bruzehen hundert Jar fünfzig vnd vier Jar.

B. d. Orig. im Stadt-Archiv zu Colmar. — Das Siegel ist abgefallen.

510.

**17. März 1354. Rotenburg. Renharb von Ehingen ab Entringen,
Ruf und Renharb, deffen Brüder, vergleichen sich mit dem Chorherrnstift zu Ehingen in Betreff des Laienzehnten zu Schaben-
weiler (bei Rotenburg).**

Ich Renharb von Ehingen ab Entringen Rüfe vnd Renharb sin
brüder ebel kneht veriehen offenlich für vns vnd vnser Erben mit vrkund biß

briefs allen die in sehend, oder hörent lesen Daz wir mit den erbern lüten dem bropst vnd den korherren des stift ze Ehingen von ir vnd des stift wiegen vmb all stöß die wir mit an ander hetun vmb layen zehenden in dem bann ze schadenwiler lieplich vnd früntlich verihtet sigen mit schibung der erbern lüten wilhanns Haintzen frumen. appen des wirtz. Hansen pfellen. Cöntzen frumen. Bentzen vnd albrehts des wirtz sünen. Also daz si vns vnd vnsern erben ewiclich ergeben hant den layenzehenden halben den si hetun an Mayer Burks bühel trier morgen die da stößet ain halp an schaden lochen, anderhalp an vären vnd ainen halben morgen ze wihennähten der Haintzen frumen ist vnd ainen halben morgen an spilbühel der Cüntzen Hylpolt ist den scherting machet vnd ainen morgen hat Rüf Hagen an spilbühel ain halp an Cvntz offtertingen anderhalp an Cöntzen Hylpolt. Vnd vmb daz haben wir den vorgenanten bropst korherren vnd stift ewclich ergeben an Boll die langun situn vndnan vnd obnan alse die alten berg gant, vnd also die markstainn gesetzt sint, allen vnsern zehenden win vnd obs oder was da wahßt Vnd mit namen Hansen wingarten von ow, als ietz der niuw satz ist alliu vnsriu reht vnd ouch des gloggners wingarten altes vnd nüwes als er ietz ist oder hienah gemachet wirt alliu vnsrü reht win vnd korn oder was da wachset Vnd ouch die Egerdun vnd Buggen des babers wingarten zwischen dem stier dem witwer vnd hansen von ow alse die markstain ietz stant Vnd haben gelobt bi güten trumen für vns vnd vnser Erben, die vorgesagt ding ewclich stät zehend Vnd des alles ze offenem vrkund hat vns ieglicher sin aigen Insigel gehenkt an disen brief der geben ist ze Rotemburg an sant Gerdrut tag do man zalt von kristz geburte druizehen hundert iar fünftzig danach in dem vierden Jar.

B. d. Orig. im St.-Archiv zu Stuttgart.

511.

3. Juli 1354. Rotenburg. Die Böcklin vom Euttinger Thal (O.A. Horb) stellen Graf Albrecht von Hohenberg, Bischof von Freising, und dessen Neffen Rudolf einen Revers aus in Betreff ihrer Burg daselbst.

Wir Hans Böcklin, Volmar und Heinz seine Söhne, Dietrich und Hans Böcklin, gebruder, versehen offentlich für vns vnd unser erben, mit vrkunt dis brifs allen die ihn sehent oder hörent lesen, daz wir mit vnsern gnädigen herrn grafen Albert von Hohenberg Byschofen ze Freysing und grafen Rudolfen von Hohenberg sins brubers sun für sie und für ihr erben umb die vesti ze Utinger tal lipliche vnd mit wolberaten mut oder ein sigen kommen also daz sie vns gunet hant vnsern tail derselben vesti in der rinkmur ze buwend vnd vor der rinkmur schiuran vnd vihhuser vngevarlich in der maß, als vormals da was gebuwen vnd nit anders, vnd hierumb verjehen wir all vn=verschaidenlich für vns vnd vnser erben, daz wir mit derselben vesti niemer wider sie noch ir erben noch ir lute ober die sie ze gebietend hant tun sollen in der vesti noch baruß in behainen wieg on all geverb. Wölt auch vnser behainer sinen tail jemanden versetzen oder verkoufen oder in behainen wieg verenberen, daz sol der kunt tun. der vorgenanten herrschaft, vnd iren erben, vnd wär der wär, dem ers wolt versetzen, verkoufen oder verenberen, der sol vnser genos sin vnd der soll auch in alle wise sich gen der herrschaft vnd ir erben verbunden mit brief vnd mit eiben als hie von vns beschrieben ist on alle gewerb. Wölt aber dieselbe herrschaft oder ir erben vmb benselben tail als vil gen als er anders wa mit guter kuntschaft möht gegelten (sic!), so soll er jnen also lassen werden on all wiberreb. Es ist och berett wär daz wir die vorgeschribenen Dietrich vnd Hans Böcklin gebrüber vnsers vettern Dietrichs Böcklin tail an vns gewunen, so sollen wir vnd vnser erben vmb derselben tail in allen recht verbunden sin gen der vorgenannten herr=schaft vnd iren erben als davor vmb vnsern tail ist beschrieben on all gewerb. Wir die vorgeschrieben Böcklin verjehen all vnverschaidenlich für vns vnd vnser Erben vnd nachkommen, daz wir all vnd jeglich gesworen haben aibe zu dem Hailigen mit gelerten worten vnd uffgebottnen fingern bie vorgeschrieben bing vn=gevarlich stät zehend vnd barwider nit ze tund in behaimen wieg on all ge=werb. u. s. w. Dat. Rotenburg an St. Ulrichs Abend.

Nach einer Abschrift in Gerts (östr. Registrators) Beschreibung der Graffschaft Hohen=berg vom Jahr 1776. II. S. 191. 192.

512.

14. September 1354. Neu=Regensberg. Gräfin Ursula, Wittwe des Grafen Hugo von Hohenberg, begibt sich mit ihren Städten, Bur=gen, Leuten u. s. w. in den Schutz der Herzoge Albrecht und Rudolf von Oestreich.

Wir Ursel graf Hugs von Hochemberg sälig witibe, verjehen vnd tun kunt mit diesem brief, das wir den hochgebornen fursten herzog Albrecht ze Osterrich, ze Steyr, vnd ze Kernden, vnd herzog Rudolfen sinen sun, vnser gnädig herren, erwelt vnd genommen haben vnd erwelen vnd ouch nemen zu vnserm besundern vogten vnd schirmen uber alle vnser lute vnd biener, uber all vnser stet vnd burge, vnd uber alles vnser gut, swa das gelegen ist, also das berselbe vnsere herre herzog Albrecht, Rudolf sin sun, alle ir vogt vnd amptlut, die ytzund sind oder hernach kunftig werdent, vns alle, vnser lute vnd biener, vnser stet vnd burg, vnd alles vnser gute vogten vnd schirmen sullen, als ir selbs lute vnd gut, vnd sollen ouch vns gen allermeniglich beholfen sin, mit ganzer machte, wa wir des bedurfen, vnd swen wir si darzu vorbern; vnd darumb verhaizzen und sullen ouch wir, alle vnser amplut vnd biener, den egenanten vnseren herzog Albrecht, herzog Rudolf seinen sun, allen ihren vögten vnd amptluten, wartent vnd gehorsamb sin, mit allen vnsern luten vnd biener, mit allen vnsern steten vnd burgen, vnd mit allen vnsern gut, swan sie, ober ir vögt vnd amptluet von iren wegen bes beburfen, ober bas an vns vorberent. Vnb bes ze vrkunbe geben wir biesen brief besigelt mit vnsern eigen insigel. Geben zu der Nuwen Regensperg an bem suntag nach vnser frowen tag zu herbste, nach Christes geburt brizen hundert jar, und in bem vierben und funfzigisten jar.

Abbruck bei Herrgott, cod. probat. geneal. Habsb. nro. 807.

513.

1. Oktober 1354. Brugg. Herzog Albrecht von Oestreich bringt einen Vergleich zu Stande zwischen Graf Albrecht von Hohenberg, Bischof von Freising, und bessen Neffen Rudolf einer= und Gräfin Ursula, Wittwe des Grafen Hugo von Hohenberg, andererseits in Betreff der Hinterlassenschaft des Letzteren.

Wir Albrecht von gotes gnaben Hertzog ze Osterrich ze Steyr vnd ze Kernden Tün chunt, bas der erwirbig Her Albrecht bischof ze frising vnd Graf Rudolf von Hohenberg an bem tail vnd bie erber Vrsel Graf Hugens selig von Hohenberg witib, vnser liebe Swester, an bem anbern tail gentzlich hinbern vns gangen sinb vmb alle chrieg vnd stöz, so sie habent ze baiber seit vmb des egenannten Graf Hugens güt, stete ze halten paibenthalben, swas wir barüber sprechen, Sprechen wir, baz alles baz, so ber egenannt Graf Hug lazzen hat, ez sein Herschaft, vesten, Städe ober wie ez gnant ist, mit alle bem so barzü gehört, gentzlich vnd gar sol lebig vnd ler sein von ber egenannten Grefinn Vrsel vnd sol si fürbas chain ansprach barzü mer haben, in bhainen weg, vnd suln ir ber egenant bischof Albrecht von frysing vnd Graf Rudolf sein vetter für alle ir ansprach geben vir Tusent mark vnd britthalb hundert mark silbers kostentzer gewichtes vnd zwai hundert phunt Haller vnd sol si basselb gelt alles haben vf Ebingen vnd vf Haygerloch ber Pürg vnd vf ber obern vnd ber nibern Stat baselbs vnd vf ben kylichen Satzen, bie zu ber nibern Stat Hayerloch gehorint, Also baz sie bi obgenannten phant Ebingen, Hayerloch, bi pürg vnd bie zwo Stete vnd bie kilchunsetze mit allem bem so barzu gehört, vnd alz baz von alter herchomen ist, in phanbes weis sol inne haben vnd niezzen an abslag, vnd baz sie ber egenant vir Tusent, britthalb hundert mark silbers vnd zway hundert phunt Haller gentzlich verricht vnd gewert wirt, vnd alle bie weil bi kilchunsetze, bie zu ber nibern Stat gehörent ir phant

fint, bie weil sol sie die kilchen all leihen, vnd swann der egenant Bischof von
frising, ober sein erben seinen tail an der obern Stat Hayerloch losen wil vmb
newn Hundert mark silbers, des sol si im stat tůn, vnd sol im vnd seinen
erben benselben tail ledigen vnd losen in antwürten, vnd suln diselben Newn
Hundert mark silbers an der egenanten Summ dann abgen. Wer aber baz
die egenannt Grefinn Vrsel abgieng, ee baz di Losung beschech, so suln des egenanten gelts achtzehnthalb Hundert mark silbers geuallen vf des egenannten Graf
Hugens kind, vnd vf besselben kindes erben, vnd sol benselben kinden nicht schaden,
ob si bey einem andern manne erben ober kind gewunne. Ouch sprechen wir, baz
die egenanten bischof Albrecht, vnd Graf Rudolf sein vetter sich vnberwinden suln
bes Kindes so Graf Hug bey der egenanten Grefin Vrsel lazzen hat, vnd suln
bazselb kind innehaben mit allem gut vnd swaz reblicher geltschulb ist bi ber egenant Graf Hug schulbig beliben ist, ober bie von ihm herchomen ist, bi suln bi
egenanten bischof Albrecht vnd Graf Rudolf all gelten vnd richten von bes kindes
wegen vnd sol bie egenanten Grefinn Vrsel mit berselben geltschulb nichtes ze schaffen
haben. Ouch sprechen vnd wellen wir, baz getweber tail bie artikel vnd ben
spruch, so an bisem brif verschriben ist mit irn vnd mit ettlicher irr freunt Insigeln
gen einanber verbrifen vnd vermachen suln. Des geben wir ze vrkunb bisen brif
besigelten mit vnserm grozzen anhangenbem Insigel, Der geben ist ze Prükk in
Argow an Mitwochen nach sanb Michels tage, bo man zalt von krists gepurb
breutzehen Hundert iar barnach in bem vir vnd fünftzigistem iar.

 B. b. Orig. im St.-Archiv zu Stuttgart. — An ber Urkunbe hieng auch ursprünglich nur ein Siegel.

<hr>

514.

1354. o. T. Rotenburg. Graf Rudolf von Hohenberg belehnt Simon
von Kirchheim mit der Olventen Mühle zu Eßlingen unb einem Theil
an einem Kammrab.

 Wir Graue Rubolff von Hohemberg vergen mit vrkunbe biz briefes baz
wir gelichen haben Symon von Kirchen bie muli bú gelegen ist ze Effelingen, an spitals Müli vnd haisset Olventon Müli vnb ouch ainen tail an ainem
Cômerat vnd waz barzů höret, vnb bez ze vrkunbe haben wir vnser insigel gehenchet an bisen brief ber geben ist ze Rotemburg in bem Jar bo man zalt
von Cristus geburt brutzehen hunbert Jar fünftzig Jar vnb barnach in bem vierben Jar. —, — —

 B. b. Orig. im Spitalarchiv ber ehemaligen Reichsstabt Eßlingen. — Das Siegel
fehlt, ber Einschnitt für basselbe ist noch vorhanben.

<hr>

515.

21. Auguſt 1355. Rotweil. Graf Albrecht von Hohenberg, Biſchof
zu Freiſing, verkauft um **1110** Mark Silber und **1000** Pfund
Münchner Pfenning die Pfandſchaft der Reichseinkünfte von Rot=
weil an dieſe Stadt ſelbſt.

Wir Graue Albreht herre ze hohenberg von Gottes genaden by=
ſchoffe ze Fryſingen Tůn kunt mit diſem brief allen ben bie in anſehent oder
hörent leſen vnd vergehen offenlich, daz wir mit wolbedahtem můte, vnd nach
vnſerre guter frünbe vnd anderre Erberer wiſer. lute Räte vnd durch nuẞe vnd
beſſerunge willen vnſer ſelbes, vnſerre herſchaft vnd aller vnſerre Erben, vnd dar
vmb daz wir da mit vnſer Gůte anderſwa, daz vns nüẞelicher iſt, löſen wellent,
rhete vnd rebelich ze köffen geben habent, vnd geben ze köffen mit vrkunde diz
briefes ben wiſen vnd Erbern lüten, dem Schulthaißen, dem burgermaiſter, ben
Räten, ben burgern vnd der gemainbe gemainlich der Stat ze Rötwil vnd allen
Jren Erben vnd nachkomenen, vnſerü gelte vnd Gůte ze Rotwil, bie wir in pfan=
beswiſe von bem Ryche inne hattent, Dez erſten die Stüra ze Rötwil, ben halp=
tail bez vngeltes ze Rötwil, ben Groſſen Zol ze Rötwil, die Münẞe, ben hof, bie
hofſtat zinſe ze Rötwil, das Mülgelte, bie viſchenẞa vnd der Benke zinſe ẞe
Rötwil, vnd mit gebinge allü die rehte, nüẞe, zinſe vnd gelte, bie wir von bem
Ryche in pfandes wiſe ze Rötwil hattent, als wir vnd unſer vatter ſelig ſeliger
gebenknüſte vnd vnſer vordern vnd ouch vnſer Brůder dieſelben rehte nüẞe vnd
gelte daher genoſſen vnd her braht habent vmb ainlüf hundert Marke Silbers
vnd vmb zehen Marke Silbers, alles lötiges vnd luters Silbers Rötwiler gewiẞ=
tes vnd vmbe Tuſent pfunde gůter pfenninge Müncher Münẞe, daromb ouch bie
vorgeſchribenen gelte vnd Gůt vnſer pfant warent von küngen vnd von kayſern,
als bie briefe ſagent vnd bezögent, bie wir dar vmbe Jnne habent von bez Riches
wegen, Dez Silbers vnd ouch der pfenninge wir von ben von Rötwil mit rehtem
gewiẞte vnd mit vollekomener zal genẞelich gewert ſient, bez vns wol benüget vnd
daz alles in vnſern kuntlichen nüẞe vnd rebelichen fromen komen vnd bewendet
iſt, ben ſelben burgern vnd der gemainbe gemainlich ze Rötwil vnd allen Jren
Erben vnd nachkomenen die vorgeſchriben ſtucke nüẞe vnd gelte allü die wir ze
Rötwil hattent mit allen rehten und nüẞen vnd mit aller der zůgehörbe als wir
vnd vnſer vordern die ſelben gelte vnd nüẞe vnẞher genoſſen vnd her braht ha=
bent iemerme ze ainem pfantlichen pfanbe vnd in aines rehten werenden pfandes=
wiſe, äne allen abſlag vnd äne allez abnieſſen, iemerme ze habenne vnd ze nieſſenne,
ze beſeẞenne vnd ze entſeẞenne, vnd an bie ſtunde, baz bie ſelben ſtucke nüẞe vnd
gelte von Jnen oder von Jren Erben oder nachkomenen erlebigot, vnd erlöſet
werbent von küngen oder von kayſern, oder von ben die banne die ſelben ſtucke
vnd gelte burch reht löſen ſont, vnd ouch mit als vil Silbers vnd mit als

vil pfenningen, als da vor benemmet vnd verschriben ist vnd habent ouch gelobt
vnd loben mit vrkunde biz gegenwirtigen briefes vnd mit vns Graf Rûdolf
von hohenberg vnsers lieben brûder sune für vns vnd für alle vnser
Erben vnd nachkomen den obgenanten burgern vnd der gemainde gemainlich ze Rôt=
wil vnd allen Iren Erben vnd nachkomenen der vorgeschriben stucke, nutze vnd gelte
vnd aller der reht, So vns uf die pfant ze Rôtwil verschriben sint für ain reht
rebelich pfant vnd als wir vnd vnser vordern daz vntzher genossen vnd her braht
habent iemerine reht wer ze sin, ze verstan vnd uf ze rihten für ain rebelich pfant,
daz Sü in pfandes wise daran habent sient an allen Stetten vnd gen aller man=
gelichen, vntz an die stunde, daz die vorgeschriben stucke, nütze vnd gelte vnd allü
die Reht, die wir da habent, von Inen erlöset werdent mit dem obgenanten Sil=
ber vnd ouch mit den pfenningen, die davor benemmet vnd verschriben sint, oder
aber vntz wir oder vnser Erben biz pfant als wir daz her braht habent geuerti=
gen von vnserm herren dem kayser oder von andern kûngen oder kaysern, daz die
iren gunste vnd gûten willen mit Iren briefen darzû tûnt, daz die von Rôtwil
vnd Ir Erben vnd nachkomenen biz gelte vnd pfant Inne haben süllent für ain
pfant, als wir vnd vnser vordern daz her braht vnd genossen habent âne alle
geuerde. Weri ouch, daz wir kehainen briefe Inne hettint oder hernach iemer
hinder vns fundint, der zû den vorgeschribenen pfanden horti, den Sôltint wir
vnd vnser Erben den von Rôtwil oder Iren Erben vnd nachkomenen ane fürzog
antworten vnd waz an den selben briefen stûnde, daz Sôltint Sü danne
ouch uf den vorgeschribenen stucken vnd pfanden haben zû der Summe dez obge=
nanten Gûtes ane alle geuerde. Wir vergehen ouch won wir des obgenanten
Gûts verieht vnd gewert sient von den von Rôtwil, daz wir vns der vorgeschri=
ben stuck vnd gelt verzigen haben vnd verzihen vns der für vns vnd für vnser
Erben gen den obgenanten von Rotwil vnd gen Iren Erben vnd nachkomenen,
also daz wir enhain reht, ansprach noch wider vorderunge dar vmb an Sü nie=
mer getun Sont noch haben noch gewinnen in kainen weg noch mit enhayner
laye wise, mit geriht noch âne geriht, Won waz wir hie wider iemer getâtin oder
behain vnser Erbe, da Sôlti vns niht zû beholfen sin kaine brief, den wir ietzo
hettint oder der noch hernach môhti erworben werden von kûngen, von kaysern,
von Bâbsten, von byschoffen, von herren oder von Stetten, won daz wir alle zit
Sôltint vnreht haben vnd die von Rôtwil vnd ir nachkomen reht, Vnd waz wir
hie wider iemer getâtin, dar zû Sôlti ouch vns niht beholfen sin kaine reht wie
daz genant ist, Gaisteliches noch welteliches, gemaines noch sunders, noch kain
frihait noch gnade der kayser, der kûnge, der herren noch der Stette, noch Lant=
fride noch buntnüste noch enhainer laye sache, wie die genant ist susse noch so,
vnd habent Ine gelopt Sü an den vorgeschriben pfanden alle zit ze fürdern vnd
niht ze hindern. Wir Graf Albreht herre ze hohenberg, byschof ze Frysingen
vnd wir Graf Rûdolf von hohenberg, sines brûder sune, habent ouch baide ge=
sworen gelert aybe zû den hailigen âne alle geuerbe alle vorgeschriben sacha stet

ze habenne vnd ze halten in aller der wise als vor beschaiben ist, vnd da wi
niemer ze tünde in kainen weg noch mit enhainer laye wise suffe noch so bize
vnd ainualteclich vnd ane alle geuerde. Vnd her vmb ze offem vrkunde vnd
stenunge aller vorgeschribener dinge, So haben wir baibe für vns vnd vnser
ben vnserü Jnsigel offenlich gehenket an bisen brief, Der ze Rötwil geben is
dem nehsten fritag vor sant bartholomeus tag Nach Cristus geburt drizeha
bert Jar dar nach in dem fünf vnd fünfzigosten Jar.

516.

23. August 1355. Rotweil. Graf Albrecht von Hohenberg, ^
zu Freising, urkundet, daß er Walgern, den Bürgermeiste
Reutlingen, und Kabolf von Wehingen (O.A. Spaichingen),
Diener, und sonst Niemand mit ihren Forderungen an ih
die Reichs-Einkünfte von Rotweil verwiesen habe.

Wir Graue Albreht Herre ze Hohenberg von Gottes ge
Byschof ze ffrysingen Tünt kunt mit bisem brief vnd vergehen offenli
wir Walgern den Burgermaister von Rütlingen, fiber daz v
Stüra vnd anber nütze, bie wir ze Rötwil hattent, in vnser hant kom
bie selben nütze vnd gelte verstozen vnd gewiset habent vmb etwieviel sc
abnützen, als bie briefe sagent, bie er bar vmb von vns Jnne hat, bez
ainen taile ietzo ab ernossen hat, Vnd haben ouch Kabolfen von wä
vnfern biener vf bie selben nütze vnd gelte verstozen vnd gewiset vmb
pfunbe Haller auch ze abnützen, vnd fürbazer niemanne me. Weri aber,
von vnfer felbes wegen vf baz felbe gelte ieman andern gewifet hettent
walgern vnd Kabolfen, wie vil bez weri, baz Sölti vns ab gan an ben zi
fent Gulbinen, bie vns bie von Rötwil font, kömi aber barnach ieman
von Rötwil, So wir ber Gulbin von Jnen bezalt wrbint, ben wir vf be
gelte gewifet hettint mit vnferen briefen äne baz, baz ba vorbenemet ist, le
len wir ben von Rotwil vfrihten vnd beffern bi bem aybe, ben wir Jnn
ren habent. Weri ouch, baz wir ber brief iemer bebörftint, bie wir ben vl
wil geantwurt habent, bie wir von küngen vnd von kaysern Jnne han
bie gelte ze Rötwil in pfanbes wise zu vnfern Hanben vnd vnfre vorber
ben komen fint, Sü ze verfprechen ober ze verantwrten, ob Sü von be
gelz wegen iemer angefprochen wrbint, bie briefe Sont Sü vns ober vn
ben her vzlihen mit zitlicher vnd befchaibener ficherhait, baz auch Jnen bi

brief wiber geantwrt werden āne alle geuerbe. Vnd hervmb ze offem vrkunde So haben wir für vns vnd vnfer Erben vnfer Jnfigel offenlich gehenket an difen brief, Geben ze Rôtwil an fant Bartolomeus abent Nach Criftus gebürt Drü-zehen hunbert Jar bar nach in bem fünf vnd fünfzigoften Jar.

V. d. Orig. im St.-Archiv zu Stuttgart. — Mit bem gut erhaltenen Siegel bes Bifchofs von rother Wachsmaffe.

517.

2. September 1355. o. O. Die Grafen Burkard und Konrad von Hohenberg, Gebrüder, Herren zu Wildberg, theilen ihre Herrschaft.

Wir Graue Burkhart vnd Graue Cônrat gebrüder von Hohenberg, herren zû Wilperg, veriehen offenlich an difem brief für ôns vnd ônfer erben, Das wir mit wol beratem mût vnd mit gûtem rât ônfrer biener lieplich vnd gûtlich ôberain komen fin vmb bifú nachgefchribenn gût, bie wir von ainander getailet haben. Des erften Bûlach bie ftat, Altenbûlach bas borf mit Walbecke vnd bes frien gût mit allen rehten vnd zûgehôrben, Huftetten Das borf mit allen rehten vnd zûgehôrben, āne allain ben walt ben man nemmet ben Bûray, ber fol gemain fin; Schônbrunn vnd âffringen bú bôr-fer, mit ben Mayern zû âffringen vnd bes Gûten wilbenhof mit allen zûge-hôrben, Ebhufen vnd Welhufen mit allen ben rehten vnd gewonhaiten als fú ônfer vatter an ôns het braht; Emingen, Beibú Sulcz bie bôrfer, ane bie Kilchun vnd ben Kilchunfacz vnd ben Wibem hof ba bie felbe Kilch in hôret zû Sulcz, bie fol ônfer beiber gemain fin; Giltelingen bas borf mit ben rehten bie wir ba habin. Des veriehen wir ber vorgenant Graue Cônrat, bas bifú ftat vnd bifú bôrfer, lút vnd gút, ônferm lieben brûber bem vorgenanten Graue Burkhart fint zetail geuallen, mit allen ben rehten vnd zûgehôrben als fú ônfer vatter an ôns braht het. So veriehen wir ber vorgenant Graue Burkhart von Hohenberg, Das bifú nachgefchribenn ftat, Burg, bôrfer, lút vnd gút vn-ferm lieben brûber graue Cônrat bem vorgenanten fint zetail geuallen, mit allen rehten, gewonhaiten vnd zûgehôrben als fú ônfer vatter an ôns hat braht. Des erften Altenftaig, burg vnd ftat, vnd bas borf Altenftaig mit ben rehten vnd zûgehôrben bie wir bar zû habin, Egenhufen, beibú Spilberg, Grúnbach, Bûrren, Sygmarfuelt, Schiltecke bú burg, mit allen rehten vnd zûgehôrben, mit ben welben bie beibú zû ber burg Schiltecke vnd ber ftat altenftaig vnd zû ben vorgenanten bôrfern hôrent, ane bie krieg welb bie noch vnuerlûhen fint, bie fint vnfer beiber gemain; Ratuelben, Múnblerfpach, bas Stôckach ba zwufchent, Pfrunborf, vnberútingen, bú bôrfer allú mit lúten vnd mit gú-ten, mit allen rehten vnd zûgehôrben. Da ift ôch mit namen gebinget, was aige-ner lút vnber ônfer ietweberm gefeffen ift, bas bie felben aigenn lút ôch bes felben aigen fûllen fin vnber bem fú gefeffen fint. Were aber bas ir ettelicher hie nach von ónſer beweberm für, der ſölt bennoch des ſin, vnder dem er iecz begriffen iſt, wele aber vſſerhalb ónſer beider gebiet geſeſſen ſint, die ſöllen da hin hören da ſú vorhin horten: die von Ebhuſen gen Bůlach, die von Schiltecke gen Altenſtaig. Da ſol óch ónſer beweder fürbas me in des andern ſtette, burgen, vnd börfern, lút ober gůt, núcz zeſchaffenn han noch ze tůnbe, weber vil noch lúczel vngeuarlich. Were óch, das got lang wenbe, das ónſer ainer von ben vorgenanten gúten wúrbi verſeczen ober verloffen, es ſi an ſtetten, borfern ober búrgen, bas ſelbe ſol er bem anbern vor vail bietten vnb kunt tůn, bie ſtette vnb bie búrg zwen manet vor, bu börfer ainen manet vor; vnb wenne bas alſo beſchiht, bas ber ſelbe bem es alſo vail gebotten iſt in ben vorgenanten zilen nút koffen, ober pfanben wil ober enmag ſo ſol er biſen anbern núcz me fúrbas irren noch ſumen, weber zeuerſeczenb noch zeuerkoffenn, vngeuarlich. Wenne aber bas beſchiht, bas vnſer ainer nach biſem gebing verſeczen ober verkoffen wurbi, bas ſol er óch alſo tůn, nút mit kainem ónſerm óbergenoſſen, noch mit kainem ber óns nút gemain ſi, āne geuerb. Wir bie vorgenanten Graue Burkhart vnb graue Cônrat von Hohenberg, gebruber, veriehen óch an biſem brief, bas wir gesworn haben zů ben hailigen gelert aybe mit vf gebottenn vingern, biſe vorgeſchriben tailung vnb alles bas hie vorgeſchriben ſtāt war vnb ſtāt ze haltenb vngeuarlich. vnb bes zů ainem warun gezúgniſt vnb ſicherhait, ſo haben wir beibe ónſerú aigenn Jnſigel an biſen brief gehenket. Vnb zů merer gezúgniſt vnb ſicherhait haben wir óch erbetten vnſre lieben frúnb vnb biener, ónſere lieben vetter Graue Růdolf ben Schärer pfalczgraue von Túwingen, vnſern lieben Sweher hern Petern herren zů Hewen, vnſern vetter Graue Otten von Hohenberg, ónſern lieben Sweſterman Graue friberich von Zolr, Tyetrich ben Pfúczer vnb Marquart ben Kecheller, bas ir ieglicher ſin aigen Jnſigel an biſen brief het gehenket zů ainer warnn beſtátegung als vor geſchriben ſtāt. Geben bo man zalt von Gottes gebúrte Drúzehenhunbert jar fúnfzig jar bar nach in bem fúnften jar, an bem nehſten Gútemtag vor ónſer fröwun tag ber jungerun als ſú geborn warb.

Orig. im St.-Archiv zu Stuttgart. Abgebruckt in Monumenta Zollerana I. Schwäbiſche Linie. Nro. CCCXXVIII. S. 191. 192.

518.

10. November 1355. Rotenburg. Graf Rubolf von Hohenberg leiht mit Zuſtimmung ſeiner Mutter Göbeln unb Hanſen Sänglin das Eichamt in Rotenbnrg unb ſetzt bie näheren Beſtimmungen über baſſelbe feſt.

Wir Graf Rûbolf von Hohemberg veriehen offenlich mit vrkunb biß briefs fúr vns vnb vnſere Erben vnb nachkommen baz wir in all wiſe wort vnb werk als eſ kraft haben ſol vnb mag nah bem rehten vnſern lieben getrewen Gö-

beln vnd Hanſen ſånglin vnd ir baider Erben eſ ſigen frowan ober man
knåblin ober måclin beſtåten vnd beſtåt haben ze ainem ewigen zinſlehen daz ych=
ampt in vnſer ſtat ze Rotenburg mit allen rehten nützen vnd gewonhaiten
alſ wilent vnſer åni ſålig Graf Rûdolph von Hohemberg Jren vornbern=
ben hat gelühen vnd beren Erben baz iſt baz ſelb ychampt Alſo haben vnd nießen
mit Allen nutzzen vnd gewonhaiten als biſ her iſt komen. Daz alſo iſt waſ wines
ze Rotemburg wirt verſchenket bue våſſer ſollenb bie ycher an bie ych füren vnb
wiber hain vnb ſol Jnen bue Heff werben vnb von ieglichem aumen ze ychenb
ain Haller ze lon eſ ſi vil ober lutzel. Was ouch våſſer an bie ych hört bie nit
verſchenkt werbent ba ſol Jnen ouch bue Heff werben. vnb ouch von jeglichem
aumen ze ychenb ain Haller. Vnb ſöllenb ſi es ouch bar vnb bannan füren. Jn
ſol ouch von ainem viertel ze meſſenb werben ain haller. Vnb wem ſi ainen au=
men vberſchlahenb ber ſol Jn gen ainen ſchilling Haller Es ſol ouch nieman kain
vaſſ winſ in laßen noch vbziehen noh laben noh hin noh her ziehen in ber ſtat
wan mit ben ychern ben ir lon ba von wirb eſ ſi benn in bem Herbſt ſo mag
ain burger ben win ber ihm vf ſinem aigen wirt ſelber inlaßen ob er will. Waſ
ouch vaſſ vber ſehs aumen iſt ba von git man in zeienb ainen ſchilling Haller
vnb vbziehenb ainen ſchilling Iſt es aber vnber ſehs aumen ſo git man ba von
tri Haller ze lon Vnb alſo beſtåtin wir ber vorgenant Graf Rûbolf baz vorge=
nant ychampt ben vorgenanten Göbeln vnb Hanſen ſånglin vnb ir Erben alſo ba
vor alſe ba vor (sic!) beſchriben iſt alſo. baz ſi vns iårlich vf ſant Mychels tag
ba von ze zinſe geben zwai Hûnr Vnb ſöllen Jnen fürbaſ kainſ bienſteſ ba von
mûten bazû ſöllen wir vnb wir (sic!) vnb vnſer amptlüt ſi ſchirmen vnb fürbern vnge=
uarlich vnb in behainen wieg baran ſumen noch bekrenken. Des alles ze offenem
vrkund vnb ſicherhait habin wir vnſer Jnſigel gehenkt an biſen brief. Wir Ma=
greth (sic!) von Naſſow wilent Gråfin ze Hohemberg bes vorgenan=
ten Graf Rûbolf mûter wan wir bie vorgenant ſtat ze Rotemburg
von bemſelben vnſerm ſun ietz inn habinn veriehen ouch offenlich mit bi=
ſem brief baz bui vorgeßagt bing mit vnſerm gunſt vnb haißen ſint beſchehen.
Vnb des ze offenem vrkund habin wir ouch vnſer Jnſigel gehenkt an biſen brief
Der geben iſt ze Rotemburg bo man zalt von Criſtz geburte brutzehen hunbert
iar fünfzig iar ba nach in bem fünften Jar ſant Martins Abenb.

B. b. Orig. im St.-Archiv zu Stuttgart. — Die beiden Siegel ſind eingenåht.

519.

17. November 1355. Wien. Graf Rudolf der junge von Hohenberg
gibt seine Zustimmung zu dem Verkauf der Herrschaft Triberg
von Seiten seines Oheims des Grafen Albrecht von Hohenberg
und Bischofs in Freising.

Wir Graf Rudolf von hohenberg der Jung, veriehen offenlich, für
vns vnd alle vnser erben, gen allen ben, die disen brief, sehent, lesent oder hörent
lesen, vmb die herschaft Triberg purg vnd Stat, vnd die alten hornberg.
die den erwirdigen fürsten vnsern gnedigen herren vnd vettern hern Albrechten
Bischof ze Frisingen vnd Grafen ze hohenberg an geuil ze einem
rechten vetterlichen erb, in rechter vreuntlicher tail weise so er vnd vnser
lieben vettern seligen Graf Haug vnd Graf Hainrich von Hohenberg sein
prüder, vnd vnser pfleger an vnserr stat taten, desselben tails vns noch ze
tage benügt, daz er dieselben herschaft Triberg purg vnd stat vnd die alten
hornberg, recht vnd redlich ze kouffend geben hat mit aller zugehörde vrilich vnd
vmbetwungenlich mit bedachtem müt vnd gesundem leibe, vnd mit ander seiner
vreunde wizzen vnd rat dem edeln hochgeporn fürsten vnserm gnedigen Herren
Herzog Albrechten ze Osterreich ze Steyer vnd ze Kernben vnd seinen
erben vnd ist derselb chöuf vnd daz hingeben vnser guter wille vnd gunst als die
hantuest sait So vnser vorgenanter herr von Österreich von im dar vmb hat vnd
dar vmb daz ez vnser guter wil ist, vnd vnsern willigen gunst dar zu geben haben, so verzihen wir vns, vnd vnser erben mit disem brief hewt ze tag vrilich
vnd vnbetwngenlich aller der ansprach, vnd recht, so wir ye dar zu hatten oder
gewinne möchten gar vnd genzlich in allweg, vnd sein ouch derselben herschaft
Triberg purg vnd stat, vnd der alten hornberg mit aller zugehorbe, des egnanten
vnsers herren Hertzog Albrechten von Osterreich, vnd seiner erben scherm vnd gewer
als lands recht ist, mit sampt dem vorgnanten vnserm lieben herren vnd vettern
dem Bischof von Frisingen. Des geben wir vorgnanter Graf Rudolf von hohenberg ze vrchunb disen brief, versigelten mit vnserm anhangenden Insigel. Der geben ist ze Wienn an Eritag nach sand Merteins tag Nach Christs gepurd drewzehenhundert iar, dar nach in dem fünf vnd fünftzigesten Jare.

520.

17. November 1355. **Wien.** Albrecht von Gottes Gnaden, Bischof zu Freising und Graf von Hohenberg schließt zu gegenseitiger Hilf ein Bündniß mit Herzog Albrecht von Oestreich.

Wir Albrecht von Gots gnaden, Bischof ze Frising vnd Graf von Hohenberg, veriehen offenlich vnd tun chunt, daz wir vns durch pezzers fribes vnd schirmes willen, vnserr egenanntten Graffschaft ze Hohenberg, zu vnserm lieben vnd gnebigen herren, dem hochgepornen fürsten, Hertzog Albrechten ze Österreich, ze Steyr vnd ze Kernden, vnd zu seinen sünen, vnsern jungen herren, mit derselben vnserr Graffschaft ze Hohenberg vnd mit der Stat Horben, verpunden vnd verpflicht haben, in guter vnd sicher buntnüzz in zu ze legen, ze dienen vnd ze helfen, wider aller menichlich, in iren Landen ze Swaben, ze Ergöw, ze Türgew vnd zu Suntkew, als dik vnd als oft, wir ober wer an vnser stat in der egenanten Graffschaft ze Hohenberg gewaltig ist, von in, ober von iren vögten, barzu gemant werben, also habent ouch sich, die egenanten vnser Herren die hertzogen, ze gelicher weis, zu vns verpunden, vns ze schirmen, vnd ze helfen, wider aller menchlich, an ber vorgenanten vnser Graffschaft ze Hohenberg, vnd ber Stat ze Horben, als dik vnd bez not beschiecht, vnd als oft wir ober vnser amptleut sie ober ir vogte ze Swaben, ze Ergew ze Türgew vnd ze Süntgew, barczu manen. Ouch süllen bez vorgenannten vnsers herren von Osterreich vogte, in ben vorgenanten Landen vnd vnser vögte die wir ba oben in der egenanten Graffschaft ze Hohenberg, vnd in der vorgenanten stat ze Horben haben, die vorgenante buntnüzz stet haben vnd halten, vnd ze baiberseit, gen einander bar ober sweren, bez geben wir vorgenanter Bischof Albrecht von Frisingen ze vrchunb bisen brief versigelten mit vnserm anhangenben Insigel, der geben ist ze Wienn am Eritag nach sand Marteins tag Nach Christs gepurb brewtzehen hundert iar, barnach in bem fünf vnd fünftzigisten Jare.

521.

18. November 1355. Wien. Albrecht von Gottes Gnaden, Bischof zu Freising und Graf zu Hohenberg verkauft um **20500** Gulden an Herzog Albrecht von Oestreich die Herrschaft Triberg (Burg und Stadt) nebst der alten Hornberg und verspricht die Zustimmung des K. Karl IV. beizubringen, auch die genannte Herrschaft von dem Hause Fürstenberg und denen von Blumeneck zu lösen.

Wir Albrecht von Gots gnaden Bischof ze Frifingen, vnd Graf ze Hohenberg veriehen vnd tün kunt offenlich mit difem brief, Daz wir nach vnferr erben vnd peften vreund rat, bem hochgeporn fürften, vnferm lieben Gnädigen herren, Hern Albrechten Hertzogen ze Öfterreich ze Steyer vnd ze Kernden, vnd feinen erben, mit vnfers lehen herren hant des Aller durchleuchtigiften fürften, hern Karls Römifchen Chayfers alle zeit Merer des Reichs vnd Kunig ze Behem, verkouft haben, vnd verchouffen ouch mit difem brief lebichlich vnd vrilich, vnfer herfchaft Triberg purg vnd Stat, vnd die alten Hornberg, die von vnferm lieben herrn vnd vatter, Graf Rudolfen felig von hohenberg, von vetterlichem erbe, an vns geuallen find, für ain vnanfprechig gut, Lehen nach lehens recht, aygen nach aygens recht, mit alle bem, baz bar zu gehört, vmb zwaintzig taufent vnd fünf hundert, guten vnd gewegner gulbein, der gepurend vns, fünfthalb taufent gulbein, vnd die andern Sechtzehen taufent gulbein, geuallent an die lofung, derfelben herfchaft, ba fi verfetzt ift, vnd fullen derfelb vnfer Herr Hertzog Albrecht vnd fein erben, die felben herfchaft Triberg purg vnd Stat vnd die alten hornberg, mit alle bem baz bar zu gehört, ez fein Kirichfetze, vogteyen Dörffer oder weiler, hueben oder Selben, aygen oder lehen mit allen rechten, twingen, gerichten, paennen, vnd alle die Mayrtum, die zu der vorgenanten herfchaft gehorent vnd bar zu perg vnd Tell (sic!), acher wifen holtz, an velde an wafen oder an zwayen, an vifchenzen, an wazzer vnd fluzzen, mit aller zugehörde befuecht vnd vnbefuecht, geftift vnd vngeftift, fwie baz genant ift, vnd ouch mit aller manfchaft, eren, nutzen, vnd rechten, bienften vnd gewonhaiten die zu der obgenanten Herfchaft, von alter gehörent, vnd als die vnfer lieber herr vnd vatter Graf Rudolf felig von hohenberg, vnd ouch wir vnuerfprochenlich herpracht haben, innhaben vnd niezzen, vnd allen iren frommen bamit fchaffen, mit verkouffen mit verfetzen vnd geben fwenn fi wellent, an irrfal, vnfer vnd vnferr erben, vnd vertzihen ouch wir vns derfelben herfchaft vnd waz bar zü gehört, für vns vnd vnfer erben, vnd fullen vnferm vorgenanten herren, Hertzog Albrechten, vnd feinen erben, die vorgenant herfchaft Triberg purg vnd Stat, vnd die alten hornberg, vertigen mit aller ftaet, von vnferm vorgenanten gnebigen herren, hern Karln Römifchen Chayfer von dem wir fi ze lehen haben, vnd fullen baz tün zwifchen hinn, vnd dem nechften chünftigen fand Jörgen tag

Auch fein wir in gepunden, daz wir in, in derſelben zeit, die vorgenant Herſchaft entrichten ſullen, von den von fürſtenberg vnd von .. den von plůmenet, daz ſi in ba mit warten ſein, vnd ſich gen in pinten der loſung ſtat ze tůn, vnd gehorſam ze ſein wenn ſi wellent, in aller mazz, als ſi vns tůn ſolten, Wir ſein ouch derſelben herſchaft Triberg purg vnd Stat, vnd der alten hornberg, vnd waz bar zu gehört als vorgeſchriben iſt, des egenanten vnſers herren Hertzog Albrechten vnd ſeiner erben, rechter ſcherm vnd gewer für alle anſprach, als landsrecht iſt, Gieng aber in, bar an icht ab, daz ſullen wir in gentzlich auzrichten vnd wider-cheren, an allen iren ſchaben, nach irr manung in den nechſten zwayn moneyben, Teten wir bez nicht, ſo ſullen ſi daz haben auf vns, vnd auf allem dem gůt, baz wir haben, baz vns von erbſchaft angehört wie daz genant iſt, oder wo ez gelegen iſt, an allen vnſern vnd der vnſern zorn, vnd an engeltnuzz aller gericht geiſtlicher vnd weltlicher Vnd bez ze einem ſteten waren vrchunde geben wir vorgenanter Albrecht Biſchof ze Friſingen vnd Graf ze Hohenberg diſen brief verſigelten mit vnſerm anhangenden Inſigel, der geben iſt ze wienn am Mitichen nach ſanb Merteins tag, Do man zalt von Chriſts gepurb, breutzehen hundert vnd fünf vnd fünftzig Jar.

B. d. Orig. im k. k. geh. Haus- Hof- und St.-Archiv zu Wien.

522.

19. November 1355. Wien. Albrecht von Gottes Gnaden, Biſchof zu Freiſing und Graf zu Hohenberg bekennt, daß ihm Herzog Albrecht von Oeſtreich nur noch ſchuldig ſeye: **4500** Gulden von dem Kauf von Triberg, **2500** fl. für die **500** Mark Silber, welche ſein Vater ſelig dem Grafen von Wirtemberg für den Herzog von Oeſtreich gegeben, endlich **2000** fl. für den Schaden, welchen er (Albrecht) vor Zürich gehabt.

Wir Albrecht von Gots gnaden Biſchof ze Friſingen vnd Graf von Hohenberg, veriehen vnd tůn chunt offenlich, mit diſem brief, für vns, vnd vnſer erben, daz vns der hochgeporn fürſte vnſer gnediger lieber herr, Hertzog Albrecht, ze Oſterreich ze Steyer, vnd ze Kernden, vncz auf diſen hewt-gen tag, als der brief geben iſt, nicht mer ſchulbig iſt, noch gelten ſol, denn Newn tauſent, gůter vnd gewegner gulbein, der gepurent vns, fünfthalb tauſent vmb den chowf, der herſchaft ze Triberg, vnd brithalb tauſent, geuallent vns, für die fünf hundert mark ſilbers Choſtentzer gewichtes, die vnſer lieber herr vnd vatter Graf Rudolf ſelig von hohenberg, gab, dem von Wirtenberg, für den egenanten, vnſern herren Hertzog Albrechten von Oſterreich, So iſt vns derſelb vnſer herr von Oſterreich beliben, zway taufent gulbein, vmb ben fchaben, ben wir in feinem bienſt, vor Zürich genomen haben, vnb ſol er vns berfelben Newn tauſent gulbein, ain tauſent, geben vnb richten, auf weichnechten, bie nu ſchireſt choment, vnb bie anbern acht tauſent, hat er vns geſchaft, an bie maut gen Lincz, als bie hantueſt ſait, bie er vns bar vber geben hat, ba von verzeihen wir vns, für vns, vnb vnſer erben aller anbern ſchulb vorberung vnb anſprach, bie wir gen bemſelben, vnſerm herren hertzog Albrechten von Oſterreich, ober gen ſeinen erben, gehabt haben, ober gehaben möchten, vntz auf biſen heutigen tag, als ber brief geben iſt, vnb ob bar vber von vns ober vnſern erben, gen bemſelben vnſerm herren von Öſterreich, ober ſeinen erben, bhain brief für chem, vmb bhainerlay vorberung ober geltſchulb, ber vor bem heutigen tag geben wär, ber ſol tob vnb ab ſein, vnb ber vorgenanten vnſer herſchaft von Öſterreich, ze chainem ſchaben chömen, Duch haben wir vns, gen bem obgenanten vnſerm herren von Öſterreich, verpunben, vnb verpinten vns mit biſem brief, baz wir im, bie egenant herſchaft ze Triberg vertigen ſullen mit aller ſtät, zwiſchen hinn, vnb ſanb Jörgen tag, ber ſchireſt chumt, vnb baz wir im auch, bie ſullen auzrichten vnb richtig machen, in berſelben zeit, gen ben von fürſtenberg, vnb gen ben von Blümenekk, als ber Choufbrief ſait, ben er ſunberlich baromb von vns hat. Duch ſullen wir bem obgenanten vnſerm herren von Öſterrich, ober ſeinen erben in ber egenanten zeit, gewinnen, von vnſerm lieben vettern Graf Rûbolfen von hohenberg, ein hantueſt, vnb ainen brief, baz ſich berſelb vnſer vetter, verzeihe aller recht, vnb anſprach, an berſelben Herſchaft, ze Triberg, vnb baz er bes chouffs, mit ſampt vns, ſcherm vnb gewer ſei, Teten wir ber vorgenanten ſtuk nicht, ſo ſol er für bie tauſent gulbein ber er vns auf bi nechſten weichnächten richt vnb weret, gentzlich lebig ſein, ber obgenanten zwayr tauſent gulbein, bie vns für vnſern ſchaben, vor Zürich geuallen ſolten, mit vrchunt bitz briefs ber geben iſt ze wienn. To man zalt von Chriſtis gepurb brewtzehen hunbert, vnb fünf vnb fünftzig iar, An bem nechſten Donrſtag nach ſanb Merteinstag.

B. b. Orig. im k. k. geh. Haus- Hof- unb Staats-Archiv zu Wien. — Unvollſtänbig abgebrudt in Meichelbedks Hist. Friſing. II. S. 173.

523.

20. Dezember 1355. Rotweil. Graf Rudolf von Hohenberg urkundet, baß ſein Oheim, Graf Albrecht von Hohenberg, Biſchof zu Freiſing, von ber Stabt Rotweil für bie Verpfänbung ber bortigen Reichs-Einkünfte **4000** Gulben erhalten habe.

Wir Graue Rûbolf von Hohenberg Tûnt kunt mit biſem brief vnb vergehen offenlich, baz bie wiſen lüte ber Schulthais, ber Burgermaiſter, ber Rât vnb bie Burger gemainlich ber Stat ze Rotwil Erberlich vnb gentzelich gewert

hant vnſern lieben herren vnd vettern Graf albreht von Hohenberg Byſchoffe
ʒe Fryſingen, Vier Tuſent Gulbin güter vnd wolgewegener florin mit rehter
ʒal von beʒ köffes wegen, den Sü vmb in getan hant von beʒ vngelʒ wegen ʒe
Rötwil, von beʒ Zolles wegen, von der Stüre wegen, von beʒ Hofes wegen ʒe
Rötwil, vnd Mülgelte, viſchenʒa, Benkeʒinſe, vnd von aller der reht wegen, bie er
ʒe Rötwil hatte von beʒ Rÿches wegen, bie er Inen ʒe köffen geben hat, vnd won
Sü in der viere Tuſent Gulbin gewert hant, beʒ in wol benügent, vnd baʒ vns
kunt vnd wiſſent iſt, vnd ouch er Sü der ſelben Gülden lebig vnd loſe geſait hat,
ſo ſagen wir die ſelben Burger von Rötwil vnd alle ir Erben vnd nachkomen, ouch
der ſelben vier Tuſent Gulbin für vns vnd alle vnſer Erben vnd nachkomen quit,
lebig vnd loſe, luterlich vnd ainualteclich vnd äne alle geüerbe, alſo baʒ wir von
der ſchulde wegen fürbaʒer enhain anſprach an Sü niemer haben noch gewinnen
ſont in behainen weg noch mit enhainerlaye wiſe, ſuſſe noch ſo, vnd hervmb ʒe
offem vrkunde ſo haben wir für vns vnd vnſer erben vnſer Inſigel offenlich gehenket an biſen brief, Geben ʒe Rotwil an ſant Thomans abent Nach Chriſtus
geburt brüʒehenhundert Jar bar nach in bem fünf vnd fünfʒigoſten Jar.

B. b. Orig. im St.-Archiv ʒu Stuttgart. — Mit dem kleinen Siegel des Grafen.

524.

20. Dezember 1355. Rotweil. Graf Albrecht von Hohenberg, Biſchof
ʒu Freiſing, quittirt die Reichsſtadt Rotweil für den Empfang von
4000 Gulden, welche dieſe ihm für die Verpfändung der Reichs-
Einkünfte daſelbſt bezahlt hatte.

Wir Graue Albreht von Hohenberg von Gottes gnaden Byſchoffe
ʒe ffryſingen Tünt künt mit diſem brief vnd vergehen offenlich, Daʒ vns die
wiſen lüte der Schultheiß, der bürgermaiſter, der Rät vnd die Burger gemainlich
der Stat ʒe Rotwil Erberlich vnd genʒelich gewert hant Vier tuſent Gulbin
güter vnd wolgewegener florin mit rehter ʒal von beʒ köffes wegen, den Sü vmb
vns getan hant von beʒ vngelʒ wegen ʒe Rötwil, von beʒ ʒolles wegen, vnd baʒ
gelte von der Stüre, von beʒ Hofes wegen ʒe Rötwil vnd Mülgelte, viſchenʒe,
Benke Zinſ vnd von aller der rechte wegen bie wir ʒe Rotwil hattent, bie wir
Inen ʒe köffen geben habent, vnd won Sü vns der ſelben vier Tuſent Gulbiner
gewert hant, beʒ vns wol benüget, So ſagen wir dieſelben Bürger von Rotwil
vnd alle ir Erben vnd nachkomenen für vns vnd alle vnſer Erben vnd nachkom-
menen der ſelben viere Tuſent Gulbiner, quit lebig vnd loſe luterlich vnd ainualteclich vnd äne alle geüerbe. Alſo baʒ wir von der ſchulde wegen fürbaʒer enhaine
anſprach an Sü niemer haben noch gewinnen Sont in behainen weg noch mit
enhainer lai wiſe, ſuſſe noch So Vnd hervmb ʒe offem vrkunde So haben wir
für vns vnd vnſer Erben vnſer Inſigel offenlich gehenket an biſen brief vnd habent

oůch erbetten vnsern lieben Öheim Graf Cůnrat von fürstenberg, albr
von Rüti, Ritter, vnd Hermann fulhabern vnsern vogt, die oů
birre werschaft warent, daʒ Sü irü Insigel ʒe einer gezugnuste oůch haut gehe
an disen brief, Geben ʒe Rötwil an sant Thomans abent, Nach Christus ge
Drüzehenhundert Jar bar nach in dem fünf vnd fünfzigosten Jar.

B. b. Orig. im St.-Archiv zu Stuttgart. — Mit ben 4 anhangenden Sie
Der Siegelschild des Bischofs ist senkrecht in 2 Felder getheilt; das rechte Felt
die Hohenberger Quertheilung, die Figur in dem linken Felde ist unkenntlich; die
schrift verwischt. — Das Siegel des Grafen von Fürstenberg zeigt in schiefge
Schilde den Adler mit der eigenthümlichen Einfassung; auf dem rechten Ec ben
mit Decke und Zierde. — Das Siegel des von Rüti ist das bekannte: 3 Ster
Schilde. Das des Vogts ist sehr beschädigt.

525.

13. Januar 1356. Nagold. Konrad der Bommer, ein Bürge
Nagold, verkauft unter dem Siegel seines Herrn, des Grafen
von Hohenberg, eine Hellergült aus einer Wiese bei Nagol
Klosterfrauen zu Reuthin.

Ich Chůnrat der Bommer Burger ʒe Nagelt, Vergihe für mi
für alle min Erben vnd tůn kunt allen ben die disen brief ansehent lesen
hörnt lesen, Daʒ ich aines rehten vnd reblichen kouffes ʒe kouffenn geben he
Erberen Gaistlichen frowen, Swester Irmengart von Tettingen vnd Swe
Irmengart von Tettelingen Closter frowen ʒe Ruti In bem Conuent
Ordens vnd allen Jren Erben, ain phunt haller Geltʒ Ewiges vnd Järliches
allü Jar ʒe gebenne vff Sant Martins tag vsser minen Wisun, die man
Clunʒen Wisun In dem Loche, vnd Jr Etwievil minr ʒellet benn ain M
vnd gelegen ist ʒwüschant .. Hainrich kinstinges wisun .. vnd Chi
Sulʒinges wisun vnd ainhalpp stosset an ben Stettgraben ʒe Nageli
Druzehen pfunt güter vnd gnámer haller müns, der ich von Jn gewert b
vnd genʒlich, also vnd mit sólichem gebingbe, baʒ ich den vorgenanten i
gelobe by güten truwen daʒ vorgeschriben Gelt ʒe vertgenn vnd ouch ʒ
wa Es ansprächig würde aun alle geuárbe nach der Stette reht ʒe Nagel
ist ouch mer geredt vnd gebinget, wár baʒ vnder bien vorgenanten frowe
abgieng weber bů wár, da vor Got lang sige, baʒ benn der anderen bu
nant phunt Geltʒ volgen sol vntʒ an Jren tot, wár aber, baʒ da ʒwüsche
vorgenant frowen Brüder kint oder Swester kint In baʒ vorgenant Closter
benen sólt benn aber ouch baʒ vorgenant phunt Geltʒ gemainlichen volgen m
werden vntʒ an Jren tot. Wár aber baʒ der vorgenant frowen Brüde
Swester kint behaines ba ʒwüschant In baʒ Closter káme, wenn benn bie

nanten frowen nit Enſint, ſo ſol daʒ vorgenant phunt Geltʒ vnder vff her vallen
an Jr baiden Erben vngevarlich, Vnd daʒ diʒ alleſ war vnd ſtât belibe, dar vmb
gib ich Jn vnd Jren Erben diſen brief beſigelt mit mines Gnâdigen Herren Jnſigel
Graue .. Otten von Hohenberg. Wir Graf Otte vo'n Hohenberg haben
ouch vnſer aigen Jnſigel gehenckt an diſen brief, durch fliʒʒiger bett willen. deʒ
vorgenanten Chûnrat deʒ Bommers ʒů ainer waren ʒůgnůſt aller der bing, bie hie
vor von Jm geſchriben ſtant. Dirre bing vnd biʒ kouffʒ ſint geʒuk .. Walther
kaibe .. Walther der Hâſe .. Bênʒ Hagman .. Burchart der Hofmaiſter
vnd ander Erber lut vil. Dirre brief wart geben ʒe Nagelt, Do man ʒalt, von
Criſtus geburt, Druʒehenhundert Jar. fůnfʒig Jar, dar nach Jn dem Sehſten Jar,
an dem nehſten ʒinſtag. nach Sant Hylarien tag.

B. d. Orig. im St.-Archiv ʒu Stuttgart. — Mit dem ʒerbrochenen kleinen Siegel
des Grafen, deſſen unterer Theil ſchraffirt iſt.

———

526.

26. Januar **1356.** Rotenburg. Marquard von Hailfingen (O.A.
Rotenburg) urkundet, daß weder Graf Albrecht von Hohenberg,
Biſchof in Freiſing, noch deſſen † Bruder Hugo ihm etwas ſchul=
dig ſeyen.

Jch Markart von Haluingen vergich vnd tůn kunt offenlich mit diſem
brief fůr mich vnd alle min erben, daʒ mich der erwirbig fůrſt. min gnâdi=
ger herr graue Albreht von Hohenberg von Gotes gnaden Byſchof
ʒe ffryſingen veriht vnd gewert hat aller ſchuld, ſo er mir ie ſchulbig worden
iſt, uf diſen hůtigen tag, als birr brief geben iſt, eʒ ſie von ſinen wegen ober von
ſins brůder ſâligen wegen Graue Hugen von Hohenberg vnd ſag och in
aller ſchuld wie biu genant iſt uf diſen hůtigen tag, ich hab brief bar vmbe, ober
nit, lebig vnd loʒ. Ʒe vrkund gib ich diſen brief mit miner anhangendem Jn=
ſigel verſigelten, Der geben ʒe Rotenburg an Sant Policarpi tag Deʒ iars
als man ʒelt von Criſts geburt Druʒehenhundert jar funfʒig iar bar nach in dem
ſehſten Jar.

B. r. Orig. im St.-Archiv ʒu Stuttgart.

———

527.

17. Februar 1356. Rotweil. Graf Albrecht von Hohenberg, Bischof zu Freising, quittirt wiederholt die Reichsstadt Rotweil für den Empfang von **4000** Gulden, welche diese ihm für die Verpfändung der Reichs-Einkünfte daselbst bezahlt hatte.

Wir Graue Albreht von Hohenberg von Gottes gnaden Byschoffe ze ffrysingen Tůn kunt mit disem brief vnd vergehen offenlich, daz vns di wisen lüte, der Schulthais, der Burgermaister, der Rät vnd die Burger gemainlich der Stat ze Rötwil Erberlich vnd genzelich gewert hant mit voller zal vnd mit rehtem gewiht vier Tusent Gulbin gůter florin, die Sü vns schulbig warent von bez köffes wegen ben Sü vmb vns tätent vor etwie vil zites, an·dem vngelte ze Rötwil, an dem Zolle, an der Stüre, an dem hof, an den Mülinan, an den Bischenzen, an den Benkezinsen vnd an allen den rehten, die wir ba hatten vnd als der brief sait, ben Sü von bez selben köffes wegen von vns Jnne hant. Vnd won Sü vns der selbun Gulbinen gewert hant, so sagen wir Sü vnd alle ir nachkomenen für vns vnd alle vnser Erben vnd nachkomenen der selben Gulbinen quit ledig ynd lose mit vrkunde diz briefes, dar an vnser Jnsigel offenlich gehenkt ist, Geben ze Rötwil an der nehsten Mitwochen nach sant valentins tag Nach Cristus gebürt Drüzehenhundert Jar barnach in dem Sehs vnd fünfzigosten Jar.

B. d. Orig. im St.-Archiv zu Stuttgart. — Mit dem „Sekret"-Siegel des Bischofs (Mohrenkopf mit Krone) in rothem Wachs, sehr gut erhalten. Umschrift: † Secr. alberti. epi. frisingen.

528.

14. März 1356. Stuttgart. Graf Rudolf von Hohenberg belehnt das Spital zu Eßlingen mit zwei Räder der Olfenten Mühle daselbst, welche ihm Simon von Kirchheim aufgegeben hatte.

Wir Graue Růdolf von Hohenberg veriehen an disem brieue, baz für vns kam Symon von Kirchain ein edel Kneht, vnd gab vns vf zwai Reber an der Mülin ze Ezzlingen die bo heizzet Holfenten Mülin die er vor ze lehen hat, vnd bat vns baz wir die selben zway reber lihen dem Spital ze Ezzlingen baz haben wir getan, vnd haben den vorgenant Spital die vorgenante zway Reber an der vorgenanten Mülin gelihen mit worten vnd mit hanben, als sitlich vnd gewonlich lesen sint ze lihen vnd waz wir im billich bar an lihen solten, vnd bar vber hant si zu einem getrewen träger genommen Märklin Lutran von Ezzlingen den wir in ouch zu einem träger bar vber geben han, der sol vns ouch ba von tun vnd gebunden sin als Lehensman sinem Lehenherren von sinen

Lehen billich fol. des ze vrkunde ift vnfer Infigel gehenket an difen brief Der geben ze Stůgarten bo man zalt von Criftus geburt brozehen hundert Jare vnd dar in dem Sechs vnd fonfzigeften Jare, an dem nechften Montage vor dem wiffen Sůnentage.

B. d. Orig. im Spitalarchiv der ehemal. Reichsftadt Eßlingen. — Das Siegel fehlt, ter Pergamentftreifen, woran es hieng, ift noch da.

529.

17. März 1356. Obernborf. Ritter Volz von Neuneck bekennt, daß Herzog Hermann von Teck das Recht habe, die Güter und Gülten, welche er ihm um 400 Pfd. Heller von dem Dorfe Walbmöffingen (O.A. Obernborf) verpfändet, wieder einzulöfen.

Jch volz von nüwneg Ritter tůn kunt, baf ich Reht vnd rebelich gelopt han für mich vnb min erben dem ebeln herren Herzog herman von Tek vnb finan erben baf ich vnb min erben im vnb finan erben wiber ze löfen geben fun vnuerzogenlich allü bü gůt vnb gelt bü er mir uff dem borf ze waltmeffin= gen ze phanb verfetzet hat alf ich brief von im han vmb vier hundert phunb gůter hallar alweg ze rehten ziten im bem iar vierzehen tag vor fant walpurg tag ben nähften ober vierzehen ben nähften bar nach vnb vmb hundert phunb gůter hallar bar vmb ich och funder brief von im han vnb vmb bie nütz bie fich ba von erlofen hettin alf och berfelb brief feit wâr aber baf er mir bü hündert phunb hallar vnb bie nütz ob fich behainer ba von erlofen hat gäntzlich vergolten hat vnb ber= felb brief von mir lebig wâr fo fol ich im vnb finan erben bü felben gůt vnb gelt vmb bü vier hundert phunb gůter hallar wiber ze löfen gen an alle wiberreb in felber ze behaben vnb nieman fürbaf ze uerfetzen ân alle geuârb vnb bef zu ainer ficherhait gib ich im bifen brief mit minem aigen infigel befigelt bar zů min vetter her hainrich von nüwneg vnb hanf fin brůber och irü infigel hant gehenkt zů ainer Zügenůft bir bing bur miner bett willen bef och wir Hainrich von nüwneg ritter vnb hanf fin brůber offenlich veriehen geben ze obernborf an fant Gerbrůt tag nach criftus geburt brüzehen hundert iar vnb in bem fehf vnb fünfzigoften iar.

B. d. Orig. im St.-Archiv zu Stuttgart. — Mit bem ziemlich gut erhaltenen Siegel ber Ritter von Neuneck.

530.

6. Mai 1356. Rotenburg. Gräfin Agnes von Hohenberg, Wittwe
des Herzogs Konrad von Teck, quittirt ihren Sohn Herzog Friedrich
von Teck für **3000** Gulden.

Wir Agnes Gräfin von Hohenberg, wilent Hertzog Chönrat von
Tegg elichiü Wirtin vergehen offenlich mit disem brief, für vns vnd vnser erben,
das wir von vnserm (lieben Sohne) Hertzog Fridrich von Tegg an den fünf
Tufent gulbin, die er vns ze dry ziln allzit vf sant Walpurg tag bezaln sol, ze-
ben zway ziln fünfzehen hundert gulbin gewert hat nach der brief fag, die wir
von im darüber haben vnd fagen in vnd fin erben der felben driw Tufent gulbin
vf bifen hiutigen tag quit lebig los Vnd zu einer ficherhait vnd ziugnuzz birre
vorgenant bezalung haben wir gebeten vnfer lieb ffrowen vnd Müter Mar-
grethe (Gra)fin von Naffawe, vnfere lieben Brüder Graf Rudolf von
Hohenberg vnd Hanfen von Herrenberg, Vogt ze Rotenberg, das ir
iriwe Infigel zü vnferm aigen Infigel an bifen brief ze ainem vrchünd gehenct
habent, Der geben ift ze Rotenberg, nach chriftus gebutt brimzehnhundert iar
vnd barnach in dem fechften vnd ffumfzigiften jare an dem nehften ffritag nach
fant Walpurg tag.

B. b. Orig. in dem Reichsarchiv zu München. — Es hängt nur noch das befchäbigte Siegel des Grafen Rubolf an.

531.

7. September 1356. Kirchberg. Graf Albrecht von Hohenberg, Bifchof zu Freifing, fiegelt die Urkunde, mit welcher Albrecht von
Stetten (O.A. Haigerloch) an das Klofter Kirchberg ein Gehölz
verkauft.

Allen den die bifen brief anfehent oder hörent lefen vergih ich albreht von
Steten, das ich mit gunft vnd willen miner elichen wirtenne abelhait von
Hohdorf ze köfen han geben ben erbaren gaifchlichen frowen der priorin vnd
couent des kloters ze kilchberg minen tail des holtzes, das man nemet die
tunkgrüb das bis her halbes min gewefen ift vnd halbes der vorgenanten frowen,
alfo daf es nú alles ir ift für lebig vnd lar vnd reht aigen vm fünf pfunt Haller
güter vnd genemer, der ich gentzlich von in gewert bin vnd geloben die vorgefchriben frowa an dem vorgenantem holtz ich vnd min elichü wirten vnd alle vnfer
nahkomen nümer ze irrend noch ze anfprechend weder mit gaifchlichem geriht noch
mit weltlichem noch an geriht mit kainer fchlaht fach, das fü das vorgefchriben
Holtz niefen, befezen vnd entzezen, as ich es bis her gehöbt han. Hie bi fint ge-

wefen die erbar lüt die hie nach geſchriben ſtant Hainrich der müller von
grürn, Hainrich ſchibrolf, bentz güzenbach, Herman lamichnit, Cünrat
wölmli vnd ander erber lüt vil. Vnd daſ diſ alles war vnd ſtät belibe, ſo gib
ich der vorgenant Albreht von ſteten diſen brief beſigelt mit mines genaebigen
Herren graue albrehtef von Hohenberg biſchofs ze friſingen infigel,
der wart geben ze kilchberg an vnſrer frowen abent als ſi geborn wart, do
man zalt von Criſtes geburt drüzehundert Jar danach in dem ſehſten vnd fünfzi=
goſten Jar.

B. d. Orig. im St.-Archiv zu Stuttgart. — Mit dem wohl erhaltenen, aber doch
unkenntlichen Siegel des Gr. Albert.

532.

6. März 1357. Wien. Herzog Albrecht von Oeſtreich gibt ſeine Zu=
stimmung, als der Abt von Reichenau Güter zu Wehingen und
Gosheim (O.A. Spaichingen), welche zu ſeiner Vogtei gehörten,
an das Kl. Alpirsbach verkaufte.

Wir Albrecht von Gottes gnäden Hertzog zü Oſterrich zü Styr zü kernn=
ben, Thün kund, vmb die güter gelegen in dem dorff ze wehingen, vnd ze
Goſſhein Jn vnnſeren vogtyen die der Erber vnd geiſtlich man der Abbt von
Alperſpach von dem Abbt von Ow gekoufft hat, das derſelb kouff vnd die wannblung
mit vnnſerem willen vnd gunſt beſchenhen iſt, mitt vrkünde briefs Der geben iſt
ze wien an mentag nach ſannt Mathyas tag Räch Criſtus gepurt Drützehenhundert
Jär bärnäch Jn dem Suben vnd fünffzigoſten Jaure.

Alpirsbacher Diplomatar im St.-Archiv zu Stuttgart Fol. 355 ª.

533.

3. Mai 1357. o. O. Graf Burkard von Hohenberg, Herr zu Wilb=
berg, und ſeine Gemahlin Anna von Brauneck verkaufen an das
Kloster Reuthin 3½ Pfd. Heller von der Steuer zu Schönbronn
(O.A. Nagold).

Wir graue Burkart von Hohenberg herr zu Wilperg vnd fro Ann
von Brunege grauin von Hohenberg vnſer eelich huſfrow verenhen
für vns vnd all vnſer erben vnd ton kunt allen den die diſen brief ſenhent leſent
oder horen leſen, das wir mit guter vorbetrachtung geben vnd gegeben haben zu
löſen eins rechten vnd redlichen koufs an das ſelgeret der priorin vnd den
Conuent gemainlich zu Rüti prediger ordens der gelegen iſt by wilperg
der ſtat an der nagelt Jn coſtenzer biſtum vierbhalb pfund Hllr. geltz öwigs vnd

jerlichs geltz wider zu ~~kouffen~~ ~~alle~~ Jar zu geben uff ein sant martins tag der ersten
pfennig die vns ymer gevallem von der ~~für~~ zu schembrun vnsers dorfs vn
fünf vnd brisig pfund Hllr. guter genemer Hllr. ~~münß~~ ~~der~~ ~~wir~~ von jm gewert
syen gentzlichen vnd gar vnd jnn vnsern schinbaren nutz kömen sind also mit solchem geding das wir oder vnser erben gewalt vnd recht sollen haben das vorgenannt gelt wider zu kouffen viertzehen tag vor sanct walpurgen tag oder viertzehen
tag darnach welches Jars das wer getan das wir oder vnser erben die priorin
vnd den Conuent gewerten vnd bezalten der vorgeschriben fünf vnd brisig pfunt
guter vnd genemer Häller münß das banne vns vnd vnsern erben das vorgenant
gelt wider gefallen sol vnd lebig vnd loß sol sin an all ansprach vnd an al
geuerde. Wir verjenßen och allen ben nutz der dem vorgenanten Conuent wirt
ober werden sol von dem egenanten gelt zu schembrun das wir In den geben
luterlich durch got vnd durch aller vnser vordern sel heil willen alle bie wil es
nit erlöst ist alß vorgeschriben stat. Vnd das jn das alles stet war vnd vnlogenbar blibe darvm so geben wir Jnen disen brief besigelt mit vnsren aigen Jnsigel
zu einer waren offen urkund aller der bing bie hie vor von vns geschriben stand
Dirre brief ward geben In dem Jar da man zalt von gottes geburt brutzehen hunbert Jar fünftzig Jar darnach In dem sübenden Jar an der nechsten Mitwoch
nach sanct Walpurgen tag.

534.

14. November 1357. Bondorf. Die Grafen Otto und Burkart von
Hohenberg, Gebrüder, Herren zu Nagold, freien ein Haus mit
Zugehör zu Bondorf (O.A. Herrenberg), welches zu einer Woh-
nung für Sammlungsfrauen bestimmt war.

Wir Graue .. Otte vnd wir Graue .. Burchart von Hohembeg
gebrüder Herren ze Nagelt Vergehen vnd Vrkunden offenbar an bisem brief
für vns vnd für vnser Erben Daz wir reht vnd redlich mit vrkund biz briefs
frygen vnd gefriget haben dem Erbern Gaistlichen menschen .. Lüglin Sticherli
sin Hus, sin Höff, sin Schür sin Garten vnd die selben Hoffrayte, mit aller Zögehörde vmmer mer Eweclich vnd ouch nach sinem tod Mätzun Jres Bruders tochter
vnd dar nach vmmer mer Eweclich allen Gaistlichen Lüten die daz vorgenant Hus
vnd Hoff Schür vnd Garten, vnd ouch die vorgenante Hoffrayte mit aller zugehörde vmmer mer niessen vnd besitzen süllen, Aun allen bienst, wan baz mit namen,
wer die vorgenante Hoffrayte besitzet der sol Järlich ainem Lütpriester ainen
schilling Haller Geltz off Sant Martins tag geben durch der Selan willen. Wir
verzihen vns ouch mit vrkunde diß briefz für vns vnd vnser erben aller der reht
so wir an die vorgenant Hoffrayte hetten oder haben mohten. Ich .. Albreht

ber kaltenbrunner Schultheiß bi bifen ziten ze Bonborf vnd barnach
wir bi Rihter alle gemainlich von Bonborf Bergehen ouch an bifem brief für vns
vnd für vnfer nachkommenbe baz baz vorgenant .. Lügli für vns für geriht kame
vnd baz vorgenant Hus vnd Hoff Schür vnd Garten mit aller zügehörbe off gabe,
alf Es billich kraft vnd maht hat, vnd ouch haben fol .. Mäzun Jr Brüber tochter
vnd bar nach vmmer Eweclich allen Gaiftlichen Lüten alfo vnd mit fölichem gebingbe
wenn .. fi vnd bie vorgenant Jres Brüber tochter .. Mäze nit Enwaren, ba
vor Got lange fige baz benn wer Schultheiß ze Bonborf ift vnd zwen Richter zů
Im nieman fol vnd bie füllen benn bie vorgenannte Hoffrapte vmmer mer Ewec=
lich befezen nach finnen vnd gebenken mit Gaiftlichen Lüten bie Got ba
byenen burch ber Selan Hailes willen vngeuarlich Vnb baz vergehen wir bie
vorgenanten Albreht ber kaltenbrunner vnb bie Rihter gmainlich von Bonborf, baz
biz alles befchehen ift mit Gunft vnd mit Gutem willen ber vorgenanten
vnfer gnábigen Herren Graue .. Otten vnd Graue .. Burcharz von
Hohenberg gebrüber. Vnb bez ze offem vrkund vnb ftáter ficherhait haben
wir bie vorgenanten Graue .. Otte vnd Graue Burchart von Hohemberg gebrüber
vnferü aigenü Jnfigel gehenct an bifen brief Geben ze Bonborf bo man zalt
von Criftus geburt brüzehenhundert Jar fünfzig Jar vnd bar nach Jn bem Siben=
ben Jar an bem nehften zinftag nach Sant Martins tag.

B. bem Orig. im St.-Archiv zu Stuttgart. — Mit ben ziemlich gut erhaltenen
Siegeln ber beiden Grafen.

535.

28. Februar 1358. o. O. Menloch von Zell (Peterzell, O.A. Obern=
borf) fchenft unter bem Siegel bes Grafen Burkarb von Hohen=
berg, Herren zu Wilbberg, an bas Johanniterhaus zu Rexingen
(O.A. Horb) bie Kirche unb ben Kirchenfaz zu Schnait (? Schnaiter=
thal, O.A. Freubenftabt) mit einem Hof zu Unter=Jflingen (in
bem gen. O.A.).

Jch Menloch von Zell ain ebelknecht vergihe offenlich an bifem brief für
mich vnd all meine Erben, baz ich lauterlich burch Got vnd burch mein vnd meiner
vorbern felen hails willen hab geben an baz erbar gotshauf zu Rexingen
Sant Johannis orbens, meinen kirchenfaz vnd Kirchen zu Schnait, mit
allen rechten vnb zügehörben vnb gewonhaiten, als von alter her ift kommen, vnb
zu berfelben kirchen vnb kirchenfaz gehört on alle geuert, gefucht vnb vngefucht,
es fey verfchweigen ober vergeffen, wie es genannt ift, vnb mit namen ben hof
zu Riber öffningen, ben ber Anglern kint bauwent, auch mit allen rechten
vnb zugehörben, vnb gib benfelben kirchenfaz vnb kirchen off von hanben bem vor=
genanten gotshauf zu Rexingen vnb ben herrn vnb pflegern beffelben gotshauf, mit

allen gewonhaiten, als ich von recht vnd billich sol ufgeben, vnd gelob auch
selben kirchensaz noch kirchen nimer zu vordern mit dheinerley wise, weder
gaistlichen noch weltlichen gericht noch mit dheiner Ansprach, die ich daran v
gewinnen, der verzige ich mich allersamt on alle geuerde, vnd daz diz alles
vorgenanten gotshauf vnd ben pflegern ehrlich vnd war beleibe, darumb s
ich mein aygen Insigel an bisen brief gehenkt, vnd hab auch erbetten mein
bigen herren Graue Burckart von Hohenberg herr zu Wilperg, vn
beschaibnen man pfaff Bertholt, kirchherre zu wittingen, vnd meinen o
Hugen von Berneck, baz Jr yeglicher sein aygen Insigel zu ainer mer
zeugnus habend gehenkt an bisen brief Geben do man zalt von Gottes
breyzehen hundert Jar, fünfzig Jar, barnach Jn bem Achteten Jar, a
nechtsten Mitwochen nach Sant Mathis tag.

B. einer Abschrift in der „Jahrgerichts-Ordnung" zu Rexingen v. 1596. St.
zu Stuttgart.

536.

3. März 1358. o. O. Graf Otto von Hohenberg, Herr zu N
    und seine Gemahlin Kunegunde verzichten auf alle Ansprü
    die Hinterlassenschaft des † Grafen Rudolf von Wertheim,
    der Kunegunde.

Wir graue Otte von Hohenberg, herre zů Nagelt, vnd mit vns
Künigůnt, vnser eliche husfrauwe, veriehen vnd bekennen offenlich a
briefe für vns vnd alle vnser erben vnd tůn künt allen ben, die in seh
hören lesen, baz wir mit gesammenter hant, mit gůtem fryen willen, vnbetw
lich vnd mit rate vnserre frůnde reht vnd rebelich, als baz billig kraft vn
hat vnd haben sol, vns verzigen vnd versprochen han, verzigen vnd ver
vns an bisem briefe für vns vnd alle vnser erben, bie wir izünt han od
nach ymmer gewinnen oder gewinnen mögen, aller ansprache, rehte vnd vord
bie wir han, oder gehaben möhten, oder worden zů han zů bem ebeln grau
hart, grauen zů Wertheim, vnserer frauwen Künigunden vorgenanten
oder zu allen finen erben von sölichem erbteil, wie baz geheizen ist, baz w
vnserem vater seligen, graue Rudolfen, vnd vnserre muter seligen,
Elsbethen, ettewanne grauen vnd grefinne zů Wertheim, an geuiele
geuallen möhte, one allez geuerde, also baz wir, noch bhein vnserre erbe
mere bhein ansprache noch vorderunge söllen getůn an ben vorgenanten gr
hart, vnsern brůber, noch an bhein sin erben von vnsers veterlichen ober
lichen erbteils wegen, wie baz geheizen oder genant ist, one geuerbe vnd
wiberrede, vnd globen auch beide mit gesammenter hant für vns vnd al
erben in gůten trůwen an eybes stat, bisez verzihen vnd versprüchnisse al

hriben ist, war, veste, stete, ganz vnd vnuerwandelt zů halten vnd dawider nymmer
ů tůn in dheine wyse heimlich oder offenlich, mit gerihte oder one gerihte, ez sy
eistlich oder werltlich, vnd sollen auch nyemanne helfen oder zů legen, der baz
ůn wölte von vnsern wegen, vßgescheiden alle argeliste vnd geuerde. Vnd des zů
rkunde vnd gůter sicherheit aller vorgeschriben binge han wir bisen brief mit vnser
eiber hangenden ingesigeln geben versigelt vnd han auch gebeten die erbern geist=
ichen herren, hern Wolfram von Nellenburg, meister Tütsches ordens
n Tütschen landen, vnd hern Philipps von Bickenbach, lantcomentur
es selben ordens zů Franken, wanne sie by den vorgenanten teibingen ver=
ihen vnd versprüchnissen sin geweset, baz sie durch merer sicherheit ir beider
ngesigel zů vnsern an disen brief han gehangen. Vnd wir brüder Wolfram
on Nellenburg, meister Tütsches ordens in Tütschen landen, vnd wir brüder
Bhilipps von Bickenbach, lantcomentur des selben ordens zu Franken, bekennen,
az wir by disen vorgenanten teybingen, verzihen vnd versprüchnisse gewesen sint,
nd han wir brüder Wolfram vorgenanter vnser secret vnd wir brüder Philipps
uch vorgenanter vnser eigin ingesigel durch bete willen der obgenanten graue
Otten von Hohenberg vnd frawen Kůnigunden, siner elichen husfrauwen, an bisen
rief heiszen gehangen. Der geben ist nach vnsers herren Cristus gebürte drůzehen=
ůnbert jar, darnach in dem aht vnd fünfzigsten jare an bem nehesten Sůntag
ach sant Mathys tage, des heiligen zwelf boten.

B. b. Orig. im fürstl. Löwenstein'schen Archiv zu Werthheim. — Mit 4 Siegeln.

537.

12. März 1358. Rotenburg. Margarethe von Nassau, weiland Gräfin
von Hohenberg, ihr Sohn Rudolf und ihre Tochter Agnes (Ann),
weiland Herzogin zu Teck, stiften einen Altar in der St. Moriz=
kirche zu Ehingen, und leihen solchen dem Sohne ihres Kellners.

Wir Margareht von Nassowe wilunt grauen ze Hohemberg vnd
mit vns vnser son gräf Růdolf vnd vnser Dohter ann wilunt Herzogin
e Teck vergenhen offenlich vß gemainem munde mit vrkund biß briefz, Daz wir
en Altar gelegen in der absittun zů lingun hänt in sant Mauricien kirchun
nsers stift ze Ehingen, den wir mit ainer stetten vnd iärlichen pfrůnd be=
nidemot haben vnd gestift in der ere der brier kong vnd der zwaiger hayligen
marterer sant felicis vnd abaucti, die man nemmet die merer, verlühen haben
lterlich durch gott vnbeterminot dem erberen schulern berhtolden Cůnrabez
nsers lieben kelnerf son, Also swenn er priester wirt, baz er benn zehänt
enselben altar vnd pfrönd bez selben altars mit allen rehten vnd zůgehörden sol
pn, niessen, in niemen vnd verbienen mit sinez selbez lip mit ainer ewigen messe,
e er bar off lesen vnd sprechen sol alle bie wil er lebt, als sitt vnd gewonlich

ift, durch gott lüterlich vnd der felen hails wegen, vnd were daz derfelbe bechtol
von demfelben altar vnd pfründ tötter oder lebender für, fwenn daz befchibt, fo
zehant Conradus fin brüder, ob der den lebend ift vnd priefter denn ze mäl iſt,
felben altar vnd pfründ öch hän, nieffen, in niemen vnd verdienen in vnd mit c
rehten vnd zügehorden, als der obgenant berhtolbus fin brüder, wer aber daz er i
zemäl nit priefter wäre, fo fol er priefter werden vngeuarlich inwendig ben nä
vier Jaren barnach vnd fol da zwifchent den altar vnd die pfründ befezzen vnt
fezzen mit ainem erbern priefter, der bar vff meffe habe biß er priefter werde, wi
baz er in den nähften vier iaren nit priefter werden wölt oder möht, fo fol ben
felb altar vnd pfründ ze hant lebig fin vnd fwenn er benn lebig wirt, fo
benn ain ieflicher probft, der benn zemal probft ift ze Ehingen zü bem vorger
vnferm ftift mit Rät zwaiger finer Chorherren ze Ehingen, die in benn dun!
eberften vnd die nützlichoften bem gotzhufe ze Ehingen vffen fin ampt vnd w
eweflich vnd iemer me lihen von der hant mit allen rehten vnd zügehörden
erberen man, der benn zemal priefter fie vnd öch die pfrûnd bez vorgefagten
mit finez felbeſ lip verbiene mit fingen vnd mit lefen vnd mit meffe ze ſ
als fitt vnd gewonlich ift, denn fie vnd er billich benn tûn fol äne gevärte
nun biz allez ftett vnd wär belibe iemer me, haben wir ze ainem offen
warem vrtunb vnferü aigen Jnfigel gehenket an biefen brief, bar zü öch z
merer bezügnüft der vorgefagten bing hänt der probft vnd die Chorherren z
gen durch vnfer bett willen irü Jnfigel öch gehenkt an bifen brief. Wir l
benempten der probft vnd die Chorherren ze Ehingen veriehen öch offen
biefem brief, baz ich der probft baz min vnd wir die Chorherren vnfers g
capitels Jnfigel durch bett willen der vorgenannten vnfer herrfchaft t
haben öch an bifen brief, der geben ift ze Rotenburg an fant Gregorien
der vaften in bem iar bo man zalt von gottez geburt brüzenhen hundert iar
iar barnach in bem achten iar.

B. b. Orig. im St.-Archiv zu Stuttgart. — Das Siegel der Gräfin iſt m
und Umſchrift ganz undeutlich; das des Grafen Rudolf iſt gut erhalten; die
drei ſind ganz zerbrochen. — Abſchrift im lib. cop.

538.

20. März 1358. Prag. K. Karl IV. gibt feine Zuftimm
Graf Albrecht von Hohenberg, Bifchof zu Freifing, die
Einfünfte von Rotweil an biefe Stadt felbft verpfändet b

Wir Karl von Gotz gnaden Römfcher Kapfer ze allen ziten
bez Richs vnd küng ze Behain Bekennen Offenlich vnd tûn turnt d
die difen brief fehent oder hörent lefen, Wan der Erwirdig albreht Bol
frifingen vnfer lieber fürfte vnd andächtiger die Stür, das Habtail (z

vngeltes, den Groſſen zol, die Münſſe, den Hof, die Hofſtat Zinſe, daz Mülgelte, die Biſchenzan, der Benkzins ze Rotwil, vnd alle ir rechte vnd zúgehörde, als ſie im vnd ſinen altfordern, Grafen ze Hohenberg, von dem Rych vor ainlif Hundert vnd zehen mark Silbers Rötwiler gewihtes vnd für Tuſent phunt phenning Müncher Münſe ſin verphant, dem Schulthaiſſen, den Burgermaiſtern, dem Rät, den Burgern gemainlichen vnd der Stat ze Rotwil vnſern vnd des Riches lieben getruwen vmbe die vorgenanten Svmman geltes hat verſatzt, alſo daz die Egenanten Burger vnd die Stat ze Rotwil vnd ir nachkomen die Stür, Halbtail bez Vngeltes, den Groſſen zol, die Münſe, den Hof die Hofſtat zinſe, daz Mülgelt, die Biſchenzan, vnd der Benkzinſe ze Rötwil mit allen rehten vnd nützzen vnd zúgehörden In phandes wiſe inne haben, der nieſſen vnd bruchen ſúlen gerúweklich ān Hindernüſſe in aller wiſe, als der Egenante albreht vnd ſin altfordern Grafe ze Hohenberg, die ouch in phandes wiſe inne gehabet vnd der genoſſen vnd gebruchet habent, als lange biz wir ober vnſer nachkomen an dem Riche Römiſche kayſer ober küng die vorgenanten ſtuke von ben von Rötwil vmbe die Egenanten Summan geltes gelöſen, So haben wir an geſehen nutz ſtätig willig dienſt, die vns vnd dem Hailigen Rich die obgenanten Burger vnd die Stat ze Rotwil vnuerdroſſenlich hat getan vnd noch tůn ſol vnd mag nutzlicher in künftigen ziten vnd haben mit wol bedachtem můte vnd mit rechter witzze vnſern willen, gunſt vnd verhengnüſte getan zů allen den Egenanten ſachen von vnſerm kayſerlichen gewalt vnd beſtätigen, beveſtenen vnd Confirmieren die ſelben ſach gentzlich an dieſem brief in aller wiſe, als da vor erlütert iſt. Mit Vrkunde biz briefes verſigelt mit vnſer kayſerlicher Maieſtat Inſigel, Gegeben ze Prage nach Gotes gebürt drüzehen Hundert Jar vnd dar nach in dem aht vnd fünfzigoſten Jare an dem nechſten binſtage nach dem Sunnentag Jubica in der vaſtun vnſerr Rich in dem zwelften Vnd bez kayſertums in bem dritten Jare.

B. d. Orig. im St.-Archiv zu Stuttgart. — Das Siegel fehlt.

<hr>

539.

7. Mai 1358. o. O. Graf Rudolf von Hohenberg belehnt Wernern von Gomaringen mit einem Hof in Kirchentellinsfurt (O.A. Tübingen).

Wir gräf Růdolf von Hohenberg vergenhen vnd tügen kunt offenlichen Mit biſem brief allen ben bie in an ſenhent oder hörent leſen, daz wir haben gelühen wernhern von gomeringen einem Edeln kneht ben höf der ze kirchan ze tellins furt gelegen iſt, vnd ben vormals hett Lupolt von Rüttlingen, vnd lihen im ben vorgenanten höf Mit allen Rehten beſücht vnd vnbeſücht, bie zů bem vorgenanten höf hörent, bie wir ze lihen haben vnd öch als in vnſer vorderen verlühen hänt, vnd baz biz allez wär vnd ſtett belibe, ſo haben wir ber vorgenant gräf Růdolf von Hohenberg vnſer augen Inſygel gehenklet an biſen

31 *

brief, der geben wart do man zalt von gottes geburt drüzenhen hondert Jär fünfzig
Jär dar näch an dem ahten Jär an dem nähsten Mentag nach des heiligen [crü]
tag als ez erhöht wart.

*B. d. Orig. im St.-Archiv zu Stuttgart. — Mit dem kleinen runden Siegel des
Grafen.*

540.

24. Juli **1858.** o. O. Graf Burkard von Hohenberg, Herr zu Wil[d]-
berg, verschreibt unter dem Siegel seines Bruders Otto und seine[s]
Schwagers, Grafen Friedrich von Zollern, seinen Schwestern, Adelheid und Anna, Klosterfrauen zu Reuthin, Gülten aus vielen Lehengütern zu Schönbrunn (O.A. Nagold), Haugstett und Wald[ec]
(O.A. Calw).

Wir Graue Burkart von Hohenberg herre ze wilperg vergenhen vn[d]
tün kunt allen ben, die bisen brief Sehent lesent oder hörent lesen das wir vnser[n]
lieben Sweftern geben vnd gegeben haben zü ainer aigenschafft, vrowen Adel[]
haiten vnd vrowen Annen Gräuin von Hohenberg Closterdrowen [ze]
Röti in bem Couent prebier ordens der gelegen ist by wilperg der stat an de[]
nagelt in Costenzer bystum disö gelt bö hie nach geschriben stant des erften [?]
Schennebrune des wiehters lehen gilt Sehs viertal roggen vnd zwai malt[er]
habern Benzelins lehen gilt Sehs viertal roggen vnd zwai malter habe[rn]
haintzen kallenbaches suns lehen gilt ain malter roggen vnd ahzenhen vie[rtal]
habern Albrechtes hättiges lehen gilt ain malter roggen vnd ahzenhen vie[rtal]
habern frischabentzen lehen gilt ain malter roggen vnd ahzenhen viertal habe[rn]
Gäkelins lehen gilt ain malter roggen vnd ahzenhen viertal habern der col[]
menin lehen gilt ain malter roggen vnd ahzenhen viertal habern Aberlin[s]
gäkelins suns lehen gilt ain malter roggen vnd ahzenhen viertal habern de[]
mutscelers lehen gilt ain malter roggen vnd ahzenhen viertal habern de[]
spiehtin lehen gilt ain malter roggen vnd ahzenhen viertal habern Benze[]
mügen lehen gilt ain malter roggen vnd ahzenhen viertal habern Stainharte[]
lehen gilt bri schöffel roggen vnd vier malter habern Crefpaches lehen gi[lt]
zwai malter habern der alt Callenbach git fünfthalp malter habern der ebe[r]
hartin lehen gilt ahzenhen viertal habern des hüringers lehen gilt ahzenhe[n]
viertal habern des spizzerlins lehen gilt Sehs viertal habern. Wir gelobe[n]
in öch iarlichen vnd ewiglichen ze geben fünf phunt Haller geltes, des erften [?]
waldeke gilt des vischers brüwel ahzenhen schillinge Haller von des winder[]
wisun vnd halbun git Sytze vierzehen schillinge Haller von ainer wisun lit a[n]
dem bach buwet nv ze mäl phoste gilt Sehs schillinge Haller von der bůch wifu[n]
buwet die iunge schläppin drizenhen schillinge Haller bö clofenin ze alten

bůlach von ainem garten git fünf ſchillinge Haller der Banhåker git von der vſſerun ſchmibewiſun ſehs ſchillinge Haller Cůntz des margrauen ſun git von Ainem Huſe vnd von ainem Garten vier ſchillinge Haller bú alt ſchlåppin git von ainem garten zwein vnd zwainzig Haller, ze huweſtetten des roten Hofſtat gilt ahzenhen Haller Billunges lehen gilt bri ſchillinge Haller hartlieps lehen gilt bri ſchillinge haller vnd ain Hofſtat lit der bye gilt Sehs Haller Cüntzen des wågers lehen gilt ailf tůminger des buſers lehen von ainem garten gilt bri ſchillinge Haller Aberli gülle git von ainer Hofſtat ahzenhen Haller des ſpizzes Hofſtatt git briſſig Haller des keken gůt git bri ſchillinge Haller der bohſelerin gůt gilt Sehs Haller walthers des riters gůt gilt ailf tuwinger des wågers gůt ailf tuwinger Rhbegers garten briſſig Haller Albrehtes von huweſtetten lehen ainen ſchilling Haller Bondorfes lehen ailf tuwinger von der Hofſtat da er vf ſitzet ſehs Haller der lüttoltin Hofſtat ſehs Haller Bentz gülle vnd aberli gülle gent von des biekers mab in dem bůrat zwein vnd briſſig Haller Bentz Dyemen ſun von ainem mab git ainen ſchilling Haller Måzze bü knehtin git vier hůnr Shtze ain hůn. Wir geloben öch by gůten trůwen den vorgenanten vnſern lieben Sweſtern bas vorgeſchriben korne gelt iårli= chen ze antwurten gen Růti in bas Cloſter in iren gewalt ån allen iren ſchaben vnd wa in kain gebrůſt geſchåhe iårlichen an bem vorgenanten korngelt oder pheninge gelt ſo ſölte in haft ſin barumb alles vnſer korn gelt bas wir ze ſchönnebrune haben vntz ſh gewert werden als vor von vns geſchriben ſtat ån alle gefarbe. Diſů vorgenanten gelt an korn an pheningen haben wir den vorgenanten vnſeren lieben ſweſtern aigenlichen geben ze nieſſende vnd ze haben für reht aigen eweclichen alſo bas ſů ob ſie wellen biſů gelt verſetzen verköſſen ober wie ſů ba mit tůnt bas ſol vnſer gůter wille ſin vnd ſüllen wir noch kain vnſer erbe ſie niemer bar an geſumen noch geirren in kainen weg ån alle gefårbe vnd ån alle wiber rebe. Vnd bas in bis alles ſtåte war vnd vnlögenbar belibe bar umb ſo geben wir in biſen brief beſigelt mit vnſerem aigenne Inſigel zů ainem waren offenne vrkunde aller der binge bů hie vor von vns geſchriben ſtant wir haben öch erbetten vnſern lieben brůber Grauen Otten von Hohenberg vnd vnſern lieben Sweſter= man Grauen friberichen von Zolr bas ſů irů aigenů Inſigel hant gehenket an biſen brief zů ainer warer gezugenůſte aller der Dinge die hie vor von vns ge= ſchriben ſtant. Dirre brief wart geben in dem iar bo man zalt von gottes geburte brüzenhen hundert iar fünfzig iar bar nach in dem ahtonben iar an bem nåhſten zinſtag vor ſant Jacobes tag.

B. b. Orig. im St.-Archiv zu Stuttgart. — Alle brei Siegel (worunter das Zoller'ſche bas größte), ziemlich unbeutlich, hängen noch an ber Urkunbe.

541.

22. Dezember **1358.** Rotenburg. Graf Rudolf von Hohenberg übergibt Werner von Ulm, einem Priester S. Pauls-Ordens, die Hofstatt und den Morgen Holz in der Rorhalden (bei Kiebingen, O.A. Rotenburg), was vorher Bruder Berthold von Horb, ein Einsiedler, im Besitz hatte.

Wir Graf Rudolf von Hohemberg veriehen für vns vnd vnser erben offenlich mit vrkunde diß briefs allen den die in anſehent oder hörent leſen. Als Cünz der brüdern kneht vnd Jütz ſin elichü wirtin burger ze Rotemburg geben hand durch Gott ain Hoffſtat gelegen in der Rorhald alſ ſi etzo vnbevangen iſt vnd gebuwen, vnd och ainen morgen Holtz der mit ainem hag vnderſchaiden iſt, brüder Berhtolten von Horwe ainem ainſidel für ain reht fry ledig aygen mit aller zůgehörd beſücht vnd vnbeſücht won der nü töd iſt, ſo haben wir der vorgenant Graf Rüdolf geben den vorgeſagten morgen Holtz vnd Hoffſtat brüder wernhern von vlm aim prieſter dez ordenſ ſant paulſ der erſten ainſidelſ, vnd allen ſinen nachkomen dez ſelben ordenſ beſücht vnd vnbeſücht, vnd für ain fry ledig aygen, vnd och mit ſölichem gedinge daz er vnd ſin nachkommend vf der vorgenanten Hoffſtat kaynen ſchyrm ſus noch ſo niemer geſüchen ſüllen den zu vnſ oder welcher denn ze Rotemburg Herre iſt vnd ſüllen wir ſü och ſchyrmen alſ ander vnſer lüt ane alle geuärde vnd daz diß alleſ war vnd ſtät belibe ſo haben wir der vorgenant Graf Rüdolf vnſer aygen Inſigel gehenket an diſen brief. Wir die burger ze Rotemburg veriehen och vnder vnſer gemain ſtett Inſigel daz wir hi bi diſen tädingen geweſen ſien, vnd daz zü ainer offenn vrkund haben wir ez gehenket an diſen brief Der geben iſt ze Rotemburg In dem Jar do man zalt von Chriſtes geburt Drüzehenhundert Jar aber vnd fünfzig Jar an dem ſamſtag vor dem hayligen tag ze wyenahten.

B. d. Orig. im St.-Archiv zu Stuttgart. — Mit dem bekannten kleinen Siegel des Grafen von Hohenberg und dem der Stadt Rotenburg.

542.

27. März **1359.** Conſtanz. Graf Albert von Hohenberg, Biſchof von Freiſing, belehnt eine Reutlinger Bürgerin mit verſchiedenen Gütern zu Kirchentellinsfurt.

Wir Albert von Gottes gnaden Byſchof ze fryſingen vnd Grau ze Hohenberg veriehen offenlich mit diſem brief vnd tůn kunt allen den die in anſehent oder hörent leſen, daz wir von beſundern gnaden vnd durch flizziger bett willen der die vns etwen dienſtber geweſen ſint vnd noch fürbazz ſullent ſin die genäb getän haben, Daz wir verlihen haben vnb och verlihen mit vrkunb diß briefs Der Erberen frowen, katherinen Lupolz bez Bähten säligen tochter dißu Gůt biu hienach geschriben stanb, vnb biu rehte manlehen sint ze dem ersten Hugen gůt von Tårabingn, daz kouft warb vmb der frowen Haimeſtur, der selben tohter wir iezo verlihen haben, vnb iſt ain hus, ain schur vnb sibentzehen juchart akkers, Berſtings gůt baz iſt ain hus, ain Böngart, ain gart, vnb breyzehen juchart akers, Der Båhtinen gůt, baz iſt achtzehen Juchart akers vnb ain gart, vnb haben ir biu selben gůt verlihen mit allen ben rehten, vnb waz wir bar an zever= lihen heten, vnb haben ir ouch zů ben egenanten gůten ze träger geben Hainrich ben Wahfmanger, iren elichen wirt in aller ber wise, als biu selben Gůt vnſer vater fälig Graue Růbolf von Hohenberg vormalen verlihen hat. Hie bi iſt gewesen Eberhart von Lůphen Lant=Gräf ze Stůlingen, Cůnrat ber Stahler von Rotenburg, ze ben ziten vnſer Hofmaiſter vnb anbrer erbrer lut genůg. Ze vrkunb geben wir bisen brief mit vnſerm anhangenden In= figel verſigelten, Der geben iſt ze Coſtentz an ber nähſten Mitichen (sic!) vor Miteruaſtn, Dez Jares do man zalt von Chriſts geburt Dreutzehenhunbert Jar vnb barnach in bem nun vn fünfzigiſten Jar.

543.

3. Mai 1359. o. O. Graf Rubolf von Hohenberg belehnt Hans von Leinſtetten mit zwei Theilen ber Burg unb bes Dorfes Leinſtetten.

Wir Graue Rubolf von Hohenberch verjechen vnb tugen kunt offenlich vor allen meniglichen mit bißem brief baz für vns kam bezmals vnb zu ben zitten bo vnſer Hr. felig ber Biſchof von Friſingen von tobes wegen ab= gangen waz Vnb off diesen Tag als ber brief geben iſt Hanſe von Linſtetten vnb batt vns. Das wir im lůhen bie zway tail ber Burg Linſtetten vnb bie zway bes Dorfs Linſtetten mit allen Rechten nuzen unb zugehörben so barzu vnb barin gehörben vnb fin vorbern vnb er von onfern vorbern zu Lehen gehabt hetten, vnb baz haben wir fin bitt erhört vnb haben jm bie vorgenannt zway tail ber Burg vnb bez Dorfs zu Linſtetten mit allen rechten nuzen unb zu= gehörben Gewonheiten . . . . so barzu vnb barin gehört nüzet ußgenommen gelühen wie wir billich vnb burch recht lihen fullen also baz er vns bavon tun ſoll waz ain jeglicher Lehenmann finem Lehnherren billich vnb mit recht tun ſoll boch mit Behaltniß biß Lihens vnb vnſer herſchaft recht. Unb bez ze Vrkunb ſo haben wir vnſer eigen Inſigel . . . . . (sic!) ber geben iſt am Freitag nach Sant Walpurgen tag nach Chriſti gepurt. 1359.

544.

3. Mai 1359. o. O. Revers des Hans von Leinstetten über die vorstehende Belehnung.

Ich Hans von Linstetten vergich offenlich vnd Tün Kunt allermengliche mit disem brief daz ich uf disen tag alz dirre brief geben ist von dem edeln hochgebornen Gräf Rüdolffen von Hohemberg minem gnädigen Herren ze lehen Empfangen hân die zwaytail der Burg Linstetten vnd die zway tail dez dorff ze linstetten mit allem dem so dartzü vnd darin gehöret nützit uß genomen daz min vorbern vnd ouch Ich von sinen vorbern ze Lehen gehebt haben vnd daz ouch von der Herschaft ze Hohemberg Rürt vnd gät ze lehen Vnd sol Im dar von Tün waz ain ieglich Lehenman sinem Lehenherren billich vnd durch reht tün sol vnd hân ouch dez gesworn ainen aid lipllichen zü gott vnd zü den hailigen mit gelerten worten vnd mit ufgebottnen Bingern vnd dez ze vrkund So hän ich min aigen Insigel offenlich gehenckt an disen brief der geben ist an dem nähsten frytag nach sant walpurg tag Nach Cristy gebur. brutzehenhundert Jar darnach in dem Nünden vnd fünftzigosten Jar.

B. b. Orig im St.=Archiv zu Stuttgart. — Das Siegel des Ausstellers hat in jeder Ecke des dreieckigen Schildes einen Stern.

545.

26. Mai 1359. o. O. Walther der Eber von Herrenberg bekennt, daß Graf Rudolf von Hohenberg oder dessen Erben das Recht haben, die **50** Pfd. Hellergült von den Mühlen zu Horb, welche dieser an jenen um **500** Pfd. verkauft hatte, wieder an sich zu lösen.

Allen den die disen brief ansehent lesen oder herent lesen tün ich walther eber von Herrenberke kunt vnd fürgich offenlich. daz ich dem edeln Minem genebigen herren graue Rüdolffe von Hochenberke gelobt han in gütem truwen vnd lobe mit vrkund dise (sic!) briefes für mich vnd für alle min erben. wenne er oder sin erben oder ieman von sinen wegen kument fierzechen tage vor sant walpurge tage. oder fierzechen tage danach in welam jar so wellent ez sige ober kurtze oder lange vnd wider köffent wellent die funfzig phunt Haller järeliches geltes die ich von im köst han vse den Mülnan ze Horwe vmbe funfhundert phunt haller die er järlich mir bar vz uffen sant Martins tage geben sol. alz die brief sagent die ich dar vmbe von im inne han. daz ich vnd min erben dem vorgenannten Minem herren graue Rüdolffen von Hochenberke vnd sinen erben die selben funfzig phunt Haller järelich geltes vmbe die funfhuntbert phunt güter haller wider ze köffene geben ane widerrede vnd än allen furzoge än alle geverbe. wer aber baʒ ich oder Mine erben beʒ nit täten vnb dem obgenannten graue Rûbolffen von Hochenberke oder ſinen erben baʒ vorgeſchriben Gelt ane fürʒoge nicht wiber ʒe köffene geben alʒ ba vorgeſchriben ſtat in waʒ ſchaden ſie beʒ benne ba von iemer kemen. ben ſullen wir in gentlich abe tûn än allen gebreſten. vnb än allen iren ſchaden vntʒ baʒ in baʒ beſchicht vnb gentlich vollefürt wirt alʒ hie vorgeſchriben ſtat vnb beʒ ʒû vrkunbe vnb ʒû Merre ſicherait ſo han ich gebeten Minen genebigen herren graue Cûnraten ben ſchêrer von Herren= berke. baʒ er ſin jnſigel ʒû minen aigen Jnſigel gehenket haut an biſen brief. Wir graue Cûnrat ſcherer von Herrenberke fürgechen. baʒ wir burch bete beʒ vorgenannten walthers beʒ Ebers vnſer Jnſigel. gehenket haben an biſen brief ʒe geʒügenüſt aller vorgeſcriber binge bie hie vorgeſcriben ſtant ber geben wart an bem nehſten ſunnentage nach ſant vrbanſ tage bo man ʒalt von criſtuſ geburt brvʒechen hunbtert iar bar nach in bem munbten vnb funʒigoſten iar.

V. b. Orig. im St.-Archiv ʒu Stuttgart.

546.

17. Juli 1359. Wien. Graf Rubolf von Hohenberg gelobt ben Her= ʒogen Rubolf, Friebrich, Albrecht unb Leupolb von Oeſtreich mit allen ſeinen Burgen, Stäbten, Dienern unb Leuten wiber Jeber= mann ʒu bienen, wogegen ihm bieſelben bie Hälfte von Hohen= klingen unb ber Stabt Stein ʒu Behauſung unb Nußnießung, ſo= wie jährlich je auf Martini 800 Florentiner Gulben Dienſtgelb auf bie Maut ʒu Linʒ verſchreiben.

Wir Graf Rubolf von Hohemberg Tün kunt vnb veriehen offenlich. baʒ wir gelobt vnb verhaizʒen haben bi vnſern truwen an aibeſ ſtat, geloben vnb verhaizʒen ouch mit biſem brief, baʒ wir ben hochgebornen fürſten, vnſeru gnebigen Herren, Hertʒog Rubolf von Öſterrich, Hertʒog Fribrich, Hertʒog Al= breht unb Hertʒog Leupolb, ſinen Prûbern vnb ir erben warten bienen vnb behulfen ſein ſullen vnb wellen wiber menglichen, nieman vſgenomen, mit allen vnſern Slozʒen, Veſtinen, Stetten vnb Bürgen, vnb mit allen vnſern bienern pur= gern vnb Leuten, bie barʒû gehörent. Alſo baʒ wir ben egenanten vnſern Herren vnb irn erben, irn Amptlüten, vnb bienern von irn wegen alle vnſer Slozʒ, Veſtinn, Stette vnb Burge ʒû allen irn nöten vnb kriegen offen haben ſullen, ſie bar in, bar vſ, vnb ba burch ʒe lazʒent vnb bar inn ʒe enthaltenb, vnb baʒ wir ouch ʒu in ʒiehen vnb mit in reiſen ſullen mit aller vnſerr macht, ʒe Rozʒen vnb ʒe füzʒen, wenn beʒ vnſern vorgenanten Herren von Öſterrich not geſchicht, vnb baʒ von in ober iren Amptlüten an vnſ geuorbert wirt. Wenne ouch ber vorge= nant vnſer Herre Hertʒog Rûbolf von Öſterrich ober ſein prûber vnb ir erben

vnſers dienſtes bedürffen inner Landes oder vſſer Landes, mit Rittern vñ vñ
knechten edeln lüten, fürbazz vnd mere denne, als wir ſuſt gewonlich mit eben
dienern ſitzen, So ſullen vns dieſelben vnſer Herren darumb helffen daz wir ſi
erzügen mügen, Alſo, daz ſi vns darumbe geben vnd tün ſullen, als ſi denne ze
male andern irn dienern gewonlich tünt, ane alle geuerde. Alle die wile, ſo ſi
ouch alſo in irin dienſte ſin, ſo ſullen ſi vns koſte geben, als ſi denne ze male geben
andern irn dienern. Waz ouch wir vnd vnſer dienere in der obgenanten vnſer
Herren Dienſte wizzenchlichs vnd merklichs ſchaden vnd verluſt nemen, recht vñ
reblich vf dem velde, an Rozzen vnd Hengſten, den ſüllent ſie vns widerkeren vñ
gelten nach ir gewonhait, vnd als andern irn dienern, ane geuerde. Vnd her
vmb hat vns der egenant vnſer Herr Hertzog Růdolf von Öſterrich geantwir.
vnd ingeben die behuſong dez halbtails zber (sic!) Hohenklingen, ꝛc.
ſampt dem halbtail der Statt ze Stain, in einer behuſong wiſe, von im vñ
den egenanten vnſern Herren von Oſterrich ſinen Prüdern, innezehabend vñ
nizzend, mit allen rechten vnd nützen die dartzu gehörent ane allein den halbtail
der purg ze fröubeuels vnd dez ſo dartzu gehört, daz der egenant vnſer Herr
Hertzog Růdolf vormals dem wiſen vnd beſchaiden maiſter Johanſen von Plas
heim ſim kantzler zu aim lipding geben hatt, vnd ſol vns dartzů jerlich, auf ſant
Martins tag richten vnd wern acht Hundert gulbin der gewicht von florentz die
er vns mit ſinem offennem prief vf der Mutt ze Lyntz verſchaft hat. Vnd ſol
vns ouch beraten, vnd geholfen ſin, vnd vns, vnſer Lüte vnd güter ſchirmen ge-
menglich vor gewalt, vnd vor vnrecht, als ſein ſelber Lüt, vnd güt. Wir ſullen
ouch den vorgenanten vnſern Herren von Öſterrich der vorgeſchribenen puntnuſſi
vnd gelübb ſchulbig vnd gebunden ſin alle die wil es vns füglich iſt, vnd die
egenante behuſong innehaben vnd die obgenanten Acht hundert gulbin innen
wellen, vnd die wil vns, ouch vnſer egenanten Herren von Öſterrich oder ir erben
bes gonnent vnd nicht fürbaz, ane alle geuerde. Duch ſullen wir mit der egenant
Purg ze klingen vnd der Statt ze Stein, vnd mit allen Lüten vnd purgern die
dartzů gehörent, warten, vnd gehorſam ſin, den obgenanten vnſern Herren von
Öſterrich vnd irm Houptman in Argow, vnd in Turgow wer der ie zů
ben zeiten iſt, vnd wenne vns dieſelben vnſer Herren von Öſterrich oder ir erben
iemer hienach die enthuſen wolten, ſo ſullen wir an alle widerrede die egenant
Purg vnd Statt, vnd ſwatz dartzů gehöret, antwurten vnd ingeben vnuertzogenlich
ben vorgenanten vnſern Herren von Öſterrich oder irn erben ſelber oder wenn ſi
alle gemeinlich oder ie der eltiſt vnder in vns bie antwurten heizzent vnder ougen
ober mit irn verſigelten briefen ane alle geuerde. Dez geben wir in ze vrchund
biſen brief beſigelten, mit vnſerm anhangunden Jnſigel. Der geben iſt ze Wien
Nach Chriſtes gebürd dreutzehen Hundert Jar, bar nach in dem Neon vnd funfzi-
kiſten Jar an ſand Allezen tag.

B. d. Orig. im St.-Archiv zu Stuttgart. — Mit dem runden Siegel des Grafen
das blos den Helm mit den beiden Hörnern zeigt; der leere Raum iſt mit Laubwerk ausgefüllt.

547.

16. Oktober 1359. **Nagold.** Hans und Benz von Haiterbach, Gebrüder, verkaufen in Gegenwart und unter dem Siegel des Grafen Otto von Hohenberg an ihre Schwester Agnes, Nonne zu Reuthin, eine Wiese bei Iselshausen (O.A. Nagold).

Ich .. Hans von Haiterbach, und ich .. Benz von Haiterbach gebrüder Vergehen vnd Vrkunden offenbar an bisem brief für vns vnd für vnser Erben, daz wir baibe ainmüteclich reht vnd reblich verkouft haben vnd ze kouffenn haben geben alf Es billich kraft vnd maht hat vnd haben sol vnser lieben Swester. — Agnes von Haiterbach Closter frowe ze Nütin In dem Closter Prediger Ordens vnser Wisen der zway Mansmat ist, die man nempt bez von Haiterbach Wisen vnd die gelegen ist ze Isoltzhusen vnder dem Dorf an dem Steige, vnd st birre kouff beschehen vmb Nünzehen pfunt haller güter vnd gnemer, der wir von Jr gewert sigen gar vnd gentzlich, Vnd sol ouch bie vorgenante vnser liebú Swester .. Agnes von Haiterbach die vorgenanten Wisun Niessen, besetzen, vnd ouch Entsetzen vntz an Jren tot vnd sullen wir ober vnser Erben, si dar zú vúrdern vnd nit hindern, Es ist ouch mer gerebt vnd gebingot, daz die vorgenante vnser liebú Swester .. Agnes von Haiterbach vollen gewalt vnd reht hat ain pfunt haller Geltz ze machenn In bie vorgenanten Wisen durch Jr Sele hailes villen, vnd ouch burch Jr vordern Selan hailes willen ober swemme sú wil, Vnd vemme bie vorgenante vnser lieben Swester .. Agnes von Haiterbach daz vorgenant pfunt haller Geltz machet, mit Cuntschaft, ober wer biesen brief mit Cuntschaft Jnne hat, daz sú Es .. Jm gemachet habe, bem sullen wir ober vnser .. Jm ober sinen Erben, ober sinen nachkomenbeu daz vorgenant pfunt haller Geltz, vff der vorgenanten Wisen Järlich richten vff Sant Martins tag vngevarlich, Wir ober vnser Erben, süllen ouch bez vorgenante pfunt haller geltz wemme ú Es machet ümmer mer Eweclich wiber lösen vmb Nún phunt haller Je Vierzehen tag vor Sant Walppurgz tag ober Vierzehen tag bar nach Jn ben Vier Wochen vngevarlich. Wir bie vorgenanten Hans vnd .. Benz von Haiterach gebrüder gelouben och bi güten truwen Jn aybes wise war vnd stát ze altenne swas hie vorgeschriben stat, Vnd birre ding sint gezúg, vnser gnádiger erre Graue .. Otte von Hohenberg, vnd Egge von Wittingen vnd anber Erber lút vil. Vnd daz biz alles war vnd stát belibe, so haben wir bie vorgeanten Hans vnd .. Benz von Haiterbach gebrúber, vnserú aigenú Jnsigel ehendt an bisen brief. Vnd wir bie vorgenanten zúg, Graue .. Otte von Hohenberg, vnd .. Egge von Wittingen haben och vnserú aigenú Jnsigel ehendt an bisen brief, ze offener zugnust aller birre vorgeschriben binge. Geben

ze Nagelt, do man zalt von Cristus geburt, Drüzehen Hundert Jar, fünfzig Jar
vnd bar nach Jn Rûnden Jar, an Sant Gallen tag.

B. b. Orig. im St.-Archiv zu Stuttgart. — Das Siegel des Hans von H. hat
die Umschrift: † S. Joãis d. hornberc. Das des Bentz: † S. Bertoldi d. Hait'bach.
Beide Siegel haben im Schilde 3 (?) Fische übereinander. — Das Siegel des von
Wittingen hat (wie Hohenberg) einen quer getheilten Schild, iu dessen oberem Theile
ein liegender Arm sich befindet.

548.

17. März 1360. o. O. Willa die Ernstin von Bondorf verzichtet mit ihren
    Söhnen unter dem Siegel des Grafen Otto von Hohenberg gegen
    ihre Schwester Lüggelin Sticherlin auf ihre Ansprüche an ein Haus,
    einen Hof ꝛc., welches Anwesen zu einem Beguinen-Haus bestimmt war.

Ich Willa die Ernstin, vnd mit mir min Süne. Haintz der Webar,
vnd Cüntzli Ernst Vergehen offenlich an disem brief, für vns vnd für vnser
erben, vnd tůn kunt allen den die Jn ansehent lesen oder hörent lesen. Daz wir
allú Drú ainmůteclich, tugentlich, vnd lieplich, reht, vnd redlich, als Es billich
kraft vnd maht hat, vnd haben sol ôber ain Komen sigen, mit miner lieben
Swester .. Lüggelin Sticherlin der vorgenanten miner Süne Mûmmen, vmb ..
Jr Hus, vnd Hôff, Schûir vnd Garten, mit aller zůgehörde, daz gelegen ist an
Berckmans Hus, vnd Schûr, daz man nempt, der Rûnnelin gesähsse, vnd ain
Juchart ackers hört Jn bez ôbeln Hôffe, ist gelegen ze Vffbouen, an .. Cüntzen
bez Schnibers acker, vnd bar zô waß sy ômmer gewinnet daz wir erben solten da
für hat sy vns ben vorgenanten brine .. Willin .. Haintzen, vnd .. Cüntzlin
Ernsten gebrûder, vnd vnsern erben, für alle vnser erbe, vnd ansprâch, vns vnd
vnsere erben, geben, vnd bezalt, reht, und redlich, fünf phunt haller. Sehs schilling minr vnd Sehs schilling haller ze Winkouff, vmb ain Viertal Wins, der wir
von Jr gar vnd gentzlich gewert sigen vnd Jn vnsern kuntlichen Nutz komen sint,
Also, vnd mit sôlichem gedingbe, wenn daz vorgenant Lüggeli sticherli stirbet vnd
nit Enist, da vor Got lange sige, so sol daz vorgenant Hus, vnd Hôff, Schûr,
Gart, vnd acker vnd was sy land Clain vnd groß mit aller zůgehörbe, vallen aun
alle Jrrung, vnd wider rede, An Jr brûder Tochter Mätzen gnant die Nägerin
vnd wenn die selbe stirbet, vnd nit Enist da vor Got lange sige, so sol baz vorgenant Hus, vnd Hoff, Schür, Gart vnd acker, mit aller zůgehörbe, vallen, vmmer
mer Eweclich an Gaistlich lüt, vnd bar Jnne, vnd vff dem Hoff Eweclich .. Jr
wonung hän, Aun Alle sumnüst, Jrrung, vnd wider rede, Wir die vorgenanten
.. Wille .. Haintz, vnd Cüntzli Ernst gebrûder verzihen vns ouch mit vrkunb biß
brieffz, für vns, vnd für alle vnser erben, allez bez Erbes ansprach, gnige vnd
zôwart, so wir an baz vorgenante Hus, vnd Hôff, Schür, Gart, vnd acker, mit

aller zůgehörbe, vnd waʒ daʒ vorgenannt .. Lüggli lant clain vnd groß, alſ vorgeſchriben ſtat, mit geriht, oder ane geriht, Gaiſtliches, oder Weltliches, hetten, oder
haben mohten, vnd vergehen wir allú, Drú, daʒ by gůten trúwen In aydes wiſe,
war vnd ſtát ʒe haltenn, vngevarlich, Dirre ding ſint geʒúg Albrecht der Kaltenbrunner Schultheiß ʒe Bondorf .. Manʒ .. Hainrich der Smit ..
Benʒ der Mayer Wernher der Schniber .. Goſſe vnd .. Hans der
Smit Rihter ʒe Bondorf vnd ander erbar lút vil, vnd deʒ ʒe offemm vrkúnd vnd
ʒugnuſt der warhait. haben wir gebetten vnſern gnebigen herren Graue .. Otten
von Hohenberg. vnd pfaff Haſen Lupprieſter ʒe Bondorf, daʒ ſy Jrú
Jnſigel gehenct hant an biſen brieff. durch vnſer bett willen. wir die vorgenanten
Graue .. Otte von Hohenberg. vnd pfaff Haſe vergehen auch, daʒ wir durch bett
willen der vorgenanten brien .. Willen .. Hainʒen. vnd .. Cünʒlins Ernſten
haben vnſerú aigenú Jnſigel gehenct an biſen brieff, ʒů ainer ʒúgnúſt der warhait.
Geben ʒe mitter Vaſten an Sant Gerbrut tag, bo man ʒalt von Chriſty gebúrt
Drúʒehenhundert Jar, vnd bar nach In dem Sehʒigoſten Jar.

549.

23. Märʒ 1360. Heidelberg. Graf Burkard von Hohenberg, Herr
ʒu Wildberg, verkauft ʒugleich für ſeinen Neffen Rudolf an den
Pfalʒgrafen Ruprecht bei Rhein, Herʒog in Baiern ꝛc., um **5000 fl.**
Gold-Gulden Burg und Stadt Wildberg mit aller Zugehör, ausgenommen das Dorf Sulʒ und den Kirchénſaʒ daſelbſt, ſowie den ʒu
Wildberg, ferner das Kloſter Reuthin und die Vogtei über dasſelbe, ſeine Rechte an das Dorf Gültlingen (O.A. Nagold) u. A.

Wir greff Burchkart von Hoenberg Here ʒů .. Wilperg Erkennen
ffentlichen in bieſem briefe für vns vnd Růdolff vnſers bruber ſon des
ur münden wir ſin vnd für alle vnſer beyder Erben .. vnd Nachkomende, baʒ
oir .. vmb ſchinbern .. nuʒelichen noʒ ber vns da von komen iſt vnd vns
gweber ſite vnſern .. Erben vnd Nachkomenden in ʒů komenden .. Ʒiten komen
ol vnd .. mag dem Hochgeborn fürſten vnbe .. Hern Hern Ruprecht bem
ltern palʒgrefen by Rine des heyligen Romſchen Richs obirſter
roßeſſe .. vnbe Herʒog in Beyhern allen ſinen erben vnd nachkomenben
nſer veſten wilperg Burg vnd ſtab .. mit allen ʒů gehorungen .. Man-
heften, Burgmanſcheften, welben, velben, waʒern, weyden, waʒerleufen, Mülen,
cker, wieſen, Luten, guten, gülten, Ʒinſen, Dienſten, Eren, Rechten, friheit, ge-
onheit, geſůcht vnd vngeſůcht, wie man bie genennen mag mit ſunbirlichen worten
b ober her nach, die der ʒehenbe ʒů .. wilperg begriffen hat vnd in ber

marke gelegin fint, vß genomen fülß daz Dorff vnd ben Kirchen faß ba
felbis vnd zů wilperg vnd baz bar zů gehorit, ane geuerbe vnd in al ber
maße vnd glicher wyß als wir es biz off biesen hutigen tag .. ynne gehabt vnd
biß her bracht haben. Vnd bar zů Rüte bas clofter vnd bie vogtye ba
felbis, ben walt ben man nennet .. Bürey .. vnd alle bie rechte, bie
wir .. zů .. Giltlingen in bem Dorffe vnd Marke ba felbis haben, recht
vnd rebelichen verkauft haben vnd verkeufen mit bifem gegnwortigen brieffe vmb
fümff Dufent cleyner gulben von florenßen, ber wir ganß vnd gar gut von golbe
vnd fwere gnůg von gewiechte von bem egenanten vnfern gnebigen Hern Herßog
Ruprecht bem Eltern gewert vnd bezalt fin vnd in vnfern kuntlichen noß komen
fint. Vnd bie egenanten gute fol vnd mag er vnd fin Erben .. nüßen vnd
nüßen glich wen eygen guben .. an geuerbe .. Ouch hat vns vnfer egenanter
gnebiger Here Herßog Ruprecht ber Eltere bie funbirliche gnab geban .. Wanne
wir, Rubolff vnfers bruders fon ober vnfer .. beyber Erben. komen mit fümf
bufent cleyner gulben von florenßen bie gut von golbe vnb fwere gnůg von gewiechte fint, bie vnfer eygen fint, zů vnfrem egenanten Hern ober Zů finen Erben
ober nachkomenben, fo follent fie bie fümf bufent cleyner gulben von florenßen
von vns nemen. vnb follint vns bie fürgenanten veften vnb güter als fie ba vor-
benant fint. wieber zů kauffe geben vns vnfern Erben zů behalten vnb nymans
anders ba mybe zů meynen an alle argelift vnb geuerbe .. Ouch ift gereb baz
wir noch vnfere Erben bie egenanten veften wilperg, Burg vnb ftab .. vnb bie
gute bie fürgeschrieben ftent nymans anders hoher ober niber vmb me gelbes verfeßen verkeufen ober verkümmern follen, wir in follens ban beuor vnfern egenanten Hern Herßog Ruprecht bem Eltern ober finen Erben eyn halp Jar vor an-
bieben. Vnb ift es baz er ober fin .. Erben ban bar by verbliben wollent, fo
follens wirs yn günnen für aller menlichen vmb foliche merunge bes gelbes als
vnfer beyber Rat ober eyn koment ane alle geuerbe. Ouch ift gereb. wer es, baz
vnfer egenanten Here Herßog Ruprecht ber Eltere ober fin Erben beheyne Buů
bebe, Zů noße ober Zů noytborft ber egeschribenen Burg vnb ftab wilperg ..
es fei an graben, Muren, ober an andern ftucken, ber schinbar vnb kunttlich were
ben Buů, ben mag er bůn biß an fümf hunbert gulben, ez en were banů baz er
es bar ober bebe mit vnfrem willen, wißen, vnb verhengniffe: vnb waß ber coftet,
ben follen wir vnb vnfer Erben yn gelten vnb bezalen mit ben fürgenanten fumff
bufent gulben von florenßen ane geuerbe. Ouch haben wir vnb vnfer Erben von
funberlichen gnab vnbe laube von vnfrem egeschribenen Hern vnb finen Erben baz
wir vß bem fürgeschribenen walbe Bürey haůwen mogen zů vnfer neytborft
Buůholß vnb Brenneholß an alle geuerbe. Wir greff Burchkart von Hoenberg egeschrieben verfprechen uch für Rubolff vnfers bruders fon, bes furmun-
ber vnb plegir wir fin ißunt, wanb ber felbe ißunt vnter finen tagen ift, bas er
biesen felben kauff für fich fin Erben vnb nachkomenben vnfrem egenanten
Hern Herßog Ruprecht bem Eltern, finen Erben vnb nachkomenben verfiegelen

vnb beſtetigen ſol vnb ſtete ſol halben veſteclichen in aller maße, als wirs gebaħ haben wanb dieſer kauff durch vnſer vnb ſins noßz willen geſchehen iſt. Vnb globen uch veſteclichen mit guten truwen an eybes ſtab für vns vnb für Rudolff vnſers brubers ſon, des furmünber wir ſin, vnb für vnſer beyder Erben vub nach=komenben, baz wir wieder dieſen fürgeſchribenen kauff nummer gebün ſollen, hin=bern, oder anſprechen .. geiſtlichen, ober werntlichen ober mit gewalt ober in beħeine anber wys. Vnb bas bis veſte, ſtede vnb vnuerbrocħelichen verlibe vnb gehalben werbe, ſo haben wir vnſer Jngeſiegel gehenket an dieſen brieff. Vnb haben gebeben vnſer lieben getruwen Reynhart von Perſtingen, Hugen von Bernecke, Vlrich von Giltlingen vnb Volmar von Heytterbach, baz ſie ir Jngeſiegel zů ben vnſrem vns vnb Rudolff vnſers brübers ſon vnb vnſer beyder Erben vnb nachkommenben zů beſagene, zů gezugniſſe habint gehenkint an dieſen brieff. Des wir vns die fürgenanten Erkennen vnber vnſern Jngeſiegeln. Ouch erkennen wir vns greff Burchkart von Hoenberg Here zů wilperg egenant für vns Rudolff vnſers brubers ſon vnb vnſer beyder Erben vnb nachkomenben, wer es, baz die fürgenanten gezuge ir eyner ober ſie alle ir Jngeſiegel nicht henken wolteħ an dieſen brieff, ober bas dieſer ſelbe brieff ſus verwarloſet ober gecrenkit worbe, wie bas were, ſo ſol boch dieſer egeſchriebene kauff gantz vollenkomenlichen craft vnb macht haben an alle geuerbe als were dieſer brieff gentzelichen verſiegilt. Dieſer brieff iſt geſchrieben zů Heidelberg nach Chriſti geburthe als man ſchribet brußeßen hunbert Jare vnb Sechzig Jare off ben nehſten Montag nach dem ſontag als man ſinget in ber vaſten in der heiligen kirchen .. Judica.

V. b. Orig. im St.⸗Archiv zu Stuttgart. — Mit fünf gut erhaltenen Siegeln. Das des R. von Verſtingen iſt bas der Ritter von Weitingen; das Giltlingiſche iſt dem ber Merħelte von Wurmlingen ſeħr äħnlich.

<hr>

550.

23. **März 1360.** Heidelberg. Pfalzgraf Ruprecht der ältere räumt ben Grafen Burkarb unb Rudolf von Hoħenberg unb beren Erben das Wieberloſungsrecht von Wildberg, Burg unb Stadt, nebſt Zugehör ein.

Wir Rŭprecht ber Elter von gottes gnäben pfaltzgräff an bem Rine des ħailigen Reimſchen Riches obirſter bruchſäſſe vnb herzog in beyern bekennen offentlichen mit biſem brieffe für vns alle vnſer erben vnb nächkommen Als wir vmbe ben Ebeln Graffen burgħarb von ħoħemberg heren zů wilperg vnb Rŭbolffen ſines bruber ſün vnb ir erben recht vnb rebbelichen gelöfft haben wiltperg burg vnb Statt mit allem bem bas bar zů gehörett vmbe fünff tuſenb gulbin von florentie gütter gebir vnb wolge=wegner als bas in ben brieffen bie wier bar über von in haben vollkomnent=

lichen begriffen vnd geschriben ist des haben wir den vorgenanten Gräffen burghart
von hohemberg heren zů wiltperg Růdolff sines brůder sun vnd iren erben für
vns alle vnser erben vnd nächkommen die besundern gnade getän wenne vnd wel=
cher zitt sie koment mit fünff tusend gulbin von florentin gütter gäber vnd wol
geweger die ir aygen sint vnd mit als vil geltes als wir danne kuntlichen vnd
schinberlichen da verbuwet hettin vnd in selber die vorgenanten vesten wilperg burg
vnd Statt zů behalten vnd niemand anders damit zu meynen so süllen vnd wellen
wir die vorgenanten fünff tusend gulbin vnd als vil geltes als wir kuntlichen da
verbuwet hetten von in niemen vnd in die vorgeschriben vesten vnd gůt wiltperg
burg vnd statt vnd was dar zů gehört dar vmbe wider zů köffte geben glicher
wise vnd in aller mäse als wir ins vmbe sie geköfft haben vnd als die brieffe
sagent die wir von in dar über habent äne allerleye wider rede hindernusse vnd
irrunge vnd än alles geuerde. Des zů vrkunde vnd stetter vestikeit haben wir für
vns vnser erben vnd nächkommen disen brieff besigelt mit vnserm anhangenden
Jnsigel der geben ist zu heidelberg an dem nehsten Mentag näch dem Süntag als
man Singet Judica in der vasten als man zalt nach Cristus gebürtte drüzehen
hundert Jär vnd dar näch in dem Sechzigesten Järe.

 B. einer gleichzeitigen Abschrift im St.-Archiv zu Stuttgart.

551.

27. März 1360. o. O. Graf Burkard von Hohenberg, Herr zu
Wilbberg, bezeugt zugleich als Vormund seines Neffen Rudolf,
dem Pfalzgrafen Ruprecht, Herzogen in Baiern 2c., daß gewisse
Aecker und Wiesen (beziehungsweise deren Ertrag) von Alter her
zu der Stadt und Burg Wildberg gehören.

 Wir Graue Burkard von hohemberg herr zů Wilperg erkennen
offenlich an disem brief für vns, Růdolf vnsers brůder sun, bez fürmunt
vnd pfleger wir sin vnd für vnser beder erben vnd nachtomen vmb die wisen
vnd ägger, die ietzunt in buwe ligent vnd bi vnsern vnd vnsers vater ziten gelů=
hen vnd gen Wilperg in gefüret sint die nütz vnd frudt die dar ab gant daz
die allesamt hörent vnd vallen süllen gen Wilperg der stat vnd burg mit
allen rehten vnd gewonhaiten als wir si von vnser vnd vnser vater ziten haben
her braht än alle geverde. Vnd bez zu ainem offenn vrkunde so geben wir disen
brief vnserm genädigen dem hochgebornen fürsten vnd herren hern Rupreht dem
Eltern Pfalzgrauen bi Rin bez hailigen Römschen Richs oberosten
Truhsäß vnd herzog in Baiern besigelt mit vnserm aigenn Jnsigel. Geben
in dem Jar do man zalt von Gotez geburt drüzehen hundert Jar vnd sehzig
Jar an dem nähsten fritag vor dem palme abent.

 B. d. Orig. im St.-Archiv zu Stuttgart. — Mit dem kleinen (undeutlichen) Siegel
des Grafen B.

552.

27. März 1360. o. O. Ziemlich gleichlautende Urkunde des Grafen Burkard über denselben Gegenstand.

Wir Graue Burkart von Hohemberg herr zů Wilperg bekennen vnd veriehen offenlich an bisem brief für vns, Růdolf vnsers brüder son, für vnser beder erben vnd nachkomen vmb bie wisen vnd aegger bie wir vnd vnser vater von alter her von Wilperg der stat gelühen vnd ingefürt haben baz wir bie och vnserm genädigen herren dem hochgebornen fürsten hern Rupreht pfalz-grauen by Ryn bez hailigen Römschen Ryches oberosten Truhsaß vnd herzog in bayern sinen erben vnd nachkomen süllen lassen volgen zů ber vorgenanten Stat vnd burg wilperg mit allen rehten vnd zůgehörden in aller ber wise vnd mäß als sin briefe sagent bie er von vns hat vmb bie vorgenante burg vnd Stat wilperg an alle gevärbe. Vnd baz bif bem vorgen. vnserm. genädigen herren sinen erben vnd nachkomen stät war vnd vnlogenbar belibe bar vmb so haben wir im bisen brief geben besigelt mit vnserm aigen Jnsigel. Geben bo man zalt von Gotes geburt brüzehen hundert jar vnd sehzig Jar an dem nähsten fritag vor dem hailigen Palm tag.

B. b. Orig. im St.-Archiv zu Stuttgart. — Mit bem gut erhaltenen kleinen Siegel bes Grafen B.

553.

23. Juni 1360. o. O. Vergleich Werners und Reinharbs von Neu-hausen in Betreff der Lehen, bie sie von der Herrschaft Hohen-berg trugen.

Jch Werner von Neuhaussen ein ebelkneht vergihe offenlich mit bie-m brif vnd tun kunt allen ben bie in ansehen, lesen ober hören lesen, baf ich mit herrn Reinharten von Neuhausen minen bruber höflich, früntlich vnb gütlich öber ein komen vnd bericht bin vmb bie Lehen Die wir von ber herrschaft Hohenberg zu lehen haben, Vnd vmb andere güt bie wir zu hen haben, baraus vnf weber zinf noch gelt gat, sie ligen zu Neuhausen ber anberswa, baf biselben lehen je ber elteft vnber vns zweien gebrübern ober über vnfern erben ob wir enweren lihen soll, wanne fi lebig werben, on bes an-ren vnb seiner erben irrung vnb hinbernuse vnb baf vnsers eintwebers erben t geniesen sullen, ob es sein vater vor gelihen hat, wann baf ef alweg ber eft, ber benn je male vnber vnf ober vnber vnfern erben lebt, lihen soll, vnb l bas alweg vnb ewiglich vnf vnd vnsere erben also wören vnd bleiben. Vnd i bem vorigen herren Reinhart minem Bruber, vnb sinen erben alles baf ba gefchriben stat, von mir vnd von minen erben war Vnd stäte blibe gib ich in

bisen offenen brif versigleten mit minem aignen Jnsigel vnb han ouch barzu gebeten min lieben frünbe herrn Heinrich ben Truksäsen von Höfingen vnb
herrn Wolfen von Stetten Ritter, vnb Wernern von Reiblingen, das si
ire Jnsigel zu minem Jnsigel gehenkt hant an bisen offnen briff ze vrkunb vnb
ze gezügnüs aller der vorgeschribenen Dinge vnb gebinge, wann si biser sach Rebter
vnb Tädtinger gewesen sint. So verjehen ouch wir Heinrich ber Truksäs von
Höfingen, Wolf ber Truchsäs von Stetten vnb Werner von Reiblingen, das wir
burch bette des vorgenanten werners von Neuhausen vnsere aigene Jnsigel zu berselben Werners von Neuhausen Jnsigel gehenkt an bisen brif. ze vrkunb vnb y
gezügnüse aller vorgeschribener Dinge, wann wir ber Reber vnb Tätinger gewesen
sin. Derselbe brif wart geben an St. Johannes Abent ze Sunngichten ba man
zalt von Christi geburt, Drei zehenhunbert Jar vnb barnach in bem Sechzigsten
Jare.

Von einer beglaubigten Abschrift.

<hr>

554.

29. September 1360. Rotenburg. Albrecht von Rüti, Ritter, verkauft
an Graf Rudolf von Hohenberg einen Leibeigenen, Peter ben Fuch
von Bierlingen (O.A. Horb).

Jch Albreht von Rüti Ritter vergihe offenlich vnb tun kunt mit biser
briefe Daz ich verkouft han recht vnb rebelich für mich vnb alle min erben vz
ze kouffenne geben han minem gnabigen Herren .. bem Ebeln Graue Rübo.
von Hohemberg vnb sinen erben peter ben fuhs von Byrningen ber m
vnb miner vorbern reht aigen gewesen ist, vmb (?) bes [1] pfunt Haller gür
vnb genamer ber ich von im gewert bin vnb in minen kuntbern nutz ganzlis
vnb gar kumen vnb bewent sint vnb verzihe mich vnb alle min erben aller reb
vnb ansprache zu bem vorgenanten Peter bem fuhs, baz ich mit im nit ze sche-
fene sol haben weber wenig noch vil, vnb baz ich nach (sic!) min erben bz
vorgenanten minem (sic!) Herrn Graue Rubolf von Hohemberg nach f
erben, vmb in nimer sullen angesprechen in behaine wise weber sust noch so, vz
bez ze vrkunbe baz biz statte vnb war blibe, bar vmb so gib ich ber vorgenar
Albreht von Rütj bisen brief versigelt mit minem aigenne insigeln ber ze Rc
temburg geben ist an sant Mychels tag ba man zalte von Cristes Geburt .
Druzehenhunbert Jar banach in bem sheszigsten Jar...

V. b. Orig. im St.-Archiv zu Stuttgart. — Der Schilb in bem Siegel bes Auf-
stellers ist ber gleiche, wie ber bes Hans von Leinstelten.

[1] Unlesbar.

<hr>

555.

12. Oktober 1360. Rotenburg. Graf Rudolf von Hohenberg urkundet, daß seine Gemahlin Jta von Toggenburg von Burkard Salzfaß Garten- und Hofstatt-Zinse zu Horb gelöst hat.

Wir Graue Rudolf von Hohemberg veriehen baz vnser liebü elichü Hußfrou Jte von Doglenburg mit vnserm gunst vnd gutem willen von Burkart Salzuas gelost hat alle vnser gartenzinse vnd Hofstat zinse ze Horwe, bie im vnser lieber vetter vnd herre sälige graue albreht vom Hohemberg von gotez gnaden wilant Byschoff ze ffrysingen mit allen rehten vnd nutzen vnd aller zugehörbe vnd gewonheit beshut vnd vnbeshut ze ainem rethen pfantlichen pfanbe ane allen abnütz in gesetzet hette, vmb zehen vnd hundert pfunde haller guter vnd genamer. Also setzen wir der vorgenanten frou Jten von Doglenburg, vnsere elichi Husfrowen, die vorgeschribenen vnser gartenzinse vnd hofstatzinse ze Horwe vmb dieselben zehen vnd hundert pfunbe haller mit allen rehten vnd nützen vnd mit aller zugehörbe vnd gewonheit beshut vnd vnbeshut funden vnd vnfunden, baz sie die imer me eweclich haben vnd niessen soll ze aine rehten pfantlichen pfanbe ane allen abnütz, vnz sie von vns ober von vnsern erben von ir ober von ir erben vmb zehen vnd hundert pfunde Haller guter vnd genamer erlediget vnd erlost werbent ze rether zit in bem Jar vierzehen Tage vor sant walpurg Tage ober vierzehen tag ba nach, der losung sollen wir gewalt haben, in welchem Jar vir wollen, etz sie ober kurtz ober ober lang. Wir sullen ir ouch die vorgenannten zinse mit allen rethen vfrithen, vertigen vnd verstan gen aller menglich vnd in allen steten, wo sie sin nothbürftig ist ober wirt nach dem rethen bar an sie volhabende sie ane alle geverbe, Vnb bez ze vrkunde baz biz allez statte vnd war libe, bar vmb geben wir bisen brief mit vnserem vnd mit Eberharb von Lupfen Lantgraue ze stülingen vnd mit herrn albreht von Rutj vnd volgart von owe aigen Jnsigeln besigelt, bie burch vnser bete iru insigel gehencket ant an bisen brief ze gezugnisse aller vorgeschriben Dinge. Wir Eberhart von uppfen, albreht von Rüti, Ritter, vnd volgkart von Owe, die vorgenannten, eriehen, baz wir burch bete bez vorgenannten vnsers herren Graue Rudolf von hohemberg vnserü jnsigel gehencket haben an bisen brief ze gezugnisse der vorgehriben binge, der ze Rotemburg geben ist an bem nähsten mentag vor sant allen tag, ba man zalt von Christez gebürt brüzehenhundert Jar in bem sheegsten Jar.

B. b. Orig. im Spitalarchiv zu Horb. — Das erste Siegel, bas bes Grafen von ohenberg, zeigt ben Hohenberger Schild und hat die Umschrift: S. Rvdolfi comitis d' ohenberg. — Das zweite, bas bes Landgrafen von Stülingen, zeigt einen kleinen Helm it geschlossenem Bisir und flatternder Helmbecke, auf bemselben einen Schwanenhals;

32*

Umſchrift: † S. Eberhardi Lantgraue d' Stulingen. — Das dritte hat drei Sterne im Schilde und die Umſchrift: S. Albrechti de R...i mil. — Das vierte iſt das bekannte von Ow'ſche mit der Umſchrift: S. Volgkardi de owe. Alle vier ſind von gleicher Größe.

556.

1360. o. T. u. O. Wezel von Ebhauſen ſtiftet an die St. Nicolai-Capelle bei Nagolb **10 Pfd.** Hellergült von Ebhauſen und Rohrdorf.

Notum sit — quod ego wetzelo de Ebhusen pro salute anime mee et omnium fidelium defunctorum altare in cappella seu filia ecclesie parochialis in opido Nagelt — in honorem Sancti Nicolaj dotani de rebus meis propriis immobilibus in teretorijs (sic!) villarum Ebhusen et Rordorff ad summam reddituum decem librarum hallensium — quos redditus in dicto altarj sponte et libere tradidi — cum consilio et assensu — abbatis in stain patronj predicte ecclesie in Nagelt — et waltheri rectoris predicte ecclesie in Nagelt. —

Von einer vidimirten Abſchrift. Außen ſteht: Copia Confirmationis dotationis altaris sancti Nicolaj extra muros oppidj Nagelt.

557.

25. Mai 1361. Rotenburg. Graf Rudolf von Hohenberg erneuert die Gründung des Chorherrnſtifts zu Ehingen, ſowie die Einverleibung der St. Remigien-Kirche zu E., und bittet den Biſchof von Conſtanz um Beſtätigung der Stiftung und Incorporation.

Reuerendo in Christo patri ac domino nostro — — Hainrico de Gratia Episcopo Constantiensi — — Rûdolfus Comes de Hohemberg Obedientiam voluntariam cum obsequiosa fidelitate semper paratam. Paternitatem vestram scire cupio per presentes, quod pridem Spectabilis dominus pie recordationis Comes Rûdolfus de Hohenberg avus meus predilectus de consensu et voluntate quondam suorum natorum videlicet Comitis — — Alberti episcopi frysingensis ecclesie — — Comitis — — Rûdolfi mei patris peramati, Comitis — — Hugonis et Comitis — — Hainrici, Sibimet, eisque suis natis ac omnibus heredibus, successoribus et posteris ipsorum, In ecclesia sev Cappella sancti Mauricij sociorumque ejus filiali porrochialis (sic!) ecclesie Sancti Remigij in Ehingen site prope Rotemburg vestre dyocesis elegit et praeordinavit perpetuam sepulturam, In qua eciam ecclesia sev Capella Sancti Mauricij ob reuerentiam dicte sepulture vnam Collegium prepositure et canonicorum secularium cum praebendis sacerdo-

talibus de novo fundavit, et ipsum Collegium sic fundatum cum dicta ecclesia parochialj Sancti Remigij in Ehingen et Jure patronatus ipsius quod
pro tunc ad ipsum pertinuit cum quibusdam torcularibus, piscinis ac aliis
bonis et possessionibus, redditibus, vsufrutibus (sic!) et pertinentiis ac Jvribus omnium et singulorum praedictorum dotavit sicut Instrumenta et littere
preposito et canonicis predictj Collegij a prefatis meis progenitoribus et
antecessoribus super predicta fundatione et dotatione data protestantur. Et
cum ex nunc Comitatus et totum dominium in Hohemberg, in cuius
territorio et districtu predicta parrochialis ecclesia sancti Remigij, torcularia, piscine, et alia bona prescripta cum prenotato Collegio consistant,
Jure hereditario ad me sit legitime deuolutum. Idcirco predictas fundationem et dotationem Collegij sepedictj, cum suis Juribus et appendiciis per
prefatos meos progenitores et antecessores tam pie ut premittitur factas,
Juxta tenorem earundem Instrumentorum et literarum pretactarum ratas
et gratas habere volo et promitto presentivm per tenorem. Quare paternitati vestre supplico presentibus hvmiliter et deuote quatenus intuitu
dei meique servitij ob respectum supradictas Collegij fundationem et dotationem cum suis Jvribus, pertinentiis et appendiciis pio fauore velitis auc-
oritate vestra ordinaria confirmare, Ipsamque ecclesiam parrochialem sancti
Remigij in Ehingen prescriptam mense predictorum Canonicorum vniendo,
adhibitis ad hoc sollempnitatibus debitis et conswetis — — In quorum
omnium et singulorum evidenciam pleniorem sigillum meum proprium duxi
presentibus appendendum. Datum in Rotemburg. In die beatj vrbanj
ape et martiris anno dominj millesimo ccc⁰. lx primo. Ind. xiiij *.

B. v. Orig. im St.-Archiv zu Stuttgart. — Mit dem gut erhaltenen Siegel des
Grafen von grüner Maffe auf gewöhnlicher grauer Unterlage.

558.

. Juli 1361. Karlstein. K. Karl IV. gebietet dem Grafen Rudolf
vn Hohenberg, den Markt, welchen dieser in seinem Städtlein Schömberg errichtet, ohne Verzug wieder abzustellen.

Wir Karl von gotsgnaden Römischer Keyser je allen zeiten merer
j Reichs vnd künig zu Beheim Embieten dem Eblen Rudolfen Grafen
n Hohenberg vnserm vnd bej Reichs lieben getruwen vnser gnab vnd alles
t Lieber getruwer zu wizzen ift vns worden wie du zu Schönberg in bei-
m Stettelin einen Markt erhebt vnd gemachet habft an vnfer vnd bej Reichs
b der dem Reich vnd ben beigelegenen Steten fchab fei borümb empfelhen wir
nen trüwen vnd gebieten ernftlich vnd veftiglich bei vnfern vnd bes Riches
ben, baj bu zehant vnuerzogenlich benfelben Markt abnemeft vnd fürbaj me

dofelbes zu Schönberg deheimen Markt macheft noch habeft vns dem Reiche vnd
dez Riches Stetten ze schaden oder deheinerlei hindernuzze als lieb als dir vnser
vnd dez Richs hulde fei zu behalden. Geben ze Karlstein des nechsten Donerstags
nach fant Peters vnd fant Pauls tag der heiligen zwelfboten vnfrer Riche in dem
fünfzehenden vnd des Keysertums in dem Sybenden Jare ..

B. d. Orig. in dem St.=Archiv zu Stuttgart. — Ohne Siegel.

559.

29. Oftober 1361. o. O. Gräfin Margarethe von Naffau (Hohenberg) stiftet **700** Pfd. Heller zu verschiedenen frommen und wohl-
thätigen Zwecken. Ihr Sohn Graf Rudolf und ihre Tochter
Agnes, verwittwete Herzogin von Teck, geloben, das Vermächtniß
ihrer Mutter nach deren Tode getreulich zu vollziehen.

Wir Graue Rudolf von Hohenberg vnd mit vnf vnfer fwefter fro
agnef wilont Hertzogin ze Teck vergenhen offenlich mit difem brief vnd tügen kunt allen den die difen brief an sehent oder hörent lefen, Daz wir mit gütem willen vnd gunft vnd mit wol bedahtem müt willeklich vnd gern beftäten vñ
ouch bi güten truwen geloben ftät ze haltend baz fel gerät vnfer erwirbiger
müter frow Margareten von Raffowe wilon grauin Ze Hohemberg
daz fi hat gefetzet vnd georbent dur ir felen hails willen vnd ouch durch vnfer
vnd vnfer beder vorbern vnd nachkomen feil hails willen. Dez felgerätes an
fume ift Sübenhundert pfunt haller güter vnd genämer, die man alfo tailen fc.
als hie nach gefchriben ftat. Als öch vnfer egenant erwirbigü müter nach ir a:
genne begirbe vnd finne gefetzet vnd georbent hat. Zü dem erften fol man geben
Jungfrow Elfen der Roberin vierzig pfunt haller, dem göbel drifig pfunt
haller, den korherren vnd vicarien ze Ehingen äht vnd zwaintzig pfunt haller, bar vmb man ain ftät gelt köfen fol, baz man gelich vnder die Herren be:
gotteshuf tailen fol vnd öch ba von im dem mefner bez felben gottezhus ainen
schilling haller geben fol vf der egenanten frow Margareten von Rafföw Jarzit-
lichen tag, vnd fehtzehen pfund dem felben gottezhus ze Ehingen vm ain pfunt
geltz, baz man gebe järlich vmb wahs zü dem felben Jarzit, vnd drifig pfund
haller an den buwe ze Ehingen vnd vierzig pfund vmb ain ftät gelt, baz man
köfen fol fchülern, die off dem kor ze Ehingen fingen vnd lefen, baz man vnder
fi tailen fol. Den brübern zü dem Clofter zwai vnd brifig pfund vmb ain ftät
gelt zü minen jarzit vnd den felben brübern an den buwe zwaintzig pfund haller
vnd dem fpital fehtzig pfund, der fol man zwaintzig pfund geben an den buwe
vnd zwaintzig an den altar ze pfrünbe, vnd zwaintzig pfund ben fiechen vmb
gelt zü ir noturft. Gen binsborf an die Clofen zwaintzig pfund vmb ain

ſtât gelt zů minem Jarzit. Gen kilperg dem Cloſter vierzig pfunb vmb ain
ſtât gelt zů minem Jarzit. Gen widken dem Cloſter briſig pfunb vmb ain
ſtât gelt zů minem Jarzit. Gen Margaretenhuſen zwainzig pfunb vm ain
ſtât gelt zů minem jarzit. vnb Hainrichen (sic!) ſunberlichen fünfzenhen pfunt.
Gen altenburg miner ſweſter zwainzig pfunb vnb ſunberlich bemſelben
Cloſter ſehzenhen pfunb vmb ain ſtât gelt vf min Jarzit, Daz man geben ſol
bem Cloſter vmb aiger, ben ſiechen lüten an baz velt ſehzenhen pfunt haller
vmb ain ſtât zů minem Jarzit Ɓf die alten ſtat vnſer frowen aht pfunt
Haller vm ain järlich wahſgelt. An ben Margt (sic!) ben prieſtern ſehzehen
pfunt haller vmb ain ſtât gelt zů minem Jarzit. Brôber ôlrichen von fering-
gen irem bihter zwainzig pfunb, Pfaff bietrichen zů biſem zit probſt zwainzig pfunt, vnb Hänin zwainzig pfunt haller. Diz vorgeſchriben ſelgerât geloben
wir bi gůten truwen vngeuarlich zu fürbern vnb vſſe zerihten, alz ez geſehet vnb
georbent iſt von vnſer erwirbigen můter ober noch würbe. Ɓnb bez zu merer
ſicherhait, ſo verzihen wir vnſ bez geltez ze Nürenberg, baz von ber egenanten vnſer můter komen iſt, Dez ba iſt fünf ſchilling minr Dänn brü vnb fünfzig
pfunt häller geltez, fünfü vnb brißig ſümerü rokken geltez, brü ſümerü habern
geltez, allez jarlichs vnb ewigez geltez vnb geloben ez ze laßen ze volgen an bem
vorgeſchribenen ſelgerât, alle bie wil ez vnvollebraht iſt. Wir geloben ouch laſſen
ze volgen ben kirſen zenhenden vnb bie lantgarbe ber kirſen (sic!) vmb bie ſtat
ze Rotenburg vnb bie ôbrigen zinſ von ber ſtat ze Rotemburg nach bem baz
ben korherren wirt. Ɓnb bie zinſ von Sant Martins berg vnb von ſwal-
borf zwai pfunt vnb von kalcwil fünfthalben ſchilling vnb ain pfunt häller.
Diz vnb allez baz vorgeſchriben iſt, baz geloben wir bi guten trüwen ze fürbern
vnb laſſen ze volgen vngeuarlich als lang bis allez baz ab genoſſen wirt, baz
vnſer egenantü erwirbigü můter geſehet vn georbert hat, vnb geloben ôch âne ainſ
ſehzig pfunt vnb hunbert pfunt, bie noch vſſ ſtänt vnb vnverſchaffet ſint an ber
vorgeſchriben ſumme ze geben vnb laſſen ze volgen an all bie ſtett, ba vnſer ſweſter wilont Herhôgin ze Tekk vnb brüber ôlrich ir bihter (sic!) vnb ber brobſt
von Ehingen, ob vnſer egenantü můter nit enwâr, verſchaffet vnb ordnet burch
vnſer erber ber erwirbigen můter ſelen hails willen ze geben. Ɓnb baz biz allez
ſtât vnb war belib, bar vmb ſo haben wir graue Růbolf von Hohemberg vnb
mit vnſ frôw agneſ vnſer ſweſter, wilont Herhôgin ze Tekk, ieglichs ſin aigen
inſigel gehenket an biſen brief, ber geben wart in bem Jar bo man zalt von
Criſts geburt brüzehen hunbert Jar. barnach in bem ain vnb ſehzigoſten Jar an
bem nähſten fritag vor aller hailigen tag.

Ɓ. b. Orig., eingeheftet in Tom. XI. verſchieb. Archival-Dokumente im St.-Archiv
zu Stuttgart. — Die Siegel fehlen.

560.

7. Februar 1362. o. O.

Anno 1362 an S. Sebaften abendt Comes Hohenberg [1] hat fich verziehen aller anfprach an das dorff zu Funffbrunnen, ausgenommen was arme
leut bie bamals ba waren ober kommen würben, bie feiner von bem lieb waren.

Crufius, Annal. Sueviae III. S. 231.

[1] Ohne Zweifel Burkarb (VII.), f. zu 24. Aug. 1334. o. O.

561.

7. April 1362. Nürnberg. K. Karl IV. ertheilt bem Grafen Rubolf
von Hohenberg, beffen Erben unb Nachkommen bie Freiheit, baß
beffen (beren) Diener unb Mannen, fowie beren eigene Leute
vor kein frembes Gericht ober Landgericht gezogen werben follen.

Wir Karl von gotes gnaben Römifcher keyfer zu allen zeiten merer
bes Reichs vnb künig zu Beheim, Bekennen vnb tun kunt offenlich mit bifem
brife allen ben bie in fehent ober hörent lefen, Daz wir haben angefehen getruwen
fteten bienft, ben vns vnb bem heiligen Reiche ber Ebel Rubolf Graf von
Hohemberg vnfer lieber getruwer offt nützlich vnb mit fteten truwen getan hat
vnb noch tun mag vnb fol in künftigen zeiten. Dorumb haben wir ym unb
feinen Erben vnb nachkomen Grafen zu Hohemberg bie genabe getan vnb tûn
ouch bie mit bifem briefe mit rechter wizzen vnb mit vollkomenheit keiferlicher
mechte, baz man ire biener vnb anber ir man vnb leute vnb ouch ber Diener
vnb manne armeleute, gemeinlich ober befunber für behein gerichte ober Lantgerichte nicht laben fülle. Wer aber baz ir biener man ober armeleute einer ober
ir mer für ein gerichte ober ein Lantgerichte ober für ir mer gelaben würben, fo
fol berfelbe Richter ober Lantrichter wenne vnb als offte ym ber vorgenannt Rubolff ober fein Erben borumbe fchriben ober fchreiben werbent, ben ober bie, ir
fey einer ober mer, bie alfo fürgelaben werben vnb als offt als bes not gefchiht,
für Grafen Rubolffen ober für feine Erben vnb für ire gerichte wiberweifen, alfo
baz ber egenant Graf Rubolff vnb feine erben von bem ober benfelben, bem clager als offt als ez not gefchiht vnuerzögenlichen für yn ober irem Richter rechtes
geftaten vnb helfen füllen in ben nechften vier wochen von bem tage zu zelen, als
fie für fie geweifet werben on alles geuerbe. Vnb borzu fol vnfer vnb bes Reiches Richter ober Lantrichter zwen Erber wolgehalben man fenben, bie borüber
fweren füllen, ber warheit zu bekennen, ob fülchen clagern in bes egenanten Grafen gerichte recht wiberfaren fey. Gefchehe aber baz nicht, alfo baz Graf Rubolf
ober fein erben ben clagern inbwenbig vier Wochen rechtes nicht hülfen noch ge-

statten als vor geschriben stet, So sol vnd mag vnser vnb des Reiches Richter
oder Lantrichter nach den egenanten vier wochen dem clager rechtes gestaten vnd
helfen in denselben sachen, bie benne zu gerichte lauffen nach gerichtes recht vnb
orbenunge vngeuerlich. Wer ouch baz der Richter oder Lantrichter des Reichs,
wer der mere, wider bise genade des egenanten Grafen Rudolffes oder seiner er=
ben, man, biener oder anber ire leute, oder ber biener armleute, ben oder bie,
also fürgelaben würden, nicht wolte für benselben, Grafen von Hohemberg, sein
erben vnb ir gericht widerweisen als bouor begriffen ist, so meynen vnb wollen
wir, baz benne alle sachen, bie fürbasmer bowider geschehen mit gerichte, labun=
gen, vrteilen oder süst in anberweis vntügleich, vnkreftig vnb genzlich absein süllent
vnb benselben bie also fürgelaben vnb fürgetriben werbent, keynen schaden bringen.
Vnb bise vnser gegenwertige genade sol weren zu vnseren lebtagen, vnb alle zeit
bie weil in allen iren kreften genzlich beleiben, Douon gebieten wir allen vnsern
Lantfogten, Richtern, Lantrichtern, Schultheizzen vnb allen ben bie vnsern vnb
bes heiligen Reichs gerichten beuor (sic!) sint, bie nu seint oder bey vnsern Leb=
tagen werbent baz sie wiber bise vnser keiserliche genade nicht tün süllen in be=
heineweis, Bey einer pene hundert Mark golbes, bie ein ieglicher der bowider tüt
oder tete, es sy clager oder Richter, als offt verfallen sein sol, als bowider ge=
schicht in sülcher bescheidenheit, baz bieselbe pene halb vns vnb bem Heiligen Reiche
vnb baz anber Halbteil bem egenannten Grafen Rudolff oder seinen erben geuallen
sol, an alles hinbernuzze. Mit vrkunb bitz briefes versigelt mit vnserm keiserlichen
Insegel, Der geben ist zu Nüremberg, Nach Cristus geburt Dreuzehenhundert
Jar barnach in bem Czwey vnb Sechzigisten Jar des nechsten Dinstages nach
bem Suntag, als man singet Jubica in ber vasten, vnser Reiche in bem Sechze=
henben vnb bes keisertüms in bem Sybenben Jare.

B. b. Orig. im städtischen Archive zu Rotenburg. — Das Siegel ist abgefallen.

562.

10. Juli **1362.** Prag. K. Karl IV. erlaubt bem Grafen Rudolf von
Hohenberg, in bem Städtlein Schömberg einen Wochenmarkt zu errichten.

Wür Carln von Gottes gnaben Römischer Kayser zu allen Zei=
ten mehrer des Reichs vnb König zue Böhem etc. Bekhennen vnb thun
khundt offentlich mit bisem brieff, Allen ben, bie Jhn sehen oder hören lesen bas
wür angesehenn haben bie stettenn getrüwen Dienst, bie vnfs vnb bem Reich der
Ebell Rubolff graffe zu Hohemberg vnser vnb bes Reichs lieber getrüwer
offt nüblich gethan hat vnb fürbafs thun will vnb mag Jn künftigen Zitten vnb
haben Jhm von vnsern sunberlichenn Gnaben, mit Kayserlicher macht vnb mit
rechter wissen bie Gnabe gethan, vnd thun auch mit bisem brieffe, bas Er vnb
seine Erben, Jn Jhrer Statt zu Schönemberg, einen wochen markht wo=

chentlichen begḥen sollen und mögen auff den Montag, und geben demselben
marckt und allen den, die Jḥn suͤchen, Alle solche Recht, freyḥeitt, Gnade und ge=
wonheitt, die anbere Stett haben die babey gelegenn seindt und sie der Ju alt=
weiſs gebrauchen, vnscheblich andern leuͤthen an Jḥerenn Rechten Darumb gebieten
wuͤr allen fürsten, Geistlichen und Weltlichen, Graffen, freyḥen, Ḥerrn, Stetten,
Rittern vnb Knechten vnb allen andern vnsern vnb des Reichs getruͤwen Vnder=
thonen ernstlichen vnb vesteklichen, bey vnsern vnb des reichs ḥulben das sie den
egenantten Graff Rubolff von Ḥoḥemberg vnb seine Erben an den egenanttem
vnsern gnaben nichtt ḥünbern noch Jrren sollen Jn kheiner weiſs, vnb wer da=
wiber freuentlichen thette, der soll Jnn vnser und des Reichs Vngnade schwerlichen
verfallen sein, vnscheblich andern leuthen, an Jḥren Rechtten. Mitt Vrkhunbt biſs
brieffs versigelt mit vnser Kayserlichen Maiestät Jnsigell, der geben Jst zu Prag,
nach Christus geburt breyzeḥenn ḥunbert Jḥar, barnach Jn dem vier vnb sech=
zigisten Jḥar, an der neḥesten Mitwochen, nach sant Kylianstag, vnser Reichs
des Rhömischen Jn dem Neünzeḥenden, Des Böḥemischen Jn dem achtzeḥenden
und des kayserthumbs in dem zeḥenden Jḥar.

563.

16. August 1362. Constanz. Bischof Ḥeinrich von Constanz bestätigt
das Chorḥerrnstift zu Eḥingen.

Hainricus dei gratia Episcopus Constantiensis Vniuersis Christi fidelibus
tam presentibus quam futuris. ad quos littere presentes peruenerint subscriptorum noticiam cum salute in domino sempiterna. — Cum nobiles et
discreti ac spectabiles viri quondam domini Rûdolfus Comes
de Hohemberg. auus nunc domini Rûdolfi. Comitis de Hohemberg
de consensu et voluntate suorum liberorum videlicet quondam
alberthi frisiensis Episcopi. Rûdolfi, Hugonis et Hainrici fratrum de Hohemberg. olim patronus parochialis Ecclesie sancti
Remigij site extra et prope muros oppidi in Rotemburg Constantiensis nostre dyocesis, cuius filia tunc fuit et hodie est Ecclesia siue Capella sancti Mauritij sita ibidem in villa Ehingen prope fluuium
nekarum Jus patronatus eiusdem Ecclesie sancti Remigij cum omnj suo
jure Juribus et pertinentijs vniuersis ac etiam torcularia quedam cum vineis
possessionibus et predijs alijs dudum pro Erectione instauratione et fundatione vnius collegij canonicorum secularium ibidem facienda proprietario
iure libere donauerit ac etiam dicti domini Comites omnes sepulturam suam ibidem eligentes, se aput dictam Ecclesiam siue capellam
sancti Mauritij sepelliri fecerint prout hec et alia ex suarum litterarum te-

noribus et etiam per euidentiam facti plenius adaparent Verum autem cum prefati domini sicut domino placuit antequam huiusmodi pium opus et laudabile propositum siue voluntas eorum in domino sanctificata debitum sortiretur effectum, diem suum clauserint extremum, Et nunc nobilis et spectabilis dominus Rûdolfus comes de Hohemberg heres et successor dictorum dominorum inmediatus vna cum nobilissima domina margaretha genetrice sua nata ex geneolya (sic!) dominorum de Nassow et Religiosissima ac deuotissima angna (sic!) Relicta Illustrissimj viri quondam domini Conradi ducis de Tek sorore legitima eiusdem domini Rûdolfi Comitis, ad honorem et laudem omnipotentis dei, gloriose virginis Marie et totius celestis curie nec non ob salutem animarum suarum predecessorum et successorum suorum omnium huiusmodi laudabile propositum consumare volentes nobis humiliter et deuote supplicarunt vt ante omnia huiusmodi eorum et antecessorum suorum plantationem nouellam nondum admissam confirmatam nec approbatam pure propter deum cum conditionibus modis et ordinationibus nostris infra scriptis auctoritate nostra ordinaria admittere confirmare et conprobare. Ipsisque praeposito et canonicis ibidem instituendis et eorum communj collegio Ecclesiam parrochialem sancti Remigij predictam cuius ius patronatus quondam dominus Rûdolfus Comes de Hohemberg auus nunc domini Rûdolfi predicti et etiam ipse dominus Rûdolfus nunc superstes Comes cum omnj suo Jure Juribus et pertinentiis vniuersis et Rebus alijs ad imitationem suorum progenitorum et antecessorum et eorum vsum prout subscribitur donauerunt Incorporare annectere et vnire, ac omnia alia et singula que ad perfectionem huiusmodi negotii Requiruntur facere perficere et ad effectum debitum auctoritate nostra ordinaria perducere dignaremur. Nos attendentes quod gloriosus deus in sanctis suis celestia pariter et terrena moderatur, quodque domum domini decet sanctitudo cuius in pace factus est locus eius prehabito tractatu et tractatibus quam pluribus super omnibus et singulis supra et infra scriptis cum capitulo nostro Constantiensi capitulariter ad hoc congregato et in Communj. Primo et ante omnia de eorundem Capituli nostri siue canonicorum communj voluntate et assensu Erectionem instaurationem et dotationem huiusmodi collegij gratam et ratam habentes auctoritate nostra ordinaria. In dei nomine gloriose virginis Marie sanctorum Remigij et Mauritij nec non totius celestis curie admittimus confirmamus et approbamus Statuentes et ordinantes ante omnia vna cum capitulo nostro antedicto vt in loco dicto in Ehingen et in Ecclesia siue capella sancti Mauritij predicta sit et esse debeat perpetuo et de cetero in antea Collegium clericorum secularium cum numero duodecim prebendarum et totidem canonicorum quibus omne ius collegyale tribuentes Statuimus et ordinamus quod ipsi omnes vel eorum maior et senior pars iuxta iuris dispositionem ex nunc et etiam de cetero inantea cum se locus ad hoc obtulerit de collegio suo prepositum eligere valeant Quam etiam dignitatem inter eos et in ipsa Ecclesia sancti Mauritij esse volumus qui confirmationem suam postquam electus fuerit a nobis et successoribus nostris seu Ecclesia Constantiensi infra tempus debitum recipiat et qui actu sit sacerdos vel saltim in etate tali constitutus quod infra annum a die sue electionis conputandum ad sacerdotium valeat legitime promoueri. volumus etiam et ordinamus quod prepositus taliter electus Residentiam in dicto loco in Ehingen faciat personalem cui etiam Jurisdictionem super canonicos vicarios siue capellanos et officiatos eiusdem Ecclesie siue Collegij in minoribus tamen causis dumtaxat Judicandi tribuimus temporalem volentes vt idem prepositus qui est vel erit pro tempore nisi causa rationabilis interuenerat matutino misse et vesperis adminus quotienscunque cum nota decantando peraguntur ibidem intersit et in festiuitatibus natalis domini Pasche Pentecostis assumptionis beate Marie virginis et omnium sanctorum adminus missam publicam, vna cum canonicis vicarijs et capellanis concelebrantibus celebrare teneatur Quodque canonicos et vicarios siue capellanos matutino misse et vesperis non interessentes absque causa rationabili pro singulis predictorum divinorum officijs quibus defuerint per subtractionem, duorum denariorum vsualis monete et etiam amplius si ipsi capitulo visum fuerit punire valeat contradictione qualibet non obstante, Eos vero qui alijs horis canonicis vigilijs vel commemorationibus defunctorum non interfuerint pena vnius denarii et etiam amplius si capitulo visum fuerit punire valeat prout supra. Quarum tamen penarum medietas preposito et altera medietas capitulo dicti collegij cedat. Si quis autem canonicorum vicariorum vel capellanorum vltra decem dierum spatium absque causa rationabili se absentauerit illius redditus et prouentus abinde pro medietate preposito et Capitulo cedant et reliqua medietas in vsus ipsius prebende vicarie vel capellanie iuxta ordinationem ipsius prepositi et Capituli conuertantur. volumus etiam et ordinamus quod ad prepositum et capitulum dumtaxat pertineat receptio canonicorum Saluo tamen quod prepositus semper in receptione canonicorum vel etiam alijs actibus capitularibus legitimis, duas habeat voces et quod in eisdem actibus si et quando necesse fuerit sigillis preposithure et etiam capituli communiter et diuisim prout necesse fuerit vtatur. Et vt melius diuina officia in dicta ecclesia peragantur Statuimus etiam et ordinamus quod omnes canonici eiusdem Ecclesie qui pro tempore sue receptionis sacerdotes non sunt infra annum a die receptionis proximum ad sacerdotium legitime promoueantur et ordinentur. sub pena subtractionis prebendarum et penis alijs per prepositum et capitulum imponendis Et quod omnes canonici septimanatim et alternatjm eo excepto qui ad vicariam siue Regimen ipsius Ecclesie parrochialis sancti Remigij et subditorum eius deputabitur in altari maiori missas publicas cum canonicis alijs vicarijs et capellanis concelebrantibus celebrare et alijs diuinis officiis et horis canonicis prout supra et sub penis premissis interesse teneantur. Ita quod sacerdos qui missam publicam celebrauerit eo etiam die per inceptionem matutinarum vesperarum et aliarum horarum vna cum alijs canonicis vicarijs siue capellanis concelebrantibus administret. Saluo tamen quod eo in huiusmodi horarum inceptione vel administratione impedito ex causa rationabili is perficiat cui idem se absentans duxerit iniungendum. Et eundem modum celebrandi septimanatim et alias etiam prout supra volumus in officijs quibuscumque pro defunctis celebrandis vel peragendis obseruari Nolumus tamen quod per huiusmodi nostram ordinationem dignitati decanatus si quam in ipsa Ecclesia creari contingeret quo ad iurisdictionem spiritualem quin prefato preposito subtrahi et eidem decanatuj imposterum ascribi valeat, aliquatenus derogetur, Deinde vero cum spiritualia sine temporalibus diu subsistere non valeant nobisque per legitima documenta claruerit quod dictum collegium siue plantatio nouella adeo paucos et exiles habeat redditus et prouentus quod etiam ex eis prefatj prepositi et canonicorum numerus sustentationem congruam habere non possint Igitur pij patris more succurrere cupientes eisdem et inopiam eorum releuare ob hoc vt diuinus cultus in ipsa Ecclesia siue collegio magis augeatur et etiam alia pietatis opera frequententur. prehabito tractatu et tractatibus quamplurimis prout supra cum .. capitulo nostro constantiensi ad hoc capitulariter congregato. de ipsorum omnium voluntate et assensu quo ad hoc per ipsos et ipsorum quemlibet in communj prestito prefatam ecclesiam parrochialem sancti Remigij cuius filia est Capella siue Ecclesia sancti Mauritij. In dei nomine beate Marie virginis sanctorum Remigij et Mauritij et totius celestis curie et ad petitionem dicti domini comitis Rûdolfi de Hohemberg et suarum genetricis et sororis predictarum eorundem prepositi et capituli in Ehingen communj collegio cum omnj suo Jure Juribus redditibus prouentibus obuentionibus et pertinentijs vniuersis presentibus Incorporamus applicamus annectimus et vnimus. Ita quod cedente vel decente rectore ipsius Ecclesie sancti Remigij vel si ad presens vacat dicti prepositus et capitulum possessionem eiusdem Ecclesie Jurium et pertinentiarum ipsius propria auctoritate ingredi valeant et habere Reseruantes tamen nobis successoribus nostris et Ecclesie nostre Constantiensi redditus quatuor librarum denariorum hallensium vsualis ibidem monete nobis et successoribus nostris seu Ecclesie nostre Constantiensi singulis annis ex nunc inantea in festo beati martinj Episcopi loco Quarte ipsius Ecclesie per ipsos prepositum et Capitulum seu etiam Vicarium ipsius Ecclesie camere nostre Episcopali assignandis nec non et alijs Juribus Episcopalibus et archidyaconalibus nobis Ecclesie nostre Constantiensi et etiam ipsius loci archydyacono de Jure vel etiam de con-

swetudine debitis, Et si dicta Ecclesia sancti Remigij vacat ad presens vel
quam primum et quotienscunque ipsam vacare contigerit quod extunc ipsi
prepositus et Capitulum communiter et in solidum nobis et successoribus
nostris qui erunt pro tempore personam Idoneam quam de ipso collegio ad
hoc duxerint eligendum ad vicarium eiusdem Ecclesie inuestiendum legitime
representent qui nobis et successoribus nostris obedientiam et reuerentiam
debitam et condignam in licitis et honestis faciendam repromittat cui etiam
redditus et prouentus prebende sue integraliter reseruantes promittimus
quod nichilominus idem vicarius qui est vel erit pro tempore vice et nomine ipsius vicarie omnia mortuaria a subditis ipsius Ecclesie vel etiam
aliunde obuenientia et numerum octo solidorum denariorum vsualis monete
non excedentia et alia remedia hactenus a vicarijs percipi consweta percipere
valeat et hijs contentus de alijs fructibus redditibus et prouentibus ac obuentionibus vt vicarius ipsius Ecclesie nullatenus se intromittat Verum etiam
vt dictum collegium maiori firmitate et robore pro nunc et etiam in futurum
persistere valeat Igitur eidem collegio possessiones infra scriptas et alias
quas in presenti pacifice possidet ac etiam omnes et singulas alias quas
eidem collegio siue canonicis eiusdem pro tempore existentibus in futurum
a quibuscunque Christi fidelibus elargiri contigerit auctoritate nostra ordinaria presentibus ascribimus Incorporamus annectimus et vnimus. Inhibentes
omnibus et singulis tam presentibus quam futuris sub interminatione male-
dictionis eterne ne quis ipsos prepositum vel capitulum in bonis eorum
que nunc in presenti possident vel etiam in futurum licite possidere contigerit contra deum vel iustitiam aliquatenus perturbent, Scientes si secus
fecerint se penam in districto examine pro demeritis recepturos et non
immerito condignam nulli etiam omnino hominj liceat contra huiusmodi
nostre ordinationis seriem facere vel eam infrigere aut ei ausu temerarie
quomodolibet obuiare. Sunt autem redditus possessiones et predia que et quas
dicti prepositus collegium siue canonici tenent et possident videlicet Curia
dicta des maigershof sita in villa hart que singulis annis soluit et
reddit preposito et canonicis premissis duodecim maltera siliginis duas aucas.
quatuor pullos septem solidos et sex denarios monete hallensis. Item Curia
dicta Betrams hof sita in banno ville Rangadingen que singulis
annis reddit viginti duo maltera videlicet tritici et siliginis mensure
vsualis in Haygerloch. Item tria torcularia sita et posita iuxta
cimiterium Ecclesie sanctj Mauritij in Ehingen predicte cum
suis Juribus et pertinentijs vniuersis. Item decima laicalis vinearum
sitarum in montibus siue collibus dictis an der nekerhalden et
in Boll. Item redditus dimidij plaustri vinj ipsis de vineis sitis
in collibus siue montibus dictis zangenhalden singulis annis soluendis.
Item pischina sita prope pontem oppidi Rotenburg versus vil-

lam nidernowe. Item possessiones dictas obrieders gůt sitas in villa schadenwiler cum suis Juribus et pertinentijs uniuersis. Item quatuor jugera agrorum sita in loco dicto in den oberngarten. Item redditus octo maltrorum siliginis de certis possesionibus sitis in banno ville haslach mensure ibidem ipsis singulis annis persoluendis. Item redditus sex maltrorum siliginis mensure in tuwingen prouenientes annuatim de decima laicali in kubingen. specialiter preposito dicti collegij pro tempore existenti vltra suam canonicalem prebendam. cum ipse et non inmerito pollere debeat pre ceteris singulis annis persoluendis. ac etiam vnam pischinam cum vinario sito prope oppidum Rotenburg in loco dicto am werd. quas pischinam et vinarium quondam magister peregrinus phisicus dominorum Comitum de hohemberg preposito etiam dicti collegij pro tempore existenti. per ipsum prepositum pro tempore existentem dumtaxat possidendas fruendas et tenendas in perhenne in remedium anime sue legitime donauit, tradidit et legauit ea tamen conditione adiecta. quod idem prepositus pro tempore existens singulis annis in anniuersario die dicti quondam magistri peregrinj vnam refectionem dare teneatur. atque donec sine unum prandium singulis canonicis et capellanis siue vicarijs dicte Ecclesie sancti Mauritij celebrationj dicti anniuersarij dumtaxat interessentibus. Cum autem nos Hainricus Episcopus Constantiensis antedictus de consensu et voluntate capituli nostri Constantiensis ac etiam ad petitionem instantem nobilis et spectabilis domini Růdolfi comitis de Hohemberg fundatoris vt predicitur Collegij suprascripti olim patronj dicte parrochialis Ecclesie sancti Remigij premissa omnia et singula fecerimus. statuerimus et ordinauerimus. Igitur sigillum nostrum Episcopale vna cum sigillis honestorum dominorum siue Capituli nostri Constantiensis sepedicti nec non ipsius domini Růdolfi comitis de Hohemberg fundatoris prescripti presentibus duximus appendendum. Nos vero prepositus totumque Capitulum Ecclesie Constantiensis antedictum fatemur et recognoscimus per presentes omnia et singula premissa de scitu voluntate et consensu nostro multis etiam tractatibus super eo prehabitis facta et perfecta fuisse et esse ac processisse Et idcirco sigillum capituli nostri presentibus est appensum postque omnia et singula nos Rudolfus Comes de Hohemberg fundator et consummator pie voluntatis omnium progenitorum et predecessorum nostrorum fatemur et recognoscimus omnia singula et premissa ad petiticionem instantem nostri et dilectarum in Christo margarethe genitricis et agne relicte quondam domini Conradi ducis de Tekke sororis nostris dilectissinis per prefatos dominos nostros Hainricum Episcopum et Capitulum Ecclesie sue Constantiensis facta. perfecta. aprobata. confirmata. et consummata uisse et esse. Et, Idcirco ad euidentiam et confirmationem pleniorem et

perfectam omnium premissorum sigillum nostrum vna cum sigillis domini
nostri Episcopi et Capituli sui Constantiensis predictorum presentibus duximus appendendum. Datum et actum Constantie. Anno domini millesimo
trecentesimo sexagesimo secundo. feria sexta post festum beati Laurentij
martiris. Indictione XV.

V. d. Orig. im St.-Archiv zu Stuttgart.

564.

24. Auguſt 1362. Herrenberg. Graf Otto von Hohenberg, Herr zu
Nagolb, erklärt gegen den Pfalzgrafen Konrad von Tübingen alle
Wiederloſungsbriefe über Remmingsheim und Wolfenhauſen für
ungültig.

Wir Graue .. Otte von Hohenberg Herre ze Nagelt Vergeben vnd
Vrkunden offenbar an diſem brief für vns vnd vnſer Erben vmb alle die wider
löſſz brief, die wir von vnſerm lieben Vettern pfalzgraue .. Cünrat
bem Schärer vmb Remmingshain, vnd Woluenhuſen, haben, hetten ober
noch finden, die ſagen wir alle mit vrkund biß briefz tot, lebig vnd kraftloß. Vnd
bez ze ainer warhait vnd offemm vrkund haben wir vnſer aigen Jnfigel gehendt
an diſen brief dar vnder wir Es vergeben vngevarlich off vnſern Ayt für vns
vnd vnſer Erben war vnd ſtät ze laſſenn Vnd bez ze ainer zugnuſt haben wir
gebetten .. Anſhelm von Haluingen, baz Er durch vnſer vnſer bett willen
ſin Jnfigel zö dem vnſern an diſen briefz gehendt hät, Geben ze Herrenberg
an Sant Bartholomeus tag Do man zalt von Criſtz geburt, Drüzehenhundert
Jar Sebzig Jar vnd dar nach Jn dem andern Jar.

V. d. Orig. im St.-Archiv zu Stuttgart.

565.

24. Auguſt 1362. o. O. Graf Otto von Hohenberg, Herr zu Nagolb, verkauft um **2000 Pfb.** Heller ſeine Dörfer Remmingsheim und Wolfenhauſen
(O.A. Rotenburg) an den Pfalzgrafen Konrad von Tübingen.

Wir Graue .. Otte von Hohenberg herre ze Nagelt, Vergeben vnd
Vrkunden. offenbar an diſem brief für vns vnd für vnſer Erben, baz wir reht
vnd reblich aines ſtäten Ewigen kouffz verkoufft haben vnd ze kouffen haben geben,
alſ es billich kraft vnd maht haben ſol vnd mag vnſerm lieben Vettern pfalzgraue .. Cünrat von Tüwingen gnant der Schärer vnd allen ſinen Erben
vnſerü Dörffer, Remmingshain, vnd Woluenhuſen mit allen Jren
rehten, Nußen vnd zügehorden, Es ſige an Lüten ober an Güten, an Vogtay
ober an geriht, an Gewalſami, an Zwinge, ober an Ban, an Holz ober an Velde,
an Waſſer, an Waide, beſücht vnd vnbeſücht, funbens vnd vnfunbens, wan vffge-

nomenlichen fünfzig malter kernen Geltz vnd Zehen malter Roggen Geltz vnd Nün phunt haller Geltz, biv gant vff bisen nachgeschriben Güten, fünfü vnd Zwaintzig malter kernen Geltz von der kirchun Vogtreht ze Remmingshain, zehen malter kernen Geltz vnd zehen malter Roggen Geltz von der kirchun Vogtreht ze Woluenhusen, vnd fünfzehen malter kernen Geltz vsser ben Hüben der Egnanten Dörffer, vnd ist baz vorgnant korn Gelt alles herren messe vnd ouch vssgenomenlich Nün phunt haller Geltz, bie ba gant vff ben zinsen vnd Hüben der vorgenant Dörffer, baz Jetzo vnser Base von Veringen Inne hat zö ai= nem lippbinge vnd vns vnd vnseren Erben nach Jr tobe volgen vnd werben sol Eweclich, zem aller Ersten alf vorgeschriben stat, wan wir baz mit namen vssge= nomen haben In bisem kouffe Vns vnd vnsern Erben sol ouch bie Gwaltsami, Vogtay, noch Geriht der vorgenant Dörffer, bie wir verkoufft haben behainen schaben bringen, an ben vorgenanten vssgenomenen Gelten, bie wir nit verkoufft haben, so süllen ouch wir noch vnser Erben fürbasser zö ben vorgenanten Güten behaine Gewaltsami han, wan vnserü Gelt, ze niemenbe, schlehtlich als vorgeschri= ben stat Aun alle gevärbe. Wär ouch baz vns ober vnseren Erben behaine gebrest ober Irrung wurbe an ben vorgenanten fünfü vnd zwaintzig malter kernen Geltz von bem Vogtreht der vorgenanten kirchun ze Remmingshain vnd an ben zehen malter kernen Geltz vnd zehen malter Roggen gelt von bem Vogtreht der vorge= nanten Kirchun Ze Woluenhusen, Es sige von benselben kirchan ober Jran kirch= herren wegen, sus ober so, bez sol alles bem vorgenanten Graue .. Cünrat bem Schärer vnd sinen Erben behainen schaben bringen an bem vorgenanten Kauff, lützel noch vil aun alle gevärbe. Vnb ist birre kauff beschehen vmb Zway Tusent phunb haller güter vnb gnemer der wir von Im völleclich bezalt vnb gewert sigen vnb In vnsern kuntlichen nutz bewendet haben bem obgenanten Graue .. Cünrat bem Schärer vnd allen sinen Erben bie vorgen. Dörffer baibü mit allen Jren rehten vnb zügehörben alf vorgeschriben stat bar vmb ze habenbe ze niessenbe, ze besetzenbe, vnb Entsetzenbe, für lebig vnb fryge Aigen, wan vssgenomenlichen bü vorgenant Gelt, bie ba vor mit Namen vssgebinget vnb vssgenomen sint. Wir Graue .. Otte von Hohenberg der Obgenant geloben och vngevuarlich vff vnsern Apt, für vns vnb vnser Erben bem Egenanten Graue .. Cünrat, bem Schärer vnb sinen Erben, ben vorgenanten Couff vffzerihtenbe, ze verstanbe, ze versprechenbe, vnb ouch ze vertgenbe gegen allermengelichem, vnb an allen Stetten für ain fryge aigen nach bem rehten, wa er anfprechig wär ober wurbe, alf wir bie vorgenan= ten Dörffer Inne vnb her braht haben vntz vff bisen hütigen tag, bar an Er vnb sin Erben habenb sint, alf sitt vnb gewonlich ist aun alle gevarbe. Vnb bar vmb ze merer sicherhait so han wir vnuerschaidenlich öber vns ze Bürgen geben vnb gesetzt bif Erbern hie nach geschriben vnsern lieben Vettern Graue .. Burchard von Hohenberg, herrn .. Gumppolt hern .. Johansen ge= brüber von Giltingen, Ritter .. Anshelm von Haluingen .. fritzen von Wihingen .. Menloch von Tettlingen .. Hans von Althain, vnb ..

Haintzen von Immabingen, also vnd mit sölicher beschaidenhait, wär daz wir
ober vnſer Erben dem vorgenanten Graue .. Cünrat oder ſinen erben den vorgeſchribenen kouff nit vffrichten, Vertgenn vnd verſprechen nach dem rehten, alſ vorgeſchriben ſtat, ob er von Jeman anſprechig wurde, ſo hant ſü allewegent vollen
vnd güten gwalt die vorgenanten Bürgen alle oder aintaile ze manend, vnd wenn
ſü dar vmb Ermant werdent, ze Hüs, ze Hoff oder vnder ougen, mit Botten oder
mit brieuen, ſo ſüllen ſü nach der manung vber aht tag die nehſten ze hant In
varn gen Herrenberg oder gen Tüwingen In der zwaiger ſtett aine weder ſü
wellen vnd da laiſten an offenan Wirten bi vailem kouff vnbedinget vnd vngevarlich als ſitt vnd gewonlich iſt, nümmer von der Gyſelſchaft ze komend noch ze
laſſend, E. dem vorgen. Graue Cunr. oder ſinen Erben die vorgen. Güt, die In
den vorbenempten kouff hörent, vffgeriht vnd gevertgot werdent, gar vnd genzlich
ob ſü anſprächig wurden, oder aber mit Jr gütem willen vber ze werdent. We-
cher ouch vnder den vorgen. Bürgen ſelber nit laiſten wil oder Enmag mit ſin
ſelbes lip, der hat gwalt ainen kneht mit ainem pfärit an ſin ſtat ze legen ze
laiſtend In allem reht alſ vorgeſchriben ſtat. Wär ouch daz der vorgenant Bürgen behainer abgieng, bz Got lang wende, ſo ſüllen wir allewegent oder vnſer
Erben dem vorgenanten Graue .. Cünrat oder ſinen Erben ainen andern an des
ſelben ſtat ſetzen vnd geben In ainem manot dem nehſten, ſo Es an vns gevordert wirt, oder die lebenden Bürgen ſüllen laiſten die man mant, vntz daz beſchiht
In allem reht alſ vor beoffenot iſt an diſem brief aun gevärde. Wär ouch ke-
vzit an diſem brief miſſeſchriben wär oder anders breſthaft würde oder ouch ob
haine Jnſigel daz an diſen brief höret bräch, gebräſt oder miſſehenckt würde, des
ſol alles dem Eegenanten Graue .. Cünrat vnd ſinen Erben an dem vorgen. kor
behainen ſchaden bringen weder lützel noch vil ouch aun alle gevärde. E.
Graue .. Otte von Hohenberg der Obgenaut geloben ouch vngevarlich off vnſer
Ayt für vns vnd vnſer Erben die vorgeſchriben dinge allü war vnd ſtät ze laun
vnd den vorgenanten Burgen allen von der Burgſchaft ze helffenn aun allen Jr
ſchaden aun gevärde. Vnd dez ze Vrkund der warhait vnd ſtäter ſicherhait
hencken wir vnſer aigen Jnſigel an diſen brief. Wir die Eegenanten Bürgen al
vergehen ainer warhait der vorgenanten Bürgſchaft vnd geloben ſi vnſer Jeglicher
vff ſinen Ayt vngevarlich war und ſtät ze laſſen In allen worten vnd gedingen
alſ da vor von vns geſchriben ſtat. Vnd dez ze ainer ſtäten ſicherhait ſo hencke
vnſer Jeglicher ſin aigen Jnſigel an diſen brief, Der geben wart an Sant Bar-
tholmeus tag, Do man zalt von Criſtz geburt Drüzehenhundert Jar ſehtzig Jar
vnd dar nach In dem andern Jar.

Das fünfte, das bekannte Hailfinger, hat 3 von rechts nach links gehende horizontale Spitzen. — Das sechste, unter den Zeugen-Siegeln das größte, zeigt auf dem Schilde zwei sich kreuzende große Schwerter mit rundem dickem Knauf und starken Parirstangen. Umschrift: S. Frid. de Wihingen. — Das siebente, das des von Dettingen hat im Schilde links ein Beil, rechts einen Flügel. — Das achte, des von Altheim, hat im Schilde einen Vogel, einem Raben ähnlich. — Das neunte, des von Immabingen, hat 3 Kacheln im Schilde.

<hr>

566.

24. August 1362. o. O. Abelhaid und Anna, Gräfinnen von Hohenberg und Klosterfrauen zu Reuthin verkaufen mit Zustimmung ihres Bruders Burkard, dessen Gemahlin Anna von Brauneck, sowie ihres Neffen Rudolf an Katharina von Haiterbach, Nonne in dem genannten Kloster, Gülten aus Lehengütern zu Schönbrunn (O.A. Nagold).

Wir fröwelin Abelhait vnd fröwelin Anne geswestern Greuen von hohemberg Closterfrowen in dem Closter ze Rüthy bi wilperg veriehen offenlich an bisem brief für vns vnser erben vnd vnser nachkomen, Daz wir der anbähtigen beschaidenn swester katherinvn von haiterbach genant bez vorgenanten Closters ze Rüty Convent swester haben ze koffenn geben reht vnd redlich alz ez wol kraft vnd maht sol vnd mag han mit aller der gunst Rät vnd willen ber da zů noturftig waz sehs malter habern geltez, die wir haben ze Schönnbronn vsser stainhartz lehen vier malter habern vnd vsser benzlins lehen zwai malter habern järlichez vnd Ewigez geltz än alle geverde vmb zwainzicg pfund güter vnd genämer haller die wir von ir emphangen haben vnd in vnsern güten nutz bewendt haben. Wär aber baz si behain gebrust an bem vorgenannten haber gelt gewännen, so sol ir behaft sin bar vmb baz gelt baz wir haben vsser beben lehen baz ist Stainhartz lehen brî schöffel Roken geltz vnd vsser benzlins lehen sehs viertal roken geltz vntz ir wirt vfgeriht bez si gebrust heti an bem vorgenanten haber gelt an geverbe. Wir verzihen vns och bez selben geltez wie wir vns sin billich vnd von reht verzihen sullen vnd mit namen aller der frihait die wir von vnserm orden von gaistlichem oder weltlichem gerißt bar zů möhten gewinnen oder han. Also baz kainer laige sache bisen stäten köf nommer sol noch mag gesomen noch geirren än alle geverbe. Vnd baz bifer köf ber vorgenanten Swester katherinen iren erben vnd nachkomen vnd wem si biß vorgenante gelt welle machen oder geben ewiclich stäte belibe bar vmb so haben wir erbeten bie erbern frowen Swester yrmengart vnser priolin bez vorgen. Closters baz si ir aigen Insigel biß koffez zů ainer gezůcgnüst hat gehenket an bisen brief wan wir es mit irem gütem vrlob haben getan. Wir graue Burkard von hohemberg vnd frowe Anne vnser elichiv huffrow veriehen offenlich an bisem brief wan daz gelt an vnſ nach vnſrer ſweſteren tot ſolt wider valen, daz wir in daz haben gevrlobet daz ſi daz vorgenant gelt mit vnſerm gůten willen zů ainer ewikait vnd ſtåten köf ewiclich hant verkoffet. Vnd daz war ſi vnd belibe dar vmb ſo haben wir vnſerü aigenn Jnſigel an diſen brief gehenket. Wir graue Rudolf von hohemberg veriehen an diſem briefe daz diſer köſ mit vnſerm gůten willen vnd vrlob iſt geſchehen vnd dez zů ainer gezügnüſt haben wir vnſer aigen Jnſigel an diſen brief gehenket .. Der geben wart in dem Jar do man zalt von Gotez geburt bruzehenhundert Jar vnd zwai vnd ſehzig Jar an dem nåhſten gůtem tag nach ſant bartholomeuſtag dez hailigen zwelfboten.

567.

14. April 1363. o. O. Hans und Benz von Haiterbach, Gebrüder Edelknechte, verkaufen unter dem Siegel ihres Herren, des Grafen Otto von Hohenberg, Herren zu Nagolb, an ihre Schweſter Agnes. Nonne zu Reuthin, eine Hühner- und Hellergült von Jſelshauſer (O.A. Nagolb).

Jch Hans von Hayterbach .. Vnd Jch Benz von Hayterbach gebrüber, edel knept mit Beth genant von Ringelſtain min Elichü Hußfröw Vergehen vnd vrkunden offenbar an diſem Brief für vns vnd für vnſer nachkomen daz wir ain mütclich mit gůter vorbetrahtung, reht vnd reblich verköft haben vnd ze köffend haben geben, als ez billich kraft vnd mäht hat vnd haben ſol .. vnſer lieben Schweſter Agneſen von Hayterbach, Cloſterfrowen ze Rüti Jn dem Cloſter prediger ordens, Nün Hünr ewiges geltes allü Jår ze gebend an dem Herbſt offe ſant Michels tag vngevärlich .. die wir hettan Jn dez Symler wiſun ze yſelzhuſen, bü da gelegen iſt zwüſchant dem Waſzern, daz man nemet an dem vnderwerbe vmb ain ſchilling vnd vierdhalb pfunt gůter und genåmer haller, der wir gar vnd gentzlich von ir gewert ſigen vnd in vnſern kuntlichen nutz komen vnd bewendet ſint .. alſo mit ſölichem gebing .. daz wir vnd vnſer nachkomen .. Jr daz vorgenant Hünrgelt offrihten, vertigen vnd verſprechen ſullen gen allermänglich, wa ez anſprächig würd Jår vnd tag, vnd verzihen vns dez an gaiſtlichem vnd an weltlichem geriht vnd allen ſtetten, da ſi von vns vnd vnſeren nachkomen dar vmb bekümert oder bedrenget möht werden. Da iſt öch mit namen geredt vnd gedinget, daz bü vorgenante vnſer liebü Schweſter .. Agnes von Hayterbach daz vorbeſchriben gelt Nieſſen beſetzen vnd öch entſetzen ſol vor töb vnd nach töb vnd vollen gewalt hän da mit ze lebend wie ſi wil vnd ſullen

wir ober vnſer nachkomen ſi bar an nütz nit irren weder ſuß noch ſo, noch nütz
nit damit ze ſchaffend hän .. Sunderlich vergih ich der egenant Bentz von Hayterbach mit mir öch min elůchů Hußfrö Beth von Ringelſtain, daz wir öch
willeclich vnd gern haben ze köffend geben der vorgenanten vnſern lieben Schweſter .. Agnes von Hayterbach zehen ſchilling ewiges geltes, die wir hettan
in der Gůlberinun Garten, der da gelegen iſt ze yſeltzhuſen vnd ſtößet an
die bůndun.   Dirre köff iſt beſchehen vmb ain pfunt haller vnd fünf ſchilling
haller gůter vnd genämer, der Ich vnd min hußfrö gentzlich von ir gewert ſigen,
Vnd ſol ir diß gelt eweclich vallen vnd werden vff Sant Martins tag än gevärde.
Vnd ſol öch mit dem gelt leben vnd tůn wie ſů wil. bedü vor töb vnd nach töb
in alle wiß als vor iſt vnberſchaiben.   Ich der vorgenant hans von Haiterbach mit mir Benz min brůder vnd ſin elichů Hußfrö Beth von Ringelſtain
geloben bi gůten truwen wär vnd ſtät ze haltend alles daz hie vor von vns geſchriben ſtät.   Vnd daz diß alles wär vnd ſtät belibe, ſo haben wir die vorgenanten Hans vnd Benz von Hayterbach gebrüder vnſrů aigenü Inſigel gehenket an biſen brief.   Dar zů haben wir öch erbetten den Edeln Hochgebornen
vnſern genädigen herren Graue Otten von Hohemberg .. herren ze Nagelt, der durch vnſer bette willen ſin aigen Inſigel zů offner gezugnuſt hat gehenket an biſen brief, Geben bo man zalt von Criſtus geburt Drüzehenhundert
Jar, Sehtzig Jar, dar näh in dem Dritten Jär an ſant Thiburtius vnd vale-
rianus tag .. der hailigen martrer.

B. d. Orig. im St.-Archiv zu Stuttgart. — Mit dem Siegel des Hans von H.
und dem des Grafen Otto von Hohenberg, das klein und rund iſt, mit dem einfachen
Hohenberger Schild, deſſen unterer Theil ſchraffirt iſt. Umſchrift: † S' Ottonis co ... is
d. hohenb'c.

568.

23. **Juni 1363.** **Tübingen.** Graf Otto von Hohenberg verkauft um
25000 Gulden an die Grafen Eberhard und Ulrich von Wirtemberg Burg und Stadt Nagold, Haiterbach, ſeinen Theil an der
Vogtei und Gewaltſame über das Johanniterhaus zu Rohrdorf
und das Kloſter Reuthin, den Kirchenſatz und Fronhof zu Haiterbach, die Dörfer Bondorf (O.A. Herrenberg), Schietingen, Iſels-
hauſen, Böſingen, Schwandorf (Ober- und Unter-) und Beihingen
(ſämmtlich im O.A. Nagold), ſammt den Wäldern „Schorntzhart"
und „Aichalben."

Wir Grafe Otte von Hohenberg veriehen offenlich an biſem Brief vnd
Tůen kunt allen den die in anſehent oder hörend leſen für vns vnd alle vnſer

erben vnd nachkumen, Daz wir mit gutem Rat vnſer fründe vnd biener vnd mit
geſundem libe frilichen vnd vnbeßwungenlichen vnd mit gutem willen vnd von
vnſer rehter not vnd ſchulbe wegen by vns anlag verkouft haben vnd ze kouffen
geben vnd geben in ze kouffen mit biſem brief zu einem ewigen ſteten kouffe reht
vnd reblichen als ein kouff billich kraft vnd maht hat vnd haben ſoll Den Edeln
vnſern lieben Oheimen Grafen Eberhart vnd Grafe Vlrich von
Wirtemberg gebrudern vnd allen iren erben, Nagelt vnſer burgk vnd
Nagelt vnſer Stat vnd Heyterbach vnſer Stat mit lüten vnd mit
guten vnd vnſern teil der vogtien vnd gewaltſamy ober Rordorf
daz hus vnd ober daz Cloſter Rüty, als wir ſy her braht haben vnd den
kyrchenſaß ze Heyterbach vnd ben Fronhof barin ber kyrchenſaß gehört, vnd vnſere Dörffer vnd wiler Bonborf, Schietingen, Ÿolß-
huſen, Böſingen, Sweinborf, vnd Byingen mit lüten vnd mit gutem
lebig vnd lozz vnd vnverkümert vnd vnſer Welde; ben Schornßhart vnd by
Aychalben mit allen Rechten vnd allez baz zu der vorgenanten Burgk vnd den
Steten, Dorffern vnd ben wilern gehört inwendig vnd vzwendig, geſucht vnd vn-
geſucht, aygen vnd lehen, vnd ouch bamit alle lehen, by Wir lihen Edeln lüten
vnd ouch anbern lüten, zinſlüten, man vnd Burgman; Edel lüte vnd aygen lüte,
wa by geſezzen ſint vnd haben in by vorgeſchriben Stette, börffer vnd wiler, geben mit allen gerihten, vnd mit aller gewaltſamj vnd mit allen witraiten vnd
vogtyen, Ampten, vngelten, Stüren vnd zinſen, Mülenan, viſchen-
ßen, Höff vnd Banhöf, Hölzer vnd Holßmark, Ekker vnd wiſen,
Waſſer vnd wayde, by waſen vnd bi zwien, funbens vnd vnfunbens, ob erben
vnd bar vnter, Berge vnd Tal, mit allen nüßen, rechten vnd gewoneiten, wie es
geheizzen ober genant iſt vnd wa ez gelegen iſt, als wir ſy bisher inn gehebt
vnd her braht haben ömb fünf vnd zweinßig Tuſent gulbin guter vnd geber.
Der wir gar vnd genßlich von ben vorgenanten vnſern Oheimen von Wirtenberg
beßalt vnd gewert ſien vnd in vnſern frumen vnd küntlichen nuß vnd an vnſere
ſchulbe kumen ſint, vnd ſullen wir vnd vnſer erben ber vorgenanten vnſer Oheim
von Wirtenberg vnd ire erben recht wer ſien bez vorgeſchriben koufs vf alle vorgeſchriben gut für alle irrunge vnd anſprach, vnſer vnd vnſer erben, vnd haben
wir ber vorgenante Grafe Otte von Hohenberg ben vorgenanten vnſern Oheimen
von wirtenberg vnd iren erben by vorgeſchriben burgk vnd Stat Nagelt, Heyterbach
by Stat, by vorgeſchribn börfer vnd wiler Lüte vnd gut, ben kyrchenſaß vnd by
vogty über by zwey Clöſter, lebig vnd lozz vnd vnverkümert vnd mit allen rehten vnd zugehörden, als wir baz inne vnd her braht haben, als vorgeſchriben iſt,
vfgeben vnd ingeben vnd in bye in geantwurt vnd haben ſy ber geſeßet in nüß-
lich vnd liplich gewer vnd haben vns verßigen vnd verßihen vns mit biſem brief
für vns vnſer erben vnd alle vnſer nachkumen aller ber rechte, vorbrung vnd anſprach, ſo wir ober iemanb von vnſern wegen bar zu hetten gehan ober immer
mer gewinnen mohten an Gaiſtlichem ober an weltlichem gerißt, baz ießunben iſt

ober hernach vf ſtůnbe, Eʒ ſy Lantfrib, friheit ober geſetzet ber herren ober ber
Stette, vnb ſol ouch vns noch vnſer erben kein reht vorbrung noch anſprach nimer
gehelffen noch zu hilfe kumen an ber vorgenanten burgk vnb Stat Nagelt, haiter=
bach ber Stat, Dörffer wiler lůte ober gut weber an Geiſtlichem noch an weltli=
chem gericht weber ſus noch ſo in behein weg, bye ieman erbenken kan, Wanů
wir vns noch vnſern erben baran behein reht haben behabt noch behalten. Eʒ iſt
ouch gerett, Wer ob bie vorgeſchribn Burgk vnb Stat Nagelt vnb ouch by Stat
Hayterbach vnb bye vorgeſchriben Dörffer wiler, lůte vnb gůt als vorgeſchriben
ſtat eins ober mer, ober ſy alle anſprechig wůrben von vns ober von vnſern er=
ben, Daʒ ſůlle wir vnb vnſer (sic!) ben vorgenanten vnſern Oheimen von wirten=
berg vnb iren erben vertigen vnb verſprechen vnb ouch verſtan an allen ſteten vf
allen gerihten geiſtlichem ober weltlichem, wo ſy beʒ notbůrftig wern, wenů wir
beʒ ermant werben, wa wir beʒ nit teten vnb baran Söumig wern, So hant by
vorgenanten vnſer Oheim von wirtenberg gewalt vnb gut reht vns vnb vnſer er=
ben an ʒegriffen an vnſern lůten vnb an vnſern guten, in Eteten vnb in Dörffern
ober vf bem Lanbe, mit gerihte ober an geriht, Gaiſtlichem ober weltlichem, baʒ
ietzunben iſt ober hernach vf ſtat vnb ſol in baʒ keinen ſchaben bringen gen be=
heinem geriht noch Lantfrib, Friheit ober geſetzet ber herren noch ber ſtete noch
ſus gen nieman anbers, baʒ ietzunben iſt ober hernach vfſtůnbe, wer ouch baʒ ber
vorgenanten gůter ains ober mer inbert haft wern mit brieſen ober mit kuntſchaft,
baʒ wir Graf Ott verſatzt heten ober verkůmert ȯber aht Tuſenb gulbin, als by
gut verſetzt waren, by ſölten wir ober vnſer erbn in ober iren erben lebigen vnb
loʒ machen vngeverlich, als wir beʒ ermant wůrben vor bem erſten nutz. Tete
wir beʒ niht, ſo ſölten ſy vnb möhten So vil an ben pfenningen inne haben als
ber haft wer vngeuerlich vnb wir noch vnſer erben enſůllen vmb ſo vil pfennige
nicht zuſprechen noch vnſer bůrgen manen vngeuerlich. Vnb allez das vorgeſchri=
ben ſtat haben wir ber vorgenante Grafe Otte von Hohenberg fůr vns vnb vnſer
erben geſworn ain gelerten ayt zu ben Häyligen mit vfgeboten vingern war unb
ſtet zu halten vnb nimer ba wiber getan noch ſchaffen getan in behein weg an alle
geuerbe. Vnb beʒ allez zu einer waren ewigen getziugnůſt vnb einem ſteten vr=
kůnbe aller vorgeſchriben ſache Geben wir ben vorgenanten vnſern Oheimen Grafe
Eberhart vnb Graf Vlrichen von Wirtenberg vnb allen iren erben biſen brief
verſigelten mit vnſerm aygen Inſiegel baʒ bar an hanget vnb haben gebeten
vnſern Oheim Graf Cȯnrat ben Scherer von Herrenberg vnb by erbern
lůte Hugen von Bernegk, Ritter, Cůnrat Staheler von Rottenburg
vnb Reinharten von Ehingen, baʒ ſy ire Inſigel burch vnſer bet willen zu
einer getziugnůſt aller vorgeſchriben ſache zu vnſerm Inſigel gehengket hant an
biſen brief vnb wir bye vorgenanten Graf Cunrat ber Scherer von Herrenberg, Hug
von Bernegk, Cunrat Staheler von Rotenburg vnb Reinhart von Ehingen veriehen
baʒ wir beʒ vorgeſchriben koufs vnb aller vorgeſchriben ſache getzůge ſien vnb
haben burch bete willen beʒ vorgeſchriben Grafe Otten von Hohenberg vnſere In=

figel zu dem finen gehengket an difen brief zu ainer geʒiügnüst aller vorgefchrib
fache. Der geben ift ʒe Tůwingen an fant Johans Obent, ʒe Einwenden Nach
vnfers Herren kriftus gebůrt Driʒʒehenhunbert iare vnb barnach in bem brü
vnb Sechʒigiftem Jare. —

B. b. Orig. im St.-Archiv zu Stuttgart. — Die Siegel find alle abgefallen.

569.

14. Juli 1363. Heidelberg. Graf Burkarb von Hohenberg, Herr
zu Wildberg, unb feine Gemahlin Anna von Brauneck verkaufen,
zugleich für ihren Neffen Rubolf, um 8000 Gulden an ben Pfalzgrafen Ruprecht bei Rhein, Herzogen von Baiern, bie Hälfte von
Wildberg, Burg unb Stabt, von bem Klofter Reuthin unb beffer
Vogtei, bem Walbe „Burey" unb bem Dorf Gültlingen.

Wir Burghart greff .. ʒů Hoenberg, Here ʒů wiltperg vnt
frauw Anna von Brunecke, vnfer eliche Huffrauw erkennen vns offinbar mit bifem geynwortigen briefe für vns, alle vnfer Erben vnb nachkomenben
wanü folche veften, wiltperg, burg vnb ftab mit aller ʒů gehorunge al-
her nach gefchrieben ftet, halber vnfer reht eygen ift, bas wir gefampter
hant mit wol fürbebachten můten vnb finnen mit rate vnfers rates vnb vnfer
frunbe, vnb mit rechter wißen vmb vnfers fchinbern nüʒelichen noʒs willen be
vns ba von kuntlichen komen ift vnb fürbas ʒů komenben ʒiten vns, vnfern E-
ben vnb nachkomenben komen fol vnb mag bem hochgeborn fürften vnb Herr
Hern Ruprechten bem Eltern pfallenʒgrafen bi Rine bes heiligen Romfchen Richs obriften truchfezzen vnb Herʒogin in Beihern finen Erbin vnb nachkomenben ben obgenanten vnfern halben teil ber veften ʒů wiltperg an burg vnb
ftab mit mannen, manfcheften, burgmannen, burgmanfcheften, mit welben, velbeu,
wiltpanben, waßern, weiben, waßerleuffen, mulen, bechen, viefcherien, Eckern, wiefen,
luten, gutern, gulten, ʒinfen, bienften, Eren, Rechten, friheiten, gewonheiten, vnb
mit allen anbern ʒů gehorungen vnfers halben teils gefůcht vnb vngefůcht, wie
man bie genennen mag, mit funberlichen worten nů ober hernach bie ber ʒehinbe
ʒů wiltperg an vnferm halben teil begriffen hat, vnb in ber marke gelegin
fint, Vnb bar ʒů vnfern halben teil bes cloſters Rute vnb ben halben teil ar ber vogtyen bes felben cloſters vnb ben halben teil an bem
walbe ber genant ift Burey vnb alle bie rechte, bie wir haben ʒům halben
teile ʒů Giltlingen in bem borffe vnb in ber marke ba felbiſt vß genomen
folʒ bem borffe vnb bem kirchenfaʒt ba felbiſt vnb bem kirchenfaʒt ʒů wiltperg Recht vnb rebelichen für recht eygen gůt, Erbeclichen (sic!) vnb Eweclichen
verkauft haben vnb verkeuffen yn bie mit bifem geynwortigen briefe vmb acht

dusent gulden von florentiner der wir gantz vnd gar gut von golde vnd swere
gnůg von gewiechte von dem egenanten Hertzogen Ruprecht dem Eltern gewert vnd
bezalt sin vnd in vnseren kuntlichen not genommen vnd emphangen haben, der
selbe Hertzog Ruprecht der Elter sine Erben vnd Nachkomenden sollint vnd
mogint den selben halben teil an den obgenanten gútern für recht eygen gůt, Er=
beclichen vnd Eweclichen ynhaben, nützen, vnd nyßen glich andern iren eygen gů=
tern. Vnd wir greff Burghart vnd anna egenant haben dar off verziegen
vnd verzihen dar vff mit disem geynwortigen briefe vmmer me eweclichen für
vns alle vnser Erben vnd Nachkommenden an alles geuerbe. Vnd haben den ege=
nanten Hertzogen Ruprechten den Eltern sine Erben vnd nachkommenden dar yn
gesatzten vnd setzen sie dar yn mit disem geynwortigen briefe erbeclichen, vnd
eweclichen, vnd sprechen vnde globen vff vnser Eyde das wir vnser Erben vnd
nachkomenden noch nymants anders von vnsern wegen den obgenant Hertzogin Rup=
rechten den Eltern, sine Erben vnd nachkomenden an dem selben kauffe vnd den
obgeschrieben gůtern nymmer me geirren gehindern noch ansprechen ensollen mit
geriechte oder an geriechte geystlichem oder werntclichem (sic!) noch mit dheinen
andern sachen die menschlichs Hertze nů oder her nach erdenken oder gesprechen
mochte: Wir geloben yn ouch off vnser Eyde offgabe in eyner offen straßen vnd
dar zů iar vnd dag werschaft zů důn vor recht eygen gůt nach des landes recht
vnd gewonheit. Wir greff burghart egeschriben versprechen ouch für Rudolff
onsers bruder son des fürmund wir itzunt sin, so schiere der zů sinen
dagen ist komen das er für sich, sine Erben vnd nachkomenden dem egeschriben
Hertzogen Ruprecht dem Eltern sinen Erben vnd nachkommenden sinen offen brieff
sol geben wol versiegelt mit sinem anhangenden Ingesiegel, das er, sine Erben
vnd nachkomenden sie an dem obgeschriben kauffe vnd den gútern nymmer geirren
. gehindern noch ansprechen ensollen in dheine wijs, an alle geuerbe. Ouch ha=
ben wir vnd vnser Erben von sundirlichen gnade laube von dem fürgenanten
Hertzogen Ruprecht dem Eltern vnd von sinen Erben das wir oz dem fürgenanten
valde Burey hauwen mogin zů vnser noytdorft Buwᵉ holz vnd brenne holtz an
alles geuerbe. Des zů ewigen orkunde vnd vester stetekeit aller fürgenanten stúcke
uncte vnd artikeln gebin wir greff Burghart von Hoenberg Here zů wiltperg
nd frauwe anna von Brunecke vnser Eliche Huffrawᵉ fürgeschriben für vns alle
nser Erben vnd Nachkomende dem egeschriben Hertzogen Ruprecht dem Eltern
inen Erbin .. vnd nachkomenden disen brieff versiegelt mit vnser beider anhan=
enden Ingesiegeln. Vnd haben ouch gebebin den Edelen vnsern lieben
heim greff wilhelm von Ebbirstein vnd die vesten lúde Hugo von
Jernecken vnd Vlrich von Giltlingen das sie ir Ingesiegeln zů den vnsern
ns vnsern Erben vnd nachkommenden eweclichen zů besagen aller fürgeschriben
úcke, punte, vnd artikele zů gezúgnisse habint gehenket an disen geynwortigen
rieff. des wir vns die fürgenanten greff wilhelm von Ebbirstein, hůgo von bernecke
nd vlrich von giltlingen erkennen vnder vnsern Ingesigeln die wir burg bede

willen der obgenanten elicher lübe greff Burgharts vnd frauwen Annen sie, ir Erben vnd nachkomenden eweclichen zů besagen, vnd zů gezugnisse aller fürgenanter stücke punte vnd artikele an diesen brieff ouch haben tůn henken. Dieser brieff ist gegeben worden zu Heidelberg an dem nehsten fritage nach sant Margareten bage noch Christus geburthe als man zalte brützehenhundert iare barnach in den brü vnd sechzigistem Jare.

B. d. Orig. im St.-Archiv zu Stuttgart.

570.

21. Dezember 1863. o. O. Graf Burkard von Hohenberg belehnt Berthold den Guller und Bertsch den Trutman von Gernsbach (im badischen Murgthal) mit dem „kriegwaldt." [1]

Wir graue burkart von Hohenberg verjehen offenlich mit disem brief für vns vnd vnser erben vnd tunt kunt Allen die yn ansehent lesen oder hören lesen, daz wir den erbern luten Bertholt genant dem guller, Bertsche genant Trutman vnd iren Erben von Gernsbach geluhen haben ein theil vnßers Waldes den man nemmt den kriegwald den sie vnd fur ir vordern ouch biz her hant genoßen vnd ingehebt mit allen rehten vnd zugehörden vs genomelich Wilpenb dupstal vnd freuel waz vns da der bing wurt da sollent sie nutzschit mit zu schaffen han, sy sollent ouch vns ober vnßern nachkommen Alle Jar jerlichen geben aht tag vor sant martins tag ober aht tag bar nach vngeuerlich eylff Heller gutter zů Zinß, detten sie des nit so sol vns der vorgenante Wald ir thail verfallen sin von yn oder von irn Erben daz sie nüschit da mit zu schaffent sollent han an alle geuerde wider rede, su sollent ouch nießen zu den vorgenanten Welden Weyd, Wasser, stege vnd wege vnd sollent wir sie ouch schirmen war zu sy vns beburffen als ander vnß armen lute vngeuerlich. Vnd dás zu gůter sicherheit so geben wir yn ober yrn erben dissen brieff besigelt mit vnserm eygen Ingesigel, wir haben ouch gebetten den frummen man pfaff Cunrat den Scyloßen zu den Zyten vnßern lippriester zu bulach daz er ouch sin eygen Ingesigel zu eyner gezugnißße aller disser vorgeschriber Ding zu dem vnsern an dissen brieff hant gehenket der gegeben wart da man zalt von cristus geburt brutzehen hundert vnd brü vnd sechzig Jar an sant thomas abent des heyligen ztwolffboten, Ich götze reinhart burger zu gernsbach bekenne daz disser brieff glich seit von end zu end vnd von wort zu wort alß der hebt brieff, vnd des zu vrkund so han ich myn Ingesigel gedruck zu ende birre geschrifft.

B. der Abschrift im St.-Archiv zu Stuttgart; auf Papier, mit aufgedrücktem Siegel.

[1] S. in der hist.-topogr. Zusammenstellung der Grafschaft Hohenberg die Wälder, welche zu der Herrschaft Wildberg gehörten.

571.

4. April 1864. o. O. Graf Burkart von Hohenberg, genannt von Wilbberg, verkauft um **30** Pfd. Heller an Pfalzgraf Konrad von Tübingen verschiedene Leibeigene zu Holzgerlingen, Altdorf (O.A. Böblingen), Kuppingen und Hilbrißhausen (O.A. Herrenberg).

Wir Grauf burchart von Hohenberg den man nempt von wilperg vergenhen offenlich mit bifem brieff Daz wir für vns vnd alle vnfer erben verköft vnb zeköfende geben haben reht vnb reblich in aines rehten köfes wnfe Vnferm lieben vetter Pfaltzgrauf Cünrat dem Eltern von Tüwingen gnant der Schärer vnd bez erben alle die lüte die hie nach gefchriben ftänt an bifen brieff, Dez erften Eberharten ben Schürer, Haintzen finen brüder vnd fin fwefter Abelheit vnd Jrü kint, bentzen ben wirt, Des Nantzen fon, haintzen Albrehts bez Schürers kint, allü fwa bü gefeffen fint, bü Nåntzinen und Jrü kint, Wernher Schochen wip vnd Jrü kint, Ülrich brunwartz wip .. vnb Jrü kint ze holtzgirningen, bez nantzen tohter vnb irü kint, Die Mayferinnen von altborf vnb irü kint ze kuppingen, zypplis wip vnb Jrü kint, Göffen Nagely, Syfriden ben han, Hanß flayfchlis wip vnd Jrü kint, lütfribs fón zwein, die Gygerinun vnb Jrü kint, Dietrichen ben Mefner vnb finen brüder Zutolten, Claufen Eberlis fon vnd finen brüder, Vnb och allü vnfrü reht die wir an bifen hie nach gefchribenen lüten haben, die vir mit herr Gumpolten gemain haben, Dez erften Haintzen ben wolf ze pufen, Vnb haintzen Pfulin, Lutzen bez Eberns tohter, Dez hägners vip vnb Jrü kint, Vnb och alle Die lüte die zü bifen hie vor gefchribenen lüten pörent, Swa bie gefeffen figent, Si figen funben ober werben hie nach funben, Van offgenomenlich bie lüte bie wir vormals verkümbert haben, Vmb bryfig hund güter vnb genemer haller ber wir von ime gar vnb gentzlich gewerert. Vnb az biß alles war vnb vefte belibe So geben wir ber vorgenant Grauf burchart em egenanten vnferm vettern bifen brieff befigelt mit vnferm aigenen Jnfigel. Vnb bez zü ainer zugnuft fo haben wir Pfaltz-Grauf Ülrich von Tüwinen gnant ber Schärer durch bette willen bez egen. Grauf burchart vnfers vetrs vnfer aigen Jnfigel offenlich gehenkt an bifen brieff. In ber felben wife fo in ich Hainrich von Eftetten öch min aigen Jnfigel offenlich gehenckt an fen brieff, Geben an fant Ambrofien tag ains hailigen byfchofs Nach got geirt brützenhenhundert Jar vnb vier vnb Sehtzig Jar.

B. b. Orig. im St.-Archiv zu Stuttgart. — Mit ben bekannten Siegeln von Honberg und Tübingen, unb bem Siegel bes von Ehftetten, welches in 2 Felber quer theilt ift, unb in bem oberen 2 Lilien hat.

572.

23. April 1364. o. O. Graf·Burkard von Hohenberg und seine Gemahlin Anna von Brauneck verkaufen um **40 Pfd.** Heller an Herrn
Künin den Stabelherren von Walbeck ihr Eigenthum zu Walbeck,
an dem Berg und im Thal.

Wir Graue Burkard von Hohenberg vnd wir frö anne von Bruned
beʒ Egenanten Graue Burkards elichü Husfröwe veriehen beibü ainmüteclich vnd mit gütem rät vnd mit kuntschaft biʒ brieves für vns vnd vnser erben
allen ben bie in an senhent lesend ober hörend lesen, baʒ wir verköft haben vnd
ʒe köffend haben gegeben ainſ rehten reblichen köffes alʒ eʒ billich kraft vnd maht
sol vnd mag hän bem vesten Ritter Herrn künin bem Stabelherren von
Walbeck vnd sinen erben waʒ wir haben ʒe Walbeck an bem berg vnd
in bem tal in ben ʒiln als hie nach benempt ist, von erst von ber Tainach
vor bem Bütrocken uff uff (sic!) ben wagrain ob bem tann ben wagrain
vſhin vnber ber hailigen acker vſhin biſ vff bü Gerungſ halbun vnd aber
ben wagrain uhſhin biſ vff ben wannen stoʒ obwenbick Sitʒen huʒ bie halben
ab biſ vff ben ʒiegelbach bü sitʒen huʒ ben ʒiegelbach ab biſ in bie nagelt
bie nagelt ab biſ wiber in bie Tainach gelegen in Effringen ʒenhenben
vnd waʒ wir haben in bem Tal in Giltlinger ʒenhenben vnd bie viſchenʒen an ber uagelt bü ba stöſſet vnbenn an wilperger viſchenʒen vnd
obwenbig Renharʒ viſchenʒen von Walbeck vnb mit namen vnſer tail ber wiſen
bie man nemet beʒ Graue brügel gelegen vnbenn an bem ʒiegelbach waʒ wir
haben in biesem vorgenanten ʒirʒel eʒ sy an vogtain an geriht an ʒwing an ban
an holʒ an velt an ʒinse an gelten an wisen an äckern an huser an höffteten an
tagbiensten mit allen rehten vnb ʒügehörben wie sie genemen sind gesücht vnb vngesücht. bisü vorgenannte gelt vnb güt vnb witraiti haben wir gegeben vmb vir-
ʒig pfunb güter vnb genemer alter haller münʒ bie in vnsern nuʒ kumen sint
vnb von im genʒlich gewert vnb beʒalt sint. Wär öch baʒ bie vorgenanten Güter
von ieman anspreching würben, so geloben wir ber egenant Graue Burrkard von
Hohenberg vff vnsern ait baʒ wir eʒ süllen vertigan gen aller menglichen im vnb
sinen erben nach beʒ lanbeʒ reht an allen stetten vngeuarlich, wenn wirſ von in
ermant werben, vnb beʒ ʒe vrkunb vnb ʒe güter sicherhait all birr vorgeschribener
bing vnb reb baʒ birr vorgeʒant köff stät vnb waur belib an all irrung, so geben
wir ber vorgenannt Graue Burkart von Hohenberg vnb mit vnſ frö anne von
Bruneck vnser elichü husfröv bisen brief mit vinſer beiber aigenn jnsigeln bie bar
an gehenckt sint. Wir haben öch gebetten biſ erbern lüt her hugen von Berneg
Ritter unb Hugen von Berneg ben ebeln kneht baʒ ir teglich sin aigen jnsigel
ʒü ben vnsern an bisen brieue hant gehenckt ʒü aimer geʒugnüſt biſer vorgeschribener
bing an all geuärb. Jch ber vorgenannt Hug von Berneg ain ebel kneht vergih

daʒ ich bi diſem vorgenanten köff geweſen bin vnd mir kunb vnb wiſſenb iſt vnb in getäbinge hän, barvmb ſo han ich min jnſigel an biſen brief gehenkt, ber geben wart bo man zalt von Criſtuſ geburt brüzenhenhunbert jär vnb man waʒ in bem vier vnb ſehtʒigoſten Jar an Sant Gregorien tag beʒ Hailigen Bäpſtes.

B. b. Orig. im St.=Archiv zu Stuttgart. — Mit 3 gut erhaltenen Siegeln. Das Siegel ber Anna von Bronneck zeigt eine weibliche Geſtalt, welche in ber Rechten einen Schild mit 2 Leoparben unb in ber Linken einen mit ber Hohenberger Quertheilung hat. Umſchrift: S. Anne comitisse de Hohenberg.

573.

1. Mai **1364.** Heibelberg. Graf Burkarb von Hohenberg unb ſeine Gemahlin Anna von Brauneck verkaufen um **7000** Pfunb Heller an ben Pfalzgrafen Ruprecht bei Rhein Herzogen in Baiern ihre Stabt Bulach, bie Dörfer Ober= unb Unter=Sulz (ben Kirchenſatz hievon jeboch ausgenommen), Emmingen, Ebhauſen, Effringen, Schönbrunn (ſämmtlich O.A. Nagolb), Haugſtett (O.A. Calw), halb alt Bulach, ben Burgſtabel Walbeck, ihren Antheil an ben Wieſen bes Brüls zu Walbeck unb ber bortigen Vogtei.

Wir Grafe Borchard von hohenberg vnb frauwe Anna genant von Brunecke vnſer Eliche huſffrauwe bekennen offenlichen mit bieſem ge= zenwertigem briefe vor vns vnb alle vnſer beiber Erben vnb nachkomenben Nu vnb hernach ymer me Eweclichen .. Daʒ wir vmb ſchinberen notʒelichen notʒ ber vns vnſern Erben vnb nackomenben bo von komen iſt vnb in zükomftigen ziten omen ſol vnb mag .. Dem hochgeborn fürſten vnb hern hern Ruprecht bem Eltern Phallentʒgrafen by Rine bes heiligen Romſchen Richs ober= ter Trochſeʒe vnb hertʒoge in beyern allen ſinen Erben vnb nachkomenben tit wol bebachtem vnb vorberaben müte Rechtlichen vnb Rebelichen verkauft vnb e kaufe geben haben vnb verkaufen jm auch mit bieſem gegenwertigen brieff Bü= ach vnſer Stab mit allen yren zügehörungen vnb notʒen, wie bie genant ſint, tit mannen, manſcheften, Lehen, Lehenſcheften, burgmannen, urgmanſcheften vnb mit allen yren Eren Rechten friheiten vnb gewonheiten tb biſe nachgeſchriben borffer, mit namen obernſoltʒ vnb nybernſoltʒ, m yngen baʒ borff, Ebehuſen baʒ borff als wir vnb vnſer altforber iʒ Jnne vnb bis her bracht haben, Effringen baʒ borff, vnb vnſern beil er wieſen ba ſelbes, Schonenbrun baʒ borff, huſſteten baʒ borff, halbes ten bulach baʒ borf halbes vnb ben burgſtabel zü walbecke, vnſern til ber wieſen beʒ bruls zu walbecke, vnſern beil ber vogtyen bes rfelins zü walbecke mit welben, wiltpenen, ſelben, waßern, aßernleuſen, weiben, wieſen, mulen, fiſcheryen Eckern mit lüten, iten, gulten, zinſen, bienſten vnb mit allen Eren, notʒen, rechten, friheiten, gewonheiten vnd mit yrrer zügehorunge der vorgenanten Stab vnb dorfer geschücht (sic!) vnb vngesucht, wie man die genennen kan oder mag nuſt vzgenomen, on al geuerde vnd argeliſt, on alleyne ben kirchenſatz zü Soltz ben wir greff Burgharb vorgenant vns vnd vnſern Erben behalten haben als wir die vorgenannten Stab dorffern vnb güt mit allen iren zügehörungen bis vf biesen hutegen tag Jnne vnb bis herbracht haben vnb Jn al der maße vnb wiſe als ba vorgeſchriben Stat vmb Sieben buſent phunt haller als banne zü portzheim ober zü wile bie werunge genge vnb gebe iſt, Der wir von bem egenanten vnſerm gnebigen herrn hertzog Ruprecht bem Eltern gentzlichen vnb gar bezalt vnb gewert ſin, vnb bie Jn vnſern kontlichen notz kommen ſint vnb bie vorgenanten Stab dorfer vnb güte mit allen yren zügehorungen als ſie hie vor benant vnb beſchriben ſint, Sol vnb mag ber egenannte vnſer gnebiger herre hertzog Ruprecht der Elter ſin Erben vnb nachkommenbe nyßen notzen vnb beſetzen gelicher wiſ als anber yr Eygen güt an alle geuerbe vnd argeliſt, vnb bar an enſollen wir grefe burgharb vorgenant frauwe anen vnſer Eliche huſſrauwe noch keyne vnſer Erben ober nachkommenbe nu ober her nach Nümmer me Ewerlichen ben vorgenanten vnſern gnebigen herren herrn hertzog Ruprecht ben Eltern ſin Erben ober nachkommenben an bem vorgeſchriben kauf vnb güten hinbern ober brengen mit keyner hanbe anſprach ober gerichte geiſtlich ober werntlich (sic!) heimelich ober offenbar, an alle geuerbe vnd argeliſt, vnb baz han wir graff .. burgharb vorgenant frauwe anna vnſer Eliche huſfrauwe vor vns alle vnſer Erben vnb nachkommenben gelobt mit güten trumen an Eybes ſtab vnb bar nach liblichen zü ben heiligen geſworen ſtete vnb veſte zü halten vnb zü haben alleꜩ baz hie vorgeſchriben ſtet alle geuerbe vnd argeliſt vzgenommen. Des zü vrkunb zü gezugnüße vnd zü beſtetenuge des vorgeſchriben kaufs So han wir Grefe burgharb vorgenant frauwe anna vnſer Eliche huſfrauwe vor vns alle vnſer Erben vnb Nachkommenben vnſer beiber Eygen Jngeſiegel an bieſem brief gehangen vnb haben auch gebeten herrn Gotefrib herrn zü brunecke, vnſern Swager ber vnſer frauwe anne brüber iſt, Grefe wilhelm von Ebberſtein vnſern lieben Oheim vnb herrn hugen von bernecke Ritter baz ſi yꝛ Eygen Jngeſigel zü vnſern Jngeſiegeln an bieſen brieff han gehangen, vnd wir Gobfrib herre zü brunecke greffe wilhelm von Eberſtein vnb hug von bernecke vorgenante bekennen vns baz wir borch ſonderlicher bete willen Graffe burgharbs von hohenberg frauwe anna ſiner Elicher huſfrauwen zü gezugnyße vnb zü beſtetunge aller vorgeſchriben ſtucke vnſer Eygen Jngeſigel zü yren Jngeſiegeln an bieſen brieff han gehangen. Der geben iſt zü heibelberg als man zalte nach Chriſti geburte Duſent Jare Drü hunbert Jare vnb Jn bem vier vnb Sechßigeſten Jare an Sante walpurg tage.

B. b. Orig. im St.-Archiv zu Stuttgart. — Die anhangenden fünf Siegel ſinb, bis auf das des Gotfried von Bruneck, welches zerbrochen iſt, ganz gut erhalten unb alle ſo ziemlich von gleicher Größe.

574.

. Mai **1364**. Rotenburg. Graf Rudolf von Hohenberg belehnt das
Chorherrnstift zu Ehingen (bez. dessen Träger Engelfrid von Roten=
burg) mit einem halben Hof zu Hailfingen (O.A. Rotenburg), den
vordem Konrad Richter, Schultheiß zu Horb, von ihm zu Lehen
getragen.

Wir Graue .. Rûdolf von Hohemberg veriehen offenlich mit vrkund
briefz .. Daz für vnf komen biserbär lût .. Cûnrat der rihter burger
ſchulthaif ze bifen ziten ze Horwe, agnef fin elichü Huffrowe hanf
voltz bez felben Cûnratz des rihterf brûder vnd hant vnf gebetten, daz wir
inen vf namen ainen Hôf halben der zû dem dorf ze halfingen gelegen ift
zû bifen ziten buwet .. Cûntz der wältzinun tohterman Cûntz der wältzin=
walther der kelner fin etken fun den fi von vnfern vordern vntz her zû
man lehen gehebt hant vnd noch von vnf reht lehen ift .. vnd daz wir
felben halben Hof durch ir bett willen lühen den erbären Herren dem .. probſt
den torherren gemainlich vnfers ſtiftes zû ſant Mauricin ze Ehingen
am Neker in Conſtentz biftum gelegen vnd allen iren nachkommenden .. Dez
wir ir bett erhört vnd haben inen vnd allen iren nachkommenden den felben
Hof ze halvingen gelühen vnd lihen mit vrkund biß briefz mit aller zûge=
mit allen rehten vnd az ez kraft vnd maht von reht haben ſol vnd mag vnd
illich vnferü lehen lihen füllen an alle gefärbe vnd haben dem vorgenanten
torherren vnd nachkomment vm den vorgefagten halben Hof ze Halfingen
ger gegeben in truwef hande .. Haintzen Engelfriden burger vnd rihter
temburg vnd fin erben, der vor vnf gelobt hat den egenannten probſt tor=
vnd nachkommenden den vorgefagten halben hof ze halfingen mit finer zûge=
ze tragende mit getruwen handen lutlich vnd ainvaltklich vnd ân aller ſchlacht
e vnd dazû fo hat er gelobt bi gûten truwen für ſich vnd fin erben waz
vorgenant probſt torherren vnd ir nachkommend bez felben ſtiftef oder ir ge=
botten im oder finen erben iemerme vm dem vorgefagten halben Hof mütent
be mit fürbaz ze tragende oder mit ufzegebende oder mit behainer anderlay
e tünde mit dem felben halben hof daz fol er vnd fin erben mit den henden
vm fin ze tünde ane alle pfenning ze gebende. oder dienſt ze tünde ân allen
vnd widerrede. Ez fol och der vorgenant Haintz Engelfrid, oder fin
von dem vorgefagten halben Hof az lang er oder fin trager fint nütznit
noch da von in nemen denn järlich vf Sant Martins tag ain Herbſt hûn
gefärbe .. vnd bez ze vrkund vnd daz ez allef ſtât vnd war belibe darvm
wir der vorgenant Graue Rûdolf von Hohemberg bifen briefz (sic!) befigelt
ſerm aygen Jnfigel. Jch der vorgenant Haintz Engelfrit vergich och für
vb min erben, daz ich bez egenanten probſt torherren vnd nachkoment bez

stiftes ze Ehingen vm ben vorgesagten halben Hof ze Halfingen getruwer tager
worden bin in aller wyse vnb in allem reht az ba vorgeschriben stat vnb bez ye
vrkund han ich min aigen Insigel gehenkt an bisen brief ber geben ist in ber stat
ze Rotemburg In dem Jar bo man zalt von Cristez gebürt brützehenhundert
Jar sierü vnb sehzig Jar an dem zinstag nach sant walpurg tag.

    B. b. Orig. im St.-Archiv zu Stuttgart. — Mit beiden ziemlich gut erhaltenen
Siegeln. Das bes Grafen ist runb unb hat blos ben Hohenberger Schilb; Engelfrib
von R. hat 2 sich kreuzenbe Beile in seinem Schilbe. — Eine Abschrift bavon im lib. cop.

575.

24. Juni 1364. Rotenburg. Herr Dietrich Probst zu Ehingen unb
    bie Chorherren baselbst urkunben, baß Graf Rubolf von Hohenberg
    unb bessen Mutter zu verschiebenen Zwecken bes Stifts (Baute
    u. bgl.) Gelbmittel angewiesen haben.

Ich her Dietrich Probst ze Ehingen vnb wir bie Chorherren all gemain
lich beß selben Stiftes ze Ehingen an dem Nekker veriehen all usser gemainer
munb offenlich vor all menklich mit vrkund biß briefz, baz vns kunt vnb wissen
ist, baz vnser gnäbiger herre ber ebel Grauf Rübolf von Hohember
vnb bie ebel vnser gnäbigü frow frow Margret von Naffow, bes ob
genanten vnsers gnäbigen herren müter, uf ben tag als bir brief geb
ist, geriht vnb gewert hänt zwölf phunb vnb brü hundert pfunb als güter vo
genemer haller, bie sie mit rehter rechnung bewist hänt, als hie nach geschrib
stat, an beß von vtingen seligen güt, Des ersten hänt si geben zwai v
zwainzig phunb an obern riebern güt vnb fünfzehen phunb vmb zehen schill
gelz zü beß von vtingen seligen jarcit uß ben gelten vnb trissig phünb an be
nüwen Dor ze Ehingen vnb fünf phunt och an dem nuwen Dor ze Ehin
gen vnb brisig phunt zü dem kor zu buwent, Vnb ahzehen phunt von bem ko
ze wihent, vnb aht phund vmb bie orgellan vnb vierzehen phunb an be
bestetgung bef stiftes, vnb viertig phunb vnb hunbert phunb an dem güt
Halfingen, baz vmb bie rihter von Horw koft wart, Vnb von ber von Tel
brisig phunb, bie si noch inn hät. Vnb ist bef von vtingen seligen güt gewese
zehen phunb minne benn sehs hundert phunb, als ber brief set, ben si bar vmb
geben hant in bem jar, bo man zalt: von gottes geburt brützehenhunbert iar, ba
nach in bem brü vnb fünfzigosten jar, Vnb süllent si bef selben güz nit me noch
benn zwai hundert phunb vnb sübenzig phunb vnb aht phunb als güt vnb genemer
haller. Vnb baz vns baz also kunt vnb wissent sig, allef baz vorgesagt stat, so
haben wir zü ainer zugnuß aller vorgesagten bing vnsers kapitels gemain insigel
gehenkt an bisen brief, Der geben ze Rotenburg in bem Jar bo man zalt von

Criſtez geburt drützehenhundert jar darnach in dem vier vnd ſehzigoſten jar an ſant Johans tag ze ſüngihten.

B. d. Orig. im St.-Archiv zu Stuttgart.

576.

5. Juli 1364. Rotenburg. Graf Rudolf von Hohenberg belehnt das Chorherrnſtift zu Ehingen, beziehungsweiſe deſſen Träger Haintz Engelin, Bürger zu Rotenburg, mit einem Drittel des Laienzehn=ten zu Hart (O.A. Haigerloch), den vormals Herman Vlrich von Roſenfeld zu Lehen getragen.

Wir graue Rüdolf von Hohemberg veriehen offenlich mit vrkund diz briefs, daz für vnſ komen ſint diſ erbär lüt, Hermann Vlrich der Vlrichun ſun von Roſenueld, Abelhait ſin ehlichü huſ frow vnd Luckart beniſin ir ſchweſter vnd vnſ baten, daz wir von in ufnamen ain brittail dez layenzehenten ze Harbt, baybü an großen zehende vnd an clainen zehende, deſ da Hanſ fulhaber hat bü zwai tail, den ſi von vnſern vordern vnd von vns ze lehen gehabt hant, vnd daz wir daſ ſelb brittail durch ir bett willen lihen den erberen herren dem Probeſt vnd den Corherren gemainlich vnſers ſtiftes ze Ehingen bi Rotemburg gelegen, vnd allen iren nachkomen, dez haben wir ir bett erhört vnd haben in gelihen vnd lihen mit vrkund diz briefs daſ ſelb brittail deſ ſelben layen zehenten mit aller zügehörbe, rehten vnd nutzen, beſucht vnd vnbeſucht vnd alz ez billich craft vnd maht hat vnd haben ſol one geuärde, vnd haben dem vor= genanten Probeſt vnd den Corherren ze Ehingen vnd iren nachkomen um daſ ſelb brittail dez layenzehenten ze hart ze träger geben Haintzen Engellin vnſern burger ze Rotemburg, der vor vnſ gelobt hat dem egenanten Probeſt, den Corherren ze Ehingen vnd iren nachkomen daſ ſelb brittail dez Zehenten mit aller iner zügehörbe ze tragenne mit gedruwen handen luterlich vnd ainfaltlich vnd on alle geuärde vnd bo zü hat er glopt in guten truwen für ſich vnd ſin erben daz er vorgenant Probeſt, die Corherren ze Ehingen vnd ir nachkomen oder ir gewiſſe boten im oder ſinen erben iemerme vmb daſ ſelb brittail deſ zehenten ze harbt mutant (sic!) ze tunde, mit fürbaß ze tragende, oder mit vßzegebende oder mit ehainer anderlaye ſache ze tunde, daz ſol er vnd ſin erben mit den händen ge= orſam ſin ze tunde one alle phening ze gebene oder bienſt ze tunde on allen fürzog vnd widerrede. Eſ ſol ouch der vorgenant Haintz Engelli vnd ſin erben von dem vorgeſchriben brittail deſ zehnten ze hart alſ lang er oder ſin erben ſin träger ſint vtznit muten noch davon innemen denn järlich vf ſant Martins abent ain herbſt hon one alle widerrede. Vnd dez ze vrkund daz diz alleſ ſtät vnd war belibe, darumb geben wir der vorgenant graue Rüdolf von Hohemberg diſen brief beſigelt

mit vnserm aigen Ingesigel. Ich der vorgenant Haintz Engelli vergih, daz ich d…
egenanten Probstes, der Corherren ze Ehingen vnd ir nachkomen vmb daz vor…
schriben brittail dez Layenzehenten ze hart getrüwer trager in triwes handen wor…
bin in alle wise vnd reht alz do vorgeschriben stot, vnd dez ze vrkund hente…
vnd han gehenket min aygen Ingesigel an disen brief der geben ist in der st…
ze Rotenburg in dem jar do man zalt von Cristes geburt druzehen hundert…
fier vnd sehzig jar, an dem frytag nach sant Vlrichs tag.

B. b. Abschrift in lib. cop. des Stifts Ehingen im St.-Archiv zu Stuttgart.

———

577.

13. Dezember 1364. o. O. Adelheid und Anna, Gräfinnen von Ho…
berg und Klosterfrauen zu Reuthin, verkaufen unter dem Si…
ihrer Brüder, der Grafen Burkard und Otto von Hohen…
um **39** Pfd. Heller an die Nonne Irmengart, die Tettelin…
daselbst, Roggen= und Haber=Gülten aus Gütern zu Schönb…
(O.A. Nagold).

Ich Swester Adelhait vnd Swester Anne Grauin von Hohen…
Clostervrowen ze Rôti predier ordens vergenhen für vns vnd für alle…
erben vnd tün kunt allen ben bie disen brief senhent lesent oder hörent lese…
wir ains rehten vnd ains rebelichen köffes ze köffenne geben haben als e…
vnd maht sol han Swester Irmengart der töttelingerin bie öch ain cl…
vrowe ist in vnsrem Conuent ze Rôti vnd allen ben den sô bis nach ged…
gelt machet vor tobe ober nach tobe zwai malter roggen geltes vnd fünftalp…
habern geltes iärlichen vnd ewiges geltes vmb vierzig phunde ains phunde…
güter vnd genämer Haller münse der wir von ir gewert sien gentzelichen…
vnd in vnser schinbäre nutze komen sint vnd haben sie des vorgenanten ge…
wiset offen vnserô zwai gütelô dô gelegen sint ze schönnebru…
Dorffes banne vnd nv ze mäl buwet Cûnrat gäkeli also mit solichen…
das ber mayer ober wer das güt buwende wäri ber vorgenanten Swester…
garten ober ben sô es hetti vermachet iemer eweclichen allô iar offen sant…
tag sol geben vnd antwurten gen rüti in das closter das vorgeschriben…
wilperger messe ze werende än allen iren schaben än alle gefärbe, wir…
gelopt welches iar das wäre getän das ir kain gebrust geschähe an ben…
schribenne gelte das sô benne solte ze vrsatze haben aberlins gäkelins…
das öch vnser ist vnd vns iärlichen giltet ain malter roggen geltes vnd…
viertal habern also das sô bar ab gewert werde wes sô gebruste hette…
gelt vngevarlichen, wir geloben ir öch by güten truwen bis vorgenant gelt…
tigen vnd ze verstan iar vnd tag nach ber stette reht vnd gewonhait wa es…

chis würde än alle gefärbe vnb ir beholfen fin mit allen vnseren briefen da bie
wir öber baßselbe gůt haben ober fürbas iemer gewinnen vngevarlichen wa sie ir
notbürftig würbe es wäre ze tägen ober ze tädigen, Dis vorgeschribene geltes sol
angenbes (sic!) fin Swester irmengarten hurninges tohter ze Röti ain malter
roggen ewiges geltes vngeuarlichen. Vnb bas bis alles ståte war vnb vnlogenbar
belibe barumb so geben wir ir bisen brief besigelt mit vnser priorin Insigel vnb
mit vnsrem aigenne Insigel zů ainem waren offenne vrkunde aller ber binge bie
hie vor von vns geschriben stant. Wir haben öch erbetten vnsern liben brüber
Grauen burkarten von Hohenberg vnb vnsern lieben brüber Grauen
Otten von Hohenberg bas so ir iegelicher fin aigen Insigel hant gehenket in
bisen brief zů ainer warer gezugenüste aller ber Dinge bie hie vor von vns geschriben stant. Dirre brief wart geben in bem iar bo man zalt von Cristus geburt
brüzehen hundert iar Sehzig iar bar nach in bem vierben iar an sant Lucien tag.

· 578.

15. Dezember 1865. Reuthin. Agnes Gräfin von Hohenberg unb
Priorin bes Kl. Reuthin verträgt sich mit Gertrub, bes Schäffers
sel. eliche Wirthin, in Betreff einer Hellergült aus Wiesen zu
Gültlingen.

Ich Swester agnes Gräuin von Hohenberg priorin zů bisen ziten
vnb ber Convent gemainlichen ze Röti prebier orbens vergenhen vnb tůn kunt
allen ben bie bisen brief Sehhent, lesent ober hörent lesen, bas wir mit vro Ger-
oruten bes schäffers säligen elychen husvrowen vnb allen iren erben lieplichen
vnb gůtelichen verrihtet sien vmb alle bie stösse vnb ansprach, bie wir ie gehetten
ober möhten gehaben han by sinem lieptag vntz vffen bisen hütigen tag, als birre
brief geben ist, also bas wir von bem vorgenanten Cünrat bem schäffer säligen
ullen haben zů ainem ewigen selegerät nvn schillinge vnb bri haller ewiges vnb
ärliches geltes, bie vsser ber wisun gant ze gilteligen ze tutmabe (sic) vnb
v ze mal buwenbe ist Benh ber stieffater vnb sullen barumb sin iarzit iärli-
ren began iemer eweclichen mit vigilien vnb selemessen als sittelichen vnb gewon-
chen ist än alle gefärbe vnb sin iarzit beschriben vnb sehzen an vnser selebůch
ıch vnsers orbens gewonhait. Vnb bas bis alles state war vnb vnlogenbar bebe, barumb so geben wir in bisen brief besigelt mit vnsers Couentes Insigel zů
nem waren offenne vrkunde aller ber binge, bie hie vor von vns geschriben
ınt. Dirre brief wart geben ze Röti in bem Closter in bem iar bo man zalt

34 *

von gottes geburte Druzenhen hunbert iar Sehſzig iar bar nach in dem ſtuſte
iar an dem nähſten güten tag nach ſant Lucien tag.

579.

17. Januar 1366. o. O. Graf Rubolf von Hohenberg belehnt Pf
Rüſſen, den Ammann, Kirchherren zu Bühl, mit dem Gut, d
ſein Bruber, Konrad der Ammann, baſelbſt von ihm zu Leſ
gehabt, und gibt ihm als Träger barüber Konrad von Melching
(K. Pr. O.A. Gammertingen).

Wir gräf Rubolf von Hohemberg veriehen offenlich vnd tün tunt
biſem brief, baz wir gelühen haben reht vnd reblich vnd lihen mit vrkunb
briefz dem erbern man pfaff Rüſſen dem amman kilcherr zů Bühel
bie güt, die chünrat der amman ſälig, ſin brüber, zů bem dorff zů Bü
von vns zu lehen gehept hanb an holtz, an velb, beſücht vnb vnbeſücht, wi
gehaiſſen vnd genempt ſind än geverde, alſo baz er bie ſelben güt von vn
lehen haben ſol in alle wiſe vnd in allem rehte, alz ſy ber vorgenant Co
amman ſälig ſin bruder vnd ſin vorbern von vns vnd vnſern vorb
vntz her ze lehen gehept hanb vnd haben jm vmb bie ſelben güt ze Büh
tragern gegeben Conraten von Melchingen, alſo baz er jm ſy tragen
in getrüen handen vnd ſin getrüer trager weſen ſol än geverd. Wir beh
vns ouch ally vnſry reht, bie wir zů ben vorgenanten lehen zů Bühel hab
man vns davon yhtez tun ſolte, baz vns verſchwigen wär, da ſol vns birr
kain ſchab än ſin weber ſuſt noch ſo. Vnd bez zů vrkünd, baz biz ſtet vnb
belib, bar vmb ſo geben wir biſen brief verſigelt mit vnſerm aigen infigel,
geben iſt an ſant antonyen tag, ba man zalt von Criſty gebürt brützehen
jar in bem ſehſten vnd ſechtzigiſten jar.

580.

17. Januar 1366. o. O. Graf Rubolf von Hohenberg belehnt
von Ehingen, Hanſen bes Ammans ſel. Wittwe, mit dem Gut zu
unb gibt ihr barüber zu einem Träger Burkarb von Ehingen.

Wir gräf Rubolf von Hohemberg veriehen offenlich vnb tün tün
biſem brief, baz wir gelihen haben reht vnb reblich vnb lihen mit vrkün
briefz ber erbery frowen Hailen von Ehingen Hanſen bez ammans ſä
eliche frowen ally bi güt, die Chünrat ber amman ir ſün zů bem b

Bůhel von vns ze lehen gehept håt an holtz, an velb, besůcht vnd vnbesůcht, wie
sy gehaissen vnd genempt sind äne gevärd, also daz sy die selben gůt von vns zů
lehen haben sol in alle wise vnd in allem rehten, alz sy der vorgenant Conrat der
amman ir sůn vnd sine vordern von vns vnd von vnsern vordern vntzher
ze lehen gehept hand, vnd haben ir vmb die selben gůt ze Bůhel ze tra ger geben
Burkarten von Ehingen, also daz er ir sy tragen sol in getrůwen handen vnd
ir getrůwer trager wesen sol än geverd. Wir behalten vns ouch allů vnsrp reht,
die wir zů dem vorgenanten lehen ze Bůhel haben, ob man vns da von ichtz tun
solte, daz vns verschwigen wär, da sol vns byrr brief kain schaden an sin weder
suff noch so. Vnd bez zů vrkund daz difz stat vnd war belibe, dar vmb so geben
wir bisen brief versigelt mit vnserm aigen insigel, der geben ist an sant antonien
tag bo man zalt vor Cristus gebůrt dribtzehen hundert jar in dem sehsten vnd
sechtzigisten jar.

B. einer Abschrift aus dem 15. Jahrh. St.-Archiv zu Stuttgart.

581.

21. Januar 1366. Tübingen. Konrad Burkard Mayers Sohn von
Kiebingen schließt unter dem Siegel seines Herren, des Grafen
Rudolf von Hohenberg, einen Pachtvertrag mit dem Kl. Beben=
hausen über einen Hof zu Kiebingen.

Ich Conrat Bůrkart Mayers sůn von Kůbingen vergihe offentlich mit
vrkunde bis briefs das ich mit gůtem bedahtem rat vnd willan han bestanden,
vmb ben gnebigen gaistlichen herren aptte Wernhern vnd vmb ben prior vnd
ben convent gemainlich des Klosters zů Beibenhusen ben hof geleigen zů Kůbin=
gen mit allen rehten vnd zů gehorden an akkern wisan an waid an holcz an
wasser an zwigen besuchecz oder vnbesuchecz den man do nemmz Beibenhůfz hof
vnd gib jn iarlich da von das trittail aller layen frůht die vf den akkern wahsent
vnd sol jn bie in bie schurren fůren än allen iren schaden vngeuarlich, ich Conrat
sol in och jarlich geben vf ben Ostertag zwai hůndert abger vnd wer das ich ber
wisan, die in ben hof gehorent vmb breche da von sol ich in och bas trittail geben
in ber schůrran, ich Conrat sol och vf ben hof iecz varen vnd hufelich vnd habe=
lich bar vf siczzen vnd ben hof in eren vnd in rehtem bůwe han vnd geschehe bas
ich Conrat von bem hof fůre tobe ober leibent, so sol ber hof mit allen rehten
vnd zů gehorben ben herran von Beibenhufen lebig vnd lofz sin än alle jrrung
vnd wiber rebe bis an ir gnabe vnd sol in bar zů geben ain pfůnt gůter geber
haller zů weiglofin ich Conrat sol och jarlich ben herren, vnd bem convent von
Beibenhufen jren tail gar vnd genczlich antwrtten gen Rotenburg in bie stat
ober gen Tůwîngen ober gen Lůstennow in ben hof halbes ob sů wellan,

vnd ān allen jren schaden, es ist och gedinget das die herran von Beibehūfen
mir sullen jarlichen vor der ernde geben ain schoffel rokken Tūwinger mese ʒū
shnitterbrot, hie bi sint geweisan vnd sint zūgen aller vorgeschriben reden Abreht
der marschalk Buncz der valkenner Abreht der wingartter Būrkart
der mayer min vatter, Eberlin Mayer, Concz der Mayer vnd Concz der
Mayer von Hūsen min vettern vnd zū merrer sicherhait so han ich Conrat vō
mit mir min vorgenanter vatter vettern vnd zūgen ernstlich gebetten min gnedigē
hochgebornen ebeln herren grave Rūdolffen von Hohenberg das er sin aygen
jnsigel hat gehenktz an disen brief. Wir grave Rūdolf von Hohenberg ver-
genhan das wir durch bette des vorgenanten vnsers gebūres Conrat fins vatters siner vettern vnd siner zūgen vnser aygen jnsigel alsus zū zugnūst aller vorgeschriben reden haben wissenklich gehenktz an disen brief geben zū Tūwingen ā
sant Agnesen tag do man zalt von Gottes gebūrt truczzehen hūndert jar vnd darnach in dem sehs vnd sehczzigsten jar.

B. d. Orig. im Landesarchiv zu Karlsruhe. — Kleines, rundes Siegel in braunem
Wachs an Pergamentstreifen, dreieckiger, aufrechter hohenb. Schild, mit Zweigen ringsum
Umschrift: † S. Rvdolfi . comitis . d. Hoheb'g.

582.

25. März 1366. o. O. Graf Rudolf von Hohenberg belehnt Hans-
ben Amman mit dem Gut zu Bühl (O.A. Rotenburg).

Wir grāf Rudolf von Hohemberg veriehen offenlich vnd tūn kunt mit
disem brief, daʒ wir gelūhen haben reht vnd redlich vnd lihen mit vrkund des
briefʒ dem erbern man Hansen dem amman ally bi gūt die chūnrat amma
sālig sin bruder zū dem dorff ʒe būhel von vns zū lehen gehept hand, an holz
an velb besūcht vnd vnbesūcht, wie sy gehaissen vnd genempt sind ān geuerd
also daʒ er die selben gūt von vns ʒe lehen haben sol in alle wise vnd in allē
rehten, alʒ sy der vorgenant Cōnrat der amman sālig sin brūder vnd sin vordern von vns vnd von vnsern vordern vntz her ʒe lehen gehept hand.
Wir behalten vns ouch allū vnsry reht, die wir zū dem vorgenanten lehen ʒe būhel
haben, ob man vns da von ydt tūn solte, daʒ vns verschwigen wāre, daʒ sol vns
dir brief kain schad sin, an weder sust noch so. Vnd beʒ zū vrkund daʒ difʒ stet
vnd war belib, dar vmb so geben wir disen brief, versigelt mit vnserm aigen jnsigel
der geben ist an vnser frown tag in der vasten, do man zalt von Cristy gebūrt
Drivzehen hundert jar in dem sechsten vnd sechtigisten jar.

B. einer Abschrift aus dem 15. Jahrh. St.-Archiv zu Stuttgart.

583.

Juni **1366.** o. O. Graf Rudolf von Hohenberg belehnt Haintzen
Kusterdingen (O.A. Tübingen) mit „Albreht deß dobers lehen" zu
Kirchentellinsfurt.

Wir Graue Rudolff von Hohemberg .. veriehen offenlich vnd tůn kunt
glich mit difem brief die in fehent lefent oder hörent lefen, daz wir dem erbern
en haintzen von Cuftertingen gelühen haben vnd lihen mit vrkund biß
j ain lehen, daz gelegen ift ze kirchen bålliffurt daz man nempt Albreht
dobers lehen, daz von vns lehen ift. ... Deß ain hofraitin ift vnd fünfzehen
art aggers vnd brizehen mannmat wifan, vnd haben im daz vorgenant lehen
en, als wir es billich vnd durch reht lihen fullen vnd als fin vorbern von
rn vorbern ze lehen gehebt hant, als es wol craft vnd maht han fol
haben mag nach dem rehten, wir behalten vns felber allü vnfrü reht, bie wir
u vorgenanten lehen haben bar uff wir gewift werden, bie wir bar zů hetten
felb ervorfchen möhten, daz wir vns der nit vertzigen noch verfchriben haben,
birr bing zů ainem vrkund vnd offner getzugnuft, fo geben wir im bifen
verfigelt mit vnferm aigen infigel. birr brief ift geben in dem Jar do man
on Criftus geburt Drützehenhundert Jar bar nach in dem Sechs vnd Sehtzi=
Jar an dem fritag vor Sant viß tag ze mitten Pranchat (sic!).

. b. Orig. im St.-Archiv zů Stuttgart. — Das Siegel ift abgefallen.

584.

September **1366.** Rotenburg. Bene, bie Krenlin, Bürgerin zu
burg, fchenkt Bruder Rudolf, einem Walbbruder in bem Schön=
, vnb beffen Mitbrüdern einen halben Morgen Weinberg bei R.

ch Bene bü krenlin ain burgerin ze Rotemburg vergihe offenlich
ich vnd min erben mit vrkund biß briefz vnd tůn kunt allen den bie in
nt oder hörent lefen, daz ich mit gefundem vertegem libe, bo ich riten vnd
ißt, mit gůter vorbetrahtung hån geben von ber hant in alle wife vnd wege,
kraft vnd maht hån fol vnd haben mag nach dem rehten minem lieben
Brůdern Rudolf ainem walt brüder in bem Schainbůch vnd finen
übern in bem Schainbuch ainen halben morgen wingarß minder ober
gelegen ift in ber hindern Ônhalbun zwifchant Côntzen bem Bömler
n Gebel, ba nützit vff gât, man ain viertal wingeltes ben armen an
It vnd ain halb viertal wingeltes in baz Clofter vnd ber zenhend, vnb
mich aller reht vnd anfprauch bar an beibü an ganfchlichem vnb an welt=
gerihte vnb ån geriht, ba mit ich ben obgenanten wingarten möht wider=

gewinnen oder bekümmern in dehainen weg. Vnd ze ainem waren vrkud vnd offenen gezügnüst aller biser vorgeschriben ding, so hänt die burger ze Rotenburg ir gemain stett Insigel durch miner bett willen gehenkt an disen brief, der geben wart Do man zalt von Cristus geburt Drüzehenhundert Jar sehzig Jar dar nach in dem sehsben Jar an sant Mathys abend.

V. d. Orig. im Spitalarchiv zu Rotenburg. — Das Siegel ist abgefallen.

585.

9. Februar 1367. „ze der Schere." Graf Wilhelm von Montfort-Bregenz der ältere und dessen gleichnamiger Sohn verkaufen mit Zustimmung der Gräfin Ursula, des letzteren Gemahlin und Tochter Grafen Hugo (†) von Hohenberg, um **11000 Pfd.** Heller an Graf Eberhard von Wirtemberg ihre Pfandrechte an Haigerloch und Ebingen, wie solche durch Ursula von Pfirt, erstmals mit Hugo von Hohenberg und dann mit Wilhelm von M. dem älteren vermählt, von dem Hause Hohenberg erworben worden.

Wir grauff wilhalm von Montfortt, der Elter vnd grauff wilhalm von Montfortt des Egenantten grauff wilhalms Süne vergehen vnnd tün kunt offenlich an diesem brieff Allen dien die In ansehent lesent oder hörent lesen, das wir mit willen, wissent, gutter gunst vnd verhengnüsse der Edele frouwen vrseln, des Egenantten grauff wilhalmß des Jüngern Elichen wirttin Grauff Hugen von Hohembergs säligen tochttern vnd och mit willen wissent vnd gunst grauff hugen Ires bruders vnser des egenanten Grauff wilhalms von Montforttes süne mit guttem Rautt vnd vorbetrachtung vnnser vnd der egenanten kinder frunde Recht vnd Redlichen verkouft vnd ze koffen geben haben Vnd geben och ze kouffen mit diesem brieff Dem Edeln vnserm lieben oheim, Grauff Eberhart von wirtemberg wir vnd vnser erben Im vnd sinen Erben, die Rechtt hafftung vnd sazung, die die vorgenant frow vrsel, vnd der egenant Grauff Huge Jr brüder von Jr mutter säligen fraw vrseln von pfirtt hetten zu der Nidern burg, ze haygerloch vnd ze der nibern statt ze haygerloch, vnd zu der stat, ze Ebingen, dorffern, wiltern, kirchensäz, lutten vnd gutten, die darzü gehorent Vnd als die vorgenantten gutter die vorgenannt frow vrseln von pfirtt sälig vnd der vorgenant Grauff wilhelm von Montfortt der Eltter Jr Elicher Man vnd grauff Huge min des egenanten grauff wilhelm Sune, die vorgenant gütter Jnne gehebt vnd genossen hant biß vff diesen hüttigen tag mit Recht oder mit gewonhaitt, Es sy von Jr selbs oder von Jrer kinde wegen vngeuerlichen vnd als die selben gutter mit ihrer Zugehörd die vorgenanntten kinde

vfferſtorben vnd angefallen ſind Vnd als es och der vorgenanten frown vrſeln von
pfirtt ſäligen von vnſerm hern grauff albrecht von Hohemberg biſchoff ʒe
fryſingen ſäligen vnd von grauff Rudolffen von Hohemberg Jn pfandeß
wiß Jngeſeʒtt was vmb druw tuſend marck vnd vierdhalbhundert marck guttes
lottiges ſilbers Coſtenʒer gewichtt vnd Zway hundert pfund gutter heller als die
vorgenant frowe vrſel von pfirtt ſälig vnd wir der vorgenant grauff wilhelm von
Montfort Jr elicher Man vnd der egenant grauff Huge, min des egenanten graff
wilhalms ſone die vorgenant veſtin vnd gütter Jnne gehebt vnd genoſſen hat biß
vff dieſen tag von Jr ſelbs vnd von Jrer kinde wegen vngeuerlich vmb aylff
tuſent pfund gutter vnd gäber haller die vns der egenant vnſer oheim grauff
Eberhartt von wirttemberg geben vnd beʒalt hant vnd die Jn vnſer vnd der
Egenantten kind frumen vnd nuʒ kuntlichen gekertt vnd bewendet haben vnd haben
alſo dem vorgenanten grauff Eberharten von wirttemberg vnd ſinen erben die vor=
genanten Nidern Burg ʒe Hayerloch vnd die Nidern ſtatt ʒe Haygerloch, Ebingen
die ſtatt mit dorffern vnd weylern, kirchenſeʒen, lutten vnd gütten, holʒ vnd velde,
vaſſer, waiden vnd mitt allen Rechtten gewonhaitten vnd zu gehörden Zwing vnd
ban vnd aller der gewaltſamin vnd mit allen den Rechten pfantſchafften vnd haff=
ungen als die vorgenanten frow vrſel von pfirtt ſälig vnd wir der egenant grauff
vilhalm von Montfort Jr Elicher man vnd wir grauff Huge min des egenanten
graff wilhalm ſone, die vorgeſchriben veſtin vnd gütter Jnne gehebt und genoſſen
hat biß vff diſen tag von Jres ſelbs oder von Jhrer kinde wegen, vngeuerlich,
ebig vnd Löß vnd vnuerkümertt Jngeben vnd Jngeantwurtt vnd Jngeſeʒt, geben
antwurtten vnd ſeʒen ſy och der Jn mit diſem brieff Jn nuʒlich, liplich gewer
mit allen rechten als es billich vnd och von Recht crafft vnd macht hat vnd haben
ſol fürbaß mer ʒe beſeʒen vnd entſeʒen ʒe haben. vnd ʒe nieſſen mit allen Rechtten
gerichtten fryhaitten vnd gewonhaitten one alle anſprach hindernüſſe, Jrreſell vnd
bekümerniſſe vnſer des Egenanten grauff wilhelmen von Montfortt, des Elttern
vnd graff wilhelm von montfort des Jüngern min des egenanten graff wilhelms
Sune vnd vnſer grauff hugen vnd frowen vrſeln vnſer ſchweſter der egenanten vnd
vnſer erben vnd menglichs von vnſern wegen vngeuerlichen als lang biß es grauff
Rudolff von Hohemberg oder ſin erben vmb den vorgenantten vnſern Oheim
grauff Eberhart von wirttemberg oder ſin erben die egenanten burg vnd ſtatt ʒe
Hayerloch die nidern, vnd Ebingen die ſtatt, dörfer, wyler, kirchenſaʒ, lut vnd gut,
mit aller Zugehörden erledigent vnd erleſent vmb drümtuſend marck vierdhalbhun=
ertt marck guttes lottiges ſilbers Coſtenʒer gewichtt vnd Zwayhundertt pfund
gutter heller. wir grauff wilhalm von montfortt der Eltter haben gelobt geloben
och mit diſem brieff für vns vnd vnſer erben das wir fügen vnd ſchaffen ſullen
das die egenanten frowe vrſel vnſers ſunes Grauff wilhalms Elichen wirtin, Grauff
hugen von Hohemberg ſäligen tochter hie ʒwüſchent vnd vßgender pfingſtwochen der
echſten ſol varen gen Rotwyll, gen Raffenſpurg, gen lindowe, oder gen
hangen vff der Lantgericht ains webers Jr allerfüglichs iſt vnd ſol das dem

vorgenanten gräff Eberhart von wirttemberg vnd ſinen erben vffgeben vnd ſuch
alle bie brieff vnd allü Jrü Recht bie ſie hat Zu ben vorgeſchriben gutten, burg
loch bie nibere burg vnd ſtalt vnb Ebingen bie ſtatt börffer wiler kirchenſatz
vnd gutt mit allen Rechten vnb zügehörben vnb ſol bas tûn als Jr ba er
württ mit vrtail vnd ſol ſich och vff demſelben lantgericht fürbaz verzihen für
vnb für ir Erben aller recht vordrung vnb anſprach bie ſi Jetzo hat oder J
mer bartzu gewinnen möcht vff gaiſtlich oder vff weltlich gericht von der p
ſchafft wegen vnb ſol bas tûn mit vrtail als Jr ba ertailt würt vnb vff m
tag ſi ſich alſo verzihen will, bas ſullen wir ber egenant Graff wilhalm
Montfortt ber Eltter oder vnſer Erben bem vorgenanten grauff Eberhartten
wirttemberg ober ſinen erben vor verkünden viertzehen tag vnb Jm Embietten
wölhem lantgericht ſi es tûn wölle wir grauff wilhalm ber Jung ber egenan
altten grauff wilhalmen ſün von Monttfortt bes Egenanten vergehen offent
biſem brieff, bas wir verſprochen vnb verhaiſſen haben wenne wir zu lande
vnb barnach ermant werben von bem egenanten graff Eberhartten von wi
ober ſinen erben mit botten oder mit brieffen ſo ſollen wir nach ber m
bem nechſten manat Ritten gen Rotwyl gen lindowe, gen Rauenſpurg
Wangen vff ber lantgericht ains wöhles vns aller füglichs iſt vnb ſol ba
genanten grauff Eberhart von wirttemberg vnb ſinen Erben vfgeben allü
Recht bie wir hetten zu ben vorgeſchriben gütten Haigerloch bie nibern b
ſtat vnb Ebingen bie ſtat börffer wiler kirchen ſätz lütten vnb güten
bas tûn mit vrtail Als vnß ba ertailt würt vnb ſullen vns och fürbaz
für vns vnb vnſer erben aller ber Recht vordrung vnb anſprach bie
hetten ober Jmer mer bartzu gewünnen möchtten mit gaiſtlich unb wel
von ber pfantſchafft wegen vnb ſullen bas tûn mit vrtail, als vns ba
vnb vff wolchen tag wir vns bes alſo verzihen wöllen, bas ſullen wir
nanten graff Eberhartten von wirttemberg ober ſinen erben vor verkünb
tag vnb Jm Embietten vff welchem lantgericht, wie es tun wöllen,
nant grauff wilhalm von Montfortt ber Eltter vergehen och mit biſe
vns vnb vnſer erben bas wir fügen vnb ſchaffen ſullen wenne ber eg
hug vnnſer ſün ze ſinen tagen kümpt bas er benne Ritten ſol gen
Rauenſpurg gen lindowe ober gen wangen vff ber lantgericht ains
alles füglichſt iſt vnb ſol ba bem vorgenanten grauff Eberhartten von
ober ſinen erben geben allü ſinü Recht bie er hat an ben vorgenantten
gerloch bie nibern burg vnb ſtat Ebingen bie ſtatt vnb börffer Wile
kirchenſätz lüt vnb Güt vnb ſol bas tûn mit vrtail Als Jm ba erta
ſol ſich och fürbas verzihen für ſich vnb für ſin erben aller ber Re
vnb anſprach bie er Jetzo ober Jmer mer bartzu gewinen möcht
ober vff weltlichem gericht von ber phantſchaft wegen vnb ſol bas tû
als Jm ba ertailt württ vnb ſullen bas tûn vub ſchaffen wenne er Je
kompt wenne wir bes benne ermant werben von bem Egenanten grauff E

von wirttemberg ober finen erben nach der manung In bryen monatten ben nech=
ften barnach vngeuerlich off wölchen tag er fich also vertzyhen will, bas foll ich
ber egenant grauff wilhalm von montfort der Eltter ober min erben dem vorge=
nanten grauff Eberhart von wirttemberg, ober finen erben' vor verkünden viertzehen
tag vnd Im Embietten off wölchem lantgericht er es tun wölle Es ift och gerett
wenne der vorgenant grauff wilhalm von Montfortt der Jung min bes egenanten
graff wilhalms fone vnd die egenant frow vrfel min bes egenanten grauff wil=
halms bes Jüngern elichen wirtin fich also verzihent vnd tunt off bem landgericht
bas von In vorgeschriben ftant fo hat der vorgenant graff Eberhart von wirttem=
berg ober fin erben nit gewalt die burgen ze manen vmb kain fach Es war dann
bas fich der egenant grauff Hug, bes egenanten graff wilhalmen von Montfortt
bes Elttern füne nit verzig, noch nit verzihen wölt vnd nit von Im gebe funi
Recht an den vorgeschriben gutten off bem lantgericht, als vor von Im geschriben
ftat vnd och ob der burgen ainer ober mer abgiengen von tobe ober wie er zu
burgen vnnütze wurde als hernach geschriben ftat vmb der Zwo fach hat der ege=
nante graff Eberhartt von wirttemberg vnd fin erben och gewalt vnd gut Recht
die burgen ze manen vnd vmb alle vorgenant vnd nachgeschriben fach haben wir
ber egenant grauff wilhalm von Montfort der Eltter vnd der egenant grauff wil=
halm der Jünger min bes Egenanten graff wilhalms füne vnnfern lieben oheim
grauff Eberhartt von wirttemberg vnd finen Erben ze burgen gefetzt vnuerschaiben=
lich bis erbern lutt vnnfern lieben bruber grauff hainrichen von montfortt, hanfen
von bobmen ben altten, burchart von Elerbach, ben yteln Eberhartt von küngfeck,
hanfen von bobmen ben Jüngern, Cunratten von Hornftain, Ludwigen von Horn=
ftain, burchart von Elerbach, ben man nempt ben langen, berchtolt vom ftain,
hainrichen von Emerkingen, Mantz von hornftain, Ritter, bentz von hornftain,
burchart von hohenfels, Hainrich von Blanckenftain, wilhalm von brachsperg, hanfen
von hornftain, Cuntzen hagel, Johanfen von Obernhain, walthern von büren, vnd
entzen von höborff Edel knecht Mitt folichem gebing wer, ob wir ber egenantt
grauff wilhalm von Montfortt, der Eltter, frow vrfeln vnfers Süns grauff wil=
halms elichen wirtin vnd och grauff hügen Jren bruber, die vorgenanten nit
hüffen vnd fugten bas fie die vorgenanten gütter off geben vnd fich der also
erzigen vnd tätten off bem lantgericht als vor von In geschriben ftat vnd och
wir grauff wilhalm von Montfortt der Jünger bes egenanten grauff wilhalms
von montfort bes Elttern Sun vns och nit vertzigen vnd tatten off bem lantge=
richt alß vor von vns geschriben ftat fo hat der vorgenant grauff Eberhartt von
wirttemberg vnd fin Erben gewalt vnd gut Recht die vorgeschriben burgen ze
manen mit Jren botten ober brieffen ze hüß ze hoff ober vnber ougen vnd wenne
alfo gemant werdent fo fullen fi nach der manung In ben nechften achttagen
anfarn laiften Jr Jeglicher ain knecht vnd ain pferdt der felb nit laiften will
enben vnd legen gen Mengingen ober gen meßkirch In der ftet ain weber halb

die burgen wöllen in offner würthüſer vnd ʒe failem kouff vnd da laiſten
Redlich vnuerdingt giſelſchafft vnd vſſer der laiſtung nimer komen noch ledig
ben Es ſy denne dem vorgenantten grauff Eberhartten von wirttemberg vnd
Erben gar vnd gentzlich vollefürt vnd vff gericht darvmb ſie denne gemant
wer och ob der vorgenanten bürgen ainer oder mer abgieng von tode oder
ʒu bürgen vnnütz würde ſo ſollen wir in ander als ſchiblich bürgen ſetzen
abgangen ſtat In dem nechſten monat ſo wir des von In ermant werde
der andern burgen ſullen vier laiſten In allem Rechten als vorgeſchriben ſtat
vier denne darvmb gemant werdent vnd ſullen das tůn als bick es not
one alle geuerde wer och ob der vorgenanten bürgen ainer oder mer ver
vnd nit laiſten als vorgeſchriben ſtatt ſo hat der vorgenant vnſer Oheim,
Eberhart von wirttemberg vnd ſin erben vnd Ir helffer vollen gewalt
Recht die ſelben verbrochen burgen anʒegriffen ʒe nötten vnd ʒu pfenden a
lütten vnd gütten In ſtetten In dörffern, oder vff dem lande wan ſie
oder mügent mit gericht oder one gericht gaiſtlichem oder weltlichem wie
aller beſt füget vnd ſullen das tůn, als bick vnd als vil bis das dem vorge
grauff Eberhartten von wirttemberg vnd ſinen erben gentzlichen vffgericht vn
fürtt würet darumb ſie denne gemant hant one Iren ſchaden on alle geue
ſol Och der vorgenanten grauff Eberhartt von wirttemberg oder ſin erben
helffer daran nit tůn noch nichtes verſchulben noch fräueln gen behainen
gaiſtlichem noch weltlichem noch gen behainem landtfribe der Jetzo iſt oder
vffſtunbe noch gen behainem lantgericht noch fryhaitt, der herren der ſtett
landes noch gen behainem gewalt One alle geuerde vnd das och die ſel
brochen bürgen one alle clag vnd one Rauth ſullen lan wer och ob der
ains oder mer die an diſen brieff gehörent ʒerbrech vnd nit gar daran tů
ſol diſem brieff behainen ſchaden bringen, wir der vorgenanten grauff will
montfortt der Eltter vnd grauff wilhalm der Jünger der egenant min des
ten grauff Wilhalms des Elttern Süne geloben by vnnſern gutten trû
vnnſern aibe für vns vnd vnſer erben die vorgenanten vnnſer bürgen ʒ
lebigen vnd ʒe löſen von diſer burgſchafft one Iren ſchaden one alle geu
des alles Zu ainem waren vrkünde geben wir der vorgenannt grauff wil
montfort der Eltter vnd grauff wilhalm der Jünger min des egenant
wilhalms des Elttern Sün dem egenanten vnnſerm Oheim grauff Eber
wirttemberg vnd ſinen erben diſen brieff beſigelt vnd mit vnſern aige
vnd och mit der egenanten vnſer bürgen Inſigeln die daran hangent wir
genanten burgen vergehend diſer burgſchafft vnd geloben ſy by vnnſer
truwen vff vnſer aibe bis vorgeſchriben burgſchafft war vnd ſtätt ʒu be
halitten alles das hieuor von vns an dieſem brieff geſchriben ſtât vnd
ʒe vrkund vnſerü angenü Inſigel gehendt an diſen brieff, Der brieff iſt
der ſchere an dem nechſten binſtag nach vnſer frowen tag Zu der lie

nan zalt von Criftes geburt brußehenhundert Jare und Jn dem fiben vnd fech=
zigoften Jare.

586.

4. Februar **1367**. o. O. Die Grafen Eberhard und Ulrich von
Wirtemberg machen ſich verbindlich, ein Leibgeding von **14** Pfd.
Heller jährlich, welches Graf Wilhelm von Montfort der ältere
und beſſen Gemahlin Urſula Adelheid von Wehingen ausgeſetzt,
dieſer von der Steuer zu Ebingen folgen zu laſſen.

Wir graue Eberhart von Wirtemberg vnd graue Vlrich von Wir=
emberg ſin ſune veriehen an bieſem brief 2c. als wir vmb den ebeln vnſern
eben oheim graue Wilhalm von Muntfort vnd herre ze Bregenz gekoufft
aben alle bü recht bie er vnd ſin ſune graue Wilhalm vnd graue Hug vnd
ines ſunes wib hond ober gehön möchten an Ebingen ber ſtat, an Hayger=
ch ber niebern ſtat vnd ber burg bar ob gelegen. Jn bifem kouff iſt
it namen vßgenomen vnd vßgezogen vierzehen pfund heller geltes guter vnd ge=
ener, die der obgenant grauf Wilhelm von Muntfort vnd frow Vrſel
on Pfirt ſelig ſin elich hußfrow mit irem offem brieff verſchafft vnd
ermacht hond ze rechtem lipgebinge ber erbern fromen Abelhaiten von Wehin=
en vſſer ber burger ſture ze Ebingen ber ſtab. Das ſelb lipgebinge, bie
erzehen pfund heller ſullen wir bie obgenanten graue Eberhart vnd graue
Lrich von wirttemberg vnd vnſer erben ber egenanten Abelhaiten von
Jehingen zu irem lib bis an ir tobe vnd nit füro jerlich vß ber burger ſture ze
bingen geben vnd bezaln on alles fürzog vnd alles wiberſprechen vnd irrung,
ib ſullen ſie zu bem ſelben libgebing getruwlich ſchirmen vnd das ſie ba by be=
be geruweglich vnd habbich biß an ir tobe, vnd wenn ſie abgat von tobes wegen,
nn ſien wir vnd vnſer erben nieman nunz fürbas haft noch gebunden vmb bis
bgebing. Ze vrkund 2c. Datum die beati Valentini anno domini MCCCLx
ptimo.

587.

14. Februar 1367. o. O. Der Grafen Eberhard und Ulrich von
Wirtemberg Zusagen, wie sie Graf Wilhelm von Montfort den Kauf=
schilling für Haigerloch und Ebingen bezahlen wollen.

Wir graue Eberhart von Wirtemberg vnd graue Vlrich von Wir=
temberg sin sune veriehen für vns vnd vnser erben ⁊c. Das wir vmb den edel
vnsern lieben öheim graue Wilhalm von Muntfort vnd herre ze Bregentz
gekouft honb vmb ailf tusend pfund heller guter vnd genemer allü die recht, so
er vnd sin sune grauf Wilhalm vnd grauf Huge vnd sines sune
wib gräfin Vrsel von Hohenberg hetten oder gehön möcht
an den zwain stetten Ebingen der stat vnd an Haygerloch der nibern vesti
mit der burg darob gelegen, Als vnser koufbrief wol bewiset vnd seit, den
wir darumb hönd, vnd darumb ist diser redlicher kouf also volfürt vnd zu kraft,
daß wir darumb angendes geben vnd bezalt honb zway tusend pfunt guter vnd
geber heller, vnd haben die geben vnd geantwurt in vnsers öheims graue Hain=
rich von Montfort gewalt, vnd sulnnt wir vnd vnser erben dem vorgenanten
grauf Wilhelm von Montfort vnd sinen erben die übrigen nün tusend pfund
heller guter vnd geber geben vnd bezaln gentzlich vnd gar one ir schaden hie zwü=
schen vnd dem nechsten sant vites tag, das ist zehen tag vor sant Johanns
Sünwenden vngeuerlichen, vnd sullent im vnd sinen erben die selben nün tusend
pfund heller antwurten vnd bezaln one schaden ze Mengen in der Stat oder ze
Sulgen, in welcher stat sie wöllent vnd mügent. Wer aber, das wir alb vnser
erben im alb sinen erben der egenanten nün tusend pfund heller hie zwüschen vnd
dem nechsten sant vits tag nit bezalt noch gentzlich gewert hettent, als hie vor
geschriben staut, so sind graue Wilhalm von Muntfort vnd sinen erben der
vorgenanten zwey tusend pfund heller die grauf Hainrich von Muntfort inne
haut, veruallen, vnd sol in die on verzogenlich geben vnd antwurten. Er sol ouch im
vnd sinen erben sinen brief vnd die obgenanten zwo stet Ebingen vnd Hayger=
loch die nibern burg vnd stat mit aller zugehord, mit allen rechten, nutz
vnd gewonhaiten, mit luten vnd mit guten, kirchensetzen, dörfern vnd wilern, mit
aller gewaltsami, zwingen vnd bennen, wider in antwurten vnd ingeben vnuer=
zogenlich on vnser vnd on menglichs widerrede, widersprechen vnd irrunge on alle
geuerde, vnd sol denn diser kouf ab sin gentzlich vnd gar on zorn vnd on allen
rauch. Wer ouch, das wir alb vnser erben die obgenanten nun tusent pfunt
heller dem egenanten graue Wilhalm von Muntfort alb sinen erben geben
vnd bezalt mit voller zal hie zwüschen vnd sant vits tag als vorgeschriben stat, so
sol graue Hainrich von Muntfort vns vnd vnsern erben die obgenanten zwey
stet Ebingen vnd Haygerloch die nibern stat mit der burg vnd ouch die
brief, die er von den selben gütern inne haut, wider in antwurten in vnsern ge=

walt, mit luten vnd mit guten vnd mit aller zugehörd, mit allen nutzen vnd ge=
wonhaiten, als vorgeschriben ftat, on alle irrunge vnd on alle geuerde. Es ift
och hie by gewesen vnd find difer fach recht gezug graue Hainrich von Munt=
fort, her Wernher von Zymmern, her Burckart von Elrbach, der ytel
her Johan vom Stain, vnd her Johan Nothaft, die difer fach recht tebinger
find gewesen. Vnd des ze vrkund haben wir die vorgenanten Graufen ze wir=
temberg beyde vnferun Infigel gehencket an difen brief. Wir die vorgenanten
zülgen hencken ouch alle vnferun aignun infigel an difen brief zu ainer waren ge=
zucknuß aller der ding vnd tebing, die an difem brief gefchriben ftand. Datum die
beati Valentini anno domini MCCCLX septimo.

B. einer alten Abfchrift im St.=Archiv zu Stuttgart.

588.

17. Februar 1367. o. O. Die Grafen Eberhard und Ulrich von
Wirtemberg, welche von Graf Wilhelm von Montfort=Bregenz
Ebingen und Hatgerloch gekauft hatten, verfprechen, Herrn Hans
von Bregenz als Kirchherrn von Owingen (O.A. Hechingen) zu
belaffen.

Wir graue Eberhart von Wirtemberg vnd graue Vlrich von Wir=
emberg fin fune veriehen an difem brief etc. als der edel vnfer lieber öheim
raue Wilhelm von Muntfort vnd herre ze Bregenz vns ze koufen geben
aut allü die recht, die er vnd fin fune grauf Wilhalm vnd grauf Hug vnd
nes funs wib hettent oder gehan möchtent an den zwain stetten Ebingen vnd
aygerloch der nibern ftat mit der burg darob gelegen, In difem kouf
t mit namen vß gebingt vnd vßgenomen, Das der erber priefter her Hanns von
regenz der hüt ze tag rechter kirchherre ift ze owingen vf der lutkir=
en rüweklich, friblich vnd hablich vff der kirchen beliben fol by der egenanten
rchen vnd by allen den rechten, nutzen vnd gülten, die dar zu vnd darin von
ter gehörent, es fy von recht oder von gewonhaiten, wie die nutz vnd gelt ge=
int vnd gehaiffen find bis an finen tod vnd nit füro, Vnd fullen wir vnd vnfer
ben vnd vnfer amptlute in darüber vnd darzu getruwlichen fchirmen vnd fürdern,
s er by allen finen rechten beliben fol bis an finen tod, es wer denn das kain
blich oder kuntlich vogtrecht gieng von der egenanten kirchen ze owingen, die=
ben recht des vogtrechts vnd ouch andrem recht find vns vnd vnfern erben be=
lten on alle geuerde. Vnd des ze vrkund etc. Datum die beati Valentini
ino domini MccclX septimo.

B. einer alten Abfchrift im St.=Archiv zu Stuttgart.

589.

29. März 1367. **Lindau.** Jakob von Rintpach, freier Landrichter
der Birſſe, bittet den Grafen Rudolf von Sulz, Landrichter
Rotweil, den Brief, welchen er den Grafen Eberhard von [
temberg über den Kauf von Ebingen und Haigerloch ausge[
zu beſtätigen.

Dem edeln herren graue Rûdolfen von Sultz, lantrichter zu Ro[
Embût jch Jacob von Rintpach ein frye lantrichter jn der Birſſe
des Römiſchen keyſers Karle gewalt minen gehorſamen vndertänigen [
gen dienſt, ûwer eblin tun jch zu wiſſen, daz der edel herre graue Eber[
von wirtemberg ain brief erlangt hat vor dem lantgericht zu Lindow[
jch lantrichter bin vnd iſt jme der erteilt von herren, rittern vnd knechten v[
geſamnoter vrteil, Da von bitt jch ûw vnd rûf ûw an von gerichtez wegen[
jr dem obgenannten graue Eberhart von Wirtemberg den brief beſtä[
ûwers lantgerichts brief vnd jnſigel. Das wil jch jn aller zit vaſt vmb [
dienen, Vnd des zu vrkunde ſend Jch ûw diſen brief ze rucken beſigelt v[
lantgerichts jnſigel zu lindowe. Geben zu Lindowe vor lantgericht an de[
tag nach Mituaſten. Sub anno domini mº cccº lxvıı^{to}.

B. einer alten Abſchrift im St.-Archiv zu Stuttgart.

590.

29. März 1367. **Lindau.** Gräfin Urſula, Gemahlin des Graf[
helm von Montfort=Bregenz des jungen und dieſer ſelb[
zichten vor dem Landgericht in der Birſſe auf alle Anſpr[
Haigerloch, nieder Burg und Stadt, ſowie an die Stadt E[

Jch Jacob von Rintpach ein frye lantrichter in der Birſſe [
Römſchen keyſer Karls gewalt Tûn kunt mit diſem brieff allen d[
an ſehent leſent oder hörent leſen, daz für mich komme da ich offenlich[
geriht ſazze an diſem tag alz dirr brief geben iſt biv edel wolgeborn f[
vrſel Grefin von Hohenberg dez ebeln wolgeborn herren be[
graf Wilhalms von Montfort elichiv vrowe vnd nam ze fürſp[
Erbern man Hanſen Kyßin von Lindowe vnd offnet da mit dem[
fürſprechen vnd ſprach alſo, ſy hettj ererbet von ir mûter ſeligen wega[
von Phirt Heyerloch die niber burg vnd ſtat, vnd Ebingen di[
waz dazû gehört, lût vnd gût vnd älliv biv ret alz ir mûter ſelig dar v[
wer, alz die brief lutent vnd ſagent bie ir mûter ſelig dar vmb **hett**, v[

brieff vnd alliv iriv reht welt fi von ir geben vnd vf geben dem edeln irem lieben
ƀheim graf Eberharten von Wirtenberg vnd allen finen erben, wan er ir
ɔar vmb gegeben hett eylif tufent phunt gûter haller vnd hiez ir da eruarn an
:iner vrteyl wie fi daz tûn fölt, daz ez craft vnd macht haben fölt vnd möht, daz
ɔer fi willig ze tûnd. Dez wart ir erteylt von herren rittern vnd knehten mit
zemeiner vrteyl, daz fy einen vogt nemen fölt, der ir genoz wêr vnd fölt daz tûn
mit irs elichen mannes willen. Do nam fi ze vogt den edeln herren graf Hein=
rich von Montfort mit irs mannes willen vnd heizen graf Wilhelms von
Montfort bez jungen, der da ze gegen ftünd, da nach gieng fy für mit irem
vogt vnd mit irem fürfprechen vnd hiez ir eruarn, wan fie fich beuôgt het, fo welt
ſie da vor geriht von ir geben vnd vf geben alliv biv reht biv fie hett vf Hey=
zerloch der nibern burg vnd ftat vnd Ebingen der ftat vnd vf waz lût
vnd gût dazû gehört vnd alz fie daz ererbet het von ir mûter fâligen vrown
Vrfellen von Phirt vnd welt daz tûn wie reht wer vnd wie ez craft vnd macht
haben fölt vnd möht, do wart ir erteylt von herren, rittern vnd knehten vnd mit
gefamnoter vrteyl, daz fi ir vogt ze dry maulen vff fölt füren vf dez richs ftrazze,
vnd alz oft wider für geriht, vnd daz ir vogt ze iedem maul vf finen eyd fagen
fölt, daz fi daz vnbezwungenlich tete, Alfo fürt fi ouch der edel herre graf Hein=
rich von Montfort ir vogt ze dry maulen vf dez richsftraze vnd alz dike wider
für geriht vnd feit ouch ze den dryn maulen ze iedem maule vf finen eyde daz fi
ez gern vnd vnbezwungenlich tet, danach gieng aber biv obgenant vro Vrfel von
Hohenberg für geriht mit irem vogt vnd mit ir fürfprechen vnd hiez ir da
eruarn, wan ir vogt gefeit het dry ftund vff finen eyd, daz fi iriv reht biv fie
het vf Heygerloch der nibern burg vnd ftat vnd vf Ebingen die Stat vnd waz
ſût vnd gût dazu gehört, vnd alz fi biv ererbet het von ir mûter wegen vrowen
Vrfellen feligen von Phirt, alz die brief darvmb lutent vnd fagent die biv vor=
zenant vro Vrfell fêlig von Phirt dar vmb het, die brief vnd âlliv iriv reht
in die vorgefchrieben gût welt fi gern vnd willeclich vf geben vnd von ir geben
ɯnb welt daz tûn, alz ez craft vnd maht haben möht, do wart ir erteylt von
ḫerren rittern vnd knehten vnd mit gefamneter vrteyl, daz fi daz tûn fölt mit irer
ḫant vnd mit irs vogtz hant vnd ouch mit dez egenanten graf Wilhelms irs
ⅿichen mannes hant in min dez vorgenannten Jacobs von Rintpach lantrichters
ḫant, vnd in dez veften ritters her Johanfen vom Stein von Marchteln hant,
ⅿ der obgenant edel herr graf Eberhart von Wirtenberch mit vollem gewalt
ⅿ finer ftat dar vmb vnd vmb die fach für geriht gefant het, dar vmb er ouch
ⅿen ofen brief braht, der vor geriht da gelefen wart. Do wart erteylt mit
rteyl, daz daz bem obgenanten edeln herren graf Eberharten von Wirtenberch
ɯb allen finen erben alz gût kraft vnd maht haben folt vnd het, alz ob er felber
ḫ zeggen (sic!) wêr, alfo gieng ba für biv vorgenant vrow Vrfell von Hohenberg
ɯb ir vogt vnd ir elicher man vnd gaben da vf vnd von in· alle ir brief vnd
ⅼiv iriv reht die fi hetten oder han folten oder mohten vf bifen hütigen tag zû

Heyerloch der nibern burg vnd stat vnd zu Ebingen der stat vnd zů alle vr
geschrieben lůten vnd gůten bie dazů gehörent, alz vor bescheiden ist, vnd vrzige
sich bez allez mit irr hant in min hant vnd vzzer miner hant in bez egenante
vesten ritters her Hansen vom Stein hant, ben der obgenant edel herr gra
Eberhart von Wirtenberg mit vollem gewalt an siner stat dar vmb für g
riht gesant het, bez er ouch einen offen brieff brauht der vor geriht da gele
wart, bo wart erteylt mit vrteyl baz baz bem obgenanten edeln herren graf Eb
harten von Wirtenberg vnd allen sinen erben alz gůt kraft vnd maht h
vnd haben sölt, vnd möht, alz ob er selber da ze gegen wêr, vnd also baz
selb edel herr Graff Eberhart von wirtenberg vnd sin erben biv selben v
geschriben gůt Heygerloch bie nibern burg vnd stat vnd Ebingen bie stat v
waz lůt vnd gůt vber ale yendert dazů vnd barin gehört mit allen nütze r
gewonheiten vnd geniezzen getrůwiclich inne haben han vnd niessen sůlnt mit al
ben rehten vnd in aller der wyse alz vro Vrsell sêlig von Phirt der vorgen
vrowen Vrsellen von Hohenberg můter vnd graf Wilhalm von Montfor
ir sweher biv selben gůt mit lůten vnd mit gůten vntz vf disen hivtigen t
inne gehebt vnd genossen hant mit der bescheidenheit, baz sy noch kein ir erbe r
niemen anders von iren wegen da nach an biv vorgeschriben gůt alz vor v
scheiben ist nimmer me kein ansprach noch kein vorbrung mit beheinem geriht ge
lichem noch weltlichem, baz nun ist ober her nach vf stůnd noch mit beheins her
hilf noch rat noch mit beheinen andern sachen sůlnt noch enmügent gewinnen r
han. Do baz also volfůrt wart, da nach gieng für der edel herr graf Wilhe
von Montfort der jung, der obgenanten vrowen Vrsellen von Hohenb
elicher man, mit sinem fürsprechen Hansen Kitzin von Lindo vnd sprach
vnd vrkundet allez baz baz sin elichiv vrow Vrsell grêfin von Hohenb
da vor geriht vollfůrt vnd getan het mit verzihunge vnd mit vffgebend gen
edeln sinem lieben öheim graf Eberharten von Wirtenberch der selben
Heygerloch der nibern burg vnd stat vnd Ebingen der stat vnd waz lůt
gůt dazů gehört, welt er sich ouch verzihen vnd welt biv von im vfgeben vnd
im eruarn an einer vrteyl wie er baz tůn sölt, baz ez craft vnd maht he
haben möht, bez wêr er willig ze tůnd, bo wart im erteylt von herren, rit
vnd knehten vnd mit gesamneter vrteyl, baz er baz tât mit siner hant in min
vnd vff miner hant in bez vesten ritters her Hansen vom Stein hant
Marchteln, ben der obgenant edel herren graf Eberhart von Wirtenb
mit vollem gewalt an siner stat dar vmb für geriht gesent het, dar vmb er
einen offen brief brauht, der vor geriht da gelesen wart, bo wart erteylt mit vrt
baz baz bem obgenanten edeln herren graf Eberharten von Wirtenberg
sinen erben alz gůt kraft vnd maht haben solt vnd möht, alz ob er selber
ze gegen wêr, also gieng ouch für der egenant graf Wilhalm von Montf
der jung vnd gab von im alliv siniv reht zů den vorgeschriben guten vnd tez
siner hant in min hant vnd vsser miner hant in bez vesten ritters her Hans

vom Stein hant, den der obgenant edel herr graf Eberhart von Wirtenberg mit vollem gewalt an siner stat dar vmb für geriht gesent het, deз er ouch einen offen brief brauht, der vor geriht da gelesen wart, do wart erteylt mit vrteyl daз daз dem obgenanten edeln herren grafen Eberharten von Wirtenberg vnd sinen erben alз gůt kraft vnd maht het vnd haben sölt vnd möht alз ob er selber da зe gegen wêr, vnd verzech sich ouch aller siner reht vorbrung vnd ansprach an den vorgeschriben gůten in aller der wyse vnd in allem dem rehten alз sich biv vorgenant vrow Vrsell von Hohenberg sin elichiv vrowe vor dar an verzigen het vnd mit der bescheidenheit, daз er noch kein sin erbe noch niemen von sinen wegen da nach nimmer me kein ansprach noch kein vorbrung mit beheinem geriht geystlichem noch weltlichem, daз nun ist ober hernach of stat noch mit beheins herren hilf not rat noch mit beheinen andern sachen fülnt noch enmügent gewinnen noch han, vnd daз der obgenant edel herr Graf Eberhart von Wirtenberg vnd sin erben biv vorgeschriben gůt Heygerloch die nibern burg vnd stat vnd Ebin-gen die stat vnd waз lüt vnd gůt baзů gehört mit allen nůзen vnd rehten inne haben vnd niessen fülnt mit allen den rehten vnd in aller der wyse, alз vrow Vrsell sêlig von Phirt, deз vorgenanten graf Wilhelms von Montfort deз jungen swiger, vnd graff Wilhalm von Montfort sin vater biv selben gůt mit lüten vnd mit gůten vntз vff disen hivtigen tag inne gehebt vnd genossen hant, vnd do biз allez also ergie wie reht ist vnd erteylt wart, do stůnd biv vorgenant edel vrow frow Vrsell gräfinn von Hohenberg mit irem vogt vnd mit irem vorgenanten fürsprechen vnd der edel herr graf Wilhalm von Montfort der jung mit sinem fürsprechen, vnd bauten mit vrteyl зe eruarnt wie si disen brief geben vnd versigeln solten dem edeln irem lieben oheym graf Eberharten von Wirtenberg vnd sinen erben, daз ez craft vnd maht hetti, vnd alз reht wêr, wan sin deз mütetj vnd begerte her Hans vom Stein an irs obgenanten ôheims stat, bo wart erteylt mit vrteyl vnd bie vrteyl sprauchent herren ritter vnd kneht, daз ich vorgenanter lantrihter von gerihз wegen min insigel vor an billich mit dem rehten an bisen brief henken sölt, vnd baзů wart ouch me erteylt, daз biv vorgenant grêfin Vrsell von Hohenberg vnd graf Heinrich von Montfort ir vogt, vnd graf wilhelm von Montfort der jung ouch billich vnd mit dem rehten an bisen brief iriv insigel besunderlichen henken söltent, vnd wen sie eз baзů erbitten möhtent, bie sölten ouch ir insigel henken an bisen brief зe einer зivgnúзe aller vorgeschriben sache vnd boch in selber ane schaden, deз erbaten si biз nach-genant, daз die iriv insigel ouch henken fülnt an bisen brief deз ersten den edeln herren graf Růdolfen von Montfort herr зe Veltkirch, den edeln fryen hern Růdolfen von Tengen, vnd bie vesten ritter hern Eberharten von Küngs-egge vnd hern Johansen von Bobmen ben eltern, vnd daз biз allez waur sy vnd stêt belibe vnd vnuergessen dar vmb han ich vorgenanter lanbrihter min insigel gehenkt an bisen brief зů ben vorgenanten insigeln. Wir die vorgenanten graf Heinrich von Montfort von ber vogty wegen vnd ich Vrsell grêfin von

35 *

Hohenberg vnd ich graf Wilhalm der jung von Montfort ir elicher man veriehen befunderlich mit vrkúnd ditz briefes, daz biz allez alz hie vor an difem brief der vorgenant lantrihter befcheiden hat mit allen worten alz vorgefchriben ftat, daz daz allez alfo ergangen vnd vollfúrt ift mit vnferm gunft willen vnd heizzen vnd verhenknúzze, wie ez kraft vnd macht het vnd han fol vnd alz notdúrftig ift, vnd dez ze vrkúnd vnd waurheit haben wir vnfriv infigel gehenkt an difen brief. Dazú ze merer ſichereit haben wir die vorgenanten graf Rúdolf von Montfort herr ze Veltkirch, ich Rúdolf von Tengen ein frye, ich Eberhard von Kúngfegg vnd ich Hans von Bodmen der elter, beyd ritter, vnfriv infigel ouch gehenkt an difen brief ze einer zivgnúzze aller vorgefchriben fache vnd doch vns ane fchaden. Dirr brief ift geben ze Lindow vor lantgeriht mit vrteyl vnd mit reht an dem nehften zinftag nach mitternaften, do man zalt von kryftus geburt drutzehenhundert iar vnd in dem fybenden vnd fechzigiften Jar.

591.

19. Mai 1367. Rotenburg. Graf Rudolf von Hohenberg urkundet, daß er zwar das Dorf Altingen von feinem Diener Renharten von Ehingen gelöst, demfelben aber die „gewonliche ſtur von den armen luten" dafelbft im Betrag von **20 Pfd.** Heller verfchrieben habe.

Wir Graue Rúdolf von Hohemberg veriehen offenlich fúr vns vnd vnfere erben vnd tún kunt menglichen mit difem brief Als Renhart von Ehingen vnfer biener Altingen daz Dorf von vns vnd vnfern vordern biß her in pfantzwiß in gehebt hant, daz Wir von Im erledigot vnd erlöft haben dar In wir Ime hie wider vmb die gnand vnd fruntfchaft getan haben durch die Luter trume bienft die er vns biß herr vnuerdrofenlich getan hant, vnd noch in kúnftigen zitten bún mag, So haben wir Im vnd finen erben in die gewonlichen Stur deß felben dorfes verfchriben vnd verfchriben mit difem brief álle jar járlichen zwaintzig pfund gúter vnd genemer Haller geltz die vnfer armen lut ze Altingen járlichen uff Sant Michahels tag geben vnd rihten fullent, wa fy aber die obgenanten zwaintzig pfund Haller geltz uf daz vorgefchriben zil ant richten vnd geben weß Jares der vorgenant Renhart von Ehingen oder fin erben alfo dar an mangel gebruſt, gewnnen (sic!) oder hetten, Do hant er vnd fin erben gewalt vnd gút reht die gúter vnd die armen lút deß felben Dorfes an ze griffent avn zorn vnd avn clag biß daz fy Im oder fine erben der zwaintzig pfund Haller geltz geriht vnd bezalt hant vnd fullent mit dem angriff nit han getan wider behain geriht, gaiftliches noch weltlichs noch wider den lantfrit noch wider nieman in

behain wiß weder fuft noch fo, vnd füllent wir noch vnfer erben noch amptlüt
noch nieman von vnfern wegen jn noch fin erben hier an nit Sumen noch irren
weder lützel noch vil in behain weg än alle geuerd. wir haben ouch vns felbe vnd
vnfern erben ben gewalt vnd baz reht behalten baz wir ällü Jår järlichen von
im vnd finen erben die felben zwaintzig pfund Haller geltz löfen mügen vmb zwax
hundert pfund güter vnd genemer Haller aht tag vor Sant Walpurg tag, vnd
aht tag bar nach avn geuerd. Vnd beß ze vrkund vnd offen zugenuft baz älle vorgefchriben fachen in ir maht beliben vnverwandelt So geben wir Jm bifen brief
verfigelt mit vnferm aigen infigel baz bar an gehenkt ift der ze Rotemburg geben
ift an der Mibhon (sic!) vor Sant vrbans tag. Deß Jares bo man zalt von
Criftus geburt Drutzehenhundert jare Süben vnd Sehtzig Jare.

592.

17. Juni 1367. **Heidelberg.** Thymo des alten Schultheißen von Dornftetten Sohn bekennt, daß Pfalzgraf Ruprecht das Recht habe, mit
250 Pfd. Heller Schönbrunn ꝛc. von ihm zu löfen.

Ich Thymo des alten fcholtheißen fon von borrenfteten bekenne für
mich vnd alle myn erben Vnd tun kunt allen Luten bie bifen brief horent, fehent
ober lefent, wann baz ift, baz der Hochgeporn fürfte vnd here, here Ruprecht der
Elter .. pfaltzgraue by Ryn, des heiligen Richs obrifter bruchfezz
vnd Hertzog in Beyern, myn gnebiger her, ober fin Erben ober ir amptlute
von irem geheiße mir ober mynen Erben, viertzehen bag vor fant Martins bag
ober viertzehen bag barnach pietent gebent vnd bezalen wollent drittehalb hundert
pfunt Haller guter vnd genemer ane geuerbe, bar für mir Schonnebrunne baz
borff mit finer Zugehorunge vnd brützehen pfunt Heller gelts mynre fünff fchilling
off bem vngelt zu Bolach in pfandes wife von yme Jnne ftenb, Die drittehalb-
hundert pfunt heller follin ich vnd myn erben zu ftunb ane fürzog von yn nemen
vnd follen yn baz borff Schonnebrunne mit finer zugehorunge vnd bie bruzehen
pfunt heller gelts mynre fünff fchilling als fürgenant ift, Vnd ouch ben brief ben
ich von bem obgenanten myme hern bem Hertzogen barüber haben, lebig vnd loz
wiber antworten ane alle hinberniffe fürzog vnd geuerbe vnd geloben baz felb mit
guten truwen vor mich vnd myn Erben in aller maße alz fürgefchriben ftet veft
vnd ftete zu halben, boch fol graue burcharts von Hoenbergs fwefter, bie
zu Rüthy in bem Clofter ift, verliben by irm gelt baz ir berfelb graue burchart
beuor vß zu Schonnebrunne gefetzit hat, alz ir brief fprechent ane geuerbe. Des
zu orkund geben ich thymo fürgenant für mich vnd myn Erben bem obgenanten
myme gnebigen hern Hertzogen Ruprecht bem Eltern vnd finen erben bifen brief
verfigelt mit myme anhangenden Jngefigel, Geben zu Heidelberg des nehften

dinſtagis nach dem ſontag Cantate, Nach Chriſti geburthe drüzehenhundert zur barnach in dem ſiben vnd ſehtzigſten iare.

B. d. Orig. im St.-Archiv zu Stuttgart. — Mit dem Siegel des Ausſtellers.

593.

24. Juni 1367. Bregenz. Graf Wilhelm von Montfort quittirt den Grafen Eberhard von Wirtemberg für **11000 Pfd.** Heller, den Pfandſchilling von Ebingen und Haigerloch.

Ich graue Wilhelm von Montfort, herre zu Bregents vergich vnd tun kunt allen den, die diſen brief ſehent oder hörent leſen, daz mich der edel min lieber ôheim graue Eberhard von Wirtemberg gewert vnd bezalt hat gentzlich vnd gar der eilf tuſent pfunt haller, die er mir ſchulbig waz von dez kouis wegen der ſtett vnd der güter Heyerloch vnd Ebingen, vnd ſag dar vmb in vnd ſin erben der vorgenannten eilf tuſent pfunt häller für mich vnd all min erben quit, lebig vnd loſe mit vrkunde diß briefs, Der beſigelt iſt mit minem eggen inſigel. Geben zu Bregentz an dem nächſten frytag vor Sant Vits tag zu Mitter brauchet nach Criſtus gepurt drützehenhundert vnd ſüben vnd ſechzig jare.

B. einer alten Abſchrift im St.-Archiv zu Stuttgart.

594.

24. Juni 1367. o. O. Verabredung der Grafen von Wirtemberg und Montfort in Betreff der von dieſen über den Verkauf von Ebingen und Haigerloch geſtellten Bürgen.

Wir graue Eberhart von Wirtemberg vnd wir graue Vlrich von Wirtemberg ſin ſune veriehen etc., das vns der edel vnſer lieber oheim graue Wilhalm von Muntfort ſin ſune vnd vnſer müme frow Vrſel von Pfirt ſin elichu wirtin von des koufs wegen Ebingen vnd Haygerloch vnd der gütern, die dar zu gehörent vnd getan hon vf dem lantag ze lindow gentzlich vnd gar, als ſie vns gelobt hetten ze tun an dem koufbrief, den ſie vns darumb geben hand, vnd darzu veriehen wir, das wir noch vnſer erben die bürgen, die wir an dem ſelben koufbrief haben, nit mer gewalt haben ze manen, denn ob das wer, Das grauf Hug von Muntfort des egenanten graue Wilhalms von Muntfort ſune, ſo er zu ſinen tagen keme, ſich ouch nit verzige noch verzihen wolt vff dem lantag, als der egenant ſin bruder grauf Wilhalm geton hant, ſo mugen wir vnſer bürgen wol darumb manen, vnd ob der bürgen ainer oder mer abgiengen oder von dem lande, füren oder ſunſt vnnütze würden, ſo haben wir aber gewalt die andern bürgen ze manen, bis vns anber bürgen geſetzt werbent on alle geuerbe. Vnd bes alles ze vrkuube haben wir vnsere jnsigel gehencket an bisen brief, ber geben ist an Sant Johanns tag ze Sünwenben Anno domini MCCC. Lx septimo.

B. einer alten Abschrift im St.-Archiv zu Stuttgart.

595.

4. Juli 1367. Bregenz. Die Grafen Wilhelm unb Heinrich von Montfort, welche ben Grafen Rubolf III. von Hohenberg für bas Zugelt ber Ursula von Hohenberg mit **1000** Gulben, auf bie nie= bere Stabt Haigerloch angewiesen, entschäbigt, bie genannte Stabt aber inzwischen an Wirtemberg verkauft hatten, versprechen ben Bürgern von Haigerloch, sie schablos zu halten.

Wir grauf Wilhelm vnb grauf Hainrich von Montfort gebrüber vergehen vnb tünt kunt allen bie bisen brief sehent ober hörent lesen, wan ich ber vorgenant gräf Wilhelm von Montfort gräf Rubolf von Hohemberg be= wiset hau tusent gulbin off bie nibren statt ze Haigerloch nach ber brief lutung vnb sag, bie ich vnb er enander gegeben hant von bes zügelz wegen, bas er mines sunes wip greuin Vrselhen von Hohenberg geben sol vnb wan nu bie obgenant statt ze Haigerloch ber ebel min lieber öheim grauf Eberhart von Wirtemberg mit aller zügehörbe miner rechte vmb mich gelöffet hat, bar= vmb vergehint wir obgenannter grauf Wilhelm vnb grauf Hainrich von Montfort gebrüber, wär ob ber egenant grauf Eberhart von Wirtenberg alber sin Erben vnb bie obgenanten burger ze Haigerloch ber nibren statt alber ir nachkomen von ber vorgebachten bewisung ber tusent Gulbin vnb von ber gelübt wegen bie si barvmb getän hant ze behainem schaben wirbint komen gegen grauf Rubolf von Hohenberg vnb sinen erben, bas wir vnb vnser Erben si alb ir erben von bem schaben allem gentzlich vnb gar lebgan vnb lösen sont än allen iren schaben mit vrkunb bizz briefs, ber besigelt ist mit vnserm aigenen insigeln geben ze Bre= gentz an sant Ulrichs tag nach Cristes geburt brützehen hunbert vnb siben vnb sechtzig jaren.

B. b. Orig. im St.-Archiv zu Stuttgart. — Die Siegel sinb abgefallen.

596.

Ohne Jahr (höchſt wahrſcheinlich 4. Juli 1367). Graf Eberhard von
Wirtemberg macht ſich gegen die Stadt Haigerloch verbindlich, ſie
in Betreff der tauſend Gulden, für welche ſie ſich dem Grafen
Rudolf von Hohenberg verſchrieben, ſchadlos zu halten.

Wir graue Eberhart von Wirtemberg veriehen an diſem brief, als die
erbern wol beſchaiden Schulthaiß, der raut vnd die burger gemainlich der nidern
ſtat ʒe Haygerloch gelobt vnd brief geben hönd Grauen Rüdolffen von
Hohenberg von der tuſent gulbin wegen, darumb geloben wir ben vorgenannten
vnſern burgern von Haygerloch, wer ob ſie von dem egenannten graue Rüdolf
bekümerung vnd ſchab angieng von derſelben gelübt wegen vmb dieſelben tuſent
gulbin, ſo ſullen wir vnd vnſer erben in dauon helffen vnd ſie barumb lebigen
an iren ſchaden one alle geuerde.

(Hier ſchließt die alte Abſchrift, ohne ein Jahr anʒugeben.)

St.-Archiv ʒu Stuttgart.

597.

9. Auguſt 1367. o. O. Renhard von Ehingen und Konrad der Stahler
bringen mit Zuſtimmung des Vogts von Rotenburg und Graf
Rudolfs v. H. Marſchalken ʒwiſchen ben Gemeinden Wurmlingen
und Jeſingen in Betreff des Viehtriebs eine Richtung ʒu Stande.

Ich Renhart von Ehingen der alt ab entringen vnd Ich Cünrat
der Stahler der Jung vergenhen beib vſſ gmainem mund offenlich mit vrkund
biß briefs vnd tun kunt allen ben bie in anſenhent ober hörent leſen baʒ wir mit
gunſt vnd gütem willen Dyemen, deʒ kächellers vogt ʒe Rotemburg vnd
Albrehʒ deʒ Marſchalken vnſerrs herren Graue Rüdolfs von Hohemberg Schulthaiſſ in ben Dörffern vnd mit ber geburo von Wurmlingen gemainlichen ʒe tainer ſiten vnd mit gunſt vnd gütem willen Hermans
von Ow von Roſegg der vogt iſt öber Jeſingen, vnd ber geburo gmain-
lichs ʒe Jeſingen, ʒe der anderen ſiten mit beiber wiſſend vnd durch ir bett vmb
die ſtöſſ die ſi mit ain anber hetten ain kuntſchaft verhörtt haben vnd ſagen ouch
vff vnſer ayd, baʒ die von Wurmlingen mit ber beſſrun kuntſchaft ben von Jeſingen ben Mülweg hin ab vnd her wiber vff biß in ben Stainin furht an
behept hänt baʒ bie von Jeſingen bar an nit halten noch hütten ſüllen mit herttvich
noch mit anberm vich än geuärd, Si mügen aber mit hertvich vnd mit anberm
vich vff vnd ab varun auch än ſchaben Eʒ mügend aber die von Wurmlingen in
bem obgenanten Mülweg mit ir vich halten vnd hüten an anber Lüt ſchaben

b ben weg vff vnd ab varen biß in ben Staininfurßt mit îr vîch vnd trenken,
ir haben ouch mit beiber tail wiffenb gunft vnd gůtem willen bie ftain gefeßt
vifchant Stainmarn von Jefingen vnd Haintzen bem herren von Wurm=
ngen, baz bů vff vnd vff, an wanben biß in gienen (sic!) ftain in ben wiben.
nb ze ainem warem vrkůnb vnd offner gezúgnůft aller bifer vorgefchriben bing
   haben wir bie obgenanten Renhart von Ehingen vnd Cůnrat ber Stahler beib
zlicher fin aigen Jnfigel gehenkt an bifen brief, Der geben wart ba man zalt
vn Criftus gebúrt brúzehenhúnbert Jar fehzig Jar barnach in bem Sübenben
ar an Sant Laurentzins Abenb.

B. b. Orig. in ber Orts=Regiftratur zu Wurmlingen. — Von ben beiben Siegeln
ingen nur noch bie Pergamentftreifen an.

598.

1. September 1367. **Heibelberg.** Graf Rubolf von Hohenberg be=
kennt, baß er feine Zuftimmung gegeben, als fein „Vetter" Graf
Burkarb von Hohenberg feine (Burkarbs) Hälfte von Wilbberg,
Bulach u. f. w. an ben Pfalzgrafen Ruprecht verkauft habe.

Wir graue .. Rubolf von Hohenberg bekennen offenbar mit bifem
riefe, vor vns vnd vnfer Erben Als ber Ebel vnfer lieber vetter graue
urkhart von Hohenberg vor fich vnb fine erben finen halben beil an
iltperg burg vnb Stab vnb auch .. Bolach bie ftab mit borfferin luten
uttern mit allen nützen wirben Eren friheiten Rehten, gewonhaiten Mannen Man=
ßeften, Burgmannen, Burgmanfcheften, vnb finen beil an bem borffe Gilt=
ingen vnb mit aller anber zugehorungen bem hochgebornen fürften vnb herrn
ern Ruprechten bem Eltern pfalzgrauen by Ryne bes heiligen Romfchen Richs
briften Druchfezzen vnb Hertzogin in Beyern vnb finen Erben Erbetlichen vnb
veclichen verkauft vnb zu kaufen gegeben hat, als fine brief befagint .... von
me bor über hat, Daz wir zu bemfelben kauffe vnfern willen gunft vnb ver=
engnizze gegeben .... vnb geben mit craft biß briefes vnb beftetigen vnb befeftigen
uch benfelben kauff Erbetlichen ... Eweclichen vor vns vnb alle vnfer Erben.
uch bekennen wir vor vns vnb vnfer Erben baz wir .... benfelben kauff nymmer
etun follen noch fchaffen getan werben in bheine wife, vnb globen ouch allez baz
o fürgefchriben ftet vor vns vnb vnfer Erben mit guten truwen an eybes ftat
veclichen vefte vnb ftete zů halben funber alle argelift vnb geuerbe. Dez zů
rkunbe geben wir vor vns vnb vnfer Erben bem fürgenannten fürften hertzogen
tuprecht bem Eltern vnb finen Erben bifen brieff verfiegelt mit vnferm anhangen=
en Jngefigel, wir haben auch gebeten vnb bitben ben fürgenanten vnfern vet=
ern grauen Burghart von Hohenberg vnb ben feften Ritter kuntz ftabe=
er von walbecke vnb Hugen von Bern Ecke Ebilkneßt .... gezugnuzze alle

fürgeschriben stucke, punte vnd artikeln vnd vns derselben eweclich zu besagen .....
siegele by daz vnser an disen brieff gehangen habent. Vnd wir die fürgenanten
graue burkhardt von hohenberg tuny stabeler von waldeke Ritter, Hüg von den
Ede Ebilkneht bekennen daz wir (sic!) ding bede .... grauen Rudolffs von
Hohenberg zů gezugnüzze aller obgenannten stucke artikele vnd yn derselben ... zu
besagen vnser Ingesiegele by daz syne an disen brieff gehangen haben. der geb
ist zu Heidelberg des nehsten Sampzdages nach vnser lieben frauwen dage als
sie geborn wart nach cristi geburthe als man zalte druzehen hundert Jare darnach
in dem siebin vnd Sechzigisten Jare.

B. d. Orig. im St.-Archiv zu Stuttgart. — Mit 3 gut erhaltenen Siegeln; das
des Burkard fehlt. — Das Waldeck'sche Siegel hat im Schilde zwei sich kreuzende ha
rechen.

599.

12. September 1367. Heidelberg. Graf Rudolf von Hohenberg gib
zum Verkauf (beziehungsweise zur Verpfändung) von Wildberg seiten
seines Vormünders, Grafen Burkard, seine Zustimmung.

Wir graue Rudolff von Hohenberg bekennen vnd dun kunt offinbar
disem brief für vns vnd vnser Erben, wanne vormals der Edel graue Bur
hart von Hohenberg, vnser lieber Vetter, als vnser Vormunder vnse
beil an der vesten wiltperg, burg vnd stab, mit manneschesten, burgma
scheften, welben, velben, Dörffer, luten, guten, wazern, weyden, zinsen, dienst
Eren, rechten, friheiden, vnd gewonheiden mit dem Closter .. Ruthe, mit ho
tyen vnd welben vnd mit allen andern zugehorungen gesucht vnd vngesucht,
die genant sint, oder genant mochten werden mit sunderlichen worten vmb zw
dusent gulden verkaufft vnd verpfant hat, derselben zweier dusent gulden der
genante vnser vetter ouch bezalt ist Vnd ouch beredt ist, daz wir vnd vnser Erb
denselben vnsern beil zu wilperg, alz furgenant ist, mit zwein dusent guld
Vnsres eygin geltes, vns dieselben vesten vnd vnsern Erben zubehalten vnd nymm
fürbazer versetzen verpfenden, noch zu verkeuffen, wiberlosen vnd keuffen mö
vierzehen dag vor sant Gorgen dag, oder vierzehen dag darnach, welches
wir wollen. Vnd ouch daz wir noch vnser erben vnsern beil an der vestin w
perg burg vnd stab, vnd die güte di darzu gehorint, nymant anders hoer od
vmb me geldes versetzen verpfenden oder verkeuffen sollen, Ez sy danu daz w
sie dem furgenanten fürsten, Hertzogen Ruprecht dem Eltern oder sinen erb
ein halb iar beuor an bieten, wil er oder sin erben dann da by ver liben,
sollen wir yn derselben vesten gunnen vor allermengelich, vmb soliche merung b
geltes als dann vnser beider Rate vber ein komment an alle geuerde, Di
bekennen wir vns für vns vnd vnsere erben, daz wir zu demselben kauff vnd ve
pfandung in aller maße. als der von vnsrem fürgenanten vettern geschehen vn

ift, vnſern willen gunſt vnd verhengniſſe geben, vnd beſtebigen vnd befeſtigen
üt craft diz briefs, vnd ſollen vnd wollen nymmer bar wider getůn noch
t getůn werden in dhein wiſe ane alle geuerbe, wann⁰ der obgenante Hertʒog
echt vnd ſin erben ſollen vnſern beil an der obgenanten veſten wiltperg
nb ſtab mit aller ʒugehörunge als benant iſt Innehaben, nutʒen vnd nißen,
en eygin gutern, ſunder abeſlagin vnd hinderniße, vns, vnſern erben vnd
glichen alſo lange vntʒ wir vnd vnſere erben ſie von yme Vnd ſinen erben
in Duſent gulben wider geloft haben, derſelben loſunge ſollint ſie vns ouch
n weſen in allen maßen als fürgenant ſtet, Duch heißen vnd gebieten wir
vnſern Mannen bie ʒu wilperg gehorint vnd manne ober burg=
bo ſint, baʒ yr von bemſelben fürſten Hertʒogen Ruprecht bem Eltern
en enphahent vnd yme vnd ſinen Erben hulbent vnd ſwerent vnd ge=
weſent, als ein man ſinem herrn billichen weſen ſal, alſo lange vntʒ wir
eil ʒu wilperg geleſt haben, baʒ ir vns bann⁰ wartent vnd gehorſam weſent
ben beil als billich vnd recht iſt. Alles das hie vorgenant ſtet vnd barʒu
ſambung vnd kauff, wie ben vnſer fürgenanter vetter getůn hat, geloben
ie Rubolff von Hohenberg fürgenant mit guten truwen an eybes ſtab
ſiete ʒuhalten vnd nymmer bar wiber ʒu bůn noch ſchaffen getůn werben
wiſe ane alle geuerbe vnd argeliſte. Zu orkund geben wir vor vns vnd
ben bem Hochgebornen Fürſten Hertʒogen Ruprecht bem Eltern fürge=
nd ſinen Erben biſen brief verſigelt mit vnſrem anhangenden Ingeſigel,
n ouch gebeten ben obgenanten vnſern vettern grauen Burghart von
g, ben veſten Ritter kunʒ ſtabeler von Walbeck vnd Hugen von
Ebilknecht baʒ ſie ʒu geʒugniſſe aller obgenanten ſtucke punte vnd artikel,
berſelben allezit ʒu vberſagin, ire Ingeſigele by baʒ vnſer an biſen brief
habent, Vnd wir graue Burghart von Hohenberg, kunʒ ſtabeler
bed Ritter vnd hug von Berneck ebilknecht fürgenant bekennen baʒ
bete bes fürgenant grauen Rubolffs von Hoenberg vnd ʒu geʒugniſſe
manten ſtücke, punte vnd artikel, vnd yn berſelben allezit ʒv vberſagin
eſigele by baʒ ſin an biſen brief gehangen haben. Geben ʒu Heibel=
nehſten ſontagis nach vnſer lieben frauwen bag als ſie geborn wart
ü geburthe bruʒehen hunbert iar barnach in bem Sieben vnd Sechʒi=
te.

Orig. im St.=Archiv ʒu Stuttgart. — Es hängt nur noch bas Siegel bes
f an ber Urkunbe.

600.

12. September 1367. Heidelberg. Graf Burkard von Hohenberg
gebietet den zu seinem Theil der Herrschaften Wildberg und Bulach
gehörigen Mannen und Burgmannen, dem Pfalzgrafen Ruprecht zu
huldigen und ihre Lehen von demselben zu empfangen.

Wir Graue Burkart von hohenberg Bekennen vnd tun kunt für vns
vnd vnsere erben, diesen nachgeschrieben vnsern lieben getruwen vnd vnt-
nen mit namen hern Gompolt von Giltlingen, hern hugen von
Bernecke, hannsen von Nuwenecke, voltz Grußhar von Nuwenecke
Contzen hechinger von Sultze vnd Martin von Sultz, Jorgen von
Hailffingen, Heintzen von Haolffingen dem eltern, Gerlachen von
wytingen vnd bartzu allen vnsern Mannen vnd Burgmannen die
bißhere zu vns gein wilperg burg vnd statt vnd zu der herschafft
zu wilperg oder zu Bulach gehort haben vnd vnß manne oder burg-
manne da geweft sin, vnd vns gehulbet vnd gesworn habent, das wir für vnß xc
vnsere erben vnsern teyle an wilperg burg vnd statt vnd auch an Bulach xc
mannen, mannschafften burgmannen burgmannschafften vnd mit aller ander zus-
horunge dem hochgebornen fürsten vnd herren hern Ruprecht dem eltern
pfaltzgrauen by Rine des heiligen Romischen Richs obersten druchseffen xc
hertzogen In beyern, vnd sinen erben erbtlichen vnd ewiglichen verkaufft habe-
dauon heiffen vnd gepiethen wir uch allen vnd uwer iglichem besunder nyemant
vß genommen, das Jr zustunt ane hinderniß vnd vertzug dem obgenanten herre-
Ruprecht dem eltern vnd sinen erben hulbent swerent vnd gehorsam sin sollen
vnd was Jr bißhere von vns als von wilperg Burg vnd Statt vnd von
herschafft wilperg vnd von Bulach zu lehen gehabt habent Das sollent Jr xc
demselben fürsten hertzug Ruprechten dem eltern furbasser mee zu lehen entpfa-
haben vnd tragen vnd auch Jme vnd sinen erben dauon bienen warten vnd gehorsam wesen als uwerm rechten herren vnd als eme man sinem rechten herre-
billichen tun sol vnd mit denselben gutern manschafften vnd lehen wisen wir xc
von vns vnsern erben vnd nachkomen an den obgenanten fürsten hertzug Rupre-
ben eltern vnd sine erben vnd manne vnd so schier ir oder welicher vnder uch den
obgenanten fürsten hertzug Ruprecht dem eltern gehulbent geswerent vnd die lehe-
die Jr von vns gehabt habent als vorgeschrieben steet von demselben fürsten enpfangen habent das Jr auch ane vertzug thun sollent So vertzyhen wir dann o-
uwer eyde vnd glubbe als Jr vns verbunden sint, Des zu orkunt geben wir für
vns vnd vnsere erben dem obgenanten fürsten hertzug Ruprecht dem eltern vn-
sinen erben vnd nachkomen diesen brieff versiegelt mit vnserm anhangenben Ingefigel, wir haben auch gebetten vnd bitten ben vesten Ritter kuny stabeler von
walbecke vnd hugen von Bernecke Ebellnechte das sie zu getzugniß aller ob-

zenanten ſtücke punct vnd artiſele vnd vns berſelben allzyt zu uberſagen Jr Jn-
zeſiegele by das vnſer an bieſen brieff gehangen habent vnd wir bie vorgeſchriben
luny ſtabeler Ritter von walbecke vnd hug von Bernecke Ebelfnechte befennen das
vir burch bebe des vorgeſchriben graue burckart von hohenberg vnb zu getzugniß
iller obgeſchrieben ſtuce punct vnb artiſel vnb Jn berſelben allzyt zubeſagen
onſer beibe Jngeſiegele by bas ſine an bieſen brieff gehangen haben, Geben zu
heibelberg bes nehſten Sontags nach vnſer lieben fraumen tage als ſie geborn
varbe nach criſti gepurt bruzehenhunbert Jare barnach Jn bem Sieben vnb ſech-
zigſten Jare.

B. einer alten Abſchrift im St.-Archiv zu Stuttgart.

——

601.

13. Dezember 1367. o. O. Graf Rubolf von Hohenberg belehnt
Lanbolt Schroten ſel. Wittwe unb beren Kinder mit einem Theil bes
Zehenten von Kiebingen, ben vormals Haintz ber Hölzeler hatte.

Wir Graue Rûbolff von Hohemberg vergenhen offenlich vnb tûn funt
nenglichen mit biſem brief, baz an bem tag als birre brief geben iſt für uns kam
ibelhait Schrôzin etwen Lanbolt Schroten ſeligen elichü Huffrow vnb mit
r Haintz, abelhait, Mätzlin vnb Englin bie Schroten genannt, irü kint,
nb ſprachen ſig were an geerbet von Lanbolten Schroten ſeligen irem man
nb ber kint vatter vnb von Haintzen bem Höltzler ſeligen irem frûnb ain
halbtail ainß zehenben, ber gelegen were ze Lübingen bem borf in bemſelben
anne, ber von vns vnb vnſern vorbern ze lehen getragen vnb ouch biß
wen abgegangen von vns vnb vnſern vorbern ze lehen gehebt hetten, vnb baten
ns ainhelllich mit enander mit flizz vnb ernſt, baz wir Jn baz Halbtail beß ſelben
ehenben lihen, beſ haben wir ir bett erhört vnb vnb haben in baz ſelb halbtail
eß zehenben gelihen vnb lihen mit vrkunb biß briefs als wir billich vnb burch
echt lihen ſüllen, alſo baz ſig vns ba von tûn ſüllent, als ain ieglich lehen man
inem lehen Herren billich vnb burch reht tûn ſol vnb haben allen ſchrôten beſ
elben lehen ze trager geben albrecht kitzueln, ietz ir elich Huſwirt, abelhaiten
haintzen wöln ir elich Huſwirt, Metzlin Hanſen ben ſcherer iren elichen
huſwirt vnb Englin Haintzen iren brûber, ber eſ Jm ſelbe tret vnb Englin
iner ſweſter. Wir behalten ouch vnſ ſelbe älle vnſrü reht, bie wir ietz zû bem
elben lehen haben ober noch bar zû gewinnen möhten, baz wir vns ber in kainen
vege vſſchriben haben, vnb baz biß lihen in ſiner kraft belib, ſo haben wir vnſer
nigen Jnſigel offenlich gehenkt an biſen brief, Der geben iſt an Sant Lucien tag

nach Cristus geburt Drützehenhundert Jare darnach In dem Siben und Sech-
goften Jare.

B. d. Orig. im Spital-Archiv zu Rotenburg. — Mit dem kleinen runden Siegel
des Ausstellers, das den einfachen Hohenberger Schild und die Umschrift „S. Rv....
.. mitis de Hohemberc" hat.

<hr>

602.

24. Dezember 1367. Heidelberg. Lehens-Revers des Hugo von Berneck
bem Pfalzgrafen Ruprecht dem älteren über halb Berneck und den
Laienzehnten zu Grömbach ausgestellt.

Ich Hug von Bernecke Ritter Bekenne für mich vnd alle myn lehens-erben
wann der hochgeborn durchluchtig fürste vnd herre her Ruprecht der eltir
pfaltzgraue by Rine des heiligen Romischen Richs oberster druchseß vnd herzog
In beyern myn gnediger herre für sich vnd sin erben dieß nach geschrieben gut
mit namen Bernecke das huß halbs mit aller siner Zugehorunge vnd den
leyen zehenden zu Grünbach mir vnd mynen lehens erben, zu rechtem mannen
lehen verlühen hat des globen ich mit guten truwen für mich vnd myn lehens
erben, das wir die obgenanten guter Berneck halbs mit siner zugehorunge vnd den
leyen zehenben zu Grumbach allzijt mit truwen vermannen sollen vnd wollen
mym heren vorgeschrieben vnd sinen erben mit glubben truwen vnd eyden
biensten vnd manschafften die guter allzijt zu empfahen warten vnd gehorsam
wesen sollen vnd wollen als eine manne sinem herren billich thun sol, Vnd
das alles zu den heiligen gesworn für mich vnd myn lehens erben dem obgenanten
mynem herren vnd sinen erben, stete vnd veste ewiglich zuhalten, Vrkunde diß
brieffs, den ich dem vorgenanten mynem herren hertzug Ruprecht dem eltern vnd
sinen erben für mich vnd myn lehens erben geben han versiegelt mit mynem
hangenden Ingesiegel Geben zu heidelberg an des heiligen Cristages abent als
cristi gepurt brutzehen hundert vnd in dem sieben vnd sechtzigsten Jare.

B. einer alten Abschrift im St.-Archiv zu Stuttgart.

<hr>

603.

18. April 1368. Stuttgart. Graf Eberhard von Wirtemberg giebt
dem Grafen Otto von Hohenberg für eine Schuld von 2000
vnd 1800 Pfd. Heller auf Wiederlosung zu einem „burggesäß"
Haigerloch die Burg und die niedere Stadt mit den dazu gehörigen Dörfern und Weilern: Trillfingen, Steinhofen, Owingen,
Rangendingen, Hart, Bietenhausen, Höfendorf, Hospach und Imnau.

Wir Graue Eberhart von wirtenberg vergehen vnd tuen kunt offenlich
an disem brieff allen den bie in an sehent lesent oder hörent lesen, das wir vn-

nſer erben noch ſchulbig ſien vnd gelten ſullen Dem ebeln vnſerm lieben Oheime Graue Otten von Hohenberg vnd ainem ober mer ſiner kinbe dem er die chulb mit kuntſchafft gebe mit ſinem brieff vor tob ober nach tobe vnd iren erben m dem kouff Nagelt vnd Haiterbach zway tuſent gulbin guter vnd geber gulbin gut von golb vnd ſwer von gewichte. Darzu ſien wir im benn ſchulbig chtzehenhundert pfunb guter vnd geber Heller Darumb er vns Haygerloch von)ienen (sic!) von Tettingen gelöſet hant vnd vmb die vorgenannten zwey tuſent gulbin vnd vmb die vorgenanten achtzehenhundert pfunb heller haben wir vnſerm Oheim Graue Otten von Hohenberg vnb ainem ſinem kinbe ober mer bem r es gebe mit kuntſchafft vnb geben im in mit biſem brieff zu ainem rechten burggeſäß Haygerloch die burg vnb Haygerloch die nibern ſtat vnb haben n ba hinbehuſet, als ainen burgman vnb im bas ingeben mit allen zu gehörn=)en (sic!) nutzen vnb rechten der börffer vnb wiler Truhelfingen, Stain=)ofen, Dwingen, Rangabingen, harbe, bietenhuſen, hebenborff, hoch= pach vnb ymenow, die börffer vnb wiler Vnb alles, bas bas zu ber vorgenanten Burg vnb ber Nibern ſtat Haygerloch vnb ben vorgenanten börffern vnb wilern ge= jört inwenbig vnb vßwenbig mit luten vnb mit guten vnb mit namen die kirchen= et vnb die fronhöfe barin die kircheſet gehörent, vnb alles bas zu ber vor= jenanten burg vnb ſtat haygerloch vnb ben vorgenanten börffern vnb wilern vnb kirchenſetzen gehört, beſucht vnb vnbeſucht, lut vnb gut, vnb mit allen rechten vnb gewonhaiten vnb mit aller gewaltſami, gerichten vnb vogtyen, zwingen vnb)ennen, Eker, wiſſen, waſſer, waib, holtz, velb, Stüre, zinß, Mulina, viſchentzen vnb vngelt, als wir es vormals vnb yetzo ingehebt herbraucht haben, vnb ſullen ie es alſo inne han vnb nieſſen beſetzen vnb entſetzen nach irem willen, wie es in aller baſt fügt, als lang biß wir ober vnſer erben die vorgenanten burg vnb ſtat haygerloch börfer vnb wiler vnb die vorgenanten kirchenſet lüt vnb gut vmb in vmb ain ſiner kinbe ober mer bem er es gebe ober ire erben löſen vnb lebigen völlen vmb zway tuſent gulbin guter vnb geber gulbin vnb vmb achtzehenhundert funb guter vnb geber heller als vorgeſchriben ſtät vnb ber loſunge ſullen ſie vns wiglich in allen künfftigen iaren gebunden vnb gehorſam ſin, welches iars wir völlen in ben nechſten viertzehen tagen vor ſant Georyen tag vnb in ben nechſten iertzehen tagen barnach on alles verziehen, vub ſullen ſie vns die vorgenanten urg vnb ſtat haygerloch börffer wiler kirchenſet lüt vnb gut als wir in bie u ainem rechten Burggeſeß in geben haben vngeuerlich lebig vub loß wiber geben vnb in antwurten on wiberreb, on verziehen, vnb als ſie es benne inne hand on euerbe. Duch ſol bie vorgenante burg vnb Stat haygerloch vns vnb vnſer rben offen huß ſin vnb vnb ſullen vns vnb bie vnſern barin vnb baruß lauſſen e allen ziten vnb ze allen vnſern nöten, wenn vnb wie bik wir ſin bebürffen viber aller menglich nieman vs genomen, boch inen on ſchaben vngeuerlich. Es ſt ouch mit namen gerebt vnb gebingt, wer ob Graue rubolff von hohen=)erg ober ſin erben ober bie herſchaft ze hohenberg Ebingen vnb Hayger=

loch burg vnd stat vnd was barzu gehört vmb vns ober vnser erben lösen wöln
oder loßten oder vsser vnser hant keme, wie sich das gefugte vnd wie das we
das der vorgenant vnser Oheim Graue Otte von Hohenberg oder ains we
mer siner kinde, bem er es mit kuntschaft gebe oder geben hette, enthuiet w
ben von der vorgenanten burg vnd stat haygerloch, wenn das wer =
wir ben vorgenanten vnsern Oheim Graue Otten von Hohenberg ber w
genannten zwey tusent gulbin guter vnd geber vnd ouch der achtzehenhundert pw
guter heller vor der losunge nit bezalt vnd gewert hetten, So sullen wir in w
aim sinem kinbe ober mer, bem er es gebe ober geben hette, vnb iren erben w
vorgeschriben stet, bie vorgenanten zwey tusent gulbin vnd ouch bie ahtzehenhw
pfunb heller vnb an berselben losunge von erst an laussen werden vnb vsw
ober sie aber sus bezalen mit anberm gelte, da mit sie wol benügte on verzw
vnb on alle geuerbe. Ouch ist gerebt, bas wir ober vnßer erben bem vorgew
Grauen Otten von Hohenberg ober aim sinem kind ober mer ober iren erw
bem er es bas also gebe ober geben hett mit kuntschafft vnb wissen mit sw
brieff vor tob ober nach tobe, als vorgeschriben stat, bie vorgeschrieben zwey tw
gulbin guter vnb geber vnb ouch bie achtzehenhundert pfunb guter heller geben w
bezaln sullen In ber stat Rütlingen, Rottemburg ober Herremberg in w
bryer Stette ainer, weberhalb er ober ains ober mer siner kinbe vnb ir ew
ben er bas geben haut, als vorgeschriben staut, wöllen, ba wir sie ober w
biener vnb Amptlüte hin turren geantwurten vngeuerlich. Vnb barumb haben w
im vnb aim sinem kinbe ober mer vnb iren erben vnuerschaibenlich ze bürgen gew
vnsern lieben biener Graue fribrichen von Hohenzolre ben alten, Gw
Conrab ben scherer, Graue fribrich von zolre ze afelsperg (sic!), walthw
von Gerolzeck ze Sulz, Graue vlrich ben scherer, Swicker von Guw
fingen ben ebeln, Berthold von Sachssenhain, Johan von Sachssenbw
Johan nothafft, Burckart von Mansperg, Johan von Oßwil, Renbw
von Rünhusen, Johan von liechtenstain, Anßhalm von Halfingw
Benz kaib von hohenstein, Ruff von Tümeringen (sic!), Johan Hew
bietrich Herter, Albrecht Tachenhuser, Albrecht Spät vnb Hainz w
von Frickenhusen, Renhart Spät, Merhart vnb Hainrich Züttelw
Also mit sölichem gebing, wer ob wir ober vnser erben bem vorgenanten Gw
Otten von Hohenberg ober aim ober mer siner kinbe ober iren erben bie w
genanten zwey tusent gulbin guter gulbin vnb ouch bie achtzehenhundert pw
heller guter vnb geber also nit liessen off heben vnb werden an ber losung, w
sie sust von anberm gelte sie nit bezalten als vorgeschriben stet, vnb sie ouch w
nit werten vnb bezalten an ben Stetten, als ouch bauor geschriben stet, So w
ber vorgenant Graue Ott von Hohenberg ain sin kinb ober mer ober ir ew
vollen gewalt vnb gut recht bie vorgenanten bürgen ze manen mit iren botten w
briefen ze huse, ze hof ober vnber ougen, sie alle gemainlich ober ain tail besunb
vnb welche also gemant werben bie sullen nach ber manunge in ben nechsten w

gen vngeuerlich ir yeglicher ain knecht vnd ain pferd senden vnd legen gen
üwingen, gen Rottemburg oder Herremberg, in welche stat sie gemant
erben, darum sie turren geleisten vngeuerlich in offner wirtzhufer vngeuerlich, in
jner wirtzhufer ze vailem kouff, vnd bā laisten ain recht reblich vnuerbingt Gysel=
jafft vnd osser der laistunge nümer komen noch lebig werden, biß das wir oder
vser erben dem vorgenanten Graue Otten von Hohenberg oder aim oder
er sinem kinde oder iren erben die vorgenant zway tusent gulbin vnd die vor=
mant achtzehenhundert pfund heller also von der losunge des ersten gewert vnd
zalt haben, oder aber mit anderm gelt vnd ouch an den stetten, als vorgeschriben
nut, oder aber mit iren guten willen on alle geuerbe, vnd sullen ouch denn die
vrgenant burg vnd Stat haygerloch vnd ouch die börffer vnd wiler mit lüten
vb guten als vorgeschriben stett, inne hon vnd niessen, bis er oder ains oder
er siner kinde oder ire erben der obgeschriben Summe geltes gar vnd gentzlich
tzalt werden on alle geuerbe. Es sol ouch der bürgen behainer die laistunge
f den andern verziehen vnd sol in ouch behain laistung an der laistung nit irren
ne geuerbe. Wer ouch ob der pferid in der laistung ains oder mer abgiengen
ver verlaist würden, als dick, so sol der oder die des das pferid gewesen ist, ie
n anders in die laistung stellen vnd legen vngeuerlich. Wer ouch ob der bürgen
ner oder mer abgiengen, stürben oder füren von dem lande, als dick sullen wir
ie ander als schiblich bürgen setzen an der abgangen stat vngeuerlich in dem
chsten monad bar nach, so wir von in des ermant werden, oder die andern
rgen sullen laisten, so sie gemant werdent in allen dem rechten als vorgeschriben
t vngeuerlich. Wer ouch ob der bürgen ainer oder mer ir vntzucht teten bre=
n vnd nit laisten, als vorgeschriben stat, so hat der vorgenant Graue Ott,
ı sin kind oder mer oder ir erben vnd alle ir helffer vollen gewalt vnd gut
ht, die selben verbrochen bürgen anzegriffen, ze nöten vnd ze pfenden an iren
en vnd güten mit gericht oder ane gericht gaistlichem oder weltlichem, in Stetten,
börffern oder off dem lande, oder wie das der egenant Graue Otten aim
er mer siner kinde oder iren erben vnd iren helfern aller bast fügt, als lang
o als vil bis das in die vorgenanten schulde gentzlich vnd gar vergolten wirt,
, vorgeschriben stet, vnd dauor sol sie nit schirmen noch helffen behain gericht,
tlichs noch weltlichs, noch behain lantfrid, burgrecht noch Stetrecht, frihait, noch
vonhait der herren, der Stette noch des landes, noch behainerlay gewalt, ane alle
ıerbe. Vnd were ouch, das der egenant Graue Ott ains oder mer siner kinde
erben vnd alle ir helffer des angriffens behainen schaden nemen, denn sullen
ı oder vnser erben in ouch vfrichten vnd abtun vnd barumb sullen die burgen
behaft sin in allen dem rechten, als vorgeschriben stet vngeuerlich. Ouch sullen
wöllen wir den vorgenanten Graue Otten von hohenberg, sine kind ains
mer oder ir erben getruwlichen schirmen zu der vorgenanten vesten, lüten vnd
n, als ander vnser diener vnd als ander eugen lüte vnd gut, alle die wile
es vmb sie nit gelöset haben an alle geuerbe. Wer ouch ob der vorgenant

vnſer Oheim Graue Ott von Hohenberg ſiner kinde ains oder mer oder
Erben loßten die lüte oder güte, die zu der vorgenanten veſtin Haygerloch,
burg vnd der nidern ſtat, gehörend vnd dauon verſetzent ſind, die ſullen ſie
ouch inne han vmb das ſelb gelt, als lang bis das wir oder vnſer erben das
vmb ſie erlöſen vmb ſo vil geltes, als ſie oder ire erben die ſelben lut vnd
gelöſet han, vnd ſullen ſie vns ouch alſo der loſunge gehorſam ſin mit Hay
loch, ſo wir das löſen möllen vngeuerlich. Wir geloben ouch die vorgenant
gen gütlich ze lebigen vnd ze löſen von diſer burgſchafft ane ir ſchaden vnge
Wer ouch ob diſer Inſigel, die an diſen brieff gehörent, ains oder mer vnge
zerbreche, miſſekert oder miſſehenckt würden, oder nit gar daran komen od
diſem brieff icht miſſeſchriben were an wort, an ſilben oder an büchſtaben,
ſol dem egenanten Graue Otten von Hohenberg, ſinen kinden aines
mer, dem er die ſchulbe mit kuntſchafft vnd mit ſinem brieff gebe, als vor
ben ſtat, vnd iren erben an der ſchult noch diſem brieff kainen ſchaden brin
alle geuerde. Vnd des zu warem vrkund geben wir dem vorgenanten
Otten von Hohenberg ſinen kinden ainem oder mer oder ir erben diſ
beſigelt mit vnſerm vnd mit der vorgenanten burgen anhangenden Inſigel
die vorgenanten bürgen veriehen diſer burgſchafft vnd geloben bie by guten
an aydes ſtat war vnd ſtät ze han vnd ze halten, als vorgeſchriben ſtat, vn
des ze vrkund vnſer yeglicher beſunder ſin aigen Inſigel wiſſenglich geben
diſen brieff. Datum Stůtgarten an binßtag vor Geory Anno domini M
octauo.

B. einer alten Abſchrift im St.-Archiv zu Stuttgart.

604.

15. Juni 1368. Rotweil. Markgraf Rudolf von Baden un
Rudolf von Hohenberg verloben ihre Kinder Bernhard u
garetha mit einander und ſetzen vor dem Hofgericht
die dißfallſigen Beſtimmungen feſt.

Ich Graf Růdolf von Sultz Hofrichter von mines
Herren des Römiſchen Kayſer Karlen gewalt an ſiner ſtat
Hof ze Rotwil tůn kunt mit diſem brief Allen ben die in Anſehent
leſen. Daz ich ze gerihte ſazz vf dem Hof ze Rotwil an b
frien kunges ſtrazze vf diſen tag als birre brief geben iſt, vnd
mir vf dem ſelben Hof die Edeln herren Marggraue Růdolf
vnd Graf Růdolff von Hohenberg vnd veriahen daz Sü be
Gotte ze lobe vnd ze eren nach ir güten fründe vnd andrer Erbren
Rat ainer güter fründſchaft fründlich vnd gütlich ober ain komen
daz Marggraf Růdolff von Baden Marggraff Bernhart

une geben vnd gemehelt hetti fröwelin Margarethen des obgenanten
Graff Rüdolffs von Hohenberg tohter. vnd zu ainem elichen wibe gegeben
vnd von der selben früntschaft vnd gemahelschaft wegen. do veriach Marggraf
Rudolff von Baden. das er fröwelin Margarethen sines sunes wirtinnen
eben Sölti vnd verhaizzen vnd gelopt hetti ze gebenne zu ainer rehten Morgen=
gabe vier Tusent pfunde güter vnd nemlicher Haller. Vnd sol Si derselben vier
Tusende pfunde Haller bewisen off ain vesti. mit So vil gütern die Vier Tusende
pfunde Haller wol wart sin Süllent vnd besser. vnd bie ouch er oder sine Erben
e Lösenne haben vnd gelösen mügent äni alle geuerbe. Dar nach bo stunde für
gerihte der Edel Herre Graff Rüdolf von Hohenberg gesunt des libes. ver=
nünftig der sinne vnd mit wolbedahtem müt vnd veriach mütwillieclich. Daz er
der selbun fröwelin Margarethen siner tohter vnd allen iren libe Erben.
Recht vnd redelich gemachet hetti vnd machet jnen vor mir als reht waz. Hohen=
berg sine vesti vnd alle Herschaft bie dar zu höret. vnd alle anderü
sinü güt. bie er hat. es sient Burg Stette Markt Dörffer. willer.
ilchensäze. pfantschäze. lant vnd Lüte. aigen vnd lehen. Manne vnd
Manschaft. es sie ligendes oder varendes. korngelt. winegelt. pfenning
gelte. wisac. wiltbänne. vogtyen. geriht twing bänne. stüra. vischenza.
valle. Erbe. Hoptreht. geläzze. Eker wisa wine garten. zehenden.
holz. velde. wazzer wunne waibe. bi wasen vnd bi zwi. mit allen reh=
en nützen vnd zügehörden. benemptes vnd vnbenemptes funbes vnd vnfunbes. ge=
suchtes vnd vngesuchtes. mit allen rehten vnd nützen. vnd gemainlich mit aller ehafti
vnd zügehörbe. claine vnd grozze pfenning oder pfenninges wert. wa ober an
velhen stetten das gelegen ist. vnd wie baz alles genant gehaizzen oder geschaffen
ist. Also vnd mit solichem gebinge. weri baz der obgenant Graff Rüdolff
von Hohenberg sturbi vnd elicher süne hinder ihme niht liessi. baz Gotte niht
velle. So sol die obgenant sine Herschaft vnd Grafschaft ze Hohenberg
mit allem bem baz barzü ober bar in höret. vnd alles anber sine güt baz er iezo
hat. oder nach sinem tobe las. genzlich vallen an fröwelin Margarethen von
Hohenberg sine tohter. vnd an ir Elich libe Erben die Sü bi enander gewinnent.
das sü baran nieman sumen noch ierren sol in behainen weg noch mit enhainer
hane wise susse noch So äni alle geuerbe vnd gab berselbun siner tohter bar vber
ze ainem getruwen trager. vnd fürmunt ben obgenanten Herren Marggraff Rü=
dolffen von Baden. Weri aber baz Graff Rüdolff von Hohenberg elich süne hetti
ober gewunne. vnd bie ouch avni liberben abgiengent. bie elich werint vnd stürbint.
So sol aber alles sine Lant mit der Herschaft ze Hohenberg vnd mit allem bem
baz zü sinem lande oder zü siner Herschaft höret als vorbeschaiben ist. genzlich
werden vnd vallen fröwelin Margarethen siner tohter vnd iren Erben. ze gelicher
wise vnd in allem bem rehten. als er baz nach sinem tobe vor vermachot vnd ver=
geben hat. avni alle geuerbe. Ez ist ouch me gebingot vnd gerette. weri bas der
almehtig Gotte von sinen gnaden Graff Rüdolfen von Hohenberg me elicher tohteren

gebi danne fröwelin Margarehten sine tohter das sol ir vnd iren vorgena...
Erben an der vorgeschribenen Herschaft ze Hohenberg. noch an dehainen...
güten. die vorgeschriben vnd benempt sint. enhainen schaden tûn noch bring...
ders danne vorgeschriben stat. danne das er den selben sinen nachkomen...
teren. ob er die gewinnet. wol geben vnd machen mag. Siben Tusen...
güter vnd nemlicher Haller. der er sü wol bewisen mag vf sinü gut in...
wise. das in dar an nieman sumen noch ierren sol. vnd die selbun gut vn...
schätze mag aber fröweli Margareth vnd ir Erben von Inen wol wider...
Syben Tusent pfunden Hallern güter vnd nemlicher. ani aller mangelich...
vnd Hindernüste ani alle geuerde. Vnd Sol ouch den selben sinen nach...
tohteren niht me geben noch machen danne Syben Tusend pfunde Hall...
mit Rat vnd willen des obgenanten Marggraff Rûdolffs von Baden. sines...
ani alle geuerde. Es sol ouch der obgenant herre Marggraf Rûdolff von...
sinen tohteren mit gebing niht me geben noch machen. danne Syben Tusen...
Haller. danne mit Rat vnd willen des obgenanten Graff Rûdolffs von Ho...
sines Swehers ani alle geuerde. Man sol ouch wizzen daz in dirre...
vnd gemahelschaft gedingot vnd gerette ist. daz Graf Rûdolf von Hohen...
welin Margarethen siner tohter ze ainer rehter Hainstüre verhaizzen vn...
hat Syben Tusend pfunde güter vnd nemlicher Haller. vnd vmb die selben...
So hat Marggraf Rûdolff von Baden reht vnd maht in ze manen über...
die nehsten die nach enander koment. Vnd nach den selben zwain Jaren...
gantzü Jar das wirt ober vier Jare. So sol er die obgenante sine toh...
vnd bezalen Syben Tusent pfunde Haller. ober aber er sol Sie bewisen...
Pfantschaft mit ainer vesti vnd mit so vil gütern vnd gelten. die Syben...
pfunde Haller wol wert sint oder besser. Vnd die selbun vesti vnd...
Süllent fröwelin Margarethe vnd ir Erben avni allen abschlag Inne...
niessen vntz an die stunde das Graf Rudolf von Hohenberg oder sine...
mit namen süne sin Süllent. die selbun gut von ir oder von iren Erb...
gent vnd erlösent mit den obgenanten Syben Tusend pfunden Hallern...
gäber. avni alle geuerde. Es ist ouch me gedingot vnd gerette. das all...
bie bie obgenanten Herren baide enander von dirre gemahelschaft wegen...
gegeben hant in allen iren kreften eweclich beliben sont. vnd sol dirre...
selben ir Erren brief nicht krenken in dehain wise susse noch So avni...
weri ouch das Graff Rûdolff von Hohenberg elich Süne gewinne als...
schaiden ist. So sol der obgenanten fröwelin Margarethen niht me...
eruolgen. danne Syben Tusent pfunde Haller. die ouch ir ze ainer Hain...
haizzen vnd gelopt sint in der wise als da vorbeschaiden ist avni...
Vnd der selben siner süne getruwer trager vnd fürmunt sölti danne...
obgenant Marggraf Rûdolf von Baden. vntz die selbun sine süne zü...
koment ani alle geuerde. Die obgenanten Herren baide Marggraff...
Baden vnd Graf Rûdolf von Hohenberg hattent ouch bis gemächte vnd

eſchriben ſacha zů ben zitten bo ſü bas wol getun mohtent. mit Handen vnb mit
Nunben. vnb mit miner hant vnb mit Munbe. mit vrtail als reht waz. vnb als
f bem Hof ze Rotwil ertaillet wart baz es beſchehen weri als reht weri vnb als
s nü vnb ouch her in kunftigen zitten billich vnb reht kraft vnb maht haben ſol
nb mag. luterlich vnb ainueltenclich vnb ani alle geuerbe. Vnb her vmb ze
ſſem vrkunde ſo han ich bez Hofgerihtes ze Rotwil Inſigel mit vrtaile offenlich
ehenket an biſen brief. Darzů ſo habent ouch wir bie obgenanten Herren baibe.
Narggraf Růbolf von Baben vnb Graf Růbolf von Hohenberg ze noch merer vnb
eſſerr Sicherhait für vns vnb vnſer Erben Vnſerü Inſigel ouch offenlich gehenket
n biſen brief. Der ze Rotwil geben iſt aht tag nach ber hailigen tag bie man
empt Viti vnb Mobeſti Nach Chriſtus geburte Drützehenhunbert Jar. barnach in
em ahtoben vnb Sechzigoſten Jare.

V. b. Orig. im St.-Archiv zu Stuttgart. — Mit bem Siegel bes Hofrichters, bas
en Reichsabler im Schilbe hat, unb bem bes Markgrafen von Baben. Dieſes hat ben
inks geneigten Zähringer Schilb, mit bem Helm auf bem rechten Eck, ben auswärts
jekehrten Steinbockshörnern unb herabflatternben Tüchern. — Siegel bes Grafen Rubolf
von Hohenberg wie an Urkunbe von 1380 vor Symonis unb Jubä.

605.

15. Juli 1368. o. O. Ein Schiebsgericht, beſſen Obmann Konrab
Stahler war, entſcheibet einen Streit zwiſchen Werner Hurnbog
unb Benz von Bochingen, ben Zehnten von Weinbergen bei Roten=
burg betreffenb, welche vorbem Aecker waren.

Ich Cünrat Staheler vergihe mit biſem brief vor aller mänglich vnb tůn
unt allen ben bie in ane ſehent leſent. ober hörent leſen bas ich als gemaine
nan vff ber ainen ſiten Benzen von Bochingen. zů mir Sazebe Hern Han=
en von Witingen vnb zů im Her Hainrich von Öwe bebe Ritter. vff ber
nber ſiten Wernher Hurnboges. bas ber bar gab Benzen Mabbach von
Rütlingen vnb Abreht von Waſſemburg Schulthaiſſen ze Rötem=
 urg vnb kam für vns mit fürſprechen. Wernher Hurnbog vnb leit für vmb
ie vier ſtuck bie hie nach geſchriben ſtant. bes erſten ainen wingarten genant an
jirnbühel buwet Ritter Hans fritze ber Eſſelinger ainen wingarten. an
jeraiten Halben. ber Vogel ainen wingarten an geraiten Halben. vnb Dietrich
er Suter ainen wingarten an geraiten Halben. vnb batt im bar vmb ze erua=
ent mit fürſprechen vmb bie vorgenannten ſtücke wan er allen kornzenhenben vor=
nales bar vff genomen hette. wan bas in ze win gerütt wär ob er ben zehen=
ben nit billich nemen ſolt. bo antwürt Benz von Bochingen vnb ſprach. was ie
win gäbe vnb ze wine gerüt würt ben zehenben ſölte er nemen vnb hette in öch
ie vnb ie genomen vnb bätte nit wan ainer erbär kuntſchaft bar vmb. bo ertail=

tent die vier mit gemainem munde ain erbár kuntschaft. do gabe ieder taile
vierzehen vnd ainen gemainen. die swúrent alle zu den Hailigen aine kuntschaft ze
sagen. do si die kuntschaft verhortent. do duhte sie alle vier reht vnd kament óch
ober ain. das der Bochinger die besser kuntschaft hette. das er an den obgenanten
stucken den winzehenden vnd den obezzenhenden nemen sólt. wáre aber das die
selben stücke korne gábint, was korne das wár, den kornezehenden sólt der obgenant werdher Hurnboge nemen. Des ze vrkunde vnd ainer státen sicherhait der
warhait aller vorgeschribener dinge wan ich gemaine man was so han ich durch
bette willen der vier Schidelút. vnd der zwayger taile mine aigen Insigel gehenket
ane disen briefe. Der geben wart an dem náhsten Samßtag nach Sant Margarethen tage der hailigen Junckfrówen. do was von gotes geburte drüzehenhundert
Jare Sehtzige Jare vnd dar nach in dem Athenden Jare.

B. d. Orig. im St.-Archiv zu Stuttgart. — Das Siegel ist abgebrochen.

606.

11. November 1368. o. O. Graf Rudolf von Hohenberg, welcher
von denen von Neuneck den Kirchensatz von Jhelingen (O.A. Horb)
um 1400 Pfd. Heller gekauft, verschreibt denselben dafür 140 Pfd.
Hellergelt auf Wiederlosung.

Wir Grauf Rúdolf von Hohemberg veriehen offenlich vnd . . . . . [1]
meniglichen mit disem brief die in sehent oder hörent lesen, Daz wir vnd vnser
erben vnd . . . . . [2] redlicher schuld, schuldig sien vnd gelten sullen, den . . . . . [3]
knehten, setern vnd hugen den man nempt pfost von Rúnegg genant
. . . . . [4] hern Albrehtes sun von Nunegg, vnd iren erben ob si enwáren
vierzehenhundert pfund güter vnd . . . . . [5] bez kirchensatz wegen ze Jhlingen, dar in die Sant . . . . . [6] gehöret. den wir darumb vmb iren vatter hern
Albrehten von Nunegg . . . . . [7] kouft haben, vnd allü irü reht, die si barzú
hetten vnd haben mohten, wie si genant oder gehaizzen sint. alz daz vnser . . . . [8]
wir darumb von . . . . . [9] haben wol bewiset vnd haben wir die vorgeschribenn
zwen bruder Petern vnd Hugen von Nunegg iren erben ob si enwáren hie wider
vmb in denselben kirchensatz vnd in alles daz so darzú vnd dar in gehöret bewiset
von der obgescribenn summ bez geltes . . . . . [10] nutz da von hundert pfund vnd
vierzig pfund güter vnd genemer haller iárlichs gelts, die man in vnd iren erben
ob si enwáren iárlichen halbü of Sant Martins tag geben sollen halbü of Sant
walpurg tag, oder korn alb win dafür, daz von dem kirchensatze geuellet, alz sich
von hundert pfund vnd vierzig pfund haller gezühet, ob si daz wend vnd wir es ouch
haben oder geben wellen, daz man in iárlichen lazzen sol zú baiden ziln, wie es
denn der Márkt laitet vnd wiset, Ez ist ouch geredt vnd gedinget, wár daz si ober

erben ob ſi nit enwären dũhe daz in nit fũglich wer daz obgenant gelt, vf der
kirchen vnd kirchenſätz, ze habenn oder von ehäftiger not, oder ſuſt
ſich daz fũgti irũ reht verſetzen oder verkoufen wöltin oder mũſtin vngeuar=
daz mũgent ſi tũn, wenn vnd welhes Jares ſie wellent alz verr daz daz
ſũ ſien, den ſi irũ reht verſatztin oder ze koufenb gäben den wir fũglich
genũg ze ſchuldnern wären vnd die vns vnd vnſern erben mit allen ſtũfen,
vnd artikeln gehorſam vnd gebunden ſien. vnd ouch in der maht beliben
alſ die vor vnd ouch hie nach an diſem brief geſcriben ſtant, Ez iſt ouch mit
gerebt, vnd mit verdingten worten gedinget daz die vorgenanten Peter und
von Runegg gebrũder noch ir erben ob ſie enwären noch nieman anders wer
vnd wie der gehaizen oder genant wär, dem ſie oder ir erben ob ſi
irũ reht verſatztin oder ze koufent gäben, die ſũllent, noch kũndent vnd
vns noch vnſern erben nit abgeſagen, vmb die vierzehenhundert pfund
genãmer haller all die wil wir, oder vnſer erben, Jnen oder iren erben ob
wären die hundert pfund vnd vierzig pfund haller iãrlichen ze nutz geben vnd
zil alz vorgeſcriben ſtant, welhes iares wir Jn ſi alz geriht haben, ſo
 in nit me gebunden vnd habenn ouch ſie noch ir erben ob ſie enwären,
vnſern erben dez ſelben Jars nutz me fũro . . . . . [11] noch ze ſprechenn
wiſ ſuz noch ſo, Wir habint ouch hierinne vns vnd vnſern erben gen
iren erben ob ſie enwäre, daz reht vnd den gewalt behalten, daz wir vnd
erben von Jn oder iren erben ob ſi enwären die hundert pfund vnd vierzig
gũter vnd genemer haller geltz löſen mũgen wenn vnd welhes Jares wir
vierzehen tag vor ſant walpurg tag oder vierzehen tag barnach aun geuãrde
vierzehenhundert pfund gũter vnd genemer haller daz mit dem gebing daz wir
rihten ſullen der vf den ſelben ſant walpurg tag geuallen iſt vnd hierumb
ſicherhait ſo haben wir Jnen vnd Jren erben zu vns vnd vnſern erben
geſetzt die erbern lũt anſhelm von hälfingen ze diſen ziten
tuwingen, haintzen von hälfingen, Cũntzen von hälfingen,
chen von Wytingen, haintzen von Luſtnowe, Cuntzen ben
er, Boltzen von Witingen, Vlrich ben vaiſten von Jhlingen,
ben Mayer von Waßnegg vnd Stainmar Salzfazzen all vnuer=
lichen by gũten truwen in aides wiſe mit ſolichem gebinge vnd der beſchai=
wan wir oder vnſer erben Jnen oder iren erben ob ſi enwären nit iãr=
ben vorgeſcribenen zwain ziln des obgenannten nutzes niht weren vnd
oder ſuſt an kainen ſachen ſo hie vor an diſem brief geſcriben ſtant kainen
oder gebrũſt gewunnen oder hetten ſo haben ſi vnd ir erben ob ſi enwären
gũt reht die obgenannten burgen ze manent ze hus ze hof mit botten
ougen oder mit briefen vnd die ſõnt benn nach der manung in ben
aht tagen in varn laiſten ieglicher mit ainem pfãrit gen Rotenburg
vorwe· in der ſtet ainen wa ieglichem burgen allerbeſt fũget ze laiſtent

in offner gaſtgeben wirthuſer ze vollen malen ain reht kuntlich vnd gewonlich
giſelſchaft zů halten vnuerbinget, welher aber ſelb nit laiſten wil oder mag der
ſol ainen kneht mit ainem pfärit an ſin ſtat in die laiſtung legen in der wyſe
vnd in dem rehten als ob ſi ſelb laiſten doch daz weder kneht noch pfärit an
den ſtetten nit entlehnet noch erbetten ſien daˆ ſie laiſtent ſunt vnd alſo ſullent die
obgenanten bürgen noch ir verweſer wer die ſint von der laiſtung vnd giſelſchaft
nimmer gelazen noch lebig werden denn mit der obgenanten Peters vnd Hugen
von Nunegg oder Ir erben ob ſi enwären vrlob gunſt vnd guten willen oder biz
in genßlich vnd gar an allen iren ſchaden vs vnd vfgeriht wirt darumb ſi denn
ermant hänt als vorgeſchriben ſtaut. Gieng ouch der burgen ainer oder mer ab
von todeswegen da vor got ſy oder von dem land für oder ſuſt ze ainem burgen
vnnütz würde wie ſich daz fügti, ſo ſullen wir oder vnſer erben Jnen oder iren
erben ob ſi enwären nach ir manung in dem nähſten manot ainen oder als menger
abgegangen iſt als ſchidlichen burgen ſetzen als der oder die waren die abgangen
ſint oder die andern burgen ſullen laiſten ob ſi ermant werdent in den vorgeſchriben rehten, vntz wir ander als ſchidlich burgen geſetzt hant. Wär ouch daz der
burgen ainer oder me ſin vnzuht tät vnd nit . . . . [12] wölt als er billich ſölt ſo
hant die obgenanten Peters vnd Hug von Nünegg oder ir erben ob ſi enwären
vnd all ir helfer gewalt vnd gůt reht vns vnd die vnlaiſtenden burgen darumb
an ze grifent vnd ze pfendent in ſtetten in dörfern oder vf dem . . . [13] oder mit
geriht gaiſtlichem oder weltlichem oder än geriht, wie vnd wa ſi künnent oder
mügent alz vil vnd als bik biz in alles daz ſo an diſem brif geſchriben ſtaut,
darumb ſie denn ermant hänt genßlich vnd gar än allen iren ſchaden vf . . . . . [14]
wirt alz vorgeſchriben ſtaut vnd ſond mit dem angriff nit haun getaun wider
behain gerihts gaiſtlichs noch weltlichs noch wider den lantfrib lantgeriht vnd lantreht frihait büntnüſt noch reht, geſetzt oder gewonhait des kaiſers dez Babeſt der
. . . . . [15] herren der Stett der dörfer vnd ouch dez landez die ietz ſint oder hie nach
vf ſtant vnd daz . . . . . [16] die burgen eweklich än klag vnd än räch ſullen lan vnd
daz alz all vorgeſcribenn vnd nachgeſcribenn ſachen, ſo an diſem brief geſcriben
ſint ſo haben wir vnſer aigen Jnſigel gehenkt an diſen brif vnder wir ouch vns
vnd vnſer erben verbinden daz wir den vorgeſcriben burgen von bier burgſchaft
vnd gyſelſchaft helfen vnd lebig machen aun allen iren ſchaden. Wir die obgenanten burgen geloben bi guten trumen in andes wiſe diz obgenant burgſchaft vnd
giſelſchaft ſtät vnd . . . . [17] hant je gelicher wiſe vnd in allem dem rehten alz von
vns geſcriben ſtaut. Vnd daz ze vrkund vnd offner zügnüſt haut vnſer iegulicher
beſunder ſin aigen Jnſigel offenlich gehenkt an diſen brif. Wär ouch hieran kain
notburftig wort . . . oder buchſtab vberhebt oder mißeſchriben oder der Jnſigel
ains oder me an diſen brif nit käm alb aun geuärd zerbräch oder ſin vollekomens
gebräch nit hett, der ſtuck kains ſol noch enmag Jn oder iren erben ob ſie enwären
kainen ſchaden bern noch bringen in behain wiſe ſuz noch ſo. Diß beſchach vnd

bier brif wart geben an Sant Martins tag dꝛ man zalt von Christes geburt brützehenhundert Jar dar nach in dem ahten vnd Sehzigosten Jar.

B. d. Orig. im St.-Archiv zu Stuttgart. — Von dem Siegel des Gr. Rudolf, das klein ist und nur den Hohenberger Schild (Untertheil schraffirt) hat, ist beinahe die Hälfte von dem Rande abgebrochen; von der Umschrift steht nur noch: coitis de hohe..... — Die nächsten drei Siegel sind, obgleich sehr beschädigt, doch als die Hailfinger zu erkennen. — Das fünfte Siegel hat im oberen Theil des quergetheilten Schildes einen liegenden blosen Arm; ist das der Herren von Weitingen. — Das sechste und siebente sind abgefallen. — Das achte ist wieder ein Weitinger Siegel. — Das neunte ist abgefallen. — Das zehnte, das des Maigers von Waßnegg, hat auf dem Schilde sechs übereinandergestellte kleine Erhabenheiten, welche nach den Wappenzeichnungen in der handschriftl. Chronik des Lutz von Lutzenhardt Hügel bezeichnen; von der Umschrift ist noch zu lesen: maige.... — Das Siegel des Salzfaß hat auf dem Schilde zwei schiefliegende sich kreuzende Stäbe.

Bei ¹, ² ... ¹⁷ hat die Urkunde ein Loch.

———

607.

2. Februar 1369. Rotenburg. Heilwig von Ehingen, Heinzen des Amman sel. Wittwe, vermacht **3** Ohm Weingült aus Weinbergen bei Hirschau (O.A. Rotenburg) an das Carmeliter-Kloster zu R., wogegen dieses ihr und der Ihrigen Jahrzeit zu feiern hatte.

Jch Hailwig von Ehingen Haintzen dez Ammans sáligen elichü vuffrow vnd ich Hans der amman ir sun veriehen bedü vz gemainem mund mit vrkunb diß briefs für vns vnser erben vnd all vnser nach kumen vnd tün kunt allen ben bie biesen brif lesen hörent ober in zewissen wirt daz wir mit gesundem vertigem lip bo wir riten vnb gan mohten mit güter vorbetrahtung haben geben durch got durch vnserr vnb vnserr vorderr sel hails willen vnb besunder durch bez obern Herren Pfaff Růdolfs, Cüntzen, Renhartes, Bentzen der amman, ines bez obgenanten Hansen Brüder sel hails willen Dem Prior vnb em Conuent gemainlichen ze Rotenburg vnser frowen Brüder ordens, vb allen irn nachkumen bri amen státes vnd ewiges wingeltes bie man allü iar l rihten vff ben herbest vff vnsern aigen wingarten ze Hirsow gelegen der ain vifet bes Binders kleb vnb stozzet an der siten gen Tüwingen an der von Zälchingen kleb an der andern siten gen Rotemburg an des Grauen berg, n ietz buwet der Binder von Hirsow, vnb git da von daz sechstail án scha-m vnd der ander wingart haiset Harmen Bühel vnd stozet ainhalb an mines z obgenanten hansen ammans aignen wingarten vnb anderthalb an einen win-rten haiset bü Rütlü·ben zu bisen ziten buwet harmen sun, vnd gibet öch da m baz sechstail án schaden vnd sol man annahen bie bri amen wingeltes ze

rihten von dem sechstail an dem kleh, vnd wa da gebrist, daz sol vff harmen bü[…]
eruollet werden, vnd wenn sie der brier amen von den zweien wingarten ge[…]
werdent, waz denn oberig wirt, daz sol vns den obgenanten Hailwig von Eh[…]
vnd Hansen dem Amman werden, bie wil wir zwei oder vnser eins leben, we[…]
wir aber beibü niht ensin, so sol dem Prior vnd dem Conuent daz sechstail ai[…]
lich oberall volgen vnd werden vff den obgenanten zweien wingarten vnd da[…]
kein vnser erb, noch nachkomen nit anhindern mit geriht oder än geriht in […]
hand wis die dem vorgenanten Closter ze schaden möhten komen. Wer abe[…]
etliches Jares missewehs kem, vnd das die obgenanten brüder der brier ame[…]
geltz nit gewert möhten werden von den obgenanten zweien wingarten, vn[…]
in denne eines Jares vfstünd, daz sol in allweg des andern Jares von de[…]
nanten wingarten erfüllet werden, vnd sullen wir bie vorgenanten Hail[…]
Hans der Amman nütz von den wingarten nemen, bis in eruollet wirt waz i[…]
an den brien amen wingelts iärlichen vnd wenne oberigs da wird, das söll[…]
in nemen, all bie wil wir lebten als vorgeschriben stät, aun alle gevärd vnd[…]
bis vorgeschriben wingarten vnd wingelt baromb gemaht vnd eigenlichen ge[…]
obgenanten Brüdern, daz si der obgenant Pfaff Rüfen, Cüntzen, Renhar[…]
Bentzen der Amman vnd vnser zweier nach vnserm tod Jarzit ze fünf [...]
dem Jar sullen began eweklichen zu den vier fronvasten an dem fritag [...]
in der fronvasten mit einer vigili mit vier Brinnenden vfgestedten ter[…]
nach der vigili sol man iedem Brüder geben ein halb mäs wins vnd mo[…]
dem Samstag mit einer selmess vnd vier kertzen vnd desselben tages ob b[…]
sol man iedem Brüder geben ein halb mäs wins vnd in sölicher wis mi[…]
selmess, kertzen vnd win den brübern geben, sol man die iartzit began zu[…]
fronuasten als vorgeschriben stät, vnd zu dem fünften mal zu iren alle[…]
bie da vorgeschriben ständ vff Sant Pauls tag als er bekert wart na[…]
nahten sol man die selben Jarzit begän mit vigili, selmess brinnenden [...]
abent vnd morgens mit win den brübern als vorgeschriben stat, vnd [...]
vorgenanten brüder bie fünf Jarzit eweklich began mit kuntschaft vnd wi[…]
Bropstes von Ehingen vnd eines kirchherren von Bühel oder ir eins [...]
zwain, wer aber das sie beib da bi nit wären vnd sich niht wölten l[…]
ober ir einer, so sölten die egenanten brüder die Jarzit verkünden zw[…]
ze Rotenburg von dem Rät oder zwain andern erbern mannen vnd[…]
sol geloben ein bropst vnd ein kirchherr, vnd da wider nit sprechen [...]
kainer hant wis haimlich noch offenlich mit geriht oder än geriht, wä[…]
das die bikgenanten brüder der Jarzit nit begiengen als vorgeschribe[…]
si einen verfumten, als bik sullen si dem bropst von Ehingen geben z[…]
haller, der sol er fünf geben sinem stift vnd fünf dem kirchherren ze b[…]
än all wider red der Brüder vnd des Closters. Ez ensüllen öch b[…]
brüder noch ir nachkomen, bie vorgenanten wingarten vnd wingelt we[…]
versetzen noch verkümern in dem orden noch vz dem orden in kainer[…]

wenn aber baʒ wer, bʒ ſi baʒ vorgenant gůt verköſten, ſo ſol bas ſelb wingelt
veruallen bem Stift ʒe Ehingen halbs, vnb ber kirchen ʒe Bühel halbs, vnb baʒ
ſulln bie vorgenanten brüber in vertigen nach bem rechten, än alle geverb vnb
wiber reb. Vnb bes alles ʒe ainer offner geʒügnüſt, vnb warem vrkunb, ſo han
ich ber vorgenant Hans ber amman min aigen Jnſigel gehenket an biſen brief,
vnber bem ich och bü vorgenant Hailwig von Ehingen vergich aller ber bing unb
artikel bie hie vorgeſchriben ſtanb vnb haben öch gebetten, ben Erwirbigen Herr
Dietrichen von Howenſtain Probſt ʒe Ehingen, Renharten von
Ehingen vnb Benʒen ben jungen Amman, baʒ ſi irü aignü Jnſigel ge=
henket hänb ʒů ainer geʒügnüſt an biſen brief, ber geben wart ʒe Rotemburg
bo man ʒalt von Criſtus geburt brüʒehenhunbert Jar Sechʒig Jar bar nach Jn
bem Nünben Jar, an vnſer fröwen tag ʒů ber Liehtmeſſ.

B. b. Orig. im Beſitz eines Bürgers ʒu Rotenburg. — Die Siegel fehlen.

608.

15. Juli 1369. o. O. Heinrich ber Stahler von Rotenburg verſchreibt
ſeiner ehlichen Wirthin 400 Pfb. Heller Morgengabe auf verſchie=
bene Güter, worunter ſolche zu Unter=Jettingen (O.A. Herrenberg),
welche ſein Vater (Konrab ber Stahler) von bem † Grafen Kon=
rab von Hohenberg, genannt von Wilbberg, gekauft hatte.

Ich Hainrich ber ſtahler Cünraʒ beʒ Jüngern ſtahlers ſun
vergieh vnb tůn kunb offenlich an biſem brief baʒ ich mit mins lieben vatters
villen vnb gunſt vnb minſ lieben brübers willen vnb gunſt beʒ kilchheren ʒe
Rotemburg gegeben hän miner lieben elichinun wirtenun gretun walthern
beʒ Ebern ſäligen tohter ʒe Herrenberg vierhunbert pfunb güter vnb
ſnemer Haller ʒe morgengaub vnb hän ſi ber ſelban vierhunbert pfunb bewiſet
alſ hie näch geſcriben ſtät. Deʒ erſten ben Hoff ʒe tettingen ben man nempt
ben frönhof ber gelegen iſt ʒe tettingen off ber Ler (ſic!) vor bem kil=
hof vnb ſtöſet anbertalb an ʒütellin (ſic!), ben ſelben Hoff halben mit allen
ehten vnb ʒügehörben beſůcht vnb vnbeſůcht oberb vnber erb eʒ ſi Lützel ober vil
ber wie es gehaiſen iſt, baʒ ʒů bem vorgenanten Hoff hört än gevärb für ʒwai=
unbert pfunb Haller ben ʒů biſen ʒiten buwent iſt Wernher von Hemenborf,
vnb ʒehen malter Rokken järlichs vnb öwenklichs geltʒ für bü anbern ʒwaihunbert
funb allü Jar ʒe gebenb ʒe ötingen Jn bem vnbern borf, bie min vatter
ůnrat ber ſtahler köſt vm min Herren ſäligen graue Cünraten von
hohemberg, ben man nampt Herren ʒe wilperg vʒ ben güten alſ ſin
rief ſagent vnb ſol man baʒ ſelb korn antwurten ʒwö Mil wegs wat man wil
n allen iren ſchaben. bü vorgeſcriben gůt gib ich ir für vier Hunbert pfunb. Jſt

aber daz ich ober min erben daz vorgenant gůt von ir ober von iren erben wider
lôsen wôlten vm die vorgescriben Haller, welhes Järs daz wäre, der selben wider
Lôsung sol sü vnd ir erben mir vnd minen erben gehorsam sin än alle widerred
ängevärd. Ich Hainrich der stahler vnd mit mir min vatter vnd min brüder der
kilcher vergenhen all vf gemainem mund, daz allü hier vorgescriben gеding vn
sach mit vnserm gůten Willen vnd gunst geschenhen ist vnd daz ez öch wär vnd st
belib alles daz hie vorgescriben stät an disem brief So henken wir vnsrü aigi
Jnsigel an disen brief der geben wart an dem nähsten sunnen tag näch sant Ma
garetun tag In dem Jär bo man zalt von Cristes geburd drüzehenhundert J
Vnd sechzig darnäch In dem Nünden Jär.

B. d. Orig. im St.-Archiv zu Stuttgart. — Das Siegel des Heinrich Stahler
im Schilde zwei sich kreuzende Beile; das des Konrad Stahler zeigt im Schilte
Mann, welcher auf der linken Schulter (einen Spieß (?) trägt und eine zuderh
liche Kopfbedeckung hat.

609.

10. November 1369. v. O. Graf Rudolf von Hohenberg gibt
Zustimmung, als Hans der Amman von Rotenburg, genannt
Bühl, seine ehliche Hausfrau mit **1000** Pfd. Heller auf sein
zu B. verweist.

Wir gräf Rudolf von Hohemberg veriehen offenlich vnd bekenn
disem brief, daz wir vnsere gunst vnd gůten willen dar zů geben vnd geben h
vnser getrиber hans der amman von Rotemburg, den man nenn
Bühel bewisen mag sin elichen husfrowen betten gerung tuffeliß s
töchter von Rutlingen vff sinen tail Bühel daz dorf mit siner zů
daz er von vns zů lehen hat vnd ouch von vns vnd vnser herschaft z
gaut off tusend pfund guter vnd nemlicher haller vnd nit me, vnd wer,
vorgenant Hans der amman von todezwegen abgieng, daz got nit well, so
die vorgeschriben betta tuffely vmb die vorgeschriben lehen ainen tra
der vns von der lehen tüge, daz man vns da von tůn sol, die wil ez
ist vnd vnerlöst von den, die ez denn durch reht lösen söllen, doch be
behaltnüst vns vnd vnser herschaft vnsry reht. Vnd dyrr ding zu ai
vrkůnd haben wir vnser insigel gehenkt an diesen brief, der geben is
Martins aubend nach Cristus gebürt drißehen hundert jar dar nach in d
vnd sechzigisten jar.

B. einer Abschrift aus dem 15. Jahrhundert. St.-Archiv zu Stuttgart.

610.

20. März 1370. o. O. Graf Rudolf von Hohenberg bringt mit
Wilhelm, dem Schenken von dem Stein, in Betreff des Zehnten
von Wankheim (O.A. Tübingen) eine Richtung zu Stande zwischen
Rüdiger dem Lescher (von Kilchberg) nebst Genossen und Claus
Wanken.

Ich Rüdger der Lescher, Cuncz der Vol von Wilbenöw vnd ich
Hans Amman Volkarcz säligen sun von Rütlingen der Truchsäffi=
nun hat vergehin offenlich vß gemainem munþ für vns vnd all vnser erben mit
vrkúnd biß briefes daz wir alle drie gemainlich mit wolbedahtem müt mit gunft
willen vnd wiffent aller der bie bar zů nötdurftig fint vnd warent lieplich vnd
tugentlich beriht figen vmb alle ftöß vnd miß hellung die wir da her gehebt habent
vntz of difen hutigen tag mit Clawfen von Bechenhain den man fprichet
Claws Wanken. Dietriches Vailings säligen bohterman von Wan=
ken von des zehenden wegen ze Wanken of Hárbern gelegen der von vns
bißher lehen gewefen ift vnd des felben Dietriches säligen was, vnd nun dem ege=
nanten Clawfen von im von erbes wegen geuallen ift mit aller zů gehörd, alfo
mit im beriht figen vnd hat vns der edel vnfer gnädiger herr graf Rudolf von
Hohemberg vnd herr Wilhelm der Schenk von dem Stain ritter, durch
vnfer bett willen vnd wan wir des beident halb an fie bekomen figen alfo beriht
daz wir die obgenanten Rüdger der Lescher Cüncz der Vol vnd Hans Amman vns
verzihen lebigklich vnd reht vnd redlich verzigen habent aller reht vnd anfprach
die wir da her gehebt habint oder noch gewinnen möhtint an den egenanten Clawfen
Wanken von des felbtätigen zehenden wegen daz wir vnd vnfer erben noch nieman
von önfern wegen, vnd wer zů dem Lehen gehaft gewefen ift in noch fin erben
an lehen noch an aigenschaft, niemer me geierren gehindern noch gefumen fullen
fuß noch fo in kainen weg lúczel noch vil an all geuärbe mit geriht gaiftlich noch
weltlich noch an geriht mit kainer laig fach vnd her vmb fo hat vns der felb
Claws Wanken geben drißig pfund güter haller die vns ze rihtung vnd in ver
löffes vns der aigenschaft geuallen fint vnd in vnfern kuntlichen nuß komen fint
vnd wan wir im des güt vrkúnd geben fullen mit güten briefen an geuärbe nach
in vnd finer erben notburft daromb haben wir gebetten vnfern gnädigen herren graf
Rüdolf von Hohemberg vnd den veften ritter hern Wilhelm den Schenken von dem
Stain vorgenant wan fie vns alfo beriht hant daz ir ieglicher fin aigen jnfigel
zehendet hat an difen brief zů dem vnfer ieglicher fin aigen jnfigel öch gehendet
hat, dar vnder wir alle drie vergehent difer vorgefribene rihtung daz bie mit vnfer
aller brier obgenanten wiffent vnd gütem willen gefchehen ift vnd gelobent fi alfo
bi güten truwen war vnd ftät ze haltend vnd niemer da wider getün noch fchaffen
getan werden fuß noch fo nu ober her nach in behain wis. Dirre brief wart

geben an der nähſten mitwochen nach ſant Gerdruden tag ze mittem merçn do
man zalt von Criſtes gebůrt drůzehenhundert jar vnd dar nach in dem ſübençig-
ſten jar.

B. b. Orig. im Landesarchiv zu Karlsruhe. — Mit 5 Siegeln. 1) Klein, run[d]
in grauem Wachs, mit dem dreieckigen, aufrechten hohenb. Schilde über demſelben
zu beiden Seiten ein kleiner Stern und zu beiden Seiten dieſes ein Zweiglein. U[m-]
ſchrift: † S. Rvodolf . comitis . d. Hohenberg. — 2) Noch kleiner, rund, in grauge[lbem]
Wachs, mit dreieckigem Schild, deſſen Siegelbild aber nicht zu erkennen. Umſchri[ft]
S. W.. (Rand abgebrochen) Pinc'n . d'. Stain. — 3) Ebenſo klein, rund, der i[m]
Rand der Umſchrift hoch, einen Kreis bildend, in welchem ein dreieckiger Schild, d[as]
Bild aber nicht zu erkennen iſt, Umſchrift: ebenfalls ſehr undeutlich, davon nur
Rvdig... zu leſen. — 4) Das größte, rund, in dreieckigem Schild, ein querge[ſtelltes]
Bild, den obern Theil eines Hirſchkopfes vorſtellend, der auf der Mitte der [un-]
Seite des Schildrandes aufſteht und große, bis an den gegenüberſtehenden Sch[ild]
reichende Hirſchgeweihe hat. Umſchrift (undeutlich): † Cvnradi . de . Wildeno[w.]
5) Klein, rund, höchſt undeutlich, dreieckiger Schild, in welchem 2 gekreuzte Beile.
ſchrift: † S. dci. Iohanis . amma. Kaum zu leſen.

611.

25. Mai 1371. o. O. Graf Rudolf von Hohenberg verpfändet [ſeiner]
Gemahlin Ita von Toggenburg um **655** Pfd. Heller das [Dorf]
Altheim (O.A. Horb) mit aller Zugehör, ferner um **504** [Pfd.]
Heller Güter und Gülten zu Delkofen, Deilingen, Rath[shauſen,]
Schörzingen und Denkingen (ſämmtl. im O.A. Spaich[ingen),]
was alles verſetzt geweſen und von Ita eingelöſt worden [war.]

Wir graue Rudolf von Hohemberg verjehen offenlich für [vns]
vnſer erben vnd all vnſer nachkommen vnd tugen kunde menglichen mit di[ſem brief,]
das wir der edeln vnſer lieben Hußfrowen ytten von Tockenburg[e,]
zu Hohemberg vnd iren erben verſetzt haben vnd verſetzen ouch mit d[iſem brief]
zu einem rechten pfentlichen pfant vnſer dorf Altheim mit allen re[chten]
vnd zugehörden mit ſtabe vnd mit gericht vnd mit aller gewaltſamy lüt[en]
mit eggern mit wiſen mit holtz mit velb mit waſſer mit weib by [vnd]
daz (sic!) zwig funbes vnd vnfundens clains vnd groß wie das a[lles]
allem (sic!) gehaiſſen oder genant iſt nutz vßgenommen ze glicher w[ife,]
dem recht, wie es vnſer vordern herbracht hond vnd an vns komen iſt [um]
halb hundert pfund vnd um fünf pfund yttaliger guter vnd gemeiner ha[ller,]
ſy es alſo erloſt hat vnd dieſelben haller in vnſern vnd vnſer erben
nutz vnd frommen komen vnd bewendt ſint wir haben ouch ir vnd ir[en]
nachgeſchriben güter verſetzt in eins rechten verwenden pfands wife [alſo ſy]
erloſt hat von andern lüten den ſy verſetzt warend, des erſten ha[lb]

Celkoven ben bawet Marglin der Heintzler vnd Aberlin von Bßingen vnd giltet zwey iar ierlichen vier malter veßen vnd fünf malter haber vnd an dem dritten iar fünf malter veßen vnd fünf malter haber vnd ein pfund haller, vier hüner vnd ein fiertel eyer von dem hof ze Tulingen ben Heintz Ulrich buwet giltet jährlichen sechs schöffel veßen vnd sechs schöffel haber zwey hünr vnd fünf schilling haller deß selben hofes geteilit buwet Cuntz vnd Diettrich die Vogt giltet ierlichen sechs schöffel veßen sechs schöffel haber zwey hüner vnd fünf schilling haller vnd benn ouch einen hof ze Tulingen gelegen ben buwet der Ho=verein kind Bentz der Gengel giltet ierlichen zwey malter veßen ein malter haber acht schilling haller sechtzig eyer vnd zwey hüner von dem hof ze Raulß=husen ben buwet Hentz der Wunnan vnd Hentz Bengel giltet ierlichen brü malter veßen brü malter haber vier hüner vnd ein fiertel eyer vnd vierthalben schilling haller von dem hof ze Schertzingen ben buwet Hentz der Wünman vnd cuntz Denlin gültet ierlichen brü malter veßen vnd zwey malter haber sechs schilling haller zwey hüner vnd ein halb fiertel eyer vnd ein gütlin hat Heintz der Beiger giltet ierlichen fünf schilling haller vnd ein gütlin het Irmel die Brußin gültet ouch ierlich fünf schilling haller, einen hof lit an bem borf ze Schertzingen ben buwet eberlin scheber vnd etterung Heß giltet ierlichen zwey maltr. veßen brü malter habern vnd brytzehen schilling haller vnd von bem hof ben buwet gernug Heß giltet ierlichen 5 mltr. veßen suben schilling haller 4 hüner vnd ein viertel eyer einen hof buwet der Wager halben giltet ierlichen britthalb malter veßen brü schilling haller 2 hüner vnd 30 eyer vnd Hans Wü=mann buwet das anber teile giltet ierlichen brithalb mltr. veßen 3 schilling haller zwey hüner vnd brißig eyer vnd von einer wise lit vor Aspan bavon giltet ier=lichen der Mieringer von Schertzingen 4 schilling haller vnd Hanns Hune=tung von Delkowen gilt ouch davon 4 sch. haller ierlichen vnd von einem gut buwet Bentz Schetzlin giltet ierlichen zwen scheffel veßen vnd 2 scheffeln habern, von der kilchen ze Denkingen ierlichen ze vogtrecht zweintzig malter veßen. Diese vorgeschriben gut vnd gült mit allen iren Rechten vnd zugehörden so bartzu vnd daran gehörent es sygen egger wisen holtz walb wasser ober weib mit allen iren gebewen vnd griffen wie die geheißen ober genannt sint nütz uß genommen haben wir für vns vnd vnser erben ir vnd iren erben versezt vmb fünf hundert pfund vnd vmb vier pfund iteliger guter vnd genemer haller barumb sy die vor=genannte gut vnd gült gelost hat vmb vnser frowen pfleger der cappel ze Rotwil bem sy ouch vormals barumb versetzt warent von dem wir ir sy gunbent ze losen vnd wirt an miner sum barumb ir stat baz obgenannt borf Altheim vnd die obgenannte güter eilf hundert pfund fünfzig pfund nün pfund iteliger guter vnd genemer haller vnd sol sy vnd ir erben das vorgenannt borf vnd die güter mit all iren zugehörben haben nießen vnd hon on alle abschleg als lang vnd so vil zit biß baz wir ober vnser erben baz vorgenant borf vnd güter von ir vnd iren erben loßen vmb biß obgenannt sum eilf hundert pfund fünftzig

pfund vnd nun pfund guter vnd genemer haller zu rechten ziten in dem iare acht
tag vor sant Walpurgen tag oder acht tag darnach ungeuerlich der Losung sp vmb
statt tun sollent on alle fürzog vnd wider rede vnd on alle geverde, doch so ist
betedingt vnd beredt das wir noch vnser erben von ir noch iren erben diß genanten losung vnd pfand nit losen sullen denn mit andern pfanden darumb sp ouch
brief von vns hat das man eins on daz ander nit losen sull. Wir vnd vnser
erben sullen ouch ir vnd ir erben das vorgenant dorf vnd güter verston an allen
stetten wa es in nott beschieht das sy daran habend syen on alle geverde vnd
sollen wir noch vnser erben Sy noch Jr erben an dem obgenannten pfand in der
wise als obgeschriben stat nit sumen noch irren noch daran bekumben noch angan
mit keinen gerichten geistlichen noch weltlichen in dehein wise suß noch so vnd der
bing aller zu einem urkunde vnd offen zügtnus haben wir vnser eigen insigel
offenlich gehenckt an disen brief dartzu haben wir gebeten vnser lieben getrewen
Cunratten den Kecheller Wilhelmen den Schenken von Stein Ritter
Renharten von Ehingen Kabolten von Wehingen Diemen den Kecheller
vnd Marquarten von Bubenhofen das sp Jre eigen Insigele zu dem vnsern
zu einer zugtnuß aller obgeschriben Ding gehenckt hant an dißen brief. Wir die
vorgenannte Cunrat der Kecheler Wilhelm der Schenk von Stein Ritter Renhart
von Ehingen Kabolt von Wehingen Diem der Kecheler vnd Marquart von Bubenhofen verjehen mit vrkund diß briefs das wir durch bett willen vnsers gnedigen
Herrn Graue Rudolfs von Hohenberg vnser eigen insigele zu einer zugnuß aller
obgeschriben bing gehenckt haben an dißen brief der geben ist an Sant Vrbans tag
nach Cristus geburt drüzehenhundert Jar Subenzig Jar darnach in dem ersten Jare.

B. d. Copial-Buch zu Hork.

612.

13. Juli 1371. o. O. Irmengard von Werdenberg, Graf Otto's von
Hohenberg Gemahlin, welche von Graf Rudolf dem jüngern von
Hohenberg, Grafen Konrads sel. Sohn, die Burg Schilteck (bei
Simmersfeld) nebst Zugehör (u. A. Mühle und Leibeigene), die
Dörfer Simmersfeld, Beuren, Altensteig (das Dorf halb), Egen-
hausen, Rothfelden, Pfrondorf (sämmtl. im O.A. Nagold) und
Unter-Jettingen (O.A. Herrenberg), (gewisse Steuern, Gülten und
Zinsen von denselben ausgenommen) gekauft hatte, bekennt, daß
der Verkäufer und dessen Erben das Recht haben, die genannten
Ortschaften wieder zu kaufen.

Wir frow Irmengart von werdenberg Graue Otten von Hohen-
berg elichi Hußfrow verjehen offenlich an disem brief für vns vnd alle vnser

erben vnd tügen kunt allen den die diesen brief ansehent lesen oder hörend lesen
vmb die gût die hienauch geschriben stånd, deß ersten, Schiltegg die burg, vnd
die mülin, vnd die aigen lüt, die dartzu hörent, Sigmersuelb daz dorff,
Bürren daz Dorff, altenstaig daz dorff halbes, Egenhusen daz dorff,
Ratfelden daz dorff, pfründorff daz dorff, vnder öttingen daz dorff,
die wir vnd vnser erben, die wir bi Graue Otten von Hohemberg haben oder
noch gewinnen, kouft haben vmb vnsern lieben Öhem Graue Rûdolffen von
Hohemberg den iüngern, Graue Cûnratz sålgen sun, vnd sin erben, mit
allen Rehten, nutzen, gewonhaiten vnd zûgehörde, bi wasen, bi zwige, bi stege, bi
wege, besûcht vnd vnbesûcht, funbes oder vnfunbes, wie es genant sige, vngeuarlich als er die gût daher gehebt vnd genoßen håt ån allain vßgenomenlich uß
Egenhußen gåt Sübendhalbes vnd brißig pfund haller ze baiben stûran, die
ånd hansen dem Schenner fünfczehen pfund vnd vierdhalb hundert pfund
haller, uß Rätfelden dem dorff gåt zwainczig pfund haller von der stür vnd
die åht pflûg vnd Sehczig Hünr, die stånd ouch hansen dem Schenner brißig vnd
hundert pfund Haller, vß dem vnder ötingen gåt fünfczehen malter Roggen
tinger meßes, die stånd dem Staheler von Rotemburg hundert pfund haller,
nd nesun von öw czehen pfund geltz, die stand ouch hundert pfund haller, vnd
inf malter Roggen geltz, die stånd dem Tüfel dem sant Johanser vier vnd
rißig pfund haller. an den pfanden vnd nutzen geloben wir die vorgeschriben frow
rmengart von werdenberg mit vnsern erben, sü nit ze sumen noch ze irren in
kinen wege, es wår denn daz wir oder vnser erben die wir bi Graue Otten von
Hohemberg haben oder noch gewinnen, vmb sü vnd (sic!) erben die vorgenanten
pfand wider loßten vmb als vil haller, als sü inen stånd als wir ouch gewalt
vb maht haben, wenn daz geschåhe, daz wir alb vnser erben die wir bi Graue
Otten von Hohemberg haben oder noch gewinnen vmb sü vnd ir erben ben die
vorgeschriben pfand stånd, wider loßten, so solten si vns vnd die vorgenanten vnser
erben baran vngesümpt vnd vngeirrt lån in all wege ån geuerbe. Wir die vor-
nant frow Irmengart von werdenberg veriehen ouch mit vnser vorbenempten
erben, daz wir von gebett vnd früntschaft wegen des vorgenanten vnsers lieben
Ohmes Graue Rûdolffen des Jüngern graue Cûnratz såligen sun, im vnd sinen
erben günbet haben daz sü gewalt vnd maht sullen hån, die vorgenanten gût wider
kouffend vmb vns vnd vnsern vorbenempten erben mit fünf hundert pfunden
Haller gûter vnd genemer, wenn si komend cze Rehten zůln im Jare viertzehen
tag vor sant walpürg tag, oder viertzehen tag darnach vngeuarlich vnd die pfenning
her alb sin erben vns alb vnsern vorgenempten erben antwürten gen Rotemburg, gen Herrenberg, alb gen Rütlingen in der brier stett ainer wa wir
denn wellen, vnd vns vnd vnser vorgenanten (sic!) ba weren vnd betzaln ån
resten, vnd sol im vnd sinen erben benn bü vorgenanttû gût an bü pfand die
måls baruff verfetzt sind lebig vnd loß sin von vns vnd vnsern erben, ån alle
erbe. Es ist ouch mit namen gerett vnd gebingot, wår ob wir bü vorgenant

frow⁶ Irmengart von werdenberg alb vnser vorgenempten erben ōʒit loßten oder
gelößet hetten uʒer den vorgeschriben güten, darumb wir die fünfhundert pfund
geben haben, ee, daʒ der vorgenant Graue Rüdolff von Hohemberg der iunger,
Graue Cünraʒ säligen sun, alb sin erben, daʒ wider louften als vil als des geltes
wurde, nach der sum⁶ vber die fünf hundert pfund haller, darumb wir vormals
louft haben vmb in vnd sin erben, daʒ sol er alb sin erben vns oder vnsern vorgenannten erben vor ab beʒaln. oder aber mit den fünfhundert pfunden hallern
vngeuarlich. Es ist ouch me geredt, wenn⁶ der vorgenant Graue Rüdolff von
Hohemberg der iünger Graue Cünraʒ säligen sun, alb sin erben komend ʒe Rechten
ʒiln in dem jar⁶, als vorgeschriben ist, mit fünfhundert pfund hallern, vnd mit als
vil gelʒ darumb wir denn⁶ gelößt hettin, so süllen wir vnd vnser vorgenant erben
im⁶ vnd sinen erben die vorgenanten güt wider ʒe louffend geben, für Reht ledig
vnd loß in allen Rehten, als si vns ʒe louffend geben, sind, an alle hastin⁶
allermenglichʒ vnser halb, vnd allen sinen vnd siner erben schaden ān geuerde.
Wir die obgenant frow⁶ Irmengart von werdenberg, Graue Otten von hohemberg elichi hußfrow⁶ geloben für vns vnd vnser erben, alles daʒ da vorgeschriben
stät war vnd stätt ʒe haltent, bi güten truwen, an geuerde vnd ʒe vrkunb de
warhait, so haben wir vnser aigen Jnsigel gehenkt an disen brief, vnd haben ouch
disen wider kouff getän, mit Rät vnd gunst, vnd gütem willen, vnsers eelich⁶
hußwirtes, Graue Otten von Hohemberg. Wir Graue Otte von Hohemberg verieh⁶
vmb den wider kouff, als da vorgeschriben stät, daʒ der mit vnserm Rät güt
vnd gütem willen geschenhen ist, vnd geloben dem vorgenanten Graue Rüdol⁶
von Hohemberg dem iüngern, Graue Cünraʒ säligen sun, vnd sin erben barʒü
fürbern vnd nit ʒe hindern, bi güten truwen ān geuerde, vnd des ʒe vrkunb
haben wir vnser aigen Jnsigel zu vnser vorgenanten Hußfrowen frow⁶ Irmeng⁶
von werdenberg Jnsigel gehenkt an disen brief, vnd barʒü ʒe noch beßer mer
sicherhait, so haben wir Graue Ott von Hohemberg vnd vnser elichi Hußfr⁶
frow⁶ Irmengart von werdenberg baibü gebetten vnsern lieben vetter Gr⁶
Rüdolffen von Hohemberg, vnd Graue ffridrichen von ʒolrr⁶ hoh⁶
ʒolrr⁶ beß vorgenanten Graue Rüdolffs von Hohemberg des iüng⁶
basun sun, vmb irü aignü Jnsigel, die sü baid von vnser gebett wegen geh⁶
hant ʒe ainer waren zugnüst an disen bref, der geben wart an dem Jar, do ʒ
ʒalt von Cristus geburt brütʒehenhundert jar, barnach in dem ainem vnd Sübenʒ
goften Jar⁶, an sant Margaretten tag.

B. d. Orig. im St.-Archiv zu Stuttgart. — Das Siegel der Irmengart hat Lin[ks]
von einem Baum (oder einer Blume) den Hohenberger, rechts den Werdenberger Schild.
Das Siegel des Grafen Otto von Hohenberg ist sehr klein und zeigt blos den H[els]
mit den Hörnern. — Das des Grafen Rudolf von H. hat den Hohenberger S[child]
ohne Helm. — Das Siegel des Grafeu von Zollern hat den Helm mit flattern[dem]
Tuch und dem Brackenkopf.

———

613.

). September **1371**. o. O. Graf Rudolf von Hohenberg erlaubt Marquarten von Owe „ab Stoffenberg," seine eliche Hausfrau Anna vom Stein mit ihrer Heimsteuer und Morgengabe auf die Pfandschaft Hirschau (O.A. Rotenburg) — **80** Mark Silber und **60** Pfd. Heller zu verweisen.

Wir Graue Rûdolff von hohemberg veriehen offenlich für vns vnd ſer erben vnd tün kunt menglichen mit diſem brief, daz für vns kam an dem g als diſer brief geben iſt vnſer lieber diener Marquart von Ôwe ab Stoſ⸗ nberg vnd ſprach diſú nachgeſchriben gût wârint pfand von vns vnd vnſern rdern vnd hette er ſy ouch herbraht vnd wârtnt an in komen in aines rehten erenden pfantzwiſz ân âlles abnieſzen, vnd lieſz vns ouch beſz brief ſiehen vnd t vns ernſtlich, daz wir imᵉ guntent vnd erlouptent uf die ſelben gût ze bewiſent d wiberzelegent ſiner elicher huſſrowen annen vom Stain, her wolfen ſâli⸗ n bohter vom Stein von Richenſtain jr hainſtûr vnd Morgengaubᵉ ner ſumᵉ geltes, als es von vnſern vordern verſetzt wâre, vnd ſind diſo nach⸗ ſchriben gût, die gelegen ſindt in dem Banne ze Hirſowᵉ dem dorffe gelegen) Rotemburg an dem nâgger, Trithalbe ſûder wingeltz win zehend vnd korn hend vnd âlle ander zehend, wie daz begriffen vnd verſchriben iſt an den briefen, e vnſern vordern darüber geben hand. Deſz haben wir ſin bett erhôrt vnd ben vnſern willen vnd gunſt darzu geben mit craft diſz briefs, daz er ſy vnd erben daruff bewiſet haut uf die vorgenanten gût ahtzig mark lôtikes ſilbers otwiler gewihtes vnd Sehtzzig pfund haller in aller wiß, als der brief ſett, n vnſern vordern darumb geben hand vnd ſûllen wir noch vnſer erben noch kain ſer Amptman noch nieman von vnſern wegen ſy noch ir erben dar an nit ſumen ch hindern in dehain wiß ſuß noch ſo, âlle die wil wir es vnerlôſt haben, da vnd ir erben vns vnd vnſern erben ainer loſung ſtatt tûn ſûllent wennᵉ vnd elhes jares wir lôſen wellen vmb die ſumᵉ geltes, als die brief wol bewiſent, e vnſer vordern darumb geben hand. Vnd birre binge zû ainem vrkund vnd erer ſicherhait habent wir vnſer aigen inſigel offenlich gehenkt an diſen brief, der ben iſt an ſant Michels tag nach Criſtus geburt drûtzehenhundert Jare dar nach : dem ain vnd Sûbentzzigoſten Jare.

B. d. Orig. im St.-Archiv zu Stuttgart. — Mit d. kl. runben Siegel des Grafen.

37*

614.

26. November **1371.** o. O. Anna vom Stein und deren Br[…]
bekennen, daß Graf Rudolf von Hohenberg das Recht habe, das […]
Hirschau wieder einzulösen.

Wir Berhtolt, walther vnd Conrat vom Stain von Riche[…]
gebrüder, Ritter, hern wolfen sáligen Súne von Richenstain vnd ich […]
vom Stain, ir swester, veriehen álle uszer gemainem mund offenlich für vn[…]
vnser erben vnd tůn kunt menglichen mit disem brief, als Marquart vo[…]
ab stoffenberg mich vorgenanten Annen vom stain Sine elichů husfrow[…]
hat min hainstúr vnd morgengabe uff disz nachgeschriben gůt gelegen ze bi[…]
dem dorffe by Rotemburg an dem negger brithalbe súber wingelt win[…]
vnd korn zehenden vnd álle ander zehend, wie daz in dem bewisz brief b[…]
vnd verschriben ist, daruf ich anne vom Stain bewist bin Ahtzig marg […]
silbers Rotwiler gewihtes vnd Sehtzig pfund haller, won nun die […]
gůt aigen sint vnsers herren Graue Růdolffs von hohember[…]
pfand sint von im[e] vnd sinen vordern, veriehen wir mit vrkund di[…]
für vns vnd vnser erben, daz wir dem obgenanten Graue Růdolffen von […]
berg vnd sinen erben ainer losung stat tůn súllent vmb die obgenanten gůt[…]
vnd welches Jar es sy koment mit Ahtzig marg silbers Rotwiler gewi[…]
mit Sehtzig pfund hallern, wa wir oder vnser erben da wider retten ode[…]
so hetten wir álle zitt vnreht vnd er vnd sin erben reht. Vnd besz ze v[…]
merrer sicherhait haben wir vnsrů aignů Insigel offenlich gehenkt an d[…]
nach Cristus geburt Drůtzehenhundert Jare Dar nach in dem ainen vnd […]
gosten Jare, an sant Contratz tag wart diser brief geben.

B. d. Orig. im St.-Archiv zu Stuttgart. — Die Siegel der Herren […]
haben drei übereinanderliegende sog. Wolfsangeln.

615.

11. November **1372.** Pirna an der Elbe. Rudolf, Graf vo[…]
berg, bezeugt, daß die Feste und Burg Wieseneck (in B[…]
Alters her böhmisches Lehen gewesen und von seinen […]
von der Grafschaft Hohenberg entfremdet worden sey, […]
zur Wiederlegung der genannten Lehenschaft der Kron[…]
die Stadt Friedingen nebst den Dörfern Kolbingen, Ren[…]
(O.A. Tuttlingen) und Egesheim (O.A. Spaichingen) zu S[…]

Wir Růdolf Grafe zu Hohemberg, Bekennen offennlich […]
dis briefs, wenn vnnser ältern vnnd vorfarn, Grauen zu Hohemberg,

iten, die veſten vnnd Burgkh weiſeneck gehabt vnnd beſeſſen habent zu rech=
m Lehen, von den durchlauchtigen Fürſten vnd herrn Kunigen zu Behem, dem
unigreich vnnd der Crone deſſelben Kunigreichs zu Behem, vnnd dieſelben vnnſer
bern vnnd voruarenben, die vorgenannten Burgkh vnnd veſten, empfrembdet vnd
rkauffet habent, von der Graffſchafft von Hohembergkh vnnd wir nicht wollen,
s die vorgenannten vnnſer herrn Kunige zu Behem an der wille vnnd gunnſt
nb verhennknus der käuffe vnd die empfvemnus, geſchehen ſein, Jre Lehenſchafft
rlieſen oder Jn auch abgen ſollen, ſunnder das ſie in von vnns wiberlegt wer=
n, als billich vnnd moglich iſt, vnnd wir auch ſchulbig vnnd pflichtig ſein zu
un, Dauon mit wolbebachtem mute, Rate vnnſer freunnbe vnnd mit rechter wiſſen,
 wiberlegunnge der vorgenannten Lehenſchafft, ſo haben wir vnnſer Stat Fri=
ingen, vnnd biſe Dorffer Kolbingen, Egensheim vnd Rengwishuſen,
ie vnnſer eigen ſint mit allen rechten vnnd zugehorungen, wie man bie be=
nnen mag, dem allerdurchleuchtigiſten Fürſten vnnd herrn, Herrn Karl Romi=
hen Keiſer, zu allen zeiten Merer des Reichs vnnd Kunig zu Behem, vnnſerm
eben genebigen herrn, als ein Kunige zu Behem von wegen des durchluchtigen
ürſten vnd herrn, Herrn wenzlaus ein Kunige zu Behem ſeines Sunes, vnnſer
eben genebigen lieben herrn, vfgelaſſenn vfgereichet vnnd auch lebiglich vffgeben,
flaſſen vfreichen, vnnd auch lebiglich vffgeben haben in biſem gegenwertigem brief,
nb wann berſelbe vnnſer herre der Keiſer, als ein Kunige zu Behem von ſeiner
nb des egenannten vnnſers herrn wegen, herre wenzlas, ſeines Sunes Kuniges
 Behem von Beſunnbern gnaden, vnns Graue Rudolffen vonn Hohemberg vor=
nannten, durch vnnſer vlehe bete, die vorgenanten Stat Frybingen vnnd die ob=
nanten Dorffer Kolbingen, Egensheim vub Rengwishuſen, mit Jrer zugehorunn=
n, gnebiglich vorlihen hat, vnnd wir Jn auch, barüber, als ein Man, ſeinen
chten Lehenherrn, von recht wegen, ſchulbig vnnd pflichtig iſt zutunbe, gewonlich,
ulbunge eibe vnnd gelubbe getan haben, Dauon globen, wir in guten trewen
 eibesſtat, vor vnns vnnſer erben vnd nachkomend Grauen zu Hohemberg, das
ir ewenglich Jr vorgenante Stat Frybingen vnnd die obgenanten Dorffer Kol=
ngen, Egensheim, vnnd Rengwishuſen, vnnd was barzu gehorrt von dem egenan=
 vnnſerm herrn dem Keiſer als eim Kunige zu Behem Kunigen wennzlauen
nem Sone Jren erben vnd nachkomend Kunigen zu Behem, dem Kunigreich, vnd
r Cronen deſſelben Kunigreichs, zũ rechtem Lehen nemen vnnd empfahen ſollen
nb wollen, an allerley wiberrebe vnnd hindernus, vnd auch dauon hulben geloben
nb ſweren, vnnd auch alles das, dauon tuen ſollen vnd wollen, das von recht
nb gewonheit Lehenleute ſchulbig vnnd pflichtig ſein zu thuen Jren rechten natur=
hen Lehenherrn, Vnnd des zu vrkhunnbt, haben wir vor vnns vnnſer erben vnnd
chkhomend Grauenn zu Hohemberg, vnnſer eigenn Jnſigel offennlich gehenngkt
 dieſen brief, vnd durch Merer ſicherheitth willen, ſolcher ſachen, haben wir ge=
ten den Hochgebornen fürſten vnnd Herren, Herrn wenzlan, Herzogen zu
achſen vnnd zu Lunnemburg des Heiligen Romiſchen Reiches Erzmarſchalck,

vnnd den Erwirdigen in got vater vnnd Herrn, herrn Johansen Erz Bischof zu Prage des Bebstlichen stuels Legaten, das sie als gezeugen der obgeschriben Lehenschafft vnnd sachen, Ire Innsigel an disen brief zu dem vnnserm hanngen wollen. Vnnd wir obgenannten wenntzla Herzog zu Sachsen, vnnd zu Lunemburg, des Heiligen Romischen Reichs Erzmarschalk, vnnd Johans Erzbischof zu Prag, des Bäbstlichen stuls Legate versehen vnnd Bekennen vor allermeniglichen, das wir durch bete willen, des vorgenanten Graf Rudolffs von Hohemberg vnnser Inngesigele, zu dem seinen als gezeuge an diesenn brief gehanngen haben, Der geben ist zu Pirn an der Elbe, an Sant Martinstag nach Christus geburth Dreyzenhunbert Jar, darnach in dem zweyvndsiebenzigistem Jar.

B. v. Orig. im k. k. geheimen Haus- Hof- und Staats-Archiv zu Wien.

616.

27. Dezember 1372. Bautzen. Gunst- und Bestätigungsbrief des Kaisers Karl IV. über die von Graf Rudolf von Hohenberg an seinen Eidam Bernharten, Markgraf Rudolfs zu Baden Sohn, geschehene Uebertragung der reichslehenbaren Grafschaft Hohenberg, wenn er, Graf Rudolf, ohne männliche Erben absterben sollte.

Wir Karl von gots gnaden Römischer Kaiser zu allen zeiten merer des Reichs, vnd Künig ze Beheim Bekennen vnd tün kunt offenlich mit disem brief allen den die In sehen oder hörend lesen, daz komen ist in vnser gegenwurtikeit der hochgeboren Rudolf Marggraf ze Baden, vnser lieber furst vnd getrewr vnd hat vns fürgelegt, wie daz er den hochgeboren Bernharten seinen Sun ze rechter elicher konschaft gegeben hab des Edeln Rudolfs Grafen ze Hohemberg vnsers vnd des Reichs lieben vnd getrewen Tochter, vnd daz Sy. darumb paiderseit vberain komen sein vnd genzlich vbertragen haben, vnd aintrechtig worden sein, Ob es zu solchen schulben kém, daz derselb Graf Rudolf an elich leibserben mannes geslecht ab gen vnd sterbe, daz denn die Graffchaft von Hohemberg mit herrschaften landen, lüten, Stetten, Burgen, vesten, vnd mit aller zugehorung geuallen sull, an den vorgenanten Bernharten seinem Aydem, des Marggrauen Sun von Baden, nach laut der brief, die Sy paiderseit darüber geben haben, als Sy sprechen, vnd hat vns derselb Marggraf von Baden von seinen, vnd des vorgenanten Graf Rudolfs von hohemberg wegen, biemütiklich gebeten, daz wir, als ain Romischer keyser, vnd obrister lehenherr derselben egenanten Graffchaft von hohenberg, zu der vorgenanten Aynigung, vbertragung vnd aintrechtikeit, vnser gunst willen vnd verhengnüss, geruchten ze geben, Vnd auch die gnediklich wellen bestéttigen, beuesten vnd Confirmieren, Des haben wir angesehen, nuz vnd groff, achtber bienst, die vns vnd bem heligen (sic!) Reich, die vorgenanten, Marggraf Rudolf von Baden, vnd Graf Rudolf von Hohemberg, oft vnuerdroffenlich getan haben, vnd noch tun fullen vnd mügen in künftigen zeiten, vnd auch Jr fleizzig biemütig bet, vnd haben darumb, mit Rat vnserr fürsten, Grauen, herren, vnd anderr vnserr vnd des heligen (sic!) Reichs getrewen, mit rechter wiffen, als ain Römischer Kaifer, vnd obrifter lehenherr der vorgenanten Graffchaft von hohemberg, zu den vorgenanten Ainunge, vbertragunge, vnd Aintrechtikeit, vnfern gunst, willen vnd verhengnuff gegeben vnd geben auch Jn die mit difem brief, vnd haben Sy auch in allen Jren gemächten punten Artikeln vnd maynungen, gleich als Sy von wort ze wort, in difem vnferm kaiferlichen brief gefchriben weren, beftettigt, geueftent vnd Confirmieret, beftetten, beueften, vnd Confirmieren vnfcheblich vns vnd dem heligen (sic!) Reich, vnd allermeniklich, an vnfern vnd Jren rechten, Darumb gebieten wir allen fürften, geiftlichen vnd weltlichen, Grafen, freyen, herren, Rittern, Knechten, Stetten, Gemainfcheften vnd allen andern vnfern, vnd des heligen (sic!) Reichs getrewen vnd vntertanen, bey vnfern vnd des Reichs hulden, daz Sy die egenanten Aynung vbertragung vnd Aintrechtikeit, nicht hindern, Jrren, oder weren, fullen, in dhain weis Wer aber Sach daz Jn yemand, wer der, oder die weren, wider die vorgefchriben vnfer gnad freuelich tätt, oder tetten, der, oder die, fol in vnferr vnd des Reichs vngnad, vnd fünfzig Markh lötigs golds veruallen fein alf oft er, oder die darwiber tüt, die halb in vnfer kaiferlich kammer, vnd das ander halb tail, dem tail, das vberuaren wirdet genzlich geuallen fullen, Mit vrkund diz briefs, verfigelt mit vnferm kaiferlichem Maieftat Jnfigel, der geben ift ze Budiffin, Nach Chrifts geburd brewzehenhundert Jar, vnd darnach in dem zway vnd Sybenzigiften Jar, an Sand Johanns tag des Euangeliften, in den weyhennachten vnfer Reich in dem Sechf vnd zwainzigiften vnd des Keyfertums in dem Sybenzehenden Jar.

V. d. Orig. im k. k. geh. Haus- Hof- und Staats-Archiv zu Wien.

617.

7. Juni 1373. o. O. Hainz der Cajp von Mindersbach verkauft
unter dem Siegel feines Herrn, des Grafen Rudolf von Hohenberg, des Jungen, eine Hellergült aus einer Wiefe und einem
Acker an das Klofter Reuthin.

Ich Hainz der Cajp von munbelefpach vergihe für mich vnd für alle min erben vnd tün kunt allen den die difen brief Senhent lefent oder hörent lefen das ich ains rehten vnd ains rebelichen köffes ze köffenne geben han der priorin vnd dem Conuent gemainlichen ze Röti prebier ordens der gelegen ift by Wilperk der ftat in Coftenzer byftum ain phunt haller geltes ewiges vnd iärliches geltes an ir felegerätj allo tar ze gebenne offen fant martinstag vffer min wifun

bie man nemmet bie groſſen wiſun bie man nemmet ſtaymers wiſun vnd in
bas clain wiſele bar vnber bie gelegen iſt vnber dem brunnen vnd ir zellet anberhalp mannemat vnd ainhalp ſtoſſenbe iſt an ben crieg agger vnd anberhalp ſtoſſet
an bes fôſen agger vnd yſſer minem agger bes man zellet anberhalben morgen
aggers ber ôch bar an ſtoſſenbe iſt vmb fünfzehen phunt gûter vnd genâmer haller
münſe ber ich von in gewert bin genzelichen vnd gar vnd in min ſchinbâre nuze
komen ſint alſo bas ich ber vorgenanten priorin vnd dem Conuent ze Rvti gelobe
by gûtem truwen biſen vorgeſchribenen kôff ze vertigen vnd ze verſtan iar vnd tag
nach bes borfes reht ze mûnbeleſpach wa er anſprâchig werbe an alle gefârbe vnd han in barumb ze bürgen geſezet vnuerſchaibenlichen Cünzen wezzeln
von Ebhuſen vnd ſtaymelin ber ſtamerinvn ſun, wa ben vrowen kain gebruſt
geſchâhe an dem vorgenanten kôff ſo hant ſie vollen gewalt bie burgen an ze griffen
vnd ze kumern wie ſie mugen vnd in alles bas vf geriht wirt barumb ſie benne
gebreſten hetten an dem gelte an alle gevârbe. Es iſt ôch gerette mit gebinge, bas
vffer biſen vorgeſchriben gûtern vnd vor biſem gelt vor vs iârlichen ſol gan vnd
geben werben ber wezzelin von nagelt vierbenhalben ſchillinge haller gen rorborf ben herren vierbehalp hûn gen ebhuſen vnſer vrowen zwai viertal korne
geltes. Dirre kôff iſt beſchenhen mit gunſt vnd mit willen ſtaymers mines brübers vnd iſt ba by vnd mit geweſen. Vnb bas in bis alles ſtâte war vnd vnlôgenbar belybe barumb ſo gib ich in biſen brief beſigelt mit mines genâbigen herren
Inſigel Graue Rvbolfes von Hohenberg bes Jungen zô ainem waren offenen
vrkunbe aller ber binge bie hie vor von mir geſchriben ſtant. wir Graue Rvboli
von Hohenberg ber iunge henken vnſer aygen Inſigel an biſen brief burch fleh-
licher bette willen Hainzen Caſpen von munbeleſpach zô ainem waren offenen vrkunbe aller ber binge bie hie vor von im geſchriben ſtant. Dirre brief warb
gegeben in bem iare bo man zalt von gottes geburte Druzenhen hunbert iar ſyben-
zig iar, bar nach in bem britten iar an bem nâhſten zinſtag in ber phingeſte wochen.

B. b. Orig. im St.-Archiv zu Stuttgart. — Das Siegel iſt abgefallen.

618.

29. September 1373. o. O. Graf Rubolf von Hohenberg gibt Bertholb von Ulm, ſeinem „Valckner" unb beſſen ehlicher Hausfrau
zu Leibgebing fünf Malter Rocken von ſeiner „gewonlichen ſtür"
zu Seebronn (O.A. Rotenburg) unb ebenſoviel von ſeinem Bauhof zu Rotenburg.

Wir Graf Rûdolf von Hohemberg verienhen offenlich für vns vnb vnſer
erben nachkomen vnb tilgen kunt vor aller menglichen mit biſem brief, bas wir
angeſenhen haben ſtatt truwe bienſt, bie vns Bertholb von Vlm vnſer

Balckner vnd Abelhait von bizenach sin elichü Hußfrow jr fröwen vns baiben sy baibü getån hand vnd darumb haben wir in baiben ir lebtag geben zehen
malter rocken Rotemburger meß iårlicher gült, der man Jn uf sant Martins tag
iårlichen rihten vnd geben sol fünf malter roggen von vnser gewonlicher stür ze
Seprunn vnd fünf malter roggen ußer vnserm buwehof ze Rotemburg. Wer
aber daz in biß korn gült etlichs Jares ußlegent von Hagel von Raisen (sic!)
oder von vngewäst so süllent wir in sy rihten ußer anderen vnseren gütern vnd
nützen die wir ze Rotemburg haben Also daz sy ir kains Jares nit ußligen süllent
vnd wenne sy baibü abgegangen sind von tobes wegen das Gott lang wend So
sond vns vnd vnsern erben von Jren erben biß vorgeschriben zehen malter roggen
gelts lebig vnd löß werden vnd also süllent wir vnser erben vnd nachkomen sü
baibü ir lebtag an disen vorgeschriben zehen malter roggen geltz nit hindern noch
sumen lützel nach vil, weder wir noch kain vnser amptman noch nieman anders
von vnsern wegen in behain wiß suß noch so vnd des ze vrkund vnd stätter War-
het das das also belibe vnuerwandelt, darumb so haben wir vns vnd vnser erben
vnd nachkomen vnser aigen Jnsigel offenlich gehenckt an bisen brief vnd gebetten
vnsern lieben getruwen Bentzen von bochingen der biß binges täbinger ist
gewesen das er sin Jnsigel zů dem vnserm zů ainer gezugnüst offenlich gehenckt
hat an bisen brief Jch Bentz von Bochingen veriehe das ich durch bett willen
mines gnädigen Herren Graf Růdolfs von Hohemberg zů ainer getzügenüst aller
vorgesagten sachen han Offenlich min Jnsigel gehenckt an bisen brief der geben ist
an sant Michels tag Nach Cristus gebürt drützehenhundert Jar darnach in dem
drü vnd Sübentzigosten Jare.

B. d. Orig. im St.-Archiv zu Stuttgart. — Mit dem Siegel des Grafen und
dem des von Bochingen, welches zwei auf dem Schilde sich kreuzende Stäbe zeigt.

619.

8. Dezember 1373. Rotweil. Die von Rüti geben vor dem Hofgericht zu Rotweil dem Grafen Rudolf von Hohenberg ihren Theil
an der Veste Neckerburg auf, von deren Zugehör ein Bürger von
Rotweil einen Theil (**40** Morgen des Dietinger Tannwaldes) besaß und nach dem Spruch des Hofgerichts auch behielt.

Jch Graue Růdolf von Sultz hofrihter von mins herren des
Römischen kaiser karlen gewalt an siner statt of sinem hof ze Rotwil. Tůn
kunt mit bisem brief — daz ich ze gericht saz of dem hof ze Rotwil an der offnen
frygen klinges strazze of bisen tag als birre brief geben ist. vnd stůnd vor mir
of demselben hof bem (sic!) frome veste man. Marquart von Bübenhofen
mit fürsprechen als reht waz. vnd sprach also. Johans. albrecht vnd Renher

gebruber von Rûti. die wöltint dem edeln herren Graue Rûdolfen von Ho=
hemberg gern vertigen vnd vfgeben Neckerburg die vesti vnd waz darzů
gehorte. iren tail vnd allů dů reht die sü daran hettint. vnd batt im ze eruarent
an ainer vrtail wie sü daz tůn söltint. daz es kraft vnd maht hetti. Des stůnd
da ze gegen der erber wernher der zeller ain burger ze Rotwil. vnd sprach er
hetti etwas da wider ze reden von etlicher gůter vnd stucke wegen. vnd zeugt ainen
gůten redlichen brief mit der statt ze Rotwil anhangendem Jnsigel. der von wort
ze wort stůnd als hienach geschriben stat. Allen den — daz vor stůnd offenlich
ze Rotwil vor geriht der erber man. Johans Gierayg åbli gieraiges
seligen sun vnser burger vnd veriach daz er allů die reht die die von Rosnouwe
hatte an vierzig Jucharten des Dietinger Tanwaldes die sie ir selber vfge=
nomen vnd vfbedinget hatte mit boden vnd mit holtze. die im nach pfandes
reht vergangen sint. reht vnd redelich hetti ze kouffen geben dem erbern manne
wernhern dem zeller vnserm burger vmb funfzehen pfunt gůter haller. — — —
Geben an Mitwoche vor sant Thomas tag 1371. Vnd do der brief gelesen vnd
verhört wart. do batt im der vorgenant wernher der zeller ze eruarent an ainer
vrtail ob er bi den obgenanten stucken nach sins briefs sag billich beliben sölt.
Darumb vorschet ich waz reht were. Do wart ertailt von herren Rittern vnd
Rihtern die da ze gegen warent daz er bi den obgenanten gůten vnd stucken nach
sins brief sag billig beliben sölt ane alle geuerde. vnd herumb ze offem vrkumb so
han ich des hofgerihtes ze Rotwil Jnsigel mit vrtail offenlich gehencket an disen
brief. Der geben ist an dem nehsten Dunrstag nach sant Nicolaustag. Nach Cristus
geburt drůzehenhundert iar. darnach in dem drü vnd Sůbenzigostem Jare.

B. d. Orig. im St.-Archiv zu Stuttgart. — Das Siegel fehlt.

620.

1373. Urbar der Kirche und des Dorfes Bühl.

Anno domini millesimo ccclxxiij conceptum fuit Registrum infra scriptum per Iohannem Amman de bonis et redditibus ville in Bùhel ut sequitur.
Et prius de spectantibus ad Ecclesiam ville in Bùhel etc.

Disú nachgeschribenü gůt hörent zů der kirchůn ze Bůhel.

Dez ersten hörent zů dem widem hoff bifz äggers Jn der oberun zels
der zilagger dez sint fünf Juchart

Item der klain zilagger dez sind Juchart i¹⁄₂.	genb
Jt. bi dem herweg . . . . . . J. iij.	
Jt. der hutagger [1] . . . . . . J. j.	zů dem halbtail.
Jt. bú knehtjuchart . . . . . . J. j.	
Jt. in dem Riet . . . . J. ij.	
Jt. ob der Rietwif . . . . . . J. ¹⁄₂.	

Jt. ain agger haiſſet daʒ Aſpach . . . . . J. v.   } zů dem dritail.
Jt. ain agger an dem Rain . . . . J. ij.   }
Jt. zů deʒ Tůfels Bom . . . . J. ij.   }
Jt. zů Otten fúrt . . . . J. ij.   } zů dem vierndail.
Jt. vff dem hohen Rain . . . . J. iiij.   }
Jt. zů den öffenn . . . . Jt. ij. da von gat vj viertal kornes
welcherlay korn denne da wirt.
Jt. ob dem Eiunger . . . . J. 1/2. der lit wůſt, da von gänb
ij herbſthúnrr.
Jt. der alt wingart, den buwet zů biſen zitten hans Claus, da von git er den
zenhenden vnd ij. herbſthúnrr.

      Item in der Zelg in dem kolg

deʒ erſten der hútagger . . . . J. ij.   }
Jt. der Rietagger . . . . J. ij.'   }
Jt. der Anwander . . . . J. j.   }
Jt. geraitten agger . . . . J. j.   }
Jt. bi demſelben agger . . . . J. 1/2.   }
Jt. vnder dem Bühel . . . . J. iiij.   }
Jt. bú vnder geſtainnung . . . . . . J. iiij.   } zů dem halbtail.
Jt. bú ober geſtainung . . . . J. ij.   }
Jt. vff köbinger velb daʒ geſtainli . . . J. 1/2.   }
Jt. vff köbinger velb in dem kolg . . . J. 1/2.   }
Jt. in dem kolg ain knehtmorg . . . . J. j.   }
Jt. in dem kolg . . . . J. ij.   }
Jt. daʒ genſmad . . . . J. j.   }
Jt. in dem Stainach . . . . J. ij.   }
Jt. in Stainach buwet B' nill . . . . J. 1/2.   }
Jt. in Stainach buwet Cunrad Mornenweg J. j.   } zů dem dritail.
Jt. in Stainach . . . . J. iiij.   }
Jt. vff Bonlanden obnan . . . . . . J. j.   }
Jt. vff Bonlanden gen Breſtdorf . . . . J. ij.   }

      Jt. in der Zelg vnder dem dorf

deʒ erſten vff Bonlanden . , ... J. ij.   }
Jt. vff kilpinger velb, ob an ander . . . J. i1/2.   }
Jt. bi dem Crúʒ . . . . J. i1/2.   }
Jt. ain agger haiſſet der hake . . . . . J. ii1/2.   } zů dem halbtail.
Jt. an dem Graben . . . . J. i.   }
Jt. bi dem zil an dem Herweg . . . . J. ij.   }
Jt. der Anwander . . . . J. ij.   }

It. an dem herweg . . . . J. ij.
It. ain anwanderli an dem herweg . . . J. j.
It. dú Stainúng . . . . J. ij. } zů dem halbtail.
It. der Gerſagger . . . . J. ij.
It. zů dem Brúklin . . . . J. ½.
It. vff kilpinger velb bi der heſinun agger . J. j. } zů dem britail.
It. vnder Roſſnagels Bom . . . . J. ½.
It. deß Webers agger . . . . J. ij. davon git man allú Jar
iij. herbſthúnrr.
It. ain agger zwiſchant den Rainen buwet Galman J. ½. } zů dem vierbail.
It. daz Stainungli . . . . J. j.
    Buwet B'. frank } dat iij. pullos.
It. dú Girſhald . . . . J. ij. Buwet Teheli zů dem Sehſtail.
It. Geraiten agger . . . . J. ij. Buwet Aberli wigli da von
git er allú Jar iiij. herbſthúnrr.
It. vnder zartmanns Rúti an der wengun . J. ½. Buwet B'. der nill, da
von git er allú Jar ij. herbſthúnrr.
It. vor der Staig . . . . J. ½. da von git man den hai-
ligan ze Bühel allú Jar ain ½ lib. wahſe.

•   Item diß ſint die wiſa die in den obgenanten widem höff hörent
dez erſten dú Gerſwis . . . . Manſmad iij.
It. ain Bletz haiſſet dú húngerwis . . . . . Manſmad j.
It. Billungs wis zů Otten fúrt.
It. zů Otten fúrt . . . . Manſmad ½.
It. ain Bletz in der ſchönun halbun.
It. der naſſun wis . . . . Manſmad ij.
It. ain Bletz haiſſet leibartz wis.
It. ain wis in dem Annenbach.
It. dú Brait wis . . . . Manſmad iiij.
It. vnder dem Otten furt . . . . Manſmad ½.
It. der Gerſagger . . . . Manſmad j.
It. der Rott agger . . . . Manſmad j.
It. der krebe . . . . Manſmad j.
It. in dem Rúns . . . . Manſmad j.
It. ain Bletz bi der naſſun wis, hät zartman, da von git er iiij húnrre.

Item diß Sint die hofſtett vnd zins die zů der kirchún ze Bühel hörent,
dez erſten dú hofſtat vnd hofraiti dez widemhofes mit aller zů gehörbe, davon git
man allú Jar xviij. Sol. hall. xviij. viertal habern xij. kaeſ. c. aiger vj. húnrr
iiij. gänß.

Jt. Bentzen franken höfstat bi dem Steg, da von git man iij. ß. hall. iij. viertal habern, ij. herbsthünrr j. fasnahthûn.

Jt. Cüntzen Volmarings höfstat, da von git man och als vil.

Jt. dez Sinders höfstat, da von gänd iij. viertal habern ij. herbsthünr.

Jt. Cüntzen franken hofstat git iij. viertal habern iij. ß. haller ij. herbsthünrr j. fasnahthûn,

Jt. von dez Müllers höfstat vnd von dem weg, iij. ß. haller iij. viertal habern ij. herbsthünrr j. fasnahthûn.

Jt. haintz der Belser git von zwain wisbletzen vor dem Rottan aggern ij. herbsthünrr.

Jt. B'. der nill git von ainem bletz in dem fúrsal j. herbsthûn.

Jt. ze Hirso.   .

Jt. ze Hirso iij. Morgen wingartten haissent der Merhelt, Buwet zú bisan zittan B'. der veser von wurmlingen, da von git man daz halbtail vnd sol man dar zú geben pfel vnd múst genûg.

Jt. ze Wurmlingen an pfaffen halbun j. Morg. Wingarttes da von git man öch baz halbtail, Vnd sol man öch barzú geben pfel vnd múst genûg.

Jt. ze Entterringen lit ain wingertli vnd ain Bomgrabtli (sic!), da von git man baz vierbail.

Jt. der walt vnd baz holtz, baz man nemmet der hailigan holtz, der stösset gegen Tusselinger velbe.

Jt. der Zenhend von allen bingen zú bem höf ze Ekke an holtz, an velb, an korn, an höwe, an obs 2c.

Jt. ze Ramshalbun von bem Gút git Man vij. lib. hll. allú Jar vnd von alter her gab man ba von baz britail vnd ben zenhenben aller frúht.

Daz vorgenant gút ze Ramshalbun ist gelúhen Hâgellin ze Tusselingen vmb fúnf lib. vnd fúnf schilling haller allú Jar.

Jt. ij. gänz vnd ij. húrn. .

Jt. berselb Hâgelli git vsser Bramhalbun vj. ß. vnd ij. húrn.

Jt. der Mek git vsser ainer wisun, ist gelegen an bem bach vnd sint ij. Mansmat ix. ß. vnd vj. húrn.

Jt. bietrich der wagner git vsser ainer wisun ist gelegen in bem bach vnd sint ij. Mansmat vnd vsser ainem agger sint ij. Morgen stousset an Bramgunhalbun v. ß. hll. vij. húrn.

Jt. pfaff Stolz git vsser ainem agger ist gelegen an bez pfaffen wis vnd ist j. Morg iiij. húrrn.

Jt. Cünz tander von ainer witz ba by iiij. húnrr.

Jt. willunman git vsser ainer wis ist gelegen in bem bach ber ist i¹/₂. Mansmat vj. ß. hll. vnd j. hûn.

Bona in Búhel, preter bona Ecclesie.

Item bifú nachgeſchribenú gúter hät hans der Amman ze Búhel ane dú
gút, dú zú der kirchun hörent

Dez erſten daz Geriht, Zwing vnd Bänne halbe dez ſelben dorfes.

Jt. biß Sint die ägger, die in den hoff hörent, den zu biſen zitten buwet Benz
    Mornnenweg dez erſten in der Zelg vnder dem Dorf

lenungsagger	J. iiij.	
Jt. dez Janers Anwander	J. iiij.	
Jt. daz krothuſſ	J. iij.	zú dem halbtail.
Jt. bi dem Crúz	J. ij.	
Jt. Ennant dem Crúz	J. j.	
Jt. vff Bonlanden	J. ij.	

Jt. hopten Rain an wengen . . . . . . J. ½. buwet Teheli, da von
    git er den hailigan ze Búhel, cere lib. ½.

    Jt. in der Zelg in dem kolg

Dez erſten dú gebrait bi dem dorff	J. iiij.	
Jt. bi dem Markſtain	J. iiij.	
Jt. vnder dem herweg	J. j.	
Jt. Múſúllún agger ob dem herweg . . .	J. j.	zú dem halbtail.
Jt. vff Bonlanden	J. j.	
Jt. in dem Sewe	J. ½.	
Jt. in Stainnach	J. ij.	

    .. Jtem in der Zelg gen dem Búhel ..

dez erſten die hút ägger	J. iiij.	
Jt. der Zilagger	J. j.	
Jt. hinder dem Búhel	J. j.	zú dem halbtail.
Jt. bi der wis ze hungerbrunn	J. j.	
Jt. daz helbeli	J. j.	zú dem viernbail.
Jt. dez Enins agger vnd daz helbeli . . .	J. iij.	

    Jt. die wiſa bie zú dem ſelben gút hörent

dez erſten an den Egerban . . . . . Manſmad ij.

Jt. vff dem Bröel . . . . Manſmad j.

Jt. in dem Sewa . . . . Manſmad j.

Da von git man allú Jar xij. kaeß ij. Genße iiij. herbſthúnrr j. faſnahthún c. agger
    j. Malter vogthabern xij. β. hll. vnd die xij. β. lät man im allú Jar fúr
    Snitthaller vnd öch bie xij. kaeß.

    .. Jtem dez langen höf mit aller zúgehörbe. huf vnd hofraiti mit äggern
vnd wiſan.

dez erſten in der zelg vnder dem dorf ain agger vff kilppinger velb (sic!) J. j.

Jt. ain agger haiſſet der hacke . . . . J. j.

It. das flaſchlant . . . . J. j.
It. ain agger uber den herweg . . . . J. j.
It. bú geſtain bi den bry bommen . . . . J. j.
It. der gerſagger . . . . J. ij.
It. der mittelagger . . . . J. ij.
It. der agger vor der Staig . . . . J. ij.

    It. in der Zelg in dem kolg

deȝ erſten zwen ägger hinder Breſtdorf . . . . J. ij.
It. in dem kolg . . . . J. ½.
It. an dem Múlagger . . . . J. ½.
It. bú geſtain ob dem herweg . . . . J. ½.
It. der hútagger . . . . J. ⅃
It. vor dem Búhel . . . . J. ½.

    It. in der Zelg gen dem Búhel

deȝ erſten daȝ flaſchlant . . . . J. j.
It. der weglanger . . . . J. j.
It. der agger gein dem Búhel húnf (sic!) . . . . J. j.
It. der agger zú deȝ Túfels bom . . . . J. j.
It. vff dem Rain vor dem fúlhins gern . . . . J. j. lit wöſt
von den äggern git man daȝ halbtail deȝ Wintterkornes vnd daȝ brittail von dem
    Súmerkorn.

    Diß ſint die wiſan die in den ſelben höf hörent.

deȝ erſten bú Grüob by der Gerſwiſ . . . . Manſmab j.
It. bú Ober Emptwis an den Egerban . . . . Manſmab ½.
It. bú krum wis in dem tal . . . . Manſmab ij.
.. Von dem ſelben git man ȝe Zins allú Jar vj. β. hall. viij. viertal habern
    ij. Gánß vj. herbſthúnrr c. ayger.

    .. Item kletten höf, den ȝú biſen Zitten buwet Theheli, mit aller ȝúgehörde.
huff vnd hofraiti mit äggern vnd wiſan
deȝ erſten Roſsnagels Rúti vor dem Appenberg . . . . J. ij.
    ba von git man daȝ fúnftail.
It. in dem Jngental an dem Trútbach . . . . J. j.
    ba von git man daȝ brittail.
It. der lochagger . . . . J. ij.
    ba von git man daȝ viernbail.
It. bú zway lenber an der wegun . . . . J. j.
    ba von git man daȝ brittail.
It. in dem Jngental . . . . J. ½.
    ba von git man daȝ fúnftail.

Jt. der Bletz zů Jrmbrehtsburg . . . . J. j.

    da von git man das fúnftail.

Jt. der Wagram . . . . J. ½. lit wôſt.

     Jt. in der Zelg in dem kolg.

vff Bonlanden zwen âgger . . . . J. ii½.

    da von git man daz brittail.

     Jt. in der Zelg gen dem Bůhel

Dez erſten ain agger an dem herweg . . . . . . J. ij.

Jt. zwen halb Morgen bi der Rietwis . . . . J. j. } zů dem brittail.

Jt. der Rain zů Ottenfurt . . . . J. j.

     Diß ſint die Wiſa die in daz ſelb gůt hôrent

Dez erſten ain wiſelin vff dem Brůgel . . . . Manſmat j.

Jt. vff der hohun wiſ . . . . Manſmat j.

Jt. an den Egerban . . . . Manſmat ½.

Jt. an hetzelunloch . . . . Manſmat ½.

Jt. in dem Jngental . . . . Manſmat ½.

. . Von dem ſelben gůt git man ze Zins allú Jar vj. Sol. hall. xv. viertal habern

    j. Ganſ ix. herbſthúnrr.

     . . Jt. der wâltzinun hôf, den zů biſen zitten buwet der frank mit aller zůgehôrde, huſ vnd hofraiti mit aggern vnd wiſan.

Dez erſten in der Zelg vnder dem dorf vff kilpinger velt . . . J. j.

Jt. ain agger über den kilppinger weg . . . . J. j.

Jt. bú geſtain by den brin bommen . . . . J. ij.

     Jtem in der Zelg in dem kolg

Dez erſten ain agger vff dem Bruegel . . . . J. ij.

Jt. ain agger in dem Sewe . . . . J. j.

Jt ain halba morg by dez wagners agger . . . . J. ½.

     Jtem in der Zelg gen dem Bůhel.

Dez erſten ain agger an der Rietwis . . . . J. ij.

Jt. ain agger an aſpach . . . . J. j.

Jt. zů dez túfels bom . . . . J. ½.

Jt. zů Hetzelunloch . . . . J. ½.

     Diß ſind die wiſa die in daz ſelb gůt hôrent.

dez erſten ain wiſ in dem Jngental . . . . Manſmad i½.

Jt. ain wis vff dem Brůgel . . . . Manſmad ½.

Jt. die wiſa ze kilperg die in der wâltzinun gůt hôrent . Manſmad j.

Von dem ſelben gůt git man ze zins allú Jar ix. Sol. hll. ix. viertal habern.

    j. Gânſ. v. herbſthúnr. ix. β. ze weglôſi vnd daz˙ halbtail von dem letzen

    aller nútz.

Item Roßnagels lehen mit aller zůgehörb an äggern vnd an wifan fů figen an bú ober nit. deʒ erften huff vnd hoff.

It. ain agger in den flachflenbern . . . . J. j. zů bem brttail.

It. ain halba morg ennant bem Trutbach . . . . J. ½. lit wôft.

It. ain agger ber vff bie wanun zůhet . . . . . J. ij.

It. in ber ʒelg in bem kolg
ain agger an ben flachflenbern . . . . J. j.

It in ber ʒelg vor bem Bühel
beʒ erften ain agger vff bem Bühel . . . . J. i½.

Item beʒ kůtli beʒ belfer bailung haif beʒ erften in ber ʒelg vnber bem borff öber öber (sic!) kůlbinger weg by bem Crützen i½. Juchert vnb by bem try bom= men ½. Juchert by bem bruckagger ½. Juchert.

It. in bem kolch, an bem herwek vff ½. Jucher an bem runf j. Juchert.

It. ber ribagger öber bem herweg vff j. Juchert.

It. vor fifritz crütʒ ½. Juchert.

It. vnb bú wifan bú grůbli manmat ½.

It. vnb brůel manmat ½.

Diß fint bie hofftett. beʒ erften beʒ Maiers hofftat ba Rich vff faff, hät Cůntz frank. ba von git man iij. β. hl. iij. viertal habern ij. herbfthůnrr j. faf= nahthůn. bie felbun hofftat hän Ich verwekhfelt vmb ain hofftat bú lit hinber miner Schúr gegen minem vetter hanfen volkern.

B. bem Orig. auf 7 Pergamentblättern. Im St.-Archiv zu Stuttgart.

¹ Auf bem Ranbe fteht von gleich alter Hanb: „decima solaltur.“

621.

Ernewerung bes Einkommens S. Jergen pfrienb zu Nagolt uff bem Schloß. 1373. (Diefes von neuerer Hanb als bas Folgenbe.)

Nota bo man ʒalt Von gottes geburt brüʒenhen hunbert iar vnb brü vnb fibenʒig iar Wart bifer ʒins Robbell gefchriben vnb ernůwart ab bem alten Robel vnb gefallent biß nachgenben ʒins uff fant martis tag Sant Jergen vff bie Burg. .

Item bes fpellen gefäs an bem obern tor gilt xviij hůr.

It. näftlin gibt vj hůr. von vnfer frowen wiflin gelegen in bem tal vnber henßlins fchulthaißen agker ber ba ftouffet vff ben graben.

It. bú wifflerin git ij β. von bem hinbern tatl ierun wifon ftouffet an näftlins wiflin.

It. Cůnrat fchoffer git j β. hůr. von finer hinbrun hofftat ftouffet an höfchlis gefäs.

Jt. der lang weber git vj ß. hllr. von sinem huf vnd hoffraitin gelegen an
höschlauffs hus an der Rinkmurer vnd möht daz hus den zins nit er=
tragen so sol im ze hilff kumen ij Juchart aglers sint gelegen ienhalb dem
rötenbach vnd stössent ainhalb an haintzen dez Eltern alger.

Jt. fritz schniber git vj hllr. von vnser frouwen wifon gelegen im tall bey
mertzen brunnen.

Jt. Rentzen hus daz gelegen ist an schaffratz gesäs gilt ij ß. ij hürn.

Jt. Hänslin kramer gilt iiij ß. von sinem wingarten der gelegen ist bi des
frölichs wingarten obnan an dem gemüll, ist aber daz er sin me machet
denne nun vnd für sich uff rütt so sol er v ß. geben.

Ouch gibt er j ß. hllr. von ainem garten ist gelegen ienhalb waffers vnd gibt den
von üben wifon x ß. hllr. vnd etlichs iars me.

Jt. haintz Rübolff den man nempt haintz fischer git iiij hllr. von finer wifon
gelegen hinder der burg ze Ramsiloch.

Jt. haintz bielman git iiij ß. von des kürsenars wifflin vnd iiij ß. von finer
wifun gelegen vor des pfaffen hus am bach.

Jt. frölich git v ß. von sinem wingarten gelegen an dem gemul nebent haintris
wingart.

Jt. der spot git ix hllr. von finer wifon gelegen an der gesnow an dem wäg
vnd gibt ix hllr. von ainer wifnun stoffet an öbun wifon.

Jt. der kessler git x ß. hllr. von ainer wifon litt daz waffer ab vnder dez bil=
ters agler vnd haiffet die rietwiff.

Jt. der wihinger git xii½ ß. hllr. von sinem agfer der gelegen ist daz waffer
ab by der billiginun agfer vnd git denn vi½ ß. hllr. uff sinem agfer der
gelegen ist hinder der burg by des maigers agfer vnd gibt denn aber iiij ß
hllr. von sinem fordern agfer gelegen in bächlin vnd git j ß. von finem
agfer am wolffberg stoffet an die gebraitun.

Jt. der Dür git iiij ß. hllr. von sinem wingärtlin vnd dem agfer der dar an stoszt
vnd gelegen ist an dem gemüll vnd git denn ain ß. hllr. von einem wifble
ist gelegen an burkwifon vnd stoufft an späten wifon.

Jt. Bürckli tächler git x ß. von finer wifon gelegen in dem lielach stouste
ainhalb an bieterlin schochen wifun vnd anderthalb an deß Routen wifun.

Jt. walther tächler vnd Cünrab wiblin gent iiij hllr. von ierem huf gelegen
by des bremlins huß.

Jt. Irmel bü firerin vnd ell hüchenfelbin gent ix hllr. von ierem huf ge=
legen by dem mülltürlin vnd büselb Irmel git ij ß. von ier schierun gelegen
an der Rinkmuren ouch by dem mülltürlin.

Jt. gifferlin git iiij ß. von des specks säligen huf gelegen an dem hoff.

Jt. bü billigin git xiii½ hllr. von ier wifon gelegen obnan in dem tall vnd
die hät zü difen ziten auberlin laber.

It. Benz lösslin git xviii hllr. von siner wison gelegen an der amrs vnd haisset der kellernun wiss.

It. winman git x β. hllr. von ainer wison lit daz wasser ab ob margksen hasseln vnd stousset ainhalb an sinen agker vnd an fribrichs wisun vnd git benn ix hllr. von ainem agker der giltet pfaff maiger vnd vsser dem korngelt vnd dem akger gänd bie ix hllr.

It. auberlin habrer git viij β. hllr. von siner wison gelegen in bündwisson vnd waz des kazingers.

It. auberlin ganter git xviij hllr. von sinem huf daz gelegen ist by haintzen des roten huf.

It. Haintz der Rout git viij β. von sinem huß daz gelegen ist by des ganters huf Vnd git benn x β. uff ij iuchart agkers da lit bü ain am tüffinger weg vnd bü anber daz wasser ab by des kürsseners agker.

It. Haintz tächler git von sinem hus iij β. daz gelegen ist by sins schwehers des routen huf vnd so gilt bie hinder hofstat Hägenlins gart öch iij β. vnd hörent beb zemen.

It. Haintz spät git xv hllr. von sinem huf daz sinf schwehers hüchenfel† waz vnd git benn iiij β. von siner wisun gelegen vnber bez kürseners wisli am wolffberg.

It. Gerung murer git xiiij hllr. von sinem garten der gelegen ist uff bem graben by des schenners garten.

It. der pfost git xxx hllr. von sinem hus daz gelegen ist an claussen hagmans schürvn.

It. Bürklin zerrer git iij hllr. von ainem agker in ben Rain.

It. Ellin krämerlin git iij hllr. von ainem agker lit an dem kay.

It. Benz höschlin der kirchherre git v β. von sinem huf daz da gelegen ist by der kirchen am Turn.

It. hainric houbt git viij β. von sinem wingarten gelegen an bem gemüll vnb ben sol man abmessen ist sin ij morgen so sol er x β. geben vnb git j β. hllr. von sin korngelt daz im wirt von ädern sint gelegen im Reglental vnb stousset an bez labers agker.

It. zwelff β. hllr. gand vsser aim agker sint ij gefüg juchartten ligeng baz wasser ab nebent späten vnb bilmans wisun vnb stoffet bebentalb an bez Zerers agker, vnb bisen agker hant zü bisen zitten Cünz Roll. bielman unb walther fischer Öch lit ain wise im Rötenbach sint zwai mansmad vnd stoffet ainhalb an gerung murerf wisun vnb anberhalb an bez sporn wisun ba gant vff vj β. hllr.

Pfeltzhusen.

It. Herman süsser git vj β. hllr. von ainem garten der gelegen ist by bez Büln gesäff.

Jt. aubreht hailen git j ß. hllr. von ainem gärtlin vnd git denn ij fiertal öls von des bäln säligen gesäs.

Jt. Groshans git j fiertal öls von sinem garten der gelegen ist hinder sinem hus.

Münbererspach.

Jt. staimlin vnd der kapp gent xviij hllr. von ainer wisun lit in kellvn.

Ehmingen.

Jt. Engel bü eppin git xvj ß. hllr. off ainer wisun ist gelegen ze Enmingen an arnolß brügel.

Jt. bis ist daz Järlich korngelt.

Jt. Ellin ebingerin git vi$\frac{1}{2}$ fiertal vessan vnb vi$\frac{1}{2}$ fiertal habern vnb denn der beder korn j trittail ainf fiertals.

Jt. biz ist daz agker gelt In der zelg uff Rötenbach Jt. Hainß Röt iij schöffel (j malter) vessan vnb habern näch der zelg von ainem agker haiss sant Jergen aker vnb lit uf Rötenbach.

Jt. der spot git v fiertal vesen vnb v fiertal habern nach der zelg von ainem agker lit by sant Jergen agker uff rötenbach.

Jt. Renßen säligen agker uf Rötenbach gilt ij fiertal vesen vnb ij fiertal habern nach der zelg vnb ist öch nach gelegen by sant Jergen agker.

Jt. hainß Rüdolff git j schöffel vesen vnb j schöffel habern näch der zelg von ainem agker ist gelegen hinder der Burg.

Jt. in der zelg uff ötrichs ägker.

Jt. hans schenü git ij fiertal Rogken vnb ij fiertal habern nach der zelg von ainem agker ist gelegen obnan in bem tall by nästlins agker vnb git denn j malter vesen von ber von Ringelstain agker gelegen vnder bez wihingers agker by bem burg stelg.

Jt. nästlin git ij fiertal Rogken vnb ij fiertal habern nach der zelg von ainem agker lit im tal by des schenüs agker.

Jt. des lädergärwen agker ber gelegen ist an ber burg halbun gilt iij fiertal vesen vnb iij habern nach ber zelg.

Jt. ber speltnün agker gelegen zwischant ben Herbern gilt ij fiertal vesan vnb ij habern näch ber zelg.

Jt. ber von Ringelstain agker ben hanf schenü hat vnb gelegen ist Jenhalb bem burgsteg ob bes wihingers wison gilt ij malter vesan vnb j malter habern näch ber zelg.

Jt. zwölff Juchart akers sind gelegen ze nagelt hinder ber burg sind sant Jergen aigen.

Jt. in ber zelg gen oberkirch hinuf.

Jt. klengk git vij fiertal vesan vnb vij habern näch ber zelg von ainem agker ist gelegen in ber liellach ob Cünrat schoffers agker.

Jt. kätherlin bü wifflerin git j schöffel vesan vnb j schöffel habern nach ber zelg von ber vnbern Juchhart agker gelegen an bem kaßensteig.

Jt. dú eppin von Emmingen git von j agker lit daz waffer ab by mänbler-fpacher furth j malter vefan vnb j malter habern nach der zelg.

No. dif nächgefchriben zinff vnb gült hät fant Nicolaus zů Nagelt Jn der Cappell gelegen vor der Statt.

(Unter Anderem wird aufgeführt:)

Jt. hail kromerin gyt x ß. vff ainer wifen genant der franken brügel vnb vff dem agker daran.

Jt. auberlin giffübel vnb Hail kromerin gebent ij ß. vff ainer wifen genant bie wyben wis gelegen an ber burgwifen.

Jt. auberli giffübel gyt iij ß. vff feinem Hus vnb Hofraiti gelegen vor bem fronhof.

Jt. auberli giffübel gyt iiij ß. vff feinem Hus ift gelegen an dem vorgefchri-ben Hus.

Jt. Haintz tächler gijt j ß. vff feinem Hus vnb Hofraiti gelegen an dem vo-bern tor.

Jt. myn Herr von Wirtemberg gyt v ß. vff der kälter.

Jt. burkart epp gyt ij ß. vff ainer juchart ackers gelegen an dem linbberg.

Jt. vj hllr. vff ainem bomgarten gelegen an ber ziegelhütten.

Jt. Hans gerung gyt xviii hllr. vff feinem Hus gelegen in vtengaffen an dem Jofen.

Jt. bie famnung frowen von bornftetten gebent iij Haller vff ainem pfunb geltz bas gät vff ainer wifen an ber ammer.

Jt. Claus Rout gyt xviij hllr. vff ainem garten gelegen ze mertzenbronn.

Jt. ber Rötenburg von Haiterbach gyt viiij hllr. vff nantzen garten zů vnbernfchwainborff gelegen.

Jt. Cůnrat Honwart von metzingen gyt vff ainem acker gelegen Jn leim-borffer berg.

Jt. Hans birning gyt j liber Haller vff zwain wifen gelegen zů boppenhufen.

Jt. bie laberin gyt iiij ß. vff ainem garten gelegen ze Rietbronn.

Summa xij lib. iiij ß. i hllr. Sant Nyclaufen Hällergült.

622.

17. März 1374. o. O. Graf Rubolf von Hohenberg belehnt Mar-quarb unb Eberharb Lutran von Eßlingen mit einem Hof zu Neuhaufen (O.A. Eßlingen).

Wir Graff Rûbolff von Hohemberg verienhen offenlich vnb tûn kunt aller menglichen mit bifem brieff, daz für ûns kam an bifem tag. als bitte brieff

geben iſt Marquart u. Eberhart Lutran gebrůder von Eßlingen, vnd
baten vns ernſtlich, daz wir inᵉ Lühen ainen hoff gelegen ʒe Nůnhuſen
dem dorff, den vormalb ir vatter ſälig von vns ʒe Lehen gehebt hät vnd ouch ir
vorbern, vnd deʒ haben wir ir bett erhört vnd haben ben obgenanten Marquar:
ten vnd Eberharten gebrůdern genant die Lutran von Eßlingen Den vor=
genanten hoff gelühen mit allen genießen mit allen rehten, nuʒen vnd ʒůgehörben,
nůʒit vß genomen, wie wir billich vnd durch reht Lühen ſullen, alſo daʒ ſy vns
da von tůn ſullen, waʒ ieglich Lehenmannen iren Lehenherren billich vnd burch
reht tůn ſullen, Doch mit behaltnuſt diß Lihens vns vnd vnſer herſchaft vnßrů
reht, vnd deʒ ʒe vrkunb ber warhait So haben wir vnſer aigen Jnſigel offenlich
gehenckt an diſen brieff, Der geben iſt an ſant Gerbruten tag nach Criſtus geburt
Drůtzzehen hundert Jar barnach in dem vier vnd Sübentzigoſten Jär.

B. b. Orig. im St.=Archiv ʒu Stuttgart. — Mit einem kl. Siegelreſt.

———

623.

4. April 1374. o. O. Graf Rudolf von Hohenberg belehnt Marquart
Lutram von Eßlingen als Träger des dortigen Spitals mit zwei Rädern
der Holfenten=Mühle daſelbſt.

Wir Graff Růdolff von Hohemberg verjehen offenlich vnd tun kunt
menglichen mit diſem brief daʒ für vns kam an dem tage als diſer brief geben iſt
Marquart Lutram von Eßlingen Marquart Lutrams ſäligen Sun
vnd tett vns kunt daʒ ſin vatter tob wäre vnd der wäre träger geweſen deʒ Epi=
tales ʒe Eßlingen ʒwaiger reder in der Mülin, bie man nennet Hol=
fenten Mülin vnd begerten beß Spitaleß Pfleger baʒ er bes halben lehen ouch
trägers wäre beß haben wir ir bett erhört, vnd haben dem vorgenanten Spital
ʒe Eßlingen die obgenanten ʒway reder in Holfenten Mülin gelihen, wie wir billich
vnd durch reht lihen ſullen vnd bar vber ʒu getruwen trägern geben den vorge=
nanten Marquart Lutram von Eßlingen Marquart Lutrams ſäligen Sun alſo deʒ
er die vorgenanten lehen dem vorgeſchriben Spital ʒu Eßlingen ʒu getruwen handen
tragen ſol vnd vns davon tun als ain jeglich lehenman ſinem lehenherren billich
vnd durch reht tun ſol vns an vnſern rehten vnſchablich vnd beß ʒu vrkunb haben
wir vnſer aigen Jnſigel offenlich gehenkt au diſen brief der geben iſt an dem
ʒinſtag nach dem Oſtertag do warent von Criſtus geburt brutzehenhundert Jare bar=
nach in dem viere vnd Sübentzigoſten Jarn.

B. b. Orig. im Spitalarchiv ber ehemal. Reichsſtabt Eßlingen. — Das halb ʒer=
brochene Siegel hängt an.

———

624.

14. April 1374. Tübingen. Graf Rudolf von Hohenberg verpflichtet sich auf ein Jahr, dem Grafen Eberhard von Wirtemberg und dessen Sohn Ulrich gegen Jedermann, den Kaiser, die Herzoge von Oestreich und Markgrafen von Baden ausgenommen, beizustehen, und verabredet mit demselben, wie es in Streitsachen der beiderseitigen Diener und Bürger zu halten sey.

Wir Graff Růdolff von Hohemberg veriehen offenlich vnd tůn kunt aller menglichen mit disem brief daz wir durch bezzers schirmes ffriden vnd nutzes willen vnser vnd vnser Lande vnd Lůt vns zů bem Ebeln vnserm lieben Ôheim Graff Eberhard von wirtemberg verbunden haben, vnd verbinden vns zů im⁰ mit disem gegenwurtigen brief mit vnser selbes libe vnd mit vnsern vestinan die wir iezo haben, ober noch in disen nachgeschriben ziln gewünnen oder vber⸗ komen, Vnd mit allen vnsern Stetten Landen bienern vnd lüten, also daz wir der vorgenant Graff Růdolff von Hohemberg dem egenanten vnserm Ôheim⁰ da mit getrůwlich warten bygestendig vnd beholfen sullen vnd wellen sin mit aller vnser maht gen aller menglichen, vzgenomen ben aller durchlühtigisten fürsten vnd herren herren Karln Rômischen kaysern ze allen Ziten merer bez Richs vnd künig zu Beheim, vnd bie hochwirbigen ffürsten hertzog Albrecht vnd hertzog Lůpolten von Ôsterrich vnd vnsern Lieben Sun⁰ Marggraffe Bernharten vnd sinen Brůder Marggraue Růbolffen herren ze Baden vnd von der vorgenanten ffürsten vnd herren wegen sigent wir im⁰ nihtnit gebunden von birr⁰ puntnizz⁰ wegen. Es ist ouch bedinget vnd berett, were ob vnser biener behainer mit bez vorgenanten vnsers Ôheims Graff Eberhartz von wirtemberg biener ihtzit ze schaffend gewünnent bie selbe vnser biener welhy die wärent, bie süllent zů ainem gemainen man niemen Graff Růdolffen von Sultz, vnd sol ieglicher tail zwen zů bem geben vnd wie sy bie fünffe, ober ir der merer tail barumb entschaibent mit ber minů, ober mit bem reht bez süllent sy baiberfit ge⸗ horsam sin vnd sich bar an lan benügen, wäre ouch ob ber vorgenant Graff Rů⸗ bolff von Sultz von kranghait ba by nit gesin möht ober von bem Lanbe füre ober stůrbe. So haben wir vnd vnser Ôhem⁰ Graf Eberhard von wirtemberg gewalt ainen andern als schiblichen gemainen an sin stat ze gebent, vnd sol aber iebweber tail zwen zů bem selben geben vnd bie süllent aber gewalt han ze minů vnd ze reht als vorgeschriben stant, Wir süllen ouch bez vorgenanten vnsers Ôheims, noch sines Sunes Graff ŭlrichs von Wirtemberg Lüte bebeber burger ge⸗ burn noch ander Lüte nit ze burger enphahen noch ir behainen wiber sy noch wiber ir amptlüte nit schirmen noch versprechen weber wir noch vnser amptlüt bie wile biß puntnizz⁰ werd. Es süllent ouch alle vnser stett, dörffer vnd Lůt, vnd ouch vnsers Ôheims Graff Eberhard von wirtemberg vnd Graff ŭlrichs von wirtenberg, fins Sunes Stett dörffer vnd Lüt gen enander beliben by allen iren rehten frihaiten vnd güten gewonhaiten, als sy von alter herkomen sind, Vnd sunderlich welhe burger oder gebur mit enander ze schaffend hetten oder gewünnen so sol der clager dem selben nachfarn in daz geriht dar inne er sitzet, vnd dar in er gehöret, mit dem er ze schaffend hat vnd da reht von ime niemen, vnd sol er nü daselbest reht widerfarn laußen vngeuarlich, wär ouch daz vnsern amptman düht daz sinen vndertanen burger oder geburn von Graff Eberhard von wirtenberg amptmannen vnreht beschehe, der sol dartzü niht tün er pringe es vor an Graff Eberhard von wirtenberg amptman, der sol denü schaffen daz dem clager gelis vnd reht widerfar wa daz sin amptman nit tät so sol er es an Graff Eberhard von wirtenberg pringen, der sol benne schaffen daz dem clager reht geschehe vngeuarlich, were ouch, daz wir Graff Rüdolff von Hohemberg vorgenant in der zitt, ee disü puntnüzze ußgieng abstürben von todes wegen, daz got lange wende so sol vnser liebü dohter frowe Margaretha von Hohemberg, Marggrauinn zu Baden, diß puntnüzze volle ußhalten vnd vollefürn in allen sachen vnd in aller wiß als vorgeschriben stat mit allen iren Pflegern vnd amptmannen, Schloß Stetten, dörffern vnd Lüt, als wir vngeuarlich vnd sol ouch diß puntnuzze weren vnd stät beliben vntz uf den nähsten sant Georien tag, der schieroßt kumpt vnd darnach ain gantz Jare daz nähste, vnd also geloben wir mit vnsern güten truwen vnd haben ouch gesworn ainen gelerten aibe ze den hailigen mit uffgebotten vingern die vorgeschriben puntnuzze, vnd alle vorgeschriben sachen vnd artickel war vnd stät ze haltent, ze habend vnd ze vollefürnd vnd da wider nit tün noch schaffen getän än alle geuerbe, des zü ainem waren vrkund vnd gantzer sicherhait haben wir vnser insigel gehenckt an disen brief, der geben wart zu Tüwingen. an Sant Thyburcien tag nach Cristus geburt drützehenhundert Jare vnd dar nach in dem viere vnd Sübentzigosten Jare.

B. d. Orig. im St.-Archiv zu Stuttgart. — Mit dem kl. sehr vndeutlichen Siegel des Grafen von Hohenberg.

625.

30. November 1374. o. O.

(„An S. Andris tag) leyhet Gf. Rudolf von Hohenberg Berhtoldo Schilling herren Berthold Schillingen seligen filio seyns vatters sel. gut, nemlich ain hof zu Tettingen bey der kirchen und den Kirchensaz zu Tettingen vnder Theck, der in denselben hof gehört.“

Gabelkh. Fol. 81 ª.

626.

81. Dezember 1374. Rotenburg. Herzog Friedrich von Teck, welcher an Graf Rudolf von Hohenberg die Stadt Oberndorf mit Zuge=
hör, Lehen des Klosters St. Gallen, sammt dem damit verbun=
denen Schenkenamt desselben verkauft hatte, gibt solches dem Abte des gen. Gotteshauses auf und bittet, den Grafen von Hohenberg damit zu belehnen.

Dem Erwirdigen gaistlichen Fürsten vnd Heren Heren Jeorien Apt des Gotzhaus ze Sant Gallen embieten wir Fribrich Hertzog ze Decke vnsren willigen bienst berait ze allen zeiten Wir lauzen uich wissen daz wir dem Edeln hochporn (sic!) Rudolff grauf ze Hochenperg vnserm lieben Ohaim die Stat ze Oberndorffe ze kauffen geben haben die wir von uich vnd uirem Gotzhaus pisher ze lehen gehebt haben die selben lehen wir uich auf sendent bey dem Edeln wolerpornen Grauf Friedrich von Zolrn von Schaltzpurg Ritter vnserm lieben Ohaim vnd auch auf gebent mit biesem gegenwürtigen briefe vnd pitten uich mit allem fleiz vnd ernst Daz ir die vorgenant Stat Oberndorff vnd (?) wir von uich zu lehen gehebt haben von vns auf nement wollent vnd fürbas lihent dem vorgenanten Rudolff grauf ze Hochemperg vnserm lieben Ohaim die obgenant statt Oberndorff mit irr zů gehördt mit allen wirden eren alz wirz von. uich ze lehen gehebt haben vnd auch barumb bez lehentz besorgen wollent mit uirn furstlichen briefen daz er von uich uirem Gotzhaus bez lihentz habent sey vnd kraft vnd maht habe Daz wollent wir vmb uich uirem gotzhaus allezeit verbienen vnd bez zů vrkunde senden wir uich biesen briefe besigelt mit vnserm aygen Jnsigel daz offenlichen baran gehencket ist geben ze Rotenpurg an Sant Silfesters tage nach Gotes gerurt briutzehenhundert Jare barnach in bem fünf vnd Siebentzzi=
gostem Jare.

B. b. Orig. im St.-Archiv zu Stuttgart. — Von bem Siegel ist nur noch ein kleines Stück Wachs an dem Pergamentstreifen übrig.

627.

81. Dezember 1374. Rotenburg. Die vorige Urkunde mit einigen Abweichungen.

Dem Erwirbigen Gaistlichen Fürsten vnb Herren, Herren Jergen Apt bez Gotzhuses zuo St. Gallen, Enbieten wir Friberich, Hertzog ze Tegge, vnser willig bienst berait zu allen zitten. Wir lauffen Euch wissen, bas Wir dem Edeln Hochgebornen Graff Ruobolfen von Hohemberg, vnserm lieben Deheimi, die Statt Oberndorf zu kaufen geben haben, bie Wir von Bch

vnd Bwerem Gozhus bißher ze Lehen gehebt haben, dieselben Lehen mit dem
Schenken Ampt, daz Wir davon zuo Sant Gallen dem Gozhus hattent,
Wir Euch vssenbent by dem Edeln, Wolgebornen Graf Friderich von Zollern
von Schalzburg, Rittern, vnserm lieben Deheimi, der Euwer Man iñ:
Vnd geben Euch ouch die vorgenanten Lehen, mit dem Schenken Ampt, mit gegen-
wůrtigen Brief, vnd bitten Euch mit allem flizze vnd ernnst Das Jr die vorgenant
Statt Oberndorfe, vnd daz Schenken Ampt, daz Wir damit von Euch ze Lehen
gehebt haben, von Vns vfnemen wellent, vnd fürbaz lihent dem vorgenanten Graf
Ruodolphen von Hohemberg, vnserm lieben Deheimi, die obgenanten Stat Oberndorf, mit jr zuogehörd, Vnd ouch damit daz Schenken Ampt, daz Wir dann
hattent, mit allen Wirdin, Eren, als wir es von Euch ze Lehen gehebt haben,
vnnd ouch darumb dez lihenz besorgen wellent, mit Euwern fürstenlichen Briefen,
Das Er von Euch vnnd Euwern Gozhus dez lihenz habent sige, vnnd craft vnd
maht habe: Daz wellent Wir vmb Euch vnd Euwer Gozhus alle Zitt verdienen.
Vnnd dez zuo vrkůnd, Senden Wir Euch disen Brief, besigelt mit vnserm aigen
Jnsigel, daz offenlich daran gehenkt ist.

Dir Brief ist geben ze Rotemburg, an Sant Silvesters Tag, nach Gottes
gebůrt, Drüzehenhundert Jare, darnach in dem fünf vnd sibenzigosten Jar.

B. d. Orig. im Stifts-Archiv zu St.-Gallen. — Das Siegel fehlt.

628.

10. Januar. 1875. Oberndorf. Graf Rudolf von Hohenberg gelobt
die Rechte und Freiheiten der Stadt Oberndorf zu halten und
setzt die Steuer derselben fest.

Wir Graue Růdolff von Hohemberg veriehen vnd tůn kunt allen den
die disen brief an senhend oder hörent lesen, daz wir by guten truwen vnsern
lieben burgern der statt ze Oberndorff vmb iren willigen getrůwen dienst der
sy vns vnsern erben vnd nachkomend in künftigen zitten wol getůn můgen mit
gůtem Rat vnd betrahnůst ir stett reht ze Oberndorff vnd ir frihait geloben
stått ze haltent als sy von alter her komen sind vnd in der wiß als hie nachgeschriben stat, also daz wir die gewönlichen stur^e von in iårlichen niemen sullen
daz ist ze herbst vierzig pfund pfenning Tuwinger vnd zů bem Maygen tag drißig
pfund pfenninger Tuwinger vnd sullen sy nit fürbaß nöten wider iren willen, an
libe noch an gůt es sig denn^e daz ez vns mit geriht ertailt werbe vnd waz vns
vnzuht der Man tůt der burgreht ze Oberndorff hat darumb er hinder vns
komet mit vrtail. da sullen wir nit fürbaß niemen denn^e zway pfund Tuwinger
vnd sol darumb zil hân bri tag vnd Sehs wochen werot er vns da zwischent nit
So Sullen wir vns denn^e selber weran der zwaiger pfund von sinem gůt vnd
sullen in sachen vnd nöten vmb die vorgenanten zay (sic!) pfund vnd haben ouch

abgenomen vns vnd vnfer täglich gefind vnd den Schulthaißen der Statt ze Obernborff die fullent daz reht hän als von alter herkomen ift vnd tüt kain vßman kain vnzuht in der ftatt daz fol ouch in dem alten rehten ftän als die Statt herkomen ift. Sunberlich ift vßgenomen wer den anbern wúnbot mit meßern vnd mit fwertern daz fol ouch in dem alten rehten ftän vnd wer den anbern ze tob fchleht daz fol ouch in den alten rehten ftän Ift ouch daz behain burger von der ftat ze Obernborff faren wil der fol gelait hän mit finem libe vnd finem gút bennan zwo mil vor (sic!) vns vnd vnfern bienern es fige denn^e daz er vns von gerihtes wegen fchulbig worden fige. Wir haben ouch mit namen gelopt wär^e daz wir Obernborff die ftatt ieman verfeßen ober verkouffen wolten daz fölten wir tün mit fölichem gebing vnd befchaibenhait daz ber bem wir die Statt verfaßtin ober ze kouffent gäbin ben burgern ber ftatt ze Obernborff fwúr ze den Hailigen bifú vorgefchriben frihait vnd reht ftät ze land als wir vns hie vor verfchriben haben an alle geuerbe. Wir veriehen ouch daz wir die Juben die uf bifen hútigen tag als birre brief geben ift ze Obernborff feßhaft finb vnb burgreht hand in den Rehten fullen laußen beliben als fie fich ba gefeßt hand vnd daz wir von in nit me niemen fullen denn^e zwainßig pfunb ze ftúr waz aber Juben hinnan hin gen Obernborff zúgen bie fullent mit vnferm willen fich ba hin feßen vnd daz biz alles war fige vnd ftät belibe So haben wir ze vrkund vnfer aigen Jnfigel offenlich gehenkt an bifen brief ber geben ift ze Obernborff an ber nähften Mibchen (sic!) vor fant Hylarien tag nach Criftus geburt brúzehen hunbert Jar barnach in bem fúnf vnd Súbenßigoften Jare.

B. b. Orig. im St.-Archiv zu Stuttgart. — An einer grünfeibenen Schnur hängt bas kuglige befchäbigte Siegel des Grafen.

629.

15. Januar 1375. Rotenburg. Lehen-Revers Graf Rubolfs von Hohenberg um die Stabt Obernborf fammt anbern, zu bem St. Gallifchen Schenkenamte gehörigen Lehen.

Wir Graff Ruobolff von Hohenberg, Oberfter Schenk bez Goßhus ze Sant Gallen, Berjehin vnd tuon kunt mit bifem Brief, Allen die jn anfehent, lefent, ober hörent lefen: Als Vnns ber Erwirbig Herre Abt Geori, von Gottes gnäben Abt bez Goßhus ze Sant Gallen, begnabet hat, vnd Vns baz Schenken Ampt enpfolhen hat, vnnb Vns öch die Stat Obernborff, die Dörffer vnnb Lüt, vnnb Güter, fo barzuo vnb barin gehörent, verlihen hat, Daz habin Wir angefehen, vnd haben willdlich, mit bebachtem muot, gefworn ainen gelerten Aib ze ben Hailigen, mit vfgehepter Hant, Dem vorgenanten Abt Georien, finen Nachkomen vnd bem Goßhus ze Sant Gallen, getrüw vnnb holb ze fin, vnd ze tuon, als ain Man finem Herren von finen Lehen billich vnb burch reht tuon sol, Vnnd och von dem Schenken Ampt off dem Veld vnd in der Herberg ze tuonb, was ain Schenk von sinem Ampt tuon sol, vnd als unßer sitte vnd gewonlich gewesen ist, än gevärde. Wir habin Vns och für Vns, vnd für all vnser Erben, gen dem vorgenanten Abt Georien, vnnd gen allen sinen Nachkomen, dez vorgeschriben Gotzhus, verbunden, vnd verbinden Vns mit guoter vorbetrachtung mit disem Brief, Daz Wir vßer demselben Schenkampt, noch vßer der Stat Oberndorf, noch vßer den Dörffern, noch vßer den Lüten vnd Gütern, Die barzuo vnd barin gehörent, nüt tuon süllent, noch zu Niemans Handen in kain weg bringen süllent, Dann mit dez vorgenanten Abt Georien, alb siner Nachkomen Hant, willen vnd gunst. Vnnd baz bis alles war sie vnd stät belib, so hievor an bisem Brief geschriben stat, so haben Wir Graff Ruobolff davor genempt, vnser Insigel gehenkt an bisen Brief: Der geben ist Ze Rotenburg inder Stat, an dem nächsten Mentag nach Sand Hylarien Tag, in dem Jar do man zalt von Gottes gebürt, Drüzehenhundert Jar, barnach in dem fünf vnd sibenzigosten Jare.

630.

14. April 1375. o. O. Graf Rudolf von Hohenberg belehnt Haman von Valkenstein mit dem Attenthal (bei Freiburg im Breisgau), das schon von seinen Vordern zu Lehen gegangen.

Wir graff Rudolff von Hohenberg versehen offenlich und tun kunt menglichen mit bisem brief, das für uns kam an dem tag, als biser brieff geben ist, Haman von Valckenstein, Hilpranz säligen sun von Valckenstein, und bat uns ernstlich, baz wir im biß nachgeschriben lehen lihen an siner und siner brübern Thomas und Josephus statt, die von uns und unsern Vordern zu lehen giengen, und ouch sin vordern von unsern Vordern zu lehen gehept hatten. Und biß nachgeschriben tal ist lehen von uns Attental[1] mit zwingen und bennen, lüten, gerichten und gülten, und güten, wie die herkomen sind, nütz uß genomen, als der genant Hilprant sälig von Valckenstein von unsern vordern zu lehen gehept hett, dez haben wir sin bitt erhört, und haben dem vorgenanten von Valckenstein, Haman, an siner und an siner vorgeschriben bruber statt baz vorgeschriben Attental mit siner zugehörd, als vorgeschriben sint, geliehen, wie wir billich und durch recht lichen sullen, also, baz er uns davon tun soll, als ein jeglich lehenmann sinem lehenherren billich und durch recht tun sol, boch mit bisem lihen vorbehaltent uns und unserer herrschaft unsrü rechte. Und biß lihens zu einem vrkund haben wir unser eigen insigel offenlich gehenkt an bisen brief, der geben ist an dem mentag vor dem palmtag nach Christus geburt Drüzehnhundert jar, barnach in dem fünf und sübenzigsten jar.

Nach einer Abschrift in dem Landesarchiv zu Karlsruhe.

[1] Attenthal bei Freiburg (Ebnet).

631.

15. April 1875. o. O. Graf Rudolf von Hohenberg legt Zeugniß
ab über den Verkauf des Widemhofs in Bondorf seitens seiner Vetter
der Gr. Otto und Burkard von H. an das Kl. Bebenhausen.

Wir grafe Rúdolff von Hohemberg veriehen offenlich vnd tún kunt
menglichen mit difem brief allen den bie in an fenhent lefent oder hörent lefen.
daz uf den tag als birr brief geben ift. zû ôns kâm der erwirbigen gaiftlichen
herren des aptes vnd des goczhus ze Bebenhufen erber bottfchaft vnd fragten
ôns ob wir in inbähtig wárin vmb den kouff den ônfer vetter grafe Otte vnd
grafe Burkart von Hohemberg gebrûder vnd wir mit in getän hettin vmb
den widemhofe in dem dorff ze Bondorff den Kilchenfácz die lehenfchaft
der felben Kirchen vnd ouch vmb daz vogtrecht der felben Kirchen bekanten
wir ôns daz wir defz wol inbähtig warend vnd haben ouch den brief verhört
vnd bekennen ôns daz der felb kouff alfo zû gegangen vnd befchenhen ift mit aller
lutung bingen vnd worten als ir kouffbrief darumb lutet vnd fett vnd defz ze
vrkund fo haben wir vnfer aigen jnfigel offenlich gehenckt an difen brief der geben
ift an dunrftag vor dem Balmtag nach Criftus geburt druczehen hundert jár bar=
nach in dem fúnf vnd fúbenczzigoften jar.

B. b. Orig. im Landesarchiv zu Karlsruhe. — Kleines, rundes Siegel mit dreieckigem, quergetheiltem Schilde. Umfchrift: † S'. Rvodolfi . coitis . d. Hohenberg. (Letztes
Wort fehr undeutlich.)

632.

20. Juni 1875. o. O. Werner der Buwenburger und Adelheid von
Bermatingen, feine ehliche Hausfrau, in der oberen Stadt Haiger=
loch gefeffen, verpfänden mit Willen Graf Rudolfs von Hohenberg,
Heinzen von Lichtenftein und deffen ehlicher Wirthin Adelheid von
Reuneck um **200 Pfd.** Heller zwei Höfe zu Thieringen und Haufen
„vnber Lochon" (O.A. Balingen), welche fie von dem genannten
Grafen hatten.

Ich wernher der Buwenburger vnd ich abelhait von Bermatingen
fin Elichú wirtin, Zû difen zitten gefeffen in ber obrun Statt ze Haigerloch,
veriehin offenlich fúr vnß vnd fúr all vnfer erben vnd Túgin kunt menglichem
mit difem brief, daz wir baibú vnuerfchaibenlich Schulbig worden figin vnd gelten
fullin ainer rehter reblicher Schulb ben erfamen vnd fromen Hainzen von
Liehtenftain vnd frô abelhait von Ruwnegge, finer Elicher wirtenun vnd
treu erban, ob fie enwerin, zwai hundert pfunb haller múns gúter vnd genemer

mit den hundert pfunden, dar vmb ſi öch gůt brief von vnſz inne händ, die ſi
von vnſer Schuld wegen fúr vnſz erbarklich bezalt vnd geben händ vnd in vnſern
kúntlichen nuҭ kommen vnd bewend ſind, vnd vmb die ſelben zwai hundert pfund
haller rehter Schuld als vorgeſchriben ſtät, ſo haben wir mit genäd vnd mit Rät,
mit gunſt, mit willen vnd mit verhengnuſt bez edeln vnſers genädigen herren Gräf
Růdolfs von Hohenberg fúr vnſz vnd fúr alle vnſer erben den obgenanten
Haintҭen von Liehtenſtein vnd frö adelhaiten von Růwenegge oder iren
erben in gegeben vnd in geſeҭ mit hand vnd mit mund vnd wie es kraft vnd
maht haban vnd hän ſolt, vnſer höf die wir habin von vnſerm gnädigen herren
Gräf růdolfen von hohenberg vſſer den zwain höfen, die gelegen ſind ainer
ze Tieringen vnd der ander ze huſen vnder Lochvn, die ierlich geltend ziehen
Malter veſa Rötwiler meҭ vnd Sehs Malter habern Ebinger meҭ, Sehzehend-
halben ſchilling haller, ſehzehen hönr vnd vierdhalb viertal ayger mit allen rehten
nutzen vnd zů gehörden, ſi ſigin bemaigert oder vnbemaigert, alſz ſi öch gůt brief
händ, die ſelben zwen höf mit allen iren zů gehörden, alſz vorgeſchriben iſt, ſöllen
die obgenanten Haintz von Liehtenſtain vnd Adelhait von Růwnegge ſú
elichú wirtin oder ir erben gewaltklich inne hän vnd nútzen vnd nieſen ierlich fúr
ain pfentlich nützlich pfant in aller der wis, alҭ ir aigenlich gůt vnd ſullen wir
vnd vnſer erben inen vnd iren erben, ob ſi dar an gebruſt oder gebieſton hettin,
daҭ allweg vf rihten vnd völlklich ervollen, wa daҭ nit geſchäch, wellas iars dez
wär, ſo ſöllen wir bedö gemainlich vnd vnuerſchaidenlich in aller der gebvntnúſt
ſin as der err brief geſchriben ſtät, won wir bez geſworn habin gelert geſtabt aid
zů den Hailgan. Jch der vorgenant wernher der Buwenburger vnd adelhait von bermatingen, min elichú wirtin habin öch vnſ ſelber vſgenomenlich
bedingat, daҭ wir wol gewalt vnd maht haben mügen, die vorgeſchriben höf wider
ze löſen, welas iars wir wellin, allweg viezehen Tag vor Sant walpurg tag oder
vierzehen da näch mit zwain hundert pfunden Hallern gůter vnd genemer, as vorgeſchriben ſtät, der wider löſvng ſöllen ſú vnd ir erben vnſz vnd vnſern erben
vngevarlich gehorſam ſin, ob wir aber daҭ obgenant gůt ſelber nit löſtin, ſo
ſöllen ſi vnd ir erben dem vorgenanten vnſerm genädigen Heren Gräf Růdolfen
von Hohenberg oder ſinen näch komen wilenklich vnd vngevärlich ainer wider
löſvng gehorſam ſin vnd nieman anders öch vmb zwai hundert pfund. Es iſt
öch me ze wiſſend, wär daҭ die obgenanten Haintz von Liehtenſtain vnd frö
adelhait von Röwnegge ſin elichú wirtin von not oder von gebreſten wegen
ir Schuld irs gelҭ bedörftin, es wär öber kurz oder öber lang, ſo ſöllen vnd
mügen ſi daҭ obgenant gelt vnd die vorgenanten höf mit allen iren zůgehörden
verſetzen, wenn ſie wellend, zů ainem pfentlichen pfand vmb ſo vil gelҭ vnd in
aller der wis as vor geſchriben iſt an diſem brief, vnd daҭ ſol vnſers genädigen
Herren Gräf Růdolfs von Hohenberg vnd wernhers dez Buwenburgers
vnd adelhaiten von Bermatingen gůter gunſt vnd will ſin, vnd doch alſo,
wer die vor geſchriben gůter in nimet in pfandes wis, daҭ der ober ſin erben öch

ainer wider lôsung gehorsam sigin in aller der wiss, as vorgeschriben stät. Bud
bez zů ainem vrkůnd vnd baz allô vorgeschriben ding war vnd stät belibin, So
habin wir gebetten den Edeln vnsern genâdigen herren Grâf Růdolfen von
Hohenberg, baz er sin aigen Insigel bez ersten gehenket hät an bissen brief,
von allú bisún vorgeschriben ding mit sinem gunst Vnd gůtem willen Zů gegan=
gen sind, bar zů so hän ich wernher der Buwenburger vnd abelhait von
Bermatingen min elichú wirtin die vorgenanten vnser ieglichs sin aigen Insigel
ze merrer sicherhait gehenket an bisen Brief, der geben wart bo man zalt näch
Cristes geburt Druzenhen hundert iar Sůbezig iar bar nach in bem fónften Jar
an ber nehsten Mitwochun vor Sant Johans Tagg ze Sungihten.

633.

22. Juni 1375. o. D. Abelheib von Bermatingen, Werners bes
Buwenburgers Hausfrau, schenkt zu ihrem und ihres Ehemannes
Seelenheil mit Willen Graf Rudolfs von Hohenberg ihren 4 Mor=
gen großen Weingarten bei Wurmlingen (O.A. Rotenburg) an
bas Kloster Kirchberg.

Ich Abelhait von Bermatingen wernhers bes Buwenburgers
elichú hußfrow vergich für mich und alle min erben vnd tůn kunt mit bisem
brief allen ben bie in ansenhent lesent ober hörent lesen bas ich mit gůter vorbetrachtunge gunst wissen vnd gůtem willen wernhers bes Buwenburgers mins elichen
hußwirtes vnd aller ber bie barzů notburftig warent hän gegeben luterlich burch
got als es billich kraft vnd macht haben sol vnd mag nauch bem rechten vnd zů
ben ziten bo ich es wol getůn mocht burch miner sele vnd wernhers bes Buwen=
burgers mins hußwirtes sele vnd sunderbar miner lieben můmen seligen Elsbethen
ber Röberinen sele vnd aller miner vorbran vnd nauchkomen selen hailes wegen
ben Erwirbigen gaistlichen Frowen ber Priorinen vnd bem Conuent gemainlich bes
Clofters ze kirchperg prebiger orbens vnd allen iren nauchkomen min wingarten
bie ze wurmlingen gelegen sint vnd bie man nemmet bie Röber ber vier mor=
gen sint vnd bie ze bisen ziten buwent Abelheit bie Suppingerin hansen
Sifritz Hußfrow zwen morgen Haintzlin bes Suppingers sun ainen morgen vnd
hans ber Rapf ainen morgen vnd genb von ben vorgenanten wingarten bas
vierntail än allen schaben vnd hän ich bie vorgenant Abelhait ben obgenanten
frowen vnd Conuent bie obgenanten wingarten gegeben mit allen minen rechten
nutzen zůgehörben begriffen vnd gewonhaiten, als ich sü bis her inne gehaben vnd
genossen hän vnd sü min vater vnd min můter selig an mich brächt hänb iumer
me ze habent vnd ze niessent ze besetzent vnd ze entsetzent vnd verzich mich vnd

hän mich verzigen gegen den obgenanten frowan, vnd allen iren nauchkomen aller recht aigenschaft vnd zü wartunge der ich oder min erben an den obgenanten wingarten haben möchtin oder hie nauch gewinnen söltin die obgenanten frowen vnd Couent nümer me an den vorgenanten wingarten geirren noch gesumen noch ansprechen weder mit gericht noch on gericht noch in kainer hand wise bekümen, vnd darumb ze merer sicherhait hän ich die obgenant Abelhait von Bermatingen gebeten den Edeln minen gnedigen hochgebornen Herren graue Rüdolfen von Hohenberg der sin aigen Insigel haut gehenckt an disen brief won es mit sinem gunst wissen vnd gütem willen beschenken ist. Jch die vorgenant Abelhait von Bermatingen geloben ouch wär vnd stät ze haltent was hie von mir geschriben stät vnd darumb hän ich min aigen insigel gehenket an disen brief. Jch der obgenant wernher der Buwenburger vergich offenlich das dis got gaube beschenken ist mit minem gunst wissen vnd güten willen vnd geloben by güten trüwen für mich vnd min erben wär vnd stät ze haltent alles das hie geschriben stät än geuerde, vnd darumb hän ich ouch min aigen Insigel gehenket an disen brief vnd zü ainer zügnüst hän ich die vorgenant Abelheit gebeten kabolten von wähingen den alten vnd Markarten von Ow den man nemmet von Stouffenberg, die ouch irü aignü insigel zü ainer zügnüst hand gehenckt an disen brief, der geben wart bo man zalt von Cristus geburt drützehenhundert jär, barnauch jn dem fünf vnd Sübenzigosten jär am nechsten fritag näch vnsers Herren fronlichnams tag.

Kirchberger Copial-Buch Fol. 161.

634.

1. Juli 1375. o. O. Graf Rudolf von Hohenberg übernimmt von Herzog Leupolt von Oestreich die Landvogtei in Oberschwaben, und verpflichtet sich dabei, demselben zu dienen, auch seine Herrschaft innerhalb eines gewissen Zeitraums nicht verkaufen zu wollen.

Jch Graff Rüdolff von Hohemberg vergich vnd tün kunt offenlich an disem brief vmb die teiding die zwischent dem hochgebornen fürsten, minem lieben Herren Hertzog Lüpolten Hertzog ze Österrich ze Styr ze kernden vnd ze krain, Graff ze Tyrol vnd mir beschehen sind daz ich mich siner Lantvogty in Obern Swaben vnderunden (sic!) han, vntz uff Sant Johans tag ze Süngihten, der schierost kumpt, han ich mich mit guten truwen verhaissen, vnd gelopt dem selben minem Herren dem Hertzogen die vorgenannten zitt ze dienen vnd ze wartent wider aller menglichen mit allen minen Schlossen, vesten Stetten vnd dörffern vnd mit allen minen bienern Burgern vnd geburslüten, als ich ömer getruwlichost vnd best kan vnd mag an alles geuer. vnd daz ich mich zwischent hinnen vnd dem nähsten künftigen sant Martins tag gen niement andern

erpinden fol noch min Land vnd Lüt kainem andern fürften vnd Herren die wil
erkouffen verfetzzen noch vermachen fol an alles geuer, Ob ich aber nach dem
felben fant Martins tag min Land vnd Lüt dehein wiß verendern würd es were
mit verkouffen verfetzzen oder vermachen So fol ich dennoch dem egenanten minem
Herren Hertzog Lüpolten vnd finem Land gewörtig vnd bienftbar fin vntz uf den
vorgenanten fant Johanns tag ze Süngihten, als da vorgefchriben ftat an alles
geuer. vnd bez ze vrkund vnd offener zugnüft han ich min aigen Infigel offenlich
gehenkt an difen brief der geben ift an Sunnentag vor fant ölrichs tag nach Criftus
geburt Drutzehenhundert Jare darnach In dem funften vnd Sübentzzigoften Jare.

B. d. Orig. im St.-Archiv zu Stuttgart.

635.

1375. o. T. u. O. Konrad und Volz von Weitingen (O.A. Horb)
bekennen, daß die Burg Wehrftein (O.A. Haigerloch) Pfand von
dem Grafen Rudolf von Hohenberg fey, wieder eingelöft werden
könne, und demfelben offen gehalten werden folle.

Jch Conrat von Wittingen Ritter vnd ich Volz von Wittingen dun
kunt vnd vergen offenlich an difem gegenwertigen brief — daz wir beide gemein=
lich gefworn haben dem hochgeborn wirdigen herren grafen Rudolfen von
Hohenberg von der Pfandung wegen zu Werftein, daz iz vnfers vorge=
nannten Herren offen hus folle fin vnd zu welchen zilen zu lofen, alfo vnfer brief
fprichet, den wir von vnferm hochgeborn wirdigen hern han, vnd bez zu einer
waren ficherheit han wir beide gemeinlich vnfer jeglicher fein eigen Infigel an difen
Brief gehenket — geben dufent drey hundert vnd fünfe vnd fibenzig Jar.

Abfchrift in den Hohenberger Dek. T. XI. Fol. 115 im St.-Archiv zu Stuttgart.

636.

22. Mai 1376. o. O. Graf Rudolf von Hohenberg belehnt Hans
von Börftingen (O.A. Horb) mit einem Theil des Laienzehnten zu
Weitingen (in demfelben O.A.).

Wir Graff Rudolff von Hohemberg veriehen offenlich vnd tün kunt
menglichen mit difem brief, daz für vns kam an dem tag als dirre brief geben
ift, Hans von Berftingen Sifrit fäligen fün von Berftingen, vnd batt
vns ernftlichen daz wir im⁵ fins vaters fäligen tail bez laigen Zehenden ze witin=
gen [1] mit allen rehten vnd zü gehörden lihen wie wir billich vnd durch reht lihen
fullen bez haben wir fin bett erhört vnd haben dem vorgenanten Hanfen von Ber=
ftingen den obgenanten Zehenden fins vaters fäligen tail mit aller finr zügehört

geliǔen wie wir billich vnd burch reǔt liǔen sullen also baz er vns da von tūn
sol wie ain ieglich leǔen man sinem leǔen Herren billich vnd burch reǔt tūn sol
boch mit bisem liǔen behalten wir vns vnsrū reǔte vnd biß liǔen zū ainem vrlūnd
vnd offner zūgnūst haben wir vnser insigel offenlich geǔenkt an bisen brieff der geben
ist an mitǔen vor sant vrbans tag nach Cristus geburt Drūǔzehenhundert Jar[1]. dar
nach in bem Sehs vnd Sūbenǔzigosten Jare[1].

B. b. Orig. im St.-Archiv zu Stuttgart. — Mit bem kl. runden Siegel bes Ausstellers.

[1] Gabelkh. hat Berstingen.

637.

31. Mai 1876. o. O. Graf Rudolf von Hohenberg vollzieht die von
seiner verstorbenen Mutter, Margaretha, geb. Gräfin von Nassau,
beabsichtigte Stiftung des Altars der **11000** Jungfrauen in der
Collegiat-Kirche zu Ehingen.

Reuerendo in Christo patri, ac Domino Domino Hainrico Dei Gratia
Episcopo Constantiensi Rûdolfus Comes de Hohenberg obedientiam
debitam et condignam. Vestrae Reuerentiae praesentibus duxi notificandum,
quod quia quondam Nobilis Domina Margareta de Nassow Mater
mea carnalis altare in honore undecim millium Virginum dedicatum, et
in Ecclesia Collegiata s. Mauritij in Ehingen prope Rottemburg
situatum de bonis et redditibus subscriptis dotare proposuit. Verum antequam dictum laudabile propositum debitum sortiretur effectum predicta
Domina Margareta de Nassow Mater mea diem suum clausit extremum.
Ego quoque per ipsam coeptum uolens consumare, ac ad debitum finem perducere. Hinc est, quod ego deuota ductus affectione compos mentis et cor-
poris, propter diuini cultus augmentatione, ac ob meae dictaeque matris
meae, nec non omnium progenitorum et benefactorum meorum, quibus ad
antidota commemorationis sum obnoxius salubre remedium animarum de
consensu et bona uoluntate honorabilium in Christo prepositi et Capituli
Ecclesiae collegiatae in Ehingen supradictae dotaui et fundaui, et presentibus
doto et fundo perpetuam praebendam in dicto altari de bonis et redditibus
subscriptis tradens ac donans ea donatione irreuocabili inter uiuos pure et
simpliciter dicto altari renuntiando ex nunc omnis iuris tam canonici, quam
ciuilis auxilio mediante quo praedicta dotacio seu donatio per me uel heredes seu successores ualeat quomodolibet retractari, uel annullari reseruans
mihi ius patronatus seu praesentandi ad tempus uitae meae, transferens
deinde post decessum meum in praepositum dictae Ecclesiae collegiatae in
Ehingen, qui pro tempore est uel in futurum erit. Sunt autem haec bona

a redditus dicti altaris: primo redditus tredecim maltrorum et quatuor artalium siliginis mensurae in Rotemburg cedentium annuatim de decima ebrunnae, quam nunc tenent Fritzo et Otto de Wurmlingen fra-es. Item redditus quatuor maltrorum siliginis et quatuor maltrorum itici tuwingensis mensurae et duorum pullorum unius aucae et quinquanta ouorum cedentium de curia quadam in uilla Hirsow uulgariter cta Maiger Rudgers hoff, ad quam curiam spectans octo iugera agro-m sita iuxta dictam uillam in loco, qui uulgari locutione dicitur ailbrun qui ab una parte confinantur uineis in Hirsow et ab alia parte gris dictis uulgariter bes ſchultþaißen braitin. Item ad praedictam curiam Hirsow etiam spectant quatuordecim iugera pratorum sita iuxta dictam illam in loco, qui dicitur clebrun (sic!), et ab una parte confinantur bonis þhulteti ibidem, et ab alia parte bonis dicti Biſcher. Item ad praedictum ltare spectant etiam tria iugera cum dimidio pratorum situata (sic!) iuxta illa(m) pfäffingen in loco, qui dicitur gemainbrügel et ab una parte ontiguantur dictae uillae in pfäffingen, et ab alia parte pomerio dicti Ckker ibidem, hi redditus communi aestimatione taxantur ad summam eddituum uiginti librarum denariorum Hallensium, uel paulo plus. Vnde estrae Reuerentiae supplico humiliter, et attente quatenus praedicta donata c in posterum per Christi fideles donanda, nec non omnia supradicta uctoritate uestra ordinaria confirmare, ac sigilli uestri appensione digne-nini roborare, in quorum omnium et singulorum testimonium sigillum meum proprium praesentibus est appensum.

Nos quoque praepositus et Capitulum Ecclesiae Collegiatae in Ehingen supradicti praesentibus fatemur dictam dotationem de nostro plenario con-sensu, et certa scientia processisse supplicantes una cum dicto Domino nostro Domino Rudolfo comite de Hohenberg fundatore praedicto, quatenus prae-scripta omnia auctoritate uestra confirmare uelitis, in quorum etiam testi-monium sigillum nostri Capituli duximus appendendum.

Nos uero Hainricus Dei gratia Episcopus constantiensis publice profite-mur, quod in signum approbationis et confirmationis omnium praedictorum ex certa scientia sigillum nostrum Episcopale praesentibus est appensum, concedentes nihilominus, ut bona quae hactenus dicto altari sunt donata, uel in posterum per Christi fideles donabuntur dictae donationi accrescant sine tamen praeiudicio Ecclesiae Collegiatae in Ehingen memoratae. Datum in Vigilia Pentecostes Anno à Natiuitate Domini M⁰. CCC. Lxxvi indict: xiiij.

638.

2. Dezember 1376. o. O.   Graf Rudolf von Hohenberg bestätigt die Schenkung seines „vrenin", des Grafen Albrecht von Hohenberg, der an das Carmeliter-Kloster zu Rotenburg ein Malter Roggengült von seinem Bauhof zu R. und einen „Amen" Weingült aus seinen Weinbergen in der „vnhalden" vermacht hatte.

Wir Graf Rüdolf von Hohemberg verienhen vnd tügen kunt offenlich vor aller menglichen Als der Edel önßer lieber vrenin Graf Albreht von Hohemberg so im Gott gnab voruil ziten vnd jaren lüterlich durch Gott vnd aller siner vorder vnd nachkomen selen gelückes vnd Hailes willen georbnet vnd gegeben hat den Erwirdigen gaistlichen dem prior vnd dem Couent gemainlich des ordens önser fröwen Brüder gelegen in önser statt Rotemburg vnd ouch allen iren nachkomen ömmer eweklich ze habend vnd ze niessend ain malter roggen geltz Rotemburger meß ußer önserm buwhof, vnd ouch ain amen wingelt ußer önßerm wingarten vnd wingelten so wir haben an der önhalden daz selb roggen vnd wingelt In vnser Amptlüt allü iar Järlichen fürderlich vnd an alles sperren weren vnd bezaln süllen das korn uf sant Michels tag vnd den win in dem Herbst an allen iren schaden vnd barvmb das sy des selben korn vnd wingelt bester sicher sigen, So bestättigen vnd confirmieren wir In das wissenklich mit craft biß briefs für vns all vnser erben vnd nachkomen das sy vnd all ir nachkomen nun ömmer me da by getruwlich beliben süllend an alles heften vnd sperren önser selbs vnd der önseren an all arglist vnd geuerd, des ze vrkund so ist vnser Insigel von vnßers Haissentz wegen offenlich gehenkt an disen brief der geben ist an dem nähsten zinstag nach sant katherinen tag nach Cristz geburt, drützehenhundert Jar vnd sehs vnd Sübentzig Jar.

B. d. Orig. im St.-Archiv zu Stuttgart. — Das Siegel ist abgerissen. Hier findet sich ein Auszug in der „Descriptio Conventus Rottenburgensis" Fol. 11. MSC. im Privatbesitz.

639.

9. März 1377. o. O.   Volkart von Ow von Bobelshausen (O.A. Rotenburg), den man nennt Wutfüß, verkauft um **125 Pfd.** Heller an Graf Rudolf von Hohenberg alle seine Rechte zu Schwalborf und alle seine Leibeigenen zu Rotenburg, zu Kalchweil, Niedernau und zu Dettingen (sämmtl. im O.A. Rotenburg).

Ich Volkart von Ow von Bobeltzhusen. den man nempt Wutfüß vergich offenlich für mich vnd min erben vnd alle min nachkomend vnd tün kunt

menglichen mit diſem brief, daʒ ich mit gůter vorbetrahtung, mit rehter wiſſent
geſund des Libes vernunftig der ſinnᵉ ʒů den ʒiten do ich Riten vnd gän moht
vnd nach Rāt miner frůnd, reht vnd reblich ains Ewigen kouffes verkouft hän
ʒe kouffent geben dem Ebeln hochgebornen Grafe Růbolffen von Hohem=
berg minem gnädigen Herren vnd ſinen erben allü minü reht die ich ieʒo
hän ʒe Swalborff dem borff vnd alle min aigen Lůt, bie ieʒo uf diſen tag
als birrᵉ brif geben iſt geſeʒen ſind ʒe Rotemburg in der ſtatt ʒe kalgwil
ʒe nibern Ōw vnd ʒe böttingen in ben Dörffern vnd alle der nachkomenb es
ſigen Man ober frowen knaben ober böhtran wie bie mit ir namen begriffen ge=
haiʒen ober genant ſinb, die er vnb ſin erben fürbaß me vmer haben nieſſen vnb
hän ſüllent vnb iſt der kouff beſchehen vmb hundert pfunb vnb fünf vnb ʒwainʒʒig
pfunb italiger gůter vnb genemer Haller ber ich von imᵉ genʒlich vnb gar gewert
vnb beʒalt bin vnb bie in minen vnb miner erben kuntlichen nuʒʒᵉ vnb fromen
komen vnb bewent ſinb vnb ſol ich ober min erben vnb nachkomenb, bem obge=
nanten minem Herrn grafe Růbolf von Hohemberg vnb ſinen erben vnb nach=
komenb, allü minü reht ʒe Swalborff bem borff vnb alle min aigen Lůt ʒe
Rotemburg ʒe kalgwil ʒe nibernoẘ vnb ʒe Döttingen vnb ber nach=
komenb in ber wiß als vorgeſchriben ſtät vertigan verſtän verſprechen vnb ufrihten
an allen ſtetten ʒů allen tagen vnb gemainlich an allen gerihten gaiſtlichen vnb
weltlichen wie wa wenne ober wie bick ſi beß bebürffent vnb notürftig ſinb baʒ
ſi bar an habenb ſigen nach bem rehten, än allen iren ſchaben vnb än alle geuerb
wär aber baʒ bem obgenanten minem gnädigen Herren grafe Růbolffen von
Hohemberg ober ſinen erben vnb nachkomenben bie obgenanten mine reht ʒe
Swalborff vnb min aigen Lůt ʒe Rotemburg vnb in ben vorgeſchriben Dörffern
von ieman anſprächig wären ober würden vnb ich ober min erben vnb nachkomenb
in ſi nit vertigotin vnb ufrihtin baʒ ſi baran habenb wären in ber wiß als vor=
geſchriben ſtät So hat ber obgenant min Herre von Hohemberg ober ſin erben
vnb nachkomenb vnb alle ir helffer gewalt vnb gůt reht mich vnb min erben vnb
alle min nachkomenb barvmb anʒegriffent ʒe ſchabigent vnb ʒe benötent an vnʒeren
Lůten vnb gůten in ben Stetten in ben börffern ober uf bem Land mit geriht
gaiſtlichem ober weltlichem ober än geriht wie vnb wa ſie kündent ober mügenb,
als bick vnᵈ vil biß in bie obgenanten min aigen Lůt vnb ir nachkomenb vnb
ouch alle minü reht bie ich ieʒo hän ʒe Swalborff bem borff geuertigot vnb
ufgeriht werbent än allen iren ſchaben in ber wiß als vorgeſchriben ſtät vnb ſüllent
mit bem angriff nit freueln noch hän getän wiber behain geriht gaiſtlichs noch
weltlichs noch wiber nieman ſuß noch ſo won waʒ ſi ba wiber tünb ſo hand ſi
allewegent reht vnb ich vnb min erben vnb nachkomenb vnreht Ich verʒih mich
ouch für mich vnb min erben vnb alle min nachkomenb aller brief, bie wir barvmb
haben hettin ober hän möhtin wennan ober von wem wir bie hettin ober noch
rrwerben möhten, ba mit wir wiber biſen kouff gereben ober geſprechen möhten
vnb ouch alle bie brief bie barvmb fürbaß vmer me funben vnb erbaht würben

bie füllent alle tob vnb än alle Craft fin vnb gelob óuch bi güten truwen für
mich vnb min erben vnb älle min nachkomend bifen kouff vnb alle vorgeſchriben
bing vnb ſachen war vnb ſtäti ze habent ze glicher wiß als von öns geſchriben
ſtät vnb beß ze vrkund vnb merrer ſicherhait, ſo hän ich min aigen Inſigel offenlich gehenckt an bifen brief vnb ze noch merrer ſicherhait ſo hän ich gebetten
bie Ebeln hochgebornen min gnädigen herren Grafe ffribrich von
zolrre ab Schaltzburg Ritter. Grafe ffribrich von zolrre von Hohen
zolrre vnb Bentzen von Oͤw von Bobeltzhufen baz ſi zů ainer getzügnüſt
aller vorgeſchriben bing irü Inſigel zů bem minem offenlich gehenckt hanb an bifen
brief, wir bie obgenanten Grafe ffribrich von zolrre Ritter. Grafe ffribrich von Hohen zolrre vnb Bentz von Oͤw veriehen baz wir burch bett willen
bes obgenanten volkart von Oͤw zů ainer getzügenüſt aller vorgeſchriben bing vnſrü
aignü Inſigel zů bem ſinem offenlich gehenckt haben an bifen brief ber geben iſt an
bem nähſten gütem tag nach bem Sunentag ſo man ſingt Letare in ber vaſten nach
Criſtus geburt brützehenhundert jare barnach in bem Süben vnb Sübentzzigoſten Jar.

B. b. Orig. im St.-Archiv zu Stuttgart. — Das eine noch anhangenbe Zoller'ſche
Siegel hat bie Umſchrift: S. F. comitis d. 'Zollr. ivnioris. Die beiben von Oͤw'ſchen
hängen noch an, ſinb aber in Schilbfigur unb Umſchrift ſehr verborben.

———

640.

20. März 1377. o. O. Konrab ber Staheler, Kirchherr zu Rotenburg, Rubolf unb Benz Gunby, bie Pfleger bes Grafen Rubolf
von Hohenberg, Kaſtvogt bes Kirchenſatzes zu Sülchen, leihen mit
beſſen Gunſt einem Rotenburger Bürger 4 Morgen Ackers, welche
in ben genannten Kirchenſatz gehören.

Ich pfaffe Conrat ber Staheler zů biſſen zitten kilchherre ze Rotenburg vnb wir mit ym Růbolf Gunby ber alt vnb Bentz Gunby ſin Sun
vnſers genebigen Herren Graue Růbolffes von Hohenberg pfleger ze Rotenburg veriehen offenlich mit vrkund biß brieffs vnb tügen kunb allen ben, bie biſſen
brieff leſent ober hörent leſen, baz wir Hanſen bem Vogelen burger ze Roten-
bůrg vnb ſinen erben haben gelühen zö ainem ſteten erplehen vnb lihen ouch mit
biſſem gegenwärtigen brieff vier Juchart aggers, bie gehörent in ben kilchenſatz ber kilchen zö Sulchen vnb ſint gelegen hinber zangenhalben,
Stoſſent vff ben burrenbach vff Hanſen ſifribtz wingarten vnb obertalb an
ben Totenweg, alſo mit ſölichem gebingbe, baz er vnb ſin erben ba von geben
ſullent ain malter ber frucht, bie bar offe waſſet winterkorns Rotenburger meß
Järlichen, ſo bü bar offe wechſet, wenne aber bie ſelben vier Juchart aggers gebuwen ſint mit ſomerkorn, ſo ſol ber ſelbe Hans Vogel vnb ſin erben ain malter

Habern da für geben, wenne aber die selben vier Juchart aggers an brache ligent, so ist er vnd sin erben bez selben iares nüt gebunden da von behainen frucht ze gebende, wenne aber er oder sin erben die vorgeschrieben vier Juchart aggers wůst liessen liegen, so doch ander agger, die in der zelge gelegen sint, dar inne die selben vnser Juchart ligent, gebuwen wären vnd frucht trügen, so sol er vnd sin erben welhes iares daz geschehe, denne davon geben ain malter Rotenburger messes gelicher frucht, als ir fürchgenossen vff den nähsten aggern des iares gebuwen hänt ane alle geuerde. Er vnd sin erben sollent ouch järlichen von dem vorgesagten lehen geben zway Herbest Hünre geltz, wer ouch sache, daz der obgenannt Hans Vogel vnd sin erben daz obgenannt lehen wulten verköffen oder virsetzen, wem daz were, der den selben zins Järlich richtet, dem sol man es lihen an all geuerb vnd widerred, Vnd bez allez zů ainem warem vrkund vnd offen gezugnüst so han ich der obgenannt pfaff Conrat Staheler kilchherre ze Rotenburg min aygen Insigel gehenket an dissen brieff zů merrem vrkund vnd ze merrer vestenung disser vorgeschrieben bing an dissem briff, won der selber vnser Herre von Hohenberch Castvogt ist bez kilchensatzes ze Sülchen, da die selben vier Juchart aggers in gehörent vnd won ouch wir die obgenannten Rüff Gundy der alt vnd Benz Gundy sin sune sin pfleger ze Rotenburg die obgesagten vier Juchart aggers verlühen haben als vorgesagte stat an siner stat vnd von sinen wegen vnd mit sinem gunst vnd gůtem willen vnder dem selben Insigel ouch wir veriehen, diss vorgesagt bing an dissem brieff, der geben wart, do man zalt von Cristi geburte Drüzehenhundert Jare vnd Süben vnd Sübenzig iar an dem nähsten fritag nach sant Gerbrut tag.

V. d. Orig. im Spitalarchiv zu Rotenburg. — Mit einem kl. Rest von einem Siegel, das länglich rund war und ohne Zweifel dem Kirchherren angehörte, und dem Siegel des Grafen, auf welchem steht: S. Rvdo.... omitis de Ho.....

641.

21. März 1377. o. O. Abelheid, Konrads des Schreibers und Schulmeisters zu Wilbberg sel. Wittwe, verzichtet gegen Graf Rudolf von Hohenberg, den Jungen, Graf Konrads sel. Sohn, auf alle ihre Rechte an zwei Jauchart Ackers, an dem Käpfelberg gelegen, welche sie vordem von dem Grafen gekauft hatte.

Ich Abelhait Cůnrat säligen des schribers vnd schülmaisters ze Wilperg elichü witwe burgerin der vorgenanten stat ze wilperg vergih offenlich an disem brief für mich vnd alle min erben vnd nächkomen, daz ich mit gesundem libe vnd wolbedahtem můt, von redlicher sache wegen vnd durch sunderlich flizzige bete des hochgebornen ebeln Herren Gräfe Růdolfs von Hohemberg des Jungen, Grafen Cůnrats säligen sun die zwo Juchart akgers an dem käphfelberg gelegen zwüschent pfaff albreht Schenners akger ain

halb vnd der Schäffer aker anderhalp, der obnan stoßet an Cünßen des maigers aker von äffringen vnd vnbnan an aberli frißen aker vffgeben hän
lebeclich vnd vff gib mit disem briefe mit allen getäten worten vnd werten als e[s]
kraft haben sol vnd mag dem obgenanten edeln Herren Gräfen Rüdolßen vnd hä[n]
mich willeclich verzigen vnd verzihe mich offenlich mit disem brief aller der reht[e]
aller der gewonhait vnd alles des füges den ich zü dem vorbeschriben aker von min[e]
obgenanten elichen mannes Cünrats des Schribers vnd schülmaisters säligen z[e]
wilperg wegen oder von iemann anders wegen ie gewan no hän oder fürbe[e]
vmer haben solt oder möht vnd besunder von des köffbriefs wegen den ich bü v[e]
genant adelhait Schriberin von dem obgenanten edeln Herren Gräfen Rüdol[in]
inne han vmb den vorbesagten aker an dem käphfelberg gelegen vnd vmb and[er]
güt die in dem selben köffbrief verschriben sint, der selb brief besigelt ist mit d[e]
egenanten Edeln Herren Gräfe Rüdolfs Insigel mit des erben vesten Ritters Her[n]
Berhtold von altorf Insigel den man nemmet den koler vnd des vesten edel[n]
knehtes Diemen des kächellers Insigel dü brü vorgenanten Insigel an d[es]
vorgenanten köffbrief offenlichen hangent, Vnd alles daz hie vorgesagt stät hän [s]
getän mit kuntlichem wissen vnbezwungen willen vnd güter gunst Haintzen d[es]
Saltzmans der die selben zwo Juchart akers vnd anbrü güt die in dem v[e]
beschribenen köffbrief benempt sind zü den selben ziten buwt vnd inne het v[e]
minem elichen wirt sälig vnd öch von mir der Egenanten adelhaite der Schriberi[n]
vnd Ich der ietzgenant Haintz Saltzman vergih öch offenlich daz mit miner wiß[e]
vnd gütem vnbezwungem willen allü vorbesagt vnd nachgesagte dink sint geschehe[n]
vnd zü ainem offenn vrkunde vnd merer sicherhait aller vorbeschriben dinge [so]
hän ich die obgenant adelhait Schriberin vnd ich der egenant Haintz Saltz[man]
flizzeclich gebetten die erbern wisen den Schulthaiß vnd die Rihter gemainlich z[e]
wilperg daz si ir stet gemain Insigel gehenket hänt an disen brief, Wir d[e]
Schulthais vnd die rihter gemainlich der vorgenanten stät ze wilperg verieh[en]
offenlich daz wir von flizziger bete wege der vorgenanten adelhait Schriberin[n]
vnd vnser burgerinn vnd Haintzen Saltzmans vnd durch mere sicherhait vnd g[e]
zugnust aller vorbeschriben dinge vnser stet gemain Insigel gehenket haben an dise[n]
brief Der Geben wart do man zalt (sic!) Gottes geburt drüzehenhundert Jar v[n]
Sübentzig Jar darnäch in dem Sübenden Jar an dem Hailigen Balme abe[n]
Wir der obgenant Gräfe Rüdolph von Hohemberg veriehen aller vorbesag[t]
sach in disem brief vnd des zü offem Vrkund so haben wir öch vnser aigen Insig[el]
hier an gehenket.

B. d. Orig. im St.-Archiv zu Stuttgart. Mit den beiden anhangenden Siegeln.
Das der Stabt ist größer als das des Grafen, beide rund, mit dem Hohenberger Schilt.
Umschrift des Stadtsiegels: S. civivm de ...w.....

642.

24. März 1377. o. O. Graf Rudolf von Hohenberg, Graf Konrads † Sohn, verkauft mit Willen seines Vetters, des Grafen Konrad, Kirchherrn zu Sulz (beziehungsw. Wilbberg), den Kirchensatz dieser beiden Ortschaften, welchen er in einen „agker" auf dem „Käppfelberg" bei Wilbberg „gelegt" hatte, um **500** Pfd. Heller an den Pfalzgrafen Ruprecht bei Rhein, (beziehungsw.) das Kl. Reuthin.

Wir Gräfe Růdolf von Hohenberg Gräfe Cůnratz sáligen sun von Hohemberg verkünden allermenglich mit diesem briefe vnd tůn kunt allen den die in ansehent oder hörent lesen für vns, alle vnser erben vnd náchkomen datz wir mit gesundem libe vnd wolbedachtem můt vnd mit wissen, willen vnd rät etwevil vnser frünbe vnd besunder vnsers lieben vettern Gräfe Cůnratz von Hohenberg, zů ben ziten kilchherr der kilchun ze Sultz, da bů kilch ze wilperg in gehört, vnsern fry aygenn lebigen vnd vnbekümmerten kilchunsatz derselbun vorgenanten kilchun ze Sultz mit aller zů gehorbe besůht vnd vnbesůcht gelêt vnd gesetzet haben in vnsern fry aigenn lebigen vnd vnbekümerten akger der gelegen ist off bem käppfelberg in wilperger ban, zwüschent pfaff albreht Schenüs akger ainhalp vnd der schäffer agter anberhalp der selbe vnser akger obnan stoßet an Cüntzen des maigers akger von äffringen vnd vnbnan an aberli fritzen akger vnd haben benselben vnsern akger benselbn vnsern kilchunsatz der kilchun ze Sultz vnd bie kilchun ze wilperg bie in ber egenanten vnsern agker also gelêt vnd gesetzet sint mit aller irer zů gehörbe an wibmen, an Huß, an Hoff, an garten, an Hofraiti, an Holtz, an velb, an agker, an zwige, an wisen, an wasen, an wasser, an waibe vnd an allen ben bingen bie ba zů ietz gehörnt oder hie nâch geheren mügen, sie sien gesůchet oder vngesůchet befunden oder vnbefunden, verkôffet vnd reht vnd reblich mit allen getäten worten vnd gebingen so barzů notürftig watz vnd ist vnd kraft vnd maht haben solt vnd moht zů ainem rehten stäten ewigen koufe mit bisem briefe offenlich vnd vnwiberkommenlich ze kôffenne geben dem burlühten Hochgebornen fürsten dem ebeln vnserm genäbigen Herren Herzog Růprehte bem Eltern von Gottes gnaben pfalzgrafen by Rin des hailigen Romschen richs obrosten Truhsessen vnd Herzogen in Bayern an der erbern gaißlichen frowen stat der priorinun vnd des Conuentes gemainlich des Closters ze Rüti, vnder Wilperg gelegen, in kostentzer Bistum prebier orbens vnb fünf hunbert pfund guter vnd genemer haller der fünf hundert haller Swester agnes von Haiterbach priorin vnd Swester agnes Stahlerin schaffnerin zů ben Ziten des ietz benempten Closters an ir selbs vnd irs Conuentes gemainlich vnd aller náchkomen stát besselben Closters ze Rüti vns gar vnd gentzlich gewert vnd bezalt hánb vnd in vnsern küntlichen nutz komen vnd bewenbet sint,

Darumb wir der vorgenant Gräfe Ruodolf von Hohemberg Gräfe Cuonratz säligen
sun von Hohemberg, für vns vnd für alle vnser erben vnd nächkomen gen den
vorgenanten frowen der priorinvn vnd dem Conuent des Closters ze Rüti vns
verzigen haben vnd verzihen vns mit difem briefe aller der rehten alles des sigs
vnd aller der gewohnhait, die wir zuo dem obgenanten agker zuo dem kilchunsatz
vnd zuo der kilchun ze Sultz vnd öch zu der kilchun ze wilperg, dü mit allen
iren zügehörden in denselben vorbeschriben agker gesetzet vnd gelêt sint, von
erbes oder von behainer andrer sache wegen ie gewinnen nv haben oder fürbaz
vmmer gewinnen möhten vnd haben gesetzet vnd setzen offenlich mit difem brief
die priorinvn vnd die frown des obgenanten Closters ze Rüti vnd alle ir näch
kommen in gantzen frien vnd vollen gewalt vnd ewige gewer vnd aigenschaft des
obgenanten bebü agkers, vnd kilchunsatzes der kilchun ze Sultz, darin dü kilch ze
wilperg gehört mit allen ben rehten vnd nützen vnd zügehörden des selben agkers,
kilchunsatzes vnd kilchun, als fi nu darin gehörend oder hernach gehörn möhten,
Es fi an zenhenden, an widmen, an Huß, an Hoff, an garten, an Hofraiti, an
witraiti, an Holtz, an velb, an zwige, an agker, an wisen, an wasen, an waide,
an wasser oder an andern bingen wie bie nu sint, oder fürbas werdent, oder wa
fi sint gelegen, gesuocht vnd vngesuocht, befunden, vnd vnbefunden vnd geloben bi
guten truwen für vns für alle vnser erben vnd für alle vnser nachkomen, inen
vnd allen iren nächkomen die vorgeschriben verkoufftü guot allü, agker vnd kilchunsatz
ber in selben agker mit aller zuo gehörde als vorgeschriben stät gesetzet ist für ain
reht lebig fri vnbekümert aigen ze vertigenn vnd zuo verstänn gen aller menglichen
vnd an allen stetten näch landesreht, Es fi uff gaistlichem oder weltlichem gerit
wa es näch rehtes wegen notürftig ist oder wirt vnd zuo merer ficherhait aller
vorbeschriben vnd näch geschriben fachen puncten, stucken vnd artifeln in difem
brieff So haben wir den egenanten gaistlichen frowen vnd dem Couent gemainlich
ze Rüti vnuerschaidenlich vber vns vnd vnser erben vnd nächkommen ze bürgen
geben vnd gesetzet diese hie nächgeschriben ebeln Herren vnser lieben vettern
Gräffen Otten von Hohemberg Gräfe Ruodolfen den Elteren Gräfe
ze Hohemberg, Gräfe Ruodolfen ben jungen des vorgenanten Gräfe
Otten sun von Hohemberg vnd ben erbern vesten Ritter Herrn Jo
hansen von veningen zuo ben ziten vogt ze wilperg also vnd mit be
beschaidenhait, wär, daz der obgenant agker vnd ber obgenant kilchunsatze ben wir
mit aller seiner zügehörde bar in gesetzet hän mitainander gemainlich oder ir aint
wegers sunderlich oder vtzit baz bar in gehöret befunder es fi benempt oder vnbe
nempt oder unfunden oder noch funden möhte werbe mit gaistlichem oder weltlichen
gerit ansprechig würden So hänt die vorgenanten gaistlichen frowen bie priorin
vnd die andern Closter frowen die benne sint des vorgenanten Closters ze Rüti
vnd ir helfer vollen gewalt vnd reht vns ben obgenanten Gräfe Ruodolfen Gräfe
Cuonrabs säligen sun von Hohemberg die selben anspräch mit botten mit briefen
oder vnber ogen ze uerkunbienn vnd barumb gelegenlich tag ze beschaibenn vnd ze

machenn zwüſchent vns vnd ben von den benne baz obgenant gůt anſprechig
würbe vnd wenne vns bie ſelbe anſprach vnd ber tag vmb bieſelbe anſprach alſo
benempt vnb mit ir manung geinrret wirt So ſüllen wir ber vorgenant Gräfe
Růbolf Gräfe Cůnrabs ſäligen ſun zů bem längſten in bem nähſten manat nach
berſelben mannung ben tag vollenben vnb laiſten gegen ben bie baz obgenant gůt
benne anſprechent wa wie vnb wenn ſiů bie obgenanten frowen notürftig werbent
als lang als büke vnb als vil, bis baz wir ben ſelben Cloſterfrowen bie obge=
nanten gůt gar vnb genßlich näch gaiſtlichem vnb weltlichem reht geuertigen, Wår
aber ba got vor ſi baz wir ber obgenant Gräfe Růbolf Gräfen Cůnrabs ſäligen
ſun baz nit täten vnb bie vertigung als vorgeſagt ſtät nit vollenbenten So ſüllen
wir Gräfe Růbolf Gräfe Cůnrabs ſäligen ſun vnb wir ber obgenant Gräfe Conrat
vnb öch wir bie obgenanten Bürgen als balbe wir bes von ben vorgenanten
Cloſterfrowen erinrret vnb vnb vermant würben näch ber ſelben manung in ben
nehſten aht tagen in varen gen Wilperg an bie ſtät vnſer ieglicher mit ſin ſelbes
lip vnb ba in offner wirthuſer zů vailen köſſe inne laiſten ain reht gewonlich
gyſelſchaft än geuerbe, Wår aber baz vnſer vorgenante Höptherren ober bürgen,
ainer ober me, ſelb mit laiſten wölten ober möhten ber mag ieglicher ainen kneht
mit ainem pfärt an ſin ſtat in bie ſelben laiſtung als vorgeſagt iſt legen vnb ſol
vnſer behainer oſſer ber laiſtung nümer komen bis baz ben obgenanten Cloſter=
frowen ze Rüti bie vorbeſagte Fertigung näh gaiſtlichem vnb weltlichem reht geuer=
tiget wirt vnb wenne ſuch ber pfärit ains ober me verlaiſtent ober in ber laiſtung
abgont So ſol ie berſelbe beſ benne bas ſelb abgangen ober verlaiſt pfärit ge=
weſen iſt ain anber pfärit in bie laiſtung ſtellen in ben nehſten aht tagen als
baz vorbeſagt pfärit, baz obgangen ober verlaiſtet iſt, Wår öch ba got lang vor
ſi ob ber obgenanten bürgen ainer ober me von tobes wegen abgienge ober von
bem lanbe für ober ſuſſ zů ainem bürgen vnnütz würbe, ſo ſullen wir bie obge=
nanten Gräfe Růbolf Gräfe Conrats ſäligen ſun, vnb Gräfe Conrab alle bebe
Gräfen von Hohemberg ben obgenannten Cloſterfrowen ze Rüti ain als gůten
bürgen an bes abgangenn bürgen ſtat ſeßen in ben nehſten nächgenben vierzehen
tage, als vns bie obgenanten Cloſterfrowen bes abgangenn burgen mit botten
mit brieſen ze huſe, ze Hoff ober vnber ogen geinrrent vnb ob ainen anber bürgen
an bes abgangenn burgen ſtat ze ſeßenn, vermanenb vnb wa wir baz nit täten,
ſo ſullen wir bie vorgenanten zwen Gräfen, Gräfe Růbolf Gräfe Conrab ſäligen
ſun vnb Grafe Conrab bie vorbeſagten Bürgen alle näch bem vorbenempten tag
in ben nehſten nächgenben aht tagen gen wilperg an bie ſtat varn vnb ba inne
in alle wiſ laiſten als von ber vertigung hie vorgeßagt ſtat Vnb ſullen öch oſſer
ber laiſtung nümer komen vntz baz ben vorgenanten Cloſterfrowen ze Rüti ain
anbrer als gůter bürge an bes abgangenn bürgen ſtat in ber vorbeſagten ſicher=
hait geben vnb geſeßet wirt, Wår aber ba got vor ſi, baz vnſer behainer ber
vorgeſagten, er ſi Höptherr ober bürge baz nit täte, vnb nit hielt alles baz
von vertigung von burkſchaft von laiſtung von angriffe ober von behainer anbrer

ſache, puncten ſtucken vnd artikeln, als hie vor vnd näch in diſem brief geſagt
ſtät zů dem ſelben hänt die vorgenanten Cloſterfrowen vnd ir Couent gemainlich
vnd öch ir Helfer gůt reht vnd vollen gewalt an ʒe griffen ʒe bekümmern vnd ʒe
benótenn, an lüten an gůten mit gaiſtlichem vnd weltlichem geriht oder an geriht,
wie ſi mügen oder in aller fůgt vnd ſol in da vor nit ſchirmen weder gaiſtlich
noch weltlich reht, noch lantreht, noch Burkreht noch ſtattreht noch behain ander
reht, noch fryhait noch fůg noch gewohnhait noch behain anderlai ſach die nu iſt
oder hie nach funden wirt än geuerde vnd waʒ die vorgenanten Cloſterfrowen
oder ir Helfer der vorbeſagten oder nächgeſchriben binge ſchaden nemen die obgenanten verköſten gůt als vorgeſagt iſt gar vnd gentʒlich geuertigot werdent, benſelben ſchaden ſullen wir vnd die bürgen inen öch gar vnd gentʒlich vffrihten vnd
ablegen, ir worten ſchleßlich darumb ʒe gelobenn än alle geuerde, wa wir deʒ
niht täten So hänt die obgenanten Cloſterfrowen vnd ir Helfer aber vollen
gewalt vnd reht vns vnd vnſer bürgen in laiſtung ʒe manen, vnd ob wir nit
laiſten vns anʒegriffen in alle die wiſe als hier vorgeſagt ſät, Wir der obgenant
Gräfe Conrat von Hohemberg ʒů den ʒiten kilchere der obgenannten kilchen ʒe
Sultʒ dar in bü kilch ʒe wilperg gehört bekennen vnd verienhen offenlich in biſem
brief, daʒ birre vorbeſagter kilchunſatʒ, in den vorbeſagten agker an dem käppfelberg gelegen, iſt gelêt vnd geſetʒet, vnd öch birre vorbeſagter köff mit vertigung
burkſchaft puncten ſtucken vnd artikeln als vor vnd näch geſchriben ſtät beſchehen
iſt mit vnſerm kuntlichen wiſſen, vnbeʒwungen willen mit fürbedächtem rät vnd
ſliʒʒiger bette vnd daʒ beſunder wir Gräfe Conrat bisher kilcher der obgenanten
kilchun ʒe Sultʒ dar in bü kilch wilperg gehört vnd öch durch rehtes, durch gottes,
vnd durch ſunberlichs gunſtes willen ben wir ʒu dem obgenanten Cloſter ʒe Rüti
haben verʒigen haben vnd verʒihen vns mit biſem brief aller der rehten aller der
gewer, alles des fůges, aller der gewonhait, vnd aller der anſpräch die wir von
vnſern vordern vnd von vns ſelber oder von iemans anders wegen ʒů ben egenanten agker kilchunſatʒ kilchun oder ʒů behainen iren ʒůgehörben ie gehetten ʒu
haben oder fürbas vmmer gehaben möhten vnd ſüllen noch mügen öch vnſ nit
behelfen mit behainerlai rehten noch fryehaiten noch Ehaftin noch fügen noch gewonhaiten noch fürʒügen noch mit behainer hand fünden die ietʒ funden ſint oder
hienäch funden werbent mit ben der vorgeſagten bing behains in behain wiſe be-
krenkt würden, Wär öch daʒu irre brief gemäſget oder naß wurde oder an worten
an ſilleben oder an büchſtaben miſſebeſchriben würde oder bü Inſigel bü an biſen
brief gehörnt nit allü dar an kemen oder ir ains oder me ʒerbrächen oder iri
ʒaichen nit gar vnd gentʒlich begriffen an wäpen oder an büchſtaben oder miſſehenkt oder miſſekert würden, daʒ ſol alleſſampt ben obgenannten Cloſterfrowen ʒe
Rüti in biſen vorbeſagten vnd nachgeſagten ſachen kainen ſchaden bringen, wan
alle die wil ſi biſen brief inne habent mit ainem gantʒen Inſigel oder me ſo
mügen wir die obgenanten Gräfe Růbolf Gräfe Conrats ſäligen ſun vnd öch wir
Gräfe Conrat noch vnſer burgen noch niemanb anders geſprechen, daʒ biſer brief

dehainen weg noch wife gebreſthaft ſi, Wir die obgenanten Gräfe Růdolf Gräfe
nrats ſáligen ſun vnd wir Gräfe Conrat alle bede Gräfen von Hohemberg geben öch bi gůten trůwen in aybes wiſe diſen köff vnd allez daz hie vor vnd
ich in diſem brief von vns geſagt ſtät wär vnd ſtát ʒe halten vnd die vorgenanten vnſer bürgen vnuerſchaidenlich von dirre burkſchaft än allen iren ſchaden
löſen än geuerde vnd drumb ſo haben wir bede ieʒ benempt Gräfen von Hohem-
rg vnſer ietweder ʒů warem vrkunde vnd ewiger ſtätigkait ſin aigen Inſigel an
ſen brief gehenket, Wir die vorgenanten Bürgen Gräfe Otte von Hohemberg,
rafe Růdolf der Elter, Gräfe ʒe Hohemberg, Gräf Růdolf der Junge, des Egenanten Gräfe Otten ſun von Hohemberg vnd ich Hans von veningen Ritter ʒů
n ʒiten vogt ʒe wilperg geloben öch bi gůten trůwen diſe burkſchaft vnd alles
az hie vor in diſem brief von vnſ geſagt ſtat wär vnd ſtát ʒe haltenn än geuerde,
nd des ʒů ainem offen vrkunde vnd merer ſicherhait ſo hät vnſer ieglicher ſein
igen Inſigel ouch gehenket an diſen brief der geben wart do man ʒalt von Gottes
eburt drüʒehenhundert Jar vnd darnach in dem Süben vnd Sübenʒgoſten Jar
n dem hailgen Oſter Abent.

B. d. Orig. im St.-Archiv ʒu Stuttgart. — Mit den 4 kl. Grafenſiegeln.

643.

19. Mai 1377. Heidelberg. Graf Rudolf von Hohenberg, Graf
Konrads † Sohn, verkauft um **5870 fl.** an den Pfalzgrafen
Ruprecht bei Rhein, Herzogen in Baiern ꝛc. die Hälfte von Wildberg, Burg und Stadt, dem Kl. Reuthin und der Vogtei über
dasselbe, den Wäldern „Burey" und den „Kriegswelden", endlich
seinen Theil an Gültlingen. [1]

Wir grafe Rudolff von Hoemberg der Junge. Grafe Conrads
eligin Son von Hoemberg bekennen offenlich mit dieſem brife .. vnd tun
kunt allen luten, die yn ſehint oder horint leſen für vns alle vnſre Erben vnd
nachkommen, daʒ wir mit gubem wolberadem můte, mit Rate vnſrer frunde vnd
Rats vnd mit Rechtem wiſſen vmb vnſers ſchinbaren nütʒ vnd notdorft willen vnd
groſſen ſchaden ʒu furkommen vnd ʒu vermiden Dem Durlichtigen Hochgeborn
fürſten vnd Herrin herrn Ruprecht dem Eltern Pfaltzgrafen by Ryn, deʒ
heiligin Romſchen Richs oberſten Druchſezzen vnd Hertzogin in Beyern, vnſerm
liebin gnebigin Herrin vnd ſinen Erben vnd nachkommen Pfalʒgrafin by Ryn
vnſren teil, daʒ iſt ein halpteil der veſtin ʒu wilperg an Burg vnd
an Stat mit mannen Manſcheften ... Burgmannen, Burgmanſcheften, mit wel-

ben, Belber, wildpannden, waſſern, Weiden, waſſerleuſſen, Mulen, Dichen, Biſſche=
rien, Eckern, Wieſen, luten, gutern, gülten, zinſen, dinſten, Ern, Rechten, früheiden,
gewonheiden vnd mit allen andern zugehorungen vnſers halben teils geſucht vnd
vnbeſucht wie man die genennen magk mit ſunderlichin worten Nü ober hernach
vnd darzu vnſren halben teil des cloſters Rüte vnd den halben teil
an der Vogty deſſelben cloſters Vnd ben halben teil an dem walde der
genant iſt Bürey vnd vnſern teil an den welben die ba heiſſend die kriegs=
welbe, Vnd alle die Recht bie wir haben zu vnſerm teil zu Gilteslingen in
bem Dorff Vnd in der mark baſelbs Vnd darzu die Ecker vnd wieſen die vns
offgeerbt ſint von vnſre Sweſter ſeligin bie ein Cloſterfrawe waz zu
Rüte, bie in ber mark zu wiltperg gelegen ſint, bie loſunge baran alz
bie itzund verſatzt ſint, boch vſgenomen ben kirchenſatz zu Sultze bar Jn ouch
wiltperg gepfarret iſt ben wir vor dem obgenanten Cloſter Rüte verkauft vnd
vermacht haben Recht vnd Redlichin für Recht eigin gut Erbetlichin vnd Ewiglichin
verkauft haben vnd verkeuffin mit kraft bis brifs vmb fünff Duſent gulden Acht=
hundert gulden vnd Siebintzig gulden, Der wir wol gewert vnd bezalt ſin, Daz
vns begnügt Vnd mag vnd ſol Der obgenante Hertzog Ruprecht der Elter ſin
erbin vnd Nachkommen bie obgenant veſtin vnd güter alz fürgenant ſtet für recht
eigen gut Erbetlichin vnd Ewiglichin Innehabin vnd nyſſen, alz ir eigin güter,
Vnd verzihin wir für vns vnd alle vnſre Erbin bar uff vmer Ewiclichin mit craft
bis brifs Vnd ſetzen bar Jn ben Egenanten vnſren Herrn Hertzog Ruprecht ben
Eltern ſine Erben vnd Nachkome Egenant in Nütz vnd gewer Erbetlich vnd Ewig=
lich Vnd globin in guder werſchaft zu tunbe nach bez lands recht vnd gewonheid.
Wir enſollen auch noch vnſre Erben nümer anſprache inne haben noch gewynnen
an die Obgenanten veſtin vnd güter, waz hie vorgeſchriben ſtet in bheinerlei wie
mit gerichte oder ane gerichte, Noch auch an den Egenanten vnſren Herrn ben
Hertzogin ſine Erben vnd Nachkommen, ane alle geuerbe. Alle biſe obgenanten
ſtucke han wir grafe Rudolff Egenant mit guder truwen globt Vnd zu ben heiligen
geſwornen Stebe vnd veſte zu halten vnd nit bar wiber zu tunbe nach ſchaffen
getan werden vſgeſcheiden alle argliſte vnd geuerbe. Vnd han bez zu eyme Ewi=
gin Orkunb vnſer ingeſigel tun henckin an bieſen brif. für vns vnd vnſer Erben.
Wir han gebedten die Edeln grafe Rudolff von Hoemberg ben Eltern
vnſern liebin Vettern Vnd grafe wilhelm von Eberſtein mynen lieben
Ohem, Her Hanſen von Dierberg Ritter vnd Dymen ben kecheler Edel=
knecht baz ſie ir iclicher ſin Inſigel by baz vnſer auch an bieſen brif gehangen
haben zu gezugniſſe aller fürgenanten ſtucke Vnd wir die fürgenanten grafe Ru=
bolff von Hoemberg der Elter grafe wilhelm von Eberſtein, Hans von Dierberg
Ritter Vnd Dyme der kecheler Edelknecht bekennen baz wir durch bebe willen bez
fürgenanten grafe Rudolffe von Hoemberg des Jungen zu gezugniſſe aller fürge=
nanten ſtücke vnſer iclicher ſin Inſigel by baz ſine an bieſen briff gehangen habin.

Gebin zu Heidelberg uff den Dinstag nach dem heiligin Pfingstage·Nach Christi geburthe Drutzehen hundert Jar vnd yn dem Siebin vnd Siebintzigstein Jare.

B. d. Orig. im St.-Archiv zu Stuttgart. — Die Siegel fehlen.

[1] Unter demselben Tag und Ort stellte der Verkäufer auch dem Pfalzgrafen Ruprecht dem Jüngeren eine sonst ganz gleichlautende Urkunde aus, in welcher jedoch Graf Heinrich von Spanheim und Heinrich von Erligheim, Biethum zu Heidelberg, als Siegler aufgeführt werden.

644.

19. Mai 1877. Heidelberg. Pfalzgraf Ruprecht bei Rhein, Herzog in Baiern ꝛc., verzichtet gegen das Kloster Reuthin auf alle Ansprüche an den Kirchensatz zu Sulz (bei Wildberg), welchen dasselbe von Graf Rudolf dem jüngeren, Konrads sel. Sohn, gekauft hatte.

Wir Ruprecht der elter von gotz gnaden pfalnzgraue by Ryn. Dez heiligen Romschen Richs Obrister druchseße vnd Hertzog in Beyrn Bekennen vns offenbar mit diesem brieff, als der kirchensatz zu Sultz dar yn auch die pfarre zu wilperg gehöret in vnser Herschafft da selbs zu wilperg gelegen, fürmals von dem edeln vnßerm lieben getrewen Graue Rudolff von Hoenberg etzwunne Graue Conrabs von Hoenbergs seligen Sone ben geistlichen Closter frauwen der prioren vnd dem Couent vnsers Closters zu Rüte vnder wilperg in Costentzer bistum gelegen prediger ordens gegeben vnd vermacht ist ewenklich by dem Closter vnd Couent zu bliben als die briffe sagent, die derselbe graue Rudolff dem egenanten Closter zu Rute dar vber geben hat, wand nü daz selbe dorff Soltz vnser vnd zu vnser herschaft zu Wilperg gehöret vnd der kirchensatz da selbs vnd auch zu wilperg von alter her gehöret hat zu der selben Herschaft zu wilperg, So hant vns die obgenanten Closter frauwen gebeden daz wir vnßern willen vnd verhengniße darzu geben wollen daz die obgenanten kirchensetz vnd kirchen zu Soltz vnd zu wilperg by in vnd irme Closter Ewenklichen sin vnd bliben mogen. Hervmb han wir angesehen geistlichkeit vnd gots binst der in dem obgenanten Closter geschiht vnd gescheen sol got zu lobe vnd durch vnßern vnd vnßer alt fordern selen Heils willen vnd han für vns vnd vnser erben vnd nachkomen mit wolbedachtem müte vnd mit rechter wißen den obgenanten priorn vnd Couent vnd dem Closter zu Rüte vnd iren nachkomen willenklichen vnd friklichen geben vnd vermacht geben vnd vermachen mit Crafft daz briffs die obgenanten kirchensetz vnd kirchen zu Soltz vnd zu wilperg alle die reht die wir dar an han oder haben mochten daz bü ewenklich by dem selben Closter zu Rüte bliben sollen ane alle hinderniße vnser vnd vnser erben vnd nachkomen bie die vestin vnd Herschaft zu wilperg zu zyten Jnne hant vssgescheiden alle arglist vnd geuerde, dez zu vrkund vnd ewiger stetigkeit geben wir den obgenanten priorn vnd Couent diesen brieff versigelt mit vnßerm Anhangendem Jngefigel, der geben ift zu Heidelberg beș dinftags nach dem pfingftbage da man schreib von Chrifti geburt drützehenhundert Jar, vnd in dem Sieben vnd Siebenzigiften Jar.

B. d. Orig. im St.-Archiv zu Stuttgart.

645.

9. September 1377. o. O. Graf Rudolf von Hohenberg belehnt eine Eßlinger Bürgerin mit den Gütern zu Neuhausen (O.A. Eßlingen), welche sein eni selig, Graf Rudolf von Hohenberg, vormals dem Anverwandten derselben, Albrecht von Winnenden, einem Bürger von E., geliehen hatte.

Wir Grafe Rûdolff von hohemberg veriehen offenlich vnd tûn kunt menglichem mit difem brief daz für vns kam an difem tag als dirr brief geben ift die Erber fröwe åll die hôlbin Sißen beș böttingers elichů wirtenû Burgerin ze Eßlingen, vnd feit ôns wie daz albreht von winden ain Burger ze Eßlingen vor etweuil ziten von tobeswegen ab gangen wår vnd dem felben vnd ouch allen finen erben Es wårin Sun oder Töhtran hette vnfer åni fålig Graue Rûdolff von Hohemberg zû ainem ftåtten Lehen gelûhen die gût die beßfelben mauls buwet ainer hieß der knab vnd die ießo buwet ainer haiße der Rumel vnd die gelegen find ze nûnhufen dem dorff vnd zôgt ôns des ainen gûten brief von dem vorgenanten ônferm åni fåligen vnd feit ôns ouch fûro daz fi beș vorgenanten albreßt von winden nåhfter erb wår der ießo lebte vnd von nun der vorgenant ônfer åni fålig dem obgenanten albrehten von winden vnd allen finen erben es wårin Sun oder böhtran die obgenanten gût zû ainem ftåtten Lehen gelûhen hett vnd fi nun beș felben rehter erb wår do batt fi vns daz wir ir vnd iren erben es wårind Sun oder böhtran daz obgenant gût gelûhen beș haben wir ir bett erhôrt vnd haben ir vnd iren erben es figend fun oder böhtran die obgenanten gût gelûhen wie wir billich vnd durch reht Lihen fullen vnd ir ießo darober geben zu ainem getruwen trager iren elichen hußwirt Sißen ben böttinger der ir die gût ze getruwen hanben tragen fol vnd ôns da von tûn als ain ieglich Lehen man finem Lehen herren billich vnd durch reht tûn fol doch mit behaltnuft ôns vnd ônfer herfchaft biß Lihens ônßrû reht Bnd beș y vrkunb vnd merrer ficherhait fo haben wir ônfer aigen Infigel offenlich gehenkt an difen brief der geben ift an der nåhften mitwochen nach ônfer fröwen tag als fi geborn wart nach kriftus geburt drußzehenhundert Jar barnach in dem Sûben vnd Sûbenßigoften Jar.

B. d. Orig. im St.-Archiv zu Stuttgart. — Mit dem kleinen runden, ziemlich gut erhaltenen Siegel des Ausftellers.

646.

21. September 1377. o. O. Graf Rudolf von Hohenberg bekennt, daß ihm die Reichsstadt Lindau **188** ungarische (böhmische) und **62** rheinische Gulden bezahlt habe an den **12000** Gulden, welche ihm die Reichsstädte aufzubringen verheißen hatten.

Wir Gräff Rudolff von Hohemberg Vergenhen offentlich vnd tün kunt menglichem mit disem brief von der zwölff dusent gulbin wägen die vns vnser besunder lieben frund, die erbern wisen des hailigen Richs stett, die in dem bunde ze Swaben sind of pringen sullent, als si dar vmb brief von vns hänb bekennen wir mit disem brief, daz vns die erbern wisen der Burgermaister, der Amman, der Rätt vnd die Burger gemainlich ze Lindow dar an gerißt vnd bezalt hänb zwaihundert gulbin minder zwölff gulbin, vngerscher vnd behemscher vnd hundert gulbin vnd zwen vnd Sechszig gulbin Rinscher guter vnd genämer, vnder den gulbin sind vierzig gulbin Klobwag, die vorgenant gulbin an den zwölff dusent gulbin abgän sullent, vnd sagen Die selben statt lindow, der vorgenant zwaihundert gulbin minder zwölff gulbin vngerscher vnd der hundert gulbin vnd zwoj vnd Sechszig gulbig (sic!) quib lebig vnd los vnd des ze Vrkund, so haben wir vnser aigen insigel offenlich gehenkt an bisen brief, der ist geben of Sant Matheus tag des hailigen zwölffbotten Anno domini m⁰. ccc⁰. lxxvij⁰.

B. d. Orig. im Reichsarchiv zu München. — Von dem Siegel an einem Pergamentstreifen ist noch ein ganz unbedeutendes Stück vorhanden.

647.

5. Januar 1378. o. O. Gumpolt, Heinrich und Burkard von Gültlingen, Gebrüder, verkaufen um **160** Pfd. Heller an den Pfalzgrafen Ruprecht den älteren alle ihre Rechte zu Ebhausen und Wöllhausen (O.A. Nagold).

Ich Gompolt, heinrich vnd Burkart von Giltlingen gebruder, veriehen vnd tun kunt mit disem getnwortigen brieue allen den die Jne ansehent ober horent lesen das wir dem ebeln hochgebornen, Durchluchtigen fürsten hern Ruprecht dem eltern von gotts gnaden pfalzgrauen by Rine des heiligen Romischen Richs obersten Druchseß vnd herzugen Jn beyern vnd allen sinen erben vnd nachkomen einen rechten rebelichen kauffe für vns vnd alle vnßer erben zu kauffe geben haben, alle die rechte, die wir zu dem dorffe zu Ebhusen vnd zu welhusen haben mit allen nutzen vnd fellen die vnser vater vnd wir bracht haben in der von Ebhusen vnd der von welhusen marcke biß here off disen hutigen tag als datum dieß brieffs sagt vnd wer ob vns den vorgenanten

von Giltlingen In der egenanten marcke nu fürbas mee ichts anfiele von erbs
wegen ober von kauffs wegen, das soll vns mit diesem brkeue ieinen schaden bringen
ane geuerbe, dieser kauff ist bescheen vmb hundert pfunt vnd sechtzig pfunt
guter vnd genemer heller der wir schon betzalt vnd gewert sind vnd mit namen
alle vogtlute, die gein Ebhusen gehorent frauwen vnd manne Junge ober
alt vnd welhe wir in gemeynschafft herbracht haben, her vff diesen hutigen tag als
bata dieß brieffs spricht vnd mit namen Contz wetzel zu dieß zijt Schultheiß
zu Ebhusen vnd sine Bruder zwen ane die vorgeschrieben lute alle, sollen wir
keine recht noch ansprache, fürbas haben vnd hetten wir suft eigen lute zu Ebhusen
ober zu welhusen sitzen, Jr were uil ober wenig die sollen heben vnd legen alle
binge, die das dorffe angant das man vff sie setzet nach Jr antzale vngeuerlich
vnd sollen sie dafür nit schiermen noch versprechen vnd hetten wir die vorgenanten
von Giltlingen barüber bheinen brieff, das diesen brieff angat ber soll diesem brieff
keine schade mee sin weber suft noch so vnd bas dieß alles veste vnd stete blibe
bas hieuor geschrieben steet, Des haben wir Gompolt, heinrich vnd burckart von
Giltlingen gebruder vorgenant vnser iglicher sin eigen Jngesigel gehenckt an diesen
brieff vnd zu merer sicherheit So haben wir gebetten die vesten ebelknechte hannsen
kachler vnd wilhelm von hornberg das sie Jr eigene Jngesigel zu vns
an diesen brieff gehenckt hand zu einer getzugniß alles das zubesagen, das hie vorgeschrieben
steet, Geben da man zalt nach cristi geburt, brützehen hundert Jare
sibenzig Jar barnach In dem achten Jare an dem heiligen Obersten abent.

B. einer gleichzeitigen Abschrift im St.-Archiv zu Stuttgart.

648.

1. September 1378. Nürnberg. K. Karl IV. erlaubt Graf Rudolf
von Hohenberg das Landgericht in dem Dorfe Wendelsheim in
seine Stadt Rotenburg zu verlegen, und gibt deren Schultheiß
und Richter Gewalt, mit Rittern und Edelleuten Recht zu sprechen.

Wir karl von gotes gnaden Romischer keyser zu allen zeiten Merer
bes Reichs vnd kung zu Beheim Bekennen vnd tun kunt offenlich mit
biesem brieue allen ben die yn sehen ober hören lezen, bas wir mit wolbebachtem
mute vnd rechter wissen borczu das der Ebel Rubolff, Graue von Hoemberg
vnsir vnd des Reichs lieber getrewer das lantgerichte in dem borffe zu dem
winelsaham (sic!) in seine Stat zu Rotemburg, in allen ben rechten als
es in bemselben borffe gewesen ist, legen moge vnßern willen vnd gunst getan vnd
geben haben, Tun vnd geben ym mit keyserlicher mechte in craffte bitz brieues,
vnd haben ym borczu biese besundere gnade getan vnd seine Schultheyssen vnd
Richter boselbest zu Rotemburg die ytzunt sein vnd in zeiten werben gefreyet Also
bas bieselben Schultheissen vnd Richter in allen sachen in dem selben lantgerichte

mit Rittern, vnd Edeln leuten recht vnd vrteil sprechen mugen, vnd gebieten dar=
umb, Allen fürsten Geystlichen vnd werltlichen Grauen, freyen, Rittern vnd knech=
ten, vnd allen andern vnsirn vnd des Reichs lieben getrewen in welchen wirden
oder wesen die seyn ernstlichen vnd vesticlichen, das sie den vorgenanten Grauen
von hoemburg (sic!) vnd die obgenanten Schultheissen vnd Richter an sulchen vnßern
freyheiten vnd gnaden nicht hindern noch irren sullen in dheinenweis als lieb yn
sie vnßer vnd des Reichs swere vngnabe zuuermeyden. Mit urkund diß brieues
vorsigelt mit vnßer keyserlichen Maiestatt Jngesigel Geben zu Nuremberg Noch
gotes geburd breiczenhundert Jar bornoch in dem Acht vnd Sibentzigstem Jare an
sond Egidien tag vnsre Reiche in dem dreiunbbreysigsten vnd des keysirtums in
bem vierunbtzwentzigsten Jaren.

B. d. Orig. im Privatbesitz eines Bürgers zu Rotenburg. — Das Siegel ist ab=
gerissen.

649.

21. Januar 1379. o. O. Agnes von Hohenberg, Priorin zu Reuthin,
und der Convent dieses Klosters überlassen einer Rotenburger
Bürgerin, von welcher sie einen Hof zu Unter=Bondorf (Nieder=
Reuthin, O.A. Herrenberg) gekauft hatten, derselben solchen zu
lebenslänglicher Nutznießung.

Jch schwester angnes von Hohenberg priorin ze Rüti mitt mir der
Couent gemainlich beß selben Closters vergenhen offenlich mitt bisem brief baß wir
ben hof ze niebern Bondorf gelegen, ben wir köft haben vm kätherinun bü
Ekenwilerinun bü eltrun von Rötenburg von genäb gunst vnd gütem willen
vnser aller ir wiber geben vnd günben ir öch ben egenanten hof ze nießßend an
all irrung mit allen ben rehten vnd nützen alz er vns öch von ir worden ist biß
an iren töb vngevårlich mitt sölichem gebinge, wenn ez beschiht baz sü abgat vnd
stirbet baz Gott lang wende so sol bü egenant kätherin ben egen. hof wiber gebent
halben bem Couent vnd halben bem selgeråt beß selben Couentes oder an welez
järczit sü wil alz sü eß benn gern hät vn gevårlichen zü ainer gebenknüst iärzit
ir sel. Vnd zu merer sicherhait vnd gezüknust aller birr vorgeschribner bing so
haben wir ber egenant Couent vnser aigen vnd gemain insygel gehenket an bisen
brief ber geben wart in bem jär bo man zalt von Cristez geburt Drützenhenhundert
jär sübenzig jär bär näch in bem nünben jär an Sant Angnesun tag ber hailigun
Jungkfröwun.

B. d. Orig. im St.Archiv zu Stuttgart.

40*

650.

29. Juni 1379. o. O. Graf Rudolf von Hohenberg, Hans von Thierberg, Ritter, Rüdiger, der Lescher (von Kilchberg), Marquart von Bubenhofen, Vogt zu Rotenburg, Hans der Schenk „ab Stoffemberg," Hainz von Hailfingen und Heinrich Stahler verkaufen als Bürgen für Ulrich sel. von Waßneck gegen Friz und Ulm Brandhofen an diese um **230** Pfd. Heller des Ulrich von W. Weinberge in der Halden „Wihennachten" (bei Rotenburg).

Wir Graff Rudolff von Hohemberg Ich Hans von Dierberg Ritter Ich Rüdiger der Lescher Ich Marquart von Bübenhoffen ze disen Ziten vogt ze Rotemburg Ich Hans der Schenk ab Stoffemberg Ich Hainz von Halffingen vnd Ich Hainrich Stahler veriehen alle offenlich für vns vnd ünser erben vnd tün kunt allen den die disen brief an sehend Lesend oder hörend Lesen als wir die vorgeschriben alle bürgen gewesen sigen ülrichs des Maigers säligen von waßnegg so im gott gnad vnd sinen erben gen den vesten Edeln knehten frizen vnd ülm pranthowen gebrüdern vnd iren erben vmb etweuil geltz Darumb sy vnd ouch wir brieff haben vnd wir vns vnderzogen haben dirre nachgeschriben wingarten die sin aigen gewesen sind daz wir da mit vns selber lösen vnd sinen erben größern schaden verkomen veriehen wir alle daz wir ains rehten redlichen kouffes verköft haben vnd ze kouffend geben dem obgenanten frizen vnd ülm pranthowen gebrüdern vnd allen iren erben die selben wingarten für reht friger Ledig aigen daz ist zü dem ersten vier morgen wingarten gelegen an der halden die man nempt wihennähten die ze disen ziten buwet Hainz Engellin daran Hans Brun vnd Contz frum stößend vnd ain morgen wingartz buwet off diz zit der Hutzel vnd ouch ainen morgen buwet der vaihinger gelegen an der selben Halden an die baid morgen stößend Hans der Ritter, Contz frum vnd ouch kisterrich vnd ist der kouff beschehen vmb zwayhundert pfund vnd vmb drißig pfund italiger güter vnd genemer Haller die vns an der selben schuld abgangen sind darumb wir gen in bürg waren von dez vorgenanten ülrichs des maigers säligen wegen vnd die ouch in sinen vnd siner erben kuntlichen nutz vnd frumen komen vnd bewent sind vnd sol ünser ieglicher besunder oder ünser erben sinen tail der vorgenanten wingarten als denne ünser ieglichem geburte vnd getüge an dem vorgenanten gelt ze gebend vnd sünderlich Ich Rüdger Lescher für mich selber vnd für Hansen von Lustnöw säligen kind von Herremberg der pfleger vnd fürmund ich bin vnd für ünser erbern den obgenanten frizen vnd ülm pranthowen gebrüdern oder iren erben vertigen verstan vnd versprechen Jar vnd tag nach der Statt reht ze Rotemburg an allen iren schaden vnd än all geuerd wa aber wir alle oder ünser erben daz nit tättind vnd den obgenanten frizen vnd ülm pranthowen oder

iren erben die obgenanten wingarten ieglicher nach siner anzal des vorgenanten
geltz nit vertigote vnd versprach in der wiß als vorgeschriben stät So hand die
obgenanten fritz vnd ŭlm pranthowen gebrŭder oder ir erben vnd alle ir Helffer
gewalt vnd gŭt reht ŭnser ieglichen der sinen tail nit geuertigot hetty oder sin
erben darumb an zegriffend vnd ze schadgent an ŭnsern Lŭten vnd gŭten in Stetten
in Dörffern oder off dem Land mit geriht gaistlichem oder weltlichem oder än ge=
riht wie vnd wa sy kŭndent oder mŭgend als dik vnd als vil biß in ŭnser ieg=
lichs tail gentzlich vnd gar volleuertigot vnd off geriht wirt nach der Statt reht
ze Rottemburg än allen iren schaden vnd än alle geuerd als vorgeschriben stät
vnd sŭllend mit dem angriff nit freueln noch han getän wider behain geriht gaist=
lichs noch weltlichs noch wider ineman suß noch so, won waz sy da wider tŭnd
So hand sy allewegend reht vnd wir vnd ŭnser erben vnreht, wir obgenanten alle
geloben by gŭten truwen den obgenanten fritzen vnd ŭlm pranthowen gebrŭbern
oder iren erben die obgenanten wingarten ze versprechend vnd alle vorgeschriben
sachen stätt ze haltend ze glicher wiß als von vns in bisem brieff geschriben stat
vnd bez ze vrkund vnd merrer sicherhait So haben wir für ŭns vnd ŭnser erben
vnd sŭnderlich ich Rŭdger Lescher für mich vnd min Erben vnd für Hansen
von Lustnow säligen kind der pfleger ich bin vnd für ir erben ŭnser ieglicher
besunder sin aigen Insigel offenlich gehenckt an bisen brieff Ich Clarᵉ die Lesch=
erin dez obgenanten ŭlrichs dez maigers säligen elichy wirtinnᵉ vnd Ich
ŭlrich Maiger von waßnegg dez obgenanten ŭlrichs dez Maigers säligen Sun
so imᵉ gott genad verienhen ouch baibŭ für ŭns vnd ŭnser erben won ich Vlrich
Maiger zŭ minen tagen komen bin baz biser kouff ben die obgenanten wingarten
gen ben obgenanten fritzen von ŭlm pranthowen vnd iren erben mit ŭnserm gunst vnd
gŭten willen vnd ouch mit ŭnserm haißen vnd verhencknŭst zŭ gangen vnd beschen=
hen ist vnd sŭllen wir noch vnser erben noch nieman anders von ŭnseren wegen
sy baran nit sumen noch irren noch schaffen gesumpt werden in behain wiß weder
suß noch so vngeuarlich vnd waz ŭßer ben obgenanten wingarten versetzt oder off
ainen wiberkouff verkouft ist oder wär baz sŭllend vnd mŭgend die obgenanten
pranthowen vnd ir erben wider an sich lösen vnd bringen vnd wir noch ŭnser nit,
won wir ŭns für ŭns vnd ŭnser erben mit bisem brieff verzihen vnd vertzigen ha=
ben aller reht vorbrung vnd anspräch bie wir ietzo haben oder noch gewinnen vnd
erlangen möhten Ez süge mit brieffen oder än brieff da mit wir wider bisen köff
gereben oder gesprechen möhten ez wärᵉ off gerihten gaistlichen oder weltlichen oder
än geriht baz sol alles tod rehtlof vnd an alle craft sin, vnd bez ze vrkund vnd
stätter warhait So haben wir für ŭns vnd ŭnser erben ŭnsrŭ aigen Insigel offen=
lich gehenkt an bisen brieff, wär ouch an bisem brieff kain notŭrftig wort sillab
oder bŭchstab mißhebt mißschriben oder vergeßen oder ob ber Insingel (sic!) ains
oder me an bisen brieff nit kämind mißhenckt oder mißkert wŭrden oder zerbrächen
oder herabbrächen oder ir volkomes gebräch nit hettind oder ob dieser brieff suß
vngeuarlich löchret naß oder schadhaft wŭrd wie sich baz fŭgte suß oder so der

ſtück behaines ſol noch enmag den obgenanten pranthowen noch iren erben kainen
ſchaden bern noch pringen in behain wiß weder ſuß noch ſo vngenarlich. Dirr
brieff iſt geben an dem nähſten gütem tag nach ſant Johans tag ʒe Sünwenden
nach Criſtus gebürt drützenhenhundert Jare darnach an dem Nün vnd Sübenʒi⸗
goßen Jare.

B. b. Orig. im St.⸗Archiv zu Stuttgart. — Mit 8 ziemlich gut erhaltenen Siegeln
(eins iſt abgefallen).

651.

30. **Juni 1379.** **Rotweil.** Oswald von Wartenberg, genannt von
Wilbenſtein, an Graf Rudolfs von Sulz Statt, Hofrichter zu
Rotweil, gebietet im Namen des römiſchen Königs dem Grafen
Rudolf von Hohenberg, Margaretha, geb. Gräfin von Tübingen,
Wittwe des Walther von Geroldseck, im Beſitz und Genuß der⸗
jenigen Güter ihres Hauſes zu ſchützen, welche ſie vormals in
Klage gegen ihren Bruder, Grafen Konrad von Tübingen, vor
dem Hofgericht zu Rotweil erlangt hatte.

Dem Edeln minem genädigen herren Graue Rüdolf von Hohen⸗
berg Enbüt ich Oswalt von Wartenberg genant von wilbenſtain frie
hofrihter vnd in namen Graue Rüdolfs von Sulz von mins genä⸗
bigen herren beʒ Römſchen kunig wentʒelaus an ſiner Stat off ſinen
hofe ʒe Rötwil minen willigen dienſt in allen ſachen vnd ower Abellich wirbi
tün ich kunt, Daʒ die Edel frow fron Margareth hern walthers von Ge⸗
roltſegge ſeligen wilant elich huſurowe (ſic!) vor mir off dem hofe ʒe Rötwil
vor etwie vil ʒiten als verre erclagt hat von Graff Cünrat dem Schärer von
Herrenberg irem Brüder, daʒ ſi in mit rehtem geriht in die Acht getän vnd
verſchriben hat vnd daʒ in anlaitt offen ſin güt ertailet wart vmb ʒehen Tuſet
pfund güter haller minre oder me vnd wart ouch geanlaitet offen den halptail an
Herrenberg der ſtatt, der Graue ölrichs ſeligen waʒ, off die hinder Burge,
off ſinen Sewe, off Ruferan daʒ dorff, off Gärtingen daʒ dörff, off Ha⸗
ſelach daʒ dorff, off Nebringen daʒ dorff, die ſtuck alle mit Lüten, mit güten,
mit Zinſen, mit gelten mit Erben, mit vällen, mit hoptrehten, mit Stüren, mit
gerihten, mit bennen, mit allen rehten vnd nützen, vnd gemainlichen mit aller
ehafti vnd zügehörde offen ſin vogtie ʒe Münchberg vnd off ſin vier Mülinan
die er Liggen hat an der Ammer entʒwiſchent Ranſtingen (ſic!) vnd Gygel⸗
ſtain vnd hat dieſelben anlaitt beſezzen als reht iſt vnd hat danne als verre er⸗
clagt, daʒ ir mit rehter vrtail ertailet iſt, daʒ man ſi in nützlich gewer ſetzen ſol
offen die obgenant güt vnd Stuck mit allen iren rehten, vnd hat danne füror als
aerre erclagt, Daʒ ir mit rehter vrtail ertailet iſt, daʒ Si dieſelben güt vnd Stuck

angriffen fölt vnd möht mit verfetzen oder mit verkoffen oder mit hin geben frün=
den oder Lantlüten, Gaiftlichen oder weltlichen, oder ir felber ze behabenne, vnd
waz fi da mit tüt oder tün wil, es fie über kurtz oder öber Lang, daz fol alles
gůt craft vnd maht haben äne alle geuerde vnd dar zů über daz alles, fo ift ir
ertailet mit gefamlater vrtail als reht ift, daz man Si an den obgenanten gůten
vnd Stucken fchirmen fol vnd dar vmb fo gebůt ich ůch von mins herren bez
Römfchen künig gewalt, Daz ir die felben frön Margarethen an den obgenanten
gůten vnd ftücken mit allen iren rehten nützen vnd Zůgehörden, die Si mit reht
vnd mit vrtail erclagt vnd erlanget hat, als da vorbefchaiden ift, vefteclich fchir=
ment, Tůnt ir bez niht vnd kunt mir daz von ůch ze klag, ich riht es hin zů ůch
nach reht. Dirre brief ift geben ze Rötwil an dem nehften Durnftag nach fant
Peters vnd fant Paulus zwaier zwölfbotten tag Anno domini Millesimo ccc
Lxx^{mo} nono.

B. d. Orig. im St.=Archiv zu Stuttgart. — Das aufgedrückt gewefene Siegel ift
abgefallen.

652.

21. Juli 1379. **Rotweil.** Konrad der Bock, Bürger zu Rotweil,
welcher von dem Grafen Rudolf von Hohenberg um **120 Pfd.**
Heller das Dorf Feckenhaufen (O.A. Rotweil) gekauft, geftattet
demfelben und deffen Erben die Einlöfung desfelben.

Ich Cünrât der Bocke bürger ze Rötwil Tůn kunt menglichen mit difem
brief vnd vergihe offenlich für mich vnd für alle mine Erben, daz ich gekoffet han
vmb dem Edeln Hocherbornen herren Graff Růdolfen von Hohenberg, mi=
nen Genedigen herren, Beggenhufen daz dorffe mit Luten, mit Gůten, mit zin=
fen, mit gelten, mit Sturen, mit vögtyen, mit Gerihten, mit bannen, mit Zwingen,
mit hoptrehten, mit Erben, mit vällen, mit akern, mit wifan, mit Holtze, mit
velbe, mit waffer, mit waide vnd mit aller gewaltfami, bi wafen vnd bi zwie,
funbes vnd vnfunbes, gefůchtes vnd vngefůchtes, mit allen rehten vnd nützen vnd
gemainlich mit aller ehafti vnd zůgehörbe vmb Hundert pfunde vnd zwaintzig pfunb
gůter vnd geber haller, der ouch ich in barumb gentzlich gewert han. Nů habe
ich Jme von funder Liebi vnd fruntfchaft wegen die genabe getan, alfo, weri daz
er oder fine Erben vnd nachkomen kommint zů mir oder zů minen Erben Hinnan
zu fant walpurg tag bem nehften ber nu fchieroft kunt oder inrent vierzig Jaren
ben nehften bar nach äne vnber Laffe ze rehten ziten in bem Jare aht tag vor
fant walpurg [1] tag bar nach vnd mich vnd min Erben aines wiber koffes erman=
tint mit ... [2] pfunben vnd zwaintzig pfünben vnb gůter hallern famenthaftig vnb
vns bie gebint, So fullen wir vnb min Erben Jme vnb finen Erben vnb nach=
komen baz obgenant borffe mit allen finen [3] barumb wiber ze koffenne geben ane

alle widerrede vnd [4] fürzog vnd herumb ze offem vrkunde so han ich für mich vnd min Erben min Infigel offenlich gehenket an disen brief, der ze Rôtwil geben ist an sant Marien Magdalenen abent Nach Criftus geburt drutzehen hundert Jâre. darnach in dem Nûnden vnd Sibentzigoften Jâre.

B. d. Orig. im St.-Archiv zu Stuttgart. — Mit dem Siegel des Ausftellers.

Bei [1], [2] ... [4] hat die Urkunde ein Loch.

<hr>

653.

24. Oktober 1379. Herrenberg. Graf Eberhard von Werdenberg thut als Obmann einen schiedsrichterlichen Spruch in den Streitigkeiten zwischen seinem Schwager Grafen Otto von Hohenberg und Grafen Eberhard von Wirtemberg, des ersteren Ansprüche an Haigerloch betreffend.

Wir Graue Eberhart von Werdenberg veriehen vnd tûn kûnt offenlich mit difem brieff, allen den die in anfehent lefent oder hôrent lefen ômb fôlich ftôzze vnd zweiûnge, alz der edel vnfer lieber Ôheime Graue Eberhart von Wirtenberg an eym teile vnd der edel vnfer lieber Swager Graue Ott von Hohenberg vnd Graue Rudolff von Hohenberg fin Sûne, an dem andern teile, mit einander gehebt hant, biz of difen hiûtigen tag von der Burg vnd der nidern Stat Haygerloch wegen, vnd von allem dem daz darzû gehôrt, nach bez briefs fage ben der vorgenant vnfer Swager, Graue Ott von Hohenberg vnd fin Sune Graue Rûdolf dar ômb hant von dem vorgenanten vnferm Ôheime von Wirtenberg, vnd von der selben zweiûnge wegen so fi hetten von der vorgeschriben veftin, Bûrg vnd Stat Haigerloch wegen Dar ômb vns der vorgenant vnfer Ôheime von Wirtenberg vnd der vorgenant vnfer Swager Graue Ott von Hohenberg vnd Rûdolf fin Sûne zu beder fit zu einem gemeinen Manne genomen hant vnd namen vnd fatzte ouch zu vns der vorgenant vnfer Ôheim von Wirtenberg Graue Rudolffen von Sultz vnd Burcharten von Manfperg Hofmeifter, Vnd da fatzte zu vns der vorgenant vnfer Swager Graue Ott von Hohenberg vnd Graue Rudolf fin Sûn ben Reten von Wilmadingen, einen burger ze Rûtlingen vnd Cûntzen den Eninger einen burger ze Ezzelingen. Vnd komen dar ômb von der vorgeschriben ftôzze vnd zweiûnge wegen für vns vnd füre die vorgenanten vier schiblûte of difen tag gen Herrenberg, alz difer brief geben ift, Vnd ftûnbe dar, bez erften der edel vnfer lieber Swager Graue Ott von Hohenberg vnd Graue Rudolf fin Sune vnd namen da ze fürfprechen Bentzen ben Amman von Rotenburg, vnd clagten hin zu dem vorgenanten vnferm Ôheime von Wirtenberg mit irem fürfprechen, daz in der vorgenante vnfer Ôheime von Wirtenberg schulbig wer vnd vnd gelten folt zwei

Tuſent gulbin vnd ahtzehen hunbert pfunt haller, vnb dez auch ſi einen guten ver=
ſigelten brief von im heten, vnb baten ob man ben brief iht billich verhoren ſolt,
Da fragten mir der vorgenant Graue Eberhart von Werbenberg bie vorgenant
ſchiblute, ob man ben brief verhoren ſolte, vnb da komen wir vnb bie vorgenanten
ſchiblute, uber ein einhelliclich, baz man ben brief verhoren ſolte, vnb barnach
aber geſchehen ſolte baz reht were, vnb ba ber brief verhort wart, Do ſtunbe bar
ber vorgenant vnſer Oheime von Wirtenberg mit ſinem furſprechen, Swiggern
von Gunbelfingen, ben man nembt ben ebeln vnb antwrt alſo, Daz in
nit buhte, baz Graue Ott von Hohenberg noch Graue Rubolf ſin ſune vtzit an in
ze heiſchen hetten, Ez wer auch benne baz bie herſchaft ze Hohenberg vmb in
ober ſin erben loſte Ebingen unb Haigerloch, vnb da wiber rett aber ber vorge=
nant Bentz amman ber vorgenanten von Hohenberg furſprechen vnb ſprach alſo,
baz ber vorgenant Graue Ott von Hohenberg vnb Graue Rubolf ſin ſune enthuſet
wern worben von ber burg vnb ber nibern Stat Haigerloch vnb mit ire zu
gehorbe von bez vorgenanten vnſers Oheims von Wirtenberg wegen vnb von ſins
kriegs wegen, vnb auch von bez wegen baz ez ſin offen Hus wer geſin, vnb er
getrute Got vnb dem rehten, wan ez im von ſinen wegen wiberfarn wery, er rihte
im bie vorgeſchriben ſchulbe, nach ſines briefs ſage, Vnb bez antwrt im ber vor=
genant vnſer Oheim von Wirtenberg mit ſinem furſprechen alſo, Daz er vff bie
zit in landes nit geweſen were, vnb auch von ſinen wegen ba ze Haigerloch nit
enthuſet were, noch von ſines kriegs wegen, vnb in auch vmb helff nie gebeten
hett .. vnb da vorſchent wir ber vorgenant Graue Eberhart von Werbenberg, nach
clage vnb antwrt, waz reht bar vmb were, Da komen bie vorgenant vier ſchiblute,
Vnb wir mit in einhelliclich uber ein. Wolt ber vorgenant vnſer Oheim von
Wirtenberg Graue Eberhart bafur ſtan mit ſinem aybe, baz ber vorgenant Graue
Ott vnb Graue Rubolff ſin Sune von ſinen wegen, vnb von ſines kriegs wegen,
vnb auch von bez wegen, alz bie vorgeſchriben Burg vnb Stat ſin offen hus ſolte
ſin, bavon nit enthuſet were, baz er bez billich genieʒʒen ſolt, ba ſtunbe ber vor=
genant vnſer Oheime von Wirtenberg bar, vnb tet baz reht alſo, alz im mit vrteil
erteilt warb, vnb alz vorgeſchriben ſtat. Darnach fragten wir ber vorgenant
Graue Eberhart von werbenberg bie vorgenant ſchiblute, wie ez nu furbaz beſtan
ſolte vmb bie vorgeſchriben zwei Tuſent gulben vnb vmb bie ahtzehen hunber pfunt
haller, nach bez briefs ſage, So ber vorgenant Graue Ott vnb ſin Sune inne
hetten von Haigerloch wegen, alz vorgeſchriben ſtat, da erkanten wir vns einhellic=
lich, baz Graue Ott von Hohenberg vnb Graue Rubolff ſin ſune, noch ire erben,
ben vorgenanten von Wurtenberg noch ſin erben, niht ze manen hant noch haben
ſuln vmb bie vorgeſchriben Sum geltz alz vorgeſchriben ſtat, Ez wer auch benne
baz bye vorgeſchriben herſchaft von Hohenberg loſte Ebingen vnb Haigerloch mit
ren zu gehoriben vmb ben vorgenanten vnſern Oheime von Wirtenberg ober ſin
erben, So ſolte in vnſer vorgenanter Oheim von Wirtenberg vnb ſin erben bie
vorgeſchriben zwei Tuſent gulben, vnb bie ahtzehen hunbert pfunt haller von ber

Lofunge denne Lazzen volgen nach ires briefs fage, Wer ouch ob dem vorgenanten vnferm Swager Graue Otten von Hohenberg vnd Graue Rudolffen finem Sune, iht bürgen abgangen wer, an dem brief den fi hant, ömb die vorgeschriben fchulde, So haben fi wol gewalt ze manen ömb ander alz schiedlich bürgen ze fetzen, alz ir brief feit vngeuerlich, Wer ouch ob der vorgenant vnfer Öheime von Wirtenberg oder fin erben löfen wolten die vorgeschriben Bürg vnd die nidern Stat Haigerloch nach dez briefs fage, den der vorgenant Graue Ott vnd Graue Rudolf inne hant, So folten in der vorgenant vnfer Öheime von Würtenberg oder fin erben dem vorgenanten Graue Otten von Hohenberg oder finen erben, die löfunge vor verkunden alleweg zu rehten ziten in dem Jare, vierzehen tag vor fant Georien tag den nehften, vnd in vierzehen tagen darnach den nehften, welches Jares fi oder ire erben wöllen vngeuerlich. ez fie öber kurtz oder öber lank. So fol ouch der vorgenant vnfer Swager Graue Ott von Hohenberg oder Graue Rudolff von Hohenberg fin Sune oder ire erben dem vorgenanten vnferm Öheime von Wirtenberg oder finen erben, die vorgeschriben burg vnd die nidern Stat Haigerloch, mit allen zu gehöreben alz fi ez benne inne hant, wider in geben vnd in antörten vngeuerlich. Vnd dez allez zu einem waren vrkünde vnd merer ficherheit aller vorgeschriben fache, fo haben wir vorgenanter Graue Eberhart von Werbenberg alz ein gemein man zu dem rehten vmb alle vorgeschriben fache vnfer Jnfigel gehenkt an difen brief, vnd wir der vorgenant Graue Rudolf von Sultz, Burchart von Mansperg hofmeifter, vnd Cüntz der Eninger ein burger von Ezelingen, veriehen alle offenlich mit difem brief, daz wir zu dem vorgenanten Grauen Eberharten von werdenberg alfo zu dem rehten geben wurden, vnd ouch da by fazzen vnd waren vnd vzfprachen ömb alle vorgeschriben fache, vnd haben dez zu vrkünde einer gantzen warheit vnfere Jnfigel gehenkt an difen brief. Vnd ich der vorgenant Ret von Wilmabingen ein burger von Rütlingen vergihe vnd bekenne offenlich aller vorgeschriben fache, daz ich da by vnd da mit gewefen bin, vnd verbinde mich ouch aller vorgeschriben fache vnder dez vorgenanten Graue Eberhart von werdenberg, dez gemein Mannes vnd der vorgeschriben dryer fchiblüte Jnfigeln, wan ich aigens Jnfigels nit han, vnd der brief ift geben ze herrenberg an Mentag vor fant Symons vnd Judas tag der zwelfboten, Do man zalt von Gotes gebürt drützehenhundert Jare, vnd dar nach in dem Niünden vnd Sibentzigoftem Jare.

B. d. Orig. im St.-Archiv zu Stuttgart. — Nur von 2 Siegeln hängen noch ganz unbedeutende Refte an der Urkunde.

654.

1. November 1379. Prag. K. Wenzeslaus ertheilt dem Herzog Leupolt von Oestreich und dessen Erben das Recht und die Freiheit, daß derselbe seine Diener, Bürger und „Gebuern" vor dem Hofgericht zu Rotweil verklagen könne, solche aber in Klagsachen Anderer nur vor ihr jeweiliges Gericht zu laden seyen; auch sollen die zu den Herrschaften des Herzogs gehörigen Schlösser, Städte, Märkte und Dörfer „offene Aechter" aufnehmen und beherbergen dürfen.

Wir Wenzlaus von gotes gnaden Romischer kunig zu allenzeiten Merer des Reichs vnd kunig zu Behem. Bekennen vnd tun kund offenlich mit disem brieue, allen den die In ansehent oder horent lesen, daz wir durch libe vnd früntschaft, das wir vns versehen vnd erfunden haben zu dem Hochgeborn Hertzog Lupolten. Hertzogen zu Osterrich zu Steir zu kernden etc. vnserm liben oheim vnd fürsten vnd ouch durch dinst vnd trewe die Er vns vnd dem Riche erzeigt vnd getan hat vnd furbazzer tun sol vnd mag in künfftigen zyten. Im vnd seinen Erben mit wolbedachtem mute vnd gutem Rate vnserr vnd des Reichs fürsten Edeln vnd getruwen vnd mit rechter wissen die gnad vnd freiheit geben vnd getan haben, vnd geben ouch mit crafft dißes briefes von Romischer kuniglicher macht. Also daz Si ire diener landtlute Burger vnd gebuern fürbaßmer ewigklich wer der sey vnd in welichen eren vnd wirden er sey, miteinander oder besunder. für-triben vordern ansprechen, beklagen oder bekümern vrteilen oder achten sulle oder müge vor vnserm kuniglichen Hoffgericht oder an den Lanndgerichten zu Rotwil, oder an kainem andern Lanndgerichten oder gerichten wo by gelegen vnd wie by genant sind. besunders wer zu des egenanten vnßers oheims oder siner Erben diner lüten burgern vnd geburen allen oder ir einer oder mer er sei man oder wip ze sprechen ze clagen oder vorbrung hat oder gewynnet, der sol das tün vor den lanblüten vnd sinen bienern an solichem gericht do sy gesessen sind vnd vor den Burgern vor dem Richter vnd Rate derselben Stat do Si gesessen sind vnd ba-selbst recht nemen vnd nündert anderswo Es wer dann daz dem clager oder cla-gerynne kuntlichen vnd offenlichen Recht versaget worden vnd nicht wiberfaren mochte von den egenanten Lannbrichtern vnd Richtern Auch wollen wir von be-sundern gnaden, daz dieselben vnßer Oheim vnd sein Erben. Jr diener Landlute vnd Burger in Jren Steten Merckten vnd vnd dörfferen offen ächter Hufen vnd hofen mügen vnd mit Jn alle gemeinschafft haben Also wär daz yemand derselben Aechter einen oder zwene vil oder wenig in denselben iren Sloffen Vesten Merckten oder dörffern anfallet, bem sol man ein vnuerzogen Recht tun nach des Lannb-gerichts baselbs oder gerichts gewonheit. Vnd als offt ächter in bifelben Jre Slofe vesten Stet vnd Merckte komen vnd wiber baraus daz fi nyemant ansprichet mit bem Rechten, das sol bem egenanten vnserm oheim vnd seinen Erben bienern lanbleuten Burgern vnd geburen keinen schaden bringen von der gemeinschafft wegen Dorumb gebieten wir allen fürsten gaistlichen vnd werntlichen Grauen herren Dinstlüten Rittern Knechten Steten Gemeinschefften. dem Lannbrichter zu Rotwil vnd allen andern Lannbrichtern Richtern vnd den bie an den Lannbgerichten vnd gerichten zu dem rechten sitzend. vnd vrteil sprechent die yetzo sind oder hernach werdent vnsern vnd des heiligen Richs liben getruen ernstlich vnd vestiglich bey vnsern vnd des Richs Hulden daz Si fürbaßmer ewigklichen keinen des egenanten vnsers Öheins vnd siner Erben diener Lanblüte Burger vnd gebure einen oder mer man oder wyp vor vns das egenant Lannbgerichte oder gericht nicht heischen laben vorbern fürtriben oder kein vrteil über Jr leib oder Jr güte sprechen oder in bie achte tun söllen oder mogen in dhein weise. Vnd wo das beschech wider biß obgenant vnser gnabe vnd fryheit So nemen wir vnd tun ab mit rechter wissen vnd kuniglicher Macht vollkomenheit alle schulde labunge vorbrung aischung ansprach vrteil vnd bie acht vnd entscheiden lütern clären vnd sprechen. daz Sy miteinander vnd besunder alle vncrefftig vnd vntuglich sein söllen vnd tun Si ouch ab vnd vernichten Sy gentzlich vnd gar, an allen Jren begreiffungen meynungen puncten vnd artikeln, wie Si darkomen gesprochen oder geurteilt werden oder wurden Vnd ob yemant wer der wider sölich vnser gnabe freuenlichen tete, der oder bie söllen in vnser vnd des heyligen Richs vngnaben vnd barzu einer Rechter pene fünfftzig mark lotiges goldes verfallen sein als offt ber bawiber tuet, bie halben in vnser vnd des Reichs Camer vnd das anber halbeteyle, ben bie also überfaren würden gentzlich vnd gar an alles mynnernusse Mit vrkunde biß Briefes. Versigelt mit vnserm kuniglichen Maiestat Jnsigel. Geben zu Prag nach Cristus gepurde dreytzehenhundert Jare barnach in dem Newnben vnd Sibentzigisten Jare an aller Heiligen tag vnsers Reichs des Behemischen in dem Sibentzehenben vnd des Romischen in dem vierden Jare.

    B. d. Orig. in der städtischen Registratur zu Rotenburg am Neckar.

655.

7. Dezember 1379. o. O. Diem von Steinhülben verkauft um 250 Pfd. Heller an Jta von Tockenburg, Gräfin zu Hohenberg, die Hälfte des Dorfes Salzstetten (O.A. Horb).

Jch Dieme von Steinhülw vergich offenlich für mich vnd alle myn erben vnd tun kunt allen benen bie bisen brief ansehend lesend oder hörend lesend das ich für mich vnd alle myn erben mit wolbedachtem mut mit guter vorbetrachtung mit wissend vnd mit rate myner fründ vnd aller ber bie barzu nottürftig waren gesunt des libes vernunftig ber synen zu ben ziten bo ich ryten vnd gon maht ains rechten reblichen koufs verkouft vnd zu koufen geben hon inn alle wyß wort vnd werd als das benn billich vnd durch recht kraft vnd macht han soll vnd haben

mag nach dem rechten der edeln hochgebornen frouwe Jten von Dockemburg grefin zu Hohemberg myner gnedigen frouwen vnd allen iren
erben myn teil des dorfs zu Salstetten mit lut vnd mit gut mit allen rechten
nutzen vnd zugehörden so dan ienbert vberal darzu vnd darin gehöret mit ackern
mit wysen mit holz mit velb mit wasser mit wunne vnd mit weib by wasen vnd
by zwy funbens vnd vnfunbens benemptz vnd vnbenemptz kleins vnd groß mit
allen sturen erbuallen vnd houptrechten besuchtz vnd vnbesuchtz vnd ouch mit allen
gelten vnd gülten es sig korngült genß mit allen sturen keß oder aigergült vnd
mit namen alles das das vßerthalb dem ethern oder inerthalb dem ethern gelegen
ist, es sig ob erb oder vnber erb als ich vnd myn vordern das bißher herbracht,
ingehept vnd genossen hond nützit vßgenomen, das ben zu dem vorgenanten halbteil
des dorfs Salstetten gehöret vngeuerlich vnd ist der kouf beschehen vmb britthalb
hunbert pfunb haller italiger guter vnd genemer der ich von ir gentzlich vnd gar
vßgericht vnd betzalt bin vnd die in mynen vnb myner erben kuntlichen nutz vnd
fromen komen vnd bewenbt sind, vnd soll ich oder myn erben der obgenanten
myner gnebigen frouwen vnd allen iren erben des obgenannten dorfs Salstetten
mynen teil mit ben rechten nutzen vnd zugehörden nützit vßgenommen in der wif
als vorgeschriben stat vertigen verstan vnd versprechen an allen stetten zu allen
togen gein allermenglichem vnd gemeinlich an allen gerichten geistlichen vnd weltlichen wie wa wenn oder wie dick sy des bedürfent vnd nottürftig sind das sy
baran habenb vnb sigen nach dem rechten on allen iren schaden vngeuerlich. wa
aber ich ober myn erben das nit taetenb vnd der obgenannten myner gnebigen
fromen frow Jtten von Dockemburg grefin zu Hohemberg oder iren erben bem
obgenannten myn teil des Dorfs zu Salstetten mit allen ben Rechten nutzen vnb
zugehörben als vorgeschriben stat nit vertigetin versprechinb vnb ouch vfrichtinb in
ber wyß als hie vorgeschrieben stat was benn bie vorgenannt myn gnebige frouw
von Hohemberg oder ir erben vnb helfer bamit vnb bawiber tunb es sig mit gericht geistlichem oder weltlichem oder on gericht So honb sie allwegenb recht vnb
ich vnb myn erben vnrecht vnd in welhen schaben sy vnd ir erben vnb alle ir
helfer bes komment es sige vber lang vber kurtz ba soll ich vnb. myn erben ber
obgenannten myner gnebigen frouwen von Hohemberg oder ir erben vnb helfern
von helfen vnb sie bauon ziehen on allen iren schaben ungeuerlich vnb bekenn
mich ouch mit bißem brief bas ich an bißem kouf vberall nit betrogen bin Darzu
so vertzihe ich mich für mich vnb alle myn erben aller recht vorbrung vnb ansprach
bie ich oder myn erben zu dem vorgenannten halbteil des dorfs zu Salstetten
nymer gehaben oder gewynnen kunben oder mochten es wer uf gericht geistlichem
ober weltlichem oder on gericht vnb was brief vnb kontschaft ich oder myn erben
yetzo oder hienach barumb gefunden oder hettent es wer vber lang oder vber kurtz
bie sollenb alle tob rechtloß vnb on alle kraft sin ungeuerlich ich obgenant Diem
von Steinhülw geloben by guten trewen in eybes wyß für mich vnb alle myn
erben alle vorgeschriben bing vnb sachen war vnb stett zuhaltenb ieglicher wyß

als von mir in dißem brieff geschriben stat vnd des zu vrkunb ber warheit so hon
ich für mich vnd all myn erben myn aigen insigel offenlich gehengt an dißen brief
vnd ze noch merer sicherheit so hon ich gebeten ben vesten Ritter Her Hart-
wigen von Bartenstein vnd mynen lieben oheym Diemen ben kecheler ben
alten bas sy zu ainer gezügnuß aller vorgeschriben bing vnd sachen honb ire aigen
Insigel zu bem mynem offenlich gehengt an dißen brief. wir obgenanten Hartwig
von Bartenstain vnb mynen lieben Oheim Diemen ben kachelern ben alten, bas
sy zu ainer gezugnuß aller vorgeschriber bing vnb sachen vnb honb ire aigen
insigel burch bett willen die obgenannt Diemen von Steinhülw vnsere aigen Insigel
zu bem sinen zu ainer gezugnuß aller vorgeschriber bing offenlich gehengt haben[1]
an dißen brieff ber geben ist an ber nechsten mitwochen nach Sant niclaus tag
nach Cristus geburt Drutzehnhundert Jar barnach in bem Nun vnb Sybentzig-
sten Jare.

V. d. Horber Copial-Buch.

[1] Von „Wir obgenanten" zc. heißt es in bem Copial-Buch wirklich so.

656.

17. Dezember 1379. o. O. Graf Rudolf von Hohenberg unb ber
Kirchherr zu Schömberg verpfänden bem Edelknecht Marquart
von Bubenhofen, Vogt zu Rotenburg, um **126** Pfd. Heller einen
Hof zu Bondorf (O.A. Herrenberg), ber eine jährliche Roggengült
von **13** Malter zu entrichten hatte.

Wir Graff Rüdolff von Hohemberg, Ich Berhtolt kellner, kilcherr
ze Schönberg, dez obgenanten mins herren Schriber, vnb Ich Conrabe
kelner, sin Brüder, verienhen alle vßer gemainem munb offenlich für öns vnb
önfer erben vnb tün kunt menglichen mit disem brieff, baz wir mit güter vorbetrachtung gesunb bez Libes vernünftig der sinü zü ben ziten, bo wir ez wol geta
mohten zü ainem rehten reblichen pfand än alles abnießen in gesetz vnb verset
haben, setzen vnb versetzen ouch mit disem brieff bem Edeln vesten knecht Marquarten von Bubenhofen, zü bisen ziten vogt ze Rötemburg, hainrichen
vnb Märcklin sin Sün vnb auch anderen sinen elichen kinden, die er ietzo hat
ober noch in ziten gewinnet vnb allen iren erben ainen hoff gelegen ze Bonborff
bem borff, ben zü bisen ziten buwet Gößlin ber Maiger, vnb ber iärlichen
giltet brützenhen malter Roggen geltz Rötemburger meßes vnb ist die pfanbung
beschenhen vmb hundert pfund vnb vmb Sehs vnb zwaintzig pfund italiger güter
vnb genemer haller, die sy öns bar zerikt vnb betzalt hand vnb die in önfern
vnb önfer erben kuntlichen nütz vnb fromen komen sind vnb süllent die obgenanten
von Bübenhofen ober ir erben die obgenanten brützenhen malter Roggen geltz

vßer dem vorgenanten hoff gerůwclich nießen, haben vnd hān ān abſchleg vmmer
als Lang vnd ſouil zit biß wir obgenanter herrᵉ von hohemberg oder wir ob=
genanten kelner oder ỏnſer erben daz obgenant korn gelt von in Lōſen vmb ſouil
geltz als vorgeſchriben ſtāt, der Loſung ſy ỏns ſtatt tůn ſullend, wenů oder welhes
Jares wir mit hundert pfunden vnd Sehs vnd zwaintzig pfunden gůter haller ko=
men, Doch zů den ziten, in dem Jar allewegend aht tag vor ſant walpurg tag
oder aht tag dar nach vngeuarlich vnd geloben ouch den obgenanten von Bů=
benhofen vnd iren erben für ỏns vnd ỏnſer erben dez obgenanten hofes vnd
dez obgenanten korngeltz daruß für ain reht redlich pfand ān abnießen als vorge=
ſchriben ſtāt, reht wer ze ſind, ze vertigend, verſtand vnd ze verſprechend an allen
Stetten, zů allen tagen vnd gemainlich an allen gerihten gaiſtlichen vnd weltlichen,
wie, wa, wenů oder wie bik ſy dez bedůrffend vnd nötůrftig ſind, daz ſy daran
habend ſigen nach dem rehten ān allen iren ſchaden vngeuarlich. Wir obgenanter
herrᵉ von hohemberg noch wir obgenanten kellner noch kain ỏnſer erb noch nie=
man anders von ỏnſern wegen ſullen ouch die obgenanten von Bůbenhofen noch
ir erben an dem obgenanten pfand nit irren, hindern noch ſumen noch ſchaffen
geſumpt werden in dehain wiß, weder ſuß noch ſo ān alle geuerd. Vnd dez ze
vrkund vnd ſtätter warhait, So haben wir obgenanter herr von hohemberg
vnd Jch obgenanter Berhtolt kellner ỏnßrů aignů Jnſigel offenlich gehenckt an
diſen brieff, vnder den Jnſigeln Jch obgenanter Conrad keller mich verbind
vnd vergich aller vorgeſchriben ding vnd ſachen, wan ich aigens Jnſigels nit en=
hān, vnd ze noch merer ſicher, So haben wir gebetten hanſen von Tierberg
Ritter, vogt ze haigerloch vnd Bentzen von Bochingen, vogt ze horwᵉ,
daz ſy zů ainer getzůgnůſt aller vorgeſchriben ding vnd ſachen irů aignů Jnſigel
zů den ỏnſern offenlich gehenckt hand an diſen brieff. Wir obgenanten hans von
dierberg, Ritter vnd Bentz von Bochingen verienhen, daz wir durch Bett
willen dez obgenanten ỏnſers gnädigen herren Graff Růdolffs von hohemberg vnd
ouch der obgenanten kellner Berhtolden vnd Conraden ỏnßrů aignů Jnſigel
zů den iren zů ainer getzůgnůſt aller vorgeſchriben ding vnd ſachen offenlich ge=
henckt haben an diſen brieff, Der geben iſt an dem nähſten Samſtag nach ſant
Lucien tag nach Criſtus geburt drutzzenhenhundert Jarᵉ darnach in dem Nún vnd
Sůbentzigoſten Jarᵉ.

B. b. Orig. im St.=Archiv zu Stuttgart. — An der Urkunde hängt nur noch das
Siegel des von Bochingen, das auf dem Schilde 2 ſich kreuzende (?) Schwerter zeigt.

657.

22. Dezember 1379. o. D. Graf Rudolf von Hohenberg belehnt
Albrecht den Hauser mit des „Husers Güter" zu Thieringen
(O.A. Balingen).

Wir Graff Rûbolff von hohemberg verienhen offenlich vnd tûn kunt
aller menglichen mit bisem brieff daz für vns kam an dem tag als birre brief
geben ist albreht der huser vnd seit vns wie daz im sin vatter sälig von todes
wegen ab gangen wâr der von vns ze lehen gehebt hetty die güter gelegen ze
Tieringen dem dorff bie man nempt bez husers güter vnd batt vns ernstlich
baz wir im bie selben güter lühen won er ir rehter erb wâr Vnd bez haben wir
sin bette erhört vnd haben im bie vorgenanten güter mit allen rehten nützen vn
zů gehörden gelühen wie wir billich vnd durch reht Lihen sullen, also baz er im
da von tûn sol waz ain ieglich Lehenman sinem Lehenherren billich vnd durch reht
tûn sol boch mit behaltnuft biß Lihens vns vnd vnser herschaft vnsrü reht vnd bez
ze vrkunb der warhait So haben wir gehaißen vnser aigen Infigel offenlich gehenckt an bisen brieff Der geben ist an bem nähsten burnstag nach sant Thomas
tag bez hailigen zwölffbotten nach Cristus geburt brützenhenhundert Jare darnach
in dem Nûn vnd Sübenzigosten Jare.

V. b. Orig. im St.-Archiv zu Stuttgart. — Mit bem ziemlich gut erhaltenen ru-
ten Siegel des Ausstellers.

658.

26. Februar 1380. o. D. Graf Rudolf von Hohenberg verpfändet
auf Wiederlosung sein Dorf Bösingen (O.A. Rotweil) um **411** Pfd. Heller
an den Edelknecht Hans von Gültlingen den Schwarzhansen.

Wir Graff Rûbolff von hohemberg verienhen offenlich für vns vn
vnser erben vnd tûn kunt menglichen mit bisem brieff baz wir mit guter vorbetrahtung mit rehter wißenb gesunt bez libes vernünfftig ber sinne zů ben ziten bo
wir Riten vnd gän mohten zů ainem rehten reblichen pfanb an alles abnießen vn
gesetzt haben setzen vnd versetzen ouch mit vrkunb biß brieffs bem vesten Ebelkneht hansen von giltlingen ben man nempt Swartzhansen vnd allen
sinen erben Bößingen vnser borff mit allen rehten nützen genießen vnd zůgehörben so barzů vnd barin gehöret mit Lût vnd mit gût mit äggern mit wisen
mit holtz mit velb mit waßer mit wunü vnd mit waib bß wasen vnd bß zwig mit
allen rehten gelten vnd gülten ez fige korn haller genß ober aiger gült mit stüren
vngerihten vällen vnd höptrehten mit aller gewaltsami funbes vnd vnfunbes benempt vnd vnbenempt clains vnd größ nützit vßgenomen als wir baz herbraht

inn° gehebt vnd genoßen haben vnd ist die pfandung beschenhen vmb vier hundert
pfund vnd vmb ailff pfund italiger güter vnd genemer haller die wir im° schuldig
worden sigen von schuld wegen vnd ouch von schabens wegen den er von vns ge=
nomen vnd empfangen hät vnd sol der obgenant hans von giltlingen oder sin er=
ben daz obgenant dorff mit allen rehten nützen vnd zügehörden so darzü gehöret
als vorgeschriben stät innhaben nießen vnd hän vnd ouch in pfandes wiß beseßen
vnd entseßen als lang vnd souil zit biß daz wir oder vnser erben ez von im° oder
sinen erben lösen vmb vier hundert pfund vnd vmb ailff pfund güter vnd genemer
haller. der losung sy vns statt tün sullend wenn° oder welhes Jares wir mit so=
uil gelß komen als vorgeschriben stät doch zü rehten ziten in dem Jar° daz ist
allwegend vierzehen tag vor sant walpurg tag oder vierzehen tag darnach vn=
geuarlich. Wir obgenanter herr° Graff Rüdolff von hohemberg geloben bß güten
truwen für vns vnd vnser erben des obgenanten dorffes mit aller zügehörd als
vorgeschriben stät reht wer ze sind ze vertigend ze verstand vnd ze versprechend gen
aller menglichen an allen stetten zü allen tagen vnd gemainlich an allen gerihten
gaistlichen vnd weltlichen wie wa wenn° oder wie dick sy bez bedürffend vnd nö=
türftig sind daz sy daran habend sigen nach dem rehten än allen iren schaden vnd
än alle geuerd vnd sullen ouch daz schirmen alz vnser aigenlich güt vngeuarlich
wa wir daz alles vnd alle vorgeschriben sachen nit vollefürten vnd stätt hielten So
hät der obgenant von giltlingen oder sin erben vnd alle ir helffer gewalt vnd güt
reht vns vnd vnser erben darumb an ze griffend vnd ze schabgend an vnsern Lüten
vnd güten in den Stetten in den Dörffern oder uff dem Land mit geriht gaistli=
hem oder weltlichem oder än geriht wie vnd wa sy kündent oder mügend als dick
vnd vil biß in alle sachen volleftreckt vnd geuertegot werdent in der wiß als vor=
geschriben stät vnd sullend mit dem angriff nit hän getän wider behain geriht
gaistlichs noch weltlichs noch wider nieman suß noch so wir noch vnser erben noch
ehain vnser amptman noch nieman anders von vnsern wegen süllen ouch den ob=
genannten hansen von giltlingen noch sin erben an dem obgenanten pfand mit aller
zigehörd in der wiß als vorgeschriben stät alle die wil es vnerlößt ist nit irren
irren noch hindern noch schaffen gesumpt werden in behain wiß weder suß noch
Vnd bez ze vrkund vnd stätter warhait So haben wir für vns vnd vnser erben
vnser aigen Insigel offenlich gehenckt an disen brief vnd ze noch merrer sicherhait
so haben wir gebetten vnser lieben getrüwen Marquarten von Ow ab
Stöffenberg Marquarten von bübenhofen vogt ze Rötemburg vnd
Benßen von bochingen vogt ze horw daz sy zü ainer geßügnüst aller vor=
geschriben ding irü aignü Insigel zü dem vnsern offenlich gehenckt hand an disen
brieff Wir obgenanten Marquart von Ow ab Stöffemberg Marquart von büben=
hofen vnd Benß von bochingen verienhen daz wir durch bett willen bez obgenanten
vnsers gnädigen herren von hohemberg zü ainer geßugnüst aller vorgeschriben ding
irü aignü Insigel zu dem sinen offenlich gehenckt haben an disen brieff der geben

ist an Sünnentag so man singt Oculi in der vasten nach Cristus gebürt drützehen hundert Jar darnach in dem ahtigosten Jare.

B. d. Orig. im St.-Archiv zu Stuttgart. — Mit 2 eingeuähten gleichgroßen Sigel

---

659.

27. April 1380. Frankfurt am Main. K. Wenzeslaus nimmt
Graf Rudolf von Hohenberg, dessen Dienern, Bürgern, Leuten
und „Unterseßen", wenn über sie von irgend einem Gericht die
Acht verhängt worden, solche ab, bescheidet alle, welche etwas gegen
dieselben zu klagen, vor sein Hofgericht und bestätigt die Privi-
legien u. s. w., welche Rudolf von dem Reich erhalten.

Wir Wentzlaw von gots gnaden Romischer kunig zu allen zeiten
merer des Reichs vnd kunig zu Beheim Bekennen vnd tun kunt offenbar
mit disem brief, allen den die in sehen oder horen lesen, Das wir durch sunderlich
Dienste vnd trew des Eblen Rudolfs Grafe zu Hohenberg vnsers vnd des
Reichs lieben getrewen baibe in vnd alle seine Diener vnd Burger Leute vnd vnberseßen, die of bheinen vnsern lantgerichten oder of vnserm Hofgericht von bei-
ley clage oder gerichts wegen in Achte komen wern, oder wo sie in Acht wern,
aller Acht doryn sie komen sein, als vorgeschriben ist, von welchen sachen das
von rechter wissen vnd Romischer kuniglicher macht gelassen habn vnd lassen
boruff mit craft ditz briefs vfrecht. Also vornemplich, wer zu den egenanten,
Graf Rudolfen von Hoemberg (sic!) zu allen seinen bienern Burgern leuten
vnd vnberseßen, Sy sein in Acht oder nicht, fürbasmer icht zuclagen oder zuspre-
chen habe, das er für vns oder vnser Hofgericht komen solle vnd von in do ne-
nemen das ouch do yberman vollkomenlich widerfarn sol, dorzu bate vns der egenant Grafe Rudolf von Hoemberg, das wir im alle seine priuilegien, Hantuesten
vnd brief die er vormals von vnserm vater seligen vnd ouch von vnsern vorfarn
an dem Reich Romischen keysern vnd kunigen gehabt vnd herbracht hette zubeste-
gen vnd zuconfirmirn gnediclich geruchten, des haben wir ouch durch sein manig-
ualtig bienste vnd trewe die er vns vnd dem Reiche oft nutzlich vnd williclich erzeigt hat vnd noch tun sol vnd mag in kunftigen zeiten sein reblich bete gnediclich
erhort, vnd mit wolbedachten mute guten rate vnser vnd des Reichs fürst Eble
vnd getrewen Im alle seine priuilegien hantuesten vnd brief die er vormals von
vnserm Herrn vnd Vatter seligen vnd von vnsren vorfarn an dem Reiche Romischer Keysern vnd kunigen reblich herbracht vnd gehabt hat bestigt (sic!) verneiret
vnd confirmiret bestetigen beuesten vnd confirmiren im die mit rechtem wissen vnd
in craft ditz briefs gleicherweise ab alle solche hantuesten vnd briefe in allen iren
puncten, artiklen meynungen vnd stucken von wort zu wort in diesem brief geschri-

ᵗn weren vnd gebieten borub vnd vmb das allen fürsten Geistlich vnd Wertlichen
(sic!) Grauen freyen Dienstlüten Rittern knechten gmeinscheften der Stete merkt
ᵗb Dorf, vnsern lantrichtern vnd andern lantrichtern zu Swaben vnsern vnd des
ᵉichs lieben getrewen das sie ben vorgenanten Grafe Rudolf sein Diener Burger
ᵗute vnd vnderseßen von solicher Acht wegen fürbaſmer nicht hinbern noch irren
ᵇheinweiſe vnd bas sie ben egenanten Graf Rudolfen Alſo bei ber bestetigung vnd
ᵐfirmirung aller seiner brief vnd hantueſten bie er vormals von vnserm Hern
ᵗb vater seligen vnd vnsern vorfarn an dem Reiche bis her reblich gebracht vnd
ᵍhabt hat beleiben laſſen, vnd die stete halben vnd bawiber nicht tun Sunder hat
ᵐan zu in ichts zuſprechen als vorgeſchriben ſtet, bas ber für vns ober vnßer
ᵒfgericht komen solle vnd von in ba rechte nemeⁿ, bas ouch yberman bo volko=
ᵉnlich wiberfarn sol, wann wer bowiber tete, vnd bie freyheib, vnd bie besteti=
ᵘng ber brief vnd alles, bas so vorgeſchriben ſtet nicht ſtete hielten, ber wer in
ⁿßer vnd des Reichs vngnab vnd funftzig pfunt lotiges golbes voruallen bie halb
ᵗ vnßer vnd bes Reichs Camer vnd bas ander halbteyl dem vorgenanten Graf
ᴿubolfen seinen bienern Burgern leuten vnd vnderseſſen Die alſo vberfarn wern
ⁿtzlich vnd gar suſſent geuallen Mit vrkunt bitz briefs vorſigelt mit vnßer kunig=
ᶜher Maieſtat Inſigel Geben zu frankenfort vf bem Moyn nach Chriſts
ᵇhriſts (sic!) geburb Dreytzenhundert Jar bornach in dem Achtzigſten Jare am
ᵉhſten freitag nach ſanb Martins tag vnßer Reiche des Behmiſch in bem XVII
ᵗb des romiſchen in bem vierden Jaren.

B. b. Orig. im St.-Archiv zu Stuttgart. — Mit bem großen, etwas beſchäbigten
Majeſtätsſiegel.

660.

5. Mai 1380. o. O. Graf Rudolf von Hohenberg verkauft an Walther
Sifriben, Bürger zu Rotenburg, um **100** Pfb. Heller **20** Malter
Roggengült aus bem Laienzehnten zu Seebronn, seinem Dorf.

Wir Graff Rubolff von Hohemberg veriehen offenlich für vns vnd
ⁿſer erben vnd nachkomen vnd tün kunt aller menglichen mit vrkunb diß brieffs
ᶻ wir mit wolbedahtem müt vernünftig ber sinne vnd gesunt bez Libes vnserm
ᵉben Burger walther Sifriben ze Rotemburg vnd allen sinen erben rehten
ᵗb reblichen köſſes verköſt vnd ze köſſenb geben haben in alle wiß wort vnd
ʳᵗ als ez benne billich vnd burch reht craft vnd maht han sol vnd haben mag
ᶜh bem rehten zwaintzig malter roggen Herrenberger meß allez iärliches vnd
ᵗtes geltz ußer bem Layen zenhenben ze Sebrunne vnserm borff ber
ˢ iärlichen giltet viertzig malter Roggen geltz bie vns ba von gebenb bie win=
ᵃr von wurmlingen vnd iſt ber köff beſchenhen vmb hunbert pfunb ittaliger
ᵗer vnd gäber Haller ber wir von imᵉ gentzlichen betzalt ſigen vnd bie in vnsern

nutz⁶ komen vnd bewent sind. vnd sol er oder sin erben die obgenanten zwaintzig
malter roggen geltz allez Herrenberger meß allü iár iárlich uff sant Michelstag
den náhsten der nun komet in niemen nießen vnd hán vmmer eweclich án alle
vnser vnd vnser erben vnd nachkomen irrung sumung vnd hindernüst vngeuarlich
vnd waer⁶ ob die vorgenanten zwaintzig malter Roggen alles iárliches vnd státtes
geltz Herremberger meß von ieman anspráchig wárind oder würdint ez wár ober
kurtz oder ober lang So süllen wir oder vnser erben dem obgenanten walther Sifriden oder sinen erben sy uffrihten vertegen verstán vnd ouch versprechen gen aller
menglichen an allen Stetten zü allen tagen vnd gemainlich an allen gerihten gaistlichen vnd weltlichen wie wa wenne oder wie dik sy bez bedürffend vnd nótürftig
sind daz sy daran habend sigen nach dem rehten án allen iren schaden vnd ouch
án alle geuerd wir noch vnser erben noch nachkomen noch behain vnser amptman
noch suß nieman anders von vnsern wegen süllen noch wellen ouch den obgenanten
vnsern burger walther Sifriden noch sin erben an dem vorgenanten Roggen gelt
nit hindern irren noch sumen noch schaffen gesumpt werden, weder Lützel noch vil
in behain wiß suß noch so án aller schlaht geuerd. Wir obgenanter Herr⁶ Graff
Rúdolff von Hohemberg geloben by gúten truwen für vns vnd vnser erben vnd
nachkomen alle vorgeschriben ding vnd sachen wár, vnd státt ze haltend ze glicher
Wiß als von vns an disem brieff geschriben stát vnd bez ze vrkund vnd státer
vnuerwandlung So haben wir vnser aigen Jnsigel offenlich gehenckt an disen brieff
vnd ze noch merer sicherhait So haben wir gebetten vnser lieben getrüwen
Diemen den káchenler. Marquarten von Búbenhofen ze disen ziten
vogt ze Rötemburg vnd wernher Márhelden uff diß zit Schulthaiß ze
Rötemburg daz sy zü ainer getzügnüst aller vorgeschriben ding irü aigin Jnsigel
zü dem vnsern offenlich gehenckt hand an disen brieff, wir obgenanten Diem⁶ ká-
cheller Marquart von Búbenhofen vnd wernher Márhelb veriehen daz
wir durch bett willen bez obgenanten Graff Rúdolffs von hohemberg vnsers gnábigen Herren vnsrü aignü Jnsigel zü dem sinem zü ainer getzügenüst aller vorgeschribner sach offenlich gehenckt haben an disen brieff Der geben ist an dem náhsten
Samstag nach vnsers Herren frönlichanes tag nach Cristus geburt Drutzzenhen hunbert iar⁶ barnach in dem ahtzigosten Jare.

661.

14. Juni 1380. o. O. Graf Rudolf von Hohenberg belehnt Heinz Nägellin, Burger zu Eßlingen, mit dem Gut zu Neuhausen (O.A. Eßlingen), das vormals Albrecht von Winnenden von ihm zu Lehen getragen.

Wir Graff Rûdolff von hohemberg veriehen offenlich vnd tûn kunt menglichen mit disem brieff Daz für ûns kam an disem tag als birr⁰ brief geben ist die Erber frôw ann⁰ die Schiterin burgerin ze Eßlingen vnd seit ûns wie daz sy haintzen Nägellin des alten Nägellins Sun burger ze Eßlingen verkôft vnd ze köffend geben hetty Ir halbtail des gûtz gelegen ze Rûnhusen dem dorff daz zû disen ziten buwet ainer haißet der Rumel daz selbe gût von ûns vnd ûnsern vordern ze Lehen rûrte vnd gienge vnd daz ir auch ze rehtem erb vnd ze tail geuallen vnd worden wâr von irem ânin sâligen albrehten von wi-niben vnd auch daz mit vrtail vnd mit dem rehten behebt vnd gewunnen hett Vnd batt ûns ernstlich daz wir ûnsern gunst vnd gûten willen dartzû tâttind vnd des haben wir Ir bett erhôrt vnd haben dem vorgenanten haintzen nägellin vnd allen sinen erben ez sigen knaben oder bôhtran die vorgenanten gût gelûhen mit allen rehten nutzen vnd zû gehörben wie wir billich vnd durch reht Lihen süllen also daz er ûns da von tûn sol waz ain ieglich Lehenman sinem Lehenherren billich vnd durch reht tûn sol Doch mit behaltnust diß Lihentz ûns vnd ûnser herschaft ûnsrû reht Vnd des ze vrkund der warhait So haben wir ûnser aigen Jnsigel offenlich gehenckt an disen brieff Der geben ist an dem nâhsten burnstag vor sant vitz tag nach Cristus geburt drutzenhenhundert Jar⁰ darnach in dem ahtzigosten Jâr.

V. d. Orig. im St.-Archiv zu Stuttgart. — Mit dem kleinen, runden, beschädigten Siegel des Ausstellers.

662.

31. August 1380. o. O. Kunz von Hailfingen (O.A. Rotenburg) be-kennt, daß ihm Graf Rudolf von Hohenberg alle seine eigenen Leute zu Jesingen, Pfäffingen, Poltringen und Oberndorf (sämmtl. im O.A. Herrenberg), sowie zwei Theile des Korn- und Wein-zehnten im Sulzthale bei Pfäffingen um 200 Pfd. Heller auf Wie-berlosung verpfändet habe.

Ich Contz von Halffingen vergich offenlich für mich vnd alle min erben vnd tûn kunt aller menglichen mit vrkund diß brieffs als der Edel wolerborn Graff Rûdolff von Hohemberg, min gnädiger Herr⁰ mir vnd minen erben zu einem pfäntlichen pfand an allez abnießen in gesetzt hat alle sin aigen Lût die

er hat vnd die ietzo feßhaft find in difen nachgeschriben vier Dörffern Jefingen,
pfäffingen, Boltringen vnd Obernborff oder die hernach dahin komend e
figen man oder wib, knaben oder böhtren vnd ouch alle ir nachkomen vnd auch
die zwaitail bez kornes vnd wines zenhenden fo er hat in dem Sulztal ze pfäf=
fingen mit allen zügehörden, die felb pfandung befchenhen ift vmb zwaihundert
pfund güter haller, als daz min brieff wol wifet, den ich von dem vorgenanten
minem gnädigen Herren von Hohemberg darumb inne han, vergich ich mit vrkumb
biß brieffs wenne oder welhes iares oder zü welhen ziten in dem Jär der vorge=
nant min gnädiger Herr von Hohemberg oder finen (sic!) erben zü mir oder
minen erben komend mit fouil geltz, als vorgefchriben ftat, So füllen wir in die
vorgefchriben Lüt vnd güt wider ze Löfend geben an alle fürtzog vnd widerred
vnd ouch an iren fchaden vngeuarlich, Es ift ouch gerett daz ich dem vorgenanten
minem gnädigen Herren von Hohemberg warten vnd dienen fol, vnd ouch ge=
horfam ze find bis uff fant walpurg tag den nähften in aller der wiß als vor=
mals vngeuarlich vnd bekenne mich ouch mit difem brieff daz ich bez felben dienftes
biß uff den vorgenanten fant walpurg tag gentzlichen gewert vnd betzalt bin vnd
daz ze vrkund der warhait So han ich für mich vnd alle min erben min aigen
Infigel offenlich gehankt an difen brieff Der geben ift an dem nähften fritag nach
fant pelayen tag nach Criftus gebürt Drutzenhen hundert Jar darnach in dem
ahtzigoften Jar.

B. d. Orig. im St.-Archiv zu Stuttgart. — Mit dem fehr undeutlichen Siegel
des von Hailfingen.

663.

25. Oktober 1380. **Kirchheim.** Graf Rudolf von Hohenberg gelobt
bem Herzog Lupolt von Oeftreich, vor nächften St. Katharinen-Tag
(25. Nov.) keine feiner Feften, Leute und Güter irgendwie hin-
zugeben.

Ich Graf Rúdolf von Hohenberg vergich vnd tün kunt offenlich mit
difem brief, Als mir der burchluchtig hochgeborn fürft, min gnädiger lieber Herr,
Hertzog Lupolt, Hertzog ze Öfterrich ze Styr, ze kernden vnd ze krain,
Graf ze Tyrol etc., zil vnd tag gegeben hat, vntz vf den nächften künftigen
zinftag nach fand kathrinen tag, daz ich hie zwifchen vnd demfelben zil bhain min
veften, lüt, noch güt verkouffen, verfetzen, hingeben, verkumbern, noch verendern
fol, in bhainem weg, vnd han das gelobt, by güten truwen an aibes ftat, war
vnd ftét, zehalten, als vorgefchriben ift, an alles geuêrde, vnd bes ze vrkund, han
ich min aigen Infigel gehenkt an difen brief, der geben ift ze kilchhein an

bonrſtag vor Symonis vnd Jude apoſtolorum Anno domini milleſimo Trecenteſimo
Octuageſimo.

B. d. Orig. im St.-Archiv zu Stuttgart. — Mit dem ſehr großen, gut erhaltenen
Siegel des Grafen in grüner Maſſe auf grauer Unterlage.

664.

13. Dezember 1380. Obernborf. Heinz von Bochingen (O.A. Obern=
borf) verpfändet um **60** Pfund Heller an Peter Haucken von
Obernborf, dem Dorf, die Hälfte der Zehnten zu O., Lehen von
Graf Rudolf von Hohenberg, der ſeine Zuſtimmung dazu gibt.

Ich heinz von Bochingen Tün kund mengklichem vnd vergich offennlich
mit biſem brief, das ich dem fromen peter haucken von Obernborf dem
borff ze einem rechten vnd reblichen pfannb Recht vnd reblich Ingeſetzt habe vnd
Setze In mit dieſem brief minen kleinen zenhenden, minen höwzenhenden vnd mi=
nen halben teil des kornzenhenden ze Obernborf dem dorff, des der anber halb=
teil Bentzen von Bochingen mines vettern iſt, vmb Sechtzig pfunt gütter vnd
genemer haller, der ich genntzlich von Im mit voller Zal darumb gewert bin, vnd
bie alle In minen güten nutze komen ſinbe, Demſelben petern vnd allen ſinen
erben bieſelben zenhenden all brn als uorbenempt iſt mit allen nutzen rechten ge=
wonhaiten vnd zügehörben, So dazü vnd bar In hörent, geſüchten oder vngeſüch=
ten, befunben oder vnbefunben, benempten vnd vnbenempten vnd als ich vnd min
vorbern ſie bisher gehept, beſeſſen vnd genoſſen haben, ze einem rechten vnd rebli=
chen pfannb on allen abſchlag vnd on alles abnieſſen barumb ze habent vnd ze
nieſſent, ze beſetzent vnd ze entſetzent, ymer biß ſie von im alb ſinen erben erlöſet
werbent vmb Sechtzig pfund güter vnd genemer haller vnd haben ouch ich alb min
erben vollen gewalt vnd güt recht bieſelben zenhenden all brn als uorbenempt iſt
von bem ſelben petern alb ſinen erben wiber ze löſent wenn ober welhes Jars
wir wöllen über kurtz ober über lannge, alwegen ze gewönlichen ziln In bem Jär,
achttag uor ſant walpurgen tag die nechſten ober achttag die nechſten barnäch,
ouch mit Sechtzig pfunben gütter vnd genémer haller vnd ſol öch berſelb peter
alb ſin erben mir alb minen erben bieſelben zenhenden ön alle wiberrebe alſo geben
wiber ze löuſent vnd geloben ich ber uorgenannt heintz von Bochingen für
mich vnd alle min erben bemſelben petern vnd ſinen erben berſelben zenhenben
mit allen nutzen, rechten, gewonheitten vnd zügehörben, Als vorbenempt iſt, ze
einem rechten vnd reblichen pfannb, Recht wer ze ſinb, vff ze richtent, ze uerttigent
vnd zü uerſtönb gen allermengklichen vnd an allen ſtetten, wa, wenn gen wiem
vnd wie bick ſie ſin nöttürfftig ſind, nach bem rechten, bas ſie baran habent ſyen,
bn gütten trewen, ön alle geuärb, vnd hab ouch biß verſetzen geton mit gunſt vnd
gütem willen bes Ebeln mins gnebigen herren Graue Rúbolfs von Hohen=

berg, wann die uorgeschriben zenhenden lehen von Jm sint, mit
gunst vnd gütem willen Benzen von Bochingen mines lieben vettern, in
ber kornzenhende halbun sin ist, als uorbenempt ist. Vnd herumb ze Offen
kund So hon ich min Jnsigel offeunlich gehenndt an bisen brief vnd wir Graf
Rüdolff von Hohemberg uorgeschriben vnd ouch ich Benz von Bochingen
vorgenant verjenhen, das bis alles mit vnnsrem gunst vnd güttem willen geschee-
hen ist, vnd herumb ze offem urkünde vnd ouch ze gezugtnuß dirr versezung haben
wir von bettwegen des uorgenanten Heinzen von Bochingen, vnnsere
offeunlich gehenndt an bisen brief, Der geben ist ze Oberndorff au sant Lucien
tag nach Cristus gepurt Drozehenhundert Jar vnd in dem achzigosten Jar.

Alpirsbacher Diplomatar im St.-Archiv zu Stuttgart Fol. 159 b.

665.

15. Dezember 1380. Freiburg im Breisgau. Graf Rudolf von Hohemberg, welcher sich an St. Lucien Tag (13. Dez.) zu Schaffhausen
vor Herzog Lupolt hätte stellen sollen, bekennt, daß ihm diese
auf St. Thomastag (21. Dez.) weitere Frist gegeben, an welchem
Tage er dann vor dem Herzoge, sieben oder neunen dessen Rath
zu erscheinen habe.

Ich graf Rüdolf von Hohemberg vergih vnd tün kunt offenlich mit disem brif vmb die Zuspruch so der burluchtig Hochgeboren fürst min gnediger lieber Herr Herzog Lupolt Herzog ze Österrich etc. vnd die sinen zü mir vnben minen habent, vnd darumb wir vns ze Schafhusen yez vnd auf ben vergangen sand lucein tag verantwurt solten haben, vnd rechts solten gehorsam in
gewesen nach sag der brif, die darumb gegeben sind, daz mir vnd ben minen de-
obgenant min Herr von Österrich vmb die vorgenant sach, durch min flizzigen be-
willen lenger frist vnd zil gegeben hat untz auf ben nechsten künftigen fritag, das
ist an sand Thomastag, vnd sullen wir bann auf ben selben tag ze Schafhusen
sin, vnd baselbs dem obgenanten vnsrem Herrn von Österrich vnd ben sinen vo
Jm ober vor ben Siben ober vor ben nünen seins Rats, die er bartzü gibt vn
schaffet, rechts gestatten vnd gehorsam sin, nach der brif sag die vormaln darum
gegeben sind an alles geuerd. vnd des ze vrkund hab ich obgenanter Graf Rudo
min Jnsigel gedruckt auf bisen brif. Der geben ist ze friburg in Brisgow o
Samztag nach sand Lucein tag Anno domini millesimo Trecentesimo octuagesimo.

B. b. Orig. im St.-Archiv zu Stuttgart. — Auf Papier vnd ohne Siegel.

666.

April 1381. o. O. Graf Rudolf von Hohenberg freit die Convent=
Schwestern in der „Clôsen der Lûtkirchen" zu Ehingen und deren
Gut von allen Steuern und Diensten; verspricht, sie schirmen
und nicht nöthigen zu wollen, Jemand in ihren Orden aufzunehmen.

Wir Grauff Rûdolff von Hohemberg veriehen offenlich für vns vnd
nſer erben. vnd alle vnser nachkommen vnd tûn kunt offenlich allen den. die diſen
rieff anſehent leſend oder hôrent leſen Das wir durch gôttliche Ere vnd durch
nſer vnd durch vnſer vordern ſelen gelukes vnd Hailes willen. mit wohlbedâhten
ûit. mit Rehter wiſſend geſund des libes zû den zijten bo wir riten vnd gan
nôhten willeclich vnd gern vnd ôch durch fürberung willen gôttlicher bienſt, die
Erbern gaiſtlichen frôwen, die priorinen vnd die Couent ſchweſtern gemainlich Jn
en Clôſen der lûtkirchen ze Ehingen die gewiht iſt Jn der Er Sant
Remigen vnd alle ir nachkommen Eweclich gefrigt haben Jr lib vnd ir gûter,
Vnd frige ſy ôch mit vrkund biß brieffs Alſo baz wir noch vnſer erben noch nach=
kommen noch dehain vnſer amptman noch ſuſß niemen anders von vnſern wegen
in die obgenanten gaiſtlichen frowen Noch an ir nachkommen nit vordern aiſchen
noch bitten ſüllen noch wollen, weder ſtûr Schaßungan wahta Zôll noch tagbienſt,
oie ſich baz fügte ſußß ober ſo Wan das ſy vnd Jr nachkommen des alles frng
.ebig vnd loß ſin ſullen ôn klag vnd ôn Zorn vnd ouch ôn beßwingnuſt vnd be=
kummernuſt ir lib vnd Jre gûter von vns vnſern erben vnd nachkommen Vnd
ouch von allen ben vnſern ôn alle geuerbe. Vnd ſüllen vnd wellen ouch ſy vnd
ir nachkommen getriublichen vnd fürberlichen ſchirmen Jr lib vnd Jr gûter als
andern vnſern burgern ze Rotemburg vngeuarlich Wir haben ouch Jn vnd Jren
nachkommenn für vns, vnſer erben vnd nachkommen die gnade früntſchaft vnd
liebun getan das wir ſy nit beßwungen bitten noch haiſſen ſüllen das ſy ieman
Jn Jren orden empfahen noch nemen ſüllen wider Jren willen vnd ouch gûtem
gunſt aller der die ießo in der Clôſen ſint vnd noch in künftigen zijten bar Jn
komend. ober die Jn mit fûglig ſind ze empfahend vngeuarlich Vnd bes ze vrkund
der Warhait So haben wir vnſer aigen Jnſigel offenlichen gehenkt an biſen brieff
Der geben iſt an dem palm aubend nach Criſtus geburt drüßzehenhundert Jâr
barnach Jn dem ainen vnd Achßigoſten Jar.

B. d. Orig. im St.-Archiv zu Stuttgart.

667.

23. April 1381.

An Sant Gregorien tag hat Graff Rudolph der Jünger vndt Lezte von hohenberg lebiglich zue geaignet, vndt geben dem probst, vndt Chorheren des Gottshauß Sant maurizien in Ehingen den Kürchen Saz, vndt pfar Kürch Sant Agathae · in vndt zue biettenhausen mit groß, vndt Kleinen zehendten, mit äkher, wisen, holz, feldt, gelt, vndt gülten durch seiner selen hailß willen, vndt diß absonderlich, vndt weilen allba sein Eni, vatter, mutter, vndt andere seine Vorfahrer ruwent vndt bestattet sint. Dißes ist noch lengs in dem annoch ouch bey handten habenten pergamentinen original brieff zue lesen.

Liber Traditionum von Weitenauer S. 98.

668.

25. Juli 1381. o. O. Konrad der Kecheler von Schwandorf verschreibt unter den Siegeln der Gr. Hugo und Rudolf von Hohenberg seiner Schwester, einer Nonne zu Reuthin, Gülten aus einem Hof zu Bondorf.

Ich Cünrat der kächeller von schwaindorff ain Edel knieht (sic!) vergich — daz ich — geben han — Gretun miner liebun swester die ain Closterfro ist ze Rüty — ze ainem stäten ewigen gelt fünff malter Roggen ewiges geltes u. s. w. — vsser dem vierden tail eines hofes ze Bondorf — zwainzig viertel roggen — vsser einem gut ze Volmaringen. Auf dessen Bitte siegelten: Gräff Fridrich von zolr, sant Johans Ordens Commenthur deß huß ze Vilingen vnd ze Tätechingen, Gräff hug von Hohenberg sant Johans Ordens vnd Conuent Brüder ze Tätechingen, Gräff Rudolf von hohenberg den man nemmet Gräff Rümellin vnd herr ze Altenstaig 1381 an sant Jacobstag.

St.-Archiv zu Stuttgart.

669.

10. August 1381. o. O. Gräfin Anna von Hohenberg, Nonne zu Reuthin, verkauft unter dem Siegel der Priorin Agnes von Hohenberg an Pfalzgraf Ruprecht den jüngeren alle Roggen= Haber= und Heller=Gülten, welche ihr und ihrer † Schwester Adelheit von ihrem † Bruder Burkard überlassen worden waren.

Ich swester Anüli gräffenn von hohenberg Closterfröwe ze Räti in dem closter prediger Ordens. an der nagelt vnder wilperg in costenzer

böstum gelegen bekenne offenbar mit diſem brieff vnd Tůn kunt allen dien die In
ſehent Leſent oder Leſen hörent Daz ich wolbedachtum vnd fürberätem můt willenc=
lich vnd wiſſentlich vmb mins größern ſchinbern nutzes wegen mit willen wißen
vnd verhengnuße miner priorin vnd meiſterſchaft Dem Durchlühten hochgebornen
fürſten vnd herren herrn Ruprecht dem jungen pfaltzgraue bÿ Rhn vnd
hertzogen in baigern minem Lieben herren vnd ſinen erben reht vnd redlich verköfft
vnd ze köffen gegeben hän vnd verköffen eweclich mit krafft diſes briefs alle min
Rokken gelt habern gelt vnd håller gelt, als mir vnd miner ſweſter adelhait
von hohenberg ſåligen die verſchafft vnd gegeben wären von dem edeln mi=
nem lieben brůder ſåligen burkart von hohenberg näch Lute dez brieffes
dien ich bar ober von Im Inne hat (sic!) dien ich nun dem obgenanten minem
herren dem hertzogen In geantwurt vnd geben hän Vnd bar zů alle die reht die
an den obgenanten korngelt vnd hållergelt gehabet hän oder haben möhte vmb ain
Summe geltes die mich der obgenant min gnådiger herr hertzog Ruprecht der
Junge wol bewiſet håt Daz wir wol gnůget als ich dez ſinen beſigelten brief han
vnd ſol mir die brÿ ſchilling vnd ain pfunt håller geltes die ich von datum biß
brieffs von der obgenannten minrre håller gülte hin geben hän nit abgan noch
abgeſchlagen werden an der obgenannten Summe die mir der obgenannte min ge=
nådiger herr verſchåft hat als lang ich gelebe. Vnd ich Sweſter anůli vorge=
nannt verzihe gentzlich vnd zemal vff alle obgeſagte gült vnd vff all reht daran
vnd ſollen noch wöllen ich alle min erben vnd ain ieglicher von miner wegen nü=
mer me zů aller der obgenannten gült vnd reht ſåmptlich oder ſunderlich kainerlay
anſpråch oder vordrung gehaben oder getän in behain wis vßgeſchaiben alle arge=
liſt vnd geuård vnd vmb die fünf hůnr geltes die ich Jårlichen hän, als in des
obgenanten mins brůder grauff burkard ſåligen brieff geſchriben ſtåt vnd min fiſch=
gelt daz ich öch Jåres hän mit namen zů ieder wochen nün haller wert vnd in
der faſten zů ieder wochen ains ſchillings håller wård. Daz ſelb hůnr vnd fiſch
gelt ſol ich min lebtag han gebruchen vnd nießen an hindernuß vnd wiberred dez
obgen. mins genådigen herren dez hertzogen ſiner erben vnd ire amptlüt vnd ains
ieglichen von iren wegen. Wanne aber ich Sweſter anůlin vorgen. von todes ab=
gegangen bin So ſullen dann daz ſelb hůnr gelt vnd fiſch gelt demſelben minem
genådigen herren dem hertzogen vnd ſinen erben eweclichen fallen vnd ir ſin an
all wiberred vnd hindernuß miner erben mins cloſters vnd ains ieglichen von mi=
ner wegen. Vnd dez zu vrkund vnd veſter ſtetekait aller vorgeſagten ſtück vnd
mich (sic!) Sweſter Anne vorgeſagt vnd all min erben vnd menglich von miner
wegen der alle zit ze beſagen han ich gebeten Sweſter Agneſun von hohen=
berg priorin vnd vnſern conuent daz ſie diſen brieff mit iren anhangenden In=
ſigel für mich beſigelt hand. vnd ich Sweſter agnes vnd der couent vorgeſagt Be=
kennen daz alle diß vorgeſagt ſtück mit willen vnd erloben min der priorin vnd
dez conuentes beſchehen ſind vnd haůt durch gebett willen der obgen. Sweſter
Anůlin von hohenberg ſy vnd all ir erben vnſer cloſter vnd menglich von iren

wegen der obgesagten stück alle zit ze besagen dez prior amptes vnd dez Conentes Insigell zů gezügnüß an disen brieff gehangen der gegeben ist nāch cristes geburt brützehen hundert Jār vnd in dem ain vnd ahtzegosten Jār an sant Laurenzis tag dez hailigen martirers.

B. d. Orig. im St.-Archiv zu Stuttgart. — Mit den beiden anhangenden Siegeln. Auf dem länglichrunden Siegel der Priorin von R. sieht man die Mutter Gottes mit dem Jesuskinde, und darunter (unter einem gothischen Bogen) eine knieende, betende weibliche Figur. Von der Umschrift ist nichts mehr zu lesen.

670.

17. Oktober 1381. o. D. Jta von Tockenburg, Gräfin von Hohenberg, und Graf Rudolf von Hohenberg, ihr ehlicher Hauswirth, verpfänden auf Wiederlosung um **600** Pfd. Heller an Brun von Lichtenfels, dem Rudolf **803** Pfd. Heller schuldig war, eine Gült von **60** Pfd. Heller aus den drei Mühlen ihrer Stadt Horb.

Wir fröw᷎ Jtt von Tockemburg greffinn᷎ ze Hohemberg vnd wir Graff Růdolff von Hohemberg ir elicher Hußwirt Tůn kunt, mengklichen mit disem brieff daz wir ain wellenclich in ains rehten pfandes wiß haben versetzt dem Edeln kneht Brun von Liehtenfels volmars sāligen Sun vnd allen sinen erben Sehtzig pfund Haller stāts geltz in vnser Dry Mülina, vnuerschaidenlich die ze Horw᷎ vnser statt gelegen sind, vnd ouch in alle ir rehte, nütze genieße vnd zůgehörden, da vormāls nützit mer uß gat noch gān sol benn᷎ funfftzig pfund Haller den von giltlingen, vnd ist bisü pfandung beschehen vmb Sehshundert pfund Haller gůter vnd genemer die wir der vorgenant Graff Růdolff im᷎ schulbig sigen worden von alter kuntlicher vnd reblicher geltschuld wegen, darumb er noch ain alten versigelten höptbrieff hāt mit Bürgen, der ba seit ahthundert pfund vnd brü pfund Haller der selb brieff hinder Hugen von Nünegg Hansen von Linstetten vnd Marquarten von Bübenhofen in truwes Handen gelett ist, vnd sol der vorgenant Brun vnd sin erben die Sehtzig pfund Haller nun hinnenhin von den Mülinan jārlich in niemen haben vnd nießen getrüwelich ān all abschlag ān mengklichs irrung vnd hindernüst alle wegend, ān vnderlauß, uff vnser fröwen tag der Liehtmeß, von allem dem, daz von den müllnan gāt vnd da von geuellet vnd wirt Ez sig swin, von korn, oder von andern nützen wie sy genant oder geschaffen sind, suß oder so vnd ouch vmmer vnd vmmer in ze niemend, als Lang biß uff die zil vnd zit daz wir vnd vnser erben vnd nachkomen daz vorgenant iārlich gelt von im᷎ oder von sinen erben erlegen vnd erlößen mit den Sehshundert pfunden Hallern, gůter vnd genemer daz ist also, wenn᷎ oder welhes iāres, ez sig vber lang oder vber kurtz wir oder vnser erben vnd nachkomen komen mit den Sehshundert pfunden Hallern

gůter vnb genemer, vierzenhen tag vor ſant Martins tag ober vierzenhen tage
barnach an geuerb So ſol Brun vnb ſin erben vns bie Sehzig pfunb Haller geltz
an fürzög ze löſenb geben an geuerb, welhes iares wir vnb vnſer erben kemin
uff ſant Martins tag mit Hunbert pfunben ober mit mer baz ſol Brun vnb ſin
erben von vns niemen an wiberreb vnb wie vil wir in an bem Höptgůt alſo geben ſin ſige Lützel ober vil So ſol vns von hunbert pfunben allewegenb zenhen
pfunt geltz an ben vorbenempten Sehzig pfunben Hallern abgān, vnb ſont ouch
wir ſy ber Sehshunbert pfunt Haller bezalen ān iren ſchaben ain mil weges von
Horwe ber Statt vmb vnb vmb wa hin ſy went, ſo wir bie Loſung tůn wellen
Dartzů ſo geloben wir bie vorgenant fröwe Itt von Dockemburg vnb graff Růbolff
von Hohemberg bey gůten trüwen für vns vnb für alle vnſer erben vnb nachkomen gemainlich vnb vnuerſchaibenlich inne vnb allen ſinen erben vnb nachkomen
ber Sehzig pfunb Haller geltz in bie vorgenanten Mülina vnuerſchaibenlich mit
allen ben rehten bie bartzů gehörenb ober gehören mag Reht werenb ze ſinb an
iren ſchaben ze vertegenb als vorbeſchaiben iſt vnb uff ze rihtenb, an allen Stetten
vor aller menglichen ze allen tagen an allen gerihten ſy ſigen gaiſtlich ober weltlich für ain reht pfant nach bem rehten wie bik ſy bez vmmer nötürftig ſinb ober
werbent baz ſy baran habenb ſigen ān alle geuerb vnb ouch ſy baran nümer ze
ſumenb noch ze irrenb ze ſchabgenb noch ze mügenb, noch ze hinbern noch ſchaffen
baz ſy baran geſumpt werben in behainerlay wiß ſuß noch ſo wir vnb vnſer erben vnb nachkomen vnb ouch vnſer amptlüt wer bie ſinb ſüllenb ſy getruwlich zů
ben pfanb fürbern alle bie wil ez von In vnerlößt iſt Wâr ouch ob wir ober
vnſer erben vnb nachkomen bem obgenanten Brun vnb ſinen erben baz pfant nit
verſtünben vnb uffrihtin ober behain irrung ober mangel an ben Sehzig pfunben
Hallern vmmer hettinb ober gewünnen So hanb ſy vollen gewalt vnb gůt reht
vnb alle ir helffer vns vnb vnſer erben vnb nachkomen an vnſern Lüten vnb gütern an ze griffenb vnb ze pfenbenb in Stetten in Dörffern, ober uff bem Lanb
mit geriht ober an geriht wie ober wa ſy mügenb als vil vnb bik biß ſy ber
Sehzig pfunb Haller genzlich bezalt werbent ān iren ſchaben vnb ouch bis in baz
pfant geuertiget wirt als vorgeſchriben iſt ba vor vns nit friben noch ſchirmen ſol
weber Bâbſtlich künglich noch kayſerlich gewalt, gebott, geſetzt gnab noch reht noch
kainerlay ſach ſuß noch ſo vnb ſölten ſy von allem ſchaben ziehen In ben ſy von
bez angriffs wegen komen werinb ſuß ober ſo waz ouch wir wiber biſen brief iemer gereben ober getůn möhten ſuß ober ſo ba mit wir biſen brieff bekrenken,
ober wibertriben möhten ba ſöltenb wir vnb vnſer erben ze aller zit an āllen ſtetten
vnreht haben vnb Brun vnb ſin erben Reht, bartzů hanb ſy ouch gůt reht vnb
maht ob ſy went bie Burgen ze manenb bie an iren alten verſigelten Höptbrieff
verſchriben ſinb bie ſüllenb benne laiſten nach bez ſelben brieffs Lutung vnb ſag
als Lang biß ſy ber Sehzig pfunt Haller geltz bezalt werbent barumb ſich benne
zil erloffen hanb ān geuerb Laiſtinb aber ſy nit als ſy pillich ſölten So hât Er
vnb ſin erben vnb ir helffer gewalt vnb reht, vns ben vorgenanten Graff Růbolf

fen vnd ben vnlaiſtenden Bürgen an ze griffend nach Lutung vnd ſag deʒ Hōpt-
brieffʒ ben Er hät vmb bie ahthundert pfund vnd brü pfunt als lang vntʒ daʒ in
wirt gehalten wär vnd ouch ſtätt gelaußen alleʒ baʒ ſo in an bifem brieff verſchriben iſt alleʒ än geuerd vnd geloben by güten trüwen baʒ alleʒ wär vnd ſtätt
ze haltend än geuerd als ba er vor berett iſt vnd beʒ alleʒ ze wärem vrkunb geben
wir bie vorgenant frōwᵉ Itt von Dockemburg vnd wir graff Rūbolff von Hohemberg für ōns vnd für alle ōnſer erben vnd nachkomen Brun von Liehtenfels vnd
allen ſinen erben bifen brieff beſigelt mit ōnſrü aigenū Inſigeln barzū hand Conrat von Stain Ritter genant von Richenſtain Hans von Dierberg
Ritter vnd Benʒ von Bochingen Ir Inſigel von ōnſer baider bett wegen
ze offner getʒügnüſt birrᵉ bing gehenckt an bifen brieff vnber benſelben Inſigeln
allen verienhen wir bie vorgenant frōwᵉ Itt von Tockemburg baʒ wir biʒ verſaʒung
mütwilleclich vnbeʒwungenlich willenclich vnd gern mit vnſerm vorgenanten Huʒ-
wirt getän haben in aller wiʒ als ba vorbeſchaiden iſt vnd barumb ſo ſol bie be-
wiſung als wir ōnſer Hainſtür vnd wibergemächtes uff Horwᵉ bie
Statt mit ir ʒügehörbe bewiʒt ſigen nach Lutung vnd ſag ōnſers verfigelten brieffʒ ben wir barumb haben Brun von Liehtenfels noch ſinen erben weber
gen ōns noch gen ōnſrü erben vnd nachkomen von ben vorgenanten Sehʒig pfund
haller geltʒ wegen behain ſchaden pringen ſuʒ noch ſo all bie wil ſy von In vn-
erlöſt ſind, als vorgeſchriben ſtät an bifem brieff Der geben iſt an dem nähſten
burnſtag nach ſant gallen tag Nach Criſtus geburt brütʒenhenhunbert Jar vnd
barnach, in bem ainen vnd Ahʒigoſten Jär.

   B. b. Orig. im St.-Archiv zu Stuttgart. — Von ben Siegeln hängen theils nur
noch bie Pergamentſtreifen, theils ganʒ unbebeutenbe Bruchſtücke an.

———

671.

21. Oktober 1381. o. O. Graf Rudolf von Hohenberg, ber ſeine
Gemahlin mit ihrer Heimſteuer und Morgengabe unter Anberem
auf ſein Dorf Kolbingen, **30 Pfb.** Hellergült aus ber orbentlichen
Steuer von ſeiner Stabt Schömberg, **20 Pfb.** Heller aus ber
Kaibinn Zehnten, enblich **60 Pfb.** Hellergült aus ben Mühlen
ber Stabt Horb verwieſen, ſolches nun aber anberwärtig verſeʒt
hatte, weiſt berſelben bafür **19 Fuder** Weingült aus ſeinen Weinbergen bei Rotemburg an.

Wir Graff Rūbolff von Hohemberg verienhen offenlich für ōns vnb
alle ōnſer erben vnd nachkomen vnb tün kunt allen ben bie bifen brieff vmmer
anſenhend leſend ober hörend leſen. Won nun baʒ iſt baʒ wir Kolbingen ōnſer
borff vnb brißig pfunt Haller geltʒ nßer ber gewonlichen ſtür ze Schönberg

ỏnſer Statt vnd zwaintzig pfund Haller gelt uſer dem zenhenden den man
nempt der faibinn zenhenden vnd ouch Sehtzig pfund Haller geltz vſer ben
mülinan ỏnſer Statt Horwe von ỏnſer gült vnd geltſchuld wegen So wir
benne ſchulbig ſigen verſett vnd verſchriben haben Darumb vnd von bez wegen baz
wir merren ſchaden da mit wanttind vnd fürfemind Die vorgeſchriben güter gelt vnd
ouch gült wir vormals mit anderen gütern in geſett verſchriben vnd ouch verſett
hetten Der Ebeln ỏnſer Lieben frowen ffrowe Itten von Tockemburg
greffinne ze Hohemberg vnd allen iren erben vmb ir Hainſtür vnd morgengåb vnd ſy bez baruff bewißt vergenhen vnd befennen wir mit biſem gegenwår-
tigen brieff für ỏns vnd alle ỏnſer erben vnd nachfomen Daz wir mit güter vorbetrahtung mit wißend vnd mit Råt ỏnſers Råtes vnd aller ber, bie
benne barzů nötürfftig wärend geſuntt bez Libes vernünftig ber Sinne zů ben
zitten bo wir Riten vnd gån mohten vnd als baz benne pillich vnd von reht Craft
vnd maht hån ſol vnd haben mag nach bem rehten zů ainer wiberlegung bes
vorgenanten borffes Rolbingen vnd ber brißig pfund Haller geltz uſer ber Stür
ze Schönberg Der zwaintzig pfund Haller geltz uſer dem zenhenden den man
nempt der faibinn zenhenden vnd ouch ber Sehtzig pfund geltz uſer ben Mülinan ze Horwe Die Ebeln ỏnſer Lieben ffrömen fröwe Itten von
Tockemburg greffinne ze Hohemberg vnd alle ir erben vnd nachfomen Reht
vnd reblich bewißt widerlett haben, Bewiſen vnd widerlegen ouch Ir vnd allen
iren erben vnd nachfomen mit biſem brieff in aines rehten pfåntlichen vnd werrn-
ben pfandes wiß ån alles abnießen vnd abraiten an bem Höptgůt ir Hainſtür
vnd morgengåb Nüntzehen Fůber jårlichs Ewiges vnd Ståttes wingeltz vſer allen
ỏnſern wingarten wingelten vnd ouch winzenhenben So wir benne ienbert ỏberall
haben vnd ỏns geuellet vnd wirt an biſen nachgeſchriben Halben gelegen vmb vnd
vmb vmb (ſic!) ỏnſer Statt Rötemburg. Dez erſten von allen ben win-
gewåhßen vnd wingelten So wir haben an der vorberen ỏnhalben vnd an
ber hinberen ỏnhalben Darnach von allem bem wingewåhß So wir haben an
zangenhalben an Hånlins halben in bem feffertal vnd uſer ben wingarten
vnb wingelten So wir haben an der Halben die man nempt Martins Berg
vnb uſer allen ben wingarten die ba gelegen ſind an der Burghalben ze Rötemburg ob bem wyler vnd mit namen von allem bem wingelt baz ỏns jår-
lich vmb vnd vmb geuellet vnd wirt ze Rötemburg ỏnſer Statt Ez ſig an zenhenben an Lantgarwen an Jårlichem geſetzten wingelt wie baz benne allez zů bem
allem gehaißen vnd genannt iſt Ez ſig benempt ober vnbenempt funbes ober
mfunbes clains vnd größ nützit uß genomen, als ỏnſer vorbern vnd wir baz
niß her herbraht inne gehebt vnd genoßen haben Die vorgenanten Nüntzzehen
über wingeltz Ir vnd iren erben allü iår iårlich voruß in bem Herbſt vor aller
menglichen vnd zů bem aller erſten vollomenlich vnd gar vnd ouch ån allen ge-
reſten werden vnd vallen ſüllend an alle fürtzög vnd wiberreb vnd ouch ån allen
ren ſchaben in ber wiß als vorgeſchriben ſtåt vngeuarlich won ſy vnd ir erben

ben vorgeſchriben win mit anberen gůten baruff ſy Jr Hainſtůr vnb Morgengab
bewißt iſt worden in niemen nutzzen nießen vnb hån ſüllenb nach irem beſten willen
mit allen ben rehten bie barzů gehörenb als wir baz herbraht vnb genoßen haben
än alle geuerb vnb baz tůn vmmer als lang vnb ſouil zitt vntz von vnſern erben
vnb nachkomen bie vorgeſchriben Nüntzzehen ſüber iärlichs wingelz mit anberen
gůten baruff ſy Jr Hainſtůr vnb morgengäb bewißt iſt worden gar vnb gentlich
vnb ouch an allen gebreſten erlebigett vnb erlößt werbent än allen iren ſchaben
nach Lütung vnb ſag ber brieff bie ſy vmb ir Hainſtůr vnb morgengöb inne hät
vngeuarlich Wår aber ob wir ober vnſer erben vnb nachkomen füro vßit me
ußer ben vorgeſchriben wingelten verſetzen verſchriben ober verkouffen wöltinb baz
mügenb wir tůn boch alſo vnb mit bem gebing ber vorgenanten vnſer lieben frů-
wen fröwe Jtten von Tockemburg greſſinne ze Hohemberg vnb allen iren erben
vnſchåblich an irem wingelt vnb an allen iren rehten allez än geuerb Vnb wår
ouch ob baz vorgenant wingelt von vmmer ieman anſprächig wår ober würb es
wår ober lang ober ober kurtz So haben wir gelopt by gůten truwen baz wir
vnb alle vnſer erben vnb nachkomen Der obgenanten vnſer lieben frowen fröwe Jtten
von Tockemburg greſſinn ze Hohemberg vnb iren erben bie vorgenanten Nüntzzehen
ſüber iärlichs vnb ewiges wingelz in ber wiß als vorgeſchriben ſtät ſüllen vnb wellen
uffrihten vertegen verſprechen vnb verſtän gen aller menglichen an allen Stetten zů
allen tagen vnb gemainlich an allen gerihten ſy ſigen gaiſtlich ober weltlich ober wa
ſy bez vmmer bebürffenb vnb nötürfftig ſinb baz ſy vnb ir erben baran habenb ſigen
nach bem rehten än allen iren ſchaben vnb ouch än alle geuerb. Ez iſt ouch ge-
gerett baz wir noch vnſer erben noch nachkomenb noch behain vnſer amptman noch ſuſt
nieman anbers von vnſern wegen nit ſüllen noch wellen, bie egenanten vnſer lieben
frowen fröwe Jtten von Tockenburg greſſinne ze Hohemberg noch ir erben noch ſuſt
nieman anbers von iren wegen an bem vorgeſchriben wingelt alle bie wil ez vnerlößt iſt weber hinberrn noch ſumen noch ſchaffen geſumpt werben weber mit worten
noch mit werken in behain wiß ſuß noch ſo won benne alle vnſer erben vnb nachkomen vnb alle vnſer amptlüt Sy vnb ir erben vnb alle bie, bie ez von iren wegen
empfahenb getrůwlich fürbern ſchirmen vnb beholffen ſin ſüllen vnb wellen nach aller
vermügenb vnb baz tůn än allen iren ſchaben vngeuarlich Wår aber ob vnſer erben
vnb nachkomenb baz nit tåttinb, vnb ber vorgenanten vnſer lieben frowen ober iren
erben bie vorgenanten Nüntzzenhen ſüber wingelz nit allü iär iärlich ließen gentlich
volgen, werben vnb vallen in ber wiß als vorgeſchriben ſtät Die wil wir ober vnſer
erben vnb nachkomen ben win mit anbern gůten baruff ſy ir Hainſtůr vnb morgengab bewißt iſt worden vnerlebget vnb erlößt hettinb Ober ob wir vnb vnſer erben
vnb nachkomen Jr vnb iren erben baz vorgenant wingelt in ber wiß als vorgeſchriben ſtät nit vertegotinb vnb uffrihtinb ob ez in anſprächig wår ober würb ouch als
vorgeſchriben ſtät ober ob vnſer erben vnb nachkomen ober ſuß ieman anbers von iren
wegen Sy ober ir erben ober ieman anbers von iren wegen an bem vorgenanten wingelt ſuminb vnb irrinb ouch anbers wenne vorgeſchriben ſtat an welchem birre vor-

geſchriben vnd ouch nachgeſchriben ding Stuk wort der artikeln So denne an diſem
brieff geſchriben ſtät Sy oder ir erben ömmer mangel oder gebruſt gewunnen oder
hettind ez wär öber lang oder öber kurtz So hat die egenant vnſer lieb fröwᵉ Itt
von Tockemburg greffinnᵉ ze Hohemberg oder ir erben vnd alle die In bez
helffend. vollen gewalt vnd güt reht alle vnſer erben vnd nachkomend darumb
an ze griffend ze ſchabgend vnd ze bekumerend, an allen iren güten, vnd an allen
iren Lüten vnd an der güter, Sy ſigen in Stetten, in Dörffern, oder uff dem
Land mit geriht gaiſtlichem oder weltlichem oder än geriht wie vnd wa ſy künde̜t
oder mügend ömmer als lang vnd als genüg biß daz Ir vnd allen iren erben,
allez daz, So hie vor vnd hienach an diſem brieff geſchriben ſtüt, gar vnd gentzlich
wirt gehalten, wär vnd ouch ſtätt gelaußen, än allen iren ſchaden, vnd ouch än
alle geuerd Vor dem angriff vnſer erben noch vnſer nachkomend, noch behain ir
Lüt Land noch güt, nit ſchirmen noch friden ſol weder Bäbſtlich künglich, noch
kayſerlich, gewalt, gebott, geſetzt, gnad noch Reht, noch ſuß behain anderü ſach wie
die gehaißen oder genant wär die ſy von In erwerben vnd erlangen möhtind,
ez wär öber lang oder über kurtz, noch behain geriht gaiſtlichs noch weltlichs,
noch Lantfrib Lantgeriht, Lantreht, Rehtgeſetzt, frighait, Buntnüſt, geſellſchaft,
uffatzung, Burgreht, noch behain dorffreht Statt geleitt noch ſuß nützit anders daz
ietzo erbäht iſt, oder noch in künftig ziten ömmer ieman erdencken kan ·oder mag
won ſy ben angriff wie dik der beſchiht vmmer eweclich an clag vnd an Rath
füllen län vnd wär ob ſy oder ir erben vnd ouch alle ir helffer bez angriffs ömmer
zů behainem ſchaden kemind Er wär clain oder groß da füllen vnſer erben vnd
nachkomen Sy vnd ir erben, von lebgen, vnd löſen an allen iren ſchaden vnd iren
worten darumb ze gelöbend än alle aid vnd än allez rehtegan allez än geuerb,
Mit namen So haben wir obgenanter Herrᵉ von Hohemberg gelopt vnd verhaißen,
geloben, vnd verhaißen, ouch mit diſem brieff für alle vnſer erben vnd nachkomen
wär ob der vorgenanten vnſer lieben fröwen ffröwᵉ Itten von Tockemburg gref=
finnᵉ ze Hohemberg oder iren erben vmmer atzit gebräſt an dem vorgeſchriben win=
gelt Ez wär öber lang oder vber kurtz, alſo daz ir oder iren erben nit allü iär
iärlichs än allen gebreſten würdent vnd vielend, Nüntzzenhen füber wingeltz in der
wiß alz vorgeſchriben ſtät watz vnd wiuiel dennᵉ bez ſelben iſt bez ſy alſo mangel
vnd gebrüſt hand ſin ſig Lützel oder vil, daz ſelbe füllen vnſer erben, vnd alle
vnſer nachkomen Ir oder iren erben darnach in dem künftigen Herbſt aller nähſt,
gentzlichen vnd gar eruollen vnd lauſen werden än allen gebreſten vnd ouch än
alle irrung vnd Hindernüſt vnd ouch än allen iren ſchaden, vngeuarlich wa aber
bez nit geſchähe, vnd ſy von ieman baran geſumpt würdent So hand ſy vnd ir
erben vnd alle ir helffer gewalt vnd Reht darumb an ze griffend in der wiß alz
vorgeſchriben ſtat vntz daz ſy uß geriht vnd ouch vnclagbar gemacht werdent vmb
allez daz So in an diſem brieff verſchriben iſt allez än geuerbe Wär ouch an diſem
brieff behain wort behain artikel Sillab oder Büchſtab mißhebt mißſchriben oder
vergeßen oder ob die Inſigel die an biſen brieff gehörend ains oder me bräch,

gebräſt, mißhenckt, mißkert oder verändert würden, oder ir zaichen nit aigenlich
begriffenb hetten, oder ob diſer brieff naß ſchabhaft mäßig oder löthroht würd wie
ſich daz fügte, Ez wár öber lang oder öber kurtz der ding behaines ſol noch enwag
Ir noch iren erben behainen ſchaden pern noch pringen in behain wiß weder ſuß
noch ſo vngeuarlich Jn ſol ouch nit ſchab ſin enhain die ſach da mit dieſer brieff
oder behainer artikel diß brieffs ömmer geſwechet oder widertriben möht werden.
Es wár mit reht oder än reht nit geriht oder än geriht mit worten oder mit
werken won alle die wil ain Jnſigel oder me an diſem brieff hanget vnd vntz iſt
So ſol er uß vnd uß by allen ſinen creſten beliben vnd nütz vnd gůt ſin ömmer
eweclich än alle geuerd Vnd darumb dirre vorgeſchriben bing vnd ſachen aller vnd
jr ieglich beſunder zů ainem offenn vnd ſtättem vrkund, vnd getzügnüſt der warhait
So geben wir Egenanter Herre Graff Růdolff von Hohemberg önſer vorgenanten
Lieben fröwen fröwe Jtten von Tockemburg greffinne ze Hohemberg vnd allen iren
erben diſen brieff für öns vnd alle önſer erben vnd nachkomen beſigelt mit önſerm
aigenn vnd anhangendem Jnſigel. Dartzů ze merrer getzügnüſt daz alle vorgeſchriben puncten vnd artikel in ir maht beliben vnuerwandelt, So haben wir gebetten Die Edeln önſer lieb Tohter Margareten von Hohemberg Marggräffinne Baden vnd önſer Lieben getrüwen Hanſen von Tierberg
Ritter önſere Hofmaiſter. Marquarten von Bubenhofen zů diſen
vogt ze Rotemburg, Bentzen von Bochingen zů diſen ziten vogt ze
Horwe vnd Contzen von Hälffingen, vnd ouch önſer getrüwen den Schulthaißen
die Rihter den Rät vnd die Burger ze Rotemburg baide arme vnd Rich daz ſy
ir aigen Jnſigel ze getzügnüſt öns ze verſagenb aller vorgeſchriben bing zů den
önſern Hand gehenckt an diſen brieff Wir obgenante ffröwe Margarett von Hohemberg
Maggräffinne ze Baden vnd wir obgenanten Hans von Tierberg Ritter Marquart
von Bübenhofen, Benz von Bochingen, Contz von Hälfingen vnd wir der Schulthaiß die Rihter der Rät vnd die Burger gemainlich baide arme vnd Rich der Statt
Rötemburg vergenhen daz wir durch ſlißiger vnd ernſtlicher bett willen Graff Růbolffs von Hohemberg önſers vorgenanten gnädigen Herren wir Edeln önßrü aigen
Jnſigel vnd wir der Schulthaiß die Ritter der Rät vnd die Burger gemainlich ʒ
Rötemburg der Statt önſer gemain Statt Jnſigel zů dem ſinem zů ainer getzügnüſt
aller vorgeſchriben bing offenlich gehenckt haben an diſen brieff der geben iſt an
bem nähſten gůtem tag nach ſannt Gallen tag Nach Criſtus geburt drützehenhunbert Jär bar in bem ainem vnd ahtzigoſten Jar.

B. d. Orig. im St.-Archiv ʒu Stuttgart. — Mit 4 Siegeln. Das der Margaretha, ein Alliance-Siegel, hat rechts den Zähringer, links den Hohenberger Schild; von
ber Umſchrift ſteht noch: † S. margarete . . . . . . baden. Das große runde Siegel der
Stadt Rotenburg mit dem Hohenberger Schild hat die Umſchrift: † S. civivm de Rotembvrg.

672.

26. Oktober 1381. Brugg im Ergau. Graf Rudolf von Hohenberg verkauft um **66000** schwere Goldgulden seine Grafschaft Hohenberg an Herzog Lupolt von Oestreich.

Ich graf Rudolf Von Hochenberg vergih vnd tün kunt offenlich mit difem briefe für mich vnd all min erben, daz Ich dem burhlüchtigen hochgeborn fürsten herzog Lupolten, herzog ze Oesterreich, ze Steyr, ze Kernden vnd ze Crain grafen zü Tyrol, Marggrafen ze Ternis etc. burch befunder gnad vnd fürberung die Er mir erzeigt, vnd daburch Ich im aller miner land vnd güter, bas gan bann jemanb anbers recht vnd reblich hingeben vnd mit guter vorbetrah= tung verkoft han, in wife aines ewigen kofs, mit aller gezierb vnd fchonheit, wörten vnd werken, die von recht ober gewohnheit barzu gehörenb, die obgenannte graff= fchaft vnd herrfchaft gar vnd ganz, baz ift ze merkent Hochenberg die veftin, vnd Hochenberg bas ftattlin, Schomberg die ftatt, Nufplingen die ftatt, Fribingen die ftatt, Kallenberg die vefte, Werenwag die veftin, Wehingen die veftin, Neckerburg die veftin, Wafenegg die veftin, Oberndorf die ftatt, Werftain die veftin, Yfenburg die veftin, Horb die ftatt, Vremburg die veftin, Ow bas ftättlin, Rotenburg die veftin vßerhalb ber ftatt, Rotenburg burg vnd ftatt, Haigerloch die veftin vnb baibe ftätt, Binßdorf die ftatt, Ebingen die ftatt mit ber lofung, Dornftetten die ftatt mit ber lofung, ben turn zu Altenftaig mit ber lofung, vnb die mannfchaft zu Waltenbuch, burg vnd ftatt, die ber von Wirtemberg inne hat, bifen vorgenannten kof han ich der egenannt graf Rudolf bem obgenannteu minem herrn herzog Lupolben zu finer vnb finer erben hanben getan vmb fechs vnd fechzig tufent gulbin, guter voller vnd fwerer an golb vnb an gewicht, ber ich gar vnd ganz vnb an allen fchaben von im gewert vnb bezalt bin. vnb foll ber vorgenannt min herr Herzog Lüpolt von Oefterreich vnb fin erben die obengenanten grafffchaft herrfchaft mit burgen, ftetten, merkten, börfern, landen, luten unb güetern, mit kilchenfezen, lehenfchaften, mannfchaften, vogteyen, zwingen, pannen, gerichten, mülinen, mülftetten, zinnfen, fteürn, vellen, pußen, ge= laßen, wilbpännen, vifchenzen, mit aller ehafti unb gewaltfam, vnb mit allen rechten, nuzen vnb guten gewohnheiten, mit fteg, mit weg, vnb mit aller zugehörung, be= fucht unb unbefucht innhaben niffen, vnb befizen, in aller wiß als die min vor= bern vnb ich unz uf bifen hütigen tag haben herbraht, aigen für aigen, lehen für lehen, pfanb für pfanb, fy figen lebig ober fy ftanben, an alles geverb, vnb argliſt vnb han im die vßer miner gewer vnd nuz in die irn geben vnd geantwurt, vnb alles bas getan, baz man von koufswegen getun mocht ober folt, alfo baz ber ob= genannt min herr herzog Lupolt vnb fin erben fürbaßer bamit tun vnb hanblen fullent, als mit anber irer hab, an min vnb miner erben vnb nachkommen vnb

allermännigklichs irrung vnd hindernuß an geverd, ufgenommen Nunhufen die
veftin mit irer zugehörd, die ich mir felbs behalten will, vnd difen hof nützit an
gan foll. Vnd das alles zu ainem waren offen vrkund vnd vnd merer ficherheit
fo han ich für mich vnd min erben vnd nachkommen min aigen infigel offenlich
gehenkt an difen brief der geben ift ze Brugg im Ergew an dem negften Sambs
tag vor Sanct Simon und Judas tag, der Heiligen zwölf poten, nach Chrifti ge
burt bryzehenhundert jar darnach in dem ain und achtzigften jar.

Von einer beglaubigten Abfchrift in der Sammlung von Archival-Dokumenten
T. VI. Fol. 339. St.-Archiv in Stuttgart. Abdruck im hift.-ftat. Archiv für Süddeutfch-
land I. S. 180 ff., wo aber irrig fteht „Neckerwurg die Beften", „Dir das Stättlin".

673.

29. Oktober 1381. Brugg. Bedingungen und Verabredungen, unter
welchen der vorftehende Verkauf der Graffchaft und Herrfchaft Hohenberg vor fich gegangen.

Wir Leupolt von Gotes gnaden Herzog ze Defterrich ze Steyr ze kernden vnd
ze krain, Graff ze Tyrol vnd Margraf ze Ternis u. f. w. Veriehen vnd Tun
kunt offentlich mit difem brieff Allen den die Jn anfehend oder hörend lefen daz
wir mit dem Edeln vnferm lieben Oheim Graff Rudolfen von Hohemberg vmb
all fin Graffchaft Herfchaft, Veften Stet Land vnd lüt als das in dem kaufbrieff
aigenlich begriffen ift eins kaufs vbereinkomen fyen in folcher mazz vnd mit folichen
Bunden vnd artikeln, alz hienach gefchriben ftat des erften fyen wir Jm vmb
den obgenanten kouf Sechs vnd Sechtzig tufent gulbin fchulbig deffelben gelts fullen
wir ober vnfer erben den vorgenanten vnße oheim Graf Rudolfen von Hohemberg
richten vnd weren zehen tufent gulbin off den Obriften tag ben nehften der nun
kumpt vnd zwaintzig tufent gulbin off ben nehften kunftigen Suntag in der vaften
fo man finget inuocauit vnd an biefelben driffig tufent gulbin fol geuallen vnd
werden waz das Land vnd die lüt die wir von dem egenanten vnferm Oheim von
Hohemberg gekouft haben ze hilf baran in bem Zil gebent. Wär aber ob ber
obengenant Summ gelts icht gebräfte off Jeglichs zil fin wär vil oder lützel das
fullen wir oder vnfer erben richten vnd weren uff Sant Jörgen tag der fchieroft
kumpt mit fampt den vbrigen Summen die wir ouch geben werden uff benfelben tag vnd ob Jm der egenant Summen entweder gebräfte uff benfelben tag
es wär vil oder wenig wa bar vmb der obgenant Graf Rudolf an fchaden ftat
an benfelben Stetten fullen wir oder vnfer erben Jn barnach uff ben nehften Sant
Martins tag entrichten vnd lebig machen vmb fo uil gelts vmb Houptgut vnd vmb
fchaden. Täten wir Dez niht So fol der obgenant Graff Rudolf des koufs lebig
vnd los fin vnd fullen wir vnd die bie das Land von vnßen wegen Innhabent,
das felb Land wider in antwurten vnd lebig vnd los lazzen flehtklich vnd ouch

än all geuärd vnd sol darzu dem obgenant Graf Rudolfen zu rechter pen veruallen
sin die fünf taufend guldin, darvmb vns Haigerloch stund vnd sullend in ledig
machen der schuld des kindes Graff Hansen von Helfenstain vnd siner geswister-
giten vnd süllen Jn ouch ledigen von der schuld wegen gen Segklin dem Juden
vnd im die brieff heruzz geben ober aber in verforgen daz er fürbasser von der
schuld gelt ledig sye. Wir sullent im ouch den brief wider geben den wir von
Graff Rudolfen haben als er vnd sin Diener vnd die synen rechte halten solten
vor vns ober vnßerm Lantuogt. Das alles sol dem egenant vnserm Dheim von
Hohemberg veruallen sin ob wir in nit rihten zu den ziten vnd zilern als vorgeschriben stät vnd sol im ouch daz gelt beliben vnd veruallen sin daz daz Land git
vngeuarlich. Wär ouch ob daz selb verziken vnd der val vielen nach dem alz da
vorgeschriben stat vnd benne der obgenant vnser Dheim von tobez wegen abgegangen wär. So sol benn der ual vnd daz verziken vallen vnd werden an die
Edeln vnd wolgeborn Grefinne Margreten von Hohemberg Margräfin ze Baden
sin tochter ober an ir erben vnd sol man der ober irn erbe daz egenant Land in
antwurten in aller wise alz dem obgenant vnserm Dheime Graf Rudolfen. Ez ist
ouch gerett dazj vns der egenant vnser Dhem Graff Rudolph von Hohemberg in
antwurten sol all Stett Purg vesten Land vnd lüt die yetzund ledig sind vnd als
er die yetzund Jnne haut vngeuarlich daz die vns vnd vnseren erben sweren sullent
gehorsam vnd wartend ze sind für ir reht herren vnd waz ouch verfetzt ist es syen
Vesten Land ober lüt daz sol man lösen mit der obgenanten Summ gelts vnd
ouch mit nutzen die die nehsten Sechs Jar geuallent vnd sol man ouch da mit
gelten bez egenant vnsers oheims schuld wa es allernotturftigst ist vnd waz
also ledig wirbet die sullen vns vnd vnßern Erben ouch sweren in der wife alz
vorgeschriben stät. Ez ist ouch beredt daz vnser oheim von Hohemberg vns getruwlich vnd vngeuarlich geraten vnd geholfen sin sol vnd doch an getzwungnuzz daz
vns das obgenante Land vnd Stet beholfen sye mit gelt vnd stüren baran zu gegeben. Ouch sullen wir sie nit zwingen daz si vns baran ze stür geben benn waz
sie mit Willen gern gebent vnd wie wir barvmb mit bemselben Land vnd Stetten
vmb friheit für vns vnd vnßer erben über ain komen daz si fürbaz ewenklich
schatzung ledig syen daz sol jn Graff Rudolf auch besteten für sich vnd sin erben
vnd sin nachkomen vnd jn brieff barvmb geben. Ouch ist beredt daz wir ober
vnßer erben bieselben vesten Land vnd Lüt innhaben ze besetzen vnd entsetzen süllen
die nehst künftigen Sechs gantze Jar nach einander vnd süllen wir zwen houptman
barzu geben ainen welchen wir wellen vnd ben andern uff der Herrschaft ze Hohemberg nach bez obgenanten Graf Rudolfs Rat vnd willen boch daz berselb vnser
Diener haizz vnd syn vnd daz bieselben zwen süllent sweren aib zu ben Hailigen
vnd bes ir verfigelt brief geben vns vnd vnßern erben ze halten vnd ze tun
allez daz jme hievor vnd hienach geschriben stät vnd bem obgenant graf Rudolfen
ouch allez daz ze halten vnd ze volfüren vnd ouch finen erben baz jn an bisem
brief vorgeschriben ist vnd süllend jm ouch besselben jr brief geben. Denselben

zwain Houptlûten werden ouch all die vorgenannten Land lût vnd amptlût die nu
ober hin nach gesetzt werdent swerend gehorsam ze sin es sye in die vesten oder
Stetten die yetzund ledig sind oder hernach erlebigot werdent. Wär ouch ob derselben zwayen amptlût ainer oder si baid stûrbend, als dick daz ze vellein kem oder
ob wir si sust verkeren wolten.

Ist beñ der abgegangen oder verkert den wir darzu geben haben vßwendig
der Herrschaft von Hohemberg, So süllen wir ainen andern darzu geben welchen
wir wellent ußwendig der Herrschaft von Hohemberg. Ist er aber vsser der Herrschaft von Hohemberg gegeben So sullen wir aber nemen vsser derselben Herrschaft
von Hohemberg mit dez egenanten Graf Rudolphs willen vnd rat vnd der oder
die die benn werdent nach den die denn abgegangen oder verkert sind süllent sich
aller vor vnd nachgeschribner Stuck verbinden vnd sweren mit ayden vnd mit briefen
als die vordern getan habent. Ez ist ouch beredt daz wir dem vorgenannten vnsrem
Ohein von Hohemberg je antwürten süllen bed stet vnd purg ze Haigerloch mit
jrn zugehörungen zu einem rehten libgedinge vnd dieselben nutz soll er all haben
die nehsten Sechs gantze Jar nach einander vnd süllen wir oder vnser erben darzu
eruollen daz er hab Järlich Sibenhundert malter Habern Haigerlocher mezzes vnd
wes vnd wie uil jm an dem Habergelt Jerklich gebrist ze Haigerloch daz sullen
wir jm von andern nutzen vßer der Herschaft ze Hohemberg eruollen Vnd darzu
süllen wir jm die nehsten Sechs Jar Jarlich geben vff Sant Martins tag tusent
gulbin vnd ze Herbst viertzig fuder wins dez besten war er si aller gernest nemen
wil usser den wingerten die zu der Herschaft ze Hohemberg gehörend. Wir süllend
im ouch die selben Sechs Jar lazzen volgen all Hûnrgelt all Sew vnd vischentzen
die zu der Herschaft ze Hohemberg gehörend, daz er darinnen vische vnd niesse nach
siner nothdurft avn all geuärd alz ez mit gewonhait vnd von alter Herkomen ist.
Wär auch ob der vorgenant Graf Rudolf jnwendig den nehsten sehs Jaren ab
gungi von todes wegen än Elich Sün, So sol vns vnd vnsern erben die ob genanten Gräffschäften vesten Land vnd lût als davor geschriben stavt vnd Haygerloch
die tusent gulbin die Sibenhundert malter Habern vnd die viertzig Fuder Wins
ledig vnd los veruallen sin vnd bhainen sinen erben noch yemand anders davon
niht gebunden sin ze tun än geuärd. Denn so verre daz wir der vorgenanten
Grefinen Margreten siner tochter richten vnd weren süllen zwaintzig tusend gulbin
oder sie der bewisen vff phand usser der Herschaft ze Hohemberg damit si souil
geltes versichert vnd bezahlt sye vngeuarlich also ob die selb sin tochter än liberben vor dem egenanten graff Rudolfen abgiengi daz denn derselb pfantschatz her
wider vmb an Graf Rudolfen geualle. Wär aber ob vnser Deheim von Hohemberg nach sinem tode me elich tochtern liezz die süllen wir gar triwlich berawten
vnd süllen ir jeklicher Siben tusend gulbin geben. Wär aber ob der edel vnd
wolgeboren vnser lieber oheim der marggraff von Baden den obgenanten Graf
Rudolfen mante vmb sin zugelt vnd das egenant sin wip ze Hvs füren wölt so
süllen wir oder vnser erben ju weren vnd bezaln Siben tusent Gulbin vff die zü

vnd tag als jn der obgenant Graf Rudolf verſchriben vnd verſichert hat. Wir ſullen jn ouch birer vorgenant Siben tuſent gulbin niht gebunden ſin ʒe geben, ob iech ber· vorgenant Marggraff mante benn von ben nehſten Wichennähten über ain gantʒes jar. Wär aber baʒ eʒ ſich verʒiſte vnd die vorgenant Herſchaft wiber an Graf Rudolfen ober ſin erben viele So ſyen wir vnb vnſer erben ber Siben tuſent gulbin lebig. Wär aber ob wir ſi gebenb würden So ſüllent ſi vns vnb vnſeren erben benn vnb ouch Graf Rudolf an ben ʒwaintʒig tuſent gulbin die ba vorgeſchriben ſind abgän Eſſ iſt ouch berebt baʒ wir die Ebeln vnb wolge= boren Greſinen Jten von Togkenburg beʒſelben Graf Rudolfs elichen huffrowen bewiſen vnb verſorgen ſüllen wit ben pfanden die ſy yetʒunb jnn havt, ober mit anderen pfanden bie ʒu ber Herſchaft von Hohenberg gehörent baʒ ſie ʒehen tuſent gulbin beʒalt vnb gewert werbe baʒ ſi in pfandes wiſe baran habenb ſye wenn ber vorgenant Graff Rudolf mit bem tob abgät Giengi aber ſi vor jme mit bem tob abe ſo ſüllent bie ʒehen tuſent gulbin wiber an Graf Rudolfen geuallen än geuärbe. Ouch iſt berebt wär ob ber val nicht beſchäch So ſüllen wir bie vorge= nante Gräfinen Margreten Marggräfinen ʒe Baben vnb Greſünn Jten von togken= burg beʒ vorgenanten gelts verſichern vff pfanb als vorgeſchriben ſtät vnb ſüllen baʒ tun barnach vff ben nehſten Suntag jn ber vaſten ſo man ſingt Jnuocauit. Wenn ouch die nehſten Sechs jar von biſem kunftigen Sant Martinstag volganb Jſt benn baʒ Graff Rudolf bennoht lebt vnb in libe iſt So ſullen wir ober unſer erben vnb ouch die ʒwen Houptman gentʒlich vnb vngeuarlich wiber jn antwurten alle bis obgeſchriben Grafſchaft Herſchaft Pürg Stet Land vnb lüt bie jetʒ lebig ſinb ober noch lebig werbent ʒu ainem rehten libgeding vnb ſol er benn bie haben vnb nieſſen getreuwklich vnb vngeuarlich ſin lebtag än allermenglicheʒ jrrung boch alſo baʒ ber vorgenant Graf Rudolf vns ober vnſer erben mit benſelben Landen vnb geſloʒʒen wartenb vnb gehorſam ſin ſol vns bie offen gehabenb wiber aller= menglich niemanb vſſgenommen boch ane ſinen merklichen ſchaden Vnb wenn er von tobes wegen abgät So ſol die obgenant Grafſchaft Herrſchaft Geſlos Land vnb Lüt als ſi oben verſchrieben ſinb gentʒlich werben vnb geuallen an vns vnb vnſer erben Vnb ſullent ouch ber Stuk die obgenant amptlüt vnb ouch Stet all ſweren gehorſam ʒe ſin als bik eʒ ʒe ſchulben kumt än geuärb. Wäre ouch ob Graff Rudolf elich Sun lieʒʒ nach ſinem tobe jr wär ainer ober me bie ſelben Sün vnb ouch baʒ obgenant Land vnb Lüt ſüllen wir ober vnſer erben innhaben vnb ir getrüwer pfleger ſin vntʒ uff bie ʒit baʒ ſie vierʒehen jar alt werbent vnb wenn ſie es barnach an vns ober an unſer erben vorbernt So ſüllen wir jn baʒ obgenant Land vnb lüt gentʒlich wiber geben vſgenomen Rovtenburg Burg vnb Stat mit aller jr ʒugehörung bas ſol vnſer vnb vnſer erben phanb ſin vmb ſo uil gelts als wir benn an ben kouf vnſers guts geben haben vntʒ baʒ eʒ bie ob= genant kinb von vns vmb ſo uil gelts erlöſent. Es havt ouch Graf Rudolf vollen gewalt bi ſinem lebenben libe, Jſt baʒ jn Got Sun beravtet baʒ er benn ʒwen biberman ben er getruwet bar geben mag bie jn die nutʒ nach ſinem tob innemen

vntz vff die zit bis daz sie viertzehen jar alt werdent vnd die anlegent vn
fürkerent nach jrm aller pesten vnd vns oder wen wir dar zu schaffen die z
von der Kind wegen widerechnen Giengen aber die Sun von todes wegen e
e. e. daz si vierzehen Jar alt würden So sol aber daz Land vnd Lüt vns vn
vnseren erben werden vnd geuallen. Es ist ouch beredt was von der He-
schaft von Hohemberg versetzt ist oder was man sus schuldig ist vnd daz nü
erlöset noch vergolten wirt mit der obgenanten Sum gelts vnd ouch mit den nutzen
die die nehsten Sechs Jar geuallent daz mügen Wib (sic!) oder vnser erben lö
wenne ez füglich ist vnd sol vns darzu der egenant Graff Rudolff beraten v
beholfen sin Vnd was wir Bi Graff Rudolfs lebtag lösen die Güter vnd nutz i
Graff Rudolff niezzen vnd han sin lebtag ze Glicher wise als vmb daz ander w
vorgeschriben stät. Ouch ist beredt daz man daz gelt das Graff Rudolff da ver
geschriben stat vnd man Jme die nehsten Sechs Jar gebend würt voroff gän z
von den nutzen der Herschaft ze Hohemberg Vnd darnach all Hauptmanschaft vn
Burghut die man da gebend wirt vnd was der übrigen nutz ist die Sechs Jr
die süllent die zwen jnnemen vnd sullend die geben an die Losung vnd geltsch
der Herschaft ze Hohemberg wa si uff ir Aybe vnd ir aller notdurftigest dun
vnd süllent ouch die vns vnd dem vorgenant Graff Rudolffen veraiten oder dz
die wir dazu schaffend. Ouch ist beredt daz der egenant Graff Rudolf von Hoheberg sin lebtag alle Lehen lihen sol si syen Gaistlich oder Weltlich der manschaft
vnschädlich Es ist ovch beredt daz wir dem obgenant vnserm ohem von Hohembe
sin Diner vnd die sinen schürmen vnd halten süllen getrüwlich zu dem Rechten
vngeuarlich. Was schulben ouch der vorgenant Graff Rudolf füro me hinnahin
machet das sol vns vnd vnsern erben noch der Herschaft von Hohemberg noch all
das so wir nu von jm gekoüft haben nicht angan noch damit ze schaffend haben
Ist man dem egenant Graff Rudolfen von Hohemberg schulbig darzu süllen wir
beholfen sin nach siner brieff sag vnd zu dem Rechten vngeuarlich. der vorgena
von Hohemberg sol ouch mit sinem Land vnd Lüten die puntnuzz mit den Stette
halten nach dem als er daz verhaizzen vnd gesworn havt vngeuarlich vnd süllen
ouch die obgenant zwen Houptman sweren den punt ze halten an Graff Rudolfs
stat nach siner brieff sag vnd bez ze vrkund so hat Herr Cunrat von Stain vo
Richenstain vnd Benz der Bochinger jr jeglicher sin aigen jnsigel offenlich gehent
an disen brieff der geben ist zu Pruck in Ergöw an Zinstag vor allerhailigentag
Nach Krists geburt drüzehenhundert Jar darnach jn dem ainen vnd ahtzigosten Jare.

Orig. im Stadt-Archiv zu Haigerloch. Abdruck darnach in Memmingers wirtemb.
Jahrb. 1837. S. 103 ff. Graf Rudolf stellte dem Herzog eine entsprechende sonst beinahe gleichlautende Urkunde von demselben Datum aus, welche, indeß ungenau, im hist.
stat. Archiv für Süddeutschland I. S. 182 ff. abgedruckt ist.

In Gärt's (K. K. Oberamts-Registratoren zu Rotenburg) Graffschaft Hohenberg
v. d. Jahr 1779 findet sich eine sehr fehlerhafte Abschrift.

674.

30. Oktober 1381. Brugg im Ergau. Graf Rudolf von Hohenberg macht dem Bischof Lamprecht zu Bamberg die Mittheilung, daß er die Lehen, welche er von dessen Gotteshaus bisher gehabt, an Herzog Lupolt von Oestreich verkauft habe, gibt dieselben dem Bischof auf und bittet ihn, mit solchen den genannten Herzog zu belehnen.

Dem Erwirdigen fürsten Vnd herren hern Lanprehten Byschoff zů Bäbemberg minem gnädigen herren Embut Jch Růdolff Graff zů ho=hemberg minen willigen bienst berait zů ällen ziten Lieber herr Jch län vch wizzen baz Jch mit dem hohgebornen fürsten vnd herren hertzog Lupolt her=tzog zů Österrich etc. minem gnädigen herren von ains lóffes wegen vberain komen bin von der Lehen wegen bie ich von vch vnd vwerm Gotzhus ze lehen hän vnd send vnd gib vch uf bie selben Lehen mit bisem brief vnd Bitt vch baz Jr bie selben Lehen füro lihent bem obgenanten minem herren von Österrich mit Vrkund biß briefs baran ich min aigen Jnsigel offenlich gehenckt hän Der geben ist ze prugg in ärgöw an ber nähsten Mitwochen vor äller Hailigen tag nach Cristus geburt brutzehenhundert Jär barnach in bem ainem vnd ahtzigosten Jar.

B. b. Orig. im St.-Archiv zu Stuttgart. — Das Siegel ist abgefallen.

675.

30. Oktober 1381. Brugg im Ergau. Graf Rudolf von Hohenberg macht dieselbe Mittheilung an Kun von Stöffeln, Abt von St. Gallen, richtet an benselben in Betreff der Lehen, welche er von bem Kloster zu Lehen getragen, bie gleiche Bitte.

Dem Erwirbigen fürsten vnd Herren Herrn Kůn von Stöffeln, apt zů Santgallen Embůt Jch Růbolff Graff zů Hohemberg minen willigen bienst berait zů ällen ziten. Lieber Herre Jch Län vch wizzen. baz ich mit bem Hohgebornen fürsten vnd Herren Hertzogen Lůpolten Hertzog zů Österrich etc. minem gnädigen Herren aines lóffes vberain komen bin von der Lehen wegen bie Jch von vch vnd vwerm Gotzhus ze Lehen hän vnd send vnd gib vch off mit bisem brief bie selben Lehen mit bisem brief vnd Bitt vch baz Jr bie selben Lehen füro Lihent bem obgenannten minem herren von Österrich mit vrkund biß briefs baran ich min aigen Jnsigel offenlich gehenckt hän ber geben ist ze prugg in Ergöw an ber nähsten Mitwochen vor äller hailigen tag nach Cristus geburt Drutzehenhundert Jarᵉ barnach in bem ainem vnd ahtzigosten Jarᵉ. —

B. b. Orig. im St.-Archiv zu Stuttgart. — Von bem bekannten Siegel bes Gr. Rudolf hängt nur noch ein Bruchstück an ber Urkunde.

676.

19. November **1381**. Rheinfelden. Herzog Leupolt von Oestreich, u
bei Graf Hansen von Helfenstein, welchem Graf Rudolf von Hoh
berg **4800** Gulden schulbig war, für diese Summe eingestand.
verspricht, solche an nächst S. Jergen Tag zu bezahlen.

Wir Leupolt von Gots gnaben Hertzog ze Osterreich ze Steir, zu
kernben vnd ze krain Graf ze Tyrol Marggraf ze Ternis etc. Un
kunt daz wir dem edeln vnserm lieben öheim Graf Hansen von Helfenstain
Graf Vlrichs selig Sun vnd sinen Geschwistergiten, von der geltschuld wag
so In Graf Rudolf von Hohenberg schulbig was, vnd der wir vns verw
gen haben, gelten sullen, vier tusent vnd aht hundert gulbin, die wir In oder u
erben geloben vnd verhaizzen, vf den nechsten künftigen sand Jörgen tag, gantz
ze richten vnd ze betzaln, Teten wir des nicht, So mügent die obgenanten Gra
Hans von Helfenstain sine Geschwistergit ir erben vnd ir helfer, vns an unsr
Lüten vnd Guten angriffen vnd phenden, an vnser vnd an allermeniklichs inu
hindernüzz vnd vngnad Als lang vntz daz wir. si des obgenanten gelts gar u
gantz berichten vnd betzaln an geuerd Mit vrchund ditz briefs Geben ze Rinu
ben an Zinstag nach sand Othtmars tag Nach krists geburt drutzehenhundert u
barnach in dem ainem vnd Achtzigistem Jare.

V. d. Orig. im St.-Archiv zu Stuttgart. — Mit dem beschädigten Siegel =
Ausstellers.

677.

29. März **1382**. Ehingen. Herzog Leupolt von Oestreich gibt se
Einwilligung dazu, daß, laut der Verfügung des Grafen Rudt
von Hohenberg, die Kirche in Bietenhausen (k. pr. O.A. Hechingen
an den „Tum" zu Ehingen falle.

Wir Leupolt von gots gnaden hertzog ze Osterreich, ze Steyr,
Kernben vnd ze Krain, graf ze Tyrol vnd Markgraf ze Ternis e
tun kunt vmb die kilchen zu bietenhusen, die von der herschaft ze b
hemberg lehen ist, vnd die der edel vnser lieber öheim graf Rudolf vo
hohemberg nach Rudolfs, der hetz kilchherr baselbst ist, tod zu des
tnm genant Ehingen bi Rotemburg an dem negger gelegen durch siner sel
hails willen lebiklich geaigent vnd gegeben hat, als die brief wol wisent, die ver
dem selb vnserem öheim barüber geben sint, daz wir von dez koufs wegen, der
wir mit dem vorgenanten vnserm öheim vmb die selbe sin herschaft ze hohemberg
getan haben, barzu vnsern willen vnd gunst haben geben, vnd geben ouch mit di

fem brief alfo daz ez fürbaz dabej belib, in aller der wif, alz die egenanten vnfers
öheims brief fagent, doch mainen wir, daz der obgenant Rudolf der yetzunbig
kilchherr bj derfelben kilchen fin lebtag an irrung vnd hindernuß beliben fol. Mit
vrkund diz briefs, geben ze Ehingen an famftag vor dem Palmentag nach Crifti
geburt druzehen hundert jar, darnach in dem zwai vnd ahtzigiften Jar.

B. d. Abfchrift im lib. cop. des Stifts Ehingen im St.-Archiv zu Stuttgart.

678.

Im März (vor dem **30.**) **1382.** o. O. Gräfin Agnes von Zollern,
Swiggers von Gundelfingen ehliche Hausfrau, und deren Sohn
Friedrich von G. ftiften unter dem Siegel Graf Rudolfs von
Hohenberg mit **22** Pfd. Hellergült eine ewige, tägliche Meffe in
der Kirche des Carmeliter-Klofters zu Rotenburg.

Wir fröwe agnes Gräfinne von zollr. Swigger von gunbelfingen Ritter den man nempt den ebeln önfer obgenanter fröwen elicher Hußwirt vnd friberich von gunbelfingen önfer baider fun verienhen offenlich allü brü mit vrkünbe diß briefs vnd tügen kunt daz wir vns erkennet haben vnd ouch aygenlich erkennen vnd in gefehen haben daz wir töbemlich
figen vnd won nützüt gewiffers noch fichers ift denne der tod vnd nützüt vngewiff-
fers noch vnfichers ift benne bü ftund bez todes dar vmb fo haben wir by vnferan
gefunden liben vnd vernünftig finne vnd mütes mit güter vorbetrahtung vnd näch
vnfer getrüwer vnd Haimlicher fründe Rät Gott vnd finer lieben müter Marien
ze Lobe vnd ze eren vnd vmb daz daz Gottesbienft gemerrat würde durch aller
vnferr vorbern vnd önfer vnd önfer nachkumender felen Hailes willen ain ftette
ewig Meffe offgeriht vnd bewidempt von önferm aygenn güt daz öns gott in bifer
zitt verlühen hat mit zwai vnd zwaintzig pfund Hallern ober mit me Järliches
Stettes vnd ewiges geltes vnd won wir funderlichen gunft vnd gnäb haben zü ben
erberan gaiftlichen Lütten bez Hufes vnd bez Conventes önfer frowen Brüber von Carmeli gelegen ze Rotemburg an bem negker in Coftentzer
Biftume dar vmb fo haben wir die felbun Meffe gemachet vnd georbinet in ber
vorgenanten Brüder kirchun ze Rotemburg off ben altare in ber capelle zü ber
linggen hant bes chores bü gewihet ift in ber ere ber Hailigen Dryualtikait vnfer
frowen Sant Johanfen bez Hayligen Ewangeliften Sant anthonien vnd aller
Hailigen alfo baz vnfer mainung ift vnd offenlich wellen baz bü meffe ftättekklich
vnd än vnberlaffe täglichen werde gefprochen an ber vorgenanten Cappelle von
ainem priefter bez felben orbens vnb Hufeß wir wellen ouch baz bü meffe täglichen
werbe gefprochen ze hant näch bem erften zaichen als man gewonlich prime lütet
in ber kirchun bez vorgenanten Hufes nach ber frügen meffe zü ber pfarre wir

wellen ouch daz der prior dez selben Husez von diser messe wegen aines priesters
bester mere habe also daz von diser messe wegen (ein Loch) minder Messa nit süllen werden gesprochen in dem chore noch in der kirchun Wir wellen ouch offenlich,
wäre ob bü vorgenante messe nit stätteklichen würbe gesprochen also daz bü messe
aht tag an enander verlässen würbe vnd nit gesprochen würde vnd baz zü drin
malen in ainem Jare beschehe welhes Jares daz beschehe ober kurtz ober ober
lang so süllen bü zwai vnd zwaintzig pfund Haller geltes ober waz mere bar zü
gemachet ober gegeben würde baz selbe Jare vnd mit fürbaz als bik baz beschehe
in pene wiße veruallen halben ben erwirbigen Herren bem probst vnd ben Chorherren ze ehingen by Rotemburg vnb baz ander halbtail sol werden vnb veruallen
baz selbe jar ben gaistlichen frowen ber priorin vnb ben Couent swesteran bez
Closters ze Stetten vnber zolrr Brebierorbens, vnb wenne bie nütz also
ain Jar in pene wiß würben ben egenanten bem probst vnb ben chorherren ze
Ehingen vnb ouch ber priorinun vnb ben Couentswestran gen Stetten so füllent
bie selben nütz vnb gelt waz zü ber messe gehöret vnb georbinet wirt wider vmb
vallen an baz vorgenant Huß vnb Conuent gen Rotemburg an alle geuerbe wir
wellen ouch mit rehter gebingbe, wäre ob ber prouincial ober ber prior ober ber
orben gemainlich bez vorgenanten Husez ze Rotemburg bü vorgesagt güt an grifen
ze verkoffenbe ober ze uersezzenbe ober ze uerenberenbe in behain wiß So sölt baz
selbe gelt alles mit enanber werden vnb veruallen sin ewenklich halbes bem egenanten probst vnb ben korherren ze Ehingen vnb baz ander halbtail ber priorinn
vnb bem Conuent ze Stetten vnber zolrr vnb baz allü bisü vorgesagten bing ewenklichen war vnb stette beliben so haben wir bü egenanten frowe agnes Gräfinn
von zolrr vnb Swigger von gunbelfingen vnser elicher Hußwirt vnb friberich
von gunbelfingen vnser baiber sun vnserü aygenü Jnsigel besunder vnb
offenlich mit rehter wissen gehenkt an bisen brieff vnber ben wir für vns vnb alle
vnser erben vnb nachkomenden geloben by güten truwen allü bisü vorgesagt bing
war vnb stett an alles wiberrüffen ze haltenbe Vnb ze merrer sicherhait vnb offner
gezügnüst so haben wir gebetten ben ebeln Graue Rüdolfen von Hohemberg
baz er sin aigen Jnsigel zü ben vnseran ouch hat gehenkt an bisen brieff. Wir
Graff Rüdolff von Hohemberg veriehen offenlich baz wir burch ernstlich
bett willen ber egenanten miner mümen fröwe Agnesen Gräfinn von
zolrr vnb Swigers von Gunbelfingen irs elichen Hußwirtz vnb fribrichs von
gunbelfingen ir baiber sun vnser aigen Jnsigel zü ainer gezügnüst aller vorgesagten
binge zü bem Jren offenlich gehenkt hän an bisen brieff Der geben ist an bem
nähsten . . . . . tag vor bem palmtag Nach Cristus geburt Drützehenhundert Jar
bar nach in zwai vnb ahtzigosten Jar etc.

B. b. Orig. im St.-Archiv zu Stuttgart. — Die Siegel sind abgefallen.

679.

8. Juni 1382. o. O. Der Schultheiß, die Richter, der Rath und die Bürgerschaft der Stadt Horb geloben alle Punkte des Vertrags, welchen Graf Rudolf von Hohenberg in Betreff des Verkaufs seiner Herrschaft mit Herzog Leupold von Oestreich abgeschlossen, in ihrem Theil getreulich halten zu wollen.

Wir der Schulthaiß. die Rihter. der Rät vnd bie burger gemainlich bayde Rich vnd arme der Stat ze Horwe veriehen offenlich für vns vnd alle vnser nachkomen vnd tügen kunt aller menglichen mit bisem brieff. als der burlühtige Hohgeborne fürst vnd Herre Hertzog Lüpolt ze Österrich etc. vnser gnebiger Herre mit dem Edeln Hohgebornen Graff Rüdolffen von Hohemberg vnserm gnebigen Herrn ains kouffs öberain komen ist aller siner land vnd lüt nach sag der brieff die barüber geben sint vnd als ouch der vorgenant vnser Herre von Österrich von bez selben kouffs wegen von dem obgenanten vnserm Herren von Hohemberg ainen tebing brieff hant. veriehen wir mit vrkund biß brieffs baz wir alle stück puncten vnd artikel die in bem selben brieff von vns begriffen vnd verschriben sint von wort ze wort bem obgenanten vnserm gnebigen Herrn von Österrich vnd sinen erben vnd nachkomenben nach bez selben brieffs sag stät vnd wär halten vnd tün wellen slehteclich än alle geuerbe vnd sunderlich als der obgenant vnser Herre von Hohenberg bem obgenanten vnserm Herrn von Österrich füro zil vnd tag geben hat vmb baz verziden vnd vmb den val siner land vnd lüt biz von Sant Martins tag ben nehsten ber nv komet vber ain gantz Jar veriehen wir weri ob Jn ober sin erben vnser obgenanter Herre von Österreich oder sin erben ber sumen geltz vnd ouch bez schabens nach siner brieff sag bie er von Jme haut rihti vnd bezalti. hinnen biß von Sant Martins tag ber nv nehst komet vber ain gantz Jar. vnd ber val vnd zid nit beschehe So süllen wir vnd vnser nachkomen vnserm obgenanten Herrn von Österrich warten vnd gehorsam sin nach bez tebings brieff sag vngeuarlich. Ob aber vnser obgenanten Herr von Hohemberg der sumen geltz vnd bez schabens off baz egenante zil nit bezalt wirbe vnd ber val vnd baz verziden beschehe. So süllen wir vnd vnser nachkomen bem obgenanten vnsernn Herrn von Hohemberg vnb frö Jten von Dodemburg vnser gnebiger frowen warten vnd gehorsam sin ze glicher wis alz ob biz kouffs nie gebäht weri worden. won wir nv vormals bem obgenanten vnserm Herrn von Österrich vmb bie selben sache gesworen haben vnser Jeglicher ain aid liplichen zü Got vnd zü ben Hailigen mit gelerten worten vnd mit vfgebotten vyngern by ben selben ayden globen wir all vorgeschriben bing vnd sach war vnd stet ze halten vngeuarlich Dez ze warem vrkund haben wir vnser gemainb Stat Jnsigel offenlich gehenkt an bisen brief. Der geben ist am nehsten Sunentag nach

vnſers Herren fronlichams Tag nach Criſtz geburt drutzehnhundert iar vnd zway
vnd ahtzig Jar.

B. b. Orig. im St.-Archiv zu Stuttgart. — Mit dem großen runden Siegel der Stadt, welches den Hohenberger Schild hat; von der Umſchrift ſteht noch: † Sigillvm civi .... we.

680.

28. November **1382.** o. O. Graf Rudolf von Hohenberg erlaubt dem
Walther Golf, Bürger zu Reutlingen, die Güter zu Kirchentellinsfurt, welche er von ihm zu Lehen getragen, zu verkaufen und belehnt damit die Käufer.

Wir Graff Rudolff von Hohemberg veriehen offenlich vnd tün kunt
menglichen mit diſem brieff, daz für ỹns kam an diſem tag als dirr brieff geben
iſt der Erber from man walker golf der alt von Rutlingen vnd ſett vns,
wie daz er ettweuil güter hetty die gelegen wären ze kirchentällinßfurt, die
Er von vns vnd vnſern vordern ze Lehen gehebt hetty vnd ouch allü
von vns vnd vnſern vordern ze Lehen rürtind vnd giengind vnd derſelben güter aller hetty er ain halbtail ze köffend geben dem Erbern fromen Conrade gebtzen burger ze Rutlingen vnd daz ander halbtail ſinem lieben Brüder wilhelm golggen vnd batt vns ernſtlich, daz wir dieſelben gut allü von
Im vff nämind vnd der ſelben güt benü füro ain halbtail Lühen dem vorgenanten
Conrade gebtzen, der ouch do ze mäl vor vns ſtünd vnd ze gegen waz, vnd vns
darvmb ernſtlichen batt. Dez haben wir Jr ernſtlich bett erhört vnd haben die
vorgenanten güt allü die benü walker golf vorgenant biß uff diſen hüttigen tag
ze kirchentällinßfurt von vns ze lehen gehebt hat von im uf genomen vnd der ſelben güt füro ain halbtail gelühen dem vorgenanten Conrade gebtzen burger ze
Rutlingen mit äggern, mit wiſen, mit holtz, mit veld, mit vogtyen vnd mit namen
mit allen rehten nutzen vnd zü gehörden, nutzit uß genomen, wie wir benü pillich
vnd durch reht Lihen ſullen, alſo daz er vns da von tün ſol waz ain ieglich Lehenman ſinem Leherren pillich vnd durch reht tün ſol, Doch mit behaltnüſt des
Lihens vns vnd vnſer herſchaft vnßrü reht, Vnd dez ze vrkund der wärhet, So
haben wir vnſer aigen Inſigel offenlich gehenkt an diſen brieff, Der geben iſt uff
fritag nach ſant katherinen tag nach Criſtus geburt drützzenhenhundert Jär darnach in dem zway vnd ahtzigoſten Jär.

B. b. Orig. im St.-Archiv zu Stuttgart.

681.

16. Januar 1383. Rotenburg. Werner Mårhelt, Schultheiß zu Roten=
burg, urkundet, daß Bürkli Byel, Bürger dieſer Stadt, vor dem
Gericht derſelben all ſein Vermögen an das Carmeliter=Kloſter da=
ſelbſt vermacht habe.

Ich wernher Mårhelt zů diſen ziten Schulthaizz ze Rotenburg.
vergih offenlich vnd Tůn kunt menglichen mit diſem brief daz ich off ben tag alz
birr brief geben iſt, offenlich ze geriht ſazz mit dem merentail der Rihter der ſtat
ze Rotenburg. vnd bo wir alſo zů dem Rehten geſeſſen waren in der egenanten
Stat, bo kam für vns Bürkli Byel Burger ze Rotenburg vnd bat im ze erfa=
rent an ainer vrtail, wie er ſin gůt burch gottes willen vnd burch ſiner vnd aller
ſiner vorbern ſelen Hailes willen, geben vnd geordnen möht, bem prior vnd bem
Conuent gemainlich ze Rotenburg vnſer frowen brüber ordens an ir Cloſter vnd
gotzhuf ze Rotenburg In der Ere vnd burch lob der künklichen můter marie vnd
bez Hailigen Herren ſant iohans baz ez krafft vnd maht hett vnd baz vorſchot ich
an ainer prtail vnd bo erkant ſich der merretail ber Rihter bie bo ze geriht ſazzen
mit geſamneter vrtail Gåbi er ez willeklich off von der Hand mit mund und mit
Hand wan er boch Riten vnd gan möht baz ez ben billich durch reht wol krafft
vnd maht hetti vnd och haben möht, vnd alſo gab och er vor vns bem merretail
ber Rihter off von der Hand off mit mund vnd mit Hand, alz reht waz bem ege=
nanten prior vnd bem Conuent. gemainlich ze Rotenburg an ir Cloſter vnd got=
huf ba ſelben willeklich In der Ere vnd burch lob vnſer lieben frowe der künkli=
chen můter marien vnd ſant Johans allez ſin gůt waz er ienbert vber al hat vnd
off bie zit hett, Ez wår an ſchulden, an gülten an gelten an barſchafft an faren=
bem vnd an ligenbem gůt funbez ober vnfunbez benemptz ober vnbenemptz nütz
vfgenomen, vngeuerbe Beſunber burch gottes willen vnd burch ſiner vnd aller ſiner
vorbren ſelen Hails willen vnd baz vergih ich Bürkli Byel egenant für mich vnd
mine erben an biſem brief baz biu egenante gab vnd ordnung alz von mir vor=
geſagt iſt an biſem brief mit minem wiſſen, gunſt vnd gůtem willen beſchenhen
iſt, vnd bez allez zů ainer warem vrkunt So haben wir bie egenanten ber Schult=
heiß vnd bie Rihter ze Rotemburg, vnſer ſtat gemain Inſigel burch bet willen
bez egenanten Burklis offenlich gehenkt an biſen brief ber geben iſt an bem nåhſten
fritag nåch ſant Hilarien tag nåch Criſti geburt Driuzehenhunbert iar vnd bar
nach in bem briu vnd ahtzigoſten iar.

B. b. Orig. im St.=Archiv zu Stuttgart. — Das Siegel iſt abgeriſſen.

———

682.

13. Juli 1383. o. D.   Graf Rudolf von Hohenberg, Graf Konrads von Hohenberg sel. Sohn, verkauft um **97** Pfd. Heller an einen Bürger zu Wildberg eine ewige Gült von **8** Pfd. Heller aus seinem Dorf Pfrondorf.

Wir Graue Rudolf von Hohenberg graue Conrates säligen sun von Hohenberg vergenhen offenlich mit disem brieff für vns vnd all unser erben vnd nächkomen vnd tün kunt allermenglich mit vrkund bises briefes, daz wir reht vnd reblich verköft haben vnd ze köffen haben geben reht vnd reblich als ez billich krafft vnd maht sol vnd mag hän dem wolbeschaidenen walthern Drümlin Burger ze wilperg vnd sinen erben aht pfunt güter vnd genämer häller geltes Järliches vnd ewiges geltes in vnser dorff pfrundorff in alle die gült vnd nütz bie vns davon Järlichen fallen vnd gänb sind, ez sige an stür an erben Höptreht korngelt oder an haller gelt, klain oder groß benemptes oder vnbenemptes waz vns ietz zügehört oder hienach zü gehörn möht. Dir köff ist öch beschenhen vmb hundert pfunt güter vnd genämer häller briger pfund minner da wir von im gar vnd gentzlich bezalt vnd gewert sin vnd die öch in vnser kuntlichen nutz kommen vnd bewent sind. Diß obgenannt gelt sol im öch oder sinen erben Järlichen fallen vnd geriht werden vff Sant Martins tag än all hindernuß vnd verziehen än geuerd vnd sol ovch daz erst gelt sin vnd bez ersten geriht werden än irrung allermenglich. Wer aber daz der vorgenant Walther Drümlin oder sin erben bez obgenanten geltes nit bezalt vnd gewert würden vff bie egenant zil als vorgesagt stät än geuerd So hät der vorgenant walther oder sin erben allwegen als dik daz beschäch gewalt vnd güt reht daz egenant dorff anzegriffen an Lüte vnd an güt mit weltlichem oder gaistlichem geriht oder än geriht als vil dik vnd alse lang biß er oder sin erben bez obgenanten geltes gar vnd gentzlich bezalt werent vnd käme sie bez in behainen schaden da süllen in von helfen bie gemain der geburschafft bez obgenannten Dorffes oder aber sie süllen aber angriffen aller der wise als vorgesagt ist als vil biße in gar vnd gentzlich bezalt würt geben vnd schaden .. Wir der obgenant graue Rüdolff süllen ovch dem genanten walther oder sinen erben baz vorgesagt gelt vertigen verstän vnd versprechen näch dem reht wa es ansprechig würd an allen stetten .. Öch ist gebingt vnd gerett mit nan wer bisen brief mit güter kuntschaft hät in daz man dem öch Järlich baz obgen gelt in aller der wise vnd gedinge als vorgesagt ist bezaln sol vnd rihten vff egenant zil, Wir der obgesagte graue Rüdolff vergenhen öch aller vorgesagten b vnd geloben by güten trumen wär vnd stett ze haltenn alles daz hie von vns schriben stät. Vnd bez ze vrkund vnd merer sicherhait aller vorgesagten bing haben wir vnser aigen Insigel gehenkt an bisen brief, Dar zü hän wir öch gebe bie Edeln Switern von altorff vnd her hansen sun von venigen

eltern hanſen von venigen, daz ir ieglicher ſin aigen Inſigel ŏch gehenkt hat
an diſen brief zů merer ſicherhait vnd offen vrkund: Ich Swigger von altorff vnd
ich hans von venigen vergehen ŏch offenlich daz wir von fliziger gebett wegen
vnſer ieglicher ſin aigen Inſigel gehenkt hat an diſen brieff der gegeben wart So
man zalt von criſtes geburt brützehen hundert Jär vnd trü vnd ahzig Jär an
Sant Margareten tag der hailigen Jungfrawen tag.

B. d. Orig. im St.-Archiv zu Stuttgart. — Mit den drei ganz gut erhaltenen
Siegeln von gleicher Größe.

683.

23. Juli 1383. o. O. Graf Rudolf von Hohenberg belehnt ſein
("vnſer") Kloſter Kirchberg (bez. deſſen Träger Benz den Amman
von Rotenburg) mit denjenigen Gütern zu Imnau (O.A. Haigerloch), welche Hans der Amman von Haigerloch demſelben zu einem
"ſelgerätt" vermacht und vorbem von der "herſchaft ze Hohemberg" zu Lehen getragen hatte.

Wir Graff Růdolff von Hohemberg verienhen offenlich vnd tůn kunt
aller menglichen mit diſem brieff daz für vns kam an dem tag als dirre brieff
geben iſt die Pfleger der Erwirbigen gaiſtlichen fröwen vnſer lieben anbähtigen
er priorinen vnd dez kouents gemainlich vnßers kloſters kilperg vnd ſeitten
ns wie daz Hans der amman vnſer burger ze Haigerloch den vorgeſchribnen der priorinen vnd dem Couent gemainlich ze kilperg vnſerm kloſter vnd
uch allen iren nachkommenden vmmer eweclich zů ainem ſtätten vnd Ewigen ſel-
rätt durch ſiner vnd ſiner vordern Selengelücks vnd Hailes willen vermacht vnd
ben hett allü ſinü gütter gelegen ze ymnöw dem dorff die von vns vnd
ser Herſchaft ze Hohemberg ze Lehen rürend vnd ganb Dez erſten allü
e gůt die ze diſen ziten buwend Conz tröſt vnd Eberlin priem geſeßen ze
mnöw dem dorff mit äggern mit wiſan mit Holz mit velb vnd mit namen mit
len rehten nützen vnd zůgehörden ſo denn ienbert vberal in allü die gůt der ſel-
n Lehenſchaft gehörend ez ſig fundens oder vnfundens nützit vßgenomen weder
nig noch vil Vnd batten vns die vorgeſchriben pfleger vnßers kloſters kilperg
nůteclich daz wir zů dem gemächt vnſern gunſt vnd güten willen tättind vnd
binb vnd ŏuch den frowen ze kilperg die vorgeſchriben Lehen alſo lühen Dez
ben wir Jr ernſtlich bett gnädeclich erhört vnd haben den vorgeſchriben vnſern
ben anbähtigen der priorinen vnd dem Couent gemainlich vnſers cloſters kilperg
gemächts daz Jn der egenant Hans amman getän hat willenclich gegünbet vnd
rlobet Vnd Jn ouch die ſelben gůt vnd Lehen mit allen rehten nützen vnd zů-
örben als vorgeſchrieben ſtät gnädecklich gelühen wie wir denne pillich vnd burch

reht lehen süllen vnd haben Jn ze getrüwen trager barüber gegeben ⅴnßern Burger Benzen den amman von Rotemburg der Jn die Lehen ze getrüwen Handen tragen soll vnd vns ba von tün als ain ieglich lehenman finem Lehenherrn pillich vnd von rehz wegen tün sol doch mit behaltnüst diß Lihens vns vnd ⅴnßer Herschaft ⅴnßrü reht vnd dez ze ⅴrkund der würheit So haben wir vnser aigen Jnfigel offenlich gehenkt an bifen brieff Der geben ist an dem nähsten Durnstag vor fant Jacobs tag Nach Cristus geburt brützenhenhundert Jar darnach in den brü vnd Ahzigoften Jar.

V. d. Orig. im St.-Archiv zu Stuttgart. — Mit dem kleinen und beschädigten Siegel des Grafen.

684.

11. August 1383. o. O. Herzog Lupolt von Oeftreich schlägt der Hans Pfufer, der mit **200 Pfd.** Heller auf die Mühlen zu Horb angewiesen war, die Hälfte davon auf die Pfandschaft von Jfenburg.

Wir Lüpolt von gottes gnaden Hertzog ze Österrich ze Styrr ze Kernden ze krain Graf ze Tyrol etc. vnd Marggraf ze Ternis etc. tü kunt alz ⅴnser getrüwer hans der pfufer vmb zway hundert pfund haller ⅴ die Múlina ze horwᵉ abzzeniessend gewifet ist, das wir im desselben geltes hundert pfund uf den saz ze Jfenburg geschlagen haben vnd schlahen ouch wizentlich in sölicher mäs das er vnd sin erben die baruf haben in aller mäs alz ſ vormäls ander gelt näch vnsers lieben Öhems von hohembergs Bru sage barüf haben vnd die andern hundert pfund mit sampt dem buwe, den ſy bie Mittel Múli getän haben, von den vorgenanten Múlina nieße ouch nᵘ vnsers obgenanten Öhems briefs sage vngeuarlich. Mit vrkúnd biß briefs ᵈ geben ist ze horwᵉ an dem näften zinftag näch Sant Laurentien tag. Nach Criftu gebúrt brutzenhen Hundert Jar bar nach in dem brü vnd ahzigoften iär etc.

V. d. Orig. im St.-Archiv zu Stuttgart. — Mit dem anhängenden Siegel d Herzogs.

685.

21. August 1383. Horb. Lütolb der Schenk von Landegg verschreibt sich dem Grafen Rudolf von Hohenberg zum Lehens-(Dienst-)mann.

Jch .. Lütolt der Schenk von Landegg Tün kunt, vnd vergich offen lich mit difem brieue .. Allen die in fehent, lefent oder hörent lefen. Daz ich m wolbebahtem müt vnd güter vorbetrahtung, willeklich gesworn han ainen gelerte aibe ze ben Hailigen mit of gehabenen vingern Dem wolerbornen minem gnä bigen Herren .. Grafen Rúdolf von Hohenberg von der Lehen wege bů ich von Im han ze bienen als ain Man finem Lehenherren von finen Lehen bienen fol vnd alz vntz her reht, fitte vnd gewonlich gewefen ift an alle geuårbe, wonn ich barumb von dem felben minem Herren alb von finen gewiffen Botten alb brieuen ermant wirb. Ich han ŏch in ben felben aib genomen vnb gefworn Dez vorgenanten mines Herren Grafen Růdolfs von Hohenberg reht ze fagen vnb ze ertailen an allen den ftetten ba ich bez gefragot wirb. alz verre ich baz waiff an alle geuårbe. vnb ze vrkunb ber warhait aller der vorgefchribenen binge vnb vergiht So han ich Lütolt ber Schenk von Lanbegg ba vorgenennt min Infigel offenlich gehenkt an bifen brief Der geben ift ze Horwe an dem nåhften fritag vor Sant Bartholomeus tag bez Hailigen Zwelfbotten In dem Jar Do man zalt von Criftus geburt Drüzehenhunbert Jar ahtzig Jar, vnb barnach in dem Dritte Jare.

686.

26. Auguft 1383. Horb. Markgraf Bernharb von Baben bekennt, baß er zu feinem Schweher Graf Rubolf von Hohenberg das Vertrauen habe, er werbe, wenn auch die Graffchaft Hohenberg an nächft S. Martins Tag nicht an ihn fallen würbe, boch ihn (ben Markgrafen) unb beffen Gemahlin getreulich „verforgen", nach ben Briefen, bie er barüber gegeben.

Wir Bernhart von Gotez gnaben marggrafe zů Baben tůn kunt offenbar mit bifem brief. als Wir mit dem Ebeln vnferm liebn Sweher Grafe Růbolff von Hohenberg vberkomen fin von der Graffchaft vnb Herfchaft wegen zů Hohenberg nach ber briefe fage. die wir beberfyt einan-ber barvmb geben haben. Wer fache baz die Graffchaft vnb baz Lant vnferm Sweher of fant Martins tag neſt komet von vnferm Herren von Öfterrich nit verfiele als berette ift vnb bie briefe fagent So follen wir boch vnferm Sweher getruwen baz er vns vnb vnfer Huffrowen fin bohter getrůwelich verforge. Alfo baz boch alle vnfer briefe. die Wir von der Graffchaft vnb Herfchaft wegen zu Hohenberg vor inne han. in allen iren creften fin vnb bliben. vnb fol birre brief en felben briefen kein fchabe fin. vrkunbe biz briefs verfigelt mit vnferm anhangen-en Infigel. Geben ze Horwe. an Mitwoch nach fan Bartholomeus bez Heiligen welfbotten tag Nach Crifti geburt brutzehenhunbert vnb in bem brü vnb ahtzigften.

687.

9. September 1383. o. O. Berthold von Thailfingen (O.A. Herrenberg) bekennt, von Graf Rudolf von Hohenberg mit einem Hof
zu Holzgerlingen (O.A. Böblingen), den schon sein Vater und
seine Vordern von der „herschaft ze hohemberg" zu Lehen getragen,
belehnt worden zu seyn.

Ich Berhtolt von Tälffingen vergich offenlich vor aller menglichen daz
Ich uf bisen tag als birr brieff geben ist ze rechtem Lehen empfangen hän von
dem Edeln wolbegornen herren Graff Rüdolffen von Hohemberg minem
gnädigen Herren den hoff gelegen ze Holtzgirringen der mich ze rechtem erb
angeuallen ist von todes wegen mins vatter säligen vnd mit namen allez daz, daz
min vatter sälig vnd min vordern da selbeft biß her von der herschaft ze hohemberg ze Lehen gehebt vnd genoßen hand vnd daz ouch von in ze Lehen rüret vnd
güt Vnd hän darumb vnbetzwungenlich mit wohlbedahtem müt gesworn ainen aid
zü den hailigen mit gelerten worten vnd mit uf gehabnen fingern dem vorgenanten
minem gnädigen Herren von Hohemberg von den lehenn wartend vnd gehorsam
ze sind vnd da von ze tünd allez daz, daz ain Lehenman sinem Lehenherren benn'
pillich vnd von rehtzwegen von finen Lehenn ist pflichtig vnd gebunden ze tünd
än alle widerred vnd geuerd, Vnd bez ze vrkund So hän ich min aigen Jnsigel
offenlich gehenkt an bisen brieff Der geben ist an der nähsten Mittwochen nach
vnser frowen tag als sy geborn wart Nach Cristus gebürt drützzenhenhundert Jär
darnach in bem drü vnd Ahtzigosten Jär.

B. d. Orig. im St.-Archiv zu Stuttgart.

688.

14. November 1383. o. O. Marquart, Bürgermeister von Eßlingen
und Genoffen bekennen, von Graf Rudolf von Hohenberg einen Hof
zu Neuhausen „vff den vilbern" zu Lehen erhalten zu haben.

Ich Marquart Burgermaister von Eßlingen, Hansen dez Burgermaisters
säligen sun, Ich Marquart vnd ich eberhart die burgermaister, Contzen dez
burgermaisters säligen sün gebrüder, verienhen vßer gemainem mund offenlich vnd
tügen kunt mit bisem brieff, daz wir vff bisen tag als birre brieff geben ist vo
bem ebeln hohgebornen gräff Rüdolffen von Hohemberg vnserm gnädige
herren ze lehen anphangen haben ainen hoff gelegen ze Nünhusen vff ben vil
bern, ben zü bisen zitten buwet ber Roßritter vnd ouch allü bü güter die Mar
quart burgermaifter sälig, ben man nampt Rinderbach, ba selbes gelegen g

laußen haut mit allen Rehten, nutzzen vnd zůgehörden vnd globen ouch vff vnßer
aib, die wir barumb zů ben hailigen gesworn haben, dem obgenanten vnßerm
herren von Hohemberg von ben obgenannten Lehen ze tůnd, wie ieglich lehenlüt
iren lehenherren billich vnd reht tůn sullen, vnd bez zů vrkund, so haben wir vorgenanten baid Marquarten burgermaister vnserü angü Insigel gehendt an disen
brieff vnder ben insigeln ich vorgenanter Eberhart burgermaister mich aller vor-
geschrybenn sachen verbind, wan ich bez minen mangel hett. Dirr brief ist geben
an bem nähsten samstag nach sant Martins tag, Nach Crystus geburt brühezzenhen-
hundert Jar barnach in bem brü vnd ahzzigosten Jar.

B. b. Orig. im St.-Archiv zu Stuttgart. — Das Siegel der Aussteller hat einen
Schild, geviert wie der der Grafen von Zollern.

689.

25. November 1383. o. O. Vertrag zwischen Herzog Leupolt von
Oestreich und Graf Eberhard von Wirtemberg, den eventuellen Anfall
der halben Herrschaft Hohenberg an diesen anlangend.

Wir Grave Eberhart von wirtenberg vergehen offenlich mit disem Brief
vor aller menglich Wäre ob ez bar zů keme baz vnz ber halbe tail an ber Herschaft ze Hohenberg verzifte vnd verfiele von bem burchlöhtigen vnßerm lieben
Herren Herr Livppolt von Goz gnaden Hertzogen ze Öesterich ze Styr
ze kernden vnd ze krain Grave ze Tyerol etc. nach der brief lvt vnd sag
bie wir von im haben alz balbe baz beschiht So süllen wir vnd vnßer erben bem
vorgenanten vnßerm Herren von Österrich rihten vnd an sin stat stän vnd in
vffheben vnd entlebigen vmb siben tusent gulbin güter vnd gerehter an die gelt-
schulde bie er scholbig ist zů sinem tail von bez köffes wegen der Herschaft
ze Hohenberg vnd süllen baz tůn in bem nehsten mönob ane verziehen nach bem
alz vns baz verzifte vnd verfiele vnd süllen baz tün än allen sinen vnd siner erben
schaden än all geverbe. wir vergihen och baz wir noch vnßer erben noch nieman
anders von vnßern wegen zů ber vorgenanten Herschaft Hohenberg kain gewaltsami
hän süllen alle bie wile ber Ebel vnßer lieber Öhen Graf Růdolf von
Hohenberg lept, Ez wäre denn mit gunst vnd gůtem willen bez obgenanten
vnßers lieben Herrn von Österrich vnd bez vorgenanten Grave Růdolfs, Als och
ber vorgenant vnßer Herre Hertzog Livppolt gefriet hat Rotenbvrg die Stat
Etwievil Jar baz ir brief sagend baz sol vnd ist vnßer gůt wille vnd süllen vnd
wellen sü och bi ben selben ffrihaiten län beliben än all geverbe. Och ist vnßer gůt
wille vnd gvnst alz biv Ebel vnßer liebv Möme ffrowe Yte von Tolenbvrg
bez Egenanten Grave Růbolfs Elichv wirtin bewiset ist Jr Heinstör vnd
morgengabe zehen tusent gulbin vff nötze alz vil ir benne beschaiden ist baran
süllen wir noch vnßer erben Si nit irren noch somen alle bie wile wir baz von ir

nit Erlöſet haben nach ir brief ſag. Wenne och der vorgenant Grave Rüd⸗
Hohenberg, von tode abgat So ſien wir vnd vnſer erben So ſien w
vnßer erben (sic!) haft vnd ſchvldig der Edeln vnßer lieben Mömen frow
gareten Markgrave Bernharß von Baden Elicher Hoſfrowen da
tail an den britßehen tuſent gulbine bie man ir benne geben ſol vﬀ biv
baz vnßer Herre von Öſterrich vor vertebingt hat vnd verbriefet baz wir
ber ſelben brief lvt vnd ſage bezalen vnd vzzrihten ſöllen än geverd vnd
ber hin bewiſet wirt vﬀ nötze baz iſt och vnßer güt wille vnd ſöllen wi
vnßer erben noch nieman von vnßern wegen Si bar an nit irren noch ſvm
ſol man richten vnd geben der ietzgenanten vnßer mümen der MarkGrevine
tvſent Gulbin vﬀ ſant Martins tag ber ze nehſt kvmt, wäre benne ob v
halbe tail verzift vnd verfiele So ſöllen wir baz halbe tail bez wörde vie
tuſent, gulbin och bezalen vnd rihten alz baz vor vnßer Herre von Öſterric
brieft vnd vertebingt hat Iſt och baz vns biv Herſchaft verzift alz vorgeſc
ſtat So ſöllen wir bie Sehſtuſent gulbin Halbe rihten vnd geben bie be
genanten Grave Rübolf von Hohenberg verhaiſſen ſint ze geben uﬀ ſant M
tag ber nehſt kvmt vnd bez ze vrkund So geben wir bem vorgenanten v
Herren von Öſterrich vnd ſinen erben biſen brief beſigelten mit vnßerm aygen
ber brief wart geben an Sant katherin tag ber Heiligen Jvnkﬀrowen bez jar
man zalt nach Criſtz gebörte britzehenhunbert jar bar nach in bem britter
achtzigoſten jare.

690.

25. November 1383. Rotenburg am Neckar. Die Grafen Eber
und Ulrich von Wirtemberg, welche bem Herzog Leupolb
Oeſtreich baar Gelb geliehen hatten, auch Bürgen für ben K
ſchilling ber Herrſchaft Hohenberg geworden waren, wofür b
ſelben, wenn ber Herzog ſie vor nächſt Martini nicht bezahlt u
von ber Bürgſchaft losgeſprochen, bie genannte halbe Herrſch
zufallen ſolle, bekennen, baß, wenn Leopolb das geliehen Gelb u
baszjenige, für welches ſie Bürgen geworden, in ihre (ber Gr.
W.) Hänbe niederlege, ſie keine Anwartſchaft mehr auf d
halbe Herrſchaft Hohenberg haben.

Wir Grafe Eberhart von Wirtemberg, vnb wir Grafe vlrich ſin So
vergehen offenlich mit biſem Brief vor aller Menglichen Alz wir bem burchlüchtiga

Fürſten vnſerm lieben herren hertzog Liupolden hertzog ze Oſterrich ze Styir
ze Kernden. vnd ze Krain Grafe ze Tyerol etc. Etwiuil beraitz gelt gelihen
haben vnd vnſer veſtinen Stet dörfer löt güt borgen vnd brief für in verſetzt haben
von vſſrichtvng wegen der ſchvlbe bez koffes der herſchaft ze hohenberg, vnd dar
vmbe er vnd ſin erben vns vnd vnſer erben gentzlich vnd gar lebig vnd los machen
ſol an vnſerm ſchaben hie zwiſchen vnd ſant Martins tag der nv nehſt kvmt, ober
aber ſich ſol der koff halber der ſelben herſchaft gen vns verziken vnd an vns ge=
ffallen nach dem alz baz benne zwiſchen vns verbriefet iſt, alſo iſt mit vzzgenomen
worten berett vnd gebinget, zwiſchen im vnd vns Ob ſich baz fügte baz wir ober
der Schuldner ayner ober ir mer ben wir alſo vnſer veſti Stet dörfer wiler löt
ober güter borgen ober briefe verſetzt haben ober gen ben wir ſchvlbner vnd an=
gölt ſien nach vnſerer brief ſag ob bie dem Egenanten vnſerm herren von Oſter=
reich, ober ſinen erben ober irn gewiſſen botten von ſinen wegen nit ſtatt tün
wölten bie ſelben Stett veſt, löt gut borgen vnd brief ze löſenb vnd ſich nit wölten
vinden län ober in baz gewärlich verzögen in welhi weg, baz wäre wenn benne der
Egenant vnſer herre von Öſterrich ober ſin erben ober ir botten vnſer bereit gelt
baz wir nu ietz gelihen haben vnd och baz gelt bar vmbe wir benne ſelbſchulb ſien
bar vmbe wir vnſer veſti Stett löt gut borgen ober brief verſetzt haben wenne ſi
baz gen Töwingen gen vrach ober Sigmaringen geantwörtent vnd da niber
gelegend in vnſern vnd vnſerer erben ober in ber vnſrer gewalt, vngewärlich baz
er vns benne gnög getän hab, vnd baz im vnd ſinen erben berſelber ſchvlbner ver=
ziehen gen vns an dem vorgeſchriben verzikvng kain ſchab ſin ſöll noch kain ver=
fallen bringen mög noch enſöll in bekein weg, än all geverbe vnd ſöllen wir beibe
tail benn getriwlich ainander beholfen ſin baz bie ſelben ſchvlbner ir gelt nemen
vnd ir brief bürgen vnd pfant lebig lazzen vnd her vſſ geben vngeverlich vnd bez
ze vrkünde So geben wir dem vorgenanten vnſerm herren von öſterrich biſen brief
beſigelt mit vnſerm aygenen inſigele vnd haben gebetten vnſer lieb getriwen Grave
Rüdolf von Svltz Schwikern von Gvndelfingen den Edeln, Ritter heinrich
Truchſezzen von heſingen vnſern hofmeiſter Erpfen truchſezzen ſinen Bru=
der vnſern vogt ze Töwingen vnd wernhern vnſern vogt ze Herrenberg
baz ſi irü aygenen inſigel zö ben vnſern ze rechter gezögnöſt aller vorgeſchribener
binge gehenket hand an biſen brief der Geben wart ze Rotemburg am neker
an ſant Katherinen tag der heiligen Jvnkffrowen bo waren von Chriſtz gebörte
brivtzehenhvnbert Jar bar nach in dem britten vnd achtzigoſten Jar. etc.

B. d. Orig. im k. k. geh. Haus- Hof- und St.-Archiv zu Wien.

691.

25. November **1383.** Rotenburg am Neckar. Graf Eberhard von Wirtemberg macht sich gegen Herzog Leupold von Oestreich verbindlich, wenn die halbe Herrschaft Hohenberg an ihn falle, den ihn alsdann treffenden Theil der Schuld zu bezahlen, doch soll er an den bereits von dem Herzog bezahlten **28000** fl. nur **7000** zu tragen haben.

Wir Graf Eberhart von Wirtemberg Tůn kunt für vns vnd vnser erben, Als wir mit dem durchluchtigen fürsten vnserm lieben herren, Herzog leupolten von Österrich etc. überain worden sein von des kouffs wegen der halben herschaft ze Hohemberg, In solher mass, ob sich der gen vns verzikte, vnd veruellet nach vnserr tayding Brief sag. Also verpinden wir vns, alles das gelt vnd alle die Schuld, die vns denn zu vnserm tail angepůrent, von demselben vnsern halben tail ze bezalen vnd auszerichten, fürderlich, vnd an des egenanten vnsers herren von Österrich vnd siner erben schaden, an geuěrd. Ausgenomen, der acht vnd zwainzig Tusent gulbin, die der egenant vnser herr von Österrich vor an denselben kouf gegeben hat, daran wir nicht mer, gepunden sin ze geben, denn Siben Tusent gulbin vngeuerlich. Mit vrkunt biz briefs Geben ze Rotemburg am Nekker, an sand katherinen tag Nach krifts gepurd drewzehenhundert Jar, darnach in dem brew vnd Achzigistem Jare.

B. d. Orig. im k. k. geh. Haus- Hof- und Staats-Archiv zu Wien.

692.

25. November **1383.** Rotenburg am Neckar. Die Grafen Eberhard und Ulrich von Wirtemberg, Vater und Sohn, bekennen, daß, wenn die halbe Herrschaft Hohenberg an nächst S. Martinstag ihnen zufalle, sie dem Herzog Leupold von Oestreich einen Brief mit zwanzig Bürgen ausstellen sollen, in welchem sie ihn von der Bürgschaft über denjenigen Theil des Kaufschillings lossprechen, welcher sie als die Käufer der halben Herrschaft Hohenberg trifft.

Wir Grave Eberhart von Wirtenberg vnd wir Grave Ulrich von Wirtenberg sin Son vergehen offenlich mit disem brief vor aller menglichen etc. Wäre ob sich daz fögte daz vns oder vnsere erben der halbe tail an der herschaft ze hohenberg verzikte vnd verfiele von dem durchlöhtigen vnserm lieben herren herzog Livpold herzogen ze Österrich ze Styr ze kernden vnd ze Krain Grave ze Tyeröl etc. oder von sinen erben nach dem alz wir bez brief von

im haben alʒ balbe benn ber nehſte ſant Martins tag ffůr komt vnb verrufet, So
ſollen wir ober vnſer erben bem obgenanten vnſerm herren von ôſterrich vnb ſinen
erben bar nach in bem nehſten Mônat aynen beſigelten gůten brief geben vnb in
antwôrten mit ʒwainʒig gůten gewiſſen bôrgen baʒ wir vnb vnſer erben bem ob=
genanten vnſerm herren von ôſterrich, vnb ſin erben entlebgen vnb entlôſen ſôllen
vnb wellen ân allen ire ſchaben von allen ben ſcholben vnb briefen ba er ober ſin
erben ober bie ſinen mit vns ſelbſchulb angůlt ober bôrg worben ſint von ber
ſcholb wegen bie vns ʒů vnſerm tail angebôrenb ʒe geben an bem kôffe ber her=
ſchaft ʒe hohenberg vnb ber ſelb brief ſol geſchriben werben alʒ beʒ ber obgenant
vnſer herre von ôſterrich vnb ſin erben nôtbôrftig ſint vnb alſ ietʒo in biſen Lan=
ben ſitt vnb gewonlich iſt brief ʒe machenb ân all geverb baʒ im vnb ſinen erben
baʒ vnverʒogenlich volle braht werb off baʒ ʒil alʒ ba vor geſchriben ſtat bar vmbe
So haben wir im vnb ſinen erben ʒů vns vnb ʒů vnſern erben ʒe bôrgen geſeʒet
vnſer lieb getriwen Grave Rubolf von Sulʒ Schwikern von Gunbelfingen.
Ritter ben man nent ben Ebeln, Heinrich Truchſeʒʒen von Hefingen vnſern
hofmeiſter Erpfen Truchſeʒʒen ſinen Bruber vnſern vogt ʒe Tôwingen
vnb wernhern von Roſenfelt vnſern vogt ʒe herrenberg, mit ſolchem
gebingb vnb ber beſcheibenheit wâr ob vns biv vorgenante herſchaft halbv verʒifte
vnb verfiele alʒ vorgeſchriben ſtett, Ob benne wir ober vnſer erben bem vorgenan=
ten vnſerm herren von Ôſterreich vnb ſinen erben ben Egenempten brief nit gâben
vnb antworten in irn gewalt ân all geuerbe off baʒ ʒil So vorgeſchriben ſtat So
hat er vnb ſin erben ober lantvôgt Jn Ergôwe ober ʒe Schwaben ir ainer vnb
ſi beibe gewalt vnb gut reht vns bie vorgenanten von wirtenberg, ober vnſer erben
vnb och bie vorgenanten vnſer bôrgen alle ober vnber in alʒ mengen ſi wellen
bar vmbe ʒe manenb ober heiʒʒen manen mit irn Botten ober briefen ʒe hofe ʒe
hof ober vnber ogen vnb welhi alſo vnber vns gemant werben So ſôllen wir bie
vorgenanten von wirtenberg vnſer ieglicher ʒwen Erber Kneht mit vier pferben
vnb ber obgenanten vnſer bôrgen, ieglicher aynen erbern kneht mit ʒwayn pferben
ſchiken vnb ſtellen ʒe layſtenb gen Rotenborg am neker ober gen Rûblingen in
ber ʒwayer Stett ain iſ welhi wir ober ber bôrgen ieglicher wellen vnb ſôllen ba
layſten in Erberer vnb offner gaſtgeben wirte herbergen ʒe vaylem kôffe vnver=
bingter bing, ain reht Gyſelſchaft, ba nach layſtvnge reht alʒ Sitt iſt vnb gewon=
lich, ân all geverbe vnb ſollen vſſer ber layſtung nômmer komen noch ber borg=
ſchaft lebig werben, benn mit beʒ Egenanten vnſers herren von ôſterrich ober ſiner
erben ober ſiner lantvôgt bie benn gemant hetten vrlob vnb gůtem willen, ober
aber Ee in ber obgenanten brief gevertiget vnb geantwůrt wirt ân alle geverbe
in aller mâʒʒe alʒ ba vor geſchriben ſtat, Alʒ bike och in ber pferb ains ober mer
verlaiſt werben ober abgen in ber layſtvng ba ſol in ber ſelb ſchôlb ober bôrg,
beʒ baʒ pferd ober biv pferb geweſen ſint ain anbers ober alʒ meng anbers in
bemſelben rehten in bie Layſtvng ſtellen als bik vnb oft, baʒ beſchiht ân an all
geverbe Wâr aber ob wir ſelb ſcholben ober ber bôrgen ayner ober mer in vnʒoht

tåten vnd in die Layſtung nach irer manunge wider irem willen verzogen vnd nit
layſten alz da vor geſchriben ſtat, So hat der vorgenant vnſer herre von öſterrich
vnd ſin erben vnd ir amptlöt vnd helfer gewalt vnd gůt Reht vns die vorgenanten von wirtenberg oder vnſer erben vnd vnſer löt vnd gůt, vnd och der vngehor-
ſamer brüchiger vnd vnlayſtender börgen löt vnd gůt dar vmb an ze griffend ze
pfendend vnd ze benötent äne geriht vnd än klag oder ob ſi wend mit klag, wie
vnd wa ſi können oder mögen wie vnd wa ez in aller beſt ffügt vnd mögen daz
tůn wã hin ſi wellen alz vil vnd genůg alz vil vnd genůg (sic!), bizz in der
obgenant Brief vnd allez daz So vorgeſchriben iſt gar vnd genzlich vollebracht vnd
vſſgeriht wirt än allen ſinen vnd ſiner Erben ſchaden vnd äne geverd. ffür den
angriff noch für alle vor vnd nach geſchriben ſach Sol noch enmag, vns die vorgenanten von wirtenberg noch vnſer erben noch die vnlaiſtenden börgen nit befriben noch ſchirmen beheinerley ffriheit bvntnöſt gnad troſtvng oder gelait der herren
der Stet noch bez landes weder gaiſtlich, noch weltlich, gebot noch geriht noch be
hain die ſache die ieman erdenken oder vinden kan oder mag, oder die von ieman
ie erdacht vffgeſetzt oder ſonden möht werden wär aber ob der obgenant vnſer
herre von Oſterich ſin erben ir amptlöt oder ir helffer von der pfanbvng vnd an-
griffes wegen ze ſchaden kemen. Ez were von ffrefelkeit von verlöſt oder wie der
ſchad wörd än geverde da ſöllen wir vnd vnſer erben vnd die verbrochen börgen
In von helfen än allen irn ſchaden vnd ön alle geverde Gieng och der vorgenanten vnſer börgen ayner oder ir mer von tod ab oder wörd ze börgen vnnötze wie
ſich daz fögte da got vor ſie oder för vſſwendig dem land Ee daz wir im der
vorbenemten brief gevertigten vnd geantwurten alz da vor geſchriben ſtat, Ee
ſöllen wir oder vnſer Erben dem vorgenanten vnſerm herren von Öſterich vnd
ſinen erben In ander alz mengen gůten gewiſſen börgen an der abgangner börger
Stat ſetzen in dem nehſten Mönat So daz erſt an vns gevordert wirt Teten wir
bez rit So ſöllen die andern börgen die dannoch in libe vnd in lande ſint, wenn
ſie genant (sic!) werden aber dar vmb laiſten in dem vorgeſchriben rehten alz
lang bizz daz der Egenanten börgen zal erfollet wirt vnd in vnd in (sic!) alles be
vollefört wirt, dar vmbe ſi benne genant hat, daz vor in biſem brief geſchriben ſtat
ön all geverde. wir die vorgenanten Grave Eberhart, vnd Grave ölrich von wirtenberg geloben bi vnſern gůten triwen alle vor vnd nachgeſchriben ſach wär vnd
Stät ze haltend vnd genzlich ze vollebringend an argeliſte vnd och die börgen alle
ze ledgend vnd ze löſend von biſer bvrgſchaft, wie ſi der ze ſchaden kemen än allen
iren ſchaden vnd bez zů aynem offen vrkönd So geben wir dem vorgenanten vnſern
herren von öſterich vnd ſinen Erben biſen brief beſigelten mit vnſer baider angene
inſigeln vnd mit der börgen Inſigeln vnd wir die vorgenanten börgen alle vergehen biz bvrgſchaft vnverſcheibenlich, vnd geloben bi vnſerm gůten triwen wär
vnd Stet ze halten ze tünd vnd ze vollebringend än geverd allez daz So vor vo
vns in biſem brief geſchriben ſtat vnd bez ze vrkönbe So hat vnſer ieglicher ſi
aygen inſigel offenlich gehenket an biſen brief ber Geben wart ze Rotenbvrg a

neter an sant katherinen tag der heiligen Jvnkffrowen bez Jares do man zalt von
Cristz gebörte drützehen hvndert Jar dar nach in dem dritten vnd achtzigosten Jare.

B. d. Orig. im k. k. geh. Haus- Hof- und Staats-Archiv zu Wien.

693.

26. November **1383.** o. O. Der Schultheiß, die Richter, der Rath
und die Bürgerschaft der Stadt Rotenburg geloben, alle sie betreffenden Punkte des Vertrags, welchen Graf Rudolf von Hohenberg mit Herzog Leupold von Oestreich über den Verkauf seiner
Herrschaft abgeschlossen, getreulich halten zu wollen.

Wir der Schulthaiſz, die Richter, der Rat und die Burger gemainlich
beide Rich vnd arm der Statt Rotemburg Tügen Kunt offenlich, für vns
vnd alle vnser nachkommen. Als der Edel hochgeborne Gräff Rudolf von Hohemberg vnser gnädiger Herre mit dem Drülühtigen (sic!) hochgebornen fürsten vnd
jerren hern Lüpolten hertzoge zu oesterrich vnserm gnädigen herren ains
Rouffs vber ain komen ist, aller siner Land vnd Lüt nach der brieff sag, die dar
vmb geben sind, als ouch der vorgenannt vnser herre von Hohemberg von des-
elben Kouffs wegen von dem obgenanten vnserm herren von österrich zwen täbing
rieff hant, veriehen wir mit vrkünd biſz brieffs, daz wir allü stuk puncten vnd
rtikel, die von vnsern wegen, in den selben tabing brieffen begriffen vnd geschri-
en sind von wort ze wort den obgenannten vnsern gnädigen herren baiden vnd
ren erben vnd nachkomen nach der selben brief sag stätt vnd war halten vnd tun
vellen schlehteclich vnd an all geuerd Wir sullen ouch susz alle ander stuk puncten
nd artikel, die In vnsern brieffen, den wir vnserm vorgenannten Herren von
sterrich vormals vnd ouch ieczo von der sach wegen geben haben begriffen vnd
erschriben sind von wort ze wort vnd an alle geuärbe wär vnd stät ze halten
nd tun vff den obgenanten sant Martins tag vngeuarlich. ouch ist berett, welcher
i sinen tagen nit komen ist, wenn der zu sinen tagen kumpt vnd welcher by
ns Burger wirt oder die ieczo nit gelopt hand, die sullent dem ouch obgenanten
nserm herrn von österrich vmb die obgenanten stuk oder sinen erben geloben, als
ir getan haben an geuärb wan wir alle vnd vnser ieglicher besunder nun vor
als dem obgenanten vnserm herrn von österich vmb die obgenanten sachen vor-
als gesworn haben Liplich aidi zu got vnd zu den hailigen mit gelerten worten
nd mit vff gebottenen fingern bez er auch vor vnsern brieffe hät bey den selben
ben geloben wir ouch alle vorgeschriben ding vnd sachen wär vnd stätt zu haltenb
glicher wiſz als vorgeschriben stät vnd bez vrkünd der warheit, so haben vnser
main statt Jnsigel zu Rotemburg mit gemainem Rät vnd von vnser aller bett
nd haiſzencz wegent offenlich gehenck an disen brief, der geben ist an sant Cunratz

tag nach Chriſtus gebürt drüzenhenhundert Jar barnach Jn dem brü vnd achczi-
giſten Jar.

B. b. Orig. im k. k. geh. Haus- Hof- und Staats-Archiv zu Wien.

694.

5. Dezember 1383. o. O.   Benz Schultheiß von Dornſtetten (O.A.
Freubenſtadt) bekennt, von dem Pfalzgrafen Ruprecht dem jüngeren das
Dorf Thumlingen zu Lehen empfangen zu haben.

Ich Benze Schultheiß von borrenſtetten bun kunt, das ich mit aller
orbenunge ſo barczu notbrufftig was, empfangen han zu einem rechten mannlehen
Tünglingen das borffe mit luten mit gutern ſo barczu gehort von dem hochgebornen burchluchtigen vnb ebeln fürſten hern Ruprecht dem Jungern hertzogen zu beyern von der gnabe gotts vnb pfalzgraue by dem Ryne mynen gnebigen herren, baſſelbe borffe von Jme lehen iſt, alſo bas ich yme bauon tun ſal,
als eine igliche lehenman ſinem lehenherren billich vnb von recht tun ſal vnb
han Jme baromben beſworn einen gelerten eybt liplichen zu gott vnb zu den heiligen, bas alſo ware vnb ſtete zu halten ane geuerbe, bes zu orkunbe ber warheit
giebe ich bieſen brieff beſiegelt mit mynem eigen Jngeſigel ber geben iſt an ſant
Nyclas abent ba man zalt von Criſts geburt, bruzehenhunbert Jare vnb barnach
in dem britten vnb achtzigſten Jare.

Von einer gleichzeitigen Abſchrift im St.-Archiv zu Stuttgart.

695.

8. Dezember 1383. o. O.   Graf Rubolf von Hohenberg gibt ſeinem
Schreiber Hainrice für den Fall, baß „pfaff hans von Ow, Kirchherr zu Spaichingen" mit Tob abgehe, ein „wartung" auf bie
bortige Kirche und präſentirt ſolchen hiezu zum Voraus dem Biſchof
von Conſtanz.

Wir Graff Rubolff von Hohemberg verienhen offenlich für vns vnb alle
vnſer erben vnb nachkomen Vnb tügen kunt aller wenglichen mit biſem brieff, bas
wir angeſenhen haben ſtätt, ämßig vnb getrüwe bienſt, So vns vnſer getrüwer
vnb lieber Hainrice vnſer Schriber offt nützlichen vnb vnuerbroßenlich getän
hät vnb noch in künftigen ziten wol getün mag, barumb ſo haben wir ime gnäb-
lich verlühen vnb gegeben, verlihen vnb geben Jme ouch wißentlich mit craft bis
briefs, wie ez benne in geiſtlichen vnb in weltlichen ſachen pillich vnb burch recht
kraft vnb maht haben ſol vnb mag nach dem rehten, ain wartung uff vnſer

kirchen ze Spaichingen Mit dem geding, wenn⁰ pfaff Hans von öw, yetzund kilcherr da selbs, von todes wegen abgāt, daz benn⁰ dem egenanten vnßerm Schriber hainricenn⁰ die vorgenant kirch ze Spaichingen ze stand vnd ān alle irrung, sumung vnd hindernüst zů sinen handen werden vnd geuallen sol vnd benů die selben kirchen sin lebtag gerůweclichen Jnn⁰ haben nützen nießen vnd hān sol mit allen den rehten nützen vnd gewonhaiten, So benn⁰ zů der egenanten kirchen gehöret oder gehören sol vnd mag, nützit ußgenomen, ān alle vnser, vnsere erben vnd nachkomen vnd ouch ān aller menkclichs irrung vnd hindernüst gaistlichs vnd weltlichs gerihtz oder ān geriht vngeuarlichen. Da von So bitten wir den Erwirdigen vnßern lieben herren vnd frünb den Byschoff ze Costentz oder sinen vycarien in gaistlichen sachen, wenn⁰ ez ze schulden kom, daz die egenant kirch Spaichingen schierost ledig werd, daz er benn⁰ den egenanten hainricen vnßern Schriber vor menkclichen der selben kirchen jnuestier vnd in der nach gaistlicher ordnung gewaltig mach, won wir Jm⁰ den yetzund gegenwerteclich dartzu āntwürten vnd mit craft biß brieffs presentieren vnd empfelhen ouch vnßere lieben getrůwen allen vnßern vögten vnd vnbervögten vnd ouch allen andern vnßern amptlüten vnd vndertanen in vnser herschaft ze Hohemberg, den biser brieff vmmer getzögt wirt, gegenwürtigen vnd künftigen vnd mainen ouch ernstlich, wenn⁰ also ze schulden kumpt, daz er sol an gān kilcherr ze werdent daselbs ze Spaichingen, daz sy in benn⁰ an der selben kirchen vnd ir zůgehörung niht sumen noch irren noch suß niemanden andern gestatten ze tünd in behain wiß von vnßern wegen ān geuerd. Sünderlich wellen wir, daz sy in vesteclich da by halten vnd schirmen als ander vnser getrůwen, vnd bez mit niht laußen, won sy gentzlich vnsern willen daran tůnd. Vnd bez ze vrkünd der warhait So geben wir Jm⁰ bisen brieff versigelt Mit vnserm aigenn⁰ anhangenden Jnsigel, daz offenlich an bisen brieff gehenkt ist vnd ze noch merer sicherhait So haben wir gebetten vnser lieben getrůwen Contzen von hälffingen Vogt ze Rotemburg vnd Bentzen von Bochingen, daz bie zů ainer getzügnüst aller⁰ vorgeschriben bing irú aignú Jnsigel zů dem vnsern offenlich gehenkt hand an bisen brieff. Wir obgenanten Contz von hälffingen vnd Bentz von Bochingen verienhen, daz wir wir von bett vnd haißentz wegen bez edeln hohgebornen Graff Růdolffs von Hohenberg vnsers gnädigen herren vnsrú aignú Jnsigel zů dem sinem zů ainer getzügnüst aller vorgeschriben bing offenlich gehenkt haben an bisen brieff, der geben ist an dem nähsten zinstag nach sant Nicolaus tag Nach Cristi gebürt drützenhenhundert Jār barnach in dem brú vnd ahtzigosten Jār.

696.

20. Januar 1384. **Haigerloch.** Graf Rudolf von Hohenberg belehnt
Werner von Neuhausen (O.A. Eßlingen) mit der halben Burg und
dem halben Dorf N.

Wir Graff Rudolff von Hohemberg verienhen offenlich vnd tügen kunt
menglichen mit difem brieff daz für vns kam uff difen hüttigen tag als birr briefᵉ
geben ift, vnfer Lieber diener Wernher von Nünhufen den man mempt knüßlin
vnd batt vns ernftlich, won fin vatter fälig wernher von Nünhufen von todes
wegen abgangen wâr, der von vns vnd vnfern vordern ze Lehen gehebt hette ain
halb tail an der Burg vnd an dem dorff ze Nünhufen mit finer zùgehörd,
Daz wir ime bennᵉ finen tail daran lühen der Imᵉ von finem vatter fäligen ze
rechtem erb worden vnd geuallen wâr, Dez haben wir fin ernftlich bett erhört, vnd
haben Imᵉ finen tail an dem halbtail der Burg vnd an dem dorff ze Nünhufen,
der imᵉ bennᵉ alfo von finem vatter fäligen ift ze Erb worden, gelühen mit Lüt
vnd mit gût mit äggern, mit wifan, mit holtz, mit veld, mit waßer, mit wuⁿ
vnd mit waid, by wafen vnd by zwig mit aller ehäftig vnd gewaltfami vnd ouch
mit allen rehten nützen vnd zùgehörden, So bennᵉ zu finem tail gehöret nützᵗ
ußgenomen, wie wir bennᵉ pillich vnd durch reht lihen fullen Alfo daz er vns bⁱ
von tün fol, waz ain ieglich Lehenman finem Lehenherren pillich vnd durch reⁱᵗ
tün fol doch mit behaltnüft biß Lihens vns vnd vnfer herfchaft vnßrü Reht, Vⁿᵈ
bez ze vrkund der warheit, So haben wir vnfer aigen Infigel offenlich gehenkt ⁿ
difen brieff, Der geben ift ze Haigerloch an gûtem tag Nach fant Anthonien ⁱᵃᵍ
Nach Crifti geburt drützenhen hundert, barnach an dem vier vnd Ahtzigoften ⁱᵃⁱ

B. d. Orig. im St.-Archiv zu Stuttgart. — Mit dem zerbrochenen kleinen Siegᵉ
des Ausftellers.

697.

5. Februar 1384. **Schaffhausen.** Hans von Klingenberg, Ritter, bᵉ
kennt, daß ihm Herzog Leopolt von Oeftreich und Graf Eberharⁱ
von Wirtemberg zwei Briefe, anlangend des letzteren Geldvoⁱ
ftreckung und Bürgfchaft für erfteren, zur Verwahrung übergebeⁿ
haben.

Ich Hans von Clingenberg Ritter, vergich vnd bekenn offenlich mit difeⁿ
brief, für mich vnd min erben vor allermeniklichem, daz mir der durchluchtig furfⁱ,
min gnädiger herr, herzog Lüpolt, herzog ze Öfterreich etc. vnd der hochᵍ
geborn min lieber herr, Graf Eberhart von wirtenberg, ingegeben vnd emᵖ
pfolhen habent zwen brief, die ich vnd min erben innhaben fullen in getrüweⁿ

handen, Mit ſolcher beſchaidenhait, wer ob der vorgenant min herr von Oſterreich,
oder ſin erben den vorgenanten minen herren von Wirtenberg vnd ſin erben nit
bezalte des baren gelts, das er Im gelihen hat, vnd In ouch die Slozz veſtinen
Stet, dörffer wiler, Lut, gut, pürgen vnd brief, nit lebig machte, die er ytzund
für In verſetzt vnd verphendet hat, vnd In vnd ſin erben, nit lebig machte an
allen den Steten, da er angült vnd Selbſchuldner iſt, nach der Brief Lut vnd ſag
die darüber gegeben ſind, wa das der egenant min herr von Öſterreich oder ſin
erben alles nit teten hie zwiſchen vnd ſant Martins tag, der nv nechſt kumpt,
So ſol ich oder min erben dem vorgenanten minem herren von Wirtenberg oder
ſinen erben oder irn gewizzen botten geben vnd antwürten den brief, der da beſigelt
iſt mit des obgenanten mins herren von Öſterreich, vnd mit ſiner Rêten Jnſigeln,
wer aber ob er oder ſin erben dem vorgenanten minem herren von Wirtenberg
oder ſinen erben das alles entlebiget vnd entloſte, vnd ſi ouch des baren gelts
betzalte alles nach der brief Lut vnd ſag bi barüber geben ſind, hie zwiſchen vnd dem
nechſten ſant Martins tag, So ſol ich, oder min erben, ben vorgenanten Herren bai=
ben, oder irn erben, oder irn gewizzen botten, ir yetwederm ſinen brief wiber geben,
der mit ſinem vnd mit ſiner Rêten Jnſigeln beſigelt iſt, Des alles ze vrchünd, gib
ich dem vorgenanten minem herren von Öſterreich vnd ſinen erben, für mich vnd all
min erben vnd nachkomen, diſen brief beſigelten mit minem aigen Jnſigel, der
geben ward ze Schafhuſen an frytag nach vnſer frawn tag ze Liechtmezz, nach
kriſts geburt, Dreuzehenhundert iar, darnach in dem vier vnd achtzigiſtem Jare.

V. d. Orig. im k. k. geheimen Haus= Hof= und Staats=Archiv zu Wien.

———

698.

28. Juni 1384. Brugg im Ergäu. Graf Rudolf von Hohenberg,
welchem Herzog Leopolt die Herrſchaft Hohenberg wieder auf Leb=
tag überlaſſen, gelobt, das Land, die Städte, Dörfer u. ſ. w.
nicht ſchätzen zu wollen.

Wir Graff Rudolff von Hohemberg Tun kunt, Als öns der durch=
lûhtig Hohgeborn fürſt önſer Lieber Herre vnd Öheim Hertzog Lüpolt von
Öſterrich etc. daz Land vnd Herſchaft ze Hohemberg yetzunt zu önſern
handen wider yn geäntwürt vnd in geben hät nach ſag der brieff die wir barumb
haben. Alſo geloben vnd verhaißen wir mit craft diz briefts daz wir nnn für=
azzer daz ſelb Land Stett märkt dörffer clöſter pfaffen Juden die yetzunt in der
ſelben Herſchaft ſind noch ander yemant niht ſchätzen ſüllen in dehain wiß än
nßers egenanten Herren von Öſterrich oder ſiner erben gunſt vnd willen wir
ſüllen ouch die ſelben Lüt beliben Laußen warumb ſy brieff von dem egenanten

— 688 —

önserm Herren von Oesterrich vnd öns habend doch alſo vnd ußgenommen waz
ſy von rehtz wegen geben ſüllend vnd vntzuht vnd välle ob bie geuielen vngeuarlichen Mit vrkund diz brieffs Geben ze Brugg in Ergöw° an Zinſtag nach
ſant Johans tag ze Süngihten Nach Criſts gebürt drützehenhundert Jar darnach
in dem vier vnd Ahtzigoften Jar.

B. d. Orig. im St.-Archiv zu Stuttgart. — Von dem Siegel iſt nur noch ein
kleines Bruchſtück vorhanden.

699.

28. Juni 1384. Brugg im Ergäu. Graf Rudolf von Hohenberg,
welchem Herzog Leopolt von Oeſtreich die Herrſchaft Hohenberg
wieder auf Lebtag überlaſſen und verſprochen hatte, Oberndorf
und Schömberg von den Reichsſtädten einzulöſen, gelobt, demſelben dazu behilflich zu ſeyn, daß die Nutzen, welche die Reichs-
ſtädte von den genannten zwei Städten eingenommen, von deſſen
Schuld abgehen ſollen.

Wir Graff Rüdolff von Hohemberg Tün kunt für öns vnd önſer erben
Als der durlühtig fürſt önſer Lieber Herr° vnd Öheime Hertzog Lüpolt von
Öſterrich öns von der täbing wegen als Er ons yetzunt daz Land ze Hohem-
berg wider önſer Lebtag in geäntwürt hat die Stett Oberndorf vnd Schön-
berg ze Lebgent vnd loß ze machend verſprochen hat vmb daz gelt daz die Ric
Stett nach ir brieff ſag daruff habent Alſo haben wir dem egenanten önſern
Herren von Öſterrich vnd ſinen erben gegünnet vnd geloben vnd verhaißen vnd
In dartzü ze helfend nach allem önſerm vermügen daz In an der ſelben geltſchut
ze ſtatten kome waz die egenanten Stett nütze von den ſelben pfanden in genome
haben oder waz von zinß geuallen iſt Sider vnd die egenant önſer Herſchaft vo
Öſterrich ettweuil geltz daran geriht hät oder waz öns an der vorgenanten ſchul
rehtlich abgän ſol oder mag daz ſy dez genießen än geuerd Mit vrkund diß brieff
Geben ze Brugg in Ergöw an zinſtag nach ſant Johans tag ze Süngihten
Nach kriſti geburt drutzehenhundert Jär darnach in dem vier vnd Ahtzigoften Jar

B. d. Orig. im St.-Archiv zu Stuttgart. — Von dem Siegel iſt nur noch ei
Pergamentſtreifen vorhanden.

700.

28. Juni 1384. Brugg im Ergäu. Herzog Lüpolt von Oestreich ver=
pfändet Iten von Tockenburg, Gemahlin des Grafen Rudolf von
Hohenberg, für **10000** Gulden (bez. **1000** Gulden jährlicher Ein=
künfte) die Stadt Horb, die Veste Urnburg, die Dörfer Weitingen,
Eutingen, Rohrdorf (O.A. Horb), Wilterdingen (wo?) auf Wie=
berlosung.

Wir Lüpolt von gots gnaden Hertzog ze Osterrich ze Styr ze
Kernden vnd ze Krain Graf ze Tyrol etc. Tün kunt vor allermenglichem
mit difem brief. Als wir mit dem wolgeborn vnserm lieben Oheim Graf Rů=
bolfen von Hohenberg aines kouffes über ain komen fin aller finer land vnd
lüte nach fag der briefe die darumb gegeben finb In denfelben briefen Wir vns
verfchriben haben die Edeln vnßer lieben mumen frow Jten von Tog=
genburg Grefin ze Hohenberg ze bewifend vnd ze verforgent zehentufend
gulbin vff güte phanb gelegen in der Herfchaft ze Hohenberg Alfo haben
wir die obgenannte vnßer liebe mumen Grefin Jten von Toggenburg vnb iren
erben mit willen vnb Rat vnßer Rät gewifet vnb In für das obgenannt gelt zů
einem phantlichen vnb werenden phande an alles abniessen ingefetzt vnb verfetzt
fetzen vnb verfetzen In mit kraft bitz briefs als es benn billich vnb burch recht
kraft vnb macht haben fol vnb mag nach bem rechten Horw die Stat, Vrn=
burg die Vesten, Wyttingen bas dorf, Vtingen bas dorf vfgenomen
ben kilchenfatz bafelbs, Rorborf bas dorf vnb auch Wylterthingen bas
dorf, Die vorgefchriben Stett, Vesten vnb Dörfer gelegen in der Her=
fchaft ze Hohenberg mit Lüt vnb mit güt mit äkkern wifen Holtz vnb velb mit
aller ehafti vnb gewaltfami mit Stüren erben vellen vnb Houptrechten mit Vogty
mit Stab vnb gerichten mit groffen vnb mit kleinen zehenden mit Mülinen vnb
Bifchentzen mit allen gelten vnb gülten es fy an korn an win ober an Hallern
vnb mit namen mit allen rechten nützen vnb zügehörungen nichts vfgenomen Alfo
venn ber egenannt vnfer Oheim von Hohenberg mit bem tob abgat bas got lang
venbe fo fol bie egenannt vnßer liebe mum Grefin Jta von Toggenburg ober ir
ben vnuerzogenlich anheben die vorgefchriben phanb mit Lüt vnb güten befetzen
vb entfetzen in phanbes wis vnb bie getrülich innhaben nützen niessen vnb han
t alles abniessen ymmer als lang vnb fo vil vntz wir ober vnßer erben bie phanb
n Jr ober Jrn erben erlöfen vmb zehentufend güter Gulbin boch alfo batz fi
e vnwülfchtlich vnb an fchatzung innhaben all bie wil wir aber bas nicht getan
ben So haben wir gelobt vnb verheiffen geloben vnb verheiffen ouch bi vnßern
fülichen trüwen vnb gnaden batz wir noch vnfer erben noch bhein vnßer Ampt=
m noch fuft nyemant anders von vnßern wegen bie egenannt vnßer liebe Mumen

Grefin Jten von Toggenburg noch ir erben an der vorgenanten pfandung mit
aller ir zůgehörung nicht hindern irren noch sumen süllen noch wellen noch schaffen
gesumpt werden in dheinen weg weder sust noch so an all geuerd Wan all die
wil wir die phant vnerlöst haben So süllen wir si darzů getrülich schirmen als
vnßer aygenlich gůt an geuerd vnd wer ob si oder ir erben nicht alle Jar Jerklichen vff sand Martinstag von den nützen dirr vorgeschriben phandung die dem
yetz lebig sind oder noch für sich hin erledigt werdent volleklich möhten bezalt vn
gewert werden mit rechter rechnung Tusent gulbin ierlichs gelts was oder wie v
ir oder iren erben denn ie des jares daran gebrist daz sol in jerlich widerle
werden die wil wir von Jnen vnerlöst haben mit dem Wyngelt ze Rotenbur
daz jr von dem egenanten vnßerm Oheim von Hohenberg vormalen gen ander
phanden vmb ir Heynstür vnd morgengab widerlegt vnd verschriben ist da
si also beliben sol nach ir brief sag vnd ouch mit allem dem korngelt so den v
dem bůhof ze Rotemburg geuellet vnd wirdt vntz daz si Jerklichen ir nütz d
ist tusend gulbin ierlichs gelts bezalt werdent als vorgeschriben stat an allen ir
schaden vngeuerlich Genielen aber mer nütz ierklichs von dirr phandung nach recht
rechnung denn Tusent gulbin gelts das sol vns vnd vnßern erben volgen v
werden an all geuerd Geschech aber daz si oder ir erben von vns oder vnße
erben vnd Amptlüten oder von iemant anders von vnßern wegent an dirr pha
dung oder an den nützen der vorgeschriben phandung iemer gesumet geirret o
dauon gedrukt wurden anders wan vorgeschriben stat So hat si oder ir erben
wer Jn des hilfet gewalt vnd gůt recht vns oder vnßer erben darvmb anzegri
vnd ze schadigen an allen vnßern lüten vnd gütern in Stetten in Dörffern o
vff dem lande mit gericht oder an gericht wye sie denn künnent oder mügent
mer als lang vnd genůg vntz das si oder Jr erben gar vnd gentzlich werde
vsgericht alles des daran sie den von dirr phandung wegen ymmer mangel o
gebresten gewunnen oder hetten es wer über lang oder über kurtz an alle geu
Ouch sol vns vor dem angrif nicht schirmen dhein gericht weder geistlichs u
weltlichs noch sust nichts anders weder sust noch so an alle geuerd Ouch ist
redt daz man vns vnd vnßern erben mit den obgenannten Geslossen vnd Stet
Horw vnd Vrnburg zů allen vnßern notdurften wider allermenklich gehori
vnd gewertig sin sol vnd vns vnd den vnßern die offen ze haben es wer d
daz die obgenant vnßer Mum oder Jr erben von der obgenanten nutz wegen
angriffen vnd phendeten das mügent si zů den obgenanten geslossen wol ge
Es ist ouch beredt vnd bedingt was phantschaft die egenant vnßer liebe M
Grefin Jta von Toggenburg in der Herschaft ze Hohenberg hat Wenn wir d
von Jr lösen wellen So süllen wir ain phand mit dem andern von Jr lösen v
dhains an das ander vnd sol ouch sie oder ir erben vns oder vnßern erben
losung stat tůn vnd gehorsam sin an all geuerd vnd diser vorgeschriben sach süll
ouch all vögt vnd amptlüt Burger vnd arm lüt dirr phandung sweren vnd gelob
stett ze halten an alles geuerd Mit vrkund ditz briefs, Geben ze Brugg

Ergöw an sand Peters vnd sand Pauls abent der heiligen zwölf botten Nach chrifts geburt drutzehenhundert iar, darnach in dem vyer vnd achtzigisten Jare.

B. d. Orig. im St.-Archiv zu Stuttgart. — Mit dem sehr gut erhaltenen Siegel des Ausstellers.

701.

20. Juli 1384. Heidelberg. Bischof Lamprecht von Bamberg belehnt auf Bitte des Grafen Rudolf von Hohenberg vom 25. Mai genannten Jahres den Herzog Leopold von Oestreich mit allen Lehen, welche gen. Graf von dem Bisthum Bamberg getragen, namentlich den Städten Rotenburg und Horb nebst Zugehör.

Wir Lamprecht von gots gnaden Byschof zů Babemberg etc. Tůn kunt. Als vns der wolgeborn Herre Graf Růdolf von Hohemberg alle die lehen die er von vns vnd vnserm Gotzhus ze lehen hett mit seinem offen brief auffant vnd vns batt daz wir die dem durchluchtigen fürsten vnd herren hertzog Leupolten von Osterrich etc. wolten verlihen, vnd derselb sein auffantbrief also von wort ze wort stůnd. dem erwirbigen gaistlichen fürsten vnd herren hern lamprechten Byschofen ze Babemberg Embewt ich Rudolf Graf ze Hohemberg meinen willigen dinst in allen sachen. lieber herre Ich lan ew wissen, daz ich mit dem Hochgeborn fürsten vnd herren, hern leupolten Hertzogen ze Osterrich etc. meinem gnedigen herren, ains kowfs vberain komen pin von der lehen wegen die ich von ew vnd ewrm Gotzhus ze lehen han dieselben lehen send vnd gib ich ew auf mit disem brief vnd bitt ew, daz ir dieselben lehen verleihet dem egenanten meinem gnedigen herren von Osterrich. Mit vrkunt ditz briefs, darauf mein aygen Insigel zů ende dirr geschrifft offenlich gedrukt ist. Geben an Bůtemtag vor dem heiligen Phingstag. Anno etc. lxxx°quarto. Also haben wir demselben vnserm herren hertzog leupolten von Osterrich vnd seinen erben, die egenanten lehen alle vnd sunderlich Rotemburg vnd Horw, die Stett, mit aller vnd gantzer zugehörung verlihen, vnd leihen auch wissentlich fürbaz von vns vnserm Gotzhus vnd nachkomen in lehens wis innzehaben vnd ze niessen, als lehens recht ist an geuerde. Mit vrkunt ditz briefs. Geben ze Haydelberg an Mitwochen vor sand Marien Magdalenen tag. Nach krists gepurd drewzehenhundert iar, darnach in dem vier vnd Achtzigistem Jare.

B. d. Orig. im St.-Archiv zu Stuttgart. — Mit dem ziemlich gut erhaltenen Siegel des Bischofs.

44*

702.

22. Juli 1384. **Heidelberg.** Der römische König Wenzeslaus verleiht den Leuten, Dienern und dem Lande des Grafen Rudol[f]
von Hohenberg alle die Freiheiten, welche die Lande u. s. w. des
Herzogs Leupold von Oestreich von dem Reiche erhalten. S. nro. 654

Wir Wentzlaw von gotes gnaden Romischer kunig zu allen zeiten
merer des Reichs vnd kunig zu Beheim Bekennen vnd tun kunt offenliche
mit difem brieue allen ben bie yn fehen oder hören lefen, das für vns komen i[st]
der hochgeborn leupolt, hertzog zu Ofterreich zu Steyrn vnd zu kern
ben, etc. vnfer lieber Swager vnd furfte vnd bate vns mit fleiffe das wir de[m]
Edlen Rudolf Grauen zu hoemberg feinen luten, dienern vnd dem land
zu hoemberg, alle bie freyheib vnd gnabe zutun gerühten bie der egenant vns[er]
Swager Hertzog Leupolt vnd fein lanbe leute vnd biener von vnfern voruarn a[n]
dem Reiche haben noch fage vnd laute fulcher brieue bie er borüber hat, bes hab[e]
wir durch funberlich liebe vnd fruntfchaft als wir an dem egenanten vnferm Sw[a]
ger erkennen vnd haben dorumb mit wolbebachtem mute vnd rechter wiffen de[m]
egenanten Graf Rudolfen feinen luten, dienern vnd landen, bie nach tobe bes eg[e]
nanten Graf Rudolfs an ben egenanten vnfern Swager geuallen follen alle b[ie]
gnaben vnd freyheit gnebichlich getan vnd geben, tun vnd geben yn bie in kr[aft]
bitz briefs Alfo bas fie fulcher gnabe vnd freyheib gebrouchen vnd genieffen mog[en]
nu vnd fürbas in aller maffe, als bie hertzog Leupold vnfer Swager feine lan[d]
lute vnd biener haben vnd ber gebrouchen, noch laute fulcher brief als fie borü[ber]
haben vnfcheblich boch vns bem Reiche an vnfern binften vnd rechten, Mit vrtu[nd]
bitz briefs verfigelt mit vnferv kuniglichen Maieftat Infigel Geben zu heibelber[g]
noch Criftes geburd breitzenhundert Jar vnd bornach in bem vieronbachtzigit[en]
Jare an fand Marien Magbalen tage vnferr Reiche bes Beheinfchen in bem Czw[ei]
vndtzweintzigiftem vnd bes Romifchen in bem Newnden Jaren.

V. b. Orig. im Privatbefitz eines Bürgers zu Rotenburg. — Das Siegel ift [ab]
geriffen.

703.

22. Juli 1384. **Heidelberg.** Der römische König Wenzeslaus g[iebt]
zu der fchon von feinem Vater K. Karl IV. bewilligten Verlegu[ng]
des Landgerichts zu Wenbelsheim in bie Stadt Rotenburg au[ch]
feine Zuftimmung.

Wir Wentzlaw von gots gnaden Romifcher kunig zu allen zeit[en]
merer des Reichs vnd Kunig zu Beheim Bekennen vnd tun kunt offe[nt]
lich mit diefem brieue allen ben bie yn fehen ober horen lefen, bas wir bur[ch]

liebe vnd freuntſchaft, als wir vns zu dem Hochgebornen Leupolten Hertzogen
zu Oſterrich zu Steyern vnd zu kernben etc. vnßerm lieben Swager vnd
fürſten verſehen, So haben wir mit wolbedachtem mute vnd rechter wiſſen ym
das Lantgericht ze Bynoltzheim (sic!), das in die Stat zu Rotemburg
gelegt iſt, vnſern gunſt vnd guten willen geben vnd ouch ym ſulche brieff als
vormals von vnßerm vater ſeligen keyſer karl barüber geben ſind, gnebiclich be=
ſtetet vnd confirmiret, beſteten vnd confirmiren ben von Romiſcher kuniglicher mechte
Mit vrkunt bitz Briefs, verſigelt mit vnſerem kuniglichen maieſtät Inſiglen, Geben
zu Heidelberg nach criſts gepurt breytzen hundert Jar vnd barnach in dem
vyer anb achtzigiſten Jare an ſand marie magbalene tage, vnſer reiche des Behmi=
ſchen in dem XXII vnd des Römiſchen in dem IX Jaren.

B. b. Orig. in dem Stabtarchiv zu Rotenburg. — Das Siegel fehlt.

704.

29. Juli 1384. Alzheim. Biſchof Lamprecht von Bamberg, Kanzler
des römiſchen Königs, welcher den Herzog Leupold von Oeſtreich
und Markgraf Bernhard von Baden in Betreff der Herrſchaft
Hohenberg mit einander vertragen, thut den Spruch, daß letzterer,
wenn ihm die Feſte Waßneck und die Städte Oberndorf und Schöm=
berg übergeben worden ſeyn würden, zwei Monate barauf die
Gräfin Margaretha von Hohenberg, ſein „wirtin,“ heim und zu
Haus führen ſoll.

Wir Lampreht von gots gnaben Byſchoff ze Bamberg bes aller=
burchleuchtigſten fürſten des Romiſchen kunges Cantzler veriehen vnd
tun kunt offenlich mit biſem brife, als wir ben burchlauchtigen fürſten vnſern gne=
bigen herren herrn Leupolt Hertzogen von Oſterrich vnd ben wolgebornn
markgraff Bernhard von Baden von der herſchaft wegen ze Hohem=
berg mit einander vereinet haben, alſo haben wir mit guter vorbetrahtung vnb
burh trew vnd eren willen by baran ſcheymber werben mügen nach der vorbenen=
ten vereinung auch geſprochen vnd ſprechen auch wizzentlichen, wenn bem egenan=
ten markgraff Bernhard by veſte weſſeneg vnd by Stet oberndorff vnb
Schomberg von dem egenanten vnſerm herren Hertzog Leupolten eingeantwurt
werben, alz baz geteybingt iſt, bas er banne in zweyer monab friſt barnach by
eblen Greffein margarethen von Hohemberg ſein wirtein heym vnb zu
haus füre vnd by halt vnd hanbel alz baz ſeiner eren vnd abel zugehoret vnb
auch by auzrihten in aller maz alz Graff Ruboltf von Hohemberg ſein
Sweher bem alten markgraffen von Baben ſeinem vatter by verteybingt hat,

vnd des ze vrkund haben wir vnser Jnsigel an disen brife gehangen der geben
ist ze Altheim am freitag nach sand Jacobs anno domini m⁰. iii⁰. lxxx quarto.

B. d. Orig. im St.=Archiv zu Stuttgart. — Mit dem ziemlich gut erhaltenen Siegel
des Bischofs in rother Masse auf grauer Unterlage.

705.

31. Juli 1384. Rotenburg am Neckar. Die Grafen Eberhart und
Ulrich von Wirtemberg bekennen, an den 19413 Gulden, welche
sie Herzog Leopolt von Oestreich zu dem Kauf der Herrschaft
Hohenberg geliehen, 17180 Gulden erhalten zu haben. Sollten
der Rest und andere 8670 Pfd. Heller, für welche sie an des
Herzogs Statt ihre Schlösser versetzt hatten, an nächst St. Martinstag nicht bezahlt werden, so verfalle ihnen die Herrschaft Hohenberg u. s. w.

Wir Graue Eberhart von Wirtenberg vnd wir Graue Vlrich vor
wirtenberg sin Sune verienhen vnd tůn Kunt offenlich mit disem brief, al;
vns der Hochgeborn fürste vnser lieber herre, Hertzog Leupolt von Ostenreic
etc. schulbig waz nüntzehen tusent gulbin vier hundert gulbin vnd britzehen gul
bin, gůter vnd gåber gulden, die wir im burch vnsern guten willen vnd von be
sunder früntschaft wegen gelihen haben, an den köff der herschaft zu Hohen
berg, die er vmbe Graue Rubolffen von Hohenberg köft hät, baz er vn
ietzunt bar an geben vnd bezalt hät Sibentzehen tusent gulbin, hundert gulbin vn
achtzig gulbin, bez er ainen qwit briefe von vns bar vmbe hat, vnd alz wir vnse
Schlozz Vestinen Stett vnd börffer für in gesetzt haben, vmb aht tusent pfunt haller
sehs hundert pfunt haller vnd sibentzig pfunt haller, die vorgeschriben summe gel
bar vmb vnser Schlozz für in ständ, vnd och die zwai tusent gulbin zwai hunder
gulbin vnd bri vnd brissig gulbin, die er vns noch an dem gelihen gelt schulbi
ist, Er oder sin Erben vns oder vnsern erben gar vnd gentzlichen geben vnd bezal
süllen vff sant Martins tag, der schierest kumpt, oder vns sol aber baz verzike
vmb die vorgeschriben herschaft zů hohenberg verzift vnd an geualle
sin, nåch vnser brief sag ob er bez nit täte, Och ist berett vmb die zwai tuse
gulbin vnd aht hundert gulbin vnd vmb die sechs tusent pfunt haller sehs hunder
pfunt haller vnd sibentzig pfunt haller ba wir selbscholl mit im worden vnd hinbe
in gestanden sin, baz wir vmb die selben summe geltz vnd vmb die selben schulb
vnd och vmbe den vffschlag, alz biv selbe schuld bestelt wirt, mit im bahinder b
liben süllen, biz von sant Martins tag, der nächst kumpt öber ain gantz iar ba
nächste vnd sol er vns bann vff ben selben sant Martins tag gar vnd gentzli
ba von lebigen vnd lösen, ån allez verziehen vngeuerlich, vnd sol in dem selbe

Jar von der selben schulbe wegen kain verziken geschenhen vmb die egenanten her=
schaft zů hohenberg, alz wir brief von im haben, vnd wa der vorgenant vnser
herre hertzog Leupolt von Osterrich oder sin erben baz nit täten vnd bar an sůmig
wären alz vorgeschriben stät so sol vns oder vnsern Erben die vorgenannte her=
schaft zu hohenberg verzift vnd veruallen sin, näch vnser brief sag die bar vmbe
geben sint vnd alz öch an bisem brief geschriben stät, doch also baz wir nit mer
geltts heruzz geben sullen an die selben herschaft zů Hohenberg, dann alz uil er
vns noch schulbig belibt vnd alz wir vnser Schlozz für in gesetzt haben vnd öch
wa wir selbscholl mit im sien alz vorgeschriben stät, Es ift öch berett wär ob off
die vorgenante summ geltz, bar vmb wir selbscholl mit im sien, vnd die bestän sol
biz von sant Martins tag, über ain Jar kain schabe gieng ez wär mit laiftung
oder welherlay schabe baz wär vnd baz der selbe schabe sich gebürte biz an fünftzehen
hundert gulbin vnd nit höher von bez selben schabens wegen, sol vns kain ver=
ziken geschenhen vmb die egenante herschaft zu hohenberg, aber doch so mügen wir
in vnd die anbern selbschollen, vnd öch die bürgen, vmb benselben schaben angriffen
vnd bekümern näch vnser brief sag die wir von im haben, wär aber ob mer scha=
bens bar off gieng, dann die fünftzehenhundert gulbin wieuil baz wär, vnd wir
gar vnd gentzlich bar vmb nit gelebigt noch gelöset würden biz von sant Martins
tag über ain Jar so sol vns aber ain verziken geschenhen vmb die egenante her=
schaft zů hohenberg in aller der mäzz alz vorgeschriben stät än all genärbe, Vnd
bez zů ainem waren Vrkunde so haben wir die vorgenanten Graue Eberhart vnd
Graue Vlrich von wirtenberg vnser aygen Insigel gehenkt an bisen brief, der geben
ist zu Rötenburg an dem Nekger, bo man zalt von Cristus geburte brützehen
hundert iar, vnd bar nach in dem vier vnd ahtzigosten Jar an dem nächste Suntag
näch sant Jacobs tag.

B. v. Orig. im k. k. geh. Haus- Hof- und Staats-Archiv zu Wien.

706.

12. August 1384. **Brugg im Ergäu.** Markgraf Bernhard von Baden
und dessen Gemahlin Gräfin Margaretha von Hohenberg verzichten
gegen Herzog Lůpolt von Oestreich auf alle ihre Ansprüche an die
Herrschaft Hohenberg.

Wir Bernhart von gotes genaden Marggraff zu Baden vnd gräf=
finn Margret von Hohenberg des vtzgenanten Marggraff Bernharts
Husfrawe Beriehen vnd tun kunt offenleich mit bisem brief, allen ben die Jn
sehent lesent oder hörent lesen die ytzund sind oder hernach künftig werden das
wir vns baibe vnd vnser yetlichs besunder, wir der Marggraf von vnser selbs
vnd vnser vorgenanten Husfrawen wegen Greffinn Margreten, vnd wir die selb
Greffinn Margret sein Husfraw von erbschaft wegen aller vnser rechten vorbrungen

vnd anſprach die wir zu der Herſchaft ze Hohemberg vnd zu allen den Slozzen die der burlühtig fürſt vnſer genebiger liber Herre Hertzog Lüpolt von Oſterrich etc. gekauft hat von dem edeln graffen Rüdolfen von Hohemberg vnſerm des egenanten Marggraffen Sweher vnd der Marggreffin vatter hetten oder gehaben möchten mit wolbedachtem mute vnd mit gutem willen vnd rate zu der zit do wir es wol getun mochten, an der egenanten Herſchaft, vnd den Geſlozzen gentzlich verzigen haben vnd verzihen vns auch der wizzentlich mit kraft bitz brifs mit ſolchen außgenomen worten, das wir noch vnſer egenante erben vnd nachkomen fürbazzer nymmer mer darnach ſprechen oder die an den vorgenanten vnßern Herren von Oſterrich vnd ſin erben vordern ſüllen noch wollen in dhain wiſe weder mit gerichte noch an gericht vnd das wir auch darumb alle brief die wir über die ſelben Herſchaft haben, es ſye von künigen kayßern Lehenherrn vnſerm egenanten Sweher oder von wem wir die haben her vß geben ſüllen das die vnd all ander brief die ſich Jn vnſer gewalt verlegen vnd niht her vß gegeben wurden, fürbazzer vernichtet zerbrochen werden vnd kain kraft haben wo die fürkemen vor gericht oder vor teydinge dem egenanten vnſerm Herrn von Oſterrich vnd ſeinen erben ze ſchaden vnd vns ze fromen, vnd das alles geloben wir der obgenant Marggraff vnd die Marggreffin dem egenanten vnſerm Herrn von Oſterrich vnd ſinen erben, by vnſern truwen vnd eren ſtet ze haben vnd gentzlichen ze volfürn vnd da wider nymmer ze tun weder heimlich noch offenlich ane geuerd vnd were das es von der egenanten erbſchaft Lehenſchaft anſprach rechten vnd vorbrungen oder von dhainre gabe vnd gemechts wegen vntz uf diſen hütgen tage der vorgenanten Herſchaft vnd der Slozz ze Hohemberg der wir vns verzigen haben darüber geſcheche von vns vnſern egenanten erben vnd nachkomen da got vor ſye So ſol die egenante vnſer Herſchaft von Oſterrich zu allen tagen vor allen gerichten, vnd zu allen ziten alweg daran recht haben vnd wir verlorn vnd ſol vns auch da für nihts helffen das yemand erbenken möchte in dhain wiſe ane ane (sic!) alles geuerd vnd des zu vrkund geben wir diſen brief verſigelten mit vnſern baiden anhangenden Jnſigeln der geben iſt ze pruk in Ergöw an dem nechſten freitag vor vnſer frawen tag Aſſumptionis nach Chriſts gebür drewtzehenhundert vnd in dem vyer vnd achtzigiſten Jare.

B. d. Orig. im St.-Archiv zu Stuttgart.

707.

12. Auguſt 1384. Brugg im Ergäu. Herzog Leupold von Oeſtreich verleiht dem Markgrafen Bernharb von Baben auf **10** Jahre die Lanbvogtei im Breisgau unb weist ihm bazu jährlich **2000** Gul= ben an.

Wir Leupolt etc. Tunt Kunt for vns vnb vnſer erben, baz wir bem wol= gepornen, vnſerm Lieben Oheim, Marggraf Bernharten von Paben, vnſer Lantvogtey in Briſgöw von ſanb Marteinstag ber ſchirſt kümpt, auf zehen Jar barnach, ingegeben vnb empholhen haben, ingeben vnb emphelhen auch wiſſent= leich bie vnb all vnſer Stet vnb Lêut barinne. Innetzehaben zu verweſen, ze ver= ſprechen vnb ze ſchirmen, an allen ſteten, wa vnb wenn bes bürft geſchicht, ge= trewleich, als bas anber vnſer Lantvögt vormaln getan habent, vnb auch, als Jm bas als einem Lantvogt zügehörtt, Vnb barümb ſüllen wir Jm alle Jar zway= tauſent gulbein geben vnb reichen, Vnb baſſelb gelt wir im verſchaft haben, vnb ſchaffen auch auf bas gelt bas vns von bes Reichs Lantvogtey in Swaben ièrlich geuellet, Jn ſölher mazz, baz bem egenanten Marggrafen auf ben nêchſten künftigen vnſer frawn tag ze ber Liechtmezz tauſent gulbein geuallen, vnb von ber= ſelben Liechtmezz vber ain Jar brewtauſent gulbein, bas wirbet für zway Jar, vnb barnach ze yegleicher Liechtmezz zwaytauſent gulbein, bie zehen Jar aus, Alſo baz von ben egenanten zehen Jaren zwainzigtauſent gulbein gepüren, vnb nicht mer, Vnb bas ſullen wir Jm auch aufrichten yegleichs Jars, vnb ze yegleicher Liechtmezz mit vnſern briefen, ober wie bas not iſt, Geſchêche aber baz im bas vorgenant gelt alſo nicht geuelle ze bhainem Jar, ober zil, als vorgeſchriben ſteet, was er ober ſein erben, bes benn ze ſchaben kêmen, ben ſi mit irem Aybe ge= weiſen möchten, benſelben ſchaben, mit ſampt bem gelt baz im aufſtat, ſullen wir Jn gêntzlich aufrichten vnb betzalen, an genêrb. Wêr auch, baz wir in verkeren wolten, ober würben, bes wir wol gewalt haben, inner ben egenanten zehen Jaren, ſo ſullen wir Jm ober ſeinen erben, ben noch bieſelben zehen Jar aus, alle Jar zway tauſent gulbein raichen, vnb geuallen laſſen, ze geleicher weis als ob er bennoch vnſer Lantvogt wêre, Vnb alles bas ſo bauor, an biſem brief geſchriben ſtat, ver= haiſſen, vnb geloben wir Jn, bey vnſern fürſtleichen gnaben, ſtet ze haben vnb ze volfüren, an genêrbe. Mit vrkünb etc. Datum in Prukka Ergoye, feria Sexta poſt Laurentii lxxx quarto.

B. b. Orig. im k. k. geh. Haus= Hof= unb St.=Archiv zu Wien.

———

708.

12. Auguſt 1384. Brugg im Ergäu. Herzog Leupold von Oeſtreich verpfändet der Gräfin Margaretha von Hohenberg, Gemahlin des Markgrafen Bernhard von Baden, für **10000** Gulden die Nutzen der Stadt Rotenburg (jährlich **1000** fl.) auf Wiederloſung.

Wir Lüpolt von gots gnaden Hertzog ze Oſterrich ze Styr ze kernben vnd ze krain Graff ze Tirol etc. Tun kunt für vns vnd vnſer erben Als der edeln vnſer lieben Mumen Grefinn Margreten von Hohemberg des wolgebornen vnſers lieben Oheims Marggraf Bernharts von Baden Huſſrown von dem edelln vnſerm lieben Oheim Graf Rudolf von Hohemberg irm Vatter zwaintzig tuſent gulbin zu Haimſtür zu dem egenanten irm wirt gegeben vnd beſcheiden ſind Vnd deſſelben gelts wir dieſelb Marggreſinn vnd irn Wirt Marggraf Bernharten gewiſet vnd vſgericht haben zehe tuſent gulbin, vf ettlich Setz vnd gült nach vnſer brief ſag vnd der ander zehen tuſent gulbin, wir ſi wiſen ſullen, daz ſi die nach des egenanten Graf Rudolfs tod wiſſen ze vinden vnd daran habend ſien Alſo haben wir dieſelben vnſer lieben Mumen die Marggreſinn, vnd irn Wirt den Marggrafem vmb die ander zehen tuſent gulbin gewiſet vnd wiſen och wiſſentlich, vf alle die nütz die ze Rotemburg geuallent oder geuallen mugent wie die genant ſind. In ſolcher maſſe wenn der egenant Graf Rudolf abgat vnd erſtirbet das got lang wende daz benn Jnen vnd irn erben von denſelben nützen vnd gülten all Jar zu zwen zilen, das iſt ze Sungichten vnd ze ſand Martins tag, ze ietwederm funf hunder gulbin geltz fürderlich vnd vor aller menklichen geuallen vnd gericht werden ſullen als lang, vntz daz wir ober vnſer erben ſi der egenanten zehen tuſent gülbin gentz lich gerichten vnd betzalen. Vnd wer daz Jnen dieſelben gült bheins Jars oder zils, vertzogen würden vnd nicht geuielen als vorgeſchriben ſtat Was ſi des der ſchaben nement, ben ſi oder ir baiber erben mit irm aib, kuntlich gemachen möchten, denſelben ſchaden zuſampt bem gelt, ſo Jnen benn vs ſtat, ſullen wir Jne gentzlich vfrichten vnd betzalen, vngeuerlich Si ſullen ouch die obgenannte twie gulbin geltz vf ben vorgenanten nutzen ze Rotemburg, in eins rechten Satzs ze werenden phandes wis, haben, an abſlag der nutz als Satzes recht iſt für die ob genanten zehen tuſent gulbin vntz daz wir ſi der gerichten, vnd die egenanten tuſe gulbin geltz, von Jnen damit erlebigen, berſelben loſung ſi vns oder vnſern erbe ouch ſtat tün ſullen vnd gehorſam ſien, wenn wir des begeren, an all widerm vertziehen vnd geuerd boch alſo daz wir die ſatzung an die ſatzung ze Waſſeneg Obernborf vnd Schömberg mit irn zugehörung ains an das anber nicht löſ ſullen, Ouch iſt bereht ob ſich fügte daz der vorgenannt Marggraf vor der egenan ſiner Huſſrowen mit bem tod abgieng daz benn die egenanten gült vnd phantſch berſelben ſiner Huſſrowen beliben vnd wider zugeuallen Wer aber daz Si vor J abgieng so sullen die egenannt gült vnd phantschaft ze glicher wis volgen vnd an in geuallen. Gewunnen si aber libserben mit einander denselben sullen vor vs all ire Recht daran behalten sien. Mit vrkunb diß briefs. versigelt mit vnserm anhangendem Insigel Geben ze Brugg in Ergöw, an fritag vor vnser fröwen tag ze mittem Ougst nach krists gepurd drivtzehenhundert iar vnd darnach in dem vier vnd Achtzigistem Jare.

B. d. Orig. im St.-Archiv zu Stuttgart. — Das Siegel ist verloren. Ein ganz gleichlautendes Orig. liegt im k̇ ḋ geh. Haus- Hof- und Staats-Archiv zu Wien.

709.

12. August 1384. Brugg im Ergäu. Herzog Lüpold von Oestreich, welcher Margarethen von Hohenberg, Markgrafen Bernhards von Baden Hausfrauen, namens deren Vater, von dem er die Herrschaft Hohenberg gekauft, **20000** Gulden zu Heimsteuer verschrieben hatte, verpfändet derselben für die eine Hälfte dieser Summe die Burg Waßneck und die Städte Oberndorf und Schömberg mit dem Einkommen davon, für die andere Hälfte Rotenburg die Stadt (bez. **700** fl. jährliches Einkommen davon) auf Wiederlosung.

Wir Lüpolt von gots gnaden Herzog ze Österreich etc. Tün kunt für vns vnd vnser erben, Als der wolgebornen vnser lieben Mumen, Gräfinn Margareten von Hohenberg des wolgeporn, vnsers lieben Öheims, Marggraf Bernharts von Baden, Houffrawn, von dem edeln vnserm lieben Öheim graf Rudolfen von Hohemberg irem vater, zwainzig tusent gulbein ze Haimstuwr, zü dem egenanten irm wirt gegeben vnd beschaiden sind, Vnd desselben gelts dieselben Marggräfinn vsgerichten vnd ze wisen, wir vns verschriben haben gen dem egenanten graf Rudolfen irm vater, von des koufs wegen der Herschaft ze Hohemberg, die er vns ze koufen gegeben hat, Also haben wir die egenant Gräfinn Margreten, Marggräfinn ze Baden vnd denselben irn wirt, Marggraf Bernharten von Paben, vmb Zehentusend gulbein der obgenanten zwainzigtusent gulbein, gewiset vnd in dafür ingegeben vnd versetzet die vest Wassenegg mit dem Pawhof, vnd Oberndorf die Stat mit den nachgeschriben gülten, des ersten mit dem Gericht was das bringen mag, Item an der Stewr daselbs Sechzig phunt Haller, die vf sand Marteinstag geuallent, Item fünf vnd virzig phunt Haller, die vf sand Walpurgen tag geuallent, Item Sechs vnd zwainzig phunt Haller von den drin Mülen in[1] der Stat, Item von Zinsen, Ainlef phunt Haller, Item von dem Zol Sechs phunt Haller, Item von dem Hêwzehent, drew phunt Haller, Item von den bienst Mülen vir phunt Haller, Item von ainer Slach Mülen zehen Schilling Haller, Item von ainer wis, haisset der

Was, drew phunt Haller, Item von zwain zehenden, zehen Malter der dreyerlay Korn, Item vnd Schönnberg die Stat, ouch mit den nachgeschriben gülten, Des ersten mit dem Gericht was das bringen mag, Item von der Stewr daselbs, dreissig phunt Haller, Item von einer Malmül, Newn phunt Haller, Item von dem Weyerhof drew phunt Haller, Item von einer padstüben drew phunt Haller, Item von des Höwun Hof, zehen Schilling Haller, vnd vir Malter Dinkel, vnd zway Maltern Habern, Item von des Slatter Hof zehen Schilling Haller, vir Malter Dinkhel, vnd zway Malter Habern, Item von einem Pachaws,[2] zehen Schilling Haller, Item von dem Leyenzehend[3] daselbs mit den nutzen, so er auch getragen mag, Wir haben Si auch zü den egenanten gülten gewiset, vf Siben= hündert gulbein gelts, der Nütz ze Rotenburg, der in alle Jar geuallen füllent, Drewhundert gulbein, ze Wihnachten, vnd virhundert gulbein ze Sünwenden, In sol= cher mazz, daz Si vnd baider liberben, die obgenant vest Waffenegg, vnd die vorge= nanten zwo Stet, Obernborf vnd Schönnberg, mit den vorgeschriben nutzen vnd den gülten, der Sibenhundert gulbein gelts, in eins rechten Satzes weis an abslag der nütz, innehaben vnd niessen sullen, als lang vntz daz wir ober vnser erben bie vmb bie vor genanten zehen tusent gülbein erledigen vnd erlösen, Wer aber daz der vorgenante vnser Mümen, der Marggrefinn, irm Wirt oder irn Leiberben, bie obgenanten Siben hundert gulbein gelts von den egenanten Nützen ze Rotemburg bhains Jars, oder x bhainem zil, als vorgeschriben stat nicht gericht, vnd verzogen würden, So mügen Si baffelb gelt, bas In benn verzogen ist, vf schöden entlehen, vnd vsgewinnen ze Juden oder ze Kristen, wa si wellent, Vnd was besselben schaden wirdet, den Si vns küm leich machent mit irem ayb bemselben schaden zu dem Hawbtgüt, bas si entlehen haben sullen wir in gänzleich vsrichten vnd bezalen, an geuerd, Teten wir des nicht, so mögen Si vns an vnsern leuten vnd gütern, barumb angriffen, als uerr vntz bc Si bes egenanten gelts vnd auch der schöden gar vnd gantz, gericht vnd bezalt vo vns werbent, vnd sullent bamit nichtes wider vns getan haben, Es ist auch bereba baz man vns vnd vnsern erben die egenanten Geslos sol ze lösen geben, vnd bc losung stat tün, wenn wir bes begern, vnd bie an Si vordern, boch nür baz mit bie Satzung mit der Satzüng der andern zehentusent gulbein, bie ouch gen Rotem burg verschriben sind lösen, vnd ains an bas anber nicht, Si sullen ouch mit bem selben Gesloffen wider vns, vnser erben, vnd wider den egenanten vnsern Ohein graf Rudolfen von Hohemberg nicht tün, noch gestatten getan werben, weder baru noch barus von niemanb in bhain wis an geuērbe, Vnd sullen ouch bieselben Geslos, mit sampt ben Leuten, die barzu gehörent vnwustleich innehaben, vfge= nomen der obgenanten gült bie barzü vor verschriben sind, Duch ist berebet, ol sich fügte baz der vorgenant Marggraf vor der egenanten siner Hawffrawn mit dem tob abgieng baz benn bie egenanten gült vnd phantschaft berselben siner Haw frawn beliben vnd wider zugeuallen, Wer aber baz Si vor Im abgieng, so sulle Im bie egenanten gült vnd phantschaft ze gelicher wis volgen vnd an in geuallen Gewinnent si aber libeserben miteinander, benselben sullen voraus alle ire Rech

daran behalten sin an geuerbe. Mit vrkünd etc. Geben ze Prugg, an freitag
vor vnser frowen tag, ze Mittem Augst lxxx quarto.

V. d. Orig. im k. k. geh. Haus- Hof- und Staats-Archiv zu Wien.

[1] Ein Copie hat „an“.
[2] Copie: „Pabhus“.
[3] Copie: (?) „winzehend“.

710.

16. August 1384. Villingen. Graf Rudolf von Hohenberg verspricht
dem Herzog Leopolt von Oestreich, dazu behilflich zu seyn, daß
diesem von den Städten, Märkten und Dörfern der Herrschaft
Hohenberg **13000** Pfd. Heller aufgebracht werden.

Wir Graff Rüdolff von Hohemberg Tůn kunt Als vns der durlühtig
fürst vnser Lieber Herr vnd öheim Hertzog Lüpolt von Oftrreich etc. daz Land
vnd die Herschaft ze Hohemberg yetzunt von sunder früntschaft wegen wider
zů vnsern Lebtagen yn geäntwürt hät vnd die er nach siner brieff sag lenger solt
inne gehebt haben, Von der selben früntschaft wegen wir vnsern gunst vnd gůten
willen dartzů gegeben haben daz der vorgenant vnser Herr von Österrich ab Stetten
märkten vnd dörffern der egenanten Herschaft wol niemen mag drützzenhentusend
pfund Haller, Also geloben wir auch getruwlichen vnser Bestes dartzů ze tůnd vnd
den vieren die dartzů gesetzt werdent beholffen vnd beräten sin daz gelt in ze
pringent än alle geuerb. Mit vrkund ditz brieffs Geben ze Vilingen an zinstag
vor sant Verenen tag Nach Cristi geburt Drützzenhenhundert Jär darnach in dem
vier vnd Ahtzigosten Jar.

V. d. Orig. im St.-Archiv zu Stuttgart. — An der Urkunde hängt das bekannte,
ziemlich beschädigte Siegel des Grafen Rudolf.

711.

16. August 1384. Villingen. Graf Rudolf von Hohenberg, dessen
Tochter Margaretha und deren Gemahl, Markgraf Bernhard von
Baden, **7000** fl. Zugeld (jährlich **700** fl. aus dem Einkommen
von Rotenburg) verschrieben worden und wofür sich Herzog Leu=
polt von Oestreich verbürgt, bekennt, diesen schadlos zu halten,
wenn jenen die genannte Summe jährlich nicht gereicht würde.

Wir Graff Rüdolff von Hohemberg veriehen vnd tůn Kunt für vns
vnd vnsere erben, Als der durlühtig fürst vnser lieber Herr vnd Öheim Hertzog
Lüpolt von Österrich etc. sich gen der Edeln vnser lieben bohter Mar=

gareten von Hohemberg marggräffinne ze Baben vnd dem wolgebor=
nen marggraff Bernharten von Baden irem gemaḫel vnd vnserm
Doḫterman verschriben hat vnd selbschuldner worden ist von der Süben hundert
gulben geltz wegen bie der egenanten vnser lieben boḫter frow⁰ margareten vnd
bem egenanten vnserm boḫterman marggraff Bernharten irem gemaḫel für Süben
tusend gulbin zü zügelt verschriben sind uff den nüḫen ze Rötemburg Also
geloben vnd verhaißen wir by güten trüwen, geschäch baz der egenanten vnser
lieben boḫter vnd dem egenanten vnserm boḫterman bem marggraffen bie egenan=
ten Sübenhundert gulbin geltz von ben obgenanten nüḫen ze Rötemburg alle
Jär vnd zü allen ziten nicht fürberlich geuielen vnd geraicht würden als Jn bie
verschriben sind vnd baz der egenant vnser Herr Herḫog Lüpolt ba von ze schaben
käme baz wir Jm⁰ ober sinen erben ben selben schaben genḫlich süllen vnd wellen
ablegen vnd wiberkeren zü ieglicher zit vnd baz beschiht. Tätten wir bez niht vnd
Jn baz verzügen So habent sy gewalt vnd güt reḫt sich vnser nüḫz⁰ vnd gült
wa sy bie an kommen mügent mit vnserm gütlichen willen ze vnberziehenb vnd z
vnber windent vnd ouch bie inn⁰¹ ze habenb als lang vnḫ baz sy bez Höptgüḫ vnb
aller schaben bie sy benn⁰ genomen habend von vns genḫlich geriḫt vnd beḫal
werbent vnd sol vns ouch ba vor nichḫ schirmen noch bawiber tün vngeuarlich
Mit vrkund biḫ brieffe Geben ze Vilingen an zinstag vor sant Verenen tag
Nach Cristi geburt bruḫzehenhundert Jär vnd barnach in bem vier vnd Aḫḫi=
gosten Jar.

  V. b. Orig. im St.=Archiv zu Stuttgart. — Von bem Siegel ist nur noch ei=
unbebeutenber Rest vorhanden.

———

712.

17. August 1384. Rotweil. Marfgraf Bernharb von Baben unb
seine Gemahlin Margaretha, Gräfin von Hohenberg, bekennen
baß Herzog Leupolt von Oestreich unb Graf Rubolf von Hohen=
berg das Recht haben, bie Feste Waßneck unb bie Städte Obern=
borf unb Schömberg, sowie **700** Gulben Gült von Rotenburg
wieber zu lösen.

  Wir Bernhart von gottes gnaben marggraf zü Baben vnb wir
fraw margreth grefinn von hohemberg sin gemaḫel veriehen vnb tün
kunt offenlich mit bisem brief für vns vnb alle vnser erben Als vns ber bur=
lüchtig hochgeborn fürst herḫog Leupolt Herḫog ze Osterrich ze Steyr
ze Kernben vnb ze krain Graf ze Tyrol etc. vnser lieber herr bie vesten
waffenegk vnb bie zwo Stett Oberndorf vnb Schömberg mit irn Züge=
hörungen vnb baḫu Sibenhundert gulbin geltz auz allen seinen nuḫen ze Rotem=

burg verſatzt hat nach der phantbrief ſag ſo wir von Jm barumb innhaben Alſo haben wir Jm verhaiſſen vnd gelobt verhaiſſen vnd geloben auch wir Jm wiſſentlich mit biſem brief baz wir Jm vnd ſinen erben ober graf Růdolfen von Hohemberg vnſerm marggraf Bernharts ſweher vnſerm der vorgenanten marggrefin vatter vnd ſeinen erben ber loſung der egenanten Setze wanne ſie ober bie iren bie an vns vorbernt allzeit ane wiberreb vnd verziehen wellen vnd ſullen ſtatt tůn vnd gehorſam ſin an allz geuerb nach der hrif ſag bie wir von bem egenanten vnſerm herren von Öſterrich inn haben an alle geuerb, Wir ſullen auch fürſehen vnd verhüten vnd nicht geſtatten baz yeman auz ben egenanten veſten vnb Stetten noch bar in wiber ben obgenannten vnſern herren von Oſterrich noch vnſern Sweher vnb vatter graf Růbolf von Hohemberg vnb ir baiber erben nicht tůn noch ſi angriffen weber haimlich noch offenlich in bhain weg an allz geuerb mit vrkunb bitz brifs verſigelt mit vnſer baiber anhangenben Inſigeln ber geben iſt ze Rotwil an ſant verenen tag nach kriſti geburt brützehenhunbert Jar barnach in bem vier vnb achtzigiſten Jar.

B. b. Orig. im St.-Archiv zu Stuttgart. — Mit beiben ziemlich gut erhaltenen Siegeln. Das Alliance-Siegel der Margaretha v. H. hat rechts ben Zähringer, links ben Hohenberger Schilb; auf ber Umſchrift nennt ſie ſich Gräfin v. H. unb Markgräfin in Baden. Das Siegel bes Markgrafen hat ben Zähringer Schilb unb auf bem Helm bie Steinbockshörner.

713.

30. Auguſt 1384. Villingen. Herzog Leupolt von Oeſtreich überläßt unter gewiſſen Beſtimmungen bem Grafen Rudolf von Hohenberg bie Herrſchaft Hohenberg zu lebenslänglicher Nutznießung.

Wir Leupolt von Gots gnaben, Hertzog ze Öſterreich, ze Steyr, ze Kernben, vnb ze Krain, Graf ze Tyrol, Marggraf ze Ternis etc. Tun kunt für vns, vnb vnſer erben, Als wir bem ebeln vnſerm lieben öheim Graf Růdolfen von Hohenberg, bieſelben herſcheft Grafſcheft vnb Geſlozz ze hohenberg mit aller ir zugehorung, bie wir vormaln von Jm gekauft haben vmb Sechs vnb Sechtzig tuſent gulbin, als bas ber kaufbrief barüber aigenlich wiſet, vnb berſelben Sechs vnb Sechtzig tuſenb gulbin er von vns gentzlich gericht vnb betzalt iſt, vnb als wir bas obgenante Land vnb Herſcheft ze hohenberg noch fürbazzer ettlich iar ſölten inn'gehabt haben vnb Jm baz yetzunb gegenwürtiklich von grozzer trüw vnb ſunbern gnaben wiber ingegeben vnb in geantwurt haben fürbazzer ſein Lebtag innzehaben vnb ze niezzen ane alle anbrung als hernach geſchriben ſtat, Alſo hat er vns gelobt vnb verhaizzen bi güten truwen an eibes ſtat vnb mit biſem briefe, baz er nu fürbazzer vns vnb vnſern erben, all bie wil er in leben iſt, mit bem obgenanten Land ze Hohenberg vnb mit allen herſcheften, veſten, Stetten vnb Geſlozzen ſo barzu gehörent, ſol vnb wil getrüw-

lich gehorſam vnd gewertig ſin, vnd vns die offen haben ʒe allen vnſern notdurſten
wider allermêniklich niemand vſgenomen, doch ane ſinen merklichen ſchaden vngeuerlich, vnd auch alſo, daʒ wir, vnd vnſer geſinde in denſelben geſloʒʒen, wenn die
darin koment, vailen kauff vinden vnd haben, ʒu vnſern notdurften Vnd darʒu daʒ
er allen vnſern fromen werbe vnd vnſern ſchaden wende vnd vns getrew ſye ane
geuerde. Er hat auch gelobt vnd verhaiʒʒen bi guten truwen vns vnd vnſern
erben, dis pünd vnd artikel, die an ſinem brief vor vnd hernach geſchriben ſteent,
genʒlich ſtêt ʒe haben vnd ʒe volenden, des erſten, daʒ das verʒigen das er vf
dem egenanten Land hette, genʒlich ab ſye vnd daʒ die verʒikbrief kain kraft mer
haben vngeuerlich, ob die in Siner gewalt beliben vnd nicht genʒlich heruſʒ gegeben wurden, Er ſol auch ſchaffen vnd ʒe weg pringen, daʒ all Stett vnd Purg-
grafen in den egenanten herſcheften ſweren vnd ir brief geben, vnd daʒ auch all
dörffer vnd Lût vff dem Lande auch ſweren vns vnd vnſern erben, nach ſinem
tode gehorſam vnd gewertig ʒe ſinne vf der ſtat als irm rechten herren, vnd daʒ
auch nv fürbaʒʒer mit niemand dhain püntnüʒʒ oder ordnung tün noch machen
in dhain wiſe, ane vnſern oder vnſerr erben willen vnd wiʒʒen, Er ſol auch ſich
nv fürbaʒʒer mit den egenanten Landen vnd herſchêften ʒu niemand verpinden wider
vns oder vnſer erben vnd ane vnſern willen gunſt vnd wiʒʒen, Er ſol ouch m
furbaʒʒer in den egenanten herſchêften nichts verſetʒen noch verkümbern weder der
Stett Dörffer oder dhainerlay dinge ane geuêrde Er ſol auch dhainerlay ânbrun
noch ſchuld machen noch dhainerlay fryhait geben, die vns ʒe ſchaden komen möchten, die vorgenanten Land Stett vnd Lût ſüllent fürbaʒʒer bi allen irn fryhaita
beliben die Sy von vns, vnd dem egenanten vnſerm Oheim habent oder noch fürbaʒʒer erlangent ane geuerde, Ouch iſt beredt, ob Jm nv furbaʒʒer der Purggraia
damit er die Sloʒʒ yʒund beſetʒt, einer oder mer abgienge oder ſuſt verkeren wolt
die Jm nicht füglich wêren, das mag er wol getün, alſo daʒ er dieſelben pur
grafen ſchike ʒu vnſerm Lantuogt in Ergôw wer der denn ye iſt, daʒ die bri
geben vnd ſweren als die vordern vnd die verkerten vormaln getan habent, vſ
nomen der, die Rotenburg Haygerloch vnd Hohenberg innᵉhabent, die er nicht ve
keren ſol, denn nv mit vnſerm willen vnd wiʒʒen, oder mit vnſers liebe
getrewen Reinharts von Wêhingen vnſers hofmaiſters, oder mit Hanſen von Clu
genbergs, ob derſelb von Wêhingen die ʒit inner landes nicht wêre, daʒ dieſelbe
denn auch ſweren vnd ir brief geben, als die verkerten oder die abgeſtorben geta
hetten, Alſo geloben vnd verhaiʒʒen wir auch, ob das geſchêch, daʒ er elich Si
lieʒʒe nach ſinem tode, ir wêre einer oder mer, dieſelben vnd auch das obgenau
Land, ſüllen wir oder vnſer erben, innhaben vnd ir getreûr phleger ſin, vnʒ
die ʒit, daʒ Sy vierʒehen iar alt werdent, vnd wenn dieſelben ſin erben, die d
genante herſchaft von Hohenberg an vns vordernt, So ſüllen wir Jn das La
vnd Lût, genʒlich widergeben, vſgenomen Rotenburg Burg vnd Stat, mit all
ʒugehörung, das ſol vnſer phant ſin, vmb ſouil gelts, als wir denn, an de
kouff vnſers gûts geben haben, Vnd auch für die Sibenʒehen tuſent gulbin, darun

vir, die edeln vnser lieben mümen .. die Marggrèfinn von Baden sin tochter, vf
vie nüß daselbs, gewist haben, vnz daß es die kind darumb von vns erlòsent.
Es hat auch, der vorgenant vnser Oheim von Hohenberg vollen gewalt bi sinem
Lebtag, Ist daß In Got Sòn berautt, daß er denn zwen biberman den er getrüwet
dar geben mag, die In die nüß nach sinem tobe innemen, vnß auf die zeit, daß
Sy vyerzehen Jar alt werdent, vnd In die anlegen vnd fürkerent, nach irm aller
pesten, vnd die vns, oder wen wir darzü schaffen, die nüz von der kind wegen
wider rechnen, Giengen aber dieselben sin Sòn ab, ee daß si vyerzehen iar alt
vurden, So sol aber das egenante Land, vns vnd vnsern erben werden vnd geuallen,
vèr aber, ob der egenante vnser Oheim, nach sinem tobe mer elicher tochtern liezze,
vie sullen wir getrüolich beraten, vnd ir ÿklicher Siben tusent gulbin geben, Ouch
ist berebt, daß der egenant vnser Oheim sin Lebtag alle Lehen lihen sol, Sy syen
ieistlich oder weltlich, doch der manschaft vnschèdlich, wir süllen auch, den egenanten
vnsern òheim .. von Hohenberg, sin byener vnd die sinen, getrüwlich schirmen
vnd In beholffen sein zü dem rechten, Ist man Im auch ichts schuldig, darzü
üllen wir Im auch geraten vnd beholffen sein, nach seiner brief sag zu dem rechten
vngeuarlich vnd nach vnserm vermügen. Mit vrchünd diß briefs. Geben ze Vilin=
gen an Zinstag, vor sanb Verenen tag, Nach Chrißts gebürt, Drüzehenhundert
iar, barnach in dem vyer vnd Achzigiftem Jare.

B. b. Orig. im k. k. geh. Haus= Hof= und Staats=Archiv zu Wien.

714.

. September 1384. Rotweil. Markgraf Bernhard von Baden und
dessen Gemahlin Margaretha von Hohenberg leisten vor dem Hof=
gericht zu Rotweil Verzicht auf alle Ansprüche an die Herrschaft
Hohenberg.

Ich graf Rüdolf von Sulß Hofrichter von mines genädigen Herrn
es Römischen chünig wentzlaws gewalt an seiner stat uf sinem Hofe
Rotwil tun kunt allen ben die disen brief ansehent lesent oder hören lesen das
ze gericht saß uf dem Hof zu Rötwil an der öfnen frigen kunigsstraße uf disen
g als dir brif geben ist vnd stund vor mir uf dem selben hoffe der edel hoherborn
erre Marggraf Bernhart von Baden vnd stund pey im die edel wöl=
born frawe fraw Margareth Gräffinn von Hohemberg Margraffinn
Baben sin eliche Hufframe vnd sprach also das er vnd die egenant frawe
targareth sin huffraw auf geben vnd sich verzeihn wolten aller der recht vnd
sprach so sy hetten zu dem lande vnd zu der Herschaft ze Hohemberg
it aller zugehörung gegen dem edelen hoherwirdigen durchlewchtigen fürsten vnd
errn Herr Lüpolten Hertzogen zu Ofterrich ze Steyer ze kerten ze kräin graffe ze

tyrol Margraf ze Terniß etc. vnd paten mich an ainer vrtail ze erfarn wie se
das tun solten das es kraft het vnd recht wår darumb vorschet ich der vrtail vnd
warb ertailt von Rittern vnd von Richtern die ba ze gegen waren als uf dem
Hof ze Rotwil recht was das man die egenant frawen Margarethen sin Husfrawe
des ersten mit irn genosen bevögten sölte mit ires mans willen vnd do man (sic!)
si ze vogt ben ebeln Herrn Graf Conraben phaltzgraffen von Tüwingen
vnd do si ben zu vogt gewan vor mir mit vrtail als auf bem Hof ze Rotw
recht was do stund bar der egenant Herre Marggraf Bernhart von Babin rc
fraw Margareth Margraffin ze Baben sein eliche Husfraw mit irem vogt geir
ir leibe vernüftig (sic!) ir synne vnd mit wolbedachten mute mutwilligleich i
leich vnd vnbezwungenleich vnd gaben auf vnd verzigen sich gegen dem egenant
Hochgebornen burchlewchtigen fürsten vnd Herrn herrn Lüpolten Herzogen ze Die
rich aller ber recht vnd ansprach so sy hetten biß her vntz auf disen hewtigen t
zu bem land vnd Herschaft ze Hohemberg mit allen rechten nützen vnd zugehör
so barzu ober barein gehöret nach ber brif lawt vnd sage bie sie von ber von
nanten Herschaft wegen von Hohenberg gegen einanber hetten es sey an gra
schaft an landen vnd an låwten an steten purgen an Slossen an w
bennen an borffern an weilern an hoffen an Selben an kilchen r
säßen an låwten an gütern an aygenschaft an lehenschaft an vogr
ten an ehafti an zwingen an Bennen an gerichten an lantgerichter
zollen an gelaiten an tauern (sic!) an Höptrechten an erben an vel
an pesaßten gelt an verlassen gelt an Hantlon an ainung an stew
an ffreuelen an zinsen an vngelt an wasen an zwey (sic!) an Mül
an Mülsteben an Holtz an Holtzmarken an vischentzen an wigern (sic!) an we
an wasserleitinan an wunne an waibe an velbe an wicratinen (sic!) an ega
an awen an werben mit wegen mit stegen vnd gemainlich mit aller an ber gem
sam nützen rechten vnd zugehörben nichts auz genomen es sey funben ober vr
ben gewunnens ober vngewundens nihts auz genomen bem vorgenanten Ho
pornen burchlewchtigen Herrn Hertzog Lüpolt ze Osterrich vnd allen seinen e
vnb nachkomen das egenant lant vnb Herschaft ze Hohenberg mit aller zugeh
hinnan hin nemer mer ze haben vnb ze nisen ze setzen vnb ensetzen bas ayge
für aygen vnb lehen ist für lehen gegen allermeingleichen nach bem rechten
nach ber Brif lawt vnb sage bie sie zu paiber seyt barumb ynne hand ane
uerbe Sie verzigen sich auch vor mir mit guten trewen für sich vnb all ir e
aller ber recht ansprach vnb wiber vorberung so sy ober chain ir erbe zu
egenanten land vnb Herschaft heten biß her vntz auf bisen hewtigen tag nach
saß brief sage bie sie zu paiber seyten gegen einanber habent also bas sv n
kayner ir erben noch niemant anders von irent wegen sy noch ir nachkomen n
niemant anders von iren wegen nu fürbazzer mer an ben vorgenanten iren rech
so ba vor peschaiben ist nit irren bekümern noch bekrengen süllen noch we
noch kain ansprach noch wiber vorberung noch recht mit kainen gerichten gaistlei

noch werntleichen (sic!) noch an gericht noch mit kaines fürsten Herren noch an
der hilf noch rät in bhainen wegen noch mit bhainerlay weise weder sust noch so
angeuerd Sünderlich so enzihen sie sich alles schirmes alles rechtens paide gaistlichs
vnd werntlichs gericht aller der brieff die barüber In gegeben sind auf dem Lant=
gericht ze Rotwil das die gentzlichen tod vnd ab sein süllen sie sein funden oder
onfunden werd das ain enhain brif von der vorgenanten Herschaft wegen ze Ho=
henberg funden wurd der baruber geben wer von dem Hofgericht ze Rotwil ober
die er von kunigen kaysern oder von seinem Sweher erlangt het vnd In seinen
gewalt gepracht het oder noch füro baruber erwerben werden möcht von dem stul
zu Rom oder von Römischen kaysern oder kunigen als anders swannen vnd ge=
mainlich alle fürzöge vnd funde si sein geschriben oder ongeschriben wie man die
mit nämlichen worten anzzihen finden oder erdenken künde oder möcht oder da mit
y oder ir erben wider biß recht reblich ongeuavrlich verzihn vnd auf geben kun=
nen oder möchten getun oder in bhain weise geirren gewenden oder bekrenken in
bhainen weg noch mit bhainerlay weise süst noch so angeuerd doch mit der be=
schaidenhait nach der brif lawt vnd sag so sie zu paider seyten einander baruber
gegeben habent on alle geuerd Es tetü auch biß egenanten der Edel Herre Marggraf
Bernhart von Baden vnd fraw Margareth sein eliche Huffraw biß verzeihn vnd
alle vorgeschriben sach zu den zeiten do si das wol getun mochten mit hand vnd
mit mund mit irs vogts hant vnd mit mund vnd mit meiner hant vnd mit mund
t des egenanten Hochgeborn durchlewchtigen fürsten vnd Herren Hertzog Lewpolts
on Osterrich hant mit urtail als recht was vnd als auf dem Hof ze Rotwil mit
Rittern vnd mit Richtern ertailt ward das es geschehen wer als recht wer vnd
as es nu vnd hinnach in künftigen zeiten pilleich vnd von recht kraft vnd maht
aben sol vnd mag lawterleich ainuältigleich vnd on alle geuerde vnd herumb ze
sen urkund so han ich des Hofgerichts ze Rotwil Insigel mit urtail offenleich ge=
ngt an disen brif Vnd wir der vorgenant Bernhart Marggraf zu Baden vnd
ir Margareth sein eliche Huffraw veriehn vnd geloben alle vorgeschribene sach
ar vnd stet zu halten in aller der weiß so hie vor von vns geschriben stat vnd
aben darumb zu ainer sicherhait aller vorgeschriben ding für vns und alle vnser
ben vnsere aygene Insigel offenleich gehenket an disen brif vnd wir Graf Chon=
b von Tüwingen do vorgenant veriehen das wir der egenanten frawen Marga=
then von Hohemberg ze vogt geben warden in aller weise so vorgeschriben stat
b das sy alle vorgeschriben sach getan hat mit vnserm lawtern gunst vnd guten
llen In aller weiß so vor geschaiden ist vnd haben darumb vnser aygen Insigel
t vogtes weiß offenleich gehenget an disen brif der ze Rotwil gegeben ist an dem
chsten Donerstag nach sant Johans tag als er enhawbt ward nach Crist gepurt
erwzehenhundert Jar vnd darnach in dem vyer vnd achtzigistem Jar.

Nach einem Vidimus des Johanns von »ysun, Techant vnd vicary« zu Trienbt,
riftoff Probst zu Griezz Jakob Probst zu Sant Michel, Trienbtner bystumbs. Botzer
. September 1418.

45 *

715.

1. September **1384.** o. O. Otto von Balme, ein Edelknecht und Dietrich
der Cantzler, Bürger zu Rotweil, bekennen, von Graf Rudolf von
Hohenberg ein Gut zu Deilingen (O.A. Spaichingen) zu Lehen
empfangen zu haben.

Ich Otte von Balme ain Edel kneht Vnd ich Dietrich der Cantzler
burger ze Rötwil kunt (sic!) vnd veriehen offenlich, Das wir von dem Edeln
hoherbornen herren Graff Rûdolfen von Hohemberg ain gût ze Lehen hant,
daz gelegen ist ze tülingen, daz ze difen ziten arnolt der bühel buwet vnd
iärgeliches giltet drü malter vesan zwai malter habern Rötwiler messes ahzehen
schilling haller vier herbst hünre vnd ain viertail aiger Da habent wir beid gelot
mit gûten Truwen dem vorbenempten vnserm genädigen herren vnd allen sina
nachkomen da von ze tünde alles daz waz banne ain man sinem Lehen herra
billich vnd von reht tûn sol vnd dez alles ze ainem warem offem vrkunde so ha
ich Otte von Balme min Insigel offenlich gehenket an disen brief Vnd wan i
Dietrich der Cantzler aiges Insigels niht han so habe ich erbetten min Liebe
vatter hainrichen den Cantzler daz er sin Insigel ouch offenlich ze gezugni
gehenket hät an disen brief vnder dem Insigel ich vergihe aller vorgeschribe
binge an disem brief Der geben ist an dem durnstag nach sant pelayen tag Na
Cristi geburt druzehenhundert iar dar nach in dem vier vnd achtzigosten Jar.

B. d. Orig. im St.-Archiv zu Stuttgart. — Mit den Siegeln der beiden Ausstell

---

716.

10. September **1384.** Rotenburg am Neckar. Revers und Pflid
brief der Stadt Rotemburg, mit dem dieselbe dem Herzoge Leope
zu Oestreich, als ihrem rechten Herrn, auch nach der dem Graf
Rudolf von Hohenberg geschehenen Ueberlassung der lebenslä
lichen Inhabung der Herrschaft Hohemberg, die schuldige In
und Gehorsam angelobet.

Wir der Schulthaiss der Ratt vnd die ganz gemain der Stat
Rôtenburg am Neckar veriehen vnd tügen Kunt für vns vnser erben vnd
vnser nachkomen, Als der durlühtig fürst vnser gnädiger Lieber herre Her
Leupolt von Österich mit dem wolgebornen graf Rudolfen von hohemb
öch vnserm Lieben gnädigen heren yezund ainer täding über ain komen ist
im das Land vnd die herschaft ze Hohemberg, zů sinen leptagen wi
in geantwurt hat in der masse alz die brief sagend die darumb gegeben

Also haben wir gelobt vnd verhaissen geloben vnd verhaissen öch by bem aib so wir bar=
umb zů den hailigen gesworn haben, Das wir den egenanten vnsern gnebigen herren
von Österich vnd sin erben zů einem rehten herren vfgenomen vnd empfangen haben
nemen vnd empfahen öch wissenklich mit bisem brief inen vnd allen iren erben nu für=
bazzer nach der egenanten täbing, brief sag mit der obgenanten Stat ze Rötenburg vnd
mit öns selb ze bienen ze warten getrw vnd gehorsam ze sein, in all weg als vn=
seren rehten herschaft, Vnd das wir ouch nu fürbazzer mit niemant kain puntnüss,
ober enbrung tun süllen ober off niemen wellin in behainen weg, wiber sy vnd
m ir wissen vnd willen vngeuerlich. Vnd bez allez zu einem warem vrkünbe so
jaben wir vnser Stat gemain Insigel offenlich gehenkt an bisen briefe der geben
st ze Rötenburg in der vorgenanten Stat An samstag dem Nähsten vor bez
jailigen Crüz tag Am herbst bez Jares bo man zalt von Cristi gebürt Drüzehen=
jundert Jar vnd vier vnd Ahzig Jare.

    V. b. Orig. im k. k. geh. Haus= Hof= und Staats=Archiv zu Wien.

717.

10. September 1384. Rotenburg am Neckar. Ein gleicher Brief der beiden Städte Haigerloch.

Wir der Schulthais der Rät vnd die ganz gemain von Baiden
Stetten ze Haigerloch, verienhen vnd tügen kunt für yns vnser erben vnd all
nser nachkomen Als der burlühtig fürst vnser Lieber gnädiger herre Herzog
Leupolt von Österich mit dem wolgebornen graf Rüdolfen von Hohem=
erg öch vnserm Lieben gnädigen herren yezunb ainer täbing über ain komen ist,
nb im das Land vnd die herschaft ze Hohemberg, zů sinen Leptagen wiber In=
antwürt hät in der masse als die brief sagenb bie barumb gegeben sind, Also
iben wir gelobt vnd verhaissen geloben vnd verhaissen öch by bem Aib so wir
irumb zů den hailigen gesworn haben, bas wir ben egenanten vnsern gnädigen
rren von Österich vnd sin erben zů ainem rehten herren vfgenomen vnd empfan=
n haben niemen vnd empfahen öch wissenklich mit bisem brief Inen vnd allen
en erben Nu fürbazzer nach der egenanten täbing brief sag mit ben obgenanten
tten ze Haigerloch vnd mit vns selb ze bienen ze warten getrw vnd gehorsam
sin in all weg, alz vnseren rehten herrschaft Vnd das wir öch nu fürbazzer
it niemant kain puntnüß ober enbrung tůn süllen ober off niemen wellen in be=
inen weg, wiber sy vnd an ir wissen vnd willen vngefarlich Vnd bez allez zů
nem warem vrkünb so haben wir vnser Stet gemain Insigel offenlichen gehenkt
bisen brief, Der geben ist ze Rötenburg der stat an bem Necker an sam=
ig dem nähsten vor des hailigen Crüz tag Am herbst nach cristi gebürt Drüze=
nhundert Jär vnd vier vnd achzig Järe.

    V. b. Orig. im k. k. geh. Haus= Hof= und Staats=Archiv zu Wien.

718.

11. September 1384. o. O. Desgleichen von der Stadt Horb.

Wir der Schulthaiß der Rat vnd die ganz Gemaind der Stat ze
Horw veriehen vnd tün kunt für vns vnd vnßer erben vnd nachkomen. Als der
burlühtig fürst vnßer gnebiger lieber Herre Herzog Lüpolt von Osterich etc.
mit dem wolgebornen Graff Rüdolffen von Hohemberg vch vnserm gnebigen
Herrn jetzt ainer tebing vber ain kommen ist vnd Jme daz lant vnd die Herschaft ze Hohemberg ze sinen leptagen wider ingeantwurt hat In der
maz als die brief sagent die dar vmb geben sint Also haben wir glopt vnd verhaissen globen vnd verhaissen öch by dem aibe so wir dar vmb zů den Hailign
gesworn haben daz wir den egenanten vnsern gnedigen Herrn von Osterrich vn
sin erben ze ainem rehten Herrn vffgenomen vnd empfangen haben niemen vn
empfahen öch wissentlich mit disem brief In vnd allen iren erben nv fürbaß
nach der egenanten tebing brief sag mit der obgenanten Stat Horw vnd mit vn
selber ze dienen vnd wartant getruw vnd gehorsam ze sint in alle weg alz vn
rehten Herschaft vnd daz wir öch nv fürbasser mit nieman kain bentnüß oder en
rung tün süllen oder vffniemen wellen indehein weg wider sy vnd än ir wisse
vnd willen .. doch vnscheblich der Edel Hochgebornen frow Jten von T
denburg Greuin ze Hohemberg vnser gnebigen frowen än iren briefen r
pfantschaft än geuerbe Dez alles ze vrkunde der warhait geben wir disem br
besigelt mit vnßer Stat Gemaind aigen Jnsigel. Der geben ist am nehsten S
nentag nach vnser frowen tag alz sy geboren wart do man zalt von Cristy geb
druzehnhenhundert iar vnd vier vnd ahzig iar.

B. d. Orig. im St.-Archiv zu Stuttgart. — Mit einem großen runden Sie
das den Hohenberger Schild hat; von der Umschrift ist kaum etwas zu lesen.

719.

15. Oktober 1384. o. O. Hans der Vogel, Bürger zu Rotenbu
verkauft unter den Siegeln des Grafen Rudolf von Hohenbe
Kastvogts der Kirche zu Sülchen, und Pfaff Konrad Stahle
Kirchherrn zu Rotenburg, um **18** Pfd. Heller und **14** Schi
an Gräfin Jta von Tockenburg **4** Jauchart Ackers, die zu d
Kirchensatz von Sülchen gehören.

Jch Hans der Vogel burger ze Rotenburg vergih offenlichen für m
vnd min erben vnd tun kunt menglichen mit disem brief, das ich reht vnd reb
verkoft vnd ze koffenb geben han miner gnädigen frowen frow Jten v
Tockenburg gräffin ze Hohemberg vnd allen iren erben vier Juchart ag

mit aller zügehörd, die gehörent Jn den kilchenſatz der kilchen zů ſühen (sic!)
ligent uf dem bürrenbach, ſtoſſent ainhalb an hanſen Sifritz ſäligen win=
garten vnd anderthalb an den Tottenweg, dauor vß gat ain malter korns nach
der zelg, wez den daruff wehſt, Rotemburger meß, vnd zway Herbſt Hünr geltz
vnd iſt der egenant koff beſchenhen vmb ahtzenhen pfunt vnd vierzehen ſchilling
güter vnd genemer Haller, der ich alſo bar zů minem kuntlichen nutze von Jr ge=
werot vnd bezalt bin, vnd darumb verzich ich mich für mich vnd min erben gen
ir vnd iren erben aller reht, vorbrung vnd anſprach, ſo ich vntz her an dem ege=
nannten aker gehebt han oder füro daran gehaben möht, vnd bez allez zů ainem
warem vrkund, ſo han ich gebetten min gnädigen Herren graff Růdolffen von
Hohemberg der Caſtuogt iſt des egenanten kilchenſatz vnd pfaff Con=
raten ſtahler kilchherr ze Rotenburg, das ſie irn aigen Jnſigel ze vrkund
irs willen, das ſie den zů biſem köff geben haben vnd ze zůknüſt aller vorgeſagten
bing offenlichen hant gehenkt an biſen brief, vnder ben ſelben Jnſigeln ich aller
vorgeſagten bing vergih von mir an biſem brief, der geben iſt an ſant gallen
abent nach Criſti geburt brützehenhundert Jar vnd in dem vier vnd ahtzigoſten Jar.

720.

3. November 1384. o. O. Graf Rudolf von Hohenberg belehnt
Arnolds von Sielmingen (O.A. Stuttgart) Wittwe mit einem Gütlein
daſelbſt.

Wir Graff Růdolff von Hohemberg Tůn kunt offenlich, baz wir an
biſem tag als birr^e brieff geben iſt, ze Lehen verlühen haben, der fromen frowen
abelhaiten, arnoltz ſäligen frowen am tor ze Syhelmingen geſeßen, ain
güttlin haißet, der ſchůhiüen güttlin, baz ba lit ze ſchäthwiſen, baz Jr man
ſälig arnolt am tor, vormals von öns ze Lehen gehebt hat, vnd haben ir baz
ſelb güttlin gelühen, won ſy bez nähſter erb iſt, mit allen rehten vnd zügehörben,
als baz ir man ſälig ſin Lebtag beſeßen vnd genoßen hett, wie wir denn^e pillich
vnd burch reht Lihen ſullen, alſo, baz ſy vns ba von tüge waz vns vnd önſer
herſchaft ba von pflichtig vnd gebunben iſt ze tůnb, boch öns vnd önſer herſchaft
vnſchäblich an allen önſern rehten, Mit Vrkund biz brieffs, der geben iſt an zinſtag
vor ſant Martins tag, Nach Chriſti geburt Drützzenhenhundert Jär vnd vier vnd
Ahtzig Jar.

721.

7. November 1384. Rotenburg. Graf Rudolf von Hohenberg bekennt, daß Herzog Leopolt von Oeſtreich bei ſeinen Gläubigern für
ihn eingeſtanden iſt, demſelben aber hieraus kein Nachtheil erwachſen ſolle.

Wir Graff Rüdolff von Hohemberg verienhen vnd Tûn kunt für vns
vnſer erben vnd nachkomen Als der burlühtig fürſt vnſer Lieber Herr Hertzog
Lüpolt von Öſterrich etc. für vns geſtanden iſt vnd ſich mit vns mit ſinen
brieffen vnd Jnſigel verſchriben hât von der tâbingen wegen der wir oberain komen
ſigen mit den die Hernach geſchriben ſtand, dez erſten mit Hainrichen von Bi-
benhofen vmb ſin ſchuld darumb er vns Jn vier Jaren nit manen ſol, Mit
Berhtolten dem koler Ritter der in brin Jaren nit manen ſol vnd dem wir
zwölff bürgen vertegen ſüllen an ander aberſterbener, Hanſen dem Pfuſer, den
wir wâlalingen zů den pfanden die er vormals von vns hett vmb Sübenhundert pfund verſetzt haben, Contzen von Hälffingen dem wir den Hoff ze
Büringen vmb vierhundert pfund verſetzt haben, Otten Bögglin vnd Contzen
Siglin, den wir die kirchen ze öttingen vmb viertzenhenhundert pfund Haller
verſetzt haben, Alſo geloben vnd verhaißen wir by gûten trumen wâr ob wir oder
behain vnſer amptman behainem vnſerm vorgenanten ſchuldner Jn behain ſin pfant
griffen anders wenn wir pillichen ſolten vnd Jn Jr pfand vnd Sätz nit verte-
gotind oder verſprächen nach dem Rehten vnd nach ir brieff ſag dez wir ouch ze
vnſern Lebtagen wol gewalt haben von vnſerm Herren von Öſterrich Geſchäch ze
nit wenn wir denn darumb ze Red geſetzt werden vnd ſich befint daz dem alſo
iſt So ſüllen wir ſchaffen daz daz widerkert werd Tätten wir dez nit wâr dem
daz vnſer Herr von Öſterrich oder ſin erben denn darnach der ſelben ſchuld
So hie vor verſchriben vnd vertzaichent ſind oder der vertegung vnd verſprechung
der pfender zů behainem ſchaden kemen wie ſich daz fügte von dem ſelben ſchad
allen Süllen wir Jn vnd ſin erben gentzlich ledig vnd loß machen ân allen ir
ſchaden vngeuarlich. Wa aber daz ouch nit geſchäch So habend Sy vnd Jr Hel
fer vollen gewalt vnd mügent vns ouch wol darumb angriffen mit vnßerm güt
lichen willen an allem dem waz wir haben vnd vns zügehört nihtz ußgenomen als Lan
vnd als vil vntz daz ſy von allem ſchaden gelößt werdent ane geuerd mit vrkun
diz brieffs, Geben ze Rötemburg an dem nähſten Mentag nach aller Hailige
tag Nach Criſti geburt drützzenhenhundert Jare vnd vier vnd Ahtzig Jare.

B. b. Orig. im St.-Archiv zu Stuttgart. — Das Siegel fehlt.

———

722.

8. November 1384. Rotenburg am Neckar. Graf Rudolf von Hohen=
berg bekennt, daß aus der Bürgschaft, welche Herzog Leopolt von Oest=
reich für ihn übernommen, für biesen kein Schaden erwachsen solle.

Wir Graf Rudolf von Hohemberg Tün kunt für vns vnd vnser erben.
Als der burluchtig fürst vnßer lieber Herr Herzog Leupolt, Herzog ze Öster=
rich etc. vnser Mitgült worden ist, vnd sich mit vns verschriben hat von der
schulb wegen, bie wir schulbig sein vnd darumb phenber stent, vnd von des gelts
wegen darumb wir yetzunb phenber setzen ober brief vnd Bürgen geben. Also
geloben vnb verhaissen wir by guten trewn baz wir bieselben sach, phantschaft vnb
gült, also handelln vertigen vnb volfürn welln vnb sülln, als bas von vns baiben
verschriben ist, vnb sunberlich in solcher maff, baz berselb vnser Herr von vnsern
wegen bey seinen lebtagen bes zu bhainem schaben kome an geuerbe. wir sülln
auch bas gelt barumb wir also versetzen an vnser egenant schulb geben vnb ge=
uallen lassen, vngeuarlich, Geschech auch, baz wir von der vorgenanten schulb wegen
fürbaß kain enbrung tün müsten, vnb aber lenger bestellen wolten, barzu sol vns
ber egenant vnser Herr von Österrich vnb sein erben beholffen sein vnb bas mit
iren briefen bestetten, auch in solcher maff, baz wir versehen, baz Si benn aber,
bey vnsern lebtegen, bes zu bhainem schaben komen als vorgeschriben stet. Tetten
wir bes nicht, So habent Si, vnb ir Helffer vollen gewalt vns vnb bie vnßern
barumb anzegriffen mit vnßerm gütlichen willen, als lang vnb als verr vntz baz
wir Si von den vorgenanten schulden vnb scheden gentzlich lebigen vnb lösen vnb sol
vns auch bauor nichts schirmen, bas yemant erbenken möcht an geuerb mit vrkunt
bitz briefs. Geben ze Rotemburg am Nekker, an Zinstag vor sanb Martins
tag Nach krists gepurb, Drewzehenhundert iar, barnach in bem vir vnb Achzigi=
sten iare.

B. b. Orig. im St.-Archiv zu Stuttgart. — Mit bem bekannten kleinen Siegel
es Grafen Rubolf.

723.

. Dezember 1384. Ravensburg. Die Streitigkeiten zwischen Herzog
Leopolt von Oestreich, Graf Rudolf von Hohenberg einer= unb
ben Reichsstädten andererseits wegen der Pfanbschaften Oberndorf
unb Schömberg werben zu Ravensburg vor einem Schiebsgericht
beigelegt.

Ich Joe der Düttemhaimer gemain man wir Brun von Hertenstain
onrab vom stain Ritter henggi Humppis vnb ber Vener von gemünb
le vier schiblütt von vnsers herren von Österrich vnb ouch von der stett

wegen die den bund in swaben haltend Tůn kunt mit disem brief alz dez
obgenanten önßers Herren von Österrich vnd ouch gräff Růdolf von Hohem=
berg Rått die yetz mit vollem gewalt hie sind ainhalb vnd ouch die obgenanten
stett anderhalb off öns zů der minne vnd zů dem rehten gegangen vnd komen
sind von der stöß wegen so sie von der zwayger schlöß oberndorff vnd schön=
berg vnd ander gůter so da mit versetzt wåren mit ainander hetten Also haben
wir ainhelleclich mit der minne gerett vnd vßgesprochen daz der obgenant önser
Herr von Österrich den egenanten Stetten vmb alle vorderung vnd ansprach so ſi
von der egenanten pfandung wegen gen Jme vnd dem egenanten von Hohemberg
habent noch herußgeben vnd bezaln sol vierthalbtůsend gulbin vnd daruff ſullen
ouch die obgenanten beid stett vnd die andere gůter gentzlich lebig vnd löß sin vnd
welcherlay brief vnd vrkund vmb die selben sach gegeben sind ez sie der recht Hŏpt
brief ober ander vrkůnd die sůllent die obgenanten stett für sich herußgeben al
bald sy der egenant önser herr von Österrich dez obgenannten irez geltz bezalt hat
Denne vmb die zway hundert gulbin so önser herr von Hohemberg spricht dⁱⁱ
Jme an dem Hŏptgut von den von Rütlingen noch vßligent haben wir ge
sprochen ist daz die von Rütlingen vor dem den önser Herr von Österrich darⁱ
schikt gewisen mügen von nun sunnentagen der schieroſt kumpt vber vierzehnen ta
vnd von dem selben sunnentagen aber öber vierzehnen tag vnd von bannan in vierz
hen tagen daz ist zů dryn tagen mit zwain iren Råten die do ze mål ir Råt wåren ob
yetz sind ober mit dem dem ſi daz gelt von önßers egenanten herren von Hohemb
wegen geben haben ober mit iren gesworner rechnern daz sy die genanten zway hund
gulbin von dez von Hohemberg wegen bezahlt haben daz sy des billich genießen Geſch
aber dez nit so sůllent die selben von Rütlingen die selben zway hundert gulbin d
egenanten önßerm herren von Österrich noch rihten vnd off der ſtåt geben ån al
verziehen vnd widerred Ouch sprechen wir waz die von Rötwil von der gemaⁱⁿ
stett wegen von Oberndorff vnd Schönberg wegen mer in genomen haben de
fünf vnd viertzig vnd zway hundert Malter korns vnd hundert phund Haller ⁱ
daz die egenanten von Rötwil dem egenanten önßerm Herren von Österrich ⁱ
wider keren sullen. Lagin ouch off den lüten ze Oberndorff vnd ze Schönberg
hainerlay nutze noch vß es wår vmb bůßen fråflinan ober ander nutz daz
ouch nun önßerm egenanten Herren von Oesterrich werden vnd geuallen Wir j
chen ouch ob die von Rötwil von den gerihten ze Oberndorff vnd schönberg
hundert phund haller in genomen hettin ober bar vnder Darumb sůllent sy ⁿ
dem egenanten önßerm Herren von Österrich vnd önßerm Herren von Hohemb
vnbekümert sin vnd barumb ledig vnd löß beliben Hettin sy aber bar öber i
nomen daz sůllent sy önßerm egenanten Herren von Österrich geben vnd wideru
låssen ån verziehen vnd dez ze vrkünd haben wir egenanten Brun von Herten
Conrad vom stain Ritter vnd Henggi Humppis önser ieglicher sin insigel get
off disen brieff vnd won wir der egenant Jos bütenhaimer der gemain man
der vener von gemünd önserü insigel yetz nit haben hab ich der büttenhaimer

betten haintzen Humppis vnd ich der vener von gemünd den günbel statamman ze
Rauensspurg daz sy ir insigel für vns baib getruckt habent in ån schaben vff disen
brieff der geben ist ze Rauensspurg an Mitwochen nach sant Nicolaus tag der
brieff zwen glich sind vnd iedem tail ainen geben haben Nach Cristus geburt drützenhenhundert Jar barnach in dem vier vnd ahtzigosten iar.

B. d. Orig. im St.-Archiv zu Stuttgart. — Mit fünf aufgedrückten Siegeln.

724.

9. Dezember 1384. o. D. Jerij von Hailfingen bekennt, daß Graf
Rudolf von Hohenberg ihm nun nichts mehr schulbig sey, auch ihm
allen Verlust unb Schaben, den er sonst wegen seiner in „Laistung"
u. s. w. erlitten, ersetzt habe.

Ich Jerij von Hälffingen vergich offenlich für mich vnd min erben vnd
tůn kunt menglichen mit disem brieff daz mich der Edel hochgeboren Graff
Růbolff von Hohemberg min gnådiger Herre uff disen huttigen tag als birre
brieff geben ist geriht vnd bezalt håt aller ber schuld die er mir ie schulbig gewesen ist biß uff huttigen tag vnd ouch allez verlustes vnd schabens ben ich biß uff
disen tag von sinen wegen gehebt vnd geliten hån Ez sy von laistung wegen ober
suß von anber sach wegen wennan ober wa von daz herkomen ist Vnb sagen allso
ben obgenanten minen Herren von Hohemberg vnb sin erben für mich vnb minen
erben aller ber schuld alles verlustes vnb schabens biß uff disen huttigen tag quit
lebig vnb löß mit vrkunb biß brieffs baran ich min aigen Jnsigel offenlich gehenkt
hån Dirre brieffe ist geben an fritag nach sant Nycolaus tag Nach Cristus geburt
drützenhen hunbert Jar barnach in dem vier vnb ahtzigosten Jar.

B. d. Orig. im St.-Archiv zu Stuttgart. — Das anhangende ziemlich gut erhaltene
Siegel ist bas bekannte Hailfinger.

725.

19. März 1385. Freiburg im Breisgau. Herzog Leupolt von Oestreich weist dem Markgrafen Bernhart von Baden zu seiner Landvogtei
noch jährliche **300** Gulben an.

Wir Leupolt etc. Tůn Kunt, Als wir dem Wolgepornen vnserm lieben
Oheim, Marggraf Bernharten von Baben, vnser Lantvogtey in Bris-
gö w, auf ettleich zeit ingegeben vnb empholhen haben, nach sag ber brief, So er
barůmb von vns hat, Also haben wir durch baz, baz er bieselben vnser Lantvogtey bester fleizzigleicher vnd nützleicher schaffe vnb verwest werden, Im brewhunbert
gülbein gelts geschaffet, vnb in ber geweiset, schaffen vnb weisen auch wissentleich
auf bie Stewr von bes Reichs steten barauf wir in vmb anber gelt vormaln

mit vnſern briefen geweiſet haben, In ſolcher mazz daz Im bie ze ben zilen, vnd
ze geleicher weis geuallen, vnd mit briefen auſgericht werben, Als Im bas egenant
gelt, barumb er vor von vns barauf geweiſt iſt geuallen, vnd mit briefen, von
vns auſgericht werben ſol, an geue̅rb. Mit vrkvnb etc. Geben ze Fribürg in
Briſgow, an Suntag Jubica in ber Vaſten, Anno Lxxx quinto.

B. b. Orig. im k. k. geh. Haus= Hof= unb Staats=Archiv zu Wien.

726.

22. März 1385. Rheinfelben. Herzog Leupolt von Oeſtreich ber=
pfänbet bem Grafen Rubolf von Hohenberg um **1400** Gulben
140 Gulben Gült von bem Nußen unb ben Gülten ber Burg unb
beiben Städte Haigerloch.

Wir Leupolt von Gottes gnaben Hertzog ze Oſterrich ze Styr ze
kernben vnb ze krain graff ze Tyrol etc. Tûn kunt für vns vnb vnſer
erben. Als wir bie Herſchaft ze Hohemberg von bem Ebeln vnſerm lieben
Oheim graff Rûbolffen von Hohemberg gekouft haben vnb bieſelben Her=
ſchaft wir aber bemſelben vnßerm Oheim zů ſinem lebtagen wiber ingeben vnb in=
geantwurt haben. vnb als wir ouch bemſelben vnßerm Oheim vmb etwieuil geltes
vnb ſein ſchulbe bie er ſelber ſchulbig iſt, in ber egenanten Herſchaft erloubet vnb
gego̅nnet haben ze verſetzen vnb ze verpfenben .. Alſo haben wir bem egenanten
vnſerm Oheim graff Rûbolffen vmb viertzehen Hundert gulbin bie er an bie eg=
nant ſein ſchulbe geben vnb raichen ſol. verſetzet vnb verpfenbet, verſetzen vnb
verpfenben ouch wiſſenlich mit kraft bis briefs Hunbert vnb viertzig gulbin geltes
uff allen ben nützen vnb gülten. wie bie genant ſint bie zů Heigerloch ber ve=
ſtin vnb ben zwein Stetten baſelbs gehörent, In ſolicher maße vnb beſcheiben=
heit, wem ber egenant vnſer Oheim graff Rûbolff bie vorgenant Hunbert vnb
viertzig gulbin geltes gibt ſchaffet füget ober verſetzet einen teil ober mittenanber
mit ſinem briefe vnb güter kuntſchaft vnb ouch mit biſem gegenwurtigen briefe
bas bem ober benſelben nach ſinem tobe bie alſo von ben obgenanten nützen ſüllen
geuallen vnb geraichet werben zů bem ziln vnb ziten. als er in bie verſchreib
wenne bas geſchicht bas bie vorgenant Herſchaft zů vnſer ober vnſer Erben han=
ben kumpt vnb wer baz wir ober vnſer Erben bem ober ben ſelben ben bie Gült
von Im gegeben ober verſetzet werbent baran kein yrrung beten vnb in bie nicht
geuallen lieſſen nach ſinem tobe, als vorgeſchriben ſtat, So mügent vns bieſelben
barumb angriffen vnb phenben an vnßern lüten vnb gütern. ane allen vnßer
zorn. als lange vntz in bas von vns gewenbet wirt, ane geuerbe. Mit vrkunb
bis briefes. Der geben iſt ze Rinfelben an ber nechſten Mitwochen vor ben

palmtage, In dem Jare da man zalte. vor Cristus geburte drizehenhundert achtzig vnd fünf Jare.

B. d. Orig. im St.-Archiv zu Stuttgart. — Das anhangende ziemlich gut erhaltene Siegel ist wie das an Urkunde 1384. St. Peters und Pauls Abend.

727.

22. März 1385. Obernborf. Markgraf Bernhart von Baden, welchem Herzog Lüpolt von Oestreich die Stadt Obernborf mit Zugehör verpfändet hatte, bestätigt die Freiheiten dieser Stadt.

Wir Bernhart von Gotez gnaden marggrafe zů Baden tůn kunt — als vns — herr Lůpolt hertzog ze Österrich etc. die Stat Obernborff mit ir zůgehörbe in pfanbeswyse yngeben vnd versetzt hat — vnd vmb solich gnade vnd fryheit als der ietzgen. herre von Osterrich ben Burgern — zu O. getan vnd besteitigt hat, die selben fryheit vnd gnade besteitigen wir In ouch etc. (wirb ber ältere Freibrief wiederholt.) Geben zu O. am nechsten Mitwoch vor dem Palmtag 1385.

B. d. Orig. im St.-Archiv zu Stuttgart. — Das Siegel fehlt.

728.

22. Juni 1385. Rotweil. Zeisolf von Lupfen, Hofrichter zu Rotweil, bekennt, daß Graf Rudolf von Hohenberg halb Burg und Dorf Neuhausen (O.A. Eßlingen), was ihm von † Reinhart von dort angefallen, um **1400** schwere Golbgulben an Wernern und Heinrichen von R. verkauft habe, jedoch mit Vorbehalt der lehensherrlichen Ansprüche der Herrschaft Hohenberg.

Ich zaissolf von Lupfen ain frie Hofrihter an Stat vnd In namen Graue Růbolfs von Sultz von mines Gnäbigen Herren bes Römschen Kůng Wentzläs gewalt an siner stat uf Sinen hof ze Rötvil tůn kunt menglich mit bisem Brief, das ich ze geriht saß uf dem hof ze Rötwil an der offenen frigen künges sträffen uf bisen tag als biser Brief geben ist Vnd stůnd vor mir uf demselben hofe der ebel wolerborn herr Graue Rů-olf von Hohenberg graue ze Hohenberg gesunt Libes vernünftig der sinne vnd mit wolbebähtem můt vnd verlach mütwilleclich vnd frilich für sich vnd alle sin erben, bas er verköft hetti sini reht vnd allü die reht so er hetti an niun-usen ber vesti Burg vnd borf, bas ist ber halbtail ber selben vesti vnd es egenanten borfes niunhusen ber selb tail Im von rehtes wegen In worben wår von hern renharten såligen von nivnhusen mit Lüten mit güten mit Aygenschaft, mit Lehenschaft, mit dem Buw vnd mit allem begrif so zů dem selben sinem tail der obgenanten vesti nivnhusen Burg vnd dorff dar zů oder dar in gehöret mit höfen, mit hüben, mit vogtien, mit vogtrehten, Zwingen vnd Bennen, an ehafti, an gerihten, an Selban, an kilchensätzen, an Täfern, an höptrehten, an erben, an vållen, an besatztem gelt, an verläffem gelt, an hantlön, an ainung, an fråuelinen, an stüren, an zinsen, an gelten, an vngelten, an akkern, an wisen, an wasen, an Zwige, an Mülinan, an mülstetten, an holtz, an holtzmarken, an vischenzen, an wasser, an waid, an velb, an witraitinnen, an egerben, an öwen, fundens vnd vnfundens, gebuwens vnd vngebuwens, benemptes vnd vnbenemptes, gemainlichen mit aller anber gewaltsami, wirbi, nutzen vnd rehten, diensten vnd zůgehörden, so zů dem vorgenanten sinem tail der egenanten Burg vnd borf, so Im von dem egenanten hern Renharten såligen von nunhusen worben wår, von reht oder gewonhait, bar zů oder bar In gehören solt oder moht, nihtzit vsgenomen, vnd sprach öch, bas er die vorgenant sini reht an bem obgenanten sinem tail ber obgenanten Burg und borf ze Nünhusen mit Lüten, mit güten, mit aller zugehörbe, so zu dem vorgenanten sinem tail ober bar In gehöret, als vor geschriben ståt, ains rehten vnd reblichen ewigen köffes ze köffent gegeben hetti ben fromen vnd vesten wernhern vnd hainrichen von Nivnhusen gebrüber: wernhers såligen sun von Nüwahusen (sic!) vmb vierzehen hundert gut bin Rinscher güter an gold vnd swår genůg an gewiht, Der öch er veriach be er ber gentzlich von Inan gewert vnd bezalt wåri vnd bas sie von bes köffes we gen In sinen güten nutz vnd fromen komen vnd Bewendet wårin vnd ber dar vmben wolbenůgti Den selben wernhern vnd hainricheu von Nünhusen gebrü bern vnd allen Jren erben bie obgenanten sini reht. so in angeuallen waz ve bem obgenanten Renharten von Nünhusen såligen, bas ist ber halbtail ber obe nanten vesti Nünhusen Burg vnb borf mit Lüten, mit güten, mit allen rehtn nützen vnd zůgehörden, so zů demselben sinem tail ober bar In gehöret, In al wise so ba vorgeschriben ståt hinnan hin iemer mer ze habent vnd ze nieffent befetzzent vnb ze entsetzzent für Lebig vnb für Lår vnb für reht Lehen. Er ve iach öch bas er Inen bar zů ze köffent gegeben hetti ben Brief, ben er von sine mannen erlanget hetti mit allen ben rehten, so ber selb brief Lut vnb sett. J bem allem so gab er Inen ze köffent ain vibimus ains rihtungs Briefs, Als w ebel fürst vnb herr hern fribrich hertzog ze Baigern. bes hailigen Röm schen rihes obroster truhfåsse vnb pfallentz Graue bi Rin, ber eb herr Graue Růdolf von Sultz vnb ålrich ber Befferer Burger ze vl von bes vorgenanten sins tails an ber obgenanten Burg vnb borf nivnhusen u Lüten, mit güten, mit aller zůgehörbe, so zů bem selben tail gehöret, ber In a geuallen waz von bem obgenanten hern Renharten såligen von nivnhusen verrih vnb vertåbingot hetten gegen Graue eberharten vnb Graue ålrich Grauen ze wirtenberg vnb Jren erben, ber selb Brief öch versigelt ist vnb ber vorgenanten hertzog fridrichz Graue Rúdolfs von Sultz vnd ålrich des Befferers ufgebrukten Jnfigeln. Es entzehe fich öch der vorgenante Graue Rúdolf fúr fich vnd alle fin erben vnd nachkomen gegen den vorgenanten hainrichen vnd wernher von nivnhufen gebrúbern vnd gegen allen Jren erben aller ber Reht, Anfpräch vnd wiberuordrung, fo er ober behain fin erbe zú bem obgenanten finem tail Nivnhufen Burg vnd borff mit aller zúgehörbe als ba vor Befchaiben ift vnd öch bes vorgenanten brieß fo er von finen mannen erlanget hät vnd barzú bes vibimus ainer Rihtung Briefz als bavorgefchriben ftät, hatten ober iemer gewinnen möhten ietzo vrpflichts gar vnd gentzlich mit bifem Brief, Alfo bas er noch behain fin erbe ober nachkomen noch nieman anber, von Jro wegen fi noch ir nachkomen noch niemant anber von iro wegen nun fúrbaf mer bar an nihtzit Jrren Bekumbern noch bekrenken fúllen noch wellen mit geriht gaiftlichem noch weltlichem noch äne geriht noch mit enhains herren noch anber Lút hilf noch Rät noch mit behainen Briefen, fi figin bar über erworben ober noch fúro bar über erworben werben möhtint von bem Stúl ze Rome ober von Römfchen kaifern ober kúngen alb anberf wannen vnd gemainlich aller fúrzög vnd funde fi fien gefchriben ober vngefchriben wie man bie mit nemlichen worten vzziehen vinben ober erbenken kunbe ober möhte. Da mit ber egenant Graue Rúbolf ober fin erben vnd nachkomen ober ieman anber von Jro wegen bie vorgenant finiv reht bie er hät an ber egenanten Burg vnd borf nivnhufen mit allen rehten vnd zúgehörben, fo ba vor befchaiben ift kunben ober möhten angefprechen ober ba mit fi wiber bifen ewigen vngeuarlichen reblichen köff kúnben ober möhten getún ober ben in behain wife Jrren wenden ober Bekrenken, Doch mit ben gebingen, bas ber vorgenant Graue Rúbolf von Höhenberg vnd alle fin erben vnd nachkomen bi ber manfchaft Beliben fúllen, wan bie vorgenant vefti vnd borf mit aller zúgehörbe von Höhenberg Lehen ift. Es tett öch ber vorgenant Graue Rúbolf von Höhenberg bis verkoffen vnd alle vorgefchriben facha zú ben ziten, bo r bas wol getún möht mit hant vnd mit mund, mit miner hant vnd mit mund. Jn ber egenanten wernhers vnd hainrichs von nivnhufen hant mit vrtail als reht waz vnd als es vor mir uf bem hof ze Rötwil ertailt warb, bas es befchehen wär als es reht wår, vnd als es nun vnd hie nach Jn kúnftigen ziten billig nb von Reht kraft vnd maht haben fol vnd mag, Luterlich, ainuelteclich äne alle euerbe. Vnd herumben ze offem vrkvnd, fo hän ich bes hofgerihtes ze Rötwil nfigel mit vrtail offenlich gehenkt an bifen brief, Vnd ze noch merer vnd beffer cherhait aller vorgefchribner bing, fo haben wir ber vorgenant graue Rúbolf von öhenberg vnfer aigen Jnfigel fúr vns vnd alle vnfer erben vnd nachkomen öch fenlich gehenkt an bifen Brief, Der geben ift an bem nehften Dornftag vor ant Johans tag ze Sunwenben Nach criftz geburt Drúzehenhundert Jär vnd r nach Jn bem fúnf vnd Ahtzigoftem Jär etc. etc. etc.

B. b. Drig. im St.-Archiv zu Stuttgart. — Es hängt nur noch bas unbeutliche, ine Siegel bes Grafen von Hohenberg an.

———————

729.

6. Juli 1385. o. O. Graf Rudolf von Hohenberg, von dem Heinrich und Werner von Neuhausen die Hälfte an Burg und Dorf N. gekauft hatten, belehnt letzteren mit dem ihm davon zugehörigen Theil.

Wir Graf Rudolff von Hohemberg Tugen kunt vor aller menglichen die denn diſen brief ůmer anſenhend leſend oder hörent leſen, Als wir ůnſeren lieben dienern wernhern vnd hainrichen von Nünhußen gebrůdern wernhers von Nünhußen ſáligen ſun reht vnd reblich in aines ſtätten vnd ewigen koufs wiß vnd zů ainem ewigen vnd ſtätten Lehen ze kouffend gegeben haben ůnßern tail an der veſtin vnd an dem dorf ze Nünhußen mit aller zů gehörd, der ſelb tail ůns vor etweuil zitt von her Renharten von Nünhußen ſáligen mit vrtail vnd mit reht vor ůnßern Lehenmannen worden vnd geuallen iſt vnd den ſelben tail wir ouch darnach von Rehtes wegen vor herra vnd ſtetten behebt vnd erlangt haben, Als daz die brief allez wol wiſend vnd ſagend, die wir den vorgenanten wernhern vnd hainrichen von Nünhußen darumb vnd ouch von dez koufs wegen ze Nünhußen mit ůnßerm vnd dez lantgericht Jnſigel ze Rötwil vnd ouch mit ander Erber Lut Jnſigel geántwůrt vnd gegeb haben, Verienhen vnd bekennen wir ůns mit diſem brief, daz der vorgenant Werher von Nünhußen Alſo für ůns komen iſt an dem tag als birr brief geben iſt vnd hát ůns ernſtlich gebetten, daz wir Jm ſinen tail, der Jm denn an dem vorgenanten kouf zů rehtem tail worden vnd geuallen ſig, verlihen mit allen den rehten, nutzen vnd zůgehörden, ſo denn dartů vnd darin gehöret vnd gehören ſol vnd mag, nutzit ußgenomen, Dez haben wir ſin ernſtlich bett erhört vnd haben dem vorgenanten wernhern von Nünhußen den ſelben ſinen tail der Jm alſo worden iſt an dem kouf dez tails der burg vnd dez dorfs ze Nünhußen, So iſt von her Renharten von Nünhußen ſáligen mit vrtail vnd mit reht worden vnd geuallen iſt, vnd wir in ze kouffend geben haben reht vnd reblich, verlůhen vnd lihen Jm ouch den tail wiſentlich mit craft diß briefs, wie wir denn billich vnd durch reht lihen ſullen vnd wie ez ouch in gaiſtlichen vnd in weltlichen ſachen billich vnd durch reht craft vnd máht han ſol vnd haben mag nach dem reht mit allen den rehten, nutzen vnd zůgehörden ſo denn yendert über all dar vnd darin gehöret vnd hören ſol vnd mag, ez ſig an Lüten, an gůtern, an hö fen, an aigenſchaften, an lenhenſchaften, an vogtrehten, an ehäfty, an zwingen, bannen, an gerihten, an hoptrehten, an erben, vällen vnd vngerihten, an beſetz korn vnd haller gelt, an hantlön, an ainungen, an ſtüren, an fräfflinan, an ſan, gelten vnd gülten, an ackern, an wiſan, an holtz, an velb, an waßer, wůnn vnd waid, by waſen vnd by zwig, an Müllinan, an mülſtetten, an waſ leitinan, an viſchentzen vnd an wigen, an holtzmarkten, an witraitinan, an b garten, an egerden, an owen, an werden, mit wegen, ſtigen vnd ſtegen, vnd

mainlich mit aller anber gewaltſami, nutzen, rehten vnb zůgehörben, eʒ ſig ob
erb ober vnber erb, uſſerthalb bem ethern ober inrthalb bem ethern, funbens ober
vnfunbens, benempt ober vnbenempt, beſůcht ober vnbeſůcht, clains vnb groß,
nutzit uß genomen, weber wenig noch vil, als wir baʒ biß uf biß ʒitt herbraht
inn⸗ gehebt vnb genoßen haben, Alſo baʒ er vns ba von tůn ſol, waʒ ain yeglich
Lehenman ſinem Lenhenherren (sic!) billich vnb burch reht tůn ſol, Doch mit be⸗
haltnuſt biß litzens vns vnb vnßer herſchaft vnßrů reht, Mit vrkunb biß briefs
baran vnſer aigen Jnſigel ʒe merrer ſicherhait vnb ʒe geʒugnuſt ber wärheit offen⸗
lichen gehenkt iſt, Dirre brief iſt geben an bem nähſten Dornſtag nach ſant ŏlrichs
tag Nach Criſty geburt brützenhenhunbert Jär barnach in bem fünf vnb Ahtzigo⸗
ſten Jär.

B. b. Orig. im St.⸗Archiv ʒu Stuttgart. — Das Siegel iſt abgefallen.

730.

11. Juli 1385. Conſtanʒ. Biſchof Nicolaus von Conſtanʒ incorporirt
bem Kloſter Stein am Rhein bie Pfarrkirche ʒu Nagolb.

Nicolaus — Episcopus Constantiensis — abbati et Conventui
n Stain — nostre dyocesis — parochialem ecclesiam in Nagelt
ostre dyocesis, de patronatu vestro existentem, vobis et mense
estre communi pro vestris necessitatibus releuandis et supportandis — an⸗
ectimus vnimus et inſ perpetuum incorporamus, Ita quod ipsa ecclesia nunc
acante, vel cedente vel decedente Rectore dicte Ecclesie qui nunc est seu
cclesiam ipsam quomodolibet dimittente, liceat vobis et successoribus ves⸗
is possessionem eiusdem parochialis ecclesie auctoritate propria apprehen⸗
re et etiam retinere nostra licentia seu successorum nostrorum — Reseruata
men congrua portione pro perpetuo vicario ibi seruituro, de qua possit
mode sustentari episcopalia Jura soluere et alia ei incumbentia onera
pportare. Dat. et act. in Ecclesia Constant. 1385. v. Idus Julij Ind. nona.

B. b. Orig. im St.⸗Archiv ʒu Stuttgart. — Mit bem Siegel bes Biſchofs unb
pitels.

731.

24. Juli **1885.** o. O. Hermanli von Ow von Dieſſen (K. Pr. O.L
Haigerloch) verkauft unter den Siegeln Marquards von Ow v
Hirrlingen und Marquards von Ow von Staufenberg an He
Hermann von Ow, Commenthur zu Hemmendorf, um **6** Pfd. He
fünf Jauchart Ackers zu Bobelshauſen (O.A. Rotenburg).

Ich Hermanli von Ow von Dieſſen vergih offenlich für mich vnd
erben mit diſem brief das ich reht vnd reblich verkouft vnd ze kouffend geben
Her Hermann von ow Cometur des Hus ze Hemmendorff vnd
Couent gemainlich des ſelben Hus ſant Johans ordens vnd allen iren nachko
an ir ſelgrät übertiſch fünf iuchart akers mit aller zügehörd die gelegen ſu
boſſenhuſen (sic!) die vier by dem brunnen vnd buwet Haintz Heſſ der
vnd die ain ſtoſſet an ölrichen bränblin die buwet der kröwel, da vor nütz
gät ben der zenhend vnd iſt der kouff beſchenhen vmb ſehs pfunt güter Haller
ich gentzlich von Jnen gewerot vnd bezalt bin vnd darumb ſo ſol ich ober
erben Jn ober iren nachkomen die egenanten äker mit aller zügehörd als vorge
iſt, verſtan vertigen vnd verſprechen für ain reht fry aigen gen allermenglic
wen ober wie dik ſie des notdürftig wärin ober würbin nach landes reht da
bar an habend ſigind an iren ſchaden, vnd verzih ouch mich für mich vnd
erben gen Jn vnd gen iren nachkomen aller der reht vordrungen vnd anſprach
ich vntz her ober füro zü den egenanten akern gehebt hän ober füro dar zü
ben ſus ober ſo Vnd bez zü ainem waren vrkund, ſo hän ich min aigen Jr
offenlich gehenkt an diſen brief darzü han ich gebetten Markarten von ow
Hürningen Her markartz ſäligen ſun vnd Markarten von ow
eltern von ſtöffenberg das ſie irü aigni Jnſigel ze zugnuſt aller vorge
ding Jn ſelben än ſchaden ouch offenlich händ gehenkt an diſen brief Der
iſt an dem nähſten Dünſtag vor ſant Jacobs nach Criſti geburt Drüzehenhu
Jär vnd in dem fünf vnd ahtzigoſten Jar.

B. d. Orig. im St.-Archiv zu Stuttgart. — Die Siegel ſind abgefallen.

732.

10. Auguſt **1385.** o. O. Cuntz und Diem die Kächeler beken
von Graf Rudolf von Hohenberg Ober- und Unter-Thalheim (
Nagold) zu Lehen empfangen zu haben.

Ich Contz der kächenler vnd Ich diem der kächenler Her Con
ſäligen ſun verienhen baid offenlich vnd Tügen kunt menglichen mit diſem
daz wir diſü nächgeſchriben güter ze Lehen empfangen haben von dem Edeln

gebornen gräf Růdolff von Hohemberg ǒnſerm gnädigen herren, won ſŷ
von imᵉ ǒnb ber herſchaft ʒe Hohemberg ʒe Lehen ganb ǒnſerǒ
vorbern ſŷ von Jn ʒe Lehen gehebt händ, beʒ erſten ſo han ich Contʒ
Lächenler von imᵉ ʒe lehen empfangen obern Talhain baʒ borff mit ſiner
ʒůgehǒrb, So hän ich vorgenanter biemᵉ Lächenler von jmᵉ ʒe lehen empfangen
niber Talhain, ben Tail ber gen Nagelt abhin lit als ber weg burch
baʒ borff gat, mit ſiner ʒůgehǒrb ǒnb ſullen bem obgenantem ǒnſerm herren
ǒnb ſinen erben von bem Lehen tůn, waʒ ain ieglich Lehenman ſinem herren
billich ǒnb burch reht tůn ſol. Vnb beʒ ʒe vrkunb, ſo haben wir ǒnſerǔ aignǔ
Jnſigel offenlich gehenckt an biſen brief, Der geben iſt an ſant Lǔurentius tag,
Nach Criſtus geburt brutʒehenhundert Jar bar nach in bem fünff ǒnb Ahtʒigoſten
Jar etc.

B. b. Orig. im St.-Archiv ʒu Stuttgart. — Die Siegel ſinb abgefallen.

733.

16. Oktober **1385.** o. O. Graf Rudolf von Hohenberg ſchlichtet bie
Streitigkeiten ʒwiſchen ſeinem Chorherrnſtift ʒu Ehingen unb Benʒ von
Bochingen ber Keltern, „beś bruckenś ǒnb buhenś wegen."

Wir Graf Růdolf von Hohemberg veriehen offenlich ǒnb tůgen kunt
menglichen mit biſem brief baʒ uf ǒnś kämen uf biſen tag als birrᵉ brief geben
iſt ǒnſer liben getruwen ber Brobſt bie korherren ǒnb baʒ kappittel gemainlich ǒnſerś ſtifteś ʒe Ehingen gelegen by Rotemburg an bem Necker
an einem tail ǒnb ǒnſer lieber getrůwer Benʒ von Bochingen an bem anbern
tail aller ber ſtöʒ miſſehellung ǒnb anſpräch ſo ſŷ baibenthalb ʒů enanber hetten
von kälterren wegen von bruckenś ǒnb buhenʒ wegen Alſo was wir ſŷ baibenthalb gen enanber tun haiſen baʒ ſŷ baʒ alſo füro ſtätt halten ǒnb tůn wölten
ǒnb alſo ſo haben wir uſgeſprochen ǒnb haiſen ſŷ ouch biſǔ nachgeſchriben ſtuck
ʒen enanber halten ǒnb tůn Deʒ erſten ſo ſüllent bie vorgenanten ber Brobſt ǒnb
bie korherren bem egenanten Benʒen von Bochingen ober ſinen erben geben hun-
ert pfunb Haller güter halb uf ſant Martins tag ber nähſt komet ǒnb baʒ anber
albtail uf ſant walpurg tag ber barnach aller ſchieroſt kumpt ǒnb ſüllenb in ouch
mb baʒ gelt verſorgen mit ainem ſchulbbrief ǒnb mit bürgen baʒ er baran habent
g als wir bennᵉ haiſen ǒngeuarlich Sŷ ſüllent Jmᵉ ouch ainem ſinem C. (ſic!)
nt ainen wartung geben uf irem ſtift ʒe Ehingen Alſo baʒ baś ſelb kint bie
ihſten wartung ainer korherren pfrünb habe nach ber bie ietʒo wartunga ba ſel-
ſt hänb ǒnb ſüllent Jme beʒ iren brief geben ǒnb wir ǒnſern brief ouch barʒů,
o ſüllent ſŷ ǒnb alle ir nachkomen Jmᵉ ǒnb ſinen erben' ǒnb allen ben bie win-
rten von in ʒe lehen habent ober noch von in gewunent ǒnb in ſchabenwiler
inne gelegen ſinb järlichen in bem herbſt mit ainem irem kälterren bam ǒnb

bietten vnd mit geschirre genůg in der kälterren vnd mit kälterren knehten als in
anderen kälterren ze Rötemburg sitt vnd gewonlich ist warten vnd gehorsami sin
In iren win gentzlichen ze bruckent vnd ze buhent vngeuarlich wenne aber sy oder
ir lehenlüt sin noturftig sind So süllent sy In mit zwain iren kälterren bämen
vnd bieten vnd mit geschirrᵉ gnůg in der kälterren vnd mit kälterren knehten als
ze Rotemburg in anderen kälteren sitt vnd gewonlichen ist aber warten vnd gehorsami sin In iren win ze bruckent vnd ze buhend vor aller menglichen uß vñ
uß biß in daz das denne dez vorgenanten Bentzen von Bochingen oder siner erbe
aigen ist sy buwen ez oder ez haben ander lüt von in zeleben gentzlichen gedruckt vñ
gebuht wirt, allez vngeuarlich vnd wenneᵉ sy sin also noturftig sind so sülent
nieman anders in dem uf schütten ez wâr denneᵉ daz die bieten vnd die bä
müßig stunden, so möhten sy wol die wil anderen lüten uf schütten allez vngeua
lich doch als verrᵉ wenneᵉ sy sin aber darnach notürftig sind So süllent sy in ab
mit zwain iren kälteren bämen vnd bieten mit knehten vnd mit geschirr warta
in der wiß als vorgeschriben stät vngeuarlich Die kälteren kneht süllent ouch
vnd iren lehenlüten drucken vnd daz best tůn vngeuarlich vnd in dester min
noch dester wüser (sic!) nit druken sy geben in oder nit Dawider so sol der v
genant Bentz von Bochingen vnd alle sin erben vnd nachkomen vnd alle ir Lehen
die sy yetzo hånd oder füro noch gewunnent järlichen uf den herbst mit al
irem win vnd trester die in benneᵉ werdent von den wingarten die sy ietzo h
oder füro noch gewinnent vnd der von Bochingen aigen sind vnd vmb Rotemb
gelegen sind in schabenwiler bann owenclich varn in der vorgenanten korher
vnd ir nachkomen kälterran die gelegen sind ze Ehingen vnd da buhen vnd bru
vnd süllent niena anderswa hin in dehain ander kälterren varn won daz ir
ben kälterren beliben süllent Doch so mügent sy ob sy wellent den win vnder
wingarten ab den trestern laußen als biß her sitt vnd gewainlichen gewe
vngeuarlich Ouch sol der vorgenant Bentz von Bochingen noch kain sin erben
nachkomen dehainen kälterren buwen noch machen noch kouffen die zů den win
ten bie sie vnd ir lehenlüt jetzo hand gehörin vnd ir aigen sigen won sy
owenclich mit iren aigen wingarten die sy ietzo hand oder noch gewinnent vñ
schabenwiler banneᵉ gelegen sind in der vorgenanten korherren kälterren buhen
drucken süllent vnd niena anderswa vnd mügent ir lehenlüt die sy ietzo hand
noch gewinnent den kälterren knehten noch sin erben nit wern noch verbie
vngeuerlich vnd vmb die stuck sol er sy ouch versorgen mit briefen nach ir no
vnd als wir denneᵉ haißen vngeuarlich Vnd dez alles ze vrkund statter war
vnd offener gezugnuft so haben wir obgenanter Herre von Hohemberg
aigen Insigel offenlich gehenckt an disen brief Ich vorgenanter Bentz von Boc
gen gelob by gůten truwen für mich vnd min erben alle vorgeschriben ding
sachen vnd ieglich stuck besunder die hie vor von vns geschriben stant war
statt ze habent ze laußent vnd ze vollefürent vnd da wider nůmer getůn
schaffen getän in dehain wiß weder suß noch so vngeuarlich. Vnd dez ze Vr

vnd merrer ſicherhait So han ich für mich vnd min erben mit aigen Inſigel ouch
offenlich gehenckt an biſen brief der geben iſt an ſant Gallen tag Nach Criſty
geburt brützzenhenhundert Jar barnach in bem, fünf vnd Ahtzigoſten Jar.

B. d. Orig. im St.-Archiv zu Stuttgart. — Von den beiten Siegeln hängt nur
noch von einem ein kleines Bruchſtück an.

734.

16. November **1385.** Grätz. Herzog Leupold von Oeſtreich bekennt,
daß er ſeine Einwilligung gegeben, als Graf Rubolf von Hohen=
berg ben ihm von † Reinhart von Neuhauſen (O.-A. Eßlingen)
angefallenen Theil der Burg und des Dorfs N. an Wernern
und Heinrichen von bort verkauft hat.

Wir Leupolt von Got's gnaden Hertzog ze Öſterrich, ze Stehr,
ͺe Kernden vnd ze Krain, Graf ze Tyrol etc. Tün kunt für vns vnd vnſer
ͺrben, Als ber ebel vnſer lieber oheim Graf Rubolf von Hohemberg ze
ͺauffenn͛ geben hat Wernher vnd Hainreichen von Nünhuſen gebrübern
veilent Wernhers von Nünhuſen, Sönen, ſeinen tail ben er hett an der
Burg vnb an dem dorff ze Nünhuſen, berſelb tail Jm von rechts wegen
ͺnworden was von weilent Reinharten von Nünhuſen, baz berſelb kauff mit
ͺnſerm gunſt vnb willen beſchehen iſt, vnd beſteten ben wizzentlich mit kraft bitz
ͺriefs Alſo baz ſi baran habenb ſeyn vnd auch an meniklichs irrung vnd hinber=
ͺüzz babey beleiben ſüllent an alles geuerbe Mit vrchünb bitz briefs, Geben ze
ͺretz an Donrſtag nach ſanb Martins tag, Nach Chriſts gebürt Dreutzehenhundert
ͺr barnach in bem fünf vnb Achtzigiſtem Jare.

B. d. Orig. im St.-Archiv zu Stuttgart. — Das Siegel iſt abgefallen.

735.

3. November **1385.** o. O. Graf Hugo von Hohenberg, Johanniter=
Ritter, iſt Zeuge, als Hans Müller von Mandelberg (Ruinen bei
Böſingen, O.A. Nagolb) ſeine Burg M. mit Zugehör an Graf Wolff
von Eberſtein verkauft.

Jch hans müller von manbelberg ein ebbelknecht mit mir katherin müllerin
in ſweſter hanſen ſeligen von linſtetten elichü hußfrauwe veriehen — bas
ir — zü kouffen gegeben hant — graue wolffen herre zu Eberſtein —
rßer huß vnd feſten genant manbelberg mit allen zügehörenben, mit lüten,

welben, weiden, waſſern, wiſen, Eckern, almenden, friheitten, zinſen, gülten, nützen — vmb tüſent phunt heller.

Hie by biſſem kauff ſint geweſen bie erbern ebeln herren vnb knecht, Mit namen grafe Hugg von Hohenberg des orbens ſant Johanſen vnb hans von altheim. Am nechſten Durnſtage vor ſ. katherinen tag 1385.

B. d. Orig. im St.-Archiv zu Stuttgart.

736.

18. **Dezember 1385.** Rotenburg. Graf Rudolf von Hohenberg, der mit Zuſtimmung des Herzogs Lüpolt. von Oeſtreich dem Otto Böcklin um **1400** Pfd. Heller die Kirche zu Eutingen (O.A. Horb) um weitere **1400** Pfd. die Nutzen zu Haigerloch, dem Conß von Hailfingen um **350** Pfd. einen Hof zu Bieringen (O.A. Horb) bem Burkarb von Neuneck um **300** Pfd. die Neckerburg, dem Höppeller um **1000** Pfd. ſeinen Theil an dem „ſtettlin zu Obernowe“, bie Dörfer Schwalborf, Frommenhauſen und Niebernow (O.A. Rotenburg) unb neun Amen Weingült aus der Neckar halben bei Rotenburg, enblich dem Märklin von Hailfingen um **800** Pfd. das Dorf Wurmlingen verpfändet hatte, bekennt, den genannten Herzog, der ſein Bürge und Selbſtſchuldner bei den Pfanbgläubigern geworden, ſchablos halten zu müſſen.

Wir Graf Rudolf von Hohemberg Tůn kunt für vns vnd vnſer erben Als wir mit gunſt vnb willen des burchluchtigen fürſten vnſers Lieben Herren Hertzog Lüpolbes Hertzoggen ze Öſterrich etc. die nachgeſchriben pfant ver ſetzt haben vnb bartzů er ouch zů den verpfendern vnſer angült vnd ſelbſchuld ſinen Inſigeln vnb briefen worden iſt vnb ſinb baz die pfant vnb verpfender erſten Otten Böcklin iſt verſetzt bie kirch ze ottingen vmb viertzenhenhundert pfund Haller Item für viertzenhenhundert pfund uf den nützzen ze Haigerloch barumb vns ſelber die egenanten nützz als ſich benne gebürt verſetzt vnb Item Contzen von Hälfingen ainen Hof ze Büringen für vierbhalb hundert pfund Item Burkarten von Nünegg die veſty Neckerburg für brühundert pfund Item dem Höppeller vnſers egenanten Graf Rudolfs tail an der ſtettlin ze obernowe, Swalborf, frumenhuſen vnb Nibernowe die dörfer vnb Nün ämen wingeltz ußer der Neckerhalden vmb buſent pfund vnb Märklin von Halfingen baz borf wurmlingen vmb Achthundert pfund allez güt Haller Alſo haben wir gelopt vnb gehaißen geloben vnb verhaiſen ouch by güten trüwen an aibes ſtatt wär baz der egenant vnſer Lieber Herr Hertzog Lüpolt ol

fin erben der vorgenanten verpfenbung vnd der ſelbſchulbſchaft by ͦnſern Lebtagen
zů behainem ſchaden kámin von waz ſach baz wár ober in welhen weg ſich baz
fůgti ben ſelben ſchaden wie ber getan iſt ben ſüllent ſy haben uf vns vnb ͦnſern
erben vnb uf allem ͦnſerm gůt wa wir baz haben vnb ſol ber genßlichen uf ͦns
gán vnb ſüllen wir ſy án ſchaben ba von Lebigen vnb bringen án geuerb. Tátten
wir bez nit ſo haben ſy gewalt ͦns an ͦnſern Lüten vnb gütern barumb ze pfen=
bent vnb an ze griffent Als verrᵉ vnz baz ſy alle ir ſchaben bie ſy bennᵉ geno=
men hettin genßlichen geriht vnb beßalt werbent wár ouch baz bie vorgenanten
Márclin ˙ von Hálfingen vnb Conß Pöcklin genant Hoppeller by ben vorgenanten
Pfantſchaften nit fürbaz wölten beliben nach ben zitten vnb ziln als ir Höptbriefe
wiſent vnb ſagent So mügent wir obgenanter Herrᵉ von Hohemberg bie ſelben
gůt wol anderen lüten verſeßen vmb ſouil gelß als ſy ben vorgenanten Márclin
von Halſingen vnb bem Hoppeller yeßo ſtánt ane geuerb vnb gen welhem wir ouch
bie vorgenanten gůt alſo verſeßen in ber wiß alz vorgeſchriben ſtát baz ſol bez
vorgenanten ͦnſers gnábigen Herren von Öſterrich ober ſiner erben güter wille
ſin vnb bez gegen ben mit iren briefen vnb Inſigeln beſtátten ze gelicher wiſ als
baz ber vorgenant ͦnſer Herr von Öſterrich yeßo gegen bem Höppeler vnb Márclin
von Halfingen getán hát án geuerb vnb bez ze vrkunb So haben wir ͦnſer aigen
Inſigel haiſen gehenckt an biſen brief ber geben iſt ze Nötemburg an bem náh=
ſten Gütemtag nach ſant Lucien tage Nach Criſti geburte Drüßzenhenhundert Jar
barnach in bem fünf vnb Ahßigoſten Jár.

B. b. Orig. im St.-Archiv zu Stuttgart. — Das Siegel fehlt.

———

737.

19. Dezember 1385. o. O. Graf Rudolf von Hohenberg bekennt, baß
Werner und Heinrich von Neuhauſen ihm ben Kauffſchilling von halb
Burg und Dorf N. bis auf **113** Gulben bezahlt haben.

Wir Gráff Rûbolff von Hohemberg vergenhen offenlich mit vrkunb biß
briefs für vns vnb alle vnſer erben vnb tügen kunt allen ben bie biſen brieff
leſent ober hörent leſen, Daz vns wernher von Nünhuſen burger ze Eſſelin=
gen ben man nemmet Knüſſlin vnb Hainrich von Nünhuſen ſin brûber geben
vnb bezalt hánt Vierzehenhundert gulbin gůter vnb genemer gulbin gůter an golbe vnb
iwárer genůg an gewiht an ber ſchulbe bie ſie vns gelten ſolten vnb ſchulbig waren
von beß köffes wegen als wir In ze köffent gegeben haben baz halbtail ber veſti ze
Nünhuſen vnb baz halbtail beß borffes ze Nünhuſen lut vnb gůt was bar zů
zehöret mit allen rehten vnb mit aller zůgehörb Renharten ſáligen tail von
Nünhuſen Ritters, baz von vns lehen iſt, als bie köffbrieff ſagent, bie wir
In bar vmb gegeben haben, An allain vfgenomen hundert gulbin vnb brizehen
zulbin bie vns noch offe ſtánb vnb vnuergolten ſint an ber vorgeſagten ſchulbe,

Vnd dar vmb so sagen wir sie vnd ir erben für vns vnd für alle vnser erben
der vorgesagten vierzehen hundert gulbin gar vnd gentzlich quit lebig vnd lose,
vnd nieman me dar vmb füro haft noch gebunden än allain vsgenomen hundert
gulbin vnd brizehen gulbin, bie vns noch an der selben schuld vsse stäub vnd
vnuergolten sint. Vnd biß alles zü ainem waren vrkund vnd offener gezügnüß,
so haben wir der obgenant Gräff Rûdolff von Hohemberg vnser aigen Insigel
offenlich gehenket an bisen brieff, Der geben ward in dem iar bo man zalt von
Cristus geburtte brüzehenhundert iar vnd fünffü vnd Ahtzig iar an dem nähsten
zinstag vor dem hailigen Crist tage ze wihennähten.

B. d. Orig. im St.-Archiv zu Stuttgart. — Das Siegel ist abgefallen.

738.

9. Januar 1386. o. D. Graf Rudolf von Hohenberg quittirt Werner
und Heinrich von Neuhausen für die **1400** Goldgulden von dem Kauf
von N. her.

Wir Grauff Rudolff von Hochenberg veriehen offenlich mit bisem brief
vnd tüen kunt aller menglich, Daz vns die vesten vnd Erbern Wernher vnd
Hainrich von Niunhusen gebrüder vnser lieben getruwen gar vnd gentzlich gericht gewert vnd bezalt hänt Der vierzehen hundert gulbin allez güter vnd
rechtgewegner gulbin güter von gold vnd swer genûg an der gewicht, Die sy vns
von der burg vnd dez dorfs wegen ze Niunhusen schulbig gewesen sind, vnd dar
vmb so sagen wir bie selben vorgenant Wernhern vnd Hainrich von Niunhusen
vnd alle ir Erben Der selben vorgeschriben vierzehen hundert gulbin für vns vnd
für alle vnser Erben vnd nachkommen allerbing quit, lebig vnd lose gentzlich vnd
gar Mit vrkund bitz briefs, ben wir in vnd iren Erben dar über besigelte geben
mit vnserm aignen angehenktem Insigel, Der geben ist dez nechsten aftermentags vor
sant Erhart tag, Do man zalt von Cristz geburt Drivzehen hundert Jar vnd dar
nach in dem Sechs vnd Achtzigostem Jar etc. etc.

B. d. Orig. im St.-Archiv zu Stuttgart. — Mit einem kleinen Siegelreste.

739.

17. April 1386. Baden. Graf Rudolf von Sulz, welchem Graf
Rudolf von Hohenberg die Herrschaften und Festen zu Hohenberg,
Rotenburg, Horb und Haigerloch übergeben, gelobt eiblich, sol
nach dessen Tode dem Herzog Leupolt von Oestreich wieder
zustellen.

Ich Graf Rudolf von Sultz, vogt vnd phleger der Herschefft
vesten vnd Geslozzen ze Hohemberg ze Rotemburg ze Horw vnd

ꝟaygerloch vergich vnd tůn kunt für mich vnd min erben, Als der důrlůchtig
ꝩochgeborn fürſt min gnêdiger lieber herr, herzog Leupolt van Öſterreich etc.
mit dem wolgeborn minem lieben öheim Graf Růdolfen von Hohemberg ainer
ꝩaybing öberain komen iſt, daz er Im das Land vnd die herſchaft ze Hohemberg
ꝣu ſinen tagen hinwiber ingeantwůrt hat in der mazz, als die brief ſagent die
ꝩarumb gegeben ſind, vnd als mir der vorgenant min öheim von Hohemberg die
ꝩbgenanten herſchêſten veſten vnd Geſlozz vnd all ander Stet Land vnd Lůt, die
ꝩartů gehôrent, als die der erber Chůntz von Halfingen vormaln innᵗhet, mit
ꝩes vorgenanten mins herren von Öſterreich willen vnd gunſt ingegeben, vnd
ꝣmpfolhen hat, demſelben minem herren von Öſterreich damit ze wartenn nach ſag
ꝣer taibingbrief. Alſo hab ich gelobt vnd verhaizzen, gelob vnd verhaizz auch by
ꝩem aib den ich barumb zu den heiligen geſworn han, daz ich dem egenanten
ꝣinem herren von Öſterreich vnd ſinen erben mit ben obgenanten Herrſchêſten
ꝩeſten Geſlozzen, Steten Landen vnd Lůten, nach des vorgenanten mins öheims
ꝩon Hohemberg tob, den Got lang wende, vnd nach der vorgenanten irer taybing=
ꝣrief ſag, gehorſam vnd gewertig ſin ſol vnd wil getrewlich, vnd ān all geuerde,
Vnd des zu ainem warem vnd offem vrchůnd, So han ich min aigen Inſigel ge=
ꝣenkt an diſen brief, Der geben iſt ze Baden an Zinſtag nach dem Palmtag, Nach
Chriſts geburt, breutzehenhundert iar, barnach in dem Sechs vnd Achtzigiſtem Jarz.

B. v. Orig. im k. k. geh. Haus= Hof= und Staats=Archiv zu Wien.

740.

15. Mai 1386. Rotenburg. Jta von Tockenburg, Gräfin von Hohen=
ꝣerg, vermacht ihrem Spital zu Rotenburg in der „vorſtatt" vier Jau=
chart Ackers, welche in den Kirchenſatz von Sülchen gehörten.

Wir frowᵉ Jtt von Tockemburg Gräffinnᵉ zů Hohemberg verienhen
ꝩffenlich für vns vnd vnſer erben vnd tügen kunt menglichen mit biſem brief,
ꝩaz wir luterlichen vnd ainvåltlichen durch Gottes willen durch vnſer vordern vnd
ꝩnſer ſel gelůckes vnd hails willen geſunt bez libes vernünfteg der ſinnᵉ zu ben
ꝣitten, bo wir riten vnd gän mohten lebenclich von der hant geben haben vnd
ꝣeben ouch mit craft biß briefs vnſerm Spital gelegen ze Rotemburg in
ꝣer vorſtatt vnd allen ſiechen bez ſelben Spitals vnd ouch allen iren
ꝣachkomenden vier Juchart aggers mit aller zůgehôrt, die gehôrent in den kilchen=
ꝣatz der kilchen zů Sülchen ligent uf bem bůrrenbach ſtoßent ainhalb an
ꝩanßen Sifritz ſåligen Wingarten vnd anderthalb an ben Tottenweg bauor
ꝣß gat ain malter korns nach der zelg, mez bennᵉ baruf wahſt Rotemburger meß,
ꝣnd zway Herbſt Hůnrᵉ geltz vnd ſol baz vorgenant vnſer Spital vnd alle ir nach=
ꝣomen vnd ouch all ir pfleger von iren wegen die vorgenannten vier Jucharten
ꝣggers Ewenclichen Innᵉ haben nießen vnd han, beſetzen vnd enſetzen an vnſer,

önfer erben vnd menglichs Irrung vnd Hindernüſt, vnd verzihen vns für vns vnd önfer erben aller brief, reht, vorderung vnd anſprach, die wir zů dem vorgenannten agger gehebt haben, ieʒo haben oder noch gewinnen möhtin vnd da mit wir gen dem vorgenanten Spital vnd iren nachkomenden gereden oder getün möhten, vnd ſagen ouch all brief, die wir darumb haben gen In von önſeren wegen tob, rehtloß vnd än all craft. Vnd deʒ allez ʒe vrkund vnd ſtatter warheit, So haben wir önfer aigen Inſigel offenlich gehenckt an diſen brief, vnd ʒe noch merrer ſicherhait, So haben wir gebetten önfer lieben getrüwen den Schulthaiſſen vnd den Rat önfer Statt ʒe Rotemburg, daʒ ſy von önfer bett wegen ʒ̧ ainer geʒügnüſt aller vorgeſchriben bing Ir gemain ſtatt Inſigel ʒe Rotembur; offenlich gehenckt hand an diſen brief, Deʒ ouch wir vorgenanten der Schulthais vnd der Rat ʒe Rotemburg verienhen öns vnſchädlich. Dirre brief iſt geben a bem nächſten ʒinſtag nach ſant Walpurg tag, Nach Criſty geburt Drützenhenhunder Jar barnach in dem ſehs vnd Ahʒigoſten Jar.

B. b. Orig. im Spitalarchiv ʒu Rotenburg. — Beide Siegel ſind abgefallen.
Eine Abſchrift hievon haben die Hohenberger Dokumente (St.-Archiv) T. VII. S. 107

741.

25. Mai 1386. o. O. Benz von Bochingen bekennt, daß ihm b¿ Chorherrnſtift zu Ehingen zur Entſchädigung für ſeine Anſprüche a¿ beſſen Keltern **100** Pfd. Heller gegeben habe.

Ich Benʒ von Bochingen ain edel kneht vergeh offenlich für mich ꝛ̄ min erben vnd tůn kunt menglichem mit diſem brief das mich of diſen hütig tag als diſer brief gegeben iſt, der probſt vnd die korherren ʒe Ehing¿ gentʒlich gewerot vnd beʒalt hând der hundert pfund haller die ſie mir ſchuld wurden vnd geben ſolten von der rihtung wegen als der hochgeborn min gne¿ herre Graf Růdolf von Hohemberg mich vnd ſie gen enander verriht ließ vmb die ſtöſſ vnd miſſhellung ſo wir gen enander hetten von buhens vnb d¿ lens wegen als die brief die baróber gemachet vnd gäben ſint wol bewiſent ¿ bar vmb ſo ſag ich ſin vnd ir nachkomend für mich vnd min erben berid¿ hundert pfund quitt lebig vnd lóſ. Vnd beſ ʒe vrkúnd han ich min aigen Inſ̧ gehenkt an diſen brief bar ʒů ʒe merer ſicherhait han ich erbetten Benʒen ¿ Herter burger ʒe Rotemburg das er öch ʒe geʒügnüſt der vorgeſchriben ¿ ſin aigen Inſigel hat her an ʒů bem minem gehenkt. Ich Benʒ der Herter ¿ ger ʒe Rotemburg vergih offenlich baſ ich von bett wegen des Egenanten Ben von Bochingen durch geʒügnüſt aller vorgeſagten binge han öch min aigen Inſ̧ ʒů bem ſinem boch mir vnſchädlich gehenket an diſen brief Der gegeben wart ſant vrbans tag beſ Jars bo man von Criſti gebürt ʒalt brüʒenhenhundert bar nach in dem Sehſten vnd ahʒigoſten Jar.

B. b. Orig. im Privatbeſiʒ eines Bürgers ʒu Rotenburg.

742.

6. Juni 1386. Wildbad. Hans Lustenauer, Edelknecht, bekennt, von Pfalzgraf Ruprecht dem Jüngeren Haus, Hof und Güter in Ofer= bingen (O.A. Tübingen), welche zu der Herrschaft Wildberg ge= hörten, als Lehen empfangen zu haben.

Ich Hanns lostenauwe Edelknecht Bekenne vnd tun kunt allen den die disen brieff ansehent lesent oder horent lesen das mir der durchluchtig hochgeborn fürste vnd herre her Ruprecht der Jünger pfaltzgraue by Rine vnd hertzug In beyern myn lieber gnediger herre solich huß vnd hoffe In dem dorffe Offer= tingen gelegen mit allen eckern vnd wiesen, vnd allem anders das bartzu gehort nichts vßgnommen an allen enden wa das gelegen ist, als etwan fritz von lostenauwe vnd heintz sine sone das ze lehen hatten von graue burckart von hohenberg seligen vnd nü von dem obgenanten mynem gnedigen herren dem hertzugen als von siner herschafft vnd statt wilperg wegen zu lehen ruret sampthafft zu rechtem manlehen verlühen hat. als ferre er mir das auch von rechts wegen verlihen soll vnd mag vnd sint dieß wiesen vnd ecker zu dem obgenanten hofe gehorende, Item die wiese zu matran, Item die wiese der bier= acker, Item die wiese off der auwe, Item die wiese das fürsal, Item ennat bem baum, zwo manmat Item bieß eckere, Item hinder bem houe bry Juchart, Item off steten ein Juchart, Item dem kierchstige eine Juchart Item an dem krumer eine Juchart, Item off bem berge eine Juchart Item der hürst zwo Juchart, Item der schürt zwo Juchart, Item walterbach zwo Juchart Item bem floßlant eine Juchart Item stammmuran eine Juchart Item zu brinsin bry Juchart Item hinder ber auwe vier Juchart Item an dem Crutzwege zwen Juchart Item zu riet ber anwander, ein Juchart also das ich hanns von oftenauwe obgeschrieben, bie obgenanten huß hoff wiesen eckern vnd alle bartzu gehorunge vnd myn libs lehens erben von bem obgenanten mym gnedigen herren bem hertzogen vnd sinen erben, ewiglichen zu rechtem mannlehen empfahen haben vnd tragen vnd bauon bienen, bün gewarten gehorsam vnd verbunden sin sollen, mit guten truwen glübben vnd eiben als ein man sym herren von recht vnd ge= wonheit billich tun sal ane alle geuerbe vnd argliste, Auch sollent ich vnd myn ibs lehens erben bie obgenanten lehen nümer vffgeben noch bie nymer zu male, ober ein teile, bauon verkeuffen, versetzen, vergeben noch in einchen ändern weg, veroffern, bann mit des obgenanten myns gnedigen herren, bes hertzogen vnd inen erben, gutem willen wissen verhengniß vnd mit Jrem guten versiegelten brieuen, barüber, ane alle geuerbe Alle bieß obgenanten stücke vnd artickel han ich hanns obgenant für mich vnd myn libs lehens erben, globt vnd liplich zu ben heiligen gesworn ewiglich stete vnd veste zu halten ane alle geuerbe, vnd bes zu betzugniß vnd ewiger stetikeit, han ich hanns von lostenaw obgeschrieben myn eigen

Jngeſigel an dieſen brieff gehangen, der geben iſt zum wilpade off den Mitwochen vor dem pfingſtage nach Criſti geburt drutzehen hundert Jare vnd in dem
ſechs vnd achtzigiſten Jare.

Von einer gleichzeitigen Abſchrift im St.-Archiv zu Stuttgart.

743.

10. Juni 1386. Wilbbad. Hans Luſtenau, Edelknecht, bekennt, ein
Haus und einen Hof zu Oferdingen (O.A. Tübingen), was vor
dem Friz von Luſtnau und deſſen Sohn Heinz von Graf Burkard
von Hohenberg ſel. zu Lehen gehabt, nun von Pfalzgraf Ruprecht
dem jüngeren als Beſitzer der Herrſchaft und Stadt Wildberg
zu Lehen empfangen zu haben.

Jch hanns loſtenauwe Edelkneht bekenne — das mir — herr Ruprecht
der Jünger pfalzgraue by Rine — ſolich huß vnd hoffe Jn dem dorfe
Offertingen gelegen mit allen eckern vnd wieſen vnd allem anders das darzu
gehort, — als etwan friz von loſtenauwe vnd heintz ſinne ſone das zu lehen
hatten von Graue burkard von hohenberg ſeligen vnd nü von dem obgenanten mynem gnebigen herren, als von ſiner herrſchaft vnd ſtatt wilperg
wegen zu lehen rüret, ſampthaft zu rechtem manlehen verlühen hat — vnd
ſint dieß wieſen vnd ecker zu dem obgenanten hofe gehorende. Jtem die wieſe zu
matran, Jtem die wieſe der bieracker, Jtem die wieſe off der auwe, Jtem
die wieſe das fürſal, Jtem ennat dem baum zwo manmat, Jtem dieß eckere,
Jtem hinder dem houe dry juchart, Jtem off ſteten ein juchart, Jtem dem kierch-
ſtige eine juchart, Jtem an dem krumer eine juchart, Jtem off dem berge ein
juchart, Jtem der fürſt zwo juchart, Jtem der ſchürt zwo juchart, Jtem walterbach zwo juchart Jtem dem floßlant eine juchart Jtem zu brinfin dry juchart
Jtem hinder der auwe vier juchart — Jtem an dem Crützwege zwei juchart
Jtem zu riet der anwander ein juchart. Geben zum wilpabe off den mitwochen
von dem pfingſtage 1386.

Copy etl. Brief Wiltperg anlangend. St.-Archiv in Stuttgart.

744.

10. Juli **1386.** o. O. Ein Schiedsgericht, bestehend aus dem Schult=
heiß von Nagold und Bürgern von da, sowie von Wildberg und
Berneck schlichten die Streitigkeiten zwischen den armen Leuten des
Herrn von Altensteig und dem Hans von Neiperg, zu dem Thurm
von A., das Fischwasser in der Nagold, Waide und Holz betreffend.

Khündt Vnd wißendt, Sey Allermöniglich die disen brieff ansehen, lesendt,
oder Hören lesen, daß Ich Wallter Wüßler, Zue bißer Zeitten Schultheiß
Zue Nagoldt, mit mir Hannß Bulling, Hannß Schenner burger Zue
Nagoldt, Wallter Drumby, Hannß Helwling, burgere Zue Wildtberg,
Bienß Rasum, Alberter Angler, burgere Zue Berneckh, gesetzt wurden
Zue Vrthel Vnd Zue dem Rechten, von Stöß vnd Miß Höllung, wegen vnßers
Gnedigen Herrns, Thuen Khundt von hohen Herrn Zue Alltenstaig,[1] Vnd
seiner Armen Leuth daselbs, vff ain Syten, Vnd Hannß von Nüpberg, Zue
dem Thurm geseßen, Zue der Andern Syten, die Sie miteinander hetten,
von Waßer, von Wayd, von Holz, von Velb, vnd von Wisen wegen, Vnd Saßen
Zue dem Rechten Vnder der Linden, Vnder dem Thurn, bei dem Brun=
nen, vnd Kam für vnß, die obgedachte Vnßere Herrschafft mit ihrer Khundt ((sic!),
Vnd Heinrich von Nypberg, mit Ihr Khundschafft, die Khundtschafft, Namen
wür des Ersten In, Vön des Waßers wegen (sic!), zue Seitten, das die Kleine
Bisch in der Nagoldt, Vom Tröß (sic!) Vnderwehrt, biß Zuer Grundlosin, deren
von Alltenstaig sollte sein, daß Sie die möchten beseßen Vnd Entseßen, so Ver
Einigten wür vnß Alle Siben nach der Khundtschafft, daß Sie die Kleine Bisch
in der Nagoldt sollten Beseßen vnd Entseßen, Alß Verre, Alß es Hannß Von
Nüpberg wehr, Vnnd zue dem Thurn gehörte, Vßgenommen Seinen Gemeinern
(sic!) Vnschädlich, die Theil an dem Thurn haundt, Vnd auch Andern Anstößen,
Ihrem Recht ohnverbinget, än Alle geföhrdte, Es ist auch mehr gesprochen, Zue
dem Rechten, wene die Bischer ob dem Thurn, in den Waßer vischeten, so sollen
Sie die Bisch tragen, Vor den vorhoff des Thurns, Vnd sollen Rueffen,
ob Ein Herr daselbs oder der den Thurn dene Zuemahl Innen Hett, Bisch be=
dürffen, so sollen ihme geben, Ein halb Maß Bisch, Vmb Alls vihl gelltes, Alß
ein Burger Zue Alltenstaig, auch Ist mehr gesprochen, wene die Fischer, in des
Thurners Waßer Bischeten, so Sollen Sie Ihm sein Hoffrecht geben, auch in
den Vorhoff, wollt Er aber Mehr, so man dene vmbkhandt (sic!) ist deme Mehr
da, so soll mann Ihm geben, Alß Ain Andern Burgern Zue Alltenstaig, Es ist
auch Mehr geredt, Wenn Sie ain Großen Bisch Fiengen, In Seim Waßer, Ein
Vorhem, oder Ain Äsch, der Wadel oder Auge hette, Weller das Thuet, der Ist
Im verfallen, Fünff Schilling Heller, Es ist auch mehr Zue dem Rechten gespro=
chen, daß die von Alltenstaig, Ihr Vih mögen Schlagen, vff die Awen, vff vnd

Riber, vnd mögen fahren, die Awen vff, neben dem Hag, vff vnd Ab, biß
ben Geißelthan, vnd mögen fahren, vmb den Thurn, wo Sie wöllen, vßge
Mehrfeldt, Vnd daß mit Nuß stehet, Vnd sollen Ainen Vihweeg haun,
ab, An Vich Mayers Garbten, Zue den Syten, gegen dem Thurn, än ge
Vnd soll Jhr Gemein Wayd sein, der von Altenstaig, Vnd des Thurns
ber Nagoldt, Vnd ihne disseith än Alle gefährdte, wer auch das Arm Leut
dem Thurn geseßen wehre, die sollen Derselben Recht haun, an Wayd vnd
Allß Ain Burger von Altenstaig, ohngefährde, Mehr ist auch gesprochen, Zu
Rechten, Von der Wüsen wegs ob dem Thurn gelegen, Vnder dem Geißel
baß der vorgemellte Hannß mit ben nit Zueschaffen hat, vßgenommen, Salm
Zinß, buchte ihm aber, daß Jhm Niemand Zinß darauß sollt, dem solle Er
fahren gehn Altenstaig, ob Er ba geseßen, wehre, Vnd sollte Recht ba von Je
Nemmen, Diß haben wür Vorgeschribene Siben gesprochen Zue dem Rechte
Vnser Ayd, wann es uns nach der Khundtschafft daß Best bundcht; deß
vrkhundt, so hendcht Jch Schultheiß von Nagoldt, obgedacht ber sach Ain Ge
vnnd hannß Schön, vnßer aigen Jnnsigell An disen brieff, bar Zue haun
Jhre Khundtschafften obgemellt, Vnd hannß Von Nüpberg, auch gebetten
Besten Edlen Knecht, Friß von Herrlich, daß Er Sein aigen Jnnsigell,
hat gehendcht an disen brieff, Zue geZeugnus Aller Vorbeschribener Ding, Ge
nach Christj Geburth, breyzehen hundert Jahr, Sechs vnd Achtig Jahr, an
Rechsten Dienstag, vor St. Margretha Tag, der Hailigen Märterin vnd Je
frawen.

Von einer Abschrift aus dem 17. Jahrhundert im St.-Archiv zu Stuttgart.

[1] Verschrieben; soll ohne Zweifel heißen: „unsers gnädigen Herrn von Hohenberg,
zue Altensteig."

745.

7. November 1386. o. O. Margaretha von Hohenberg, Markgr
zu Baden, bekennt, den Brief, welchen ihr Vater Graf R
von Hohenberg über **700** jährlichen Geldes ihr ausgestellt
sie dem Herzog Leopold von Oestreich in Verwahrung geg
hatte, durch Benz von Bochingen wieder zurückerhalten zu ha

Wir fröw Marggret von Hohemberg, Marggräffinn zü Ba
Verienhen offenlich vnd tügen kunt aller meniglichen mit bisem brief, Als wir
Edeln hochgebornen fürsten vnd Herren Hertzog lüpolten Hertzog zü Oe
rich etc. vnserm gnädigen Herren, so Jnü gott gnab in truever handen in
geben hetten ainen brief in dem selben brief vns der Edel Graf Rudolf
Hohemberg, vnser .... Herr vnd Vatter bewißt hät, Süben hun
gulbin järlichs geltz ben selben brief hät der Benz von Bochingen von des ob

nannten ònfers herren von Öſterrich halßentz wegen ingeantwurt vnb in gegeben, vnb ſagen alſo ònſzer Herrſchaft von Öſterrich vnb all ir erben vnb nachkomen vnb Benzen von Bochingen an ir ſtatt für òns vnb all vnſzer erben vnb nach= komen des vorgenanten briefs quit, lebig vnb löſz Mit Urkunb biſz briefs daran wir vnſzer aigen Inſigel offenlich gehendt haben Vnb ze noch merrer ſicherhait, ſo haben wir gebetten Conzen Pögglin ben man nempt ben höppeller, bas ber von ònſzer bett wegen zù ainer gezugnuſt aller vorgeſchribener Dinge ſin aigen Inſigel zu dem ònſerm offenlich gehendt hat an biſen brief, des ouch ich vorge= nanter Conz Pögglin vergich mir vnſchäblich Dirr brief iſt geben an bem nähſten Sutenntag (ſic!) vor ſant Martins tag, Nach Criſtus geburt Drutzzenhen hundert jär barnach in dem Sechs vnb Achtzigoſten Jär.

B. b. Orig. im k. k. geh. Haus- Hof- unb St.-Archiv zu Wien.

746.

4. Dezember 1386. Rotweil. Das Hofgericht zu Rotweil thut auf beſondere Bitte des Grafen Rudolf von Hohenberg den Spruch, daß die Freiheitsbriefe, welche K. Wenzeslaus dem Herzog Leopold von Oeſtreich unb Graf Rudolf von Hohenberg, beziehungsweiſe ihren Herrſchaften, Dienern unb Unterthanen unter bem **1. Nov. 1379** unb **22. Juli 1384** ertheilt hatte, noch in Kraft ſeyen.

Ich zaiſſolf von Lupffen ain frhe Hofrihter an Stat vnb In tamen Graue Rudolfs von Sultz von mines Gnädigen Herren bes Römſchen kung Wentzläs gewalt an finer ſtat, uf finem Hof ze Röt= oil Tün kunt allen ben bie biſen Brief anſehent ober hörent Leſen baz ich ze gerikt ſaß uf bem vorgenanten Hofgerikt ze Rötwil an ber offenen fryen kunges kräſſen uf biſen tag als biſer brief geben iſt vnb ſtünden vor mir uf bem ſelben hof ber erber vnb wiſe Benz ber Amman des geſwornen Räts vnb Rihter er Stat ze Rötenburg vnb cûnrabus des ebeln wolerbornen Herren braue von Hohenberg Graue ze Hohenberg geſworner ſchriber erberiv nb gewiſſi botſchaft mit vollem gewalt an ſtat des ſelben Graue Rûbolf von öhenberg vnb fines Landes finer biener vnb finer Lüte vnb befunber an tat ber erberen vnb wiſen des ſchulthaiſen des Räts vnb ber Burger gemaint= h Richer vnb armer ber Stat ze Rötenburg an bem neſſer vnb zogten da ain dinnus ainer frighait des burchlühtigoſten fürſten vnb Herren Hertzog Lüpolts ertzogen ze Oſterrich ze Stir ze kärnben etc. ſäliger gebenknüſſe verfigelt ber bes Hofgerichts ze Rötwil anhangenben Inſigel baz von wort ze wort ſtünb s hie nach geſchriben ſtät Ich egnolf von wartemberg ain frie Hofrihter Stat ònb In namen Graue Rûbolfs von Sultz von mines gnäbi=

gen Herren des Römschen kunges wentzläs gewalt an siner Stat uf iren
Hof ze Rötwil Tůn kunt mit disem brief allen den die in ansehent oder hören
Lesen das ich ze geriht saß uf dem Hof ze Rötwil an der offenen frien tung
strässe uff disen tag als diser brief geben ist vnd stünd vor mir uf dem selber
Hof der vest Ritter Herre Brun von Hertenstain von des Hocherbornen
durchlühtigen fürsten wegen Hertzog Lüpolts von Österrich vnd zögt aines
güten gantzen vnd ungebresthaften frighait brief besigelt mit des allerhochgebornen
fürsten vnd Herren des Römschen kunges wentzläs anhangenden Jnsigel
von wort ze wort ze wort stünd als hie nach geschriben stät Wir wentzläs
goz gnäden Römscher kung zü allen ziten merer des riches vnd
zü Beheim. Bekennen u. s. w. (Es folgt nun die Urkunde vom 1. Nov. 13..
Prag s. oben.) Vnd do dieser brief verlesen vnd verhört ward do batt Jm
vorgenant von Hertenstain an ainer vrtail ze eruarent ob des vorgenanten für
mins gnädigen Herren Hertzog Lüpolts von Österrich diener Lantlüte Burger
geburen der gnäd vnd frighait nit billich geniessen süllent vnd ob man Jnen
iht von dem Hofgeriht ze Röttwil ain vidimus geben sülle Daromb vorscha
vrtail vmb wz (sic!) reht wär vnd ward ertailt von Rittern vnd von Ri
die ba ze gegen waren mit rehter vnd mit gesamnotem vrtail als uf dem
geriht ze Rötwil reht waz daz alle dienstlüte Lantlüte Burger vnd geburen
obgenanten mins gnädigen Herren von Österrich der obgenanten gnäd vnd fri
billich geniessen süllent vnd dez man Jnen ain vidimus vnder des Hofs Jn
ze Rötwil geben sol. vnd her vmb ze offem vrkund so hän ich des Hofgerihtz
Rötwil Jnsigel mit vrtail offenlich gehenkt an disen brief der ze Rötwil gebe
an dem nähsten bornstag nach Sant Michels tag Nach cristz geburt brüzehen
dert Jar vnd in dem Ahtzigostem Jar. vnd Do diser brief verlesen vnd ver
warb. bo zögten si ainen güten redlichen vngebresthaften frighait brief ver
vnder des aller bürchlühtigosten fürsten vnd Herren küng wentzläs anha
dem maiestät Jnsigel der öch von wort ze wort geschriben stünd als hie
geschriben stät die selben frighait conformation (sic!) vnd bestätigung der
durchlühtigost Höhgebornost fürst vnd Herr Herr wentzläws Römscher küng zü
ziten merer des Riches vnd küng zü behain getän hett dem obgenanten Gr
Rüdolfen von Hohenberg sinen Landen dienern vnd Lüten von
wegen des egenanten Herrn Lüpolts Hertzogen ze Österrich bem got genäd
selbe Bestättegung besigelt waz vnder des obgenanten Hochgebornosten Fürsten
Herren Maiestät Jnsigel als vor geschriben stät die also Lüt vnd seit. (Es ist
bie obige Urkunde vom 22. Juli 1384. Heidelberg eingerückt.) Vnd bo dise
verlesen vnd verhört wurden bo batt mich des obgenanten Graue Rüdolph
Höhenberg erberiv vnd gewissi botschaft Jnan ain vrtail ze eruarent ob der
Graue Rüdolf von Hohenberg ir gnädiger Herr sin Lant vnd alle sin die
vnd Lüte vnd Besunder die ersamen wisen der Schulthais der Rät bie Burg
vnd gemaind gemainlich Rich vnd arme der egenanten Stat Röt

irg der selben frighait billich geniessen süllen vnd och billich dabi beliben süllen. ...arumb vorschet ich Jnen der vrtail Do ward ertailt mit rehtem geriht vnd mit ...samnoter vrtail als uf dem Hofgeriht ze Rötwil von Rittern vnd von Rihtern ...ht waz daz der egenant Graue Rüdolph von Hohenberg sin Lant dienern vnd ...it vnd befunder der schulthais der Rät vnd die Burger gemainlich der stat ze ...ötenburg alle sunder vnd sament fröwa vnd man bi der obgenanten gnäd vnd ...ighait billich beliben vnd der geniessen süllen vnd daz man Jnen des ain vibi= ...us geben sol vnder des Hofgerihtes ze Rötwil Anhangendem Jnsigel vnd her ...ab ze offem vrkund so hän ich des Hofgerihtes ze Rötwil Jnsigel mit vrtail ...enlich gehenkt an disen Brief Der geben ist den nähsten zinstag vor sant Nyclās ...z ains hailigen Bischofs Nach cristz geburt drüzehenhundert Jar dar nach Jn ...n Sehs vnd Ahtzigosten Jär.

V. b. Orig. im St.-Archiv zu Stuttgart. — Mit dem bekannten Hofgerichts-Siegel, ...s mit Papier überklebt ist.

747.

Januar 1387. o. O. Dietrich Böcklin bekennt, daß Graf Rudolf von Hohenberg seine eheliche Hausfrau Elsbet von Haußen, beziehungsweise ihn, mit dem vierten Theil des Zehenten zu Haußen „vnder lochen" belehnt habe.

Jch Dietrich Pögglin Tün kunt vor aller menglichen, Als der Edel Wol= ...orn Graf Rüdolf von Hohemberg min gnädiger herr miner elichen huß= ...wen, Elßbetten von Hußen verlühen hät allü die lehen so ir vatter min ...her Albreht von Hußen von dem vorgenanten minem herren von Hohem= ...z biß uf disen tag ze lehen gehebt hät, das ist ain viernbal bez zenhenben ze ...ßen vnder lochen, barnach allü anderü ligenbe güter, So er biß uf disen ...Jnn vnd herbraht hät, uß genomen vier mannmat wisen vnd aht morgen ...ers, Bekenne ich mich mit disem brief, daz mich der vorgenant min gnädiger ...r von Hohemberg der vorgenant miner elichen Hußfrowen zů ainem getruwen ...er ober bie obgesagten güt gegeben hät, Vnd darumb so hän ich gesworn ain ...liplich zů güt (sic!) vnd den hailigen dem vorgenanten minem herren von ...mberg ze tünd von den lehen, Was denne ain lehenman sinem lehenherren ...s vnd durch reht tün sol Mit vrkund diß briefs, daran ich min aigen Jnsigel ...lich gehenckt hän. dirr brief ist geben an bem Obrosten tag ze Wihennähten ...z Cristy geburt drützenhenhundert Jar barnach in dem süben und Ahtzigo= ...Jär.

B. b. Orig. im St.-Archiv zu Stuttgart. — Mit dem Siegel des Ausstellers, auf ...ber nichts mehr zu erkennen ist.

748.

9. August 1387. **Rotweil.** Jta von Tockenburg, Gräfin von Hohen
berg, vermacht an die Frauen=Kapelle zu Rotweil ihre Gültgüte
zu Schörtzingen, Deilingen, Delkofen, Gosheim und Denkingen
welche sie als Pfand für **504** Pfd. Heller von dem Hause Oe
reich inne hatte, das solche aber wieder einlösen konnte.

Allen den die disen brief ansehent oder hörent lesen .. Tůn ich Cůnr
der Bock, ich hainrich landolt vnd ich Hans dornhain pfleger vni
frowen Cappellen ze Rotwil ze disen ziten kunt vnd vergehen offenlich i
vns vnd alle vnser nachkomen, Als die edel hocherborn frowe frö Jte gebor
von Toggenburg Grefinne ze Hohenberg der egenanten vnser frow
Cappellen luterlich durch gotes vnd vnser lieben frowen willen .. gegeben hat
ainem rehten steten almůsen. allů die geltenden gůter bie si het ze Scherzi
gen, ze Tůlingen, ze Telkofen, ze Gosshain vnd ze benckingen den t
fern mit allen iren rehten, nützen vnd zůgehörden, dieselben gůter allů o
der egenanten frow Jten von Toggenburg reht vnd reblich p
sint von der herschaft von hohenberg vmb fünfhundert pfunde n
vier pfunt gůter vnd genemer haller nach wisung vnd lutung der versige
briefe, so wir die egenanten pfleger inne haben von wegen der vorgenanten r
frowen Cappellen. Da vergehen wir die selben pfleger alle drie vnuerschaide
für vns vnd alle vnser nachkomen mit Rate, willen vnd gunste des Schulthai
des Burgermaisters vnd des Rates gemainlich der Statt ze Rotwil, birre
also wenne es ze schulden komet, daz die edeln hochgebornen durchlůhtigen fi
vnd herren die hertzogen zů Österrich wider lösen werdent, oder ir erben
nachkomenden es sie öber lange oder öber kurtze vnd vns oder vnser nachkomenden,
denne pfleger der egenanten vnser frowen Cappellen ze Rotwil sint, oder w
ainer wider losunge der vorgenanten gůter ermanent mit fünfhundert pfunde
vier pfunden gůten vnd genemen hallern vnd vns oder vnseren nachkomende
egenanten vnser frowen Cappellen pflegern gebent vnd bezalent samenth
mitenander, so sönt wir der selben herschaft von Oesterrich die obgenanten
allů als vorbeschaiden ist, darumb mit allen iren rehten, nützen vnd zůgeb
wider ze lösende geben, ane widerrede, vngeuarlich, doch ze rehten ziten in
Jar nach wisung vnd lutung der vorbenempten briefe, so wir inne habe
vorbeschaiben ist .. Vnd herumb ze warem offem vrkůnd so habent wir er
die erbern wisen. den Schulthaissen, den Burgermaister vnd den Rat gema
der Statt ze Rotwil, daz sů der Statt ze Rotwil gemain Jnsigel offenlich geh
hant an disen brieff, wand dis alles mit irem Rat haissende, gunste vnd
willen geschehen ist. Wir vorgenanten der Schulthais, der Burgermaister vn
Rat gemainlich der Statt ze Rotwil vergehen, daz alle vorgeschriben sach

heßen sint mit vnserm Rate, haissen, gunste vnd gütem willen in alle die wise
ls da vor geschriben stätt. Vnd haben darumb ze merrer sicherhait vnd ze
estenunge aller vorgeschrilner dinge der Statt ze Rotwil gemain Insigel offenlich
ehencket an disen brieff .. Der ze Rotwil geben ist an sant Laurentius aubent
ins hailigen marterers Nach Cristus gebürte Tusent drühundert achtzig vnd
siben Jare.

B. b. Orig. im St.-Archiv zu Stuttgart. — Mit dem gut erhaltenen Siegel der
Reichsstadt Rotweil.

<hr>

749.

8. August 1387. o. O. Ita von Tockenburg, Gräfin von Hohen=
berg, vermacht mit Zustimmung ihres Gemahls, Grafen Rudolf
von Hohenberg und ihrer Tochter Margaretha, Markgräfin von
Baden, dem Spital in ihrer Stadt Horb das Dorf Altheim (O.A.
Horb), welches sie als Pfand für 655 Pfd. Heller von ihrem
Gemahl besaß, der dasselbe aber wieder einlösen konnte.

Wir frow Ytt von Tockenburg greffin Zu Hohemberg tugen kunt
or aller mengklichem das wir angesehen haben den gebresten ellender vnd armer
lt so in vnser statt Horw wonhaftig sind darumb so haben wir mit wolbedach=
em mute gesunt des libes zu den ziten do wir das wolgetun mochten als das uf
eystlichen vnd weltlichen gerihten pillich craft vnd macht han soll vnd haben mag
ach dem rechten luterlich vmb gott vnd vnsers vnd vnser vordern vnd nachkomen
len gelückes vnd heyls willen geordnet vnd gegeben haben ordnen und geben
uch wyssentlich mit craft diß briefs an den stifft des spitals gelegen in
nser statt Horw diß pfandschaft so wir haben vf Althein dem dorf
as vns der Edel wolgeborn Rudolf graue ze Hohemberg vor etwie=
iel zit verpfendt vnd versetzt hat vmb sybenthalb hundert pfund vnd fünf pfund
uter haller nach der brief sage so wir darumb haben also mit dem geding das
ie pfleger des egenanten spitals ze Horw vnd all ir nachkomen das vorgenant
orf Altheim mit allen den rechten nutzen gewonheiten vnd zugehörden So denn
endert vberall darzu vnd darin gehort es sig an stüren erbenfallen vnd gerichten
n korn oder haller gelten oder sunst an andere gelten wie das dan alles ge=
nyssen oder genannt ist es sye benempt oder vnbenempt nützit vßgenomen nu
irohin innhaben nutzen vnd niessen sollent on all vnser vnd vnser erben vnd
achkomen ouch on aller mengklichs irrung sumung vnd hindernüß on geuerde ze
licher wyse als wir die gut bißher ingehabt vnd genossen haben doch mit der
escheidenheit das die vorgenannten pfleger die selben nutzen des egenannten dorfs
lltheim in der wyse als vorgeschriben stát den siechenlüten des vorgenannten
oitals ze Horw vnd allen künftigen armen die den yemer me darin kamen nutz=

lichen anlegen vnd fürkern sullent nach dem aller besten das sy dauon getruwlich
gespiset vnd getrost werben gott zu lob vnd ze eren vnd darumb so sollen vn
verzihen wir vns für vns vnser erben vnd nachkomen aller der recht vordrun
vnd ansprach bie wir vnser erben ober nachkomen ze dem vorgenannten dorf i
ber wyse als vorgeschrieben stat bitzher yngehabt haben ober fürohin yemer m
gehaben ober erlangen kennen ober mochten es wer mit gericht mit briefen ob
anderm sunst ober so vnd was brieff vnd vrkund wir vmb die pfantschaft b
vorgeschriben dorfs haben von dem edeln graue Rudolffen von Hohemberg b
sullent ben egenannten pflegern vnd iren nachkomen noch dem spital ze Horw m
fürohin keinen schaben bern noch bringen weber sunst noch so on geuerd Doch m
ber vorgenannt graue Rudolf von Hohemberg sin erben ober nachkomen ein wib
losung bes vorgeschriben dorfs Althein vordern vnd begerent so sollent in b
pfleger bes egenanten spitals ze Horw ober ir nachkomen einer wiberlosung g
horsam sin vnd statt tun alle iar vff sant walpurgen tag acht tag dauor ober b
tag barnach vmb die Sume der vorgeschriben sybenthalb hundert pfund vnd f
pfund guter vnd genemer haller on all fürtzog vnd wiberrebe vnd ouch on i
schaben vngeuerlich Vnd bes ze Vrkunbe so haben wir vorgenannte frow Ytt m
Tockenburg vnser eygen Insigel offenlich gehenckt an bitzen brief.

Wir Graue Rudolf von Hohemberg vnd wir frow Margaret v
Hohemberg Marggraufin zu Baben tugen kunt vor aller menigklichen m
bitz gemecht vnd ordnung aller vorgeschrieben bing vnd sachen mit vnserm g
vnd guten willen bescheen ist vnd sollen noch wollent wir noch vnser erben
pfleger bes vorgenannten spitals vnser statt Horw noch ir nachkomen an bem m
geschriben dorf Althein noch an beheinen rechten nutzen vnd zugehörden so b
vberall bartzu gehört in der wyse als vorgeschriben stat nymer gehindern irren
sumen noch schaffen baran gesumpt werden kains wegs doch vns vorgenam
herren von Hohemberg vnsern herrn erben vnd nachkomen vnschablich a
losung bitz vorgeschriben dorfs vngeuerlich vnd bes ze Vrkund so haben wir m
eygen insigel ouch offenlich gehenckt an bisen brief der geben ist an bem n
gutemtag nach sant Bartholomey tag des heiligen zwelfboten nach Cristi g
brützehenhunbert Jar barnach in bem Syben vnd achtzigsten Jare.

V. r. Copial-Buch in Horb.

<hr>

750.

3. September 1387. o. O. Jta von Tockenburg, Gräfin zu Hohen=
berg, vermacht mit Zustimmung ihres Gemahls und ihrer Tochter
an das Spital ihrer Stadt Horb zu einer Kaplan=Pfründ die
110 Pfd. Heller, um welche ihr ihr Gemahl die Hofstatt= und
Gartenzinse von Horb auf Wiederlosung verpfändet hatte.

Wir frouw Jt von Tockenburg greffin zu Hohemberg tuen kunt
or allen menigklichen das wir mit wolbedachtem mut gesunt des libes zu den
ten do wir das wol gethun mochten als das uf geistlichen und weltlichen gerich=
n billich kraft vnd macht hon soll vnd haben mag nach dem rechten luterlich durch
ott vnd vnser vnd vnserer vorbern vnd nachkommen selen gelücks vnd heils willen
vordnet vnd gegeben haben ordnen vnd geben ouch wissentlich mit craft diß briefs
ynem yegklichen kapplon der dann füro hin ymer komet vnd gewidemet werden
i dem spital gelegen in vnser statt Horw Die hundert pfund vnd zehen
und guter haller darumb vns der edel wolgeborn herre Rudolf graf
i Hohemberg vor etweuil zit die Hofstatt zinß vnd ouch garten zins in der
enanten siner statt Horw versetzt hat nach der brief sag so wir von im darumb
nhaben also das ein yegklich kaplon des egenannten spitals zu Horw vnd all
achkomend kaplon dieselben hofstat vnd garten zinß nun fürohin vnd me alle jar
sant martins tag samlen vnd zu iren handen nemen sollen vnd die zu rechter
rund haben vnd niessen mit allen den rechten als wir die zinß vnd gelt bißher
igehept vnd genossen haben daran wir noch vnser Erben vnd nachkommen noch
i nyeman anders von iren wegen beheinen kaplon desselben spitals nymer mer
umen noch geirren sollen noch wollen noch schaffen daran gesumpt werden kains
zß wann das wir sie bartzu getreuwlichen schirmen vnd halten wolten so wir
i mugen on alle geuerb vnd vertzihen vns für vns all vnser erben vnd nach=
tmen aller der recht vordrung vnd ansprach die wir vnser erben oder nachkom=
i zu den vorgenannten hofstatt vnd garten zinßen in der wyß als vorgeschri=
stat bißher ingehept haben oder fürohin ymer mehr gehaben oder erlangen
den oder mochten es wer mit gericht oder on gericht mit briefen oder on brief
ober so wann was brieff vnd vrkund wir vmb die pfantschaft der vorgeschri=
hofstat vnd garten zinßen haben von dem edeln graf Rudolfen von Hohem=
, die sollent inen nun fürohin nutz vnd gut sin und beheinen schaden beren
bringen weder suß noch so on geuerb doch wenn ich der egenannt graf
wolf von Hohemberg sin (erben[1]) vnd nachkommen ain wiberlosung der
eschriben hofstatt vnd garten zinßen vorberent vnd begerend so soll in ein
licher kapplon der benn zumal des egenannten Spitals zu Horw kaplon ist,
r wiberlosung gehorsam sin vnd statt tun alle jar off Sant martinstag viert=
tag bauor oder viertzehn tag barnach vmb diesu vorgeschriben hundert

pfunb vnb zehen pfunb guter vnb genemer haller on alle fürtzog vnb wiberret
vnb ouch on allen iren schaden vngeuerlich mit namen So haben wir ouch beding
wenn es zu schulben keme bas bie obgeschriben hoffstatt vnb garten zinß erloß
werden vmb bie süm ber vorgeschriben hundert pfunb vnb zehen pfunb guter halle
welher priester benn zumal kaplon ist bes egenannten spitals zu Horw ber so
benn bieselben zehen pfunb vnb hundert mit rat hilf ber bie benn zumal bes in
tals fürmunb vnb pfleger sinb, anlegen vnb ander gůt barumb koufen bamit be
gelt füro bewert unb fürkert werb mit andern nutzen nach bem aller besten be
nutzlichigosten bas ein yeglich kaplon yemer ewigklich bester füro baran habe
sigen on all arglist vnb geuerb vnb bes zu vrkunb so haben wir vorgenam
frouw Ita von Todenberg vnser eigen Insigel offenlich gehengt an bißen brie.

Wir Graf Rubolf von Hohemberg vnb wir frouw margret ve
Hohemberg marggrefin zu Baben tuen ouch kunb aller mengklichem be
biß gemecht vnb Orbenůng aller vorgeschriben bing vnb sachen mit vnserm gů
vnb guten willen beschehen ist vnb sollen noch wollen wir noch vnser erben be
nen kaplon bes egenannten spitals in vnser statt Horw an ber hoffstat vnb gar
zinßen so hie vorgeschriben stat nit hinbern irren noch sumen noch schaffen be
gesumpt werden kains wegs boch vns vorgenannten hern von Hohemberg vn
erben vnb nachkomen vnscheblich an ber losung bißer vorgeschriben gut vnge
lich vnb bes zu vrkunb vnb merer sicherheit so haben wir ouch vnser aigen
sigel offenlich gehengt an bißen brief, ber geben ist an bem nechsten zinstag
vnser froewen tag als sy geborn warb nach Christus gepurt brutzehenhundert
barnach in bem süben vnb achtzigosten Jare.

B. b. Copial-Buch zu Horb.

[1] Ausgelassen.

751.

6. September 1887. o. O. Ita von Todenburg, Gräfin von Ho
berg, schenkt mit Zustimmung ihres Gemahls unb ihrer To
an bas Spital zu Horb bas halbe Dorf Salzstetten (O.A. H
welches sie von Diemen von Steinhülben gekauft hatte.

Wir frow It v. Todenburg Gräffinn[e] ze Hohenberg tügen
vor aller menglichen Das wir mit wolbebahtem můt gesunt bes libes zů ben
bo wir bas wol getůn mochten als bas uf gaistlichen vnb weltlichen ge
pillich craft vnb maht hän sol vnb haben mag nach bem rehten luterlich
Gott vnb vns vnb vnser vorbern unb nachkonsen selen gelückes vnb hailes
georbenet vnb geben haben orbenen vnb geben ouch wizzelich mit craft biß
an ben Stift bes Spittals gelegen in vnser Statt Horw[e] vnser Ho
so wir haben an Sallstetten bem borff mit lüt vnb mit gůt mit ä

wiſen holtz velb wazzer wunn, vnd waid by waſen vnd by zwig mit aller ehàftÿ
vnd gewaltſami mit ſtab mit geriht mit zwingen vnd bennen mit ſtüren erben
vällen vnd hoptrehten mit allen gelten vnd gülten Es ſige an korn haller genß
hünr oder aiger gelten mit grozzen vnd clainen zenhenden, vnd beſunder mit allen
den rehten nützzen · vnd gewonhaiten So benne ÿenbert vberal zů dem egenannten
vnſerm halbtail des vorgeſagten dorffs Salſtetten gehört vnd gehören ſol vnd mag
Es ſig benempt oder nit ſunbes oder vnſunbes clains vnd grozz nützit ußgenom=
men als wir das vmb biemen von Stainhülwᵉ ſàligen vor etweuil zit kouft
haben vnd das biß uff biſen hüttigen tag Innegehebt herbraht vnd genoßen haben
Alſo das bie Pfleger des egenᵃnten Spitals ze Horwᵉ vnd all ir nachkommen ben
ſelben halbtail des egenanten Dorfs Salſtetten mit ben nützzen ſo vorgeſchriben
ſtàt nun fürohin Innᵉhaben nützzen vnd niezzen ſullenb gerůweklich àn all vnſer
vnb vnſer erben vnd ouch an allermenglichs irrung ſumung vnd hindernüß an
geuàrb ze gelicher wiß als wir die gůt biß her Innᵉgehebt vnd genozzen haben
boch mit der beſchaibenheit bas die vorgenannten Pfleger bie ſelben nützz bes ege=
nannten halbtails an Salſtetten vnſerm borf in ber wiz als vorgeſchriben ſtàt ben
ſiechen lüten des vorgenannten Spittals ze Horwᵉ vnd allen künftigen armen bie
bennᵉ ÿmmerme barin komenb nützzlichen anlegen vnd fürkeren ſullent nach dem
aller beſten bas ſÿ da von getrüwlich geſpiſet vnd getröſt werben Gott ze lob vnd
ze eren.   Wir verzihen vns ouch für vns alle vnſer erben vnd nachkomen aller
ber recht vorberung vnb anſprach bie wir vnſer erben ober nachkomen zu dem
vorgenanten halbtail bes borfs Salſtetten in ber wiß als vorgeſchriben ſtàt biß
her ÿegehept haben ober füro vmmer me gehaben ober erlangen künden ober
möhten, es wàr mit geriht ober àn geriht mit brieffen ober àn brief ſuß ober ſo
àn alle geuerb. Vnb bes ze Vrkund ſo haben wir vorgenannte frowᵉ Itt von
Tockenburg vnſer aigen Inſigel offenlich gehenkt an biſen brieff. Wir graf Rů=
bolf von Hohemberg und wir frowᵉ Margaret von Hohemberg marg=
gràffinnᵉ zů Baben tugen ouch kunt vor aller menglichen bas biß gemàcht
vnd orbenung aller vorgeſchriben Ding vnb ſachen mit vnſerm gunſt unb guten
willen beſchenhen iſt ſullen noch wellen wir noch vnſer erben die Pfleger bes ege=
nanten Spittals in vnſer Statt Horwᵉ noch ir nachkommen an dem egenanten
halbtail des borfs Salſtetten ſo hie vorgeſchriben ſtàt nicht hindern irren noch ſumen
noch ſchaffen baran geſumpt werden kains weges ſuß noch ſo àn alle geuerb Vnb
des ze vrkund ſo haben wir vnſerü aigenü Inſigel ouch offenlich gehenckt an biſen
brief Der geben iſt an bem nàhſten fritag vor vnſer frowen tag als ſÿ geborn
warb nach Chriſtÿ geburt brützzehen hundert Jàr barnach in dem Süben vnd
achtzigoſten Jare.

752.

31. Oktober 1387. Rotenburg. Graf Rudolf von Hohenberg erhebt die Kirche des h. Kreuzes zu Horb zu einem Chorherrnstift und incorporirt demselben die Kirchen, Kirchensätze und Kelnhöfe zu Ihlingen und Eutingen (O.A. Horb) nebst den vier Altarpfrunden an der obgen. Kirche zu Horb.

Wir Graf Rudolff von Hohemberg Tügen kunt offenlich für vns vnd all vnser erben vnd nachkömen daz wir lutterlich ainualtteclich Got ze lob den Selen ze trost durch singentz vnd lesentz wegen mit güter Vorbetrachtung als bas yetzunt vnd hienach pillich vnd müglich kraft vnd macht hat vnd haben soll Ergeben haben vnd geben ouch wissentlich mit disem brief mit hand mit munb mit aller Ordnung so dartzu notburftig was vnser aygen kirchen vnd kirchensatz zu yhlingen mit dem kelnhof barin die selb kirchen yhlingen vnd ouch mit namen die kirchen des hailigen Crütz ze horw vff dem Margt gelegen gehöret. Vnd dartzü vnser aygen kirchen kirchensatz vnd kelnhof ze Vttingen in dem dorff in dem göw gelegen baib in Costentzer Bystum mit allen iren Rechten es sig an widemen an höfen zinsen nützen vnd gelten we die vberal gelegen sint es sig vff ober inn nützit vsgenommen weder klains noch gross es sig an korn gült ober haller gült wie bas genant ober geschaffen ist mit allem dem so dartzu vnd barin gehöret mit aller aigenschaft recht vnd gewaltsam gewer vnd ouch Ehafti so vnser vordern vnd wir zu den egenanten kirchen vnd kirchensetzen ye gehetten ober vnser erben vnd nachkömen nu fure hin dartzü yme gehaben ober erlangen möchtinb es wer vff gaistlichen ober vff weltlichenn gerichten. Vnd ouch mit namen, die vier altar gelegen in ber egenanten kirchen des hailigen Crütz ze Horw vff dem margt mit allen ben nützen geniessen gewonhaiten besatzung vnd ouch rechten so benn yendert vberal bartzü gehöret nützen vsgenomen also baz die egenanten kirchen vnd kirchensetz vnd ouch die vier altar phrunden in des hailigen Crütz kirchen ze Horwe mit allen ben Rechten des hailigen Crütz kirchen ze Horwe ben wir vnd mit vns dieselben nachgeschriben vnser Capplon Phaff Albrecht Richler Phaff Conrat Rogsperg phaf Conrat von Tunglingen Phaff Hainrich Murer von Sulz Phaff fridrich Güt von horwe phaff Berchtolt Schürer phaff Hans von Rusen phaff Hans Schülmaister phaff niclaus Magenbüch phaff nicolaus Harder von Rotemburg, phaff Swigger Schülmaister vnd phaff Hainrich vischer .... geordent ... stift haben wan die ir almüsen ouch durch gotz willen an dem anfang diß Stiftes getan vnd gegeben hand vnd vertzihen wir obgenanter herr von Hohemberg vns mit disem brief für vns alle vnser erben vnd nachkömen vmmer ewenclich obgenanten zwaiger kirchen vnd kirchensetz vnd ouch ber egenanten vier altar phrunden in des hailigen Crütz kirchen ze horowe mit

len iren Rechten befaßungen gewonhaiten vnd zůgehörden nüßit vßgenomen gen
n obgenanten zwelf Corherren vnd gegen allen iren nachkömen die vmmer nach
i vnd an ir stat kömend aller ansprach aller zůgewarttung aller wider vorbrung
tb Recht so wir ye barzů gehetten ober wir ober vnser erben vnd nachkömen
ner gewinnen möchten mit gaißlichem ober mit weltlichem geriht ober mit andern
chen süß ober so Vnd sullen vnd wellen ouch wir unser erben vnd nachkömmen
e egenanten Corherren vnd all ir nachkömen zu ben egenanten kirchen vnd kirchen=
ßen vnd zu ben vier altarn vnd zu allen iren rechten vnd gütern als vorge=
iriben stat getruwlichen fürdern vnd Inen bas schirmen als vnser aigentlich gůt
tgeuerlich. Vnd sunberlich was güter vnd nüß zu benselben kirchen vnd kirchen=
ßen vnd ben vier altarn gehörend die sullent beliben unb sin in ben gnaben vnb
)haiten vnb gewonhaiten alz si bisher lang zit kömen sind an all geuerd. bie
:bnung biß vorbenempten Stifts ist also baz bie egenanten korherren vnb
ir nachkömen Jr gesetzben Süben zit mit singen mit lesen ordenlich stetechlich
b vngeuerlich tůn sullend bie Metten zu irer zit Prime vnb Terße zu iren ziten
·rt Non Vesper vnb Couplet zu iren ziten in ber wise als man bas nach göt=
jer ordnung tůn sol vnb gewönlich ist. Vnd sullend bie egenanten korherren
b alle ir nachkömen nach ber Metten ain gesprochen Meß haben vnb barnach
i gesungen frůgmeß von Selen vnb benn barnach vf frůampt aber ain gesungen
·ff an geuerd. Si sullend ouch vmmer ewenclich alle Jar zů yeglicher fronua=
n besunber vnser herschaft von Österrich vnb ouch vnser vnb vnser
rbern vnb Nachkömen Jarzit began ben abend mit ber vigili, vnb mornoß mit
· Selmeß vnb was kerßen unb opferliechter barzů gehörend, bie sullend si vnb
Nachkömen ouch barzů geben vnb erlichen (sic!) vzrichten an geuerd. Wir
ien ouch berett baz zu bem egenanten Stift gehören sullent, zwelf Priester vnb
ht minber an geuerd. Ouch haben wir ben egenanten vnsern Corherren für
ß vnb vnser Nachkommen günbet vnb geürlaubet, baz sie bie nachsten Sechs
rtunga vff bem egenanten Stift, wol hingeben vnb verlihen mügend wem si
lent an allen vnsern zorcn irrung vnb hinbernüft, Darnach so behalten wir vns
i vnb vnser herschaft vmmer me allü lehen vff bem egenanten Stift in ber
ise alz wir bie haben vff vnserm Stift ze Ehingen am Negger, vnb weliche
sinb, ben wartunga von vns, ober von ben korherren vf ben Stift gegeben
ober fůro baruf gegeben werbent, bie süllend mit sölicher ordnung vnb ge=
thait angan, Corherren zu werben, ze gelicher wise, alz vf bem Stift ze Ehin=
am Negger sit vnb gewönlich ist anzegand an allz geuerd. Wenn so ver, baz
egenanten korherren, vnb all ir Nachkömen, bie ersten zwen nüße bie ba ge=
ent, so ainer sol angan, verbuwen vnb anlegen sullend an geßierb vnb notburft
Goßhufs ze Horw an geuerb, Es sol ouch ainen iglichen Probst biß Stifts,
ien vnb geuallen anberthalb nüße ze phründe an alle geuerb, Welher ouch
r ben vorgenanten Corherren vnb iren Nachkömen an ben vorbenempten Siben
i vnb meffen sumig wer vnb barzů nicht kem vngeuerlich, zu welher zit bas

wer, der das tett, der folt denn deſſelben tags ainen Schilling haller den andern
herren veruallen ſin ze gebend den ſi ymᵉ nicht varen ſullend lan, was ouch de⸗
ſelben tags von Opffer vnd ze Preſentze geuallen iſt, des ſol im des tags ouch
nützit werden, Beſunder, ſo haben wir angeſenhen iren willen vnd ernſt, den ſie
zu birer löblichen ſache gehebt hand, Darumb ſo geben wir in frigung mit diſem
brief, daz Si vnd all ir Nachkömen vnd ir Ehalten vnd iren gütern für alle
Stüra, wachta, vnd bienſt lebig vnd fry ſin ſüllend, für vns alle vnſer erben
vnd Nachkömen vmmer ewenclich, dhain unſer Vogt amptman, noch dhain der
vnſer noch ſuß nyeman anders von vnſern wegen bie egenanten Corherren noch
ir Nachkömen vnd ouch ir Ehalten nicht hindern noch bedrengen ſullen, kains we⸗
ges an alles geuerb. Ouch mügend die egenanten korherren vnd alle ir Nach⸗
kömen, alles ir gůt, daz Si yetzund hand, oder noch in künftigen ziten gewinnen
wol hingeben, vnd vermachen wenn Si wellend, es ſig durch got iren frúnden
oder lantlüten, daran wir, noch dhain vnſer erb, noch Nachkomen, Si noch
nachkömen noch dieſelben ir erben nicht hindern noch ſumen ſüllen, kains weges
an all geuerb. Es iſt ouch bedingt, ob ſich fügty daz dehain vnſer Burger oder
arme man ze Horwᵉ, vtzit zu ſprechen hetti oder gewünnᵉ zu den egenanten k⸗
herren oder iren Nachkömen darumb ſol ſich der klager laſſen benügen, an ainem
Rechten, vor dem Probſt vnd den Corherren, daſelbs, Gewünnᵉ ouch der Corher⸗
ren behainer vtzit ze ſprechend zu ainem vnſerm Burger ze Horwᵉ, der ſol ſich ouch
laſſen benügen an ainem Rechten vor vnſerm Schultheiſſen vnd den Richtern
Horwᵉ, daz ouch yetwederm tail an fürtzog wideruaren ſol alles an geuerb. Vnd
herumb ze offem vrchund, daz alle vorgeſchriben ſachen, war vnd ſtet vnd ouch
vnuerwandelt beliben, So iſt vnſer Inſigel für vns all vnſer erben vnd nach⸗
kömen von vnſers haiſſentz wegen, offentlich gehenkt an diſen brief. Der geben
ze Rotemburg, an aller hailigen abend, in bem Jar bo von Criſti gewurt
warend Drützehenhundert Jar vnd Siben vnd Achtzig Jar.

B. v. Orig. im St.⸗Archiv zu Stuttgart.

753.

31. Oktober 1387. Baben im Ergau. Herzog Albrecht von Oeſt⸗
gibt ſeine Zuſtimmung zu ber Schenkung der Gräfin Jta von To⸗
burg an das Spital zu Horb. S. 28. Auguſt 1387.

Wir Albrecht von gottes gnaden hertzog ze Oſterrich ze Styr
Kernden vnd ze Crain graff ze Tiroll etc. bekennen das wir durch
gird vnd fliſſig bitt der edelen vnſer lieben mumen Jtten von todenburg
grefin zu Hohemberg vnſern gunſt dar zu geben mit bem brief das ſie
achthalbhundert pfund vnd fünfzehen pfund Haller die ſie nach irer brief ſag
Satzwyſe hat als vns iſt fürgelegt off Altheim dem borf vnd den

ftetten vnd gartenzinßen in vnßer ſtatt zu Horw mag machen vnd geben
an ben Spital in berſelben ſtatt zu Horw vns vnd vnſern erben onſcheb-
lich an der loſung vnd ben rechten bie wir billich baran haben ſollen vngeuerlich.
Mit vrkund biß briefs geben zu Baden in Ergouw am pfingſtag vor allerheiligen tag nach Chriſtus gepurt brutzehenhundert Jar barnach in dem Süben
vnd achtzigoſten Jare.

    B. b. Copial-Buch zu Horb.

<hr>

754.

13. November **1387.** Schaffhauſen.   Herzog Albrecht von Oeſtreich
beſtätigt bie Erhebung ber Kirche zu Horb zu einem „Collegium. und
Tumkilchen" von Seiten bes Grafen Rudolf von Hohenberg.

    Wir Albrecht von gotes genaben Herzog ze Oeſterrich ze.....[1]
Herr off der Windiſchen Marich vnd ze Portenaw. Grafe ze Habſ-
purg ze Tyrol ze Phyrt vnd ze Kyburg Marggraf zu Burgaw vnd
Lantgraf in Elſaſſ. Bekennen vnd tün kunt offenlich mit dem brieue. Als
ber ebel wolgeborne vnſer lieber ......[1] bolff von Hohemberg mit hilff
ettlicher anber biberber leute durch got ze eren vnd lob bie kilchen in ber
Stat ze Horw erhaben wil ze einem Collegi vnd einer Tůmkilchen
ba ein Probſt vnd zwelf korherren ſein ſullen, Vnd hat bartzů zů ewiger ......[1] begabung vnd wibmunge beſchaiben anzgetzaigt (sic!) vnd gegeben
bie lütkilch zu Ohlingen, ba bie egenant kilch ze Horw als ein Tochter zůgehöret vnd ouch bie lükilch (sic!) ze Btingen mit ſampt allen iren
Rechten nützen gülten vnd zůgehörungen bie von ber herſchaft zu Hohemberg lehen ſint geweſen, alles nach lautt bes Stiftbriefs ben vnßer egenanter
Ohem barüber gegeben hat ber nachgeſchriben lautt.
  (Folgt nun bie Urkuube vom 31. Oktober 1387, Rotenburg, und wirb fortgefahren:)
    Nu haben wir obgenanter Albrecht Hertzog zu Oſterrich, Als rechter erb
ber herſchaft zu Hohemberg, nach vnſers obgenanten Oheims graf Růdolffs
tobe, ben ber allmechtig got lang wende nach ſeiner fliſſigen bete vnd ouch lütterlich burch got vnd ze hail vnd troſt vnſerer voruorbern ſeligen, vnſer vnd vnſer
Rachkömen Selen, ouch zu berſelben Stiftung vnßer willen vnd gunſt gegeben,
vnd geben ouch für vns vnſer lieben Bettern vnd erben, wiſſentlich mit dem brieue.
Doch alſo baz nach tobe vnſers egenanten lieben Ohems Weltliche lehenſchaft ber
egenanten Probſtyie, vnd ouch aller korherrentumen vnd anberer phrünben vnd
gotzgaben berſelben Stift von vns und allen vnſern erben, an bem Hertzogentumen
zu Oſterrich ewichlich zu lehen ſin, vnd ouch ſuſt mit vogtnie vnd allen anbern
bingen ewichlich, bi vns vnd vnſern erben beliben on alles geuer. Vnd barüber
zu ewigem vrchunt geben wir ben gegenwürtigen brief verſigelten, mit vnſerm

fürſtlichem anhangenden Inſigel. Der geben iſt zu Schafhuſen an Sant Bric=
cien tag. Nach kriſtes gepurd. Drützehenhundert Jar darnach in dem Siben vnd
Achtzigiſten Jare.

B. d. Orig. im St.=Archiv zu Stuttgart. — Mit dem großen aber ſehr beſchädigten
Reiterſiegel des Ausſtellers.

¹ Das Pergament hat hier eine durchgebrannte Stelle.

755.

16. November 1387. o. O. Graf Rudolf von Hohenberg, genannt
Graf Rümelin,¹ Herr zu Altenſteig, verkauft eine Heller= und Hühner=
Gült von Unterjettingen an Walther Syfrid von Rotenburg.

Wir Grauf Rûdolff von Hohemberg herr ze Altenſtaig veriehen
offenlichen für ôns vnd vnſer erben vnd Nächkomen mit diſem brief, das wir mit
wohlbedâhtem mût zů den ziten do wir Riten vnd gän mohten geſund des libes
mit rehter wiſſend mit ſôlichen worten werken vnd getâten Als es denn billich vnd
von reht kraft vnd maht haut hân ſol vnd haben mag ietzo vnd hienach reht vnd
reblich verkouft vnd ze kouffend geben haben Ains ſtäten Ewigen koufs dem fro=
men beſchaiden walther Sifriden burger ze Rôtemburg vnd allen ſinen
erben viertzig pfund vnd zehen ſchilling iteliger gûter vnd genemer haller geltz vnd
viertzig hûnr alles ſtätes vnd ewiges geltes. Des ſelben haller geltz jm vnd ſinen
erben iärlichen werden vnd gefallen ſol zwaintzig pfund haller geltz uf Sant wal=
purg tag vnd die andern zwaintzig pfund vnd zenhen ſchilling haller geltz uf ſant
Martins tag der bär nauch aller ſchieroſt komet: des erſten ônd voruſſ vor=
menglichen vnd vor allen andren gülten vnd gelten vſſer vnſerm dorff vn=
berûtingen mit lûten mit gûten mit äkern mit wiſan mit holtz mit velb mit
waſſer mit waid mit allen ſtüren zinſen gülten vnd gelten Es ſigin korngelt haller
gelt hünergelt oder ſus ander gelt wie die genant oder gehaiſſen wären: vnd mit
namen vſſer demſelben vnſerm dorff mit allen ſinen rehten nutzzen vnd zûgehôrda
ſo iendert überal dazů vnd darjn gehören ſol vnd mag wie das alles genam
oder gehaiſſen iſt, Es ſy benempt oder vnbenempt funden oder vnfunden
beſûcht oder vnbeſûcht nutzit uſgenomen vngeuarlich an fürzog widerrede vnd
an all irrung Ouch ſullent Jnen die egenanten viertzig hûnrgeltz iärlichen
werden vnd gefallen vſſer dem obgenannten vnſerm dorff mit aller zûgehôrd
als vorgeſagt iſt uf die zit als denn ſitt vnd gewonlichen iſt nauch hûnr=
geltz reht vngeuarlichen ouch on all Jrrung vnd hindernûſt Vnd alſo haben wir
dem egenanten walther Sifriden vnd ſinen erben die obgenanten viertzig pfund
vnd zenhen ſchilling haller geltz und viertzig hûnrgeltz reht vnd reblich ze kouffent
geben als vorgeſchriben iſt vmb Sehs hundert pfund haller driſſig pfund haller
minder aller gûter vnd genemer haller der wir alſo bar vom Jm zů vnſerm
kuntlichen nutz geweret vnd, bezalt ſigen Vnd verzihen vns gen Jm vnd allen

finen erben für vns vnd all vnser erben aller der reht vorbrung vnd anspräch so
wir zů ben. obgenanten hällern vnd hůnr gelten allen ober zů ier ieglichem besun=
ber vntz her gehebt haben ober füro barzů gehaben ober gewinnen möhtin süs
ober so Wan wir vns bekenen bas wir an bisem kouff niht betrogen sigin über=
halb noch überreht noch suß mit behainerley geuerbe: In behainen weg: Vnb
barumb so sullen wir obgenanter her von Hohemberg vnb vnser erben bem
egenanten walther Sifriden vnb sinen erben die obgenanten haller vnb hůnr
gelt allü vnb ier ieglichs besunber vsser vnserm obgenanten borff Vnberütingen
mit aller zůgehörb als vorgesagt ist an welem ober an wie mengem sie benn
mangel irrůng ober gebrust hettin ober gewůnni bie gelt allü Inen vertgen ver=
stän ufrihten vnd versprechen gen aller menglichen wenn ober wie bik sie bes
nötbürftig wärin ober wurbin zů allen tagen an allen stetten vnb gemainlichen an
allen rehten vnb gerihten gaistlichen vnd weltlichen bas sy bär an habenb sigin
nauch bem rehten an iren schaben vngeuarlich Duch ensullen wir noch vnser erben
vnd nächkomen noch behain vnser kneht noch amptman noch nieman anders von
vnseren wegen ben egenanten walther Sifriden noch sin erben noch ir gewisse
bottschaft an ben obgenanten gelten allen noch an iro aim tail weber sumen noch
Irren haimlich noch offenlich noch schaffen bas getän werben In behainen weg
Wan wir sy ba zů trüweclichen fürbern vnb schirmen sullen als anber vnser aigen=
lich gůt vnb nit hinbern vngeuärlichen. Wer aber bas bem egenanten walther
Sifriden ober sinen erben nit geschähe vnb Inen an ben obgenanten gelten von
vnsren wegen behain bruch inval Irrung ober kumernüst geschähe vnb wiberfür
es wär über kurtz ober über lang wenn ober wie bik baz beschähe. So haut ben
walther Sifrib egenant sin erben vnb all ir helffer gewalt vnb gůt reht vns
obgenanten herren von Hohemberg vnser erben vnb all vnser lüt vnb gůt vnb
bas obgenant borff vnberötingen mit aller zůgehörb vnb bie geburschaft gemain=
ichen bes selben borffs vnb ietz ba sint ober füro bar kument vnb all ir erben
vnb als ir gůt barumb vnuerschaibenlichen anzegriffenb ze schabgent ze pfenbent
vnb ze bekümmert allenthalben wä vnb wie sie künnent ober mügent mit geriht gaist=
ichem ober weltlichem ober ob sie wenb ängeriht än allen vnsern vnb iro zorn
lag vnb rauth vmer so lang vntz Inen alles bas eruollot wurb bär an sie ben
tangel ober gebrust hettint ober gewinnt: gantz vnb gar än allen iren schaben
Da vor vns ouch nutzit schirmen sol suß noch so in behainen weg Wan waz sy
x wiber tůnb So hänb sie allwegenb reht vnb wir vnreht. Vnb in welen
haben sy vnb ir helffer bes angriffs ober von bes vorgenanten geltz wegen vmer
kmint bä von sullen wir vnb vnser erben ob Inen bas geirrt würb von vnsren
egen von helffen än allen iren schaben Wär aber bas walther Sifrib ober
n erben an bem obgenanten gelt allem ober sin ainem tail gesumpt ober geirrt
ürbin von ber egenanten geburschaft wegen ze vnberütingen vnb nit von
tfren wegen So sol vnb mag er benn vnb sin erben wenn ober wie bik baz
schähe bas selb gelt bas Inen benn also ufstünb vnb bär an sy benn von iro

wegen mangel ober gebruſt hettint ober gewann ʒe ſchaben ʒe niement uf die ſelben
geburſchaft gemainlichen an Criſtan ober an Juden ober ſus ʒe kuntlichem gewon-
lichem ſchaden wä ſy wend vngeuarlichen Es hänb ouch ſy vnb all ir helfſer darʒů
gewalt vnb maht das egenant borff vnberůtingen vnb bie egenant geburſchaft
gemainlichen vnb all ir erben vnb nauchkomen vnb als ir gůt vnb nit vns baromb
anʒegriffenb ʒe ſchabgent vnb ʒe pfenbent ouch allenthalben mit geriht ober än geriht unb in aller der wis ſo von vns vorgeſagt ſtaut als lang vntʒ Jnen alles
baʒ uſgeriht vnb vollfůrt wirt des ſy benn mangel vnb geburſt hettint gantʒ vnd
gar än allen iren ſchaden: Vor bem angriff ouch ſy nit ſchirmen ſol enhain ſach
bie ieman ietʒo ober hienäch ſinben ober erbenken möht ſus ober ſo in behain
weg Wan waʒ ſy vnb ir helfſer da wiber tůnb ober getůn möhtin ſo hettint ſi
allweg reht vnb bie egenant geburſchaft vnb all ir erben vnb nauchkomen vnreht
Jn waʒ ſchabens ouch ſy vnb ir helffer beʒ angriffs ober von der vorgeſagten
gelt wegen bäran ſy ben von iro wegen mangel ober gebruſt hettint ʒe ſchaben
komen wärin von bem ſchaben allem ſullent wir obgenanter her von Hohemberg
vnſer erben vnb bie egenant geburſchaft gemainlichen vnb vnuerſchaidelichen vnd
all ir erben vnb nauchkomen: von helffen lebig vnb lous machen än allen iren
ſchaden än fürʒog vnb wiberrebe vngeuarlichen Vnb vmb bas baʒ all vorgeſag
ſacha von vns an biſem brief wär vnb ſtät belibin hierumb So haben wir obg-
nanter Grauf Růbolff von Hohemberg her ʒe Altenſtaig gelobt uf vnſern
aib ben wir barumb geſchworn haben all vorgeſagt ſach ſo von vns alſo vorgſchriben ſtänb an biſem brief wär vnb ſtät ʒe haltent nach biſſ briefs ſag vngeuar
vnb des ʒe vrkunbe ber wärhait So haben wir vnſer aigen Jnſigel offenlichen gehenkt her an Darʒů ſo haben wir gebetten ben Ebeln Hochgebornen herren Grou
Růbolffen von Hohemberg vnſern lieben vettern vnb biſſ erber hainrich
Stahler Bentʒen ben herter vnb Gerungen ben Obroſten das ſy i
aigni Jnſigel ʒe geʒugnuſt aller vorgeſchribner bing in ſelber än ſchaben ouch offi-
lichen hänb gehenkt an biſen brief Wir bie obgenanten ber ſchulthaiſſ bie Ritt
vnb bie geburſchaft gemainlichen des egenanten dorffs vnberůtingen geloben
vnſer ayb bie wir barumb geſchworn haben liplichen ʒů got vnb ʒů ben hailig
mit gelerten worten vnb mit vfgebotten fingern für vns vnb aller vnſer er
vnb nauchkommen all vorgeſagt ſacha von vns an biſem brief wär vnb ſtät
haltenb nauch biſſ briefs ſag vngeuerbe Vnb bem obgenanten walther Sif
ben vnb allen ſinen erben bie obgenanten hallergelt vnb hůnrgelt iärlichen
rihtenb vnb ʒe gebenb für alles verheften vnb verbieten vnb für all Jrrung
hinbernuſt aller lüt vnb geriht gaiſtlicher vnb weltlicher uf bie ʒit vnb in all
vnb weg ſo von vnſ vorgeſchriben iſt an biſem brief Vnb ʒe noch merer ſicherh
vns aller vorgeſchribner bing ʒe überſagenb So haben wir ouch gebetten ʒc
Ebeln hochgebornen herren Grauf Růbolffen von Hohemberg vnſern gn
bigen herren vnb biſſ Erber vnb veſte Hainrichen ben Stahler Bentʒen v
herter vnb Gerungen ben Obroſten das ſy irů aigni Jnſigel alſo ʒe ʒugn

hänb gehenkt an bifen brief Der zugnuſt aller wir obgenanter her von Hohem=
berg vnb wir die anbern zugen hainrich ſtahler Benz herter vnb gerung
Obroſt verienhen vns ſelber än ſchäblich Dirr brief iſt geben an Sant Othmars
tag des Jaures bo man zalt von Criſti geburt bruzehenhunbert Jaur vnb Süben
vnb Ahzig Jaure.

B. b. Orig. im St.=Archiv zu Stuttgart.

¹ S. unten die Urkunbe zu 16. Juli 1423, in welcher bem Grafen Rubolf ber Beiname
Rämilin gegeben wirb.

756.

31. Januar 1388. Rotenburg. Werner Märhelb, ein freier Lanb=
richter zu Rotenburg von bes ebeln Grafen Rubolf von Hohenberg
wegen, bekennt, baß Albreht ber Durner von Luſtnau auf bem
Lanbgericht zu R. alle ſeine Habe an bas Kloſter Bebenhauſen
vermacht habe.

Ich Wernher Marhelb ain frier lantrihter ze Rotenburg von
bez ebeln hochgebornen graff Rûbolfz von Hohenberg minez gnäbi=
gen herren wegen tun kunt allen ben bie bifen brief anſehent ober hörent leſen
bas ich ze geriht ſazz of bem lantgeriht ze Rotenburg an ber offnen
frien ſtraſſe of bifen tag als bifer brief geben iſt vnb bo ich alſo ze geriht ſazze
bo ſtünben vor mir of bem vorgenanten lantgeriht ber wolbeſchaiben Abreht
ber Durner von Luſteno bem borf vnb Abelhait bie Knäpplin ſin elichi
husfro bebú geſunbes libs vnb vernúnftig ber ſinn mit wolbebahtem mût vnb
ouch mit rat ber bie bar zû notbúrftig warent mit ainem fúrſprechen als reht
was vnb veriahent ba bebú offenlich vnb vnbezwungenlich wie bas ſie vor etwie
vil ziten ben erwirbigen ganſtlichen bem apt vnb bem couent bes klöſters ze
Bebenhuſen als ir gût als ſie mit namen hie nach geſchriben ſtanb bez erſten
ir huß vnb ſchúren vnb ir hofraiti mit aller zû gehörb bie gelegen ſint ze Luſteno
bem borf ſtoßet ainhalp an bie ſtraff vnb an Aberlin bes Frizingers
hus vnb obnan an Múnſterlis geſazz vnb zwo mannmat wiſan gelegen obnan
n ber Öwe ſtoffent ainhalp an Hanſen bes Kúrners wiſan von Dúbingen
vnb zû ber anbren ſiten an Hainzen Applins wiſun vnb zwo mannmat wiſan
gelegen an bem ſäwe bie ſtoffent ainhalp an Cönzlins bes wagners wiſen
von Dúbingen ben man nempt von Dufflingen vnb zû ber anbren ſiten an
Ibreht Beberangels wiſen von Dúbingen vnb ain mannmat wiſen gelegen
f bem ſtúbach ſtoffet ainhalp an Benzen bez binbers agger ben man nempt
Ibreht Sigbolz bohterman vnb anberthalp an Frizen bes viſchers agger
nb ain böngarten gelegen ze Luſteno bem borf ainhalp an bez Cönzels bön=
arten vnb anberthalp an bem weg vnber bez mezlers huß vnb ôuch alles bas

gůt das sie ietzo hant oder noch gewúnnen es sig vich, rinder oder roß ymen
ober schaf barschaft hußgerät liegentz oder varndes funbens oder vnfunbes sühteß
ober vnbesühtz nútzit vff genomen vermachet vnb gegeben hettin ze Luftenowe an
dem geriht da sie bedi jnne feßhaft wärin vnb baten mich jnen fúro an ainer
vrtail ze eruarnd wie sie das fúro den vorgenanten dem apt vnb dem couent dez
vorgenanten klofters Bebenhufen furo vermachen vnb vf geben sölt das es kraft
vnb maht haben möht vnb öwenklich an wiberrúf beliben sölt da wiber stůnb der
anbähtig gayftlich brůder Johanff Amman von Rötenburg gröſſkeller
dez vorgenanten clofters ze Bebenhufen öch mit finem fúrsprechen al
reht was vnb batt jme och an ainer vrtail ze eruarnt wie das beschenhen vnb z
gan sölt das der vorgenant der couent des vorgenanten clofters Bebenhufen da
an habent wär bo vorstaht ich jnen der vrtail bo warb ertailt mit gefamletter ver
ainer vrtail als vf dem vorgenanten lantgeriht ze Rötenburg reht was das z
das tůn söltin mit munb vnb mit hanb vnb mit miner hanb in dez vorgenanten
brůber Jöhanfen dez Ammans gröſſkellers ze Bebenhufen hanb von dez vorgena
ten aptz vnb dez couentz des vorgenanten clöfters ze Bebenhufen wegen vnb wes
das beschäch das es benn billich vnb durch reht also beliben sölt vnb der apt be
couent des vorgschriben clöfters ze Bebenhufen an ben vorgenanten gútern me
habent wär vnb her vmb ze offnem vrkúnb so han ich des lantgerihtz ze Röta
burg infygel mit vrtail gehengkt an bifen brief der geben ift an dem nähften fr
tag vor vnfer frowen tag der liehtmeff des jares bo man zalt von Gottes gebúr
brúzehenhundert jar bar nach in dem äht vnb ahzigoften jar.

757.

21. April 1388. Rotenburg. Graf Rubolf von Hohenberg erlat
der edeln Frau Katharina von Lichtenftein, Wilhelms von Web
gen Wittwe, die 13 Malter Roggengült, welche er (Rubolf)
25. Mai 1375 um 130 Pfd. Heller an Walther Sifriden v
Rotenburg verpfändet hatte, um die gleiche Summe an sich
bringen.

Wir Graff Růbolf von Hohemberg Tůgen kunt vor allen, den,
bifen brieff ömmer anfenhend lefend oder hörend lefen baz wir der Ebeln f

en frowᵉ katherinen von Liehtenstain wylant wilhelms von wähin=
n säligen Elichen Huffrowen Günnt vnd geurlobet haben Günden vnd
loben Jr ouch wiſſentlich mit craft biß briefs, An ſich vnd an ir Erben ze
ingent vnd wider ze löſend die brützenhen malter Roggen geltz Rötemburger
ſſ die wir vor ettweuil ziten vnd iaren dem erbern fromen walther ſifriden
ſerm burger ze Rötemburg zů ainem rehten pfand verſetzt hetten vſſer
ſerm layenzenhenden ze Rötemburg die ymᵉ da von Järlichen vnd bez erſten
ran gegeben wurden vff ſant Martins tag, Vnd waz die ſelb pfandung beſchen=
a vmb hundert pfunt, vnd brißig pfunt, allez güter Haller alz baz der pfandung
ſſ wol wißt den wir dem egenanten Walther Syfriden barumb gegeben hetten
ſelb brieff geben wart an ſant vrbans tag Nach Criſts geburt brützenhen=
ndert iär vnd barnach in dem fünff vnd Sübenzigoſten Jär die wil wir ben=
h önſer Land vnd Herſchaft ze Hohemberg aigentlich vnd vnuer=
mert zů önſern Handen hetten, vnd won nun die egenant frowᵉ katherin
a Liehtenſtain Walther Syfriden da vorgenant vff biſen tag als birrᵉ brief
en iſt die hundert pfunt vnd brißig pfunt haller vmb das vorgeſchriben korn=
t alſo bar geriht vnd bezalt hät vnd ben ſelben pfandung brief vnd ouch die
ltzenhen malter iärlichs roggen geltz Rötemburger meſſ uſſer önſerm Layenzen=
ben ze Rotemburg alz vorgeſchriben ſtät Da mit uſſer walther ſifritz hant Jn
hant erlößt vnd geledgot hat mit önſerm gunſt vnd güten Willen Darumb So
iehen wir vorgenanter Herrᵉ Graff Rúdolph von Hohemberg offenlich für öns
a alle önſer erben vnd nachkomen, baz die egenant frowᵉ katherin von Liehten=
n vnd alle ir erben die vorgeſchriben brützenhen malter Roggen geltz Rötem=
ger meſſ, uſſer önſerm Layenzenhenden ze Rotemburg nun füro hin vmmer me
a alle iär Järlichen uff ſant Martins tag Jnnemen nießen vnd haben ſüllend
üweclich mit allen ben rehten nützen vnd zůgehörden alz önſer vordern vnd
vnd ouch der egenant walther ſifrit baz ſelb korn gelt vntz uff biſen hüttigen
gehebt vnd genoſſen haben vnd wir ymᵉ baz mit önſerm brieff verſchriben
en än all geuerd vnd mit namen So empfelhen vnd haißen wir ernſteclich alle
er amptlüt die bez ſelben zenhenden yetzo pflegend ober in künftigen
a noch pflegen werdent baz ſy die egenanten frowᵉ katherinen von Liehtenſtain
r ihr erben alſo allü Jär iärlichen vff ſant Martins tag vmb die vorgeſchriben
ßenhen malter Roggen geltz Rotemburger meſſ uſſer önſerm Layenzenhenben
Rötemburg bez erſten vnd vor menglichen ußrihten vnd bezalen gar vnd gentz=
an allen gebreſten batan wir noch önſer erben vnd nachkomen noch nieman
ers von önſern wegen Sy noch ir erben noch niemann anbers von iren wegen
a nit me weber hindern Jrren noch ſumen ſüllen noch wellen noch ſchaffen
m geſumpt werden in behainen weg weber mit briefen noch än brief mit ge=
noch än geriht noch ſuß mit behainer anber ſach die yman erbenken künd
möht ſuß ober ſo än all geuerb vnd ſüllen vnd wellen ſy vnd ir erben bartzů
üwlich fürbern vnd jn baz güt ſchirmen alz önſer aigentlich güt vnd wär ouch

ob der egenanten frowᵉ katharinen von Liehtenstain oder iren erben daz vorgeschriben korn gelt von yemannᵉ vmmer me ansprächig wär oder würd über kurtz
oder über lang So süllen wir oder önser erben vnd nachkomen Jr oder iren
erben die vorgeschrieben drützzenhen malter iärlichs Roggen geltz usser önserm
Layenzenhenden ze Rotemburg alz vorgeschriben stät gentzlichen vertigen vnd versprechen gegen aller menglichen än alle Stetten zů allen tagen vnd gemainlich an
allen gerihten Gaistlichen vnd weltlichen Wie vnd wa sy bez vmmer me bedürffend
vnd nötürfftig sind daz sy vnd alle ir erben daran habend sigen än allen iren
schaden allez vngeuarlich Sünderlich so ist berett wennᵉ wir oder önser erben vnd
nachkomend komen ze rehten ziln in dem iär aht tag vor sant walpurg tag oder
aht tage darnach So sol sy oder ir erben öns ainer losung gestatten än all widerred vmb hundert pfund vnd vmb brißig pfund güter vnd genemer haller Wir obgenannter Herrᵉ von Hohemberg geloben by güten trüwen für öns alle önser
erben vnd nachkomen all vorgeschriben sachen wär vnd stät ze haltend ze glicher
wiß alz von öns an disem brief geschriben stat Vnd bez zu ainem wären vrkund
So ist önser Jnsigel von önsers Haißentz wegen offenlich gehenckt an disen brief
Vnd ze noch merrer sicherhait So haben wir gebetten den Edeln önsern lieben
Öheime Graff Rüdolffen von Sultz Lantrihter ze Rotwil vnd önser
getruwen Bentzen von Bochingen önsern Rät vnd biener vnd Bentz
ben Herter Rihter vnd Rät ze Rotemburg daz bie von önsers bett wegen
zů ainer getzügnüst aller vorgeschriben bing Jrü aignü Jnsigel zů dem önsern
offenlich gehenckt hand an disen brieff, bez ouch wir vorgenanter Herre Gr
Rüdolff von Sultz Bentz von Bochingen vnd Bentz Herter offenlich veriehen vnd
önsern Jnsigeln die wir also ze getzügnüst aller vorgeschriben bing an disen brief
gehenckt haben der geben ist ze Rötemburg an dem nähsten zinstag vor St
Jerigen tag Nach Christs geburt drützzenhenhundert Jar vnd darnach in dem
vnd Ahtzigosten Jar.

B. d. Orig. im St.-Archiv zu Stuttgart. — Das erste Siegel — das kl. bekannte
Siegel des Gr. Rudolf von H. Das zweite, das des Gr. von Sulz, gut erhalten
Das dritte Siegel ist das bekannte von Bochingen. Das vierte das undeutliche des Her

758.

2. Juni **1388.** o. O. Katherina von Lichtenstein, Wilhelms von Wehingen Wittwe, bekennt, daß Graf Rudolf von Hohenberg das Recht habe, wieder an sich zu lösen **13** Malter Roggengült aus dem Laienzehnten zu Rotenburg um **130** Pfd. Heller, **20** Malter Roggengült aus dem Laienzehnten zu Seebronn um **100** Pfd. Heller, endlich eine Weingült aus Bergen bei Wurmlingen um **50** Pfd. Heller.

Ich katherin von liehtenstain wilhelms von wähingen säligen Elichen wirtinn Tůn kunt vor menglichen, als der Edel vnd wolgeborn Herr Graue Růdolff von Hohemberg min gnädiger Herr mir güntt vnd geurlobet hat an mich vnd min erben ze lösend vnd ze pringend die drützzenhen malter iärlichs roggen geltz ußer dem Layenzenhenden ze Rotemburg vmb Hundert pfund vnd drißig pfund guter Haller, vnd ouch die zwaintzig malter roggen geltz ußer dem layenzehen ze Sebrunnen den die winmar von wurmlingen Inn habend vmb hundert pfund guter Haller, darumb der egenant min gnädiger Herr von Hohemberg die vorgesagt korn gült vor ettweuil ziten dem erben fromen walther Sifriden burger ze Rotemburg versetzt vnd In leben hett vnd als mir ouch denn der selb min gnädiger Herr von Hohemberg ouch guntt hat das wingelt ze lößend für fünftzig pfund gůter Haller das da iärchen gat ußer der kürnen berge gelegen ze wurmlingen dem dorf das entzlin von winolfshain vormals ouch Inn gehebt hat von dem egenanten inem gnadigen Herren von Hohemberg als das die brief wol wisend die ich rum Inn hab Bekenne ich mich mit disem brief offentlich wenn der egenant min ädiger Herr von Hohemberg sin erben oder nachkomen ain widerloßung vorbent an mich oder min erben So süllen wir Inen die vorgesagt gůt allü oder ir glichs besunder wider ze lösend geben vmb souil geltz als ich die an mich vnd n erben gelößt vnd bräht hän vnd ouch nach der brief sag so ich darumb Inn n doch ze rehten ziten in dem Jar das ist allewegend aht tag vor sant walpurg oder aht tag darnach alles vngeuarlich vnd des ze vrkund so ist min aigen figel offenlich gehenckt an disen brief vnd ze noch merrer sicherhait so han ich etten den edeln vesten Bentzen von Bochingen vnd den erbern wisen ntzen den Amman burger vnd rihter ze Rotemburg das si von miner wegen zů ainer getzügnüst aller vorgesagt bing Irü aigenü Insigel zu dem em ouch offentlich gehenckt hand an disen brief das ouch wir obgenante Bentz Bochingen vnd Bentz der amman verienhen vnder vnßern Insigeln vns vn

schädlich der geben ist an dem nähsten zinstag nach vnßers Herren fronlichams tag
Nach Cristy geburt drützzenhundert Jar darnach in dem aht vnd Ahtigosten Jar.

V. d. Orig. im St.-Archiv zu Stuttgart. — Mit 3 Siegeln, dem der Ausstellerin und denen der beiden Zeugen. Das Siegel der K. von L. hat einen Flügel im Schilde.

759.

15. August 1388. o. O. Graf Rudolf von Hohenberg verpfändet auf
Wiederlosung die Feste Kallenberg an der Donau (jetzt Hof zu
dem Pfarrdorf Buchheim, bad. A. Meßkirch, gehörig), den Ho
Gründelbuch (zur Pfarrei Eigeltingen, bad. A. Stockach, gehörig,
das Städtlein Nusplingen (O.A. Spaichingen) mit den Dörfern
Obernheim, Dormettingen (O.A. Spaichingen), Erlaheim und
Bronnhaupten (jetzt Hof O.A. Balingen) an die Grafen Rudol
von Sulz, Vater und Sohn, welche ihm **945** rheinische Goldgulden geliehen hatten, um damit die genannten Besitzungen rc.
benen von Bubenhofen zu lösen, denen er dafür **1500** Pfd. Hell.
Hauptgut und **326** Pfd. Heller Zins rc. schuldig geworden war.

Wir Graf Rûdolf von Hohemberg verienhen vnd Tůgen Kunt offenfür ôns vnd all ônser erben vnd nachkomen das wir dem Edelm ônserm lieb
ôheime Graf Rûdolffen von Sultz vnd ouch Graf Rûdolfen sinem Su
kuntlicher vnd vnlogembar schuld gelten süllen vnd reht vnd reblichen schuldig im
nünhundert gulbin vnd fünf vnd viertzig gulbin ytaliger Rinscher gûter vnd gä
an gold an gebrâch vnd an gewiht, bie fi ôns also bar geriht vnd betzalt ha
mit gûter kuntschaft an die pfantschaft kallemberg der vestin gelegen i
der Tonnöw mit dem Hoff ze Grindelbûch der dartzû gehört vi
Nusplingen bem stâttlin mit ben börffern obernhain vnd dormatting
Erlhain vnd och prumhopten mit aller ir zûgehörb, bie wir ba mit erlôst
gentzlich geledgot haben von Hainrichen von Bûbenhoffen, des pfand
vorgesagt vestin vnd gûter allü gewesen sind für fünftzenhenhundert pfund Ha
Höptgûtz vnd für brühundert pfund vnd sehs vnd zwaintzig pfund Haller ytaliger
vnd schadens, als fich das mit rehter raytung erfunden hât nach der pfanbung h
lutung vnd sag So denne wir vorgenanter Herre von Hohemberg dem
nanten Hainrichen von Bûbenhoffen vnd finem vatter sâligen Marq
ten barüber gegeben hetten zů den ziten bo wir vnser land vnd Herschaf
Hohemberg bennoht lebeclich vnd aigentlich zů ônsern handen hetten vnbekin
vnd barumb das non der egenant ônser lieber Ôheime Graf Rûdolf von S
vnd Graf Rûdolf fin Sun vnd all ir erben der sunün (sic!) der vorgesa
Nünhundert gulbin vnd fünf vnd viertzig gulbin Rinscher ytaliger gûter vnd g

ᵗer ſicher ſigen So haben wir Jn vnd allen iren erben für ȯns all vnſer erben
b nachkomen zů ainem rehten redlichen vnd werenden pfand ān alles abnieſſen
ſetzt die vorgeſagt vnſer veſtin kallemberg mit dem Hoff ze Grindelbůch Ruſplin=
ı das ſtättlin Obernhain, bormattingen vnd Erlhain die dȯrffer vnd och prunn=
pten den Hoff das ouch etwennᵉ ain dorf geweſen iſt die vorgeſagt
ſtin Statt vnd ouch dȯrffer mit zwingolff vnd graben mit lüten vnd güten
t begriffen büwen vnd zůgehȯrden Es ſig an Chäffty an gewaltſamy
    vogtreht an vogtyen mit ſtab mit geriht mit zwingen mit bännen
t allen gelten vnd gülten Es ſig an korn gelten Haller gelten genß=
ɴʀʀᵉ aiger vnd käß gelten vnd mit namen mit äggern wiſen holtz velb
ɪʒʒer wazzerlaytinan vnd vyſchenzen wunnᵉ vnd waid by waſen vnd
    zwig fundes vnd vnfundes clains vnd grȯß oberal nützit uſgenomen das bennᵉ
    der vorgenant veſtin kallemberg vnd Ruſplingen bem ſtättlin Obernhain bor=
ttingen vnd Erlhain ben Dȯrffern vnd zů prunnhopten gehȯret, doch uſgenomen
    Müly ze Ruſplingen da mit ſy nit ze ſchaffend hand Alſo vnd mit bem
ing das die egenanten vnſer lieben Ȯheimᵉ vnd all ir erben die vorgenant
ın Stat bȯrffer vnd güter mit allen iren zů gehȯrben Jnnᵉ haben nützzen vnd
ſſen beſetzen vnd entſetzen ſüllend gereuwlich ane all abſchlegg an bem Hoptgut
ᶥ ouch an aller menglichs irrung vnd Hindernüſt vmmer als lang vnd ſouil
vntz das wir ober vnſer erben die vorgeſagt veſtin kallemberg Ruſplingen das
tlin Obernhain bormattingen Erlhain vnd ouch prunnhopten wider von Jn ober
ı erben erledigen vnd erlȯſen mit nünhundert gülbinan vnd fünf vnd viertzig gulbinan
ıtſcher ytaliger güter vnd gäber zů rehten ziten in bem Jar allewegend uf ſant
ᵣtins tag ober viertzzenhen tag barnach vngeuarlich doch alſo wenn wir vnſer erben
ᶜ nachkomen alſo lȯſen wellend So ſüllend wir Jn das vorhin verkünden vnd ſagen
n manot bauor vnd bennᵉ uf ſant Martins tag aller nähſt barnach lȯſen ober in
tzenhen tagen barnach mit ber ſummᵉ geltz als vorgeſagt ſtätt alles vngeuarlich
    ſüllen in ouch bennᵉ ze mal ben nutzz mit bem Hȯptgüt geben vnd betzalen
ʒ vngeuārlich wär ouch ob in ober iren erben die vorgeſagt veſtin kallemberg
ᶥplingen baʒ ſtättlin obernhain bormattingen Erlhain vnd prunnhȯpten mit ir
ʒehȯrb von vmmer yeman anſprächig wär ober würd ober kurtz ober ober lang
    ſüllen wir ober vnſer erben vnd nachkomen in ober iren erben die vorgeſagten
    vnd güter vertegen verſtan vnd verſprechen gegen aller menglichen an allen
en zů allen tagen vnd gemainlich an allen gerihten gaiſtlichen vnd weltlichen
    vnd wa ſi bes vmmer bebürffend vnd notürftig ſind, baʒ ſi baran haben
t nach bem rehten än iren ſchaben vngeuarlich Tätind wir ober vnſer erben
    nachkomen bas nit So habend ſi ober ir erben vnd wer in bes hilffet gewalt
    reht vns vnſer erben vnd nachkomen barumb an ze griffend an allem bem
vir haben an lüten vnd güten mit geriht ober än geriht als vil vnd gnüg
    bas Jn die vorgeſagt güt geuertigot vnd uf geriht werbent, baran ſie bennᵉ
ᵍel vnd gebruſt hettinb än allen iren ſchaben än geuerd vnd ſol ȯns vor bem

angriff nit schirmen dehain geriht weder gaistlichs noch weltlichs noch nützit anders suß noch so än all geuerd. We ist gerett wâr ob Jn oder iren erben die vorgesagt vestin kallemberg oder Nusplingen daz stättlin orbernhain (sic!) dormattingen Erlhain vnd ouch prunnhöpten die dörffer verbrunnen verwüst oder geschädigt würden oder suß angewunnen wie sich daz fügty suß oder so, daz sol alles Jn noch iren erben an dirr schuld vnd Höptgût dehainen schaden weder pern noch pringen won daz Jn allweg grund vnd grätt der vorgesagten pfantschaft hat vnd Jr redlich pfant sin sol vmmer bis uf die zit vnd zil daz wir oder ônser erben vnd nachkomen die vorgesagt pfand erlößen von Jn oder iren erben vmb die sumin der vorgesagten gulbin in der wiß als vorgesagt stätt än allen iren schaden vngeuarlich vnd süllen vnd wellen in ouch die vorgenanten pfandung vnd güter die wil vnd sie nit erlößt sind getruwlichen schirmen als ander vnser aigentlich gût än geuerd Es ist ouch gerett daz wir vorgenanter Herre von Hohemberg vnser erben vnd nachkomen den egenanten vnser Ôheimen von Sultz oder iren erben alle Jar iârlich die wil wir biß pfantschaft vnerlößt haben ze burgsazz ge kallemberg geben süllen zwaintzig pfund Haller vnd zwaintzig malter korns alwegend uf sant Martins tag von allen den nützzen zinsen vnd gelten so wir haben ze frybingen dem stättlin es sig von der kilchen stür von der vyschen oder von der Müli wennan daz geuallen vnd werben mag Also das si davon der vorgesagten Haller vnd korn gelt fürberlich ußgeriht werden an iren schaden als vorgesagt stat än geuerb vnd süllen wir ônser erben noch dehain vnser aman man noch suß nyman anders von ônsern wegen si noch ir erben daran nit ke dern irren noch schaffen gesumpt werben kains weges an geuerb Duch sol die ege nant vestin kallemberg ônser vnd vnser erben vnd nachkomen offen hus sin allen ônsern notürften wiber aller menglichen nyman ußgenomen doch än merklichen schaden, Des alles zû ainem wârem vrkund So haben wir vorgesag ten (sic!) Herre von Hohemberg vnser aigen Jnsigel offenlich haissen gehenckt bisen brief, vnd ze noch merr sicherhait so haben wir gebetten die fromen ve vnd vnser getruwen lieben her voltzen vnd her Conraten von Wytti gen Ritter gebrüder Bentzen von Bochingen vnd Hansen den aman von Bühel, das sie ze getzügnüst aller vorgesagt ding Jrü aignü Jnsigel dem vnßern ouch offenlich gehenckt hand an bisen brief won si alle vorgesagt vnd sachen also berett vnd getädingot hand, des ouch wir vorgenanter voltz Conrat gebrüder von Wyttingen Ritter Bentze von Bochingen vnd hans aman von Bühel verienhen vnder vnsern Jnsigeln die wir also ze getzügnüst von be wegen, des vorgenanten vnßers gnädigen Herren von Hohemberg an bisen gehenckt haben, doch vns selb vnschäblich, der geben ist an vnser frowen tag al ze Himmel empfangen wart Nach Christz gebürt drützzenhenhundert Jar dar in dem Aht vnd vnd Ahtzigosten Jar.

760.

18. November 1388. o. O. Graf Rudolf von Hohenberg, von welchem Pfaff Berthold Wüll, S. Johannsordens, den dritten Theil des Laienzehnten zu Kiebingen zu Lehen getragen, belehnt auf dessen Bitte damit Contzen den Wüln, desselben Bruder.

Wir Graf Rudolf von Hohemberg Tun kunt menglichen das für uns kam an dem tag als birre brief geben ist Pfaff Berhtold wüll sant Johans ordens und seit uns, wie daz er von uns ze lehen gehebt hette ain brittail des layenhenben (sic!) ze kübingen, der von uns und unßer Herschaft ze lehen gat, und batt uns bemüteklich, daz wir den von im^e uf namen und in füro sinem Brüder Contzen dem wüln lihen, des haben wir sin bett erhört und haben den von im uf genomen mit hant und mit mund und den haben wir dem egenanten Contzen dem wüln mit aller siner zügehörb gelühen, wie wir pillich und durch reht lihen sullen. Also das er uns bauon sol tün, · was ain yeglich lehenman sinem lehen Herren pillich und von reht tün sol, doch mit behaltnüst biß lehens uns und unser Herschaft unserü reht. Mit urkund biß briefs, daran unser Insigel offenlich gehenckt ist, der geben ist an dem nähsten gütemtag nach sant Martins tag Nach Cristus geburt drützzenhenhundert Jar darnach in dem aht und Ahtzigosten Jar.

B. d. Orig. im Spitalarchiv zu Rotenburg. — Mit dem gut erhaltenen Siegel des Grafen.

761.

8. Juli 1389. o. O. Graf Rudolf von Hohenberg bestätigt das Vermächtniß des Albrecht von Ow^e an das Spital zu Rotenburg, freit die geschenkten Güter auf ewige Zeiten und verspricht, dasselbe in deren Besitz zu schirmen.

Wir Graf Rudolf von Hohemberg Tun kunt und verienhen offenlich ir uns all unser erben und nachkomen von der ordnung und gab wegen, Als Albrecht von Ow^e sälig bi lebendigem lib vermacht und geben hat durch sin nb aller siner vordern und nachkomen selen hails willen, dem Spital gelegen t ber vorstatt unser statt Rotemburg und allen den siechen und armen uten die yetzund barinn^e sind oder in künftigen ziten noch barin komend und allen en nachkomen mit Rat und unberwisung des Schulthaißen und des merren tails r Rihter ze Rotemburg, mit urtail als reht waz alles sin güt das er gehebt ut [1] uf den tag als der selb brief geben ist, der das alles wol aigenlich wist ib seit, den der egenant Albreht von Ow sälig den pflegern und siechen lüten

des vorgesagten Spitals geben hat vnd vmb das das die armen lüt des vorge=
sagten Spitals vnd ir nachkomen nun fürohin ömmer me geruwklich vnd an all
bekümernüst gaistlichs vnd weltlichs gerihtz beliben bi allen den güten, gelten vnd
gülten, äggern, wisen, Hüsern, korn, win vnd Haller gelten, vberal nützit vßge=
nomen, als das der selb Jr brief denne wol alles wiset, den si darumb inne hand,
darumb so bestättigen vnd confirmieren wir in den selben giftung (sic!) brief
wissentlich mit craft biß briefs für vns all vnser erben vnd nachkomen, won die
selb gab vnd ordnung mit vnsern lutern gunst vnd gütem willen ouch zü gangen
vnd beschehen ist, vnd mit namen So tügen wir ouch Jn vnd allen iren nach=
komen für vns vnser erben vnd nachkomen solich gnad luterlich durch Gott vnd
vnser vnd vnser vordern vnd nachkomen selen gelückes vnd hailes willen, daz alle
die güt, so in der vorgenant Albreht von Ow vermacht verschriben vnd gegeben
hat, als das ir brief wisend, so si darumb hand, das die selben güt nun für
ömmer ewclich hin süllen gefrigt sin vnd fryen si ouch mit vrkund diß briefs.
Also das wir, vnßer erben vnd nachkomen noch dehain vnßer Amptman noch sust
nieman anders von vnßern wegen an die pfleger des egenannten Spitauls noch
sust nützit anders, das dem egenanten Spitaul möht schaden pringen an den vor=
gesagten güten, so in Albreht von Ow sälig vermacht vnd geben hat, won daz
vnd all ir nachkomen des alles süllen gentzlich vnd gar ledig vnd frig sin an all
clag vnd zorn vnd ouch an alles bezwingen ir libs vnd gütz von vns vnser erben
vnd nachkomen vnd von allen den vnsern an generd, vnd sullend vnd mugend ouch
die güt besetzen vnd ensetzen vnd dem Spitaul die für keren vnd an legen getruw=
lichen nach dem aller besten, alles angeuerd Dartzü sullen vnd wellen ouch wir
si vnd daz selb güt getruwlich schirmen als ander vnßer burger güter ze Roten=
burg vngeuarliche Des ze vrkund so ist vnser Jnsigel von vnßers Haissentz wegen
offenlich gehenckt an disen brief, der geben ist an dem nächsten sunnentag vor sant
Jacobs tag des Hailigen zwelfbotten, Nach Criftz geburt drützzenhenhundert Jar
vnd nün vnd Ahtzig Jar.

B. d. Orig. im Spitalarchiv zu Rotenburg. — Das Siegel ist abgefallen. Ein
Abschrift hievon findet sich in den Hohenberger Dokumenten (St.-Archiv in Stuttgart)
T. VII. S. 1086.

¹ Auf der Urkunde steht von jüngerer Hand, A. v. Ow habe „vber die taußsend Pfund
in Spitall gestifft.“

762.

5. September 1380. o. O. Kunţ von Walbeck, Ritter, gelobt, unbe=
schabet dem Oeffnungsrecht des Grafen Eberhard von Wirtemberg,
mit dem Haus Walbeck nicht gegen die Pfalzgrafen Ruprecht bei
Rhein seyn zu wollen.

Ich kunţ von walbecke Ritter genant Stabelherre, Bekenne vnd tun
unt offembare mit bisem brieue für mich alle myn erben vnd nachkomen zu dem
uß walbecke das wir mit bemselben mym huß walbecke ewiglich vnd auch ich
ünţ mit mynem libe vnd ben mynen als lange ich geleben wibber die durchluch=
igen, hochgebornen fürsten vnd herren here Ruprecht ben eltern, here Rup=
echt ben Jüngern, Jr erben vnd Jr lannbe vnd lute nymer gethun sollen,
och Jne eynichen schaben bar Jne ober baruß laßen gescheen, noch Jr fienbe
aruß ober Jnelaßen heimlich ober offembare, Jn keine wyse ane alle geuerbe,
luch versprechen ich kunţ obgenant, bas ich keynen mynen erben, ober yeman
nbers zu bem Sloße walbecke sal laßen komen, eß sij in erbs wyse Jn kauffs
yse ober anbers, wie bas gesin mocht, ane alle geuerbe, er habe bann beuor
en obgenanten mynen gnebigen herren ben herţogen vnd Jrn erben gute besie=
elte brieue geben für sich sin erben vnd nachkomen vnd zu ben heiligen gesworn
lles bas, bas Jn biesem brieue geschrieben vnd begriffen ist auch stete vnd veste
: halten vnd zuthun Jn aller maß als ich kunţ obgenant mich Jn biesem brieue
erschrieben vnd verbunden han vnd bas sal ich auch schaffen als ferre vnd erste
h mag ane alle geuerbe, mit allen mynen erben bes huß walbecke baţ sie ben
bgenanten mynen herren ber herţugen vnd Jrn erben, auch soliche brieue vnd
untniß geben vnd tun boch allţijt vßgenommen solicher offenunge als ber ebel
yn lieber gnebiger herre, her Eberhart graue zu wirtenberg, für batum
ß brieffs, an bemselben huß walbecke hat, vnd alles bas hieuor geschrieben steet,
nt ich kunţ obgenanter Jn guten truwen glopt vnd liplich zu ben heiligen ge=
oorn veste vnd stete zu halten vnd nit bawibber zutunbe noch schaffen gethan
erben Jn keine wise ane alle arglifte vnd geuerbe, vnd zu warem geţugniß aller
orgeschrieben binge han ich kunţ Stabelherre obgenant myn eigen Jngesigel an
esen brieff gehangen, vnd zu merer sicherheit han ich gebetten, heinrich von
amburg vnd heinţ Swicker von walbecke bas sie Jr eigen Jngesiegel by
ıs myn auch an biesen brieff gehangen hanb, zu geţugniß aller vorgeschrieben
nge vnd mich ber allţijt zu ubersagen vnd ich heinrich von Baumburg vnd heinţ
wicker von walbecke obgenant Bekennen ob eß barţu kompt, bas wir teyle an
r obgenanten vesten walbecke gewynnen, bas wir alle binge als ber obgenant
r kunţ Stabelherre vnser vetter sich in biesem brieue verschrieben hat auch in
rselben maßen, stete vnd veste zu allen ţijten halten vnd tun sollen vnd wollen
ıe alle geuerbe vnd han bas also Jn guten truwen globt vnd liplich zu ben hei=

ligen gefworn, Vnd des zu vefter ftetifeit han wir vnßer eigen Jngefigel by des
obgenanten hern funy Stabelherren Jngefigel an biefen brieff gehangen, Jne vnd
vns vnd fine vnd vnßre erben vnd nachfomen aller vorgefchrieben ftude ewiglich
zu uberfagen vnd zu uberzügen Datum dominica ante natiuitatem beate marie
virginis gloriose Anno domini M.⁰ccc⁰. lxxx. nono.

B. einer gleichzeitigen Abfchrift im St.=Archiv zu Stuttgart.

763.

19. März 1890. Wien. Herzog Albrecht von Oeftreich belehnt Hanfen
von Bühl (O.A. Rotenburg) mit dem Dorf Bühl, ein Lehen von der
Herrfchaft Hohenberg.

Wir Albrehtt von goz gnaden hertzog zů Öftereich ze Styr ze
Kernden vnd ze Krayn, graf ze Tyrol etc. befennen, daz für vns fam
vnfer getrůer Hans von Bühel vnd bat vns ernftlich, daz wir im geruchty ze
verlihen daz borff zů Bühel mit bem geriht, zwingen vnd bennen vnd ouch
allen andern zůgehörungen, gelegen in vnfer herfchaft ze Hohemberg, waz
baz von der felben herfchaft wegen, die nů an vns gevallen ift, von
vns ze lehen wär vnd waz ouch fin reht anerftorben erbe von wyland finen
vater fäligen vnd allen finen vordern, daz haben wir getän vnd haben im vnd
finen erben daz vorgenant borf mit fampt bem geriht, zwingen vnd bennen vnd
andern zůgehörungen verliehen vnd liehen wiffentlich mit bem brief, waz wir u
baran ze reht verliehen fullen vnd mügen von vns vnd vnfern vettern vnd erben
fürbaß inn ze haben vnd ze nyffen vnd vns ouch ba mit getrů vnd gewertig ze
fin alz lehens vnd landez reht ift än gevärb, mit vrfünd diß briefz, geben zu
wyen am famftag vor bem funtag Judica nach crifty geburt brützehen hunbert
jar barnach in bem newnzigiften Jar.

Von einer Abfchrift aus bem 15. Jahrh. St.=Archiv zu Stuttgart.

764.

6. Dezember 1890. o. O. Gräfin Agnes von Hohenberg, Priorin
des Kl. Reuthin, urfundet, baß bas, was einige Klofterfrauen von
väterlichem ober mütterlichem Erbe außerhalb bes Klofters befitzen,
mit einigen Ausnahmen nach beren Tobe an ihre nächften Erben
„in ber welt“ fallen foll.

Wir ffrow agnes Gräfin von Hohemberg priorin zů Rüty by
wilperg der Statt gelegen Jn Coftenzer Byftum vnd der Couent gemainlich
bez felben Clofters prebiger orbens verienhen vf gemainem munb für vns vnd all

vnſer nauchkommen vnd tügen kunt allermenglich die diſen brieff anſenhent oder
hörent leſen, daʒ allü bü ligenden vnd geltenden gůt die Sweſter Haʒl Gerbrut
katherin vnd haili ir ſweſter Tohter in vnſerm Cloſter genant die vihlman
off biſen tag hand vſſerhalb dem vorgenanten Cloſter von vatter vnd von mutter
eʒ ſyg Hus Hof ågger wiſan wingarten korngelt Hallergelt gånſgelt Hünrgelt agger-
gelt wa ſie baʒ hand nauch ir aller tod ben got lange wende an all vnſer irrung
wiberreb vnd ſumſeli ſüllen vnd mügen vʒ vallen an ir nähſten erben in der welt
welly die ben ſint ån ſunberlich vnd mit namen vier malter öwigs roggen gelts
bie järlich gånb vʒ Benʒen Bonroʒ beʒ kellers agger gelegen ʒů Herremberg
vor dem Tůwinger Thor vnd ben wingarten ben yeʒit inne hat Cůnrat ber
hicker bie ſüllen nauch Gerbrut vnd katharinun der vorgenanten tob vallen an baʒ
egenant Clöſter Rüty vnd vier malter öwigs rocken gelʒ gånb vʒ pfrengen gůt
ʒů Cuppingen bie ſüllen nauch tob der vorgenanten aller vier beliben öwenclich
vnſerm dem vorgenanten Cloſter an bas ſel geråt burch ber ſelan Hails willen
von ben eʒ her komen iſt als wir och gut veſt geltbrieff barumb inne haben. Duch
iſt gerett baʒ Sweſter Hail Gertrut katherin vnd Hayli ir ſweſter Tohter bie ſelben
gůt bie ſie von erbs wegen angeuallen vnd anerſtorben ſint weber verſeʒen noch
verkoffen noch hingeben ſüllen in behainem weg ſuʒ noch ſo an alle geuerbe, vnb
baʒ bieſü vorgeſagten binge allü wår ſtätt vnd veſt beliben barumb ſo haben wir
bie vorgenant priorin vnʒer aigen Inſigel vnd wir ber Conuent gemainlich beʒ
Conuents ʒů Rüty dem Cloſter gemain inſigel ʒů ainer gezugnüʒ aller vorgeſagten
bing offenlich an bieſen brieff gehenket Der geben iſt an Sant Nycolaus beʒ hailigen Byſchoffs tag In bem järe bo man ʒalt von Criſti geburt brüʒenhenhundert
jar vnd barnach in dem Nünʒigoſten jar.

B. b. Orig. im St.-Archiv zu Stuttgart. — Mit ven beiden ziemlich gut erhaltenen Siegeln.

765.

31. Mai 1392. Rotenburg. Herzog Leopolt von Oeſtreich belehnt
Heinʒ von Altingen, genannt Iltis, mit bem britten Theil bes
Laienzehnten zu Kiebingen, ber ihm von † Heinrich von Ow an-
erſtorben und Lehen von ber Herrſchaft Hohenberg war.

Wir Leupolt von gots gnaden Herʒog ʒe Öſterreich ʒe Steyr ʒe
kernben vnb ʒe krain, Graue ʒe Tyrol etc. Tůn kunt, baʒ für vns kam
Hainʒ von Altingen genant Iltis vnb bat baʒ wir im ben britten tail bes
layenzehenben ʒe kuwingen, ber in von Hainrichen von Ow ſeligen anerſtorben vnb von ber Herſchaft ʒe Hochemberg wegen von vns lehen iſt,
gerůchten ʒe leihen. Das haben wir getan vnb haben bem egenanten Hainʒen
ben verlihen vnb leihen auch wiſſentlich mit bem brief, was wir baran ʒe racht

leihen sullen oder mügen, also daz er vnd sein erben den mit allen zügehörungen
von dem Hochgepornen fürsten Hertzog Albrechten vnserm lieben Herren
vnd vettern, vnßere Brüdern vns vnd vnßere erben in lehens weis Inne
haben vnd niessen süllent als lehens vnd landes recht ist an geuerde. Mit vrchund
ditz briefs Geben ze Rotemburg an dem Necker an freytag vor Pfingsten, Nach
Cristi gepürde Dreutzehenhundert Jar darnach in dem zway vnd Neuntzigistem Jare.

B. d. Orig. im Spitalarchiv zu Rotenburg. — Mit dem anhangenden, sehr gut
erhalten Siegel des Ausstellers.

766.

2. Februar 1393. Wien. Engelhard von Weinsberg, welchem die
Herzoge Albrecht, Wilhelm und Leupolt von Oestreich die Burg
und Stadt Rotenburg für **10,000** ungarische Goldgulden verpfändet hatten, die König Friedrich seinem „A'nen" schuldig geworden, bekennt, daß das Haus Oestreich das Recht habe, die
Pfänder wieder einzulösen.

Ich Engelhart von Weinsperg vergich vnd tün kunt offenlich mit dem
brief, für mich vnd mein Brüder, vnd all vnßer erben. Vmb die vordrung vnd
ansprach So wir gehabt haben hintz den Hochgebornen fürsten vnsern gnäbigen Herren Hertzog Albrechten Wilhallmen vnd Hertzog Leupolten
Hertzogen ze Oesterreich etc. geuettern von des geltes wegen, So weilent die
durleuchtigen Hochgepornen fürsten, kunig fribrich, Hertzog Leupolt vnd
Hertzog Hainrich Hertzogen ze Osterreich Säliger gebechtnüsse etc. Vettern
weilent Chünraten von weinsperg meinem A'nen seligen schulbig beliben
sind von der Dienst wegen, So er in getan hat in dem krieg wider die
von Bayern von des hailigen Römischen Reiches wegen Nach sag des
Haubtbriefs den wir barüber von In haben gehabt. Also bin ich barumb vnd
auch vmb alle die Scheben die ich oder mein vordern des genomen haben ge-
vnd gäntzlich vberain komen mit den Egenanten meinen Herren von Osterreich
vnd haben vns mit einander lieplich verrichtet. In Sölicher mazz, daz Si mir
vnd meinen erben bafür Schulbig worden sind vnd gelobt habent ze gebenn zehen
tausent güter vngerischer gulbein güter an gold vnd Swearez genüg an rechter
gewicht barumb Sie mir versatzt habent ir Burg vnd Statt ze Rotemburg
an bem Nekker in der Herrschafft ze Hochemberg gelegen mit Tausent
gulbein Jerlicher gült die vns ir Amptman den Si ye baselbes haben werbent
von allen ben pfenningbiensten, die bieselb ir Herrschafft ze Hochemberg hat, Jerlichen richten sol, Als verer die geraichen mügent Was aber ber abgent bas so
vns berselb ir Amptman mit korngelt weingelt vnd andern Nützen berselben i

Herrſchafft erſtatten, damit die Egenanten Tauſent Gulbein Jerlicher gült eruollet werden, Nach ſolichem anſlage der in dem Land daſelbes ſittlich vnd gewonlich iſt an geuẽrde Dieſelben Burg vnd Statt ze Rotemburg Si auch ſullent halten vnd ſchermen Als anber ir Setze, die die Herren von in habent vngeuẽrlich. Alſo daz ich mein Brüder vnd vnſer erben die nu fürbaſſer in aÿns rechten werenden pfan=bes weis an Abſlag der Egenanten Jerlichen gült innhaben vnd nieſſen ſüllent Als Satzes vnd landes recht iſt vngeuarlich Alſ lang vntz daz Si ober ir Erben die von vns vnd vnſern Erben vmb daz Egenant gelt gẽntzlich wider erledigen vnd erloſen. Wẽr aber daz wir die Egenant Tauſent gulbein Jerlicher gült nicht gehaben möchten, was vns bann baran abgeet bas ſüllent Si vns vnuerzogenlichen von andern iren nützen vnd gülten, wa Si die boben (sic!) in iren Lanben habent bie vns fügſam ſind eruollen vnd erſtatten als der brief lauttet den wir von Jn barumb haben Jch der Egenant von Weinſperg mein Brüder vnd alle mein Erben geloben vnd verhaiſſen der Egenannten vnſer Herrſchaft von Öſterreich vnd allen iren erben baz wir die Egenante Burg vnd Statt ze Rotemburg inn=ſampt ben Leuten So bartzü gehorent Sullen vnd wellen vnwüſtlich Jnnbaben vngeuarlich vnd Si gentzlich beleiben laſſen bei allen iren Rechten freyheiten gena=ben vnd brieuen bie Si habent vnd herkomen ſind vnd Si nicht beſwẽren in heheinen weg an geuẽrbe. Auch geloben vnd verpinden wir vns Jch vorgenanter Engelhart von weinſperg min Brüder vnd all vnſer erben, wenn vns vorgenante Herrſchafft von Öſterreich ober ir erben, bie vorgenante Burg vnd Statt Rotem=burg löſen wellent, vnd die Loſunge an vns vorbernt baz wir in bann bie ſüllen vnd wellen vnuertzogenlich vmb bie Egenanten zehentauſent Gulbin wiber ze löſen heben zü Sant Jörgen tag vor ober nach in ben Nechſten viertzehen tagen vngeuẽr=lich, vnd in mit der loſunge in berſelben matz gewẽrtig vnd gehorſam ſein, vnd n auch ber ſtatt tün an alle wiberreb wenn Si ber begerend vngeuarlichen, Alſo och welches Jares Si die loſunge tün wolten bie ſüllent Si verkünden vnd auf=gen mit irn offen briefen mir dem Egenannten Engelhard von Weinſperg ober einen erben zwiſchen Sant Michels tag vnd weynachten vngeuẽrlich vnd barnach llent Si vns bezaln ber vorgenanten zehentauſend gulbin auf Sant Jörgen tag r ober nach in ben nechſten viertzehen tagen Als vorgeſchriben ſteet. Wẽr aber tz Si ober ir erben Nach ſölicher aufSagunge mich vorgenanten von Weinſperg er mein erben nicht bezalten als vorgeſchriben ſtat was wir des benn reblichen cheben nẽmen ober genomen hetten benſelben Schaben ſüllent Si vns aufrichten, b auch wartend ſein auf ber vorgenanten ir Burg vnd Statt Rotemburg vngeuar=hen. Wer auch baz ich egenanter Engelhardt von Weinſperg ober mein erben e Satzung von Jn nicht lenger haben wolten vnd in ober iren erben bas o verkünden vnd aufſagten, Bezalten Si ober ir Erben mich vnd meine erben nn barnach nicht auf bie zil als vorgeſchriben ſteet So haben wir vollen gewalt, vorgenante Burg vnd Statt Rotemburg ze verſetzen Jn allem bem Rechten als r Si haben vngeuarlich. Vnb ich vorgenanter Engelhardt von Weinſperg gelob vnd verhaiſz auch in dem Namen als bauor für mich mein prŭder vnd all vnſer erben ober wer die egenante Burg vnd Statt von vnßern wegen Jnnhat, daz wir der egenanten vnſrer Herſchafft' von Öſterreich vnd iren erben ſullen vnd wellen dieſelben Burg vnd die Statt ze Rotemburg allzeit offen haben zů allen iren nötten vnd wider allermeneklich nyemant ausgenommen, Si vnd die Jren bi Si darzu ſchaffent, dar Jn vnd darauß ze laſſen vnd auch dar Jnne zu enthalten, wenne vnd wie offt in des notdurfft beſchicht. Doch an vnſern merklichen ſchaden. Vnd des ze vrchunde gib ich vorgenanter Engelhart den brief verſigelten mit meinem anhangenden Jnſigel. Der geben iſt ze wienn an vnſer frawen tag ze liechtmeſſe Nach Criſti gepurd brewzehenhundert Jar, darnach in dem drew vnd Newnzigiſtem Jare.

B. d. Orig. im St.-Archiv zu Stuttgart. — Mit dem gut erhaltenen Siegel des Ausſtellers, welches 3 kleine Schilde im Schild hat.

767.

23. Februar 1393. Schömberg. Graf Herman von Sulz begibt ſich aller Anſprache an die väterliche und mütterliche Erbſchaft ſeiner Gemahlin, der Gräfin Margaretha von Hohenberg.

Jch Graff Herman von Sulz tun chunt vnd vergich Jn diſem brief offenlichen das ich mich mit guten willen begeben hab gegen der wolgebornen Margarethen Gräffin von Sulz geporn von Hohemberg meiner elichen gemahlen von alles des gutes wegen ſo ir vatter vnd muter gelazen hat vnd dorzu vmb alles das gut ſo ir noch fürbas hinzugeuallen werden vnd volgen vnd wie ſich das heiſchet das ſi mit dem gut allem vnd yglichem geſunder in leben tun vnd lan ſchaffen ordnen vnd beſetzen ſol vnd mag was ſi wil nach irem willen vnd geuallen als ich ir des Jn kraft ditz brifs genzlichen vnd volkumenlich gegeben hab ſy daran in dhein weg ze hindern noch ze ſumend bey meiner ſichern vaſt trew an eyds ſtat on all geuerd mit urkund vnd offnung ditz brifs der geben iſt ze Schönenberg uf ſant Mathias abent do man zalt nach Chriſts gepurt drewzehen hundert newnzig Jar vnd drew Jar.

Nach einem Vidimus des Johann von Pfun ꝛc. v. d. Jahr 1413. S. oben k 1. Sept. 1384. St.-Archiv in Stuttgart.

768.

5. März 1893. o. O. Johans der Pfuser, welcher von dem Haus Oestreich die Feste Hohenberg und das Städtlein Friedingen an der Donau mit den dazu gehörigen Dörfern als Pfand inne hatte, bekennt, daß solche dem genannten Fürstenhaus offen gehalten werden sollen, und von demselben wieder eingelöst werden können.

Ich Johans der pfuser vergihe offenlich, Vnd tůn kunt menglichen mit
em brieff für mich vnd alle min Erben als ich gepfandet hän vmb die Hoh-
born durchlütigen fürsten min genädigen Herschaft von Ôsterrich
ohemberg die vesti vnd fribingen das Stättlin an der Tunowe vnd
rzů die dörffer mit Lüten mit gůte die banne zů der vorgenanten vesti vnd dem
nanten Stättlin fribingen gehörent nach mins versigelten Hoptbrieff wisung so ich
n derselben miner Herschaft von Ôsterrich Jnne hän Also das die obgenant vesti
ohemberg vnd ouch daz vorgenant Stättlin fribingen der vorbenempteu miner Her-
aft von Ôsterrich vnd aller iro lantuôgt offen Hüser haissen vnd sin süllent ane merk-
jen schaden min Johen des pfusers vnd miner Erber Alle die wil ich oder min Erben
selben slôsse beide in pfandes wise Jnne hän vnd von mir vnd minen Erben niht
ôset sunt, vnd ouch also in der rehten vnd mit dem gebinge das ich Johans der
user oder min Erben ob ich enwere der vorgenanten miner Herschaft von Ôsterrich
r iro lantuôgten an ir statt die obgenanten slôsse beide mit iren zůgehörden ze lösen
en sol nach mins versigelten Hoptbriefs wisvng so ich von Jnen darumb Jnne
ane alle irrung vngeuarlich vnd ich Johans der pfuser da vorgenant han ouch
ôpt bi dem ait so ich darumb gesworn hän zů den Hailigen mit gelerten worten
mit vfgebottnen vingern für mich vnd min erben alle vorgeschriben sachen
gebing war stätt vnd veste ze haltenne vnd ze habenne in alle die wise als
vor von mir beschaiden vnd verschriben ist äne alle geuerde vnd vnd herumb
offem vrkunde so han ich für mich vnd min Erben min aigen Jnsigel offenlich
enket an disen brief, Der geben ist an dem Samstag zu mitter vasten Nach
sti geburt drützehenhundert iar darnach in dem drü vnd Nünzigosten Jare zc. zc.

B. v. Orig. im St.-Archiv zu Stuttgart. — Das Siegel ist abgefallen.

769.

. April 1893. o. O. Jta von Tockenburg, Gräfin zu Werdenberg, henkt an das Spital zu Horb ihren Theil des Dorfes Salzstetten und das Dorf Altheim (O.A. Horb).

Wir Jtt von Dockenburg Greuinn ze Werdenberg Tůn kunt aller
nglichen vnd veriehen offenlich an disem brief, daz wir mit gůter zitlicher vor-

betrahtung vnd rehter vernünftikait, als iez vnd hienach ze allen ziten kraft vnd
maht han ſol vnd mag, Gott vnd den hailgen ze ainem lobe vnd Eran, vnd
ben Selan ze ainem bröſt, vnd öch barvmb, baz die hailigen werk der Erbarm-
hertzkait an armen luten vnd burftigen vollebraht werden luterlich, reht vnd redlich, lebiclich vnd aigenlich ergeben haben an baz Spital ze Horw der Stat
glegen vnd geben öuch mit biſem brief wiſſentlich bez Erſten vnſern tail be;
borfs ze Saltſtetten, vnd waz wir ienber vber al da haben vnd barzů vnſer
borf Althain mit vnſern rehten vnd waz wir öch vber al da haben, vnd all
habent wir iezt mütwillentlich dem vorgenanten Spital ze Horw vnd ſinen pſ[e]-
gern an ſin ſtat die obgenanten zwai börfer mit vnſern rehten, iezt mit har
vnd mit munbe frilich vfgeben vnd ingeben mit allen nutzen genieſſen, gewonhaiten, rehten vnd zugehörben, als wir ſy vnz her gehebt vnd genoſſen haben.
Darvmb dem vorgenanten Spital vnd ben pflegern an ſin ſtat die vorgenant-
börfer Saltſtetten vnſern tail vnd Althain genzlich no hina hin vmer mer x-
lüten, mit gütern, mit Stüran, mit zinſen, mit gelten, Ez ſige korngült ober hall-
gült, mit vellen, mit freſlinan, mit vogtey, mit vogtreht, mit gerihten, mit gew-
ſami, mit gewer, mit Ehaftj, mit hüſern, mit ſchinan, mit Hofſtetten, mit gärt-
mit eggern, mit wiſan, mit Mülinan, mit Mülſtetten, mit waſſer vnd waſſerla-
mit viſchentzen, mit Holtz, mit Holtzmarggen, mit ſtigen, mit ſtegen, mit wegen, -
ſige fundens ober vnfundens, benempts ober vnbenempts nutzit vzgenomen, -
allen vnſeren rehten vnd mit allen irn zugehörden, Ewenclich ze haben, ze nieſſe-
zebeſetzen, vnd zeentſetzen geruwenclich än allermenglichs irrung vnd hinbernuſt -
öch in aller der wis als wir die obgenanten börfer Vnb bie lüt vnb güter ba ie-
vnz her gehebt Vnb genoſſen haben, barzů verzihen wir vns mit biſem brif ge-
bem obgenanten Spital aller reht aller anſprach, aller wibervorbtung aller zum-
tung So wir zu den Egenanten börfern vnb zu Irn rehten, als ba uor iſt ge-
e gehattent, ·ober wir ober behain vnſer Erbe vnb nachkommen, hienach ba-
vmer hän ſölten ober gewinnen möchten, ez ſige mit reht ober än reht, ſuſſ -
ſo, weri öch ob iezt ober hienach behain brif anber geögt (ſic!) gezögt ober -
melbot würbe bie bem obgenannten Spital von biſer obgenanten güter wege-
ſchaden möhtent kommen vnb vns ober vnſern Erben vnb nachkomen ze from-
bie ſelben brief alle wie ſy genant ſint ſagen wir iezt rehtlös, kraftlös vnb -
mit biſem brief. Waz öch wir vnb vnſer Erben vnb nachkomen ober iemanb a-
von vnſer wegen wiber biſen brief ober wiber biz gāb, ober wiber vzit ba-
verſchriben iſt, vmer retint tetint ober fürzügnb ba ſöltint wir ze allen zit-
allen Stetten, an allen gerihten, ze allen tagen, allwent vnreht hön vnb ba-
genant Spital vnb ſin pfleger an ſin ſtat vnb alle ir nachkomen reht, Vnb
alles ze offem vnb warem vrkunbe, Vnb baz biz obgenant gäb vnb alle Egen-
ſach vnb gebing iezt hienach dem obgenannten Spital vnb ſinen pflegern -
allen irn nachkomen ſtät vnb war beliben, ſo geben wir biſen brief für -
Vnb alle Vnſer Erben vnb nachkomen, beſigelt mit vnſerm aigen Inſigel Der

ben wart an S. Georgen abent, do man zalt von Cristi geburt drůzehenhundert, vnd drů vnd Nůntzig iar.

V. d. Orig. im St.=Archiv zu Stuttgart. — Das Siegel ist abgefallen. Eine Abschrift hievon findet sich im Copial=Buch zu Horb uud in den Hohenberger Doku=menten (St.=Archiv zu Stuttgart). T. VII. Fol. 289.

770.

23. April 1393. Baden. Reinhard von Wehingen, Landvogt der Herrschaft Oestreich, verpfändet Hansen dem Pfuser, Bürger zu Rotweil, Hohenberg, die Feste, „das Stettli dar vnder," Friebin=gen, das Städtle, mit allen Dörfern, Leuten und Gütern, welche zu Hohenberg gehören, um **3000** Pfd. „Swebscher haller," wo=von er **2300** Pfd. zur Einlösung der Stadt Binsdorf von Hein=rich von Bubenhofen verwendet, die übrigen **700** Pfd. aber Söld=nern gegeben hatte, als der Markgraf von Baden die Herrschaft Hohenberg mit Krieg überzogen.

Ich Reinhart von Wehingen miner gnebigen Herschaft von Ôsterrich etc. Lantuogt Tůn kunt mit disem brief, daz ich von der selben miner Herschaft wegen schulbig bin vnd gelten sol Hansen pfuser Burger ze Rotwil vnd sinen erben ..b er nit wer Drü Tusent pfunt gůter vnd geber Swebscher haller die er mir ..lso bar verlühen vnd ich mit zwein Tusent vnd drin Hundert pfunt hallern von ern heinrichen von Bůbenhofen Bintzdorff die statt mit allen nutzen gelôst ab. wan ein verzikter tag dar vmb waz vnd anders veruallen wer, der es nit ..elôst hett Vnd die übrigen Siben hundert pfund hallern hab ich solbnern ge=en Als der Marggraf von Baden aber dem Land wider seit Vnd hab ..n ouch vmb die obgenanten Drü Tusent pfunt haller in namen vnd an statt ..er obgenanten miner Herschaft in eins rechten pfandes wise versetzt vnd setzz ouch ..ssentlich mit disem brieff Hochemberg die Vesty das stettli dar vnder, ffri=ingen das stettli vnd alle ander Dörffer Lüt vnd güter mit allen rechten nutzen ..b zů gehörden, wie die geheissen genant oder wa si gelegen sint nutz vsgenomen .. zů Hochemberg gehört als min herschaft das vntz her bracht Inn gehebt vnd ..nossen hāt Doch Also vnd mit rechtem gebinge daz man Im vnd sinen erben ..rlichs daselbs ze Burghůt geben sol Hundert pfunt Haller Sechszig malter ..an, viertzig malter habern, vnd zwôi füder wins von Rotemburg vnd ouch ..ner Herschaft ir erben vnd iren Lantuôgten offen Hus zů allen iren sachen vnd ..ten ān iren merklichen schaden heissen vnd sin sol. Darzů hab ich inen ouch ..setzt ze Bintzdorf die Stür pfennig vnd korn gült, Also daz er vnd sin erben .. der obgenanten Drü Tusent pfunt haller wegen Jerlichs daselbs ze Bintzdorf

von den nutzen In nemen vnd niessen sullent Drü Hundert pfunt haller, daz ist
ie von zehen pfunden ein pfunt haller. Wer aber baz ba nüt so vil viel noch
geuallen möcht waz im vnd sinen erben denn Jerlichs an den brinhundert pfunt
Hallern ab gät des si vil oder Lutzel, vmb den selben abgang sol man Inn vnd
sin erben wisen vnd sullent öch das haben vff der Scherr vnd vff allen nutzen
so hütt biß tags zů Hochemberg gehört. als vor bescheiden ist. Vnd wie denn
Jerlich zwüschent sant Michels vnd sant Martins tag gemeiner louff vff dem mert
ze Rotwil ist vmb korn vnd habern Also sint ietz barzů geschaft Bentz von Bochin
gen. Cůnrat Bokk von Rotwil vnd Cůnrat Linder Vnderuogt ze Hochem
berg vnd ob bie nit weren baz man brin andern das empfelhen sol, bie denn
das korn gelt ze Bintzborff vnd ouch das korn gelt von den nutzen ze Hochem
berg Ze pfennigen Reiten vnd slahen sont. Ouch sullent bie obgenanten brin
ietzint ze stund vnd vnuerzogenlich gericht vell vnd erb baselbs ze Hochember
an slahen wie vil ba gelts ein Jar von vallen mug vnd wie es bie anslahen b
bi sol es ouch bananchin Jerlichs beliben all bie wil vnd baz pfand von in v
erlöst ist vnd baffelb vnd anber gelt so von korn ze pfennigen geslagen geta
ober suzz geuallen ist ober vallet sol alles ierlich an ben obgenanten Drinhunde
pfunt hallern ab gezogen werden vntz baz si ierlich der obgenanten brin hund
pfunbe bezalt werden an geuerb. Ouch sol ich der vorgenant Reinhart v
Wehingen Lantuogt bem obgenanten Hansen pfuser vnd sinen erben bitz brie
ein bestet brieff schaffen von miner gnebigen herren hertzog Albrechten oder v
Hertzog Wilhelmen ober von Hertzog Lupolten sinen vettern, welchen i
bes ersten vnber ben brin gehaben ober an komen mag, Vnd sol in ouch v
schaffen zwüschent hie vnb bisem nechsten sant Jacobs tag bes heiligen zwölf bota
so schierest kunt näch bat bitz briefs äne fürzug, Tet ich bes nit. Wenn benn v
Vest Hern Cůnrat von witingen, ober wer benn Bintzborff inne hat. so
bemselben sant Jacobs tag von bem pfuser, ober von sinen erben her v
ermant wirb, So sol man Inen Bintzborff bie statt mit sampt allen nut
vnb zůgehörben In antwurten vnd sullent ouch bie zů ber Vesty Hochemb
Inn haben nutzen vnd niessen als Lang vntz bas in der bestät brief wirt, als v
bescheiden ist, Als balb in aber, der selb bestät brief wirt, so sullent si v
Herschaft, ober eim ir Lantuogt alb suzz bem si bas enpfeln in aller der v
als sie es in genomen vnd benn ze mal Inne hant. vngeuarlich wider antw
vnd in geben. wenn sy bes ermant werbent, Doch mit vfgenomen worten, bo
bi ben nutzen der stur pfennigen vnd korn gült baselbs ze Bintzborf beti
sullen. als vor bescheiben ist än geuerb Wer ouch baz ieman bemselben pfuser v
sinen erben in biß pfand sprech griffen ober sprechen wurbe wer ber wer, Da
sy bie obgenante min Herschaft vmb verstän vnd sy bar vmb vff richten für v
vnb ler. vnb für ein recht pfanb näch bem rechten. än geuerb .. Der obger
Hans pfuser. vnd sin erben ob er nit wer. sullent ouch ber obgenant v
Herschaft von Ofterrich iren erben vnb eim Jetlichen irem Lantuogt. bem

enpfolft wirt Einer lofung ftatt tůn vnd gehorfam fin, als fy es benne Inn hant
vngeuarlich vnd ån alles verziehen, wenn fi des von derfelben miner Herfchaft alb
von der Jren von ir wegen Ermant werdent Ouch mit Drin Tufent pfunt Haller
gůter coftenßer haller alb mit gulbin als fi benn ze Coftenß ober ze Rotwil
gånb ån all geuerb. Vnb ouch alfo baz inen ir anzal, Der Burghůt vnd bes
gelts ber bryer Hunbert pfunt Haller werb als vil fich das benn nåch ber Jarzal.
fo man Löft, geburt vnb verlouffen hat an geuerb .. Mit vrkunb biß briefs. Befigelt offenlich mit minem anhangenben Jnfigel. Geben ze Baben an Sant
Gregoryen tag. Do man zalt von Crifts geburt Drůzehenhundert vnb Nůnßig
Jar bar nåch im Dritten Jare.

    B. b. Drig. im St.-Archiv zu Stuttgart. — Das Siegel ift abgefallen.

———

771.

16. Mai 1393. o. D. Ulrich von Lichtenftein, bem die Grafen Rubolf
von Sulz und Rudolf von Hohenberg der Junge **400** Pfb. Heller
fchulbig waren uud **70** Pfb. Heller Zins zu geben verfprochen
hatten, bekennt, folche von Hans Buk, Amptmann ber Herrfchaft
Deftreich zu Rotenburg, empfangen zu haben.

    Ich Blrich von Liehtenftain Tůn kůnt vnd vergich offenlich vor aller
menglichen, Daz mich der Erber frome hans Buk, amptman ze Rotemburg
uf den tag, als birr brief geben ift, gar vnb gentzlich hat beßalt, von miner
Herfchaft von Öfterrich wegen, der Sübenzig pfunb haller So mir mit tåbin-
gen die Ebeln, wolgebornen herren Graf Růbolf von Sulz vnb Graf Rudolf
von hohemberg der Jung von der egenanten miner herfchaft wegen verhaiffen
jetten, zegebent für den fchaben ben ich von miner hoptfchulb, wegen ber vierhunbert pfunb haller empfangen vnb genomen hett, Vnb alfo fag ich min gnebige
Herfchaft von Öfterrich all ir erben vnb ben egenanten hanfen pulen von ir
wegen der vorgefchriben Sübenzig pfunb von fchabens wegen genzlich lebig, quit
nb lofz für mich vnb all min erben, mit vrkunb diß briefs, baran min aigen
Jnfigel offenlich gehenkt ift, Der geben wart, an dem nähften fritag, nach vnfers
Herren vffart tag, Nach Chriftes geburt bruzehenhundert Jar, Vnb barnach in
em brů vnb nuntzigoften Jar.

    B. b. Drig. im k. k. geh. Haus- Hof- und Staats-Archiv zu Wien.

———

49*

772.

18. Dezember **1393.** Rotenburg. Graf Rudolf von Hohenberg bekennt, an den **400** fl., welche ihm die Herrschaft Oestreich von den verflossenen zwei Jahren und an weiteren **400** fl., welche solche ihm von der Vogtei zu Rotenburg zu geben versprochen, **355** fl., auch zwei Fuder Wein und **20** Malter Haber erhalten zu haben.

Wir Gräff Rudolff von Hohemberg, bekennen vns mit disem Brieff, daz vns hanns Bulg von Rotemburg Amptman vnser herschafft von Österrich gewert vnd bezalt hät von vnser herschafft wegen von Österrich Drühundert vnd fünff vnd fünfftzig gulbin an den vierhundert gulbinen die man vns die zway vergangenen Jare schulbig gewesen ist, Alz Reinhart von Wähingen vnser herschafft von Österrich Landtvogt mit vns ver Rayt hat, vnd ouch an den vierhundert gulbinen die man vns difz vergangen Jar von der vogtey ʒ Rötemburg verhaissen hat, vnd zway fuder wins, vnd XX malter habern die vns ber vorgenannte landtvogt ouch verhieß vnd alzo sagen wir vnser herschafft von Österrich der vorgenanten Drühundert vnd fünff vnd fünftzig gulbin vnd ber zwayer füber wins vnd deʒ habern gäntzlich, quit ledig vnd löfz mit vrkund difz brieffs Dar off wir vnser Aygen Infigel gedruckt haben ʒe End birr Geschrifft, der geben ist, ʒe Rotemburg am Neckger an dem nahsten Durstag vor sant Thomas tag, vor wyhennähten Anno Lxxxxiij.

B. d. Orig. im k. k. geh. Haus- Hof- und Staats-Archiv zu Wien.

773.

6. Januar **1394.** Horb. Benz von Bochingen bekennt, an den **880** Pf. Heller, um welche ihm das Dorf Wurmlingen verpfändet worden, vom Herzog Leupolt von Oestreich **380** erhalten zu haben.

Jch Benz von Bochingen Bechenne offenlich mit dem brief für mich vnd all min erben, Daz mich der Hochgeboren fürst min gnädiger lieber herr hertzog Lupolt, Hertzog zu Österrich etc. an den Achthundert vnd Achtzig phunten hallern, die ich in phands wis habe of dem dorff würmlingen, nach mins phant briefs sag, den ich baruber han, verrichtet vnd betzalt hat brühundert phunt vnd Achtzig phunt Haller, bennoch ist des vbrigen geltes das ich of bemselben dorf würmlingen noch hab fümfhundert phunt haller vnd nicht mer, barumb ich ob min erben bem egenanten minem herren von Österrich sinen vettern, Brüdern ob erben basselb dorff an wiberred vnd vertziehen sullen zu lösen geben vnd in ouch den obgenanten phantbrief wiber antwurten wenn Si vns der vorgenanten fümf

— 773 —

hunbert phunt betzalent, vngeuerlich. Mit vrchunb bitz briefs verfigelt mit min
obgenanten Bentzen von Bochingen anhangenbem Jnfigel, Der geben ift zu Horw
an bem zwelften tag nach wichnachten. Nach kriftes gepurb brützehenhunbert Jar
barnach in bem Vier vnb Nuntzgiften Jare.

    B. b. Orig. im St.-Archiv zu Stuttgart. — Das Siegel ift abgefallen.

774.

23. Januar **1394.** Heidelberg. Jörg von Hailfingen ftellt unter bem
    Siegel bes Grafen Rubolf von Hohenberg, bes alten, gegen ben
    Pfalzgrafen Ruprecht bei Rhein einen Lehen-Revers über einen
    Hof in bem Dorfe zu Sulz aus.

Jch Jorge von haolfingen ber Junge Bekenne offembare mit biefem brieue,
bas ber burchluchtige hochgeborn fürfte vnb herre her Ruprecht ber elter pfalz=
graue by Rine bes heiligen Romifchen Richs Oberfter bruchfeß vnb hertzog Jn
beyern, myn lieber gnebiger herre ben hoff Jn bem borffe zu Sultze gele=
gen mit finer zugehorunge ben myn vatter Jorge ber alt von bemfelben mynem
herren, bem hertzogen biß here zu lehen gehabt, vnb nu finen gnaben offgeben
hat, mir Jorgen bem Jungen obgenant finem Sone zu rechtem manlehen verlühen
hat vnb fal ich vnb myn libs lehens erben ben obgenanten hoffe mit finer zuge=
horunge von bem obgenanten myn herren bem hertzogen vnb finen erben alltzzijt
zu rechtem manlehen enpfahen haben vnb tragen vnb Jne bauon bienen, thun
gewarten gehorfam vnb verbunben fin mit guten truwen glubben vnb eiben als
ein man fym herren von recht vnb gewonheit billich thun fal ane alle geuerbe, als
ich auch bas obgenant lehen ytzunbe alfo von finen gnaben empfangen han, Vnb bes
alles zu Orkunbe wann ich myn eigen Jngefigel ytzunb nit by mir han, So han
ich gebetten ben ebeln mynen lieben herren Graue Rubolff von hohenberg
ben alten, bas er fin Jngefiegel für mich an biefen brieff gehangen hat mich
vnb myn erben als vorgefchrieben fteet aller vorgefchrieben binge alltzijt zu befagen
vnb wir graue Rubolff von hohemberg ber alt obgenant Bekennen bas wir vnfer
Jngefiegel vor Jorgen von haolfingen ben Jungen obgenant vmb finer bebe willen
Jn vorgefchribener maffen an biefen brieff gehangen han, Geben zu Heibelberg
vff fritag nach kathebra petri Nach Chrifti gepurt, bruzehenhunbert vnb in bem
vier vnb Nuntzigften Jare.

    B. einer gleichzeitigen Abfchrift im St.-Archiv zu Stuttgart.

775.

30. Januar 1394. Rotenburg. Sigwiß von Owe von Roſeck, Herr
Hermans von Ow, Ritters, Tochter übergibt vor dem Landgericht zu Rotenburg Volkarten von Ow, ihres Bruders seligen Sohn,
alle Rechte, die sie gehabt zu Roſeck der Burg, Jeſingen dem Dorf,
und zu Renhartz von Altingen Gut, zu Altingen gelegen, mit aller
derselben Zugehörden, wie solche von ihrem Vater und ihren beiden
Brüdern, Heinrich und Hermann, ihr angefallen.

Ich Wernher Märhelb ain friger Lantrihter ze Rötemburg an
dem Necker von dez edeln durchluhtigen hochgebornen fürſten vnd
herren Hern Albrecht Herzog ze Öſterich ze ſtyr ze Kärndern vnd ze
Krayn grauffe ze tyrol etc. Mins gnädigen Herren gewalt wegen tün tum
mit diſem brief allen den die In anſehent Leſent oder hörent leſen daz Ich ze
geriht ſaß vf dem frigen Lantgeriht ze Rötemburg an der offnen friger
Künigſtraß vf diſem tag alz dirr⁰ brief geben iſt vnd ſtünd vor mir vf dem
ſelben Lantgeriht die erber wolbeſchaiden Sigwiß von Owe tohter ains Ritter⁰
Mit fürſprechen alz reht waz geſund dez libez vernünftig der ſinne vnd mit wol
bedähtem müt vnbezwongenlich vnd ſprach ſú wölty geben ordnen vnd machen
Folkartten von Ow⁰ Irs Brüder ſeligen Sun allú dú Reht die ſú hett ze
Roßeck der burg vnd yeſingen dem dorf mit aller zügehörd vnd zü Renhartz
güt von Altingen daz gelegen iſt ze Altingen dem dorf öch mit aller zü ge
hörd die ſy angefallen vnd anerſtorben weren von erbs wegen von Jrem Vatter
vnd zwain Jr Brüdern Herr Hainrichs vnd Hermans vnd batt die vorgenant
Sygwiß von Ow⁰ Jr ze erfarent an ainer urtail wie ſú daz gemäht vnd die
gäb tün ſölty daz ez kraft vnd maht hetty vnd öch reht were dar vmb vorſihet
Ich der urtail do ward ertailt von Ritter vnd von Rihtern die da zegegen ſtün
den mit Rehter vnd geſamnotter urtail alz vf dem ſelben Lantgeriht ze Rötembur
reht waz daz ſú dez erſten ainen Vogt Niemen ſölty dez Nam ſú ze vogt Vol
kartten von Ow⁰ von Hürningen Jren vetter vnd do ſy den alſo ze vo
nam alz ſy urtail lert vnd alz ez kraft vnd maht haben ſol vnd mag Da ſtünd
ſy aber dar mit Jrem vogt vnd fürſprechen alz reht waz vnd batt ir ze erfaren
wie ſú daz vorgenant gemäht tün ordnen vnd machen ſölty dem vorgenant⁰
Folkartten von Ow⁰ Jrs brüder ſeligen ſun daz ez ietzo kraft hetty vnd öch ze
näch haben möht än all gevärde dar vmb vorſihet Ich waz Reht were vn
ward ertailt mit Reht vnd geſamnotter urtail alz vf dem Lantgeriht ze Rötembur
reht waz daz ſú Jrú reht der vorgenanten güter mit aller zügehört von ir gäb
dem egenanten Folkartten irs Brüder ſeligen · ſun vnd ſinen erben mit hand m
mund mit Jrs vogtz hand vnd mit mund mit miner Hand vnd mit Mund in d
vorgenanten Folkartz von Ow⁰ Hand vnd wenn⁰ ſú daz alſo tätty daz ez den

ʒillich von Reht kraft vnd maht haben ſölt vnd möht ieʒo vnd öch in künftigen
ʒitten vnd .bo Jr baʒ alſo ertäilt ward bo ſtůnb ſú fúr geriht mit Jrem vogt
ꝛrilich můtwilclich vnd vnbeʒwongenlich vnd ʒů ben ʒitten bo ſú baʒ wol getůn
moht vnd gab orbnet vnd machet mit bem vorgenanten Jrem vogt vnd öch mit
hanb vnd mit Munb vnb mit Jrs vogteʒ Hanb vnb mit Munb vnb mit Miner
Hanb vnb Munb Jn beʒ obgenanten Follarʒ von Owᵉ Jrs Brüber ſäligen ſun
hanb bie vorgenanten burg Roſeck vnb Yeſingen baʒ borf mit aller ʒůgehörb irú
reht gelegen an ber Ammer vnb Renharʒ gůt von Altingen baʒ gelegen iſt ʒe
Altingen bem borf irú reht mit aller ʒůgehörb Es entʒig ſich öch bie vorgenant
Sygwiß von Owᵉ von Roßeck aller ber reht Anſpräch vnb Wiber-Vorbrung ſo ſú
ober yeman von iren wegen ʒů ben vorgeſchriben gütern ye gewan ober vmer gewinnen möht Jn behaine weg vnb beʒ ʒe úrkúnb ſo han ich beʒ Lantgeriht ʒe
Rötemburg Jnſigel mit vrtail offenlich gehenckt an biſen brief Jch bie vorgenant
Sygwiß von Owᵉ vergich öch baʒ ich biß gemäht vnb all vorgeſchriben ſachen getån hän ʒů ben ʒitten bo ich baʒ wol getůn moht Jch Markart von Owᵉ von
Hürningen ber vorgenant vergich öch baʒ ich ber vorgenanten Sygwiß von Owᵉ
von Roſeck ʒu ainem vogt gegeben warb vnb baʒ ſú all vorgeſchriben ſacha getän
hůt mit minem gunſt vnb guten willen alʒ vorgeſchriben ſtät vnb beʒ ʒe úrkúnb
ſo hän ich min aigen Jnſigel in vogteʒ wiß offenlich gehenckt an biſen brief ber
geben warb beʒ Järs bo man ʒalt von Criſty gebúrt brüʒenhen hundert vnb fier
vnb Nünʒig Jår an bem nähſten fritag vor vnſer frowen tag ber kerʒwihy.

776.

17. Mai 1394. Rotenburg. Graf Rubolf von Hohenberg quittirt
bem öſtreichiſchen Amtmann ʒu Rotenburg Hans Buk für **122** Gulben als Abſchlags-Summe an ben **200** fl., welche bie Herrſchaft
Oeſtreich ihm für ſeinen „Dienſt" verſprochen hatte.

Wir Graff Rubolff von hohemberg vergenhen offenlich mit biſem brieff
Alʒ vns vnſer herſchafft von Öſterrich ainen brieff verſchaffet vnb geben hat
an ben frumen erbern knecht hanſen Bulgen von Rotemburg iren Amptman ber Selbeſt, vmb ʒway hundert gulbin vmb vnſer bienſt, bekennen wir vns
mit biſem Brieff baʒ vns ber vorgenante hans Bukg an ben vorgenanten ʒwain
hundert gulbinen gewert vnb beʒalt hat, hundert vnb xxij gulbin vnb Alʒo Sagen
wir vnſer genäbige herſchafft von Öſterrich vnb ben vorgenanten hanſen Bulgen
ber vorgenanten hundert vnb xxij gulbin quit lebig vnb loſʒ für vns vnb vnſer
Erben mit Vrkunb bißʒ brieffs Dar uff wir vnſer Augen Jnſygel gebrukt haben

ze End biry geschrifft, der geben ist ze Rotemburg An Suntag, so man singt Cantate vor Phingsten Anno lxxxxiiij°.

B. d. Orig. im k. k. geh. Haus- Hof- und Staats-Archiv zu Wien.

777.

14. September 1394. Baden im Aargau. Herzog Leupolt von Oesreich bestätigt und erneuert die Rechte und Freiheiten des Chorherrnstifts zu Ehingen.

Wir Leupolt von gots gnaden Herzog zu Österreich zu Steir zu Kernden vnd zu krain graue zu Tyrol etc. Tün kund, daz für vns komen die erbern vnser lieben anbechtigen .. der probst vnd das Capitel der Stifft in Sand Mauricien kilchen gelegen zu Ehingen, by Rotenburg an dem necker vnd baten vns biemüticlich, daz wir in gerüchten bestetten vnd vernüwen di gnaden freiheit vnd Recht, die Si nach irer briefen lutt vnd sage von wilent den ebeln vnsern lieben Ohemen graf Rüdolf von Hohemberg dem eltern vnd graf Hugen von Hochemberg sinem Sun seligen hettin. das haben wir getan vnd bestetten vnd vernüwen in ouch die wissentlich mit dem Brief dauon emphelhen wir den ebeln vnsern lieben Ohemen, allen grauen, vnsern lieben ge truwen allen freien Herren rittern vnd knechten, Lantuögten vögten vnd ambtlüten vnd sunder vnserm Houbtmann daselbs zu Rotemburg an dem necker, wer ie der ist, vnn wellen ernstlich daz ir si fürbazzer bei denselben gnaden freiheiten vnd Rechten vesticlich haltet vnd schirmet vnd ouch nicht gestattet daz in daran kein gewalt noch vnrecht beschech in dheinen weg vngeuerlich. Mit vrkund dz briefs. Geben ze Baden in Ergow, an des heiligen Chrutz tag zu Herbst nach kristes gebürd dreyzehen hundert iar darnach in dem vier vnd nünzigistem Jar

B. d. Orig. im St.-Archiv zu Stuttgart. — Mit dem beschädigten Siegel des Ausstellers.

778.

15. April 1395. Heidelberg. Lehen-Revers von Heinrich, Burkar und Konrad von Gültlingen gegen Pfalzgraf Ruprecht bei Rhein über die obere und niedere Feste Berneck.

Wir diess nachgeschrieben heinrich burkart vnd Conrad von giltlingen zu Bernecke gesessen Bekennen vns offenlich mit diesem brieue vnd tun ku allen den, die Jne sehent oder horent lesen, das wir vnser vesten Berne die obern vnd die nibbern vesten mit dem tale, luten gutern welden, v allem dem das dartzu gehoret von recht vnd gewonheit nütznit vßgenomen von de

rchluchtigen, hochgebornen fürsten vnd heren, hern Ruprecht dem eltern pfaltz=
rauen by Rine des heiligen Romischen Richs obersten druchseß vnd hertzug In
zern vnserm lieben gnebigen herren zu rechtem mannlehen empfangen
aben, wann Bernecke mit sinen zugehorungen als vorgeschrieben steet, von Ime
1b der pfaltze zu lehen rurt vnd sollen wir vnd vnser lehens erben, dieselben
zsten Bernecke mit allen Jren zugehorungen als vorgeschriben steet von dem ob=
znanten vnserm gnebigen herren hertzug Ruprecht dem eltern vnd sinen erben
jaltzgrauen by Rine furbas alltzijt zu rechtem manlehen empfahen haben vnd tra=
=n, vnd Jne bauon mit truwen glübben vnd eiden gewarten bienen gehorsame
1b verbunden sin, äls manne Jren herren billichen thun sollent ane alle geuerde,
=s zu orkunde geben wir dem obgenanten vnserm gnebigen herren diesen brieff
=rsiegelt mit vnserm anhangenden Jngesigel Geben zu heidelberg off ben
ontstag nach bem heiligen Ostertage Nach Crists gepurt bruzehen hundert Jare
1b in dem fünff vnd Nüntzigsten Jare.

Von einer gleichzeitigen Abschrift im St.=Archiv zu Stuttgart.

779.

. Mai **1395**. o. O. Engelhard, Herr zu Weinsberg, östreichischer
Landvogt, belehnt Kunz Voln von Wildenau mit **12** Mannsmad
Wiesen zwischen „Tällisfurt, Kirchan und Wildnow" und dem
Fischwasser zwischen biesen Dörfern, was alles die von Wildenau
von Alters her von der Herrschaft Hohenberg zu Lehen gehabt
haben.

Jch Engelhart Herr zu winsperg lantuog miner gnebigen Herren
on Österrich Tůn kunt menglichen mit bisem brieff, baz off ben tag alz birr
=ieff geben ist für mich kam ber veste kneht Contz voln von wildnow vnd batt
ich, baz ich im an statt vnd in namen miner herschaft von Österrich
=rlühi zwölff mannmat wiswahs gelegen zwüschen Tällissurt, kirchan, vnd
ilbnow vnd bie vischentza zwüschen denselben börfern, Tällissurt kirchan
1b wildnow gelegen, die von der Herschaft von Hohemberg vntzher lehen
ewesen sint vnd von verkouffends wegen nun ze maul von miner Herschaft
on Österrich ze lehen rürend vnd ber von wildnow von alterher allweg
=wesen sind, waz ich im von rehtz wegen baran lihen sölt, bez han ich sin gebett
=rhört vnd han im dieselben gůt mit aller ir zügehörb also verlühen an statt vnd
1 namen miner vorgenanten Herren von Österrich vnd lih ouch im die wissent=
=ch, waz ich daran ze reht lihen sol vnd mag also, baz er dieselben gůt gegen
iner Herschaft von Österrich vermannen vnd verdienen sol, alz ain lehenman
=n sinem lehenherren billich tůn sol., boch minen gnebigen Herren von Österrich

vnd iren mannen vnschäblich an allen iren rehten vngenarlich. Vnd dez ꝛ vrku[n]
so han ich vorgenanter Engelhart Herr zů winſperg lantvogt etc. min ei[gen]
Inſigel offenlich gehenkt an diſen brieff, der Geben iſt an Gutemtog dem nä[ch]
nach ſant Geryen tag dez Jars bo man zalt von Criſti geburt brützehenhund[ert]
Jär vnd barnauch In dem fünf vnd Nüntzigoſten Jär.

B. d. Orig. im St.-Archiv zu Stuttgart.

780.

1395. o. T. u. O. Engelharb, Herr zu Weinsberg, öſtreichiſcher L[and]
vogt, belehnt Kunz von Bühl, Hanſen von Bühl Sohn, mit dem T[orf]
Bühl und dem „Haus" zu Rotenburg.

Jch Engelhart herr zů Winſperg, lantvogt miner gnebigen h[err]
ſchaft von Öſterrich Bekenn vnd tůn kunt mit diſem brief, alz Han[s v]
Bühel miner herſchaft von Öſterrich die lehen uf geben hät, alz er dem [v]
von iren genaden zů lehen het vnd ouch bat mine gnebigen heren hertzog lu[de]
hertzog zů Öſterrich etc. die ſelben lehen wider ze lihen ſinem ſün Cüntzen [v]
Bühel, also enpfalch mir min herſchaft von Öſterrich die ſelben lehen wid[er]
lihen bem vorgeſchriben Cüntzen von Bühel, vnd also hab ich obgenanter her E[ngel]
hart die ſelben lehen gelühen Cüntzen von Bühel, Hanſen von Bühelz ſun in n[amen]
vnd an ſtatt miner herſchaft von Öſterrich alz ir lantvogt, dez erſten da[z ſ]
gelegen zů Rotemburg vnd baz dorff zů Bühel mit dem geriht, zwin[g]
vnd bennen vnd mit allen andern zů gehörungen, alz lehenſz vnd landz re[ht]
vnd verlihen jm bie ouch mit kraft ditz briefz, waz ich jm von miner obgen[anten]
herſchaft von Öſterrich von reht wegen lihen ſol vnd mag, doch vſſgenomen [der]
herſchaft ir manreht, vnd ſol ouch bie ſelben lehen vermanen vnd verb[uwen]
alz manlehens reht iſt, ān geverb, Vnd dez zů vrkünd gib ich obgenant[er]
Engelhart Cüntz von Bühel diſen brief beſigelt mit minem anhangenben j[n]
ber geben iſt nach Criſty gebürt brützehenhundert jar vnd bar nach in dem [fünf]
vnd niuntzigiſten jar.

Von einer Abſchrift aus dem 15. Jahrhundert. St.-Archiv zu Stuttgart.

781.

26. April 1396. o. O. Graf Hermann von Sulz und ſeine Gemah[lin]
Margarethe, geb. Gräfin von Hohenberg, löſen die Pfandſchaft [der]
Steuer von Schömberg von einigen Schaffhauſer Bürgern ein.

Jch ber Schön Löw Jch Eggbreht der Löw ben man nempt Öſ[ter]
richer vnd Götz von Hünenberg alle brig von Schaufhuſen ver[

offenlich vnd tůnd kunt menglichen mit diſem brief von der briſſig pfunbe haller
ierglichs geltz wegen, ſo wir in pfandswiſe jnne gehebt haben von dem woler=
bornen herren Gräf Hugen von Hohemberg ſeliger gebenknuſſe von
ber ſtür ber ſtat ze Schönberg nach ber brief lut vnd ſag bie wir barumb
jnne gehept haben, baz ba bie ſelben briſſig pfunbe haller geltz ber wolerborn
herre Gräf Herman von Sultz vnd bie wolerborn fröw fröw Mar=
gareth von Sultz geborn von Hohemberg ſin elichi huſfröw von vns
erlebiget vnd erlöſet vnd wiberkouft hanb mit brithalbhundert pfunben gůten hallern
barumb ouch bie egenanten briſſig pfunb haller wiber ze kouffen vnd ze löſen
ſtůnbend ber ſelben brithalbhundert pfunb haller wir ouch gentzlich von jnen gewert
vnd betzalt ſient vnb barumb ſo ſagen wir ſi vnb alle ir erben vnb ouch bie ege=
nannte ſtat Schönberg berſelben briſſig pfunbe haller geltz gentzlich quit lebig vnb
loſe für vns vnb alle vnſer erben mit vrkunb vnd kraft bis briefs wer es ouch
baz wir ober vnſer erben hienach es ſig über kurtz ober über lang behain brief
funben ober zeugtenb, ber bie vorgenanten briſſig pfunb haller geltz anrůrte vnb
bie wir nit herus geben hettint, bie ſelben brief alle ſagenb wir ouch gentzlich tob
vnb kraftlos vnb vernihten ſi mit vrkunb bis briefs ane alle geuerbe. Vnb herumb
e offem vrkunb habenb wir vnſrü jnſigel für vns vnb alle vnſer erben offenlich
ehenkt an biſen brief, ber geben iſt an bem nehſten gůtem tag nach ſant Gre=
orien tag nach Criſtus geburt brützehenhundert jär vnb in bem ſehs vnb nüntzi=
oſtem järe.

Nach einem Vidimus von 1408. St.-Archiv zu Stuttgart.

<hr>

782.

9. November **1396.** Enſißheim. Markgraf Bernharb von Baben,
welchem unb beſſen vormaliger Gemahlin, Gräfin·Margaretha von
Hohenberg, von Herzog Lůpolt von Oeſtreich zuſammen **1700** fl.
jährlich von bem Einkommen ber Stabt Rotenburg angewieſen
worden waren, bie ſie gleich unter ſich getheilt hatten, gibt ſeine
Zuſtimmung, baß Herzog Lůpolt bie **850** Gulben ber Gräfin
Margaretha anberweitig verſchreibt.

Wir Bernhart von gotes gnaben Marggraf zu Baben Bekennen
nlichen mit biſem brif als wir vnb ebel frawe Margareth Greffin von
Hemberg Sibenzehen hunbert gulbein gelts von vnſer genäbigen Herſchaft
ı Öſterrich auf bie nütze ber Stat ze Rotempurg nach vnſer briffe ſage
iſet ſinb, vnb wir bieſelben gülte mitt einanber getailt haben bas vnſer
Hem nünbhalb hunbert gulben gelts baran werben vnb geuallen ſüllen vnb
iekt ber Hochgeporn fürſt Herzog Lůpolt Herzog ze Öſterrich vnſer liber

Herre die vorgenant fraw Margarethen vnd Graf Herman von Sultz
iren Huswirt die vorgeschriben nündhalb hundert gulden gelts iren tail anderswo
hin in maint zu bewisen da veriehen wir wie der vorgenant vnser Herr Herzog
Lüpolt den egenanten Graf Herman von Sultz vnd sin vorgenant Husfraw darvmb
uß richtet das das mit vnserm gunst vnd guten willen beschehen ist vnd sullen
auch wir noch vnser erben ober nieman von vnsern wegen der vorgenanten Herschaft von Österrich noch ir erben von der selben nündhalb hundert gulbin gelt
wegen ires tails kein zuspruch nymmer mer an sie getun noch schaffen getan werden in dhein wise an all geuerbe vrkund ditz brifs versigelt mit vnserm anhangen
dem Insigel Geben zu Enseßhain an sant Endres abent nach Crißts gepur
do man zalt brewtzehen hundert Jare vnd in dem Sechs vnd nüntzigistem Jar

Nach einem Vidimus des Johann von Ysun v. 1413. St.-Archiv in Stuttgart.

783.

9. Januar 1397. Rotenburg. Herzog Leupolt von Oestreich belet
Kunz von Bühl mit der Vogtei und dem halben Gericht, an
Höfen, Zinsen und Gülten daselbst, was alles schon desselben
Vordern von der Herrschaft Hohenberg zu Lehen gehabt.

Wir Leupolt von gotz gnaden hertzog zü Österich ze Styr ze Ker-
ben vnd ze Krain gräf ze Tirol etc. Tün kunt, alz wir ytzund vnsre leh
in vnser herschafft ze hohemberg her berüft haben von niben dingen ze verlihen, also haben wir vnßerm getrwn Contzen von Bühel vnd sinen erben ze
lihen die vogty vnd daz geriht halbz ze Bühel dem dorf mit andern höf
zinsen vnd gülten alz bie sin vater vnd vordern seligen vormaltz von der herschaft
ze hohemberg haben ze lehen gehapt nichtzit vß genomen, vnd liehen in
wissentlich, waz wir in zü reht dar an lihen sullen vnd mügen, die fürbaß
lehenswif von vns vnsern lieben brubern vettern vnd erben jnn ze haben vnd
nyssen, alz lehens vnd landes reht ist, Doch also, ob daz ir reht lehen von
sind vorbehept ouch vnser bienst vnd rehte, waz wir dar an haben vns vnd vn-
erben an der lehenschaft vnschädlich ån gevärb, mit vrkund ditz briefz geben
Rotemburg am neker dez zinstags nach sant vallentinß tag nach Cristus ge-
brotzehen hunber jar vnd dar nach in dem siben vnd newntzigisten jar.

Von einer Abschrift aus dem 15. Jahrh. St.-Archiv zu Stuttgart.

784.

11. März 1397. Horb. Graf Rudolf von Hohenberg, Hauptmann
der Herrschaft H., belehnt Heinzlin Metzgern mit einer Fleischbank
zu Horb.

Wir graff Rudolff von Hohemberg houptmann in der herschaft
Hohemberg verkünden mit diesem brieff, das wir an statt vnd in namen vnser
gnedigen herschafft von Osterrich gelichen haben Haintzlin mezgern vnd sinen
erben ainen flaischbanck vnder der metzge zu Horw den nechsten vor Wol-
potz banck vnd haben im ouch denselben banck gelichen mit aller zugehorb doch
unser gnedigen herschafft von Osterrich an iren rechten vnscheblich vnd des zu vrkund geben wir im bißen brieff versigelt mit vnserm aigen Jnsigel der geben ist
zu Horw an dem wysen Sontag des Jars do man zalt von Cristi gepurt Drutzehen hundert nuntzig vnd süben Jar.

Von dem Copial-Buch zu Horb.

785.

21. September 1397. Rotenburg. Herzog Leupolt von Oestreich gibt
dem Grafen Rudolf von Hohenberg, seinem Hauptmann zu Rotenburg, auf, das Stift zu Ehingen bei seinen Rechten und Freiheiten zu schirmen.

Wir leopolbus von Gottes genaben Hertzog zü Ostreich etc. entbieten dem Ebeln vnserm lieben öham graff Rüdolffen von Hohemberg vnserm Hoptman zu Rotemburg am necker ober were ye hoptman
a selbs ist vnser gnab vnnd alles güt, wyr emphelhen byr, vnd wöllen och ernst-
ich das du bye liben vnßern lieben anbehtigen ben probst vnnd das capitel zü
Ehingen bey allen yeren rehten vnd frihaiten so sy haben vestenglich haltest vnd
schirmest vnd sunderlich alle bye so Jn bem winmonat Jn yren kelteren außbrucken
vollenbt, das bu bye selben bar zü netest, das sy das also thön, als es von alter-
er kommen ist, wer och bas bye egenanten ben probst vnd bas Capitel yemanb
mit bäbstlichen brieffen vnb gnaben beschwären wölt von Jr pfründen ober Gots
aben wegen, bas du bye vor bem ober ben och schirmest von vnser wegen, vnd
as mit nichte gestattest, das ist gentzlich vnser maynung, geben bas selbs zü Rotenburg an sant Mathistag. Anno Ein tusenb brühundert Nüntzig vnb siben Jare.

Von einer Abschrift in ben Hohenberger Dekumenten. T. VI. S. 850.

786.

3. **Oktober 1397.** **Villingen.** Herzog Leupolt von Oestreich belehnt Hans und Konrad Bock von Rotweil mit einer Wiese unter Hohenberg, einer andern bei Schömberg, einem Hof und drei Schuposen bei Spaichingen.

Wir Leupolt von gotes gnaden Hertzog ze Oesterreich ze Steyr ze kernden vnd ze krain Graf ze Tyrol etc. Tun kunt Alz wir yetzunt vnsern lehen von Swaben vnd in vnser Herschaft ze Hohemberg gen Rotemburg berüffet haben von Newen dingen ze verlihen Also haben wir vnsern getrewen hannsen vnd Chünraten Bockh gebrüdern von Rotwil verliehen ain wise gelegen vnder Hohemberg vnd ain wisen gelegen nebent Schönnberg Item ainen hof gelegen ze Spaichingen giltet vier malter korns vnd dry Schupofen daselbs giltet iegliche zwen Schöffel vesen vnd zwen Schöffel habern vnd ze schilling haller die von vns Ir lehen sind als sy vns fürbrachten vnd leihen ond wissentlich was wir in daran zu recht verlihen sullen oder mugen Also daz Er vnd ir erben das von vns vnsern Brüdern vnd erben In lehens weis Innhaben ze niessen sullen as lehens vnd Lands recht ist doch vorbehebt aller vnser rechten do wir daran haben vnd ob die in vnser vrbar nicht gehörent vnd das Sy vns darumb getrew dienstlich vnd gehorsam syen als lehensmann iren lehenherren billich sulen an geuerd Mit vrkund ditz briefs geben ze Vilingen an Mitwochen nach Sct Mathis tag Nach Christs geburt drewzehen Hundert Jar darnach in dem Sibenden vnd Newntzigisten Jar.

B. d. Orig. im St.-Archiv zu Stuttgart. — Das Siegel ist abgefallen.

787.

18. **Dezember 1397.** **Rotweil.** Stephan von Gundelfingen, ein Frei verkauft vor dem kaiserlichen Hofgericht zu Rotweil um 195 rheinische Goldgulden an Reinhard von Remchingen, Vogt zu Pforzheim, die Hälfte von Altensteig, Burg und Stadt mit Dörfern Weilern u. s. w., wie er solches von seinem „Bruder“, Graf Rudolf von Hohenberg, genannt Rümelin, geerbt hatte.

Ich Egloff von wartemberg genant von Wildenstain ain fry hofrichter an statt vnd In namen des edeln Graue Rudolfs von Sultz von aller Hocherbornesten durchlühtigesten fürsten vnd herren Herrn Wentzela Römschen künges vnd künigs ze Beheim mins gnebigen herren gewalt siner statt of sinem hofe ze Rotwil vergich offenlich — mit disem brief — ich ze gerihte saß uf dem hofe ze Rotwil an der offenen frygen künges sträss

ifen tag als birre brief geben iſt vnd ſtůnd vor mir uf demſelben hofe der edel
Stephan von Gundelfingen vnd ſtůnd bey Im der from veſte Reinhart
von Remchingen zů den ziten vogt zů pfortzhain vnd der egenant Stephan
von Gundelfingen ſprach· alſo wie daz er verköft hett ſinen tail altenſtaig
Burg vnd Stat mit dörffern mit wilern mit höfen mit luten vnd gůten mit
välben mit waſſer mit wunne vnd waide vnd mit aller gewaltſami rehten nutzen
vnd zůgehörden das iſt der halbetail ber vorgeſchriben ſtuck vnd gůter aller mit
aller zůgehörde als In bie von bem ebeln Graue Růdolffen von Hohem=
berg ſinem brůder ſeligen von erbs wegen angevallen ſint vnd der er ſich
mit dem ebeln Graue Rudolffen von Hohemberg vnderzogen hät. vnd bie
vorgenanten ſtuck vnd gůt alle hetti er recht vnd rebelich ains ſteten ewigen kouffes
e kouffen geben dem egenanten Reinharten von Remchingen vogt zů pfortzhain
vmb nüntzehenhundert gulbin vnd Sehtzig gulbin ains halben gulbin minder alles
linſcher gulbin gůter an golbe vnd ſwär gnůg an bem gewihte, der ouch er
eriach baz er ber gar vnd gentzlich von Im gewert vnd bezalt were — demſelben
Reinharten von Remchingen vnd allen ſinen erben des obgenanten Stephans von
Gundelfingen tail altenſtaig burg vnd ſtatt mit dörffern mit wilern — baz iſt ber
halbtail berſelben ſtuck vnd gůter aller mit aller zůgehörbe als In bie von bem
genanten Graue Rudolffen von Hohemberg ſinem brůder ſeligen von erbs wegen
angevallen ſinb vnd der er ſich mit Graue Růdolffen von Hohemberg vnderzogeh
it nv hinnenhin iemerme ze haben vnd ze nieſſen ze beſetzen vnd zu entſetzen für
big vnd für lere vnd für reht aygen. Duch iſt mit namen in biſem kouff be=
bt von ber gůter wegen bie biſen hienach geſchribnen perſonen hanſen bem
chenner, Gumpolten von Giltlingen, wilhelmen von hornberg,
althern ſifriden von Rotemburg, wernhern Drümlin von Rotem=
urg vnd yrmellin bes egenanten Graue Růbolffs von Hohemberg ſeli=
en kellerin in pfanbes wiſe ingeſetzt ſinb nach ber brief lůt vnd ſag bie bie=
lben perſonen barumb inne hänb baz ba ber vorgenant Reinhart von Remchin=
n vnd ſin erben reht haben ſüllenb bieſelben pfantſchaft vnb barzů alle anber
antſchaft bie Gräf Růbolff von Hohemberg ſelig ober ſin vorbern verſetzt hänb
ver vf wiberköff verkouft hänb zů iren hanben ze löſent ober wiber ze kouffenb
: aller ber mäſſe vnd rehten als ber vorgenant Stephan von Gundelfingen vnb
n erben baz gelöſet ober wiberkouft ſöltint haben. boch alſo baz bem egenanten
tephan von Gundelfingen ober ſinen erben an ben vorgeſchriben nüntzehen hun=
ert gulbin vnd Sehtzig gulbinen ains halben gulbin minder barumb nützit abgän
l. Es ſol ouch ber egenant Reinhart von Remchingen vnb ſin erben ben vor=
nanten Stephan von Gundelfingen vnb ſin erben verſtän nach bem rehten gegen
n bie bie vorgenanten pfantſchaft vnb köffe Inne hänb, baz iſt vmb ben halbtail
r egenanten gůt als vorgeſchriben ſtät. Duch ſullint mit gebing alle varnbe
ib vnb alle nütze zů bem halbtail ſo von ben obgenanten gůten allen gevallen
nb vntz uf biſen hütigen tag als birre brief geben iſt bem egenanten Stephan

von Gundelfingeu oder finen erben gentzlich werden an aller menglichß irrung
doch ben die bie pfantfchaft vnb widerköf von dem egenanten Graue Rüdolffen vo[n]
Hohemberg feligen oder finen vordern händ iren rehten vnfchedlich an iren nütze[n]
were es ouch ob der vorgenanten güter ir were ainß oder me behaineft anfprächi
würde oder ob man dem egenanten Reinharten von Remchingen oder finen erbe
barumb züfprechen würde. So fol derfelb Reinhart von Remchingen oder fi
erben dem egenanten Stephan von Gundelfingen oder finen erben barumb fürtag[e]
für baz hofgericht ze Rotwil vnb ba fullint fi fü benne verftan nach dem re[ht]
vmb ben halbtail der obgefchriben güter altenftaig Burg vnb ftat vnb font o[u]
barumb mit füro gewifet werden. Es fol ouch Stephan von Gundelfi[n]
gen fin müter ablegen vmb ben halbtail waz fi ze fprechend hät
ben obgefchriben güten, vnb fol ouch barzü finß bruder feligen kinde
bie fünf hundert gulbin haben fullint vf ben obgenanteu güten ouch ablegen v[n]
ben halbtail der obgefchriben fünf hundert gulbin vmb bie obgefchriben güter al[en]
ftaig Burg vnb ftatt vnb vmb ben andern halbtail des fich Gräf Rüdolf
Hohemberg mit Jm vnberzogen hät, ob der anfprechig were oder würde b[m]
fol derfelb Stephan von Gundelfingen noch fin erben nützit ze fchaffen hän. [Be]
es ouch ob zü den obgefchriben güten ain Grauefchaft oder wil[n]
gehorti deß hät fich der egenant Stephan von Gundelfingen ouch gentzlich verzi[g]
für fich vnb alle fin erben gegen bem egenanten Reinharten von Remchingen
gegen allen finen erben. Doch fol Stephan von Gundelfingen noch fin
Reinharten von Remchingen noch finen erben enhain vertigung barumb tün. [
fol ouch bifer kouffe Stephan von Gundelfingen noch finen erben kainen fch[]
bringen gegen finß Brüder feligen Bafen die ain Clofterfrowe ift zü
in bem Clofter man mit gebing wenne bie einft vnb von tobeß wegen abga[n]
ift So fol baffelbe wartfpil ir lipbinge baz fi von ben obgenanten güte[n]
vallen an ben egenanten Stephan von Gundelfingen oder ob er enwere a[]
rehten vnb nehften erben es fient hallerzinß kornzinß vnb hünrzinß bie fi ge[]
vnb genoffen hett von ben felben ftucken vnb güten ane bez egenanten Rein[]
von Remchingen vnb finer erben irrung vnb hindernuß ane alle geuerbe. [
fol mit namen birre kouf Graue Rüdolffen von Hohemberg an finem halbtai[l]
obgenanten güter kain fchaden bringen noch bern in bhain weg wan baz e[r]
fin erben by irem halbtail beliben fullent in aller der wife vnb mäffe alß G[]
Rüdolf von Hohemberg vnb Stephan von Gundelfingen vormälß mitenanb[e]
ain komen fint .. Sich verzich ouch Stephan von Gundelfingen vorgenant fü[r]
vnb alle fin erben gegen bem egenanten Reinharten von Remchingen vnb [
finen erben herüber aller reht anfprach vnb widervorbrung fo er oder fin [e]
zü ben obgenanten güten allen hatten oder iemer gewinnen möhtint gar vnb g[]
lich. doch mit allen ben bingen vnb gebingen alß an bifem brief gefchriben
ane alle geuerbe. Es tett ouch Stephan von Gundelfingen vorgenant biß
kouffen verzihen vnb alle vorgefchriben fachen zü ben ziten bo er baz wol g[]

moht mit hant vnd mit munde mit miner hant. vnd mit munde in bez egenanten
Reinhartz von Remchingen hant mit vrtail als reht was vnd als es vf dem hof
ze Rotwil ertailt wart daz es geschehen were als reht were vnd als es nu vnd
ouch hienach in künftigen ziten billich vnd mit reht kraft vnd maht haben sol vnd
mag luterlich ainuelteclich vnd ane alle geuerde. vnd herumb ze offem vrkunde
hän ich des hofs ze Rotwil infigel mit vrtail offenlich getän hencken an disen
brief. vnd ich Stephan von Gundelfingen vergich daz ich dis verkouffen verzihen
vnd alle vorgeschriben sachen getän vnd vollefüret hän in alle wise als von mir
an disem brief geschriben stät vnd hän darumb min Infigel für mich vnd alle
min erben ouch offenlich gehenckt an disen brief der ze Rotwil geben ist an dem
nehsten zinstag vor sant Thomas tag des hailigen zwölfbotten. Nach Christz geburte drüzehenhundert iare vnd in dem Siben vnd nünzigostem Jare.

B. d. Orig im St.-Archiv zu Stuttgart. — Die Siegel sind abgefallen.

Vorstehender Kauf war hinsichtlich des Käufers nur ein Scheinkauf, insofern solcher
für den Markgrafen von Baden erfolgte, wie die hier angeschlossene Urkunde des R.
von Remchingen von 1406 beweist.

Ich Reinhart von Remchingen ein Edel knehte tun kunt — als ich
in dem Jare da ich des hochgebornen fürsten vnd herren hern Bernharts
narggraue zu Baben myns gnedigen lieben herren amptmann zu pfortzheim
vaz da man zalte — 1397 Jare das Slosse altenstaige Burg und statt
mit allen sinen rehten vnd zugehorungen vmb den Edeln herren hern Ste-
han von Gundelfingen vmb nuntzehen hundert gulbin vnd Sehtzig gulbin
vnnr eins halben gulbin gekoufft han vnd mich mit mynem namen In denselben
uff brieff tebte schriben nach uß wißung desselben brieffs. wann berselbe
ouff zu ben ziten nit anders fürgang haben mohte des Bekenne ich
ich mit bisem gegenwürtigen brieff für mich vnd alle myne erben das ich dasselbe
loffe Altensteige Burg vnd Stabt — uff bie selbe zit bem obgen. mynem gnebi-
n herrn marggraue Bernharbten zu Baben vnd sinen erben vmb sein eigen gelt
koufft han vnd han ouch bie selben kouffbrief vber bas vorgen. Slosse Altensteige
gnem obgen. herren zu sinen handen gegeben u. s. w.: — Vnd bez zu warem
kund so han ich myn aigen Infigel gehenckt an bisen brieff vnd zu noch besser ge-
gnuß so habe ich gebetben ben Edeln wolerbornen graff Johansen von Lupffen
ttgraue zu Stülingen etc. mynen lieben herren vnd ben Strengen vesten Ritter
n hansen von kageneck hofmeister myns vorgen. herren baz si Jre Infigel
bem mynen gehenckt haben an bisen brieff — geben uff Suntag als man singet
bilate In bem Jare . . . 1406.

B. b. Orig. im St.-Archiv zu Stuttgart. — Es hängt nur noch bas beschäbigte
gel bes Ausstellers an ber Urkunde.

———

788.

7. April 1398. o. O. Margareth, Gräfin von Hohenberg, Hausfrau
des Grafen Hermann von Sulz, quittirt den Herzog Leopold von
Oestreich für **300** fl. aus dem Nutzen der Stadt Rotenburg von
dem Jahr **1897.**

Ich Margareta Gräfin von hohenberg, Graffe hermans von
Sulz Eliche hussprowe tûn kunt daz mich der hochgeborn furste min gnädiger herre hertzog lupolt hertzog ze Österrich etc. gewert vnd bezalt hat hundert gulbin an den bri hundert gulbin bie vns nach vnser houbtbriefe sage von
dem vorgenanten Jare von den nutzen ze Rotenburg veruallen sint Vnd k
mit sie vns ouch der brie hundert gulbin bez nehsten vergangenen nutzes gentzlit
vsgeriht hant Vnd bar vmb So sage ich ben egenanten minen herren vnd alle in
Erben der egenanten brier hundert gulbin von bisem nehsten vergangenen Jar
gentzlich quit lebig vnd lose für mich vnd ben egenanten, minen man vnde vnr
Erben mit vrkunbe bisse briefes bar vff ich min Eigen Jngesigel offenlich gedrut
habe, barzû han ich flisziklich gebetten, Obrecht Steymeiger schulcheisse ze Wäli-
kilch (sic!) vnd hanman Spörlin baz si ire eygun Jngesigel an schaden in
selb zu einer gezugnusse Der vorgeschriben sache ouch offenlich gedruct hant, in
enbe birre geschrift vff biesen briefe Der geben ist an dem heiligen Ostertag ann
lxxxxviij°.

B. b. Orig. im k. k. geh. Haus- Hof- und Staats-Archiv zu Wien.

789.

10. April 1398. o. O. Graf Rubolf von Hohenberg verkauft i
1500 fl. an den Markgrafen Bernhard von Baben bie Hä
von Altensteig, Burg und Stadt, nebst Dörfern, Weilern u. s. i
wie er solches von seinem Vetter, † Graf Rubolf von Hohenbi
genannt Rümelin, ererbt hatte.

Ich Grafe Rubolff von Hohenberg vergihe offentlich vnd tûn kunt ma
lichen mit bisem brieff baz Ich verkouft vnd ze kouffen geben han dem Hod
bornen Herren Bernharten Marggrafe zû Baben vnd allen sin ed
min teil der mich an ererbt ist von Graff Rubolffen seligen von Hoh
berg minem vetbern ben man nempt Graf Rümelin, baz ist baz Hc
teil zû altensteig an der Burg vnd an der Stat mit börffern, i
wilern mit Hofen, mit lüten, mit gûten mit welben mit waffer wunne
weibe mit aller gewaltfamy rehten nützen vnd zû gehörden nützit vsgenommen.
bie vorgenanten stück alle alz sie mit namen geschriben stan, han ich ber vorge

Ruolff für mich vnd alle min erben eins stebten ewigen koufs ze kouffen dem vorgenanten Herren Bernhart Marggraue zů Baden vnd allen sin erben vmb zwenhen hundert gůter gulden der er mich gůtlich vnd bar bezalt hat vnd so verzihe ich mich für mich vnd alle min erben alles rehten daz ich oder min erben dor zů haben oder haben mugen. were es ouch daz der vorgenanten eins oder me ansprechig were oder würde oder ob dem obgenannten Herrn Bernhart Marggraue oder sin erben dorvmb zůgesprochen würde, als dicke daz be- so sol er oder sin erben mir oder min erben fur tagen fur tagen (sic!) für offgeriht zů Rotwil vnd bo sol Ich der vorgenant Graf Růdolffe oder min erben den vorgenanten Herren Bernhart Marggrauen zů Baden oder sin erben bo vnd dů obgeschriben gůt vertigen nach dem rehten vmb den halpteil der vorgeschriben gůter, altensteig, Burg vnd Stat alz vorgeschriben stat alz dick bez geschiht vßgenomen den Wilpan vnd sollen ouch dorvmb nit füro gewißt sin, Vnd bez zů einer guten sicherheit So han ich der vorgenant Graff Rů- dolff für mich vnd alle nin erben dem vorgenanten Herrn Bernhart Marggrauen ze Baden vnd allen sinen erben zů Burgen gesetzt vnuerscheidenlich dise nachge- schriben erbern ebeln Mit namen. Graff ffryberichen von zolr genant der burtzgraff Graff Tegli von zolr ben eltern Herrn Cunrad Truch- sessen von Ringingen Ritter. Bentzen von Bochingen, Cüntz Bocklin genant Hoppeler vnd volkarten von awe genant wütfuße also vnd mit söllichem gedinge Were ob ich oder min erben dor an sumig wern vnd nit stet vnd volle fürten alz an disem brieff von vns geschriben stât So hat der vorgenant Herr Bernhart Marggraue zů Baden oder sin erben vollen gewalt vnd gůt reht daz sie die vorgenanten Burgen sollen vnd mügen manen mit botten briefen oder wie die manunge beschiht vnd wan sie also ermant werden, so sol jeglicher der benn gemant ist infarn leysten mit einem kneht vnd mit einem pfert Gen Wile oder gen Eßlingen in der zweyer ein in offerr Wirt Huser, als er benn ingemant vnd bescheiden werden In ben nehsten aht tagen nach der manunge vnd bo ein reht vnuerbingt giselschaft halten, alz lang bis daz bem ob- genanten Herren Bernhard Marggraue zů Baden oder sin erben vollefürt vnd vertigt wirt dorvmb er oder sin erben benn gemant hetben alz dick daz not be- schiht on alle geuerbe Wer ouch ob der pferd eins oder me in der leystung ab- gienge oder verleist würden, so sol in der oder die bez oder dü abgegangen oder verleist phert gewesen wern ein anders oder anderü zů stunde wiber in bie leystung stellen alz lang bis daz vollefürt wirt vnd ouch geuertigt dorvmb benne gemant ist on alle geuerbe wer ouch ob der obgenanten bürgen einer oder me sturben daz got lange wende so sol Ich der obgenant Graff Rudolff oder min erben dem vorgenanten Herrn Bernhart Marggraue zů Baden oder sinen erben in anbern oder anber alz gůt burgen wiber setzen in bem nehsten monat nach er vns baz verkünt hetben wir bez nit so hat er gůt reht daz er die bur- gen mag vnd sol manen ze leisten in aller der masse alz vorvmb bie vertigunge

geſchriben ſtat vnd die ſollen ouch denn leyſten vnd vnuerbingt giſelſchaft halten
als lang bis der burgen zal erfült wirt als dick das not beſchiht an alle geuerd[e]
Wir die obgeſchriben burgen als Wir mit namen do vor geſchriben ſtan globen
uff vnſer eyde alle vnuerſcheidenlich, diſe burgſchaft reht zů halten vnd waz an
diſem brieff von vns geſchrieben ſtet veſte zů haltenn an alle geuerde. wer ouch
ob der vorgenant vnder vns bürgen einer oder me verbrechen vnd nit ſtet hieltē
alz an diſem brieff von vns geſchriben ſtat So hat der vorgenannt Herr Bernhar[t]
Marggraufe zů Baden oder ſin erben vnd ir Helffer vollen gewalt vnd gůt rel[?]
baz ſie der oder die verbrochen bürgen mügen an griffen an irren lüten vnd gü[ter]
wie vnd wo ſie die haben mügen oder wie es in allerbeſt füget mit geriht ode[r]
an geriht vnd dowider ſollen wir die obgenannten bürgen nit tun noch ſchaffe[n]
geton noch nieman von vnſern wegen weder mit worten noch mit werken. Vn[d]
ſol vns ouch vor dem angriffen nit ſchirmen vtzit das yeman erdenken kan erdal[?]
iſt oder noch erdaht werden moht. Vnd ſollen dor Vmb alz lang angriffen b[is]
baz dem vorgenanten Herrn Bernhart oder ſin erben vollefürt vnd uffgeriht wir[t]
dorvmb die denn angriffen haben. Vnd dez allez zů einem waren vrkunde, S[o]
han ich der vorgenant Graff Růdolff von Hohemberg min Inſigel wiſſentlich t[un]
hencken an diſen brieff vnder dem Ich glob war vnd ſtet ze haltenne, waz a[n]
diſem Brieff von mir geſchriben ſtet. vnd ouch min vorgenant bürgen von di[r]
burgſchaft gutlich ze loſen on allen iren ſchaden Wir die vorgenanten bürgen al[?]
vnd vnſer yeglicher beſunder veriehen vnd bekennen daz wir vnuerſcheidenlich l[?]
vorgenannten Graff Rudolfs vnd ſiner erben vmb die vertigung bürgen word[en]
ſin vnd daz vnſer yeglicher dez zu vrkunde ſin eygen Inſigel gehenckt an di[ſen]
brieff. vns do mit zu beſagen, waz an diſem brieff von vns geſchriben ſtet, [?]
geben iſt dez Jars do man zalt von Chriſtus geburt drützenhenhundert vnd nün[?]
vnd aht jar an dem nehſten mitwochen nach dem Heiligen Oſtertag.

B. d. Orig. im St.-Archiv zu Stuttgart. — Alle Siegel ſind abgeriſſen.

790.

29. April 1398. **Enſißheim.** Herzog Leupolt von Oeſtreich beſtät[igt]
Marquart, Wolf und Walther von Ow, Gebrüder, und deren Mutt[er]
im Pfandbeſitz von Hirſchau.

Wir Leupolt von gots gnaden Hertzog ze Oeſterreich ze Steyr[?]
kernden vnd ze krain Graf ze Tyrol etc. Tůn kunt, Daz wir vnſern lieb[en]
getrewn Marquarten Wolfen vnd Walthern von Aw gebrüdern vnd [ir]
muter die phantſchaft ze Hirſow, die Jn Stet Achzig mark ſilbers v[nd]
Sechzig phunt Haller Rotwiler gewichtes nach laut der Satzbrief die Sy v[?]
vnſern vorbern barumb habent, beſtett vnd vernewt haben, beſtetten vnd verneu[en]
auch wiſſentlich was wir ze Recht daran beſtetten ſullen oder mügen. Alſo [?]

Sy vnd Jr erben daz vorgenant phant Hirsow mit seiner Zugehorung für die obgenant Sum geltz fürbasser in phandesweis innhaben vnd niessen süllen nach lautt der egenant brief die Jn darumb gegeben sind, doch vns vnsern brüdern vnd erben an der losung vnscheblich vnd auch also daz Sy vns damit gehorsam vnd gewaertig sein süllen, als Satzes Recht ist, ane geuerbe mit vrkund ditz briefs, Geben ze Ensißheim am Montag vor Sant Philippen vnd Jakobs tag Nach kristi gepürde breutzehen hundert Jar, vnd barnach in dem acht vnd Newntzigisten Jare.

B. d. Orig. im St.-Archiv zu Stuttgart. — Mit dem gut erhaltenen Siegel des Ausstellers.

<hr>

791.

13. Juni **1398.** Freiburg im Breisgau. Herzog Leupolt von Oestreich übergibt der Stadt Horb die dortigen drei Mühlen gegen **250 Pfd.** Heller jährlich zu einem ewigen Zinslehen.

Wir leuppolt von gottes gnabenn hertzog ze Österreich ze Steyr ze kernnden vnnd ze Crain Graue zů Tyrol etc. Tůn kunntt das wir vnnsern getrewen liebenn. bem Rätte vnnd vnnsern burgern gemeinlich Ze horw zů ainem vnnerkerten (sic!) zinßlehenn hingelassenn habenn vnnd lassenn auch wissenntlich mit dem brieff vnnser brey Mülinen ze horw mitt allenn zů gehörbenn nutzen vnnd rechtenn. Also das sy vnns, vnnsern ammptlewtten ber (sic!) bahin das von vnnsern vorbern, ober vnnsern wegenn verschribenn vnd versatzt ist, ober noch künnfftigklich verschafft wurde Järlich Richtenn vnnd raichenn sullen britthalb hunnbert pfunnd haller, Jnn sollicher mäsz, bas sy die selbenn Mulinen versorgenn mit allem paw vnnd gezewg än vnnsern schaben. Es wer benn bas ain haws niber viele, ober ain wůr abpreche, ober ain Mulin verrunne, (sic!) bas sulenn wir ansehenn vnnd sy bar Jnn gnabigklich bekenncken (sic!) vnnd ze statten komen als die sach benn an Jr selb gestallt ist, Doch also wer bas wir, vnnser bruder ober nachkommenn baselbs seßhafft wurben, ober bas wir bas Geslos yemannb versatzten, so möchten wir ober bieselbenn die vorgenanntten Mulynen wol von Jn zů vnnsern ober berselbenn hannben nemen vnnd ziehenn, Aber sust sullenn sy by bem egenanntten hinlassenn vor annbern luttenn vnuerbrunngen belibenn. Mit vrchunnd ditz briefs Gebenn ze Fryburg in bryßgow an bonrßag vor Sanntt Vits tag Nach Christs (sic!) breutzehenhundert Jar barnach Jnn bem Acht vnd Newntzigisten Jare.

B. d. Orig. im städtischen Archiv zu Horb.

<hr>

792.

14. Juni 1398. Freiburg im Breisgau. Herzog Leupolt von Oesterreich erlaubt dem Grafen Rudolf von Hohenberg, welchem er die Feste Rotenburg verpfändet, **200** Gulden auf diese zu verbauen, und solche auf die Pfandschaft zu schlagen.

Wir Leupolt von gotz gnaden Hertzog ze Osterreich ze Steyr ze kernden vnd ze krain Graue ze Tyrol etc. Tun kunt vmb vnser vest Rotenburg die wir dem ebeln vnserm lieben Oheim Graf Rudolfen von Hohenberg versetzet haben, vnd die veste pawuellig ist, daz wir demselben vnserm Oheim gegunnen vnd erlaubet haben, daz er von vnsern wegen zway Hundert gulbein an dieselben vnser vest verpawen sol. Also daz er von sinem gut auch Hundert gulbein baran verpawen sol In solcher mazz wenn er ober sein erben die vorgenant drew hundert gulbein an ber egenant vnser vest verpawen habent vnd vns des bewisent mit ainer erbern kuntschaft das Sy denn die vorgenant zway hundert gulbein auf bem egenant Satz haben sullen in aller ber mas als Sy ander gelt barauf haben nach bes Satzbrief Sag So Sy von vns haben mit vrkunt bitz briefs Geben ze friburg in Brisgaw an freytag vor Sant veits tag Nach Christs geburd brew zehen hundert Jar vnd barnach in bem Ahtzehenden vnd Newtzigisten Jare.

V. d. Orig. im St.-Archiv zu Stuttgart.

793.

„1398. Schatzung Rotenburg, Horow und Haygerloch."

Nota. das Her Heinreich von den dörffern ze Rotemburg an ber Schatzung angeslagen hat, vnd bas er inbringen sol iij.c lib. xxviiij lib. xij ß. Haller.

Nota ber marschalch ze Rotemburg hat ingenomen. von ben zwain börffern kalkwil vnd Büringen Lxxxvj Gulben vnd xxvj ß. Haller.

Item baran hat er geben bem vogt von Horaw zu dem paw baromb bes vogtes brief meinem Herren bem kammermeister geben hat xLvj Rh. gulben

Nota so hat Graf Rudolph von Sultz der Elter von bem borff Oberthaim ingenomen ij.c gulben als die lewt baselbs sprechent.

Item So hat aber graf Rudolph von Sultz ber Elter Oberndorff, Bochingen, pfeffendorff vnd Waltmessingen noch nicht lassen schetzen.

Item So sind etlich lewt vnber bem Marchgrauen vnd anderswo. Item Braytenholtz. It. Hausen. It. Gertringen. It. Rufran. It. chuppingen. It. Haslach. It. Gilltstain.

Nota So hat aber ber Marschalch ze Rotemburg ingenomen.

Item von Hürnyngen hat er ingenomen xx lib. Haller.

It. von pöffingen hat er ingenomen xxv lib. Haller.

It. von Rorborff hat er ingenomen iiij lib. viij β. Haller.

It. von dem dorff Weytingen hat er ingenomen xxj lib. v β. Haller öber die, die daraus geuaren sind gen Rotemburg vnb gen Horaw.

Nota So wirt auch der Marschalch die Nachgeschriben noch schetzen.

In yfingen	8	Perfonen	(Namen)
In pfeffingen	3	„	„
In Obernborff	5	„	„
In Gütringen (sic!)	3	„	„
In braytenholtz ·	2	„	„
ze Haufen in Schainboch	1	„	„
In Gertringen	3	„	„
In Nufran	1	„	„
In chuppingen	3	„	„
In haflach	1	„	„
In Gilltftain	2	„	„
Weil im Schonbach	4	„	„

Summa das der Marschalch ze Rotemburg von den börffern die oben ver= zaichent sind ingenomen hat vnd noch innemen fol. C. lib. xL lib. xvj β. Haller vnb xL gulben.

Item an bemfelben gelt hat er geben Graf Rub. von Hohemberg an feiner Haubtmanschaft C. gl. barvmb ein quitbrief meinem Herren bem kam= mermeifter worden ift, von bem lxxxxvij Jar vnb bas zu fanb Marteinstag. in bem lxxxxvj. Jar ingegangen ift.

Item vber bas allez beleibet der obgenant Marschalch meiner Herschaft von Ofterrich noch schulbig Lxv lib. Haller vnb xv ß. Haller.

Item es beleibt auch der Schultheiff ze Rotemburg' meiner Herschaft noch schulbig C. lib. Haller.

Item Wellelingen bas borff hat der phfufer inne vnb will bas nicht laffen schetzen.

It. So haut die Engelfriben inne ba borff Schürhaim. bas wil man auch nicht laffen schetzen.

It. fekenhufen bas borff hat inne der pakch (sic! wohl Bock) ze Rotwil vnb wil bas auch nich laffen schetzen.

It. bormatyngen vnb Erlan die borffer hat Her Heinreich von puben= hofen inne, vnb wil bie auch nicht laffen schetzen vnb sprichet graf Rub. von Sultz hab im bie verfetzet vnb rüret boch der Satz von meiner Herschaft bar.

It. der Herrschaft ayggen leibt ze Alborff vnb pütelprunn, bie habent noch nicht geschetzet vnb irret bas der vogt von Rofenuelb.

794.

24. März 1399. Ensißheim. Herzog Leupolt von Oestreich bekennt, daß Graf Rudolf von Hohenberg, Hauptmann daselbst, die Pfandschaft des Dorfes Hirschau, welche er um **480** rhein. Gulden und **60** Pfd. Heller von Marquard von Ow eingelöst, in dieser Eigenschaft besitzen solle.

Wir Leupolt von gots gnaden Herzog ze Osterrich ze Steyr ze kêrnden vnd ze krain Graue ze Tyrol etc. Tun kunt um die dritthalb fuder weingelts vnd anber wingelt korngelt, vnd auch klain zehent So in dem Ban begriffen ist vnsers Dorffes Hirsow gelegen bey Rotemburg die vnserm lieben getrewen bem alten Marquarten von Aw von ben von Hohemberg verfetzt wurden, als bie Satzbrief lautaten bie er von Jn barumb hat vnd benselben Satz vnd phantschaft der ebel vnser lieber Oheim Graf Rudolpf von Hohemberg Haubtman daselbs mit vnserm willen vnd gunst an sich erlebiget vnd erloset hat vmb vier hundert vnd achzig Reynischer gulbein vnd Sechzig phunt Haller barumb Sy des vorgenant von Aw phant waren nach ber vorgenant phantbrief sag vnd bieselben Satzbrief er Jm heraus zu vnsern hanben vnd gewalt geantwürt hat, vnd man aber im dieselben brief tob vnd vnnütz senn sullen, barumb so haben Wir bem obgenant Graf Rubolssen von Hohemberg vnb seinen erben bie vorgenant dritthalb fuder wein gelts und anber win korn Höw vnd klain zehent in dem egenant Bann des dorffes Hirso mit aller zugehorungen vmb bie obgenant vierhundert vnd achtzig gulbein vnb Sechzig phunt Haller versetzt vnd verschriben versetzen vnd verschreiben auch wissentlich mit dem brief in solicher maff, baz Sy bie in ains rechten wernden phant wis an allen abslag der nütz innehaben vnd niessen süllen als lang vntz baz Wir vnser Prüber ober vnser erben bieselben phantschaft von Jn mit dem obgenant gelt erlebigen vnd erlosen, berselben losung Sy vns auch stat tun sullen vnd be gehorsam sein an all wiberrebe vnd verziehn, wenn Wir bes begern Sy sulln auch denselben Satz vnwustlich innhaben vnd sich von ben Lüten berselben güter ber gewondlichen binst zins vnb gult als bas von alter her komet ist, bemügen laffen vnb bie nicht verrer bringen noch besweren in bhein wis vn geuerlich. Mit vrkunt bitz briefs. Geben ze Ensisheim an Montag nach bem Palmtag Nach kristi gepurbe breutzehenhundert Jar vnd barnach in bem Newn vnd Newntzigisten Jare.

B. b. Orig. im St.-Archiv zu Stuttgart.

—————

795.

1. Mai 1399. o. O. Konrad Golbaſt, Abt des Kloſters Stein am Rhein, belehnt Henſli, Schultheiß zu Nagold, mit drei Jauchart Ackers in der Zelg gegen „Obekilch".

Wir Apt⁸ Cûnrat Golbaſt von gotz Ordnung bez gotzhus vnd bez Cloſters ze Stain veriehen offenlich für vnſ vnd vnſer nachkomen. vnd tûn kunt aller menglich mit diſem Brieff daz wir Reht vnd Redlich mit gunſt vnd willen bez Conventz ze ſtain verlûhen vnd gelûhen hûn zu aim Stätten lehen. henſli ſchultheiß von Nagelt vnd ſinen Erben dri Juchart ackerß Sint ge= legen In der zelg gen Obekilch hin vſſ vnd ſtoſſet die Ain Juchart vornan an den Iſoltzhuſer weg So ligend die zwo Jucharten ob wiſhaurß aker vnd von den vorgenanten äkern Sol der Obgenant henſli Schultheiß oder Sin Erben geben. drû malter veſen nach der zelg⁸ vnd drû maltern och näch der zelg vnd nach agker gelt gewonhait vnd daz biz war vnd ſtätt Belib daz an diſem brieff geſchriben ſtant, bez han wir Obgenanter apt Cûnrat vnſer apttig inſigel offenlich gehenget zû vrkûnd vnd ze gezûgnûſt diſer vorgeſchriben ding an dieſen brieff der geben wart In dem Jaur nach Chriſtus gebúrt do man zalt drúzehen hundert Jaur vnd nûnzig Jaur dar nach In dem nünden Jaur an dem Maygtag Philipi vnd Jakobi.

B. d. Orig. im St.-Archiv zu Stuttgart. — Mit dem Abtsſiegel.

796.

22. Oktober 1399. Vaihingen a. d. Enz. Graf Rudolf von Hohen= berg thut als Obmann eines Schiedsgerichts einen Spruch in Betreff des 1390 zwiſchen dem Markgrafen Bernhard von Baden und Graf Eberhard von Wirtemberg abgeſchloſſenen Bündniſſes.

Ich grauff Rûdolf von Hohemberg vergich vnd bekenn mich offenlich an iſem brief daz ich ze Leowemberg geſeſſen bin als ain gemain mann vff vnſer owen aubent Natiuitas von wegen der houchgebornen vnd edeln herren miner eben gnedigen herren herrn Bernharcz marggraf zû Baden zû ainem tail ib herrn Eberharcz gräfen zû Wirtemberg zû dem andern tail von ſölicher enn wegen ſo ſy mit ainander gehebt händ von ir aynung wegen: Do ſactz r obgenant min herr der marggraf zû mir in ratlûtwiſ den edeln grauff Frib= chen von Zolr genant der Swarczgräf vnd herrn Göczen von Groſz= iin ritter vnd min obgenanter grauff Eberhart von Wirtemberg ſactz zû mir ich in ratlûtwiſ Beringern Häln vnd Hannſen von Luſtnow vnd alz wir nf in geriht ſaßen do kam für vns minſz vorgenanten herren marggrafen Bern=

harcz rat von finen wegen mit finem furfprechen daz waz Nafan von Helmftat
vnd fordert daz man hörn fölt ainen aynungsbrief fo bie obgenanten herren von
ir aynung wegen mit ainander hand vmb daz wir erkennen fölten ob der obgenant
min herr von Wirtemberg finem herrn dem marggräfen iht billichen beraten vnd
beholffen fölt fin wider Hainrich Gölblin vnd finen helffern nach fines aynungs
briefs fag wann er bes felben Hainrich Gölblins fyent wär wann fy fich alfo gen
ainander verfchriben hetten welcher herr gen jeman zů fintfchaft kam vnd bes von
bem andern heran ermant würd fo folt jm ber felb herr zů ftund vnd vnuerzogen
lich beholffen fin. Dagegen antwrtent minfz vorgenanten herren grauff Eberhart
von Wirtemberg rat mit finen furfprechen daz waz Peter Leo vnd fprach ber
wie baz fin herr von Wirtemberg vnd ber marggräf ain aynung mit ainander
hetten als ain aynungs brief wifet vnd feit ber felb brief ouch gelefen wart vnd
fprach baz fin herr by ber aynung beliben welt vnd rett ouch nit ba wider vnd
fprach baz fin herr von Wirtemberg vmb nucz fin felbs vnd ouch fins lanbs
Bylftein verfeczt hett Hainrich Gölblin vnd hett fich gegen bem verbunben vnd
verfchriben baz er jn vnb all bie finen fchirmen fölt zů bem rehten als anber in
lanb vnb lut vnb wär ouch ber fin vnb ftönb jm zů verfprechen als baz ain
gefchrift wifet bie ouch gelefen vnb verhort wart: Vnb fprach ouch baz ber fich
min herr ber marggräf baz wiber fagen baz er Hainrich Gölblin getän hett ge
fchienhen war fyt bem mal baz er Bylftein verfeczt hett vnb nit ba vor vnb
getrüwte got vnb bem rehten wol: man gab finem herren aine zug als lang
reht wäre fo wölt er befienhen ob Hainrich Gölblin by ber aynung beliben wölt
fo wölt er jn jm zů bem rehten ftellen nach ber aynung fag wölt er aber by ber
aynung uit beliben fo wölt er tůn waz er billich tůn fölt nach ber aynung fag
Dar zů antwrt minfz vorgenanten herren bes marggrafen furfprech vnb fprach baz
Hainrich Gölblin in bie aynung nit begriffen wäre vnb ftonb ouch Hainrich Gölb
minem herren von Wirtemberg nit ze verfprechenn vnb wäre ouch bie vintfchaft
bie fin herr ber marggräf mit jm hette egewefen benn min herr von Wirtemberg
jm Bylftein verfeczt hett vnb fprach ouch baz finem herren bem marggrafen
finen zů Bylftain jn gefangen wären vnb waren ba jnn gefchäczt vnb folt er
ouch baz wol vinben wenn es bar zů kem fo wäre ouch ber aynungs brief tür
benn bie verfaczung brief vnb fölt jm billich wiber jn vnb fin helffer beholffen
fin. Nach bem als wir funf vorgenanten clag vnb antwrt verhört haben vnb
Peter Leo fprach baz baz wiberfagen baz ber vorgenant vnfer herr ber marggräf
getan hett gefchienhen war nach bem als vnfer vorgenanter herr von Wirtemberg
Hainrich Gölblin Bylftein verfeczt hett. ba gegen aber bes vorgenanten vnfers
herren bes marggräfen furfprech fprach baz wiberfagen wär gefchienhen e baz Hain
rich Gölblin Bylftain verpfant: Vnb wann fy zů baiben tailn kain kuntfchaft bar
vor vns gelaitet hänb weber brief noch lüt fo fien wir ainhelleglich vberkomen baz
wir in ain tag befchaiben fullen off bem tag mag ieber herr fin kuntfchaft bring
felb brief vnb lüt fur ben gemain vnb fur bie vier bie by jm ficzent vnb

ſich da vindet nach dem rehten da ſol iedem herren beſchiehen waz die funf
ober der merer tail zů dem rehten erkennent. Ouch ſol jeder herr vngeuerlich ſin
zwen rätlüt vff den ſelben tag bringen wäre es aber baz behainer rätman vff
den tag nit komen möht von reblicher ſach wegen ſo mag ieber herr ainen andern
ratman dar zů ſeczen an des ober an der ſtat die da nit komen möhten vnd ſullen
die ſiczen in aller der maſzen als die vordern geſeßen ſint an geuerde Vnd der
tag den wir jn alſo beſchaiden der ſol ſin vff die nehſten mitwochen nach ſant
Gallen tag ſchiereſt kompt zů Leowemberg zů rechter tagzit vnd ſol ouch baz ain
enbtag ſin. Vnd diſz vnſers ſprechens zu warem vrkünd ſo han ich grauff Růbolff
von Hohemberg der gemain man vnd wir die rätlüt mit namen grauff Fribrich
von Zolr Beringer Häl vnd Hanns von Luſtnow vnſer ieglicher ſin jnſigel vnder
diſz geſchrift gedrukt in diſen offenn brief vnd wann ich Göcz von Groſſtain ritter
vorgenant zu diſen ziten minſz jnſigels nit by mir han ſo erkenn ich mich diſz
vorgeſchriben vßſpruchs vnder der obgenanten ſierer jnſigel der geben iſt vff vnſer
frowen aubent als ſy geborn wart anno domini milleſimo tricenteſimo nona-
geſimo nono etc. Vnd als wir vorgenanten funf vff dem obgenanten tag ze
Leowemberg von der vorgeſchribenen kuntſchaft wegen der obgenanten baider herren
ainen enbtag geſeczt vnd gemacht haben vff die nehſten mitwochen nach ſant Gällen
tag zů rechter tagzit wiber gen Leowemberg in aller der mäſſen als baz in vnſerm
vorgeſchriben vßſpruch brief ba vor geſchriben ſtaut ſo han ich grauff Rudolff von
Hohemberg der gemain vorgenant den ſelben enbtag her gen Vaihingen gemacht
vnd geſeczt mit baider herren willen vnd wißen vnd als ouch jn dem vorgeſchriben
vßſpruch brief geſchriben ſtaut. welches herren rätman vff diſem enbtag von reblicher ſach wegen nit geſin ober komen möhten baz benn der ſelb herr ainen andern
rätman an des ſelben ſtat wiber ſeczen möht. Alſo ſo iſt der vorgenante Beringer
Häl vff diſen vorgenanten mitwochen ben enbtag nit komen: des haut der vorgenant vnſer herr von Wirtemberg an des vorgenanten Beringer Häln ſtat geſeczt
grauff Rubolffen von Sulcz den eltern vnd ſien wir grauff Růbolff von
Hohemberg ben gemain man vnd grauff Růbolff von Sulcz grauff Fribrich von
Zolr genant der Swarczgraff Göcz von Groſſtain ritter vnd Hanns von Luſtnow
vorgenant von der obgenanten baider herren wegen vff diſen hutigen mitwochen
nach ſant Gallen tag ben enbtag hie ze Vaihingen ze geriht geſeſſen vnd haben
ba verhört die kuntſchaft vnſers vorgenanten herren des marggrafen die Renhartt
von Remchingen ſin furſprech vor vns ließ leſen vnd ouch die kuntſchaft vnſers
vorgenanten herren grauff Eberharcz von Wirtemberg die Peter Leo von Vlm
in fürſprech vor vns ließ leſen. Vnd nach baider herren clag anſprach wiberreb
mb antwrt ſo der ſelben herren fürſprechen vor vns täten vnd ouch ir baider
kuntſchaft die wir von jn verhort haben ſo haben wir verhoret jren veraynungs
brief ben ſy baib herren mit ainander haben vnd ben ſy in guten trumen an
ybes ſtat in bie hend ainander globt haben ze haltenn bar jnn geſchriben ſtet baz
ſy ainander in güten trumen maynen ſullen vnd ainander beräten vnd behelffen

ſullen ſin wider aller menglich vnd daz ſy ſich des an ainander wol gelaußen ſullen
vnd mugen getruwlich an all geuerde Es ſol ouch jrer behainer des andern ſiend
furbaſſer mer wiſſenclich in ſinen ſchlozzen vnd lanben nit halten huſen noch hoſen
nöch in kainen weg zů legen noch furſchieben an geuerd: als baz alles ir aynungs
brief aigentlich vßwiſet vnd iſt ouch des ſelben veraynungs brief batum in bem
jar bo man zalt von Criſtz gebůrt brúczehenhundert jar vnd in bem nůnczigoſten
jar an bem nehſten zinſtag nach aller heiligen tag. Dar nach verhörten wir ain
abgeſchrift des briefs ben vnſer herr von Wirtemberg Hainrich Golblin geben haut
bar jnn geſchriben ſtet baz der ſelb vnſer herr von Wirtemberg ben vorgenanten
Hainrich Gölblin vnd ſin erben vnd bie ſinen verantworten vnd verſprechen ſol:
als anber ſin vnbertän zů bem rehte als baz der ſelb brief ouch aigentlich vßwiſet.
Des ſelben briefs batum ſtet alſo ber geben warb bes jars bo man zalt von gottes
geburt bruczehenhundert jär vnd bar nach in bem ſyben vnd nunczigoſten jär bem
nehſten zinſtags nach ſant Martins tag bes hailigen byſchofs: Dar nach ſo verhorten wir ain widerſags brief als vnſer herr ber marggraf Hainrich Gölblin
widerſagt haut vnd ſin vind warb bes ſelben widerſagsbrief batum ſtet alſo Der
geben iſt ze Pforczhain vff ben fritag vor ſant Martins tag bo man zalt von
Criſti gebůrt brüczehenhundert nunczig vnd ſyben jär. Vnd nach bem als wir bie
vorgeſchriben brief all alſo verhorten, bo ſtunb aber fur vns ber vorgenant Reinhart von Remchingen vnd ſprach: bie wil ber veraynungs brief vnd ouch ber
widerſags brief elter vnd e geben worben wären als ſich an ber batum ber ſelben
brief erfunden hett: bann ber brief ben vnſer vorgenanter herr von Wirtemberg
bem vorgenanten Hainrich Gölblin geben haut: ſo höft er zů got vnd bem rehten
baz bann ber ſelb brief ſinem herrn bem marggräfen an bem vorgeſchriben veraynungs brief niht ſchaden ſolt vnd in bar vber nit ſchulbig ſin ſolt zů verſprechen
ober zů ſchirmen wiber ben vorgenanten ſinen herren ben marggräfen. Ouch verhorten wir zwen kuntſchaft brief bie bie von Marpach vnd Brakenhain geben
hänb bie beſagent nit anbers: benn baz ſy Hainrich Golblin geſworn haben ben brie-
ze haltenn ben vnſer herr von Wirtemberg bem vorgenanten Hainrich Gölblin geben
haut. Vnd wann wir nů aigentlich erfunden haben baz ber veraynungs brief ben
bie vorgenanten vnſer baib herren ainander verſigelt vnd verſchriben geben haben
vnd ouch ber widerſags brief als vnſer herr ber marggraf vorgenant bem vorgenanten Hainrich Golblin widerſagt haut elter vnd e geben ſint bann ber brief ben
vnſer vorgenanter herr von Wirtemberg bem obgenanten Hainrich Gölblin geben
haut: So ſprechen wir all funf ainhelleglich zů bem rehten baz vnſer vorgenanter
herr von Wirtemberg bem obgenanten vnſerm herrn bem marggräfen wiber Hainrich Gölblin vorgenanten behelffen ſin ſolle nach lut vnd vßwiſung ber veraynung
ſo ſy bann baiber ſit mit ainander haben. Vnd diſz vorgeſchriben vnſers vßſpruch
vnd vrtails zů warem vrkunb, ſo haben wir all funf vnſer ieglicher ſin aigen
jnſigel gehenkt an biſen brief. Der geben iſt ze Vaihingen vff bie mitwoch

nach sant Gallen tag des jars do man zalt von Cristz gebürt drúczehenhundert nünczig vnd nün jär.

B. d. Orig. im Landesarchiv zu Karlsruhe. — Mit 5 Siegeln. 1) Klein, rund, Prägung in grünem Wachs in weißem mit hohem wulstigem Rande, an Perg.str. Ein Helm mit 2 aufrechten Hiftbörnern. Umschr.: † S. Rvodol. (unbeutlich) Hoenberg. — 2) Rund, Prägung in grünem Wachs, wie in vorigem, tiefer liegend, von weißem Wachs, mit starkem Wulst umgeben, an Perg.str. Dreieckiger, rechtsgeneigter Schild, mit drei aufwärtsstehenden Zacken oder Spitzen; auf dem linken Ort ein Helm, auf demselben das Helmtüchlein, auf diesem eine unbeutliche Figur, die eine Bischofsinful seyn könnte. Der Grund mit Zweigen verziert. Umschr.: † S. Rvodolfi. comitis. de. Svlo (verdorben). — 3) Wie die Abbildung in den Monum. Zoller. I, 359. Wachs der Prägung und Umhüllung wie an voriger, an Perg.str. — 4) Rund, Wachs der Prägung und Umhüllung wie an den vorigen. Perg.str. Neben einander stehen rechts ein Helm mit Helmdecke, das Bild auf dem Helme ist nicht zu erkennen, neben dem Helme links ein dreieckiger Schild mit einem Sparren, in welchem Adler (·˙·). — 5) Rund, Wachs wie in dem vorigen; dreieckiger Schild, ganz unbeutliches Bild. Umschr.: † S. Ioais. de. Lvstnowe (sehr unbeutlich).

<hr>

797.

13. November 1399. Altensteig. Ein Schiedsgericht legt die Streitigkeiten bei zwischen den Herren von Gültlingen und den armen Leuten, welche in das Kirchspiel zu Altensteig gehören, betreffend die kleinen Fische in der Nagold.

Dis ist zu wißendt, Von solcher Spänne vnd Stöße wegen, So die Vier Gebrüeder von Gülltlingen, mit Nahmen, Gumpoldt, Heinrich, Burckhardt Vnd Conradt Vonn Gülltlingen, off Ain Syte, Vnd die Burger zue Altenstaig, off die Andere Syten, mit einander gehabet hundt, Von der Arme Leuthe wegen, die da gehörendt In das Kürchspühl, des Dörffleins Zue Alltenstaig, Von der Kleine Visch wegen, In der Nagaldt, derselben Spänne die vorgedachte von Gülltlingen, Von der Arme Leuthe wegen des Voriges Kürchspühls, auch die Burger Zue Alltenstaig, Zue bem Rechten Kommen sindt, off Hannsen den Schönch von Nagoldt Zue Einem Gemeinern, Zue denselben, wart gesetzt, Uff der von Gülltlingen Syten, Hanß von Hirsaw, vnd Clauß Hagmann vonn Nagoldt, so ward gesetzt, Von Jhr vonn Alltenstaig wegen, Albrecht der Hofe, Ain Burger Zue Pfortzheimb vnd Cöntzlj den Vogt Zue Lieben Zell, Vnd da wür die vorgeheis Fünffe, Also Nider saßen, zue Alltenstaig, off disen Tag, Alß dieser brieff geben ward, da Stuende dar die vorgenanten von Gülltlingen, mit Jhrem fürsprech des Betzs Bernle der Schuter von Nagoldt von der Arme Leuthe wegen, die da gehörendt, In des Vorgeheisen Kürchspihl, des dörfflins Zue Alltenstaig, vnd Sprechen dieselbe Arme Leuthe, sölch Recht haben, die Kleine Bische Zuefahen, In der Nagolbt, Von Kretz (sic!) vnderwerth biß Zuer Grundlosen vß, Vnd Sprechen mit ihrem fürsprechen, daß Sie des gueth Khundtschafft hetten, da wider angehörbt, Spännert (sic!) von Rennhingen, Von der von Alltenstaig Burgen, Er getraute Gott vnd dem Rechten, daß Niemand Beßßer Recht hette, die Kleine Bisch Zue fahendt, In der Nagolbt, denn bie von Alltenstaig, vnd sollten auch, die besetzen vnd Entsetzen, Vnd hoffen Sie hetten des gueth Khundtschafft, da Erkhandten wür Fünffe Ain Helliglich Zue dem Rechten, das wür Baiden Partheyen, Brieff vnd Khundtschafft wöllten, Verhören, Vnd die verhörten wür Also, Von beeden Partheyen vnd da Erkhandten wür vnß Alle Fünff Zue dem Rechten, Nach Ihr beeder Khundtschafft, daß bie von Alltenstaig, die Beste Khundtschafft hetten, Vnd daß Niemand beßßer Recht hette, Zue den Kleinen Bischen zue fahen, denn Sie, Vnd Söllten auch die Kleine Bische in der Nagolbt fürbaßer mehr besetzen, Vnd Endtsetzen, Von Kretz vnder wehrt, biß Zuer Grundlosen vß, Ane Allen möniglich Irrung vnd Hindernuße, Auch Kamen, für vnß, die Vorgeheißen Vier Brüeder von Gülltlingen, vnd Sprachen, ob Sich die von Alltenstaig nit billich Erkhennen sollten, ob Sie Ihn Ihr Hoffrecht geben sollt, von den Kleinen vischen, da Sie bann in Ihrem Waßßer fienget, wann Ihnen doch dieselbe Recht vormahls Allweg, barin geben worden. Darumb haben wür Fünff beeder Partheyen mit Ihn beeder willen vnd wißßen, mit der Güettligkeith gericht, Vnd Ver Eint, Also wehne die Burger Zue Alltenstaig die Kleine Bisch in den Vorgestehet Waßßer, In bern Costen Verliehennbt, Zue Bischen, Alß Sie die von Alter Verliehen hundt, wehn denn dieselbe Fischer in den Vorgesteht Vier Gebrüeder von Gülltlingen, oder Ir Ihr Ains Waßßer gienge, Vnnd denn Hammen bar Inn setzten, So söllendt Ihr Zwen Fischer Ain halbe Maß Fische Zue Hoffrecht geben, Weren aber der Bischer vier, die miteinander In die Waßßer giengen, bie söllet Ihn Ain Gantze Maß Fische Zue Hoffrecht geben, Wer aber An vischer Allein in die waßßer gienge, Zue Fischen, wenn denn berselbe Zwiereft barinn gienge, der soll In ben aud Ain Halb Maß Fische Zue Hoffrecht geben, Vnnd die vorgesteht Hoffrecht sollen dieselben biß des Abguhn (sic!) von Gülltlingen, Inn des waßßer Sie denn giengen gen vischen, Entweder gehn Bernerkh, gehn Alltenstaig oder Zuom Thurn, In der Ihrigen Stätte aine, die Vorgün (sic!) von Gülltlingen ben wöllen, vnd sollen bie von Gülltlingen benselben vischer Ihr Brodt geben, Alß daß Vonn Alter herkhommen Ist, ohn all gefährbte, vnd Alles Vorgeheis binge, Zue Aim Wahren vrkhunde, so huben wür die vorgestehet, mit Namen Hannß Schönckh von Nagolbt, der Vorgestehet sache Ain Gemeiner, Hannß von Hirschaw, Albrecht Hoß, Burger Zue Pfortzheimb, Vnd Küntzle Vogt Zue Lieben Zell, Vnß Jeglichen sein Aigen Innsigell offentlich gehenckht An disen brieff, Vnder denselben Innsigell, Vergab Ich der Vorig, Claiß Hagmann, Von Nagolbt, wann Ich Aigens Insigell nit haun, dieser Brieff warb geben Zue Alltenstaig, an bem Nechsten Donnerstag, nach

t. Martins Tag, des Hayligen Bischophs, da mann Zahlt von Gottes Geburth, ey Zehenhundert Neunzig vnd Neun Jahr.

B. einer Abschrift aus dem 17. Jahrhundert im St.-Archiv zu Stuttgart.

798.

O. Januar **1400**. o. O. Graf Rudolf von Hohenberg, Hauptmann dieser Herrschaft, belehnt den Ulrich Maier von Waßneck, Chorherrn zu Constanz, mit **9** Morgen Ackers zu Holzgerlingen (O.A. Böblingen), Lehen von Hohenberg.

Wir graf Rudolf von Hohemberg höptman der herschaft daselbs zen kunt menglichen mit disem brief baz off den tag alz birr brief geben ist für s kam herr Blrich der maiger von Waßnek corherr ze Costencz vnd aht vns für wie baz er koft hett vm Liuggun Taulfingerinun Berhtolbs n Boppenhusen elich wirten nium iuchart akers, bie lehen wären von ser gnebigen herrschaft von Österich von ber herschaft wegen ze hemberg vnd lägin ze Holczgirningen, zwo an ben anwanden ainhalb dem häglen vnd anberthalb an Auberlin Fryen vnd stoßent gen bem borff : off bez Gerringers aker so ligenb zwo in bem grund ainhalb an bem Böb- iger weg vnd anberthalb an ber münchpfat vnd hat ber Gerringer ain baczwi- en. Item bry iuchart an ananber by Mengos tor strichent neben bem zun stoßent ainhalb an bez Gerringers aker vnd anberthalb an bes alten Gerringers r. Item zwo iucharta ab ben bryen bie siu hat an bem murer weg stoßent bez Gerringers bongarten vnd bie ain sol ir bliben bie gen Burkarcz Gerrin- s aker anhin stößet vnd batt vns baz wir jm liuhen an stat vnd in namen er gnebigen herrschaft von Österich bie vorgeschriben aker bie och vns bie ob- ant Taulfingerin offgeben hett also haben wir bie selben aker von ber vorge- tten Luiggun Taulfingerinun vfgenomen vnd haben sie mit ir zügehörb an stat in namen vnser obgenanten herrschaft von Österich geliuhen herr Blrichen bem iger von Waßnek, lihen och jm bie wissenclich mit bisem brief waz wir baran billich vnd durch reht lihen süllen vnd mügen also baz er vns gnebigen herr- ft von Österich bauon tün sol alz ain ieglich lehenman sinen lehenherren von ich vnd burch reht tün sol boch berselben vnser herschaft von Österich vnd iren anen änschablich an allen iren rehten vngeuarlich bez ze vrkund haben wir vnser en insigel gehenkt an bisen brief ber geben ist an sant Pauls tag bez ersten sibels bez jars bo man zalt von Cristi gebürt vierzehenhundert jar.

B. b. Orig. im Landesarchiv zu Karlsruhe. — Kleines, rundes Siegel in braunem chs an Pergamentstreifen, mit rechts geneigtem, breieckigem, zur Hälfte in bie schrift gehenben Schilde, auf bessen aufwärts gerichtetem Ed ein Helm mit hohen, in die Umschrift reichenden Hifthörnern, zu beiden Seiten des Helmes flattern aufwärts dreilappige Helmdecken. Grund mit Sternen bedeckt. Umschrift: S. Rvodolf . comitis . d . Hohenberg.

799.

30. **Januar 1400.** **Ensißheim.** Herzog Leupolt von Oestreich bekennt daß er seine Zustimmung gegeben, als Graf Rudolf von Hohenberg, sein Hauptmann, um **800** rhein. Gulden von Konrad Böcklin, genannt Hoppeler, seinen (Leupolts) Theil an obern Ow dem Städtlein, die Dörfer Schwaldorf, Niebernau und Frommenhausen nebst einer Weingült von **9** Amen aus der Neckarhalben bei Altenburg eingelöst.

Wir Leupolt von gots gnaden Hertzog ze Österreich ze Steyr kearnden vnd ze krain Graf ze Tyrol etc. Tun kunt. Als der edel vnser lieber Oheim Graf Rudolf von Hohemberg vnser Houbtman daselbs nachgeschriben güter des ersten vnsern tail an obern Ow dem Stättlin Sweidorf Nibernow vnd frumenhusen die dörffer vnd Newn amen Wingarten vsser vnsern Wingarten an der Neggerhalben von vnserm getruwen Chunraten Pogglin genant Hoppeller die sein phand für Tusent phunt Haller von vns gewesen sind vmb Achthundert Reynischer guldein an sich erlediget vnd gelöset hat. Also haben Wir zu derselben losung vnsern willen vnd gunst gegeben vnd geben ouch wissentlich. In solcher maß. daz der egenant vnser oheim Graf Rudolph die egenanten Güter in phands weis an abslag der nutz von vns ze haben vnd niessen sol, als lang vntz wir vnser Brüder vnd erben die von Im oder sinen erben vmb die vorgenanten Acht hundert guldein erledigen vnd erlösen derselben lösung, Sy vns auch stat tün sullen, wenn wir Sy mit vnsern briefen darumb ermanen vngeuarlich. Mit vrkund ditz briefs. Geben ze Ensisheim freytag vor vnser frowen tag der Liechtmeß. Nach Christs geburde Tusend vnd dem vierhundertistem Jaren.

B. d. Orig. im St.-Archiv zu Stuttgart. — Mit dem bekannten kl. Siegel Leopold

800.

Juli **1400**. Weil die Stadt. Ein Schiedsgericht, dessen Obmänner Graf Friedrich von Zollern, der Schwarzgraf, und Graf Rudolf von Hohenberg, entscheidet in den Streitigkeiten zwischen Markgraf Bernhard von Baden und Graf Eberhard von Wirtemberg betreffend die Feste Hornberg (O.A. Calw) und den Thurm zu Altensteig auch Hugen von Berneck wegen.

Wir Bernhart von gots gnaden Marggraf zů Baden vnd wir erhart Graf zů Wirtemberg Bekennen vns vnd tůn kunt offenbar an disem f von sölicher spenn vnd zwayning wegen als hernach geschriben stat, So wir biß zů mit einander gehabt han, Daz wir derselben vnser spenn uff Sechs r fründ vnd Rete zů der mynů vnd zů der gütlichkeit komen vnd gegangen Mit namen uf die wolgebornen vnser lieb ohemen Graf fridrichen von henzolr genant swartzgraf Růbolffen von Hohemberg die selben zwen ain gemain man von vns barzů geben vnd gesetzt sind barzů uf den edeln Graf bolffen von sultz den eltern Růbolffen von Hohenstein Geryen von lwart Ritter vnd uf Reinharten von Remchingen, Dez wir vns die vor= nten bry Grafen zwen Ritter vnd ain kneht ouch an bisem brief erkennen, das vns von der obgenanten vnser beiber Herren wegen Derselben ir spenn zů gütlichkeit, angenomen haben vnd sin baruf alle Sechs by einander gewesen yle uf dem tag der ba waz an dem nehsten fritag vor Sant vlrichs tag In Jar als batum biß briefs geschriben stet Vnd haben die selben ir spenn vnd gerist vnd übertragen In aller mauß als hernachgeschriben stet. zů dem ersten t wir berett vnd sind überkomen von der vestin Hornbergs wegen vnd güter die barzů gehören darumb sy spennig wären das ain vierteil an der= t vestin Hornberg mit lüten vnd güten vnsers vorgenanten Herren von Wir= rg vnd siner erben voruff sin vnd beliben sol In der mauß als er baz vor= t hat vnd als es mit der pfantschaft des selben vierteils versetzt ist, So die n brů tail berselben vestin Hornberg mit lüten vnd mit güten mit wälb c vnd wayb vnd mit aller ir zůgehorbe sollend der vorgenanten vnser beiber n bez Marggrafen vnd bez von wirtemberg vnd ir erben glich halb vnd ge= sin vnd sol ieglich partye als vil rehts vnd tails baran han vnd habend sin ils vil als die anber offgenomen des vorgesagten viertails das vnserm Herren wirtemberg voruff beliben vnd werden sol als vorgesagt stot, Vnd wenn baz ye nu ober hernach das vnser vorgenanten Herren oder ir erben die vestin erg vnd die lüt vnd güter die barzu hören mit einander geteilten waz benn em Herren lüte baran zu tail werden die sollent vnd mügenb ein fryen zog

haben sich usser ainem tail In den andern ziehen vnd setzen vnd daz sol man
wol günden an Irrung dez andern Herren vnd siner amptlütte ane geuerde.
wunnen ouch die vorgenannten vnser Herren vnd ir erben krieg vnd slöss mit
ander, so sol dasselb sloss Hornberg vnd die lüt vnd güter die darzü hören
vnd schirm zwischen In han vnd das kain tail dem andern noch ir Helffer
ober der Irn noch nieman von iren wegen nit dar In griffen noch darum
gen sol In behain wise än alle geuerbe. Es sol ouch entweber tail derselben
Herren ober ir erben amptlüte biener noch die irn ober bem sy die selbe
verpfanten ober sus Je In geben usser der selben vestin noch dar In
selber noch behain der ir Jren behainen tail kein schaden noch zügriff
zü fügen in behain weg werez ouch sach das die vorgenante vestin Hornberg
ieman wer ber were besessen ober benötigt würde So sollend sie die einander
behüten vnd weren so bik das nöt beschehn getrülich an allgeuerbe. wer
das bie obgenant vestin Hornberg ben egenanten vnsern Herren ober ben
dieselben vestin verpfanten ober sus In geben hetten abgewunen ober bar
stigen würde von wiem das beschehe ober wie das keme Da süllen vnser
nante Herren zü stund zü tun das sy das erkobern vnd wider zü iren handen
gen vnd gewunen getrülich an allgeuerbe, Duch han wir gerett vnd sin über
von der vestin wegen bie da haisset der Turn by altenstaig
Daran vnser herre von wirtemberg zuspruch hette das es sin offen Hus
Denselben span hän wir also entschaiden das vnser vorgenanter Herr von
berg vnd sin erben von der selben ansprach gentzlichen sin sollen vnd dehain
sprach noch reht me daran haben vnd das derselb Turn mit aller siner
des vorgenanten vnsers Herren des Marggrafen vnd siner erben aigentlich
vnd sin sullen vnd die mügent da mit tün vnd lauffen nach Jrem liebsten
an Irrung vnd widerrede des vorgenannten vnseres Herren von wirtemberg
erben vnd siner Herschaft Duch sin wir überkommen vnd haben bereit
vorgenanten vnser beid Herren vnd ir erben von Hugen wegen von
fürbassmer gegen einander vnbekümmert vnd vnbelaben sin sollen vnd
sachen in keinen weg wider einander an niemen Doch sol vnser ieglichem
nannten Herren sine reht gen demselben Hugen von Bernek behalten sin ob
icht gen ir ieglichem verbunden ober verschriben hett vngeuarlich Vnd der
sagten vnser rihtung zu ainem warem vrkund haben wir obgenanter Grauf
von zolr Grauf Rüdolff von Hohemberg Grauf Rüdolff von Sultz Rüdol
Hohenstein Gerg von wellwart vnd Reinhard von Remchingen vnser ieglich
aigen Insigel gehenkt an bisen brief vnd wir die obgenanten Marggraf Be
vnd Graf Eberhart von wirtemberg erkennen vns by die ietzgenanten Seh
fründ vnd Rete zwischen vns gemacht vnd geschaiden haben als vorgesagt
wir das halten vnd daby bliben sollen vnd wellen für vns vnd vnser erb
widerrebe vnd an alle geuerbe. Vnd bez vnser baiber Insigel vor an zü
sicherhait zü ben Jren haissen henken an bisen brief Der geben ist zü wyl

Stat uf den obgenanten fritag vor sant Ulrichs tag Do man zalt von Crists ge=
urt vierzehenhundert Jare.

B. d. Orig. im St.=Archiv zu Stuttgart. — Mit 7 ziemlich gut erhaltenen Siegeln.
Das des Markgrafen fehlt.

801.

3. **September 1400.** o. O. Burkard von Ehingen „ab Entringen"
verträgt sich unter der Vermittlung und dem Siegel des Grafen
Rudolf von Hohenberg mit seinem Tochtermann Henslin von Gilt=
lingen in Betreff des Heirathsguts, das diesem seine † Gemahlin
beigebracht hat.

Ich Burkart von Ehingen ab Entringen vergih offenlich für mich vnd
min erben mit disem brief alz ich vor ziten Soffyen miner bohter ze ainem
igelt geben hett zů Henslin von Giltlingen irem elichen man. vier hundert
unt güter vnd genemer haller vnd ir darum ze pfand yngesetzt vnd yngeben hett
erczig malter roggen gelcz Herremberger meß vsser minem tail dez zehenden ze
schelbrunnen vnd alz nun dieselb min bohter vnd Bürkli ir baider kind laider
n todes wegen abgangen sind. Bekenn ich mich daz ich sidmäls mit minem lieben
veher Hansen von Giltlingen her Gumpolcz sáligen sun vnd mit Henslin
n Giltlingen sinem sun wilant minem bohterman von desselben zügelcz vnd erbs
egen so daz obgenant kind Bürkli sälig nach töb gelauffen hüt oberkomen bin also
z sie mir zwayhundert pfunt haller vnd zweinczig malter roggen gelcz baran hänb
ig vnd abgelauffen vnd daz ich vnd min erben jnen vnd iren erben an dem vorge=
riben zügelt vnd erb nun fürohin nit me geben süllen noch ze gebend gebunden denn
ayhundert pfund güter vnd genemer haller vnd darum hän ich jnen vnd iren erben
ains rehten redlichen pfandes wise ingeben vnd yngeseczt secz vnd versecz och jnen
t kraft biß briefs zwainczig malter roggen gelcz Herremberger meß vsser minem tail
z vorgeschriben zehenden ze Eschelbrunnen mit siner zügehörd mit sölicher beschai=
iheit daz die egenempten Hans von Giltlingen vnd Hensli fin sun vnd ir erben
vorgeschriben zwainczig malter roggen gelcz nun fürohin haben vnd niessen
b och iärlich vff sant Martis tag von dem obgenanten zehenden minem tail mit
er zügehörd ynniemen süllent än allez abschlahen vnd abniessen ymmer alz lang
b biß vff die zit daz si der vorgeschribner zwayer hundert pfunt güter vnd ge=
ner haller genczlich vnd gar än allen iren schaden gewerot vnd beczalt werdent
selben zwainczig malter roggen gelcz ich vnd min erben wol widerköffen süllen
b mügen doch ze rehten ziten in dem iär daz ist allwegent vff sant Martis tag
rczehen tag vor oder vierczehen tag danach vngeuarlich vnd wenn wir den wider=
f also tügin so sol denn ich oder min erben jnen oder iren erben die vorge=
riben zway hundert pfunt güter vnd genemer haller antwürten gen Entringen

in die vefty für all auht bänn krieg für allez verheften vnd verbieten vnd fie da
beczaln än allen iren fchaden vnd wenn daz befchiht fo föllent benn bie zwainczig
malter roggen gelcz lebig vnd löß fyn Ob aber ich ober min erben ben egenanten
zehenden oder kirchun vud kirchenfaczz verwehfolti verfaczzti oder verkoffti ez wär
über kurcz ober lang fo fol benn ich ober min erben ben obgenanten von Giltlingen
ober iren erben die vorgefchriben zwayhundert pfunt güter vnd genemer haller
geben off fant Gerien tag deffelben iärs vierczehen tag vor ober vierczehen tag
banach vngeuarlich vnd füllen fie ber beczaln ze Entringen in ber vefty än iren
fchaden vnd in aller wis alz vorgefchriben ift vngeuarlich vnd biefelben zway hun
bert pfünt haller füllent fie och benn von vns niennen vnd füllent benn damit bi
vorgefchriben zwainczig malter roggen gelcz Herremberger meß vffer minem tail
bez zehenden ze Efchelbrunnen mir vnd minen erben wiber lebig vnd löß fyn ga
vnd genczlich än alle irrung vnd hinbernüft ober ob ich ober min erben fie ri
biefelben zit ber vorgefchriben zwayer hundert pfunt haller nit beczalti an be
ftetten vnd jn ber wis alz vorgefchriben ift fo fol ich ober min erben fie ober u
erben wifen zwainczig malter roggen gelcz Herremberger meß in anbrú ftuck ra
gůt baran fie habent figind in ber egenanten zit än all geuerd. Ez fol och ü
vnd min erben ben egenanten Hanfen von Giltlingen vnd Henflin von Giltlinga
vnd iren erben die vorgefchriben zwainczig malter roggen gelcz Herremberger ro
all die wil vnd wir bie nit aberkoft haben mit zwaynhundert pfunden hallern i
ben ziten vnd in ber wis alz vorgefchriben ift verftůn, verfprechen vnd vertga
vffer bem egenanten zehenden ze Efchelbrunnen minen tail gegen allermenglida
wenn ober wie bir fie bez nötbürftig wärin ober wurbin baz fie bar an habe
figend nach bem rehten vngeuarlichen vnd hän och baczü gelopt vnd verfproda
für mich vnd min erben für Annun von Velberg min elich huffrow für Ja
coben von Velberg minem fwager vnd für Abelhaiten von Velberg m
gefwyen vnd mit namen für alle die von minen wegen baczü gehaft finb da
by bifer täbing vnd verainung beliben fol vnd baz fie noch nieman anbers r
önfren wegen an bie obgenanten von Giltlingen noch ir erben von bez obgena
zügelcz vnb erbs wegen kain anfprach nimmerme gehaben füllen mit geriht u
än geriht noch fuß in dehainen weg dann in ber wis alz birr brief wifet än
geuerd Vnd biß allez hän ich obgenanter Burkart von Ehingen gelopt by gr
trumen für mich vnd all min erben wär vnd ftät ze haltent nach biß brief;
än all geuerd. Vnd bez allez ze offem vnd wärem vrkúnt hän ich min a
jnfigel offenlich gehenkt heran. baczu vergih ich Hug von Ehingen bez ie
nanten Burkarcz brüder baz bifú rihtung vnd verainung alz vorgefchriben
mit minem wiffent gunft vnd güten willen volgangen vnd gefchehen ift vnd
och ich noch min erben wiber biß rihtung noch verainung nit tůn fol noch
mit geriht noch än geriht noch fuß in behainen weg iecz noch hienach än all ge
bez ze ficherhait fo hän ich min aigen jnfigel och offenlich gehenkt heran. D
ich vorgenanter Burkart von Ehingen ernftlich hän gebetten ben ebeln woulerbor

ninen gnebigen herren Gräf Rudolffen von Hohemberg der biß sach also
berett vnd vertädingot hat daz er sin jnsigel ze zuknüst aller vorgeschriben bing
m doch än schaden von miner ernstlicher gebett wegen och offenlich hät gehenkt
m bisen brief der Geben ist an dez hailigen crütz aubend am herpst dez jars bo
nan zalt von Cristi Geburt Vierczehenhundert jare etc.

B. d. Orig. im Landesarchio zu Karlsruhe.

802.

3. November **1400**. o. O. Graf Rudolf von Hohenberg, Hauptmann
dieser Herrschaft, schlichtet die Streitigkeiten zwischen dem Chorherrnstift zu Ehingen und Peter Fürst, einem Burger zu Rotenburg, die Bannkeltern des ersteren betreffend.

Wir graf Rudolf von Hohemberg Hoptmann der Herrschaft daselbs
erienhen offenlich mit bisem brief von der stöß wegen, so die Corherren von
Ehingen an einem tail vnd Peter Fürst burger ze Rotemburg an dem an-
ern tail mit enander hetten von truggens wegen etlicher wingarten an der negger-
alben gelegen, vnd dieselben Corherren sprachen die wingarten sollen gedrukt
werden in ir kelter vnd wer och von alter her also gehalten vnd wolten och den
lben Peter Fürst mit gaistlichem gericht angegriffen (sic!), vnd Peter Fürst sprach
: sölt fahrn war er wolt, bas wir die selben stöß vnd missehellung mit baider
il wissent nibergeleit entschaiden vnd vericht also, daß derrselb Peter Fürst mit
len sinen wingarten an der neggerhalben gelegen, si sigen vnder dem velsen
er ob dem velsen gelegen sol fürohin fahren ze druken in der obgenanten cor-
rren kelter, vnd boselbost sin brester druken, vnd sint bis die wingarten mit
amen: der erst ist gelegen vnder velsen, ben man nempt Wullimans wingarten,
sset ainhalb an Hanßen des zieglersberg, vnd anderthalb an Contzlin bön.
r ander wingarten ben man nempt des Zieglers wingarten, der stosset ainhalb
: bentzlins wingarten vnd anderthalb an sin aigen. Item der britt wingart, ben
m nempt des Wulln wingarten stosset ainhalb an sin aigen vnd anderthalb
. Bentzen Wädelin vnd Bentzen Ziegler. Item Peter Fürsten wingarten
t enander, bie da strichent uf bem velsen hin, die er nempt sin aigen wingarten.
b def alles ze offnem vnd warem vrkund so haben wir obgenanter graf Rudolf
n Hohemberg vnser aigen Jnsigel gehenkt an bisen brief, der geben ist an dem
ßsten fritag vor sant Martins tag des jars bo man zalt von Cristi geburt vier-
en hundert iar.

B. der Abschrift im lib. cop. des Stifts Ehingen im St.-Archiv zu Stuttgart.

803.

16. Dezember 1400. Kenzingen. Herzog Leupolt von Oestreich belehnt den Marquard von Ow mit dem Laienzehnten und eine[m]
Gut zu Rangendingen, einem Theil an der Burg Stauffenbe[rg]
(beide im k. pr. O.A. Hechingen), dem Fischwasser der Sta[rzel]
von Bietenhausen (O.A. Haigerloch) bis Bieringen (O.A. Ho[r]
und Leibeigenen zu Hirrlingen (O.A. Rotenburg).

Wir Leupolt von gottes gnaden herzog ze Osterrich, ze Steyr[.]
Kernten vnd ze Krain, graue ze Tyrol etc. tun kunt, das für vn[s]
vnser lieber getrewer Marquart von Ow vnd bat, das wir im die nach
schrieben lehen geruhten ze verlehhen, des ersten den layenzehenten ze Rau[n]
bingen in dem dorf an stat unb in namen der erbern Anna von Stain, [se]
muoter, item weylunt Marquart von Ow tayl an der burg Stauffenb[er]
item das guet halbes, das er gekauft hat von dem Stolkher ze Rau[n]
bingen, item die vischenz an der Starzel von dem stege zu Bietenha[u]
vnz an das wer ze Bieringen vnd auch was leute komen ist zu Hürni[ngen]
von weylund des Withopffens wirtinen des wirts ze Hürningen, im [se]
vnd auch anstat seiner brüeder, wann die ir lehen von vns vnd sie anerb[e]
weren, das haben wir getan vnd haben dem vorgenannten Marquart[en]
Ow die vorgeschriebenen lehen und gueter, anstat vnd in namen der ehegen[anten]
seiner muoter vnd seiner brüeder als ainen lehentrager vnd auch im selb[er]
lihen vnd liehenn auch wissentlich was wir in ze recht daran lehhen sulen
mügen, also das sie die vorgenannten lehen vnd güeter mit aller zugehörun[g]
all ir erben von vns vnsern brüedern vnd erben in lehensweis inhaben vnd n[utzen]
sollen als lehens vnd lands recht ist, doch das si vns davon getrew vnd geh[orsam]
sein als lehensleut iren lehenherrn billig tun sullen vnd gebunden seint on g[e]
Mit vrkund dis briefs, geben ze Kenzingen an bonerstag nach sanct Lu[cien]
tag, nach Christus geburte in dem vierzehundertisten iare.

Abdruck in „Bewährte Gerechtsame der Herren Grafen von Attems 2c". Beila[ge]

804.

11. Januar 1401. o. O. Graf Rudolf von Hohenberg, Hauptm[ann]
dieser Herrschaft, belehnt im Namen des Herzogs Leupolt [von]
Oestreich das Spital zu Eßlingen mit zwei Rädern der Wolfe[n]
Mühle daselbst.

Wir Grauff Rudolf von Hochenberg von vnsers Herren von O[est]
rich Enpfelhendes wegen by den ziten Höptmann in der Herr[schaft]

e Hochenberg vergehen offenlich mit disem Brieff vnd tun kunt allermenglich
daz wir in namen vnd an stat dez durchluchtigen hochgebornen fürsten Herzog
Leupolts zu Osterrich etc. vnsers gnedigen Herren, dem Spital zu Sant Katherinen ze Esslingen verlihen haben vnd lihen och mit disem brieff die zway Mül-
eber an der Mülin daselbs ze Esslingen die man nempt Molfentenmulin mit
Iren Zugehörde, alz daz selb Spital die von vnsern Vettern von Hochenberg seligen ze lehen gehabt hat vnd nu fürbaz mer von vnser Herrschaft
zu Osterrich lehen sind Waz wir im durch recht daran lihen sullen oder mugen
die inn ze haben zu nutzen vnd ze niessen nach lehensrecht Vnd haben och demselben Spital zu ainem getrüwen trager dar über gegeben den erbern man Hainrich Kurtzen von Esslingen daz er sin getrwwer trager sin sol vnd da von tün
vaz ain lehenman in tragers wise sinem lehenherren billich tun sol Mit vrkund
ditz brieffs versigelt mit vnserm anhangendem Insigel der geben ist an Sant Ang-
nesen tag do man zalt von Crists geburt vierzehen hundert Jar vnd dar nach in
dem ersten Jar.

V. d. Orig. im Spital-Archiv der ehemal. Reichsstadt Eßlingen. — Das Siegel
fehlt, der Pergamentstreifen ist da.

805.

5. Auguſt 1401. o. O. Volkart von Ow von Zimmern verzichtet
unter dem Siegel des Grafen Rudolf von Hohenberg, Hauptmann
dieser Herrschaft, auf seine Rechte an einen Hof zu Altingen (O.A.
Herrenberg), welchen er an das Kloster Bebenhausen verkauft hatte.

Ich Volkart von Ow von Zimmern vergih offenlich für mich vnd all
min erben mit disem brief alz ich vor ziten minen herren von Bebenhusen ze
koffent geben hän minen hof ze Altingen den man nempt dez Altingers hof
der miner basun säligen gewesen ist, alz der köfbrief den sie von mir darum händ
allez aigenlich wiset vnd alz ich jnen vnczher gesperrt hän ain wis gelegen ze Altingen vor dem hard ze Bonlanden der ain groß manmat ist vnd ainhalb stößet
off dez Haymen wisun die och miner herren von Bebenhusen aigen ist vnd anberthalb vff Conrat Klunczen wisun dieselben wis iecz Dietrich Brömler hät
darusz öch gänd funfczehen schilling haller iärlichs gelcz .. Bekenn ich mich daz
ich den obgenanten minen herren von Bebenhusen vnd irem goßhus die vorgenanten wis vnd die vorgeschrieben fünfzehen schilling haller iärlichs gelcz so darus gänd
entschlagen hän genczlich vnd gar alliu minú reht entschlah och inen die wissenclich
mit rehter wißent vnd mit kraft dis briefz Also daz ich noch kain min erb die
obgenanten min herren von Bebenhusen noch ir goczhuf noch ir nachkomen an der
selbun wis vnd an den fünfczehen schillingen hallern iärlichs gelcz so darus gänd
nimmer me weder sumen noch irren süllen noch wellen mit geriht noch än geriht

noch sufz in kain weg wan sie in den obgenanten hof vnd höf gehörent, dez ze
warem vnd offem vrkünd hän ich obgenanter Volkart von Ow min aigen insigel
für mich vnd min erben offenlich gehenkt heran daczü hün ich gebetten den wolerbornen minen gnedigen herren graf Rüdolffen von Hohemberg hoptman
daselbs daz er sin jnsigel ze ziuknüst dirr ding jm selber doch än schaden von
miner ernstlicher gebett wegen och offenlich hät gehenkt an disen brief der geben
ist an sant Oswalds tag dez jares bo man zalt von Cristi gebürt vierzehenhundert
jar danach jn dem ersten jar.

B. b. Orig. im Landesarchiv zu Karlsruhe. — Siegel: 1) Wie an der Urkunde
v. 1400. — 2) Rund, klein, schlechtgeprägt, im dreieckigen quergetheilten Schilde der
Löwe in der obern Theilung kaum zu erkennen. Beide Siegel in gelblichem Wachs, an
Pergamentstreifen.

806.

23. August **1401.** o. O. Graf Hugo von Hohenberg, Convent=Bruder
des Johanniter=Hauses zu Dätzingen (O.A. Böblingen), siegelt, als
Werner von Döffingen (in demselben O.A.) eine Gült an Hug
von Gechingen (O.A. Calw) verkauft.

Ich oten wernher von töffingen vergih offenlich an disem brief für mich
vnd all min erben vnd tün kunt allen den die disen brief ansenhent hörent oder
lesent, daz ich reht vnd reblich mit gütem müt ze koffenn han geben ains rehten
köf ain malter roken ewigs geltz hugen von gechingen vnd allen sinen erben
daz selb malter roken geltz han ich sie bewiset off minni güter biu hie nach beschriben stät zü dem erften off ain agger dez sint iiij. morgen der ist geleggen ze
hohenberg an der schulthaisin agger vnd off ain gaben in der kirchen neben der
rumels gaben vnd off ain wissun stost oben an die etzwisun, daz selb malter roken
geltz sol ich vnd min erben dem egenanten hugen von gechingen vnd sinen erben
all weg entwürten vnd geben off sant Martis tag aht tag vor oder aht nach vng-
farlich vnd ob ich oder min erben des nit enteten off die egenant zil, So hat der
egenant hug von gechingen vnd sin hussfrö vnd ier erben gewalt vnd reht off die
güter ze klagen nach ierlichem zins vnd nach dez dorfs reht vnd wie der egenant
hug vnd sin erben dar zü tünt, daz in ier egenant korngelt bezalt werd, dar zü
hant sie alweg reht der egenant oten wernher vnd sin erben vnreht, dar an sol
ben egenanten Hugen von gechingen vnd sin erben nieman hindren weder mit weltlichem geriht oder mit gaistlichem oder mit allen dem daz im schaden muig bringe
Bi disem kof sint gewesen aberlin von husen vnd siferlin büchan, bed rihter
zü toeffingen mit den alliu dink besetzt sint alz hie vor beschriben stät, vnd ze
ainer merun sicherhait dir vor beschriben ding, so hän wir gebetten von beden sitten
ben Wolerbornen edlen herren vnd grafen Graf Hugen von Hohenberg Con

ntbrüder bes hus zů bethingen (sic!), baz er fin aigen infigel hat gehenket
bifen brief, vnber bem wier alliu bing veriehent war vnb ftet ze hät, als hie
r gefchriben ftät, Der geben wart bes Jars bo man zalt von gottes gebúrt vier=
henhunbert Jar vnb in bem erften iar In vigilia Bartholomei appoftohli etc. etc.

B. b. Orig. im St.-Archiv zu Stuttgart. — Kl. runbes Siegel mit bem Hohen=
rger Schilb unb ber Umfchrift: S. Fra. Hugonis comitis de Hohebg.

807.

September 1401. o. O.   Graf Rubolf von Sulz ber ältere, von
welchem bie Pfanbfchaft Kallenberg, Nufplingen unb Obernheim
auf feinen Schwager Truchfeßen Hans von Walbburg überge=
gangen, verträgt fich mit biefem in Betreff ber Mühle zu N.

Ich Gräff Růbolff von Sulz ber elter Bergih offenlich mit bifem brieff,
z min lieber fchwäger her hans Truchfäzz ze Waltpurg bie pfantfchafft zů
ten hanben genomen hant, bie ich von miner gnäbigen herrfchafft ze Oftenrich
ngehept hän, baz ift kallenberg bie vefty vnb Nufplingen vnb Obern=
in mit finer Zügehörb: Vnb alz ba ze Nufplingen ain Múly gelegen ift,
mir ftant vnb gehört hant In bie pfantfchafft gen Meffingen, gen beffen=
rff, gen bochingen vnb gen Obernborff baz borff. Da aber ich mit minem
rgenanten fchwäger hern hanfen Truchffäzzen ze waltpurg In ain komen
, baz bie felb Múly ze Nufplingen öch in bie pfantfchafft gehören fol gen
llenberg, gen Nufplingen vnb gen Obernhain, Doch alfo baz ber Sum
pfantfchafft nit mer fin fol ze kallenberg, ze Nufplingen vnb ze Obern=
in mit Jr zügehörb, benn alz baz yetzo ift vnb öch bie phantfchafft brieff baz
fent. Darumb vergich ich vorgenanter Gräff Růbolff von fulz ber elter
t bifem brieff für mich vnb min erben, baz ich noch min erben kain anfpräch
ch vorbrung nit hän füllen noch mügen noch fürbaz gewinnen Inkainen weg zů
vorgenanten Múly ze Nufplingen. Doch alfo mir vnb minen erben an
ner höptfchulb vnfchäblich, barumb ich brief hän von miner gnäbiger herrfchafft
Oftenrich von ber pfantfchafft wegen Meffingen, Böffenborff, Bochin=
n vnb Obernborff baz borff, ba bie vorgenant Múly ze Nufplingen vor=
ilz Ingehürt hant. Dez allez ze offem vrkúnb fo hän ich vorgenanter Graff
úbolff von Sulz ber elter Min aigen Infigel offenlich gehenkt an bifen
ieff, Der geben ift am nähften frytag nach vnfer fröwentag ze herbft alz fy ge=
rn warb, Näch Crifti gebúrt vierzehenhunbert Jär vnb bärnach In bem erften
ire etc.

B. b. Orig. im St.-Archiv zu Stuttgart. — Mit bem ziemlich gut erhaltenen
iegel bes Ausftellers.

808.

14. September 1401. Insbruck. Herzog Leupolt von Oestreich verpfändet für **1745** rh. Gulden dem Truchseßen Hans von Walpur[g]
Burg und Herrschaft Kallenberg, die vordem von Graf Rudol[f]
von Hohenberg an Graf Rudolf von Sulz verpfändet worden war.

Wir Leupolt von gots gnaden Hertzog ze Osterreich, ze Steyr, [K]
kernden vnd ze krain Graf ze Tyrol etc. Tůn kunt für ŏns vnsere Brüde[r]
vnd erben Als weilent vnser lieber Ŏheim Graf Růdolf von Hohemberg de[n]
ebeln vnserm lieben getrewen Graf Růdolfen von Sultz vor zeiten für New[n]
hundert vnd fünf vnd viertzig gulbein verphendet hat vnser vesten vnd den Se[tz]
kallemberg an der Tůnaw mit aller zugehörung nach begreiffung des bri[efs]
do er Jm darumb hat geben vnd bartzu vnser lieber vetter Hertzog Albre[cht]
seliger gebechtnusse seinen willen vnd gunst hat verhenget vnd auch Jm [zc]
seinem brief barnach vf den egenanten Satz geslagen hat acht hundert gulben [zc]
Jm für seinen binst geuiellen fünf hundert vnd bie vbrigen drew hundert v[f tc]
vorgenanten vesten ze verpawen vnd benselben Satz vnd die phantschaft ber [el]
vnser lieber getrewer Hanns ber brugsess von waltpurg vmb bie vorgena[nt]
Summ gelts an sich erlediget vnd erloset hat mit vnserm willen vnd gunst v[on]
bem vorgenanten Graf Růdolfen von Sultz vnd vntz auch all brief So b[e]
selb Graf Rudolf von Sultz hett von dem egenanten vnserm vettern Hertz[og]
Albrechten vnd Graf Růdolfen von Hohemberg barumb zu vnsern hand[en]
herus geantwurt sind, vnd wan aber bieselben brief imc vnnütz vnd kraftlos [sin]
barumb haben wir dem egenanten brugsessen vnd seinen erben bieselben ve[ste]
kallemberg ben hof Grindelbuch Nufplingen bas Stettlin Obernhe[im]
bormatingen vnd Erlheim die börffer vnd prunnhopten ben hof mit a[ll]
zugehörungen nichts vsgenomen als bas ber egenant Gräf Rudolf Jnne geh[abt]
hat vnd besunberlich mit der Mulin ze nufplingen bie in bie selben phant[schaft]
gehöret vnd die ber vorgenant Graf Rudolf von Sultz in ben Satz Mei[n]
gen het getzogen bärumb Sy aber ze baibersitt in solicher maß vberain k[omen]
sind baz bie by bemselben Satz kallemberg beleiben sol vnd barin gehören [i]
bie egenante Summ der Sibentzehen hundert vnd fünf vnd viertzig Reinischer [g]
bem versetzt vnd verschriben versetzen vnd verschriben auch wissentlich in soli[ch]
masse baz Sy bie in ains rechten werenden phants wis an abslag ber nütz J[m]
haben vnd niessen sullen als lang vntz baz wir vnser pruber vnd erben benfel[ben]
Satz von Jn mit dem obgenanten gelt erlebigen vnd erlösen vnd berselben loi[s]
Sy vns auch Stat tůn sullen vnd ber gehorsam sein an all wiber Reb vnd [zc]
ziehen wenn wir bes begern Sy sullen auch benselben Satz vnwüstlich Jnne ha[ben]
vnd sich der gewondlichen Zins vnd gült von ben lüten berselben güter als [zc]
von alter Herkomen ist benügen lassen vnd bie nicht weiter bringen noch befw[eren]

in bhain weis bartzu fullen Sy vns auch mit ber vorgenanten veften gehorſam vnb gewertig ſein vnb vns bie offen haben zu allen vnſern notbürften wiber aller meinklich niemanb vſgenomen als oft vns bes bürft beſchicht boch an iren merklichen ſchaben, Mit vrkunt bitz briefs. Geben ze Inſbrugg an bes Heyligen kreutz tag Exaltationis. Nach krifts gepurbe viertzehenhunbert Jar vnb in bem erften Jare.

B. b. Orig. im St.-Archiv zu Stuttgart. — Mit bem gut erhaltenen Siegel bes Auffteßers.

809.

23. Dezember **1401.** Rotenburg. Heinrich Entringer, Kirch-Rektor zu Oeſchelbronn, gibt vor bem öffentlichen Notar zu Rötenburg, bem Grafen Rubolf von Hohenberg unb anbern Zeugen bie Kirche in O. mit allen Rechten unb Einkünften an bas Kl. Bebenhauſen.

In nomine domini Amen per hoc presens instrumentum cunctis ipsum intuentibus pateat euidenter quod anno a natiuitate domini millessimo quadringentesimo primo jndictione nona pontificatus sanctissimi in Christo patris ac domini nostri domini Bonifacij pape noni anno sui regiminis tredecimo die veneris que fuit vicesima tertia mensis decembris hora nonarum uel quasi in oppido Rôtemburg prope Neckarum in conuentu fratrum ordinis gloriose virginis Marie de monte Carmelj in stuba minori conuentus eiusdem constanciensis diocesis in mei notarii publici testiumque subscriptorum presencia personaliter constitutus diseretus vir Heinricus Entringer rector parochialis ecclesie in Eschelbrun dicte constanciensis diocesis, et recognouit quod non vi nec fraude metu seu dolo conuictus nec circumuentus, sed sua mera liberalitate et legalitate rectoriam seu ecclesiam predictam in Eschelbrun in manus religiosorum virorum abbatis et conuentus monasterii in Bebenhusen ordinis cisterciensis constanciensis diocesis resignare et cedere vellet cum omnibus juribus actionibusque vniuersis, nec non fructibus redditibus ac prouentibus prouenientibus ex eadem vnacum litteris suis presentatione et inuestitura ac aliis quibuscunque i quas alias herent, si et postquam ipsa ecclesia predictis abbati et conuentui a sede apostolica vniretur incorporaretur et annexaretur et quod ipsam ecclesiam si sibi per ipsum dominum abbatem pro tempore existenem prouideretur de eodem tytulo vicariatus animo regere vellet, quodque i subscriptis nomine prebende contentari vellet, que etiam subscripta dominus abbas sibi suis temporibus tradere et assignare promisit et primo ecimam minutam infra scepta cum sacrificio oblationum, et decimam feni rimi et secundi censum fundorum quinque amas vini puri, sedecim maltra

syliginis sedecim maltra auene sedecim maltra speltarum mensurae ibidem
vnum maltrum syligenis pro subsidio episcopali vnum maltrum pisorum
tria jugera agrorum de quolibet anno vnum. Et ut predicta omnia et singula rata et firma grata et valida in futuro permanerent et persisterent,
promisit ipse dominus Heinricus in manus honorabilis viri domini Conradi
Stahler rectoris parochialis ecclesie in Rŏtenburg dicte diocesis,
nec non michi notario publico stipulanti et recipienti vice et nomine omnium
et singulorum quorum interest ratum et gratum ac firmum tenere omnia
et singula premissa sub penā obligatione et ypocketa omnium bonorum suorum presencium et futurorum, nec contra premissa venire uel aliquae premissorum per se uel submissam personam, nec contrauenientibus uel venire
volentibus in aliquo consentire auxilio consilio uel fauore publice uel occulte
directe uel indirecte Super quibus omnibus et singulis predictis dominus
Conradus Stahler procurator et procuratorio nomine dictorum abbatum et
conuentus monasterii in Bebenhusen de cuius procuracionis mandato michi
notario publico debite erat fides facta, et dominus Heinricus Entringer me
notarium publicum subscriptum requisiuerit et rogauerit ut eis de premissis
unum et plura confitemur instrumentum et instrumenta Acta sunt hec Anno
jndictione pontificatu mense die hora et loco quibus supra. Presentibus
venerabilibus et discretis viris dominis generoso domino Rûdolfo comit.
de Hohemberg Siglino preposito ecclesie collegiate in Ehingen
prope Rŏtemburg Albercho plebano in Boltringen decano de
canatus in Tuwingen Volrico Maiger de Waszneck canonie
constantiensi Elphone Truhssæs armigero Bertholdo Herter
Engelfrido seniori Johanne Menloch rectore scolarum in Rotemburg Cûnczlino Hirt Nicolao Kessler schulteto in Bondorf
clericis et laycis dicte diocesis constantiensis testibus ad premissa vocat.
habitis et rogatis.

810.

23. Dezember 1401. Rotenburg. Burkard und Hugo von Ehingen, Gebrüder, übergeben vor dem öffentlichen Notar zu Rotenburg, dem Grafen Rudolf von Hohenberg und anderen Zeugen dem Kl. Bebenhausen, beziehungsweise dessen Prokurator und Syndikus, Konrad Stahler, Kirch-Rektor zu Rotenburg, einen Hof zu Unter-Oeschelbronn, mit welchem das Kirchen-Patronat daselbst und zu Ober-Oeschelbronn verbunden war.

In nomine domini amen. Per hoc presens publicum instrumentum unctis ipsum intuentibus pateat euidenter quod anno a natiuitate eiusdem iillesimo quadringentesimo primo indictione nona pontificatus sanctissimi ı Christo patris et domini nostri domini Bonifacij digna dei prouidentia ape nonj anno sui regiminis tredecimo die veneris que fuit vicesima tertia iensis decembris hora sexta uel quasi in opido Rotemburg prope Neca- um in conuentu ordinis beate Marie de Monte Carmelj in stuba minori onuentus eiusdem constantiensis diocesis in mei notarii publicj testiumque ıbscriptorum presencie personaliter constituti, discreti viri Burkardus et ıugo de Ehingen fratres carnales armigeri layci dicte diocesis constan- ensis per graciam Jhesu Christi corpore sanj et mente saniores et ut sserebant diligenti et matura deliberacione prehabita in cuiuslibet pru- entis animi merito existente superueniente quod nichil est certius morte , incertius hora mortis ea propter omnibus melioribus via modo jure causa forma quibus melius potuerunt et possunt et quilibet eorum in solidum niunctim et diuisim pro animabus suis parentumque suorum et in remis- onem peccaminum pure libere et inreuocabiliter pro se et suis heredibus nauerunt et tradiderunt et per presentes dant et tradunt proprio et per- tuo jure curiam in villa Eschelbrunnen prope Herrenberg situatam dicte ocesis cum aduocacia et jure patronatus ecclesie parochialis ibidem cum lia sua in superiori villa Eschelbrunen sita et omnibus dependen- ius et annexis ac fructibus redditibus prouentibus juribus et obuentioni- s vniuersis, nec non jurisdictionem temporalem ibidem ac omnes census nsistentes in denarijs hallensibus, pullis gallinis ouis nec non frumento plaudo siliginis speltarum et auene ac annone cum omnibus agris cultis non cultis pratis silwis et nemoribus colonis et ascripticijs seu propriis minibus ac omnibus alijs que ipsi Burkardus et Hugo hactenus usque in esentem diem habuerunt et possiderunt demptis et exceptis duabus curijs e hubis quas pro nunc colunt Hainricus Wisz et dictus Brusch cum s pertinentiis in manus honorabilis et discreti viri domini Conradi a hler rectoris ecclesie parochialis in Rotemburg diocesis sepe-

dicte procuratoris et syndici religiosorum in Christo virorum dominoru
abbatis et conuentus monasterii in Bebenhusen ordinis cisterciensis co
stanciensis diocesis ad hunc presentem actum specialiter constituti de cu
procuracionis et syndicacionis mandato facta erat plena fides ad habend
tenendum et gubernandum ipsam ecclesiam ac omnia bona et jura predic
ad libitum et voluntatem seu disposicionem abbatis et conuentus predic
rum dantes ipsi procuratoris nomine abbatis et conuentus ut prefertur B
ram licenciam per annuli sui tradicionem et subarracionem in signum p
petue donacionis et tradicionis possessionem corporalem et realem pa
riam vacuam et expeditam auctoritate propria intrandi apprehend
nanciscendi Promittentes malum dolum abesse nunc et in futurum tran
rentesque nichilominus omne jus proprietatis et dominij, omnesque ac
nes reales et personales ad ipsos eorum predecessorum et heredes occasi
predictorum spectantes et pertinentes eciam vtiles et directas in abba
conuentum et monasterium predictos feceruntque et faciunt ipsum Conra
Stahler procuratorem predictum nomine quo supra dictum bonorum su
dictorum donatorum et traditorum eciam si ipsa donacio excessit sum
valorem quingentorum florenorum aureorum quam donacionem eciam v
bant habere vim et virtutem plurimam plenariam donacionum Promitte
pro se suisque heredibus et successoribus predictam donacionem non re
care causa ingratitudinis uel liberorum superueniencium aut quacu
alia seu aliquo ingenio publice uel occulte directe uel indirecte per se
per alium seu alios de jure uel de facto in vita uel in morte nec con
uenientibus uel venire volentibus in aliquo consentire seu aliquid ab s
stolica sede imperatore uel rege aut inferiori persona impetrare nec d
nere uel ab alijs impetratis vti, sed ipsam donacionem ratam grata
firmam perpetuis temporibus tenere et habere Renunciantibus in hijs e
juris auxilio canonici uel ciuilis ipsis uel eorum heredibus contra pres
in aliquo suffraganti quam donacionem siue tradicionem predictus dom
Conradus Stahler procurator seu syndicus nomine quo supra ratam et
mam animo grato suscepit et tenuit et ipsam sua voluntate per ac
receptionem et consensum nomine suorum dominorum abbatis et conue
predictorum ratificauit approbauit et confirmauit iuxta mandatum sib
hoc specialiter deputatum Promittebantque ipsi Burkardus et Hugo fr
donatores sepedicti per fidei sue donacionem quam in manus meas re
stipulandum vice ac nomine Conradi Stahler procuratoris quo supr
abbatis et conuentus monasterii in Bebenhusen et suorum successorum
non omnium et singulorum quorum interest uel interesse poterit quom
libet in futurum et omnia singula premissa rata grata et firma tenere et ha
superius specificata sub pena et obligacione omnium bonorum suorum
sencium et futurorum ac expensarum factarum et faciendarum occas

redictorum et nichilominus ut ipsa donacio in suo robore et vigore per-
etue stabilitatis futuris temporibus perseueret idcirco predicti Burkardus
t Hugo fratres donatores principales pro se et suis heredibus nec non
onradus Stahler procurator et syndicus abbatis et conuentus monasterii in
ebenhusen ordinis et diocesis quibus supra nomine suorum dominorum ac
orum successorum me notarium publicum subscriptum rogauerunt et requi-
iuerunt vt sibi de premissis vnum et plura confitemur instrumentum et
istrumenta in meliori forma iuxta consilia juris peritorum. Acta sunt hec
nno jndictione mense die hora pontificatu et loco quibus supra Presenti-
us venerabilibus et discretis viris dominis generoso Rûdolfo comite de
Iohenberg Siglino preposito ecclesie collegiate sancti Mau-
itij in Ehingen prope Rôtemburg Alberhto plebano in Bol-
ringen decano decanatus in Tiuwingen Vlricho Maiger de
Vasinegck canonico Constanciensi Elphone Truhsæssz armi-
ero Berhtoldo Herter Engelfrido seniori Johanne Menloch
ectore scolarum ibidem Cunczlino Hirt Nicolao Kesszler schul-
eto in Bondorff clericis et laycis dicte constanciensis diocesis testibus
d premissa vocatis specialiter habitis et rogatis.

B. b. Orig. im Landesarchiv zu Karlsruhe.

<hr>

811.

4. November 1402. o. O. Graf Rudolf von Hohenberg, Hauptmann
dieser Herrschaft, bezeugt, daß, als er mit Rittern und Knechten
gegen die von Appenzell gezogen, ihn der Amptmann Buck ausge-
rüstet habe mit zwei Wagen, einem Karren und anderem Zeug,
auch die „Gesellen“ an dem Sammlungsplatze verzehrten **21** Pfd.
Heller, **13** Schilling und **12** Gulden nebst **4** Eimer Wein.

Ich Grauff Rûdolff von Hohemberg. Houptman miner gneabi-
en Herschafft von Osterrich. In der Herschafft ze Hohemberg. Tûn
int mit bisem brief. von des zugs wegen als ich zu minem Ôhaim Hansen
on Luphin zoch. mit was ich off bringen mocht von Ritter vnd von knechten.
ib mit Jm zoch off die von Appozell. Dar zů Rust mich der Amptman
ans Buk off mit zwain wegenn vnd mit ainem karren vnd mit anderm zûg
ib och daz die gesellen verzarten. (sic!) bo si sich samlaten vnd och von bannan
itten. baz kostat an ains zwaintzig phunt vnd britzehen schilling Haller vnd zwölf
ilbin vnd vier amen winß. vnd zů orkûnt der warhait So han ich min Jnsigel
ebrukcht off bisen brief ber geben ist an bem nachsten zinstag nach Sant Martins
g Anno m°. quabringentesimo secundo.

B. b. Orig. auf Papier im St.-Archiv zu Stuttgart. — Das aufgedruckte Siegel fehlt.

<hr>

812.

24. November 1402. o. O. Berthold Holdschaft bekennt, daß Konrad
Stahler, der Kirchherr zu Rotenburg und das Schuhmacher-Hand-
werk daselbst ihm auf Bitte des Grafen Rudolf von Hohenberg,
Hauptmann, und dessen Gemahlin Margaretha von Thierstein, die
Pfründ zum h. Kreuz zu R. vor dem Sülcher Thor unter ge-
wissen Bedingungen geliehen haben.

Ich Berchtold Holdschaft verjehe ofentlich mit diesem Brieff als der ehr-
würbig Herr Konrad Stahler Kirchherr zue Rottenburg und das Hand-
werck der Schuemacher daselbst, durch sonbere Förderung und Bit willen des Wolgebornen meines gnädigen Herren Graff Rudolphs von Hohenberg, Hauptmann der Herrschaft daselbst, und meiner gnädigen Frauen Frau Margarethe von Dierstein sein eheliches Gemahl, mier gelihen hant den Altar
und die Pfrund zum heyl. Kreuz zue Rottenburg vor dem Silcher Thor gelegen, derselbe Altar uff diese Zeit nit mehr hat dan sex Pfund Heller und ie
und zwanzig viertel Roggen Gilts bekenn ich mich, wen das were, das ich nit
mehr uff demselben Altar oder Pfrund wolte oder möchte pleiben: das ich da
bann sie lebenlich uffgeben und darvon stehen soll, und Niemand die-verleihen
verwexlen, noch verdingen, noch in keine weeg verenbern, bann mit des obgenanten Kirchherren oder seiner Nachkhomen, und des Handwerckhs der Schuemacher
zue Rottenburg Wissen, Gunst und willen des zu wahren und offnen Urkund haber obgenant mein gnädiger Herr Graff sein Insigill Jme doch ohne Schaden vor
meinem Gebett wegen offentlich gehenckt an diesen Brieff. der geben ist an S.
Katharinä Abend des Jahrs da man zahlt von Christi Geburth Vierzehenhundert
barnach im andern Jahr. [1]

Aus Gärt a. a. O. II. S. 48.

[1] Gärt, S. 267. Im Jahre 1402 an S. Katherinens Abend hat Kaplan Berchtold Holdschaft zugedachter heil. Kreutzkirchen einen Revers gegen seine gnädigste Herrschaft in Hohenberg
ausgestellet, daß in Hinkunft und zu ewigen Zeiten diese Pfrund Niemand anderen, als de
Lehenherrn aufgegeben werden solle, ein Jahr barnach aber nemlich unterm 13. Hornung 14
ist dessen Pfrunde von Graf Rudolfen von Hohenberg und dessen Gemahlin Margarethen vol
ständig botiret worden.

813.

21. Dezember 1402. Oberndorf. Urbar der Stadt Oberndorf.

Wir der schultheiß vnd der Raut der statt ze oberndorff verienhe
daz vnser Herr der vogt Herr burkart von Mannsperg zů vns köm vn
vnser bett daz wir jm ze erkennend gebin waz nütz ze oberndorf werin da

habin wir getän vnd wiſſin nit anderß benn baʒ vnßer gnebiger Herr ber
Margraf ſammenthafter nüz me hab benn beʒ erſten hunbert pfunt haller vnb
fünf pfunt haller von ber ſtür vnb Nün pfunt haller vf ber Hofſtat zinſ, bie
boch nit gar werbent von branbeſ wegen vnb aht pfunt haller vf beʒ bürſſen
mülin vnb vierthalb pfunt haller vf ber bieſſelmülin vnb zenhen pfunt haller
vf ber müli in ber ſtatt, bie zenhen pfunt haller gänb erſt an von Nun wie=
nahten vber ain jaur vnb zwai pfunt haller von ber babſtuben vnb zwai pfunt
Haller von bem alment zenhenben git gerbrut bie winmennin vnb zenhen
ſchilling haller uf ber ſegmulin vnb briſſig ſchilling haller tůch ſtür, vnb ain
pfunt vnb vier ſchilling Haller vff bem banſchaz von ben wirten Noch gaben
zwo mülinen ſechzehen pfunt Haller ba hant bie ain Mülin wol inzwainzig iären
nützit geben, vnb bie anber mülin hant in ſechſ iären nützit geben Vnb iſt ouch
verſehenlich baʒ ſü by vnſern ziten nit me buwen werbin baʒ ſü kain gült gebin
So wiſſin wir ouch nit baʒ baʒ geriht alſ vfenklich ſig alſ eſ vor ziten geweſen
ſig Vnb wiſſin nit anber namhafter gült bie gen obernborf hörin vngeuarlich Vnb
beʒ ʒe offem vrkunb So habin wir vnßer ſtett aigen Inſigel offenlich gebrukt in
biſen brieff ʒe enb birre geſchrift ber geben iſt an ſant Thomaſ tag beʒ hailigen
zwölfboten In bem jaur bo man zalt Nauch criſti geburt vierzehenhunbert jaur
vnb bar nauch in bem anbern jär Summa anberhalb hunbert pfunt haller vnb
nün pfunt Haller minber ſehſ ſchilling Haller ſo eſ gar geſelt baʒ eſ boch ietz
nit tůt.

V. b. Orig. auf Papier im St.-Archiv zu Stuttgart. — Das aufgebruckt geweſene
Ziegel iſt abgefallen.

814.

402. o. T. Rotenburg. Graf Rubolf von Hohenberg belehnt alß
hauptmann bieſer Herrſchaft Hanſ ben Bochteler von Weil ber Stabt
mit einem Hof zu Renningen (O.A. Leonberg).

Wir grauf Růbolf von Hohemberg houptman baſelbs veriehen
fenlich mit biſem brief, baß für vns kom vf biſen tag, alʒ bie (ſic!) brief geben
ber Erber from hanſ ber Bochteller von wil gerlach beʒ Bochteller
igen ſun vnb bat vns, baß wir Im lihen ainen hof ber gelegen wer ʒe Ren=
g en vnb ouch ain bryttail beʒ ſelben hofs, baʒ ſin vatter ſelig vormals erkoufft
t vmb Dietrich ſchulthaißen von wil vnb ouch alles lehen wer von vnſer
r ſchafft von öſterich, baʒ haben wir getän vnb haben bem vorgenanten han=
bem Bochteller ben vorgenanten hof ʒů Rennigen vnb ouch baſ brittail beʒ
ſß gelihen mit aller ſiner zügehörb vnb Rechten an ſtat vnb In namen vnſer
ebigen herſchaft von Öſterich, waʒ wir Im benn von rechʒ wegen bar an lihen
en ober mügen, boch ſo behalten wir vnſer herſchafft von Öſterich Irw Recht

vnd daz er ouch von der lehenschafft gebunden sol sin, alz denn ain lehen ma
sinem lehenherren billichen tün sol. Vnd dez zü ainem wahren vrkund so hab
wir vnser avgen Jnsigel offenlich an disen brief gehenkt, der geben ist zü Rote
burg Jn dem Jar bo man zalt von Christus gebürt vierzehenhundert Jar v
Jn dem andern Jar.

B. d. Orig. im St.-Archiv zu Stuttgart. — Mit dem gut erhaltenen rl. runde
Siegel des Grafen. S. Ruodolfi comitis d. Hohemberg.

815.

5. Februar 1403. o. O. Graf Rudolf von Hohenberg, Hauptman
dieser Herrschaft, und Ritter Volz von Weitingen schlichten a[ls]
Obmänner eines Schiedsgerichts die Streitigkeiten zwischen de
Kl. St. Blasius und denen von Bubenhofen in Betreff von Leute
und Gütern zu Dürrwangen (O.A. Balingen) und Roßwang
(O.A. Spaichingen).

Wir Graff Rüdolff von hohemberg hoptman der herschaft daselb
vnd volz von witingen Ritter gemain lüt zwischen dem Erwirdigen gaistli
herren her Johansen Apt vnd dem Conuent gemainlich des Closters vnd Go
hus zü sant Bläsin sant Benedicten ordens im Swartzwald gelegen off ain ü
vnd zwischen Märklin vnd walthern von Bübenhofen gebrüdern von
wegen vnd an ir vnd wolffen vnd Conraz ir brüder vnd ander ir geswiste
statt vnd zwischen Sophyen vom Stain ir müter vnd Bentzen von Boc
gen iren pflegern an ir aller statt in pflegers wis off die andern situn vnd
vns Conrat Stäheli zü den ziten Burgermaister ze vilingen vnd hai
Röt der krömer von Rötwil von des obgenanten Aptz vnd gotzhus wege
volkart von Ow von zimmern vnd volkart von Ow genant wu
von der obgenanten von Bübenhofen wegen schidlüt verienhen offenlich mit
brief das die obgenanten Baid tail vnd partya vm all die stöß vnd zü sprü
sie mit vnd gen enander vnz off disen hütigen tag alz dirr Brief geben ist
händ von der lüt vnd güt wegen ze bürwangen vnd ze Rosswangen v
obgenanten Sehs schidman komen sind zü der gütlichait wie wir sie darum
schaiden vnd rihtin das sie daby beliben wellin vnd die haben wir vm die
stöß vnd zü sprüch mit ir Baider tail wissent entschaiden vnd geriht in be
alz hie nach vnderschaiden ist .. Des ersten das der obgenant Apt vnd Co
des gotzhus zü sant Bläsin oder ir amptlüt an ir statt väll vnd gläß
süllent vnd mügent von iren aigen lüten ze bürwangen vnd ze Rosswangen
die abgänd ietz vnd hienach alz von alter her herkomen ist än der obgenant
Bübenhofen vnd menglichs von iren wegen irrung vnd hindernüst vngeuarl

s̈ fol och der obgenant Apt vnd Conuent des vorgesagten gotzhus was sie gúter
ānd ze búrwangen vnd ze Rohwangen besetzzen mit irs gotzhus lúten ietz und
ienāch alz von alter herkomen ist vngeuarlich Ob aber sie gotzhus lút daselbs nit
ettin So súllent sie sie besetzzen mit andren lúten die och swerin vnd gelobin ge=
orsam ze synd vnd von den gúten ze túnd alz gotzhus lút vnd alz von alter
erkomen ist vngeuarlich vnd och den von Bübenhofen und iren erben ānschädlich
n iren rehten Also das dieselben lút Jnen vogtber und dienstbar súllent syn in
ller ber mäs alz das von alter an sie kommen vnd brāht ist vngeuarlich Och
nsúllent die obgenanten von Bübenhofen noch ir erben noch nieman von iro
wegen des vorgesagten gotzhus aigen lút ze búrwangen vnd ze Rohwangen fúro=
in nit vahen noch byfangen fúr fluhsami denn mit des Apts vnd Conuentz des
orgesagten gotzhus oder siner amptlút gunst vnd willen Es wär denne das die
on Bübenhofen vnd ir vögt búhti das es Jnen vnd dem Gotzhus ain nötburft
wäri So múgent sie die denne wol vahen vnd byfangen vntz an den Apt des
orgesagten gotzhus oder an sin amptlút vngeuarlich Och von des gotzhus lút
wegen die her hainrich sälig von Bübenhofen vnd die obgenanten sinne kind vnd
ie irn ietz byfanget händ wil oder bedarff da der Apt vnd das vorgesagte gotz=
us anderswahin ze túnd vnd ze setzzent das súllent vnd múgent sie wol tún Vnd
nsol die burgschaft vnd die glúpt oder das verhaissen das dieselben armen lút
er hainrichen säligen von Bübenhofen oder sinen kinden oder amptlúten verhaissen
ettin Jnen kain schaden daran gegen Jnen bringen in kainen weg vngeuarlich ..
Och von der Dryer vnd zwaintzig malter korngeltz wegen So man den obgenanten
on Bübenhofen ze vogtreht iärlichen git vnd och geben sol vsser den vorgesagten gúten
nd man sie des vntzher allweg gewerot hät by dem burkmess das doch kain reht
blich zaichen vntzher gehept hät darum haben wir sie entschaiben also das der
pt vnd das gotzhus zů sant Bläsin off ain situn vnd die von Bübenhofen off
e andrun situn ietweder tail zwen schiblich man bartzů geben sol vnd die vier
lleßt dasselb meß pfähten by Balinger geswornem kornmeß vnd was ober wie
h das sint nach balinger meß näch der anzäl also vnd by demselben meß Sol
an denn den von Bübenhofen vnd iren erben ir vogtreht korn fúrohin allwegent
hten vnd och daby beliben an allermenglichs irrung vnd hindernust .. Och sol
an den obgenannten von Bübenhofen vnd iren erben vsser den vorgeschriben
iten iärlich geben ain pfunt vnd dry schilling gúter vnd genemer haller ze vogt=
ht vnd ain pfunt haller fúr ain ritter hůt alz das von alter herkomen ist,
ch ir brief sag vngeuarlich .. Jtem von des bongarten wegen gelegen ze Roh=
angen ber in das gůt gehöret so wilant hiltis sälig buwet vnd ben her hainrich
lig von Bübenhofen vntzher inngehept hät haben wir sie enschaiden das her
ainrichs säligen von Bübenhofen kind vnd ir múter denselben bongarten Nun
rohin och haben niessen besetzzen vnd entsetzzen súllent als ir vatter sälig ben
tzher getän hät vngeuarlich .. des alles ze wärem vnd offem vrkúnd haben
ir obgenanter Graff Rudolff von hohemberg vnd voltz von witingen Ritter ge=

main lút ónſri aigni Inſigel von ónſer obgenanten ſchiblút aller wegen vnd an ónſer aller ſtatt offenlich gehenkt heran .. Wir Johans von Gottes gnaden Apt vnd der Conuent gemainlich des Cloſters vnd Gotzhus zů ſant Bläſin ſant Benedicten orbens Im Swartzwalb gelegen Bekennen vnd verienhen och offenlich mit diſem brief das die rihtung So der wolerborn ónſer gnediger her Graff Růdolff von hohemberg hoptman baſelbs vnd anber ritter vnd knecht alz die mit namen vorgeſagt ſtänd zwiſchen vns vnd ben von Bübenhofen berett vnd gemacht hänb mit ónſerm wiſſent gunſt vnd gůten willen zůgangen vnd beſchenhen iſt vnd das och wir vnd ónſer nachkomen vnd ónſer amptlút dieſelben rihtung trúlich vnd vngeuarlich wär vnd ſtät halten ſúllen vnd wellen nach diß rihtung briefz lut vnd ſag an all geuerb .. des ze vrkúnt vnd merer ſicherhait So haben wir ónſer Abty vnd och des vorgeſagten conuentz gemain Inſigel mit gemainem beſamnoten rät vnd Capittel och offenlich gehenkt an biſen brief .. Och verienhen wir Märkli vnd walther von Bübenhofen gebrüder fúr vns vnd wolffen vnd Conraten ónſer brüder vnd fúr anber ónſer geſwiſtergit vnd ich Sophy vom Stain ir múter vnd pfleger vnd ich Bentz von Bochingen och ir pfleger in pflegers wis offenlich mit diſem brief das diſú vorgeſagt rihtung zwiſchen ónſerm herren bem Apt vnd dem Conuent gemainlich des Gotzhus zů ſant Bläſin vnd vns nach diß briefz ſag mit ónſer aller wiſſent gunſt vnd gůten willen volgangen vnd beſchenhen iſt vnd das öch wir vnd ónſer erben vnd amptlút vnd wir obgenanter pfleger in pfleger wis dieſelben rihtung och trúlich vnd vngeuarlich wär vnd ſtät halten ſúllen vnd wellen nach diß richtungbriefz lut vnd ſag än all geuerb des ze vrkúnt vnd mere ſicherhait haben wir Märkli vnd walther von Bübenhofen ónſri aigin Inſigel fúr vns vnd bie obgenanten vnſer brüder vnd geſwiſtergit vnd fúr ónſer erben vnd wir Sophy vom Stain ir múter vnd Benz von Bochingen ónſri Inſigel von vns vnd ónſer wegen in pflegers wis och offenlich gehenkt an biſen brief der Geben iſt an ſant Agthun tag der hailigen Junkfrowen des Jars do Man zalt von Criſti Gebúrt Vierzehenhundert Jar vnd darnach in dem britten Jare.

B. d. Orig. im St.=Archiv zu Stuttgart. — Das (undeutliche) Siegel des Graf von Hohenberg zeigt ben linksgeneigten Hohenberger Schild, darauf (auf dem recht Eck) ben Helm mit ben gegen einander gekrümmten Hörnern. Der Schild auf des Siegel des von Witingen mit der gleichen Quertheilung wie bei Hohenberg, hat auf dem rechten Eck ben Helm mit herabflatternden Tüchern.

816.

2. November 1403. Bruck an der Muhr. Herzog Leupolt von Oest=
reich, welcher Graf Rudolf von Sulz, dem Aeltern, die Feſte Hohen=
berg auf Lebtag pflegsweiſe übergeben, ſagt ſolche in derſelben
Weiſe deſſen gleichnamigem Sohne zu, jedoch mit einigem Vorbehalt.

Wir Leupolt von gots gnaden Hertzog ze Oſterreich ze Steyr ze
ᵉrnben vnd ze krain Graf ze Tyrol etc. Tun kunt Als wir dem edeln
ᶦſerm lieben getrewen Graf Rudolffen von Sultz dem elttern vnſer
ᵉſten Hohemberg ſein lebtag verſchriben vnd in vogteyweis empholhen haben,
ᶦch des briefs laut vnd ſag den wir Im darumb haben geben, Alſo haben wir
ᵐ edeln vnſerm lieben getrewen Graf Rudolffen von Sultz ſeinem Sun
ᵒᵘ vleiſſiger bett wegen der hochgeboren fürſtin vnſer lieben Sweſter fraw
ohanna von Napels vnßes lieben pruders Hertzog wilhalms Ge=
ahel, vnd auch durch ſeiner getrewen dinſt willen, die er vns vnd dem ege=
ᶦnten vnßerm pruder, langzeit getan hat, vnd noch fürbaſſer wol tun mag vnd
l die egenante vnſer veſten Hohemberg auch ſein lebtag in vogt vnd in phleg
eis empholhen vnd verſchriben emphelhen vnd verſchreiben auch wiſſentleich mit
ſem brief in ſolicher maſſ, daz er dieſelben vnſer veſten Hohemberg in aller maſſ
ᶦnnehaben vnd nyeſſen ſol, als, die, der egenant ſein vatter gegenwürtikleich Inne
ᵗ, nach der brief ſag So wir Im darumb haben geben, aufgenomen des weyr
⁚ Meſſingen, den wir Im empholhen haben, vntz auf vns, vnſer pruder vnd
ben widerruffen. Auch vorbeheben wir vns vor vnſern lewten die daſelbſhin
ᵘ Hohemberg gehorn all vberſtewr vnd Schatzung vnd dartzu ſolch dinſt ob wir
⁚ zu kryegen vnd rayſen bedorfften, daran vns der vorgenant Graf Rudolff
ᶦht Irren ſol an geuerde, der vorgenant von Sultz ſol auch die egenant vnſer
ᵗe Hohemberg getrewleich, Innehaben vnd verweſen vnd vns vnſern prudern
b erben damit gehorſam vnd gewertig ſein, vns vnd die vnßern dar In vnd
ᵣaus laſſen vnd auch dar Inne enthalten wider aller meinleich nyemand aufge=
ᵐen als offt des nott beſchicht doch an ſeinen merkleichen ſchaden vnd wan auch
⁚ egenant Graf Rudolff mit dem tobe abgeet ſo ſol vns dieſſelben veſten mit
en zugehörungen ledig ſein vnd geantwurtt werden, an meinkleich Irrung vnd
ᵖerred, an vertziehen, von dem egenanten Graf Rudolffen ſeinen freunden vnd
ᵉn vnd ſollen auch dieſelben ſein freunt vnd erben fürbaſſer kain zuſpruch dartzu
ᵖen in dhain weis vngeuerlich Mit vrkund ditz briefs Geben ze Prukg an
ᵣ Mur an phintztag vor ſand katherinen tag Nach Chriſts geburde viertzehen=
ᶦnbert Jar vnd darnach in dem britten Jare.

B. d. Orig. im St.=Archiv zu Stuttgart. — Mit dem gut erhaltenen Siegel des
ᵉſtellers.

———

817.

24. Dezember 1403. o. O. Graf Rudolf von Hohenberg, Hauptmann der Herrschaft Hohenberg, belehnt im Namen des Herzogs Leupolt von Oestreich das Spital zu Eßlingen mit zwei Rädern der Molfenten Mühle daselbst.

Wir Grauff Rudolff von Hochenberg von unsers herren von Osterrichs Empfalhendes wegen bi den ziten Houptman in der Herrschaft ze Hochenberg verjehen offenlich mit disem brieff vnd tuen kunt allermenglich daz Wir im namen vnd an stat des durchluchtigen hochgebornen fürsten Hertzog Leupolts zu Osterrich etc. vnsers genedigen herren dem Spital zu Sant Katherinen ze Esslingen verlihen haben vnd lihen och mit disem brieff die zwei Mülreder an der Mülin daselbs ze Esslingen die man nampt Molfenten mülin mit iren zugehörden als dazselb Spital bie von vnserm vettern von Hochenberg seligen ze lehen gehabt hat vnd nú fürbaz mer von vnser Herrschaft zu Osterrich lehen sind, waz wir im Durcht (sic!) recht daran lihen sullen oder mugen die inn ze haben ze nutzen vnd ze niessen noch lehensrecht, Vnd haben och demselben Spital zu ainem getruwen träger darüber gegeben dem Erben man Rüdiger Kürnem von Eßlingen, daz er sin getrüwen träger sin soll vnd ba von tun waz ain lehenman in trägers wise sinem lehenherren billich tůn sol. Mit vrkund diez brieffs versigelt mit vnserm anhangendem Jnsigel der geben ist an dem hailigen aubent ze Wihennechten do man zalt von Cristus geburt vierzehen hundert Jar vnd dar nach in dem dritten Jar.

B. d. Orig. im Spitalarchiv der ehemaligen Reichsstadt Eßlingen. — Das Siegel hängt an.

818.

3. Oktober 1404. Ensißheim. Herzog Friedrich von Oestreich verpfändet dem Grafen Rudolf von Hohenberg, welcher bereits die „ausser Burg zu Rotenburg," Hirschau, Binsdorf und den östreichschen Antheil an „Obern Ow dem Stetlein," Schwaldorf, Wibernau und Frommenhausen, Wein= Korn=Gülten und Zehnten von Rotenburg und Hirschau eingelöst hatte, für 800 schwere Goldgulden noch weiter die Dörfer Dettingen und Weiler unter der Rotenburg.

Wir Fridrich von gotes gnaden Hertzog ze Österrich, ze Steyr, ze Kernden vnd ze Krain Graf ze Tyrol etc. Tůn kunt für vns vnser Brüder vnd Erben daz vns der Edel vnser lieber Oheim Graf Rudolf von Hohen berg vnfer Hofmaifter vnb Haubtmann in vnferer Herrfchaft zu Hohemberg, an beraitem gelt gelihen vnb .. vnferm kamermaifter in vnfer kammer zu vnfern handen gentzlich gewert vnb betzalt hat Acht Hundert güter Reynifcher gulbem güt von golb, vnb fwer an rechtem gewicht vnb die haben wir Im geflagen vnb flahen auch wiffentlich mit bifem brief auf die Nachgefchriben Setz die er von vns ynn=hat vnb die er mit vnfers lieben Brüders Hertzog Leupolts Hertzogen ze Ofterrich etc. willen vnb gunft an fich erlebigt vnb erlöfet hat. Vnb find das die Güter vnb Setze mit Namen vnfer auffer Burg zu Rotemburg vnb auch das Dorf Hirfow vnfer Stat Binfborf vnb vnfern tail an Obern Ow dem Stet=lein Swalborf Ribern Ow vnb Fromenhaufen die Dörfer, vnb Rewn Amen Weingelts aus vnferm Weingartten an der Nekerhalben vnb Drithalb füber Weingelts. vnb anber Weingelt, korngelt vnb klain Zehend die Er von March=harten von Ow an fich erlebigt hat Als das alles die brief So der obgenant von Hohemberg barumb hat aigenlich weifent vnb fagent, vnb bartzü haben wir Im getzunt recht vnb reblich in gefetzt vnb verfetzt vnb fetzen auch mit kraft bitz briefs vnfer zway Dörffer Töttingen vnb Wilr vnber ber egenanten vnfrer Veft Rotemburg gelegen mit allen nutzen, zügehörungen gewonheiten vnb Rech=ten. Alfo daz der egenant vnfer Oheim Graf Rübolf von Hohemberg vnb fein Erben bie von vns vnfern Brübern vnb Erben in ains Rechten Phanbes weis Innhaben vnb nyeffen fullen ane abfleg ber nutz als Satzes und Landes Recht ift vngeuerlich vnb alf lang vntz baz wir vnfer Brüber ober Erben bie von Im ober feinen Erben vmb die obgenanten Acht Hundert Reynifch gulbem mit den egenanten Setzen, Stükchen vnb Güttern als hohe benn ain yeglichs verfetzt ift nach ber brief Laut vnb fag die Er barumb hat gentzlich erlebigen vnb erlöfen Vnb ber lofung Sy vns auch allweg gehorfam vnb ftat tün fullen, wenn ober welhes Jares wir wellen ober mugen ober lang ober kurtz. Vnb fullen auch ber zgenanten Setz vnb Stükch aines an bas anber nicht löfen. Mit vrkunb bitz briefs. Beben zu Ennffesheim an freytag vor Sant Dyonifien tag. Nach Crifti zeburbe Viertzehenhundert Jar, barnach in bem vierben Jare.

V. b. Orig. im St.-Archiv zu Stuttgart. — Mit bem gut erhaltenen Siegel bes Ausftellers.

819.

13. Januar **1405.** o. O.   Hanman von Lupfen, Probst, Keller und
Pfleger des Kl. Reichenau, gibt auf Bitte des Grafen Rudolf von
Hohenberg, Hauptmann der gleichnamigen Herrschaft, einen zu
Gruol seßhaften Zinsmann des obigen Gotteshaus an das Kloster
Kirchberg.

Ich Hanman von lupffen Probst keller vnd pfleger vnser lieben
frowen jn der Richen Ow. Tůn kunt aller menglich das für mich komen ist
vnser lieber Ohaim Grauf Růdolf von Hohenberg an Stat vnd in
namen der Herschaft von Osterrich vnd batt mich ernstlich das ich ben beschaiden wern den Boching von Grürn der bisher ain zinser gewesen ist an
vnser frowen altär vnd buw des gozhus jn der Richen Ow luterlich durch got
gebi dem Erwirdigen Closter vnd den frowen von kirchperg prediger ordens.
won er ouch an der Herschaft statt vnd ouch von der vogti wegen jn da hin
lebiklich geben hett. der bät hab ich jn gewert, won si mich vnd vnßerm gozhus
nuzlich vnd troſtlich dunkt vnd ouch beſonder, das der obgenante wern Boching
durch ſiner ſel hail willen by lebendem lib ſinen val vnd geläß an vnßer frowen
buw an barem gelt geben haut vnd barvmb das derſelb wern Boching dem vorgenanten Cloſter von kirchperg nun hinan hin ewiklich dienſtbar ſige vnd mit lit
vnd gůt zů gehöre. So ſag ich jn quit lebig vnd los für mich vnd all min
nauchkomen mit urkund dieß briefs vnd enzich mich aller anſpräch vnd rechtung
an jm, ſo ich oder min nauchkomen an jm immer mer gehaben möchten, es fier
mit dem rechten alber on das recht Vnd dez ze wűrem vrkund hän ich vorgenanter Hanman von lupffen probſt min aigen Inſigel gehenckt an biſen brief der
geben iſt Nauch Criſtus geburt vierzehnhundert vnd in dem fünften jar an ſant
Hylarien tag.

Kirchberger Copial-Buch Fol. 145.

820.

30. März **1405.** o. O.   Graf Rudolf von Hohenberg, Hofmeister des
Herzogs Friedrich von Oeſtreich und Hauptmann der Herrſchaft
Hohenberg, belehnt die Ammanne und deren Mutter, die Schennern
von Nagold, mit dem halben Dorf Wendelsheim (O.A. Rotenburg).

Wir Grauf Růdolf von hohemberg hofmaiſter vnſers gnebigen
herren hertzog fribrichs hertzog zů Öſterich etc. vnd houptman ber
herſchaft zu Hohemberg tügen kunt mit diſem brief, das für vns kom vf den
tag, als dire brief geben iſt, hans vnd chůnrat vnd fritz all dri gebrüder

chůnraz bes ammans seligen elichen sůn vnd angneß schennerin chůnraz
bes ammans seligen eliche hussrow vnd Baten vns, bas wir Innen gerůchten
zu lihen bas halb borf winbelßhain mit siner zůgehörung, bas lehen
were von vnser gnebigen herschaft von Österich vnd wurden ouch beз
bo zu mal vnberwist mit briefen, bas haben wir getän vnd haben ben obgenanten
hansen chůnraten vnd fritzen chůnraz beз ammans seligen elichen sůn vnd ouch
angneßen ber schennerin ber obgenanten bryer knaben eliche můter vnd iren erben
bas halb borf winbelßhain mit siner zůgehörung gelihen vnd lihen Innen ouch
gemainlich wissentlich mit vrkunb biß briefs an stat vnd In namen vnser gnebigen
herschaft von Österich, was wir Innen von Rechts wegen bar an lihen sullen
ober mügen, vnd haben Innen ouch bar vmb zů trager geben hansen ben
schenner hansen beз schenners sůn von nagelt, also baз er bie lehen tragen
sol In tragers wiß vnd als lehens recht ist vnd sol ouch ber egenant hans
schenner vnser gnebigen herschaft von Österich von ber lehenschaft wegen Intragers
wiß getriv bienstbar vnd gehorsam sin, als benn lehen lut irem lehen herren billichen tůn sullen. Deз zu vrkunb so haben wir vnser avgen Insigel offenlich gehenkt an bisen brief, ber geben ist an bem nehsten Mentag nach bem sunntag nach
miterfasten, so man singt letare, bo man zalt (sic!) Cristus geburt vierzehen hunbert
Jar vnd in bem fünften Jar.

     B. b. Orig. im St.-Archiv zu Stuttgart. — Das Siegel ist zerbrochen.

821.

22. Mai 1405. o. O. Burkarb Wichsler unb bessen ehliche Hausfrau, Katherina von Lichtenstein, bekennen, baß Graf Rubolf von
Hohenberg, Hauptmann ber gleichnamigen Herrschaft, bas Recht
habe, eine Gült von **20** Malter Roggen aus bem Laienzehnten
zu Seebronn (O.A. Rotenburg), welche Graf Rubolf von Hohenberg selig an genannte Katherina versetzt, wieber einzulösen.

Ich Burkart wichsler vnd ich kathrin von liehtenstain sin elichů
hussrow Bekennen baz wir bem wolerbornen Herren Gräf Růbolffen von
hohemberg bes Hochgebornen fürsten vnsers gnebigen Herren Herzog fribrichs Hertzogen ze Österrich etc. Hofmaister vnd Hoptman
er Herschaft ze Hohemberg vnserm gnebigen Herren gůnbt vnd geurlobet
aben an sich ze gewinnenb vnd ze lösenb bie zwaintzig malter roggen gelz Herren-
erger meß bie ba gänb vsser bem layenzenhenben ze Sebrunnen ben bie
inmar von wurmlingen innehanb vnb bie ber ebel wolerborn vnser gnebi-
r Her Gräf Růbolff von Hohemberg salig so im got gnäb mir kathri-
un von liethenstain vor ziten versetzt hett nach bes satzbriefs lut vnb sag so ich

von Jm darum innehän vnd bie ich vnd burkart wichsler min elicher man sibmals
Aubrechten von Ergaßingen genant von Aft verkoft haben vm hundert
pfunt Haller off ain wiberköff nach der brief lut vnd sag bie darum geben sind
Günnen och Jm also der vorgesagten Losung vnd aller der recht so wir zů der=
selben losung haben nach vnsers briefs sag mit vrkunt vnd kraft biß briefs des
ze vrkunt haben wir vnsri Jnsigel offenlich gehenkt an bisen brief der Geben ist
an fritag bem nehsten vor sant vrbans tag des Jars bo man zalt von Cristi
Geburt Vierzehenhundert Jar vnd barnach in bem fünften Jare.

B. v. Orig. im St.=Archiv zu Stuttgart. — Das Siegel fehlt.

822.

22. Juli 1405. o. O.   Graf Rudolf von Hohenberg, Hofmeister des
Herzogs Friedrich von Oestreich und Hauptmann der Herrschaft
Hohenberg, belehnt den festen Hans Schenner von Nagold mit
dem vierten Theil des Dorfes Wendelsheim (O.A. Rotenburg).

Wir Grauf Růdolf von hohemberg hofmaister vnsers gnedigen
herren Hertzog frydrichs hertzog zů Österrich etc. vnd houptman der
herschaft zů Hohemberg Tůgen kunt mit bisem brief das für vns kom an
ben tag als birr brief ist der from vest hans der schenner von nagelt Han=
sen bez schenners seligen sun von nagelt vnd bat vns das wir Jm gerůchtin
zů lihen ain vierbentail des dorffs zu windelsshain mit siner zů gehörung be=
lehen were von vnser gnedigen herschaft von Österrich vnd wurben ouch bes
aygenlich vnder wiset mit briefen das haben wir also getån vnd haben bem obge=
nanten hansen bem schennerer vnd sinen erben das vierntail des dorfs zů
windelsshain gelihen mit siner zů gehörung vnd lihen Jm das wissentlich mit
vrkunt biß briefs an stat vnd Jn namen vnser gnedigen herschafft von Öster=
rich was wir Jm bar an von Rechtz wegen lihen sullen oder mügen also bas er
vnd sin erben vnser gnedigen herschaft von Österich von ben lehen getrü
dienstbar vnd gehorsam sin sullen als lehen lut irem lehen herren billichen tůn
sullen an geuerb mit vrkunt biß briefs bar an wir vnser aygen Jnsigel gehenkt
haben ber geben ist an sant Marien Magdelena tag Do man zalt von Cristus
geburt vierzehen hundert Jar vnd in bem fünften Jar.

B. v. Orig. im St.=Archiv zu Stuttgart.

823.

0. September **1405**. o. O. Graf Rudolf von Hohenberg, Haupt-
mann der Herrschaft Hohenberg, belehnt als solcher Wilhelm Ungelter,
Bürger zu Ulm, mit Vogtei und anderen Einkünften von einem
Gut zu Kirchentellinsfurt, welches Lehen von Oestreich war.

Wir Graf Rudolff von Hohenberg vnser gnêbigen Herschaft von
[O]sterrich Houptman in der Herschaft ze Hohenberg Tun kunt das für
[v]s bracht der erber wilhalm vngelter burger ze vlm wie er ain gute ze
[le]hen hett von der egenanten vnser Herschaft von Osterrich ze kirchentellinssfurt
[ge]nant der bechtner gut darombe er och vnsers gnebigen Herren Hertzog
[Fr]idrichs Hertzogen ze Osterrich brief hett. In dasselb gut hette Andres
[S]alkar von Rütlingen vnd fin Hussfrow ain vogty pfennig korngelt vnd an-
[de]r gelt, das och Lehen von der egenannten vnser Herschaft wer vnd hette auch
dieselben vogty vnd alle ihre recht die sy daran hetten vmb sy erkouffet vnd
[ba]tt vns das wir Im das an der egenanten vnser Herschaft stat verlihen gerichten
[d]an die nicht in Landes wêr, das haben wir getan vnd lihen Im ouch das
[?]ffentlich vnd mit kraft ditz briefs an der egenanten vnser Herschaft stat, was
[w]ir Im daran ze recht verlihen sullen oder mugen, Inn ze haben vnd ze niessen
[al]s lehens vnd landes recht ist an geuerb. Mit vrkund ditz briefs, Geben an dem
[nä]chsten Donnerstag nach vnser frowen tag Natiuitatis Nach Crists geburt vierzehn
[hu]ndert Jare vnd in dem funften Jare.

B. b. Orig. im Archiv der Kirchenpflege zu Reutlingen. Mit dem kleinen runden
[zie]mlich gut erhaltenen Siegel des Grafen.

824.

[?]. November **1405**. o. O. Diem Kecheler thut einen Spruch des
[Ge]richts zu Oberthalheim (O.A. Nagold), die Rechte der Kapelle zu
Bilbechingen auf ein Gütlein in dem obgenannten Ort betreffend.

Ich Dyem kecheller vergihe offenlich das ich of diß zit als diß brief geben
[so ?] ze obern Talheim dem dorff ze gericht saß vnd stunden vor mir da selbs
[in ?] gericht die erbern fromen der Closner der Schanz vnd kreßbach pfleger
[un]ßer frowen cappelle ze biltachingen vnd clagten hin mit fürsprechen als
[rech]t was zů Hansen Rüggen von obern talheim vnd sprachen also wie der
[selb] Hans Rügg ain gütlin hetti daz man nempti albreht Rüggen seligen
[?]en vnd vsser dem selben gütlin solt der obgenanten cappellen jêrlich volgen vnd
[?] vnd werden ain malter fesan stêtes gelt vnd dasselbe gelt der egenenten cap-
[pell]en vil vnd lang zit vß gestanden vnd da also die egenanten Hailgenpfleger [ir]

clag vnd rede erzelt hetten vnd Hans Rügg obgenant ouch sin wider rede geton
hat vnd ich dyem ěcheller obgenant dar nach die rihter da selbs des rehten fraget
da ward artailt mit vrtail wie die obgenanten phleger ir obgeschriben clag vmb
das obgeschriben malter jerlichs vnd stetes sesan geltz für gelait hettin das sü das
Hansen Rüggen anbehebt hettin vnd der obgeschribnen cappellen ze biltachingen
behaben hettin vnd solt ouch nu füro hin iemer me das obgeschriben malter sesan
stetes jerlichs geltz allü jar der obgeschriben capellen ze biltachingen folgen vnd
werden in all wise als da vorbeschaiden ist an geuerde beß alles ze vrkunde vnd
gezuknusse der warhait So han ich dyem ěcheller obgenent min Insigel offenlich
gehenkt an disen brief der geben ist vff den nehsten mitwochen vor sant andres
tag deß hailigen zwelfbotten deß Jars als man zalt nach Cristus geburt Tusen
vnd vierhundert Jar darnach in dem fünften Jare.

B. d. Orig. in der Pfarr-Registratur zu Bildechingen. Das Siegel ist abgefalln

---

825.

29. Mai 1406. Schaffhausen. Herzog Friedrich von Oestreich, der
Graf Rudolf von Sulz eine Schuld von **400** fl. und etwas Hei-
geld nachgelassen, erlaubt diesem, diese Summe an der Burg
Hohenberg, welche dessen Leibbing war, zu verbauen, und verspricht
daß solche Gelder dem Hause Sulz bei Einlösung der Burg Hohenberg ersetzt werden sollen.

Wir Friderich von gots gnaden Hertzog ze Ostenrich (sic!)
Steyr ze kernden vnd ze krain Graue ze Tyrol etc. Bekennen für vns
Brüder, vns vnd vnser erben, Als der Edel vnser lieber Oheim Graue Rudolf
von Sultze vnser obgenanter brüder vns vnd vnser erben der vierhundert pfund
heller darumb weilant der Edel Graue Rudolff sin vatter selige. weiler
Heinrich seligen von Bubenhouen für den hochgeborn fürsten Hertzog Leupolt vnsern lieben pruder versprochen hett, vnd der scheben die daruff getribe
sind, vnd auch etlichs hoffgelts, So ym vmb sein dienst versprochen vnd beschaiden
ist worden gentzlich hat abgelassen vnd vns darumb an stat vnßers prudere er
vnd ledig hat gesagt nach des briefs laut den wir darumb von ym haben, vn
wir also nach pillicher dankperkaid vnd durch sin flißige bette ym hingegen erloben
vnd gunnen mit rechter wissen in crafft diß gegenwürtigen briefs an vnser vest
Hohenberg die sin libbing von vns ist mit guter kuntschafft vnd gewessen
verpawen wa das daran allernutzlichest vnd notburfftigest ist vierhundert Rinische
guldin. Also vnd mit solichen fürworten wenne derselbe Graue Rudolff des leibgeding die obgenant vest ist als vorgeschriben stett mit dem tod ab ist gegange
das dann vnser obgenanter pruder wir, vnd vnser erben dieß vest von sinen erbe

mb vierhundert Reinischer gulbein lösen vnd lebigen sollen der losung sy vns stat
un vnd gehorsam sein sullen wenn wir die an Sy mit den vorgenanten vier=
unbert gulbein vordern ane alles verziehen vnd geuerbe vnd sullen bar Inne
ehain fürwort das yeman erbenken kunb ober mochte nicht furziehen noch zuwart
aben inbhein weis vngeuerlich boch ym vnd sinen erben vnschebelich .vnd vnuer=
rifflichen an ben hundert pfunt haller gelts bie sein lehen sint vnd zu
lederburg gehoren nach laut der brief die barüber geben sint. Es sollent
uch ber obgenant Graue Rubolff vnd sin erben vns bie obgenante vest, bie wil
ie also in Jr hanb ist vns offen haben, vns vnd bie vnfern bar In vnd baruß
u lassen vnd bar Jnn zu enthalten. als offt vns bes burfft beschicht gegen menc=
chen nymant ußgenomen. boch ane yren merklichen schaben. Es sol auch ber
orgenant Graf Rubolff vns mit sinem versigelten brief verforgen. bas nach sinen
bgange sein erben vns also mit der losung berselben vest gehorsam sein, vnd vns
er stat tun als vorgeschriben stet ane alle Jrrung wiberreb vnd verziehen gentz=
ch ane alle argelist vnd geuerbe mit vrkund biß brifs Geben zu Schaffhusen
n dem heiligen pfingst abent In dem viertzehenhundertsten vnd dem Sehsten Jar.

826.

9. Mai 1406. Schaffhausen. Graf Rubolf von Sulz, welcher bie
Burg Hohenberg von bem Haufe Oestreich zum Leibgebing erhal=
ten, bekennt, baß biefes bas Recht hat, solche gegen Erfatz von
400 fl. Baukosten von seinen Erben einzulösen.

Wir Graf Rubolf von Sultz Bechennen vnd tün kunt meniklich mit bem
ief Als ber Hochgeborne fürst Hertzog fribreich Hertzog zu Oesterreich etc.
ser gnebiger Herr vns gegunnet hat vierhundert gulbin ze verpawen auff
e vest Hohemberg bie vnser Leibbing von Jm vnd seinen prübern vnfern
ebigen Herren ist Also vnd mit solichen fürworten baz er ober sein obgenant
über ober erben bie nach vnserm tod von vnfern erben vmb bie obgenanten
erhundert gulben lösen söllint nach bes brief laut ben wir barumb von Jm
ben baz wir bemselben vnferm Herren Hertzog fribrichen vnd seinen prübern vnd
ben versprechen wiffentlich mit bem brief bey vnfern eren vnd trewen ze bel=
len vnd außzetragen mit vnfern Erben baz Sy Jn bie obgenant vest Hohem=
rg vmb bie vierhundert gulben zu lösen geben ane alles verziehen vnd ane alle
berreb vnd Jrrung wenne Sy bie mit vierhundert gulbin an Sy vordern vnd
r Jnn bhainerlay Sach noch wiberreb bie yemer erbenken kunb ober möcht nicht
wort haben in bhain weis vngeuarlich vnd baruber zu vrkund geben wir Jn
ı brief versigelten mit vnserm anhangenden Jnsigel vnd haben bazu gebetten

ben Erben veſten Burcharten von Mannſperg des genanten vnſers
Herren Hertzog fridreichs Hofmaiſter daz er ſein Inſigel zů dem vnſern
gehenket hat · an diſen brief zu gezeugnuſſe der vorgeſchriben ſach doch Im vnd
ſeinen erben vnſcheblich der geben iſt ze Schauffhuſen an dem hailigen pfingſt
Abent Nach kriſts gepurd In dem viertzehenhunderttiſten vnd dem Serſten Jar.

V. d. Orig. im St.-Archiv zu Stuttgart. — Mit den beiden wohlerhaltenen Siegeln.

827.

24. November 1406. o. O. Margaretha, Gräfin von Sulz, geborne
von Hohenberg, verzichtet gegen Herzog Friedrich von Oeſtreich
auf die Feſte Waßneck, die Städte Oberndorf und Schömberg und
850 fl. jährliche Gült von der Stadt Rotenburg.

Wir Margreth Grefinne von Sultz geborn von Hohenberg tůn
kunt allen den die diſen brieff anſehent oder hörent leſen von der Nündehalb hunbert gulbin geltes wegen So vns vor ziten vnſer vatter ſelige geordent y
macht vnd gegeben hat Ab Rotenburg der ſtatt am Necker So denn Waß-
negk die veſti vnd Oberndorff die ſtatt mit. Jr zů gehörbe die ſelb
Nündehalb hundert gulbin geltes vnd waſſnegk die veſti vnd Oberndorff die ſo
mit Jr zůgehörbe Marggraff Bernhart von Baden vns mänige zit Jn-
vnd vorgehept hett vnd vns da von getrenget hett wider got glimpf
vnd wider Recht Da vergehent wir Margreth Grefinn von Sultz obgenant
das wir dem durchlüchten Hochgebornen fürſten vnd Herren Hert-
friberichen Hertzoge ze Oſterich etc. vnßerm gnedigen Herren Alle vnd
Recht vnd anſprüche So wir von der ſelben Nündehalb hundert gulbin gelts
wegen vnd der veſti waſſnegk vnd Oberndorff der ſtatt mir Jr zůgehörbe luterlich
vnd libeklich gegeben hant vnd gebent ouch mit krafft vnd vrkunde dis brief
vſſer vnſer hant In ſinen gewalt, Im da mit ze tůnde vnd ze laſſende was ſy
dar Inne vnd da mit füglich iſt on alle geuerbe vnd des zů einem waren vrkund
So hant wir vnſer Ingeſigel offenlich gehenckt an diſen brieff der geben iſt
ſant katherinen Obent der Heiligen Jungfrowen Des Järes do man zalt z
gottes geburt Tuſent vierhundert vnd Sechs Jär.

V. d. Orig. im St.-Archiv zu Stuttgart. — Mit dem Alliance-Siegel der Aus-
ſtellerin, das den Hohenberger und Sulzer Schild neben einander und mit einan-
verbunden zeigt. Grünes Wachs auf grauer Unterlage.

828.

24. Dezember 1409. Obernborf. Graf Rudolf von Hohenberg, an welchen Markgraf Bernhard von Baden Schloß und Stadt Obern=dorf nebst Zugehör verpfändet, gelobt, dieselbe bei ihren alten Rechten und Freiheiten zu belassen.

Wir Gräf Rudolf von Hohemberg vergehen offenlich vnd tūn kunt allen ben bie bisen brief ansehent ober hörent lesen alf der hochgeborn fürst herr Bernhart Margräf zū baden ōnser lieber Herre vnd öhein sin schloß Obernborf bie statt mit ir zūgehörbe ōnf in ainf rehten pfanbez wise verfetzt vnb in gegeben hant nauch lute vnd vßwifung bez briefz ben ōnf ber felbe ōnßer Herre bar ōber geben hant Vnb alf ōnf bie burger gemainlich riche vnd arme ber vorgenanten statt obernborf baruf gehulbet vnb geschworn hänb Vnb wir jne wiber vmbe ainen ayb liplichen zū ben hailigen ouch geschworn haben fye by folichen frigbaiten vnb rehten lauffen zū beliben alf her nauch geschriben stant, Vnb ber fie ouch von bem obgenanten ōnferm herren bem Margräffen beftettiget finb Dez erften alfo baz wir bie gewonlich stüre von jn järlichen nemen fonb baz ist ze herbfte viertzig pfunde Tūwinger pfenninge Vnb zū bem Maygen tag briffig pfunde pfenning tūwinger Vnb füllent fū nicht fürbaffer nöten wiber irem willen weber an lib noch an güte Es fig benn baz ef ōnf mit geriht ertailt werbe Vnb waz anzuht ber man tūt ber bürgreht zū obernborf hant, barumb er hinber ōnf komet mit vrtail ba fullen wir nicht fürbaf nemen benn zwai pfunt tūwinger Vnb fol varumb zil hän brig tage vnb fehf wochen, weret er ōnf ba zwüschent nit fo fullen wir ōnf benn felber weren ber zwaiger pfunde von finem güte Vnb füllen vahen vnb nöten vmb bie egenanten zwai pfunt Vnb haben ouch uf genomen vnf vnb ōnßer täglich gefinbe vnb ben schultheizzen in ber statt ze obernborf bie wellent, baz reht hän alf von alter her komen ist Vnb tūt ouch ain ufman behain anzuhet in ber statt baz fol ouch in ben alten rehten stän alf bie statt her komen

Sunberlich ist ufgenomen wer ben Andern wunbet mit meffern ober mit fchwer=ben baz fol ouch jn bem alten rehten stün Vnb wer ben anbern ze tobe schlecht baz fol ouch jn bem alten rehten stün Ift ouch baz behaine burger von ber statt obernborf faren wil ber fol ouch gelait hän mit finem libe vnb mit finem güte nnan zwo mil vor ōnf vnb vor ōnfren bienern Es fig benn baz er ōnf von rihtz wegen schulbig worben fig. Wir haben öch mit namen gelöpt were baz er obernborf bie statt yeman verfetzen ober verköffen wöltin baz fullen wir tūn mit folichem gebinge vnb befchaibenhait baz ber bem wir bie statt verfatztin ober verköffen geben ben burgern ber statt ze obernborf fchwere zū ben hailigen bife vorgefchriben frigbait vnb reht steit ze länb alf wir ōnf hie vor verfchriben hän

alle geuerbe. Wer öch ob juben jn bie vorgenant statt obernborf zugin vnb fū bahin fetzen wöltin baz folten fū tūn mit ōnferm willen Vnb habin ouch bez

geſchworn ain gelerten Ayd liplich zů gott vnd den hailigen all vor vnd nach
geſchriben ſacha wär vnd ſtät ze haltent ſo hie geſchriben ſtaut an diſem br
än all geuerde Vnd deß ze ainem offenn vnd wärem vrkůnd aller vorgeſchri
bing, ſo haben wir der obgenant gräf Růdolf von hohenberg ònßer aigen in
offenlich gehenkt an diſen brief der geben iſt ze oberndorf an dem hail
äbent ze wienahtenn In dem Jär bo man zalt nůch criſti gebůrt vierzehen
jär vnd dar nauch In dem ſehſten Jaur.

P. v. Orig. im ſtättiſchen Archiv zu Oberndorf. — Das Siegel hängt nicht me

---

829.

Aufzeichnung von Burkard von Manſperg ohne Jahr.[1]

„Hie iſt vermerkt von den Dörffer wegen die geſchädigt wurden von
marggrafen von Baden da er auf meinen herrn ſeligen Gr. Ru
ſeligen von Hohenberg Zoch.

It. die von Hirſow das Dorf iſt geſchädigt worden vmb xvj^e. lib.
das Sy mit iren aiden wol beheben mügen.

It. die von wurmlingen vmb viiij^e. lib. hůr. das Sy mit iren aiden
beheben mügen.

It. das Dorf Sebrunn vmb M lib. hůr. etc.

It. das Dorf kubingen viiij^e. lib. hůr. etc.

It. Windolſhainn das Dorff xij^e. lib. hůr. etc.

It. die von Ergaßingen ij^e. gulbein vnd L malter habern herremb.

It. das Dorf kalchwil hat ſchaden empfangen vmb ij^e. xxxvj lib. hů

No. Diſ nůch geſchriben mines herren arm löt von Hohemberg
geſchädigot von waſnek von Oberdorf vnd von ſchenberg In de
als hernach geſchriben ſtat.

It. def Erſten ſo hand die von waltmeſſingen getettigot mit dem
von oberdorf Renharten von Remchingen vmb ſechzig gulbin vnd
zway barchatni tücher vnd vmb v malter habern dar vmb daz Sij von dem
grafen vnd den ſinen ſicher wärin biſ vf den wiſſen Sunnentag nun
ir lib vnd gut.

It. die von Beffendorf wurden verbrennet vf vnſer froen tag fru
mettizit von deß markgrafen bienern vnd die münend baz ſy geſchädgo
mit dem brand vmb drü hundert pfund haller minder zwanzig pfund.

It. die von obern oberdorf ſint gebrantſchazot von dem vogt von
dorf als da vorgeſchriben ſtat. Item ölm der ölricher hat geben iij malter
vnd vier gulbin vnd hat den habern geben in den ſätzen zwůſchent minem
dem markgrafen vnd von Hohenberg etc.

It. die von bochingen ir etwie viel nit, all ſint gebrantſchazot von ʒt von Obernborf vmb xxiij gulbin vnb vmb iiij malter habern vnb vmb ain ꝫtni tuch.

Item biſ geſchriben ſint gebrantſchaʒot in ben Dörfern ʒe Hohenberg.

Jt. bie von wiler hanb geben ʒe brantſchaʒung L gulben xL malter habern lib. vnb j barchatni tuch ʒe botten lon.

Jt. bie von huſen hant geben ʒe brantſchaʒung xv gulbin iiij ſch. hllr. vnb malter habern.

von Raolſhuſen.

.. Jt. Herman Egen Lxxx lib. hllr. an hus an hof, rinbern vnb anbern ſich hö vnb mengerlay anber bing.

NB. es werben noch 9 anbere Bewohner aufgezählt, bie gebranbſchaʒt wor- ſinb.

Jt. bie von ſcherʒingen gebent ʒe brantſchaʒung Lxiij gulbin vnb viij lib. vmb ij barchatuch vnb Lx malter habern.

Jt. biſ ſinb bie von owingen bie geſchabgot ſint von Schönberg vnb von ꝫrborf (es werben 11 Bewohner aufgezählt mit ihrem Schaben).

Jt. bie von wiſenſtetten bie mins herrn aigen ſint, bie ſint geſchabigot vierzig Pfunb vnb nun Pfunb.

Es werben noch 26 Bewohner von owingen aufgezählt mit einem Total- ben von v hunbert lib. vnb xxx lib. hllr.

Jt. biſ iſt ber ſchab von ſtetten; 11 Bewohner mit einem Total-Schaben von ꝫnbert vnb x lib. hllr.

B. b. Orig. im St.-Archiv zu Stuttgart.

Bergl. hiezu im Urfb.-Buch ʒu 23. April 1393. Baben. unb 24. Nov. 1406. o. O.

830.

Dezember **1407.** Nagolb. Konrab, Abt bes Kl. Stein, belehnt ꝫen ben Kecheler unb Stephan Böcklin mit ber Mühle zu Jſels- hauſen (O.A. Nagolb).

Allen ben bie biſen brief an ſenhent ober hörent leſen künben wir Conrat ʒottes genäben abt bes goʒhuſes ʒe ſtain vnb vergenhen offenlich an brief bas wir für vns vnb vnſer nächkommen gelühen haben Dyemen bem Kller vnb Steffann Böllin vnb iren erben bie müli ʒe yſelʒhuſen mit rechten vnb mit aller ʒugehörb als es billich krafft vnb macht haben ſol vnb ſú vns von ber ſelben müli Järlichen ʒe ſant Martins tag ʒe zins geben ichten achtzehen ſchilling haller güter vnb gäber wär öch baʒ ſú bas vorge- ʒelt gar vnb genʒlich brü Jär verſäſſen äne geuárb ſo ſol bú vorgenant ꝫns vnb vnſerm goʒ hus lebig vnb löſ worben ſin vnb ſont bie vorgenanten Kächeller vnb Steffan Böllin noch ir erben kain anſpräch an bie vorgenanten

múli nimer me gewinnen Vnd ʒe wärem órkunb aller bing so vorgeſchriben ſtänb
an biſem brief So henken wir vnſer Inſigel fúr vns vnb vnſer nächkommen ar
biſen brief ber geben wart ʒe Nagolt in ber ſtat bo man ʒalt von criſtus gebúr
vierʒehenhunbert Jär vnb ſúben Jär am nechſten burnſtag näch ſant Enbris tɑ
bes hailigen ʒwölffbotten.

  V. b. Orig. im St.=Archiv ʒu Stuttgart. — Mit bem länglichen Siegel bes Akt

------

831.

2. September **1409.** Heibelberg. Der römiſche König Ruprecht unb
  Graf Eberharb von Wirtenberg ſchlichten bie in eine verheeren?
  Fehbe ausgebrochenen Streitigkeiten ʒwiſchen bem Grafen Ruɔↄ
  von Hohenberg unb ber Reichsſtabt Rotweil.

  Wir Rúpreht von goʒ gnaben Römiſcher künig ʒů allen ʒↄtɑ
merer bes Richs vnb ich Eberhart Graf ʒů wirtemberg Bekennen offeↄ
mit biſem brief von ſolicher ʒwitraht wegen ſo ʒwüſchenb vnſerm lieben getrↄɑ
bem ebeln Graue Rúbolffen von Hohemberg vf ain ſit vnb ben von Roↄↄ
vf bie anber ſit geweſen iſt als von ſchaben name übergriff brant vnb tↄ
ſlegg wegen baʒ ſi ber ſelben ſach vnb ʒwytraht vnb wie ſich bas alles ʒwüↄↄ
Jn bis vf batum bis briefs verhanbelt vnb verloffen hät gentʒlich an vns beↄ
vnb ʒur gütlichkait gangen ſint wie wir ſi barumb niit ein gütlich rihten vnb ↄ
ſchaiben baʒ ſi vns bes volgen vnb baʒ alſo tün vnb halten vnb baby veↄↄ
ſullent vnb haben ſi ouch beiberſit barumb entſchaiben in aller mäſſe als beↄ
geſchriben ſtat. Mit namen baʒ bie obgenanten Graf Rúbolff von Hohↄ
berg vnb bie von Rotwile für ſich vnb bie irn barumb gentʒlich geriht ſin ↄↄ
vnb ſol ʒwüſchenb Jn vf beib ſit vmb alle nöm übergriff tobſleg branb vnb ↄↄ
ſchaben wie ſich bie verloffen haben ain gantʒ vnb lúter verʒig vnb ain ↄↄ
ſach barumb ſin wenn ouch von beiben ſiten gevangen, vnbeʒalt gelt ober ſchↄↄ
noch vorhanben, bie ſol man vf beib ſiten auch gentʒlich lebig vnb loſe ſageↄ
laſſen ane alle geuerbe. vnb von bes borfs winterlingen wegen als beↄ
Graf Eberharten von wirtemberg ʒúgehört vnb baronber auch aↄↄ
gebrant vnb geſchäbiget iſt. ſol auch barumb ʒwüſchenb mir Graue Eberhartↄ
wirtemberg vnb ben minen bie mir ʒe verſprechen ſtanb vnb ben von Rotwiↄ
ben iren von beib ſiten ain gantʒ verʒig ſin ben vmb bes willen baʒ bie ↄↄ
lüte baſelbs irs ſchaben beſtbas ʒukomen vnb ergetʒt werben mögen Söllent bↄↄ
Rotwil benſelben armen lüten ʒů winterlingen barumb off ben wiſſen Saↄↄ
nehſt kompt ober aht tag vor ober nach vngeuerlich brühunbert Rinſcher gↄ
geben vnb bie alſbenn Heinrichen von Giltlingen min Graf Eberhartↄ
wirtemberg hofmaiſter antwurten ane alle fúrʒog Jntrag vnb geuerbe. vnb

rihtung zů vrkund vnd gantzer ståtigkait. håt vnſer ieglicher ſin aigen Inſigel an biſen brief tůn henken. Geben zů Heidelberg vf den nehſten Mentag nach ſant Egidien tag des heiligen apß nach Criſti geburt viertzehen hundert vnd darnach in bem nvnden Jare. vnſer kunig Rủprechtz Riche in bem zehenden Jare.

Von einer gleichzeitigen Abſchrift auf Papier.

832.

1409. „Burkhartes von Manſperg Rechnung an Montag nach Andreã nono et decimo.“

Nota das iſt min vfgeben, Burkhartes von Manſperg. [1] Anno nono.

Item ich bin geritten vf margarety (12 Juli) gen Stuggarten von der von ¦olr vnd ander bie minen Herren angriſent do verzart ich IX lib. hửr.

Item do enbott mir min Herr der kunig zů Im ze komen gen will bi bem vas ich bis an ben vierden tag bo verzart ich xiiij glb. vnd IX β. hửr.

Item bo Rait ich von will wiber gen Stuggarten vnd verzart iij gulben.

Item bo enbot mir bie geſellſchafft von der Richtung wegen gen Rüblingen ¦ls bie ſtett klaigten bo verzart ich v glb. xij. β. hửr.

Item bar nach rait ich aber gen Stuggarten von der richtung zwiſchen ¦inem Herren vnd ben von zolr, verzart ich iij. glb. iiij β. hửr.

Item am Zinſtag nach Sant eliſabetentag (26 Nov.) als der von Wirten= erg tag gemacht hett von der von zolr wegen gen Stuggarten bo verzart h iiij glb. vnd viiij β. hửr.

Anno domini decimo.

Item als min Herr von Wirtemberg ainen tag ſaßt gen Tubingen zwi= ¦en dem land vnd ben voľ zolr, verzart ich xiiij lib. hửr.

Anno decimo han ich bis Rach geſchriben Solbner miner Herſchafft ¦ſtellet.

Item ſo han ich Gerlachen von Durmenz als er beſtellt iſt von ſant ¦rggen tag vergangen ij Jar vmb iijᶜ gulden baran han ich Im geben ijᶜ glb. ¦ůg getan.

Item Stoffel gretter ſelb ander han ich geben lxx glb. für koſt vnd bienſt.

Item Otten von wrmlingen ſelb ander han ich geben lxx gulben für ¦t vnb ſin bienſt.

Item bem kuſtertinger vnb bem Heinri bilring ӧch lxx gulben für koſt ɒ ſin bienſt.

Item Renharb von Tiſtingen (sic!) vnb bem aichhalber ӧch lxx gulben ¦ koſt vnb ſin bienſt.

53 *

Item wilhalmen oppen xxxviij gulden vnd hon In Darzū Jn
koft gehept.

Item dem Züchenrigel vnd Hanffen voll ben man da nempt paic
Jn baiden öch lxx gulben für Jr koft vnd vnd für Jr bienft.

No. das ift bas ich Jngenommen hau.

Anno octauo. Item fo hatt mir ber lantfchriber geben in bem e⸗
als ich houptmann warb vnd er lantfchriber warb vi⁰ gulben vnb xiij ⸗
Anno nono. Item fo hat er mir geben bes anbren Jars vij⁰ gulben ⸗
decimo. Item fo hat er mir geben in bem britten Jar j⁰ vnb lxviij ⸗
aber v⁰ vnb xxviiij glb. vnb aber zeletz ij⁰ glb.

B. k. Orig. im St.-Archiv zu Stuttgart.

[1] War (1408) Hauptmann der Herrschaft Hohenberg.

833.

10. Januar 1410. Stuttgart. Markgraf Bernharb von Babc
kennt, baß er bie von ben zwei vorhergegangenen Jahren ⸗
ftanbenen **850** Gulben aus bem Einkommen ber Stabt Roter
von bem Herzog Friebrich von Oeftreich erhalten habe.

Wir Bernhart von gots genaben Marggraf zu Baben im
offenlich mit bifem brif als wir vorziten nůnbhalb hunbert gulben gelts ⸗
nützen ze Rotenpurg ber ftat am Neker gelegen gehabt haben nach ⸗
brif bie wir barüber hetten bi felben nůnbhalb hunbert gulbin gelts ⸗
nechften vergangen zwei Jare verfeffen vnb ausgeftanben bliben warend ⸗
in ber Sone vnb Richtunge ze wile zwufchem bem Hochgeborn fürften vnb ⸗
Herzogen ffribrichen von Ofterrich vnb vnfer begriffen vnb befchibet ⸗
vns biefelben vnfer verfeffen gülte bas bie felben zwey verfeffen jare zu ⸗
Sibenzehnhunbert gülben wirbet von bem obgenanten Herzog fribrichen biz ⸗
nechften vergangen hailigen Criftag gegeben vnb bezalt worben fein folten ⸗
vns bie wolgebornen vnfer liben Oheim Eberharb graf zu wirtenperg ⸗
Herzog ze Tekg Eberhart graf ze New(U)enpurg vnb bie ⸗
Strengen veften Hans Truchfeße von walpurg Stephan von Gu⸗
fingen Bertolb von Steyn ritter vnb Rubolf von fribingen ber
ger gefprochen hattenb als bas auch in bemfelben Richtungsbrif begriffen ⸗
zu wile gemacht wart, Bekennen wir Margraf Bernhart vorgenant für vn⸗
erben vnb nachkomen bas vns Burghart von Manfperg Ritter bie ⸗
fagten verfeffen gült Sibenzehn hunbert gulbin uf bifen hůtigen tag als ⸗
bitz brifs gefchriben ftet gegeben vnb wöl bezalt hat von wegen vorgenanten ⸗
fribrichs vnb herumb fagen wir für vns vnfer erben vnb alle vnfer nach⸗
ben obgenanten Herzog fribrichen von Ofterrich fin erben vnb nachkomen vnb ⸗
vnfere vorgenante lieben Oheim Eberharten grauen zu wirtenperg vlrichen Her⸗

Xekg Eberharten Graue ze New(U)enpurg Hans Truchſeß von walpurg Stephan
Gunbelfingen Bertolbem vom Steyn Ritter vnb Rudolf von fribingen vnb
h den vorgenanten Burgharten von Manſperg Ritter ber vorgeſagten Sibenzehn=
lbert gulbin verſeſſen gult mit biſem brif quit lebig vnb los on all geuerb vnb
eliſt vnb bes ze vrchunb han wir vnſer Inſigel tun henken an biſen brif
ven zu Stuggarten bes nechſten fritags nach ben heiligen zwelften tage ze
machten bes Jars bo man zalt nach Criſti gepurt virzehnhundert vnb Czehn Jar.

Nach einem Vidimus bes Johann von Pſun v. 1413 im St.=Archiv zu Stuttgart.

<hr>

834.

April 1410. o. D. Eingerückte Urkunde bes Grafen Hugo von
henberg, S. Johanns=Orbens, Kunbſchaft über bie Grenzen bes
Wilbbanns von Nagolb enthaltenb.

Wir Melchior von Ringelſtein Probſt zu Denkenborff orbens bes
ligen grabs von Jheruſalem vnb Wir Johans von Weſternach
bſt zu Stutgarten Bekennen vnb tun kunt offembar mit biſem brieff bas
von ber Hochgebornen Herren Hern Lubwigs vnb Hern Vlrichs gebrü=
Grauen zu wirtemberg vnſer genebigen Herren wegen gezöigt vnb für=
zt iſt off biſen hütigen tag batum biß vibimus ein Bappirin brieff lutent von
ue Hugen von Hohemberg ſeligen vnb was verſigelt zuenb ber geſchrifft
einem offgebructen Innſigel bar Inne ber ſchilt von Hohemberg vnb ber
eil ber vmbgeſchrifft ſtunb bas man wol vnberſcheibenlich bannocht geprüfen
t bas es beſſelben Graue Hugen Inſigel geweſen iſt vnb was bas anbertail
halb (sic!) bes Wachs ober anber myßhanblung bauon geuallen vnb lagent
lbe ſtucke ber mererteil bannocht baby berſelb brieff lutet von wort zu wort
jernach geſchriben ſtett Wir Graue Hug von Hohenberg ſant Johans
ns veriehen offenlich mit biſem brieff bas vns kunt vnb wiſſent iſt bas vnſer
ber ſelig Graue Ott von Hohenberg bes ba Nagelt was vnb wir
a nber vnſer vorbern ben Wiltpan zu Nagelt vnb bas barzu gehört
t vnb genoſſen haben in ben vnber ziln vnb Wytraitin als hienach geſchriben
Jtem bes erſten, an bem linben ſtumpen vnb von ba bannen bie ſchne
in hinuffin ob bem birkin lohe vnb ba bannen biß an ben Nüffringer
e vnb an ben ſalſtetter weg, vnb ba bannen vor Nüffran abe vnb baſelbs
gen Stenwyler in ben grunb abe biß an bie walbach vnb bie walbach
off biß in ben feherbach vnb ben feherbach wiber off biß in ben Schornß=
vnb vor bem Schornßhart vmhin biß in ben Büchelbrun vnb von bem
elbrun ben grunb abe biß in ben zinßbach vnb ben zinßbach abe biß
en grunt ber ba gat zu ben trögen gen Spilberg vnb von benſelben
t an ben weg abe vor bem aichholz vnß in ben Bennbach vnb ben

Bennbach abe biß in die Nagelt vnd bis sagen wir als off vnsern aide das
vns das kunt vnd wissent ist vnd des zu offem vrkunde so haben wir vnser aige
Insigel gedruckt off bisen brieff zu ende birre geschrifft. Datum am Georp ann
M. quadringentesimo decimo vnd off das liessent vns die obgenanten vnser gne
bigen Herren bitten In des vrkunde vnd vidimus zugeben wan wir nu eigentli
gesehen vernomen vnd erfunden haben, das der vorgenant brieff von wort zu wor
vßwiset als hieuorgeschriben stet vnd das es von des Insigels wegen gestalt
ouch jnmassen als vorgeschriben stet So geben wir den obgenanten vnsern gne
gen Herren von wirtemberg biß vidimus versigelt mit vnserm anhangenden Insige
Geben zu Stutgarten an Samstag vor vnser lieben frowen tag Assumptio
Nach Christi gepur als man zalt vierzehenhundert drissig vnd fünff Jaure.

B. d. Orig. im St.-Archiv zu Stuttgart. — Die beiten anhangenden Siegel i
gut erhalten.

835.

12. August 1410. Hall am Jnn. Die Herzoge Ernst und Fried
von Oestreich, Gebrüder, welchen die in der Urkunde aufgefüh
Reichsstädte **38343** rhein. Goldgulben geliehen, verpfänden di
auf Wiederlosung dafür Rotenburg die Veste ob der gleichnam
Stadt, R. die Veste in der Stadt, diese selbst, ferner Ehin
Burg und Stadt Horb, endlich die Städte Schömberg und L
dorf sammt den dazu gehörigen Dörfern u. s. w.

Wir Ernst vnd fridrich gebrüder von gots gnaben Herzogen ze Oster
rich, ze Steir, ze kernden vnd ze krain, Grafen ze Tirol etc. Beke
Daz wir vnd vnser erben vnuerschaidenlich schulbig sein vnd gelten sulle
Erbern weysen vnsern besunder lieben .. dem Burgermaistern Reten vnd Bur
gemeinklich diser nachbenenten des heiligen Römischen Reichs Stett mit na
Vllm, Rütlingen, Vberlingen, Lindaw, Rauenspurg, Bibrach, Gmü
Memmingen, Awlen, Giengen, Püchhorn, kempten, kofpüren, r
lendorff, Ysny, Wangen, Lükirch, Tinkelspühel, Popfingen, vnd
Jren nachkomen Acht vnd dreyssig Tausent Drew Hundert vnd drey vnd ac
Gulbem alles güter vnd Rechter gewegner Reinischer Gulbem güter von Gold
swerer gnüg an Rechtem gewicht, die Sy vns durch iren güten willen vnd
bett wegen also bar aufpracht vnd entlehent habent vnd die auch alle zu m
merklichem nutz vnd frumen komen vnd bewent sind Vnd barumb so habe
Jn vnd Jren nachkömen durch bessere Sicherhait zu rechtem Redlichem pfand
mit Rechter nützlicher pfands gewer yetz in geantwürtt Jngesetzt Vnd versetz
temburg die Vestj ob der Stat Rotemburg gelegen, Rotemburg die V
in der Statt Rotemburg gelegen Rotemburg die Stat an dem Reicher

vnb bie Stat Ehingen auch babey gelegen Horw bie Burg Vnb bie Stat
w Schonenberg bie Stat vnb Pinsdorff bie Stat bas alles leut vnb
gùt, vnb bartzù all bie Dorffer bie zu ben vorgenanten Stetten vnb Vesten
renb vnb bie auf bisen tag als biser brief geben ist vnuersetzt sinb Also baz
vorgenanten Reichs Stett vnb all Jr nachkömen bie egenanten vnser Gesloss
Stett Dörffer Wiler Höf leut vnb auch gùt mit aller gewaltsam eehaften
ngen, pännen, Vogtein, Gerichten, Zöllen, Vngelten vnb gemainklich mit allen
ern zùgehörungen nutzen vnb auch Rechten wie bie genanb ober gehaissen sinb
ts aufgenomen benn alain vnser manschafft baibe Geistlicher vnb weltlicher lehen
wir vns vnb vnsere erben aufgesetzt vnb behalten haben bas anber vnb vbrig
z nu fùrbasser mer berùbiklich mit besetzen, vnb ze entsetzen vnb zu allem
t Innhaben han vnb auch niessen sullen an vnser vnb vnser erben vnb auch
: meinklichs von vnsern wegen Jrrung wiberreb vnb ansprach mit solchem
erschaib, baz In von ben nutzen ber vorgeschriben pfanbschafft aller Jerlich
aus zu Rechtem Zinns werben Vnb geuallen sullen von yebem hunbert ber
chriben Summ Gulben fùnf Gulben gùter Reinischer gulben bas gepùret sich
Jar Tawsent Newnhunbert Sibentzehen Gulben an all absleg ber vorgeschribnen
ptschulb. barnach sullen Sy von benselben nutzen bie Ambtleut ber Sy ben zu
vorgeschriben pfanbschafft notbùrftig sinb auch aufrichten vnb ob Sy von ber
en pfanbschafft eehaften vnb Rechten wegen ze tegen ze taybingen ober ze rechten
en wùrben ober mùsten vnb So Sy Jr botschafft zu ber Rechnung ber ege-
ten Pfantschafft senben werben bas alles sol von ben nutzen ber vorgenanten
nbschafft auch genomen werben Vnb wenn bas alles also ains ygleichen Jars
igericht wirbt Wer bann baz ichtzicht an ber nutzung berselben Pfanbschafft vor-
tùnb. bas sol vns an ber obgenanten Hauptschulb abgeen vnb abgeslagen werben
o sullen auch benn vns barumb aller Jerlich Quittantzbrief heraus geben. Wer
er baz ber vorgenanten Stùk kains Jars zerunne baz bie in vorgeschriebener weyse
n ben nutzen ber obgeschriben Pfanbschafft nicht möchten aufgericht werben als
bes ben gebrist bas sullen wir In zu ber vorgeschriben Haubtschulb auf bie
enante Pfanbschafft auch verschreiben vnb slahen nach Jr notburfft an alle geuerb
b in sölher weys So bauor vnberschaiben ist sullen bie egenanten Reichs Stett
b ir nachkömen bie egenanten vnsere Gesloss Leut vnb auch gut Innhaben vnb
essen als Lang vnb vntz auf bie zeit baz Sy mit ber vbernützung von Jn erlebigt
b gelöst werben ober aber wir ober vnser erben, ober wem wir bas gùnnen,
e mit ber Summ Gulben bie Jn bannoch barauf vnuergolten aufstùnben von
n erlöst haben Des auch wir allweg gewalt haben ze tùnb wenn vns bas fùgt
sey ober lang ober ober kùrtz Vnb wenn auch bas ober welhes vnber ben zwain
schicht So sullen bie egenanten ReichsStet vns vnb vnsern erben ober wem wir
as gùnnen bie vorgenanten vnsere Gesloss leut vnb auch gùt wie Sy bie benn
uf bieselben zeit Innhabent tugentlich zu vnsern hanben wiber antwùrtten vnb
ebn an alls vertziehen Jrrung vnb wiberreb getrewlich vnb an all geuerb. Es

sullen auch die vorgenanten Gesloss wiber vns, noch wir wiber Sy nicht sein an
alls geuerd So sullen auch die vorgenanten Reichs Stett nyemand darinn enthalten
der wiber vns sey auch an alls geuerd Dartzu haben wir den vorgenanten Reich
Stetten, das yetzund bei vnsern fürsten eern vnd trewn versprochen vnd verhaiss
daz wir all Jr burger vnd kaufleut Jr leib vnd ir güt in der gantzen Graf
schafft zu Tirol alswert die raicht vnd auf der Steirmarch getrewlich schirm
sullen vnd wellen all die weil wir die vorgenannten vnsere gesloss leüt vnd a
güt von Jn nicht erlöst haben vnd sullen vnd wellen auch nyemand günnen ver
hengen noch gestatten der Sy in derselben Zeit in den vorgenanten vnsern lande
angriff laibig oder beschebig alles an all arglist vnd geuerd vnd sust in andern vnser
Landen als ander die vnsern getrewlich vnd an alls geuerd Vnd also sullen wi
vorgenanter Hertzog Ernst vnd Hertzog fridrich Hertzogen ze Österrich etc.
vnd vnser erben vnuerschaibenlich der egenanten Reichs Stett vnd Jrer nachköm
zu der pfandschafft der egenanten vnser Gesloss leut vnd auch güt vnd auch darauf
Jr gnedig Herren vnd getrew schirmer vnd vertretter sein, vnd beleiben nach all
Jrer notburfft gen wem Sy des bedürffen an alle geuerd. Vnd ob das wa
daz Jn derselben Gesloss vnd Stett ains oder mer wider Jren willen entwer
würden, daz Jn das an der vorgenanten Jrer schuld kain schaden bringen s
Mit vrkund ditz briefs. Geben ze Hall im Jntal an Eritag vor vnser liebe
frawn tag ze der Schiedung. Nach kristi gepürd viertzehenhundert Jar vnd d
nach in dem Zehenden Jare.

836.

17. September 1410. o. O. Die in der Urkunde benannten Reich
städte bekennen, daß der Schwur, welchen Rotenburg und Ehing
vormals Elisabeth von Bayern, Gemahlin des Herzogs Friedri
welche mit **20000** fl. auf diese Städte angewiesen war, geleist
in Kraft seyn und bleiben solle.

Wir die Burgermaister Räte vnd alle burger gemainlich baidiv Rych r
arme biser nachbenempten des hailigen Römischen Rychs Stette mit namen Bl
Rütlingen Vberlingen Lindow Rauenspurg Bibrach Gemünde Me
mingen kempten kouffbürren phullendorff Jßni wangen lükirch Ti
kelßpühel Bopfingen Aulun Giengen vnd Büchorn Bekennen offenlich
vns vnd alle vnser nachkomen mit bisem briefe Als die durchlüchtigen hochgeborn
fürsten vnd herren Hertzog Ernste vnd hertzog Fridrich gebrüder Hertzog
zü Osterrich ze Styre ze kernden vnd ze krain Grafen ze Tyrole etc. vn
lieben gnädigen herren vns vnd vnsern nachkomen versetzet vnd yngesetzet hän

rechtem phanbe ir veſtin Rotemburg ob ber Statt Rotemburg gelegen Rotem=
burg bie Burg in ber ſtatt gelegen Rotemburg bie Statt vnb Ehingen bie
Statt by ainanber an bem Neker gelegen Horwe burg vnb Statt Schonenberg
bie Statt vnb Binßborff bie Statt baß alleß lüt vnb güte vnb barzü alliv biv
börffer bie zü ben vorgenanten veſtinen vnb Stetten gehörenbe vnb bie vff biſen
hütigen tag als biſer brief geben iſt vnuerſetzet ſinb mit allen iren rechten nutzen
vnb zügehörben Vmb Aht vnb bryſſig tuſent gulbin vnb vmb brühunbert vnb bry
vnb viertzig gulbin bie wir Jnen von ir bett wegen uff brächt vnb entlehnot haben
nách ſolicher brief vßwyſunge lut vnb ſag bie ſi vns barvmb gegeben hánb Dáruff
vns och bie obgenannten von Rotemburg vnb von Ehingen gemainlich Rych
vnb arme von gebottes vnb haiſſenbs wegen ber obgenanten vnſerer herren von
Öſterrich gehulbet vnb geſworn habenbe gehorſam vnb gewártig ze ſinbe als iren
rechten herren nách ſolicher vnſer brief lut vnb ſag ſo wir vmb bie ſelben phant=
ſchaft von ber obgenanten herrſchaft haben .. Wón nv baß iſt baß vnſerer gná=
bigen frowen frow Elßbethen von Bayern ſeliger gebachtnuſſe erben nach
bes egenanten vnſers gnábigen Herren Hertzog fribrichs von Öſterrich irs
elichen gemahels tobe ben got lang wenbe ainen anfale habent vmb zwaintzigtuſent
gulbin güter Riniſcher gulbin nach ber brief lut vnb ſage bie ſi bar vmb hánb
báruff Jn och bie ſelben von Rotemburg vnb von Ehingen vormáls geſworn
habenbe nach bes ſelben vnſers herren hertzog fribrichs tobe gehorſam vnb ge=
wártig ze ſinbe mit aller gewaltſámi vnb mit allen nutzen gülten rechten Renten
vnb vällen als lang vnb vntz uff bie zite bis baß ſi von ber ſelben vnſer frowen
von Bayern ſeliger gebáchtnuſſe erben mit ben obgenanten zwaintzigtuſent Riniſchen
gulbin erlöſet werbent nách bes briefs lut vnb ſag ber bárüber gegeben iſt Die
ſelben gelübbe vnb aybe bie egenanten von Rotemburg vnb von Ehingen Jn
ber vorgenanten vnſer Hulbunge vnb ſweren gen vns mit rechtem gebingbe reblich
vnb aigenlich vor an hin ban vß geſetzet vnb vor behalten habenbe .. Darvmb
ſo bekennen wir mit biſem brief baß wir Jn baß für vns vnb für alle vnſer
erben vnb nachkomen in ber vorgeſchriben vnſer Hulbunge gegünbet vnb vor uß
behalten vnb hin ban geſetzet haben Ob es zü ſolichen vällen vnb ſchulben käme
baß ber an vale beſchách Jn ben ziten E baß ſi von vns erlöſet wáren nach vnſer
brief ſage Das ſi benne fürbaß ber obgenauten vnſer frowen von Bayern ſeligen
erben nách bes egenanten vnſers gnábigen herren hertzog fribrichs von Öſterrich
obe ſüllent gehorſam vnb gewártig ſin mit iren ſchloſſen vnb mit allen lüten
güten gülten nutzen rechten Renten vnb vällen in aller ber wyſe vnb máße als
bes alle liplich aibe zü ben hailigen geſworn habenbe vnb nách bes briefs ſage
ber bar uber gegeben iſt als lang vnb vntz uff bie zite bis baß wir ober vnſer
nachkomen von ber obgenanten Herrſchaft von Öſterrich wegen baß alles von ber
obgenanten vnſer frowen von Bayern ſeligen erben mit ben egenanten zwaintzig=
tuſent gulbin nach vnſer brief lut vnb ſag gentzlich erlebigot vnb erlöſet haben
ber aber als lang bis baß wir ober vnſer erben ober nachkomen ben ſelben an

vale die zwaintzigtusent Rynischer gulbin den egenanten von Rotemburg gen Rotemburg Jn die Statt Jn antwürten vnd geben sich selb vnd die Herrschafft von der egenanten vnser frowen von Bayern seligen erben vou der obgenanten vnser Herrschaft von Österrich vnd von vnsern wegen da mit gentzlich ze lebigent vnd ze lösent Vnd wenne öch der ains in sölicher mäße beschicht also das wir si von der obgenanten Herrschaft von Osterrich wegen selb lösen von der egenanten vnser frowen von Bayern seligen erben Oder aber den von Rotemburg das gelt Jn antwürten als vorgeschriben stät weders der ains beschicht So sullent si vns fürbaß aber vmb die selben zwaintzigtusent gulbin zů der summe geltz die wir vor bennocht däruff hetten vnd die nicht abgegangen wäre mit allen schlossen lüten gůten gülten nutzen rechten Renten vnd vällen wiber gewärtig sin als iren rechten herren nach vnser brief lut vnd sage die wir von der selben phantschaft wegen von der obgenanten vnser gnädigen Herrschaft von Osterrich haben uff die aye die si alle yetzo daromb lyplich zů den Hailigen gesworen habende Vnd des alle ze warem vnd offem vrkunde geben wir obgenanten Rychs Stette für vns vu alle vnser nachkomen den Obgenanten von Rotemburg vnd von Ehingen vu iren nachkomen disen briefe besigelt mit vnser vorgenanten Stette Vlme, Rütlin gen, Vberlingen Rauenspurg Lindow Bibrach Gemünde Memminger vnd Kempten anhangenden Jnsigeln die wir für vns vnd alle ander obgenante Stette däran gehenkt haben der geben warb bo man zalt von Cristus geburte vier zehenhundert Jar vnd darnäch Jn dem zehenden Jare An der nächsten Mittwocha vor Sant Matheus tag des hailigen Zwölfbotten.

B. d. Orig. im dem Stabt-Archiv zu Rotenburg. — Mit 7 anhangenden Siegel.

837.

16. Auguft 1411. o. O. Graf Hugo von Hohenberg, Conventbrue bes Johanniter-Haufes zu Dätzingen, Kaftvogt der Kirche a Haiterbach, und Pfaff Burkard von Nagolb, Kirchherr zu Haiter bach, urkunden, daß ihre Streitigkeiten mit Peter Salzfaß, Com menthur zu Hemmendorf, in Betreff ihres Zehnten zu Haiterk und Oberthalheim von einem Schiedsgericht beigelegt worden seen.

Wir Graue Hug von Hohemberg Couent brüder in dem Huß i Tätchingen Sant Johans ordens vnd ich pfaff burkarb von Nage kirchherr ze Häyterbach. vrkunden menglichem mit bisem brieff für vns vn vnser nachkommenden von des stöß wegen so wir gehebt haben von vnßers zehe ben wegen ze Haiterbach gen dem Höltzlin Jngingen ufhin mit dem erwir gen brüder peter Saltzfaffen Comentur des Hufes ze Hemmendorff öl fant Johans ordens von fins Huß ze Räxingen öch fant Johan

Zehendlins wegen ze oberntalhain derselben stöß sigen wir uff beid sitt gentzlich vnd gar kommen zů bisen sechsten nächgeschriben mannen zů hans Schůn
zů Bentz Schäffern vnd zů Eberhard Ebschen von Hayterbach die wir
uff vnser sitt ba zů gegeben hetten Item zů Conrat vnd hann Kesmannen
vnd zů Hans Rügen von Talhain zů den Sehsten verainten· wir vns ains
gmain Hans Crämers öch von Talhain das die ben stöß ansehen solten vnd
vnd sich uff ir aib die sie aller hindrost gesworen hetten dar vmb erkennen vnd
die ägger vnbergán vnd vnberschaiben das ietweder tail wiste wie verr er sinen
zehenden nemen sölle vnd was öch die Siben barusz täten alb enschieben. alb ir
ber merre tail ba by sölt es beliben also hänt sie zwüschant die obgenanten ägger
bar vmb stösz ist gewesen gesetzt brie stain. das ersten ainen aller oberst vor dem
egenanten Holtz Jngingen zwüschant Eberlin Scherrers ager vnd Hans Scherrers
agger der sol schaiben burch abhin biß uff ben andern Stain ben sie gesetzt hänt
in Clausz kasschen ager ben man nemmet bes murers egger der öch gelegen
ist an bem holtz Jngingen der selb anber Stain sol benn aber burch abhin gen
bem grunb in ben britten Stain schayben ben sie gesetzet hát in bes egenanten
Clüß Casschen agger ben man nemet bes murers agger der selb britt Stain sol
ben burch abhin genn bem grunb zwüschant Hans Schun ägger vnd bes Clerros
Juchart bie in Gennen (sic!) lehen hört, bas ber von kilperg ist schaiben biz in
ben größen birböm. also sol es furbaz hin beliben bas ber zehenb ze Haiterbach
von Haiterbach Husz gün sol biz an bie egenanten stain. vnb ber zehenb ze talhain
ienat in her von Talhain her öch biz an bie egenanten stain vnb vnbermark. bes
ze vrkunb haben wir obgenanter graue Hug von Hohemberg vnb ich pfaff Burkarb
kirchherr ze Hayterbach vnser ieglicher sin aigen Jnsigel offenlich gehenket an bisen
brieff zů ainer offen vrkunb vnb warhait bisz egenanten vnbergangs ber geben ist
an Suntag näch vnser frowen tag assumptionis Jn bem Jar, bo man zalt näch
Cristi geburt Tusenb vierhundert anb ailff Jar.

B. b. Orig. im St.-Archiv zu Stuttgart. — Die Siegel fehlen.

838.

4. Oktober 1416. Innsbruck. Graf Rudolf von Sulz, welchem Her=
zog Friedrich von Oestreich erlaubt, zum Bau der Burg Hohen=
berg von den Leuten dieser Herrschaft **400** fl. aufzubringen, be=
kennt, daß, wenn er dieses Geld anderweitig verwenden würde,
es an der Losung der Herrschaft Hohenberg abgehen sollte.

Ich Graf Rudolf von Sulz Hauptmann ze Hohemberg Bekenn mit
bem brief, als mir ber Hochgeboren fürst mein gnebiger Herr Hertzog
fribreich (sic!) Hertzog ze Osterreich etc. gegünnt hat ain hilf vierhundert
Gulbin zu bem paw ber vestin Hohembergk bie vast pawvallig ist von

ben lewten dafelbs jntzenemen, Alfo hān Ich Im gelobt vnb verfprochen batz Ich
baffelb gelt alfo mit gūter kuntfchaft vnb gewiffen an berfelben veft nach nutz
vepawen fol vnb wil, Tett Ich aber bes nicht, vnb batz Ich bas gelt anber fita
an meinen nutz legte, batz Im vnb feinen erben benn baffelb gelt an ber lofung
ber herrfchaft Hohemberg abgee, boch wann Ich bas gelt verpawt han vnb Im
betz ain kuntfchaft pring batz er nur benn ben brief herauff geb ober In mit ainem
anbern brieft batz er mich hinfür nichtz mer pinb, vnb ze vrkunb han Ich mein
Infigel gebrukht auf ben brief Der geben ift ze Infprugg an Sanb francifcen
Anno dominj Millesimo Quabringentefimo Sextobecimo.

839.

14. Oktober 1416. Hall im Innthal. Erzherzog Ernft zu Oeftreich
gibt feine Zuftimmung, als Hans von Neuneck die Fefte Ifenburg,
ben Weiher barunter, bas Dorf Norbftetten unb ben Hof Buch,
was alles zu ber genannten Fefte gehörte, nebft bem Speicher zu
Horb um **1592** unb **120** Pfb. Heller von Cafpar von Ow ein-
löfte, ber folches alles als Pfanb von bem Haufe Oeftreich inne
gehabt hatte.

Wir Ernft von gotz gnäben Erzhertzog ze Ofterich ze Stir ze kernten vnb zu krain gräff zū tyrol etc. bekennen für vns vnb ben Hochgebornen fürften vnfern lieben brüber Hertzog frybrichen zu Öfterich etc.
vnb vnfer beyben erben als vnfer lieber getruwer Hans von nüwneg vnfe
veften yfenburg vnb ben wiger baronber batz borff zu Norftetten vnb
ben Hoff zu būch batz alles zu berfelben veftin gehört vmb fünffzehnhun-
bert vnb zway vnb Nüntzig pfunb Haller vnb barzu batz Hutz zu Horb by ber
burg gelegen bas man nennt ben fpicher vmb hunbert vnb zwaintzig pfunb
Haller von vntzerm lieben getruwen lieben Cafparn von Ow vnb von finer
Hutzfrowen weylent Syglins bes pfufers tohter gelöft hat batz alles
besfelben Cafpars vnb finer Hutzfrowen Satz von vns gewefen ift Alfo habe
wir zu berfelben löfung vntzern gunft vnb willen gegeben wiffentklich mit bem
brieff in fölicher mätz batz ber egenant Hans von nüwneg vnb fin erben bie vorgenante vntzer vefti mit fampt bem obgenanten wyer borff vnb Hoff vnb anber
zugehörb wie bie genant ift nichtz utzgenomen vnb barzū bas benant hutz genant
ber fpicher nun fürbatz von vns bem obgenanten vntzerm lieben brüber Hertzog
frybrichen vnb vnfern erben In Satzes Rehten Innhaben vnb nyeffen föllent an
abfchlag ber nütz als Satzes vnb lanbes reht ift als lang vntz wir bie vmb bie

ıorgenant ſumm Haller von Jn gentzlich erlöſen vnd erledigen berſelben löſung
y vns vnßerm egenanten brüder vnd vnßern erben ſüllent ſtatt tůn wenn wir
ıer an ſy begerent an wiberreb Sy ſüllent vns öch bie vorgenant veſtü offen haben
ıns bie vnßern barjn vnb baruß zu lauſſenb vnb barjnne zu Guthaltenb wenn
ınb als offt wir bes an ſy begern wiber allermengtlich nyemanb uſgenomen boch
n vns ſelbs coſten vnb zerung vngeuerlich Och ſüllint ſy ben obgenanten Satz
ınwülſchlich Jn haben vnb ſich ber gewonlichen zinß vnb gült von vnßern lütten
auſſen benügen vnb bie barüber nicht verret bringen noch beſchwären Jn behain
ıuiß än geuerb mit vrkunb biß briefſs geben zu hall Jm Jntal an Mittichen (sic!)
ıor ſant gallen tag Nach Criſtü geburt Jn bem vierzehenbhundertiſten vnb Seh-
ıᵼhenben Jar.

B. b. Orig. im St.-Archiv zu Stuttgart. — Auf Papier; ohne Siegel.

840.

ı9. Juni 1417. Eberbach. Pfalzgraf Otto bei Rhein ertheilt der Stabt Wilbberg verſchiebene Begünſtigungen.

Wir Ott von gotts gnaden pfalltzgraue bey Reyne vnnd hertzog
ın Bayern etc. Bekennen vnns offenntlich mit biſem brieff für vnns alle vnnſer
ıben vnnd nachkomen vnnd thun kunbt allen ben bie jne ſehennt leſennt ober
ıren leſenn. Das wir ſollche gehorſamkeit vnnd willig bienſt. Die vnnſer Lieben
ıtrewen Burgermeiſtere vnnb Burgere gemeinliche vnnſerer Statt Willbperg
ıns vnnb vnnſern altfordernn gethon habenn vnnb noch jnn künfftigen Zeiten
un ſollen angeſehen habenn vnnb haben jne vnnb jren nachkomen. ſollche be-
ınnber gnabe gethon. Allſo bas wir ſie vnnb ir nachkomen gefrijt habenn vnnb
ıyen ſie auch jnnkrafft bis brieffs für aller vngewonnlicher Steür vnb ſchatzung
ıgeben. vſſgenomen bie Bebte gültt vnnb Zinße bie ſie vnnſern alltfordern vnb
ıs biſher jerlichen gegeben haben one alle geuerb Auch ſo ſollenn bie Burgere
ı vnnſer obgeſchriben Stat Willbperg jars nach noturfft vnnb zeitlicher vermö-
ınge bawen. vnnb bas mit vnnſerm vnnſer erben vnnb vnnſer amptleute ratt
ıllen vnnb wiſſen thun Dartzu ſollen wir ober vnnſer erben jne Bawmeiſtere
ıbenn vnnb beſchaiben alls bickhe bes not ſein wurbet on geferbe. Auch were es
ıs bie Burgere Jnn vnnſer vorgeſchribenn Statt Willbperg allmanbt vmb Zinſe
ırlyhenn ober verlihenn hetten. Denſelbenn zinſe ſollen ſie auch an ber Stat
ırbawen nach vnnſerm vnnſer erben vnnb vnnſer amptleüt willen vnnb wiſſen
ı bermaſs alls vorgeſchriben ſteet. alle geuerb vnnb argeliſft genntzlich vſſge-
ıaiben. Des zu vrkunbt vnnb veſtem getzeugnuſſe So haben wir für vnns vnn-
ıe erben vnnb nachkomen vnnſer jnnſigle laſſenn henncthen an biſen brieff. Der
ıuenn iſt zu Eberbach an ſannt petter vnub ſannct paulstag ber haillgen

Zwelfbotten Jnn dem Jar da man zalt nach christj geburt viertzehennhundert vnnd jnn dem Sibenntzehensten Jare.

B. einer gleichzeitigen Abschrift im St.-Archiv zu Stuttgart.

841.

8. Februar 1420. Eisisheim. Anna von Braunschweig, Gemahlin des Herzogs Friedrich von Oestreich, schlägt dem Spital zu Horb, welchem das Dorf Altheim um **800** Pfd. Heller von den Grafen von Hohenberg verpfändet worden war, weitere **250** Pfd. auf diese Pfandschaft.

Wir Anna von Brawnsweig von gots gnaden Hertzogin zů Osterrich zů Steyr zů kernden vnd zů krain Gräfin zů Tirol etc. Tůn kund Als das Spital zů horw das dorff genantt Altheim von wailent den Grauffen von hohenberg verpfendet haben vmb acht hundert pfund haller bet aber Jm von dem hochgebornen fürsten vnserm Lieben heren vnd gemahel hertzog friberichen hertzogen Zů Osterich etc. mit der pfandschafft geschlagen brithalb hundert pfund haller Darürt Also haben wir an statt des egenanten vnsern lieben heren vnd gemahels des vollen gewalt wir yetzund haben dem egenanten Spital vff die abgeschriben pfandschaft geschlagen brithalb hundert pfund haller der wir ouch also berait betzalt vnd ausgericht sein, vnd sol das egenant Spital nu vnd hinfür vff dem obgeschriben dorff Altheim mit siner zůgehorung sich be abgeschriben bayder Sum der Achthundert vnd brithalbhundert pfund das an ainer Sum Aülffthalb hundert pfund haller bringet halten vnd dasselb dorff da zů Innhaben nützen vnd niessen Jn aller der massz wis vnd form Als der houpt brieff den das egenant Spital von der Acht hundert pfund haller wegen Jn hatt on alles geuerde Mit Vrkund diss briefs Geben zů Eisissheim an pfingstag nach Sant dorotheen tag Nach cristus geburt Jm viertzehenhundertisten vnd Zwentzigosten Jare.

B. d. Copial-Buch zu Horb. Fol. 161.

842.

24. Juni 1422. o. O. Ernſt Merhelt, Schultheiß zu Rotenburg, und Johans Menloch, Stadtſchreiber daſelbſt, bezeugen, daß die Grafen von Hohenberg von Alter her verordnet haben, es ſolle kein Baſtard Chorherr am Stift in Ehingen werden.

Wir Ernſt Mårhelb zů den ziten Schulthais ze Rotemburg am Necker vnb Johans Menloch Stattſchriber daſelbs Bekennen das wir vff ben tag batum bis briefs gehört haben von ben frommen beſchaiben mit namen von Bentzen wilhan burger ze Rotemburg wie das die Erwirbigen Herren ber probſt vnb die Corherren des Stiftes ze Ehingen ains tails vnb ber fromm veſte Bentz von Bochingen bes anbern tails bes pfleger vnb ampt=man er langtzit geweſen wår vor ziten etlich ſtöſſ vnb zwayung mit enanber hetten von ainer kåltter wegen bar vmb ſi aber der wolgeborn Herre Gråf Rů=bolff von Hohemberg ſåliger gebåhtnuß ber öch vff bie zit Rehter vnb gewaltiger Herr ber Herſchafft Hohemberg was mit ſamt Cöntz=linen ſinem ſchriber ſålig riht vnb verrihte nach lute vnb ſag ber brieff barüber geben vnb bo ſpråch ber Bochinger Herr nun will ich ye bas ir mir von ber rihtung wegen gebenb miner ſün ainem ain Corherren pfrůnb vff ben ſtifft ze Ehingen, bo ſpråche ber Herre gern biner elicher ſüne ainem vnb kainem baſchart benn ich kain baſchart vff bem ſtifft zu Ehingen hån wil, da zů horten wir von Auberlen Altengot wie das er vff ain zit ze Rotemburg vff ber burg wår bo ſpråch frow Jt von Toggenburg ſålig bes obgenanten Gråf Růbolfs elichi gemahel Gråf bu ſolteſt gebenken wie bu ben alten Herren vßrihteſt wan er mir vnb anbern lüten nach gåt bich ſinem ſun vmb ain Corherren pfrůnb ze bitten wan er langtzit ber Herſchaft gebienet hab als er öch mit ber Herſchaft herkomen was vnb hette ainen ſun vnelichen geborn, bo hörte er bas ber ſelb Herr von Hohemberg ſpråchi er hetti von ſinen altuorbern gehört wie bas kain baſchart vff bem obgenanten Stift ſin ſölt bar vm ſo wölt er öch nit bas kain baſchart baruff wer noch kåm, vnb wölt öch uff bas bes alten Herren vnelichen ſun nit lihen vnb wurb Jm verzogen. vnb bis ſag vnb reba hånb die obgenan=en Bentz wilhan vnb Auberlin Altengot geſeit beratenlich wiſſenlich vnb als ſi ꝛenn ain warhait billich bar vmb ſagen ſüllen ån all geuerbe. Das öch wir ob=ꝛenanter Schulthaiß vnb Statſchriber ſolich reba von Jnen gehört haben als ob=ꝛeſchriben iſt, bes ze zügnuſt haben wir vnſrü Jnſigel gebruckt Jn biſen brief ze ꝛnb birr geſchrifft. Der geben iſt bes Jårs bo man zalt von Criſti geburt vier=ehenhunbert vnb zwai vnb zwaintzig Jår an ber nehſten mitwochen nach gotz fron=ichams tag.

B. b. Orig. im St.-Archiv zu Stuttgart. — Auf Papier; mit ben beiben aufge=ruckten Siegeln.

843.

16. Juli **1423.** o. O. Bentz Hüller, Bürger zu Horb, Walther
Syfrids von Rotenburg Enkel, verkauft um **570** Pfd. Heller eine
Heller= und Hühnergült von Unter=Jettingen an Agnes von Hohen=
berg, Priorin zu Reuthin, beziehungsweise an dieses Kloster. [1]

Ich Bentz Hüller walther Syfryds seligen von Rotemburg boh=
tersun zů bisen zijten burger zu Horwe vergich vnd bekenn mich offenlich
mit bisem brieff für mich vnd all min erben Vnd tůn kunt allen ben bie bisen
brief immer ansenhend ober hörend lesen, Als der obgenant Walcher Syfryd selig
min ånj vor etwieuil zijtes ains rehten reblichen staten vnd öwigen kouffes erkouft
hant mit solichen worten werken vnd getäten als es billich vnd von reht kraft
vnd maht zů ben zijten haben solt vnd noch all kunfftig zijt haben sol vnd mag
an allen stetten vnd gerihten vnd vor menclichem Viertzig pfund vnd zenhen schil=
ling ytaliger güter vnd genemer Haller vnd viertzig hünr Alles iärlichs states gelt
vnd ewiger gülten vmb den Edeln wolgebornen Herren Grauffen Ru=
bolffen von Hohemberg seligen den man nempt Grauff Rümilin zů
ben zijten Herr zů Altenstayg von vnd vsser beme dorff vnber ütinger
mit aller zůgehörd vmb sehshundert pfund minber bryssig pfund guter vnd ge=
mer Haller nauch lut vnd vsswisung ains versigelten brieffes mit fünff anhangen=
ben Insigeln ben ber obgenant Herre von Hohemberg minem lieben Ånj seliger
Walther Syfryden vnd sinen erben barumb vnd barüber gegeben hat berselb bri=
anuahet Wir Grauffe Rudolff von Hohemberg Herr zů Altestayg etc.
vnd bis batum vnd geben wiset vff Sant Othmars tag des Jares bo
man zalt von Cristij gepurt brützenhundert Jar vnd Süben vnb
Ahtzig Jare In dem selben brieff der obgenant Herr von Hohemberg selig wer
ouch der Schulthais die rihter vnd die geburschaft gemainlich bes borffs vnber
ütingen bie banne zů der zijt vernünfftig In libe vnd leben gewesen sind für ch
ir erben vnd nachkomen vff ir aybe bie sye barumb gesworn hand verschribe
verhafft vnd verbunden haben bem obgerürten kouff gnůg zů sin vnd bem obg
nanten minem ånj seligen vnd allen sinen erben vestenklich vnd vnübrechenlich so
obgeschriben Haller vnd Hünrgült Järlich zurihten vff bie zijt vnd In aller w
vnd mauß als ban berselbe brieff luter ußwist. Der yetzgenanten viertzig pf
vnd zenhen schilling Haller geltz vnd viertzig Hünr alles iärlicher vnd ewiger gü
bas halbtayl gantz vnd gar nemlich zwaintzig pfund vnd fünff schilling Haller w
zwaintzig hünr alles iarlicher vnd ewiger gülte mich obgenanten Bentzen Hül
von bem Egenanten Walther Syfryden seligen vnd miner můter seligen reht er
plich angestorben angeuallen vnd angeerbt ist bie Ich ouch etwieuil zijten Innegeheb
genützt vnd genossen han, on menclichs ansprauch vnd irrungen bes Ich ietzgenan
Bentz Hüller ains rehten reblichen steten vnd öwigen kouffes als bas billich vn

n reht krafft vnd maht haben sol vnd mag yetz vnd alle künfftig vnd ewig zijt
c mich vnd alle min erben verkoufft vnd zů kouffen gegeben hon tůn ouch das
t crafft vnd vrkund dis brieffes den Erwirdigen Ersamen vnd gaistlichen frowen
owe Agnesy von Hohemberg zů den zijten priorin vnd dem Couent
mainlich des Closters Rütij bij wilperg an der Nagelt gelegen prebier orbens
b allen iren nachkomen minen obgenanten erbtayl mit namen die zwaintzig pfund
b fünff schilling Haller vnd zwaintzig hünre alles states geltz vnd ewiger gülte
it allen den rehten, sytten vnd gewonhaiten die ich barzů gehebt hon bis off
n tag als geben dis brieffes lut vnd wiset von vnd vsser dem obgenanten borff
berůtingen mit aller zůgehorbe nach lut vnd wisung des vorgen. brieffes, ben
r vorgen. Herre von Hohemberg dem egen. minem Anj seligen barumb gegeben
t etc. vmb vier hundert vnd sůbenzig pfund haller etc.

(Das weitere der Urkunde hat für unsern Zweck keinen Werth.)

B. d. Orig. im St.-Archiv zu Stuttgart.

1 S. oben bie Urkunde zum 16. November 1387. o. O.

<hr>

844.

September 1423. o. O. Konrad von Hailfingen verkauft um
2250 rh. Gulben an die Gräfin Margaretha von Hohenberg, geborne von Thierstein, Wittwe, und beren Sohn Grafen Sigmund
von Hohenberg, die Burg und das Dorf Poltringen, die Mühlen
dabei nebst Obernborf, seine Leibeigenen in diesen Dörfern, sowie
in Reusten, Altingen, Pfäffingen, Jesingen und Wendelsheim (dieses
im O.A. Rotenburg, die übrigen im O.A. Herrenberg).

Jch Conrad von Hälfingen Haintzen säligen Sun von Hälfingen
kenn vnd vergich offenlich für mich vnd alle min erben vnd nachkomen vnd
a kunt allen ben die diese brief ansehent ober hörend, baz ich zů den ziten bo
ryten vnd gůn moht gesundes libs vernünftig der sönn vnd mit gůter zitlicher
rbetrahtung vnd Raut miner frunb vnd aller der die barzu notdurfftig wären
n vnd der minen mereren schaben ze verkoment vnd beßeren nutz vnd fromen
mit ze schaffent ains rechten redlichen Stätten vnd ewigen kouffs verkoufft
b zekouffent geben han mit munb vnd hanb an den stetten zů den ziten vnd in
wis weg wie denn ain yeglicher stätter vnd ewiger kouff von billich von ge-
mhait vnd durch recht wol krafft vnd maht hät haben sol vnd mag yetz vnd
nach ymmer ewiglich an allen stetten zů allen tagen täbingen vnd namlich vor
en lüten richtern vnd gerichten gaistlichen vnd weltlichen. Gib ouch zekouffent
r mich vnd all min erben vnd nachkomen mit rechter wissent vnd inkrafft diß
ieffs Der wolgebornen frowen frow margarten (sicl) von Hohem-

berg greffin gebornn von Tierſtain wytwe miner genedigen frowe⟶
vnd dem wolgebornen Herren grauff Sygmunden von Hohemberg mi⟶
nem genedigen lieben Herren irem elichen ſun ob ſü nit wår vnd allen ſinen erbe⟶
vnd nachkommen Boltringen die Burg die muly bauor Boltringen ba⟶
Dorff die muly obnen barinn vnd die mulſtatt vnbnen in dem borf⟶
gelegen vnd obernborff baʒ borff allez minen tail mit allen iren begriffe⟶
büwen rechten nützen gewonhaiten vnd zügehörden Es ſy mit lüten wieuil der vn⟶
wie die genant ſint mit güten mit hüſern ſchuran höffen hoffſtetten hoffraitina⟶
müſtſtatt bongarten mit ådern nuwbruchen egerben mit wyſan wyßbleʒen waʒe⟶
mit holz höwen büſchen marden wytraitinan mit velb waide wunn zwy mit waſſe⟶
waſſerlaity graben viſchenʒen mit kuchinan mit wegen zů vnd in wege mit Stüra⟶
båffrinan mit gerichten ſtåben vngerichten vållen houptrechten frefflinan mit zwinge⟶
bånnen vogtyen vogtrechten mit bienſten mit aller ehaffty vnd gewaltſamy mi⟶
allen zinßen gelten gülten vnd nützen Es ſy an haller kornn habern an henne⟶
hünren genß gelt vnd namlich waʒ ich baſelbs hån mit allen ben rechten nüʒe⟶
genießen gewonhaiten vnd zügehörden So von billich von gewonhait ober va⟶
rechʒ wegen baʒů vnd barin gehören ſol vnd mag wie baʒ allez genant vnd wa b⟶
gelegen iſt, Sy ſyen benempt ober vnbenempt beſucht ober vnbeſucht funden ob⟶
vnfunden buwes vnd vnbuwes ob erbe vnd vnder erbe grund vnd gratt (ſic)⟶
klain vnd groß lützel ober vil haller vnd hallers wertt nüʒit vberall vßgenomme⟶
noch vorbehalten inkainen wege alles für recht lebig fry vnuerkümert aign v⟶
ouch namlich all vnd yeglich min aigen armenlüt manß vnd wibs geſchlåʒt ſo i⟶
hån ʒe bolteringen obernborff ʒe Rüſtan altingen pfeffingen yeſi⟶
gen windelshain ober anderſchwa wa bie geſeßen vnd wie bie genanet ſint ʒ⟶
Boltringen gehörenb bie ſtud .. lüt vnd gut alle alʒ bie an mich von minem⟶
genanten vatter ſåligen komen ſint vnd bie ich anberthen von aſt ſåligen⟶
barnach Contzen von Buhel verſeʒt gehebt han. Vnd iſt der egenant kouff⟶
ſchenhen vmb zway Tuſent vnd brythalbhundert guter rinſcher gulbin die ouch⟶
vorgenant min genebig frow mir barum gentzlich alſobar geben vnd beʒalt⟶
vnd bie in minen vnd miner erben kuntlichen nutʒ komen vnd bewent ſint, ba⟶
mich von ir ouch wol benügt. Vnd ſeʒe ouch bie obgenant min genedig fro⟶
vnd min Herren graff Sygmunden vnb ſine erben mit krafft biß brieffs in ge⟶
vnb nützlich gewere der vorgeſchriben burg börffer vnd aller ſtud lüt vnd gut⟶
allen iren rechten nützen vnd zügehöreben mit vffgebung vſſer miner hanb i⟶
hanb mit allen rechten als ob eʒ mit beügter hanb vnber dem ſtabe vnd vor⟶
rechten kayſerlichs gerichts zůgangen vnb beſchenhen ſy vnb ouch vm ain yegli⟶
ſtåtter öwigen kouff recht iſt. Heruff hån ich vorgenannter Conrad von H⟶
fingen mich verʒigen vnd verʒich ouch mich vnd alle min erben vnd nachko⟶
wiſſentlich mit krafft biß brieffs gegen der vorgenannten miner genebigen fro⟶
von Hohemberg vnd grauff Sigmunden ob ſü nit wåre vnb gen allen ſinen e⟶
vnd nachkomen aller der recht vorbrung aigenſchaft vnd anſprach, ſo ich min e⟶

ober yeman anbers von vnfer wegen zů vnb an bie vorgeschriben burg börffer
stuck lüt vnb gute minen tail mit allen iren rechten nützen gewonhaiten vnb zůge=
hörben vntzher gehebt haben ober nun fürohin inkünftigen ziten ober kommen vnb
gewinnen künden ober möhten eʒ wäre mit brieffen mit kuntschafft mit gerichten
gaiftlichen ober weltlichen ober fuß än geriht in welhen weg baʒ wäre bann fy
bie nun fürohin innhaben nutzen nießen befetzen vnb entfetzen follent vnb mügent
nach irem willen vnb notburfft alʒ anber ir aigen lüt stuck vnb güte an min mi=
ner erben vnb än aller menglichs von vnfer wegen intrag wiberrebe jrrung
vnb hinbernüße. Darʒů vnb ober baʒ alles, fo fol ich vorgenannter Conrab
von Hailfingen vnb min. erben ber obgenanten miner genebigen frowen vnb
grauff Sygmunben ob fü nit wär vnb allen finen erben bie vorgeschriben
burg bie börffer vnb bie stuck lut vnb güt alle vnb ir yeglichs befunber mit allen
iren rechten nutzen gewonhaiten vnb zůgehörben verstän offrichten vertigen verfpre=
chen lebig vnb loß machen für ain recht lebig fry vnbekümmert aigen gegen allen
gaiftlichen vnb weltlichen perfonen vnb namlich gegen aller menglichen wenne ober
wie bick fy bes notbürftig wären ober würbin nach aigens vnb biß larbs fytt ge=
wonhait vnb recht vnb nach bem rechten, baʒ fy baran wol habent fint gar vnb
gentzlich än allen iren fchaden. Vnb bes alleʒ ʒe merer vnb beffer ficherhait, fo
han ich ber vorgenannten miner genebigen frowen vnb grauff Sygmunben vnb
finen erben ʒů rechten bürgen vnb vertigern geben vnb gefetzt her ölrich maigern
von waßneck hanßen von hailfingen ben. eltern, henßlin von nünek,
hanfen von haimerbingen, Rånhartin von målchingen vnb Eberhart
Sölren von Richtenberg vnuerfchaibenlich alfo vnb mit bem gebinge, wäre ob
bie vorgeschriben burg, bie börffer, bie stuck, lütt vnb gut alle ober ir behains be=
funber ober ir ʒůgehörbe von yeman anfprächig wärin ober würbin, ober ob inen
fuß behain yngriff ober inbruch von vnß wegen baran befchäch von weme baʒ
wäre vnb wie fich baʒ fügty vnb ich vorgenannter Conrab von Hailfingen ober
min erben ynen bas alles vnb yegliches an welhen fy benn mangel ober bruft
hetten ober gewünnen nach biß brieffs fag nit verstünben vfrichtin vertigetin ver=
fprechen lebig vnb loß machetin baʒ fy baran habent wären in obgeschriben wis.
So hanb benn bie vorgenannt min genebig frow vnb grauff Sygmunb ob fü
nit wår vnb all fin erben vollen gewalt vnb güt recht bie egenannten bürgen all
ober ir ain tail welhy fy wenb ʒe manenb ʒe huß ʒe hoff mit botten mit brieffen
ober vnber ougen vnb welhy alfo gemannt werbent bie füllen nach ber manung
n acht tagen ben nehften barum vnuerʒogenlich ynfarn gen Tüwingen gen Ro=
enburg ober gen Eßlingen in ber bryer Stett ain vnb ba laiften in ains
rbern vnb offenn gaftgeben ober wirtzhuß in welhes fy benn von inen gemant
verbent, yeglicher mit fin felbs libe vnb mit ainem pferit ober aber ainem kneht
nit einem pferit an ir ains ftatt ber felber nit laiften wil ober enmag ain kunt=
ich gewonlich gyfellfchaft ʒe haltent ʒe uollen täglichen malen ʒe failen kouffe vn=
terbingt, alʒ fyt vnb gewonlich ift nach ebler lüt recht, boch baʒ weber kneht noch

54*

pferit erbetten noch entlehnet ſyen an ben ſtetten, noch vmb bie wirtt ba ſy benn
laiſtent vnb enſüllent bie bürgen noch ir verweſer an ir ſtatt vßr ber laiſtung
nümer komen noch lebig bauon werben benn mit ber vorgenannten miner genebigen
frowen vnb grauff Sygmunbz ob ſü. nit wâr ober ſiner erben gunſt vnb guten
willen ober aber vntz inen allez baz vff vnb vßgericht geuertiget lebig vnb loß vnb
vnanſprechig gemachet wirt, baran ſy benne mangel ober bruſt vnb barumme ſy
gemant hetten nach biß brieffs ſag gar vnb genzlich an allen iren ſchaben in ob-
geſchribner wis .. Laiſty aber ber egenannten bürgen ainer ober me ober ſy al
nit, ſo es ze ſchulben kâme vnb ſo in obgeſagter wis barumme gemant würben,
ſo ſüllent vnb mügent bie vorgenannten min genebig frow von Hohemberg vnb
grauff Sygmunb ſin erben vnb alle ir helffer mich obgenannten verköffer al
min erben vnb ben ober bie vnlaiſtenben bürgen gemainlich ober beſunber vnb
ouch min vnb ber brüchigen bürgen lüt vnb gůte barumb angriffen ſchabegen ober
pfenben allenthalben es ſy in ſtetten, vf burgen, in börffern ober vf bem lanbe
mit gaiſtlichen ober mit weltlichem gerichte ober ob ſy wenb mit ir ſelbs gewalt
än gerichte än clag än zorn vnb än alle rauche ymmer ſo lang vil vnb genüg
vntz inen allez baz vff vnb vßgericht geuertiget vnb vollefürt wirt genzlich än
allen iren ſchaben baran ſy benn mangel ober bruſt ober barum ſy benn gemar
nach biß brieffs ſag vnb waz ich vorgenannter verköffer, min erben vnb ber ober
bie vnlaiſtenben bürgen ober yeman anbers von vnß wegen hiewieber ymmer
tätten ober fürzügen, ſo hanb ſy allewegenb vor allen lüten richtern vnb gerichten
gaiſtlichen vnb weltlichen recht vnb wir vnrecht. Vor bem angriff mich obgenanter verköffer noch min erben behain vnßer lüt noch gůt noch ben ober bie vnlaiſtenben bürgen noch bero lüt noch gůt nit ſchirmen noch fryen ſol behain genäd
gelaibt fryhait lantfrib lantrecht Stettrecht burgfribe behain gebott verbuntnüß geſellſchaft noch verainung ber fürſten, ber herren, ber Stett, noch bes lanbs behain
anber gaiſtlich noch weltlich recht noch mit namen behain anber ſunt liſt fürzug
noch ſach, ſo yeman yetz ober hienach in ſchirms wis fürziehen finben ober erbe-
ken kann ober mag in kainen weg. Heruff vnb vber baz allez ſo hieuor vnb hienach geſchriben ſtat verzich ich vorgenannter Conrat von hailfingen min erben vnben ober bie vnlaiſtenben bürgen baz wir hienach ſprechen möchten bie Haller wärn
vns nit all worben noch in vnßern nutz nit kommen ober wir wâren betrogn
ober baz halbtail ber Houptſumme bie ſich gebürt vmb bie vorgeſchriben ſtuck, lüt
vnb gut, barum ſolt man vns wiber ſetzen in gewalt vnb gewere berſelben ſtuck
lüt vnb gute. Alles gaiſtliches vnb weltliches gerichts hantfeſtinan priuilegia
bie wir yetz haben ober hienach erwerben möhten von bem hailigen römiſchen
Stůle, ertzbyſchoffen, byſchoffen, römiſchen kaiſern küngen, iren lantvögten ober anbern herren vnb mähtigen perſonen. Des rechten baz ba ſpricht gemain verzichnis
ſülle nit verfahen vnb beſunber ſo verzichen wir vns allez bez bamit vnb bagegen
wir vns wiber biß allez vnb yeglichs beſunber ſo hieuor vnb hienachgeſchriben
ſtat, behelffen vnb geweren kunben ober möhten in welhen weg baz wâre. Es

begeben uns ouch, wann wir bißen kouff nit vertigen, vnd allen vor vnd nachge=
schriben sachen nit nåch giengen vnd den genůg wåren nach biß brieffs sag, daz
wir vns denn setzen vnder ains yeglichen richters gericht vnd gewalt vnd nit für=
zetziehend, daz wir in daz gericht nit hören, sunder man mag vns darumb bannen
vnd åhten, vnd ben gerichten nåch gan, dauor vns behain vnßer herren noch fry=
hait nit schirmen sol. Vnd in waz schabens bie vorgenannt min genedig frowen
von Hohemberg vnd grauff Sygmund ober sin erben vnd all ir helfer bes angriffs
wie bick sy benn tåtten ober von der vorgesagten vertigung wegen ymmer koment,
ez wår von zerung von bottenlon, von brieffcost von nachraißen von benötten ober
suß von anber reblicher sach weger wie der genannt wår wie sich daz fügty.
Den Coften vnd schaden allen füllent ich vorgenannt Conrab von Hailfingen vnd
min erben vnd der ober die vnlaiftendem bürgen gemainlich vnd vnuerschaibenlich
ynen vnuertzug abtůn vnd bezaln gar vnd gentzlich ån allen iren schaden in obge=
schribner wis. Gieng ouch ber egenannten bürgen ainer ober me abe, füre vom
land ober würb suß vnnütz zu bürgen vor vnd ee bieser kouff geuertigt würb in
obgeschrieben wis, wie sich baz fügty, baz got lang wenbe, So soll ich vorgenannt
Conrab von Hailfingen ober min erben inen in acht tagen ben nehsten nach ir
månung anber alz schiblich vnd gewiß bürgen setzen vnb in allem rechten alz ber
ober bie abgegangen bürgen gewesen sint ober bie beliben bürgen ob sy barumb
gemannt werbent süllent laiften in ben vorgeschriben rechten vntz ez beschicht. Wår
ouch ob bie obgenannt min genedig frow vnd Grauff Sygmunb ob sü nit wår
ober sin erben ber bürgen ain ober me füro manoten ober angriffen benn bie
anbern ober iro ain ober me furo zil vnb tag in ber laiftung geben benn ben
anbern ober ob bißer brieff an im selber vngeuarlich schabhaft argwönig ober
bresthaft wår ober würby ober ob ber insigel so an bießen brieff gehörenb ains
ober mer zerbråche mißhengt ober mißkert würb ober sin zaichen aigenlich nit be=
griffen hetty, wie sich baz fügty. Der ftuck aller kains noch mit namen suß nützit
anbers überall Enfol noch enmag inen an iren rechten noch bißem brieff an sinen
kreften kain schaden beren noch bringen weder suß noch so inkainen weg alle arge=
lift vnb geuerbe in allen vorgeschriben sachen gentzlich vßgenommen vnb hinban
gesetzt. Vnb also geloben ich vorgenannt Conrat von Hailfingen by güten truwen
in rechter warhait für mich vnd all min erben vnd nachkommen bisen kouffe zeuer=
tigent vnb all vorgeschriben sachen war vest vnd ftått ze haltent vnb zeuollefürenb
nach biß brieffs sag vnb bawiber nit zetůnt noch schaffen getan werben haimlich
noch offenlich suß noch so in behainen weg vnb ben egenanten bürgen van bißer
burgschaft vnb laiftung zehelffent gentzlich ån allen iren schaben vngeuarlich. Wir
bie egenannten bürgen vergenhen bißer burgschafft vnb geloben ouch by güten trü=
wen sy war vnb ftått ze haltenb nach biß brieffs sag ån all geuerbe. Vnb bes
alles ze offem vnb warem verkunbe, so haben ich ber verköffer vnb bie bürgen all
gemainlich vnb vnser yeglicher besunber sin aigen insigel offenlich gehenckt an bißen
brieff. Jch brüber willham von halfingen Sant Johannes orbens

Cummittur (sic!) ze mergethen (sic!) dez vorgenannten Conratz von Halfingen Bruder vergich auch offenlich für mich vnd alle min erben mit dißem brieff, daz dißer vorgeschriben köff mit minem wißen vnd güten willen zügangen vnd beschenhen ist vnd daz ich behain min erbe noch nieman von minen wegen die vorgenannt min genedig frowen minen Herren grauff Sygmunden noch sin erben noch nieman anders von iren wegen an den vorgeschriben stuken, lüten noch güten mit ir zugehörde nit sumen, iren noch hindren sol noch schaffen getan werden, Sunder sol vnd wil ich sie daby laußen beliben nach biß brieffs sag än all intrag arglist vnd geuerde vnd kain recht vordrung noch anspruch barzü noch baran haben noch gewinnen inkainen weg. Vnd dez allez ze offem vnd warem vrkunde, So han ich min aigen ynsigel ouch für mich vnd all min erben offenlich gehenct an dißem brieff der Geben ist an vnßer lieben frowen aubent als sü geborn wardt nach Christz geburt alz man zalt viertzehenhundert vnd brü vnd zwaintzig jare.

B. d. Orig. im St.-Archiv zu Stuttgart. — Mit 8 anhangenden Siegeln.

845.

16. Oktober 1423. o. O. Agnes von Hohenberg, Priorin des Kl. Reuthin, weist eine Gült von Dinkel und Eier 4 Klosterfrauen daselbst zu Leibgeding an.

Wir Angnes von Hohemberg zü ben zijten pryorin des closters Rütij bij wiltperg gelegen prebier ordens vergenhen vnd bekennen uns offenlich mit bisem brieff für vns vnd all vnser nachkomen, Als vns vnd vnsern vorgenanten closter vnd Couent Margareth bü Ebrin Hainrich Stahlers seligen wittwe gegeben hat nün malter bingkels vnd hundert ayger geltz als die brieff wisent die das closter barumb hant, das wir ba erloben günden vnd gegünt haben mit crafft bis brieffes katherin von kirchhain Abelin von Oz Agthun vnd Barbarun geschwestran von Giltlingen ouch closter frowen ze Rütij, das sie alle vier obgenant vnuerschaibenlich vnd gemainlich bis obgeschriben bingkel vnd ayger gült ire lebtag haben nützen vnd nießen sollen vnd wann iren ainij oder me von todes wegen abgant so sol bü yetzgenant gült allen wegen vallen an die andern lebend beliben der obgenanten vier personen also vnd vff wann sie aber alle vier von todes wegen abgegangen sind das got lang zijt wende, so sol bü obgenant bingkel vnd ayger gült lebig sin vnd bär nach eruollgen vnd beliben dem vorgeschriben Couente In aller wis vnd mauß als bie brief barumb wisent bie der Couent bar vmb hant, bis alles zu vrkund vnd gezugniß haben wir obgenantij pryorin vnsers amptz der pryorat Jnsigel offenlich laußen henken an bisen brieff der geben ist an Sant Gallen tag des Järs bo man zalt von Cryftij gepurt viertzehenhundert zwaintzig vnd brü Jär.

B. d. Orig. im St.-Archiv zu Stuttgart. — Mit dem länglichrunden gut erhaltenen Siegel.

846.

17. Februar 1428. o. O. Ulrich Maiger von Waßneck bekennt, zu=
gleich im Namen seines Vetters und künftigen Erben, Ulrichs von
Uebrichingen, von Graf Hans von Thierstein, Landvogt der Herr=
schaft Oestreich, Güter bei Holzgerlingen, Mauren, Böblingen und
Altdorf, Lehen der Herrschaft Hohenberg, als solche empfangen
zu haben.

Jch ůlrich maiger von waſſneck Tůn kunt Als der Wolgeborne min gne=
biger herre Graff Hanns von Tierstein lantuogt etc. anstat mins gnebigen
Herren von Ôsterrich von miner Bett vnd begerung wegen minen vettern
ůlrichen von übrichingen der nach minem tobe von rechtens wegen min nech=
ster erbe ist zů mir in gemeinschafft geſetzet vnd verlihen hat bis nachgeſchrieben
lehen So Jch vormals von miner gnebigen herrschafft von Osterrich zů lehen
gehept han bar růrende von der herschafft von Hohenberg Mit namen
ein wiſen ze holtzgeringen vnder dem dorff gelegen ſind vier Mannmatt vnd
iſt geheiſſen bes bálfinges Brůgel bar umb vnd von ſólicher gemeinſchafft wegen
hab Jch biß nachgeſchriben min eigenlich gůt das vor ziten von miner gnebigen
herſchafft von Ôsterrich ouch lehen geweſen vnd mir aber von Jren gnaden in
eigenſchafft verſchriben iſt, wiberumb zů lehen gemacht vnd emphangen in gemein=
ſchafft Mir vnd dem obgenanten minem vettern von minem herren dem lantuogt
obgenanter vntz an mins herren gnab als benn das ſin lihungsbrieff wiſet, barumb
ſo han Jch als ein trêger gelopt vnd geſworn minem gnebigen Herren von Ôster=
rich ober ſinen vettern vnd erben bauon getrům bienſtlich gehorſam vnd gewertig
ſin als benn ein lehen mann ſinem lehen Herren von ſólicher lehen wegen ver=
bunben iſt vnd tůn ſol, wenne ouch ber obgenant min gnebiger herre von Ôster=
rich ober ſin merer gewalt bem er bas emphilht heruß ze land kompt vnd bie
vnd andern ſin lehen von nuwen bingen zů ernůwen vnd ze verlihen berůffen
wirbet So ſóllen Jch ober min vetter ouch emphahen vnd tůn als andre lehen=
manne getrumlich vnd vngewerlich Vnd ſind bis mine güter bie Jch zů lehen ge=
macht habe Jtem neun Jůchart aglers gegeben (sic!) in der zelge gegen Muren
Jtem fünf Juchart aglers gelegen in der zelge gegen Böblingen hinuß Sobann
neun Jucharte aglers gelegen in der zelge gegen altborff bie agker all nempt
man bes bálfingers gůt zů vrkund verſigelt mit minem anhangenbem Jnſigel
Geben an der eſchmitwoch Nach Criſti geburt vierzehenhundert zwentzig vnd Acht Jare.

B. b. Orig. im St.-Archiv zu Stuttgart. — Mit dem Siegel des Ausſtellers.

847.

1. April 1429. o. O. Gräfin Margaretha von Hohenberg, geborne von Thierstein, Wittwe, und deren Sohn, Graf Sigmund von Hohenberg, verkaufen die unter dem 7. Sept. 1423 erkauften Besitzungen an Hansen von Höfingen.

Wir margareht von Hohenberg Gräffin geborn von Tierstain witwe vnd Grauff Sygmund von Hohemberg jr elicher sune Bekennen vnd vergenhen offembar für vns all vnßer erben vnd nachkommen Vnd tügen kundt allen ben die bißen brieff ymmer ansenhend oder hörend leßn das wir zü ben ziten bo wir Ryten vnd gän mochten gesundes libes vernünfftig der sinn vnd mit güter zitlicher vorbetrachtung vnd Raut vnßer fründ vnd aller der die bartzü not bürfftig sint vnßü vnd der vnßren meren schaden zeuerkouffent vnd beßern nutz vnd fronen damit ze schaffent ains Rechten Redlichen stätten öwigen vnwiderkomen lichen kouffs verkoufft vnd zekouffent geben haben mit mund vnd Hand an ben stetten zu ben ziten vnd in all wis vnd weg wie denn ain yeglicher stätter vnd öwiger kouffe von billich von gewonhait vnd durch recht wol krafft vnd macht han haben sol vnd mag yetz vnd hienach ymmer öwiglich an allen stetten zu allen tagn tädingen vnd namlich vor allen lüten Richtern vnd gerichten gaistlichen vnd welt lichen. Geben ouch ze kouffent für vns all vnßer erben vnd nachkommen mit rechtn wissent vnd jn krafft diß bri效s. Dem frommen vesten Hanßen von Heffin gen vnd allen sinen erben vnd nachkommen Bolteringen die burg die müly be vor Bolteringen baz dorff bie müly obnen darinn vnd die müliftatt vndnen in bem dorff gelegen vnd Oberndorff baz dorff. allez vnßren tail mit allen iren be begriffen buwen rechten nutzen gewonhaiten vnd zügehörden. Es sy mit lüten wieuil der vnd wie die genannt sind mit güten mit Hußern schüren höffen hof stetten Hoffraitenen müstsatten garten bongarten mit äckern numbrüchen egerdn mit wisan wißbletzen wasen mit holtz höwen büschen marcken wytraitinen mit velb waid wunn zwy mit wasser wasserlaite graben vischentzen mit kuchinnen mit wegn zü vnd in wege mit Stüren Däffrinen mit gerichten stäben vngerichten välbn houptrechten frefflinen mit zwingen bännen vogtyen vogtrechten mit diensten mit aller chafftin vnd gewalsamy mit allen zinßen gelten gülten vnd nützen es sy an Hallern korn habern an hennen hünren genß gelt. Vnd namlich waz wir baselb haben mit allen ben rechten nützen genießen gewonhaiten vnd zügehörben So vil billich von gewonhait oder von Rechtz wegen bartzu vnd barin gehören sol vnd mag wie baz allez genant vnd wä baz gelegen ist Sy sien benempt oder vnbenemt besücht oder vnbesucht funden oder vnfunden buwes vnd vnbuwes ob erb vnd vnber erbe grundt vnd gräbt klain vnd groß lutzel oder vil haller vnd hallers wertt nützit vberal vßgenommen noch vorbehalten in kainen wege allez für recht lebig fry vnbekümmert aigen. Vnd ouch namlich all vnd yeglich vnßer aigen armen

manß vnd wibb geſchlächt So wir haben ze bolteringen obernborff ze Rüſtain
ngen pfeffingen yeßingen winbelßhain ober anberſchwä wä bie geſeßen vnd wie
genannt ſinb bie zů bolteringen gehörenb bie ſtuck lut vnb gůt alle vnb yeglichs
rü recht alz wir bie vmm Conraten von Halfingen ſäligen- erkoufft haben mit
n iren rechten nutzen gewonhaiten vnb zůgehörben Der vorgenant Hans von
ffingen all ſin erben vnb nächkomen Nů fürohin innhaben nutzen nießen be=
en vnb entſetzen ſullent vnb mugent nach irem willen vnb notburfft âne vnß
er erben vnb menglichs von vnß wegen Jrrunge vnb Hinbernuß alz anber it
en ſtuck lutt vnb gute. Vnb iſt ber egenannte kouffe beſchenhen vmb vier vnb
intzig hunbert allez ytaliger vnb genemmer Recht gewegen Rinſcher Gulbin ber
von bem vorgenanten Hanßen von Heffingen alſobar zů vnßin vnb ber vnßren
tlichen nutze gentzlich vßgericht vnb betzalt ſyen vnb bamit vns ouch von jme
um wol benůgt Vnb ſetzen ouch ben vorgenannten Hanßen von Heffingen vnb
ſin erben mit krafft biß brieffs in gewalt vnb nutzlich gewere ber vorgeſchriebenen
g börffer ſtuk lut vnb gůt mit allen iren rechten vnb zůgehörben mit vffgebung
r vnßern Hanben in ſin Hanbe mit allen rechten vnb in all wis vnb wege
ob es mit beuôgter Hanb vnber bem ſtabe vnb vor bem rechten kayſerlichs
ichtz zůgangen vnb beſchenhen ſy vnb ouch vmm ain yeglichen ſtätten vnb ôwi=
kouffe recht iſt. Vnb haben vns heruff vertzigen vnb vertzichen ouch vnß all
erben vnb nachkomen wißencglich mit krafft biß brieffs gegen bem vorgenanten
nßen von Heffingen vnb gen allen ſinen erben vnb nachkommen aller ber Recht
brung aigenſchafft vnb anſpräch So wir vnß erben ber yeman anbers von vnß
zen zů vnb ane bie vorgeſchriebene burge Dörffer ſtuck lůt vnb gůt vnßů taile
allen iren rechten nützen gewonhaiten vnb zůgehörben vntzher gehebt haben
r nů fürohin in künfftigen ziten ymmer me ôberkomen vnb gewinnen kunben
r môchten es wäre mit brieffen kuntſchafft mit gerichten gaiſtlichen unb welt=
en ober ſuß ane gericht in welchen weg baz wäre. Dartzů vnb ôber allez baz
ſollen wir vorgenanten margareht vnb grauff Sygmunb von Hohenberg vnb
vnß erben Dem obgenanten Hanßen von Heffingen vnb allen ſinen erben bie
zſchriebene burg börffer bie ſtuck lütt vnb gůt alle vnb ir yeglichs beſunber mit
iren rechten nützen gewonhaiteu vnb zůgehörben verſtän vffrichten vertigen
prechen lebig vnb loß machen für ain recht lebig fry vnbekümert aigen gegen
gaiſtlichen vnb weltlichen perſonen vnb namlich gegen aller menglichem wenn
wie bick ſy bez notbürfftig wären ober wurben nach aigens vnb biß lanbz
gewonhait vnb recht vnb nâch bem rechten baz er vnb ſin erben baran wol
nt ſint gar vnb gentzlich ane allen iren ſchaben vngeuarlich. Vnb bes alles zů
er vnb beßer ſicherhait So haben wir bem vorgenanten Hanßen von Heffingen
allen ſinen erben zů rechten bürgen geben vnb geſetzt ôlrich maigern von
meck fritzen von Gomeringen Caſper Gretten otten von wurmlingen Conraten
Stetten vnb berchtolb von manſperg vnuerſchaibenlich alſo vnb mit bem ge=
ie wär ob bie vorgeſchriebne Burg bie börffer bie ſtuck lůt vnb gůt alle ober

ir behains befunder ober ir zů gehörbe von yeman anfprächig wären ober wür
Ober ob inen fuß behain ingriff ober inbruch baran von vnß wegen gefchäd
wem bas wäre vnb wie fich bas fůgty. Vnb wir vorgenannte margaret
grauff Sygmunb von Hohemberg ober vnß erben jnen baz allez yeglichs an
chen fy benn mangel ober bruft hetten ober gewunnen nách biß brieffs ich
verftünben vffrichtin vertigoten verfprächin lebig vnb loß macheten baz fy be
habent wären in obgeß. wis So hänb benn ber vorgenant Hans von Heffingen
all fin erben vollen gewalt vnb gut recht bie jetzgenanten burgen alle ob
ain tail welhy vnb alß mengen fy wenb ze manenb ze huß ze hoff mit be
mit brieffen ober vnber ougen vnb welhy alfo gemant werbent bie fullen
ber manung in acht tagen ben nehften barum vnuertzogenlich infaren gen Im
gen gen Rotemburg ober gen Eßlingen in ber bryer ftatt ain vnb ba laist
ains erbern vnb offen gaftgeben ober wirtzhuß in welhes fy benn von inen ger
werbentt yeglicher mit finfelbs Libe vnb mit ainem pferit ober aber ain
mit ainem pferit an ir ains ftatt ber felber nit laiften wil ober ennmag
luntlich gewonlich gyfelfchafft ze haltent ze vollen täglichen måln ze failen
vnuerbingt alz benn fyt vnb gewonlich ift nach ebler lutte Recht Doch baz
tneht noch pferit erbetten noch entlehnet fyen an ben ftetten noch vmm bie
ba fy benn laiftent Vnb enfullent bie bürgen noch ir verweßr an ir ftatt v
laiftung numer komen noch lebig bauon werben Denn mit bez vorgenanten
von heffingen ober finer erben gunft vnb gůten willen. Ober aber vnß ben
genanten Hanßen von Heffingen vnb allen finen erben allez baz vff vnb
geuertiget lebig loß vnb vnanfprächig gemacht wirbt baran fy benn mangel
bruft vnb barum fy gemannt hetten nach biß brieffs fag gar vnb genzlich
allen iren fchaben invorgefchriebner wis vngenarlich. Tätten aber ber bürgen
ober mer ober fy alle ir vntzuht vnb laiften nit So es zefchulben käme vnb
obgefchriebner wis barumb gemant würbin. So föllent vnb mögent alß ben
vorgenant Hans von Heffingen fin erben vnb all ir helffer vnß vorgenannte
garechten vnb grauff Sygmunben von Hohemberg vnb vnß erben vnb ouch
ober bie vnlaiftenben bürgen ouch vnß ober ber brüchigen bürger lütt vnb
mainlich ober befunber barum angriffen fchabgen ober pfenben allenthalben
in ftetten vff burgen in börffern ober vff bem lanb mit gaiftlichen ober wel
lichem gericht Ober ob fy wenb mit ir felbs gewalt ane gericht an clag an
vnb an all Rauch ymmer fo lang vil vnb genůng vnz inen allez baz vff vnb
riht geuertiget vnb vollefürtt wirbt genztlich ane allen iren fchaben baran fo
mangel ober bruft vnb barum fy gemannt hetten nach biß briefs fag. Vnb
wir ober vnß erben ober ber alb bie vnlaiftenben bürgen Ober yeman anbers
vnß ober iro wegen Hiewiber ymmer tätten ober fürtzigen So hanb fy alle
vnb vor allen lütten Richtern vnb gerichen gaiftlichen vnb weltlichen vnb vor
menglichem recht vnb wir vnrecht. Vor ben angriffen vns noch vnß erben
behain vnß lütt noch gůt noch ben ober bie vnlaiftenben bürgen noch ber

gůt nit ſchirmen noch fryen ſol behain genåde gelaibt fryhait lantfried Lant=
ſtett recht burgfrib behain gebott verbuntnuß geſellſchafft noch verainung ber
en ber herren ber ſtett noch bez lanbs Dehain anber gaiſtlich noch weltlich
: noch mit namen behain anber ſunt liſt fürtzog noch ſach So yeman yetz
hienach inſchirms wis fürtzichen finden ober erbenken kan alb mag inkainen
e .. Heruff vnb vber allez baz ſo hieuor vnb hienachgeſchrieben ſtant So
ichen wir vns vnß erben vnb ben ober bie vnlaiſtenben bürgen baz wir hie=
môhten Sprechen bie vorgeßagten gulbin wåren vns nit gewegen noch all
ben vnb in beßern nutz nit kommen ober wir wåren betrogen ôber baz halb=
ber Houptſumm bie ſich benn gebürt vmm bie vorgeſchribne ſtuk lut vnb gůt
im ſôlt man vns wiber ſetzen ingewalt vnb gewere ber ſelben ſtuck lut vnb gůt
z gaiſtliches vnb weltliches gericht Hantfeſtinan priuilegien bie wir yetzo haben
hienach erwerben môhten von bem hailigen Rômſchen ſtůle ertzbyſchoffen by=
ſſen Rômiſchen kayſern vnb kunigen iren lantuôgten ober anbern herren vnb
htigen perſonen. Des Rechten baz ba ſpricht gemain vertzichnuß ſôlle nit ver=
n. Unb beſunber So vertzichen wir vns allez bez bamit vnb bagegen wir uns
er biß allez vnb yeglichs beſunber So vor vnb hienach geſchrieben ſtant behelffen
geweren kunben ober môhten inwelhen weg baz wåre. Wir begeben vns ouch
wir ober vnß erben bißen kouff nit vertigoten vnb allen vor vnb nachgeſchrie=
ſachen nach giengen ben genůg wåren nach biß brieffs ſag baz wir uns benn
bißm brieff Setzen vnber ains yeglichen Richters gericht vnb gewalt vnb nit
zetziehnt baz wir in baz gericht nit hôren Sunber man mag vns bannen ober achten
ben gerichten nåch gån bauor vns behain vnß herr noch fryhait nit ſchirmen
inkainen wege. Vnb inwaz Schabens ber vorgenannte Hans von Heffingen
erben vnb alle ir helffer ber angriff wie bick ſy bie tåtten ober von ber vor=
griebnen vertgung wegen ymmer koment es wår von zerung von bottenlone
brieffcoſt von nachraißen von benôtten ober ſuß von anber reblicher ſach wegen
ber genant wår vnb wie ſich baz fůgty. Den Coſten vnb ſchaben allen ſôllen
vorgenanten margareht vnb Grauff Sygmund vnb vnß erben vnb ber ober
vnlaiſtenben bürgen gemainlich vnb vnuerſchaibenlich Inen vnuertzogenlich abtůn
betzaln gar vnb gentzlich åne allen iren ſchaben in ber wis alz vorgeſagt iſt
euarlich. Giengen ouch ber egenanten bürgen ainer ober mer ab füre von bem
ober wurb ſuß vnnützz zübürgen baz got lang wenb vor vnb ee bißr kouff
rtiget wurbe inobgeßagter wis wie ſich baz fůgte So ſullen vnb wellen wir
vnß erben bem vorgenanten Hanßen von Heffingen vnb ſinen erben jn acht
n ben nehſten nåch ir manung vnuertzug anber alz ſchiblich vnb gewiße bür=
ſetzen vnb in allem rechten alz ber ober bie abgegangen bürgen geweßen ſinb
r bie ôbrigen beliben bürgen ob ſy barum gemant wurben ſôllent laiſten in
vorgeßagten rechten vntz es beſchicht .. Wår ouch ob ber vorgenante Hans
Heffingen ober ſin erben ber egenannten bürgen ain ober me manotin ober
riffin benn bie anbern ober iro aim ober me in ber Laiſtung füro zil vnb tag

gåben benn ben anbern Ober ob bißer brieff an ym felber vngeuarlich ſchabhafft
argwönig ober breſthafft wår ober würb Ober ob bißr Inſigel ſo an bißen brie
gehörenb ains ober me zerbråch mißhenct ober mißfert würb Ober ſin zaiche
aigenlich nit begriffen hett wie ſich baz fügte. Der ſtuck aller fains noch
namen ſuß nutzit anbers vberal Enſol noch enmag bem yetzgenannten Hanßen
Heſfingen noch ſinen erben an iren Rechten noch bißem brieff an ſinen
fain ſchaben berun noch bringen weber ſuß noch ſo infainen wege all argliſt
geuårbe in allen vorgeſchriebnen ſachen gentzlich vßgenomen vnb hinban
Vnb alſo geloben wir obgenanten Margarecht von Hohemberg gråffin vnb
Sygmunb von Hohemberg by guten truwen in Rechter warhait für vns vnb
erben vnb nachkommen bißen kouff ze uertigent vnb all vorgeßagten ſachen
veſt vnb ſtått ze haltent vnb ze volleſürenb nach biß brieffs ſag vnb bawiber
ze tünb noch ſchaffen getan werben. in fainen wege vnb ben vorgenanten
von bißr burgſchafft vnb laiſtung ze helffent gentzlich ane allen iren ſchaben
lich. Wir vorgenannten bürgen vergenhen bißr burgſchaft vnb geloben
güten truwen bie wår vnb Stått zehaltent nach biß brieffs lut vnb ſag
geuårbe .. Vnb bes alles ze offem vnb wårem vrkunbe So haben wir obg
margarecht vnb Grauff Sygmunb von Hohemberg vnb ouch wir obgenanten
gen vnßr yeglicher beſunber Sinn aigen Inſigel offenlich gehenkt an bißen
ber Geben iſt an frytag nehſt nach ber Oſterwochen nåch Criſts geburt alz
zalt viertzehen hunbert nün vnb zwaintzig Jare.

B. b. Orig. im St.-Archiv zu Stuttgart. — Eine Abſchrift hievon finbet ſich
Archiv ber Armenpflege zu Reutlingen.

<hr>

848.

31. Januar 1432. · o. O. Diemen Kåchelers Kuntſchaft über
Wibem-Zehnten ber Kirche zu Nagolb.

Ich biem fåcheller ain ebellknecht Bekenn vnb vergich offenlich an
brieue Als ber Erber Herr Her wernher Tantzolff an biſen zyten kirch
zü nagelt zü mir kommen iſt, uff biſen tag bato biz brieues vnb fragte
Ich ycht wiſſti waz wißan ober åcker gehortin In ben wibem
ben ober wå bie gelegen wårin Alſo gib ich Jm verzaichet in biſem brie
nach geſchriben güter nach bem vnb ich bann von ben alten her gehört
Des erſten Item volmar ſcherer ain manßmatt Item bas ober manßmatt
ben nuwen wißen Item an wernher winmans wißun ain manßmab Item
åcterlin bas Hanns brun haut von Haiterbach iſt ain halb manßmab, Im
im brügel vnben am ſpitz ain manßmab Item bie krumm wiß ain halb
mab Item bas åcterlin Jnn Rietern ain manßmab Item bie pfrünb wiß
manßmab Item bie Brayt wiß. ij manßmab Item bie Segell wiß ain manßmab

n Spilmans wiß im dorff ain manßmad, Item fulhabers bletz Item
gieff ij manßmad Item vndern garten ij manßmad Item ob dem giessen an
Halbun ij. manßmad Item das flalxland ain manßmad Item der Hailigen
Jn ben vndern Rietern, ain manßmad Item des kesslers wiß ain manßmad
m Häberlins wiß ain manßmad biße obgeschriben güter alle gehörent ainem
cherren. ze nagelt Jn ben wibem zehenden vnd wer daz Höw derret der
kainen embzehenden wer es aber nitt derret der git embzehen vnd das sag
biem kächeller als ich das billichen sagen sol alles vngeuarlich Vnd des zü
em offem vrkund So han ich min aigen Jngesigel zü merer gezucknuß offenlich
nckt an bisen brieff, doch mir vnd minen erben vnschädlichen Der geben ist
nächsten Durnstag vor vnser Lieben frowen tag purificationis Anno domini
CCCC°xxxij°.

B. d. Orig. im St.-Archiv zu Stuttgart. — Mit dem ziemlich gut erhaltenen
gel des Kächeler.

849.

Januar **1440**. o. O. Gumpolt von Gültlingen, Vater und Sohn,
verkaufen um **1124** rh. Gulden an Pfalzgrafen Otto bei Rhein
und Herzogen in Baiern alle ihre Besitzungen zu Gültlingen,
Habelstatt und Geisburg.

Jch Gompolt von Giltlingen der alte vnd Jch Gompolt von Gilt-
gen sin sone vergenhen vnd bekennen offenlich mit bisem brieff für vns vnd
vnser erben vnd tunb künb alle ben bie Jne ymmer ansenhen lesen ober horenb
ı, daz wir mit wolbedachtem mutte mit Rate vnd wissen vnser güten fründe
mit guter vernünfft vnd vorbetrachtunge Rechte vnd Reblich vnd vnwider-
enlich für vns vnd alle vnser erben Rechte vnd Reblich verkoufft vnd mit bisem
nwurtigen brieff, Jn eins rechten stetten ewigen vnd ymmer werenden kouffs
wie ber von Rechte geistlich vnd werntlich von gewonheite ber Stette ober
landes aller billichst krafft vnd macht ewauklich hat haben sol vnd mage zu
fen gegeben haben bem durchluchtigen hochgebornen fürsten vnd herren hern
en pfaltzgrauen by Rine vnd hertzoge Jn beyern etc. vnserm gnebi-
lieben herren vnd sinen erben alle vnser güte vnd güter bie wir hanb in bem
ff zu Giltlingen zu habelstatt vnb zu Geyßburg mit allen vnsern Rech-
bie bann ich ber vorgenant Gompolt von Giltlingen ber alte vmben Balthassern
Giltlingen hern Schympfen seligen Söne vnd Agnesen veningen sin
e hußfrowe gekoufft han vnd als die ber vorgenant Balthasser von Gilt-
gen von hern Schympfen sinem vatter seligen her erbt hat mit allen
rechten Jn bem obgenanten dorffe zu Giltlingen nutzen vnd zu gehörben an
ungen an bennen baselbst off ber marckt mit luten guten vogtyen wie sie namen

· hand, Es ſij hoffe huſere hoffſtatten mülen mülſtatt korn gülte heller gülte ge
gülte hünre gülte ecker wiſen ſelbe welbe waſſer vnd weyde zinſe gülte nutze v
ſelle geſuchts oder vngeſuchts vnd alle vnſer armelüte In dem vorgenanten dor
Giltlingen, habelſtatt vnd Geyßburg es ſy wib oder man wo die geſeſſen ſind h
ich dann der vörgenant alt Gompolt vmben den obgenanten Balthaſſern von Gil
lingen mynem vettern vnd Agneſen von veningen ſin eliche hußfrowe erkoufft b
vnd an ſie komen ſind alles nach Innhalt dez verſigelten kouffs brieffs darüb
eigentlich ſagend ben wir von dem obgenanten Balthaſſern vnd ſiner elichen hu
frowen Inngehabt vnd nü dem vorgenanten vnſerm gnedigen herren hertzoge Otte
von biß kouffs wegen über geantwurt haben vnd barzu die wiſen die vnſer gne
ger herre von Caſpar von Giltlingen· vmben echt vnd viertzige gulbin lou
hand vnd iſt biſer kouffe aller ſache vmben alle vnſer güte vnd gütter Rechte v
ſelle die wir dann In bem obgenanten borffe zu Giltlingen zu habelſtatt vnd z
Geyßburg mit allen vnſern Rechten nutzen vnd zu gehörungen gehabt haben e
ba vorgeſchrieben ſtet geſchennhen vmben Eylff hundert vnd vier vnd zweintz
güter genemer Rinſcher gülbin ber wir von dem obgenanten vnſerm gnedigen lie
herren hertzog Otten gentzlichen vnd alſo bare gewert vnd bezalt ſind bie wir e
fürbaß In vnßern kuntlichen nutze bewant han vnd Sagen och baruff vnſern gn
bigen herren hertzog Otten ſin erben vnd nachkomen der vorgeſchrieben Eylffhund
vnd vier vnd zweintzige gülbin für vns vnd alle vnſer erben gentzlichen quit le
vnd loß vnd baruff So ſol vnd mage ber obgenant vnſer gnedigere herre her
Otte ſin erben vnd nachkomen bie vorgeſchrieben gut zu Giltlingen bem borf z
habelſtatt vnd zu Geyßburg mit allen Rechten nutzen vnd zugehörden wo ſie z
legen ſind vnd als vorgeſchrieben ſtet fürbaz me zü ewigen zijten Innhaben mag
vnd nieſſen geriiglichen bie beſitzen vnd ba mit tün vnd laſſen als mit ander
iren eygen güter nach allem irem willen ane alle anſprache Irrunge vnd b
berniß vnſer vnſer erben vnd aller menglichs vnd globen vnd verſprechen och w
obgenanten vnſerm gnedigen herren vnd ſinen erben für vns vnd vnſer erben h
vnſern guten truwen bie vorgenanten güte alle mit irer aller vnd yeglich z
gehorünge zu weren vnd bie zu fertigen nach lanbes Rechte nach ber Stette vn
vnd nach bem Rechten an allen enben vnd ſtetten wo bez notburfftig ſin wür
baran ſie wol habend ſind alles anne alle geuerbe wir haben och bem vorgen
vnſerm gnedigen herren vnd ſinen erben ben vorgeſchrieben kouffe für vns v
alle vnſer erben vff vnd vſſer ber hand gegeben vnd vffgeben In ber kuntlic
leblich frye vnd vnbezwungenlich mit mvnt handt mit zwyge vnd mit biſer
genwürtigen brieff an ber fryen Rychs ſtraſſen als man anbrü eygene güte ſo
vnd In git, als baz bann wol ewanklich krafft vnd macht hat vnd haben ſol w
hand ſie Ingewalt vnd nützlich gewere ber vorgeſchriben güte geſetzt nach bez lan
bes rechte ſijt vnd gewonheit vnd verzihen vns oüch baruff zu ewegen zijten für
vns vnd alle vnſer erben aller erbſchafft, eigenſchafft beſitzunge aller fryen vn
gnaben brieff hantfeſte vnd aller priueleygien krafft Rechte fürberunge vnd alle

rach geiſtlicher vnd werntlicher die wir ober vnſer erben ymmer mee an ben
jenanten vnſern gnebigen herren hertzog Otten vnd ſin erben von der vorge=
ten güter wegen haben ober gewynnen möchten barzu noch barnach nyemer me
anſprach weber wenige noch vil zu haben noch zu gewynnen geiſtlich ober
ntlich noch ſoll ichs burch nyemans anders ſchaffen getün noch furgenomen
ben In behein wiſe ane alle geuerbe vnd bez alles zu warem vnd ewigem
ınbe So han wir vnſere eigene Inſigele gehenckt an biſen brieff vnd wir haben
ʒu ſlißlichen gebetten bie veſten hanſen von Rieffern vnd fabian von
tlingen vnſern lieben Vettern baz ir yeglicher ſin eigin Inſigel och hat ge=
ʒt an biſen brieff zü gezugnußt aller obgeſchriben rede vnd gebinge vns vnd
r erben ba mit zuoberſagenb vnd boch Inſelbs ane ſchaden bez wir vns bie
jenanten hans von Rieffern vnd fabian von Giltlingen alſo herkommen ber
n iſt off ben heiligen Ewige bage bez Jars ba man zalte nach Criſtus geburte
nt vierhundert vnd Bierzige Jâre.

B. b. Orig. im St.=Archiv zu Stuttgart. — Mit vier Siegeln. Auf bem Schilbe
von Giltling'ſchen Siegel erkennt man beutlich bie brei Abler; bie Siegel ber beiben
käufer haben auf bem Stechhelm auch einen Abler.

<hr>

850.

April **1440.** o. O. Graf Eberhard von Kirchberg, ber ältere, unb
Graf Sigmund von Hohenberg verkaufen an Berthold von Sachſen=
heim um **180** rhein. Gulden eine Weingült von **10** Eimer von
Hohen= und Rieder=Haßlach (O.A. Vaihingen), welche ſie von
Anna, geborne von Kirchberg, vormals Nonne im Kloſter Kirchberg,
ihrer Schweſter (Muhme) geerbt hatten.

Wir Graff Eberhart von kirchberg ber Elter vnd wir Graff Syg=
nb von Hohennberg Bekennen vnd tünb kunbt allermenglichem für vns
alle vnſer erben vnd nachkomen mit biſem offen briefe bas wir vnuerſchaiben=
geſunbs libe vernünfftig ber ſinne mit zeitlicher vorbetrachtung vnd Raute
ber bie barzü notbürfftig waren vnſern ſchaben ʒe verkomen vnd beſſern nutz
fromen bamit zuſchaffen ains rechten reblichen ſtätten ewigen vnd vnwiber=
mlichen kouffs verkoufft vnd ʒü koüffen gegeben hanb mit allen ben rechten
In alle wyſe vnd weg wie benn ain rechter reblicher ſtätter ewiger kouff nü
ouch hienach ymmer ewigklich an allen ſtetten vnd ennben vor allen lüten vnd
hten gaiſtlichen vnd weltlichen von billich vnd burch recht aller beſte kraft vnd
ʒt hat haben ſol vnd mag. Geben ouch ʒü kouffent vnuerſchaibenlich für vns
alle vnſer erben vnd nachkomen mit rechter wiſſent In kraft biß briefs bem
n Berchtolten von Sachßennhain vnſerm lieben beſundern vnd allen ſinen
n vnd nachkomen biß nachgeſchriben vnſer gülte vnd güt mit namen zehen

awme wyngült vayhinger yche zů hohen vnd zů Rybern hailn
bayden dörffern vnd in den Marckten daselbs von der gemayn bete derselb
der dörffer wie vnß denn die Schulthaissen vnd Richter vnd die ganz
daselbs Jůrlichs vnd ewigklich dieselben zehen awme wingült bisher
geben vnd Jn ainem yeglichen herbste vnder ir keltern Jn vnsere
wurten vnd ane allen vnsern schaden ane allen abgangk mangel vnd
schulbig gewesen sein zů Richten mit allen iren rechten gewonhaiten vnd
vnd als wir die von der Erwirdigen frowen Annen geborn von
Closterfrowen zů Rütin vnser lieben Swester vnd Mümen
dächtnůß hererbt vnd die bisher Jnngehabt vnd genossen haben alles für
lebig vnbekůmert aigen ane geuerde. Vnd ist dirre egenant koůff
hundert vnd Achtzig gulbin alles ytaliger güter vnd genemer Rinischer
wir von Jm zů vnserm vnd vnser erben kuntlichen nütze also bare
vnd bezalt sein da mit vns wol benůgt. vnd wir verzyhen vns für
vnser erben heruff wissentlich mit disem briefe gegen dem vorgenanten
von Sachßenhain vnd allen sinen erben vnd nachkomen aller der Recht
forbrung aigenschaft vnd ansprach So wir vnser erben oder yemand
vnsern wegen zů vnd an die vorgeschriben wingült mit allen iren rechten
vnd zůgehörden bisher gehabt haben oder füro darzů oder daran
komen vnd gewinnen kůnden oder möchten Es wår mit briefen
gericht gaistlichen oder weltlichem oder sunst mit behainen andern sachen
weg das wåre, Vnd darumb so söllen wir vnd unser erben dem
Berchtolten von Sachßennhain sinen erben vnd nachkomen die vorgeschriben
gült mit allen iren rechten vnd zůgehörden als vor erlut hat verstan
vertigen vnd versprechen gegen allermenglichen wenn oder wie dick sie
bürfftig wåren oder würden nach lanndßrecht vnd nach dem rechten vnd
recht fry lebig aigen. Also das er vnd sin erben vnd nachkomen daran
syen vnd gar vnd gentzlich ane allen iren Costen vnd schaden vngeuarlich.
geloben wir vorgenanten Graff Eberhart von kirchberg vnd Graff Sigmund
Hohenberg by vnsern güten truwen für vns vnd alle vnser erben
vertigen vnd alle vorgeschriben sachen war vnd ståt zů halten vnd ze
Jntrag nach diß briefs sag vnd getrwlich ane alle geuerde. Vnd des
vorgeschriben sachen zů offem vrkund vnd gezugknuß So haben wir
Jnsigel vnser yeglicher tůn hengken an disen briefe vnd haben darzů vnd
sicherhait vnd gezůgknuß gebetten die fromen vnd vesten Berchtolten von
ten vnd fritzen von Swendin das ir yeglicher sin aigen Jnsigel boch
iren erben ane schaden zů den vnsern ouch offenlichen gehengkt hand an
des wir ietzgenanten Berchtold von Vrstetten vnd fritz von Swendin
wir von der obgenanten vnser gnedigen herren Graff Eberharts von
Graff Sigmunds von hochenberg ernstlicher pette wegen vnd zů
sach vnser yeglicher sin aigen Jnsigel boch vns vnd vnsern erben ane

.gtt haben an den briefe Der geben ist vff Mitwochen nach dem Sonnentag
asimobogeniti etc. nach Oftern Nach Crifti gepürte viertzehenhundert vnd jn dem
rtzigiften Jaren etc. etc.

V. d. Orig. im St.-Archiv zu Stuttgart. — Mit vier anhangenden Siegeln.

851.

. August 1440. Heidelberg. Pfalzgraf Otto bei Rhein und Herzog
in Baiern verkauft um **27000** rh. Gulden die Herrschaft Wildberg,
mit der gleichnamigen Stadt und Burg, nebst Bulach der Stadt
und den zugehörigen Dörfern, Weilern und Burgställen an die
Grafen Ludwig und Ulrich von Wirtenberg.

Wir Ott von gotts gnaden pfaltzgraue by Rine vnd Hertzog Jn
gern etc. Bekennen vnd tunb kunt offembare mit diesem brieue für vns vnd
vnsere erben vnd nachkomen, das wir burch vnser vnd vnser herschaft nutze
besten willen groffern schaden zufurkomen mit wolbedachtem müte vnd rechter
iend reht vnd rebelichen verkaufft vnd ze kauffen geben gegeben haben verkeuffen
geben auch zu kauffen ein's rechten steten ewigen vnd vnwidderkomenlichen
ffs gegenwortiglich Jn krafft dieß brieffs wie dann eine solicher steter ewiger
rebelicher kauffe allerbast krafft vnd macht hat haben soll vnd mag den Wol=
ornen ludwigen vnd vlrichen gebrüdern Grauen zu wirtemberg vn=
t lieben Swegern vnd allen Jren erben vnd nachkomen vnser herschafft
o Sloffe Wilpperg Burg vnd Statt vnd Bülach die Statt mit den
rffern vnd wylern. Ebhufen, welhufan, Effringen, Schonbronnen,
eftetten, libifperg, altenbulach, Giltlingen, beyde Sultze vnd
myngen ober waldecke vnd Suzenhufer vnd bartzu alle anber wyler
vnd gute bartzu gehorig vnd mit namen, waldecke, Geyßberg, vnd hafel=
t die Burgtale iglichs mit aller zugehorunge das alles mit allen herlikaiten,
pennen, Mannschafften geiftlichen vnd werntlichen lehen die dieselbe vnser her=
ft hat vnd mit namen die lehenschafft des Sloffes verherbach vnd
herlikeit, vnd gewaltfame über Ruty vnd Rorborff die Closter
was wir ober anber an die obgenanten herschafft erkaufft vnd bracht haben,
bartzu mit rechtem namen vnd gedinge was bartzu gehort waran das ift, eß
in vogthien gariechten an ehafften, zollen geleyten Betten, Sturen, zintzen luten
en vnd guten freueln houptrechten vellen eynungen zehenben, hünren Genfen
anbern gülten mulen mulftetten waffern vifchentzen eckern wiefen welben velden
en, behainen zwingen vnd bennen wünne vnd weybe ober anberm gefüchts
vngefüchts wie man das alles mit funberlichen worten genennen vnd offge=
n kann es fij ob erbe ober vnber erbe funbens vnd vnfunbens kleine ober

große als wir das bißhere Inngehabt, genuczt vnd genoffen haben gar nichts dar
Inne vßgnomen noch hindan gesetzt vnd haben Ine das alles zu kauffen gegeben
für ledig frye vnd vnuerkomert eigen, Vnd ist der kauffe bescheen vmb Siebenvnd=
zweynzig Tusent gulden Rinischer guter vnd genemer, der wir von den egenanten
Graue Ludwigen vnd Graue Vlrichen Grauen zu Wirtemberg genzlich vnd gar
gewert vnd bezalt sin vnd haben auch daffelbe gelte alles In vnsern kuntlichen
vnd schinbarn nücze vnd notbrufft, bewendet vnd gekert, vnd gnuget vns darvmb
von Ine wol. Wir haben auch den vorgenanten vnsern lieben Swegern Graue
ludwigen vnd Graue vlrichen gebrüdern Grauen zu wirtemberg Iren erben vn
nachkomen die obgenante Herschafft vnd Sloße wilpperg Burg vnd statt, Bulach
die Statt, vnd die dorffere, wyler, houe, lute, vnd guter bartzu gehorig vnd all
ander gewaltfamy vnd herlikeit, rechte nutze gewonheiten vnd zugehorungen al=
vorgeschrieben steet, yzund vff vnd Inngegeben vnd vns vnser erben vnd nach
komen baruß vnd sie Ir erben vnd nachkomen bar Inegesetzt, als dann des lanct=
gewonheit vnd recht ist, Also das dieselben vnser liebe Swegere Graue ludwi=
vnd Graue vlrich, Grauen zu wirtemberg gebrubere vnd alle Ir erben vnd nach
kommen die vorgenannte herschafft vnd Sloß wilpperg Burg vnd Statt. Bulach die
Statt vnd die dorffer wyler houe lute vnd guter bartzu gehorig, vnd alle an=
ber gewaltfamy vnd herlichkeit, Rechte nutze gewonheiten vnd zugehorungen as=
vorgeschrieben steet nu fürbaßhin ewiglich Innhaben nutzen vnd nyeffen befetz=
vnd entsetzen sollent vnd mogent, fur ledig für lere vnd rechte frye eygen nach
allen Irem liebften willen vnd wie Ine das aller bofte füget, ane vnser vn=
erben vnd nachkomen vnd Allermenglichs von vnsern wegen, Insprechen Irrun=
vnd bekomerniß, Wir vnser erben vnd nachkomen sollen vnd wollen auch den er=
nanten ludwigen vnd vlrichen gebrübern Grauen zu wirtemberg, vnd Iren erbe=
vnd nachkomen den vorgeschrieben kauffe mit Sloffen luten gulten vnd guten vn
mit allen rechten nutzen vnd zugehorungen als vorgeschrieben steet famentlich vn
funderlich ob Ine das yzunde ober hinach von yemande angesprochen ober darn=
Irrunge ober Intrag gescheen würde wie ober in welicher maß sich das füg=
vertigen verften vnd versprechen an allen Stetten zu allen tagen vnd vor all=
luten vnd geriechten geiftlichen vnd werntlichen gegen allermenglich für rechte be=
fry vnd vnuerkomert eigen nach lanndes rechte nach eygens rechte vnd nach be=
rechten als bicke vnd wa sie des bedorffent, vnd Ine des nott gescheen wirdet, vn
ber obgenanten Ludwigs vnd vlrichs gebrülder Grauen zu wirtemberg Irer erb=
vnd nachkomen schaden vnd verlufte alles ane geuerbe wir verzihen vns auch
die vorgenant herschafft vnd Sloße wilpperg Burg vnd Statt Bulach die Stat
vnd die dorffere wyler, hous, lute vnd gütere bartzu gehorig, vnd aller ander ge=
waltfamy vnd herlikeit rechten nutzen gewonheiten vnd zugehorungen als vorge=
schrieben steet, für vns vnd alle vnser erben vnd nachkomen genzlich luterlich vn
ewiglich in krafft bieses brieffs also das wir vnser erben vnd nachkommen noch
nyemand von vnfernt wegen dheine rechte vorberunge ober anfprache, bartzu ober

daran ſamentlich oder beſunder mit rechte oder geriechte geiſtlichem oder werntlichem oder ane rechte oder geriechte nymmer merre gehaben gewynnen noch überkomen ſollen noch wollen In bheine wyſe vnd bartzu aller hilffe alles ſchierms vnd aller ander rechte vnd geſetze geiſtlicher vnd werntlicher vnd mit namen alles bes, damit wir vnſer erben vnd nachkommen oder yemanbe von vnſernt wegen wibber bieſen läuffe vnd alle vor vnd nachgeſchrieben ſache an bieſem brieue, icht gereben getun oder bas in bheinen weg ge Jrren gewenben oder bekrencken konbent, oder moch- tent alles ane geuerbe. Vnd zu noch merer ſicherheit vnd beſtetigunge aller vor- geſchrieben ſache So haben wir für vns vnſer erben vnd nachkommen ben egenanten lubwigen vnd vlrichen gebrübere Grauen zu Wirtemberg Jren erben vnd nachkomen zu rechten bürgen gegeben vnd geſetzt bieſe nachgeſchrieben vnſer liebe getruwen vnd beſunbere Mit namen: hannſen vom hirtzhorn, wiprechten von helmſtatt ben Jungen hoffmeiſter etc. Eberharten von Nyperg, Reinharten von Nyperg vnberlantuogt zu Elſas, Syfrieben von Venyngen Rittere, hannſen von helmſtatt zu Grumbach, hannſen von Venyngen Bitzthum Zur Ruwenſtatt, Diether, kemerern, hannſen von Gemyngen vogt ze Brettheim Conraten von Gemyngen, Stephann von Emerßhouen vnſere hoffmeiſter vnd Conraten von venyngen zu bach- ſpach, Alle vnuterſcheibenlich alſo vnd mit ſolichem gebinge were, ob ben obgenanten lubwigen vnd vlrichen Gebrübern Grauen zu wirtemberg Jren erben oder nachkomen bie obgenante herſchafft vnd Sloß wilpperg Burg vnd Statt Bu- lach bie Statt, vnd bie borffer wyler houe lute vnd guter, bartzu gehorig, oder anber gewaltſamy vnd herlifeit, rechte nutze gewonheit, oder zugehorunge, als vor- geſchrieben ſteet alles ſamenthafftig, oder eyns teyls beſunder von yemanb anſpre- chig were oder würde Jrrunge oder Jntrag geſchee von wem bas were oder wie ſich bas fugte vnd wir vnſer erben oder nachkomen ſie Jr erben oder nachkomen baromb nit verſtunbent, vnd Jne bas vertigtent vertreten verſprechent vnd gentz- lich vnd gar abgethan ſchüffent ane Jren ſchaben Jn aller wyſe vnd maß ſo vor- geſchrieben ſteet Jn zweyen monenben ben nehſten nach bem vnd bas an vns von Jne erforbert wirbet, Wenne bann barnach bie vorgenanten burgen alle oder eyn teyle ermant werbent, von ben egenanten Lubwigen vnd vlrichen gebrubern Grauen zu wirtemberg Jren erben oder nachkomen wie bann bie manunge geſchicht So ſollent bie vorgenanten burgen alle oder wie maniger vnber Jne gemant wirbet, als bicke es ſich geburt, mit eynem pferbe in leiſtunge komen, oder aber Jr iglicher einen knecht vnd pferbt an Jr iglichs ſtatt ber ſelber nit laiſten wolte oder möchte vnuertzogenlich Jn leyſtunge vnd gyſelſchafft ſchicken gein Stuckarten ober gein Grunyngen Jn ber zweyer Stette eine webberthalb hin ſie gemant werbent, Jn offen wirtes gaſtgeben huſere recht gewonlich vnd vnuerbinget leyſtunge vnd gyſel- ſchafft bar Jnne zu tunbe vnd bauon nit zulaffenbe als lange biß ben egenanten Lubwigen vnd vlrichen Grauen zu wirtemberg Jren erben vnd nachkomen geuer- tiget vnd gnug geſcheen iſt nach lute vnd vßwiſünge bieß brieffs gentlich vnd gar

ane alle Jren ſchaden vnd ſoll bieſelben genanten burgen an ſolicher leyſtu[ng]
vnd gyſelſchaft, als bicke es ſich geburet keine anber leyſtunge noch gy[s]
ſchaft noch ſunſt bheine anber ſache nit hindern ober Jrren ane alle [...]
uerbe, Were aber bas bie burgen alle ober eyn teyle ſo ſie gemant wurden [...]
Jnfurent leyſten in maſſen als vorgeſchrieben ſteet bas boch nit ſin ſoll, So ha[...]
bie obgenanten vnſer liebe Swegere lubwig vnb vlrich gebruber Grauen zu w[ir]
temberg Jr erben ober nachkomen vnb alle Jr helffere gewalt vnb gut recht [...]
vorgenanten hertzog Otten vnſer erben vnb nachkomen an allen vnſern lan[...]
pfanden lüten vnb guten vnb auch bie verbrochen vnb vnleiſtenben burgen vn[...]
lute pfanbe vnb gute ſunber ober ſament an allen enben vnb Stetten wie [...]
bas fuget, barvmb antzugriffen zu pfenben vnb zu noten mit gewalte ober [...]
geriechte geiſtlichem ober werntlichem ober ane geriecht, ane vnſer vnſer erb[en]
nachkomen vnb ber vnſern vnb auch ber genanten vnb vnleyſtenben burge[n]
ber Jren zorn wibberrebe ober rathe vnb ſollent boch bie gemanten burgen [...]
mynner nit ſchulbig ſin zu leyſten Als lange biß ben egenanten lubwigen [...]
vlrichen Grauen zu wirtemberg, Jren erben ober nachkomen Jr gantzer volk [...]
gnuge geſcheen iſt ane allen Jren ſchaben nach lute vnb vßwiſunge bieſ bri[eue]
vnb litten ſie ober Jr helffere bes koſten ober ſchaben ben ſollen wir vorgen[...]
verkeuffer vnſer erben vnb nachkomen, vnb mit vns bie gemanten vnb vnleyſte[...]
bürgen Jne bann auch bartzu ſchulbig ſin vffzuriechten vnb zubetzalenbe ane [...]
berrebe vnb ane geuerbe, vnb bawibber vnb wibber alles bas, bas hieuor vnb [...]
an bieſem brieue geſchrieben ſteet, ſolt vns vorgenanter hertzug Otten vnſer erb[en]
vnb nachkomen vnſer lannbe lute pfanbe noch gute vnb auch bie vorgenanten [...]
manten vnb vnleyſtenben burgen Jr lute pfanbe noch gute nit befrieben beſch[...]
men noch bebecken bheinerley troſtunge gnabe fryheit geleyt ober rechte, noch bie [...]
geſetze lantfriebe verbuntniß ober Eynunge ber herren ber Stette ober bes lan[...]
noch bheine anber ſache bie yemanbe ytzunbe ober hienach finben ober erben [...]
mochte Sunberlich ſo enſollen wir vnſer erben vnb nachkomen vnſer lute noch [...]
vnb auch bie genanten vnb vnleyſtenben burgen vnb ber lute pfanbe nach [...]
ſich mit bheynerley rechten fryheyten ober gnaben bie ber Stüle von Rome [...]
bas heilige Romiſche Riche ober yemant anbers weliches gewalts ober herſfkeit [...]
were vns beſunber ober vns vnb anbere gemeynlich tetten ober geben ober ge[...]
vnb gegeben mochten, wibber alles bas an bieſem brieue geſchrieben ſteet wie [...]
behelffen ober anber wege Jm rechten ober ane rechte bheinen furzucke funbe [...]
liſte ſuchen ober furtziehen ber ben egenanten lubwigen vnb vlrichen gebru[ber]
Grauen zu wirtemberg Jren erben vnb nachkomen an bem vorgeſchrieben [...]
nach lute bieß brieffs vnb bieſem brieue an ſinen kreſſten ſchebelich macht ge[...]
alles ane geuerbe, Ginge auch ber vorgenanten bürgen einer ober mere von tob[es]
wegen abe fure von lannbe ober wurbe ſonnſt zu burgen vnnütze vor vnb ee [...]
vorgenanten lubwigen vnb vlrichen Grauen zu wirtemberg Jren erben ober nach[...]
komen bieſer käuffe geuertiget wurbe vnb gnug geſchee nach lute vnb vßwiſung[...]

ieß brieffs So sollen wir vorgenanter verkeuffer vnser erben ober nachkomen Jne Jren erben vnd nachkommen anber als gut vnd rebeliche bürgen an bes ober ber abgegangen statt Jn ben nehsten viertzehen tagen nach bem so wir bes von Jne ermant werben wibber setzen vnd hafft machen Jn allem vorgeschrieben gebinge als bicke es sich gepurt, Geschee bes nit, So sollent bie uberigen belieben burgen ob sie barvmb gemant werbent, Jnsaren leysten Jn allem vorgeschrieben rechten, Als lange biß bas ber burgen zale als gut vnd gewiß, ersetzt wirbet, als bie abge= gangen gewesen sint, vngeuerlich, Ob bes auch nit geschee vnd soliche leystunge ertzogen wurbe So mogent bie obgenanten Graue ludwig vnd Graue vlrich von Wirtemberg Jr erben vnd nachkomen vnd alle Jr helffer, benn furbas mit pfan= ungen angriffen vnd anbern sachen nachgeen Jn ber maß als von ber vertigunge hieegen vorgeschrieben steet, als lang biß bas es geschicht. Alles vnd igliches bas hieuor geschrieben steet, gereben geloben vnd versprechen wir hertzug Ott obgenan= ten by vnsern fürstlichen wirben vnd eren für vns vnd alle vnser erben vnd nach= komen ware stete vnd vnuerbrochenlichen zuhalten vnd barwibber nit zu sind in suchenbe noch zutunbe Jn bheine wyse vnd bie obgenanten vnser burgen von bieser burgschafft gutlichen zu lebigen vnd zu losenbe ane allen Jren schaben alles ane geuerbe. Vnd bes alles zu warem vnd vestem Orkunbe haben wir vnser eggen Jngesiegel offentlich gethan hencken an biesen brieff, Vnd haben bartzu vmb noch merer sicherheit willen gebetten bie hochgebornen fürsten hern Lubwigen pfaltz= grauen by Rine bes heiligen Romischen Richs Ertzbruchsessen vnd hertzogen Jn beyern vnsern lieben vetter hern Johannsen vnd hern Stephann pfaltzgrauen by Rine vnd hertzugen Jn beyern vnser liebe Brubere baz sie Jr eigen Jngesiegele zu bem vnsern auch offentlich gehenckt hanb an biesen brieff Vnd wir Lubwig, Johanns vnd Stephann von gotts gnaben pfaltzgrauen by Rine etc. ytzgenant bekennen auch an biesem brieue bas bieser kauffe gescheen ist mit vnserm wissen vnb willen vnd bas wir vnser Jngesiegele von bes egenanten vnsers lieben vettern vnb Brubers hertzog Otten bette vnd auch von Orkunbe wegen bieser vnser be= kanntniß, also an biesen brieff gehangen han Vnd wir vorgenanten Burgen als wir alle bauor eigentlich vnb mit namen benennet sind vnd geschrieben steenbe bekennen bieser burgschafft vnd gereben geloben vnd versprechen by guten truwen the vnb was von vns hieuor an biesem brieue geschrieben steet, ware stete vnb beste zuhaltenbe zuleystenbe vnb zuuollenfüren getruwelich vnb ane geuerbe, Vnb haben bes zu Orkunbe vnser iglicher sine eigen Jngesiegel auch offentlich gehenckt an biesen brieff, ber geben ist zu Heibelberg off sant laurentien bes heiligen merterers tage, bes Jars als man schreibe nach Cristi vnnsers herren gepurt tusent vierhundert vnd Jn bem viertzigsten Jaren.

B. b. Orig. im St.-Archiv zu Stuttgart. — Mit 16 meist gut erhaltenen Siegeln.

852.

5. Oktober 1440. Baden. Der römische König Friedrich belehnt Kraften von Dürmenz, als Träger seiner ehlichen Hausfrau, der Anna Herberin, mit dem Kirchenlehen und einem Zehnten zu Mähringen „auf den Herberen" (O.A. Tübingen), mit einem Hof, einer Hub und einem „Selb" ebendaselbst, endlich mit einem Zehnten und einem Fischwasser zu Kirchentellinsfurt.

Wir Fridreich von gotes gnaden Römischer Künig zu allen zeiten Merer des Reichs Hertzog zu Osterreich ze Steir ze Kernden vnd ze Krayn, Graue zu Tirol etc. Bekennen vmb dy nachgeschriben Stuck vnd güter vnserer lehenschafft von dem Haws Osterreich Als die ettwenn Heinrich Herbrer von weyland vnserm lieben Vettern hertzog Fridrichen Hertzogen zu Osterrich etc. seliger gedechtnüß ze lehen gehabt vnd aber derselb Heinrich Herbrer nach seinem abgangk keynen Manserben darzu gelaffen hat daz wir als hertzog zu Osterreich durch vleiffiger bete willen vnd von sundern gnaden vnserm getrewn krafften von bürmentz an stat vnd in namen der Erbern Annen Herbererin seiner eelichen Hauffrawn des obgenanten Herbrer Mumen als Jrem Lehentrager zu Jren Rechten dy vorgemelten Stuck vnd güter verlihen haben vnd leyhen auch wiffentlich was wir Jr zu Recht daran verleyhen süllen oder mügen Also daz diselb Anna vnd Jr leybserben die nu furbazzer von vns vnd vnsern lieben Vettern Hertzog Sigmunden Hertzogen zu Osterrich etc. den wir Jnn haben vnd vnsern Erben, in lehensweis Jnnhaben nutzen vnd nyessen, sullen vnd mugen als lehens vnd Lanndes Recht ift. Vnd sol vns der egenant krafft als ein lehentrager an der vorgenanten seiner hauffrawn stat oder wer ye Jr lehentrager ift, die vorberürten lehen verdienen vnd vns dauon getrew gehorsam vnd gewertig seyn als einem lehentrager zugebüret vnd als lehenflewte Jren lehenfherren dienftbig vnd gepunden sind getrewlich vnd an geuerde. Doch vnuergriffenlich ob vns vnd dem löblichen Haws Osterreich, dar Jnne ichts vermant oder veruallen were vnd auch menigklichs Rechten doran vorbehalten vngeuerlich. Vnd sind das die egemelten lehen Von erste das kirichenlehen vnd einen zehenden gelegen auf den Herberen zu Möringen Jtem Ain Seld darauf sitzt Heintz waltz legen daselbs Jtem einen zehenden zu kirchentallinsfürt Jtem ein vischen daselbs Jtem ein Hüb darauf sitzt Albrecht Schaber auch gelegen zu Mörgen auf den Herdern Jtem Ain Hof darauf sitzt Vlrich Meyger zu Mörgen Vrkund dits brieues. Geben zu Paden an Mitichen vor sannd Dionisien tag nach Crifti gepurde vierzehenhundert Jar vnd darnach in dem Vierzigisten vnsers Reichs Jm Ersten Jare.

B. b. Orig. im St.-Archiv zu Stuttgart. — Mit dem gut erhaltenen Siegel, in welchem der Reichsadler in rothem Wachs.

853.

20. November 1440. Heidelberg. Pfalzgraf Otto bei Rhein wendet sich an die Grafen von Wirtemberg in Betreff des von Graf Sigmund von Hohenberg behaupteten Wiederlosungs-Rechtes auf die Herrschaft Wildberg.

Vnnfern fruntlichen dinft zuuor Wolgebornen lieben Swegere als Jr vns Jtzund gefchrieben habent. Als vormals auch für vns komen fy wie Graue Sigmund von hohemberg meynt eyne lofung zu haben zu der herfchafft wiltperg, vnd vnfern Reten des brieffs den er darumb habe abgefchrieffte gegeben fy der felbe Graue Sigmund fythere aber forderunge an uch getan vnd begert habe ob Jr icht brieffe oder orkonde habent, das finen brieffe bate oder dafür gutt fy das Jr yne das horen laffent Mage er dann an rate finden von finer forderung zu fteen wolle er thun Alfo woltent Jr Jme daruff nit antworten Jr waltent das vor an vns bringen vnd ob vns gefalle oder gutt fin bedunck yne die brieff horen zu laffen, oder was dar Jnne vnnfers willes fy das follen wir üch verfchrieben wiffen laffen etc. han wir vernomen, vnd vns gefellet wol das Jr yne die brieffe horen laffent Sollen oder gepurt vns dann nach dem wir vns des verfchrieben han icht me dartzu zuthun foll keyne gebruche an vns fin, Datum Heybelberg Quinta feria ante beate katherine virginis Anno etc. Quadragesimo.

Ott von gotts gnaden pfaltzgraue by Rine vnd hertzug Jnn beyern etc.

B. d. Orig. im St.-Archiv zu Stuttgart. — Mit aufgebrücktem Siegel.

854.

24. Februar 1441. o. O. Graf Sigmund von Hohenberg fiegelt, als der Schultheiß von Thalheim (Ober- und Unter-Th., O.A. Nagolb) und **10** dazu berufene Richter in einer Streitfache zwifchen dem Kl. Reuthin und einem Einwohner von Günbringen (O.A. Horb) einen Spruch thun.

Jch fchulthaiß von Talhain vnd die richter die dann gebetten find bartzü vrtail ze gebend mit nammen vier von hochdorff zwen von volmeringen vnd fechs von ötingen tügen kunt mit vrkunt biß brieffs das für vns komen ift der hoffmaifter von Rüty vnd klagt mit finem für (sic!) alles von beß Conuentz wegen zu Michel kernen von Günbrichingen. Es hette fich gefügt das er zü günbrichingen gerechtet hett vmb zwölff fchilling heller geltz do retti Michel kern was fchaffners hand jer ich wolte üch wol die zwölff fchilling heller geltz wyfen bo ftolbte jm baz gericht zü gunbrichingen bo viengi er aber jn fämlicher maß an

vnd sprach er wolte ain lebkuchen niemen vnd welte Jn die zwölff schilling heller
geltz wysen vnd wölte och dar vmb gnůg tůn vnd truwati wan er sich sölichs
berumt hett er gieng jm also nach albwürd sy über als reht wer, vnd dar Jnn
bewyst Michel kern dem hoffmaister die süben schilling heller geltz vnd also vordert
der hoffmaister Jn ze wysen die andere fünff schilling och vnd leit dem vorbenempten Micheln den lebkuchen dar vnd truwati och er wysti Jn die fünff schilling
heller geltz och wann er sich sölichs begeben hett vnd hett es och vormals mit
vrtail vnd mit recht behebt wölti aber Jeman da wider reden So gereti er nit
me dann den Schulthaißen vnd die richter zů gunbrichingen darvmb zůerhören.
Do antwúrt michel kern er wyst nützit baz er mit Jm von deß Conuentz wegen
ze schaffen hett weder lützel noch vil von der sach wegen vnd truwati och das er
Jm nützit darvmb pflichtig wär was aber das gericht vormals gesprochen hett do
trug er Jm nützit Jn vnd bat och nit me dann das geriht darvmb zůerhören.
Do vorschet der Schulthaiß des rechten. Do erkanten wir vns gemainlich vnd
sprächen zům rechten das man den Schulthaissen vnd baz gericht zů Gunbrichingen
darvmb verhören sölt vnd geschäch dar nach baz reht würd do seitt der Schulthaiß
vnd baz gericht zů Günbrichingen wie baz Michel kern vor Jnen gerett hett vnd
sich berúmt hett ain lebkuchen zů nemen vnd ben hoffmaister von des Conuentz
wegen wysen wölt die zwölff schilling heller geltz dar vmb er vor reht gewesen
wer vnd also nach klag vnd antwúrt vnd der kuntschafft verhörung vnd nach allen
bem baz für gewent ward vff beiden syten do vorschet der Schulthaiß des rechten
do erkanten wir vns gemainlich vnd sprachen zům rehten wann sich Michel kern
sölichs vffgetan vnd berúmt hett vnd ain lebkúchen darvmb gevordert hett vnd der
Jm och dargeleit war worden als vor gemelt ist baz Michel kern dem hoffmaister
als von deß Conuents wegen ze Růti die fünff schilling heller och wysen soll aber
selbs geben. Vnd beß zů ainem waren vrkúnd vnd merer sicherhait aller obge-
schribner bing so haben wir obgenanter Schulthaiß von Talhain vnd Richter der
brier vorbenempter dörffer flissenklich gebetten vnd erbetten ben edeln hochgebornen
hern grauff Sigmund von hohenberg bas er sin aigen Jnsigel gebresten-
halb vnsers Jnsigels offenlich gehenckt hant an disen brieff boch Jm selbs vnd
sinen erben vnschädlich. ber geben ist vff Mathie beß hailigen zwölff botten zů
bem Jar bo man zalt von Cristi geburt viertzehenhundert Jar vnd bar nach zů
bem ain vnd viertzigosten Jar.

B. d. Orig. im St.-Archiv zu Stuttgart. — Mit dem ziemlich gut erhaltenen
runden Siegel des Grafen Sigmund.

855.

23. Juli 1442. Frankfurt. Der römische König Friedrich . bestätigt der Herrschaft Hohenberg und namentlich den Städten Rotenburg und Horb die Freiheiten, welche solche von seinen Vorfahren am Reiche, besonders von König Wenzel erhalten.

Wir Fridreich von gotes gnaden Römischer Kunig zu allen ziten Merer des Reichs Hertzog zu Österreich zu Steir zu Kernden vnd zu Krain Graue zu Tirol etc. Bekennen vnd tun kund offenbar mit disem brieue allen den, die In sehen oder hören lesen. Daz für vns komen ist vnser liben getruen der Burgermeister Rate vnd Gemeinde vnserr vnd des Hauß Osterrich Stete Rotemburg am Negker. Horw vnd anderr Stete in vnserr Herschafft Hohemberg gelegen, Erbere botschafft vnd bate vns diemutigklich daz wir denselben vnsere Steten vnd Jren Jnwonern vnd nachkomen alle vnd yegliche Jr gnad fryheit Recht hantueste. brieue vnd priuilegia die Si von Romischen keisern vnd kunigen vnd ouch von Hertzogen zu Osterrich vnsern vorfaren vnd vorbern löblicher gedechtnüß erworben haben vnd mit namen sölich gnad vnd fryheit so weilent kunig Wentzlaw Romischer kunig, weilent vnserm Vettern Hertzog Lewpolten Hertzogen zu Osterrich vnd sein Erben ouch loblicher gedechtnuß gegeben vnd furbazzer an die obgenannten Stete Jr Burger, diener vnd manne, bieweil dennoch die Graffschafft Hoemberg in weilent Graf Rudolfs von Hoemberg gewalt vnd hannben gewesen ist. volstreckt vnd Jn gegeben hat die ba von wort zu wort lautten als hernach geschriben stet. (u. s. w. s. oben nro. 702.)

Auch Jr alt herkomen vnd gut gewonheit so Si loblich herbracht haben zu bestettigen zu Confirmiren vnd züuernewen gnebigklich geruchten. Haben wir angesehen, solich diemutig bete vnd ouch getrew dinste. bie by vorgenanten von Rotemburg Horw vnd ander vnser Burger vnd Jnwoner vnserr Stete in vnserr Herschafft Hoemberg gelegen vnd Jr — — — vorbern vnsern egenanten vorfaren vnd vorbern Romischen keisern vnd kunigen auch Hertzogen zu Osterrich zetan haben, vnd Si vnd Jr nachkomen, Hinfür tun mugen vnd sullen. Vnd haben Jn mit gutem Rat vnd rechter wissen alle vnd yeglich ire gnad fryheit Recht Hantueste brieue vnd priuilegia, so Si von vnsern vorfaren vnd vorbern Romischen keisern vnd kunigen vnd mit namen von dem obgenanten kunig wentzla vnd och Hertzogen zu Osterrich erworben, vnd darzu Jr alt herkomen vnd gut gewonheit so Si loblich herbracht haben, in allen Jren Stücken puncten artikeln vnd begreiffungen gnedikglich bestett confirmiret vnd vernewet. Bestetten confirmiren vnd vernewen Jn bie ouch von Romischer kuniglicher macht vnd als hertzog zu Osterrich in crafft biß briefs Vnd meynen setzen vnd wöllen, daz Si fürbazzer alle krefftig seyen, vnd daz die obgenanten von Rotemburg Horw vnd von andern Steten in vnserer herschafft Hoemberg gelegen, babei beleiben, vnd

der an allen ennden geprauchen vnd geniessen süllen vnd mügen von allermenigklich
vngehindert Vnd wir gebieten dorauf allen vnd yeglichen fürsten geistlichen vnd
weltlichen. Grauen fryen herren Rittern knechten Lanbuogten Lannbrichtern Richtern Vogten Ambtlüten Burgermeistern Reten Gemeinden vnd allen andern vnsern
vnd des Reichs. vnd ouch des Hauß Osterreich vndertanen vnd getrewen ernstlich vnd vestigklich mit bisem brieue baz Si die vorgenanten von Rotemburg
Horw vnd von andern Steten in vnserr Herschafft Hoemberg gelegen vnd Ir
nachkomen an solichen obberürten Iren gnaden vnd freiheiten vnd diser vnsern
bestettung fürbazzer nicht Irren noch hindern in dhein weis. Sunder Si babi
von vnsern wegen schirmen schützen vnd gerüblich beleiben lassen, souerr Si vnser
Swere vngnab meynen zuuermeiden. Mit Vrkund diß brieues Versigelt mit vnserr kuniglichen Maiestät anhangunbem Jnsigel. Geben zu Franckfort an Montag nach sannd Mariemagbalenen tag Nach Cristi gepurde Viertzehenhundert Jr
vnd barnach in bem Zweyunbuiertzigisten Jar Vnsers Reichs im britten Jare.

B. b. Orig. im Stadt-Archiv zu Rotenburg. — Das Siegel ist abgefallen.

856.

3. Oktober **1444.** Heidelberg. Otto Pfalzgraf bei Rhein und Herzog
in Baiern, der im Jahr **1440** seine Herrschaft Wildberg-Bulach
an die Grafen Ludwig und Ulrich von Wirtemberg verkauft hat,
weist Konrad von Hailfingen, Heinrich und Konrad von Gültlingen,
Helfrich von Neuenstatt und alle andern Mannen der gen. Herrschaft an die Grafen von W.

Wir Ott von gotts gnaden Pfalzgraue by Rine vnd hertzog in
beyern etc. Embiethen Conraten von Hailfingen heinrichen vnd Conraten von Giltlingen helffrichen von Nuwenstatt vnd allen andern vnsern Mannen Burgmannen vnd lieben getruwen die bann von vns belehent gewesen
von wegen der herschafft Wilperg vnd Bulach mit Irer zugehorunge vnsern grus vnd lassen uch wissen, bas wir die vorgenanten vnser herschafft wilperg
vnd Bulach mit aller Ir zugehorunge nichts vßgenomen vnd besunder mit
manschafft burgmanschafft vnd lehenschafften verkaufft vnd ewiglich zu kauffen geben
haben ben wolgebornen vnsern lieben Swegern Lubwigen vnd vlrichen gebrübern Grauen zu wirtemberg vnd Iren erben alles nach Innhalt sölichs
kauffbrieffs barüber geschrieben vnd versiegelt, Vnd barvmb so bitten heissen vnd
befelhen wir uch alle vnd igliche besunder Jn krafft bieß brieffs bas Ir nu hin-
füre zu ewigen zyten alle uwer lehen eß syen mannlehen burgmannlehen ober ander lehen wie bann bie namen gehaben mogen vnd zu ber vorgenanten her-

ſchafft wilperg vnd Bulach gehorent vnd here rurent von den vorgenanten
vnnſern lieben Swegern von wirtemberg oder Jren erben empfahent habent vnd
tragent als bicke ſich das gepuret heiſchen vnd noit ſin wirbet, Vnd wir ſagen
daruff für vns vnd vnnſere erben vch alle vnd vwer iglichen beſunder aller vwer
glübbe eyde vnd verbuntniß ſo Jr vns dann von der vorgemelten lehen wegen
verbuntlich geweſt ſind gentzlichen lebig qwyt vnd loyß. Vnd haben des zu Or=
kunde vnſer Jngeſiegel thun hencken an dieſen brieff Der geben iſt zu Heidel=
berg off Samßtag nach ſant Michels tage des heiligen Ertzengels Anno domini
Millesimo Quadringentesimo Quadragesimo.

B. d. Orig. im St.=Archiv zu Stuttgart. — Mit dem Siegel des Ausſtellers.

<hr>

857.

22. Auguſt 1449. o. O. „Joſen von Hornſtain vnd ſiner Helffer
vientſchafft brief gen Rottwil geantwurt, im Rahmen vnd von wegen
Graff Vlrichs von Wirtemberg,“ vnd beſiegelt von Graf Sigmund
von Hohenberg.

Wir nauchbenempt Jos von Hornſtein Hanns von Hochmeſſingen
walther von Roſenuelb vnd Oſterbrunnen von wurmlingen hanns
Peter vnd walther von Schertzingen, Dietrich Nagell von bürnſtain
Hanns aicheller von yſin Haintz Schniber vnd Hanns küngung kon=
rat Stähelli vnd Jös Gärwer von Stockach Hennßli Reff der alt
Jos Sifrib von Memingen vnd Auberlin keller von Herrenberg
lauſſend öch Burgermaiſter Rautt vch gemainbe zu Rotwil vnd alle bie,
bie mit öch Jn veraynung gewandt vnd verbunden ſinbe, wiſſen alz der Hochge=
pornne Herre Herrn vlrich Graue zu wirttemberg etc. vnſer gnädiger
Herre mit öch vnd öwern Bundesgenoſſen Jn vintſchafft vnd öwer vinbe iſt des
Helfer wir vorgenante ſinbe Daz wir von wegen des genanten vnſers gnebigen
Herren öwer vnd der bie mit öch Jn veraynung gewandt vnd verbunden ſinbe
ouch der öwer vnd der Jren vnd bie öch vnd Jnen zu uerſprechend ſtänd vinbe
ſin wöllen vnd ziehend vns des Jn des genanten vnſers gnädigen Herren fribe
vnd vnfribe vnd wie vnd Jn welchen weg ſich baz machte So wöllen wir hie
mit vnſer ere gegen öch vnd bie mit öch Jn veraimung gewanbt ſinbe, der öwer
vnd der Jre ouch öwer vnd berſelben Helffer vnd Helfers Helfer bewart han, vnd
ob vns mer bewarung gepärte ze tünbt bie tügen wir öch vnd vnfer yeklicher be=
ſonber mit biſem vnſern offennbrieff boch ſetze Jch Hanns aicheller bie von yſin
. . . .[1] Hinban. Geben vnd von vnſer aller bett wegen mit des wolgepornen
Herren Grauen Sigmunds zu Hohenberg vnſers gnebigen Herren

Jnsigell by ende bir geschrifft besigelt off fritag nähst vor Sannt Bartholomäus des Hailigen aposteln tag Anno etc. quadragesimo Nono.

B. d. Orig. im St.-Archiv zu Stuttgart. — Auf Papier mit dem ganz undeutlichen aufgedrückten Siegel des Grafen von Hohenberg.

¹ Unleserlich.

858.

21. September 1449. „Eroberung des schloßes Hochenberg."

„Anno 1449 an S. Mathei Apostels fest, seyend die von rottweil mit ihrer Gemeind vor hohenberg gezogen, das mit einem Turmb und hilff gottes gewunen vnd erobert und das schloß zerbrochen, auch 18 derselben, so Job von Hornstein darinnen gehabt, von leben zum bott gebracht, vnd 4 von Rottweil auch leben gelaßen haben, vor welche in der Pfarrkirchen Jährlich ein Jahrtag gehalten wird."

Aus dem städtischen Archiv zu Rotweil. Lade LX. Fasc. 3.

859.

8. Juli 1450. o. O. Burgermeister und Rath der Reichsstadt Rotweil beschweren sich bei Graf Sigmund von Hohenberg, Hauptmann zu Balingen, daß seine Leute in dem reichsstädtischen Dorf Dietingen Vieh (im Werth von **600** fl.) geraubt hätten, wofür Ersatz verlangt wird. Antwort des Grafen darauf vom **15.** Juli.

Wolgeborner Herre Graue Sigmund Graue zu Hohenberg Hoptman etc. Schulthais Richter vnd gemaind ze Balingen Vns ist ein Richtung verkündet mit der fürsten vnd Herren brieue mit Jren anhangenden Sigeln. so die gemacht hand darinne der Hochgeboren Herre Hern Vlrich Graue zu Wirtemberg etc. ouch namlich begriffen ist. die richtung off fritag nechstvergangen zu der Sonnen vffgang angangen ist, der wir vns gehalten hand. vnd solich richtung hand die uwern off gestern vns vnd den vnsern daz vnser zü bietingen genomen Vordren wir an üch mit disem brieue, vnd den vnsern das wider daz vns von den uwern in sölicher zugeschriben richtung genomen ist an schaben zu bekeren. bi biser hüttigen tagzit vor vnbergang der Sonnen Geben vnder vnserm vffgedruckten Jnsigel an mitwochen nechst nach Sant Vlrichstag Anno domini millesimo quadringentesimo quinquagesimo.

Burgermaister vnd Raut zü Rotweil.

Wir Sigmund Graue zü Hohenberg Hoptman zu Balingen Als Jr Burgermaister vnd Rat zu Rotwil vns geschriben vnd vordrung getan hand. vch vnd den uwern kerung ze tund von sölichs vihs wegen. so zu bietingen och vnd den vwern von den vnsern in der Richtung genomen sölle sin. ynnhalt vwers briefs etc. hand wir wol vernomen vnd hät vns sölich vwer schriben vnd vorbrung fremd vnd vnbillich. nach gestalt vnd herkomen der Sach. aber wie dem so wellen wir die Sachen füro bringen. vnd uch dann antwurt off üwer schriben vnd vorbrung geben. des wir getruwen daz glich vnd gnüg sie, Geben vnd mit vnserm offgedruckt Jnsigel besigelt off Mitwochen nechst nach sant Margarethen tag Anno etc. Quinquagesimo.

B. d. Orig. im St.-Archiv zu Stuttgart. — Das Siegel fehlt.

Auf der Außenseite steht: „wie wir den nomen der vns gen Balingen in ter Richtung genomen ist, Geuordert hand ze beferen. des vihs ist by vjᶜ gulden werth.“

860.

22. Oktober 1451. o. O. Graf Sigmund von Hohenberg, der Kirchherr, Schultheiß und Keller zu Balingen, beurkunden, daß zwischen dem Grafen Ulrich von Wirtemberg und Wolf von Bubenhofen in Betreff der Patronatsrechte der Kirchen zu Burgfelden und Geislingen (O.A. Balingen) ein gütlicher Verglich zu Stande gekommen sey.

Wir Sigmund Graue zu Hohenberg Maister Hanns Schulthais von Nagelt maister Jn ben Siben frien künsten kirchherre zu Balingen pfaff Hanns Schutter kapplan Auberli Sätzli Schulthais vnd Conrat Brennbli keller daselbs tügen kuntt aller menglich mit dem brieue die den lezend. ober hörend leßen Alz zwüschend dem Hochgepornen herren hern Olrichen graue zu wirttemberg fürmünder etc. vnserm gnedigen herren vns vnd dem frommen vesten Wolffen von Bübenhoffen des andern tailß in Schlaich vnd gütlich vberkommen geschehen ist von der kirchen wegen zu Giflingen die ain bohter der pfarrkirchen zu Ostorff gewesen vnd jezund ain pfarre ist gegen der pfarrkirchen zu Burgfeld Alßo daz nunfüroin zu öwigen zitten die kirche zu Burgfeld von dem genanten vnserm gnedigen herren Graue Vlrichen zu Wirttemberg fürmünder etc. vnserm gnedigen herren zu verlihend vnd die kirche zu Gislingen ain pfarrkirche zu öwigen zitten von wolffen von Bübenhoffen zu verlihend ist vnd sin sol Söllichen Schlaich vnd gütlich vberkommen och mit pfaff vlrich wagners kirchherren zu Ostorff gunst wissen vnd gütten willen Volgangen vnd beschehen ist alz daz die versigelten Schlaichbrieue Där ober geben Jnne haltend vnd aber wolff von Bübenhoffen vnd der genannt kirchherre zu Ostorff etwaz spennig vnd Jrrig wärend von des kostens schadens vnd der expenß wegen So dann off Söllichen Schlaich ee der zu ende käme gän möchte och von des Bauschatz kirchenstür vnd der quart wegen Daz wir zwüschend den genanten beden parthien mit Jr gunst wissen vnd gütem willen beredt vnd sie

vberbraucht gericht vnd geschlicht habend Jnmanſßen als hernach geſchriben ſtant
dem iſt alßo daz wolff von Bübenhoffen allen koſten vnd ſchaden So daruff gant
bis die kirche zu Giſlingen zu ainer pfarre gemacht wirt wie wä vnd gen wiem
ſöllicher koſt vnd ſchaden barrúrte gentzlich vnd gar vßrichten, vnd bezallen ſol
vngeſärlich vnd ſol der genant kirchherre mit ſöllichem koſten vnd ſchaden gar
nichtzit zu ſchaffend haben Jn behainem weg Sonder So ſol wolff von Bübenhoffen Söllichen koſten vnd ſchaden gar vnd gentzlichen vßrihten geben vnd bezallen
vngeſärlichen darumb ſüllend wolffen von Bübenhoffen bliben herfolgen vnd neben alle vergangen vnd verfallen zins die benn zu Giſlingen ligend oder an der
lütten bä ſelbs ſtände, vnd der genant kirchherre maynt vordrung därzu ze hän
daz die ſin ſölten ſin. Vnd aber der genant Wolff von Bübenhoffen maynt daz
bie dem kirchherren niht zugehören ſöltend nauch bem vnd ſich baz barumb gemat
vnd verloffen hette Söllich vordrung des genanten kirchherren halp ſol vnd iſt gar
vnd gentzlich ab Vnd hautt der genant kirchherre noch niemand von ſin wegen
fürohin bä mit gar nichtzit zu ſchaffeud noch zu tünbt han Jn kain weg Sonder
die ſelben nütz vnd zins ſüllend bliben vnd ſin wolffen von Bübenhoffen vnd va
des Bauſchatze kirchen Stür vnd der quart wegen iſt och berebt vnd betäbingt
worden Jnmaußß als hernach geſchriben ſtant Dem iſt alßo Alz die kirche zu
Oſtorff bisher geben hautt ain pfund haller Bauſchatze baran ſol geben ain kirchherre ober bie kirche So behain kirchherre ba wär zu Giſlingen zu öwigen ziten
zenhen Schilling Haller vnd niht mer vnd alz die genant kirche zu kirchenii
geben hautt och ain pfund haller baran ſol geben ain kirchherre ober bie kirch
zü Giſlingen So behain kirchherre ba wäre zu öwigen zitten des Jaurs zenha
ſchilling haller vnd niht mer vnd von der quart wegen ba mit ſol ain kirchherr
noch bie kirche noch bie kirche zu Giſlingen zu öwigen zitten gar nichtzit zu ſch-
fend noch zu tünbt haben Jn kain weg Sonder ſo ſol ain kirchherre vnd die
kirche zu Oſtorff bie quartt gar vnd gentzlich vßrihten, vnd bezallen on ſchade
ains kirchherren vnd der kirchen zu Giſlingen zu öwigen zitten vnd ſüllend fürba
bebe parthien für ſich Jr erben vnd nauchkommen vnd menklich von Jr weg
vmb alle vergangen ſachen bis vff bißen hütigen tag wie vnd von waz ſache ä
bie gemacht hänb nichtzit vßgenommen noch vorbehalten Jn beheinem weg gentz-
vnd gar gericht vnd geſchlicht ſin vnd enander vmb alle ergangen ſachen vnge-
uertigot vnd vnbekümert lauffen weber mit gericht gaiſtlichem noch weltlichem
on gericht ſuß noch So vngeſärlichen Och iſt her Jnne berebt worden wär
daz wolff von Bübenhoffen pfaff vlrich wagners kirchherren zu Oſtorff zu benanten Sachen zu gericht zu tagen oder zu täbingen eß wäre gen koſtentz
anberſchwähin wä daz wär beborffte oder nottürftig wäre oder würbe baz ſol
genant kirchherre gütlich on wiberrede tün boch vff wolffen von Bübenhoffen koſten
vnd ſchaden vnd niht vff ſinen koſten vnd ſchaden alles vngeſärlichen Vnd
alles zu wärem veſtem vrkund vnd Stätter ſicherheit So haben wir obgenanten
täbingß lütt Mainlich Graue Sigmunde zu Hohenberg Maiſter Hanns Schul

hais von Nagelt kirchherre zu Balingen vnd Auberli Sätzlin Schulthais Da selbs
alz täbingß lütt für vns selbs vnd von bett wegen der ander täbingßlütt vnsry
Jnsigell offennlichen laſſen henkken an bißen brieff doch vns vnd vnsern erben on
ſchaden wan aber alle abgeſchriben puncten gebingbe vnd artikel an bißem brieff
geſchriben mit vns obgenanten wolffen von Bübenhoffen vnd pfaff Vlrich wagners
kirchherren zu Oſtorff gunſt wiſſen vnd gütten willen volgangen vnd beſchenhen
ſinbe barumb hautt vnſer yeber ſin Jnſiggel für ſich ſin erben vnd nauchkomnen
och offennlichen lauſſen henkken an bißen brieff zu Stätter ſicherheit gezügnüſß vnd
vrkunb aller bir puncten vnb gebingbe an bißem brieff geſchriben ber brieue ſinb
zwen ber ain von wortt zu wortt lutot alz ber anber vnb iſt yeber parthie ainer
geben worben von Jr bett wegen Geben vf fritag nåhſt nauch bes lieben Hayli=
gen Sanntt Gallen tag Alz man zalt nauch criſti vnſers Herren Jheſu criſti ge=
purt Bierzenhunbert Jaure vnb barnauch Jn bem ainen vnb fünfzigoften Jaure.

B. b. Orig. im St.-Archiv zu Stuttgart.

861.

3. September 1454. Rotenburg. Rubolf von Ehingen beruft auf
Befehl des Erzherzogs Albrecht von Oeſtreich Lehensmannen der
Herrſchaft Hohenberg zu einem Lehengericht in Streitigkeiten zwi=
ſchen Benz Kechler von Schwanborf und der Gemeinbe Altheim.

Jch Rubolff von Ehingen Bekenn offembar vnb tun kunt mengklichen
mit bem brieff das ich vf hut bato bis brieffs von empfelhnus wegen bes burch=
luchtigen fürſten vnb herrn hern albrechts Erzherzogen zu Oſterrich etc.
myns gnebigen hern als ein lehen Richter mit biſen hernachgeſchriben ſiner gna=
ben herſchafft Hohemberg lehensmannen Mit namen Steffan von
Emerſzhoffen, hanſen von Linſtetten, Jorgen vnb Conratten von ow
zu hurningen, wolff ſchilling Caſpar wichſlern Bentzen von Bochin=
gen wernher ſchencken von Stoffemberg Conraten von werenwag
wilhelm Truchſaſſen von hofingen Heinrichen Zymrer Anbreſen von
Mansperg vnb peter von Owe bie ich ban von ſiner gnaben Beuelhnuſs
wegen zu mir berufft hab zu Rotemburg Jn ber Statt am Necker gelegen Jn
ber groſſen Ratzſtuben baſelbs zu lehen Recht geſeſſen bin Als vmb Solich
Spenn vnb Zweyung bie ba lehen Berurn u. ſ. w. Vff Sant Anthonyen
tag 1454.

B. b. Copial-Buch zu Horb Fol. 179 ff.

862.

15. **Febrnar 1456.** **Rotweil.** Die Reichsstadt Rotweil, welche v[on]
der Zerstörung des Schlosses Hohenberg her noch eine Entschä[di]=
gungs=Forderung an die mit ihr verbündeten Reichsstädte in Schwa[=]
ben hatte, überträgt in Uebereinstimmung mit diesen die Ber[eini]=
gung dieser Sache dem kleinen Rath der Stadt Straßburg.

Wir der Burgermaister Raut vnd all burgere gemainlich be[i k]ü=
ligen Richs Statt Rotwil. Bekennent offennlich vnd tün kunt allermen[glich]
mit disem brieue, Vnd als wir Spruch vnd vorbrung haben an Gemain de[i kü]=
gen richs Stett vnser vergangner verainung in Swaben, harrürent von Ho[hen]=
berg bez Sloffes vnd zweyer erschoffnen knecht wegen etc. vnd aber dise[n]
Stett vnd wir vns mitenandren solicher vnserer Spruch vnd vorbrung hal[b ù]
veraangen (sic!) vnd geaint haben vff den fürsichtigen Ersamen vnd wisen [den]
vnd klainem Raut der Statt Straßburg, die ouch sich bez rechten ange[geben]
vnd vns Rechttag gesetzt haben, mit namen vff bonrstag yetzo nechstkomen[d]
wir da mit wolbedauchtem müte rechter wisseu vnd mit ain helligem Ra[t]
vnser aller wegen zu solichem rechten schicken, die Ersamen wisen Burkarte[n]
Tigeshain Casparn Hinberofen vnser Rautz fründ vnd Johan[n]
Herman vnsern gesworwen Schriber, den wir sampt vnd Ir i[eden]
inbesonder für vns vnd gemainden vnsern vollen gewalt vnd ganz macht ge[ben]
empholhen, vnd Si vnser volmächtig anwälten Sachwälter . . . . [1] vnd [ge]
botten gesetzt vnd gemacht haben Geben emphelhen setzen vnd machen mit c[raft]
diß briefs, also ob sach wär, daz die vorgenanten vnser fründ von Straßbu[rg]
versuchung tun wurden vns genander in gütlichait zu uerainen, Inen an [vnser]
statt vnd in vnserm namen der gütlichait zu ueruolgen vnd wie Si sam[pt]
Ir zwen oder Ir ainer inbesunder die gütlichait in red vnd wiberrede han[delnd]
wez Si sich barum von vnsernt wegen erbietend waz Si barum von vns[ernt]
offnemend tünd vnd lassend vnd wie sich barum haltend, ist vnser gut[er]
wellen ouch baz stet vnd vest halten, vnd vns bawiber bhains wegs setzen i[n]
ber mäß als ob wir baz allez selbs in zügegnem wesen geton vnd ge[handlet]
hetten on all ynntrag vnd wiberred, Vnd Herumb ze offem vrkund, hab[en wir]
vnser Statt merer Sigel offennlich gehenkt an disen brieue Geben an [dem]
nechst nach dem Sonnentag Jnuocauit Nach Cristi gepurt vierzehenhun[dert]
Sechs vnd fünfftzig Jare.

V. d. Orig. im städtischen Archiv zu Rotweil. — Das Siegel fehlt.

[1] Unleserlich.

863.

31. Oktober 1459. o. O. Graf Sigmund von Hohenberg schlichtet
in Beiseyn und zu Gunsten seines „Sunes", des Grafen Jos
Niclausen von Zollern, die Erbstreitigkeiten zwischen Hansen von
Thierberg und Lienhard Remen zu Hechingen.

Wir Sigmund Graue zu Hohemberg Bekennen vnd tun kunt offembar
mit disem brief als Spenn, vnd zweyung offerstanden sin, zwüschent dem vesten
Hansen von Tieringen an einem vnd Lienhart Remen zu Hechingen
vnd Gret Ernstin siner elichen Hußfrowen an dem andern teil von solichs erbs
vnd güts wegen So der vest Wernher selig von tieringen nach tobe verlassen
vnd des testaments halb So er deßhalb by sinem leben geordnet vnd gemacht hat,
das wir off hüt datum bis brieffs zwüschent beiden vorgenanten parthyen In by
wesen vnd gegenwertigkeit des wolgebornen vnsers lieben Süns Graue
Josniclausen zu zolr vnd mit ir aller wissen vnd güttem willen berebt vnd
betebingt haben Inhernachgeschribener forme Dem ist also das der egenant hans
von tieringen für sich vnd sine erben lebeclich vnd eigentlich vbergeben sol vnd
rgeben dem egenanten vnserm Sün von zolr vnd sinen erben alles das gůt,
as der egenant wernher selig von tieringen in sinem leben gehabt vnd nach tobe
erlassen hat, es sye zu Hechingen oder anderswa oder Im Elseß oder sust wa
as gelegen wie das geheissen oder genant sye ligends vnd varends lehen vnde
gen Hußrat betgewand vihe gemeinden schulden barschafft vnd anders mit allen
en rechten zinsen nutzen gülten vnd güten mit husern schüren garten eckern wisen
oltz velb wasser wunn vnd weide vnd mit aller zügehörbe funbens vnd vnfunbens
nempts vnd vnbenempts nichtzit oberal baran vßgenomen Also das das vorge=
int erb vnd gut alles als vorgeschriben stet, dem vorgenanten vnserm lieben
une Graue Josniclausen von zolr vnd sinen erben fürohin zu ewigen
en werden vnd beliben sol das Innezuhaben zü nützen zu niessen zuuersetzen
b zuuerkouffen vnd bamit zu tun vnd zulassen nach irem willen als mit irem
en gut, vnd sollent ber egenant Hans von tieringen vnd sin erben baroff verzi=
n sin vnd kein Recht ansprach noch vorberung barumb noch barnach nymer mer
haben gewynnen noch vberkomen in keinen weg vnd baromb sol ber egenant
ser Sun von zolr ben obgenanten Lienhart Remen vnd sine Hußfrowen von solichs
nechts wegen So in ber vorgenant wernher selig von tieringen von sinem verlassen
t in sinem testament vnd letsten willen vermacht, gütlich oder rechtlich abtragen
mit ber selb Hans von tieringen vnd sin erben barumb von Jnen vnd iren
en on vorberung vnd vnangelangt bliben baroff ouch ber selb Hans von tierin=
l Lienhart vnd sin Hußfrow gegen einander ber vorgemelten sachhalb gericht vnd
licht sin vnd ir behein teil barumb an ben anbern füro nichtzit mer zuuorberen
H zu sprechene han sollen in keinen weg alles vngeuerlich vnd sol ouch ber ege=

nant vnser Sun von zolr oder sine erben demselben Hansen von tieringen sine
leptagen vnd nit lenger fünff vnd zweintzig gulbin Rinscher gütter vnd genem
alle Jar vff sant Martis tag achttag bauor oder barnach zu lipgeding richten vn
geben on lenger vertziehen vnd on schaden vnd Von nü sant Martins tag nest
kompt vber ein Jar das nehst anfohen solich lipgeding zu richten vnd wann de
selb hans von tieringen mit tod · abgegangen ist da gott lang vor sin wolle i
sullen vnser Sun von zolr vnd sine erben Hansen von tieringen erben noch ni
mand von iren wegen des vorgenanten erb vnd güts ober bis lipgebings hal
nichtzit me schulbig nach pflichtig sin, zu dem So sol dem egenanten hansen vo
tieringen vnd sineu erben die zehenden nütz gült vnd gütter so der egena
sin bruder selig zu tieringen dem borff gehabt vnd nach tode verlassen hat, bi
von dem huse zu Österrich zu lehen rüren erblich vnd eigentlich zu gehör
vnd beliben das er oder sine erben die Innehaben nützen vnd niessen damit tu
vnd lassen ober die durch gott oder ere verschaffen vnd hingeben mögen wa to
oder wem sie wollen, on menglichs Irrung Er sol auch die andere gült vnd g
die der vorgenant sin bruder selig zu tieringen verlassen hat, die eigen sin ou
sinen leptagen Innehaben nützen vnd niessen, doch wann er mit tode abgegang
vnd nit mer in leben ist, So sollen die selben gült vnd gütter zu tieringen h
eigen sin als vorstet bannenhin ouch dem obgenanten vnserm Sun von zolr v
sinen erben eruolgen vnd werden on Intrag oder wiberrede Hansen von tierin
sol ouch werden was von essibigem bing in des tieringers seligen huse zu Hed
gen das noch vorhanden ist es seye von winkorn oder anderm doch ob nit al v
als acht malter vesa bar Inn weren die sol im vnser sun von zolr eruollen v
aber mer bann achtmalter vesa bar Inn weren die sollen ouch vnsers suns v
zolr sin Item demselben hansen von tieringen sol ouch von dem Hußrat gege
werden ein vsberette betstatt mit zwein betten einem pfulwen zwein küssin bri v
Luilachen vnd zwein beckin die er von dem betgewand nemen mag weliche er v
Item ein ballen linis tuchs Item ein Harnesch zu sinem libe der best so da v
Item ein beckin vnd ein groß faß Item das zün geschirre vnd das kuchin ge
das ober das für gehört (sic!) Item zwen ler trog Im huse Item den tro v
Balingen ouch ler bann was in denselben bryn trögen ist sol ouch vnserm sun v
zolr beliben, Item ben schribtisch ler vnd zwey tischlachen Item bartzu ba v
fünff kü vnd die zwey Swine die Im huse sin das Im ouch alles also wer
ist, Sust sol bas ander vnserm sun von zolr vnd sinen erben alles es sye lig
vnd varends zugehören vnd bliben Inmassen vorbegriffen ist, Es sollen ouch v
sün von zolr vnd sine erben die Nüntzig gulbin die wernher selig vnd ber v
nant hans von tieringen Margreth Stupff vnd iren erben halbs vff v
Martins tag vnd bas ander halbteil barnach vff sant Johans tag Babtisten ne
kompt geben söllen vßrichten nach lut der tebingsbrieue barüber gemacht v
basselb erb vnd güt, bas von fritz seligen von tieringen verlassen vnd vff bie v
nanten zwen gebrüder von tieringen nach lut der vorgenanten tebing komen v

in bieſer tebing begriffen iſt, alſo bas bas bem egenanten vnſerm Süne von zolr vnb
ſinen erben zu ſten vnb beliben ſol bes glich ſollen vnſer ſun von zolr vnb ſine
erben alle anbern ſchulben bie wernher von tieringen ſelig ſchulbig beliben iſt bie
kuntlich vnb noch vnbezalt ſin vßrichten on bes vorgenanten hanſen von tieringen
ober ſiner erben ſchaben Derſelb vnſer ſun vnb ſine erben ſollen ouch bas ein
pfunb vnb ein ſchilling ewigs gelts bas ber egenant wernher ſelig an ein Jarzit
gen Hechingen, Item zehen ſchilling ewigs gelts bas er ben armen ſiechen baſelbs
in bas Hüſlin Item vnb fünfftzehen ſchilling Jerlichs gelts bas er an ein Jarzit
gen Balingen georbent vnb in ſinem teſtament vermacht hat richten vnb geben vnb
bas alſo verſichern vnb verſorgen bamit ſolich Jarzit zu ewigen ziten begangen
vnb ſolich gült Jerlich baran gericht werbe Des glich ſol ber obgenant hans von
tieringen bas ein pfunb unb zwen ſchilling ewiges gelts baſ ſin Brüber an ein
Jarzit in vorgeſchribener forme gen tieringen vermacht hat richten vnb vermachen
ba mit ſolich Jarzit on abgang begangen vnb ſolich gült. baran gericht werbe als
ber egenant ſin bruber ſelig in ſinem letſten willen verlaſſen hat alles on geuerbe
vnb baroff ſol ber egenant Hans von tieringen vnſerm ſun von zolr alle brieue
Röbel vnb Regiſter bie er ber obgenanten erb vnb güter halb hat vber vnb zu
ſinen hanben geben vnb ob bem von zolr ober ſinen erben an ſolichem erb vnb
güt allem ober einem teil Jrrung ober yntrag geſchee bas ſol inen als bick vnb
wa inen bes not würb Hanſen von tieringen helffen vertigen vertretten vnb ver=
ſprechen nach notburfft vnb ſich wa bes bes (ſic!) beborfften ouch ſuſt barzu
bruchen laſſen nach ſinem vermögen boch vff bes von zolr coſten vnb ſchaben alles
on geuerbe vnb bes alles zu warem vrkund han wir vorgenanter Graue Sigmunb
als ein tebingsman vnſer eigen Inſigel boch vns vnb vnſern erben on ſchaben offenlich
gehenckt an biſen brief vnb wir vorgenanten Josniclaus Graue zu zolr hans von
tieringen vnb Lienhart Rem für mich vnb Grethen myn Hußframen Bekennen ouch
in biſem brieff bas ſolich vorgemelt tebing vnb alle obgeſchriben ſachen mit vnſer
aller wiſſen vnb güttem willen zügegangen vnb beſcheen ſin vnb wir gereben globen
vnb verſprechen für vns vnſere erben vnb nachkomen by gütten trümen bas alles
vnb yeglichs bas an biſem brieue geſchriben ſtet als vil bas vnſer yglichen teil
erürt war veſt ſtet vnb vnuerbrochenlich zu halten zu leiſten vnb zuuollefüren ba
by zu bliben vnb ba wiber nit zu ſinbe zu ſuchen noch zutunb noch ſchaffen ge=
an werben mit gericht geiſtlichem noch weltlichem noch on gericht noch mit anbern
ſachen in behein wiſe alle geuerbe vnb argliſt her Jnn gantz vßgeſloſſen Vnb bes
zu warem vrkund hat vnſer yglicher ſin eigen Inſigel für ſich vnb ſine erben
ouch offenlich gehenckt an biſen brieue vnb barzu haben wir vorgenanten hans
von tieringen vnb Lienhart Rem gebetten bie veſten Caſparn von ow Vnb
Hannſen von Stuffennburg Das ſie ire eigne Inſigel zu gezügnus boch in
vnb iren erben on ſchaben ouch offenlich an biſen brieff gehenckt hanb Des wir
eetzgenanten zwen vns alſo hiemit bekennen bas alſo getan vnb von ir gebett we=
ſen vnſere Inſigel an biſen brieue gehangen han Der geben iſt an aller heiligen

aubent In dem Jar als man zalt von der geburt, Cristi Tusent vierhundert
fünfftig vnd darnach in dem Nünden Jare etc.

B. d. Orig. im St.-Archiv zu Stuttgart. — An der Urkunde hängen nur noch
das zerbrochene Siegel des Sigmund und das des Grafen von Zollern, welches den
viertheiligen Schild und auf dem Helm den Brackenkopf zeigt; die Umschrift ist unleserlich

---

864.

25. Januar **1463**. o. O. Vertrag zwischen der Herrschaft Hohenberg
und dem Kl. Alpirsbach, die Dörfer Gosheim und Wehingen (O.A.
Spaichingen) betreffend.

Zu wissent Als ettlich spenne vnd zweyung gewesen vnd offerstannden sind
zwüschent der durchlüchtigen hochgeporenen fürstynn vnd fröwen frow Mechthilt
gepornne pfaltzgräuin by Rine vnd Ertzhertzogin zü Österrich etc. vnnser
gnedigen frowen an einem vnd dem Erwirdigen geistlichen herren hern Andres
Apt zü Alperspach als von sins Gotzhuß wegen, des andernteils ettlicher dörffer
halb mit namen wehingen vnd Goshein, vnd der Armenlüthalb däselbs, des-
halb ein anlaß von beidenteiln veruolgt verwilgt vnd begriffen ist der von wort
zü wort hernäch stät, vnd lutt also Item die Armenlüt söllent zeuor schwören dem
Apt als Jrem eigen herren alles des gehorsamm zü sind des sie Jrem eigen herren als lipeigen lüt schulbig vnd pflichtig zü tünd sind vnd wie von Alter har
kommen ist, Doch dem vogtherren an siner gerechtikeit wie bann von alter har
kommen ist vnschebig, Item besglichen söllent sie schwören dem vogtherren als
des gehorsamm vnd gewertig zü sind das Armenlüt Jrem vogtherren schulbig vnd
pflichtig sind zü tünd, wie bann das ouch von Alter her kommen ist, Doch dem
Apt alles Jrem eigen herren an siner gerechtikeit vnd eigenschafft vnschedlich
vnd nach sölichem ist burch beidteil verwilgung abgeredt, ob eincherley spenn frefel
ober anders berürn, da zwüschent wern der selben zweyung In der gütlichen zü
kommen off herrn Conratten von wyttingen Ritter, Lienhart Schappel
von Rotwil vnd Berchtolten Schultheis von vilingen, die von beiden
teiln gebetten werden söllent sich der sachen In gütlicheit zü beladen, die zü gehörent vnd versüchen, Sie därumb gütlich zu uereinen, ob aber baz gütlich er-
gesin möcht mit Jrem rechtlichen spruch zü entscheibent. Actum et Datum feria
Secunda post Oswaldi, Anno domini etc. Quinquagesimo Nono. Däruf als
dif nächgeschriben mit namen Conrat von wittingen Ritter, Lienhart
Schappel, Burgermeister ze Rotwil vnd Berchtolt Schultheis von vi-
fingen (sic!) In dem yetzgemelten Anlaß bestympt off hüt Dato dis briefs durch
beuelhnuß vnd bett beider parthyen gen Schömberg kommen vnd den obgemelten
vnnsren gnedigen herren von Alperspach als von sins gotzhus wegen vnd den
Erbern wysen Johannes hornnstein vogt zü Hohemberg, als von der ge

:lten vnnsren gnedigen frowen wegen Jr spenn vnd zweiung gütermaß verhört
b dem näch die gemelten parthyen mit Jrem gunst wissen vnd willen Jn der
:tlicheit gericht vnd betragen haben Jn mäß vnd formen als hienäch stät, dem
 also, das vnnser herr von Alperspach oder sin nachkommen, an sins gotzhuß
t by den gerichten der kelhöf zů wehingen vnd Goßhein bliben söllent vnd
: hönd zů gebiettent vnd dar Jnn zů richtent, wann des nöt ist, Doch also,
ınn ein keller das gerichte haben vnd gebietten will, So sol er das zůuorab
ıem Amptmann an des vogtherren statt vngeuärlich verkünden vnd was uor
m gericht Jn den kelhöfen fürbrächt oder gerügt würt uffgesetzter bůhsen, oder
ıtthalb, herrürent von der güter wegen Jn die kelhöf gehörig, Es sy holtz, veld,
ısser, wunn, weibe, wisen oder Acker, nichtzit usgenommen, die selben gebott vnd
ıthsen söllent einem Apt zů Alperspach werden heruolgen vnd gebyhen vnd die
lb einungen, den Armenlüten bliben, wie sitt vnd gewonlich ist, was ouch spenne
rselben güterhalb Jn die kelhöf gehörig zwüschent den Armenlüten herwüchsen
ıer offerstünden, das nit die Ere (sic!) antreffent were Sol ouch vor dem selben
:richt Jn den kelhofen berechtiget werden, vnd was freueln sich Jn den gerichten
ıer sust mit worten oder wercken machten, dieselben freuel vnd bůhsen gehörent
ınem vogtherren zů, vnd der hät darüber ze richtent Ein apt hät ouch zů gebiet=
nt vnd zůuerbiettent was sich macht von zwing bann vnd der güter halb, Jn
e kelhöf gehörig, des ersten an bry schilling haller, vnd mag bann bie niemennt
ıb Jnbringen würt das gebott nit veruolgt, vnd dem nächgangen, So mag er
ıs an bem annbern tag gebietten, an fünff schilling vnd aber das gebott niemen
ı bem tritten tag an zehen schilling, an bem vierden tag an ein pfund, an bem
ınfften tag an fünf pfund, an bem Sechßten tag an zehen pfund, doch vngeuär=
ch vnd bie bott so bick die überganngen werdent alle mäl Jn bringen vnd niem=
ıen vnd gehörent einem Apt an des Gotzhus statt zů, vnd wann er off bie zehen
funb gebüt, So hät er nit heher zů gebiettent vnd hät dann einen Amptman an
ıns vogtherren statt an zů rüffenb Jm zů helffent, damit sinem gebott werb
ächganngen, der sol vnd hät dann von eins vogtherren wegen füro zů gebiettent, vnd
iefelben gebott hörent dann einem vogtherren zů zů sträffent vnd hät ein vogtherr
ınst waz Jn antrifft ouch Jn sölicher mäß als obstet zůgebiettent, Ein Apt hat
uch ben Armenlüten bie nit bes gotzhus eigen sinb vnd boch Jn ben Dörffern
tzent ouch zůgebiettent Jn bie gericht, Jn bie kelhöf vnd ba zerügent vnd fürzů=
rinngent als sich gepürt ber einungenhalb vnd nitt wytter als ouch vormäls,
ıann ein Armermann einen hof oder gůt uffgab vor einem vogt an bes vogt=
ıerren statt gepott gescheen sinb, an zehen pfund, bas ber andern Armenmann
einer·ben selben offgeben hofe oder gůt empfahen solt, bassel gebott sol auch ab
in, vnd nit me gescheen, besonber wann ein hof oder gůt offgeben würt, So mag
ıer andern Armenmann welhen das eben vnd füglich ist, ben wol empfähen, ouch
o söllent bes Gothuß eigen lüt sich nit empfremben, Dann mit eins Apts gunst
viffen vnd willen bartzů Jn ouch ein vogtherr hannthaben sol. Es mag ouch nu

fúrohin ein yeclich Armmann Jn den Dörffern geſeſſen welhem das fúglich iſ
vom Schenncken oder feilbrött haben vnd welher das tút der ſol einem Apt o
des Goßhuß ſtatt von Jr yeclichem Järs geben fünff ſchilling haller, Es ſol ouc
fúro yeder teile by ſinen zinſen, Stúren, bienſten, Rennten vnd gúlten, wie vo
Alter her kommen iſt, bliben, vnd ſóllent alle obgeſchriben ſachen von beiden teil
getrúwlich gehalten, vnd volzogen werden alles vngeuarlich Des zú wúrem offe
vrkúnd, haben wir obgenanten tebingslút alle dry vnnsrer yeclicher ſin Jnſige
gehenncft an biſen brief, der zwen glich luttent beſigelt gemacht ſind vnd yede
teile einer gegeben, Doch vnns vnd vnnsren erben önſcheblich, Geben uff Sann
paulus bekerung tag Als man zalt von Criſti vnnsers lieben herren gepúrt vie
zehenhundert Sechzig vnd bärnäch Jn dem tritten Järe.

Alpirsbacher Diplomatar im St.-Archiv zu Stuttgart. Fol. 336 ᵃ.

865.

17. Auguſt 1463. Stuttgart. Die Stadt Ebingen wird von Gr
Ulrich von Wirtemberg ihrer Pflicht entbunden, dagegen angewieſe
dem Grafen Sigmund von Hohenberg zu hulbigen und ihm b
auf Wiederkauf von Seiten des Gr. von W. gehorſam zu ſe
alles mit Vorbehalt ihrer Freiheiten.

Wir Vlrich, Graue zu Württemberg, etc. Entbietten Vnſern Lieben getrewe
ſchulthaißen, Richtern, vnd Gemeinden zu Ebingen vnd wintterlingen, Vn
gnab, Vnd thuen eüch zue wiſſen, das wir dem wolgebornen Vnſerm Lieben Ohei
Sigmunden Grauen zu Hohenberg, Vnd fraw Vrſulen Gräuin zu Hohenberg e
gebarn von Rotzinß, ſeiner ehelichen gemahel, Vnd Jhren Erben, Ebingen v
Wintterlingen, mit allen Jhren Steüren, Zinßen, Renten, gülten Vnd bienſt
off einen wiberkauff, verſchriben haben, nach Laut der Brief, Jne darpber gegeb
Deßhalb ſchicken wir zu Eüch, Vnſern Lieben getrewen, Hanßen Lutram zu
Ertingen, Dem haben wir befohlen, eüch Ewer gelübd vnd Aide, nach Laut d
Verſchreibung, dem Vorgenanten Vnſerm Lieben Oheim Graue Sigmunden v
Fraw Vrſulen ſeinem gemahel Vnd Jhren Erben, beßhalb Von Vns Beſche
an Vnſer ſtatt zuerlaßen, Vnd Zuempfhelen demſelben Graue Sigmunden, v
Fraw vrſulen ſeinem gemahel Vnd Jhren Erben, mit Behaltnuß Ewer Fre
Hulbigung Zuthuen, gehorſam Vnd gewertig zu ſeind, nach laut der obgen
Verſchreibung, als wir auch eüch Jetzo erlaſſen, Vnd empfehlen Zutunb, wie v
ſtet, Jn Crafft diß briefs, ohne geuerde, Vnd beß Zu wahrem Vrkhunde, hab
wir vnſer Jnſigele, offentlich thuen henchen an bißen brief, der geben iſt z
Stuettgarbten, an Mitwoch nach Vnſer Lieben Frawen tog assumptionis, na
der geburt Chriſti, Als man Zahlt, vierzehenhundett Sechzig vnd brey Jare.

B. v. Orig. auf Papier im St.-Archiv zu Stuttgart.

866.

25. August 1463. Stuttgart. Graf Ulrich von Wirtemberg gelobt, wenn die Stadt Ebingen und das Dorf Winterlingen durch Einlösung wieder an ihn kommen, ersterer alle ihre Freiheiten zu lassen.

Wir Ulrich Graf Zu Württemberg etc. bekennen und Thun kund offenbar mit diesem Briefe, für Uns und Unsere Erben, als Wir dem Wohlgebohrnen Unserm lieben Oheim, Sigmunden Grafen Zu Hohenberg, und Frau Ursulen Gräfin zu Hohenberg, gebohrne Von Roznuß (sic!) seiner ehel. Gemahl Ebingen die Stadt und Winterlingen das Dorf, mit ettlichen andern Gülten in Kaufe und Pfandsweise inngeben und Verfezt haben, uf einen Wiederkauf nach laut des Briefes Von Uns darum sagende und gegeben, ob sich nun begebe, über kurz oder lang, daß Wir oder Unser Erben, oder Nachkommen, Ebingen und Winterlingen Von Grafe Sigmunden, seiner Haußfrauen, oder Ihren Erben wieder ablösen und Zu Unsern Handen nehmen würden, und auch biß Zu derselben Zeit, so sollen Wir die Von Ebingen bei allen ihren Freiheiten und bei dem Ungeld lassen, wie sie jezo Von Unsern Handen und Herkommen sind, alles ohne Gefährde, und dessen Zu Urkund Han Wir Unser Insigill offentlich Thun henken an bisen Brief, der geben ist Zu Stuttgardt am Donnerstag nach des Heil. Zwelf Potten Sant Bartholomä Tag, nach Christi Geburt, als man Zahlt Vierzehen Hundert, Sechzig und drei Jahre.

Fidem Copiae t. b. 6. Dez. 1793. Stadtschreiber Geß zu Ebingen.

867.

26. August 1463. o. O. Graf Sigmund von Hohenberg und Ursula von Rotzins, seine Gemahlin, welche unter dem **14.** Juli des gen. Jahres von Graf Ulrich von Wirtemberg die Stadt Ebingen, Winterlingen das Dorf, und eine Gült von **140** fl. um **6200** fl. gekauft (pfandweise erworben) hatten, bekennen, daß der Graf das Recht habe, solches wieder einzulösen.

Wir Sigmund Graue zu Hohemberg vnd wir vrsulen Grauin zu Hohemberg geborn von Rotzinf sin Eelich gemahel Bekennen vnd tün kunt offembar mit bisem brieff für vns vnsere erben vnd nachkomen, als wir von dem Hochgebornen Herren Hern ölrichen Grauen zu Wirtemberg etc. vnserm gnebigen lieben Herren, Ebingen die Statt vnd winterlingen das dorff vnd barzü ouch hundert vnd viertzig gulbin gült erkoufft vnd gepfendt haben für Sechstufent vnd zweihundert gulbin Rinifcher vnd güter nach Innhalt des pfandt vnd louffbrieffs vns barumb von bem obgenanten vnferm lieben Herren Graue ölrichen zu Wirtemberg gegeben des Datum stet zu Stůtgarten an Donrstag nach Sant Margrethen tag (14. Juli). Nach Cristi gepurt, als man zalt vierzehenhundert Sechzig vnd drü Jare, vnd wann nu vnder anderm vnser pfandt vnd kouffbrieff Innhalt vnd wir vns für vns vnd vnser erben begeben haben, daz wir ober vnser erben dem vorgenanten vnserm lieben Herren Graue ůlrichen von wirtemberg oder finen erben allwegen Im Jar es sy über kurtz oder lang, wann fi wöllen die vorgenannten Statt Ebingen vnd das Dorff wintherlingen mit Jr zugehörd, ouch die hundert vnd viertzig gulbin gülte wol wider von vns abkouffen vnd zu Jren handen bringen mögen mit den obgenanten Sechstufent vnd zweinhundert gulbin Rinischer vnd güter, Sölicher loßung vnd widerkouffs wir also gestatten vnd zu tůn pflichtig sin sollen, wan sie des begeren one Inträge vnd widerrede. Doch wan der vorgenant vnser lieber Herr Graue ůlrich zu Wirtemberg oder sin Erben, Sölich lößung vnd widerkouff von vns also wollen tůn, So sollen sie vns ober vnsern erben die vorgenanten Houpt Summ Sechstufent vnd zweyhundert gulbin Rinischer vnd güter vnd dartzů das Buwgelt, was wir des nach lu vnsers pfandt vnd kouffbriefs verbuwen werden, Doch nit über die antzal vier hundert gulbin ouch mitfampt den obgenanten Sechstufent vnd zweyhundert gul bin vßrichten antwurten vnd bezalen, gůt vnd gerecht zu Rütlingen, Tuwingen oder Rotemburg. an der ennd ainen, welchem wir wollen, an der gesworner golbwag dafelbs, vnd damit Ebingen vnd wintherlingen mit Jr zugehörde, ouch die hundert vnd viertzig gulbin gülte, die fie vns dartzů geben, als Ebingen vnd winterlingen nit souil ertragen mag, vnd die buw, die wir thůn werden, von vns lebigen vnd lösen nach Innhalt des pfandtbriefls geuerde vnd argelifte hie Inn gentzelich vßgescheiden, vnd zů vrkunde haben wir Sigmund Graue zů Hohen berg vnd wir vrsula Grauin dafelbs sin Eelich gemahel vnser yedes sin eigen Jn figele offennlich gehangen an difen brieff, der geben ist an frytag nach Sant Bartholomeus tag des heiligen appostels. Nach der gepurt Cristi als man zalt Viertzehenhundert Sechtzig vnd drüw yare.

B. b. Orig. im St.-Archiv zu Stuttgart. — Mit zwei gut erhaltenen Siegeln.

868.

30. August 1463. **Ebingen.** Graf Sigmund von Hohenberg und Ursula, geborne von Rotzinß, seine Gemahlin, geloben, die Statt Ebingen bei den Freiheiten zu belassen, welche ihr Graf Eberhart von Wirtemberg, der solche pfandweise inne gehabt, am **26. April 1409** ertheilt hatte.

Wir Sigmund Grafe zu Hohemberg, und Wir Ursula Gräfin da selbst zu Hohenberg gebohrn von Rotzinß sein ehelich Gemahl, be ennen mit dem Briefe offentlich und Thun kund Allen den die In lesend, sehend oder hörend lesen, Als Uns der Hochgebohrne Herr, Herr Ulrich Grafe Zu Württemberg, unser gnädiger Herr, Ebingen die Stadt, mit Leut und Guth, Zinnßen, Renten, Gülten, Gellten, aller Zugehörung und Gewaltsamen, um ein Summen Gellts eines ewigen Kaufs zu kaufen hat gegeben, nach laut eines Kauf Briefs, uns darüber Versigelt, geantwurtt und aber Weiland der Hochgebohrne Herr Graf Eberhard Von Württemberg seel. und löbl. Gedächtniß die Schult= heißen, Richter und Ganz Gemein der Stadt Ebingen Erben und Nachkommenden tlicher Stuk begnadt, begabt und gefreyt hat, nach Innhalt eines Briefs von Ihm ßgegangen; und In Versigelt gegeben Von Wort zu Wort also lautet: Wir Eberhard, Grafe zu Württemberg Thun kund männiglich mit disem Briefe ür uns und Unsere Erben, daß Wir unsern lieben getreuen dem Schultheißen, en Richtern und allen Bürgern gemeinlichen Reichen und Armen der Stadt zu Ebingen und ihren Nachkommen, die besonder Gnab gethan haben, und Thun hnen solch Gnab mit disem Briefe, also allbieweil sie Unser Pfand sind, daß Wir ie dann nit schäzen noch Trängen sollen noch wollen, über ihr gewohnlich Steuer, Bült, Zinnß und Dienst ungefährlich, noch daß sunst Niemand günden sollen, und ollen sie auch fürbaß nit mehr versezen noch verpfänden, gen Niemand, dann daß oir sie zu unsern Handen Haben und bleiben lassen sollen und wollen, Wir haben hnen auch darzu geben, unser Ungelb zu Ebingen, also daß sie Uns kein Ungelb nehr geben sollen, biemeil sie Unser Pfand sind, und zu Unsern Handen stand, ann sie sollen daßelb Ungeld zu ihren Hanben haben, und das an ihr Stadt Nuß nb Notburft Verbauen und bewenden sollen, ohne alle Arglist und ohn alle Befährb, und des zu wahrem Urkund, so geben Wir ihnen diesen Brief besigelt, nit unserm aigen anhangendem Insigill der geben ist zu Stuttgarbten am Freitag Vor St. Wallpurg Tag da man zahlt Von Christs Geburt Vierzehen Hundert Jahre, und barnach in dem neunten Jahre, daß Wir bei Hoher Wahrheit, für Uns, all unser Erben und Nachkommenden Versprochen und geredt haben, gereden nb Versprechen allso mit rechter Wißen und Kraft biß Briefs, die Vermelbten Schulbheißen, Richter alle Bürger, Reich und Arm, und ganz Gemeind der be= nelten Stadt Ebingen, ihr Erben und Nachkommenden, bei der vorberührten Frey= eit, allen und jeglichen Stuken darinne begriffen, gnäbiglich und gütlich verbleiben u lassen, und ob sich über kurz oder lang zeit wirb fügen, baß Wir, unser Erben nb Nachkommenden, Ebingen die Stadt mit ihr Zugehörung gegen Jemand, wer er ober bie wären, zu verkaufen, zu versetzen ober zu verpfenden, unterstehen oürben, ober unterstünben, das sollen und wollen Wir nit anders, bann in der Beftalt, und mit dem Gebing Thun und lassen geschehen, also baß sich bieselben egen benselben Kauf, Versazung ober Verpfändung solt fürgenommen werben, egen Schultheißen, Richtern, Bürgern und ganzer Gemeind, Reichen und armen, er Stadt Ebingen gleicher weise, als wir hierinn Verschrieben sind, Verschreiben, oben unb Versprechen sollen, sie als wie vorbegriffen ist, beleiben zu lassen, alles

ohne Alle Arglift und Gefährde, und der Ding aller und jeglicher, zu ftetem,
Veftem und wahrem Urkund, haben Wir obgedachten Grafe Sigmund und Frau
Urful fein ehelicher Gemahel für Uns, Unfer Erben und Nachkommen Unfer aigen
Infigill an den briefe laffen henken, der gegeben ift zu Ebingen uf zinftag nach
St. Pelagien Tage des Jahrs als man zahlt nach der Geburt Chrifti unfers Herrn
Vierzehen Hundert und in dem Drei und fechzigften Jahre.

Fidem Copiae t. d. 6. Dez. 1793. Stadtfchreiber Geß zu Ebingen.

———

869.

18. November 1463. Nagold. Streit zwifchen der Kirche zu Nagold,
beziehungsweife dem Klofter Stein am Rhein, und dem Spital zu Horw
in Betreff des Zehnten von Jfelshaufen.

Zu wyffen als Spenn vnd Zweyung vfferftannden vnd gewefen fint zwifchen
dem fromen vnd veften Junckher Heinrichen von Giltlingen vogt zu Nagelt
als von wegen des Hochgebornnen hern hern Eberhartz Grauen zu wirtemberg
vnd zu Mumpelgart etc. vnnfers gnedigen hern, dem Erfamen vnd wyfen hern
Johannfen Schauber kircher zu nagelt vnd dechan als von wegen des Erwirdigen geyftlichen hern, hern Joßen Abbte vnd finem gotzhuß vnd Clofter zu
Stein die zwo parthyen an einem vnd dem fromen vnd veften Junckher pfaffen
von Runegk vogt zu Horw, vnd mit Im den Erbern vnd wyfen Conrat
wittingern vnd auberlin Schornharten beid burger vnd pfleger des Heiligen geyftes des Spitals der Statt zu Horw zum andern teile die da fer-
Rurend von Zehenden wegen vß etlichen ackern So dan In difem brief hienach
gefchriben fteen So dan die vorgenanten vogt vnd kirchherre zu Nagolt meynten
vnnferm gnedigen herrn zu wirtemberg vorgenant vnferm hern dem abpt vnd der
gotzhuß zu ftein als von wegen der kirchen zu nagelt, die von der
felben gotzhuß zu Lehen Rurt, zu gehoren follen. Dagegen aber die genanten
vogt vnd Spital pfleger von Horw meynbten dem Spital zu Horw vnd der kirchen
zu laynborff die dan von dem felben Spital zu lehen rurt, Zu gehoren follen

. . . .

Daruff hat geantwurt der Hochgelert herre meifter Melchior von Tiffin-
gen licenciat, Ein Erloupter fürfprech des vogts vnd des dechans Zu nagolt
geredt Alfo man verftaund wol das die gutter barumb der Span Ift ligen zu
yfelßhufen Nu gehöre die capell zu yfelßhufen vnd ouch die armen lut
bafelbs vaft der merteil mit den vier opffern vnd allen pfarlichen Rechten gen
Nagolt vnd gehorent nit me dan zwey oder brü hufer gein laynborff In der

pfarr daby man wol verſten meg das der Zehend vf den hienach geſchriben eckern
gein Nagolt vnd nit gen laynborff gehore u. ſ. w. [1]

B. d. Horber Copial=Buch Fol. 295 ff.

[1] Die ſehr ausführliche Urkunde über die Beilegung des Streits hat für unſern Zweck kein
weiteres Intereſſe.

870.

10. Mai 1465. o. O. Graf Sigmund von Hohenberg und Doman
Loner, Keller zu Balingen, thun als Schiedsleute zwiſchen Hans
von Thierberg und dem Kloſter Margarethenhauſen einer= und
Aeberli Lendli, gen. Hoffman, andererſeits den Spruch, daß die
ſtreitenden Parteien vor dem Schultheißen und Gericht zu Ebingen
Recht nehmen ſollen.

Wir Sigmund Graue zu Hochemberg etc. vnd ich Doman loner
keller zu Balingen Schiblüt in diſer nachgeſchriben ſache Bekennen vns als
von Spenne vnd Zwayung wegen ſich vfferſtand vnd erwachſen entzwüſchent dem
veſten Hanſen von tierberg herRüret von der Cloſnerina zu mar=
gretenhuſen wegen, an ainem vnd äberli lendli genant hoffman bes andern
tails derſelben ir ſpenne wir obgemelte ſchiblüte ſy mit ir beyder tail wiſſen vnd
willen geaint, gericht haben dem iſt alſo ob er (sic!) wäre alb wurde das auberli
lendli genant hoffman mit den cloſnerina zu margretenhuſen ettwas zuſpruch
hette oder gewunnen warumb das wäre So ſullent die obgemelten Cloſnerina
auberli hofman ains Rechten ſin· vor dem Schulthais vnd gericht zu ebingen
vnd was auberli hoffman den Cloſnerina daſelbs mit Recht anbehebt das ſüllent
die Cloſnerina Im tün vnd ſol auberli hoffman die Cloſnerina nit wyter für=
nemen noch brengen vnd ob auberli hoffman hanſen von tierberg Rechtuertigung
nit vertragen möhte oder wölte So ſol Hans von tierberg auberlin ains Rechten
ſin an der end ainem als denn hans von tierberg jm jn ſinem letzten Brieff jm
geſant geſchriben hät vnd ob hans von tierberg auberli hoffman Rechtuertigung
och nit über haben wölte So ſol jm auberli hofman an demſelben end och ains
Rechten ſin vnd das ain Recht mit dem andern zugange vngeuarlich vnd daroff
hät tolbe (sic!) vnd auberli hofman ain vrfer getän die ſach nit mer äffern annden
atzen noch Rechten ſullen och das nieman von vnſern wegen in behainen weg gantz
vberal Sondern da by ze beliben läſſen jn mäß als ob ſtät Vnd wir obgedachte
tolbe (sic!) vnd auberli lendli genant hoffman bekennen vns by vnſern gelobten
truwen vnd aiden bie wir vmb diſ obgemelt ſach getän haben war ſtät vnd vnuer=
brochenlich zu halten alles das ſo von vns an diſem brieff geſchriben ſtät dem trü=
lichen nach zu koment on all geuärbe Vnd ſind diſer brieff zwen der yettweder
tail ain hät vnd bie beyd glich von worten lutend. Vnd diſer ding ze warem

vrkund so haben wir obgemelte schiblät vnser yeglicher sin aigen Jnsigel tűn henda an disen brieff doch vns vnd vnsern erben an schaden der geben ist off frytag nächst vor dem Suntag Cantate deż Jaurs alż man zalt von Cristus geburt vierzehen hundert Sehtzig vnd fünff järe.

    B. d. Orig. im St.-Archiv zu Stuttgart. — Mit dem ziemlich gut erhaltenen Siegel des Grafen in grüner Masse auf grauer Unterlage.

871.

22. Oktober 1465. o. O.   Graf Sigmund von Hohenberg und Johannes Nagellt, Kirchherr zu Balingen, schließen einen Vertrag ab zwischen Hans von Thierberg und der Stadt Ebingen, betreffend die Verleihung der Pfründen und Altäre in den Kirchen (Kapellen) daselbst, die Rechte des Kirchherren und die Präsentation der Priester.

Wir Sigmundt Graue zue Hohenberg etc. vmnd Johannes Nagellt jetzo Kürchherr zue Balingen, vnnd Maister Jn benn Siben freyen Künsten, Bekennen offenbar, vnnd Thuen kundt allermeniglich mit disem Brief, die ben lesen, oder heren lesen, Allß der Vest, Hannß Von bierberg, Ains vnnd die Ersamen Weysen, Schuldthaiß auch Richter, auch Gemaindt, der Statt Ebingen beß anndern bhails, etwaß Spenne vnnd Zwytracht, mit ainander gehebt han, hergewachßen, Von der altär wegen zue Ebingen Jn der Pfarrkürchen, auch Vnnser lieben Frawen Cappellen, Vnnd Jn dem Spittal gelegen, Vnd sonst Von anndern sachen, zwischen benn genandten Partheyen. Biß off bisen heütigen bag datum biß brieffs offerstanden zu ben genandten altär der berürt von bierberg Kein (sic!) Rechter Castuogt der berüerten Pfarrkürchen Vermaindt die altär zueleihen vnnd aber die Von Ebingen, Sie sollen die berüert Altär leihen Vermaindt, wer auch von Alter allso Herkommen, wie dann baß alt an Jm selbß gewesen Jst baß wür nach beber Partheyen fürtrag, vnnd Erzelt Vernommen, Vnnd Verstannden haben, Vnnd Sie darauf mit Jnr beeberthail gar wißen, vnnd güottem willen vnnd die berüert Spenne, vnnd Zwytracht, Jn ze güetlichkhait, gericht, geschlicht vnd Vberbracht haben, Jnmaßen allß hernach geschriben stehet, dem Jst allso, Deß Ersten, so soll aller Vnwille, zwischen ben genanten, Partheyen, Vorgangen vnnd Vfferstanden, der sachen halb, gäntzlich bobt, ab, vnnd demnach gericht, Vnnd geschlicht sein, Jn allweeg, die sache Jetzo vnnd hernach Jn künfftiger Zeit, nit Vehen (sic!), anben, noch rechen sollen, noch schaffen gethuen werben, Jn kain weg, mit Gericht, Gaistlichen noch welltlichen, noch ahn

Gericht sonndern darumb ganz gericht, geschlicht vnnd Vberbracht sein, Jn allweeg,
Vnnd sollen Hannß Von bierberg Vnnd seine Erben, vnnd Nachkommen zue obigen
Zeitten, Zween Altär. Namblichen St. Niclaußen Altar, stehet jn der Pfarr=
kirchen zue Ebingen vnnd Jst geweiht, Jn der Ehere St. Niclaußen; Vnnd aller
Haylligen Altar, Jst geweiht Jn der Ehere aller Haylligen, auch Jn der Pfarr=
kirchen, gelegen, leihen einem Priester, bennselben Priester dem Sie Allso leihen,
denn soll Allßdann ein Kürchherr, Zue Ebingen einem Bischoff zue Costentz prä=
sentieren, denn Priester darauff zue bestettigen, vnd zue Confirmieren, so sollen die
andern Altär, Jn der Pfarrkirchen gelegen, Namblich Vnnser lieben Frawen
Mariä Altär Vnnd Catharinä Altar, der da geweiht ist Jn der Ehern
St. Catharinä, Vnnd denn Altar Vff dem Beinhauß gelegen, der da ge=
weiht Jst, Jn der Ehere St. Michels, vnnd denn Altar Jn dem Spittahl
gelegen, der da geweiht Jst, Jn der Ehere deß Haylligen Gaists, Vnnd denn
Altar Vßerhalb dem Chor Vnnser Frawen Cappellen gelegen zue Ebingen, Jn der
Statt, der da geweiht Jst, Jn der Ehere St. Johanneßen, die Fünff altär
sollen die von Ebingen, Vnnd alle Jre Nachkommen, Zue öwigen Zeitten, leihen
einem Priester, vnnd soll dann ein Kürchherr zue Ebingen, dem allso von denn
Von Ebingen gelihen würbt, präsentieren Einem Bischoff Zue Costentz, denn darauff
Zue bestettigen Vnd Zue Confirmieren allß dich, vnnd Manchmal, daß Von beeden
Partheyen zue Wahl kombt. Vnnd soll kain dhail denn anndern, an solcher seiner
Lehenschafft, weder somen, hündern, noch Jrren, Jn kain weg, weder mit Gericht,
Gaistlichem noch welltlichen noch ohn Gericht, noch sonsten Jn andere weeg, wie
baß wern, sonndern so soll Jede Parthey, die Andern bey solcher Lehenschafft,
Vnnd präsentierung, güetlich zue oewigen zeitten bleiben laßen, ohn Jnntrag, vnnd
allerley Hünndernuß, Vnnd brang, So dann von der Pflegnuß St. Martins
Gottshauß zue Ebingen, Jst beredt, vnd betäbigt worden, daß ain Schullbt=
haiß, vnnd Rath Zue Ebingen, wenn Sie die Pflege setzen, oder entsetzen wöllen,
so sollen Sie einem Kürchheren zue Ebingen darzue zuekommen Verkönnden, dar=
bey an Hannßen Von bierberg Statt zusetzendt; vnnd wen der Mehrthail vnnder
Jnen zue Pfleger setzt, oder entsetzt, darbey soll Es bleiben, vnnd güetlich gehallten
werden, ohne Eintrag allermeniglichs, vnnd mit Rechten namblichen gebingen, vnnd mit
Rechten Namblichen Vnderschidt, welchem Priester Jn obgeschribener Maaß gelihen
würbt, es seye Von Hannßen von bierberg oder seinen Erben, oder denn Von
Ebingen, vnnd Jren Nachkommen, der soll dennselben seinen Altar Versehen Vnnd
darauff Persönlich sitzen vnnd denn trewlichen, Versehen, nach Göttlicher Ordnung.
Füro Jst auch beredt worden, wenn St. Martins Pfleger Rechnung der Gülten,
Zinßen, vnnd Renten, St. Martins Gottshauß thuen wollen, so soll ain Schullbt=
haiß vnnd Rath zue Ebingen, einen Kürchherrn zue Ebingen, darzue beschaiden,
an Hanßen Von bierberg Statt zue kommen, Vnnd bey der Rechnung sitzen, Vnnd
die hellffen Einnemen, Vnnd sollen füro ain Schullbthaiß, vnnd Rath zue Ebingen,
kainen dreffenlichen kauff noch Verkauff, noch sonst kainerley Enderung mit denn

Güettern, Zinßen, Gülten unnd Renten, St. Martins Gottshauß nit thuen, Jn kainen weg, ohne einen Kürchherrn, zue Ebingen, an Statt Hannßen Von dierberg, oder seine Erben, ob Hannß Von dierberg nit were. Füro Jst mehr beredt worden, daß ain Schulldthaiß, Vnnd Rath zue Ebingen, kainerley Rewerung, weder mit Capellen, noch altären zue bawen, nit dhuen sollen, kaineswegs Vn gut wißen, vnd willen, deß berüerten Hannßen Von dierberg, Vnd seine Erben, ob er nit were, Vnnd mit Rechten nemblichem geding, so sollen alle obgeschriben sachen, der Pfarrkürchen zue Ebingen, Jn allweg ohne Schaden sein. Vnnd sollen auch alle obgeschriebene Punkten vnnd Articul an disem brief geschriben, Von der hochwürdigen Fürsten, vnnd Herrn, Herrn Burkhardten, Von Gottes, Vnd deß Bäbstlichen Stuols zue Rom Gnaden, Bischoff zue Costenz bestettiget Vnnd Confirmirt werden, darzue sollen auch beede Partheyen für sich, alß ire Erben, vnd Nachkommen, vnnd meniglichs Von Jr Allerwegen, bei allen obgeschribenen Punckten, vnnd Articul vor vnnd nach an disem brief geschriben, Erbarlich, Reblich vnnd trewlich bleiben, Vnd die Vffrechtlich halten, Vnnd nichts i darwider reden, thuen, noch schaffen ze thuen werden, Jn kain weeg, alleß Vng fährlichen, es seind auch Alle obgeschribene Punckten, Vnnd Articul, Vor vnnd nach an disem brief geschriben, mit gunst, wißen, vnnd zu offem willen, seines Bruder Conrads Von dierberg, beschehen, vnnd Volgangen, deß Jch Conradt von dierberg mich auch bekenne, Jn Crafft diß brieffs, es globten auch beede Partheyen für sich, alle Jre Erben Vnnd meniglich Von Jren wegen, bey guottem dreien Jn Rechter lauter wahrhait, alle obgeschribene puncten, Vnd Articul an disem brief geschriben, wahr, Vest, steht, Vnd Vnverbrochenlich zuehalten, trewlich, Erbarlich vnnd Vffrechtlich, vnnd nichtzit darwider reden, thuen, noch schaffen gethuen werden, Jn kain weg. Vnnd deß alleß zue wahrem Vesten Vrkundt, Vnnd sein sicherhait, so haben wür die genandte Thobingsleuth Vnnser Jeder sein Jnsigl mit wißen offenlich gehenckht an disen brief Von beeder Partheyen bitt wegen doch Vnnß, Vnnsern Erben vnnd Nachkommen Jn Allweeg ohnschädlich, wir aber, alle puncten, geding, vnnd Articul, Jn disem brief geschriben, mit gut wißen, vnnd willen Vnser beeder Hannßen Von dierberg, Vnnd Conradts gebrüder, Vnnd Vnser Schulldthaißen Richter vnnd Gemaindt, Volgangen, vnnd beschehen seind, deß wür vnnß auch, Jn Crafft diß brieffs bekennen, darumb haben wir die genandten Von dierberg, beed Vnnser Jeder sein Jnsigell, für sich, vnnd sein Erben offenlich gehenckht an disen Brief, so haben wür der Schulldthaiß, vnd Rath zue Ebingen, für Vnnß, alle Vnnsern Erben, vnd Nachkommen, vnnser mainer Statt Jnsigell, auch offenlich zue wahrer gezeugnuß, der ding, gehenckt an disen Brieff, vnnß allen, auch Vnnsern Erben, vnnd Nachkommen, Vnnd sonderlich Von Vnnser Aller wegen die puncten vnnd Articul, an disem brief geschriben, an allen enden, Stetten, vnnd Gerichten, Gaist vnnd weltlichen, zue bezeigen, vnnd zue Vbersagen, Vnnd seind der brieff zween, Von wort gleichlauttendt, Vnnd jeder Parthey einer geben, Von der bit wegen, geben Vff Zinstag, nechst nach deß lieben

Hailligen, St. Gallen deß Richters bag Allß mann zallt, nach Christi geburt dau⸗
sendt, Vierhunndert, Sechzig, vnnd Fünff Jahr.

B. b. Dokumenten⸗Buch des Ebinger Spitals. Die Original⸗Urkunden desselben
sollen vor circa 10 Jahren als alt Pergament verkauft worden seyn.

872.

17. Oktober 1467. o. O. „Dem Edeln Lienharten vilsecker von vilseck
Ritter 2c. Minem sonnbern gütten frůnbe." [1]

Min willig früntlich bienst zuuor lieber Her lienhart, Min gnebige frow
von Osterrich vnb ich haben mit ain anber Spenn gehabt ettlicher gerechtikaiten
halb, So ir gnab vermaint, Zu Rangenbingen vnb Stainhofen zu haben,
von wegen ber Herschafft Haygerloch, So ir gnab von bem Huß Osterrich
In pfanbswyse Jnne hatt, Die selben gerechtikait Jr gnab wyter an zů ziehen
fürnam, ban ich vermaint von alter her komen wer, Jr gnab wolt ouch ettlich
Stüren nemen bie vor nit geben wären, Also batt ich ir fürstlich gnab, mich mit
iren gnaben güttlich burch komen zu laussen bas ir gnab off verwilligung mins
gnebigen Herren geton vnb Her Thuring ouch Her Anthony von pfarr (?)
sölich spenn gericht, vnb myn gnebiger Herre von Osterrich burch ain geschäfft
myner gnebigen frowen geton verwilliget hat, Als ir solich richtung vnb verwilli⸗
gung alles sehen werben Nůn schick ich mynem gnebigen Herren ber richtung ain
vidimus mit bitt bas mir sin gnab sölicke richtung bestätige bann mir nuß,
vnb mynem gnebigen Herren nit schab baran gelegen ist Hier vmb ich üch mit
sonnberm vlys ernstlich bitte ob bie bing yenbert an üch langen würben, bar Jnn
zů helffen bamit mir sölich bestätigung vnb biser min bott fürberlich vß gericht
werben bas wil ich vm üch mit güttem willen gar früntlich alle wegen verbienen,
Geben off Samstag nach sant Gallen tag Anno et lxvij.

Joßniclaus Graue zů Zollr. etc.

B. b. Orig. im St.⸗Archiv zu Stuttgart. Auf Papier. — Das aufgebruckt ge⸗
wesene Siegel ist abgefallen.

[1] Auf ber Abresse stehen auch bie Worte: „Zollern, Rangenbingen halben Stainhofen" von
anberer Hanb als bie Abresse.

873.

9. Dezember 1467. o. O. „Dem Erwirbigen Ebeln Strengen vnb
vesten Herrn Jacoben Trappen Hoffmeistern 2c. vnb anbern mins gne⸗
bigen Herrn räten minen sonnbern güten frünben." [1]

Min früntlich bienst zu vor lieben frünt Mich hat angelangt wie bie von
Heygerloch ein botschafft zu minem gnebigen Herrn georbnet haben ber richtunng

vnd wechffels halb So ſin gnab verwilliget hat zwiſchend miner gnebigen frowen von öſterrich vnb nûn bie zu wennden Bitt Ich üch alle vnb yeglichen In ſonders früntlichen vnb ernſtlicheſt Ich yemer kan zů helffen bas ſich min gnebiger Herr an bem zůſagen So er mir gethan hät nicht wolle laſſen verhindern vnb ber Herſchafft botten mynthalb vff Ir beger kein zuſagen zů tûn Sin gnab Höre mich vor bann auch bargegen So ſol ſich finden bas ſinen gnaben nit groß vnb mir vil bar angelegen iſt ouch ein geſtalt hat wie Ich ſinen gnaben fürgeben han vnb thunb bar Inn als mine ſonbre frünb Das wil Ich vm üch all vnb yebem beſonber wo Ir min werben bebörffen vnzwifelich mit gůtem willen früntlich verbienen Geben vff Mitwochen nach Sant Niclaus tag anno etc. lxvij.

Joſniclaus Graue zů Zollr.[2] etc.

[1] Auf der Abreſſe ſtehen auch die Worte: „Jura Rangenbingen vnb Stainhofen" von anberer Hand als die Abreſſe.

[2] Die Unterſchrift iſt von berſelben Hand wie ber Brief.

874.

Ohne Zweifel **1467.** Urbar über die zu ber Herrſchaft Haigerloch gehörigen Dörfer Steinhofen und Rangenbingen (O.A. Hechingen).

Nota Stainhoffen das borff So in die Herſchafft Haygerloch gehörig iſt, in dem ſelben borff zwing bänn bott verpott fräuel gericht Stab vnb Herlichait nützit vßgeſchloſſen das alles gehöret ben burchlichtigen fürſten vnb Hochgepornen vnſern gnäbigen Herren vnb dem loblichen Huß zu Öſterrich.

Item mit ſonberhait ſo ſind in dem gemelten borff vff Sechtzechen Hofſtatten vnb gebenb järlich ze ſtür vier pfunb Haller zwölff ſchilling zechen malter haben ballinger meß vnb jeglichs Huß järlich ain vaßnacht Hennen vnb trü zins Hen.

Item ber kirchenſatz vnb ber großenhett (sic! ohne Zweifel Zehent) beß benämpten borffs iſt man Lehen von ben obgenanten Hochgepornen vnſern gnäbigen Herren von Öſterrich.

Item ze rangenbingen da gehöret alle Herlichait halben vnſer gnäbigen Herſchafft zu Öſterrich waß von dem Stab vnb dem gericht geuallet.

Item viertzen pfunb vſſer ber ſtür järlich ſo gen Haygerloch gehorenb bauon gehörett dem Schenken järlich trü pfunb.

Item ber kirchenſatz da ſelbs vnb ber wilbann gehöret alles vnſer gnäbigen Herſchafft von Öſterrich vnb hant gerechtikait wen man bar jagen will ain hinblegin vf die friemeß darumb bie friemeß äcker Innhant die bhain zechenben gebenb.

Item vorzyten ſo iſt ber zehen (sic!) ber tritail gen Haygerloch gehöret ge-

ffen ben yet ettlich .von Ow Innhanb barumb fy benn vnfer gnädigen Her=
afft man ober biener find vnb bas viernbail bes zenhenben gehöret bem kirch=
ren zu rangenbingen.

Item ain Hoff zu rangenbingen barauff. fitzenb zwein mayer bie gen
ür vnb tünb alltagbienft vnb gen triffig fch. haller an ben altär vff bie Burg
Haigerloch järlich vnb anberthalb vierttel ayer ouch vff bie Burg.

Item vnb zwaintzig vnb vier vaßnach hennen.

Item bas borff vermag gemainlich yetzemäl vff nützig man ba gehörenb acht=
jen vnfer gnädigen Herfchafft zu bie vaft vermugenlich an lib vnb gut find vnb
rtzu ire wib vnb kinb.

Item So hant vnfer gnädiger Herr von Zolre zwaintzig vnb trü man
felbs vngeuarlich bie anber find bhains tails vnb habenb anbere Herren.

Item merfent, wenn in friegslöffen bie von Haygerloch berer von rangen=
igen in bas fchloß ober Jnn velb beborffenb So find fy gehörfam vnb gut=
llig vnb habenb alfo zü Jnen ain zu flucht vnb fy zu vns.

Item vnb Rangenbingen ift vaft ain vermugenlich gut borff mit Holtz vnb
lb vnb hant ain guten kirlchoff.

Item vnb bie baibe börffer rangenbingen vnb ftainhoffen vermügen wohl
jtzehen farren bie gen Haygerloch bienftbar find warzü vnb wen man ir be=
rf etc.

Im St.=Archiv zu Stuttgart. Auf Papier, ohne Jahr; lag als Beilage bei ben
chreiben bes Gr. von Zollern von bem Jahr 1467., auch ber Hanbfchrift nach in tas
. Jahrh. gehörig.

———

875.

Juni 1472. o. O.   Graf Sigmund von Hohenberg unb feine Ge=
mahlin Urfula bitten bas Kl. Sirnau bei Eßlingen, einer Ronne,
welche in biefem Kl. gewefen war, aber auf ihr Verwenben in
bas Klofter Engenthal (bei Hallwangen, O.A. Freubenftabt) auf=
genommen wurbe, einen Willbrief zu geben.

Sigmonb graff zü Hochemberg vnb vrfula gräfin bafelbs (sic!)
gemahel.

Vnnsren günftlich Grutz Zůuor wirbigen lieben Wir haben Annen burger=
ftrin bie vor Jn üwerm clofter geweft ift burch vnnfer fürbrung gen Engen=
Jn baz clofter Jn gebracht baz Sy Empfangen vnb Jngenomen ift, Doch
Sy von vch ben zü engental Ain wilbrieff vnb vrkunb bringen fölle baz Sy
üch mit üwerm gunft vnb güter früntfchafft gefchaiben Syge Die wil bann
Alfo ift Bittenb wir üch mit fonnberm Ernfte Jr wöllent Jr fölichen wil=
ff vnb vrkunb nach notturft nit verfagen Sonnbern vmb vnnsern willen güt=

lich geben Daz wollen wir günstlich vmb üch beschulden vnd zu gůt Erkennen
Datum Zinstags Nach Medardi Anno M⁰ Lxxij⁰⁰.

V. d. Orig. im St.-Archiv zu Stuttgart; auf Papier. — Das aufgedrückte grüne
Siegel zeigt, obwohl sehr beschädigt, doch noch deutlich den Hohenberger Schild.

Adresse des Schreibens; „den wirdigen vnnsern lieben besonndern priorin vnd Co̅-
uent zu firmnow."

876.

7. Januar 1474. o. O. Jos Niclaus, Graf zu Zollern, der mit
Hans von Bubenhofen das Schloß Höllenstein und die Dörfer
Stetten, Hörschwang und Willmandingen, den Hof zu Erpfingen
und die Mühle zu Guckenloh erkauft hatte, überläßt unter dem
Siegel seines „vatters", des Grafen Sigmund von Hohenberg, dem-
selben gegen Bezahlung von **1200 rh.** Gulden den gen. Hof und
Willmandingen, welches bis dahin Mannlehen der Grafschaft
Zollern gewesen, als Eigenthum.

Wir Josniclaus Graue zů Zollr etc. Bekennen für vnns Vnd All vnnser
erben Vnd tůnd kundt menglichem mit dem brieff Als wir vnd der vest Hanns
von Bubenhoffen von benn vesten Cünraten von virst Jörgen von kingsed
vnd Hainrich spåten off erlangte vnd eruolgte recht mit bewilligung deß vesten
hannsen von Sachsenheyn Burckhartz såligen Süne Höllnstein das Elß
die dörffer Stetten vnd herswåg bar vnder gelegen wilmabingen das
dorff ben hoff zů Erpfingen vnd die mülin zu Gugkenloche erkofft vnd zu
vnnsern handen gebracht das wir vnns daruff mit dem selben hannsen von Bübenhoffen geaynt haben Also das hannsen von Bübenhoffen sinen erben vnd nachkommenden wilmabingen das dorff vnd der hoff zů Erpfingen mit luten gütern
zinsen nutzen vnd gülten vnd allen andern rechten zů vnd Ingehorungen nichts
daran vßgenomen noch vorbehalten volgen vnd werden vnd vnns genannten Grauen
Josniclausen vnd vnnsern erben die andern öberigen stuck belyben söllen vnd ist
der selb hanns von Bübenhofen geben vmb das dorff wilmabingen mit aller siner
zugehörd als vorstat zwölff Hundert Rinischer gütter gulbin vnd vmb den hoff
zu Erpfingen vmb ye ein pfund geltz so vil der Ertragt zwentzig pfund das ich
gelt alles mitsampt den zwölfhundert gulbin ist vnns Graff Josniclausen von hansen von Bübenhoffen worden geantwurt vnd haben wir Cünraten von virst vnd
sin mituerwannten vnd hannsen von Sachsenhein deß vßgericht wir sagen vnd
laussen ouch In sin erben vnd nachkomenden für vnns vnd all vnnser erben sölichs
obgeschribens geltz gar vnd gentzlich quitt lebig vnd lose mit disem brieff, Vnd
als wilmabingen mit siner zugehörd vntz her von vnns Graff Josniclausen
von zollr vnd vnser Graffschafft manlehen gewesen ist Haben wir für
vnns vnd all vnnser erben demselben von Bübenhofen allen sinen erben vnd nach

kommenden sôlich lehenschafft ouch nachgelauffen Vnd Jnen wilmabingenn mit finer
zügehôrt als vor ftat geaygnett Eygnen Jnen ouch das yeßo Jnkrafft biß brieffs
wir verzyhen vnns ouch mit difem brieff für vnns vnd all vnnfer erben gegen
dem felben von Bûbenhoffen all fin erben vnd nachkommenden aller vnd yeglicher
gerechtikait eygenfchafft lehenfchafft vnd manfchafft So wir zû dem vorgenanten
dorff wilmabingen mit allen Jrn vnd Jr 'yeglichs rechten vnd zugehôrden als
obftat vntßher gehebt haben vnd füro des vorgefchriben manlehenßhalb darzû über=
kommen môchten gentßlich vnd aller ding wir haben Jm ouch jeßo zû finen han=
ben heruß geben all brieff So wir den berürten lehenßhalb Jnngehebt hänb Vnd
daruff verfprechen für vnns vnd vnnfer erben beß benannten hannfen von Bûben=
hoffen finer erben vnd. nachkomenden vmb fôlich eygnen beß dorffs wilmabingen
mit finer zügehôrd als obftät Recht gût getruw were vnd vertiger zû fin An allen
gerichten ennden vnd Stetten geiftlichen vnd weltlichen gegen aller menglichem nach
lannbßrecht vnd nach dem Rechten Als ouch die obgemelten erlanngten vnd erfolg=
ten recht mit fammpt ben andern brieffen bamit übergeben zu vnnfern handen find
ba fôllen vnd wôllen wir vnd vnnfer erben dem benannten hannfen von Bûben=
hoffen finen erben vnd nachkommenden fôlich erlangte recht vnd übergeben brieff
ob vnd als bid fy ber ber vorgefchriben gütterhalb nottürfftig fin werden lyßen
Sich ber môgen gebruchen boch vff verfpruch vnns bie fo balb fy die genüßent
wiber zu antwurten bamit wir die ouch zû vnnfer nötturfft bie berürten gütter
antreffennb bruchen môgent Alles· vngeuarlich Vnd bes zu warem vrkunb So haben
wir obgenanter Graff Jofniclauß vnnfer eygen Jnfigel für vnns vnd all vnnfer
erben offennlich tûn hencken an bifen brieff Vnd barzû gebetten ben wolgepornen
Graff Sigmunden von Hohemberg vnnfern lieben her vatter bas er
vmb mer gezucknuß willen Sin Jnfigel zû dem vnnfern ouch heran gehenckt hŭt
bes wir yeßgenanter Graff Sigmund vnns ouch alfo bekennen mit bifem brieff
Der geben ift vff frytag nach ber heyligen bryger küng tag nach Crifti geburt als
nan zalt vierzehenhundert Sûbenßig vnb vier Järe.

B. b. Orig. im St.-Archiv zu Stuttgart. — An ter Urkunbe hängen bie ziemlich
jut erhaltenen Siegel ber beiben Grafen. ·

<hr>

877.

3. **Auguft 1474.** Rotenburg. Pfalzgräfin Mechthild belehnt mit bem
dritten Theil ber Burg zu Leinftetten und mit zwei Theilen an
Burg und Dorf L. ben Konrad von Bubenhofen, ber folches von
Jörg von L. gekauft hatte.

Wir Mechtildt geborne Pfalzgrefin bey Rine von Gottes gnaben
Erzherzogin zu Oefterreich und Wittwe bekenne, baß für uns kommen
unfer befonbers lieber Conrat von Bubenhofen und bat uns bemüthiglich baß

57 *

wir ihm die nachbenannten Stuck und Gütter die von uns als von der Herrschaft Hohenberg daruff wir verwidmet waren, zu lehen rürte und die
umb unsern besonders lieben Jorigen von Lystetten erkoufft hett gnedigl.
geruthten zu lyhn Mit namen den britteil an der Burg zu Lejnstetten
sampt zehen Mannsmab wißen und 40 Juchart Ackers mit Jren Nutzen und
gehörden Item und aber zwen teil an der gemelten Burg Lynstetten
sampt zwen Tailen an dem dorf Lynstetten mit allen rechten Nutzen und
gehörden Als und wie dann Hanns von Lynstetten selig des benannte
Jorigun Vatter ben von uns zu Lehen getragen hett Sollich fin sin
bitt vnd ouch dieweil vns Jorig von Lynstetten sollich Lehen vffgeben und gebet
hat die Conraten von Bubenhofen obgenannt zu lyhen haben wir angesehen
demselben Conraten sollich Lehengut wie vor bestimpt sind Mit allen Nutzen Rechten
und zugehörden geliehen und lyhn Im die jetzo wissentlich in crafft diß brie
was wir Im zu rechte baran lyhen sollen oder mögen Also das Er vnd sin Erben
dieselben Stuck und Gütter mit iren zugehörden num fürohin von Vns nach
unser Wibembriefe Als Lehens vnd Lands-Recht Es inhaben nießen und gebru
chen vnd vns die Zit Inhalt unser Wibembriefe darinn gehorsam und gewän
sein und thun solle, als Lehenslüte der Herrschaft Hohenberg schuldig und pflich
sind bey dem Eyde ben er vns hierumb gethan hat getrewlich und ungeva
Mit Urkund diß Briefs der mit unserm anhangenden Insigel besigelt und geb
ist zu Rottenburg uff Montag vor Sant Lourentis Tag nach Cristi gepurt
zehenhundert und in dem vier und sibentzigsten Jahre.

B. b. Copial-Buch in Horb.

878.

16. September 1477. o. O. Konrad von Thierberg gibt unter de
Siegeln der Grafen Sigmund von Hohenberg und Joha
von Zollern an seinen Vetter Melchior von Thierberg all' se
Besitzthum zu Lautlingen und Margarethenhausen (O.A. Balinge

Ich Conrad von Dierberg — bekenne offenlich — daß ich — dem sin
men vnd vesten Melchior von bierberg, meinem lieben Vettern vnnd sein
Erben vffgeben vnnd ergeben hab — alleß daß Ich an Lautlingen vnnd
grethhaußen mit aller Zuegehörung vntz hier gehept han. Vnnd deß zu
rem vnnd stetten Vrkundt, so hab ich obgenandter Conrad von bierberg —
aigen Insigel gehenckt an disen brief vnnd dazu mit fleiß erbetten die wohlge
herrn, herrn Sigmunden, Grauen von Hochenberg vnnd herrn Johan
Graue zue Zollern, meine gnedige herrn — daß sie Jre aigene Insigel
gehangen haben an disen brief. Geben am Zinstag nach deß Hailligen Creutz
am Herbst 1477.

B. b. Dokumenten-Buch des Ebinger Spitals.

879.

28. September **1477.** o. O. Sigmund von Hohenberg gibt an das
Kl. Reuthin zu einem Jahrstag für sich, seine verstorbene Gemahlin und seine Vorfahren 6½ Pfd. Heller jährlicher Gült aus der
Widumwiese zu Schietingen (O.A. Nagold).

Wir Sigmund Graue zů Hochemberg etc. Bekennen Offennlich für vnns
vnnd alle vnnser Erben vnnd Tund kunbt allermengklich mit disem brieue Als
Wir dann wylant zu Schiettingen sibenthalb pfund haller ierlicher gülte vsser
der widum wyß die buln (sic!) gůt haist dar an der wyßham ierlich git britt=
halb pfund Hainrich wyßham ain pfund der vögtlin ain pfund der Stier
von metzingen ain pfund vnd claus rott ain pfund haller, gehept. Vnnd die
etwefil vergangner zitt Etlichen vnnsern gewanbten closterfrowen zů Rüti by
wiltberg In liptings wyse zenieffen gegeben haben vnnd dann die selben vnser
gewannbten vsser disem zitt geschaiden sind gott der Herr Jnen Barmhertzikeit
mittaile Das wir Sölich vorgemelt Sibenthalb pfund haller ierlicher gülte ben
wirbigen vnnsern lieben Besonndern frowen priorin vnd Couent gemainlich des
Closters zu rüti by wiltperg gelegen luterlich vmb gotz vnnser vnnser Huffrowen
der got Barmhertzig Sig vnnd vnnsern vorbern vnnd nachkomenden, Selen Hail
willen gegeben vnd ergeben haben barumb bann die bebauchten frowen des be=
nanten Closters vnnd Jr nachkomen Jerlich allwegen vnnser aller iarzitt begen
Söllen Als bann bas nach Jr ordnung loblich angesehen ist Vnnd bemnach So
geben wir Jnen Söllich Jerlich gült namlich vij. pfund Heller an ben vor=
bestimpten ennden hie mit rechter wiffen vnnd krafft bis briefs. Wir vnnser Erben
vnd nachkomen Söllen vnnd wöllen ouch bar an kain wiber vordrung noch ansprach
mer haben vnd die gemelt frowen zu rüti noch Jr nachkomen bar an nit sumen
noch Jrren In kain wege zu glicher wyse Als ob wir Jnen Söllich gotzgaub vor
bäpstlichem ober kaiserlichem gerichte getan vnd ergeben hetten alles getruwenlich
vnd vngeuarlich vnd bes zu vrkund Geben wir Jnen biesen brieff Mitt vnnsern
vnd ber fromen vnd vesten vnnser lieben besonnber biener Wilhelms von Balbegk
vnnb melchors von tierberg Jnfigelen anhangent Besigelt boch ben netzbenan=
ten vnnsern bienern vnnb irn Erben vn schaben Geben An Sant michels aubent
bes Jars bo man Nach Cristi vnnsers Herrn gepurt zalt vierzechenhundert sibentzit
vnnb siben Jaure.

V. b. Orig. im St.-Archiv zu Stuttgart. — Mit 3 gut erhaltenen Siegeln von
gleicher Größe, auf bunkelgrünem Wachse mit grauer Unterlage.

880.

14. März 1479. Rotenburg. Mechthild, geb. Pfalzgräfin bei Rhe[in]
unb Erzherzogin zu Oeſtreich, ſchlichtet durch ihren Landvogt d[ie]
Streitigkeiten zwiſchen dem Chorherrnſtift in Ehingen unb de[m]
Dorfe Weiler unter Rotenburg, welches nach Ehingen eingepfarrt wa[r].

Wir Mechthilt geborůn Pfalzgrefin bey Rine Bonn Gottes gn[aden]
Erzherzogin zu Oſterrich etc. Witwe Bekennen nachdem ſus Jrrung u[nd]
Spenn enthalten haben zwiſchen ben Erſamen gelerten vnnſern lieben Anbe[chtigern]
vnb getrewen Bropſt vnb Cappitel zu Ehingen an aynem vnb vnnſern vnb[er]
tanen des dorffs wylr vnber Rottemburg bem Sloß gelegen anberſteil[s d]e
rechtikeit der Cappellen bie Jn bem gemelten dorff Jn ber Ere bes lieben Hei[lign]
Sannbt wolffgangs gebuwen Jſt bas wir mit Jr baiber wiſſen vnb wi[llen]
burch vnnſer Lanntuogt Hofmeiſter vnb Rate Sie gutlich veraynt vnb betr[agen]
haben Jnmaſſen als hernach vollget Von Erſt bas bie bemelten Jnnwonner [des]
dorffs wylr an ben Sonntagen vnnb anbern hohzitlichen veſten ben Stiff[t z]u
Ehingen als Jr Rechte pfarrkirch ſuchen alba meß vnb prebig horen ouch d[as]
Sacrament bauon empfahen mitſampt allem bem bas Jnen als gehörigen Jn [die]
gemelte pfarr von ber heiligen Criſtenlichen kirchen gebotten wirt Bnb wan[n d]ie
gemelten Jnnwonner bes dorffs wylr Suſt vnb zu anbern zitten aynen prie[ſter]
beſtellen wolten ber Jnen zu zitten meß leſe bas ſollen ſie thun mit wiſſen u[nd]
willen aynes bropſt zu Ehingen vnb ber Corherren baſelbſt Auch ſollen alle op[fer]
bie vff bie altar ber gemelten Capellen zu ber meß geopfert werben ben ge[nant]en
Bropſt vnb Chorherren zu Ehingen vollgen vnb gegeben werben vnb ſuſ[t] u[nnſ]er
ten bhayn gerechtikeit baran haben, füro ſo ſollen bie genanten Jnnwonner be[s] d[orffs]
wylr ainen Erbern man zu einem meſſner ber genanten Capellen zu welle[n d]ie
vnb ben mit pflichten vnb ayben verbinben vnb bartzu halten alles bas bem h[ei]
gen zugehörtt truwlich Zuſameln vnb zuerſenhen ber ſelbig meſſner ouch be[n g]e
melten bropſt vnb Corhern zu Ehingen globen vnb ſwern ſol bas opffer beid[ſ]
ouch getruwlichen Jnzuſameln vnb Jnen bamit vnb ſuß niemann zuwarten [vor]
glichen ſo ſollen bie Jnnwoner bes bickgemelten dorfs ainen prieſter vß be[n g]e
melten Corherrn zu Ehingen vnb zwen Layen vſſer Jnen zu heiligen pfleger[n]
welen haben bie ouch gewonlich pflicht vnb aybe thuen bem genanten h[eilige]n
alles bas Jm zuſtet vnb gehörig Jſt vnb an ben orten gefelt truwlich Jnzu[ſameln]
vnb zuuerſehen Alſo bas ain trog mit zwayen guten ſchloſſen gemacht vnb [ge]
richt werb ben ber gemelt Corherr zu Ehingen ber zu ben ſelbigen zitten zu ei[nem]
heiligen pfleger erwelt wer zu ſinem huß vnb bie anbern zwen Layen yeber [ei]n
ſchlüſſel bartzu haben Alſo bas bhayner an ben anbern barüben komen müg u[nd]
alles bas bem gemelten heiligen zugehört ober geuelt burch ben genanten Corh[er]n
aigentlich vffgeſchriben vnb burch ſie all bry Jn ben gemelten trog beſchloſſen we[rb]

Darumb ouch die gemelten heiligen pfleger ains yeden Jars vor einem probst zu Ehingen vnd ainem Marschallken zu Rotemburg oder wen die herrschafft daselbst dartzu ordnet ain vffrecht Erber Rechnung thuen vnd das so vorhanden wer mit wissen vnd willen der gemelten herrschafft vnd des Stiffts zu Ehingen zu vffgang vnd buwes des Gotzbiensts oder anber Notdurfftigen dingen der gemelten Cappellen Nach dem allerfuglichsten vnd besten angelegt vnd geordnet werd Zu Vrkunb diser bing syen diser tebingsbrieue zwen gemacht glich lutenb vnd ben gemelten bropst vnb Corhern zu Ehingen einer vnb ber anber ben Jnn= wonner bes obgenanten dorfs wylr gegeben zu Rotemburg mit vnnserm anhan= genben Jnsigel vff bornstag nach bem Sonntag als man Jn ber heiligen kirchen singet Oculj Nach Cristj vnnsers lieben herrn gepurt viertzehenhunbert Sibentzig vnb Jn bem Nunben Jare.

B. b. Orig. im Privatbesitz eines Bürgers zu Rotenburg. — Mit bem zerbrochenen Siegel ber Pfalzgräfin.

881.

1484. Vrnburg.

Jtem Vrnburg bas schlofs vnb rorborff, weitingen bye zway börffer gihoren zum hüß Ostereich vnb sinb vom Hüß Osterrich kümmen an ainn von mansperg.

Jtem ainer von mansperg hat ain Hauffrawen genommen mit namen aine von liechtenstain vnb hat sy auf bie Dörffer verwibmat vmb xv hünbert gül= bin ber selb von mansperg ist von tob abgangen vnb ist bie fraw in bem wibmön beliben sitzen.

Jtem vnb hat die fraw ainn anberen man genommen mit namen Otten von walbeck nach ber frawen abgang ist bas güet gefallen an schwartz fritzen von sachsenhaym in erbß weiß.

Jtem mein Herr von Wirttenberg hat auch bie gerechtikait an sich pracht von schwartz fritzen von sachsenhayn, bie schwartz fritz ererbt hat von ber liechten= stainerin seiner bassen, bie auf bie gyetter von bem von mansperg verwibmät ist, barmit mein Herr von wirtenberg bie gyetter nit von Jm lat komen Jm sey ben außrichtüng geschehen.

Papier-Handschrift vom 15. Jahrh.

882.

8. November 1485. Rotenburg. Hans Jakob von Bodmann, Hauptmann
der Herrschaft Hohenberg, belehnt Berthold Egolf mit einem der
drei herrschaftlichen Maierhöfe zu Rotenburg und setzt die Liefe-
rungen, beziehungsweise Leistungen des Maiers fest.

Ich Hanns Jakob von Bodmen Ritter Hoptman der Herrschaft
Hohemburg Bekenn vnd thůn kunt menglich mit disem brief Das Ich vf Sonder
befelch des durchluhtigen Hohgepornen fursten vnd Herren Herrn Sigmunds Ertz
hertzogen zu Osterrich etc. mins gnebigsten Herren zů ainem Steten Erblehen
verlichen Hon ben ainen mayrhof zwischen ber grossen mülln vnd der
ych gelegen seinen gnabn zugehorig Mit namen Berchtolt Egolffen den
mayr mit aller fryhait vnd zugehörde mit Huß, Schuren Hof Hofraitin Eden
maten wisen vichwaiben zutriben vnd garten wie ban das mins gnebigen Herren
vrbar von stuck ze stück Clarlich vßwyst vnd innhalt doch also das Berchtolt Egol
ber mayr obgenant ober sein Erben ben Hof Hinfür mit aller zugehord Ju der
Statt vnd vff bem selb Jn rechten reblichen vnd onabgengigen buw vnd ongen
trennt Halten vnd Haben sol nach aller Notburfft on allen Costen vnd schaden
mins gnebigsten Hern Wa aber Er ober sein Erben vnd nachkomen solichen nit
nachkömen vnd theten So Hatt min gnebigster Her ober sein gnaben amptlüt mach
zwen barzegeben Dartzů vnd beßglich sol der mayr ouch zwen bargeben Erber per
sonen bie sich vmb buw verstond bie söllend barüber gefürt werben vnd ben vnbuw
lassen besennhen wan es bie amptlüt not bebunckt vnd ben vnbuw erkennen vff e
gewissne vnd wo bie vier nit ains wurden Sollent sie ainen obman nemen der
sol ain merß machen vnd wa mit bem Meren vnbuw ober schaben Erkent win
Solichen schaden ober vnbuw sol der mayr ber baruff kompt ober kurtz ober lang
ablegen in ainem monat Es wer an Huß, schüren ober andern gütern So in der
Hof gehorn nichtzit vßgenomen Wo aber solichs von bem mayr nit geschäch da
ban min gnäbigster Herr ober seiner gnaben amptlüt bem mayr ab bem Hof ze
bieten haben on alle fürwort vnd Hindernuß bawiber Er nit sein sol zu kain wer
ber mayr sol och minem gnebigsten Hern von seinem Hof alle Jar järlich Raichen
vnd geben voran ben zehennben vnd barnach bas Halbtail aller winterfrucht w
bas Drittail bes Haberns So Er bas Jar Erbuwt vff ben Eckern ba sol min gne
bigster Herr Lüt haben bie bas abzeln vnd vff ben karren ober wagen bien
wann bas geschicht So sol ber mayr solich abgezelt frucht von korn vnd Haber
Jn mins gnebigsten Herrn Schüren antwurten vnd fürn on sein gnaben schaden
vnd wann solich korn vnd Habern getroschin wirbt So sol bem mayr alles kurtz
futer Ruck vnd Haberstrow werben bas mag Er mit seinem vich bruchen vnd myst
baruß machen vnd ben andern myst So Jm och von seinem tail korns worden
ist sol Er vff die Eck er bes Hofs fürn vnd vff kain anber gütt wa Er bas ober

für vnd ben amptlüten warlich fürkem So mügen Sie ben mayr barumb Straffen
Er fol och kain ſtrow verkoffen Sonnber. zů myſt machen vnd vff bie Ecker fürn
wie obſtatt. Item bartzu fol Er geben minem gnebigſten Hern von ben wiſen
So in ben Hof gehornb zwen karren mit Hew ober briu pfund Heller bafür wel=
ches min gnebigſter Herr will.

Item Er fol och minem gnebigſten Herrn alle Jar bry fronbienſt thůn am
Erſten ain wagen mit Rayſſtangen füren wo ber gehowen wirt. Doch fol Jn
min gnebigſter Herr ob Er vbernacht vß blibt verzeren, am anbern vier malter
Rocken zu Bonborf mit ainem karren Holn, am briten zwen Dungkarren in ben
mülgraben ſchicken wan bie amptlüt Jm bas bietten ſinbt. Item ber mayr fol
ouch ainem marſchallen geben vier veſen garben vier Haber garben vorm zehennben
von gemainem korn vff ben Eckern vnb ain Schochen Hews Item ben bryen Statt=
knechten ain Schochen Hews Item ber Herrſchafft Schützen fol Er geben acht fiertel
Rocken acht fiertel veſen acht fiertel Habern vnb ain Schochen Hews Item So
gitt min gnebigſter Herr bem Schützen ze lon ber ber Dryer mayr Hof hiet
zway malter Rocken zway malter veſen, zway malter Habern vnb ain Schochen
Hews Item ber mayr gitt och ber Herrſchaft Schützen vorm zehennben von ge=
mainem gůtt vier veſen garben vnb vier Haber garben vff ben Eckern Item So
gitt ber mayr bem meßner zů Sulchen zwo veſen garben zwo Haber garben vnb
ain ſchochen Hews Item bie bry Mayr genb och bem kirchhern zu Rotem=
burg für ben Hew vnb Emb zehenben ain karr fol Hews an ber amer vnb yeber
mayr bartzů ain ſchochen Hews vff bem burtile ſuſt kain zehennben baruon,
Item ber mayr fol kain acker zů wiſen noch wiſen zů acker machen on erloben
ber amptlüt Item ber mayr Hatt macht von ben obgeſchriben Eckern Jm ſelbs
zwen morgen zu ſetzen wa Jm bas fügt mit wycken bonen, Rieben ober Erbſen
Dauon bebarff Er ber Herrſchafft nichzit geben. Item Er hatt ouch ben vorſchnit
mit ſeinen zwayen geſellen vor ben von Rotemburg Item ber mayr mag ouch
waib waſſer Holtz vnb ſelbe nieſſen wie es von alter Herkomen iſt, vnb Er vnb
ſein vorfaren gebrucht hand Item vnb ob ber mayr vber kurtz ober lang von
anbern Lüten ober ſein ſelbs für verbrene So fol min gnebigſter Herr Jm wiber
zymer=Holtz vff bie Hofſtatt laſſen fürn ſn bes mayrs ſchaden Vnb fürbter fol
Er wiber buwen one min's gnebigſten Herrn ſchaden Item vnb wann ber mayr
ober kurtz ober lang ben Hof verkoffen will So fol Er ainen anbern mayr geben
ber bes Hofs genoß vnb ain rechter buwman ſy vnb welcher bann alſo zu mayr
von ben vieren ober fünffen Erkennt wirbt für ainen buwman ober ben bie ampt=
lütt für ain buwman ſuſt annemen. Vf biß So hab Jch obgenannter Berchtolt
Egolff ber mayr für mich min Erben vnb nachkomen gelobt mit Hantgebenben
truwen an aydes ſtatt min gnebigſten Herrn ſeinen frumen ze werbenb ſchaben
vennben vnb allen obgeſchriben punkten vnb artikeln truwlich nachzukomen on all
geuerb. Vnb biß zu vrkunb vnb gezugnuſt biß ſteten verlyhens ſo hab Jch ob=
genannter Hauptman min aygen Jnſigel gehenkt an biſen brief mir vnb minen

Erben on schaden. Der geben ist zu Rotemburg am Negker off Zinstag vor Sanndt martins tag, Nach der gepurt Cristj als man zalt Tusent vierhundert achtzig vnd In dem fünfften Jare.

B. d. Orig. im Besitz des resignirten Stadtschultheißen Orgelbinger zu Rotenburg. — Das Siegel ist abgefallen.

883.

6. Juli 1487. Stuttgart. Graf Eberhard der ältere von Wirtemberg verkauft um **400** rhein. Gulden an das Spital zu Ebingen die Behausung, welche Graf Sigmund von Hohenberg selig von ihm „in sitzweise ingehabt" hatte. [1]

Wir Eberhardt Graue Zue Wirttemberg vnd Zue Mümppelgardt etc. der Elter, Bekhennen vnnd thuen kundt offenbar, mit bisem Brieff, daß wir vnßern Burgern Zue Ebingen, Haintzen Paur, Eblin Matz vnd hannßen Eblin, als pflegern des Spitals baselbs, anstatt vnd in namen besselben Spithals, zu einem stäten, ewigen Kauff, recht vnd reblich, vmb vierhundert reinischer gulbin, der wir von Jnen vergnügt sindt, verkhaufft vnd zu khauffent gegeben habendt, wolbebauchtlich mit rechter wissent, die Behaußung baselbs Zu Ebingen, an Hannßen Salhen vnd vnden an der Badtstuben gelegen, so der wolgeborn vnßer lieber Oheim, Graff Sigmundt von Hohemberg seelig, in sitz weise, bey sinem leben von vnnß inngehabt vnd genossen hant, mit allen Rechten vnnd Zugehörten baruß nichtzit zinßet, benn der Hofstatt Zinß also das das bemelt Spital, vnd seine pfleger, von seinen wegen, solch Behaußung, nun für baßhin, allwegent, innhaben, nutzen, nießen, besetzen vnnd enbtsetzen, vnd bamit thun vnnd lassen sollen vnnd mögen, als mit anbern des Spithals güettern, baran vngeiret vnnd vngehindert, von vnß, vnßern Erben vnnd meniglichem anbers von vnßert wegen, Wir verzeihend auch hieran vnnß, vnnd vnßer Erben, aller Gerechtigkeit Aigenschafft vnd Ansprach, die wir vntzher zu der benanten Behaußung, mit ir Zugehörbten gehabt haben, ober noch füro barzue gewinnen vnd erlangen möchten, Es wer mit Recht ober sonst zu anber weg, genßlich lauterlich vnnd Aller bing, ohne alles geuerb, vnnd beß Zu warem Vrkhundt, so haben wir vnßer aigen Jnnsigell offentlich gethan henkhen an bisen Brief, der geben ist, zu Stuttgarbten an Freitag nach sant Vlrichs Tag, nach Christj Geburth, als man zalt, taußendt vierhundert, achtzig vnnd siben Jare.

B. d. Dokumenten-Buch des Spitals zu Ebingen.

[1] 1487. Die Pfleger des Spitals zu Ebingen stellen Gr. Eberhard von Wirtemberg einen Schuldbrief barüber aus, baß sie von bemselben gekauft haben „die Behaußung So Zur Letsch ber hochgeborne herr, herr graue Sigmundt von Hohemberg Löblicher gebächtnuß zue Ebingen Jnngehabt vnd genoßen hant." Dok.-Buch des Ebinger Spitals.

884.

1. Juni 1488. o. O. Graf Eitelfritz von Zollern, Hauptmann der Herrschaft Hohenberg, verkauft um 1200 rh. Gulden an Thoman von Wehingen alle seine Gülten und Zinsen zu Remmingsheim und Wolfenhausen, welche er von seinem Vater Joß Niclausen, Grafen von Zollern, beziehungsweise von Graf Sigmund von Hohenberg, seinem „anherren“, geerbt hatte.

Wir Eytelfridrich Graue zu Zollr der herrschafft Hohemberg Hobtman etc. Bekennen Offennlich vnd thun cunt menniglichem mit dem briefe das wir für vns vnd vnnser Erben ains Rechten Redlichen kouffs verkoufft vnd zu kouffent geben habent Dem vesten vnnsern lieben getruwen Thoman von wehingen vnd sinen Erben vnnser Jerlich gülte So wir zu Remigßhein vnd Wollffenhusen An sturen Zinsen vnd gülten die wir dann von dem Wolgepornnen vnnserm lieben herren vatters Joß Niclausen Grafen zu zollern säliger gedachtnuß Er Erbt habent, herrüren von dem wolgepornnen herren Sygmunden Grauen zu Hohemberg vnnserm lieben anherren, die wir ouch Also Jnngehabt vnd genossen habent, Wie dann die von wort zu zu wort hernach geschriben stand Nämlich An vesen veertzig Malter zwaintzig viertel vß dem zenhenden zu Remigßhain So diser zytte die korherren zu Ehingen Jnnhaben Jtem Mer Sechtzenhen Malter acht viertel vesen, Me an Rogken Sechs Malter acht viertel vß dem zenhenden zu wollffenhusen Alles Rotemburger meß kouffmans gut So Jerlich vnd ewiglich allweg off Sannt Martis tag Achttag die nechsten vor oder näch zu betzalent gefallen sollent Jtem Mer brutzenhen pfund haller stur vnd vogt korn So Jerlich off Martini vß disen nachgeschriben güttern gan ist Jtem Conrat Mayer diser zyt Schulthais git Jerlich stür acht schilling vß ainer halben hüb genant hannsen von Nellißheim hüb Me git er acht schilling haller vß siner halben hüb genant des purs hüb ist ain halbteil Mer git er vier schilling haller vß des gecklins hüb ist ain viertail Me git er zwen schilling hallern vß der wildhannsen hüb ist ain achtentail Jtem So gitt Connrat ketzlin acht schilling haller stur vß götzen Ötingers hüb ist ain halbteil. Me git er acht schilling haller, vß des mechlins hüb ist ain halbteil Mer git er vier schilling haller vß des Burckartz hüb ist ain fierndel, Me git der ketzlin vier schilling vß der Rinnerlin hüb ist ain fierndel Me git er zwen schilling vß des kellers hüblin ist ain achtentail Jtem Agnes hyppin zu Remigßhain git acht schilling vß der Anna hüb ist ain halbteil Me git Sy vier schilling vß des krewelins hüb ist ain fierndel, Me git Sy vier schilling vß des geglins hüb ist ain fierndel, Jtem Eberlins hanns git vier schilling vß des hetzels hüb ist ain fierteil. Jtem Margret hyppin git acht schilling vß des schellen vnd walten hüb ist ain halbteil Me git Sy acht schilling stür vß Magen hüb ist ain halbteil Me git Sy zwen schilling vß des flögen hub ist ain achtenteil Jtem Ann Mayerin zu Remigßhein git acht schilling vß des schmucklins vnd flögen hub ist ain halbteil Me git Sy vier schilling vß ytel Contzen hub ist ain fierteil Me git Sy vier schilling haller vß wechlins hub ist ain fierteil Me git Sy zwen schilling vß herpetters hüblin ist ain achtentail, Jtem haybten Waltherm ludwig hyppen wyb git acht schilling vß des gagen hub ist ain halbteil Jtem Jacob Räß git sechtzenhen schilling stür vß des Richenbachs lehen Jtem Melch yttingers kind gebent acht schilling stur vß götzen ytingers hub ist ain halbteil Jtem Melcher des Jecklis Son git acht schilling stur vß siner hofraitin vnd garten von walther ytingers hub hat halb Conrat mayer Vnd hanns keller Jtem her ludwig ytinger git ain schilling stür vß des petters hüblin ist ain sechtzenhentail. Jtem hanns ytinger git ain schilling vß peters hüblin ist ain sechtzenhentail Jtem Bech hetzeln git zwen schilling vß des prenners hub, ist ain achtentail Jtem des Abtzhoff von schaff hufen zu wollffenhufen gelegen git zwölff schilling hübstur vnd veertzig viertel vesen Rotemburger meß Jtem des follen hannsen kind gebent ain pfund vier schilling hübstur vß kächilis lehen Me gebent Sy zwölff schilling vß des scherlis lehen Mer vß dem lehen fünff Malter vnd zway viertel vesen Rotemburger meß Mer geben Sy dryssig viertel vesen vß des scherlis gut Jtem hainrich brun git ain pfund vier schilling hübstür vnd fünff Malter zway viertel vesen Rotemburger meß vß des Rüntlisgut Jtem der hainer git acht schilling hübstür Nun viertel vesen vnd fünff viertel Rogken Rotemburger meß vß des schetterlis lehen Jtem Jorig scheffer git acht schilling hubstur Acht viertel vesen vnd fünff viertel Rogken vß schetterlis lehen Jtem hanns husch vnd Auberlin von Rellingen gebent vier schilling hübstur Me git der husch sechs viertel vesen Me git der auberlin drü viertel vesen alles vß des schuchmachers lehen Jtem Auberlin seer vnd hanns büger gebent viertzenhen Viertel vesen vß den Ackern genant das hüblin Jtem hanns buger von Rellingen git acht schilling hubstur vß dem hüblin ist ain halbteil Jtem hanns Engen Rich git acht schilling hübstür Me Nün viertel vesen Vnd zenhen viertel Rogken vß gramans gut mit huß mit hoff vnd siner zugehörd Also das der genant Thoman von wehingen, oder sin Erben solich gemelt stur vesen vnd Rogkengelt wie vor stett sollen vnd mögen fürhin nutzen niessen besetzen vnd ent setzen vnd damit ton vnd lauffen als mit anderm Jrem gut, wie Jnen das aller baßt füget on all Jrrung vnd wider rede vnnser Grauff Eytelfribrichs vnd vnnser erben vnd mennglichs von vnnsert wegen, Wann wir vns des alles vnd yedes Jnsonnber vnd genntzlich aller vnnser gerechtigkeit So wir dann biß her barome gehebt frylich lebenglich vertzigen vnd begeben haben. Vertzihen vnd be geben vns des wissentlich Jn krafft diß briefß Wir geben ouch dem genanten Thoman von wehingen biß gült für fry lebig vnd für Recht onverkimert aigen Also das wir vnd vnnser erben fürohin ewiglich dhain Widervorbrung anspruch

clag noch Recht daran noch dartzu nymmer mer haben noch gewynnen Duch Jn
vnd sin Erben darane nit hindern sollen noch wöllen weder mit gericht gaistlichem
noch weltlichem noch on Recht noch sust mit bhainerlay sachen So yetzo sind oder
hinfür Erdacht mechten werden Jn bhain wege Vnd ist diser kouff vmb die hie
vorgeschriben gülte beschehen vmb zwölffhundert gutter Rinischer gulbin gemainer
landswerung die wir Egemelter Grauff Eytelfridrich Von dem gemelten
Thoman von wehingen Also par Enpfangen Duch die an vnser, vnd vnnser
Erben nütze vnd fromen bewendt, der vns darvmb Jn ains stäten vnd Ewigen
kouffs wise wol benügt Vnd darvmb söllen vnd wöllen wir oder vnser Erben dem
Vorgenanten Thoman von wehingen vnd sinen Erben, solich vorgeschriben stur
vesen vnd Rogkengülte mit aller Jr gerechtigkeit off richten versten weren vertigen
vnd versprechen gegen aller Mennglich An allen Enden vnd Stetten vor allen
lüten Richtern vnd Gerichten gaistlichen vnd weltlichen Wann oder wie dick Sy
des Nottürfftig waren oder wurden nach lands Rechts vnd gewonheit, barane Sy
aller bast habent sind gentzlich ane allen Jren Costen vnd schaben Vnd bamit der
genante Thoman von wehingen vnd sin Erben an bisem kouffe bester bascha=
bender Syen So haben wir obgenanter Grauff Eytelfridrich Jnen zu Rech=
ten burgen vnd vertigern geben vnnser lieb Getruwen Schultheißen Burgermaister
vnd Gerichte zu Hechingen mit solchem gedinge Wann wir obbestimpter Ver=
köffer, oder vnser Erben, dem gemelten Thoman von wehingen, oder sinen
Erben die gemelten stür korn vnd Rogkengülte nit also vffrichten, werotin oder
versprachin wie vorgeschriben ist So hat der offtgemelt Thoman von wehingen
vnd sin Erben vollen gwalt macht vnd gut Recht zwen vsser ben bestimpten bür=
gen welche Sy wollen, mit botten briefen zu huß zu hoff oder Muntlich vnber
ougen, barvmb zu manen, die selben gemanten burgen sollent bann onvertzogenlich
Jn achttagen ben nechsten nach sölicher manung gen Rotemburg Jn die Statt
am Negker Jn ains offen gast geben wirtzhuse Jn der manung bestimpt, ain
yeder mit sin selbs lybe vnd ainem pferde Vnd sollent ouch off ain anber nit
vertziehen vnd bhain anber laystung ze wort haben Vnd ob der laystenben burgen
ainer Jn der layftung abgienge, oder ain pferd verlaist oder verganbt würde als
bick sollent die gemelten burgen ainen anbern vß Jrem gerichte mit ainem pferde
an des verlaisten pferds statte wider Jn die laistung schicken Vnd also laisten vnd
Recht gewonlich onbebingt gisellschaft halten zu vollen täglichen maln nach laistens
recht alles off vns vnser Erben vnd nachkomen schaben Duch von vnd vß solicher
laistung nit komen noch lebig werden bann mit des gemelten Thomas von
wehingen vnd siner Erben gunst wissen vnd willen oder So lang biß Jnen
vmb Jrrung vnd ansprach, die Jnen bann beschicht oder beschehen wäre. vßgericht
vnd gevertiget haben wie vor stet gantz vnd gar one allen Jren Costen vnd scha=
ben Wa aber die burgen die ontzucht taten Vnd nach der manung die laistung
vertzigen vnd nit laisten wie vorstet, Als bann So hat der gen. Thoman von
wehingen vnd sin erben vollen gwalt macht vnd gut Recht, vns genanten ver=

kouffer ouch die vngehorsamen burgen vnd vnnfer erben an allen vnnfern lüten, gutten, zinfen, ligentz vnd farends, nichtz vßgenomen wie das namen hat vnd wa das gelegen ift allenthalben anzegriffent In Stetten marglten dörffern off waffer ober off land mit gericht gaiftlichem ober weltlichem, fampt ober Infonnder ymmer Solang vil vnd gnug biß Inen vmb fölichin zufpruch vorbrung vnd anfprach ain vollomen vßrichtung befchehen ift ane allen fchaden. Vor dem allem fol vns obgenanten verloffer, vnfer Erben vnd nachlomen Ouch vns hieuorgemelten burgen vnd vertiger, nit fchirmen noch befriben dhain fryheit der fürften der herren der Stätt noch des lands, dhain verpüntnuß gnab glait verbott gericht noch Recht gaiftlichs noch weltlichs noch gantz nichtzit oberal So zu fchirm Erdacht ift ober worden möcht dann wir vns des alles vertzigen vnd begeben haben, vertzihen vnd entzihen vns ouch des alles In krafft ditz brieffs Vnd des alles zu warem veftem vrlunde So haben wir vorgemelter **Graue Eytelfribrich** für vns vnfer Erben vnd nachlomen vnfer aigen Infigele an difen briefe henglen lauffen Vnd zu noch merer ficherhait haben wir Schultheis Burgermaifter vnd Richtere zu Hechingen Als burgen vnd vertigern biß louffs für vns vnd vnnfer nachlomen vnnfer gmain Statt Infigele ouch an difen briefe gehenckt Der geben ift off Sonntag nechft näch dem heilgen pfingftag von der gepurt Crifti getzalt Tufent vierhundert Achtzig vnd acht Jare.

V. d. Orig. im Spital-Archiv zu Rotenburg. — Siegel in rothem Wachs auf grauer Unterlage; gevierter Schild, auf dem Helm das Brackenhaupt.

885.

17. Juni 1492. o. O. Appolonia Gräfin von Hohenberg, Aebtiffin zu Königsfeld, quittirt Eitelfritz, Grafen zu Zollern, ihren Vetter, für **40 rh. Gulden Leibgeding.**

Ich appolonia gräffin zů hochenberg äptiffin zů küngßfelb belenn mitt difem brieff daz mir der Edel vnd wolgeborn her her ytalfritz gräff zů zollr min getruwer lieber vetter durch den Edlen vnd veften thoman von wächingen finen burgvogt zu zollr Erberlich vnd wol gewert vnd betzalt hant fiertzig rinfch gülbin die er mir off fant Jergen tag nächft verfchinen zů libbing zinß vervallen vnd fchulbig worden ift: der felben vnd aller ba vor gevallner lib bing zinfen fag vnd lauß ich ben vor genempten minen vettern vñ fin erben vnd nachlumen vnd wer her vmb quitierinß bedarff gantz quitt ledig vnd fry in crafft diß brieffß das zů vrlund mitt mimem Eygnen infigel offenlich verfiglatt geben off mentag vor der zechan tufenb ritter tag anno etc. M°. ccccLxxxxij Jar.

V. d. Orig. auf Papier im St.-Archiv zu Stuttgart, bis in die neuefte Zeit im Stabt-Archiv zu Reutlingen. — Mit aufgebrücktem Siegel.

886.

5. Dezember 1496. o. O. Die Freiherren von Zimmern geloben die
Stadt Oberndorf bei ihren alten Rechten und Freiheiten zu belassen.

Wir wernher, Hanns wernher, Gottfrib wernher, vnd wilhelm
wernher, von zimmern fryghern etc. all fier geprüder Bekennen offennlich
vnd thünb kunt aller mencflich mitt bisem brief für vns vnd vnser Erben Als
Obernborff bie Statt mit waffneck vnd ben fier börffern walltmes=
singen, Beffenborff Alltobernborff vnb Bochingen von vnserm herre
vatter sälig loblicher gebächtnüst In Erbswyß an vns gefallen vnb kommen Ist
Das wir vnb vnser Erben Die Egenanten Statt Obernborff wöllenb laufen belyben
vnb sy füro nitt Trengen In ohainweg In aller wyß vnb Mauß Als sy brief hanb
von vnserer gnebigen herrschafft Österrich vßgangen, vnß off batum
vnsers herrn vatter Johanns wernhers säligen übergebnen brief benen von
Obernborff Sy also belyben ze laufenb vnb nitt wyter ze trengenb Es wäre bann
bas söllichs geschähe mitt vnser, vnser Erbenn vnb ber Statt Obernborff wissen
vnb willen alles vngeuerlich vnb wyset bes selben vnsers herrn vatters Johanns
wernhers säligen, übergebnen briefs Datum off Zinstag vor Sannt Martis bes
hailigen byschoffstag Anno domini Tusenb fier hunbert achzig vnb bry Jaure
vnb bes ze offemm waurem vrkunb haben wir Inen bisen brief mitt min obge=
meltem wernhers von Zimmern aygen anhangenbem Insigel vnb barzü mitt bes
Ebeln wolgepornen Gottfribs von Zimmern bes Eltern vnsers lieben herrn
vetters als vnsers fürmünberers vnb pflegers Ouch aygem anhangenbem Insigel
von vnser aller obgemellter geprüber wegen Besigellt Geben off Mentag nechst nach
Barbare virginis Als man zallt nauch gepürt Cristi vnsers lieben herrn Tusenb
fierhunbert nünßig vnb Sechs Jaure.

    B. b. Orig. im Stabt-Archive zu Obernborf.

887.

10. August 1536. Eberbach. Otto Pfalzgraf bei Rhein und Herzog in
Baiern ersucht den Markgrafen von Baben, er möchte die Ein=
wohner von Unter=Jettingen anweisen, baß sie bem Kl. Reuthin
bie Steuer bezahlen, welche basselbe von ben Herren von Hohen=
berg vor Zeiten gekauft hatte.

Vnsern fruntlichen binst zuuot hochgeborner furste lieber swager wir laffen
uwer liebe wissen bas vns bie erfamen anbechtigen vnser lieben getruwen priorin
vnb couent bes closters zu Rutij vnber Wilperg gelegen einen brieff als yr
yne geschrieben habt gesenbet hanb barjnne yr yne vnber anbern worten schribent

vnd ſie bittent das ſie die ſache von der ſtůer wegen die yne die von Vnder-
vtingen ierliche pflichtig ſind zugeben jn gedult haltent vnd gutlich anſteen laſſen
wollen biß zu vßtrag der ſache vnd das ſie Heinrichen von Mannſperg bitten
der dann eyn gemeyner in den ſachen ſy ander kurcze tage daran zubeſcheiben etc.
Lieber ſwager alſo wolle uwer liebe wiſſen das ſich die obgenanten kloſter frauwen
keins rechten verfangen haben off den vorgenanten Heinrichen von Mannſperg als
von yr ſtuer wegen zu Vnderotingen ſunder ſie haben ſich eins rechtlichen vßtrags
verfangen off den obgenanten Heinrichen als off ein gemeynen mit einem glichen
zuſacze von ſolicher ſpenne wegen die da ſind zwieſchen den armenluten von Ober-
vtingen vnd Vnderotingen von ettlicher ſpenne wegen welde vnd ecker an-
treffende jn jr beyder marcke gelegen vnd die vorgenanten von Vnderotingen halten den obgeſchriben kloſter frauwen ſoliche vorgerurt ſtuwer vor mit gewalt ane
recht vnd vnbillicher ſache vnd vber das das ſie ſich vnd alle jr erben vnd nachkomen jn einem kauffbrieue hertiglichen verſchrieben vnd auch des liplich zu Gott
vnd den heiligen geſworn haben ſoliche ſtuwer ierliche zureichen nach jnnhalt des
kauffbrieffs des wir uch eine abſchriefft hier jnne verſloſſen ſchicken darjnne uwer
liebe wol vernemen wirdet wie ſoliche ſtůer von den herren von Hohemberg
vorzyten verkaufft iſt vnd wes ſich die gebuwer von Vnderotingen darjnne
verſchrieben haben jn ſolicher maß haben auch die vorgenanten kloſter frauwen von
demſelben keuffer auch einen kauffbrieff jn der beſten forme nach notdrufft By dem
allem uwer liebe wol verſteen mag das den vorgenanten kloſter frauwen ſoliche
ſtůer von den vorgenanten gebuwern vnbillich vorgehalten vnd geſpannet wirt Vnd
darumb ſo bitten wir uwer liebe fruntliche mit ernſte das yr die vorgenanten uwer
armenlute zu Vnderotingen darzu halten vnd vermogen wollent das ſie den vorgenanten kloſter frauwen ſoliche jr verſeſſen ſtuwer furberlichen reichen vnd geben
vnd auch jren ſchaden den ſie des gnomen haben furberlich keren vnd beczaln vnd
ſie hinfure daran vngejrret bliben laſſent vnd ſie der beczalen wollent nach uß
wiſunge des vorgemelten kauff brieffs als wir auch meyn das ſie billich tunt dann
wo ſie des nit detent ſo ſind die vorgenanten frauwen die vnſern vnd
ſteen vns zuuerſprechen vnd gebu" vns auch ſie zuhanthaben vnd ſchaffen ge-
hanthabt werden das ſie by jrem kauffbrieue bliben vnd den gebuwern ſolichs mut-
willens gein yne uber jr geſwornen eide nit zugeſtatten vnd getruwen uwer liebe
wol vns ſolichs nit in argem zuuermercken ſunder uch das ſelbs billich bedunken
ſoll vnd den gebuwern ſolichs ſelbs nit zuglympffen, das ſtebe vns vmb uwer liebe
zuuerdien auch von der ſpenne wegen die da ſind zwieſchen den von Oberotingen
vnd Vnderotingen als von velde vnd ecker wegen jn jr beyder marcke gelegen die
ſie dann off Heinrichen von Mannſperg als off ein gemeyn zu rechtlichem vßtrag
komen ſind etc. da ſollen die vorgenanten kloſter frauwen der von Vberotingen
mechtig ſin das ſie den von Vnderotingen keins rechten barumb vorſin ſollen off
den obgenanten Heinrichen baruff das dann verfangen iſt oder anderswa dann
warjnne wir uwer liebe zu willen vnd zu fruntſchafft werden mochten des weren wir

willig als billich ist. Datum Eberbach ipsa die beati Lorencij, martyris. Anno etc. xxx sexto.

Nach einer alten Abschrift im Landes-Archiv zu Karlsruhe.

888.

24. Juni 1543. o. O. Die Stadt Zürich verkauft als Schirmherr und Kastvogt des Kl. Stein am Rhein um **2206** fl. an Herzog Ulrich von Wirtenberg 5 Achtel von dem großen Zehnten zu Nagold, Emmingen, Mindersbach, Iselshausen und Unter-Schwandorf, den Zins aus der Zehntscheuer und Widemwiese zu N., die Hälfte am Heuzehnten, das Patronat der Kirche und dreier Kaplaneien zu N., samt der zu Rotfelden und Neren.

Wir Burgermeister vnd Rath der Stabt Zürich, Alls Schirmherren vnd Castvogt des Closters Steyn, Bekhennen vnd Thunb khunb Offenbar mit bisem brief für vnns, vnd alle vnnsere Nachkomen, bie wir mit sampt vnns, vnd alls vns selbs, hierzu vestenklich verpflichten vnd verbinden Das wir mit bheinen geferden hinderkomen, Sonnber vß rechtmessigen wolgegründten vrsachen, vnser vnd bes bemelten Closters Notturfft nach, vnnseren Schaden zü verhüten, güt fryes Willens, wüssentlich, vnd mit güter vernünfftiger vorgender beratschlagung, Dem Durchlüchtigen hochgebornen Fürsten vnd Herren, herren blrichen hertzogen Zü Würtenperg, vnb zü Tech, Grauen zu Mümppelgart etc. vnnserem gnebigen herren, Eynes Rechten, reblichen, Waren, Steten, vesten vnb Eewigen koufs, wie söllicher Jnn ber aller besten Form, wiß, vnd maß, noch Ordnung vnd Satzung, beiber Geistlicher vnb Weltlicher, Rechten Richter, vnb gerichten, ober sonnst vß güter gewonheit wiber Mengklichs wibertheilen vnb absprechen Jnn höchsten Chrafft vnb macht hat haben sol vnb mag, Zu kouffen gegeben haben, Vnd gebent also sinen fürstlichen gnaben, vnb bero erben vnnb nachkomen Jetzunbt hiemit Zü kouffen wüssentlich Jnn Crafft bis briefs, vnnseren, vnb vnsers Closters zu Steyn Zügehörige güter, Ouch Zechenben vnb pfründen, Namlich vnseren Zechenben des wir an acht theilen bie fünffteil haben, vnd obgebachter vnser gnebiger Herr die brütheil des Großen Zechenben hat. Zü Nagolb, vnb Jnn nachbemelten börfferen vnb Flecken, Zu Emingen, Münderspach, Jselßhusen, vnb zü vnberschwanborff, an Rocken, binckel, vnb haberen, Wie bas von altar har Jerlich bie Flur ertragt, berglichen ben Zins vß ber Zechenb Schüren zü Nagollt. Sampt bem Zins osser ber wibem zwisen baselbs, vnnb bann ben halbentheil am Höw Zechenben ouch ba selbs, Darzü bie Lenhenschafften ber pfaar vnb brier Capplainen Zu Nagollt. Namlich Sant Jör-

gen, sant Chatarina, vnd der Frůmeß pfrůnden, Ouch der gerechtigkeit
vnd Lenhenschafften, beider pfarren Zů Steren,[1] vnd Rattfelden, Sampt
aller vnd Jeder deren Jnkhomen, Renten, Zinsen, Gülten, Nutzungen vnd gůteren
Ouch aller vnd Jeder Zůgehörungen Rechten vnd gerechtigkeiten, vnd was den
allem vnd Jedem besonder anhangt, wie das alles von alter her gedachten
Closter Steyn Zůgehörig gewesen, vnd Jetzundt wir von des gemelten vnsers Closters wegen, Au Jedem orth, Růwigklich Jngehabt vnd genossen haben,
Nůtvberal bauon vsgeschlossen, noch hinban gesetzt. Welliches alles vns, von wegen
mergedachts vnsers Closters gantz entlegen, vnnd vns, vnd vnseren Armen lüten
bißher an demselben, vff Jn Zůchung vnd hanndthabung der Nutzung Mercklicher
vnd vnträglicher treffenlicher Costen geloffen, Vnd ist diser kouff Zůgangen vn-
beschechen, vmb Zweytusend, Zweyhundert, vnd Sechs Gulbin, Jn fünffzechen
Batzen, Oder sechzigk Crützer für den Gulbin, gemeiner Lantzwerung gereibt. Welli-
cher Suma kouffgeltz, der benant vnnser gnediger Fürst vnd herr, vns mit vffrich-
tung biß briefs, Also bar Zů vnnserem völligen vnd gůten benůgen, gnedigklich
vsrichten, vnd bezallen lassen hat. Sin Fürstlich gnad dero erben vnd nachkomen,
Ouch wir deßhalben Jnn allweg gantz quit, Fryg, Ledig vnd loß sagende, Jn
Crafft ditz briefs, Vnd also söllen vnd mögen der Hochgedacht vnnser gnediger
Fürst vnd Herr, Hertzog ölrich Zů würtenperg etc., Siner fürstlichen gnaden Erbe
vnd Nachkommen, sölliches alles vnnd Jedes Jn masen ob stat, alls Jr Frn
Recht Ledig vnverkümbert vnversetzt, vnuerhafft Eigen gůtere (anderst dann be-
von obgedachtem Zechenden, der pfarer, vnd diacann, sampt annberen gemeinen
beschwerden sollen erhalten werden, Vnnd das ouch bemelter Zechend gegen we-
landt Annstett herpsten seligen erben, vmb Sechshundert vnd Zwentzig gulbin
houptgůtz, vnd drissig vnd ein Gulbin Jerliches Zinses, verhafft, Welliches alles
Jnn söllichem kouff angezeigt worden) Ewigklich vnd gerůwigklich Jnhaben, Je-
nämen, Nutzen, Niessen, Besetzen, Entsetzen, verlychen, verkouffen, vnd Jnn alle
annbere weg damit handlen, thůn vnd lassen, alls mit annberem Jrn Eigenlicher
ererbten, vnd erkoufften gůteren, Wie vnd was sy wellen, Nach Jrem Liebfer
gefallen vngeJrt vnd vngehindert, von vnns, vnseren Nachkommen, vnnd sam
aller mengklichs, von vnnser vnd des gemelten vnsers Closters wegen, Jnn allweg,
Ouch dar vff siner Fürstlichen gnaden, dero erben vnd nachkomen, Sölliches alle
vnd Jedes mit allen dem so ob stat. Vnnd was bißhar dar Zů vnd dar Zů
gehördt hat. Eigentlich vnnd Fryg ledigklich vff vnd vbergäben, vnd sie vnd alle
Jre erben vnd nachkommen, deß Jnn Luter still, Růwig, Nützlich gewere, Jnhaben
gewalt vnd possession Jngesetzt, vnd vns, vnd vnnseren Nachkommen der selben
gantz entpfrömbdet vnnd vns davon, vnd dar vß entsetzt haben, Vnnd thůnd das
Jetzund mit rechter volekomenheit wüssentlich Jnn Chrafft dis briefs, Was wir
ouch für brief, Rödel, Register, oder vrkhundt vber gemelte gůter, Jnkomen, Recht
gerechtigkeiten, Zů vnd Jngehorungen besagend, Jnnhaben die söllen vnd wellen
wir, Hochgedachtem vnnserem gnedigen herren Jetzo alle, Zů siner Fürstlichen

gnaden hannden vnd gewalt ſtellen vnd vberantwürten, Vnd ob harnach über kurtz
oder lang zit Mer, oder andere brieff gefunden, oder harfür gezogen, oder die
vilgemelte Erkouffte güter alle, oder Jr eins oder mer wiſend, die ſollend dem ge=
dachten kouffer, ſiner Fürſtlichen gnaden Erben vnd nachkommen, Ouch fürderlich
Zů Jren handen geben werden, Oder wo das nit beſchäche, doch die alle ſoner
die dem kouffer Zů nachtheyl biß Jrs kouffs dienten, vor Mengklichen Chrafftloß,
tod vnd ab ſin, vnd ſinen Fürſtlichen gnaden dero erben vnd nachkommen, an
allen hievor geſchribnen Erkoufften vnd Zůgeſtelten güteren, nach diſem houptbrieff,
an ſinen krefften Nimmer ſchaden geberen nach bringen, Weder Jnn noch vſſert=
halb rechts, Jnn kein wiß noch wege, Vnd wir benanten Burgermeiſter vnd Rath
der Statt Zürich, verzichen vns ouch dar vff, für vns, vnnſer erben vnd Nach=
komen, vnd Mengklich, für die Zů verzichen not iſt, aller vnnſer Recht Eigentſchafft,
Beſitzung, Nutzung, gerechtigkeit, poſſeſſion vorderung vnd anſprach So wir, oder
hievor bemelt Cloſter Steyn, oder dero verwalter daran, oder dar Zů Je gehept,
oder künfftiglich Zehaben vermeynen vnd vberkomen möchten Vnnd gemeinlich aller
annderer vß Züg, Schirm vnd behelff, die wir oder vnnſere Nachkommen, wider
Jnnhalt dis briefs Je mer für wenden, oder erdencken möchten, Mit ſampt dem
Rechten, gemeiner verzichung widerſprechend, vnnd thůn das mit rechter wüſſend,
vnd vorbetrachtung, alles wüßentlich, mit vnd Jnn Crafft dis briefs, Dann wir
endtlich wollen vnd Meynen, das diſer kouff vnd verkouff vnwiderrüfflich Crafft
vnd macht haben ſol, Vor allen rechten, geiſtlichen vnd weltlichen, Oder wie der
ſonnſt am allerbeſtänbigiſten ſin ſoll vnd mag, Vnnd ob ouch ſöllicher verkouff,
vnd kouff an weſentlichen Stucken, Einichen Mangel, oder gebreſten hette, nach
Zierlicheit vnd Ordnung der Recht har Zů notturfftig, vnd Zůgehörig, die ſelben
Mängel vnd gebreſten wellend wir durch biſe gemeine Clauſel hiemit gantz vol=
komenlich erſtattet vnnd erfollet haben, alls ob das alles hier Jnn gehanblet, ge=
brucht, vnd mit luteren worten, von Stuck zu Stuck beſtimpt were, Vnd hier vf
ſo gereben vnd verſprechen wir obgebachte Bürgermeiſter vnd Rath der Statt
Zürich, für vnns, vnd alle vnnſere Nachkomen, by vffrechten guten waren wor=
ten, diſenn kouff vnd verkouff, war, Stet, veſt vnd vnverbrochenlich Zehalten, dar=
wider niemer Zů ſin, Zů handlen, Noch Zethůn, gehandelt werden, Schaffen, ver=
gönen, oder geſtatten, Jnn keinerley weg, Vnnd Jnſonnderheit dem Hochgedachten,
vnnſerem gnedigen Fürſten vnd Herren, ſiner fürſtlichen gnaden Erben vnd nach=
kommen, Söllichs kouffs vnd verkouffs, Wo diſer Zechend, Oder Leechenſchafften,
witer dann wie obſtat, verſetzt, oder beſchwert weren, Gütt werſchafft Ze thůnd,
vnd Jnnen ben Zů verfertigen, So offt das die Notturfft erhoiſcht, Nach Lannds
vnd vertigung Recht harkomen vnd gewonheit One Jrer Fürſtlichen gnaden deren
erben vnd nachkommen verlürſt Coſten vnnd ſchaden, Alles getrüwlich, vffrecht vnd
on alles geuerde. Vnnd deß alles Zů warem vrkhund, So haben wir der Statt
Zürich gemein Jnſigel, Zůgezügnuß aller vnd Jeder obgeſchribener bing vnd
ſachen, Für vns vnd vnnſere Nachkommen offentlich gehänckt an diſen brief, Der

geben ift. vff Sannt Johanns des Toúffers tage, Alls man Zalt Nach der geburt Chriftj vnnfers Lieben Herren Tufend Fünffhundert drü vnnd viertzig Jar.

B. d. Orig. im St.-Archiv zu Stuttgart. — Mit dem Siegel der Stadt Zürich.

[1] Heißt wirklich fo.

889.

Ohne Jahr. „Aufzaichnung hohenbergifcher Lehen." [1]

Diz fint minü lehen, die ich von Ifem-
burg han.

Herr Otte von Sant Danz (sic!).

Herr Albrecht von Owe.

Herr C. der Lamp von Witingen.

Herr voltz fin brüder hant den zehenden
ze Hebendorf.

Herr wernher von Mieringen.

Johans von Hödorf.

Johans von vrach.

Albrecht von Nuwenecke hat die vog-
taie ze Mülne vnd biv güt biv dazü
hörent.

Die kröwel hant Aldorf.

Die Dieffer hant Dieffen die burg
vnd fwaz Lüte ze Sant Martin hörent.

Hug von Bellenftain.

Peter von Tettingen.

Conrat von Berne hat den zehenden
ze Betran.

Haimburg, die die zolre inne hant,
ift von mir Lehen.

Ulrich von wilbenfels hat von mir
zwene Höfe vnd den zehenden ze waelelingen.

Der alte von waelelingen hat Lüte
von mir.

Der zehende ze vifchinan ift von mir
lehen.

Ulrich der Buwenberger ... Sines
Brüder Sune hant den zehenden ze
Büttelbrunnen.

Hofpach ift von mir lehen.

Schowenloch ift von mir Lehen.

Der Gremlich von Pfullendorf.

Hainrich Lutembach.

Dietrich der Burgermaifter.

Vogt vilice.

Albert Danckolf.

Sifrit Danckolf.

Otte von Bondorf.

Hug Laimmeli.

Marquart Böckeli vnd fin Brüder.

Wernher von Althain.

Walter des Maigers faeligen Süne.

Walter in dem Hofe.

Friberich der Güte.

Der Schultheiß von Dornhain vnd
fin Brüder.

Ulrich von Ymmenowe.

Der Maiger von Ymmenowe.

Fulhaber von Haigerloch.

Die Ganuffer von Haigerloch.

Daz Owenloch ift von mir lehen.

Der Dürre von Haigerloch.

Der von Stetten.

Johans von Hufen vnd fin Süne.

Hainrich der Maiger.

Berthold der Pfufer.

Die von Hoedorf.

Bernhart Hagge den zehenden ze Werftain.

Der Rütteler von Horwe.

Berthold der Maiger.

Dez von Iſemburg tohterman hat ben
zehenden ʒe Rorborf.

Eberhard von Eberharʒwiler.

Strube von Iſemburg ʒe altehem

Den Hof ben ber kofman buwet ...

Da ber kilchvn ſaʒʒe in höret ... iſt
Lehen von mir.

Wernneherſberg. bi altvn ſteige
... hat fölʒ von glat von mir ...

Bol ob oberborf iſt lehen von mir.

Item Hanſ vnb Albreht von nünegg
hant bie Drü tayl beſſ ʒehenben ʒe
gövelvingen ʒe lehen von mir.

Och hant bie Schultheißen von Dornſtetten von vnſ ʒu lehen bü Drü
tayl beʒ ʒehenben ʒe Böſingen.

Item ölrich von Trohteluingen hat
von mir ain Hoff ʒe lehen iſt gelegen
ʒe villingen bem Dorff ben ʒů biſen ʒiten ba Buwet Brotſchoch.

(Hier großer Abſtanb auf bem Pergament.)

Diʒ ſint biv lehen bie ich von
minem vatter ſaelig geerbet
han.

Herr Reinhart vnb Her Peter von Rüti
gebrüber hant von mir die hinbern
Neckerburg vnb ben kirchenſaʒe vnb
anbervv gůt.

Herr Hug Stöckeli.

Hermann Hagge ʒe Taegwingen ber
taile ba bie burg inne ſtat alſ ber
Bach gat vnb baʒ geriht alſ ber Bach
gat, iſt von mir Lehen.

Die von Juſtingen[2] hant Böſingen.

Berthold vnb Arnolt von ʒelle hant
von mir gůt ligent ʒe ʒelle.

Herr Albrecht von Owe hat ben Hof
ʒe vogingen.

aelliv bie gůt ʒem Oberne Illikouen
ſint von mir lehen.

Wernher von Hunderſingen.

Herr Bertholt von Pflumern.

Der von Liebenſtain.

Herr Walter Süne von Pflumern.

Herrn Albreht Süne von Grüningen.

Herr Gerolʒ Süne von Stainhüli.

Swaʒ ʒehenben ʒe Grüningen ſint,
ſint von mir lehen. Der Zehenbe ʒe
Pflumern iſt halbe von wirtemberg vnb halbe von mir lehen, baʒ
ſelbe min halbtail hat Hartman von
Enſelingen.

Driſſig Juchart ligent ʒe Pflumarn
vnb ʒehenben gen Grüningen bie
hat B. ber Stürʒel.

ain wiſe lit vnber buwemberg ber
ſint brie Manne mabe höret gen
Pflumarn.

Her Alber von Suntheim ein ritter.

Hainrich Johanſ vnb Albreht von
Suntheim gebrüber.

Albreht von vrowenberg hat von mir
antriſpach vnb ſtrümphelbach vnb
bie ʒehenben, bie ba ſint.

So hat Hainrich vön homeſſingen ben
ʒehenben ʒe homeſſingen von mir,
Der ʒe böffingen (sic!) geſeſſen iſt.

So hat Dieterich von berne von mir
bi brůel bie gebraiten an Dutenbühel vnb ʒewo tvchart ligent och
am Dutenbühel, vnb allü bü hölʒer
bü er ʒe brůl hat bü an die maiger
von gelſtorf ſtoſſent vnb an ölricheſ
beſ wirteſ Holʒ, vnb beſ langen brůel.

Hagenbach von ʒimmern hat ʒewo
tvchart akerſ ligent hinber hagenbacheſ
holʒe.

Her cůnrat von gundelfingen ber
houerihter hat lehen von mir.

Hug ber flieher beſ waltmanneſ bohterman hat lehen von mir ʒe ʒelle.

Cünrat vnd Hannef bie fchönen von Horwe hant von mir lehen.

Die vogtai ze Hofpach ift von mir lehen vnd bü vifchenze bü müli vnd bü Hölzer vnd bü zügehörbé.

Friz ber büringer vnd fin fun hant von mir berka[3] halbef vnd ben oberne hof halben.

Cünrat ber balginger hat bef felben gütef getailt.

So hat burkart ber fchulthaif baf aich holz bi Hochfpach von mir.

Außen auf bem langen Pergamentftreifen fteht: Jt. Claus von frowenberg hat vmb mich ze lehen empfangen baz brittail bez zehenden ze Enbelfpach vnd ze Strümpfelbach vnb von bem ainen brittail baz vierbentail, bas Hainzen Trubfäzzen vnb finer gemainer ift, au win vnb an korn vnb mit aller zugehörung. — St.-Archiv in Stuttgart.

[1] Auf einem fchmalen, langen Pergamentftreifen, Hanbfchrift bes 14. Jahrhunberts. Wie fich aus ben angeführten, zu Horb feßhaften hohenbergifchen Lehensleuten (Vogt Villice, Sifrit unb Albert Dankolf, Hug Laimeli, Marquart Böckeli, Walther bes Maigers fel. Sohn, Friebrich ber Gute), verglichen mit ben unter ber Stabt Horb aufgezählten angefehenen Bürgergefchlechtern ergibt, wurbe bie „Aufzaichnung" fehr wahrfcheinlich in ber erften Hälfte bes 14. Jahrhunberts gemacht, jebenfalls vor 1373, wie aus Urkunbe zum 8. Dez. b. J., bie Neckerburg betreffenb, erhellt.

[2] Juftingen (O.A. Münfingen) unb [3] Bergach (O.A. Ehingen) haben auf unferer Karte keinen Platz gefunben.

———

890.

Grenzbefchreibung bes hohenbergifchen Forfts „vff ber fcher".

„Zu wiffenb minß gnebigen Herren von Oefterrich forft vff ber fcher."[1]

„Item ber wilpanb hept an zum lachenden ftain by emyngen vf bie eken, von bem felben ftain gen buffenborff in ben ftain vnb von bemfelben ftain über bie tunow gen ymbingen vff bie ftaig in bie buchftuben gen Efflingen ob Cunzenberg vnb von Efflingen gen lupffen in baz torr[2] vnb von lupffen gen fchaltenbrukg[3] vnb von fchaltenbrukg zwöfchenb beben troffingen in bie linben[4] vnb vff ber linben ben ftechbach ab biff in ben nekersfurht vnb ben neker ab[5] biff in bie fchlichen vnb bie fchlichen vff biff in bie fchwarzach gen begwingen vnb von begwingen gen büttmaringen vnb von tutmaringen gen erzingen in ben wenbelftain vnb von erzingen gen engfchlat in bie alten zolr ftaig[6] vnb vff ber alten zolr ftaig in baz killertal vnb baz killertal vff vnz (bis) gen burlawbingen vnb bie velg (Vehla) ab vnz gen noffran vnb füro vnz in bie lochatt (Lauchart) vnb bie lochatt ab vnz feringen in bie ftaig vnb aber bie lochatt ab vnz gen yffykoffen in ben furht vnb vff bem furht hinüber in baz tall gen gorhen in baz mullrab vnb vff bem mullrab über bie tunow bie alten ftraff vff vnz gen Norborff in bie aich vnb vff ber aich über bie alten ftraff vff vnz gen bucho in bie fchmty[7] (sic!) vnb vff ber fchmty[8] gen tüningen (sic!)

in die zigelhütten vnd off der zigelhütten wieder zu dem lachenden stain by
emyngen gelegen.

Handschrift auf Papier von dem Ende des 14. oder Anfang des 15. Jahrhunderts.
St.-Archiv in Stuttgart.

[1] In Tom. VI. S. 89. 91. (Sammlung verschiedener Verträge und Archival-Dokumente,
St.-Archiv in St.) finden sich „Abschriftliche Beschreibungen der Gränzen der Grafschaft
Hohenberg v. b. Jahren 1480 und 1526", welche mit der vorstehenden älteren Grenzbeschreibung des Hohenberger Forsts in der Hauptsache übereinstimmen. Die Abweichungen sind an
den betreffenden Orten in Noten angegeben.

Der „Scherragau", dessen Name sich in der Stadt Scheer an der Donau (O.A.
Saulgau) noch erhalten hat, war der südöstliche Theil der großen Bertholdsbaar. Als in
demselben ehedem gelegen werden außer Sch. folgende Ortschaften genannt: Storzingen (in
der Nähe von Stetten am kalten Markt), Nusplingen, Filsingen (zwischen Sigmaringen und Igelwis), Hausen, Beuron, Fridingen und Mühlheim (alle im Donau-
thal), Trossingen, Schörzingen (beim Hohenberg), Reichenbach (im Beerthal), Meßstetten, Ebingen, Truchtelfingen und Frommern, welche Orte alle innerhalb der
Grenzen des Forsts „off der scher" liegen und auf unserer Karte allermeist als Zollerische
oder Hohenbergische verzeichnet sind. Insbesondere muß hier hervorgehoben werden, daß
Gr. Albert II. von Hohenberg von Stetten, „super Schera" (obiges St. am kalten
Markt) 1283 als seiner Stadt („oppido nostro") spricht. S. im Urkb.-Buch zu 13. Mai 1283.

[2] Die Beschr. v. 1526 läßt die Grenzlinie, mit Uebergehung der Orte Biesendorf,
Immendingen und Eßlingen, von Emmingen an die Donau und von dieser über
Möhringen, Ottenhofen (wo?) an den Lupfen laufen.

[3] Nach „Schaltenburg" wird 1526 „ob Durchhaußen" gesetzt.

[4] Gärt a. a. O. sagt in seiner Beschr. der Grafschaft Hohenberg S. 253: „Zwischen Unter-
und Ober-Trossingen stund schon in urältesten Zeiten die sogenannte Jurisdictions-
Linde, welche zwischen Fürstenberg und Oestreich den Blutbann scheidet, und da diese
in Abgang gerathen, so wurde der aus der Erde hervorragende Stumpen zu ewigem Gedächtniß
mit Pallisaden umzäumt, diese aber nach Nothdurft von Zeit zu Zeit erneuert."

[5] Von hier bis „erzingen" (s. sogleich unten) hat die Beschr. v. 1526: „gen. Rott-
weyl in die altestatt, von der altenstatt gen Dietingen in das Käppelin, von Dietinger Käppelin in die Schwarzenbruth und von Schwarzenbruth gen Erzingen in den Thurn."

[6] Statt „Zolrstaig" wird 1526 gesetzt: „Zellerstaig." Ganz in der Nähe von dem
Zollerberge, südöstlich davon, das Zellerhorn (auch das „Hörnle" genannt).

[7] 1526 „schmitten."

[8] 1526 heißt es von hier an bis Schluß also: „gen Grundlpach (Grünbelbuch) von
bannen an „biebstaig," von bannen gen Tuttlingen in arm (sic!), von bannen wider
zu dem lachenden stain, oder hangenden stain bey Emmingen gelegen." Die östr. Juris-
diktions-Tabelle von 1804 sagt, die Landeshoheit seye bis an das dritte Joch der Donaubrücke bei
Tuttlingen außer der Stadt strittig mit Wirtemberg, das in possess sey, die Forstherrlichkeit
aber bis gedachte Grenze unstrittig östreichisch.

Die mehrerwähnte Grenzbeschreibung der Grafschaft Hohenberg von 1526 oder
vielmehr des dazu gehörigen Forsts, wie die vorstehende ältere sich richtiger ausdrückt,
widerspricht dem Vertrag, welcher im Jahr 1490 zwischen den Häusern Oestreich und
Wirtemberg, welch letzteres im Jahr 1403 die Herrschaft Schalksburg (Balingen
mit den jetzt meist zu dem gleichnamigen Oberamte gehörigen Dörfern) von dem Gr.
Mülli von Zollern gekauft hatte, abgeschlossen wurde. Dieser Vertrag setzt als

westliche Grenze des Hohenberger Forstes die Linie von Tuttlingen, Spaichingen.
Schörzingen und Schömberg fest; die nördliche sollte von Sch. die Schlichen
hinauf bis Hausen unterm Thann, von da an den „Lohenstein" (an die Lochen.
dann in die „Schwiniger(?) staig," von da hinüber in „Bizerstaig" endlich bis
an das „Zoller Hörnlein" laufen. Hohenberger Dok. T. VI. S. 338. Eine weitere
Aenderung erlitten die alten Grenzen des Hohenberger Forstes durch den 1544 zwischen
König Ferdinand und den Rotweilern abgeschlossenen Vertrag, nach welchem folgende:
Ortschaften und Höfe im Bezirk der freien Pürsch der Reichsstabt liegen sollten:

Böhringen, Wildeck, Böhringen, Neukirch, Aixheim, Neufra, Göll-
dorf, Feckenhausen, Zepfenhan, der Aichhof, die Täfermühle, Deislingen.
Laufen, die Altstadt, der Briel und der Jungbrunnen. Ruckgaber, Gesch. der
Reichsstadt Rotweil II. I. S. 185. — Ein Aktenstück aus dem 16. Jahrh. (St.-Arch.
in St.) sagt, daß in dem Distrikt von Erzingen zur Felg der hohenzollerische wie
von Beringen bis zur Donau der Sigmaringische Forst liegen.

<hr>

891.

Ordnungen vnd statuten, gebot vnd verbot der stat Oberndorff.[1]

Item welcher Zu Oberndorff burger werden well der sol kain anhang
den krieg haben vnd sol sin manrecht haben vnd schürmt ain burger nit wie
der ain halsherrunn hat dann als wit wie die ketin gat.

Der sol Ouch globenn vnd schwerenn ain aid zů got vnd den hailgen vne
genädigen herren vnd stat gehorsam vnd wertig trüw vnd holb ze sind Zu den
lüten gebot vnd verbot vnd der sturm glocken gehorsam ze sind.

Item so ain vffglöff wurd so das fenlin in dem feld wer vnd er wer
bahaim so das fenlin us zug vnd wurd er sich innen so sol er ben nächsten
dem fenlin zů ziehenn ist er anderst gerist mit gewer, Ist er aber nit gerist so
er ben nächsten der stat zu ziehenn vnd daselbst beschaid niemmen.

Item es sol Ouch kain burger niemandt kain stabrais thun On der
kait wissen vnd willen.

Vnd ab er etwas hörte das wider vnsern genädigen herren oder die stat
vnd er wer off dem land vnd wurd das innen so sol er warnung thůn mag:
kan ers aber nit selbs thůn so sol er ain botten gewinnen der das thů, dem
die stat vnd sol Ouch xvij mas win ze burckrecht geben Zum besten den
haisen viij mas der stat viij mas vnd dem stat knecht ain mas vnd Ob man
etwas an der für sins in Ziehens (sic!) ze stür geb, vnd so er in den fünff ze
hin weg zůg so sol er das selbig gelt so man im bar gelühen hat wider ze
gebenn.

Item ain ieder der burger ist der sol by sinem aid so man ine den rat
gemaind lute off das aue maria oder nach der vesper so er wer bis halb an den
wasser fal an bäffendorffer staig by dem vnbersten felsenn oder dis halb der
tiessel bach oder bis halb dem siechen huß oder bis halb dem nibern staiglin

fol er wiber vm her kommen. Ist aber er vber bie warzaichen so mag er wol
fúr gon wil er.

Item wer aber sach bas er horte vor vesper ober nach ber mes in rat ober
gemainb luten er sie wa er wóll vnb horte bas so sol er wiber vmherkommen ban
es ist zů vnziten.

Item so ainer lút not wer ober bebórffte ze tag ober ze tábig bie git mann
zů vff sin costen.

Item so ainer bas burckrecht vff geb vnb hin weg ziehen wólt so mag
er bas burck recht mit bryen heller vff geben vor bem schulthaissen vnb burgermaistern mit ber stúr barin er Ist vnb so ainer bas burck recht vff geben het vnb
in achttagen nit hin wegzug so sol er mit sinem huf gesinb an ainem wúrt zeren
vnb sol kain fúr noch roch in sinem huf haben.

Item er sol Ouch barby gelobenn vnb schwerenn ob er mit niemanbt zertra-
gen wer es wer mit schulbenn ober in anberen bingen so sol erf ain ieben lauf-
senn belibenn by recht ba ieber gesessen Ist vnb baselbst recht gebenn vnb niemmen gegen allenn bennen bie vnsern genäbigen herren vnb ber stat verwannt sinb.

Item so ainer in ben haimlichenn ráten gesessen wer sol ers by im lauffenn
belibenn by bem aib.

Item so ers si not wer, so sol mann in belaiten zwo múl von ber stat On
sin costen.

Die besatzung bes rats vnb gerichts vnb anber empter.

Item bie von Obernborff múgenb von inen ain rät besetzenn vnb vs
ainem rät ain gericht vnb vs ainem gericht ain burgermaister ber sol in-
niemmen vnb vs gebenn von ber stat wegen was not Ist wie bis her gebrucht
Ist vnb vs ainem rat ain anber burgermeister ber Ist schulbig so ainer vmm ain
burgerliche straf mit bem amptmann in ben turn geraten wúrt so sol er mit bem
stat knecht gonn vnb ben selbigen helffen fahenn Ist er aber bem selbigen verwannt so soll mann bem stat knecht ain anbern zů gebenn bamit man sehe bas
es ain burgerliche straff si.

Item ber vnberburgermaister Ist Ouch schulbig bas er bem schulthaissen helffe
all hanblung so vnrecht vff im tragen möchten, vor gericht helffen recht fercken.

Item er ist Ouch schulbig bas er bem stat knecht helff vff bem rät huf bie
Zechenn machen vnb sol bem win zů bem besten hollenn.

Item bie von Obernborff múgen Ouch ain schriber bestellen vm ain solb
wie bis her ber bruch gewesen Ist mit bem Chor ze versehen.

Item bie von Obernborff múgen Ouch ain statknecht bestellen wie bisher bruch
gewesen Ist bar vmm git bie stat bie belonung.

Item bie Obgenanten personen bie schweren ain aib all haimlich rät ze verschwigen vnb bem burgermaister vnber tänig vnb gehorsam ze sinb vnb richten
nach clag antwúrt vnb nach verhörung ber kuntschafft vnb Ob ainer bas recht
recht nit wisbe so mag er ber milteren vrtail volg thůn.

Beſetzung der rechner vnd ander pflagen.

Item die von Obernborff mûgen Ouch vier rechner ſetzenn Zwenn von dem rât, vnd gemainbt Ouch Zwenn die ſôllen all pflagen ver rechnen vnd wider vmm allenn pflagen jn gebenn vnd ob Jrrung vnd ſpenn kemmen die mûgen die vier rechner Ouch hin weg thon nach geſtalt der hanblung vsgenommen der hailgen pflag vnd das vmmgelt Iſt vnſers genâbigen herren amptmann darby.

Item die von Obernborff mûgen Ouch win erlobere ſetzen.

Item flaiſch erlober fürbeſeher brotbeſeher hürtenmaiſter rûtner (sic!) ſtûrer (sic!) vnd der ſtat ſtûrer.

Item die hürtenmaiſter ſôllen all weg ainem burgermaiſter rechnung thûn vmm den hürten lon.

Item die hailgen pfleger buwmaiſter meſner wâchter thor ſchlieſſener thor hüter Ob es ſich begeb Iſt vnſers gnâbigen herren ampt mann darby ſo mann die empter beſetzen Iſt.

Bot vnd verbot clain vnd gros.

Item ſo ainer vngehorſam wer wie es ſich begeb ſo Iſt das erſt bot iij β.

Item das anber bot v β. das brit bot x β. vnd barnach ain lib. barnach iij. lib. barnach v. lib. vnd barnach x. lib. ſo ainer ſôlliche bot ôber gieng vnd nit gehorſam were ſo wurt man ſôllich bot von iebem niemen bis man in gehorſam machet.

Fräflen grof vnd clain wie bisher gebracht Iſt.

Item welcher ain haiſb liegen kompt vm xij β. ober ſo ainer ben anbern mit trucknen ſtraichen ſchlecht kompt Ouch vm xij β.

Item welcher burger zuckt vnb ben anbern ſchlecht ber kompt vm ij lib. Item ſo aber ain knecht het ber glopt het kompt Ouch vm ij lib. Item hat er aber nit gelopt ſo kompt er vm iij lib.

Item ſo ain frember ber nit ain burger Iſt ber kompt vm iij lib.

Item welcher bie blûtet wunb ſchlecht, ber burger Iſt ber kompt vm x lib. hllr. vnb ſol in von ſtunb an berechten vnb was ba erkent wûrt bar h ſol ber beliben ber beclagt wûrt vnb Ob ſchon ſin wibertail nachher ſtûrb ſo iſt ber tâter ber herſchafft nit witer ſchulbig ban wie ob ſtat, boch ber frûnbſchaft Ir rechten Dne ſchâblich.

Item war fyr vſiging vnnb Mût von ben Selbygen Im huſſe Geſchaft wurb Iſt bie ſtrauff v. lib. hllr. ober nach Geſtalt ber ſach.

Item welcher Jber offenn margſtain (unleſerlich) ober megit ober vermacht kumpt vmb II lib. hllr.

Ittem welcher Im hüſſ vlohatt ober weſchen hett ober weck borte Iſt ꝛc ſtraûf j Pfb. hllr.

Item ſo ainer ben anber ſiner eren ſchúlt vnb nit ober wunben wûrbt

ınb wider rieffen miesb wurt erkennt ij lib. iij lib. ober v lib. bar nach bie
ıanblung ober ber secher Jst.

Item so ain mann ain frowen ain hůren schulbt vnb bas nit vff si brin-
ıen mag ber kompt vm ain lib.

Item so ain frow ober iunckfrow bie anberen ain hůren schult vnb bas
ıit vff si bringen mag bie kompt vm ain lib. heller. in bisen obgeschribenen hanb-
ungen Jst iebem bas wiberrecht vor behalten.

Item so ainer öber bie rinck mur vs fiel ober herin-stig ber Jst ver-
allen x lib. hllr.

Item welcher wiber ben anbern Jst vnb nit globen welte, so sol man in on
ılles mitel in ben thurn legen vnb so er straich empfieng so söllen bie an im nit
ıefråfelt haben boch bas es geschech One arckwonn ober alten haff.

Item welcher wiber ben anbern wer vnb gelopt hete vnb hanbelten witer
ıit ainanber es wer mit worten ober wercken so Jst bie straf wie ain gericht er-
ennt nach gestalt ber hanblung.

Item welcher ain ee bruch thůt ber offenbar wúrt ber kompt vm v. lib. hllr.

Item welcher pfanb versagt vmm ain schult ober anbers ber kompt vm
j lib. hllr.

Item so ainer für ain gericht kem vnb ain schulb erclagte vnb mit recht
ıehůlt wúrt erkennt bas er in vierzehen Tag bezalt wert thůt ers nit vnb kompt
e clag so kompt ber schulbner vm ain lib. heller vnb barnach bůt manf im an
ij lib. hllr.

Item ist es zer gelt bas sol man bezalen in achttagen.

Item ist es gelůhen gelt ober lib lonn bas sol man öber nacht bezalen.

Item was aber lib lon si bas wollen wir bebencken.

Item was vnber xxx β. Jst sol ber ampt mann vm richten unb welcher
as nit helt ber kompt vmm x β.

Item was vnber x β. Jst bas sol ber stat knecht vsrichten vnb was von
n erkent wúrt vnb nit gehalten wúrb ber kompt vmm v β. vnb mag man bas
úr vnb für witer bieten.

Item alle bot verbot vnb fråfflen clain vnb grof vfferthalb bef malefitz
ehört alles vnserm genäbigen herren bas halb tail vnb bas anber tail gemainer
at Obernborff.

Item welcher burger, ober anber bem anber bas wiber recht vmm ain fre-
ınlichen hanbel ab behalt ber wirt von sinem wibertail lebig erkennt vnb welcher
ıil verlúrt ber sol bie fråhel für ben anbern verston.

Item so bas erst gericht wúrt vff hilarij in bem nůwen Jar berechtet man
it witer ban was von ben wúrten geriegt wúrt.

Item so man bas gericht vff Johannis baptista vff schlecht so setzt mann
lle clagen antwúrt vnb kuntschaft hin ban ieber man sins rechten One schaben
s genommen vnsers genäbigen herren recht.

Item so man das erst gericht off michahelis wider vnnn helt so sol der richter die erst vrtal nit geben der stat knecht geb bann dem schulthais vnd richter Ir gerechtigkait das Ist iedem ain wissen vnd ain roter nestel.

Item so man das letst gericht off wihenächten off schlecht das sol On gehalten werden wie Ob stat.

Item welcher mann On geerppt vs wil gan wie bann der stat brot vnd recht Ist der sol mit im niemen ain hembd ain hüt hosen vnd wamei an iupen ober ain rock das ain welcher er das hat Zwen schuch ain gürtel vnd an meser baran ain gewer wie ers hat vnd ain agst vnd das ander sol er lassen beliben.

Item so ain frow On geerpt vs wil gen die sol mit Ir niemen an hemb ain huben ain schleher ain scurtz ain iupen ober ain rock das ain, welche sie hat Zwen erniel Zwen schuch ain gürtel ain mantel die huf kertzen vnd ain kundel mit werd angeleit vnd ain laib brot vnd sol bamit ab faren.

Item so Iren Zwen gerten an einander heten bar in bom stande vnd es hangete ain tail ber est in ben anbern garten vnd bie selbig bom triegt frucht vnd kompt für gericht so würt zů recht er kent das zu dem stammen des boms bie zwen tail ber frucht gehören vnd der trit tail ber frucht dahin ber bru hanget ober felt.

Item so zwen garten an einber heten bie man miesb vermachen so Ist c tail schulbig bem andern ze helffen.

Item so ain tob schlag vor vnser stat gericht beclagt wurb so ist bie c vrtal nach ber clag Ob im für gebotten si vnd bie anber vrtal nach ber frag k stat knecht sol brú mal off bie vier strassen rieffen ber secher söll antwúrt geb ober etwar von sinet wegen bie brit frag so niemanbt antwurt git Ob zů im c sölle gericht werben lut ber clag Ist bie vrtal er hab vnrecht getþon nach k vierben frag Ist bie vrtal mann erkenentz für bie blüteten wunden vnd für c tob schlag vnd söll si belüten vnd barnach witer geschehen was recht werb c ber fünfften frag bas ber täter önserm genäbigen herren all sin hab vnd gůt er ietzunb hat vm söllich hanblung vnd tät ver fallen sin, vnd ben fründen lib wo si in betreten múgen boch mit recht, nach söllicher vrtalen ergangen herenb bie cläger ber vrtal ain brieff ber im mit recht er kennt wúrt.

Item so vnser gnäbiger her bas malefitz berechten wil, bas stat in k alten rechten.

Item so ainer ain huf ober anber gut verkouffte vnd ber konffer list nichtz bamit er bie schulb vor giet ban bas er erkoufft hat vnd er gůt selbig gůt bem verkouffer vor ben lúten ze vnberpfanb bar an sol er ver setz sin vnd es begit sich bas ber selbig schulbner ver bürpt vnd er Ist vil schulbig man verbút vnd clagt off söllich gůt so würt billich'ber be zalt von erst bes vnber pfanb es Ist Ob aber biser schulbner minem gnäbigen herren vnd ber stat vnb hailgen Duch schulbig wer was schulb es wer vnd si schliegen söllich gůt vnn

nach der ſtat recht vnd es belib Jnen ee vnd dem verkouffer ſin Zil verfallen
wer wil er dann ſiner ſchuld bezalt ſin ſo ſol er vnſern gnädigen herren die ſtat
vnd die hailgen bezalen vnd abrichten Jrer ſchulben Ob aber ſöllich gůt mer her
tragen möcht dann ſin ſchuld wer ſo ſol der nächſt verbötner ab faren.

Jtem ſo ainer ain huf kouffte nach der ſtat recht vnd er het es bezalt bis
off das letſt Zil ober mer all bie wil er etwas bar an ſchulbig Jſt vnd er richte
den verkouffer nit ab wie dann bas zil ge macht Jſt ſo felt es im On alles mitel
wider vmm hain verbrint es aber ee vnd ers bezalt ſo iſt der kouffer dem ver=
kouffer nichtz vmm die ſchuld ſchulbig vnd hete er ſchon nun ain zil ober mer
baran geben.

Jtem ſo ainer bem anbern etwas ſchulbig wer wie die ſchuld gemacht
wer vnd ſi geben kain brieff barvmm wen bann ber ſchulbner bem geber etwas
gůtz vor ſchulthais vnd gericht in ſatzte vmm ſöllich ſchuld vnd lat es in ber
burger bůch ſchriben ſo hat es als vil Crafft als ſo ſi brieff vnd ſigel barvmm
heten.

Jtem ſo zwen für gericht kommen vnd clag vnd antwurt gegen ain anber
brüchten vnd bem ainem tail wurb ain minbere vrtal ſo mag ber ſelbig bie münbere
vrtal gen fryburg ziehen mit ber Beſchaibenhait bas er ſol vor gericht ſtonn
vnd ſagen by ſinem aib bas im ber Zug lieber ſi genommen bann v lib. heller
gewinnen ſo ſöllen ban bie für ſprechen vnd rat geben ben zug an geben migen ſi
ains werben möchten ſi aber nit ains werben ſo iſt ain gericht inen ſchulbig helffen
in geben vnd ſol inen ber zücht ain mal beſtellen vnd ain botten gewinen ber
ben zug hin weg trag vnd ſöll ber ſelbig zug in achttagen vs vnſern gericht kom=
men vnd ſöl ſöllicher Zug vor ſchulthais vnb gericht verſchloſſen hin weg geſchickt
werben vnd ſo ber Zug wiber kompt ſo ſol ber coſt von baiben tailen bar gelait
werben vnd ſol bar nach ben Zug vor gericht off gethon werben welcher tail bann
behelt ber nempt bann ſin tail geltz wiber vmm.

Jtem alle bie vor gericht brieff begerenb bie ſol ain burger maiſter
verſiglen barvmm gehört im ain ſchwartze Henn ober ain behimſch.

Jtem ſo man all hie ben wachsmerckt helt, ſo hebt vnſers gnäbigen Herren
amptmann mit ainem burgermaiſter vnd bem Ycher nach altem bruch alle wagen
vnd gewigt off bas off bem merckt Jſt ob es gerecht funben werb ober nit vnd
off ben ſelbigen tag iſt ber amptmann mit ainem rāt ze nacht da git ber ampt=
mann von vnſers gnäbigen Hern wegen xxvij heller vnd ber burgermaiſter von
ber ſtat wegen Duch ſo vil bas geſchicht barom Ob etlich gewigt vnrecht erfunden
wurb bas ſelbig ſol mit einanber gerechtfertiget werben vnd bie ſchulteren bie ain
ſtat hat lut bes Järlichen robels lat ain burgermaiſter Duch ſamlen.

Jtem ſo man bie äſcherig mit woch helt ſo Jſt ain amptman by ainem
rat vnd wen man bar Zů lat ſo git ber amptman vj β. bas iſt ain ainung bar
gegen ſchenckt man im zway mal.

Jtem ber Burgermaiſter git von ainer ſtatt wegen zwo ainungen bas Jſt xv ß. vnd beʒalt für ben ſchriber ʒway mal vnd für ben ſtat werdmaiſter Duch ain mal er ſol Duch helffen tiſch richten vnd in ſchenken.

Item ſo ainem ain aib vor gericht er kennt würt vnd ber wider tail nit her lauſſen wil ſo ſol ber, ber ben aib wil haben vor hin ee vnd er ben aib thůt xxvij hllr. legen bie gehören ben hailgen.

Item ſo bie bürger Jr almat waſſer verlühen ſo git ber baſſelbig waſſer empfacht bem ſchulthaiſſen ain lib. heller barvmm ſol er ben viſch band vff ſin coſten in (hier ein Loch) halten vnb ſo frembt fiſcher ben viſch band bruchten ber Iſt bem ſchulthaiſſen ſchulbig bes Jars ain halb maſ fiſch.

Item ſo man bie mülinen beſicht alle Jar ain mal ober ſo es not wer me ſo git iebe müle ain käs vnb ain laib brot bas beſicht ain ſchulthais burger maiſter vnb ber ſtat knecht vnb was ba geſelt vnb käs vnb brot bas gehört Zum halbtail bem ſchulthaiſſen vnb bas anber tail ainem rät vnb waſ ſi verʒeren bas git ber ſchulthaiſſ halb vnb bas anber tail ber burgermaiſter.

Item ſo man ain alten wolff her brächt er ſi frembt ober haimſch ſo fer man vnſern ſcheller brucht bem git ain burgermaiſter von ber ſtat wegen v ß. vnb ſchnit im ain or ab.

Item Ob man iung wolff brächte ſo git man xv. d. vnb ſchnit Duch ainem ain or ab.

Item mit bem gericht ain orbnung ʒe machen ſo ber ſtat knecht ʒ gericht lůt ſo ſol er von ſtunb an vmm hergon, vnb ben gerichtern ſagen vnb ſo ber ſchulthais vnb ber burger maiſter ba Iſt vnb welcher richter glich nit ba Iſt ber git ʒů pen iij b. Iſt aber ber ſchulthais vnb burgermaiſter Duch nit ba ſo ſollen ſi Duch iij b. geben.

Item welcher fürbüt ober welchem für geboten würt ſo balb man ʒů gericht lůt ſo ſollen ſi ba ſin vnb warten Irs für byetens bann welcher cläger ba wer vnb ber antwürter nit, ſo wurt bem cläger ſin clag für gon ſo aber ber cläger nit ba wer vnb ber antwürter ba wer ſo mag er im lauſſen er faren ob er nit von ber anclag ſi, bann er hab gewartet ſo wurt er bas ſelben mals von ber clag lebig erkennt.

Item es ſol Duch ieber ber rechten wil baib tail ieber vj b. in legen vñ welcher gewint ber ſol ſin gelt wieber vmm niemen.

Item welcher ain gaſt gericht haben wil ber ſol v ß. in legen bẽ ſchulthaiſſen ain maſ win, vnb bem ſtat knecht ain maſ.

Item welcher ain Zug herbringt von ben Orten wie bis her gebrucht Iſt ber ſol xvij maſ win in legen ba von gehörenbt bem ſchulthaiſſen viij maſ bẽ gericht viij mas vnb bem ſtat knecht ain maſ.

Der Schluß ift abgeriſſen.

1 Auf 6 Blätter Papier (ohne Waſſerzeichen); Handſchrift bes 14. Jahrhunberts. Aus bem ſtäbtiſchen Archiv zu Obernborf.

891.

Vogt Gerichtbuch,[1] Auch Rechtlich Ordnung vnd Satzung Des dorffs
KirchBerg[2] Anno dnj M XV° vnd quarto.

(I. Eingang.)

Als man Zalt vonn der geburtt Christi vnsers lieben Heren fünfftzehen hun=
dert vnd vier Jaure, Habenn wir Görg von Ehingen Ritter vnd Rüdolff
von Ehingen[3] Sein Sune erfunden nauch Dem vnser dorff vnd flegk, kirch=
perg ainen clainen Begriff Jnn deß Selbigen Zwingen vnd Bennen lützel ein=
fäffenn Jr wonnung haben, Deß halben So gericht gehaltenn wurbet, vnd zü
Besötzung beß Selben frembbe Richter vß anderen gerichtenn erforderet vnd gesötzt
werdenn vnd zü zeytenn Mangerlay recht vnd gewonhait gebrucht vnd gemacht
werdenn, Die weill wir bann vill andren mörcklich mängel auch erfinden die vnserre
vnderthänen haben, Vnd künfftengklich noch meer oberkomen möchten, ann form
vnd ordnung Rechtlichs Bruchs vnd Handlung, Jnn appellationen, ouch Jnn erb=
vällenn, Jnn pfanbungen, vnd Jnn vill ander Handlungen So bann ain yede
oberkaitt Schulbig ift Jren vnderthännen, Jn Söllichem allem, vnd vß vill andern
Reblichenn vr Sachen, getruwlich für zü fenhen zü vnberhaltung Des gemaynen
flecken vnd bes Selben Jn-Säffen, Daz auch das Recht gehandthapt vnd baz vnrecht
nitt ungeftrausft Beleibe, Dem allem näch So haben wir mit trwnem vleiß wol=
bebauchtem Rätt vnßer Selbs vnd anderer verständiger, Hier Jnn gebrucht benn
vnßern bitz nauch geschribenn Satzung vnd ordnung gemacht, die also getrülich
vnd vngefärlich zü halten auch bas alle Jaur Jnn offem vogt gericht benn Jn=
wonern bes Selben Fleckens vnd benn die Difem gericht Zwang vnderworffenu
Zü verlefenn, vnd Biß vff vnßer widerruffenn vol Stregken, wir Behaltenn vns
auch hier Jnn Bevor, Söllich Satzung zü meeren ober gantz ab zü thünd, wie
baß die nottürfft zü yeber Zeitt vß Reblichem grünb ervorbern würd, für vns
vnßer erben vnd nauchkomenn.

(1.) Item am erstenn verbiettenn wir alle Gottslöfterung vnd erbaucht
ongewonlich Swieren mitt wortten vnd mit werdenn, So wider gott den almäch=
tigen Sain liebe mutter Die Junckfröw maria Die liebenn Hailgenn, vnd wider
die gefatz der Hailgen kirch gefchenchenn,

(2.) Item alle Trungkenhaitt fräffery, So müttwillengklich bebauchtlich,
burch ann müttüng vnd Raitzung befchicht,

(3.) Item wa leitt on Elich bey ain ander fäffenn, Sich on Erlich
hielten vnd offenlich Sündetten wölche auch Söllich lütt Jnn Jren hüfen
enthielten Jnnen zü Söllicher Sünd vnd Schanb fürschub tättenn, Ouch anber
vnnützs perfonnen enthielten die benn Heren bie gemaynb ober Sunber
perfonen vnd Jnwonner vnber Stienben mitt wortten ober werdenn wider recht

ann irn Eren liben oder Gütter zů Belaibigen, Die obgeschribenn alle Sälu
bey geSwornnen aiden vonn denn Jnnwonner zů Killperg fürderlich der oberkt
oder ben amptlüten fürgebrächt werden vnd Söllich vbertretter yeder näch bj
Handels gelegenhaitt geSträfft vnd gebieft werden.

(4.) Item Es sol auch ain yeder bey gesworrnnez aib fürbringen ob Jn
wiffend wär, daß dem Heren der kirchen, denn pfrunden vnd der Gemaind
des fleckens ettwaß abgieng oder Enzogen würd, Es Sy ann Chäfftinen,[4] ann
landtgarbenn,[5] ann Zehenden ann mef(en)(ner) vnd Schützen garben auch Gütten
ann Zinsen vnd gülten,

(5.) Item wöllche Die wälb vnd Hölzer auch die Höw wayb vnd
geecker[6] dem Herrenn oder gemaind hettenn abgehöwen Gewieft vnd mit
gehaytt wie der Bruch ist Söllich Söllen auch bey geschwornnem aib gerügt vnd
fürbrächt werden.

(6.) Item wöllche auch Zamm (zahm) oder wild grien Bom, bie beschafft
bom abgehouwenn, verbrendt oder Sunst verdörbt hett, auch welcher dem andern,
an Zinen oder beschloffen Högern Schaden oder wuftung tätt,

(7.) Item wöllche margkftain oder margkftozen, offerhalbenn benn ge-
fwornnen vndergängern gesözt verrugkt oder funst vßgeworffen hett, Denn
So Bald ain yeder gewar würd, Daz margkftain oder margken zwyschen der
almand oder Sinez fürchgenofenn, vß fallen Sol er vonn Stund an vnuerzogenlich
Söllichs Dem amptman deß fleckens fürbringen, wöllcher aber das alles wie obfen
verachtette vnd nitt tätt, Sol dem Hern für Braucht gerügt vnd mitt der Stranf
gehandelt werdenn nauch gelegenhaitt der Sach,

(8.) Item wöllcher Sich vngerechts gewichts mauß oder meß gebraucht,
wöllcher ouch Sich Dietherich Haugken Schlüffell oder anderer aben[7] tür
gebruchti, bie all Söllend by bem aib gerügt vnd gegenn ainem yben vbertretter
näch gelegenhait Siner verhanblung geSträfft vnd gehandelt werden,

(9.) Item wöllche vßtretten[8] wären vmb sachenn bie Jnn weder leib noch
lebenn berürtte, Item wöllche vngewonlich Böß verdörpplich Dings lüfi
vffgenemen oder gebenn hetten, Die all Söllen angeben vnd näch gelegenhait
ains yedem verhanblnng von der oberkait gebieft vnd geftraufft werden,

(10.) Item wöllche kinder hettenn bie bem heren mitt der leibaigen
Schaft zů Stünden vnd zů Jren manbern Jauren komen wären, Die Sollen
von ben Eltern dem Heren oder Sein amptlüttten fürbrächt werden, leibhulden
wie Sich gepürtt zů thund, wa aber baß durch bie Eltern verfumpt vnd Sölch
kinder enpfrembten Sich hinbann tätten vnd verenbertten[9] So würbt der Her des-
halb Sträff vnd abtrag vonn Jrn Eltern bekummen.

(11.) Item wöllche ouch wiftenn frowen mann ober kinder bie benn heren
mitt ber leib aigenschafft zů gehörtten vnd nitt leib hulbung gethän ober
Sich Sunst verenberett hetten, ob auch ettlich personen mitt toub vnd on gelyb
valt[10] vergangen wärenn bez alles sol bey geSwornem aib fürbrächt werden,

(12.) Item ain yeder Inwonner Der bißem gericht Zwang vnderworffen es weib vnd kind oder er nitt nauchvolgend leibs herenn hetten die Söllenn ie weil Sie vnder dem Herenn bitz fleckens Sitzen bey Irn geschwornnen aiben ain andern leibs heren, Burgkrecht oder Schirm annemen alß lang Sie ifem gericht Zwang vnderworffenn Seind,

(13.) Item es Sol bey genanttem geschwornnem aib denn Heren bitz fleckens, Sein verwantten noch Dehain der bifem gericht Zwang vnderworffen oder bar In ehört mitt behaim andern gericht noch recht fürnemen bekümmern noch mbtriben dann Inn dem flecken, Im wåre dann baz Recht allba von der Ober= aitt abgeschlagen verfagt vnd verzigen vnd hett Im allba nitt mügen gebyhenn,

(14.) Item es fol behainer kain Eehallten [11] der mamber ist vffnemen nd bingen, er Sol Inn zuuor zum Hern oder amptlütten beß fleckenns bringen er Sol dann dem Selbigen ain glübt thunn, bie weill vnd er Im flecken Sey er oberkaitt Irn potten vnd verpotten gehorfam vnd gewårttig Sein, vnd ob Sich hånbel zwischen der oberkaitt oder andern bem gerichtzwang vnderworffen vnd bar zn gehörig vnd Im begåbenn bie fråffel vnd Sunst recht vertigung vff Inn trie= en, bie weil er ba biente, bas er alß bann ba recht geben vnd nemen, vnd Sich ains vffern gerichts gegen Inn vben oder gebruchenn wölle,

(15.) Item wölcher ober wölche fy fyend Inwoner ober vfs lut vor bem ern ober ambtmann bifs börfs ain klag wiber ainander vorbringt bie vnEern Straff ober freuel vff Im tregt vnd ber klag uit nachkumbt, ber ober bie Selbige perfonen fol geftraft werden in aller geftalt als bie verklagt perfon geftraft ett follen werben So ber klag nachkomen vnd penfellig worden wer.

(III.) Wie die fräffel Gebießt werden Sollen.

(1.) Item wann ainer benn andern fråffenlich haift liegenn, ber Sol es em Heren biessenn mitt bryen pfund hellern,

(2.) Haift aber ainer ben andern liegenn, wie ain fchelmb. bieb. vnholb [12] nb auf ander bergleichen gefehrliche weeg, ber fol zu buoß verfallen Sein zehen ulben,

(3.) Item Clagte ainer ber oberkaitt ab bem andern baß fol angenomen nb gerechtuertigett werden, kompt er Siner clag nitt nåch So fol erß bem eren Biessenn mit bry pfund hållern würb bitz aber gerechtuerilgett wie ob Stått nb die clag fråffel vff Ir hått wöllcher bann verlürftig württ Sol bem Herenn iessenn nach geftalt ber Sach,

(4.) Item zugtby ainer ain tegenn messer Spieß Stang ober anberlay üffen ober wör wie die genant Seindt vber benn andern ober griff fråffenlich ar In vnd zugkty nitt, Zugkty auch ainer ain Stain brämel ober Schit råffenlich, baz alles Sol gebießt werbenn bem Heren mitt bryen pfund hållern,

(5.) Item machti ainer benn andern bluttrinfig mitt wölcherlay wauffenn

ober weer das fräffenlich beschäch, die er Jnn siner Hand hett, der soll es de[n]
Heren biessen mit bryzehenn pfund hällern,

(6.) Wölcher gegen dem andern wùrff, war mitt es Sey vnd fehlt de[r] [...]
der oberkaitt büßen mitt zweinzig pfund, trifft er aber soll er nach gerichts erk[annt]
nus vnd gelegenhait des angangenen wurffs gestrafft werden.

(7.) Item es sol ein yeder Jnwonner bitz flegkenns vnd der allba de[m]
richtzwang vnberworffenn ist wä er sicht fräffenlich Händel die parthyen[n] [...]
frid vnd globen vnd wölcher friden versagty vnd nitt globenn wöllte der Sol [...]
dem Heren Biessenn mitt dry pfund hällern, wölcher auch denn geloptenn fr[...]
bräch der Sol ann Gnäd beß Heren gesprochen werdenn,

(8.) Wölche auch bey fräffenlichen Händeln wärenn die selben a[ls]
yeder Sunder söllen von Stund an söllich fräffel riegen vnd fürbringen, wölch[er]
aber Söllichs verachtette vnd nitt tätte der selbig Sol dem Heren driv pfund h[...]
zù büß schulbig Sein zù geben,

(9.) Der amptmann Sol auch denn Sächer [13] annemen [14] So lang Biß [...]
Jm baß recht vnd den fräffel vergnügt vnd verbürgt.

(10.) Item Es sol auch behain Jnwonner bitz fleckens kain frembb v[...]
bisch mensch nitt lenger beherbergen noch entthalten, dann ober nacht, [...]
bring dann baß der oberkaitt für vnd werd Jm lenger erloupt, wölcher Söll[...]
vberging, sol es dem Heren biesen mitt dry pfund hällern.

(11.) Item Es sol auch nach der neun vrn nachtz kainem fremben oder b[...]
schen kain weyn mer in kain zech noch Sonst geben vnd verkofft werden, [...]
pen dry pfund heller. Es wären ban fremb gest die so Spott kommen, den [...]
man jeder zytt zimlich Essen vnd Drincken geben Es sol auch by obbemelte[r] [...]
dry Pfd. hllr. nieman in bisem flecken kain wyn by der maß ober fiertta[il]
zechen vmb gelt geben ban der wirtt off der Tässern.

(IV.) Vonn Ordnung vnd Satzung rechtlichs Brauchs.

(1.) Item Die Richter So zù Killperg Sitzen vnd gericht recht vnd [...]
Sprechenn werdenn, Sie Syen frembb oder haimsch Söllen kain rechtlichen [...]
der für Sie Jnn recht kompt vonn Innen nitt weisen Jnn kain ander [...]
Sunder sol das recht vnd die meer vrtail vonn Innen vßgesprochen werden [...]
hernäch volget weß Sie Sich aber nitt verstienden, söllen Sie Rautts pfleg[en]
Sie vermain das Innen fruchtbarlich gerauten werde, dar Jnn sol es ge[...]
halten werdenn, baß der amptman vnd die zwenn fürsprechen Söllichen Ra[...]
ain ander Süchenn Söllent vnd darnach dem gericht denn Selbigen eroffnen [...]
allzeit geschigklich vnd dem Rechten zum gemässistenn geurtailt werden mùg.

(2.) Item der appellation halben Sol es also gehaltenn werdenn [...]
yeder mag von Jr Endvrtail appelieren für denn vogtheren beß dorffs vnd fleg[...]
vnd die appelation Sol nitt angenomen werden, die Houptsach Sey dann ze[...]
pfund vnd dar vber, Wöllcher ouch also appeliern will der mag Jm fu[...]

vnb mitt munb appelliern ober Innerthalb zehen tagen näch eroffnung ber vrtail vnb sol ber appelierer Begeren bes gerechts handel vrtailbrieff vnb nauch bem Im ber vrtailbrieff gebenn wurtt, benn sol er Inn brysig tragen bem vogtheren Inlegen, vnb bamitt zwen gulbin, Nitt bestminber ist zü gelausen baz ain yeber vor vrtail auch appellieren mag wie obenstätt, Doch baz er Siner Beswerb gütt grumbtvrsach Sag vnb bie Inn geschrifft vbergeb vnb babey Denn gemaynen aib thiv baß er barumb nitt appellier benn wibertail ba mitt ann Siner gerechtigkaitt vff zü halten Sunber auch weber args noch gefärb bar Inn mayn, bann allein baz er barfür hab ber Sach fug vnb recht zü haben vnb ber selbigenn appellation fürberlich näch kommen wölle,

(3.) Es soll aber vonn kainer fräffel pen ober Büß niemantz macht haben zü appellieren gegenn bem gerichts Heren,

(4.) Wann ain rechtlich Hanbel für bie Richter zü recht käm, vnb aincheln tail Sein Eer Berürtty bar Inn Sellen bie Richter nitt vrtailen Sie haben bann baz zůuor ann benn vogtheren beß Dorffs brächt vnb von Im beßhalben vnberrichtung genomen,

(5.) Begäb Sich auch bas ain groß tapffer [16] Sach rechtlich für bas gericht keme bar Inn Sie nitt recht sprechen künben ober möchten, baß selbig Söllen Sie von Innen vff benn Heren beß borffs weysenn,

(6.) Item was Erb aigenschafft fräffel (bie) ober Sunst groß bapffer Sachen wären bie Söllen vor aim gantzen gericht ober ongefaurlich ber meertail ber Richter gerechtfertiget werbenn,

(7.) Item es sol fürohin yebertail brey schilling Inn baz recht legenn [17] vnb nachenb bes rechten bem gewinnenben tail Sine brey Schilling wiber geben werben, vnb bie brey Schilling von ber verlierenben parthy bem gericht Beleiben, ba mitt nitt ain yeber So Ringkförtig [18] Sey zü rechten vnb bie lütt vmb zü triben, So aber ber amptman nitt meer bann zwen Richter Inn aim handel zü Im nimpt, wie bann bie orbnung nauch folgend anzögt, Sol yebe parthy nur ain Schilling In baz recht legen vnb ber gewinnenben parthy ir Schilling wiber geben vnb mitt bem anber gehalten werbenn wie ob laut von ben zwayen Schillingen,

(8.) Als auch Bißher bie parthien So Inn recht gegen einanber geStanben villfältig frägen ann baz gericht gethän, bie zü zeitten bem gericht ain tail Swerer bann Etlich enbvrtailen zü gebenn gewesen, Sol fürtter ain yeber ber Söllich frägen ann ain gericht burch Sein fürsprechen tunn lätt vonn ainer yettlichen fräg bem gericht gebenn ain Schilling heller ber auch bem gericht beleibenn vnb ervolgen Sol,

(9.) Item was fünff Schilling vnb bar vnber ist Sol ber amptmann barumb allain entschaib geben, Was aber vonn fünff Schillingen Biß vff ain pfunb ist barumb Sol ber amptmann mitt zwayen Richtern bie parthyen entschaiben, Was aber vonn ain pfunb biß vff fünff pfunb ist zü bem sol ber amptman

denn halbtail der Richter nemen, wer es aber vber die fünff pfund So sol der
amptman ain gantz gericht ober ben meertail der Richter zů Im nemen,

(10.) Item so die Richter niber sitzen zů gericht vnd der cläger vff bem
Erstenn Recht tag alß bann noch nitt zů gegen ist, sol er zů büß Eer vnd
man Sein clag meer hört gebenn acht pfänning vnd der enttwürtter [19] So er
nitt engegen wår ain Schilling, vff benn andern Recht tag der cläger ij Sch. vnd
ber enttwürtter acht pfenning, vff benn britten Recht tag der cläger bry schilling
vnd ber enttwürtter zwen Schilling, Wölcher aber vff benn Ersten andern vnd
britten gantz vßbeleipt, der sol die buß gebenn wie ob laut barzů bem andern
tail So zum Rechten erschinen ist costen vnd zerung ber selbigen tagsatzung erlitten
ablegen, doch Inn bem allem vor behaltenn, ob yemantz vmb Sein vßbeliben Geschäfftig
vrsach Im zů enttschulbigen möcht erSchain Dar ann bann ain gericht vff Ir
erkanntnüß ain Benügen haben möchten, bar bey Sol es allß bann Belibenn,

(11.) Item der amptman Sol Inn allen vrtailen Sitzen, Es wäre
bann baz er Selbs cläger, anttwürtter ober ainer parthy mitt fraindtschafft als
nauch verwanbt wäre,

(12.) Item es Söllenn auch hainbürgen [20] Richter ober anber kain gericht ober gemaynb versameln, bann mitt wissen des amptmans vnb Sins
bey Sein ober Seins verwessers ober Statthalterß,

(13.) Item als mörgklich kost vnb zerung vff die vrtail brieff, bie burch
ain Schulthaisenn vnb gantz gericht angebenn werbenn Söllten ergänn möcht,
Sol es fürtter vß benn vnb andern Röblichenn vrsachenn also gehaltenn werben,
ba mitt auch ber kost benn armen geringerett, Daß nun fürhin die zwenn fürsprechen vnb der Schulthaiß mitt Innen die vrtailbrieff Söllen angeben, bie ge-
nantten bry mitt Sampt bem Schriber ain zimlich Zerung bar vff thin, vnb barnauch brächt werbenn für ain gantz gericht, ober der mertail vnb alles baz
Rechtförttigen baz nott Sein würbet, alß lang biß der brieff Stätt, wie er Stän
sol, vnb wie vngefaurlich Im rechtenn fürtragen vnb gevrtailt worbenn ist,

(V.) **Vonn pfandung vnd verGanttnug 2c.**

(1.) Item wölcher ain Gelt Schulb mitt vrtail erlangt, ober So ainer
bem andern Schulbig wår gelühenn gelt ober anber gelühen hab ouch vn
libkonn, [21] Ober So ainer vmb bargelt kouffty, vmb bero yebes Sol bem Schuldner [22] vonn varenber hab gegeben werben pfand zů Sinen handenn, bie er tröa
ober tragen müg, bie auch beß brittails besser Syend bann die schulb, Sölch
pfand mag der Schuldner von Stund vmb benn Brunnen verkouffen vnb So er
schulbig ist bas pfand Inn vierzehen tagen mitt bezallung der schulb nitt löst, So
soll baz pfand her vff bem Schulbner vergangen vnb verStanben [23] Sein, alß für
Sein aigenlich gůtt,

(2.) So aber ainer bem andern vmb anber Sachen schulbig ist Soll bem
Schuldner ligenb ober varenb pfanb gegeben werben, bie baz Drittail besser Syenb,

bann bie Hauptſchulb, Söllich pfanb Sol er ber Schulbner vor ainez amptman
vnb ainez Richter vertädingen [24] vnb yebem geben zů gebächtnuß ain pfenning vnd
nāch verſchinung ber vierzehen tag, ober vnber bem Jaur mag ber Schulbner baß
pfanb burch erloubung bes amptmanß benn geſchwornnen Schützen offenlich lauſenn
vmb tragen vff ber vergant, [25] vnb So baz pfanb Jnn vierzehen tagen hernāch
nitt gelöß würbett, So ſol es bem Schulbner vergangen Sein, vnb Jm bas zů
Seinen Hanben geſtöllt, vnb bem anbern So nitt alſo bezalt ober gelöſt hätte,
bar vonn gebottenn werbenn,

(3.) Jtem So ain ſchulbner vmb Sein Schulb ober Gült vorhin ver=
ſchribne ober verhaffte vnberpfanb hette, ſoll es mitt ber vergant zů
erfollung ber bezallung ber Schulb ober gült mit ſöllichenn vnberpfanbenn gehalten
werben, wie yetzs nāſt vnberſchibenn iſt, vnb iſt ber ſchulbner nitt Schulbig Sich
vff anbere pfanb weyſen zu lauſenn,

(4.) Wölcher Sich vorm amptman ober gericht Betäbingen laut vnb ver=
Spricht ainez anbern vmb Sein ſchulb auff ain genant Zeitt bezal=
lung zů thunb vnb So er ſöllichs verachtett vnb bem nitt nauch kommt So ſich
bann ber Schulbner beß ſelbigen vor bem amptmann beclagt Soll ber amptman
ſöllich verachtung, vbertrettung vnb vertäbigung vor Jm beſchenchen Strauffen
Remlich benn vbertretter bej Sinez aib mannen Jnn ben turnu, bar Jnn er vff
coſten beß Schulbnerß bis zů bezallung ber Schulb ligen ſol Ober Jnn bey bem
aib mannen vß bem Dorff zů gänn vnb nitt meer bar Jn zů komen bie ſchulb
Sey bann bezalt, Ober bem Schulbner vonn varenber hab So vill pfanb an Sein
hanb gebenn bar vff er bezallung ber Schulb on wyter vergantt bekommen mög,
Die bry Sträffen ſollen bem So Sich alſo vertäbingen lauſen fürgehaltenn vnb ,
wölche Strauff Er Jm Jngang ber täbing [26] Jm ſelbs erkieſt, bie ſol vonn bem
amptmann Jm vff anruffen beß Schulbnerß vollzogenn werbenn,

(5.) Jtem So ainer Sein ſchulb mitt pfanbenn ober gelt nitt zů be=
zalenn haut So mag ber bem er ſchulbig iſt vnb beß nitt enberen will Jnn
vß bem Dorff clagen alſo ber amptmann Sol Sie Baib für Sich vnb ain gericht
beſchaiben vnb So vom Schulbner bar vff beharrett würbett, bas er ſöllich ſchulb
nitt mitt pfanben ober gelt zů bezallen hab, Sol Jm vff geleitt vnb von Jm
triv an aybeß Statt genomen werben, baß bem alſo Sey vnb alßbann Jm Bey
bem aib gebotten werben, vſſer bem borff vnb beß bennen zů gän, vnb nitt meer
bar Jn zů komen er hab bann benn So inn alſo erclagt hätt Benügig gemacht,

(VI.) **Bon verkouffenn vnb hingeben ber ligenbenn Gütter.**

(1.) Jtem es Sol Dehain ynwoner zů Killperg Seine ligenbe güt=
ter verkouffenn ver Sötzen, noch beſwern Jnn behain weg onne ber Heren
ober Jrrer amptlütt wiſenn vnb erlouben ouch tagtäbing [27] ober brieff, bie Jm
Sein Ere ober Gütter betreffenb on vergünben ber oberkaitt nitt annemen noch
Sich ber betäbingen lauſenn by pen bry lib. hllr. wöllcher Söllichs vbergieng Sol

dem Heren bitz fleckens Jnn Sträff gefallenn vnd Nauch gelegenhaitt der vber=
trettung gegenn Jm gehandelt werdenn,

(2.) So ainer ain ligenb gütt vff Jaur vnd Zill verkoufft Sol dem
verköffer Söllich gutt vmb Sein Schulb ain vnberpfanb beleiben vnb Sein, alle
die weil Jm lützel ober vill vff bem gut onbezalt vß Stätt,

(3.) Nauch bem ainez yeben flecken, troftlicher vnd nutzlicher ift, bas die
Gütter Jnn Sinen Zwingen vnd Bennen gelegen von beßselbigen Jn=
wonern befeffenn, vnb Jnn benn flegken genoffen werbenn Dann bas die gütter
Jnn hanb vnb nutzung ber vßlütt kommen Sol fürtter ain yeber Sich vleifen
Sine gütter Jnn beß fleckens hanbenn komen zů laufenn vnb Sie nitt gegen bem
vßlütten zů verkouffen, So aber ain ligenbt gütt gegen ainn vßman verkoufft
würbt, Sol ain yeber Jnwonner gewalt vnd macht habenn Jnn benn näften fünff
Jauren föllich gütt vmb baz koufftgelt wiber zů Sinen hanben zů löfen, boch ob
ettwaß nives Bnuß ober vber Befferung Jnn mittler Zeitt ann baz gutt komen
wäre Solle barzů Söllich Befferung auch bem erften köffer wiberlegt werben nauch
erkanttnuß ains gerichts,

(4.) Jtem als ettlich vß freyem willen Jnn benn ernben ab benn güttern
longarbenn Schnittergarben vnb Büttelgarben gebenn haben, vnb aber
baß felbig alfo Jnn ain gewonhait gebrächt werbenn möcht, bar burch bann
die gütter befchwärtt wurben, Söllich vnb der geftalt garben Söllenn nunn fürohin
bey ber penn ainer clainen fräffel vonn benn Jnwonern zů Killpper nitt meer
gebenn werben, Sonber allain bie zehenben bie lanbtgarb bie Schützen vnd
mefengarben wie bann bie ain yeclich gütt zů gebenn Schulbig ift, wöllte aber
ainer anbern wer bie wären meer vnb verer geben gelt, ober korn vß Sinez caften
hätt ain yeber zů thunb gutt macht, boch one alle Befwernuß ber gütter,

(5.) Jtem all bes junckhern Mayger fol kainer viehin kain Hew, Emb,
geftröw, mift, auch kain Holtz von Jeren Höffen ober lehengiettern weber
verleihen, verkoffen, vertaufchen, noch hingeben wie ober wem baß
were, one herlopnuß iers lehenhern, auch bey ber pen vnd ftraff ainer clainer
freffal bry lib. h. on ableßlich,

(VII.) Von erben vnb verfangenfchafft. [28]

(1.) Jtem wir orbnen, So ainche perfon on ainche gemächt ober geSchäfft
abStirbt vnb nitt näher Erben bann Brüder vnb Sweftern von vatter vnb mutter
geporn, auch von abgeftorben gefchwiftergitten von vatter vnb mutter Elich kinben
hinber Jr verlauft, Daß bann bie felbigen Bruber vnb Swefter kinbt ir Spen
wenig ober vill ann Jrrer abgangen vatter vnb mutter Statt mitt bes abgeftorben
Bruber ober Swefter als vor Stätt erben Sein, Vnb boch nitt mer erb empfa=
chen Söllen bann So vill Jrem vatter ober mutter, wä bie Söllichen Erbfal
erlept, Empfangen vnb gepürtt hett,

(2.) So ain Eegemächt tobes vor bem anbern abgänt, vnb ettliche kinber hinder Jm verlauft, vonn Jr baider leibgeporenn, ift alle varenbe hab der beliben perfon vnb alle ligenbe gutter ben kinbern air verfangen [29] gewårttig gutt, bej wölchen ligenben güttern baz beliben Eegemåcht, So Jnn Leben ift ainen Beyfitzs Sein leben lang haut bie es auch Jnn Eren vnb wefentlichen buwen halten fol vnb bie kinber bar mit vfferziechenn, Sie auch bauon So Sie Sich Elich mitt Rautt vnb willen beß felbigen beliben Eegemåchts vnb beß abgeftorben nåften frainben verenbern vß Stüren fol nauch gelegenhaitt vnb vermög ber verfangen gütter auch nauch bem ber kinber lützel ober vill bie erzogen ober onerzogen Seinb vnb So man Sich beß vß Stüren Selbs nitt verainen kånbt Sol baz Stånn zü erkanntnüß ains Gerichts,

(VIII.) Von Erben.

(1.) Jtem bas beliben Eegemåcht fol vonn ber varenben Hab bie fchulben Bezaln Doch ob vff ligenben güttern Jnn ber erften Ee erkoufft, noch ettwaß onbezalt vß Stienb So vill bann bas beliben Eegemåcht föllicher Schulben vff benn ligenben güttern Jnn wittwen Ståt ober Jnn ber anbern Ee Bezalt, baß ift Jm zügehörig gewårttig vnb benn erften kinben vff bem Selbigen gütt nitt meer verfangen, bann So vil bej lebenn Jrs abgeftorben vatter ober mutter be= zalt ift,

(2.) Ob aber ber varenben Hab So vill nitt vonn bem abgeftorbenn Eege= måcht verlaufenn wåre, Daruon man bie Schulben bezallenn möcht, So vill bann barann mangel wåre, Söllenn bie felbigen Schulben von ber verfangenfchaft be= zalt werbenn, vnb boch beßhalb kain verfangen gutt angegriffen ober verkoufft werben, banne mitt erkantnuß ains gerichts,

(3.) Jtem wann ain Eegemåcht Jnn bie anbern Ee kompt, vnb vonn bai= benn Eeenn kinbe hinder Jm verlaut als bann Sollen bie letfchften kinb bie varen= ben Hab allain erbenn vnb bie erften kinb ber felbigenn nitt fåhig Sein, Doch her Jnn vor behalten bem belibenn Eegemåcht Sein gerechtigkait ber farenben Hab halben, wie hieuor bar uon gemålt vnb luter anzögt ift,

Bemerkenswerthe Beifätze und Abweichungen des „Vogtt Siechle zu Bühel [30] **anno 1547.“** [31]

(I.) Eingang.

„Auff Mentag nach bem Sontag Letare Halbuaftenn (26. Mårz) vnb bar= nach“ — 1547 habenn wir Jerig von Ehingen zü külchperg, vnnb ich Anna vom ftain geporne vonn Hochnegkh — Jnn vnfferem Dörff Byhell, bie altenn gepreüch, gepott vnnb verbott, Rugungen ber fråfflenn Buffenn vnb ftrauffen, Jtem Satzungen vnnb orbnungen Rechtlichs geprauchs (ben vnberthonen zu gutt vnnb nutzperkaitt) wie bie vntzher vnnb füro burch vns baib pracht (vnnb bie vnfernn) berenn Jebe zum halbenthaill bis borffs auch bes Zwingen vnnb pennen Recht vogthern vnnb obrikaitt

ift, etlicher Irrungen vnnd mißuerftendt fich daher alba erhabenn, Renouieren
vnnd vonn Newem befchrybenn laffenn u. f. w.

(II.) Gepot vnnd Verpot.

(1.) Verbietten wir alle gottslefterungen, abgötterey vnnd erbicht vngewonlich fchwerenn mitt wortten vnnd werkhenn, So haimlich vnnd offenntlich
wider gott denn almechtigen, feine lieben vßerwelten vnnd wider fein haylige Cri-
ftenliche kürchen gefchehenn mechtenn, bey ainer hohenn vnnachleßlichen leyb ftraff,
zu uermeidenn,

(2.) ift beigefügt: bey ainer erkentten leyb oder gelt ftraff vnableffig zu
uermeiden.

(5.) Item welche — Inn vnffern oder andern welben holzern vnnd häwen
— hüwen bie wieftenn — auch bie welche aincherlay gedher baruß hinweg tragen, vffleffenn vnnd fieren begriffen wurden — follen — vmb vier gulbin wald-
rugung — geftrafft werden.

(6.) — Auch in gerttenn vnnd funft ann opß vnnd früchten fchabenn oder
wieftung thetten, follen — vmb ain pfunbt Heller tags vnd nachts vmb ain gulben geftrafft werden.

(7.) marckftozen oder lauchen.

(8.) — fchlüffel oder anberer böffenn abentheür — von benen es bey Jnen
gefehenn vnnd gefunden würde —.

(10.) unb (11.) fehlen.

(14:) Item es foll niemandts khain frembben knecht vber achtag
haben er hab benn — gelopt — gewertig zu fein, vnffern nuz vnnd frumen zu
fürberenn, benn fchaden zu warnen vnnd wenden, auch vmb alle vnnd Jede fachenn
bie fich In Zeitt feines bienens verlaffen, allhie vorm gerichtftab Recht zu geben
vnnd zu nemen, vnnd von bannen nitt zu fchaiben, er hab bann zuuor alle feine
fchulden, er bafelbft gemacht bezaltt, auch funft Jeberman Inn abweg vnclagpar
gemacht bey ftraff j lib. hllr.

Folgende Punkte hat das Kilchberger Vogtgerichts-Buch unter Rubrik II. nicht.

(1.) Item wir wöllen vnnd gepietten auch allenn vnnd Jebenn bey vnffer
ftraff wo ainer fehe bas man vnns zu nachtryb mitt vieh Roß ober fchweinen
ober vnffere ober ber gemainb gilettere füere, bas fie follichs wöllen anzaigen ober
feinht fy fo ftarkh felbs hanbthaben,

(2.) Item es foll auch khainer vieh vff bie waib vffnemen, bas nit
fin ift one vnffer wiffenn bey ftraff,

(3.) Item es foll niemanbts khain fremb geheyfett annemen, noch zu
Im Jnbeftonn laffenn ane vnffer wiffenn vnnb willen bey ftraff,

(4.) Item es foll auch khainer frembbe fchwein Inn bas Ekher zu
fchlahen annemenn, vnnb auch nur allain bie fchwein fo er Inn fein aigen Hus

braucht metzgen will barein zu schlahen macht haben, auch kainer Esser lesenn vsserhalb des fleckens zu uerkauffen, Alles vnnd Jedes bey straff der Walbtrügung. ·

(5.) Item es soll khainer wer der sey Im bylher bach vom Necther hinuff bis in Ottenn furtt beim staynin bylb mitt khainerlay Rüstung oder geschier, one erlaupt mein Jerg vonn Ehingen vischenn oder vonn benn vnberthanen vnnd hündersassen ben sölchs sichtpar bey Jren pflichten vnnd aybenn gerüegt vnnd anzaigt, alsbann burch mich vmb vier gulben gestrafft werbenn,

(6.) Item sol auch niemanbt khain wesch, werkh, machen, oder anber vnzimlich feür Jnn seinem Hus gestattenn, oder welcher burch die feurschawer allso anzaigt erfunben, verfallt zu strauff zehenn schilling,

(7.) Item wir verpietten auch hiemitt ernstlich vnnd wöllenn, bas sich khainer hänber khain Juben begebe nichts mitt Jnen hanbtiere mitt entlechnen, kauffen, noch verkauffen noch sunst gar nichts mitt Jnen zu schaffenn hab, weber klains noch grossens, sich auch gegen khainem Cristen verschryben thüe vmb vngepürlich groß hauptsachenn one vnsser bewilligen vnnd vergünben bey straff ainer grossen frauel vnnachleßlich zu petzalnn vnnd gegen den Juben bey straff leibs vnnd Verlirung aller seiner hab vnnd gutter,

<h3 style="text-align:center">(III.) Fränell.</h3>

(1.) — straff acht schilling vier heller.

(2.) und (3.) fehlen.

(4.) straff zwenn gulbin.

(5.) „welcher benn anbernn blutt Rünß" u. s. w. — strauff zehenn gulbin.

(6.) fehlt, bagegen finbet sich folgenbe Bestimmung: Ob ainer benn anbern ann leyb Erenn oder gutt schmähete barburch Jener zu schmerzen arhetlan [32] Samselj lenir (sic!) lehin Costen vnnd schaben keme beßgleichen ob ainer gegen bem anbern vß getrengter nott sich zu entschütten [33] obgemellt fräuell ainem völlig würbe, barum ainer abtrag [34] von bem anbern zu erhalten vermainte, beßhalb mag ainer benn anbern vor vnfferm amptman vnnd gericht mitt Recht wol fürnemen vnnd beclagenn vnnd vff ain anber Rechten, boch bas alweg ber herschaft vor bem anfang Rechtens obgeschrybner Jetweberer freuell bezalt werbe außgenomen vnnd hinban gesetzt was verletzung bes leibs vnnd Eren nitt berülern ist,

(7.) steht unter (II.) und ist folgenbermaßen gefaßt:

Item ob sich auffrur oder zwitrechtigkait begebenn, soll Jeber bem sölchs Sichtpar zu lauffen bieselbigen zu fribenn vnnd Recht helffenn Jnglüpt nemen, oder Jnnen beim aib fryb piettenn, wie sich bann bas erayscht, vnnd so sy bas nitt halltenn wöllenn, soll ain Jeber barum nach gestallt seines versagtenn fribens burch vnns bie vogtherun gestrafft werben,

Unter nro. III. steht ferner:

Item welcher benn anbern vber frybpott schlecht vnnd ben gloptenn frybenn Jnn welcherlay weg bas were vbertrettenn würbe, sol ann vnser ber vogtherun gnab erkhennt vnnd gesprochen werben,

(8.) ſteht gleichfalls unter (II.) unb lautet alſo:

Item welcher ober welche bey fräuenlichenn handlungen werenn, ber= ſelbig ober bie ſöllen ſolch hanblungen von ſtunban vorm amptman Riegenn vnnb fürbringen bie partheyenn haben zů rechtfertigen, Welcher aber ſolchs vbergenn vnnb nitt thain würbe, ſol vnns vogthernn zwen gulbin vnableßig zů erlegen ver= fallen ſein vnnb ob ſich ainer bes wegern würbe ſol Jun ber amptman annemen vnnb Jme bas Recht vnnb fraſſel verbürgen laſſen,

(10.) — bey ſtrauff ains pfunb hellers,

Von orbnung vnnb ſatzung ſchulthaiſſen vnnb gerichts. [35]

(1.) Erſtlich erwölenn bie vogthernn ober herſchaſſt ainenn ſchulthaiſſen, der ſie tougenlich gebeicht,

(2.) Item zwenn Rüchter bie geſchückt vnnb togenlich, volgenbts mitt benn ſelbigen mer zwenn, alſſo für vnnb für bis ſie ain gericht ſouil ſie gehabenn mög erſetzen,

(3.) Item ſie ſetzenn auch hainburgen ſchützen vnbergenger feür= ſchawer vnnb bergleichen,

(IV.)

(1.) — „was ſie ſich aber nitt verſtienben ſöllenn ſie an gepürenb ortten vnnb bey ben verſtenbigen Rats pflegenn“ u. ſ. w. —

Nach (3.) iſt eingeſchalten:

Item es ſoll auch ainem ſchulthaiſſen vnnb gericht welche ain apppellation ſach zů des ſchreybers hanben angebenn, Jnenn vnnb bem ſchreyber zimlich eſſenn vnnb trinckhen [36] von ber appellierenben parthey gegeben vnnb ber vrthelbrieſſ burch bie geloßt werben,

(4.) — „ſonber zuuor bie verhanblung an bie vogthern langen vnnb Jnenn beſchaib vnnb bericht barüber gebenn laſſenn,“

(6.) fehlt.

(7.) — „zwenn ſchilling Jn bas Recht legenn“ u. ſ. w.

(9.) unb (10.) fehlen.

(11.) fehlt, bagegen finbet ſich folgenbe Beſtimmung: Item wa ain Rüchter ainer fürgeſtanben parthey bermaſſen verwantt were bas ſie zu ſamen nit möchten verheyratten, ſol er ſolchs anzaigen will bann ber widerthaill Jnne nit Sützen laſſenn vnnb ann bem gericht nicht beniegig ſein ſoll alsbann Jme ber amptman ainen anbern an ſin ſtatt ſetzenn,

(12.) ſtatt bieſes Punktes finbet ſich (von etwas jüngerer Hanb geſchrieben) folgenbe Beſtimmung unter (III.)

Item es ſoll keiner kein auffruer Meyterey ober was Vrſach eins ge= meinen Zuſammen kommens geben möcht, vnnberſteen, auch kein Gemeinbt one vorwiſſen ber Oberkeit zuſammen erforbern bey Peen zehen gulben, Es möchte auch bermaſſen beſcheen, hat man Anber mittell,

Unter VI. des Kilchberger B.G.B. finden sich folgende Bestimmungen des von Bühl nicht.

(1.) Item wann schulthaiß vnnd gericht ain manrecht[37] vnnd vrkhundt elicher gepurt, Item ain khundtschafftbrief angebenn, vnnd ainem ain gast gericht[38] gehalttenn, von derenn Jeder ist Jnen die begerende parthey vß alttem geprauch ain fiertell weins zu gebenn schulbig,

Es soll auch alweg das gericht verpannen[39] werdenn wie gepreichig ist,

Der amptman oder schulthais ist nitt schulbig bey den vrthelen zu fützen, wan aber ain gericht ainer vrthell beschwertt, mögen sie seines Rats darinnen pflegen,

Item welcher benn andern zu aim aybt trybtt ist dem Hayligen behainpsch[40] zu petzaln verfallen,

(V.)

(1.) nach „beß brittails besser seindt bann die schulb" ist eingeschalten: „Jm soll auch das gutt daher die schulb Riertte bis zu uolliger bezalung geunder= pfandt sein, welche gegebne pfand er nach dem Jm söllchs gehenbigt vnnd zu= gesprochen worden benn schützen in Neun tagen vmb den prunnen mag lassen tragen vnnd Jme vier Heller geben, barnach wider vber Neun tag wans der schulbner mitt bezalung nitt lößt, soll Jm das vergangen vnd verstanden sein, als sein aigentlich gutt.

Alles Uebrige des Kilchberger B.G.B. fehlt.

[1] Fand sich, wie das unten folgende „Vogtt biechle zu Bühel" in dem Archiv der H.H. Freiherrn F. u. W. v. Tessin in Kilchberg unter werthlosen uninteressanten Papieren vor.

[2] Heißt wirklich im Orig. Kirchberg, sonst Kilchberg. S. über diesen Ort in der Grafschaft Hohenberg.

[3] S. in der Grafschaft Hohenberg das Geschlecht der Ritter von Ehingen unter Ehingen.

[4] Die Ehafte, Ehäftin: was durch Satzung oder Herkommen für eine Person oder Ge- meinde Recht oder Pflicht ist; auch die darauf beruhenden Leistungen.

[5] Der neunte Theil.

[6] Aeckerich, Waldmast (Eichel u. s. w.).

[7] verkehrt, falsch.

[8] sich gewaltthätig der Obrigkeit entziehen, sich eigenmächtig rächen.

[9] verheiratheten.

[10] Leibfall.

[11] d. h. Dienstboten.

[12] Hexenmeister, Hexe.

[13] (Ur-)Sächer, Schulbigen der Händel u. s. w.

[14] verhaften.

[15] d. h. auf der Stelle, sogleich.

[16] wichtig.

[17] bei Gericht hinterlegen.

[18] leichtfertig, bereit.

[19] der die Replik gibt.

20 Gemeindebeamte, welche theils die Feldpolizei, theils das Rechnungswesen Betreffende zu besorgen hatten.

21 Vergütung für das Leihen; was jetzt Zins.

22 hier und in Folgendem so viel als Gläubiger.

23 verfallen.

24 fertigen, zuschreiben.

25 gerichtlicher (öffentlicher) Verkauf, oder Verkaufs-Anbot.

26 als er die Anberaumung des Tages (Termins) einging.

27 Vorladung vor ein Gericht.

28 Erb-Anfall, Verlassenschaft.

29 angefallen, zuständig, verschrieben, s. auch unten.

30 Bühl (O.A. Rotenburg) eine halbe Stunde von Kilchberg. S. in der Grafschaft Hohenb.

31 Dieses und das vorausgeschickte Vogtgerichts-Buch von Kilchberg lauten sonst meist wörtlich gleich. Wir geben nur zu den betreffenden Punkten die Abweichungen.

32 arzten, Arznei gebrauchen.

33 befreien, losmachen.

34 Entschädigung.

35 Diese Bestimmungen finden sich in dem Kilchberger Vogt-Gerichts-Buch nicht; in dem von Bühl stehen sie unmittelbar vor (IV.).

36 Eine spätere Hand hat beigesetzt: ein thaler für essen und trinken.

37 Heimathschein und Prädikats-Zeugniß. In einer Urkunde von dem Jahr 1612. über das „Mannrecht Beyth Maubers von Möhringen," der sich „zue Derendingen Burger- vnnd haußheblich nider zue laßen willens" war, sagen der Schultheiß und Gericht zu M., daß der obgenannte M. von — „ehelich vnnd ehrlich erzeugt vnnd vferzogen worden, beßgleichen, daß er Jederzeit fromb, vfrecht, redlich, ehrlich, wol vnnd weßenlich sich verhallten" u. s. w. (Urkunde auf dem Rathhaus zu Derendingen.)

38 Gericht für Fremde.

39 Vor Gericht geladen.

40 Behaimisch, Dickpfenning (Grosch) = 8 Pfenning.

Regiſter.

Biesendorf (bad. A. Engen) 890.

Bietenhausen (pr. O.A. Haigerloch) 32. 201. 207. 213. 219. 225. 371. 603. 667. 677. 803.

Bildechingen (O.A. Horb) 68. 110. 112. 150. 216. 824.

Binsdorf (O.A. Sulz) 32. 339. 559. 672. 770. 818. 835.

Bisingen (pr. O.A. Hechingen) 54. 56. 57.

Bittelbronn (1. pr. O.A. Haigerloch, 2. O.A. Horb) 163. 330. 793. 889.

Blankenhorn (O.A. Brackenheim) 287.

Blankenstein (O.A. Münsingen) von 55. 86. 138. 393.

Blumeneck (bad. A. Bonndorf) 521.

Böblingen, St. 846.

Bochingen (O.A. Oberndorf) 605. 618. 656. 658. 664. 670. 671. 695. 733. 741. 745. 757 f. 759. 770. 773. 789. 793. 807. 829. 861. 886.

Bobelshausen (O.A. Rotenburg) 115. 639. 731.

Boihingen („Bugingen," O.A. Nürtingen) 309. 313. 375.

Boll (O.A. Sulz) 889.

Bondorf (O.A. Herrenberg) 43. 51. 233. 238. 263. 267. 450. 477. 491. 493. 494. 534. 548. 568. 631. 656. 668. 892. 889.

Bonharthäuserhof (bad. A. Bruchsal) 172.

Bönnigheim (O.A. Besigheim) 108. 113. 309.

Boppenhausen 621.

Börstingen (O.A. Horb) 70. 276. 333. 484. 549. 636.

Bösingen (1. O.A. Nagold, 2. O.A. Rotweil) 68. 99. 205. 267. 568. 658. 793. 889.

Brackenheim, St. 209. 281.

Brandeck (O.A. Sulz) 213. 242. 310.

Brändi (O.A. Sulz) 242.

Branneck, Bruneck (O.A. Mergentheim) 470. 573.

Bregenz, Gr. v. 309. 333. (351.)

Breisach 388.

Breitenholz (O.A. Herrenberg) 793.

Bronnhaupten (O.A. Balingen) 759. 808.

Bruchsal 131.

Brüllingen (Bräunlingen, bad. A. Donaueschingen) 345. 349.

Bubenhofen, von 611. 650. 656. 670. 671. 721. 759. 770. 793. 815. 825. 860. 876. 877.

Buchau (O.A. Rieblingen) 440.

Buchheim (bad. A. Meßkirch) 222. 890.

Buchhof (O.A. Horb) 267.

Bühl (O.A. Rotenburg) 129. 138. 169. 247. 300. 579. 580. 582. 609. 620. 763. 780. 783. 892. (S. 935.)

Bulach (O.A. Calw) 74. 75. 90. 104. 106. 109. 118. 142. 152. 155. 159. 162. 164. 187. 215. 217. (?) 294. 489. 517. 573. 598. 851.

Burbach (bad. A. Ettlingen) 74.

Burgau, Gr. v. 61. 153.

Burgberg (O.A. Freudenstadt) 84.

Burgfelden (O.A. Balingen) 860.

Burladingen (Hohenz.) 222. 890.

Bussen (O.A. Rieblingen) 245. 345. 346. 348. 355. 500.

Bütikon, von 250.

Buwenberg (-burg) 632. 889.

C

Calw, St. 74. 86. 124.

Calw, Gr. v. 30. 37. 39.

Canstatt, St. 119. 158.

Castel, von 18.

Colmar 83. 387 f. 509.

Constanz, Bisth. 357. 486. 730.

D

Dankratsweiler (in Baben oder O.A. Ravensburg?) 151.

Dätzingen (O.A. Böblingen) 342. 806.

Dautmergen (O.A. Rotweil) 890.

Deilingen (O.A. Spaichingen) 236. 611. 715. 748.

Delkhofen (O.A. Spaichingen) 363. 611. 748.

Denkingen (O.A. Spaichingen) 611. 748.

Derendingen (O.A. Tübingen) 293. 542.

Dettingen (1. pr. O.A. Haigerloch, 2. O.A. Rotenburg) 52. 69. 70. 85. 97. 122. 168. 178. 182. 213. 233. 266. 275. 277. 278. 296. 338. 342. 400. 639. 878. 889.

Dettingen unter Teck (O.A. Kirchheim) 625.

Dettlingen (pr. O.A. Haigerloch) 32. 43. 170. 197. 199. 213. 256. 470. 494. 504. 565.

Dießen (pr. O.A. Haigerloch) 731. 889.

Dießenhoven (Thurgau) Truchs. v. 250. 326.

Dietingen (O.A. Rotweil) 859. 890.

Digisheim, Ober- u. Unter- (O.A. Balingen) 84. 127. 449. 456.

Frauenberg, von 287. 889.

Frauenzimmern (O.A. Brackenheim) 209.

Freiburg i. Br. 135.

Freiburg, Gr. v. 61. 98.

Freudenfels 546.

Fridingen (O.A. Tuttlingen) 207. 319. 615. 672. 768. 770. 833.

Frickenhausen (O.A. Nürtingen) 603.

Frommenhausen (O.A. Rotenburg) 736. 799. 818.

Fünfbronn (O.A. Nagold) 199. 360. 560.

Fürstenberg, Gr. v. 43. 49. 61. 66. 84. 86. 91. 98. 213. 250. 268. 286. 301. 304. 318. 414. 521. 524.

G

Gärtringen (O.A. Herrenberg) 364. 651. 793.

Gechingen (O.A. Calw) 806.

Geisberg (-burg) 849. 851.

Geislingen (O.A. Balingen) 860.

Gemmingen, von 851.

Genkingen (O.A. Reutlingen) 85. 182.

Gernsbach (Baden) 570.

Geroldseck (O.A. Sulz) 28. 213. 286. 289. 304. 309. 423. 603. 651.

Glatt (pr. O.A. Haigerloch) 889.

Glattbach (O.A. Baihingen) 392.

Glatten (O.A. Freudenstadt) 32. 213.

Gmünd, St. 114.

Göllsdorf (O.A. Rotweil) 889.

Gönningen (O.A. Tübingen) 317. 399.

Göttelfingen (O.A. Horb) 452. 889.

Gomaringen (O.A. Reutlingen) 539. 847.

Gonbelsheim (bab. A. Bretten) 131. 172.

Gorheim (pr. O.A. Sigmaringen) 890.

Gosheim (O.A. Spaichingen) 532. 748. 864.

Graisbach, Gr. v. 326. 337.

Grömbach (O.A. Freudenstadt) 517. 602.

Grötzingen (O.A. Nürtingen) 343. 368. 384 f.

Großstein, von 796.

Grünbelbuch (bab. A. Stockach) 759. 808. 890.

Grüningen (O.A. Riedlingen) 889.

Grüningen-Landau, Gr. v. 119. 281.

Grünmettstetten (O.A. Horb) 139.

Grünthal (O.A. Freudenstadt) 112.

Gruol (pr. O.A. Haigerloch) 40. 41. 70. 183. 221. 305. 314. 463. 819.

Güglingen (O.A. Brackenheim) 209.

Gültlingen (O.A. Nagold) 74. 109. 212. 398. 504. 506. 517. 549. 565. 569. 572. 578. 598. 600. 643. 647. 658. 670. 778. 787. 797. 801. 831. 845. 849. 851. 856.

Gültstein (O.A. Herrenberg) 86. 94. 125. 194. 310. 451. 651. 793.

Gumpenberg, von 326.

Günbringen (O.A. Horb) 854.

Gundelfingen (O.A. Münsingen) 1. 5. 23. 107. 317. 319. 339. 603. 653. 678. 690. 692. 787. 833. 889.

Gunzenreute (in Baden) 151.

Guteuburg (bab. A. Bonndorf) 181.* 188.

Güttingen (bab. A. Constanz) 145.

H

Haberschlacht (O.A. Brakenheim) 209.

Habsberg, Burg 153.

Habsburg, Gr. v. 21. 23. 39. 60. 61. 62.

Habelstatt, s. Haselstall.

Hagenau 387 f.

Hagenbach (abgeg. bei Hechingen) 26

Hahnenkamm (abgeg. O.A. Kirchheim) 186. 309.

Haigerloch 26. 29. 31. 32. 34. 41. 44. 52. 53. 63. 97. 104. 152. 155. 166. 178. 184. 191. 201. 214. 236. 314. 345. 348. 367. 421. 513. 563. 585. 587 ff. 593 ff. 603. 632. 653. 672. 717. 726. 736. 739. 793. 872. 873. 874. 889.

Hailfingen (O.A. Rotenburg) 124. 197. 217. 229. 310. 319. 445. 494. 504. 526. 564. 565. 574. 600. 603. 606. 650. 662. 6[..]. 695. 721. 724. 736. 739. 774. 844. 847. 856.

Haimburg (bei Hechingen) 889.

Haiterbach (O.A. Nagold) 29. 30. 43. 58. 68. 69. 70. 71. 73. 78. 106. 117. 118. 133. 139. 142. 146. 147. 148. 155. 159. 170. 196. 197. 223. 228. 265. 276. 287. 289. 310. 330. 408. 470. 497. 547. 549. 566. 567. 568. 837.

Hall (Schwaben) 124.

Hallweiler 387. 391.

Hart (pr. O.A. Haigerloch) 314. 365. 473. 563. 576. 603.

Haselstall (bei Gültlingen O.A. Nagold) 849. 851.

Haslach (1. O.A. Herrenberg, 2. O.A. Baihingen) 497. 563. 651. 793. 850.

Haugstett (O.A. Calw) 517. 540. 573. 851.

Hausen (O.A. Balingen) 632. 747. 829.

Hausen (pr. O.A. Hechingen) 28. 32. 310. 889.

Hausen (bad. A. Meßkirch) 428

Hayingen (O.A. Münsingen) 97. (?) 107.

Hechingen 197. 863.

Heidelsheim (bad. A. Bruchsal) 131.

Heilbronn 114. 136.

Heiligenberg (bad. A. Pfullendorf) Gr. v. 6. 15. 20. 21. 23. 24. 151.

Heiligkreuzthal, Kl. (O.A. Riedlingen) 71. 78. 280.

Heimbach (im Großherzogth. Baden) 131.

Heimerdingen (O.A. Leonberg) 844.

Heinstetten (bad. A. Meßkirch) 49. 428.

Helfenstein, Gr. v. 20. 25. 250. 322. 676.

Helmsdorf (bad. A. Meersburg) 132. 145. 151.

Helmsheim (bad. A. Bruchsal) 131. 172.

Hemmendorf (O.A Rotenburg) 85. 89. 115. 117. 249. 268. 277. 278. 338. 407. 731. 837.

Henneberg, Gr. v. 13.

Heppach (O.A. Waiblingen) 124.

Herrenberg, St. 68. 82. 96. 106. 129. 167. 194. 303. 333. 340. 364. 393. 493. 545. 651. 857.

Hertenstein, von 723.

Heuberg (um Rosenfeld) 195.

Heudorf (O.A. Riedlingen) 434. 889.

Hewen (bad. A. Engen) 27. 39. 58. 207. 301. 319. 336. 517.

Hilbrizhausen (O.A. Herrenberg) 571. 793.

Hirrlingen (O.A. Rotenburg) 371. 731. 775. 793. 803. 861.

Hirsau, Kl. (O.A. Calw) 74. 75. 90. 99.

Hirschau (O.A. Rotenburg) 175. 227. 251. 404 411. 507 f. 607. 613 f. 620. 637. 790. 794. 818. 829.

Hochberg, Markgr. v. 98. 277. 278.

Hochdorf (O.A. Horb) 99. 143. 161. 3?1. 531.

Hochmauern, s. Rotenmünster.

Hochmössingen (O.A. Oberndorf) 857. 889.

Höfendorf (pr. O.A. Haigerloch) 603. 889.

Höfingen (O.A. Leonberg) 233. 334. 553. 690. 692. 847. 861.

Hohenberg (O.A. Spaichingen) Burg, Städtlein ꝛc. 26. 29. 30. 319. 361. 672. 739. 768. 770. 786. 816. 825. 826. 838. 858. 862.

Hoheneck (O.A. Ludwigsburg) 86. 337.

Hohenklingen (bei Stein a. Rh.) 546.

Hohenstein (O.A. Münsingen) 8. 46. 603. 800.

Hohenzollern 603. 612. 639.

Höllenstein (Hohenz.) 85. 182. 876.

Holzgerlingen (O.A. Böblingen) 118. 226. 497. 571. 687. 798. 846.

Horb, St. 28. 68. 69. 73. 90. 99. 102. 111. 112. 122. 123. 139. 143. 156. 161. 203. 205. 213. 240. 241. 242. 256. 267. 273. 274. 276. 282. 283. 284. 333. 366. 412. 464. 479. 492. 495. 520 545. 555. 670. 671. 672. 679. 684. 700 701. 718. 739. 749. 750. 751. 752 753. 754. 769. 784. 790. 793. 835. 841. 855. 869. 889.

Horgenzimmern (pr. O.A. Haigerloch) 256. 259.

Hornberg (1. Stadt und Burg in Baden, 2. württ. O.A. Calw) 13. 106. 139. 250. 312. 318. 324. 414. 475. 521. 647. 787 800.

Hornstein, Ritter v. 79. 309. 857. 858. 864.

Horrheim (O.A. Vaihingen) 392.

Hörschwag (Hohenz.) 876.

Hospach (pr. O.A. Haigerloch) 603. 889.

Hoßfingen (O.A. Balingen) 455.

Hunderfingen (O.A. Riedlingen) 889.

J

Jesingen, Ober- und Unter- (O.A. Herrenberg) 489. 597. 662. 775. 793. 844. 847.

Jettingen, Ober- u. Unter- (O.A. Herrenberg) 77. 118. 142. 143. 146. 161. 226. 258. 484. 517. 609. 612. 755. 843. 887.

Jslingen, Unter- (O.A. Freudenstadt) 535.

Jgelwies (bad. A. Meßkirch) 84.

Jhlingen (O.A. Horb) 30. 43. 66. 68. 73. 102. 196. 606. 752. 754.

Jlsfeld (O.A. Besigheim) 86.

Jmmendingen (bad. A. Engen) 565. 890.

Jmnau (pr. O.A. Haigerloch) 603. 683. 889.

Jngersheim (O.A. Besigheim) 417.

Jrrendorf (O.A. Tuttlingen) 35.

Jselshausen (O.A. Nagold) 364. 458. 547. 567. 568. 621. 830. 869. 888.

Jsenburg (O.A. Horb) 29. 32. 33. 233. 273. 295. 672. 684. 839. 889.

Jfilofen (abgeg. im Lauchartthale) 889 890.

Jfingen (O.A. Sulz) 195.

Jungingen (pr. O.A. Hechingen) 46. 375. 428.

Justingen (O.A. Münsingen) 22. 23. 25. 46. 889.

K

Kageneck (Baden) 787.

Kaiseringen (Hohenz.) 230. 428.

Osterbingen (O.A. Rotenburg) 433.
Ortenberg (im Elsaß) 136.
Ostdorf (O.A. Balingen) 32. 195. 425. 860.
Oßweil (O.A. Ludwigsburg) 242. 603.
Ow, Städtlein, s. Obernau.
Ow, von 31. 39. 96. 125. 129. 156. 182. 189. 200. 227. 233. 236. 243. 256. 265. 285. 306. 330. 340. 371. 396. 494. 507. 555. 605. 613. 633. 639. 658. 695. 731. 761. 765. 775. 789. 790. 794. 803. 805. 815. 839. 845. 861. 889.
Owingen (pr. O.A. Hechingen) 38. 182. 199. 236. 367. 463. 588. 603. 829.

P

Palm, von (?) 715.
Peterzell (O.A. Oberndorf) 254. 535.
Pfaffenhausen (in Baiern) 153.
Pfaffenhofen (O.A. Brakenheim) 287.
Pfäffingen (O.A. Herrenberg) 26. 637. 662. 793. 844. 847.
Pfahlheim 153.
Pfirt, Gr. v. 301. 345—350. 355. 383. 424.
Pflummern (O.A. Riedlingen) 889.
Pforzheim 106. 118. 159. 162. 197. 787.
Pfronborf (O.A. Nagold) 74. 75. 90. 159. 223. 517. 612. 682.
Pfullendorf, Gr. u. Herren v. 1. 2. 151. 889.
Pfullingen (O.A. Reutlingen) 93. 100. 105. 247.
Plochingen (O.A. Eßlingen) 65.
Poltringen (O.A. Herrenberg, dazu Oberkirch) 208. 223. 238. 370. 407. 662. 844. 847.

R

Ramsbach 209.
Ramsperg 6. 213. 375. 434.
Ranbeck (bab. A. Radolfzell?) 250.
Rangenbingen (pr. O.A. Hechingen) 127. 128. 182. 371. 394. 563. 603. 803. 872. 874.
Rapoltstein (im Elsaß) von 391.
Rathshausen (O.A. Spaichingen) 611. 829.
Ravensburg 27.
Reichenau, Kl. 820.
Reichenbach, Kl. (O.A. Freudenstabt) 33. 122. 412.
Reischach, Ritter 374. 440.
Remchingen 787. 796. 800. 829.
Remmingsheim (O.A. Rotenburg) 289. 303. 353. 504. 564. 884.

Renfrizhausen (O.A. Sulz) 421.
Remmingen (O.A. Leonberg) 210. 787. 844.
Reusten (O.A. Herrenberg) 208. 303. 611. 844. 847.
Reuthin, Kl. (O.A. Nagold) 36. 74. 77. 82. 87. 90. 104. 106. 109. 118. 134. 142. 152. 155. 161. 162. 164. 167. 170. 174. 177. 206. 212. 215. 223. 226. 231. 232. 258. 264. 271. 275. 276. 407. 451. 458. 468. 497. 506. 525. 533. 540. 549. 568. 569. 578. 617. 642. 643 f. 649. 669. 764. 843. 845. 851. 854. 879. 887.
Reuthin (bei Bondorf O.A. Herrenberg) 43. 649.
Reutlingen 71. 75. 90. 109. 129. 220. 233. 244. 253. 450. 516. 680. 723.
Rexingen (O.A. Horb) 28. 73. 102. 122. 123. 196. 267. 268. 535.
Rheineck 357.
Rheinfelden (Elsaß) 388.
Richtenberg 844.
Rieblingen 245. 345. 348. 355. 500.
Rietburre, von 108.
Ringenburg, von 23.
Ringingen (Hohenz.) 129. 247. 789.
Risensburg 92. 153.
Rohrau (O.A. Herrenberg) 277. 278. 319. 342. 386.
Rohrborf (bab. A. Meßkirch) 890.
Rohrdorf (O.A. Nagold) 54. 90. 106. 109. 159. 197. 198. 217. 224. 257. 265. 285. 324. 407. 432. 556. 568. 700. 793. 851. 881. 889.
Rohrdorf, Gr. v. 6. 15.
Rohrhalden, Kl. (bei Kiebingen O.A. Rotenburg) 467. 541.
Roseck (O.A. Herrenberg) 494. 775.
Rosenau, von 250. 319.
Rosenfeld (O.A. Sulz) 191. 309. 692. 737. 857.
Roßheim (Elsaß) 387 f.
Roßwangen (O.A. Rotweil) 815.
Rotenberg (Rougemont, Elsaß) 485. 490. 491.
Rotenburg, Stadt und Burg 26. 27. 45. 49. 64. 66. 96. 125. 130. 137. 149. 154. 156. 157. 169. 176. 180. 190. 200. 213. 235. 236. 237. 239. 247. 249. 262. 266. 278. 279. 308. 338. 362. 364. 367. 369. 376. 379. 381 f. 389. 397. 400. 404. 422. 435. 462. 474. (S. 417.) 499. 502. 518. 559.

Steinhofen (pr O.A. Hechingen) 56. 97. 214. 261. 603. 872. 874

Steinbülben (Hohenz.) 122. 165. 192. 398. 470. 504. 506. 517. 655. 751. 889.

Stetten (pr. O.A. Haigerloch und Hechingen) 531. 553 829. 847. 876. 889.

Stetten am kalten Markt (bad. A. Meßkirch) 93. 428

Steußlingen (O.A. Ehingen) 6. 107.

Stockach (O.A. Tübingen) 857.

Stocksberg (O.A. Brakenheim) 209.

Stöffeln (O.A. Tübingen) 115. 317. 331. 399. 434.

Straßberg (Hohenz.) 356. 440.

Straßburg 72. 387. 391. 481 ff. 487. 862.

Strümpfelbach (O.A. Waiblingen) 889.

Sülchen (O.A. Rotenburg) 45. 96. 156. 158. 200. 332 340. 353. 389. 403. 640. 719. 740.

Sulz, Gr. v. 25. 195. 213. 338. 624. 739. 767. 771. 781. 793. 796. 800. 807. 808. 816. 825. 826. 827. 838.

Sulz (O.A. Nagold) 28. 104. 122. 167. 224. 351. 451. 517. 549. 573. 600. 642. 644. 774. 788. 851.

T

Täbingen (O.A. Rotweil) 59. 889. 890.

Tannheim (pr. O.A. Hechingen) 23.

Teck, Burg und Herz. v. 15. 91. 116. 186. 195. 213. 246. 301. 304. 318. 378. 431. 529. 530. 626.

Teggenhausen (in Baden) 145. 151.

Teinach (O.A. Calw) 572.

Thailfingen (O.A. Herrenberg) 139. 687.

Thalheim, Ober- und Unter- (O.A. Nagold) 111. 139. 241. 732. 824. 837. 854.

Thiengen (bad. A. Freiburg) 60—62.

Thierberg (O.A. Balingen) 46. 66. 89. 132. 134. 148. 158. 162. 213. 233. 250 252. 339 434. 441. 447 f. 455. 472. 476. 643. 650. 656. 670. 671. 863. 870. 871. 878.

Thieringen (O.A. Balingen) 207. 214. 441. 456 632. 657.

Thierstein, Gr. v. 387. 846.

Thumlingen (O.A. Freudenstadt) 73. 694.

Tobel (in Baden) von 151.

Toggenburg, Gr. v. 2 15. 250.

Triberg (Baden) 302. 312. 318. 345. 350. 376. 380. 414. 435. 475. 519. 521.

Trichtingen (O.A. Sulz) 246.

Trillfingen (pr. O.A. Haigerloch) 127. 128. 201. 207 269. 279. 314. 603.

Trochtelfingen (Hohenz.) 165. 889.

Troffingen (O.A. Tuttlingen) 890.

Tübingen 64. 107. 147. 229. 230 249. 269. 353.

Tübingen, Pfalzgr. v. 1 5. 8. 9. 16. 21. 43. 73. 77. 86. 91. 96. 98. 108. 110. 112. 117. 118. 122. 123. 139. 194. 216. 243. 301. 310. 319. 343. 364. 386 426. 469. 494. 504. 517. 545. 564 f. 571. 603. 714.

Tülingen (Deilingen, O.A. Spaichingen) 236.

Tuttlingen 890.

U

Ueberkingen 846.

Ufholtz (Elsaß) 481 ff.

Ulm, von 541. 618 796.

Urach, Gr. v. 6. 8. 25.

Urnburg (O.A. Horb) 672. 700. 881.

Ursberg, Kl. 67.

Urslingen (O.A. Rotweil) Burg u. Herz. von 1. 115. 195. 213. 246. 306. 309. 319. 338.

V

Vaihingen, Gr. v. 95. 253. 287. 392. 470. 497.

Vaihingen (Weiler, O.A. Rotweil) 42. 889.

Vehringen, Gr. v. 1. 2. 5. 6. 32. 79. 281. 287.

Bellberg (O.A. Hall?) 801.

Veringen (Hohenz.) 890.

Villingen, St. (Baden) 49. 98. 101. 304. 500 f.

Villingen, Dorf (O.A. Rotweil) 889.

Börbach (O.A. Freudenstadt) 851.

Vogtsberg (abgeg. O.A. Calw) 118. 213. 232. 324.

Voßburg 329.

Vollmaringen (O.A. Horb) 111. 324. 398. 666.

W

Wachendorf (O.A. Rotenburg) 29. 178. 181.

Wagenberg, von 250.

Wald, Kl. (Hohenz.) 84. 93.

Walbburg (O.A. Ravensburg) Truchs. v. A 27. 326 807. 808. 833.

Waldorf (O.A. Nagold) 84. 231. 285.

Waldeck (O.A. Calw) 63. 97. 106. 116. 118. 148. 150. 197. 208. 213. 470. 504. 517. 540. 572. 573. 598. 762. 851. 881.

Walbenbuch (O.A. Stuttgart) 672.

Walbmöfingen (O.A. Obernborf) 529. 793. 807. 808. 816. 829 886.

Walbfee 89. 301. 327. 328. 500.

Walbftraße (bei Rotweil) 213. 359. 438.

Wankheim (O.A. Tübingen) 610.

Wartenberg (bab. A. Donaueschingen) 651.

Warthaufen (O.A. Biberach) 250.

Wartftein, Gr. v. 6.

Waßnec (O.A. Obernborf) 606. 650. 672. 704. 709. 712. 798 827. 829. 844. 846. 847. 886.

Wehingen (O.A. Spaichingen) 29. 31. 39. 84. 160. 169. 173. 184. 200. 222. 243. 436. 452. 516. 532. 586. 611. 633. 672. 757. 758. 770. 864. 884. 885

Wehrftein (pr. O.A. Haigerloch) 28. 29. 32. 59. 66. 117. 195. 333. 635. 672. 889.

Weihingen (Enz-, O.A. Baihingen) 494. 504. 565.

Weil (O.A. Leonberg) 37. 814.

Weilborf (pr O.A. Haigerloch) 29. 40. 41. 69 171. 183. 185. 478.

Weiler(n) (1. unter Rotenburg, 2. O.A. Spaichingen) 818. 829. 880.

Weilheim (pr. O.A. Hechingen) 158.

Weilheim (bab. A. Walbshut) 179. 181. 188. 202

Weil im Schönbuch (O.A. Böblingen) 793.

Weinsberg 766. 779. 780.

Weiffenau, Kl. (O.A. Ravensburg) 34.

Weitingen (O.A. Horb) 29. 43. 52. 69. 158. 169. 182. 184. 195. 200. 213. 222. 229. 241. 246. 324 330. 375. 452. 454. 484 547. 600. 605. 606. 635. 636. 700. 759. 793. 815. 864. 881. 889.

Welfen 2. 4. 6.

Wellenbingen (O.A. Rotweil) 46. 97. 171. 183. 185. 361. 721. 793. 889.

Wenbelsheim (O.A. Rotenburg) 64. 230. 311. 648. 703. 820. 822. 829. 844. 847.

Wenblingen (O.A. Eßlingen) 313. 429.

Werb, Gr. v. 9. 16.

Werbenberg, Gr. v. 145. 151. 214. 250. 278. 333. 337. 357. 653. 769.

Wernersberg (O.A. Freubenftabt) 889.

Wernwag (bab. A. Meßkirch) 39. 52. 53. 84. 93. 101. 132. 201. 204. 213. 375. 442. 672. 861.

Wertheim, Gr. v. 16. 470. 536.

Weffingen (pr. O.A. Hechingen) 97.

Wefterftetten (O.A. Ulm) 92.

Wiefenftetten (O.A. Horb) 241. 829.

Wilbberg (O.A Nagolb) 29. 74. 87. 90. 106. 118. 142. 148. 159. 161. 162 167. 170. 197. 208 234. 235. 271. 291. 364. 549 f. 569. 598 ff. 641 642. 643. 682. 744. 840. 851. 853.

Wilbeck (O A. Rotweil) 84.

Wilbenau (abgeg. bei Rübgarten O.A. Tübingen) 364. 779.

Wilbenfels, von 46 222. 437 889.

Wilbenftein (1. O A. Rotweil, 2. bab. A Meßkirch) 132. 213. 651.

Willmanbingen (O.A. Reutlingen) 876.

Wilfingen (O.A. Münfingen) 100. 105.

Wunnenben (O.A. Waiblingen) 16.

Winterlingen (O.A. Balingen) 405. 831. 866. 867.

Winterftetten, Schenken v. 23. 27.

Winzeln (abgeg. bei Thieringen O.A. Balingen) 15 19. 179. 214. 441.

Wirreufegel (bab. A. Meersburg) 132. 145. 151.

Wirtenberg, Gr. v. 21. 95 120 124. 165. 172. 220. 242. 243. 250. 253. 281. 287. 289. 301. 309. 317. 324. 331. 336. 337. 343. 377. 384. 399. 486. 494. 568 585. 586. 587. 588 f 593 ff. 603. 621. 624. 653. 689. 690. 691. 692. 697. 705. 728. 762. 796. 800. 831. 832. 833. 834. 851. 853. 856. 857. 859. 860. 865. 866. 867. 868. 881. 883. 889.

Wiefenec (Breisgau) 48. 135. 615.

Wittichen, Kl. 559.

Wolfenhaufen (O.A. Rotenburg) 289. 353. 493. 504. 564 f. 884.

Wolffölben (O.A. Marbach) 242.

Wöllhaufen (O.A. Nagolb) 30. 43. 52. 68. 90. 96. 106. 109. 162. 197. 201. 217. 225. 324. 517. 647. 851.

Wöllftein (O.A. Aalen) 309.

Wöllwart, von 800.

Wornborf (in Baben) 246.

Wurmlingen (O.A. Rotenburg) 7. 26. 27. 50. 51. 64. 108. 129. 156. 175. 176. 184. 192. 211. 229. 230. 296. 353. 486. 597. 620. 633. 637. 736. 758. 773. 821. 829. 832. 857.

3

Zähringen, Herz. v. 1 2.
Zarten (bad. A. Freiburg) 135.
Zatzenhausen (O.A. Canstatt) 138.
Zell (bad. A. Wolfach) Schenk v. 236. 889.
Zepfenhau (O.A. Rotweil) 191.
Zimmern (1. pr. O.A. Haigerloch, 2. pr. O.A. Hechingen, 3. O.A. Rotweil) 13. 32. 178. 201. 207. 213. 246. 256. 886. 689.

Zollern, Gr. v. 1. 2. 3. 4. 6. 11. 14. 15. 16. 17. 19. 20. 23. 24. 25. 26. 91. 108. 144. 182. 236. 250. 333. 417. 433. 517. 540. 603. 612. 626 f. 639. 668. 678. 789. 796. 800. 832. 863. 872. 873. 874. 876. 878. 884. 885. 889.
Zuffenhausen (O.A. Ludwigsburg) 81. 138.
Zweibrücken, Gr. v. 18.
Zwiefalten, Kl. (O.A. Münsingen) 66. 100. 105. 107. 120.

Berichtigungen.

Seite 11. Zeile 4. von unten lies 1225. statt 1226.
S. 13. Urk. 29. Z. 3. streiche sich.
S. 16. Z. 12. l. BVR...
S. 17. Z. 6. l. thelonariis.
S. 129. Urk 160. letzte Z. füge an: siehe oben das Siegelbild.
S 157. Urk. 199. l. 31. Mai st. 25. Mai.
S. 164. Urk 209. Z. 4. str. in dem gen. O.A., lies O.A. Brackenheim.
S. 176. Urk. 223. l. 1311. st. 1315.
S. 195. Urk. 241. Z. 1. l. O.A. Rotweil.
S. 239. Z. 2 l. Hohenberc. st. Hohemberc.
S. 269. Urk. 320. l. 21. Juni st. 20. Jan.
S. 319. l. nro. 369. st. 366.
S. 325. Urk. 378. l. 21. Juni st. 20. J.
S. 354. Urk. 406. Z. 2. str. „halbes“.
S. 376. Urk. 431. Z. 2. setze nach Schilta (Schiltach).
S. 380. Z. 5. v. u. und S. 381. Z. 10. v. u. str. Spaichingen, l. Rotweil.
S. 417. ist durch Versehen die nro. 474 wiederholt.
S. 423. Z. 8. v. u. l. richtet.
S. 474. Urk. 528. Z. 2. l. Räbern.
S. 658. Z. 18. v. o. zu biesen ergänze: „Ziten“.
S. 756. Urk. 759. Z. 6. statt Spaichingen l. Rotweil.
S.   „   nach Erlaheim l. O.A. Balingen.
S. 791. Urk. 793. st. Göttringen l. Gertringen.
S. 821. Z. 2. l Mur.
S. 854. Urk. 845. l. Barbarun st. Barbarun.
S 861. Urk. 849. Z. 4. Habelstatt, setze bei (Haselstall bei Gültlingen O.A. Nagold)
S. 805. Z. 13. v. u.
S. 927. Z. 1. l. nro. 892.

www.ingramcontent.com/pod-product-compliance
Lightning Source LLC
LaVergne TN
LVHW021114210726
843642LV00018B/3086